KB008233

사회복지용어사전

social welfare glossary

사회복지 용어사전

김우수 · 이용부 엮음

도·서·출·판
문화문고

머리말

본서는 대학에서 사회복지학을 전공하는 학생을 비롯하여 여러 사회복지사 양성의 교육기관에서 사회복지를 탐구, 연마하는 학도 및 사회복지관련 업무에 종사하는 공무원 그리고 사회복지관련 각 기관에서 종사하는 실무자들을 대상으로 행정시책에 관한 기본적인 용어로부터 전문적인 용어를 폭 넓게 가려내서 알기 쉽게 해설한 사전이다.

본서의 특징은 초보자도 알기 쉽도록 법률 그대로의 인용이나 법률 · 행정 용어 등을 가급적 피하여 어디까지나 내용의 이해를 최우선으로 한 것이다. 또 최근까지 제 · 개정된 사회복지 관련법령 등의 새로운 용어를 수록하는 데 가능한 한 힘을 기울였다.

따라서 본서를 이용하게 되면 사회복지의 기본적인 지식을 습득할 수 있음은 물론, 사회복지 관련 업무에 종사하는 모든 이들에게 널리 활용되어 질 높은 사회복지를 구축하는 데 크게 기여할 것으로 확신하는 바이다. 아무쪼록 본서를 많은 분이 활용, 각 방면에서 유능한 인재로서 가일층 활약을 해주신다면 더 없는 기쁨이겠다. 다만, 필요할 때 펼쳐서 유익한 지식을 얻도록 하기 위하여 용어의 선택과 기술에 있어서 최선을 다했지만 사회환경과 사회복지 법제의 제 · 개정 등으로 누락된 항목이나 또는 불충한 점도 있을 것으로 사료되어 송구스러움과 외람된 생각이 앞선다.

본 사전에서 미비한 점은 독자제현의 아낌없는 충고와 질책이 있기를 바라며 계속 수정 · 보완의 기회가 있을 것으로 믿는다.

그리고 본 사전의 간행에 있어서 출판계에 다년간 종사하셨던 홍순우(洪淳禹) 선생의 많은 협조와 도움을 받아 여기 귀중한 지면을 빌려 감사를 드린다.

특히 사회복지의 학문적 발전을 위하여 본서의 출판을 기꺼이 맡아 주신 도서출판 문화문고의 김종만 대표와 편집 관계자 여러분께도 심심한 감사를 드리는 바이다.

끝으로 본 사전이 많은 사람에게 활용되어 훌륭한 사회복지용어 사전으로 성장하기를 바란다.

2013년 5월

엮은이 대표 김우수(金禹秀)

범례

1. 용어의 수록 범위

사회복지학을 연마하는 학도와 사회복지행정이나 복지사업 및 복지기관 등 현장에서 종사하는 자 등에 있어서 사회복지법의 근거법인 헌법은 물론, 사회복지의 각법과 관련되는 법령 등의 필수적인 유용한 기본적인 용어와 일반적인 용어에 이르기까지 또한 근래 관심을 모으고 있는 사회복지사 1급과 요양보호사 수험생들에게 시험에 필요한 기본적인 용어를 수록하였다. 그 결과 수록한 용어 수는 약 2,488개이다. 폭넓게 추정하여 간결하고도 알기 쉽게 기술하였다.

2. 배 열

항목은 찾아보기 편리하도록 가, 나, 다 순으로 배열하였으며, 고딕체로 표기하고 (　)에 한자 또는 영문으로 표시하였다.

영문(英文) 표기에는 관용적으로 읽는 법이 있는 것은 그것에 따랐다.

보기: ADL(에이디엘), WHO 등

3. 표기

(1) 외국어 · 외래어 등에서 필요하다고 생각되는 것에는 항목 다음에 (　)에 원어를 표기하였다.

보기 : 볼런티어(Volunteer)

(2) 항목제목은 한글, 한자, 외국어 순으로 배열하고, 본문은 한글전용으로 하였으며, 뜻은 다르나, 음(音)이 같은 경우 및 난해(難解)한 용어의 (　)안에 한자를 병기하였다. 보기 : 사고(思考), 장제(葬祭) 등

(3) 외국인 인명 항목에는 성과 이름의 머리글자의 원어표기와 생몰년(生沒年)을 (　) 안에 표기 하였다.

보기 : 듀이(Dewey, john; 1859~1952),

몬테소리, M.(Montessori, Maria : 1870~1952)

(4) ⇨는 가르키고 있는 용어와 동의어(同義語)이거나, 그 용어의 해설 가운데에서 접속되는 것을 나타냄.

→는 관련되는 용어를 나타냄.

↔는 대(對)로 되는 용어를 나타냄.

4. 기타(근거 법령 등)

표제항목의 해설에서 법령 정의에 관련되는 것에는 해설 끝 (　)안에 근거법령의 법령명, 조, 항 등을 밝혔다.

보기 : 노인복지법 제34조 1항4호. 등

5. 법률(법령)의 항목에는 (　)안에 제정공포일자와 법률번호를 명시하였다.

보기 : 사회보장기본법(1995년 12월 30일 전문개정 법률 제5134호)

항목 찾기

ㄱ

가구(家口) 45
가동인구(稼動人口) 45
가부장제(家父長制) 45
가사노동(家事勞動) 45
가사사건(家事事件) 46
가사소송(家事訴訟) 46
가사소송법(家事訴訟法) 46
가석방(假釋放) 46
가성치매(假性癡呆) 46
가이드헬퍼(guide helper) 47
가정(家庭) 47
가정간호사제(家庭看護師制) 47
가정구성원(家庭構成員) 47
가정내이혼(家庭內離婚) 48
가정도우미(家庭도우미) 48
가정방문(家庭訪問) 48
가정법원(家庭法院) 48
가정봉사원(家庭奉仕員) 48
가정봉사원 제도(家庭奉仕員 制度) 48
가정붕괴(家庭崩壞) 48
가정수발(家庭수발) 49
가정양육(家庭養育) 49
가정위탁(家庭委託) 9
가정위탁보호제도(家庭委託保護制度) 49
가정의(家庭醫) 50
가정의 날(家庭의 날) 50
가정적 보육(家庭的 保育) 50
가정주치의(家庭主治醫) 50
가정폭력(家庭暴力) 50
가정폭력범죄(家庭暴力犯罪) 50
가정폭력방지 및 피해자보호 등에 관한 법률(家庭暴力防止 및 被害者保護 등에 관한 法律) 50
가정환경(家庭環境) 51
가족(家族) 51
가족간호휴가제(家族看護休暇制) 51
가족갈등(家族葛藤) 51
가족계획(家族計劃) 51
가족계획사업(家族計劃事業) 52
가족관계(家族關係) 52
가족구성(家族構成) 52
가족권(家族權) 52
가족기능(家族機能) 52
가족력(家族歷) 52
가족면접(家族面接) 52
가족문제(家族問題) 53
가족병리(家族病理) 53
가족복지(家族福祉) 53
가족복지기관(家族福祉機關) 54
가족복지시설(家族福祉施設) 54
가족부양(家族扶養) 54
가족상담(家族相談) 54
가족수당(家族手當) 55
가족소셜워커(家族 social worker) 55
가족소셜워크(家族 social work) 55
가족요법(家族療法) 55
가족요양비(家族療養費) 55
가족위기(家族危機) 55

가족제도(家族制度) 55
가족주기(家族週期) 56
가족주의(家族主義) 56
가족지원서비스(家族支援 services) 56
가족진단(家族診斷) 56
가족치료(家族治療) 56
가족케이스워크(家族 case work) 57
가족폭력(家族暴力) 57
가족해체(家族解體) 57
가족형태(家族形態) 57
가출(家出) 57
가출아동(家出兒童) 57
간이생명표(簡易生命表) 57
간장애인(肝障碍人) 57
간접원조기술(間接援助技術) 58
간접적 서비스(間接的 service) 58
간접질문(間接質問) 58
간접처우(間接處遇) 58
간접처우직원(間接處遇職員) 58
간질(癎疾) 58
간질장애인(癎疾障碍人) 59
간호(看護) 59
갈등(葛藤) 59
갈등해결의 원칙(葛藤解決의 原則) 59
감각기억(感覺記憶) 59
감각실어(感覺失語) 59
감염예방(感染豫防) 59
감염증(感染症) 60
감정둔마(感情鈍痲) 60
감정실금(感情失禁) 60
감정장애(感情障碍) 60
감정전이(感情轉移) 60
감호(監護) 60
강박관념(强迫觀念) 61
강박신경증(强迫神經症) 61
강박행동(强迫行動) 61
강제(强制) 61
강제조치(强制措置) 61
개량주의(改良主義) 61
개발적 사회복지(開發的 社會福祉) 61
개별가구(個別家口) 62
개별가구의 소득평가액(個別家口의 所得評價額) 62
개별원조(個別援助) 62
개별원조기술(個別援助技術) 62
개별원조의 구조(個別援助의 構造) 62
개별원조의 원칙(個別援助의 原則) 62
개별원조의 전개과정(個別援助의 展開過程) 63
개별원조활동(個別援助活動) 63
개별이해(個別理解) 63
개별적 조정(個別的 調整) 63
개별지도(個別指導) 63
개별처우(個別處遇) 63
개별화(個別化) 64
개별화 교육(個別化 敎育) 64
개별화의 원칙(個別化의 原則) 64
개선명령(改善命令) 64
개인연금(個人年金) 64
개인적 커뮤니케이션(個人的 communication) 64
개인퇴직계좌(個人退職計座) 64
개입(介入) 65
개정구빈법(改正 救貧法) 65
개조(介助) 65
개치베드(gatch bed) 65
개호(介護 = care) 65
개호(케어) 부담(介護(care) 負擔) 65
개호부조(介護扶助) 66
갱년기(更年期) 66
갱년기 장애(更年期 障碍) 66
갱생(更生) 66
갱생보호(更生保護) 66
갱생보호대상자(更生保護對象者) 67
갱생보호사업(更生保護事業) 67

갱에이지(Gang Age) 67
갹출제(醵出制) 67
거시적 소셜워크(巨視的 social work) 67
거주공간(居住空間) 68
거주환경(居住環境) 68
거택복지서비스(居宅福祉services) 68
거택주의(居宅主義) 68
거택처우의 원칙(居宅處遇의原則) 69
건강가정기본법(健康家庭基本法) 69
건강가정사업(健康家庭事業) 69
건강검진(健康檢診) 69
건강검진기본법(健康檢診基本法) 69
건강교육(健康教育) 69
건강권(健康權) 69
건강보험(健康保險) 70
건강상태의 파악(健康狀態의 把握) 70
건강수명(健康壽命) 70
건강진단(健康診斷) 70
건망(健忘) 70
건망실어(健忘失語) 71
건망증후군(健忘症候群) 71
건설근로자의 고용개선 등에 관한 법률(建設勤勞者의 雇傭改善 등에 관한 法律) 71
검역전염병(檢疫傳染病) 71
게노센샤프트(Genossenchaft) 71
게마인샤프트(Gemeinschaft) 71
게젤사프트(Gesellschaft) 71
격리(隔離) 71
결손가정(缺損家庭) 71
결연사업(結緣事業) 72
결정성 지능(結晶性 知能) 72
결함통합실조증(缺陷統合失調症) 72
결혼상담소(結婚相談所) 72
결혼이민자 등(結婚移民者 등) 72
경관영양(經管營養) 72
경구감염증(經口感染症) 72
경기적 실업(景氣的 失業) 73
경로당(敬老堂) 73
경로우대(敬老優待) 73
경로헌장(敬老憲章) 73
경비노인홈(輕費老人home) 73
경제활동인구(經濟活動人口) 74
경청(傾聽) 74
계(契) 74
계급투쟁(階級鬪爭) 74
계속적 이론(繼續的 理論) 74
계약(契約) 74
계약시설(契約施設) 75
계약자유의 원칙(契約自由의 原則) 75
계절적 실업(季節的 失業) 75
계층(階層) 75
고령사회(高齡社會) 75
고령자(高齡者) 76
고령자고용정보센터(高齡者雇傭情報 center) 76
고령자단독세대(高齡者單獨世帶) 76
고령자복지(高齡者福祉) 76
고령자볼런티어(高齡者 Volunteer) 77
고령자의 고독(高齡者의 孤獨) 77
고령자의 성과 결혼문제(高齡者의 性과 結婚問題) 77
고령자인재은행(高齡者人材銀行) 77
고령자재취직(高齡者再就職) 77
고령자학대(高齡者虐待) 77
고령초산부(高齡初産婦) 78
고령친화사업(高齡親化事業) 78
고령친화산업진흥법(高齡親化産業振興法) 78
고령친화제품(高齡親化製品) 78
고령화사회(高齡化社會) 78
고문금지조약(拷問禁止條約) 79
고부담 · 고복지(高負擔 · 高福祉) 79
고아(孤兒) 79
고용보장(雇傭保障) 80
고용보험(雇傭保險) 80

고용보험법(雇傭保險法) 80
고용보험제(雇傭保險制) 80
고용촉진 및 직업재활(雇傭促進 및 職業再活) 80
고용할당제(雇傭割當制) 81
고유사무(固有事務) 81
고전적 빈곤(古典的 貧困) 81
고한제도(苦汗制度 = sweafing system) 81
고혈압(高血壓) 82
공감(共感 = 공감적 이해) 82
공공부조(公共扶助) 82
공공부조수급권(公共扶助受給權) 82
공공의 복지(公共의 福祉) 82
공동모금(共同募金) 83
공동사회(共同社會) 83
공동생활가정(共同生活家庭) 83
공동생활가정사업(共同生活家庭事業) 83
공민권운동(公民權運動) 83
공비부담의료(公費負擔醫療) 84
공생(共生) 84
공소증후군(空巢症候群) 84
공업화(工業化) 84
공익법인(公益法人) 84
공익사업(公益事業) 84
공적 사회복지(公的 社會福祉) 84
공제제도(共濟制度) 85
공제조합(共濟組合) 85
공조사회(共助社會) 85
공중보건의(公衆保健醫) 85
공중위생(公衆衛生) 86
공청회(公聽會) 86
공해병(公害病) 86
공황장애(恐慌障碍) 86
과대망상(誇大妄想) 87
과밀화(過密化) 87
과보호(過保護) 87
과정기록(過程記錄) 87
과제(課題) 87
과제중심 케이스워크(課題中心 case work) 87
과태료(過怠料) 88
관료제(官僚制) 88
관찰(觀察) 88
관찰법(觀察法) 88
괴사(壞死) 88
교류교육(交流敎育) 88
교육권(敎育權) 89
교육급여(敎育給與) 89
교육적 재활(敎育的 再活) 89
교정(矯正) 89
교정교육(矯正敎育) 90
교정복지(矯正福祉) 90
교통약자의 이동편의 증진법(交通弱者의 移動便宜 增進法) 90
구급의 ABC(救急의 ABC) 90
구급의료(救急醫療) 91
구빈사업(救貧事業) 91
구급처치(救急處置) 91
구빈원(救貧院) 91
구빈제도(救貧制度) 91
구세군(救世軍) 91
구순기(口脣期) 92
구음장애(構音障碍) 92
구제사업(救濟事業) 92
구조적 실업(構造的 失業) 92
구호기관(救護機關) 92
구호법(救護法) 93
구호지원기관(救護支援機關) 93
국가책임(國家責任) 93
국가청소년위원회(國家靑少年委員 會) 93
국민개보험 · 개연금보험제(國民皆保險 · 皆年金保險制) 93
국민건강보험법(國民健康保險法) 94
국민건강증진법(國民健康增進法) 94
국민건강증진사업(國民健康增進事業) 94

국민기초생활보장법(國民基礎生活保障法) 94
국민복지(國民福祉) 94
국민복지지엔피(國民福祉 GNP) 94
국민복지지표(國民福祉指標) 95
국민부담률(國民負擔率) 95
국민생활지표(國民生活指標) 95
국민연금(國民年金) 95
국민연금법(國民年金法) 95
국민의료비(國民醫療費) 95
국민총생산(國民總生産=GNP: Gross National Product) 95
국민최저생활(國民最低生活) 96
국민후생지표(國民厚生指標) 96
국세조사(國勢調査) 96
국제가족의 해(國際家族의 해) 96
국제고령자의 해(國際高齡者의 해) 96
국제노동기구(國際勞動機構) 96
국제볼런티어활동(國際 Volunteer活動) 96
국제부인의 해(國際婦人의 해= International Women's Year) 97
국제사회보장협회(國際社會保障協會) 97
국제사회복지(國際社會福祉) 97
국제사회복지협의회(國際社會福祉協議會 ICSW = Internatioal Council on Social Welfare〈Development〉) 97
국제사회복지회의(國際社會福祉會 議 lCSW = lnternational conference of social welfare) 98
국제생활기능분류(國際生活機能分類) 98
국제아동의 해(國際兒童의 해) 98
국제앰네스티(國際 Amnesty) 98
국제양자(國際養子) 98
국제여성의 날(國際女性의 날) 99
국제연합(國際聯合) UN= The United Nations 99
국제연합교육과학문화기관(國際聯合 教育科學文化機關 99
국제연합아동기금(國際聯合兒童基金 UNICEF = United Naitions Children's Fund) 99
국제연합헌장(國際聯合憲章) 99
국제인권규약(國際人權規約) 99
국제장애분류(國際障碍分類 ICIDH=Interational Classification of Impairments, Disabilities, and Handicaps) 100
국제장애인의 해(國際障碍人의 해) 100
국제장애인재활협회(國際障碍人再 活協會 RI = Rehabilitation International) 100
국제재활협회(國際再活協會) 101
국제조약(國際條約) 101
군인복지기금법(軍人福祉基金法) 101
군인연금법(軍人年金法) 101
군중심리(群衆心理) 101
궁핍(窮乏) 101
권능없는국가(權能없는國家) 102
권력(權力) 102
권리로서의 사회보장(權利로서의 社會保障) 102
권리옹호(權利擁護) 102
권리옹호시스템(權利擁護system) 102
권리장전(權利章典) 102
권위적 부모(權威的 父母) 102
권위주의적 성격(權威主義的 性格) 103
균일제(均一制) 103
그룹기록(group 記錄) 103
그룹다이내믹스(group dynamics) 103
그룹슈퍼비전(group supervision) 103
그룹어프로치(group approach) 103
그룹워크(group work) 104
그룹워크기록(group work 記錄) 104
그룹워크의 기술(group work의 技術) 104
그룹워크의 사회자원(group work 의 社會資源) 104
그룹워크의 원칙(group work의 原則) 104
그룹카운슬링(group counseling) 105
그룹케어(group care) 105

그룹테라피(group therapy) 105
그룹홈제(Group Home制) 105
그리피스 보고(Griffiths 報告) 105
그린우드, E.(Greenwood, Ernest： 1910~) 106
그린포스트카드제(Green post card 制) 106
근로계약(勤勞契約) 106
근로권(勤勞權) 106
근로기준법(勤勞基準法) 106
근로복지(勤勞福祉) 106
근로빈곤층(勤勞貧困層) 107
근로자(勤勞者) 107
근로자복지기본법(勤勞者福祉基本法) 107
근로자의 날(勤勞者의 날) 107
근로자퇴직급여보장법(勤勞者退職 給與保障法) 107
근로자파견(勤勞者派遣) 107
근로장려세제(勤勞奬勵稅制 EITC) = Earned Income Tax Credit) 107
근로청소년복지(勤勞青少年福祉) 107
근치수술(根治手術) 108
금단증상(禁斷症狀) 108
금연교육(禁煙教育) 108
금치산자(禁治產者) 108
급식서비스(給食 Service) 108
기능유지운동(機能維持運動) 109
기능장애(機能障碍) 109
기능적 이상(機能的 異常) 109
기능주의(機能主義) 109
기능학파(機能學派) 109
기능회복훈련(機能回復訓練) 109
기대수명(期待壽命) 110
기도폐색(氣道閉塞) 110
기도확보(氣道確保) 110
기독교사회복지(基督教社會福祉) 110
기록(記錄) 110
기립성 저혈압(起立性 低血壓) 110
기명력(記銘力) 110
기본권(基本權) 110
기본적 생활습관(基本的 生活習慣) 110
기본적 욕구(基本的 欲求) 111
기본적 인권(基本的 人權) 111
기부(寄附) 111
기부연금제(寄附年金制) 111
기부행위(寄附行爲) 111
기분장애(氣分障碍) 111
기속행위(羈束行爲) 112
기아(飢餓) 112
기억(記憶) 112
기억장애(記憶障碍) 112
기업복지(企業福祉) 112
기업복지시설(企業福祉施設) 113
기업시민(企業市民) 113
기업연금(企業年金) 113
기업종신연금제도(企業終身年金制度) 113
기준고용률(基準雇傭率) 114
기준소득월액(基準所得月額) 114
기질적 장애(氣質的 障碍) 114
기질정신병(氣質精神病) 114
기초노령연금(基礎老齡年金) 114
기초노령연금법(基礎老齡年金法) 114
기초대사량(基礎代謝量) 115
기초생활보장제도(基礎生活保障制度) 115
기초생활수급자(基礎生活受給者) 115
기초연금(基礎年金) 115
기초적 니즈(基礎的 needs) 115
긴급구조(緊急救助) 115
긴급복지지원법(緊急福祉支援法) 115
긴급식품권(緊急食品券) 116
긴급통보시스템(緊急通報 system) 116
긴급피난시설(緊急避難施設) 116
길버트법(Gilbert's Act 〈法〉) 116

ㄴ

나이트시터(night sitter) 117
나이트케어(night care) 117
나이트호스피털(night hospital) 117
나이팅게일(Nightingale, Florence： 1820~1910) 117
난민(難民) 117
난민조약(難民條約) 118
난민캠프(難民 camp) 118
난청(難聽) 118
난치병(難治病) 118
남구(濫救) 118
남녀고용평등과 일 · 가정 양립지원에 관한 법률(男女雇傭平等과 일 · 家庭 兩立支援에 관한 法律) 119
남편사별한 여성의 날(男便死別한 女性의 날) 119
낫 포 세일(Not For Sale) 119
내담자중심요법(來談者 中心療法) 119
내면화(內面化) 120
내부(기능) 장애(內部〈機能〉障碍) 120
내셔널미니멈(national minimum) 120
내집빈곤층(내집貧困層) 120
너싱홈(nursing home) 120
네가지자유(四가지 自由) 121
네개의 P(四個의 P) 121
네거티브소득세(negative所得稅) 121
네글렉트(neglect) 121
노년개발(老年開發) 121
노년기(老年期) 122
노년인구(老年人口) 122
노년인구지수(老年人口指數) 122
노년치매(老年癡呆) 122
노년학(老年學) 122
노동3권(勞動三權) 123
노동가능인구(勞動可能人口) 124
노동계약(勞動契約) 124
노동권(勞動權) 124
노동기본권(勞動基本權) 124
노동력(勞動力) 124
노동력인구(勞動力人口) 124
노동문제(勞動問題) 124
노동법(勞動法) 124
노동3권 124
노동정책(勞動政策) 125
노동조정위원회(勞動調停委員會) 125
노동조합(勞動組合) 125
노동환경(勞動環境) 125
노령연금(老齡年金) 126
노령화지수(老齡化 指數) 126
노멀라이제이션(normalization＝정 상화) 126
노부모(노친) 부양(老父母(老親) 扶養) 126
노사협의회(勞使協議會) 127
노쇠(老衰) 127
노숙인 등의 복지 및 자립지원에 관한 법률(露宿人 등의 福祉 및 自立支援에 관한 法律) 127
노이로제(neurosis) 127
노인(老人) 127
노인가정방문도우미제(老人家庭訪問도우미制)
노인가정봉사원파견사업(老人家庭奉仕員派遣事業) 128
노인가족(老人家族) 128
노인건강진단(老人健康診斷) 128
노인공동생활가정(老人共同生活家庭) 128
노인교실(老人敎室) 129
노인대학(老人大學) 129
노인문제(老人問題) 129
노인병(老人病) 129
노인병원(老人病院) 129
노인복지(老人福祉) 129
노인복지관(老人福祉館) 130
노인복지법(老人福祉法) 130

노인복지상담원(老人福祉相談員) 130
노인복지센터(老人福祉 center) 130
노인복지수당(老人福祉手當) 130
노인복지시설(老人福祉施設) 130
노인복지시책(老人福祉施策) 131
노인복지주택(老人福祉住宅) 131
노인부양(老人扶養) 131
노인부양지수(老人扶養指數) 131
노인성고혈압(老人性高血壓) 131
노인여가복지시설(老人餘暇福祉施設) 132
노인요양공동생활가정(老人療養共 同生活家庭) 132
노인요양시설(老人療養施設) 132
노인의 날 등(老人의 날 등) 132
노인의료복지시설(老人醫療福祉施設) 132
노인인구비율(老人人口比率) 132
노인장기요양보험법(老人長期療養 保險法) 132
노인전문병원(老人專門病院) 133
노인전용주택(老人專用住宅) 133
노인주거복지시설(老人住居福祉施設) 133
노인주택(老人住宅) 133
노인클럽(老人 club) 133
노인학대행위(老人虐待行爲) 134
노인휴양소(老人休養所) 134
노친부양(老親扶養) 134
노화(老化) 134
노후보장(老後保障) 134
녹색주의(綠色主義) 134
농아자(聾啞者 = 벙어리) 135
농아학교(聾啞學校) 135
농어민연금제(農漁民年金制) 135
농어촌주민(農漁村住民) 135
농어촌주민의 보건복지증진을 위한 특별법(農漁村住民의 保健福祉增進을 위한 特別法) 135
농활(農活) 135
뇌경색(腦梗塞) 136
뇌병변장애인(腦病變障碍人) 136
뇌사(腦死) 136
뇌성마비(腦性痲痺) 136
뇌일혈(腦溢血) 136
뇌장애(腦障碍) 136
뇌전색(腦栓塞) 137
뇌졸중(腦卒中) 137
뇌혈관성치매(腦血管性 癡呆) 137
뇌혈전(腦血栓) 137
누구(漏救) 137
뉴딜정책(New Deal 政策) 137
뉴리치현상(New Rich 現象) 138
뉴머더(New Mother) 138
뉴스테터, W. I.(Newstetter, Wilber I : 1896~1972) 138
능력장애(能力障碍) 138
니즈(needs) 138
니즈의 평가(needs의 平價) 138
니즈 · 자원조정설(needs · 資源調整說) 138
닐리에(Nirje Bengt, B : 1924~) 139
님비증후군(NIMBY症候群) 139
님비현상(NIMBY 現象) 139

ㄷ

다문제가족(多問題家族) 140
다문화가족(多文化家族) 140
다문화가족정책위원회(多文化家族政策委員會) 140
다문화가족지원법(多文化家族支援法) 140
다운증후군(Down 症候群) 141
다이버션(diversion) 141
단결권(團結權) 141
단급세대 · 병급세대(單給世帶 · 併給世帶) 141
단기기억(短期記憶) 141
단기보험 · 장기보험(短期保險 · 長期 保險)

142
단기보호서비스(短期保護 Services) 142
단시간근로자(短時間勤勞者) 142
단체교섭권(團體交涉權) 142
단체행동권(團體行動權) 142
단체협약(團體協約) 142
당연가입제도(當然加入制度) 142
대변적 기능(代辯的 機能) 143
대사질환(代謝疾患) 143
대안학교(代案學校) 143
대인복지서비스(對人福祉 services) 143
대인사회서비스(對人社會 services) 143
대인원조기술(對人援助技術) 144
대증요법(對症療法) 144
대처리즘(Thatcherism) 144
대체적 기능(代替的 機能) 144
대한노인회(大韓老人會) 144
대행기능(代行機能) 144
데시벨(decibel) 144
데이서비스(day services) 145
데이케어(day care) 145
데이케어시설(day care facility) 145
데이호스피털(day hospital) 145
도너(donor) 145
도메스틱바이오렌스(domestic Violens) 145
도시화(都市化) 146
도오너카드(donor card) 146
독거노인(獨居老人) 146
독재적 부모(獨裁的 父母) 146
동기부여(動機附與) 146
동반자살(同伴自殺) 147
동서대비원(東西大悲院) 147
동서활인서(東西活人署) 147
동일성(同一性) 147
동일시(同一視) 147
동일화(同一化) 147
동정(同情) 147
동질성(同質性) 147
듀낭(Dunant, Jean Henri : 1828~ 1910) 148
듀이(Dewey, John : 1859~1952) 148
듀크스(double employed with kids) 148
등교거부 · 부등교(登校拒否 · 不登校) 148
디바인, E.(Devine, Edward :1867~ 1948) 148
딩크족(DINK族 = 〈Double Income no Kids〉) 149
WAIS(wechsler adult intelligence scale) 149
WHO 149
WISC(wechsler intelligence scale for children) 149
또래집단(集團 peer Group) 149

ㄹ

라우애 · 하우스(Raue Haus) 150
라운트리, B.S.(Rowntree, Benjamin Seebohm: 1871~1954) 150
라이프모델(life model) 150
라이프사이클(life cycle) 150
라이프스타일(life style) 150
라이프스테이지(life stage) 150
라이프케어비즈니스(life care business) 151
라포(rapport) 151
랑크, O.(Rank, Otto : 1884~1939) 151
러셀세이지 재단(Russel Sage 財團) 151
런던자선조직협회(London 慈善組織協會) 151
레드존(red zone) 152
레스폰시빌리티(responsiblity) 152
레스피트케어(respite care) 152
레인, R.(Lane, Robert:1891~1953) 152
레인위원회보고(Lane 委員會報告) 152
레지덴셜소셜워크(residential social work) 153
레지덴셜트리 트먼트(residential treatment) 153
레크리에이션(recreation) 153

레크리에이션요법(recreation 療法) 153
레크리에이션운동(recreation運動) 153
로렌츠 곡선(로렌츠 曲線 : Lorenz Curve) 153
로르샤흐테스트(Rorschach test) 154
로브슨, W.(Robson, William Alec : 1895~1980) 154
로빈슨, V.(Robinson, Virginia P : 1883 ~1977) 154
로스, M.G.(Ross, Murrey G: 1910~2000) 154
로저스, C.R.(Rogres, Carl Ransom 1902~1987) 154
롤 플레이(role play) 155
롱 팀 케어(long team care) 155
룸펜프롤레타리아(〈영〉Loafer Proletarian〉〈독〉Lumpen Proletaiet)
르 · 프레이(Le play, pierre Guillaume Frederic 1806~1882년) 155
리더십(leadership) 155
리드, W.(Reid, William James : 1928~) 155
리비도(Libido) 156
리빙윌(living will) 156
리치몬드, M.(Richmond, Mary(1961~1928) 156
리타이어먼트커뮤니티(retirement community) 156
리프로탁티브 헬스 엔드 라이트 (repoductive health and rights) 157
리프트 버스(Lift bus) 157
리허빌리테이션(rehabilitation) 157
리허빌리테이션계획(rehabilitation 計劃) 157
리허빌리테이션 세계회의(rehabilitation 世界會議) 157
리허빌리테이션 센터(rehabilitation center) 157
리허빌리테이션 소셜워커(R.S.W = Rehabilitation Social Worker) 158
리허빌리테이션 의학(Rehabilitation 醫學) 158
리허빌리테이션 카운슬러(rehabilitation counselor) 158
리허빌리테이션 팀(rehabilitation team) 158

ㅁ

마더 테레사(Mother Teresa : 1910~1997) 159
마르크스, K.(Marx, Karl Heinrich : 1818~1883) 159
마약중독(痲藥中毒) 159
마이너리티(minorities) 159
마찰적 실업(摩擦的 失業) 160
마켓 · 바스켓방식(market · basket方式) 160
마크로소셜워크(Macro Social Work) 160
만성질환(慢性疾患) 160
말기암환자(末期癌患者)
말기암환자완화의료(末期癌患者緩和醫療) 161
말더듬이(rhythm장애, Stammerer) 161
말초신경(末梢神經) 161
망상(妄想) 161
맞벌이가족(맞벌이 家族) 161
맞춤형 복지(맞춘型 福祉) 161
매음금지조약(賣淫禁止條約) 162
매춘(賣春) 162
맥박(脈拍) 162
맨파워(man power) 162
맬더스, T.(Malthus, Thomas Robert : 1766~1834) 162
맬트리트먼트(maltreatment) 162
맹도견(盲導犬) 163
맹아시설(盲兒施設) 163
메디케어(medicare) 163
메디케이드(Medicaid) 163
메조소셜워크(mezo social work) 163
멘탈하이진(mental hygiene) 164
멘탈헬스(mental health) 164
면접(面接) 164
면접조사(面接調査) 164

명예퇴직제(名譽退職制) 164
명칭독점(名稱獨占) 164
명확화(明確化) 165
모니터링(monitoring) 165
모델사업(model 事業) 165
모라토리엄인간(moratorium 人間) 165
모라토리엄증후군(moratorium 症候群〈symdrom〉) 165
모 · 부자공동생활가정(母 · 父子共同 生活家庭) 165
모성거부증후군(母性拒否 症候群) 166
모성박탈(母性剝奪) 166
모성보호(母性保護) 166
모성적 양육(母性的 養育) 166
모자가정(母子家庭) 166
모자공동생활가정(母子共同生活家庭) 166
모자동반자살(母子同伴自殺) 167
모자문제(母子問題) 167
모자보건법(母子保健法) 167
모자보건사업(母子保健事業) 167
모자보건수첩제(母子保健手帖制) 167
모자보건요원(母子保健要員) 168
모자보호시설(母子保護施設) 168
모자복지위원회(母子福祉委員會) 168
모자생활지원시설(母子生活支援施設) 168
모자세대(母子世帶) 168
모자자립시설(母子自立施設) 169
모자주택(母子住宅) 169
모집단(母集團) 169
몬테소리, M.(Montessory, Maria : 1870~1952) 169
몽고리즘(Mongolism) 169
무갹출제(無醵出制) 169
무관심(無關心) 170
무의식(無意識) 170
무인가보육시설(無認可保育施設) 170
무작위추출법(無作爲抽出法) 170
무정부주의(無政府主義) 170
무주택(無住宅) 171
문제가족(問題家族) 171
문제아(問題兒) 171
문제해결능력(問題解決能力) 171
문제해결어프로치(問題解決 approach) 171
문제행동(問題行動) 172
물리요법(物理療法) 172
물리치료(物理治療) 172
물품구입제(物品購入制) 172
미국노인헌장(美國老人憲章) 172
미국사회사업가협회(美國社會事業家協會) 172
미국아동헌장(美國兒童憲章) 172
미국우애봉사단(美國友愛奉仕團) AFSC = American Friends Service Committee) 173
미국의 사회보장제도(美國의 社會保障制度) 173
미성년자(未成年者) 173
미숙아(未熟兒) 173
미아(迷兒) 173
미조치아동(未措置兒童) 173
미크로소셜워크(micro social work) 174
미혼모(未婚母) 174
미혼모공동생활가정(未婚母共同生 活家庭) 174
미혼모자가족복지시설(未婚母子家族福祉施設) 174
미혼모자공동생활가정(未婚母子共 同生活家庭) 174
미혼모자시설(未婚母子施設) 175
민간복지단체(民間福祉團體) 175
민간비영리조직(民間非營利組織) 175
민간사회복지(民間社會福祉) 175
민간사회복지사업(民間社會福祉事業) 175
민간사회복지시설(民間社會福祉施設) 175
민간산업복지(民間産業福祉) 175
민사소송법(民事訴訟法) 175

민생행정(民生行政) 176
민속문화(民俗文化) 176
민주사회주의(民主社會主義) 176
밀크 스테이션(milk station) 176
밀포드회의(Milford 會議 : The Milford Conference) 176

ㅂ

바네트, S.A.(Barnett, Samuel Augustus : 1844~1913) 177
바와즈, S.(Bowers, Swithun : 1908~?) 177
바우처 제도(voucher 制度) 177
바이마르 헌법(weimar 憲法) 177
비이스테크의 7원치(Biestek, F. P.의 七原則) 177
바이탈사인(vital sign) 178
바인터,R.(vinter, Robert D: 1918~) 178
바자(Ba zaar) 178
바클레이 보고(Barclay 報告) 178
바틀렛, H. M.(Bartlett. Harriet, M : 1879~1987) 179
박애(博愛) 179
박애사업(博愛事業) 179
반동형성(反動形成) 179
반사(反射) 179
반사회성(反社會性) 179
반항기(反抗期) 180
발달검사(發達檢査) 180
발달단계(發展段階) 180
발달보장(發達保障) 180
발달이론(發達理論) 180
발달장애(發達障碍) 181
발달장애인(發達障碍人) 181
발달지체(發達遲滯) 181
발작(發作)
방과후아동지도사업(放課後兒童指導事業)
방문간호(訪問看護) 181
방문간호사 1인 1동제(訪問看護師 一人一洞制) 181
방문목욕서비스(訪問沐浴 Services) 182
방문수발(訪問수발) 182
방문요양 서비스(訪問療養 Services) 182
방문조사(訪問調査) 182
방문지도(訪問指導) 182
방위기제(防衛機制) 182
방임적 부모(放任的 父母) 182
배경인자(背景因子) 183
배뇨감지기(排尿感知器) 183
배뇨장애(排尿障碍) 183
배란기(排卵期) 183
배변장애(排便障碍) 183
배설(排泄) 183
배설기능장애(排泄機能障碍) 184
배아기(胚芽期) 184
배우자학대(配偶者虐待) 184
배회(徘徊) 184
백내장(白內障) 184
백악관노인회의(白堊館 老人會議 =White House Conference on Aging) 185
백악관회의(白堊館會議=White House Conference) 185
뱅커미켈센, N.E.(Bank Mikkelsen, Neils Erik : 1919~1990) 185
범죄소년(犯罪少年) 186
범죄심리학(犯罪心理學) 186
법률구조(法律救助) 186
법률구조공단(法律救助公團) 186
법률구조법(法律救助法) 186
법앞에 평등(法앞에 平等) 186
법인(法人) 186
법정급여(法定給與) 187
베리어프리(Barrier Free) 187
베리어프리 설계(barrier free 設計) 188

베버리지보고(Beverdge, W. H 報告) 188
베이비시터(baby sitter) 188
보건복지기구(保健福祉機具) 188
보건복지부(保健福祉部) 189
보건소(保健所) 189
보건위생(保健衛生) 189
보건의료기술(保健醫療技術) 189
보건의료서비스(保健醫療 services) 190
보건진료원(保健診療員) 190
보도위탁(補導委託) 190
보디메카닉(body mechanics) 190
보상(補償) 190
보육(保育) 190
보육계획(保育計劃) 191
보육교직원(保育教職員) 191
보육니즈(保育 Needs) 191
보육도우미제(保育도우미制) 191
보육시설(保育施設) 191
보육시설종사자(保育施設從事者) 192
보육정보센터(保育情報 center) 192
보육제도(保育制度) 192
보장구(補裝具) 192
보장기관(保障機關) 192
보조금(補助金) 192
보조사회사업가(補助社會事業家) 192
보편주의(普遍主義) 193
보편주의적 서비스(普遍主義的 services) 193
보험급여의 제한(保險給與의 制限) 193
보험료(保險料) 193
보험자(保險者) 193
보호(保護) 193
보호고용(保護雇傭) 194
보호관찰(保護觀察) 194
보호관찰관(保護觀察官) 194
보호관찰 등에 관한 법률(保護觀察 등에 관한 法律) 194
보호관찰소(保護觀察所) 195
보호권의 아동권리(保護權의 兒童權利) 195
보호를 필요로 하는 아동(保護를 必要로 하는 兒童) 195
보호소년(保護少年) 195
보호소년 등의 처우에 관한 법률(保 護少年 등의 處遇에 관한 法律) 196
보호시설(保護施設) 196
보호율(保護率) 196
보호의무자(保護義務者) 196
보호의무자에 의한 입원(保護義務者에 의한 入院) 196
보호자(保護者) 197
보호처분(保護處分) 197
복지(福祉) 197
복지교육(福祉教育) 197
복지국가(福祉國家) 198
복지권(福祉權) 198
복지니즈(福祉 needs) 199
복지다원주의(福祉多元主義) 199
복지레크리에이션(福祉 recreation) 199
복지문화(福祉文化) 199
복지사회(福祉社會) 199
복지산업(福祉產業) 200
복지서비스(福祉 services) 200
복지수준(福祉水準) 200
복지심(福祉心) 200
복지용구(福祉用具) 201
복지원리(福祉原理) 201
복지위원(福祉委員) 201
복지윤리(福祉倫理) 201
복지정보시스템(福祉情報 System) 201
복지증진서비스(福祉增進 Services) 201
복지증진의 책임(福祉增進의 責任) 202
복지커뮤니티(福祉 comunity) 202
복지행정(福祉行政) 202
복합가족(複合家族) 202
복합핵가족(複合核家族) 202

볼런터리즘(Voluntarism) 203
볼런티어(Volunteer) 203
볼런티어보험(Volunteer 保險) 204
볼런티어센터(Volunteer center) 204
볼런티어활동(Volunteer 活動) 204
볼펜스벨거,W.(wolfensberger, wolf : 1934~) 204
부가급여(附加給與) 205
부녀보호소(婦女保護所) 205
부녀복지(婦女福祉) 205
부당노동행위(不當勞動行爲) 205
부랑인(浮浪人) 205
부부사제(夫婦舍制) 205
부분욕(部分浴) 206
부분조사(部分調査) 206
부스, 윌리암.(Booth, William: 1829~1912) 206
부스, 찰스.(Booth, charles : 1840~1916) 206
부양(扶養) 206
부양아동가족부조(扶養兒童家族扶助) 207
부양의무(扶養義務) 207
부양의무자(扶養義務者) 207
부자가정(父子家庭) 207
부자공동생활가정(父子共同生活家庭) 208
부자보호시설(父子保護施設) 208
부자자립시설(父子自立施設) 208
부정(否定) 208
부정맥(不整脈) 208
부조(扶助) 208
북한이탈주민(北韓離脫住民) 208
북한이탈주민의 보호 및 정착지원에 관한 법률(北韓離脫住民의 保護 및 定着支援에 관한 法律) 209
분권화(分權化) 209
분실금(糞失禁) 209
불교사회사업(佛敎社會事業) 209
불안(不安) 209
불완전취업(不完全就業) 210
블루존(Blue Zone) 210
비 · 비 · 에스운동(B · B · S運動:Big Brothers and Sisters movement) 210
비밀보장의 원칙(秘密保障의 原則) 210
비밀유지의무(秘密維持義務) 210
비스마르크(Bismarck, Otto Eduard Leopold : 1815~1898) 211
비스마르크사회보험(Bismarck 社會 保險) 211
비심판적 태도(非審判的 態度) 211
비언어적 커뮤니케이션(非言語的 communication) 211
비영리민간조직(非營利民間組織) 211
비영리법인(非營利法人) 211
비정부단체(非政府團體) 211
비지시요법(非指示療法) 212
비행(非行) 212
비행소년(非行少年) 212
비화폐적 니즈(非貨幣的 needs) 212
빈곤(貧困) 212
빈곤가정(貧困家庭) 213
빈곤기준(貧困基準) 213
빈곤문화(貧困文化) 213
빈곤선(貧困線) 213
빈곤예방(貧困豫防) 214
빈곤아동(貧困兒童) 214
빈곤의 악순환설(貧困의 惡循環說) 214
빈곤의 함정(貧困의 陷穽) 214
빈곤전쟁(貧困戰爭) 214
빈곤조사(貧困調査) 215
빈곤층(貧困層) 215
빈뇨(頻尿) 215
빈둥지증후군(빈둥지 症候群) 215
빈민(貧民) 215
빈민가(貧民街) 215
빈민구제위원(貧民救濟委員) 216
빈터(Vinter, Robert D : 1918~) 216

뻐꾸기 가족(뻐꾸기 家族) 216

ㅅ

사내근로복지기금법(社內勤勞福祉 基金法) 217
사단법인(社團法人) 217
사례관리(事例管理) 217
사례기록(事例記錄) 217
사망률(死亡率) 217
사망진단서(死亡診斷書) 218
사법권(司法權) 218
사법보호케이스워크(司法保護 case work) 218
사법 소셜워크(司法 social work) 218
사법케이스워크(司法case work) 218
사생관(死生觀) 218
사생아(私生兒) 219
4H클럽(四H Culb) 219
사실혼(事實婚) 219
사이코드라마(psychodrama) 219
사인(死因) 219
사적부조(私的扶助) 220
사전조사(事前調査) 220
사정(査定) 220
사창(社倉) 220
사체계모형(四體系模型 : four systems model) 220
사회개량(社會改良) 220
사회개량주의(社會改良主義) 221
사회개발(社會開發) 221
사회개발시스템(社會開發 system) 221
사회계층(社會階層) 221
사회관계(社會關係) 221
사회공헌활동(社會貢獻活動) 222
사회교육(社會敎育) 222
사회권(社會權) 222
사회답사(社會踏査) 222
사회리허빌리테이션(社會 rehabilitation) 222
사회문제(社會問題) 222
사회보장(社會保障) 223
사회보장급여비(社會保障給與費) 223
사회보장기본법(社會保障基本法) 223
사회보장부담률(社會保障負擔率) 223
사회보장부담률 · 조세부담률(社會保障負擔率 · 租稅負擔率) 224
사회보장성 기금(社會保障性 基金) 224
사회보장수급권(社會保障受給權) 224
사회보장의 기본이념(社會保障의 基本理念) 224
사회보장법(社會保障法) 224
사회보장심의위원회(社會保障審議委員會) 224
사회보장헌장(社會保障憲章) 225
사회보험(社會保險) 225
사회복귀(社會復歸) 225
사회복귀시설(社會復歸施設) 225
사회복귀활동(社會復歸活動) 225
사회복지(社會福祉) 225
사회복지계획(社會福祉計劃) 226
사회복지공동모금(社會福祉共同募金) 226
사회복지공동모금회(社會福祉共同募金會) 226
사회복지공동모금회법(社會福祉共 同募金會法) 226
사회복지관(社會福祉館) 227
사회복지관리운영(社會福祉管理運營) 227
사회복지법인(社會福祉法人) 227
사회복지사(社會福祉士) 228
사회복지사업(社會福祉事業) 228
사회복지사업법(社會福祉事業法) 228
사회복지서비스(社會福祉 services) 228
사회복지시설(社會福祉施設) 229
사회복지시설의 기능(社會福祉施設의 機能) 229
사회복지실천(社會福祉實踐) 229
사회복지원조기술(社會福祉援助技 術) 229

사회복지원조활동(社會福祉援助活動) 229
사회복지의 가치 · 이념(社會福祉의 價値 · 理念) 230
사회복지의 국제화(社會福祉의 國際化) 230
사회복지의 날(社會福祉의 날) 230
사회복지의 원조(社會福祉의 援助) 230
사회복지의 윤리(社會福祉의 倫理) 230
사회복지전달체계(社會福祉傳達體系) 231
사회복지전문요원(社會福祉專門要員) 231
사회복지정책(社會福祉政策) 231
사회복지조사(社會福祉調査) 231
사회복지조사법(社會福祉調査法) 231
사회복지학(社會福祉學) 232
사회복지협의회(社會福祉協議會) 232
사회봉사명령제(社會奉仕命令制) 232
사회부적응(社會不適應) 233
사회부조(社會扶助) 233
사회사업(社會事業) 233
사회사업가(社會事業家) 233
사회사업조사(社會事業調査) 233
사회서비스(社會 servces) 234
사회서비스이용권(社會servces利用券) 234
사회서비스이용 및 이용권관리에 관한 법률(社會서비스利用 및 利用券管理에 관한 法律) 234
사회서비스 이용자 · 제공자(社會서비스利用者 · 提供者) 234
사회생활력(社會生活力) 234
사회생활평가척도(社會生活評價尺度) 234
사회성의 원리(社會性의 原理) 235
사회수당(社會手當) 235
사회안전망(社會安全網=social safety net) 235
사회연대(社會連帶) 235
사회운동(社會運動) 236
사회자본(社會資本) 236
사회자원(社會資源) 236
사회적 공정(社會的 公正) 236
사회적 기본권(社會的 基本權) 236
사회적 니즈(社會的 needs) 237
사회적 부양(社會的 扶養) 237
사회적 부적응(社會的 不適應) 237
사회적 불리(社會的 不利) 237
사회적 역할(社會的 役割) 237
사회적 욕구(社會的 欲求) 237
사회적응훈련(社會適應訓練) 238
사회적 일자리(社會的 일자리) 238
사회적 입원(社會的 入院) 238
사회적 재활(社會的 再活) 238
사회적 적응(社會的 適應) 238
사회적 정의(社會的 定義) 238
사회적 진단(社會的 診斷) 239
사회적(아동) 보호(社會的〈兒童〉保護) 239
사회적 평등(社會的 平等) 239
사회정신학(社會精神學) 239
사회정책(社會政策) 240
사회조사(社會調査) 240
사회지표(社會指標) 240
사회진단(社會診斷) 240
사회진화론(社會進化論) 240
사회집단(社會集團) 241
사회참가대책(社會參加對策) 241
사회참여(社會參與) 241
사회철학(社會哲學) 241
사회치료(社會治療) 241
사회통제(社會統制) 241
사회통합(社會統合) 241
사회화(社會化) 242
사회화환경(社會化環境) 242
사회후생함수(社會厚生函數) 242
사후보호(事後保護) 242
사후평가(事後評價) 242
산업복지(産業福祉) 242
산업소셜워크(産業 social work) 243
산업안전보건법(産業安全保健法) 243

산업재해(産業災害) 243
산업재해보상보험(産業災害補償保險) 243
산업혁명(産業革命) 243
산전산후휴가(産前産後休暇) 243
산후조리업(産後調理業) 244
3권분립(三權分立) 244
3대사인(三大死因) 244
3대성인병(三大成人病) 244
3D산업(三D 産業) 244
상대적 박탈(相對的 剝奪) 244
상병급여금(傷病給與金) 245
상병보상연금(傷病補償年金) 245
상평창(常平倉) 245
상평창제(常平倉制) 245
상호부조(相互扶助) 245
상호원조(相互援助) 246
생계비(生計費) 246
생리적 노화(生理的 老化) 246
생리적 욕구(生理的 欲求) 246
생명윤리(生命倫理) 246
생명표(生命表) 246
생산가능인구(生産可能人口) 246
생산연령인구(生産年齡人口) 247
생존권(生存權) 247
생존권보장(生存權保障) 247
생존권의 아동권리(生存權의 兒童權利) 247
생존자증후군(生存者症候群) 247
생체리듬(生體 rhythm) 247
생태권(生態權) 248
생활권역(生活圈域) 248
생활기능훈련(生活技能訓練) 248
생활력(生活歷) 248
생활모델(生活 model) 248
생활보장급여기본원칙(生活保障給 與基本原則) 248
생활보장급여의 종류(生活保障給與의種類) 249
생활보장기준(生活保障基準) 249
생활보장의 기본원리(生活保障의 基本原理) 249
생활보호(生活保護) 249
생활보호법(生活保護法) 249
생활수준(生活水準) 249
생활습관병(生活習慣病) 250
생활시설(生活施設) 250
생활양식(生活樣式) 250
생활연령(生活年齡) 250
생활요법(生活療法) 250
생활의 질(生活의 質) 251
생활지도(生活指導) 251
생활훈련(生活訓練) 251
서민층(庶民層) 251
서비스계약(services契約) 251
서비스이용자(services利用者) 252
서비스의 계속성(services의 繼續性) 252
서포트시스템(support system) 252
선도보호시설(善導保護施設) 252
선별적 · 보편적 복지(選別的 · 普遍的 福祉) 252
선별주의(選別主義) 253
선별주의적 서비스(選別主義的services) 253
선천성 이상아(先天性異常兒) 253
선천성 장애(先天性障碍) 253
선천성 질환(先天性疾患) 253
선택의 자유(選擇의 自由) 253
선택주의(選擇主義) 253
섬망(譫妄) 253
성격검사(性格檢査) 254
성격이상(性格異常) 254
성공적인 노화(成功的인 老化) 254
성교육(性敎育) 254
성도착증환자(性倒錯症患者) 254
성매매(性賣買) 254
성매매목적의 인신매매(性賣買目的의 人身賣

買) 255
성매매방지 및 피해자보호 등에 관한 법률(性賣買防止 및 被害者保護 등에 관한 法律) 255
성매매알선등행위(性賣買斡旋 등 行爲) 255
성매매피해자(性賣買被害者) 255
성매매피해자의 지원시설(性賣買被害者의 支援施設) 255
성범죄 · 비행(性犯罪 · 非行) 256
성역할(性役割) 256
성인기(成人期) 256
성인병(成人病) 257
성인병대책(成人病對策) 257
성인병환자(成人病患者) 257
성장집단(成長集團) 257
성적 자결권(性的 自決權) 257
성충동 약물치료(性衝動 藥物治療) 258
성폭력범죄(性暴力犯罪) 258
성폭력범죄의 처벌 및 피해자보호 등에 관한 법률(性暴力 犯罪의 處罰 및 被害者保護 등에 관한 法律) 258
성폭력범죄자의 성충동약물치료에 관한 법률(性暴力犯罪者의 性衝動藥物治療에 관한 法律) 258
성행위감염증(性行爲感染症) 258
성희롱(性戱弄: sexual harassment) 259
세계보건기구(世界保健機構) 259
세계보건기구헌장(世界保健機構憲章) 259
세계인권선언(世界人權宣言) 260
세계인권선언 제22조(世界人權宣言第二十二條) 260
세계인권선언제25조(世界人權宣言 第二十五條) 260
세계인권의 날(世界人權의 날) 260
세대(世帶) 260
세이브더칠드런(Save the Children) 260
세틀먼트(settlement) 261
세틀먼트활동(settlement活動) 261
섹슈얼해러스먼트(Sexual harassment) 261
센서스(census) 261
셀프케어(self care) 261
셀프헬프(selp help) 261
소년(少年) 261
소년범(少年犯) 262
소년법(少年法) 262
소년보호(少年保護) 262
소년분류심사원(少年分類審査院) 262
소년소녀가족(少年少女家族) 263
소년심판(少年審判) 263
소년원(少年院) 263
소득보장(所得保障) 264
소득분배(所得分配) 264
소득세(所得稅) 264
소득의 재분배(所得의 再分配) 264
소득인정액(所得認定額) 265
소득제한(所得制限) 265
소비세(消費稅) 265
소비자복지(消費者福祉) 265
소비자운동(消費者運動) 265
소비자주권(消費者主權) 266
소비지출(消費支出) 266
소셜니즈(social needs) 266
소셜서비스(social service) 266
소셜서포트네트워크(social support network) 266
소셜워커(social worker) 266
소셜워크(social work) 267
소수민족단체(少數民族團體) 267
소수파보고(少數派報告) 267
소시오메트리(sociometry) 267
소아성인병(小兒成人病) 267
소자화(少子化) 267
소재식(所在識) 268
소재식장애(所在識障碍) 268

속인법주의(屬人法主義) 268
속지법주의(屬地法主義) 268
쇼트스테이홈(short stay home) 268
수급권자(受給權者) 269
수급품(受給品) 269
수리(受理) 269
수리면접(受理面接) 269
수발269
수비의무(守秘義務) 269
수양부모(收養父母) 270
수용(受容) 270
수용보호(收容保護) 270
수용시설(收容施設) 270
수익권(受益權) 270
수익사업(收益事業) 270
수익자부담(受益者負擔) 270
수화(手話) 271
순환기질환(循環器疾患) 271
순회교육(巡廻教育) 271
순회입욕서비스(巡廻入浴 services) 271
순회진료(巡廻診療) 271
쉘터드하우징(sheltered housing) 271
슈바르츠,W.(schwartz, william : 1916~1982) 272
슈퍼바이저(supervisor) 272
슈퍼바이지(supervisee) 272
슈퍼비전(supervision) 272
슈퍼에고(super ego) 272
슈퍼우먼신드롬(superwoman syndrome) 273
스쿨존(School zone) 273
스쿨카운슬러(school counseller) 273
스킨십(skin ship) 273
스토마(stoma) 273
스트레스(stress) 273
스트레스정신장애(Strees 精神障碍) 274
스티그마(stigma) 274
스페셜올림픽(Special Olympic) 274
스페시픽크 소셜워크(specific social work) 274
슬럼(slum) 274
승화(昇華) 274
시각장애인(視覺障碍人) 275
시각장애인재활시설(視覺障碍人再活施設) 275
시민권(市民權) 275
시민법(市民法) 275
시민생활상담소(市民生活相談所) 275
시민운동(市民運動) 276
시민의식(市民意識) 276
시민참가(市民參加) 276
시봄보고(seebohm 報告) 276
시설보호(施設保護) 276
시설복지(施設福祉) 276
시설복지서비스(施設福祉 services) 276
시설수용주의(施設收容主義) 277
시설의 사회화(施設의 社會化) 277
시설장(施設長) 277
시설케어(施設care) 277
시스템이론(system 理論) 277
시장원리(市場原理) 278
시행령(施行令) 278
시효(時效) 278
식물(상태의) 인간(植物〈狀態의〉人間) 278
식중독(食中毒) 278
식품기부활성화에 관한 법률(食品寄附活性化에 관한 法律) 279
식품첨가물(食品添加物) 279
신경성식욕부진증(神經性食慾不振症) 279
신경쇠약(神經衰弱) 279
신경증(神經症) 279
신구빈법(新救貧法) 280
신기능장애(腎機能障碍) 280
신드롬(syndrome =증후군〈症候群〉) 280
신생아(新生兒) 280
신자유주의(新自由主義) 280
신장장애인(腎臟障碍人) 280

신체구속(身體拘束) 280
신체장애인(身體障碍人) 281
신체장애인고용률(身體障碍人雇庸率) 281
신체적 욕구(身體的 欲求) 281
실금(失禁) 281
실금케어(失禁 care) 281
실버산업(silver 産業) 282
실버서비스(silver services) 282
실버타운(silver town) 282
실버프로그램(silver program) 283
실비양로시설(實費養老施設) 283
실어(失語) 283
실어증(失語症) 283
실업(失業) 283
실업급여(失業給與) 283
실업률(失業率) 284
실업문제(失業問題) 284
실업자(失業者) 284
실종선고(失踪宣告) 284
실종아동 등(失踪兒童 등) 284
실종아동 등의 보호 및 지원에 관 한 법률(失踪兒童 등의 保護 및 支 援에 관한 法律) 285
실직증후군(失職症候群) 285
실행(失行) 285
심근경색(心筋梗塞) 285
심리극(心理劇 = psychodrama) 285
심리상담사(心理相談士) 285
심리요법(心理療法) 286
심리적 리허빌리테이션(心理的 rehabilitation) 286
심리적 욕구(心理的 欲求) 286
심리적 원조(心理的 援助) 286
심리테스트(心理 test) 286
심리판정(心理判定) 287
심부전(心不全) 287
심사청구(審査請求) 287
심신기능 · 신체구조(心身機能 · 身體 構造) 287
심신상실자(心神喪失者) 287
심신장애(心身障碍) 287
심인(心因) 287
심인성반응(心因性 反應) 288
심인성정신장애(心因性 精神障碍) 288
심장장애인(心臟障碍人) 288
심적 외상(心的 外傷) 288
심포지움(symposium) 288
쌀소동(쌀騷動) 288
COS(Charity Organization Society movement) 288

ㅇ

아그레씨브 케이스워크(aggressive case work) 289
아노미(anomy) 289
아담스, J.(Addams, Jane : 1860~ 1935년) 289
아동(兒童) 289
아동가정지원사업(兒童家庭支援 事業) 290
아동관(兒童觀) 290
아동권리의 발달권(兒童權利의 發達權) 290
아동권리의 선언(兒童權利의 宣言) 290
아동권리의 참여권(兒童權利의 參與權) 291
아동그룹홈(兒童 club home) 291
아동단기보호시설(兒童短期保護施設) 291
아동보호(兒童保護) 291
아동보호치료시설(兒童保護治療施設) 292
아동복지(兒童福祉) 292
아동복지관(兒童福祉館) 292
아동복지법(兒童福祉法) 292
아동복지소셜워크(兒童福祉social work) 292
아동복지시설(兒童福祉施設) 293
아동복지시설종사자(兒童福祉施 設從事者) 293
아동복지지도원(兒童福祉指導員) 293

아동상담(兒童相談) 294
아동상담소(兒童相談所) 294
아동양육시설(兒童養育施設) 294
아동에 대한 금지행위(兒童에 대한 禁止行爲) 294
아동위원(兒童委員) 295
아동의 권리에 관한 협약(兒童의 權利에 관한 協約) 295
아동빈곤(兒童貧困) 295
아동의 빈곤예방 및 지원 등에 관한 법률(兒童의 貧困豫防 및 支援 등에 관한 法律) 295
아동의 세기(兒童의 世紀) 296
아동의 최선의 이익(兒童의 最善의 利益) 296
아동일시보호시설(兒童一時保護施設) 296
아동전문상담사업(兒童專門相談 事業) 296
아동전용시설(兒童專用施設) 296
아동정책조정위원회(兒童政策調整 委員會) 296
아동주간보호사업(兒童晝間保護事業) 297
아동중심주의(兒童中心主義) 297
아동직업시설(兒童職業施設) 297
아동 · 청소년의 성보호에 관한 법률 (兒童 · 青少年의 性保護에 관한 法律) 297
아동 · 청소년의 성을 사는 행위(兒童 · 青少年의 性을 사는 行爲) 297
아동 · 청소년이용음란물(兒童 · 青少年利用淫亂物) 297
아동학(兒童學) 298
아동학대(兒童虐待) 298
아동학대신고의무(兒童虐待申告義務) 298
아동학대예방의 날(兒童虐待豫防의 날) 299
아래턱호흡(아래턱 呼吸) 299
아메니티(amenity) 299
아사히소송(朝日 訴訟) 299
아시아태평양장애인의 10년(Asia 太平洋障碍人의 10年) 300
아우트리치(out reach) 300
아이덴티티(identity) 300
아이돌봄지원법(아이돌봄 支援法)
아이돌보미300
아이에이디엘(IADL=Instrumental Activity of Daily Living) 301
ILO(International Labour Organization = 국제노동기구) 301
IL운동(Independent Living 運動 =自立生活運動) 301
IQ(Intelligence Quotient) 302
안락(安樂) 302
안락사(安樂死) 302
안면장애인(顔面障碍人) 302
안전보건교육(安全保健教育) 302
안전 · 보건진단(安全 · 保健診斷) 302
알모너(almoner) 303
알츠하이마형치매(Alzheimer型 癡呆) 303
알츠하이머병(Alzheimer 病) 303
알코올병(alcohol病) 303
알코올의존(alcohol依存) · 알코올 의존증(alcohol 依存症) 304
알코올중독(alcohol 中毒) 304
알코올치매(alcohol 癡呆) 304
알코올환각증(alcohol 幻覺症) 304
알코올정신병(alcohol 精神病) 304
암 예방의 날(癌豫防의 날) 304
애드보카시(advocacy) 304
애타주의(愛他主義) 305
애콜로지운동(ecology 運動) 305
액션리서치(action research) 305
액션플랜(action plan) 305
앰비밸런스(ambibalance) 305
야간섬망(夜間譫妄) 306
야뇨증(夜尿症) 306
야마시로군뻬이(山室軍平:1872~1940) 306
약물범죄 · 비행(藥物犯罪 · 非行) 306
약물의존(藥物依存) 306

약물중독(藥物中毒) 307
양로시설(養老施設) 307
양로원(養老院) 307
양벌규정(兩罰規定) 307
양성의 평등(兩性의 平等) 307
양육보조금(養育補助金) 307
양자(養子) 308
양자가 될 자격(養子가 될 資格) 308
양친이 될 자격(養親이 될 資格) 308
양호(養護) 308
양호교사(養護敎師) 309
어덜트칠드런(AC: Adult Children) 309
어린이가정복지(어린이 家庭福祉) 309
어린이 날 309
어린이 집309
어린이 식생활안전관리 특별법(어린이 食生活 安全管理 特別法) 309
어린이의 칩거(어린이의 蟄居) 310
어린이헌장(어린이 憲章) 310
어쎄쓰먼트(assessment) 310
어카운터빌리티(accountability) 310
억세스권(access 權) 311
억압(抑壓) 311
언어기능장애(言語機能障碍) 311
언어발달지체(言語發達遲滯) 311
언어요법(言語療法) 311
언어장애아(言語障碍兒) 312
언어적 커뮤니케이션(言語的 communication) 312
언어치료사(言語治療士) 312
업무독점(業務獨占) 312
업무상의 재해(業務上의 災害) 312
에고(ego) 312
에디푸스 · 콤프렉스(Oedipus complex) 312
에리크손, E.H.(Erikson, Erik. Homburger : 1902~1994) 313
에발류에이션(evaluation) 313
에어웨이(airway) 313
ADHD(주의결함다동성장애〈注意缺陷多動性障碍〉 = Attention Deficit/ Hyperactivity Disorder) 313
ADL(activity of daily living) 314
에이디엘테스트(ADL Test) 314
에이디엘훈련 (ADL 訓練) 314
에이즈(AIDS=Acquired lmmuneDeficie-ncy Syndrome:후천성면역 결핍증훈군) 314
에이즈대책(AIDS 對策) 314
에이징(aging) 315
HIV(human immunodeficiency virus) 315
APDL(Activies Paralled to Daily living) 315
에코맵(eco · map:ecological map) 315
애콜로지운동(ecology 運動) 315
에콜로지칼어프로치(ecological approach) 315
에프터스쿨(after school) 316
엔엔더블유(NNW : net national welfare = 국민후생지표) 316
NGO(Non Governmental Organization = 비정부조직) 316
NPO(Non Profit Organization) 316
NPO법(Non Profit Organization法) 317
엘런케이(Ellen key: 1849~1926) 317
엘리자베스 1세(Elizabeth 一世:1533~1603) 317
엘리자베스구빈법(Elizabeth 救貧法) 317
엘버펠트제도(Elberfeld 制度) 317
MRI(magnetic resonance imaging) 318
MRSA(Methicillin Resistant Staph ylococcus Aureus) 318
엠파워멘트(empowerment) 318
엠프티네스트(empty nest) 318
엥겔계수(Engel 係數) 318
엥겔방식(Engel 方式) 319
엥겔스(Engels, Friedrich:1820~1859) 319
엥겔의 법칙(Engel's의 法則) 319

여가활동(餘暇活動) 319
여성가족부(女性家族部) 319
여성관련시설(女性 關聯施設) 319
여성단체(女性團體) 320
여성발전기본법(女性發展基本法) 320
여성범죄 · 여자비행(女性犯罪 · 女子非行) 320
여성복지(女性福祉) 320
여성복지관(女性福祉館) 320
여성의 전화(女性의 電話) 320
여성1366 320
여성주간(女性週間) 321
여성차별철폐협약(女性差別撤廢協約) 321
여성학(女性學) 321
여성해방운동(女性解放運動) 321
여피족(Yappie族 : Young urban Professionals) 321
역전이(逆轉移) 322
역학조사(疫學調査) 322
역할(役割) 322
역할갈등(役割葛藤) 322
역할기대(役割期待) 322
역할수행(役割遂行) 322
역할이론(役割理論) 323
연금관리기관(年金管理機關) 323
연금보험(年金保險) 323
연금보험료(年金保險料) 323
연금수급권(年金受給權) 323
연금제도(年金制度) 324
연명의(치) 료(延命醫(治) 療) 324
연소인구(年少人口) 324
연장보육(延長保育) 324
연차유급휴가(年次有給休暇) 324
열등감(劣等感) 325
열등처우의 원칙(劣等處遇의 原則) 325
영국소셜워커협회(英國social workers協會) 325
영국의 사회보장제도(英國의 社會保障制度) 325
영양사(營養士) 325
영양섭취량(營養攝取量) 325
영양소요량(營養所要量) 326
영유아(嬰幼兒) 326
영유아보육법(嬰幼兒保育法) 326
예방의학(豫防醫學) 326
예방적 사회복지(豫防的 社會福祉) 326
예방접종(豫防接種) 327
예산(豫算) 327
예산집행(豫算執行) 327
예산편성(豫算編成) 327
예후(豫後) 327
5대사회악(五大 社會惡) 328
오웬(Owen, Robart : 1771~1858) 328
OECD(Organization for Economic Cooperation and Develoment) 328
오픈숍(open shop) 328
온습포(溫濕布) 328
온열요법(溫熱療法) 329
옴부즈맨제도(Ombuzdman 制度) 329
옹호(擁護) 329
와상노인(臥床老人) 330
YWCA(Young Women's Christian Association = 기독교여자청년회)
YMCA(Young Men's Christian Association) 330
완전고용(完全雇用) 330
완전참가와 평등(完全參加와 平等) 330
완화의료(緩和醫療) 331
완화케어(緩和 care) 331
완화케어병동(緩和care病棟) 331
왕따331
왕립위원회(王立委員會 : royal commission) 331
외국 민간원조단체에 관한 법률(外國民間援助團體에 관한 法律) 332
외국민간원조단체(外國 民間援助團體) 332

외국인노동자(外國人勞動者) 332
요람에서 무덤까지(from the cradle to the grave) 332
요보호아동(要保護兒童) 332
요보호임산부(要保護姙産婦) 333
요실금(尿失禁) 333
요약기록(要約記錄) 333
요양(療養) 333
요양급여(療養給與) 333
요양병원(療養病院) 333
요양보상(療養補償) 333
요양보호사(療養保護士) 334
요양비(療養費) 334
요원호노인(要援護老人) 334
요원호환자(要援護患者) 334
욕구불만(欲求不滿) 334
욕구의 5 단계설(欲求의 五段階說) 335
욕구 · 충족의 우선순위(欲求充足의 優先順位) 335
욕망(欲望) 335
욕창(褥瘡) 336
우리사주(우리社株) 336
우리사주조합(우리社株組合) 336
우범소년(虞犯少年) 336
우송조사(郵送調査) 336
우애방문(友愛訪問) 337
우울증(憂鬱症) 337
운동기능장애(運動機能障碍) 337
운동요법(運動療法) 337
울혈성부전(鬱血性 不全) 338
워커빌리티(workability) 338
워커홀릭(workaholic) 338
워크쉐어링(work sharing) 338
워크숍(work shop) 338
워크페어(work fare) 338
워크하우스(work house) 338
워킹푸어(working poor) 338
원내구호(院內救護) 339
원스톱서비스(one-stop services) 339
원외구호(院外救護) 340
원인적 진단(原因的 診斷) 340
원조관계(援助關係) 340
원호(援護) 340
월요병(月曜病) 340
웨버, M.(weber, Max : 1864~1920) 340
웰니스(wellness) 341
웰빙(Wellbeing) 341
웹부처(Webb 夫妻 Webb, Sydney : 1859~1947/ Webb, Beatrice : 1858~1943년) 341
위기(危機) 341
위기개입(危機介入) 341
위기관리(危機管理) 342
위기상황(危機狀況) 342
위기청소년(危機靑少年) 342
위임사무(委任事務) 342
위촉(委囑) 342
위탁(委託) 342
위탁보호(委託保護) 343
위탁비(委託費) 343
위탁아동(委託兒童) 343
위탁일시보호(委託一時保護) 343
윌리암즈, G.(Williams, George: 1821~1905) 343
유기(遺棄) 344
UNESCO(United Nations Education Scientific and Culture Oganization = 국제연합교육과학문화기관 : 國際聯合敎育科學文化機關) 344
유니버셜디자인(universal design) 344
유니세프(UNICEF= United Nations Emergency International Children's Fund) 344
유니온숍(union shop) 344
유동성지능(流動性 知能) 345
유료양로시설(有料養老施設) 345

유상볼런티어(有償 Volunteer) 345
유스호스텔(Youth Hostel) 345
유아교육(幼兒敎育) 345
유아기(幼兒期) 346
유엔아동기금(UN兒童基金) 346
유전자검사(遺傳子檢査) 346
유족급여(遺族給與) 346
유족기초연금(遺族基礎年金) 346
유족보상(遺族補償) 347
유족연금액(遺族年金額) 347
유해환경(有害環境) 347
육아노이로제(育兒 Neurose) 347
육아불안(育兒不安) 347
육아휴직(育兒休職) 347
육영사업(育英事業) 348
윤락행위(淪落行爲) 348
윤리(倫理) 348
윤리강령(倫理綱領) 348
융, C. G.(Jung, Carl Gustav: 1875~1961) 348
은둔문화(隱遁文化) 349
음성기관(音聲器官) 349
음성장애(音聲障碍) 349
음악요법(音樂療法) 349
응급의료(應急醫療) 349
응급의료기관(應急醫療機關) 349
응급의료에 관한 법률(應急醫療에 관한 法律) 349
응급입원(應急入院) 350
응급처치(應急處置) 350
응급치료(應急治療) 350
응급환자(應急患者) 350
응능부담(應能負擔) 350
응익부담(應益負擔) 350
의도적인감정의 표출(意圖的인 感情의 表出) 350
의료 · 간호서비스(醫療 · 看護 Services) 351
의료과오(醫療過誤) 351
의료급여기관(醫療給與機關) 351
의료급여법(醫療給與法) 351
의료급여수급권자(医療給與受給權者) 351
의료기관(醫療機關) 352
의료기술의 진보(醫療技術의 進步) 352
의료법인(醫療法人) 352
의료보장(醫療保障) 352
의료보험(醫療保險) 353
의료보호(醫療保護) 353
의료복지(醫療福祉) 353
의료부조(醫療扶助) 353
의료비공제(醫療費控除) 354
의료소설워커(醫療 social worker) 354
의료소셜워크(醫療 social work) 354
의료의 사회학(醫療의 社會學) 354
의료재정(醫療財政) 355
의료정책(醫療政策) 355
의료케이스워커(醫療 case worker) 355
의료행위(醫療行爲) 355
의무교육(義務敎育) 355
의사상자 등 예우 및 지원에 관한법률(義死傷者 등 禮遇 및 支援에 관한 法律) 356
의사상자자적용범위(義死傷者適用 範圍) 356
의사자(義死者) 357
의상자(義傷者) 357
의식장애(意識障碍) 357
의식혼탁(意識混濁) 357
의약분업(醫藥分業) 357
의원(醫院) 357
의정(義井) 358
의존적 니즈(依存的 needs) 358
의지(義肢) 358
의창(義倉) 358
의학적 리허빌리테이션(醫學的 rehabilitation) 358
의학적 판정(醫學的 判定) 359
이너시티(inner City) 359

이데올로기(ideology) 359
이동권(移動權) 359
이동동작(移動動作) 360
이동서비스(移動 services) 360
이동편의시설(移動便宜施設) 360
이드(id) 360
이든(Eden, Frederic Morton, F. M : 1766~1809) 360
이론 생계비방식(理論 生計費方式) 360
이민(移民) 361
이상(異常) 361
이상보행(異常步行) 361
이상심리학(異常心理學) 361
이상행동(異常行動) 361
이송서비스(移送 services) 361
이승동작(移乘動作) 361
이용계약(利用契約) 362
이용시설(利用施設) 362
이용자부담(利用者負擔) 362
이의신청(異議申請) 362
이익사회(利益社會) 362
이익집단(利益集團) 362
이주노동자(移住勞動者) 363
이주노동자와 그 가족구성원의 권리보호에 관한 국제조약(移住勞動者와 그 家族構成員의 權利保護에 관한 國際條約) 363
이중경제(二重經濟) 363
2차집단(二次集團) 363
이탈증상(離脫症狀) 363
이학요법(理學療法) 364
이학요법사(理學療法士) 364
이혼(離婚) 364
이혼문제(離婚問題) 364
이환율(罹患率) 365
인간면역결핍바이러스(人間免疫缺乏 Virus : HIV = Human Immunodeficie- ncy Virus) 365
인간의 존엄(人間의 尊嚴) 365
인간환경선언(人間環境宣言) 365
인격권(人格權) 366
인격변화(人格變化) 366
인격장애(人格障碍) 366
인격적 욕구(人格的 欲求) 366
인공임신중절수술(人工姙娠中絶手術) 366
인공투석(人工透析) 366
인공항문(人工肛門) 366
인공호흡(人工呼吸) 366
인구고령화(人口高齡化) 366
인구노령화(人口老齡化) 367
인구동태(人口動態) 367
인구문제(人口問題) 367
인구정태(人口靜態) 367
인권보장(人權保障) 367
인도주의(人道主義) 367
인보관운동(隣保館運動) 368
인신보호법(人身保護法) 368
인에이블러(enabler) 368
인적 서비스(人的 services) 368
인종차별(人種差別) 369
인지요법(認知療法) 369
인터그룹워크(intergroup work) 369
인터그룹워크설(intergroup work說) 370
인터벤션(intervention) 370
인테이크(intake) 370
인티그레이션(integration) 370
인포멀케어(informal care) 370
인포메이션서비스(information services) 370
인폼드콘센트(informed consent) 370
일반부조(一般扶助) 371
일본군위안부피해자(日本軍慰安婦被害者) 371
일본의 복지3법(日本의 福祉三法) 371
일본의 복지6법(日本의 福祉六法) 371
일본복지8법의 개정(日本福祉八法의 改正) 371

일상생활동작(日常生活動作) 372
일상생활보호(日常生活保護) 372
일상생활지도(日常生活指導) 372
일시보호(一時保護) 372
일시보호시설(一時保護施設) 372
일시지원복지시설(一時支援福祉施設) 372
일신전속권(一身專屬權) 372
일제하 일본군위안부 피해자에 대한 생활안정 지원 및 기념사업 등에 관한 법률(日帝下 日本軍慰安婦 被害者에 대한 生活安定支援 및 記念事業 등에 관한 法律) 373
일차집단(一次集團) 373
일탈행동(逸脫行動) 373
임금(賃金) 373
임금채권보장제도(賃金債權保障制度) 373
임산부(姙産婦) 374
임산부건강진단(姙産婦健康診斷) 374
임산부의 날(姙産婦의 날) 374
임상사회사업(臨床社會事業) 374
임상심리사(臨床心理士) 374
임상적 진단(臨床的 診斷) 374
임의가입(任意加入) 374
임의가입자(任意加入者) 374
임의계속가입자(任意繼續加入者) 374
임종간호(臨終看護) 375
임페어먼트 · 디서빌리티 · 핸디캡(impairment · disability · handicap) 375
입소명령(入所命令) 375
입소시설(入所施設) 375
입소지도(入所指導) 375
입양(入養) 376
입양의 날(入養의 날) 376
입양특례법(入養特例法) 376

ㅈ

자기각지(自己覺知) 377
자기개념(自己概念) 377
자기결정(自己決定) 377
자기동일성(自己同一性) 377
자기실현(自己實現) 377
자기인식(自己認識) 378
자녀양육지원(子女養育支援) 378
자립(自立) 378
자립생활(自立生活) 378
자립생활센터(自立生活 center) 378
자립생활운동(自立生活運動) 379
자립생활프로그램(自立生活 Program) 379
자립자활시설(自立自活施設) 379
자립적 니즈(自立的 needs) 379
자립지원시설(自立支援施設) 379
자산조사(資産調査) 379
자산활용제도(資産活用制度) 379
자살예방의 날(自殺豫防의 날) 380
자살예방 및 생명존중문화 조성을 위한 법률(自殺豫防 및 生命尊重文化 造成을 위한 法律) 380
자상행위(自傷行爲) 380
자선(慈善) 380
자선남비(慈善남비) 380
자선사업(慈善事業) 380
자선조직화운동(慈善組織化運動) 381
자아(自我) 381
자아동일성(自我同一性) 381
자아실현(自我實現) 381
자연권(自然權) 381
자연법(自然法) 381
자연인(自然人) 381
자연환경(自然環境) 382
자원봉사주의(自願奉仕主義) 382
자유권(自由權) 382
자율신경(自律神經) 382
자율신경증상(自律神經症狀) 382
자의입원(自意入院) 382

자조 · 공조 · 공조(自助 · 共助 · 公助) 383
자조집단(自助集團) 383
자치법규(自治法規) 383
자폐증(自閉症) 383
자폐증아(인) (自閉症兒〈人〉) 383
자활급여(自活給與) 384
자활보호(自活保護) 384
자활지원센터(自活支援 center) 384
작업요법(作業療法) 385
작업장법(作業場法) 385
작업정의(作業定義) 385
작업중지권(作業中止權) 385
작업치료(作業治療) 385
작업치료사(作業治療士) 386
작업환경측정(作業環境測定) 386
작화(作話) 386
잔존감각기능(殘存感覺機能) 386
잔존기능(殘存機能) 387
잔존능력(殘存能力) 387
잠재적 니즈(潛在的 needs) 387
장기기억(長期記憶) 387
장기요양급여(長期療養給與) 387
장기요양기관(長期療養機關) 388
장기요양사업(長期療養事業) 388
장기요양요원(長期療養要員) 388
장기요양인정서(長期療養認定書) 388
장기이식(臟器移植) 389
장년기(壯年期) 389
장루 · 요루장애인(腸瘻 · 尿瘻障碍人) 389
장사 등에 관한 법률(葬事 등에 관한 法律) 389
장수화(長壽化) 389
장애(障碍) 390
장애경제인(障碍經濟人) 390
장애과대시(障碍過大視) 390
장애를 가진 아메리카인법(障碍를 가진 美國人法 ADA = American With Disabilities Act) 390
장애물 없는 생활환경 인정제(障碍物없는 生活環境 認定制) 390
장애수당(障碍手當) 391
장애수용(障碍受容) 391
장애아교육(障碍兒敎育) 391
장애아동복지지원법(障碍兒童福祉支援法) 391
장애아보육(障碍兒保育) 391
장애의 개념(障碍의 槪念) 391
장애인(障碍人) 392
장애인고용부담금(障碍人雇傭負擔金) 392
장애인고용촉진 등에 관한 법률(障碍人雇傭促進 등에 관한 法律) 392
장애인권리협약(障碍人權利協約) 393
장애인기업(障碍人企業) 393
장애인기업활동촉진법(障碍人企業 活動促進法) 393
장애인 · 노인 · 임산부 등의 편의증진보장에 관한 법률(障碍人 · 老人 · 姙産婦 등의 便宜增進保障에 관한 法律) 393
장애인단체(障碍人團體) 394
장애인 등에 대한 특수교육법(障碍人 등에 대한 特殊敎育法) 394
장애인등록증(障碍人登錄證) 394
장애인보조기구(障碍人補助機具) 394
장애인복지(障碍人福祉) 394
장애인복지법(障碍人福祉法) 394
장애인복지상담원(障碍人福祉相談員) 395
장애인복지시설(障碍人福祉施設) 395
장애인복지운동(障碍人福祉運動) 395
장애인생활시설(障碍人生活施設) 395
장애인연금법(障碍人年金法) 395
장애인운동(障碍人運動) 395
장애인유료복지시설(障碍人有料 福祉施設) 396
장애인의 권리(障碍人의 權利) 396
장애인의 권리선언(障碍人의 權利宣言) 396
장애인의 기회균등화에 관한 표준 규칙(障碍人

의 機會均等化에 관한 標準規則) 396
장애인의 날(障碍人의 날) 396
장애인의무고용율(障碍人義務雇鏞率) 396
장애인의 성과 결혼(障碍人의 性과 結婚) 397
장애인의 자립생활(障碍人의 自立生活) 397
장애인의 정의(障碍人의 定義) 397
장애인정(障碍認定) 397
장애인정책조정위원회(障碍人政策調整委員會) 397
장애인지역사회재활시설(障碍人地域社會再活施設) 398
장애인직업재활시설(障碍人職業再活施設) 398
장애인차별금지 및 권리구제 등에 관한 법률(障碍人差別禁止 및 權利 救濟 등에 관한 法律) 398
장애인표준사업장(障碍人標準事業場) 398
장애인활동 지원에 관한 법률(障碍人活動 支援에 관한 法律) 399
장애인활동 지원제도(障碍人活動支援制度) 399
장애학(障碍學) 399
장제급여(葬祭給與) 399
재가(재택) 복지(在家(在宅) 福祉) 399
재가노인복지시설(在家老人福祉施設) 399
재가복지봉사센터(在家福祉奉仕center) 399
재가복지서비스(在家福祉 Services) 399
재가(재택) 케어서비스(在家(在宅) care services) 400
재난(災難) 400
재단법인〈비영리〉(財團法人〈非營利〉) 401
재량행위(裁量行爲) 401
재산관리서비스(財産管理 Services) 401
재산의 소득환산액(財産의 所得換算額) 401
재정복지(財政福祉) 401
재택(재가) 의료(在宅(在家) 醫療) 402
재택(재가) 호스피스(在宅(在家) hospice) 402
재택케어(在宅 care) 402
재해(災害) 402
재해구호법(災害救護法) 402
재해구호의 종류(災害救護의 種類) 402
재해보상(災害補償) 402
재활(再活) 403
재활서비스(再活 Services) 403
재활시설(再活施設) 403
재활의학(再活醫學) 403
저메인, C.(Germain, Carel B: 1916~1995) 403
저소득자대책(低所得者對策) 404
저소득층(低所得層) 404
저출산 · 고령사회정책(低出産 · 高 齡社會政策) 404
저출산고령사회기본법(低出産高齡 社會基本法) 404
저항(抵抗) 404
적극적 고용개선조치(積極的 雇傭 改善措置) 404
적십자사(赤十字社) 404
적응(適應) 405
적응기제(適應機制) 405
전간(癲癎) 405
전기고령자(前期高齡者) 405
전미사회사업가협회(全美社會事業 家協會 NASW = National Association of Social Workers) 405
전반치매(全般癡呆) 406
전수조사(全數調査) 406
전염병(傳染病) 406
전이(轉移) 406
전치(轉置) 407
절대부조(絶對扶助) 407
절대적 빈곤(絶對的 貧困) 407
절반문화(折半文化) 407
절차법(節次法) 407
점자(點字) 408
접근권(接近權) 408

정관(定款) 408
정년(停年) 408
정년퇴직(停年退職) 409
정상화(正常化) 409
정서발달(情緖發達) 409
정서불안정(情緖不安定) 409
정서장애(情緖障碍) 409
정서장애아동(情緖障碍兒童) 409
정신감정(精神鑑定) 409
정신과데이케어(精神科 day care) 410
정신과 리허빌리테이션(精神科 rihabiritation) 410
정신과병원(精神科病院) 410
정신박약(精神薄弱) 410
정신발달지체아(精神發達遲滯兒) 410
정신병(精神病) 411
정신병질(精神病質) 411
정신병환자(精神病患者) 411
정신보건(精神保健) 411
정신보건법(精神保健法) 411
정신보건시설(精神保健施設) 412
정신보건전문요원(精神保健專門要員) 412
정신분석(精神分析) 412
정신분열증(精神分裂症) 412
정신안정제(精神安靜劑) 412
정신연령(精神年齡) 412
정신요법(精神療法) 413
정신요양시설(精神療養施設) 413
정신위생(精神衛生) 413
정신의료기관(精神醫療機關) 413
정신의학(精神醫學) 413
정신장애(精神障碍) 413
정신장애의 원인(精神障碍의 原因) 414
정신장애인(精神障碍人) 414
정신적 노화(精神的 老化) 414
정신지체(精神遲滯) 414
정신지체아교육(精神遲滯兒敎育) 414
정신지체인(精神遲滯人) 415
정신질환자(精神疾患者) 415
정신질환자사회복귀시설(精神疾患者社會復歸施設) 415
정신질환자생활훈련시설(精神疾患者生活訓練施設) 415
정신질환자의 격리제한(精神疾患者의 隔離制限) 415
정신질환자지역사회재활시설(精神疾患者地域社會再活施設)
정신질환자직업재활시설(精神疾患者職業再活施設) 416
정신질환자특수치료의 제한(精神疾患者特殊治療의 制限) 416
정신치료(精神治療) 416
정액제(定額制) 416
정착지원시설(定着支援施設) 416
제너릭소셜워크(generic social work) 416
제네바선언(Generva 宣言) 416
제노그램(genogram) 416
제3의 인생(第3의 人生) 417
제3의학(第三醫學) 417
제한의 원칙(制限의 原則) 417
제한진료(制限診療) 417
젠더(gender) 417
조기발견 · 조기치료(早期發見 · 早期 治療) 418
조기치료양육(早期治療養育) 418
조기퇴직제(早期退職制) 418
조사(調査) 418
조사기록(調査記錄) 418
조사수단(調査手段) 419
조산아(早産兒) 419
조산원(助産院) 419
조울증(躁鬱症) 419
조정(調整) 419
조정적 기능(調整的 機能) 419

조치(措置) 420
조치권(措置權) 420
조치비(措置費) 420
존엄사(尊嚴死) 420
종결(終結) 421
종교단체(宗敎團體) 421
종교사회사업(宗敎社會事業) 421
종말기(終末期) 421
종말 케어(終末 Care) 421
종속인구(從屬人口) 422
주관적 욕구(主觀的 欲求) 422
주민좌담회(住民座談會) 422
주민참가(住民參加) 422
주야간보호서비스(晝·夜間保護 services) 422
주의력결핍다동성 장애(注意力缺陷多動性 障碍 ADHD = Attention Deficit / Hyperactivity Disorder) 422
주치의(主治醫) 423
주택(주거) 환경(住宅(住居) 環境) 423
주휴2일제(週休二日制) 423
중복장애(重複障碍) 423
중상주의(重商主義) 423
중증장애인(重症障碍人) 423
중증장애인생산품(重症障碍人生産品) 424
중증장애인생산품 우선구매특별법(重症障碍人生産品 于先購買 特別法) 424
중증(4대)질환(重症〈四大〉疾患) 424
증후군(症候群) 424
지각(知覺) 424
지각장애(知覺障碍) 424
지능검사(知能檢査) 425
지능장애(知能障碍) 425
지능지수(知能指數) 425
지능편차치(知能偏差値) 425
지방공공단체(地方公共團體) 425
지방분권(地方分權) 425
지방자치(地方自治) 426
GNP(Gross National Product) 426
지역격차(地域格差) 426
지역리허빌리테이션(地域 rehabilitation) 426
지역보건(地域保健) 426
지역보건법(地域保健法) 426
지역보험(地域保險) 427
지역복지(地域福祉) 427
지역복지센터(地域福祉 center) 427
지역복지시책(地域福祉施策) 427
지역사회(地域社會) 427
지역사회관계(地域社會關係) 428
지역사회보호(地域社會保護) 428
지역사회복지관(地域社會福祉館) 428
지역사회접근방법(地域社會接近方法) 428
지역아동센터(地域兒童 center) 429
지역원조기술(地域援助技術) 429
지역원조활동(地域援助活動) 429
지역의료(地域醫療) 429
지역정신보건복지활동(地域精神保 健福祉活動) 429
지역정신의학(地域精神醫學) 429
지역조사(地域調査) 430
지역조직화활동(地域組織化活動) 430
지역진단(地域診斷) 430
지역특성(地域特性) 430
지적장애(知的障碍) 430
지적장애인(知的障碍人) 431
지적장애인의 권리선언(知的障碍人의 權利宣言) 431
지지(支持) 431
지체장애인(肢體障碍人) 431
지팡이(stick) 431
지표범죄(指標犯罪) 432
직계가족(直系家族) 432
직계존·비속(直系尊·卑屬) 432
직권보호주의(職權保護主義) 432
직권주의(職權主義) 432

직업교육훈련(職業教育訓練) 432
직업병(職業病) 432
직업병대책(職業病對策) 433
직업재활(職業再活) 433
직역연금(職域年金) 433
직역형복지(職域型福祉) 433
직장내보육시설(職場內 保育施設) 433
직장내 성희롱(職場內 性戱弄) 434
직장리허빌리테이션(職場 rehabilitaton) 434
직접원조기술(直接援助技術) 434
직접처우(直接處遇) 434
진단주의(診斷主義) 434
진대법(賑貸法) 434
진로및직업교육(進路 및 職業教育) 434
진폐(塵肺) 435
질식(窒息) 435
질투망상(嫉妬妄想) 435
집단(集團) 435
집단규범(集團規範) 435
집단괴롭힘(集團괴롭힘) 435
집단사회사업(集團社會事業) 436
집단압력(集團壓力) 436
집단요법(集團療法) 436
집단원조(集團援助) 436
집단원조기술(集團援助技術) 436
집단원조의 원칙(集團援助의 原則) 436
집단원조활동(集團援助活動) 437
집단주의(集團主義) 437
집단지도자(集團指導者) 437
집단활동(集團活動) 437
집합조사(集合調査) 437

ㅊ

차별(差別) 438
차상위계층(次上位階層) 438
차액증수(差額增收) 438
착란(錯亂) 438
찰머즈,T.(Chalmers, Thomas: 1780~1847) 438
참가(參加) 439
참가의 원칙(參加의 原則) 439
참여관찰(參與觀察) 439
참정권(參政權) 439
처우(處遇) 440
처우기록(處遇記錄) 440
처우목표(處遇目標) 440
청각장애인(聽覺障碍人) 440
청구권(請求權) 440
청소년교류활동(青少年交流活動) 441
청소년그린벨트(青少年 green belt) 441
청소년기(青少年期) 441
청소년기본법(青少年基本法) 441
청소년문화활동(青少年文化活動) 441
청소년범죄(青少年犯罪) 441
청소년보호(青少年保護) 441
청소년보호법(青少年保護法) 442
청소년보호재활센터(青少年保護再活 center) 442
청소년복지(青少年福祉) 442
청소년복지지원법(青少年福祉支援法) 442
청소년비행(青少年非行) 442
청소년수련활동(青少年修練活動) 442
청소년유해물건(青少年有害物件) 443
청소년유해행위(青少年有害行爲) 443
청소년육성(青少年育成) 443
청소년의 성보호에 관한 법률(青少年의 性保護에 관한 法律) 443
청소년활동시설(青少年活動施設) 444
청소년활동진흥법(青少年活動振興法) 444
청원권(請願權) 444
체위변환(體位變換) 445
초자아(超自我) 445
촉법소년(觸法少年) 445

최빈국(最貧國) 445
최저생계비(最低生計費) 445
최저생계비방식(最低生計費方式) 446
최저생활보장의 원리(最低生活保障의 原理) 446
최저생활비(最低生活費) 446
최저생활수준(最低生活水準) 446
최저생활의 보장(最低生活의 保障) 446
최저임금(最低賃金) 446
최저임금법(最低賃金法) 447
최저임금제도(最低賃金制度) 447
추가경정예산(追加更正豫算) 447
추가질문(追加質問) 447
추출조사(抽出調査) 447
출산전진단(出産前診斷) 447
출생률(出生率) 448
충동행위(衝動行爲) 448
취업지도(就業指導) 448
치료감호대상자(治療監護對象者) 448
치료감호법(治療監護法) 448
치료교육(治療教育) 449
치료식(治療食) 449
치료적 커뮤니티(治療的 community) 449
치료집단(治療集團) 449
치매(癡呆) 449
치매극복의 날(癡呆克服의 날) 450
치매관리법(癡呆管理法) 450
치매노인그룹홈(癡呆老人 grouphome) 450
치매성노인(癡呆性 老人) 450
친권(親權) 450
친권상실선고회복(親權喪失宣告回復) 451
친자관계(親子關係) 451
친자동반자살(親子同伴自殺) 451
친족(親族) 451
친족의무(親族義務) 451
친족회(親族會) 452
침식분리(寢食分離) 452
칩거(蟄居) 452
칩거증후군(蟄居症候群) 452

ㅋ

카뉠레(kanüle) 453
카리타스(caritas) 453
카운슬러(counselor) 453
카운슬링(counseling) 453
카타르시스(Catharsis) 453
캐넌(Cannon, Ida M. : 1877~1960) 454
캐리어우먼(Career woman) 454
캐리오버효과(carry over 效果) 454
캠프센터(kempe senter) 454
캡(CAP : Chilld Assault Prevention) 454
커뮤니케이션(communication) 455
커뮤니케이션이론(communication 理論) 455
커뮤니케이션장애(communication障碍) 455
커뮤니티(community) 455
커뮤니티 디벨롭먼트(community development) 455
커뮤니티 베이스드 리허빌리테이션(CBR= Community based rehab ilitation) 456
커뮤니티소셜워크(community social work) 456
커뮤니티오거니제이션(CO = Community Organizatiou) 456
커뮤니티워커(community worker) 456
커뮤니티워크(community work) 457
커뮤니티케어(community care) 457
컨슈머(consumer) 457
컨슬테이션(consultation) 457
케어(care) 457
케어매니지먼트(care management) 458
케어워커(care worker) 458
케어워크(care work) 458
케어콘퍼런스(care conference) 458

케어팀(care team) 459
케어패키지(care package) 459
케어플랜(care plan) 459
케어주택(care 住宅) 459
케이스기록(case 記錄) 459
케이스매니지먼트(case management) 459
케이스사례(case 事例) 460
케이스슈퍼바이저(case supervisor) 460
케이스슈퍼비전(case supervision) 460
케이스에이드(Case aide) 460
케이스워커(Case worker) 460
케이스워크(case work) 460
케이스워크과정(Casework 課程) 460
케이스워크관계(case work 關係) 461
케이스워크의 원칙 461
케이스콘퍼런스(case conference) 461
케이스히스토리(case history) 461
케인즈J. M.(Keynes, John Maynard : 1883~1946) 462
케인즈혁명(keynesian(革命) revolution) 462
켈러, H. A.(Keller, Helen adams : 1880~1968년) 462
코노프카,G.(Konopka, Gisela: 1910~2003) 462
코디네이터(coordinator) 462
코르사코프증후군(korsakovs症候群) 462
코일, G.(Coyle, Grace:1892~1962) 462
콘티넨스(continence) 462
콘퍼런스(conference) 463
콜레스테롤(cholesterol) 463
콜로니(colony) 463
콜쟈크J.(koreczak, Janusz : 1878~1942) 463
콤비나트(combinat) 463
콤비네이션시스템(combinatiou system) 464
콤플렉스(complex) 464
쾌락원칙(快樂原則) 464
클라이언트(client) 464
클라이언트 시스템(client system) 464
클라이언트중심요법(client 中心療法) 464
클라이언트참가(client 參加) 465
클럽활동(club 活動) 465
클리니컬소셜워크(clinical social work) 465
클리닉(clinic) 465
킹슬리홀(kingsley Hall) 465

ㅌ

타민론(惰民論) 466
탈수(脫水) 466
태교(胎教) 466
태아기(胎兒期) 467
터미널스테이지(terminal stage) 467
터미널 케어(terminal care) 467
테라피스트(therapist) 467
테크니컬 에이드센터(technical aid center) 468
템퍼러리워커(temporary worker) 468
토울(Towle, Charlotte:1896~1966) 468
토인비, A.(Toynbee, Arnold : 1852~1883) 468
토인비홀(Toynbee Hall) 468
토혈(吐血) 469
통원의료(通院醫療) 469
통찰요법(統察療法) 469
통합/격리(統合/隔離) 469
통합교육(統合教育) 469
통합화(統合化) 470
퇴보형 아동(退步型 兒童) 470
퇴직공제(退職共濟) 470
퇴직연금(退職年金) 470
퇴직연금사업자(退職年金事業者) 470
퇴직전교육(退職前 教育) 470
퇴행(退行) 471
투사(投射) 471
투석(透析) 471
트라우마(trauma) 471

트랜스퍼(transfer) 471
트렉카,H.B.(Trecker Harleigh:1911~) 471
특별가사원조서비스(特別家事援助 services) 471
특별교통수단(特別交通手段) 472
특별양호노인홈(特別養護老人 home) 472
특별지원청소년(特別支援青少年) 472
특수교육(特殊教育) 472
특수교육관련서비스(特殊教育關聯 services) 473
특수교육교원(特殊教育教員) 473
특수교육기관(特殊教育機關) 473
특수교육대상자(特殊教育對象者) 473
특수교육진흥법(特殊教育振興法) 473
특수법인(特殊法人) 474
특수요양비(特殊療養費) 474
특수아동(特殊兒童) 474
특수진료병원(特殊診療病院) 474
특수학교(特殊學校) 474
특수학급(特殊學級) 474
TDL(Techiques of Daily Living) 474
티켓제도(ticket 制度) 475
티트머스, M.(Titmuss, Richard Morris : 1907~1973) 475
팀워크(team work) 475

ㅍ

파견근로자보호 등에 관한 법률(派遣勤勞者保護 등에 관한 法律) 476
파산(破産) 476
파슨즈, T.(parsons, Talcott :1902~1979) 476
파일로트스터디(pilot study) 476
파킨슨병(Parkinson 病) 477
파트타임(part time) 477
판정(判定) 477
패럴림픽(Paralympics) 477
패밀리그룹홈(family group home) 479
패밀리폴리시(family policy) 479
퍼스낼리티(Personality) 478
펄만, H.(Perlman, Helen Harris1905~) 478
페미니즘(feminism) 479
페비안주의(Favian主義 : Favianism) 479
페스탈로치, J. H. (Pestalozzi, Johann Heinrich : 1746~1827) 479
페어런팅(parenting) 480
페이스시트(face sheet) 480
편견(偏見) 480
편의시설(便宜施設) 480
편집증(偏執症) 480
평가(評價) 481
평균소득월액(平均所得月額) 481
평균수명(平均壽命) 481
평균여명(平均餘命) 481
평균임금(平均賃金) 481
평등권(平等權) 481
평생교육(平生教育) 482
평생학습(平生學習) 482
평형〈기능〉장애(平衡〈機能〉障碍) 482
폐용성기능저하(廢用性機能低下) 482
폐용성위축(廢用性萎縮) 482
폐용성증후군(廢用性症候群) 482
포괄수가제(包括酬價制 : Diagnosis Related Group Payment System) 482
포괄의료(包括醫療) 483
포럼(forum) 483
포멀케어(formal care) 483
포터블토일릿(poetable toilet) 483
폭력범죄 · 비행(暴力犯罪 · 非行) 484
표본조사(標本調査) 484
표본추출법(標本抽出法) 484
표준보수(標準報酬) 484
표준소득월액(標準所得月額) 485

프라이메리케어(primary care) 485
프라이버시(privacy) 485
프랑스인권선언〈혁명〉(France 人權宣言〈革命〉) 485
프로그램활동(program 活動) 486
프로이드,S.(Freud, Sigmund:1856~1939) 486
프로젝트(project) 486
프롬, E.(Fromm, Erich : 1900~1980) 486
프뢰벨F. W.(Frobel, Friendrich Wilhelm August : 1782~1852) 486
프리테스트(pre test) 487
플랜 · 두 · 시(Plan · Do · See) 487
피보험자(被保險者) 487
피보호자(被保護者) 487
피부양자(被扶養者) 487
피어카운슬링(peer counseling) 487
피용자보험(被傭者保險) 487
피용자연금(被傭者年金) 487
피크병(Pick 病) 487
피플퍼스트(people first) 488
피해망상(被害妄想) 488
필드소셜워크(field social work) 488
필란솔로피(philanthropy) 488

ㅎ

하반신마비(下半身痲痺) 489
하비타트(habitat) 489
하우,S.(Hawe, Samuel Gridley:1801~1876) 489
하우스푸어(house poor) 489
하우스허즈번드(hause hasband) 489
하위문화(下位文化) 489
하위집단(下位集團) 490
학교공포증(學校恐怖症) 490
학교보건법(學校保健法) 490
학교비행(學校非行) 490
학교사회사업(學校社會事業) 490
학교소셜워크(學校 social work) 490
학교폭력(學校暴力) 491
학교폭력예방 및 대책에 관한 법률(學校暴力豫防 및 對策에 관한 法律) 491
학대(虐待) 491
학대아동보호사업(虐待兒童保護事業) 491
학력사회(學歷社會) 491
학습사회(學習社會) 492
학습장애(學習障碍) 492
학습지체(學習遲滯) 492
한국B.B.S연맹(韓國 Big Brothers and Sisters Movement 聯盟) 492
한국보건복지인력개발원법(韓國保健福祉人力開發原法) 492
한국사회복지공제회(韓國社會福祉共濟會) 492
한국사회복지사협회(韓國社會福祉士協會) 492
한부모가정(한父母家庭) 493
한부모가족복지상담소(한父母家族福祉相談所) 493
한부모가족복지상담원(한父母家族 福祉相談員) 493
한부모가족지원법(한父母家族支援法) 493
한부모가족지원복지시설(한父母家 族福祉施設) 493
한정치산자(限定治産者) 494
할당고용제도(割當雇傭制度) 494
합리화(合理化) 494
합의적입증(合意的 立證) 494
핫라인(hot line) 495
해산급여(解産給與) 495
핵가족(核家族) 495
해밀튼,G.(Hamilton, Gordon:1882~1967) 495
핵가족화(核家族化) 495
핸디캡(handicap) 495
행동(行動) 495
행동과학(行動科學) 496

행동요법(行動療法) 496
행동이론(行動理論) 496
행동장애(行動障碍) 496
행동케이스워크(行動 Case Work) 496
행정명령(行政命令) 496
행정사무(行政事務) 497
행정소송법(行政訴訟法) 497
행정쟁송(行政爭訟) 497
행정지도(行政指導) 497
행정처분(行政處分) 497
행정행위(行政行爲) 498
향약(鄕約) 498
향정신성의약품(向精神性醫藥品) 498
허약고령자(虛弱高齡者) 498
허약아동(虛弱兒童) 498
허용적 부모(許容的 父母) 498
허혈(虛血) 499
헌법(憲法) 498
헌법제11조(憲法 第11條) 499
헌법제34조(憲法 第34條) 499
헐하우스(Hull House) 499
헤로인(heroin) 499
헬스케어산업(health care 産業) 500
현금급여(現金給與) 500
현대적 빈곤(現代的 貧困) 500
현물급여(現物給與) 500
현실성의 원리(現實性의 原理) 500
현임훈련(現任訓練) 501
현재적 니즈(顯在的 needs) 501
현지조사(現地調査) 501
혈압(血壓) 501
혈액투석(血液透析) 501
혈우병(血友病) 501
혈전(血栓) 502
협동사회(協同社會) 502
협동조합(協同組合) 502
협약(協約) 502
형사보상(刑事補償) 502
형사정책(刑事政策) 503
형성집단(形成集團) 503
형의 집행유예(刑의 執行猶豫) 503
혜민국(惠民局) 503
호손효과(Hawthrone 效果) 503
호스피스(hospice) 503
호스피스케어(hospice care) 504
호스피털리즘(hospitalism) 504
호프만식계산법(Hoffmann式計算法) 504
호흡곤란(呼吸困難) 505
호흡기장애인(呼吸器 障碍人) 505
호흡기질환(呼吸器 疾患) 505
혼수(昏睡) 505
홀리스, F.(Hollis, Florence: 1907~1987) 505
홀몬(hormone) 505
홈헬퍼(home helper) 506
홈헬프서비스(home help services) 506
홈헬프코디네이터(home help coordinator) 506
홉킨즈, H.(Hopkins, Harry: 1890~1945) 506
홍보활동(弘報活動) 506
화병(火病) 507
화이트칼라범죄(white Collar 犯罪) 507
화이트하우스 콘퍼런스 507
화폐적 욕구(貨幣的 欲求) 507
확대가족(擴大家族) 507
확정급여형퇴직연금(確定給與型退職年金) 507
확정기여형퇴직연금(確定寄與型退職年金) 507
환각(幻覺) 508
환각제(幻覺劑) 508
환경개선(環境改善) 508
환경개선서비스(環境改善 service) 508
환경권(環境權) 509
환경문제(環境問題) 509
환경보전(環境保全) 509
환경오염(環境汚染) 509

환경요법(環境療法) 509
환경조정(環境調整) 509
환경치료(環境治療) 509
환경훼손(環境毁損) 510
환과고독(鰥寡孤獨) 510
환과고독진대법(鰥寡孤獨賑貸法) 510
환자교육(患者教育) 510
환자의 권리(患者의 權利) 510
환자운동(患者運動) 510
환자조사(患者調査) 511
환자회(患者會) 511
환청(幻聽) 511
활동과 참가(活動과 參加) 511
활동기록(活動紀錄) 511
활동보조서비스(活動補助 services) 511
활성산소원인설(活性酸素原因說) 512
활인서(活人署) 512
회상법(回想法) 512
회화욕구불만테스트(繪畫欲求不滿 test : PFT=Picture frustration test) 512
효과측정(効果測定) 512
효문화(孝文化) 513
후견인(後見人) 513
후기고령자(後期高齢者) 513
후유증(後遺症) 513
후천성면역결핍증예방법(後天性免疫缺乏症豫防法) 513
후천성장애(後天性障碍) 513
휠체어(wheel chair) 513
휴머니즘(humanism) 514
휴먼서비스(human services) 514
휴업(休業) 514
휴업보상(休業補償) 514
휴업수당(休業手當) 514
흉악범죄 · 비행(凶惡犯罪 · 非行) 515
희망진료센터(希望診療 center) 515
흰지팡이 515
히스테리궁(hysterie 弓) 515
히스테리성격(hysterie 性格) 515

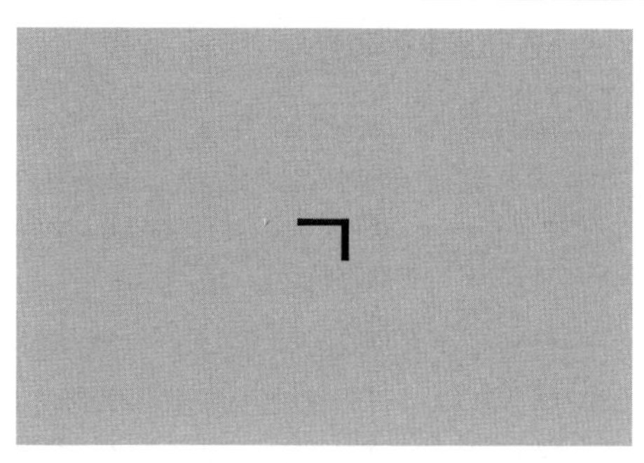

가구(家口)

가구는 현실적으로 주거 및 생계를 공동으로 하는 생활단위이다. 세대구성에 따라 ① 친족가구 : 가구주와 친족관계를 갖는 세대원 ② 비친족가구 : 가구주와 동거인 및 친족과 관계없는 가사사용인 또는 영업사용인 등을 포함하는 기구 ③ 단독가구 : 독신자 등으로 분류된다. 또한 보통가구, 준가구 등으로 분류할 수도 있다.

가구의 개념은 가족의 개념과 달리 주로 통계적인 편의, 특히 특정시점에서 인간의 생활 공동의 단위를 알게 함으로써 유효한 개념이 되고 있다.

가동인구(稼動人口)

사람이나 기계 따위가 움직여 일하여 수입을 얻고 있는 인구를 말하며 통계용어라 하기 보다는 이론적 내지는 일반적 용어라고 할 수 있다. 특별히 이 용어를 사용하는 것은 전체 인구 중에서 가득력을 가진 부분, 다시 말해서 전체 사회의 부양관계를 상정할 경우에 부양력을 가지는 부분을 표시하기 위해서이다.

가부장제(家父長制)

남계장자(男系長子)가 일가의 가장(家長)으로서 절대적인 권한을 가지는 가족제도.

구체적으로는 균분상속제(均分相續制)에 대한 호주상속제, 남녀동등권에 대한 여자의 무능력제, 민주적인 가족평등에 대한 봉건적 호주권 등, 가족한 사람, 한 사람의 행복보다도 한 가정의 현상유지나 후세의 계승쪽으로 우선케 하는 제도이다.

가사노동(家事勞動)

가사노동은 사회적 노동과 대비되는 말이다. 즉 사회적 단위에서 사회를 향해 행해지는 것이 아니라, 가족의 소비를 위해 행해지는 노동이다. 즉 요리, 빨래, 육아가 가정에서 행해지면 가사노동이지만 이것들이 외부에서, 즉 요리는 공장에서 빨래는 세탁소에서 육아는 탁아소나 어린이집에서 이루어지면 가사노동이 아니라는 것이다. 여성학에서 가사노동은 여성에게 이중(二重)의 의미가 있다고 한다. 하나는 가족을 위한 자발적인 봉사, 애정의 표현으로서의 의미이고, 또 다른 하나는 가사노동이 여성들이 사회적 노동을 하는데 굉장한 질곡(桎梏)이라는 것이다.

남자는 밖에서 돈을 버는 존재이고, 여자는 남편이 벌어다 주는 돈으로 살림만 하는 사람이라는 생각 때문에 임신, 출산, 육아의 부담 역시 혼자 떠맡아야 하는 것은 미쳐 생각지 않고 가사노동만 하는 전업주부는 집에서 하루 종일 집안에서 일을 하지만 보통 집에서 하루 종일 논다고 표현하는데 '집에서 논다'라고 하는 것은 가사노동을 해서 돈을 벌 수 없기 때문이다.

가사노동은 한 마디로 가족의 소비를 위한 자급자족적인 노동으로 어느 정도 사회화(세탁기, 어린이집, 탁아소 등)하는 부분이 있기도 하지만 영원히 가사노동은 집안일을 해야만 하는 여성들의 몫으로 남아 있다. 근래까지 이러한 가사노동은 인간이 생활하는 데 있어서 불가항력인 것

ㄱ

임에도 불구하고 경제적으로는 무상, 무가치의 것으로 취급되어 왔으며, 주로 주부에게 맡겨져 왔다. 근래에 취업여성 증가와 핵가족 등에 따라 맞벌이가 성행하여 취업여성에게는 가사노동이 큰 과제로서 대두하게 되었다.

가사사건(家事事件)

가사사건이란, 가족 및 친족 간의 분쟁사건 기타 가정에 관한 사건, 가정법원의 관할사건이다. 가사소송법에 의한 가사조정이나 가사심판의 대상이 되는 것을 말한다.

가사소송(家事訴訟)

가정법원에서 행하는 재판의 일종. 가정 내 또는 친족 간의 분쟁을 일반적인 소송에 의하여 해결하는 것은 비용, 시간, 인정 등에 비추어 적당치 않기 때문에 간이 · 신속 · 비공개로 분쟁을 해결하기 위한 수단으로서 설치된 제도이다.

가사소송법은 가사사건의 조종 및 심판의 대상사항, 방법 등에 대하여 규정되어 있으며, 헌법의 이념을 받아 목적(제1조)에 "인격의 존엄과 남녀의 평등을 기본으로 하고 가정평화의 친족상조의 미풍양속을 유지 향상하기 위하여 가사에 관한 소송과 비송 및 조정에 대한 절차의 특례를 규정함을 목적으로 한다"고 되어 있다. 가사사건은 가정법원의 전속 관할에 속하며, 그 성질에 따라 가사소송사건과 가사비송사건으로 나눌 수 있다. 가사소송에는 혼인관계소송, 부모의 자 관계소송, 호주승계소송과 가사비송에는 손해배상 및 원상회복의 청구 또는 무능력 부재 실종의 선고 또는 후견과 상속, 혼인생활과 친권사건 등으로 분류된다. 후자인 가사비송사건은 분쟁성이 높기 때문에 조종을 경유하는 것이 많다.

가사소송법(家事訴訟法)

이 법은 인격의 존엄과 남녀의 평등을 기본으로 하고 가정평화와 친족상조의 미풍양속을 유지 향상하기 위하여 가사에 관한 소송과 비송 및 조정에 관한 절차의 특례를 규정함을 목적으로 1990년 12월 31일(법률 제4300호)에 제정하여 2002년 7월 1일부터 시행하여 오면서 지금까지 11차례의 개정을 거쳐 오늘에 이르고 있다. 이 법은 제1편 총칙, 제2편 가사소송, 제3편 가사비송, 제4편 가사조정, 제5편 이행과 확보, 제6편 벌칙으로 총 73개조와 부칙으로 구성되어 있으며, '가사사건'에 대한 심리와 재판은 가정법원의 전속관할로 되어 있다.

가석방(假釋放)

가석방이란 자유형 등이 선고된 자에 대하여 그 개전(改悛)을 촉진하는 수단으로 사용되는 만료 전의 석방을 말한다(형법 제72조 · 행형법 제49조~제52조). 형법에서는 징역과 금고(禁錮)에 있어서는 가출옥, 구류에 대해서는 가출장, 소년원 수용에 있어서는 가퇴원이 인정되어 이것들을 종합해서 가석방이라고 하고 있으나, 단지 가석방이라고 할 경우 가출옥을 의미하는 경우가 많다.

가출옥 중에는 반드시 보호관찰이 행하여진다. 보호관찰 중에 재범(再犯) 등의 조건위반이 있으면 가석방은 취소되고 형이 집행된다.

가성치매(假性癡呆)

진짜(정상적)치매가 아니고 일과성으로 마치 치매와 같은 상태를 나타내는 것으로, 노인성치매와 구별하여 가짜치매라고 해서 '가성치매'라고 부른다. 고령자의 의식장애나 울병(鬱病)상태 때에 나타나는데 치료에 의해 개선된다. 울병에는 자발성이나 주의력의 저하가 일어나, 치매와 비슷한 상태를 나타낸다.

가이드헬퍼(guide helper)

신체장애인 홈헬프사업 가운데 시각장애인이나 전신성 장애인의 외출시에 곁에서 시중들기 위하여 파견되는 것은 가이드 헬퍼로서 구별된다. 외출로는 공적기관이나 의료기관에 가는 경우의 사회생활을 함에 필요한 외출, 사회참가의 관점에서 시 · 군 · 구 · 읍 · 면 · 동 등에서 필요로 판단하는 외출의 두 가지를 들 수 있다. 가이드 헬퍼서비스는 홈헬퍼서비스 제도에서 파생된 형태로 생겼으나 장애인의 사회참가 지원에서는 중요한 서비스로 되어있어 가이드 헬퍼서비스 고유의 역할이 생기게 되었다.

가정(家庭)

가족의 일상적인 생활을 하는 장이다. 수발활동의 장으로서의 가정은 고령자나 장애인에 있어서 오랜 세월 살아서 익숙한 장소이며, 조금도 염려와 신경을 쓸 필요가 없고, 자기의 책임으로 생활을 보낼 수 있다는 등으로 아주 좋은 면을 가지고 있다. 가정 안에서만 폐쇄적으로 생활하게 되면 의욕의 저하에서 폐용성의 장애를 일으키는 일도 쉬워지므로 주의가 필요하다. 또 어린이들에 있어서는 가정은 부모의 애정을 받으면서 그 살아가는 방법과 생활의 모든 기술을 배워 가족집단의 안에서 역할분담을 통하여 장래 새로운 가정을 만들기 위한 기초능력을 형성하는 곳이다.

건강가정기본법은 "가정이라 함은 가족구성원이 생계 또는 주거를 함께 하는 생활공동체로서 구성원의 일상적인 부양 · 양육 · 보호 · 교육 등이 이루어지는 생활단위를 말한다"(동법 제3조2호)고 규정하고 있다.

가정간호사제(家庭看護師制)

재택(在宅)환자를 간호사가 직접 방문하여 1차 진료와 재활을 도와주는 의료제도로 가정간호의 대상은 거동이 불편한 만성질환자들이나 중풍이나 말기환자, 교통사고 및 안전사고에 의한 기능의 마비, 장기이식을 받은 사람 중 병원에 장기입원이 곤란한 저소득환자들이 포함된다.

가정간호사는 항상 주치의와 연계, 환자의 건강상태를 체크함으로써 응급상황을 예방할 수 있고 가족에게는 환자가 사망 후 대처방법과 장례식장 이용 등에 대해서도 안내해 준다. 이 제도는 환자 이송에 따른 시간, 돈 등 간접경비가 절약되는 것은 물론, 한 가정의 삶의 질이 높아진다는 점에서 '전인간호'라고 볼 수 있다.

가정구성원(家庭構成員)

가정폭력범죄의 처벌 등에 관한 법률에서 '가정구성원이라 함은 다음의 하나에 해당하는 자를 말한다고 규정하고 있다. 1. 배우자(사실상 혼인관계에 있는 자를 포함) 또는 배우자관계에 있었던 자 2. 자기 또는 배우자와 직계존비속관계(사실상의 양친자관계를 포함)에 있거나 있었던 자 3. 계부모와 자(子)의 관계 또는 계모와 서자(庶子)의 관계에 있거나 있었던 자 4. 동거하는 친족관계에 있는 자'(본법 제2조2목).

가정내이혼(家庭內離婚)

사회적 부적응의 일종으로 부부 간의 가정내 불화에 의하여, 성적 교접 등이 이루어지지 않고, 사실상 이혼한 상태에 있는 것을 말한다. 통상은 부부끼리의 갈등으로 싸움이나 말다툼, 의논 등도 하지 않으면서 경제적으로는 생계를 거의 같이하고 있으면서 서로 다른 방(별실)에서 각각 생활하고 있는 일이 많은데

ㄱ

학문적 정의로서는 반드시 명확하지는 않고 매스컴 등에서 일반적으로 말하고 있는 용어라고 할 수 있다.

가정도우미(家庭도우미)

저소득층과 생활보호대상자인 노인들을 대상으로 우선순위를 정한 다음 직접 대상가정을 방문해 목욕 · 용변수발, 식사시중, 전화 걸어주기, 책 읽어주기 등의 봉사활동을 하는 사람을 말한다. 가정도우미가 본격적으로 활동하게 될 경우, 이제까지 자원봉사자에 의해 생활보호대상 노인들에게 형식적으로 이루어져 왔던 가정봉사활동이 활성화되어 노인복지서비스의 질과 양면에서 크게 향상될 것으로 보인다.

가정방문(家庭訪問)

사회복지사, 간호사, 담당자, 교사 등이 서비스대상자 혹은 아동의 가정을 방문하는 것을 말한다. 각자 전문직상의 목적 실현을 위해서이다. 사회복지사의 경우에는 가정환경 내지 가족관계를 사정(査定)하거나 서비스대상 자격심사를 목적으로 방문하기도 한다. 그리고 중증장애인, 거동이 불편한 노인, 산모, 환자 등에 대해서는 서비스를 제공하기 위해서 방문한다.

가정법원(家庭法院)

법원조직법에서 규정한 하급법원으로 이혼 · 상속 · 재산관리 등과 부부, 친자 기타 신분에 관한 문제와 분쟁을 취급하는 가사사건, 소년 보호사건의 조사심판 등 및 호적에 관한 사무 등을 전문적으로 취급한다. 1963년에 발족한 법원으로서 지방법원과 동격의 법원으로 소재지 관할 지역도 같다. 심판보다 조정 · 화해를 목적으로 하고 있다.

가정봉사원(家庭奉仕員)

신체적 또는 정신적인 장애로 인하여 일상생활을 영위하는데 지장이 있는 노인의 자택을 방문하여 간병 등의 서비스를 제공하고, 노인의 재택(在宅) 생활을 보살피고 지원하는 사람을 말한다. 홈 헬퍼(home helper)라고도 한다. 대개 서비스의 내용은 다음과 같다.

①신체의 간병에 관한 것으로는 식사, 용변, 착(着) · 탈의(脫衣), 목욕, 신체청결, 머리감기, 통원 및 기타 신체의 수발이 있다.

② 가사(家事)에 관한 것으로는 조리, 의류의 세탁 및 관리, 주거 등의 청소, 정리정돈, 생활필수품의 구매, 관계기관 등과의 연락, 기타 필요한 가사보조 등이 있다.

③ 상담 · 조언(助言)에 관한 것으로는 생활, 신상, 간병에 관한 상담 · 조언, 주택개량에 관한 상담 · 조언, 기타 필요한 상담 · 조언 등의 서비스 활동을 한다.

가정봉사원 제도(家庭奉仕員 制度)

노인 단독세대, 재택보호자 등 저소득층 재택노인(在宅老人)을 정기적으로 방문하여 책읽기 · 상담 등 정서적 서비스와 부엌일 · 청소 등과 같은 가사 서비스, 병원이나 외출 때 거동부축과 같은 서비스를 제공함으로써 시설로의 전입을 억제하기 위한 제도. 대부분 자원봉사자로 운영되는 이 제도의 주된 목표는 노인이 그들의 일상생활환경에 그대로 머물게 하면서 원조를 제공하는 것이다.

가정붕괴(家庭崩壞)

이혼, 가출, 별거, 유기 등 이유로 가정의 주된 역할을 수행할 사람이 없어 가족이 그 본래의 기능을 수행할 수 없는 것을 말한다. 현대사회에서의 가족기능으로서 부부 간의 성적 욕구충족, 자녀 출산 및 양육, 경제적 협동, 정서적 지지, 사회화 교육 등이 대표적으로 열거되는데 이와 같은 가족의 기본적인 기능을 수행할 수 있는 남편 혹은 아버지, 부인 혹은 어머니가 이혼, 별거, 가출 등의 이유로 가족으로부터 유기되어 가족구조가 해체(解體)되는 상태를 말한다.

가정수발(家庭수발)

장애나 노화로 인하여 생활을 자립해 가지 못하는 사람이 자기의 생활의 장(場)인 가정에서 수발(요양)을 받는다는 것, 또는 일정한 교육을 받은 수발요원이 거동이 불편한 노인의 집에 방문하여 수발을 제공하는 것. 가정은 이용자가 갖는 다면적인 니즈에 대응하기 쉽고, 노멀라이제이션의 관점에서도 중요한 수발의 장이다. 그러나 설비의 불비라든가 적절한 요양자가 없을 때 등의 문제도 많다. 여기에 전문가로서의 대응이 중요하다. → 재태수발

가정양육(家庭養育)

가정이란 자녀가 태어나 성장하며 성인이 되면 떠나는 곳이다. 가정양육의 역할은 생활의 기반인 가정생활을 통해 부모의 애정을 받고, 사회규범이나 생활의 제(諸) 기술을 배우며, 가족집단 속에서 역할 분담을 통해 장차 새로운 가정생활을 만들기 위한 기초적 능력을 형성하는데 있다. 또한 자녀가 부모로부터 자립하고 독립하기 위한 능력이 형성되는 곳이기도 하다. 따라서 부모는 자녀의 대인접촉 범위를 가정 내에만 제한시키지 말고 지역의 보육시설(예를 들면 지역탁아소 등)에서 집단보육을 체험시키면서 보육자와 협력해 자녀의 자립성, 사회성이 형성될 수 있도록 노력해야 한다.

가정위탁(家庭委託)

가정위탁이란 가정 내 외의 여러 가지요인(부모의 사망, 질병, 실직, 학대, 방임, 알콜중독, 약물중독, 수감 등)으로 친부모와의 생활이 불가능한 아동에게 신체적 보호와 가정환경을 일정기간 제공해 주는 것이다. 친가정이 정상화되어 가족기능을 회복할 수 있도록 지원하는 전문적인 가정지원서비스이다. 국가는 가정위탁사업을 활성화하고 지역 간 체계를 구축하기 위하여 중앙가정위탁센터를 두며, 지방자치단체는 보호를 필요로 하는 아동에 대한 가정위탁사업을 활성화하기 위하여 지역가정위탁지원센터를 둔다(아동복지법 제28조의 2). 미국의 전형적인 가정위탁은 각 주(州)의 담당부서에서 행정적 처리를 하며, 사회사업가는 당국이 아동의 배치를 결정하는 것을 돕기 위해 아동과 가정을 평가하고, 특정의 아동이 적절한 위탁을 위해 배치되었나를 평가하여 배치기간 동안의 상황을 감독하고, 언제 아동이 본래의 가정으로 돌아가는 것이 적절한가를 당국에서 판단하는 것을 돕는다.

가정위탁보호제도(家庭委託保護制度)

가정위탁보호제도란, 부모(親權者)의 질병 · 가출 · 이혼 · 수감 · 학대 · 사망 · 경제적 사유 등으로 친부모와 함께 살 수 없는 사실상 버려진 아이들에게 다른 사람에게 맡겨 아이들이 사랑과 보호욕구를 충족시킬 수 있는 따뜻한 가정에서 밝고 건강하게 성장할 수 있도록 양육시키는(도와주는) 아동복지서비스제도를 말한다.

위탁을 받는 '위탁부모'는 가정위탁지원센터에서 필요한 관련 교육을 이수해야 하고, 각종 범죄나, 아동학대 약물중독 등의 전력(前歷)이 없어야 한다. 또한 가정방문 조사와 이웃 등에 물어서 적합한지 여부를 확인하게 되게 있다. 가정위탁

보호제도는 2003년부터 실시되고 있다.

가정의(家庭醫)

한 가정을 전담하여 계속적으로 건강에 관한 진료나 상담을 하는 의사를 말한다. 따라서 가정의의 대상은 성(性), 연령, 질병의 종류에 제한되지 않는 모든 건강문제를 가지는 사람들이다. 가정의는 종래의 의학(생물의 과학)은 물론, 행동과학, 사회과학을 종합하는 폭넓은 전문적 지식, 기술, 태도를 몸에 익히고 있는 전문인이라고 정의하고 있다. 미국에서는 1970년에 가정의학회가 설립되었고 가정의의 전문의사가 되기 위해서는 전문훈련 프로그램을 이수 후 시험에 합격하여야 가정의의 자격을 취득하게 된다.

가정의 날(家庭의 날)

가정의 중요성을 고취하고 건강가정을 위한 개인 · 가정 · 사회의 적극적인 참여 분위기를 조성하기 위하여 매년 5월을 가정의 달로 하고, 5월 15일을 가정의 날로 규정하였다(건강가정기본법 제12조).

가정적 보육(家庭的 保育)

개인의 가정에 남의 어린이를 보유하여 보수를 얻는 보육의 형태를 말한다. 재택보육의 한 형태로 보육자의 가정에서 보육하는 경우를 가정적 보육(가정형 보육)이라고 한다. 거기에서 보육자는 '보육 엄마' '가정복지원' 등으로 불린다. 구미에서 'Family day care'로 불리어 널리 보급되고 있는 형태의 보육이다.

가정주치의(家庭主治醫)

각 가정별로 주치의를 등록, 가족의 건강 상담 및 진료를 전담하도록 하는 것으로 일정액의 등록료를 내는 대신 건강보험 본인부담금의 일부는 경감혜택을 받게 된다. 케나다 등에서 실시하고 있지만 우리나라는 아직 실시되지 않고 있다.

가정폭력(家庭暴力)

가정폭력이라 함은 가정구성원 사이의 신체적, 정신적 또는 재산상 피해를 수반하는 행위를 말한다. '가정구성원'이라 함은 ① 배우자(사실상 혼인관계에 있는 자 포함) 또는 배우자 관계에 있었던 자 ② 자기 또는 배우자와 직계존비속관계(사실상의 양친관계를 포함)에 있거나 있었던 자 ③ 계부모와 자의 관계 또는 적모(嫡母)와 서자(庶子)의 관계에 있거나 있었던 자 ④ 동거하는 친족관계에 있는 자를 말한다(가정폭력범죄의 처벌 등에 관한 특례법 제2조1 · 2호).

가정폭력방지 및 피해자보호 등에 관한 법률(家庭暴力防止 및 被害者保護 등에 관한 法律)

이 법은 가정폭력을 예방하고 가정폭력의 피해자를 보호 · 지원함을 목적으로 1997년 12월 31일(법률 제5487호)에 제정 · 공포하여 시행하면서 10차 개정하여 오늘에 이르고 있다. 이 법에서 '가정폭력'이라 함은 가정구성원 사이의 신체적 정신적 또는 재산상 피해를 수반하는 행위를 말하며, '가정폭력행위자'라 함은 가정폭력 범죄를 범한 자 및 가정구성원인 공범을 말하며, '피해자'라 함은 가정폭력으로 인하여 직접적으로 피해를 입은 자를 말한다고 규정하고 있다. 이 법률은 총 22개 조문과 부칙으로 규정되어 있다.

가정폭력범죄(家庭暴力犯罪)

가정폭력 범죄는 형법(刑法)에 명시되어 있는 상해와 폭행의 죄(상해, 존속상해, 존속중상해, 폭행, 존속폭행, 특수폭행 등), 유기와 학대의 죄(유기, 존속유기, 영아유기, 학대, 존속학대, 아동혹사), 체포와 감금의 죄(체포, 감금, 존속체포, 존속감금, 중체포, 중감금, 존속중감금, 특수감금, 상습범), 협박의 죄(협박, 존속협박, 특수협박 등), 명예에 관한 죄(명예훼손, 사〈死〉자)의 명예훼손, 출판물 등에 의한 명예훼손, 모욕 등), 주거침입의 죄(주거, 신체수색), 권리행사 방해죄(강요) 등으로 정의하고 있으며, 또한 아동복지법 제29조 제2호를 위반한 죄 등이 포함된다.

가정환경(家庭環境)

가정환경은 가족구성원 각자에게는 생활환경으로서의 기능을 의미한다. 가정환경은 남편, 아내, 부모, 자녀, 형제, 친척 등이 상호 간에 만들어 내는 인간관계나 가치관 등으로 이루어지는 심리 정서적 환경과, 가정의 경제상태, 주거의 공간, 통풍, 채광, 위생상태, 편리함 등으로 이루어지는 물리적 환경의 두 가지 측면을 동시에 말한다.

가정환경은 단순한 주거공간으로서 존재할 뿐 아니라 가족원의 안전 확보, 지속적이고 안정된 인간관계, 자녀의 성격발달, 가족원의 생활 활동이나 인격형성, 사회화교육 등 가족 내의 기능과 사회적 기능을 수행하기 위하여 필수적인 조건이다.

가족(家族)

기본적으로는 부부를 중핵(中核)으로 해서 친자, 형제 등의 근친자(近親者)를 구성원으로 하는 혈연적(血緣的) 소집단을 말한다. 가족원은 공통가족의식을 가지고 상호 감정적 결합이 깊다고 한다. 가족은 인간사회의 기본적 단위이다.

가족간호휴가제(家族看護休暇制)

가족이 병상(病床)에 있을 때 여성근로자에게 3개월 이상 최장 1년간 휴가를 주어 가족을 간호할 수 있게 하는 제도로 미국 · 일본 등은 여성의 지속적인 고용보장을 위해 이 제도를 권장사항으로 실시하고 있으며, 우리나라는 1995년부터 국가공무원과 교육공무원에 한해 실시하기 시작하였다.

가족갈등(家族葛藤)

가족성원 간의 불화 · 대립을 말한다.

부부는 각기 상이한 가정에서 자랐기 때문에 성격과 가치관이 다르다. 애정으로 이러한 간격을 메울 수 있고, 극복할 수 있지만 양가족의 외적압력이나 내적 압력 등이 복잡한 환경의 변화 등으로 가족갈등을 가지게 된다. 또 민주적인 가족에서는 부부싸움과 감정대립을 가져오며, 이러한 과정을 통하여 자기의 욕구를 집단성원의 승인 하에 만족시킬 수가 있지만, 한편 문제해결 기능이 없는 가정에서는 불화 대립은 잠재적 갈등으로 변하기 쉽다.

가족계획(家族計劃)

가족 전원의 행복을 위하여 출산하는 자녀의 수 및 출산 간격을 계획적으로 컨트롤(control)하는 것을 말한다. 그러기 위해서는 각종 피임법, 인공임신중절법 등이 이용되는데 가족계획이라 함은 단순히 임신, 출산을 피한다는 소극적인 것(산아제한)이 아니고, 계획적으로 임신, 출산을 행하여, 가족구성을 적극적으로 행한다고 하는 두 가지 의미를 갖는다.

가족계획사업(家族計劃事業)

가족계획사업이란 가족의 건강과 가정복지의 증

ㄱ

진을 위하여 수태조절(受胎調節)에 관한 전문적인 의료봉사 계몽 또는 교육을 하는 사업을 말한다(모자보건법 제2조9호).

가족관계(家族關係)

일반적으로 가족집단 내의 가족원 상호관계를 말한다. 넓은 의미로는 가족집단 상호관계 즉 친족관계망(family network)을 포함한다. 가족관계는 인간관계 중 가장 농도가 짙고 강하며, 애정을 중심으로 이해타산을 초월하는 무조건적 관계이다. 상대편을 위하여 지배하고 복종하는 관계로서 가족의 어느 특정한 사항만으로 맺어지는 관계가 아니고 모든 사항에 복합적으로 관여하게 되는 전인적 관계이다. 가족은 부부관계, 친자관계, 형제관계 등 3개의 하위체계(sub-system)로 구성되며, 정신분석학에서는 아버지, 딸, 어머니, 아들 등의 관계를 중시하는데 이러한 관계가 비정상적으로 형성될 때 자녀의 성장이 바람직하지 않은 방향으로 진행되고 치료의 대상이 되며 하위체계의 장애는 가족 전 체계에도 침투되기도 한다. 알콜중독 부부에 있어서는 남편이 처에게 모친과 같은 역할을 해 주기를 기대하며, 외디푸스 · 콤플렉스(Oedipus complex)와 같은 무의식적 관계 등 매우 복잡한 관계에 놓여지는 것이 가족관계이다.

가족구성(家族構成)

어떠한 혈족관계의 성원(成員)에 의하여 가족이 구성되어 있는가라는 것. 이에 의하여 핵가족, 확대가족, 혹은 부부가족, 직계가족, 복합가족 등으로 분류된다.

가족권(家族權)

우리나라의 헌법체계에는 가족권 혹은 가족권리라는 직접적인 용어는 없으나, 부부중심의 혈연적 결합으로 이루어진 집단으로서의 가족이 사회생활을 영위할 때 건강하고 문화적인 생활을 유지하기 위해 필요한 의 · 식 · 주 및 의료를 포함하여 충분한 생활수준을 보장받을 권리가 있다는 것을 말한다. 나아가 가족구성원의 소득 보장 및 의료 혜택과 함께 가족생활에 필요한 사회적 서비스를 받을 권리가 있는데 이러한 권리를 포함하여 가족권리이라 한다.

가족기능(家族機能)

가족, 친자(親子) 등이 건전한 가정생활, 사회생활을 영위하는 기능으로, 자식을 낳고 기르고, 휴양, 가족의 문제해결, 사회적 의무의 이행 등의 기능을 말한다.

가족력(家族歷)

가족이 형성되어 현재까지 지내온 과정에 대한 서술이다. 개인이 태어난 후 살아온 과정이 있듯이 가족도 남녀 두 사람이 만나 결혼하여 가족을 형성하고 첫 자녀가 태어나면서 입학, 취직, 결혼, 배우자의 사망과 같이 생활주기에 따른 단계가 있다. 그 발전단계에서 가족구성, 생활수준, 가족단계의 경향, 가족의 사회적 욕구나 활동 등 제반 측면의 변화를 찾아볼 수 있다. 사회사업실천에서 개개인의 가족에 대한 정상적인 발전모델과 비교하면서 발생적이며 발달적인 진단을 하는 데 중요한 자료가 된다.

가족면접(家族面接)

일반적으로 클라이언트에 대한 직접치료과정에서 간접치료인 환경조정의 수단을 적용하기 위해 가족과 면접하는 경우를 말한다. 이는 개인치료와 다른 입장을 취하고 있는 가족치료, 즉 가족집단을 하나의 병리체계로 이해하고 개입하기 위해서 사용되는 경우와는 전혀 다르다. 따라서 개인의 증상 형성에 깊은 관련이 있을 때 가족과 면접하게 된다. 아동치료의 경우 증상 형성이 가족과 깊은 관련이 있을 때 아동을 1차적 클라이언트(primary client)라고 하고 부모를 2차적 클라이언트(secondary client)라고 한다.

가족문제(家族問題)

오늘날의 가족은 개인의 자유의지에 바탕을 둔 결합에 의하여 생기는 것이고, 그 한도에서 가족은 사적 존재이다. 여러 가지 형태의 가족생활을 영위하는 일은 개개인의 생활패턴이고 라이프스타일로서 선택이라고 말할 수 있다. 그렇지만 가족이 육아의 기능을 갖추고 육아가 사회의 의미를 가지고, 가족이 사회를 구성하는 기본적인 단위로서 기능하는 한 가족을 사회적인 존재로서 보지 않을 수 없다. 가족문제의 중요한 점은 지극히 사적이고 개인적인 동시에 다른 한편으로는 사회적 존재로서의 기능을 만족시키지 않으면 안 된다는 점에 있다.

가족병리(家族病理)

여러 원인에 의해 가족관계가 파괴되고, 가족기능에 장애가 발생한 경우 가족병리라고 불리는 현상이 나타난다. 이제까지 병리라고 하는 용어가 갖고 있는 이미지나 재현상의 명칭은 발생 원인이나 메커니즘에 관해 논쟁의 여지가 많았다. 그러나 가족해체를 초래한 경우 가능회복(가족치료)이나 발생예방을 위한 실천적 대책이 요구되고 가족사회사업의 과학화가 요망된다.

가족복지(家族福祉)

개인생활상의 모든 욕구충족이 그 사람의 가족생활의 양상에 의하여 규정됨에 착안하여, 가족원으로서의 개인의 가족집단에의 적응이나, 가족생활 그 자체의 유지 및 질적 향상을 도모함을 목적으로 하는 가족전체를 원조의 대상으로 하는 사회복지의 한 분야이다.

사회복지의 분야로서는 그 대상의 특징에서 본 아동복지, 노인(고령자)복지, 장애인복지와 같은 카테고리별로 분류하는 방법이 있는데 대하여, 가족복지는 그 대상의 여하에 불구하고 횡단적으로 존재하는 분야라고 할 수 있다. 아동, 노인, 장애인 그 누구에게 있어서나 그 복지의 실현에는 가족과의 관계가 중요한 관계를 가지게 되기 때문이다. 그중에서도 가족과의 관계가 상대적으로 깊은 아동복지 분야에서 최근 가정아동복지 또는 아동 · 가족복지 등의 표현이 보이는 것은 가족복지라고 하는 분야와 카테고리별의 각 분야와의 위치관계가 중시되기 때문에 다름이 없다.

가족복지의 주체는 국가, 지방자치단체, 민간기관, 그 대상은 빈곤가족, 갈등가족, 반사회적 사회부적응가족, 장애인가족, 문제가족 등이 중심이 되지만 제도적 정책적 제시책에 있어서는 사실 모든 가족이 포함된다. 가족복지사업의 기능은 직접적 원조기능과 간접적 원조기능 두 가지가 있으며, 직접적 원조기능은 가족문제를 직접원조 · 치료하는 회복적 기능, 간접적 원조기능은 다시 의뢰적 기능 · 조정적 기능 · 예방적 기능으로 세분된다. 가족복지를 실현하기 위해서는 가족진단 · 치료기관의 설립 등의 제도적 장치와 민간기관의 설립 및 지역사회의 협력 등이 요망된다. 가족복지사업과 다른 사회복지분야의 차이점으로서 아동복지, 청소년복지, 장애인복지, 노인복지 등은 문제를 가지고 있는 개인을 서비스 대상으로 하고 있는데 비하여 가족복지는 가족전체를 서비스 대상으로 하고 있다.

가족복지기관(家族福祉機關)

가족의 욕구와 문제를 해결하기 위하여 민간기관이 서비스를 제공하는 경우가 있는데 이때 민간기관이 제공하는 서비스를 가족복지사업이라 할 수 있으며, 민간기관을 가족복지기관이라 한다. 우리나라의 경우 국가가 운영하는 가족복지기관이나 사회복지기관은 소수인 반면에 대부분의 사회복지기관은 민간에 의해 운영되고 있다. 따라서 국가는 제도적으로 공공복지기관 내에 가정복지부서의 설립 또는 민간기관에 대한 장려를 제공해야 할 것이다.

가족복지시설(家族福祉施設)

가족이 어떤 곤란이나 위기에 직면할 경우 그 가족생활을 보다 강화하고 정상적인 가족생활을 유지하도록 하는 것을 목적으로 설립된 사회복지시설을 의미한다. 모자가족보호시설, 노인복지시설, 장애인복지시설과 각종 상담서비스 기관 등을 들 수 있다.

가족부양(家族扶養)

가족성원 상호 간에 가족생활을 중심으로 이루어지는 전체적인 협조를 말하며, 경제적인 협조, 가족성원 상호 간의 심리정서적인 지지와 격려 그리고 물리적인 보호와 양육 등을 의미한다. 전통적인 가족에서는 장남(長男)은 가족의 기둥으로서 노부모의 부양은 물론 미혼의 형제들을 돌봐야 하는 책임도 지고 있었다. 그러나 현대사회에서 핵가족화로 인한 가족구조의 변화와 독립적인 생활형태, 민주적, 독립적, 이기적 사고와 가치관의 영향으로 장남의 부모형제에 대한 부양의식은 약화되고 있다. 그리고 부양개념에는 공적부조나 노인보호, 아동보호, 장애인보호, 보호시설의 수용 등에 의한 가족부양, 친족부양, 사회적 부양 등이 포함된다.

가족상담(家族相談)

흔히 개인상담의 문제로만 고려하기 쉬운 한 개인의 고민이나 심리적 또는 행동상의 부적응 그리고 대인관계(특히 가족관계)에서의 갈등과 같은 문제들은 그 원인이 당사자에게만 있다기보다는 전체 가족구성원들 간의 관계문제에서 비롯된다는 가정하에 가족구성원 전체 혹은 다수를 대상으로 상담을 진행해 가는 접근방법을 지칭한다.

가족소셜워커(家族 social worker)

가족의 구성원을 가족에 적응시키거나, 또 그 가족전체의 문제를 원조하는 등, 가족단위로 문제를 취급하는 원조자라는 것. 복지관, 아동상담소 등의 공적기관에서 가족중심의 원조를 행하는 소셜워커가 주로 이에 해당한다. 가족소셜워커가 필요로 하는 배경으로서는 가족기능의 축소에 동반하는 가족관계의 약체화가 주된 요인으로 되어 있다.

가족소셜워크(家族 social work)

생활의 최소 단위인 전체로서의 가족을 대상으로 한다는 특징을 가진 소셜워크의 원조활동이다. 사회복지라는 개념이 인간의 보다 풍요로운 사회생활의 회복과 실현을 목표로 한 실천적 특성을 가진 시책의 총칭인 것에 비하여, 소셜워크는 그 시책과 제도로서의 사회복지를 일상생활 가운데 실현시켜 구체화하는 전문적인 원조활동을 의미하고 있다. 가족 전체를 원조의 목표로, 가족구성원 각각이 가진 능력이나 기회를 양성 활용하며, 문제의 해결에서 과제의 추구까지를 합리적이며 효과적으로 가능하게 하려고 하는 특징을 가진 원조방법이다.

가족수당(家族手當)

임금에 부가해서 지불하는 여러 수당 중의 하나로서 부양가족이 있는 근로자에 대하여 지급된다. 실질임금의 보충을 위한 방편으로 사용되어지기도 했다.

유럽 여러 나라에서는 모든 기업에서 의무적으로 지급되고 있으며 사회보장제도의 한 부분으로서 아동수당 제도를 발전했다.

가족요법(家族療法)

가족을 하나의 단위로 하고, 체계적으로서의 가족을 치료, 원조의 대상으로 한 정신요법의 한 형태.

개인의 문제가 시설에 있어서는 가족의 인인에 의해서 일어난 경우에, 가족을 중심으로 케이스워크의 기술에 의해 치료하고, 해결하는 요법. 가족을 하나의 통합된 체계적으로 보고 개인의 문제해결을 위해 가족전체의 구조를 변화시키는 것이 필요하다는 입장에 선다. 가족요법의 초점으로서는 일반적으로 부부관계의 조정을 수반하는 경우가 극히 많다고 여겨지고 있다.

가족요양비(家族療養費)

피부양자의 질병 또는 부상의 치료를 목적으로 급여하는 의료보험으로서 피보험자의 부양가족의 질병에 대해서 급여된다.

본인은 그가 부담할 비용의 반액 혹은 그 이하의 금액을 보험의료기관의 창구에 지불하면 된다. 급여기간에 제한은 없다.

가족위기(家族危機)

가족이 심리적 인간관계적인 문제 혹은 사회적 경제적인 곤란에 직면했을 때 적절히 대응하지 못한 것으로서 생기는 긴장상태를 말한다. 위기적 상태는 장시간 지속되지 않으므로 병리현상을 일으키기 쉽다. 가족위기는 가족의 발달상에서 필연적으로 마주치는 '발달적' 위기와 일상생활 장면에서 우발적 돌발적으로 생기는 '생활적'위기로 나뉜다. 발달적 위기의 전형적인 예로는 어린 자녀가 청년기가 되어 자립을 요구하기 시작했을 때에 나타나는 가족위기가 있다. 부모가 자식을 아동기처럼 보호하려고 하면, 청년기의 자녀들은 가구를 파괴하는 등의 폭력을 행사하거나, 그와 반대로 자기주장을 접고는 아주 어린이처럼 행동거지를 할는지도 모른다. 이와 같은 발달적 위기는 부모가 자식에 대한 태도나 견해를 바꾸는 것으로 대개 해결이 되는데, 그것이 불가능한 경우에는 가족 카운슬링(family counseling)이 바람직하다.

가족제도(家族制度)

광의로는 가족생활에 관한 사회규범의 체계, 즉 공동생활을 영위하는 혈족집단 및 가족단체를 규율하는 법적 제도를 의미하며, 협의로는 민법상에서 규정하고 있는 가부장제 가족의 유지를 위한 법적 · 사회적 제도를 말한다. 민법의 개정으로 남녀평등을 중심으로 하는 가족제도의 확립을 꾀하려 했으나, 아직도 남성 우위적 가족제도를 완전히 탈피했다고는 볼 수 없다. 현재 가족법의 성격은 장남을 중심으로 하는 직계가족제도인 확대가족과 차남의 혼인과 동시에 법정분가 되는 핵가족을 동시에 포함하고 있다.

ㄱ

가족주기(家族週期)

family life cycle이라고도 함.

결혼에 의한 가족의 형성에서 신혼기(新婚期), 육아기, 교육기, 아이들의 독립기, 아이들의 독립 후의 부부기, 노후기, 과부(寡婦)〈부(夫)〉기 등의 제(諸) 단계를 거쳐 과부〈부(夫)〉의 사망에 의한 소멸까지의 전 과정을 말한다. 이 각 단계에 있어서 가족의 생활에 일정한 패턴을 가지고 나타나는 가족구성, 생활수준, 가족의 사회적 욕구나 활동 등의 변화가 있다. → 라이프 사이클

가족주의(家族主義)

모든 사람은 결혼해서 가족을 이루어야 한다는 주의를 말한다. 가족주의는 결혼을 하지 않거나, 별거, 이혼, 사별 등으로 독신으로 사는 사람을 비정상적인 사람, 무언가 어딘가 부족하고 모자라는 사람, 또는 영원히 어른이 못되는 사람으로 간주한다. 또한 자녀를 두지 않거나 두지 못하는 사람도 마찬가지로 무엇이 결핍된 것으로 치부한다. 이 가족주의 속에서는 개인이 가족에 종속되고 권위주의와 사회생활의 모델이 되고, 가족 외의 지속적인 집단형성은 어렵다. 사회의 구성 단위는 개인이 아닌 최소 단위인 가족이며, 기업 경영에 있어서도 경영자는 부모이고 종업원은 자녀로서 취급하는 것을 '경영가족주의'라고 하고 있다.

가족지원서비스(家族支援 services)

가족지원서비스는 국가 또는 지방자치단체가 모부자가정에게 다음 각 호의 지원서비스를 제공하도록 하여야 한다고 한부모가족지원법에 규정하고 있으며, 그 서비스에는 1. 아동의 양육 및 교육서비스 2. 장애인 노인 만성질환자 등의 부양 서비스 3. 취사, 청소, 세탁 등 가사 서비스 4. 교육 상담 등 가족 관계 증진 서비스 5. 그 밖에 대통령령이 정하는 한부모가족에 대한 가족 지원 서비스 등 이다(동법 제17조).

노인장기요양보험법에 의거 65세 이상 노인성 질환요양 등 서비스(노인장기요양보험법 참조).

가족진단(家族診斷)

개인과 가족을 분리해서 보지 않고 하나의 단위로 보며, 전체로서의 가족을 중시하면서 가족의 문제를 이해하려는 것이다. 개인의 성격과 사회부적응 문제는 가족체계와 밀접한 관계를 가진다고 하는 정신의학적 임상경험에 기초하여 개인의 문제를 그 개인이 속해있는 가족을 이해함으로써 개인을 치료하는 가족복지의 한 방법이다.

가족치료(家族治療)

가족 내에 문제가 발생하였을 경우 그 문제가 표면상으로는 특정 가족성원의 행동상의 문제로 나타나지만 이것은 가족전체의 문제를 표현하고 있는 것으로 보는 것이다. 그리고 가족에 관한 견해는 가족이 가족성원들의 성장과 발전을 위해 가장 적절한 기능을 하는 것과 동시에 가족은 개인들에게 가장 효과적인 치료 장소이며, 가족원들이 상호 간에 치료자가 된다는 것이다. 다른 한편으로는 가족은 개인과 가족에게 문제를 제공하기도 하고, 문제를 악화시키기도 한다. 가족 치료적 관점에서는 가족문제를 가족구조, 가족기능, 가족역사, 가족생활주기, 의사소통형태, 가족을 중심으로 하는 생태체계 등과의 관계 속에서 이해하려고 한다.

따라서 가족치료의 서비스대상은 가족전체가 된다.

가족케이스워크(家族 case work)

가족복지사업 중에서 대표적인 것으로서, 개인중심의 임상적 접근에서 개인과 가족을 둘러싼 환경체계와의 관계에 초점을 두고 가족을 진단하고 치료하는 것을 목표로 삼는다. 한 사람의 가족성원(成員)에 대한 개별원조에 있어서 '전체로서의 가족'을 시야에 넣은 원조활동을 행하는 데 이용자에 있어서는 간접요법으로 되는 수가 많다. →가족 소셜워크.

가족폭력(家族暴力)

상해, 굴욕, 때로는 죽음의 결과를 가져오게 되는 가족구성원들 사이의 공격적이고 적대적 행동. 이들 행동은 육체적 학대, 강간, 기물파손, 인간의 기본적 욕구의 박탈 등을 포함한다.

가족해체(家族解體)

가족집단이 이혼, 가출, 유기 등에 의해 가족구성원을 상실하게 됨으로써 가족구조가 붕괴되는 것을 말한다. 그리고 가족해체는 넓게는 결속감, 소속감, 충성심, 합의, 가족단위의 정상적 기능 등의 파괴를 의미하고, 협의로는 별거, 이혼, 유기, 사망 등으로 혼인관계가 파괴되거나 또는 부부 가운데 한 사람이 장기간 혹은 영구적으로 부재하여 결손가족이 됨으로써 가족이 구조적 기능적으로 불안정하거나 불완전한 상태에 있음을 의미한다.

가족형태(家族形態)

지금 존재하는 가족의 규모나 구성을 가리킨다. 가족형태의 분류방법에는 가족규모(가족을 구성하는 가족원의 수에 의한 분류)와 가족구성(동거하는 가족의 혈족관계에 의한 분류, 또는 동거하는 세대의 수에 의한 분류)이 있다.

가출(家出)

미성년자인 청소년이 부모나 보호자의 승인 없이 거주지를 이탈하는 경우를 말하는데 가출은 비행과 직결된다는데 문제가 있다. 가출의 원인은 심리적 발달상의 특징으로 청소년기의 심리적 특징인 부모의 속박에서 벗어나려는 경향 때문이다.

가출아동(家出兒童)

streed children이라고도 한다.

빈곤이나 기아, 극도의 인간 불신 등에 의하여 가족과 생활을 함께 같이 할 수 없거나, 혹은 그 보호를 받을 수 없기 때문에 생활의 양식을 얻거나, 스스로 일신을 지키기 위해 불법취로를 한다거나 매춘, 범죄 등을 범하거나 하여 비행을 거듭하면서 노상생활을 보내고 있는 아동을 말한다.

그 배경에는 각기 변화에 따라 다르겠으나 개발도상국에서는 아동 5명 중에 1명의 비율로 극심하게 증가하고 있다.

간이생명표(簡易生命表)

사람이 앞으로 몇 년 살 수 있을까를 나타내는 '평균여명(平均餘命)'을 각 연령별로 표시한 일람표.

0세 어린이의 평균여명을 '평균수명'이라고 부르고, 보건복지의 수준의 지표로서 사용된다. 전년도의 연령별 사망률이 장래도 변하지 않는다고 가정하여 계산하고 있으므로 사망률이 낮아지면 실제의 수명은 다시 연장되는 가능성이 있다.

간장애인(肝障碍人)

간의 만성적 기능부전과 그에 따른 합병증 등으로 인한 간 기능의 장애로 인하여 일상생활을 하는 데 있어 상당한 제한을 받는 사람을 말한다(장애인복지법시행령 제2조).

간접원조기술(間接援助技術)

생활환경의 정비나 사회자원의 연락 · 조정(調整) 등 간접적으로 복지서비스를 제공하는 원조기술. 사회복지의 원조기술로서 직접원조기술과 함께 사용되고 있는 소셜워크 처리절차상의 개념이다.

간접원조기술의 대표적인 것으로는 지역원조기술, 사회복지조사법, 사회복지운영관리, 사회복지계획법 등이 있다.

간접원조기술은 클라이언트의 구체적 기본의 요구의 해결에 직접 속하는 것은 아니더라도, 클라이언트에게 있어서는 자기의 인간으로서의 가능성을 추구하는 데에 잠재적 가치를 갖는 기회를 얻는 환경상의 수단을 포함하거나, 또는 환경상의 압력이나 장애를 제거하거나 클라이언트에 대한 타인의 태도를 개선시키는 개입 등에 의해 성립하고 있는 것이다.

간접원조기술은 직접원조기술과 함께 리치몬드(Richmond, M.E)에 의해서 제창된 클라이언트를 원조하는 처우 절차의 구분이다.

간접적 서비스(間接的 service)

복지에 관계되는 여러 가지 서비스 가운데, 직접 개인에 관계되는 직접적 서비스와는 달리 간접적으로 복지의 조건을 향상시키는 것 같은 서비스를 말한다. 시설이나 프로그램의 관리 · 운영에 관계되는 매니지먼트서비스나 홍보활동, 정보제공 등의 임포메이션서비스가 포함된다. → 인포메이션서비스

간접질문(間接質問)

클라이언트가 대답을 하는데 심리적 압박과 충격을 덜 받도록 해주며, 응답을 원하지 않을 경우 이를 허용해 주는 유연성 있는 질문방법이다. 예를 들면 사회사업가가 "하루 종일 일하고 밤새도록 어린아이를 돌보는 것은 틀림없이 매우 어려운 일이지요"라고 클라이언트에게 코멘트 하는 경우이다.

간접처우(間接處遇)

클라이언트와 둘러싸인 환경에 초점을 맞추어 문제해결을 꾀하는 원조의 방법. 직접처우에 대비하는 형태로 쓰인다. 클라이언트 자신뿐만 아니라, 그 환경의 조정과 개선을 통하여 문제해결을 도모하는 시점은, 소셜워크에 있어서 극히 중요하다. 그때에 클라이언트와 환경은 역동적인 상호작용관계에 있다는 것을 중시하지 않으면 안 된다. 간접처우에는 클라이언트와 가족과 지역사회 등과의 관계 조정에 더하여 사회서비스 등의 사회자원의 활용도 포함된다.

간접처우직원(間接處遇職員)

복지서비스의 이용자에 대하여, 직접적으로는 접하지 않고 업무를 행하는 직원. 사무, 조리(調理) 등이 있다.

간질(癎疾)

간질은 만성신경질환 중 가장 흔한 것의 하나로 신경계를 침범하는 여러 질환의 결과로 중추신경계의 기능이 갑작스럽게 일어나는 일시적인 의식장애이며, 질환이라기보다는 하나의 증상인 뇌에서의 발작적 이상방전 현상이다. 소질적인 것을 직성간질이라 하며, 소질적 발작 외에 두부외상이나 종양, 출혈에 의해 일어나는 일도 있다. 발작의 모양으로는 경련을 수반한 대발작, 극히 단시간(10수 초 내외)의 의식 중단을 수반하는

소발작, 경련은 없고 수분간의 몽롱상태를 나타내는 정신운동발작 등이 있다. 또 갑자기 의식을 잃고 쓰러져, 경직되고 손, 발의 경련을 일으키는 등 증상이 다양하다. 임체뇌파검사는 간질진단에는 불가결한 것이다. 항간질제에 의해 대부분의 발작은 억제될 수 있다.

간질장애인(癎疾障碍人)

간질에 의한 뇌신경제세포의 장애로 인하여 일상생활 또는 사회생활을 하는데 있어 상당한 제한을 받아 다른 사람의 도움이 필요한 사람을 말한다(장애인복지법시행령 제2조).

간호(看護)

여러 가지 정의가 있으나 간호사의 업무를 간호라고 하면, 상병자(傷病者) 등에 대한 요양에 있어서의 보살핌과 수발 또는 진료의 보조를 하는 행위이다.

간호사는 상병자 또는 해산부(解産婦)이 요양상의 간호 또는 진료의 보조 및 대통령령이 정하는 보건활동에만 종사할 수 있다고 의료법 제2조 2항 5호에서 규정하고 있는 보건활동은 다음과 같다. ① 농어촌보건의료를 위한 특별조치법 제19조의 규정에 의하여 보건진료원으로서 하는 보건활동 ② 모 · 부자보건법 제2조11호의 규정에 의하여 모자보건원으로서 행하는 모자보건 및 가족계획 활동 ③ 결핵예방법 제29조의 규정에 의하여 결핵관리요원으로서의 보건활동 ④ 기타 법령에 의하여 간호사의 보건활동으로 정한 업무.

갈등(葛藤)

두 개 이상의 욕구가 동시에 있어 그 어느 것도 만족시키고 싶으나 동시에는 불가능하기 때문에 어느 것을 선택할 것인가를 결정짓지 못하고 있는 심리적 긴장상태를 말한다.

갈등해결의 원칙(葛藤解決의 原則)

그룹워크의 원칙중 하나. 그룹 내에서의 갈등이나 문제에 대하여 구성원 자신이 해결할 수 있는 방법을 찾아낼 수 있도록 이끌어 가는 것이다. 워커는 구성원 자신이나 그룹이 가지는 갈등을 알아차려, 그것을 억압하는 것이 아닌, 필요에 응하여 그 갈등을 표출시킨다. 그리고 구성원이 도피하지 않으면서 갈등을 직시하고, 주체적으로 부딪치는 것처럼 원조하지 않으면 안 된다. 이러한 워커의 지지하에서 민주적 방법에 의한 갈등해결의 체험은 구성원의 사회적 성장을 촉진시키는 데에 연결된다.

감각기억(感覺記憶)

본 것, 들은 것 등 지각(知覺)한 이미지를 순간적으로 머릿속에 넣는다는 것. 단기기억(短期記憶)에 옮기지 않으면 그대로 머릿속에서 사라지고 만다. 정보처리적인 사고방식에 의한 기억의 세 가지 구조의 제1단계. ⇨ 단기기억, 장기기억

감각실어(感覺失語)

주로 언어의 양면이 침범되는 실어(失語)이며, 언어는 표출되지만 고도(高度)로 되면 의미를 알 수 없는 소리를 나열한다. 본인은 틀린 말을 하고 있다는 자각이 없고, 어음(語音)의 파악과 어의(語義)의 파악이 다 같이 악화되기 때문에 다른 사람의 말도 이해할 수 없다. → 실어증

감염예방(感染豫防)

병원체(病源體)가 체내에 침입하여 발육 내지 증식하는 것을 예방하는 것. 예방법의 첫째는 감염

의 원인으로 되는 병원체가 포함되어 있는 것(감염원)과의 접촉을 단절하는 것이다. 감염원(感染源)은 감염증에 의하여 다르며, 혈액, 변, 담, 오염된 식품이나 물, 병에 걸린 환자, 동물 등 여러 가지가 있다. 둘째 방법은 감염이 되지 않도록 저항력을 높이는 것이다. 평소의 건강관리에 조심하고 예방접종을 맞는 것 등이 이에 해당한다.

감염증(感染症)

병원체(病源體) 미생물이 체내에 침입하여 장기나 조직 혹은 세포 속에서 분열증식(增殖)하는 것을 감염이라고 하며, 감염에 의하여 개체의 조직을 변화시키거나 생리적 기능을 장해하는 질병을 감염증이라고 한다. 감염이 되더라도 반드시 발병한다고는 할 수 없으며, 그 병원체 미생물의 감염력에 대하여 감염된 생체의 저항력이 강하면 일정(一定)의 증상(症狀)이 일어나지 않으므로 불현성(不顯性) 감염이라고 한다.

감정둔마(感情鈍痲)

정신분열병자가 특징적으로 보이는 감정의 장애로서, 감정의 반응성이 심하게 저하하거나 소실한다. 따라서, 감정생활을 완전히 잃어버리고, 부모와 형제 및 친구에게도 정을 느끼지 못하며 무관심한 상태가 되며 감정의 기본이나 노력과 의욕도 상실하여 타인과의 감정적인 소통도 상실한다. 통합실조증(統合失調症)에서 볼 수 있는 감정 장애의 하나. 윤리감정, 도덕감정 등의 고도감정이 둔마하고 있는 경우에는 고도감정(高度感情)의 둔마라고 부른다.

감정실금(感情失禁)

감정의 조절기능 장애로 아주 사소한 별 것 아닌 정동적(情動的) 자극으로 울거나, 웃거나, 화를 내기도 하는 현상으로, 감정의 조정이 잘되지 않는 것을 말한다. 뇌동맥경화증이나 치매질환에서 나타난다.

감정장애(感情障碍)

감정의 양적 · 질적 장애와 조절장애를 말한다. 전자에는 병적 과잉으로 된 병적 상쾌(爽快)나 억울, 병적으로 감퇴한 감정둔마(感情鈍痲)나 감정황폐 등이 있다. 후자에는 감정실금, 폭발성 등이 있다. →감정둔마, 감정실금

감정전이(感情轉移)

무의식적인 충동이나 관념을 실제대상과는 전혀 다른 대치물에 방출하는 현상으로, 케이스워크 등의 개별원조의 과정에 있어서 이용자(클라이언트)의 과거의 생육력(生育歷) 상의 제(諸) 문제나 체험이 원조자(케이스워커)와의 인간관계에 옮겨 바뀌어서 느껴지는 것을 말한다. 진단주의(診斷主義) 케이스워크에 있어서는 이 과정을 원조의 중요한 단계로 간주하고 있다. →진단주의

감호(監護)

자녀를 감독 · 보호 · 교육하는 것을 말한다. 아동복지법, 소년법에서는 '현재 감호하는 자'를 보호자로 하고 '보호자가 아닌 아동 또는 보호자에게 감호되는 것이 부적당하다고 인정되는 아동'을 요보호아동이라고 하며 '보호자에 따른 감호에 현저한 문제가 있는 경우'는 학대아동이라 한다. 이들 아동조치를 받은 아동복지시설의 장은 아동복지법의 친권대행규정에 따라 입소 중의 아동에게 적절한 감호교육을 행하여야 한다.

강박관념(强迫觀念)

강박관념은 불안을 제거하거나 경감시키기 위하여 행하는 어떤 반복적이고 영속적인 행동, 사고 및 습관을 말한다. 개인의 의도와는 관계없이 지속적으로 반복되는 비합리적인 생각 혹은 관념을 지칭한다. 강박사고(强迫思考) 혹은 강박적 사고라고도 한다. 이것은 어떤 특수한 부분의 생각을 잠시동안 의식하지 않기 위하여 자신의 정상적인 생각으로부터 그것들을 분리하여 고립화시키는 것이다. 즉 불안을 일으키는 부분만을 빈 공간으로 만들어 사고하는데 연결되지 않도록 하며, 그 부분을 의식하는 것으로부터 불가능하게 방해하는 것이다.

강박신경증(强迫神經症)

강박관념과 강박행위를 주증상으로 하는 신경증을 말한다. 청년기에 발병하는 일이 많고, 증상은 나이를 더하면서는 경감한다. 강박성격이 기초에 있다고 일컬어지고 있다. → 신경증

강박행동(强迫行動)

스스로 하면 안 되겠다고 느끼면서도 저항할 수 없이 반복적으로 하게 되는 행동을 말한다.

강제(强制)

개인이나 집단에게 어떤 행위를 하도록(또는 멈추도록) 강요하는 것을 말한다. 이것은 폭력적 위협을 통해서 뿐만 아니라 법적 행위, 정부개입, 사회적 영향력, 정치적 압력을 통해 발생할 수도 있다. 특히 지역사회조직에서 사회사업가의 중요한 역할은 그 지역주민들의 원하지 않은 행위를 강요하는 사람들에게 저항할 수 있도록 서로 단결하게 하는 것이다.

강제조치(强制措置)

조치라는 개념은 원래 위생법규에 따른 입소명령, 입원조치 등의 행정상 즉시강제에 유래하는 것이다. 사회복지에 있어서는 직권에 의한 보호의 개시(국민기초생활보장법), 직권에 의한 시설에의 입소조치(노인복지법) 등의 규정은 있지만 강제조치라는 용어는 없다. 직권에 따른 이들 규정은 오히려 조치실시기관 스스로가 요원호자의 실태를 파악하고 적극적으로 조치를 요하는 원호자를 발견하는데 노력해야 한다.

개량주의(改良主義)

급격한 변혁을 꾀하지 않고 점진적으로 사회를 개혁 개량해 이상적인 사회를 만들려는 사상. 지극히 상대적인 사상이다. 개량주의는 자본주의 체제 내에서 개혁을 주장할 수밖에 없다는 점에서 공산주의자들로부터 비판을 받아 왔으나 지금은 달라졌다. 각국의 공산당이 종래에 무시했던 개량투쟁을 중시하게 되고 개량주의를 추구한 서구 복지국가의 현실을 무시할 수 없기 때문이다.

개발적 사회복지(開發的 社會福祉)

근대 개발도상국에서 행해지는 종합적 개발계획 내에 포함된 사회복지기능. 사회발전의 탈락자를 대상으로 하는 것이 아닌, 개발계획의 입안과 실시에 지역주민을 참여시키고 주민의 생활요구를 반영시킬 것을 목적으로 한다. 따라서 개발적 사회복지는 주민의 생활주체로서의 자각이 사회적 시책에 실현되게끔 주민을 원조함과 동시에 전문 분업화된 개발시책이 생활자중심으로 통합될 수 있도록 각 분야의 전문가를 원조하는 기능을 수행한다.

개별가구(個別家口)

개별가구라 함은, 국민기초생활보장법에 따른 급여를 받거나 이 법에 따른 자격요건 부합여부에 관한 조사를 받는 기본단위로서 수급자 및 수급권자로 구성권 가구를 말한다(본법 제2조7호). 이 경우 개별가구의 범위는 ① 주민등록표에 기재된 자 ② ①호에 해당하는 자의 배우자(사실상 혼인관계자포함) ③ ①호에 해당하는 자의 30세 미만의 미혼자녀 ④ ①호에 해당하는 자와 생계 및 주거를 같이 하는 자 ⑤ 단, 현역군인으로 다른 곳에서 거주하면서 의무이행과 관련하여 생계를 보장받는 자 및 3개월 이상 외국에 체류하는 자 ⑥ 교도소 · 구치소 · 치료감호시설 등에 수용중인 자, 보장시설에서 급여를 받고 있는 자, 실종신고의 절차가 진행 중인 자, 가출 또는 행방불명의 사유로 경찰서나 행정관청에 신고 되어 1개월이 경과된 자 등은 개별가구에서 제외된다고 규정하고 있다(동법시행령 제2조).

개별가구의 소득평가액(個別家口의 所得評價額)

개별가구의 소득평가액이라 함은, 개별가구의 실제소득에 불구하고 보장기관이 급여의 결정 및 실시 등에 사용하기 위하여 산출한 금액을 말한다. 이 경우 소득평가액은 가구특성에 따른 지출요인과 근로를 유인하기 위한 요소 등을 반영하여야 하고, 실제소득의 구체적인 범위는 대통령령으로, 소득평가액의 구체적인 산정방식은 보건복지부령으로 한다고 규정하고 있다(국민기초생활보장법 제2조9호).

개별원조(個別援助)

사회복지 고유의 원조의 하나. 개별원조의 기술 및 개별원조의 활동의 양자를 포함한 개념이며, 원명(原名)의 『소셜케이스워크(social case work)』를 번역한 것이다.

개별원조기술(個別援助技術)

사회복지 고유의 원조기술의 하나. 종래 '소셜케이스워크'라고 불리던 것의 원조기술에 해당하는 부분을 가리킨다. 통상 원조자와 서비스 이용자와의 사이에서 맺어지는 원조관계에 의해 성립하며, 문제해결이라고 하는 목적을 위해서 사회자원을 활용하는 등, 서비스를 제공하는 형식을 취한다. 개별원조기술은 이러한 원조를 원활하게 전개하기 위한 전문적인 기술이다.

개별원조의 구조(個別援助의 構造)

개별원조에 공통되는 구성요소로서 일반적으로 들 수 있는 것은 ① 서비스 이용자 ② 원조자 ③ 목적 ④ 원조관계 ⑤ 사회자원의 활용의 5가지이다. 이상의 5가지가 상호작용하여 원조를 전개해 간다. 미국의 연구자(펄만, H.)는 그의 저서에서 '4개의 P'라고 일컬어지는 개별원조의 구성요소를 들고 있으며, 이론적 선구로 되어 있다. → 펄만, H. 4개의 P

개별원조의 원칙(個別援助의 原則)

개별원조에 있어 원조자와 서비스 이용자와의 사이의 원조관계의 원칙이라는 것. 원조자와 서비스 이용자의 사이의 신뢰성이 있는 원조관계의 성립이 원조를 성공시키기 위한 전제로 말할 수 있으나, 그러기 위해서는 원조자가 취해야 할 기본적인 자세라고도 할 수 있는 원칙을 몸에 간직해 둘 필요가 있다. 일반적으로 용인되고 있는 것으로서 Biestek F. P.의 7가지 원칙인 '원조관계의 원칙'을 들 수가 있다. → 비에스텍의 7가지 원칙

개별원조의 전개과정(個別援助의 展開過程)

개별원조의 기능을 받아들이는 방법에 의하여 전개과정의 사고방식도 다르다. 진단주의(診斷主義)에 있어서는 ①수리(受理) ②조사 ③사회진단 ④사회치료라는 단계로 일반적으로 구분된다. 기능주의에 있어서는 서비스 이용자와 원조자의 원조관계에 의거하여 이용자 스스로의 의사로 방향을 자기가 결정해 간다고 하는 이론에 의거하기 위하여 진단주의에서 보여지는 단계적인 구분은 취하지 않는다. →진단주의, 기능주의

개별원조활동(個別援助活動)

개별원조기술을 이용하여 행하는 사회복지 고유의 원조활동. 원조를 필요로 하고 있는 개인이나 가족이 원조대상이 되며, 주로 면접으로써 전개된다. 종래 '소셜케이스워크'로 불리고 있었던 것으로서 원조활동에 해당하는 부분을 가리킨다. 역사적으로 1869년의 영국의 자선조직화운동에서 시작되어 미국의 자선조직화운동과 케이스워크의 지도자 메리 리치몬드(Mary Richmond)에 의해서 이론화가 시도되어 발전했다. →자선조직화운동. 리치몬드.

개별이해(個別理解)

원래 인간은 같은 생활환경 속에 있을지라도 객관적 사실과 사회관계를 맺을 때 나타나는 행동, 태도, 반응은 모두 다르다. 또 개인이 경험하는 여러 가지 생활상황, 인격, 문제해결 능력 등에도 차이(개별성, 독자성)가 있다. 따라서 개개인의 인간평등과 존엄 등 민주주의의 대원칙에 근거한 사회복지와 그 실천에서는 개별화에 의한 이해와 태도가 기본적인 출발점이 된다. 즉 개별화, 수용, 비심판적 태도, 자기결정 등이 케이스워크의 기본이 되는 것과 밀접한 관련성을 갖는다.

개별적 조정(個別的 調整)

리치몬드가 케이스워크를 사람과 그의 사회환경간에 개별적으로 효과를 의식해서 행하는 조정과정이라고 정의한 이후 케이스워크의 독특한 관점을 갖는 용어로 사용되어 왔다. 그 조정의 진행방법은 사람과 그의 사회환경 및 다양한 과학의 진보에 따라 변화해 오고 있으나, 최근에는 체계이론이나 생태학의 성과에 따라 적극적인 개입을 시도하는 방법으로 발전하고 있다.

개별지도(個別指導)

사회복지시설에 있어서 처우의 기본원리는 개인의 개개욕구를 해결하기 위한 처우를 행하는 것이다. 따라서 개별지도를 행하는 것이 원칙이다. 방법론으로서의 개별지도는 집단적 처우와 개별적 처우가 있는데 개인적 처우는 그 한 방법으로서 중요한 위치를 갖는다. 개인의 욕구에 의한 대응으로서 ①개인의 자각화된 요구 ②개인생활이나 발달에 따라 객관적으로 필요하게 된 당면요구 ③장래적인 과제나 전망에 따른 요구 등의 개별욕구에 맞게 계획된 프로그램을 기준으로 삼아 지도 · 실시되는 것이다.

개별처우(個別處遇)

개별원조의 한 가지 전문기술인 케이스워크와 동의어로 사용되는 일도 있다. 일반적으로 일괄처리하는 법령적 혹은 제도적 처우에 상대되는 개념을 말한다. 대상자 또는 클라이언트가 갖고 있는 개별적인 문제를 인간적인 현실로서 파악하여 그 통합적인 전체성을 개별적으로 이해하여 그것에 대해 구체적으로 보호 원조해 가는 법령적인, 제도적 처우나 또는 전문 기술적 원조 등

의 총체이다.

개별화(個別化)

개별원조 및 집단원조의 원칙의 하나. 원조자가 원조를 함에 있어 서비스이용자의 독자성, 개성에 주목하여 개개인에 따르는 원조를 행하는 것을 말한다. 인간은 능력, 개성, 성격, 사상 등의 개체차(個體差)가 있다. 따라서 같은 환경에서 같은 문제를 안고 있어도 이용자의 니즈는 여러 가지임으로, 대처의 방법도 다른 것이 필요하게 된다.

개별화 교육(個別化 敎育)

개별화 교육이란, 각급 학교의 장이 특수교육대상자 개인의 능력을 개발하기 위하여 장애유형 및 장애특성에 적합한 교육목표 · 교육방법 · 교육내용 · 특수교육관련서비스 등이 포함된 계획을 수립하여 실시하는 교육을 말한다(장애인 등에 대한 특수교육법 제2조7호).

개별화의 원칙(個別化의 原則)

바이스테크(Bistek, F.P.)의 7원칙의 하나. 사람은 누구라도 한 인간으로서 소중하게 취급받고 싶다고 하는 요구를 가지고 있음으로써 개개인의 상황은 독자적인 것이며, 하나로서는 같은 문제는 없다는 것을 인정하여 그 상황이나 문제 자체를 경험하고 있는 사람의 눈을 통해 받아들여서 거기에서 그 사람에게 의미 있는 원조를 하지 않으면 안 된다는 것을 의미한다. 클라이언트를 한 사람의 인간으로서 존중하고 인정하여 이해하고 있다는 것이 클라이언트에 전해짐으로써 클라이언트 자신이 특유의 개성과 가치를 가진 중요한 존재라는 것이 확인되어, 자신의 문제는 자신이 해결한다고 하는 힘이 생기게 된다.

개선명령(改善命令)

사회복지에 있어서 개선명령은 사회복지시설의 구조 및 설비가 일정기준에 부적합할 때, 또 피원호자 등에 대한 처우방법이 법률 또는 이에 의거하는 명령 등에 위반하였을 때 그 설치자에 대하여 기준에 적합한 조치를 취하도록 보건복지부장관 또는 시 · 도지사가 명하는 것을 말한다.

이 개선명령은 보통 지도, 권고를 겸한 후에 취해지는 경우가 많지만 변명의 기회도 부여되고 있다.

개인연금(個人年金)

개인이 임의로 생명보험회사, 우체국, 은행, 농협 등의 각종 공제, 증권회사 등에서 판매하는 상품을 구입하여 60세 또는 65세 등 일정한 연령에 달한 후 해마다 일정액의 연금을 받는 것을 말한다. 공적연금, 기업연금으로 충족되지 않는 부분을 보완한다.

개인적 커뮤니케이션(個人的 communication)

개인적인 의사소통활동을 말한다. 개인과 개인의 회화는 기호로서의 언어로 의미를 전하고 대화에서는 상호의 얼굴표정이나 몸짓동작이 의미전달의 중요한 역할을 한다. 개인적 커뮤니케이션은 매스컴에 비해 직접적 인간적이며, 상호적이어서 생각전달이 용이하다. 이 같은 직접적 커뮤니케이션 외에 문서 등에 의해 행해지는 간접적인 것도 개인적 커뮤니케이션에 포함된다.

개인퇴직계좌(個人退職計座)

개인퇴직계좌라 함은 퇴직급여제도의 일시금을 수령한 자 등이 그 수령액을 적립, 운용하기 위하여 퇴직연금사업자에게 설정한 저축계좌를 말한다(근로자 퇴직급여보장법 제2조9호).

개입(介入)

사회복지원조활동에 있어서 원조자가 이용자에 대하여 행하는 문제해결을 위한 원조의 총칭. 종래 사회복지원조활동에서는 처우(處遇)라고 하는 개념이 일반적으로 사용되어 왔으나, 개입을 처우, 치료라는 의미에 제한하지 않고, 지역조직화와 사회복지계획, 심리갈등상태에의 원조 등, 폭넓은 내용을 포함하여 원조자의 적극적인 원조 자세를 의미한다는 점에서 처우와는 다르다. →처우

개정구빈법(改正 救貧法)

에리자베스 구빈법 이래의 구(舊) 구빈법의 폐해를 제거하는 방책으로서 1834년의 구빈법조사위원회의 보고서를 기본으로 하여 동법이 개정되었다. 그 후 1948년 국가부조법의 성립에 의해 구빈법이 폐지 될 때까지의 구빈법을 신구빈법 이라고 한다.

이 대개정의 내용은 주로 행정기구의 변혁이며, 구빈행정의 전국적 통일(national uniformity), 열등처우(less eligibility), 원내보호(work-house system)를 3원칙으로 한 구빈법 운영이 구체화되어 피보호층에는 큰 희생을 강요당하게 되었다. 이 이후 신구빈법에서는 빈곤에 대한 공적 구제를 부정하는 측면이 강하여, 그것에 대한 비판으로서 민간사회사업이 생겨났다고 한다.

개조(介助)

개조라는 용어는 어떤 목적동작을 도와준다는 의미로 일반적으로 보조(補助)라는 말과 의미가 매우 흡사하다고 할 수 있으며 일본에서 사용되고 있는 용어이다. 사회복지영역에서는 수발(care)과 비슷한 행위로서 사용되어지고 있으나, 개조란 장애인을 원조하는 일상 생활동작이나 기거(起居)동작을 도와주는 것을 가리키는 경우가 많다. 수발과 개조를 간단히 구별하자면 개조란 각 동작에 대한 도움이나 보조에 의미가 국한되는데 반하여 수발도 역시 개별행위에 대한 원조를 가리키기도 하지만 보다 포괄적의미로 각 동작의 개조행위를 전제로 종합하여 표현한다고 할 수 있다.

개치베드(gatch bed)

침대의 위쪽만, 혹은 아래쪽 부분만을 수동 또는 전동(電動)으로 간단하게 자유로히 아래위로 움직일 수 있는 침대의 명칭. 반좌위(半座位)를 타동적(他動的)으로 확보할 수 있기 때문에 앉은 자세를 취할 수 없는 장애인이나 중증의 질환자, 수술 후의 환자, 호흡기질환을 가진 환자와 이동하지 못하는 병약한 고령자 등에 쓰인다.

개호(介護 = care)

치매성이나 와상(臥床)노인, 중증의 신체상애인, 지적장애인, 허약환자 등이 일상생활을 영위함에 있어서 일어나는 여러 가지 곤란한 처지에 대한 신체적인 원조활동을 일본에서 개호라고 하고 있는데 우리나라에서는 케어(care)라고 일컬어지기도 한다. 구체적으로는 서비스의 제공 장소에 따라 특별양호노인 홈의 가정부 등에 의하여 행하여지는 시설개호, 홈헬퍼나 개호복지사, 간호사, 간병인, 볼런티어 등에 의해서 행하여지는 재택개호가 있다. 그밖에 병원에서 간호사에 의하여 행하여지는 경우도 있으나, 이 경우는 의료행위에 관련되는 간호로서 생각하는 것이 일반적이다. →케어

개호(케어)부담(介護(care)負擔)

개호(care)란 보통 장애 등에 의하여 일상생활

을 영위하는 데에 지장이 있는 사람에 대하여 신변의 원조를 행하는 것을 말하는데, 간호, 보살핌, 돌봄, 수발 등과 엄밀히 구별되지 않고 사용되고 있으며, 명확한 정의는 없다고 할 수 있다. '개호(케어)부담은 재택(在宅)에서 기동(起動)이 불능하거나 치매(노망)상태에 있는 요케어고령자, 신체장애 등을 돌보고 있는 수발인 및 그 가족이 케어를 행함으로써 지게 되는 신체적, 정신적, 경제적 부담'을 지칭하는 경우가 많다.

개호부조(介護扶助)

생활보호의 일종(일본에서 개호보험법이 2000년 4월 1일부터 시행).

구체적으로는 생활보호를 받고 있는 저소득자가 개호보험이 적용 될 때에 개호보험으로부터 지급되는 서비스의 급부를 말함. 우리나라의 노인 장기요양보험에 의거한 요양급여와 같음.

갱년기(更年期)

여성의 생식기 마지막 시기에 내분비나 정신적, 신체적, 변화에 의해 생기는 증후군으로 남성에 있어서는 성 능력의 정상적인 감퇴를 수반하는 수도 있다.

갱년기장애(更年期 障碍)

갱년기장애는 갱년기에 접어들면서 발한, 두통, 불면증, 수족냉증, 이명증, 우울증 등이 나타나는 신체적 · 생리적 · 정서적 장애를 말한다. 즉 이것은 중년기가 되어 인체가 점차 노화되면서 갱년기동안에 나타나는 심신의 기능장애이다. 주요 증상으로는 발한, 두통, 불면증, 식욕부진, 이명증, 우울증의 생리적 · 정서적 장애, 요통, 근육통, 관절통 등의 운동신경장애, 비만 등의 신진대사장애, 수족냉증 등의 신체적 장애 등이 있다.

갱생(更生)

개인이 상실한 생활능력을 회복 또는 획득하여 현실사회의 활동에 복귀하는 것. 혹은 그 갱생과정을 원조하는 활동을 말한다. 법률적으로 보호관찰 등에 관한 법률에 의한 범죄자가 사회인으로서 정상적으로 사회에 복귀할 수 있도록 숙식제공, 여비지급, 생업도구, 생업조성금품의 지급 또는 대여, 직업훈련 및 취업알선 등의 원조 및 장애인복지법에 의한 신체장애인의 사회복귀의 원조 또는 빈곤자의 생활을 새롭게 하는 자금 대부나 능력 습득의 원조 등의 용어로서 사용되고 있었으나(오늘날에는 기본 시책의 강구, 복지 조치로) 일반적으로 보호관찰 등에 관찰 법률(구 갱생보호법)의 법조문의 용어로서 사용되고 있다.

갱생보호(更生保護)

죄를 범한 자나 비행이 있는 소년이 종래의 생각과 생활을 고쳐 사회에 적응할 수 있도록 통상의 사회 안에서 원조하고 촉진하는 것이다. 국가의 형사정책으로서의 갱생보호는 ① 보호관찰(소년의 보호처분, 보호관찰 등에 관한 법률, 치료감호법, 성매매방지 및 피해자 보호 등에 관한 법률 등)과 ② 가석방심사 등에 관한 규칙에 의한 모든 기관 석방자의 보호 및 ③ 사면이나 범죄예방, 재범방지 활동에 관한 협력조직의 육성 등의 사업이 있으며, 이것이 소위 넓은 의미의 갱생보호이다. 이에 대하여 그중에서 가장 사회복지적인 색채가 짙은 것이 ②를 협의의 갱생보호로서 이것을 일반적으로 갱생보호라고 하고 있다.

갱생보호는 다음 방법에 의한다. ① 숙식제공 ② 여비지급 ③ 생업(生業)도구 · 생업조성금품의 지급 또는 대여 ④ 직업훈련 및 취업알선 ⑤

갱생보호대상자에 대한 자립지원 ⑥ ①~⑤의 보호에 부수하는 선행(善行)지도 등이다. 갱생보호 대상자가 친족 또는 연고자 등으로부터 도움을 받을 수 없거나, 이들의 도움만으로는 충분하지 않은 경우에 한하여 행하도록 하고 있다.

보호관찰 등에 관한 법률 제3조 3항에서 갱생보호대상자는 형사처분 또는 보호처분을 받은 자로서 자립갱생을 위한 숙식제공, 여비지급, 생업도구 · 생업조성금품의 지급 또는 대여, 직업훈련 및 취업알선 등 보호의 필요성이 있는 자로 한다고 규정하고 있다.

갱생보호대상자(更生保護對象者)

형사처분 또는 보호처분을 받는 사람으로서 자립갱생을 위한 숙식제공, 여비지급, 생업도구와 생업조성 금품의지급 또는 대여, 직업훈련 등 보호의 필요성이 인정되는 사람들이다.

갱생보호사업(更生保護事業)

범죄와 비행을 저지른 자가 사회에 복귀할 수 있게 원조하기 위하여 기관 · 단체 혹은 개인이 행하는 여러 가지 조치 혹은 운동을 말한다.

주된 내용은 보호관찰 · 갱생긴급보호 · 가석방 · 사면(赦免) 및 범죄예방활동이나 좁은 의미의 갱생보호사업은 갱생긴급보호를 말한다. 갱생보호사업을 하고자 하는 자는 법무부령이 정하는 바에 따라 법무부장관의 허가를 받아야 하며, 허가받은 사항을 변경하고자 할 때도 또한 같다.

갱에이지(Gang Age)

무리, 동류(同類), 즉 도당(徒黨)시대를 뜻함. 초등학교 고학년부터 중학교에까지 이르는 10대 전반기의 연령층을 말한다. 이 시기에는 주로 연령층이 비슷한 집단을 이루어 놀이를 즐기는 시대가 있다. 이와 같은 시대를 갱에이지 또는 도당시대라고 부른다. 폐쇄적, 배타적인 집단으로 자기들끼리만 통용되는 관습을 가지고 있다. 한창 장난기의 연령이기 때문에 불건전방향으로 나아갈 위험성도 있다. 여기에서 나쁜 이미지를 갖는 '갱'으로도 통한다. 이 연령층의 놀이 집단의 특성은 일정한 리더십에 의해 통제되고 연대의식과 결합성을 가지며, 때로는 반(反)사회적 폭력적 활동을 취하기도 한다. 갱에이지란 말은 여기에서 비롯된 것으로 이러한 집단행동은 소년의 독립적인 인격형성, 협동과 연대의식 등 사회성의 발달에 매우 중요한 학습의 터전이 된다.

갹출제(醵出制)

사회보험제도에 있어서 재원의 주요부분을 피보험자나 사업주에 의한 갹출금(보험금)으로 충당하여 일정의 피보험기간에 갹출한 보험료를 기초로 하여 급여하는 방식을 말한다. 갹출조건을 충족시킨 자가 일정한 급부를 권리로 해서 수급할 수 있는 특징이 있다. 이것에 대하여 조세를 재원으로 하여 보험료의 갹출을 조건으로 하지 않고 급부를 행하는 방법을 무갹출제라고 한다. 또한 무갹출제와 달리 안정된 특정재원을 확보할 수 있는 등의 이유로 각국에서 사회보장제도의 중심을 이루고 있다.

거시적 소셜워크(巨視的 social work)

사회복지를 거시적인 각도에서 파악하여 실천하는 광범위한 실천을 말한다. 이 용어는 주로 북미지역에서 사용하고 있었는데 오늘날에는 각국에서 사용하게 되었다. 원래 국가 혹은 연방 주 · 도 · 시 · 군 · 구 등의 사회복지에 관련되는 정책, 제도, 계획 등을 지칭하는 광역 실천을 의미하는 단어로서 일반적으로는 미시적(微視的) 소셜워크와의 대비로 사용되는 개념이다. 즉 미시적 소셜워크는 개인, 가족, 소집단 등 미시적인 측면이나 수준의 복지문제에 대응하는 일련의 소셜워크 실천이라는 것인 반면 거시적 소셜워크는 한 국가의 복지문제에 정책적으로 제도적으로 어떻게 대응하고 어떤 계획하에서 전개해 갈 것인가 등에 큰 관심을 가진다. 거시적(광역적 실천)과 미시적(소극적 실천)의 중간에서 오늘날 문제가 되고 있는 지역복지나 가족복지 등의 과제를 어떻게 범주화할 것인가가 문제이다.

거주공간(居住空間)

일상의 주거의 장소와 그것을 에워싸고 있는 정원 등의 환경. 인간의 일상생활이 영위되는 장소이며, 그것이 안전하고 위생적으로 쾌적해야 한다는 것이 생활의 충실에 있어 빠뜨려서는 안 되는 조건이다.

거주환경(居住環境)

장애인이나 고령자가 생활하는 주택설비 및 주택을 포함한 거주지에 관한 여러 가지 조건을 말한다. 주택설비 그 자체에 있어서는 주택 개보수에 의한 베리어 프리(barrier free)의 실현, 또는 유니버셜 디자인에 의한 건축에 의하여 보조자 없이 생활하기 위한 환경정비가 과제로 되어 있다. 주변지역의 생활공간에 관하여는 일상생활에 있어서 이용하는 모든 시설이나 녹지가 타지역의 주민과 다같이 이용할 수 있는 것이 바람직하며, 모든 시설에는 이용 등을 보장하기 위한 교통수단 등도 포함된다.

거택복지서비스(居宅福祉services)

거택보호의 원칙에 기초해서 자택에서 생활하는 노인이나 신체장애인를 원조하는 서비스 사회복지의 이념으로서 노멀라이제이션이나 인티그레이션 등의 사고방식이 강조되면서 거택복지서비스가 점차 중요시 되고 있다. 거택복지서비스에는 보건의료분야의 서비스와 사회복지분야의 서비스가 있다. 전자에는 거택의료 · 방문간호 · 거택재활 등이 있고, 후자에는 가사원조서비스, 단기보호서비스, 데이 캐어(day care) 등이 있다. 거택복지서비스가 효과적으로 전개되기 위해서는 소득보장, 주택, 환경의 정비, 기타 일반시책의 확충과 정비가 필요하다.

거택주의(居宅主義)

가족관계 안에서 충족시킬 수 없는 것에 대해서 거택상태에서 서비스를 제공 · 대응하고, '시설'은 고도로 전문적인 케어를 필요로 하는 자에게 한정해야 한다는 거택보호의 생각이 점차 지배적이 되고 있다. 사회복지를 둘러싼 환경은 ① 인구고령화에 따른 요보호노인의 증가 ② 가족기능의 저하에 의한 보호서비스의 필요성 증가 ③ 소득수준의 상승이나 연금제도의 성숙화 등에 의한 부담능력의 상대적 상승 등 크게 변화되고 있다. 이 때문에 전통적인 시설 중심주의에서 거택주의로 이행하고 구빈주의적(救貧主義的) 발상을 벗어나 보편주의적 케어로 전환하며, 나아가 무료화(無料化)에서 부담능력을 고려한 유료화(有料化) 원칙으로 궤도수정을 시작하고 있다. 거택보호가 전개되기 위해서는 가정봉사원에 의한 대인복지서비스의 충실이나 간호 · 재활 등 전문적 원조와 함께 볼런티어나 지역주민의 협력 참가가 불가결한 조건이 된다. 또 사회복지의 공급체제도 종래의 공적 공급중심 형에서 공적공급 · 사적 비영리적 공급(볼런티어 활동) · 사적 영리적 공급의 연합시스템이 될 것으로 생각된다.

거택처우의 원칙(居宅處遇의 原則)

복지서비스의 이용자에의 원조를 시설에서가 아닌 이용자의 자택에서 행하여야 한다고 하는 원칙이다. 복지서비스를 제공하는 경우 시설에서 원조를 행할 것인가, 자택에서 원조를 행할까의 방향을 정하는 것이 조금씩 변화 해오고 있다. 근래, 대상자를 가능한 한 이용자의 자택에서 원조하려고 하는 방향에 있다.

건강가정기본법(健康家庭基本法)

이 법은 건강한 가정생활의 영위와 가족의 유지 및 발전을 위한 국민의 권리 · 의무와 국가 및 지방자치단체 등의 책임을 명백히 하고, 가정문제의 적절한 해결방안을 강구하여 가족구성원의 복지증진에 이바지할 수 있는 지원정책을 강화함으로써 건강가정 구현에 기여하는 것을 목적으로 2004년 2월 9일(법률 제7166호)에 제정 · 공포하여 2005년 1월 1일부터 시행하여 그동안 4차례 개정하여 오늘에 이르고 있다. 이 법은 총 5장 36개 법조문과 부칙으로 규정되어 있다.

건강가정사업(健康家庭事業)

건강가정사업이라 함은 건강가정(가족구성원의 욕구가 충족되고 인간다운 삶이 보장되는 가정)을 저해하는 문제의 발생을 예방하고 해결하기 위한 여러 가지 조치와 가족의 부양 · 양육 · 보호 · 교육 등의 가정기능을 강화하기 위한 사업을 말한다(건강가정기본법 제3조4호).

건강검진(健康檢診)

건강검진이란 건강상태 확인과 질병의 예방 및 조기발견을 목적으로 건강검진기본법 제3조2호에 따른 건강검진기관(의료법 제3조에 따른 의료기관, 지역보건법 제7조에 따른 보건소 보건의료원)을 통하여 진찰 및 상담, 의학적 검사, 진단검사, 병리검사, 영상의학 검사 등 의학적 검진을 시행하는 것을 말한다(건강검진기본법 제3조 1호).

건강검진기본법(健康檢診基本法)

이 법은 국가건강검진에 관한 국민의 권리 의무와 국가 및 지방자치단체의 책임을 정하고 국가건강검진의 체계에 관한 기본적인 사항을 규정함으로써 국민의 보건 및 복지의 증진에 이바지함을 목적으로 2008년 3월 21일(법률 제8942호)에 제정 · 공포 후 1년이 경과한 날부터 시행하고 있다.

건강교육(健康敎育)

심신의 건강에 있어서의 자각을 높여 관련되는 지식을 보급, 계발(啓發)하기 위하여 행하여지는 행정지도나 교육. 노인보건제도에 의한 보건사업의 하나이기도 하다.

건강권(健康權)

우리나라 현행 헌법 제35조 제1항에서 "모든 국민은 건강하고 쾌적한 환경에서 생활할 권리를 가지며, 국가와 국민은 환경보전을 위하여 노력하여야 한다"는 것을 근거로 건강권이 제창되어 있다. 같은 규정이 〈세계 인권선언〉, 〈세계보건기구(WHO)헌장전문〉, 〈국제인권규약〉 등에 있으며, 나아가 국가는 공중위생의 향상 및 증진에 노력하지 않으면 안 된다는 책임이 있다는 것이 규정되어 공공위생활동의 근거가 되고 있다. 또한 보건의료기본법 제10조(건강권 등)에 "모든 국민은 이 법 또는 다른 법률이 정하는 바에 의하여 자신과 가족의 건강에 관하여 보호를 받을 권리를 가지며, 성별 · 연령 · 종교 · 사회적 신분 또는 경제적 사정 등을 이유로 자신과 가족의 건강에 관한 권리를 침해받지 아니한다."고 규정하고 있다. 또 장애인 차별금지 및 권리 구제 등에 관한 법률에서는 "건강권이라 함은 보건교육, 장애로 인한 후유장애와 질병예방 및 치료, 영양개선 및 건강생활의 실천 등에 관한 제반 여건의 조성을 통하여 건강한 생활을 할 권리를 말하며, 의료 받을 권리를 포함한다"고 규정하고 있다(동법 제2조 17호).

건강보험(健康保險)

넓은 의미로는 상해, 질병, 임신, 출산, 사망 등 인간의 생물학적 사고에 의해서 활동능력을 잃거나, 의료처치로 인해 불이익을 초래하거나 수입감소가 있는 경우, 그 치료를 위한 비용이나 수입감소액을 보상하는 것을 목적으로 하는 보험의 총칭. 따라서 일반보험의 상해 질병보험 및 사회보험으로서의 재해, 질병, 건강보험도 이 개념에 포함된다.

건강상태의 파악(健康狀態의 把握)

고령자나 장애인은 대개 외관적으로는 파악하기 어려운 만성질환이나 장애를 가지고 있는 경우가 적지 않다. 따라서 신체운동이나 정신적인 것에 무리가 가해지는 활동을 행할 때에는 그것을 행하려고 하는 사람들의 '건강상태'를 사전에 가능한 한 파악하여 두는 것이 중요하다. 일반적인 방법으로는 자세, 표정, 안색, 움직임 등의 관찰이나, 몸의 상태에 있어서의 질문 등이 있다. 또 체온, 맥박, 혈압 등의 객관적인 데이터를 참고로 건강상태를 파악하는 방법도 있다.

건강수명(健康壽命)

전체 기대수명(출생아가 향후 생존할 것으로 기대되는 수명)에서 질병이나 부상 등으로 병치레를 하며 힘들게 사는 노후 기간을 뺀 수명을 말한다. 다시 말해서 평균수명 중에서 질병으로 몸이 아픈 기간을 제외한 기간을 말한다. 시각 · 청각 · 언어장애 치매, 중풍, 걷기 등 육체적 제약, 학습 어려움 등 정신적 제약 등이 6개월 이상 지속될 경우 병치레 기간에 포함된다. 즉 건강수명은 태어나서 건강한 삶을 유지한 기간을 뜻한다. 단순히 '얼마나 오래 사는가'에 중점을 둔 고령화 사회의 중요한 기준이다. 기대여명은 어느 연령에 도달한 사람이 이후 몇 년이나 더 생존할 수 있는 가를 계산한 기간이다. 단순히 얼마나 오래 사느냐보다는 실제 건강했던 기간이 어느 정도인지를 의미하므로 선진국에서는 평균수명보다 훨씬 중요하게 인용하고 있는 건강지표를 말한다.

건강진단(健康診斷)

의사에 의한 각종의 검사를 통해 질병의 조기발견을 목적으로 하는 의학상의 기술. 노인복지의 하나이다. 노인복지법은 "국가 또는 지방자치단체는 대통령령이 정하는 바에 따라 65세 이상의 자에 대하여 건강진단과 보건교육을 실시할 수 있으며, 건강진단 결과 필요하다고 인정할 때에는 그 건강진단을 받은 자에 대하여 필요한 조치를 하여야 한다"고 규정하고 있다(동법 제27조).

건망(健忘)

기억장애의 대표적인 것으로서 전반성(全般性) 건망, 부분적 건망, 주기성(週期性) 건망으로 대별된다. 전반성 건망에는 새로운 기억을 획득할 수 없는 것과 일단 획득한 기억을 상기(想起) 못하는 것 및 그것들 두 개가 합쳐진 것이 있다. 부분적 건망에는 일정한 기간만 기억이 완전히 탈락한 것과 일정의 정경(情景) 없는 특정의 인물, 장소만을 상기할 수 없는 것이 있다. 주기성 건망은 다른 인격이 주기적으로 일어나 그것이 서로 전혀 기억의 연속성을 갖지 않는 것이므로 이중인격이라고 일컬어지는 것도 있다.

건망실어(健忘失語)

사물은 알고 있으면서도 바른 말이 생각나지 않아 설명적으로 말하거나 몸짓 등으로 표현하려고 한다. 상대편에서 바른말을 하게 되면 생각해 낼 수가 있다.

건망증후군(健忘症候群)

기명력(記銘力)장애〈새로운 것을 외우는 것이 곤란〉, 역행(逆行)건망〈과거로 거슬러 올라가서 일정 기간의 기억의 탈락〉, 실소재식(失所在識)〈시간, 장소, 인물 등의 어림짐작을 못함〉, 말을 만듦〈기억의 결손부분을 메우기 위하여 현실에 없는 입에서 말이 나오는 대로 아무렇게나 말을 만들어서 함〉을 주증상으로 하는 증후군을 말한다. 만성알코올 중독이나 두부외상, 치매 등에서 나타난다. 협의(狹義)로는 코르사코브(korsakov)증후군〈기억력 소재식을 상실하고 아무 말이나 지껄이는 따위의 정신병징후〉과 동의(同義)로 쓰인다. → 코르샤코브증후군

건설근로자의 고용개선 등에 관한 법률(建設勤勞者의 雇傭改善 등에 관한 法律)

이 법은 건설근로자의 고용안정과 직업능력의 개발 · 향상을 지원 촉진하고 건설근로자에게 퇴직공제금을 지급하는 등의 복지사업을 실시함으로써 건설근로자의 고용개선과 복지증진을 도모하고 건설 산업의 발전에 이바지함을 목적으로 1996년 12월 31일(법률 제5249호)에 제정 · 공포하여 1998년 1월 1일부터 시행해오면서 그동안 8차례 개정하여 오늘에 이르고 있다.

검역전염병(檢疫傳染病)

WHO에 의하여 외국에 출국하는 경우에 엄격히 경계되고 있는 병. 정식명은 '국제전염병'인데 콜레라, 페스트, 황열(黃熱)이 대표적 질환이다.

1961년 5월 WHO(세계보건기구)가 〈국제위생규칙〉을 제정, 국제간에 이러한 질병의 발생상황과 기타 정보를 교환하고, 의사(擬似)환자 발생시의 여객 등에 대한 예방주사, 소독 등의 의무를 규정하였다.

게노센샤프트(Genossenchaft) ⇨ 협동사회

게마인샤프트(Gemeinschaft) ⇨ 공동사회

게젤사프트(Gesellschaft) ⇨ 이익사회

격리(隔離)

격리는 고통스러운 생각이나 기억을 그에 수반된 감정 상태와 분리시키는 것이다. 즉 이것은 감정의 억압 혹은 정서의 억압으로서 고통스러운 감정이나 경험을 의식으로부터 떼어내어 억압시키는 과정이다. 격리는 쾌락의 원칙에 따라 작용하며, 정신역학의 측면에서 보면 기억이 과거에 지녔던 감정으로부터 분리되는 기제라 할 수 있다.

결손가정(缺損家庭)

가족의 구성원으로서 아버지나 어머니의 어느

한쪽 또는 양친(兩親)이 없는 가정 혹은 청소년 가정 등을 말한다. 결손의 사유로 사별(死別) 아니면 이혼 등에 의한 생이별을 들 수 있다. 이러한 한 부모가정(모자가정, 부자가정)의 증가는 새로운 복지 과제를 발생시키고 있으며, 아동·가족복지에 있어서 중요한 테마로 되어 있으나 최근에는 부자가정, 모자가정을 한 부모가정 또는 단친가정(單親家庭 = one parent family)이라고 하는 중립적인 개념으로 받아들이는 견해가 유력하다. 최근 들어 이 같은 결손가정이 다양화되는 가정형태의 하나로서 긍정적으로 인정하는 움직임도 있다. 그러나 모자가정의 빈곤경향이나, 사회적 고립, 부자가정의 가사, 육아의 곤란, 나아가서는 쌍방에 공통된 어린이의 인격형성에 미치는 영향 등에 문제가 적지 않다.

결연사업(結緣事業)

결연사업이란 도와줄 자를 찾아 도움이 필요한 사람에게 연결시켜주는 조직적 활동으로서 어려운 처지에 있는 요보호대상자 및 시설과 남을 돕고자 하는 후원자(개인 또는 단체)와의 결연을 통하여 요보호대상자 및 시설이 필요로 하는 물질적 정신적 원조를 받도록 알선하는 사업이다.

결정성 지능(結晶性 知能)

일반적인 상식이나 판단력, 이해력 등 지금까지 경험했거나, 학습했거나 한 것에 의거하여 일상생활의 상황을 처리하는 능력.

구체적으로는 25세에서 65세 정도까지의 사이에는 상승하고, 이후 70세부터 80세대에 걸쳐. 급격히 하강(下降)한다고 일컬어지고 있다. →유동성지능

결함통합실조증(缺陷統合失調症)

통합실조증의 병세가 정지하여 인격에 결함을 가지면서도 사회생활을 어느 정도 할 수 있는 상태의 통합실조증을 말한다. 인격의 결함에는 표정의 결핍, 감정둔마(鈍痲), 의욕감퇴, 대인관계의 소통성(疎通性)이 좋지 않는 것 등이 있다.

결혼상담소(結婚相談所)

미국이나 영국 등의 결혼상담소는 혼전, 혼인 후의 배우자 간의 적응문제를 상담하는 기관이지만 우리나라와 일본 등에서는 주로 미혼남녀의 중매와 선보는 결혼을 위한 배우자소개(중매)기관이다. 주(主)목적은 우생상담, 올바른 결혼관 지도, 좋지 못한 폐습의 시정, 결혼생활의 적응상담, 결혼소개이다. 사회복지서비스로서 신체장애 등 결혼에 불리한 조건을 가진 사람을 위한 결혼상담소를 확충할 필요가 있다.

결혼이민자 등(結婚移民者 등)

결혼이민자 등이란 다문화가족의 구성원으로서 다음 각목의 어느 하나에 해당하는 자를 말한다.

가. 재한 외국인 처우 기본법 제2조 제3호의 결혼이민자.

나. 국적법 제4조에 따라 귀화허가를 받은 자(다문화가족지원법 제2 조 2호).

경관영양(經管營養)

구강으로 음식섭취가 안 되는 경우에 튜브를 이용하여, 직접 소화관내에 유동식을 보내는 것. 음식의 통과 장애, 근육의 마비, 의식장애, 신경성의 식욕부진 등의 때에 쓰인다.

경구감염증(經口感染症)

감염증 가운데 병원체가 식품이나 물 등과 함께

입으로 침입하여 체내에서 증식하여 여러 가지 질병을 일으키는 것을 말한다. 이질, 장티푸스, 파라티푸스, 콜레라, 장관출혈성대장균(O157) 감염증 등이 있다.

경기적 실업(景氣的 失業)

경기적 실업이란 불황시에 발생하고 호황시에 흡수되는 실업으로 보통 장기적인 성격을 띠는 자본주의 경제의 특유한 경제순환에 따라 나타나는 실업을 말한다. 즉 경기변동과정에서 생기는 실업형태를 말한다.

경로당(敬老堂)

지역노인들이 자율적으로 친목도모 · 취미활동 · 공공작업장 운영 및 각종 정보교환과 기타 여가(餘暇) 활동을 할 수 있도록 하는 장소를 제공함을 목적으로 하는 노인여가 복지시설의 하나(노인복지법 제36조1항2호).

경로우대(敬老優待)

고령자를 경로하여 우대한다는 것. 노인을 공경하고 우대한다는 것은 오랜 세월에 걸쳐 사회발전에 기여해 온 것과 또한 풍부한 지식과 경험을 보유한 자로, 공경 받아야 하고 동시에 즐거운 생활과 건전하고 편안한 생활을 영위하도록 보장받아야 한다는 취지로 풀이된다. 노인복지법은 국가 또는 지방자치단체는 65세 이상의 노령자에 대하여 국가 또는 지방자치단체의 수송시설 및 고궁(古宮) · 능원(陵園) · 박물관 · 공원 등의 공공시설을 무료 또는 그 이용요금을 할인하여 이용하게 하고, 또 노인의 일상생활에 관련된 사업을 경영하는 자에게 65세 이상의 노령자에 대하여 그 이용요금을 할인하여 주도록 권유할 수 있게 규정하고 있다(동법 제26조).

경로헌장(敬老憲章)

정부에서 노인복지의 증진을 위하여 가족과 지역사회 및 부양책임에 의한 생활보장, 심신의 건강유지, 사회참여와 문화생활 및 필요한 지식획득의 기회부여 등의 원칙을 규정한 것을 말한다. 이 경로헌장을 1982년 5월 8일(어버이 날)에 노인복지의 구현을 위하여 다음과 같이 선포하였다.

① 노인은 가정에서 전통의 미덕을 살려 자손의 극진한 봉양을 받아야 하며 지역사회와 국가는 이를 도와야 한다. ② 노인은 의 · 식 · 주에 있어서 충족되고 안락한 생활을 즐길 수 있어야 한다. ③ 노인은 심신의 안정과 건강을 누릴 수 있어야 한다. ④ 노인은 자신의 능력에 따라 사회활동에 참여할 수 있어야 한다. ⑤ 노인은 취미 · 오락을 비롯한 문화생활과 노후생활에 필요한 지식을 얻는 기회를 가져야 한다.

경비노인홈(輕費老人 home)

우리나라의 노인주거복지시설의 실비노인복지주택과 동일한 일본의 노인복지시설의 하나.

가정환경 · 주택환경상의 이유에서 집에서의 생활이 곤란한 60세 이상의 고령자를 대상으로 하여 무료 혹은 저렴한 부담으로 이용할 수 있는 시설이다. 시설형태는 A형, B형, 케어하우스(care house)로 나누어져 있다. A형은 무료 또는 저렴한 요금으로 급식 기타의 일상생활에 필요한 편의를 제공받는 시설에서 이용자가 이용할 수 있는 자산이 이용료의 2배 이하가 입소조건이다. B형은 이용자가 자취를 할 수 있는 건강상태라야 하며, 요금은 자기부담인 것이 입소조건으로 되어 있다. 케어하우스는 자취도 할 수 없는 정도의 신체기능이 떨어져 있거나, 홀로 생활이 곤란한 상태의 이용자를 대상으로 하여, 시설의 설비 · 구조는 휠체어의 이용을 배려한 것으로 되어 있다.

경제활동인구(經濟活動人口)

국가의 일정기간 중 경제와 서비스생활에 필요한 노동공급에 기여한 모든 사람 총인구 중 경제활동이 가능한 일정 연령 이상의 인구를 말한다. 경제활동인구의 하한연령은 각국마다 다소의 차이는 있으나(예, 일본 15세 이상, 우리나라 14세 이상) 일반적으로 14~15세 연령에 그 기준을 두는 것이 통례이다.

우리나라의 경우는 만 14세 이상 인구 중 재화(財貨) 또는 서비스를 생산하기 위하여 노동을 제공할 의사와 능력이 있는 사람을 경제활동인구로 정의한다. 다만, 현역군인, 전투경찰, 공익근무요원, 기결수는 제외한다. 그렇지 못한 사람, 즉 가정주부, 학생, 연로자, 불구자 및 자선사업종사자, 성직자 들을 비경제활동인구라 한다.

경청(傾聽)

개별원조활동 등의 면접에 있어서 서비스 이용자가 자유로이 이야기를 하도록 하여 원조자는 그 얘기를 차분히 듣는 면접의 기본적인 자세라는 것을 말함. →수용

계(契)

옛날부터 내려오는 한국의 독특한 협동자치기관의 하나. 같은 곳에 사는 사람이나 서로 관련 있는 사람들이 일정한 목적아래 모이어 일정한 액수의 돈이나 물품(곡식 등) 같은 것을 추렴하여 그것을 운영하여 불리어 서로 이용하기도 하고 가르기도 하는데, 그 종류가 많다. 보통 길흉계(吉凶契), 위친계(爲親契), 상포계(喪布契), 화수계(花樹契) 등 많은 종류의 계가 있다. 또한 금전의 유통의 융통을 목적으로 하는 일종의 조합과 같은 조직이다. 일정한 기일에 계원이 일정한 금액을 내놓고, 예정한 순서나 제비를 뽑아서 소정 금액을 융통하여 계원 전원에 순서가 돌아간 뒤에 해산한다.

계급투쟁(階級鬪爭)

사회계급 간의 경제적, 정치적, 문화적인 특권이나 기회, 지배권을 둘러싼 싸움을 말한다. 자본주의사회에 이르기까지의 인간의 역사를 계급투쟁의 연속이라고 보는 것이 맑스주의의 견해이다. 그러나 20세기 특히 제2차 대전 이후부터는 의회제 민주주의의 보급이 정착되고, 사회국가의 형성과 신중간층의 증대 및 대중사회의 진전의 초래, 산업민주주의의 확충 등을 계기로 계급투쟁의 제도화가 진척되어, 이데올로기의 종언과 더불어 노동자계급의 부르주아도 생겨나고 있다.

계속적 이론(繼續的 理論)

노년기에도 가능한 한 각종의 활동에 노력하여 생리적, 심리적인 능력의 변화에 적응하며 노화의 진행을 억제 하려고 하는 사고방법. 노화의 사회학적인 측면을 생각하는 이론의 일종이다.

계약(契約)

일반적으로는 상대하는 복수의 자의 의사표시가 합치(合致)하여 성립하는 법률행위를 말한다. 사회복지원조에 있어서는 원조자가 이용자와 주고받는 최초의 약속을 가리킨다. 여기에서 계약이라는 것은 원조를 필요로 하는 자가 단순히 신청한다는 것이 아니고 스스로의 의지(意志)로 자기가 결정하여 원조기관의 서비스를 이용해 가

는 역할을 갖는다고 하는 개별원조기술 등의 이론에 근거하는 것이다.

계약시설(契約施設)

양호노인 홈처럼 행정이 결정하는 '조치시설'에 대응하는 말. 조치에 의하지 아니하고 시설장과의 직접 계약에 의하여 입소하는 시설을 말한다. 여러 종류의 노인홈, 복지시설, 노인보건시설, 병원 등이 이에 해당한다.

계약자유의 원칙(契約自由의 原則)

한 인간이 사회생활을 해나가는 데 있어 자기의 의사에 따라서 자유로 계약을 체결하고 사법관계를 규율할 수 있는 것이며, 국가는 되도록 여기에 간섭해서는 안 된다는 근대법의 원칙으로서의 '사적 자치의 원칙'이 계약에 나타난 것이다. 계약자유의 내용은 '계약 자유의 원칙' '상대방 선택의 자유' '내용결정의 자유' '방식의 자유' 등 네 가지의 원칙이 포함된다. 이 원칙은 자본주의 초기에 특히 강조되었지만 현대사회에서는 여러 제한을 받고 있다.

계절적 실업(季節的 失業)

어떤 산업의 생산에 계절적으로 변동하기 때문에 일어나는 단기적인 실업을 말한다. 예컨대 농업과 같은 자연적 요인, 또는 수요의 계절적 현재에서 비롯되는 산업활동의 계절적 빈곤에 따라 순환적으로 발생한다. 산출량에 영향을 미치는 두 개의 중요한 계절적 요인은 기후와 양식의 변화이다. 이러한 계절적 실업은 생산뿐 아니라 수요면의 사정에 따라 발생한다.

계층(階層)

어떤 지표에 의하여 구별된 일정한 사회적 지위를 공유하는 한 무리의 사람들을 의미한다. 이들의 기준으로는 직업 등과 같은 질적 분류범주와 소득과 같은 연속적인 양의 두 종류가 있다. 층을 구분하고 결정하는 요인은 각 사회에서 각기 다르지만 현대 사회에서 중요하다고 간주되는 것으로는 소득수준, 소득의 원천, 직업상의 지위, 직업, 생활양식, 지식수준, 사회적 참여 등이 있다.

고령사회(高齡社會)

인구의 고령화가 진전된 사회라는 것. 인구고령화가 진행하고 있는 사회를 표현하는 고령화 사회(aging Society)와는 구별되지만 고령화가 최종국면까지 진행하여 그 진행이 정지한 상태를 말하는 경우와 고령화가 어느 정도 이상으로 진행한 사회를 가리키는 경우의 두 가지 의미로 사용된다. 전자의 의미로는 고령화의 진행 상태에 의해서 고령사회와 고령화 사회의 2단계로 구분되지만, 후자로서는 고령화가 어느 정도 진행되었을 때 고령화 사회와 고령화가 겹친다. 또 전자의 경우 고령사회는 실제로 출현하지 않고 이론과 정책상에서 사용되는 개념이다.

최근 고령사회에 대신해서 장수(長壽)사회라는 용어가 정책목표로 사용되는 경우가 있다. UN의 1956년의 보고서에서 65세 이상 인구가 4% 이하일 때 '젊은 인구', 4%에서 7%는 '성숙한 인구', 7%를 초과하는 사회는 '고령화 사회(Agin Society)'라 하고, 14%를 초과한 사회를 '고령사회(Aged Society)'라고 하는 시안이 제출되었고, 이후 때때로 사용되었다. 65세 인구비율이 20%를 초과한 경우를 '초고령화 사회'라고 부르며, 이것은 고령화가 정지된 사회를 고령사회라고 칭하는 용법상의 고령사회에 해당한다.

고령자(高齡者)

노화(老化)가 현저한 사람. 다만, 그것도 개인차가 있기 때문에 특정의 역(曆)연령에 달하면 모두(전원)가 고령자라고 결정하는 것에는 무리가 있다. 때문에 노인복지법에서는 몇 세부터 노인으로 보느냐는 사회와 시대에 따라서 다르기 때문에 노인에 대하여 특히 정의한 조문은 규정되어 있지 않다. 다만, 경로연금의 지급대상은 주민등록법상 65세 이상으로 또 노인에 대한 복지를 도모하기 위한 상담과 지도 및 여러 복지시설에의 입소조치를 65세 이상의 자로서 행하게 한다고 규정하고 있다. 그러나 국제연합은 개인차에 의하여 여러 가지 노화의 개념에 대신해서 고령화의 개념을 가지고 65세 이상을 고령자로 하고 있다. 그리하여 역(曆)연령에 의거한 연령구분에 의하여 65세 이상의 인구군(群)을 노인인구라고 하고, 이 노인인구가 총인구의 7%에 달했을 경우 고령화 사회를 맞이했다고 하고 있다.

고령자의 성과 결혼문제(高齡者의 性과 結婚問題)

여기서 의미하는 고령자란 임상적 측면에서 볼 때, 성기능의 노화나 배우자의 사망이 두드러지기 시작하는 60세부터를 가리킨다. 유사한 용어로는 고령자의 성 · 성욕 · 성반응 · 성의학, 변애(變愛), 노후에 맺은 부부, 재혼 등이 있다. 재택의 건강한 고령자뿐만 아니라, 와상, 노인성치매, 독거, 입원 · 입원 중의 고령자 등의 성적 욕구에 대처하는 사항도 이 영역의 중요한 복지적 과제이다.

현재 성 의학의 입장에서는 성을 성적 관심(sexuality)로서 간주하고 있다. 그것은 성교뿐만 아니라, 남녀 간의 정신적 교류까지도 포함하는 폭넓은 의미가 포함되어 있다.

최근의 정상화(normalization) 사상의 발전과 함께, '고령자의 성권(性權)'도 주장되기에 이르렀다. 고령자도 자신의 의사에 의해 성생활을 계속하거나 결혼할 권리가 있다.

고령자고용정보센터(高齡者雇傭情報 center)

고령자의 직업지도와 취업알선 등의 업무를 효율적으로 수행하기 위하여 필요한 지역에 고용노동부장관이 설치하여 운영하는 기구를 말하며, 여기에서는 ① 고령자에 대한 구인 · 구직등록, 직업지도 및 취업알선 ② 고령자에 대한 직장 적응훈련 및 교육 ③ 정년연장과 고령자 고용에 관한 인사 · 노무관리의 작업환경개선 등에 관한 기술적 상담 · 교육 및 지도 ④ 고용자 고용촉진을 위한 홍보 ⑤ 그 밖에 고령자 고용촉진에 필요한 업무 등을 수행한다. 고용상 연령차별금지 및 고령자 고용촉진에 관한 법률 제10조).

고령자단독세대(高齡者單獨世帶)

65세 이상의 자가 단독으로 생활하고 있는 세대. 혼자 살고 있는 고령자라는 것(독거노인)을 말함.

고령자복지(高齡者福祉)

고령자를 위한 사회복지정책 및 실천활동의 총칭이다. 노인복지와 동의어이다. 고령자라는 말이 '노인'보다 연령적으로 폭넓은 대상자를 의미하며, 또한 사회적으로도 역할을 수행할 수 있는 능력을 아직 갖추고 있는 인간으로서의 이미지를 나타낸다.

'노인'을 과학적으로 정의하는 일은 어렵지만, 제도적으로는 65세 이상을 노인으로 규정하는 경우가 많으며, 이것이 하나의 표준이 되고 있다. 노인 즉, 노년기의 사람이기는 하지만, '노년기'

는 65세를 기준으로 한다면, 65~74세가 노년전기(전기 고령층), 75세 이상이 노년후기(후기 고령층)가 된다. 여기에 노년중기(중기 고령층)를 합하는 경우에는 대강 60대를 전기, 70대를 중기, 80세 이상을 후기로 간주하게 된다.

고령자볼런티어(高齡者 Volunteer)

평균수명이 연장됨에 따라 노후는 세컨드 라이프(second life)라고 받아들이게 되어 볼런티어 활동도 고령자의 사회참가의 하나로 생각하게 되었다. 고령사회에 있어서 고령자에게도 지금까지 얻은 지식이나 기술을 살려서 원조활동, 말상대나 자녀 양육 등의 인생경험의 풍부함을 살린 활동을 중심으로 하여 사회를 떠받치는 힘으로써 큰 기대가 되어 지고 있다. 또 고령자 자신이 원조를 받을 입장이 아니고, 원조하는 쪽에 있다는 것과, 가지고 있는 능력을 발휘할 수 있음으로서 볼런티어 활동을 하는 자신이 삶의 보람을 가지고, 심신의 건강을 유지하는 적극적인 생활을 보내는 데에도 유효하다고 할 수 있다.

고령자의 고독(高齡者의 孤獨)

자기 자신의 사회적 기대를 만족하지 못하고, 사회로부터 단절되어 있다고 생각하는 상태로서 능동적 고독과 수동적 고독이 있다. 전자는 문화적 가치의 실현을 도모하는 경우나, 죽음, 아픔, 이별 등의 운명을 스스로 받아들이는 경우의 단절감이지만, 자신의 독자성을 발견시키고자 하는 성격을 갖고 있다. 후자는 거대 조직화된 대중사회에 있어서 발생하는 소외상태로서 원자화(原子化)된 개인이 인격적 관계를 유지하지 못하는 불안, 자기의 존재가 타인에 의해서 무의미하다고 하는 감각과 연결되어 있다. 또한 고독은 사회적 네트워크로부터 떨어져 있는 상태를 말한다.

고령자인재은행(高齡者人材銀行)

직업안정법 제18조(무료직업소개사업)의 규정에 의한 허가를 받은 비영리법인 또는 공익단체 중 고령자의 직업지도와 취업알선 등에 필요한 전문 인력과 시설이 갖춰진 고용노동부장관이 지정한 단체를 말한다. 이 고령자인재은행에서는 ① 고령자에 대한 구인(求人) · 구직등록, 직업지도 및 취업알선 ② 취업희망 고령자에 대한 직업상담 및 정년퇴직자의 재취업 상담 ③ 기타 고령자 고용촉진에 필요하다고 인정하여 고용노동부장관이 정하는 사업 등의 사업을 수행한다. 그리고 고용노동부장관은 직업안전업무를 행하는 행정기관이 수집한 구인 · 구직정보, 지역 내의 노동력 수급상황 기타 필요한 자료의 제공과 예산의 범위 안에서 소요경비의 전부 또는 일부를 지원할 수도 있다.

고령자재취직(高齡者再就職)

정년연령 이전의 이직자 및 정년퇴직으로 직장을 떠나야 하는 사람을 위한 재취업의 촉진문제. 정년 후 계속고용의 추진이 가장 바람직하지만, 정년을 앞두고 어떤 이유로 직장을 떠나는 사람이나, 정년과 더불어 이직하는 사람에 대한 고령자 취업대책을 말한다. 이를 위한 사업으로는 ① 고연령자 직업상담소의 설치 ② 고연령자 고용협력기구의 설치 ③ 정년퇴직자 등의 고용촉진 조성금의 지급(연금이 없는 자를 위하여) ④ 고연령자 특별능력 개발제도 등이 요망된다.

고령자학대(高齡者虐待)

고령자에 대하여 가족을 포함하여 남(타인)으로부터 행하여지는 가해나 유기(遺棄) 및 인권침해의 행위. 상해나 구속에 의한 신체적 가해, 협박이나 언어의 폭력에 의한 심리적 가해, 착취나 횡령(橫領)이라는 경제적 가해 등의 적극적 직접적인 인권침해뿐만 아니고 무시나 보호의 방기(放棄)라는 소극적인 행위에 의한 인권침해도 학대행위에 포함된다. 1970년대 후반기부터 미국을 중심으로 사회문제로 되어 있다. 그런데 가해자의 대부분이 고령자를 돌보고 뒷바라지를 하고 있는 가족이라고 하며, 그 배경에는 수발하는데 지치거나, 심리적 스트레스, 가정 내에서의 폭력적 분위기, 수발하는 자의 인간성이나 정신질환 등이 지적되어, 가족이나 서비스 제공에서 학대의 사태가 명확하게 되어 오고 있어 그 방지는 큰 과제이다.

고령초산부(高齡初產婦)

나이가 많은 상태에서 처음 임신한 여성을 고령초산부, 아이를 분만했을 경우를 고년초산부라고 한다. 고령초산부는 젊은 여성에 비해 유산 · 조산(早產) · 임신중독증 등을 일으킬 비율이 높다. 고년초산부의 경우는 난산(難產)하거나 다운증후군아(Down 症候群兒)를 낳을 비율이 비교적 높다. 고년초산부에 대해 WHO를 비롯, 국제적으로 만 35세 이상으로 규정하고 있지만, 동양권의 나라, 예를 들면 일본은 산부인과학회에서 만 30세 이상으로 규정하고 있다. 여성의 사회진출로 인하여 만혼(晩婚)으로 인한 고령초산이 늘고 있다.

고령친화사업(高齡親化事業)

고령화친화사업이라 함은 고령친화제품 등을 연구 · 개발 · 제조 건축 · 제공 · 유통 또는 판매하는 업을 말한다(고령친화사업진흥법 제2조2호).

고령친화산업진흥법(高齡親化產業振興法)

이 법은 고령친화산업을 지원 · 육성하고 그 발전 기반을 조성함으로써 노인의 삶의 질 향상과 국민경제의 건전한 발전에 이바지함을 목적으로 2006년 12월 28일(법률 제8110호)에 제정 · 공포하여 공포 후 6개월이 경과한 날부터 시행하고 있으며, 그간 몇 차례의 개정을 거쳐 오늘에 이르고 있다. 16개 법조문과 부칙으로 규정하고 있다.

고령친화제품(高齡親化製品)

고령친화제품이라 함은 노인을 주요 수요자로 하는 제품 또는 서비스로서 다음 각목의 어느 하나에 해당하는 것을 말한다(고령친화진흥법 제2조1호).

가. 노인이 주로 사용하거나 착용하는 용구 용품 또는 의료기
나. 노인이 주로 거주 또는 이용하는 주택 그 밖의 시설
다. 노인요양서비스
라. 노인을 위한 금융 자산관리 서비스
마. 노인을 위한 정보기기 및 서비스
바. 노인을 위한 여가 관광문화 또는 건강지원서비스
사. 노인에게 적합한 농업용품 또는 영농지원서비스
아. 그 밖에 노인을 대상으로 개발되는 제품 또는 서비스로서 대통령이 정하는 것

고령화사회(高齡化社會)

출산율이 둔화하고 평균수명이 높아짐에 따라 전 인구 중에서 노령인구가 차지하는 비율이 다른 사회와 비교해서 현저히 높아져 가는 현상. 국가나 지역 등 일정한 사회의 인구동태상, 노년인

구가 상대적으로 증가하는 사회를 인구의 고령화라고 하는데 이 노년인구의 판단기준이 되는 고령자를 몇 세에서 구획짓느냐에 따라서 그 동태도 달라진다. 1956년 〈UN인구보고서〉에서는 65세 이상을 고령자로 하고 또한 그 이상의 연령층을 노령인구로 한 다음 고령화율이(65세 이상 인구가) 7%에 달한 경우 그 국가는 고령화 사회를 맞이하고 있다고 한다.

우리나라의 총인구 중 노인인구의 비율이 1998년에 6.6%, 2000년 7월에는 7%로 고령화 사회가 되었고, 2002년에 7.9%로 더 늘었는데 2019년에는 14.4%로, 2026년에는 20.0%로 예상되어 본격적인 고령사회로 진입하게 될 것으로 예측하고 있다. 고령화 사회에서 고령사회로 옮기는 데 19년밖에 걸리지 않는 셈이다. 프랑스는 115년, 스웨덴은 85년, 미국은 75년, 영국은 45년, 일본도 26년이 소요됐다. 우리나라는 2005년에는 생산 가능한 인구 약 8명이 노인 1명을 부양했지만 2050년에는 1.4명이 노인 1명을 부양하는 것으로 분석되고 있다(통계청 조사). 고령화가 빠른 속도로 진행되는 주된 이유는 출생률이 급격이 떨어지고 대신 수명(壽命)이 크게 늘어났기 때문이다. 참고로 우리나라의 고용상 연령차별 금지 및 고령자고용촉진에 관한 법률에서는 고령자라 함은 인구 · 취업자의 구성 등을 고려하여 55세 이상인 자를 고령자로 한다고 정의하고 있다(동법 제2조1호).

고문금지조약(拷問禁止條約)

고문금지조약이라 함은 〈고문 및 그 밖의 잔혹한 비인도적인 또는 굴욕적인 대우나 처벌의 방지에 관한 협약〉의 약칭이다. UN인권위원회가 초안하여 1948년 UN총회에서 채택되었다. '공무원 또는 그에 준하는 자가 어떤 개인이나 제3자로부터 정보취득 또는 자백을 또는 협박 강요의 목적으로 또는 모든 종류의 처벌에 기초한 이유로 육체적 정신적으로 현저한 고통을 주는 행위'를 고문으로 정의하고(제1조), 그것의 금지에 필요한 법적 조치를 가맹국이 취할 것을 요구하고 있다(제2조). 또한 '가맹하고 있지 않은 어떤 나라에서도 가해자는 처벌할 수 있다'(제5조2항)고 규정, 국경을 초월하여 처벌한다는 방식이 취해지고 있다. 우리나라는 1995년 1월 9일에 UN에 가입서가 기탁되어 1995년 2월 8일(조약 제1272호)에 효력이 발생되었다.

고부담 · 고복지(高負擔 · 高福祉)

국민의 복지를 충실하기 위해서는 국민의 세금 등의 부담이 높아지는 것이 필연적이라는 사고방식. 경제의 저성장과 인구의 고령화라고 하는 두 가지의 시대적 배경이 근저(根底)에 있다. 더 나은 복지사회를 창조하려면 국민이 부담도 높아진다는 정책이론. 근래, 저복지(低福祉) · 저부담 또는 중복지 · 중부담의 정책이론도 있다. 국민의 복지가 충실하기 위해서는 국민의 세금, 사회보험료 등의 부담이 높아지는 게 당연할지는 모르나 각국에 따라서 다르다. 어쨌든 국민적인 합의(合意)가 필요하다.

고아(孤兒)

고아란, 친부모로부터 유기되거나, 친부모가 모두 사망하거나 또는 행방불명되어 부모와 헤어져 살아야 하는 어린아이를 말한다.

고아는 그 가정의 빈곤, 경제공황, 전쟁, 환경재해, 교통사고 등에 의해 사회적 인위적으로 발생하게 된다. 그 원인에 따라 전쟁고아, 난민고아, 천재(天災) 고아 등으로 불리기도 한다. 고아는 보육원에서 거의 수용, 양육하고 있다.

고용보장(雇傭保障)

노동권을 실현하기 위해 고용관계의 성립 · 유지를 보장하고 고용관계의 성립이 불가능할 때는 그에 대신한 보장을 행할 것을 목적으로 하는 국가 정책체계를 말한다. 우리나라의 경우 헌법 제32조 제1항에 근로의 권리 근거로 하여 국가의 책임에 의해 위에 서술한 정책을 현실화해야 한다고 규정하고 있다.

고용보험(雇傭保險)

고용보험법이 1993년 12월 27일 제정되어 1995년 7월 1일부터 시행되고 있는 고용에 관한 종합적인 기능을 가지는 사회보험의 하나.

구체적으로는 근로자의 실업의 예방, 고용의 촉진 및 근로자의 직업능력의 개발 · 향상을 도모하고 국가의 직업지도 · 직업소개기능을 강화하며, 근로자가 실업한 경우에 생활에 필요한 급여를 실시함으로써 근로자의 생활의 안전과 구직활동을 촉진하여 경제 · 사회발전에 이바지함을 목적으로 하고 있다. 현재에는 농림 · 수산업의 일부(고용되어 있는 상시 근로자가 4인 미만으로 개인경영의 사업에 대하여도 당분간 임의적용)를 제외하고는 전 산업(직장)에 적용되어 근로자가 고용되어 있는 한 그 업종이나 규모를 불문하고 모두 적용사업장으로 된다.

고용보험법(雇傭保險法)

이 법은 고용보험의 시행을 통하여 실업의 예방, 고용의 촉진 및 근로자의 직업능력의 개발과 향상을 꾀하고, 국가의 직업지도와 직업소개 기능을 강화하며, 근로자가 실업한 경우에 생활에 필요한 급여를 실시함으로써 근로자의 생활의 안정과 구직 활동을 촉진하여 경제 · 사회발전에 이바지함을 목적으로 1993년 12월 27일(법률 제4644호)에 제정 · 공포하여 시행하던 중 2007년 5월 11일 전문 개정하여(법률 제8429호) 공포하였다. 총 9장 118개조문과 부칙으로 규정되어 있으며 그간 8차례 개정을 거쳐 오늘에 이르고 있다.

고용보험제(雇傭保險制)

실직자에게 국가에서 실업(失業)보험금을 지급한다거나 또는 근로자의 능력을 수시로 파악해서 산업현장에 재배치함으로써 그 비용은 근로자, 사용자, 정부가 분담하는 제도를 말한다. 우리나라는 고용보험법이 1993년 12월 27일(법률 제4644호)에 제정되어 고용보험의 시행을 통하여 실업의 예방, 고용의 촉진 및 근로자의 직업능력의 기능을 강화하며, 근로자가 실업한 경우에 생활에 필요한 급여를 실시함으로써, 근로자의 생활의 안정과 구직활동을 촉진하여 경제 · 사회발전에 이바지함을 목적으로 제정, 공포되어 1995년 7월 1일부터 시행되어 1996년 7월부터 실직할 경우 실업급여를 받게 되었다. 적용대상은 4인 이하를 포함한 전사업장으로 되어 있으며 근로자는 의무적으로 고용보험에 가입해야 한다.

고용촉진 및 직업재활(雇傭促進 및 職業再活)

장애인의 직업지도(장애인이 그 능력에 맞는 직업에 취업할 수 있도록 하기 위하여 장애인에 대한 직업상담 · 직업적성검사 및 직업능력평가 등) · 직업적응훈련(장애인이 그 희망 · 적성 · 능력 등에 맞는 직업생활을 할 수 있도록 하기 위하여 필요하다고 인정하는 때에는 직업 환경에 적응시키기 위한 훈련) · 직업능력개발훈련(장애인이 그 희망 · 적성 · 능력 등에 맞는 직업생활을 할 수 있도록 하기 위하여 장애인에게 시키는 훈련) · 취업알선 · 취업 · 취업 후 적응지도 등에 대하여 장애인고용촉진 및 직업재활법이 정하는 조치를 강구하여, 장애인이 직업생활을 통하여 자립할 수 있도록 하는 것을 말한다(본법 제2조3호).

고용할당제(雇傭割當制)

장애인의 경우 일반인에 비해 여러 가지 면에서 노동시장에 접근하기 어려워서 직업을 갖기가 쉽지 않다. 특히, 고용의 주체인 기업의 입장에서는 장애인이 직업능력을 갖추고 있더라도 여러 가지 이유를 들어 고용을 기피한다. 따라서 장애인이 원천적으로 직업에 접근하기 어렵다는 점을 고려하여 정부가 노동시장에 적극 관여하여 수요측면을 조정하는 제도를 말한다. 고용률에 의한 고용의무를 사업주에 대해 고용하고 있는 근로자 중에서 차지하고 있는 장애인의 비율이 일정률(기준고용률) 이상이 되도록 장애인의 고용을 의무화하는 데 있다.

고유사무(固有事務)

서울특별시 · 광역시 · 도 · 시 · 군 · 구 등의 지방차지단체의 사무의 하나로서 지방자치단체가 그 존립의 목적을 달성하기 위하여 행하는 사무.

구체적으로는 지방자치법 제9조에 의하여 규정된 사무범위가 이에 해당된다. 동조 2항 2호의 주민의 복지를 직접 증진하기 위하여 사업을 경영하거나 시설을 설치 · 관리하거나 하는 공공(公共)사무 및 그것을 위하여 행하여지는 조직이나 재무 등에 관한 두 가지의 사무로 분류된다. 예컨대 복지회관의 설치 · 운영, 사회복지 관련 사업의 운영 등이 그것이다.

고전적 빈곤(古典的 貧困)

자본주의사회에서 19세기의 빈곤을 의미한다. 즉, 19세기 후반에 영국에서 저임금, 열악한 노동조건에서 대다수의 노동자가 생활필수품의 부족으로 가족의 육체적 생존이 근근이 유지됐던 빈곤상태를 말한다. 이와 같은 빈곤은 라운트리(Rowntree, S.)에 의한 영국 요크(york)시의 빈곤가구조사에서 분명하게 드러났는데, 이에 따르면 빈곤원인의 비중은 저임금과 실업이 1899년에 각각 52.0%, 5.1%로 나타났다. 그러나 1950년의 조사에서는 이들의 비중이 각각 32.8%, 38.1%, 노령이 68.1%로 나타나고 있어 빈곤의 원인은 역사적으로 저임금→실업→노령으로 이행되는 사례로 볼 수 있다.

고전적 빈곤은 사회입법, 사회정책 등으로 감소되어 왔으나 제2차 대전이후에는 노령, 상대적 빈곤 등 현대적인 빈곤문제가 등장하고 있다.

고한제도(苦汗制度 = sweafing system)

노동착취제도라고도 한다. 근로자를 저임금, 장기간 노동, 비위생적인 환경에서 무리하게 일을 시키는 제도로 피와 땀을 짜낸다는 뜻을 갖고 있다. 원래는 수공업제도에서 산업자본주의시대로 이동해 오는 과정에서 있었던 노동조직이며, 19세기 영국의 가내공업에서 수공업자가 자본가인 상인을 위해 대단히 열악한 노동조건에서 일하지 않을 수 없었던 시대에 생긴 말이었는데 이와 같은 제도를 방지하기 위한 사회입법 중 대표적인 것이 최저임금법, 근로기준법 및 노동법 등 각종 법률이 제정되어 있다.

고혈압(高血壓)

일과성(一過性)이 아니고 혈압이 높은 상태를 말한다. WHO(세계보건기구) 기준에는 최고혈압 140mmHg 미만 및 최저혈압 90mmHg 미만을 정상혈압으로 하여 최고혈압 160mmHg 이상 또는 최저혈압 95mmHg 이상을 고혈압으로 하여 (WHO의 고혈압 정의) 그 중간을 경계역 고혈압이라고 한다. 심질환(心疾患)이나 뇌혈관장애 등 고혈압상태가 장시간 지속하면 여러 가지 장기에 합병증을 일으킨다. 강압(降壓)요법으로는 식염섭취의 감량, 적당한 운동, 약물요법 등이 있다. → 혈압, 저혈압

공감(共感 = 공감적 이해)

남(타인)의 심정 등을 내 몸처럼 느낀다는 것. 타자(他者)를 공감적으로 이해하려고 노력하는 자세는 대인원조의 기본이며, 극히 중요한 원조자세이나, 공감도 이해도 어디까지나 원조자자신의 경험이나 지식이라고 하는 횔타를 통하여(거쳐서) 얻을 수 있는 것으로 사람은 타인의 모든 것을 안다고 하는 것은 있을 수 없다고 하는 시점(視點)을 갖는 것도 중요한다.

공공부조(公共扶助)

공공부조라 함은 국가 및 지방자치단체의 책임하에 생활유지 능력이 없거나 생활이 어려운 국민의 최저생활을 보장하고 자립을 지원하는 제도를 말한다고 규정하고 있다(사회보장기본법 제3조3호). 즉 사회보장제도의 하나로서 모든 국민이 인간다운 생활을 영위하도록 하기 위하여 국가 및 지방자치단체의 책임 하에 생활이 어려운 국민의 최저생활을 보장하고 자립을 지원하는 제도를 말한다.

구체적으로는 자력(資力)이나 수입이 최저생활수준에 못 미치는 경우 그 수준까지의 보급을 필요에 응하여 행하는 것으로서 대상자의 생활곤궁에 빠진 원인을 불문하고 최저생활수준을 밑돈다는 현실에만 착안하여 무차별 평등하게 필요에 따른 급여가 행하여진다. 국가부조, 국민부조, 사회부조, 빈곤구제정책, 무기여소득보장정책(無寄與所得保障政策) 등으로 일컬어지고 있으나, 우리나라에서 공식적으로 '공공부조'라고 일컬어지게 된 것은 1995년 사회보장기본법이 제정되면서 부터이다. 우리나라의 공공부조의 근간(根幹)은 국민기초생활보장이다.

공공부조수급권(公共扶助受給權)

헌법상 스스로 사회생활을 유지할 수 없는 상태에 처한 사회적 약자에게 국가가 최저한도의 인간다운 생활을 유지할 수 있도록 하여줌으로써 생존권(生存權)을 보장받을 수 있도록 마련된 권리이다. 즉 공공부조수급권은 복지권의 하나이며, 헌법상 보장된 인간다운 생활을 할 기본권을 구체적으로 실현하기 위한 권리이다.

공공의 복지(公共의 福祉)

사회일반의 행복이라는 것. 예컨대 헌법에 의하여 국민 한 사람 한 사람에게 보장된 기본적 인권이라고는 하지만 공공의 복리에 의해서는 제한되는 경우도 있다.

특히 헌법 제37조 〔국민의 자유와 권리 존중 · 제한〕는 "① 국민의 자유와 권리는 헌법에 열거되지 아니한 이유로 경시(輕視)되지 아니한다. ② 국민의 모든 자유와 권리는 국가안전보장 · 질서유지 또는 공공복리를 위하여 필요한 경우에 한하여 법률로써 제한할 수 있으며, 제한하는 경우에도 자유와 권리의 본질적인 내용을 침해할 수 없다"고 규정하고 있다. 때문에 공공의

복리는 사회전체의 공공의 복리를 의미하나 국민의 기본적 인권과 어떻게 조화를 도모하느냐가 포인트가 된다.

공동모금(共同募金)

민간사회복지사업의 자금 확보를 목적으로 하여 사회복지공동모금회법의 규정에 의하여 사회복지사업, 기타 사회복지활동의 지원을 위하여 연중 기부금품을 모집 · 접수하며 효율적인 모금을 위하여 일정한 기간을 정하여 집중모금도 실시할 수 있으며, 또 모금회는 재원의 조성을 위하여 미리 보건복지부장관의 승인을 얻어 복권을 발행할 수도 있다. 이때 복권의 발행에 관하여는 사행행위 등 규제 및 처벌특례법을 적용하지 않는다.

구체적으로는 민간사회복지사업 또는 갱생보호사업 등이 각각의 영역에서 실시하는 모금활동의 폐해를 시정, 제거하는 데에도 목적이 있다고 하겠다. 모금형태로서는 개별모금, 직역모금, 법인모금, 학교모금, 가두모금 등이 있겠으나 이것들의 연락 · 조정 및 실시기관으로서 '사회복지공동모금회법'의 규정에 의하여 사회복지공동모금회가 설립되어 있다.

공동사회(共同社會)

독일의 사회학자 퇴니스(Tonnies, F)에 의해 1887년에 설정된 사회집단 유형의 하나로 이익사회(Gesellschaft)에 대치되는 개념. 원어는 게마인샤프트(Gemeinschaft)인데 공동사회로 번역된다. 인간 상호 간의 애착을 바탕으로 하여 본질적으로 결합된 사회이다. 본질적 의지의 결합에 근거하는 이 사회는 가족, 부족, 국민의 관계처럼 혈연(血緣) · 지연(地緣) 정신이 그 요소가 된다. 파시즘이나 나치즘은 사회결합의 기초를 이 공동사회에서 구했다. 희생사회라고도 한다. 예로는 혈연에 근거한 가족, 지연으로 인한 촌락, 정신에 기인한 도시 등을 들 수 있다.

공동생활가정(共同生活家庭)

아동복지시설의 하나.

보호를 필요로 하는 아동에게 가정과 같은 주거여건과 보호를 제공하는 것을 목적으로 하는 시설을 말한다(아동복지법 제52조1항4호).

공동생활가정사업(共同生活家庭事業)

아동복지시설에서 그 고유 업무 외에 하는 사업의 하나.

보호를 필요로 하는 아동에게 가정과 같은 주거여건과 보호를 제공하는 것을 목적으로 하는 사업을 말함(아동복지법 제52조3항5호).

공민권운동(公民權運動)

아프리카계 미국인이 차별철폐를 위하여 1950년대부터 60년대에 걸쳐 행한 일련의 운동을 가리킨다. 제2차 대전 후도 아프리카계 미국인은 선거나 공공의 장소의 사용 등 여러 가지 면에서 차별을 받고 있었으나, 1954년의 최고 재판소에 의한 공립학교에서의 인종분리교육을 위헌이라고 하는 판결(브라운판결)과 다음 해의 버스의 보이스콧 등의 운동 등을 계기로 차별폐지를 요구하는 움직임이 확대되었다. 수많은 희생을 감수하면서도 킹(king, M.L.Jr.) 목사들의 지도하에 워싱톤 대행진 등이 행하여져, 리버럴(livaral)층을 중심으로 백인에도 지지가 확산해 가는 전 국민적인 운동으로 되었다. 이 결과 1964년의 선거권법을 중심으로 하여 수 회에 걸쳐 공민권법이 성립되었다. 다만, 법적인 차별은 해소되었지만 경제면을 포함한 사회적인 불평등은 여전히 남았다. 이와 같은 권리에의 각성(覺醒)이 1960

년대 후반의 복지운동에도 영향을 미쳤다.

공비부담의료(公費負擔醫療)

의료비를 국가나 지방자치단체가 일반 재원으로 부담하는 제도이다. 의료보험과 더불어 의료보호제도의 큰 기둥으로 사회 방어적 색채가 강한 조치에서부터 환자 자신의 복지향상을 위한 원조까지 폭이 넓고, 복잡한 제도로 되어 있다.

공생(共生)

인간의 존재 그 자체를 국가나 지역사회, 더 나아가서는 지구 전체와의 조화라든가 관계 속에서 받아들여 각각 다른 개성이나 독자성, 문화를 존중하면서 서로 사회 연대하여 함께 살아간다는 것. 사회복지에서 사용하는 경우는 고령자나 장애인이 정상적인 건강인과 함께 살아갈 수 있는 사회의 본연의 자세를 가리킨다.

공소증후군(空巢症候群)

빈둥지증후군 또는 영어로는 nest syndrom이라고도 한다. 여성이 자녀를 다 기르고 나서 부모의 역할로부터 해방되어 마치 어미새에 비유해서 새끼가 다 자라서 보금자리를 떠난 뒤의 빈 새집처럼 되어, 역할도 목적도 없어져서 공허감, 고독감, 상실감에 빠지는 상태를 말한다. 울병, 신경증, 알코올의존증에 걸리기 쉽다.

공업화(工業化)

산업혁명 이후 공업이 급속히 발전한 결과, 사회경제구조가 크게 변용(變容)하는 프로세스를 가리킴. 산업화라고도불리어진다. 공업화는 산업, 경제, 사회뿐만이 아니고, 국민의 의식, 가치관, 문화 등에도 영향을 주어, 특히 2차 대전 후의 중화학공업화는 그와 같은 영향이 대단히 컸었다. 공업화는 당초에는 구미제국이나 선진국으로 밀어 덮쳤으나, 현대에는 도시화와 나란히 개발도상국에도 큰 물결처럼 밀려들어 여러 가지 사회문제를 낳고 있다.

공익법인(公益法人)

민법 제32조에 규정한 영리를 목적으로 하지 않고, 사회일반의 이익이 되는 사업을 행할 것을 목적으로 하는 법인.

구체적으로는 사단법인과 재단법인의 두 종류가 있다. 설립에는 주무관청의 허가를 필요로 하며, 수익사업에 관계되는 익금(益金) 이외의 수입에 대하여는 법인세는 과세되지 않는다. 의료법인, 사회복지법인, 종교법인, 학교법인에 대하여는 공익법인의 설립 · 운영에 관한 법률에서 규정하고 있다. 공익법인에 출연(出捐) 또는 기부한 재산에 대한 상속세 · 증여세 · 소득세 · 법인세 및 지방세는 조세특례제한법이 정하는 바에 의하여 감면할 수 있다.

공익사업(公益事業)

공익을 목적으로 하는 사업으로서 ① 사회복지사업 이외의 사업 ② 당해 법인이 행하는 사회복지사업의 순수성을 손상시킬 위험이 없는 것 ③ 당해 법인이 행하는 사회복지사업의 원활한 수행을 방해 할 위험이 없는 것 ④ 당해 법인이 행하는 사회복지사업에 대하여 그에 따르는 지위에 있는 사업 등을 말한다.

공적 사회복지(公的 社會福祉)

국가 및 지방공공단체가 법률 등에 근거하여 공비(세금)를 사용하여 필요로 하는 사람들에 대하여 급여나 서비스를 행하는 제도나 사업을 총칭하는 말이다.

공적 사회복지라고 할 경우 일반적으로 제2차 대전 후의 복지국가의 발전과정에서 점차로 공적 제도로서 법제화되고 확립되어 온 사회복지(서비스)를 가리킨다. 그러나 세금을 재원으로 한 공적 제도의 연원(淵源)은 근세에 들어서 부터의 대표적인 제도인 영국의 엘리자베스 구빈법(救貧法-1601년)에서 찾을 수 있다. 이것은 구빈세를 재원으로 하여 법률에 근거한 국가의 제도로서 극히 체계적이었지만 빈곤자의 구제보다는 치안유지를 위하여 부랑자의 처벌과 억압에 중점을 둔 법이었다. 이후 약 300년간에 걸친 구빈제도에서는 빈곤이 개인의 책임, 즉 게으름(태만), 음주버릇 등의 도덕적 결함에 의한 것이라고 생각되었기 때문에 공적 구제는 억압적, 은혜적인 것으로 일관되어 공적 책임으로 될 수 없었다.

공제제도(共濟制度)

기업복지 및 근로자복지의 일환으로 자주정신에 입각하여 종업원 및 가족의 경제적 후생복지를 증진하기 위한 상호부조를 위한 제도를 말하며, 경영으로부터의 재정적 원조를 받는 경우가 많다. 종업원의 사망, 퇴직, 질병, 결혼, 출산, 화재, 수해 등에 구제를 한다. 또 나라에 따라서는 질병 기타 일정한 사유에 따라 결근하여 급료가 지급되지 않을 때에도 상당액의 상병수당, 휴업수당 등이 지급되기도 한다. 공제제도는 사회보장제도의 초기적 제도로서 공적 구제제도와 더불어 요구제자의 자주적 운동으로 전개된 것이다. 오늘날 사회보장제도와 노동법의 발달로 공제제도는 그 기능이 축소된 감이 없지 않으나 노동조합 중심의 근로자 자주복지(노동자복지)로 지속되고 있다.

공제조합(共濟組合)

동일직업 또는 동일직장에 종사하는 사람들이 조합원이 되어 상부상조를 목적으로 만든 조직. 영국에서 18세기 이래 발달했던 '우애조합'이 원형이다. 주로 근로자의 생활상의 사고, 즉 질병 · 실업 · 부상 · 사망 · 사변 · 혼인 · 출산 등에 대비해서 일정액의 부금을 갹출해 두었다가 사고가 발생하면 적립금에서 일정금액을 급여하여 사고로 인한 곤란을 덜어주는 조직이다. 공제조합은 강제로 가입하는 것과 임의적인 것 두 가지가 있으나, 강제 가입의 경우가 많고, 공제조합이 설치되어 있는 곳에 고용되는 자는 반드시 조합원이 될 의무를 부과 받고 있다. 공제조합은 조합원의 공제뿐만 아니라 근속직공에 대해 장려금 또는 연금을 급여하고, 오락시설 · 의무실 등 근로자의 복지시설도 설치한다. 최근 들어 조합원과 사업주의 갹출로 기금을 조성하여 의료보험부문과 연금보험부문의 사고에 대해 급여하고 있는 공제조합도 증가하고 있다.

공조사회(共助社會)

복지 면에서 가족 · 지역사회의 주민 혹은 공공단체들이 서로 간의 상호부조의 정신으로 공조조직을 결성하여 활동하는 지역사회. 이는 전체 복지 사회를 도모하는 조직의 중간영역의 활동에 속한다. 비록 행정적 뒷받침이 있어도 활동의 주체는 어디까지나 주민, 집단 · 단체가 아니면 안 된다.

공중보건의(公衆保健醫)

1979년부터 실시된 국민보건의료를 위한 특별조치법에 따라 병역의무대신 3년 동안 농어촌 등 취약지역에서 공중보건 업무에 종사하는 의사. 의료 인력이 대도시에 편중되어 있는 불균등한 의료배분구조를 시정하려는 고육책으로서 시행된 이 제도는 나름대로 농촌의료에 기여한 것이 사실이지만 기존의 자유방임형 보건의료구조를 근본적으로 혁신하는 것과는 거리가 먼 부분적 보완에 머물고 있다. 그 문제점으로는 ① 공중보건의가 의과대학 졸업 후 임상수련 경험이 전혀 없거나 대학부속병원에서의 형식적인 실습만을 거쳤다는 자질의 문제 ② 70%가 6개월 미만 근무하는 잦은 근무지 이동이 주민과의 유대형성에 장애가 되고 있다. ③ 의료장비 보조요원이 부족하고 후송시설과의 연계가 부족하다. ④ 의료보장제도의 확대가 시급하다. ⑤ 공중보건의의 근무의욕이 미약하다는 점 등이다. 따라서 보건지소의 원활한 임무수행을 위해선 병역과 맞바꾼 의무적 제도로서 통계상으로만 무의촌을 해소할 것이 아니라 실질적인 시설지원과 보건의료전달체계의 확립, 그리고 그 지역출신 비전문의료의원을 양성하여 기존의사들과 지역사회보건을 위한 협조체제를 구축할 것이 요청된다.

공중위생(公衆衛生)

일반적으로 널리 사용되고 있는 정의는 윈스로우(winslow, C.A.)가 1920년에 정의하고, 1949년 그 일부를 수정한 정의이다. 즉 "공중위생이란, 환경의 위생적 정비, 전염병의 예방, 개인위생의 원칙에 기초하는 개인교육, 질병의 조기발견과 치료를 위한 의료간호사업의 조직화 및 모든 지역사람들에게 건강을 유지할 수 있는 생활수준을 보장하는 사회제도의 발전을 위한 지역사회의 조직적인 노력에 의해 질병을 예방하고, 생명을 연장하며, 신체적, 정신적인 건강과 능률의 증진을 위한 과학이며 기술이다"라고 했다.

공중위생의 역사는 인간이 사회생활을 하는 데에서부터 시작되어 아주 오래되었으나, 근대적인 의미에서의 공중위생은 산업혁명에 의해 빈곤과 질병의 악순환에 대하여 세계최초로 제정된 영국에서의 공중위생법(1848년)이 시초라고 한다.

공청회(公聽會)

공청회를 청문회라고 일컫는다. 공청회는 국회나, 국가지방자치단체가 예산이나 법안 등의 중요사건에 대하여 이해관계자, 학자, 경험자 등으로부터의 의견을 듣기 위해서 설정된 제도로서 현대사회에서 많이 활용되고 있다. 특히 사회복지부문에서 사회복지시책의 입안, 결정과정에서의 부결(deny) 등에 의해서 이루어지고 있다.

공해병(公害病)

공해가 원인이 되어 발생하는 모든 건강장해와 질병을 말한다. 공장폐수, 대기오염, 농약에 의한 토질, 수질, 농산물의 오염, 자동차 배기가스, 연탄가스, 식품공해, 소음, 생활폐수 등에 의하여 공해병이 발생한다. 공해병에는 두 가지 유형이 있는데 첫째는 특정한 오염인자로 인하여 특이한 질환이 발생하는 형태로서 일본의 미나마타만(수보만) 연안지대에서 발생한 유기수는 중독에 의한 미나마타병과 일본에서 발생한 카드뮴 만성중독에 의한 이따이이따이병 그리고 만성비소중독 등이 있다. 둘째는 오염요인이 다양하고 복합적이어서 가볍기는 하지만, 광범위한 건강의 침해를 가져오는 비특이적 질환이 발생하는 형태로서, 만성기관지염, 기관지염, 기관지천식, 눈의 통증, 호흡곤란, 폐기종 등이 있다.

공황장애(恐慌障碍)

아무 이유도 없이 극도로 불안에 빠지는 장애현상. 공황장애 환자는 발작에 대한 두려움 때문에 차를 타거나 낯선 장소에 가기를 꺼려 일상생활에 문제가 많다. 치료는 주로 약물에 의존해 왔으나 최근에는 교육과 불안극복 훈련으로 환자에게 자신감을 갖게 함으로써 치료가 가능하다는 연구결과가 나왔다.

과대망상(誇大妄想)

자신의 지위, 재산, 능력, 용모, 혈통 등을 과장하고 그것을 사실로 믿는 증상을 말한다. 이에 관련되는 망상은 고귀한 출생이라고 하는 혈통망상, 위대한 발명을 했다고 하는 발병망상 등이 있다. 통합실조증(統合失調症)이나 조병(躁病)에서 보여 진다.

과밀화(過密化)

과밀화의 개념은 일반적으로 인구와 주택 등의 과밀상태를 나타낸 것으로 예부터 사용되었지만 오늘날 제기되고 있는 '도시화'의 문제는 '도시화 · 공업화에 따른 인구의 이상한 집중화와 그 안에서 인간의 정상적인 생활의 유지와 지역사회의 기초적인 조건의 유지마저 곤란해지고 있는 문제'를 가리키며, 이런 상태를 '과밀화'의 현상이라고 한다.

과보호(過保護)

부모가 아동에 대해 취하는 양육태도 유형의 하나다. 심리학자인 사이먼스는 지배와 복종, 수용과 거부가 상호 교착하는 두 개의 축에 의해 부모의 양육태도를 유형화해 그 중에서 지배와 수용이 동시적으로 나타나는 유형을 과보호형이라 불렀다. 이 같은 유형을 나타내는 부모는 오히려 아동의 성장을 방해하고 생활경험의 확대나 자주성의 발달을 저해하는 경향을 갖는다. 등교거부, 가정 내 폭력의 행동문제와 상관성이 높다.

과정기록(過程記錄)

케이스기록 양식의 하나이며, 워커와 클라이언트 간의 대화내용, 관찰 등 접촉의 결과를 그 경과에 따라서 기록하거나 혹은 이와 같은 방식으로 쓰여진 기록을 말한다. 케이스기록의 양식으로는 조사표처럼 가족관계, 생활사 등 항목기록도 있으나 이것만으로는 면접내용 등 케이스의 전개과정을 알 수 없기 때문에 일반적으로 위의 두 가지 기록을 함께 사용하고 있다. 과정기록은 케이스 연구나 슈퍼비전의 경우 워커와 클라이언트 간의 교섭적 관계를 파악하기 위해서 필수적인 기록방법이다.

과제(課題)

일상생활에 있어서 발생하는 여러 가지 문제를 어떻게 경감해서 해결해 갈 것인가를 스스로 의도하여 목표로 수립하여 행동을 하는 것이다. 사회복지원조에 있어서는 서비스이용자는 원조자의 원조에 의하여 과제를 구성한다.

과제중심 케이스워크(課題中心 case work)

심리사회모델, 문제해결모델, 행동요법, 위기개입 등의 어프로치의 지식과 실천의 성과를 통합하여 1970년대 처음으로 형성된 소셜워크의 실천모델의 하나. 리드(Reid, W.J.)들이 이 모델의 구축에 기여했다. 단기간에 효과가 있는 소셜워크의 필요성이 닥쳐와 계획적, 실증적인 기초조사를 거듭함으로 해서 고안해 냈다. 클라이언트의 문제를 해결해 가는 과정전반에 걸쳐서 처우기간을 단축하기 위한 다양한 결정(약속)이 의도적으로 편입되어 있다. 워커는 계획적 의도적인 과정안에 클라이언트의 문제를 클라이언트 자신이 실행할 수 있는 구체적인 과제로서 설정하여, 그것을 향해 수행해 갈 수 있도록 원조하게 된다. →리드, W.

과태료(過怠料)

법률질서 위반이기는 하나, 형벌을 가중할 만큼 중대한 사회법익의 침해가 아니라고 인정되는 경우에 부과하는 현행질서상의 질서벌. 행정법상 법령 위반자에 대한 금전적인 벌로서 과료(科料)가 형벌인 반면, 과태료는 행정질서벌이지 형(刑)은 아니다.

관료제(官僚制)

목표달성을 위하여 그 관리 경영이 가장 합리적으로 그리고 능률적으로 조직된 기구. 막스 베버(weber, M.)에 의하면 개인의 자의(恣意)를 배제한 규칙에 의한 지배, 명확한 권한과 책임의 분배, 직무상의 히에라루히(도: Hierarchie : 신분제도), 직무의 전문화, 지령의 문서화, 공사의 혼돈의 배제 등의 특징을 가진다. 조직운영상의 기술적 우위성를 구하는 까닭에 형식주의나 번거롭고 까다로운 규칙과 예절에 빠지기 쉽고, 또 직무의 전문화 단순화는 섹트(sect)주의를 만들어 내어, 큰 조직의 톱니바퀴로 되는 근로자는 창의나 주체성을 잃는다. 그 결과 조직을 비합리적이고 비능률적인 것으로 되고 마는 위험성을 안고 있다. 골드너(Goaldner, A.W.)에 의해 '대표형 관료제', '징벌(懲罰)형 관료제'라고 하는 관료제적 조직의 노사관계에 의거해 하위(下位)분류가 행하여지고 있다.

관찰(觀察)

행동을 말로서 확인하는 것으로 거치지 않고 사물의 실태를 이해하기 위하여 주의하여 본다는 것. 눈(시각) · 귀(청각) · 코(후각) · 혀(미각) · 피부(촉각)의 다섯 가지 감각기관의 모두를 작용시켜 이용자의 있는 그대로의 상태를 정확하게 파악하는 것을 말한다.

관찰법(觀察法)

사회복지조사에 있어서의 자료수집방법의 한 가지로 질문지에 의한 방법, 면접에 의한 방법과 병용하고 있다. 개호(care)복지이용자의 니즈를 조사할 때에 이용하면 유효하다. 관찰법에는 프로그램에 참가하고 있는 참가자의 표정, 태도, 행동 등을 충분히 관찰하여 거기에서 참가자의 니즈나 의향을 알아낸다. 독자적인 관찰력이 필요로 하지만 익숙해지면 질문지나 면접법으로는 파악 할 수 없는 참가자의 숨겨진 니즈를 알 수가 있다. →사회복지조사법

괴사(壞死)

생체(生體) 일부의 조직 · 세포가 사멸(死滅)한다는 것. 혈류의 두절에 의해서 일어나는 허혈성 괴사로서는 종동맥(終動脈)의 폐쇄에 의한 뇌경색 등이나, 장기와상(長期臥床)이나 자리 보전하고 있는 고령자들에게 문제가 되는 욕창(褥瘡)이 있다. 또 제3도의 열상(熱傷)이나 동상(凍傷)도 괴사이다.

교류교육(交流敎育)

장애아의 특성교육에 있어 장애가 있는 어린이와 장애가 없는 정상어린이를 교류시켜, 상호 커뮤니케이션을 도모하는 교육프로그램을 말한다.

구체적으로는 장애아와 보통 정상아 간의 의사소통을 주로 학교의 운동회나, 소풍, 발표회 등의 통합이 가능한 프로그램을 통해 길게 해 가려는 교육을 말한다. 장애아의 경험을 풍부

하게 하여 인격 형성에 이바지함과 동시에, 한편 건강한 아동, 학생에 있어서도 장애에 대한 바른 인식을 갖는 역할을 달성하는 것으로서 기대되는 동시에 기회의 설정은 의의(意義) 깊다고 해야 한다.

교육권(敎育權)

일반적으로 교육을 하거나 받을 권리의 총칭. 교육권이 인권의 하나로 자각된 것도 프랑스혁명부터이며, 소연방헌법은 1936년 이를 명문화 하였다. 권리로서의 교육권은 근대 공교육의 질서를 전제로 하고, 사적(私的) 개인이나 단체에 법적으로 허용되어 있는 교육에 관한 힘이나 이익 · 의지 · 행동범위가 침해 되었을 경우 법적 구제조치를 취할 수 있는 것을 말한다. 우리나라의 헌법 및 교육 관련법에는 교육을 받을 권리, 부모가 자식을 교육할 권리, 사적인 단체가 교육을 행할 권리, 교사가 교육할 권리 또는 권한, 국가의 교육권 등 여러 가지가 포함되어 있다. 한편 심신 장애인을 위한 특수교육은 '각자의 능력에 알맞은 균등한 교육'을 보장하기 위한 조치이다.

교육급여(敎育給與)

빈곤에 의한 생활고 때문에 의무교육을 만족하게 받을 수 없는 자를 대상으로 하는 국민기초생활보장법에 의한 급여의 일종. 교육급여는 수급자에게 입학금, 수업료, 학용품비, 기타 수급품을 지원하는 것으로 하되 초 중등교육법의 규정에 의한 중학교 · 고등공민학교, 고등학교 · 고등기술학교, 특수학교(중학교 및 고등학교 과정에 한함), 그리고 위 학교와 유사한 학교, 학교형태의 평생교육시설(중학교 · 고등학교의 학력이 인정되는 시설에 한함)에 입학 또는 재학하는 자에 주로 금전에 의하여 지급된다.

급여는 금전 또는 물품을 수급자 또는 수급자의 친권자나 후견자에게 지급함으로써 행한다. 다만, 보장기관이 필요하다고 인정하는 경우에는 수급자가 재학하는 학교의 장에게 수급품을 지급할 수 있다(국민기초생활보장법 제12조).

교육적 재활(敎育的 再活)

장애인 재활사업의 일환으로 장애인에 대한 교육을 효과적으로 실시하여 장애인이 사회인으로서의 삶을 영위할 수 있도록 하는 것. 1959년 유엔총회에서 채택된 〈아동권리선언〉 제5조에 신체적 · 정신적 또는 사회적으로 장애가 있는 아동에게 그 특수한 치료, 교육 및 보호를 규정하고 있다. 이것을 실현하기 위해서 행해지는 것이 교육적 재활이다. 우리가 특수교육이라 부르는 것과 거의 같은 의미이다. 우리나라는 1977년 특수교육을 중심으로 특수학교에서의 침구 · 물리치료 등 의료적 치료를 병행하면서 점자도서관 운영, 직업기술 훈련 등을 동시에 실시함으로써 통합적 재활이 되도록 하고 있다. 교육적 재활의 중심영역인 특수교육의 대상은 시각장애인, 청각장애인, 정신박약인, 지체부자유인, 정서장애인, 언어장애인, 기타 심신장애인이며, 이들을 위한 교육기관은 특수학교와 특수학급이다. 교육적 재활(리허빌리테이션)의 전문종사자는 4년제 대학 특수교육학과를 졸업한 특수교사를 비롯한 특수교육요원, 교육카운슬러, 사회교육지도자, 레크리에이션워커이며, 이러한 전문가 양성이 중요한 과제이다. → 교육적 재활

교정(矯正)

교정은 소년원 교도소와 같은 기관에서 갱생(更生)을 목적으로 환경조절과 심리요법에 의한 사

회적 치료를 행하는 기능을 말한다.

이러한 기능을 주로 교정시설에서 사회사업가가 행하고 있는데 그 주요 역할은 ① 피조자의 사회관계를 전체적으로 조사하여 지도와 감독을 행하고 ② 법률이 정하는 범위에서 자기 결정의 권리로서 교정 대상자를 다루고 생활적응의 교육을 행하여 ③ 교정과정에 있어서 피조자의 행동을 규제하여 치료하도록 하며 ④ 피조자의 생활에 책임이 있는 개인, 집단, 기관을 움직여서 그의 지원을 활용하여 조정을 꾀하고 ⑤ 피조자의 가치관에 영향을 미치는 문화유형을 병용 조정하는 것이라고 말할 수 있다.

교정교육(矯正教育)

일반적 개념은 범죄자, 비행자 등 사회규범으로부터 일탈한 자에 대하여 그 개선 · 갱생 · 사회적응화를 도모하기 위하여 행하는 교육적 활동을 말한다. 법률 용어로서는 소년원법 제2조〔임무〕에 "소년원은 소년법 제32조 1항 6호 및 7호(보호처분의 결정)의 규정에 의하여 법원소년부로부터 송치(送致)된 보호소년을 수용하여 교정교육을 행한다"고 되어 있고, 제28조 〔교정교육의 원칙〕에는 "소년원의 교정교육은 규율이 있는 생활 속에서 보통교육, 직업훈련, 심성순화, 심신의 보호 지도 등을 통해서 보호소년이 사회생활에 원만하게 적응하고 전인적인 성장 · 발달을 하도록 하여야 한다"고 규정하고 있다. 또한 이것을 부연해서 다른 교정시설이 있는 교도소 등에서 피수용자를 대상으로 행하는 교육적 활동마저도 포함하여 쓰여지는 경우도 있다.

교정복지(矯正福祉)

비행소년, 범좌자 등의 갱생과정을 지원하는 서비스 혹은 범죄피해자 본인 및 그 가족 등의 요원호자를 지원하는 서비스의 총칭. 그 가운데에서도 비행소년에 관련되는 분야에 있어서는 법원소년부나 가정법원 조사관이나 보호관찰관 등이 중심이 되어 비행소년 처우시스템과 함께 가정문제해결시스템 등이 발달되어 있다. 비행소년에 관련되는 분야에 있어서는 가정법원이나 보호관찰소 뿐만 아니라 아동상담소, 경찰서, 학교 등이 협력하여 발견에서부터 갱생에 이르는 종합적 지원을 행하여 가는 것이 요구되고 있다.

교통약자의 이동편의 증진법(交通弱者의 移動便宜 增進法)

이 법은 교통약자가 안전하고 편리하게 이동할 수 있도록 교통수단 여객시설 및 도로에 이동편의 시설을 확충하고 보행환경을 개선하여 인간중심의 교통체계를 구축함으로써 이들의 사회참여와 복지증진에 이바지함을 목적으로 2005년 1월 27일(법률 제7382호)에 제정 · 공포하여 공포일로부터 1년이 경과한 2006년 1월 28일부터 시행되고 있다.

구급의 ABC(救急의 ABC)

생명에 직접 위험이 있거나, 혹은 그것을 예측할 수 있는 경우에 행하는 구급조치. 기도확보(airway), 인공호흡(breathing), 심장마사지(circulation)의 머리글자. 호흡정지로부터 2~4분이면 산소부족으로 뇌세포가 변화, 4분 이상 경과하면 심장 정지를 일으켜 사망하는 예가 많다. 신속하고도 적절한 처지는 구명률을 높인다. 의료종사자, 구급대원에 한하지 않고 일반인들도 알아 두어야 할 방법이다. 완전한 소생의 가망이 보이지 않는 경우에는 처치를 속행하면서 적절한 의료시설로 이송, 2차 구명을 행한다. 대한적십자사, 소방방재청, 보건소 등이 강습회 등을 개최하고 계발에 노력하고 있다.

구급의료(救急醫療)

돌발사고, 재해, 위급환자 등으로 인한 부상 · 병환자를 구하기 위한 일련의 활동으로서 발생현장에서 의료시설(병원 등)로 운송하여 긴급의료(처치)를 행하는 체제이다. 우리나라에서는 소방방재청의 119구급차가 운송함으로 119구급반과 의료접수 태세와의 연계가 필요하다.

구빈사업(救貧事業)

근대의 자본주의 사회의 발전의 과정에서 공적인 구제의 필요가 부각되기 시작하여 신 구빈법(新舊貧法 = 영국의 개정 구민법)의 성립에 의하여 실시된 예방적인 방빈(防貧)사업.

이 사업은 오늘날의 공공부조, 즉 생활보호제도 등 사회보장제도의 창설에 이어받게 되었다.

구급처치(救急處置)

재해나 사고가 발생한 경우 인명 및 인체에의 위험을 될 수 있는 한, 직게 하기 위한 처치. ①주위의 사람들에게 협력을 구하여 의료기관에의 연락과 구급차의 수배를 한다. ②사고의 내용과 상해(부상)의 정도를 판단한다. ③상황에 응하여 지혈(止血), 인공호흡, 심장마사지 등을 행한다. ④완전히 치료할 수 있는 장소까지 환자를 운반하는 등이 있다.

구빈원(救貧院)

중세의 유럽에 있어서 교회나 수도원에 의한 자선사업에 그 계보를 가지고 구빈법하의 영국에 있어서 구빈행정에서 마련이 된 빈곤자의 수용시설. 당초의 것은 종교적 성격이 강한 보호시설로 alms-house라고 불리었고 후의 것은 구빈법하의 노역장에 이어지는 것으로 poor house로 불리는 것이 많다. 19세기 전반에는 미국의 구빈행정에 있어서도 poor house가 중요시되어, 1824년에는 군립의 poor house 건설을 요구하는 법률이 제정되기도 했다. 이러한 구빈행정에 있어서 수용보호의 강화는 구빈비용의 증대를 초래하여 구빈억제에로 이어져 갔다.

구빈제도(救貧制度)

복지국가가 형성되어 사회권으로서의 생활보호시스템이 확립되기 이전의 국가 또는 지방에 의한 빈곤자에 대한 은혜적인 구제시스템을 말한다. 세계사적으로는 영국 절대왕제에서 에리자베스구빈법(1601년)이 가장 오래며, 그 후 산업혁명을 거쳐서 1834년의 개정 구빈법에 열등처우(劣等處遇), 노역장, 전국표준화가 달성되어 각국에 큰 영향을 주었다.

구세군(救世軍)

1865년 7월 2일 기독교 프로테스탄트의 일파로 영국 런던에서 당시 베소지스트파(감리교) 목사이던 윌리엄 부스(william Booth)와 그의 부인 캐서린 부스(Catherine Booth)에 의하여 창설된 자선단체이다.

구체적으로는 1865년 '그리스도교 전도회'라는 명칭으로서 빈민층을 상대로 동부지역 빈민가 등을 찾아가 빈곤과 악덕을 적(敵)으로 하여 사회개량을 위한 실천 활동을 널리 행하였다. 그 방법으로는 무기를 갖지 않는 군대의 조직을 채용하게 되어 1878년에 구세군이라는 호칭을 채용하였다.

우리나라에는 1908년 영국에서 파견된 로버트 호가트(Robert Hoggart)정령(正領)이 이끄는 10여 명의 사관(士官)이 온 것이 구세군 조직의 시초가 되어 전도라는 주요한 목적 이외에도 자선냄비모금운동과 의료선교 및 고아원, 양로원, 육아원 등을 경영하며 사회복지사업도 행하였으며, 그 밖에도 교육기관을 통해 포교에도 힘쓰고 있다. 본부는 영국 런던에 있다.

구순기(口脣期)

구순기는 프로이드(Freud. S.)가 성(性)본능의 발달을 정신분석학적으로 나눈 한 시기인데, 젖을 빠는 입술의 활동이 생활의 중심이 되는 생후 약 1년간의 시기를 말한다. 어린이의 성격의 정신성격 발달의 첫 단계로서 유아의 입과 구강을 자극함으로써 만족을 찾고, 주위에서 들려오는 언어나 스스로의 정신적인 활동을 통하여 이 세상을 경험한다. 구순전기의 영아는 빠는 행위를 통해 쾌감을 얻으며, 구순후기에는 씹거나 깨무는 행동으로 리비도의 욕구가 충족된다. 구순은 일생을 통해 성감대로 존재하며, 성인이 되어도 이러한 행동의 흔적이 남는다. 프로이드이론에 따르면 이 시기에 성적 쾌감의 장소는 구강에 있는, 이것은 유아가 젖을 빠는 행위에서 얻는 강한 만족감을 설명해준다. 자아개념과 개인적 가치감은 보통 이 단계에서 발달한다.

구음장애(構音障碍)

발성기관의 기능이상에 따른 바르게 발음되지 않는 상태. 종류로는 ① 지배신경(중추를 포함)이나 힘줄(筋)의 이상 때문에 구음기관의 운동이 장애되는 마비성 구음장애 ② 구음기관의 형태의 이상에 의한 구개열(具蓋裂) 등 ③ 구음의 습득(習得)이 순조롭지 못해 몇 개의 음의 잘못이 습관화된 상태로 되는 기능적 구음장애가 있다.

구제사업(救濟事業)

사회사업이라는 개념이 일반화하기 이전 시기에 사용되어진 말로서 그 이전까지는 감화(感化)사업과 같이해 온 감화구제사업이 행정개념으로 사용되어 왔다. 감화가 정신적 측면의 교육을 의미한 것에 대해 구제사업은 당시의 생활 빈곤자에 대한 물적 구제의 면을 주로 표현한 개념이지만 반드시 그와 같은 사용방법으로 사용되어진 것은 아니고 물적 정신면에서 빈곤자구제 사업이라고 막연히 부른 경우도 많았다.

구조적 실업(構造的 失業)

케인즈적 실업이라고도 하며, 경기파동에 따른 일시적인 실업이 아니라, 자본주의 경제구조의 특수성 및 모순에 의해 필연적으로 나타나는 실업을 말한다. 실업자의 규모가 방대하고 반영구적 실업이다. 즉 경기불황이나 기업체 운영의 악화로 인하여 업체의 구조 조정 때의 종업원 해고의 경우에 발생하는 실업이다.

구호기관(救護機關)

구호기관이라 함은 이재민 및 일시 대피자의 거주지를 관할하는 특별시장 · 광역시장 · 도지사 · 특별자치도지사 및 시장 · 군수 · 구청장(자치구)을 말한다(재해구호법 제2조3호).

구호지원기관(救護支援機關)

구호지원기관이라 함은 구호기관(이재민 및 일시 대피자의 거주지를 관찰하는 특별시장 · 광역시장 · 도지사 · 특별자치도지사 및 시장 · 군수 · 구청장(자치구)의 업무를 지원하기 위하여 필요한 인력, 시설 및 장비를 갖춘 기관 또는 단체로서 대한적십자 조직법에 따른 대한적십자사 및 전국재해구호협회(재해구호법 제29조의 규정에 따른) 등 대통령령이 정하는 기관 또는 단체를 말한다(재해구호법 제2조4호).

구호법(救護法)

구호법은 은혜적인 혈구규칙에 대신하여 빈곤하여 생활불가능한 자를 국가의 의무로 구호한다는 입장을 취했으나 보호청구권은 당국에 의해 부정되어 실업자 대량 속출의 세계공황임에도 불구하고 노동능력이 있는 곤궁자를 배제하는 제한구조주의가 계승되었다. 또 가족제도의 미풍유지 하에 능력 있는 부양의무자의 존재가 결격조건으로 되었다. 이 구호법은 생활보호법이 제정됨에 따라 폐지되었다.

국가책임(國家責任)

사회복지에 있어서 생존권보장에 관한 규정을 헌법 제34조에서 국가책임으로 명시하고 있으며, 책임주체는 국가만이 아닌 지방자치단체도 포함되고 있다. 사회복지는 개인 및 민간단체에 의한 자선사업에서부터 국가, 지방자치단체에 의한 공적에 의해 부담된다. 최근에 복지영역에 실버산업 등 새로운 민간사업의 참가가 많아 국가책임이 이들과 어떻게 조화할 것인가가 문제시 되고 있다.

국가청소년위원회(國家青少年委員會)

청소년에 관한 사무를 담당하기 위하여 정부조직법 제2조의 규정에 의한 중앙행정기관으로서 그 소관사무를 수행하며, 그리고 소관사무를 전문적으로 수행하기 위하여 일부위원으로 구성하는 분과회의를 설치 운영한다. 다음의 사항에 관하여는 국가청소년위원회의 심의와 의결을 거쳐야 한다(청소년기본법 제5조).

1. 청소년정책의 기본방침에 관한 사항
2. 청소년관련 법령의 재정 개폐에 관한 사항 및 제도개선에 관한 사항
3. 청소년복지지원법제12조(특별 지원 청소년에 대한 지원)에 관한 사항
4. 청소년보호법제8조(청소년 유해 매체물의 심의 결정)에 관한 사항
5. 다른 법률에 의하여 국가청소년 위원회의 소관으로 규정된 사항
6. 그밖에 위원장이 국가청소년위원회의 심의 의결이 필요하다고 인정하는 사항

국가청소년위원회에는 청소년폭력 학대 등 유해환경으로부터 청소년을 임시로 보호하기 위하여 분과회의로 청소년보호센터를 둔다. 여기에서는 피해를 당한 청소년에게 법률상담, 소송업무대행 등의 법률적 지원을 할 수 있도록 변호사를 두며, 또 청소년폭력 학대 등의 피해 가해 청소년 및 약물로부터 고통을 받는 청소년의 재활을 위하여 분과회의 하나로 청소년재활센터를 둔다(청소년보호법 제33의2).

국민개보험 · 개연금보헌제(國民皆保險 · 皆年金保險制)

그 나라의 모든 국민에 대하여 공적의료보험과 연금보험의 급부가 보장되는 제도를 도입하여, 사회보장으로서 정비되어 있는 상태를 말한다. 우리나라는 1963년 의료보험법이 제정되어 수차례 개정을 거쳐 1988년 7월 1일부터 전국 농어촌지역주민과 1989년 7월 1일부터는 도시지역주민이 의료보험을 실시하게 되고, 1999년 2월 8일(법률 제5854호)에 국민건강보험법으로 개칭하였고, 지금의 국민연금법은 1973년에 국민복지연금법이 제정되어 2차례의 개정이 있은 다음 1986년에 국민연금법으로 전문개정(법률 제3902호)하여 1988년부터 시행하면서 국민연

금제도가 실시되어 그 체제가 정비되었다.

국민건강보험법(國民健康保險法)

이 법은 국민의 질병 · 부상에 대한 예방 · 치료 · 재활과 출산(出産) · 사망 및 건강증진에 대하여 보험급여를 실시함으로써 국민보건을 향상시키고 사회보장을 증진함을 목적으로 1999년 2월 8일(법률 제5854호)에 총 100개 조문과 부칙으로 제정 · 공포하여 현재에 이르고 있다. 이 법은 1963년 12월 16일에 의료보험법이 제정되어 시행중 1976년 12월 22일 전문 개정되었고, 다시 1997년 12월 31일 개정시에는 법명도 국민의료보험법으로 제정되어 시행하던 중 여러 차례 개정을 거쳐 1999년 2월 8일에 지금의 이 법의 제정으로 국민의료보험법은 폐지되었다.

국민건강증진법(國民健康增進法)

이 법은 국민에게 건강에 대한 가치와 책임의식을 함양하도록 건강에 관한 바른 지식을 보급하고 스스로 건강생활을 실천할 수 있는 여건을 조성함으로써 국민건강을 증진함을 목적으로 1995년 1월 5일(법률 제4914호)에 제정 · 공포하여 몇 차례의 개정을 거쳐 오늘에 이르고 있다. 법은 5장 35개 법조문과 부칙으로 되어 있다.

국민건강증진사업(國民健康增進事業)

국민건강증진사업이라 함은 보건교육, 질병예방, 영양개선 및 건강생활의 실천 등을 통하여 국민의 건강을 증진시키는 사업을 말한다(국민건강증진법 제2조1호).

국민기초생활보장법(國民基礎生活保障法)

1960년에 생활유지의 능력이 없거나 생활이 어려운 자에게 필요한 보호를 행하여 이들의 최저 생활을 보장하고 자활(自活)을 조성(造成)함으로써 사회복지의 향상에 기여함을 목적으로 생활보호법을 제정하여 시행하던 중 1982년 12월 31일(법률 제3623호)에 또 전문 개정하여 시행하던 중 1999년 9월 7일(법률 제6024호)에 생활보호법을 폐지함과 동시에 생활이 어려운 자에게 필요한 급여(給與)를 행하여 이들의 최저생활을 보장하고 자활을 조성하는 것을 목적으로 이 법을 제정 · 공포하여 2000년 10월 1일부터 시행하여 오늘에 이르고 있다.

내용은 제1장 총칙, 제2장 급여의 종류와 방법, 제3장 보장기관, 제4장 급여의 실시, 제5장 보장실시, 제6장 수급권자의 권리와 의무, 제7장 이의신청, 제8장 보장비용, 제9장 벌칙으로 총 51개조문과 부칙으로 되어 있다.

국민복지(國民福祉)

공인된 사회적 사고로부터 국민을 보호하고 저소득계층의 기본생활 욕구를 충족시키기 위해 국가가 직접 개입하는 사회복지의 활동. 예를 들면 최저생계비의 보장, 소득의 점진적 증대, 분배의 공정, 공중위생을 포함한 의료보장, 주택건설 등의 지역사회개발, 근로조건의 개선, 아동 · 심신장애인 · 노동불능자 및 노인보호, 그리고 교육기회의 균등 등이 이 내용에 포함된다. 산업재해보상보험법, 장애인복지법, 한부모가족지원법 등의 설정법이 이 정신에서 마련되었다.

국민복지지엔피(國民福祉 GNP)

기존의 GNP를 기초로 해서 복지 증진적 요소를 더하고 복지를 저해시키는 요인을 빼는 방법으로 계산한다. 예컨대, 정부지출 가운데 1인당 공교육비, 문화비, 보건, 위생비, 사회복지비 등에 관련된 투자가 복지 GNP(국민총생산)에 합산된다. 또 가정주부의 가사노동시간, 취업자 · 학생의 연령 · 계층별 여가시간을 조사해 이를 화폐로 계산한다. 우리나라도 1997년부터 생활의 질 · 양적 수준을 계산하는 '국민복지GNP'가 산출돼 각종 정책입안 등에 활용되고 있다.

국민복지지표(國民福祉指標) ⇨ NNW

국민부담률(國民負擔率)

국민소득에 대한 조세(租稅)와 사회보장의 부담액의 비율. 국민부담률 상승의 주된 원인은 사회보장의 부담비율의 증가에 있다. 예컨대 사회보장의 대국민 소득비(所得比)는 앞으로 인구고령화의 진전에 의해서 확실히 증가한다. 이 비용은 기본적으로 사회보험료 등의 사회보장부담과 세금으로 조달하기 때문에 고령화에 따라 국민부담률은 상승한다. 세계적으로 보면 노령인구비율이 높은 국가일수록 국민 부담률도 높아지는 경향이 보여진다

국민부담률의 앞으로의 동향을 규정하는 주된 원인으로는 인구고령화의 정도, 사회보장의 급여수준 및 경제성장률을 들 수 있다.

국민생활지표(國民生活指標)

경제가 발전하고 생활수준이 향상되면 사람들의 생활관이 다양해지기 때문에 국민총생산(GNP) 등과 같은 경제지표만으로는 생활수준을 나타내기가 곤란하다. 이 때문에 생활을 둘러싼 여러가지 지표를 결합해 이용하려는 시도가 여러 나라에서 이뤄지고 있는데 이를 사회지표(SI : Social lndicate)라고 한다.

국민연금(國民年金)

국가가 사회보험제도의 하나로서 제도화하고 있는 사회보험의 하나로서 공적 연금이라고도 한다.

구체적으로는 국민의 노령 · 폐질 또는 사망에 대하여 연금급여를 실시함으로써 국민의 생활안정과 복지증진에 기여함을 목적으로 법을 제정하였으며, 노령(퇴직), 장애, 사망에 의한 보험사고에 대하여 전 국민 공통의 노령기초연금, 장애기초연금, 유족기초연금이 지급되도록 되어 있다. 가입대상은 국내에 거주하는 18세 이상 60세 미만의 국민은 국민연금의 가입대상이 된다. 다만, 공무원연금법, 군인연금법, 및 사립학교교직원연금법의 적용을 받는 대상자는 제외된다.

국민연금법(國民年金法)

이 법은 국민의 노령 · 장애 또는 사망에 대하여 연금급여를 실시함으로써 국민의 생활안정과 복지증진에 기여함을 목적으로 1986년에 제정되었다.

지금의 국민연금법이 제정되기 전인 1973년에 국민복지연금법이 제정되었는데 그 후 수차례 법 개정이 있었으나 실시가 유보되어 오다가 1986년 12월 31일에 국민연금의 제도가 국민연금법(법률 제3902호)으로 전문개정 되어 1988년부터 시행되던 중 2007년 7월 23일(법률 제85541호)에 또 전문 개정으로 132개 법조문과 부칙 43개 조문으로 규정되어 있다.

국민의료비(國民醫療費)

국민전체가 1년 동안에 지불한 의료비의 총액을 말한다. 정상적인 분만, 건강진단, 차별베드(bed)대 등은 포함되지 않는다.

국민총생산(國民總生産 = GNP:Gross National Product)

한 나라에서 국민이 1년간에 생산한 재화(財貨)

서비스를 시장가격으로 평가한 총액. 다만, 이것을 생산하기 위해 필요로 하여 사용된 원재료, 즉 중간 생산물은 차인(差引)한다. 한 나라의 경제활동의 크기를 나타내는 지표로서 사용되고 있다.

국민최저생활(國民最低生活)
문자 그대로 말하자면 국민적 최저한, 즉 국민의 최저한도의 생활수준이라는 의미이지만 로브슨(Robsonn, W.A.)은 "국가가 사회서비스와 최저임금입법, 사회보험 및 정부의 시책 등에 의해서 생존, 의료, 교육, 주택, 영양 등의 최저수준을 정하여 최악의 빈곤원인을 제거해야 한다는 게 원칙"(복지국가와 복지사회)이라고 규정한다. 우리 헌법 제32조 1항은 "적정임금의 보장에 노력하여야 하며, 법률이 정하는 바에 의하여 최저임금제를 실시하여야 한다"고 규정되어 있어 국민최저생활론을 반영한 것이라 할 수 있다. 그러나 그것은 절대적인 기준은 아니고 자본주의의 발전과 함께 그 내용도 수준도 변화하는 사회적 · 역사적 개념이다. 국민최저생활론을 처음 제창하여, 체계화한 사람은 웹부부(webb, Sindney & Beatrice)였다.

국민후생지표(國民厚生指標) ⇨ NNW

국세조사(國勢調査)
행정의 기초 자료를 얻기 위하여 정부가 전국적으로 행하는 인구의 정태(靜態)통계를 파악하기 위하여 5년마다 실시되는 조사. 조사대상은 전국민, 전세대(全世帶)이며, 조사사항은 세대 및 세대원에 관한 여러 가지 사항으로 이루어진다. 전수조사(全數調査)의 대표적인 예이다. 10년마다 정식 조사를 하고 그 중간에 5년째에 간단한 조사를 한다. → 전수조사. 센서스

국제가족의 해(國際家族의 해)
1994년을 국제가족의 해 (lntemational Year of the Family) 로 하는 것을 1989년 UN에서 결정했었다. '가족: 변화하는 세계에 있어 자원과 책임'을 테마로 사회의 중심에 최소단위로서의 민주주의를 쌓는다를 슬로건(slogan)으로 했다. 7개의 원칙, 6개의 목적에 의해 제시된 것에는 가족이 그 책임을 다하기 위하여 많은 지원이 주어졌으나, 가족의 기능을 대체하는 지원 시책이 아니고 기능의 수행을 원조하는 것으로 하였다.

국제고령자의 해(國際高齡者의 해)
고령자를 위한 국제연합원칙에서는 고령자의 ① 자립, ② 정책결정에의 참가, ③ 케어, ④ 자기실현, ⑤ 육체적 정신적인 존엄의 5가지의 노력과 활동의 구체화를 목적으로 하여 1992년 유엔총회에서 1999년을 국제고령자의 해로 한다는 것을 결정했었다.

국제노동기구(國際勞動機構) ⇨ ILO

국제볼런티어활동(國際 Volunteer活動)
국제볼런티어활동이란 '자유의지'를 하나의 정신적 기반으로 하면서 스스로 긴급원조, 부흥원조, 혹은 개발협력 등에 관한 개인 및 단체 활동을 말한다. 활동범위는 난민단체, 평화, 군축, 개발, 환경, 교육, 인권 등 다방면에 걸쳐 그 활동지역도 해외에서 직접 활동하는 볼런티어에서 국내에서 그 활동을 지원하는 볼런티어까지 폭이 넓다. 해외 볼런티어활동의 실시주체로서는 국제기관, 각국 정부, 각 지방자치단체 및 비정부단체(NGO) 등을 들 수 있다. 역사적으로 1830년에 창설된 세계기독교청년동맹(YMCA)과 1863년 설립된 국제적십자위원회 등은 세계적으로 알려

진 볼런티어 단체이다.

특히 국제적십자의 활동은 주목되어, 전시에서 부상병의 구조, 시민의 보호활동, 자연재해에 대한 긴급의료원조 등도 행하고 있다.

국제부인의 해(國際婦人의 해= International Women's Year)

1972년 12월 제27회 유엔총회는 부인의 지위 위원회의 제안을 받아들여서, 남녀평등 및 여성의 사회진출의 촉진을 도모하기 위하여, 1975년 6~7월에 멕시코시티에서 133개국의 참가로 국제부인의 해의 국제회의가 개최되어 '세계행동계획' 206항목과 ⟨부인의 평등 및 그 개발과 평화에 대한 공헌에 관한 멕시코선언⟩이 채택되었다. 그해 12월의 유엔총회에서는 1976년~85년을 '국제연합부인의 10년－평등 개발 평화'로 결정하였다. 1980년에는 덴마크의 코펜하겐에서 145개국이 참가하여 세계회의가 개최되어, 그 회의에서 ⟨여성에 대한 모든 형태의 차별 철폐에 관한 조약⟩이 조인되었다.

국제사회보장협회(國際社會保障協會)

1927년 설립. 사회보장의 기술적 관리적 개선을 통해 발전과 옹호를 도모하는 국제적 수준에서의 협력기관이며 사회보장의 조사연구, 국제세미나, 원탁토론 개최 등의 활동을 하고 있다. 제네바에 본부가 있으며 세계 104개국의 245기관이 가맹하고 있다. 3년마다 총회와 지역회의를 개최하고 『국제사회보장평론』(계간), 『세계사회보장 문헌목록』(계간)을 발행하고 있다.

국제사회복지(國際社會福祉)

국제사회복지라는 용어는 국제기관 및 각국에서 출판(出版)한 사전이나 자료에서 사용하게 되어 정착하고 있다. 이 경우의 '국제'는 국가 간 혹은 지역 간만이 아니고 세계라고 하는 공간을 포함한 의미로 사용되고 있다. 국제사회복지는 국제적인 사회변동에 의해서 생기는 사회복지문제 대책이다. 주로 사회적 약자를 대상으로 하여 공중위생, 의료, 교육, 주택 및 노동 등을 포함한 생활개선, 사회보장, 사회정책, 사회사업 등을 실천하는 것이다. 국제사회개발이 예방적 측면을 갖고 있는데 반해서 국제사회복지는 치료적 측면을 갖고 있다. 국제사회복지의 사회라고 하는 말에는 인간집단이라고 하는 구성요소가 포함되어 있기 때문에 극히 인간을 대상으로 한 실제개념이다.

국제사회복지 이념은 세계의 모든 사람들이 평등하게 생존할 권리와 생활의 권리를 확보하는 것에 있으며, 이 이념은 1948년 UN에서 채택된 '세계 인권선언' 제1조에 준거하고 있다. 본격적인 활동은 1863년에 설립된 적십자국제위원회에서 보여진다. 그리고 국제사회복지의 목표는 ① 인간의 존엄 ② 개인과 가정의 적정한 생활수준 유지 ③ 빈곤과 질병의 제거 등이며, 국제사회복지의 활동은 이러한 목표를 달성하기 위한 수단이다. 실제 국제사회복지 활동은 역사적으로 UN이 주체가 되어 있으며. 이념과 목표를 구체화한 교육, 식량, 노동, 질병 등은 각각 국제연합 교육과학 문화기관(UNESCO), 국제연합식량기구(FAO), 국제노동기구(ILO), 세계보건기구(WHO)의 전문기관이 사업활동을 행하고 있다.

국제사회복지협의회(國際社會福祉協議會 ICSW = Internatioal Council on Social Welfare⟨Development⟩)

세계의 사회복지관계자가 같이 모여서 국제사회

복지회의를 소관하는 국제연방의 A급 자문기관이라는 것을 가리킴. 제1회의 파리회의 (1928년)이래, 제2차 대전 후에는 2년에 한 번씩 열리고 있다.

국제사회복지협의회의 역할과 목적은 위의 국제회의 외에 사회복지 사회개발에 관한 국제적인 조사연구, 정보제공, 개발도상국에의 국제협력, 국제관계 단체와의 협력 등으로 1982년부터 정식명칭으로 국제사회개발을 추진하는 국제단체(국가사회개발협의회)로 바꾸고 있다.

국제사회복지협의회는 국제적인 민간비영리단체이나 1947년에는 국제연합경제사회이사회의 범주의 하나로 자문적 지위를 인정받았다. 본부 사무국은 1967년에 뉴욕에서 빈으로 옮겼다.

국제사회복지회의(國際社會福祉會議 Icsw = International conference of social welfare)

세계 각국의 사회복지에 관한 경험이나 정보의 교환 및 교류를 위하여 2년마다 개최되는 국제회의. 1928년에 설립된 국제사회복지협의회가 주최하고 있다. 본부는 오스트리아의 빈(win)에 있다.

국제생활기능분류(國際生活機能分類)

1980년에 정리된 WHO 국제장애분류(ICIDH)로부터 거의 20년 가까이 경과하여 ICIDH가 각국에서 이용됨에 따라 문제점도 지적되어, 국제적인 검토 작업의 결과. 2001년 5월에 국제생활기능분류(International Classification of Functioning, Disability and Health ; ICF)가 WHO총회에서 채택되었다. ICF는 건강상태, 기능장애, 활동, 참가, 배경인자(환경인자와 개인인자)의 쌍방향의 관계개념으로서 정리되어 지금까지의 부정적 · 마이너스적인 표현에서 중립적 · 긍정적인 표현으로 변경되었다.

국제아동의 해(國際兒童의 해)

국제적인 시점에 입각하여, 어린이에 대한 사회의 주의를 환기시키는 것을 목적으로 하여 유엔총회는 1979년을 국제아동의 해로 정하였다. 1979년은 아동권리선언 20주년이였으며, 특히 선진국에서는 대대적으로 캠페인활동이 벌어져 한국에서도 관계부처, 단체에 의해 폭넓은 활동이 전개되어섰다. →아동권리선언

국제양자(國際養子)

한 나라의 혼혈아나 고아 등이 국내외에 거주하는 외국인의 양자로 입양되는 것. 스위스 제네바에 본부를 둔 민간단체인 국제사회사업단과 각국에 있는 지부가 이 사업을 추진하고 있는데, 그 운영자금은 전적으로 기부에 의존하고 있다.

국제엠네스티(國際 Amnesty)

1961년 영국의 옵서버지에 영국인 변호사 베네손(Benenson P.)이 '잊어 버려진 수인(囚人)들'의 의견광고를 게재하여, 정치범의 국제적 구제를 호소한 것을 계기로 설립된 비정부계의 국제인권옹호조직이다.

Amnesty란 영어로 '사면'이라는 의미로 ① 세계의 양심수인(良心囚人) 〈정치적, 종교적 신조나 인종, 피부색, 언어, 성(性) 등을 이유로 수감된 비폭력의 사람들〉의 석방을 요구하며 ② 정치범에 대한 공정하고 신속한 재판을 요구하고 ③ 모든 고문이나 사형에 반대하는 등 세 가지를 중심으로 세계인권선언의 모든 조항이 엄수되는 세계를 목표로 하여 활동하고 있다. 엠네스티는 일체의 정치세력, 이데올로기, 종교로부터 불편부당성을 유지하여 현재 UN의 자문적 지위에

있다. 1977년에는 단체로서 노벨평화상을 수상했다.

국제여성의 날(國際女性의 날)

1904년 3월 8일 미국의 부인들이 뉴욕에서 데모를 한 것에서 비롯된 국제적인 부인행사. 1910년 8월 코펜하겐에서 열린 제2차 국제대회에서 미국에서의 운동을 기념해서 3월 8일을 국제여성의 날로 하는 제안이 승인되었다.

국제연합(國際聯合 UN= The United Nations)

국제평화의 안전과 유지, 경제 · 사회 · 문화면에서 국제문제의 해결, 인권 및 자유의 존중 등을 목적으로 하여 1945년 6월 25일 51개의 가맹국에 의해 설립되었다. 국제연합헌장 전문에 나타난 목표는 국제평화의 유지, 기본적 인권의 존중, 국제법 질서의 유지, 사회적 진보와 생활수준의 향상 등이다. 국제연합총회, 안전보장이사회, 신탁통치이사회, 국제사법재판소, 국제연합사무국 등이 주요기관이다. 인권과 복지의 증진을 위하여 경제사회이사회가 설치되어 있다. 2012년 현재 회원국은 193개국이다.

국제연합교육과학문화기관(國際聯合教育科學文化機關) ⇨ UNESCO

국제연합아동기금(國際聯合兒童基金 UNICEF = United Naitions Children's Fund)

국제연합(UN)의 상설보조기관 가운데 하나로 1946년 제2차 세계대전으로 인하여 기아와 질병에 지친 아동을 구제하기 위하여 긴급원조 계획으로 발족한 기구이다.

'국제연합아동기금'은 1946년 12월 11일 설립되었으며, 원래 명칭은 국제연합아동 긴급기금(United Nations Chidren's Emergecy Fund)이었으나 1953년에 현재의 명칭으로 바뀌었다. 예전 이름의 약자인 유니세프(UNISEF)로 널리 알려져 있다. '유니세프'는 현재 144개 가난한 국가의 굶주리는 어린이를 위해 활동한다. 긴급구호, 영양, 접종, 식수문제 및 환경개선, 기초교육 등과 관련된 일을 하고 있으며, 1965년에는 노벨평화상을 수상했다. 본부는 뉴욕에 설치되어 있다.

국제연합헌장(國際聯合憲章)

1945년 제2차 세계대전 종료직전 샌프란시스코에서 개최된 연합국회의는 국제연합의 설치를 정한 이 헌장을 채택했으며, 같은 해 10월 24일 발효되었다. 이날을 기념하여 10월 24일을 '유엔데이(UN day)'로 정하였다. 이 헌장은 전문(前文)에 이어 19장 111개조로 되어 있다. 제1조에서 국제연합의 목적, 제2조에서 가맹국의 주권평등 등의 원칙, 제7조에서 국제연합의 제 기관에 관하여 규정했다. 전전(戰前)의 국제 연맹과는 달리, 인권과 복지의 증진을 중시해 경제사회이사회가 설치되었다. 보건사회보장, 사회복지의 분야에서는 직속의 UNICEF(국제아동기금), UNDP(국제개발계획국)의 활동 외에 전문기관인 WHO(세계보건기구), ILO(국제노동기구) 등이 설치되어 있다. 이 헌장은 국제사회의 헌법이라고도 할 수 있다.

국제인권규약(國際人權規約)

1948년 12월 10일 UN총회에서 이 세상에 있는 모든 인간의 기본적 인권 · 존엄 · 자유 · 평등을 지키고 추진하기 위한 정의(定義)나 원칙의 확정에 의거하여 세계인권선언을 채택했으나, 법적 구속력을 갖는 것은 아니었다. 거기서 법적 구속력을 갖기 위해서 두 가지 규약을 기초(起草)하여 국제적으로 의무화한 것이 국제인권규약이다.

그 하나는 〈경제적 · 사회적 및 문화적 권리에 관한 규약〉(1990년 6월 13일 조약 제1006호, 동년 7월 10일 대한민국에 발효)이며 또 하나는 〈시민적 및 정치적 권리에 관한 규약〉(1990.6. 13 조약 제1007호, 동년 7월 10일 대한민국에 발효)이다. 더욱이 후자에 관하여 선택의정서규약이 있는데, 이것들을 일괄적으로 1966년 12월 16일 UN총회에서 전원 일치로 채택하였다. 〈세계인권선언〉에는 내포되어 있지 않지만 인권규약에 들어 있는 가장 중요한 권리는 스스로의 부(富)와 자원을 자유로 재량 · 처분하는 권리를 갖는 민족자결의 권리이다.

국제장애분류(國際障碍分類 ICIDH=Inter-ational Classification of Impairments, Disabilities, and Handicaps)

1980년에 세계보건기구(WHO)는 국제질병분류의 보조분류로서 국제장애분류를 발표하고, 장애를 3가지의 레벨로 나누어, 기능장애(impairment), 능력장애(disability), 사회적 불리(handicap)로 했다. 그러나 각국에서 이 장애분류가 이용됨에 따라 문제도 지적되어 검토가 행하여졌다. 그 결과 2001년에 국제생활기능분류(ICF)로서 WHO총회에서 결정되었다. 개정판에서는 건강상태, 심신기능 신체구조, 활동, 참가, 배경인자(환경, 개인) 등의 쌍방향의 관계개념으로써 정리되었다. →국제생활기능분류

국제장애인의 해(國際障碍人의 해)

국제연합에서는 1971년에 〈정신박약자(지적장애)의 권리선언〉에 이어 1975년에 〈장애인의 권리선언〉을 채택하여 장애인의 권리에 관한 지침을 만들어 냈다. 다시 이들 장애인의 권리선언을 단순한 이념으로서가 아닌 사회에 있어서 실현한다고 하는 의도로 1976년의 총회에서 1981년을 국제장애인의 해로 한다는 것을 결의했다. 그 테마는 '완전참가와 평등'이며, 구체적으로는 ① 장애인의 신체적, 정신적인 사회적합의 원조 ② 취로의 기회보장 ③ 일상생활에의 참가의 촉진 ④ 사회참가권의 주지철저를 위한 사회교육과 정보의 제공 ⑤ 국제장애인의 해의 목적의 실시를 위한 조치와 방법의 확립이었다. 국제장애인 해의 성과를 기본으로 검토되어 온 '장애인에 관한 세계행동계획'이 1982년의 총회에서 결의되어 본 계획의 실시에 맞추어 1983년~92년까지를 '국제연합 장애인의 10년'으로 선언하고, 동 계획을 가이드라인으로 하여 각국에 있어서 장애인의 복지, 자립원조, 교육 등의 제시책을 계획적으로 충실히 해가도록 요청했다. 그로 인하여 각국이 계획적으로 과제해결에 몰두하게 되었다.

국제장애인재활협회(國際障碍人再活協會 RI = Rehabilitation International)

장애인의 재활을 위한 국제조직이며, 1922년 설립, 각국이 장애인 재활정보의 수립과 교환, 장애원인의 연구와 장애제거의 연구, 국민단체의 창설과 활동의 촉진을 목적으로 하며 국제정보서비스, 원서관, 장애인복지의 상담과 조언 등의 활동을 하고 있다. 뉴욕에 본부를 두고 세계 66개국의 단체가 가맹하고 있으며, 3년마다 세계회의를 개최, 『국제재활평론』(계간)을 발행하고 있다. 한국장애인재활협회는 1954년 12월 3일에 가입하여 장애인 재활사업에 관한 많은 정보를 교환하고 있다.

국제재활협회(國際再活協會)

장애인의 리허빌리테이션을 위한 국제조직. 1992년에 창립되었다. 본부는 뉴욕에 있으며, 4년마다 세계회의를 개최하는 외에 각국의 장애인 리허빌리테이션 정보의 수집과 교환, 장애 원인이나 장애 제거의 연구 등의 활동을 행하고 있다.

국제조약(國際條約)

일반적으로 문서에 의한 국가 또는 국가와 국제기관 간의 합의로 국제법에 의하여 규율된 것을 말한다. 광의의 조약을 의미한다. 조약, 헌장, 협정, 협약, 국제적 결정(약속), 의정서, 각서, 통첩, 교환공문 등 여러 가지 명칭이 붙여진다. 다만, 통상은 국회의 승인을 경유하지 않고 행정부에서 체결되는 소위 행정협정은 포함되지 않는다. 또 국제회의에서 참가국이 합의한 점을 기재하여 참가국 대표의 서명을 한 최종의정서는 조약으로서 약간 성격을 달리한다. 조약문에의 서명 비준(서명조인에 의하여 조건부로 성립된 조약을 승인하여 그 효력을 확정시키는 행위) 비준서의 교환 또는 기탁의 절차를 거쳐서 효력을 발생시키는 것이 통상이나, 서명만으로 효력이 발생하는 간략(簡略)형식에 의한 경우도 있고, 기타의 절차에 의한 경우도 있다. 조약의 국내법적 효력은 일반적으로 국내법에 우선되나 우리나라 헌법에는 우선하지 않는다고 규정되어 있다. 조약도 국내법의 한 형식으로 법률과 같이 공포되어 이것에 의해 국내법으로써 효력이 발생한다.

우리 헌법 제6조는 ① 헌법에 의하여 체결 공포된 조약과 일반적으로 승인된 국제법규는 국내법과 같은 효력을 가진다. ② 외국민은 국제법과 조약이 정하는 바에 의하여 그 지위가 보장된다.고 규정되어 있다.

군인복지기금법(軍人福祉基金法)

이 법은 군의 복지사업을 효율적으로 수행하기 위하여 군인복지기금을 설치 운용함으로써 군인 등의 생활안정과 국군의 전력 향상에 이바지함을 목적으로 1995년 12월 29일(법률 제5062호)에 제정·공포하여 시행되고 있으며, 법11개 조문 및 부칙으로 되어있다.

군인연금법(軍人年金法)

이 법은 군인이 상당한 연한 성실히 복무하고 퇴직하거나, 심신의 장애로 인하여 퇴직 또는 사망할 때 또는 공무상의 질병, 부상으로 요양하는 때에 본인이나 그 유족에게 적절한 급여를 지급함으로써 본인 및 그 유족의 생활안정과 복지향상에 기여함을 목적으로 1963년 1월 28일(법률 제1260호)에 제정·공포하여 그동안 30여 차례의 개정을 거쳐 오늘에 이르고 있다.

군중심리(群衆心理)

군중 속에서 일반적으로 개인적 특성이나 사회적 관계는 소멸되고 사람들이 쉽게 동질화 되는 심리현상을 말한다. 이것은 심리학에서는 독자적 연구 분야로 취급되기도 한다.

프로이드는 군중심리를 지도자와의 동일시 개념으로 설명하고 있고 달트는 육체적 접촉에서 생기는 결합체라 했다. 근대에는 감정, 태도, 행동이 무비판으로 받아들여지면서 획일적인 반응패턴이 성립한다는 감염설이나 수감설, 규범창설 등으로 군중심리를 설명하는 시도가 전개되고 있다.

궁핍(窮乏)

빈곤 가운데 보다 긴박한 생활 상태를 가리키는 개념이다. 즉 필요한 식품의 부족 결핍에서 오는 건강악화, 질병 등에 의한 수명단축, 비위생적 주택과 생활환경, 거주지의 상실, 적절한 교육의 결여와 교육기회의 상실, 가족붕괴로 인한 사회적 고립 및 분산, 문화적 퇴폐와 문화의 단절 등 생활의 붕괴현상들이 겹쳐져서 나타나는 빈곤의 한 형태를 의미한다. 유사한 개념인 곤궁이 경제적 곤궁과 주택적 곤궁 등 근로자의 일정한 척도 기준이하의 생활 상태를 가리키는 것에 대하여 궁핍은 포괄적인 개념이다.

권능없는 국가(權能없는 國家)

강력한 권능을 가진 복지국가에서 차츰 바뀌어 가고 있는 권한이나, 능력이 적어진 국가를 말한다. 보다 구체적으로는 중앙정부가 지방분권을 향하여 권한을 이양하거나, 민간 활력을 도입하여 민간단체에 이양하거나, 감세에 의한 국민의 구매력을 증대시킨다거나 하는 등 이라고 말한 현대 복지국가의 복지정책의 일대 조류(潮流)를 길버트(N. Gilbert) 등에 의해서 특징지어진 새로운 국가관을 가리키고 있다.

권력(權力)

권력이라 함은 국가의 기관이 행하는 합법적 강제력을 말한다. 현행 대한민국헌법 제1조 2항은 "모든 권력은 국민으로부터 나온다"고 규정하고 있는데 이것은 국가의 최고의 의사, 국가정치형태를 최종적으로 결정하는 권력을 의미하는 것이다.

권리로서의 사회보장(權利로서의 社會保障)

생존권, 노동권을 기초로 하는 개념이다. 사회보장의 권리가 용어로 사용되어진 것은 세계 인권에서 유래한다. 우리나라에서는 헌법 제34조가 생존권적 기본권의 총론적 위치와 사회보장의 권리를 기초로 하고 있다.

권리옹호(權利擁護) ⇨ 애드보카시(advocacy)

권리옹호시스템(權利擁護 system)

특정의 서비스의 이용에 있어서 이용자에게 불이익이 없도록, 변호 혹은 옹호하는 제도의 총칭.

권리옹호에는 ① 이용 가능한 서비스를 어떠한 이유로 이용하지 못하는 상황에 대하여 이용의 촉진을 도모하고 ② 서비스 이용 등에 있어서 부당한 취급을 받고 있는 경우에 주민 스스로가 고충 · 불복신청을 하거나 외부기관이 그것에 개입하며 ③ 사회적으로 불이익을 받고 있는 집단이나 지역에 대하여, 그 개선을 도모하는 운동을 전개한다고 하는 크게 세 가지의 내용이 있다. 협의로는 ① 및 ②를 가리키고 ③은 사회행동(social action)이라고 불리어지는 수도 있다. 사회복지사업법에서는 권리옹호시스템으로서 복지서비스이용사업의 실시, 사회복지위원, 사회복지위원회 등을 규정하고 있다. 또 민법에는 성년후견인제도와 미성년후견제도가 있다.

권리장전(權利章典)

시민의 자유와 권리를 확정하고 보장하는 문장으로, 통상적으로 영국의 명예혁명(1688년)의 다음해에 시민의 기득권을 확인하기 위하여 의회가 제정하고, 국왕 윌리엄이 인가한 역사적인 문장을 말한다. 그 후, 미국 여러 주(州)의 권리선언(權利宣言), 프랑스혁명 당시 인권선언(人權宣言)의 모범이 되었다.

권위적 부모(權威的 父母)

권위적 부모는 지나치게 애정적이고 수용적이면서 자녀의 행동을 통제한다. 자녀의 욕구와 소망을 인정하며, 자녀 중심적이고 개방적이며, 자녀가 자율적으로 행동하도록 격려한다. 권위적 부모는 성숙한 행동에 대한 확고한 표준을 설정하고 그것을 지킬 것을 요구하면서도 의사결정이나 지시에 대한 이유를 설명하고 자녀의 견해에 귀를 기울인다. 권위적 부모를 가진 자녀들은 일반적으로 독립적이고 사회의 관계가 원만하며, 자기 통제적이면서 높은 자존심을 지니고 있다.

권위주의적 성격(權威主義的 性格)

아도르노(Adorno, T.W.)들에 의하여 제기된 개념. 권위를 가진 자에 대한 무비판적인 복종 및 동조, 약자에게는 힘을 과시하고 또한 미신이나 인습을 과신하며, 더군다나 인종적 편견이 강하다고 한 일련의 퍼스널리티 특성에 대하여 사용된다. 이와 같은 퍼스널리티는 민주적인 그것과는 대조적으로 파스즘의 기본적인 특성을 풀이하고 있다. 프롬(Fromm, E.)은 권위주의적 퍼스널리티를 가지고 소점주(小店主), 직공, 화이트칼라 등의 독일 하층 중산계급의 사람들이 히틀러의 파시즘을 지지했다고 분석했다. 유아기에 있어서 부모에 의한 엄격한 예의범절에 의해 형성되어, 불안이나 무력감에 의해 증폭한다고 생각되고 있다.

균일제(均一制)

사회보장 특히 사회보험에 있어서 급부나 기여, 피보험자의 소득에 관계없이 균일액으로 하는 것. 베버리지의 사회보장계획은 균일기여, 균일급부의 원칙에 근거해서 설계되었다. 균일제는 모든 사람에게 최저생활수준을 보장할 것과 평등주의를 근거로 하고 있다. 각국의 사회보험은 점차 균일제에서 소득비례제로 옮겨가는 경향이 있다.

그룹기록(group 記錄)

그룹워크의 실천에 쓰이는 기록의 일종. 그룹워크의 기록에는 멤버 개개인의 모습이나 변화를 케이스(퍼서널)기록과 그룹전체의 모습을 기록하는 그룹기록이 필요하다. 그룹기록에는 날짜, 날씨, 기록자(담당워커), 프로그램내용, 그룹의 분위기와 역동 등이 포함된다. 멤버의 인간관계를 도시(圖示)하는 소시오그램이 활용되는 수도 있다.

그룹다이내믹스(group dynamics)

소집단의 장에서 활동하는 여러 가지 심리적 역동성(力動性)을 연구하여 인간관계나 사회현상을 해명하려고 하는 과학이라는 것. 집단역학(集團力學)이라고 번역된다. 사회복지의 원조에 있어서는 시설, 재택의 어디에 있어서도 집단원조의 형태를 취하는 것이 많으므로 집단원조기술을 진척시키기 위한 분석이나 방법으로서도 활용되는 수가 많다. → 집단요법

그룹슈퍼비전(group supervision)

슈퍼바이저(supervisor)가 복수의 슈퍼바이저를 대상으로 행하는 슈퍼비전을 말한다. 슈퍼바이저가 개개로 슈퍼비전을 행하는 것이 시간 등의 제약에서 불가능한 경우 등이나 집단에서의 슈퍼비전의 쪽이 효과적인 경우에는 이 형태를 취한다. 참가한 멤버의 감상이나 의견을 학습할 수가 있는 것이 그룹 슈퍼비전의 장점이라 할 수 있다. → 슈퍼비전, 슈퍼바이저, 슈퍼바이지

그룹어프로치(group approach)

정신기능을 유치시키기도 하고 일상생활에의 관심을 높이기도 하면서 다른 사람들과의 커뮤니케이션을 깊게 하기 위한 집단요법적인 테크닉.

치매성 고령자나 장애자에 대하여 잘 이용된다. →회상법.

그룹워크(group work)

코노프카(konopka, G.)는 그룹워크의 정의를 "소셜워크의 한방법이며, 의도적인 집단경험을 통해서 개인의 사회적으로 기능하는 힘을 높이고 또 개인, 집단, 지역사회의 문제보다 효과적으로 대처할 수 있도록 사람들을 돕는 것이다"라고 하고 있다. 원조의 특징은 소셜워커에 의한 집단과정에의 개입이며, 그러기 위해서는 집단의 역동이나 프로그램 활동에 대한 지식과 그것들을 실천에 구체화 하는 기능이 워커에게 요구된다. 그룹워크는 19세기 후반의 영국 및 미국의 YMCA나 세틀먼트운동을 그 모체로 하는 것으로, 이 운동들은 사회의 개선과 개인의 성장발달을 저항하는 것이었다.

그룹워크기록(group work 記錄)

집단사회사업의 원조과정을 명시하는 기록으로 회합마다의 기록은 통계자료적 부문, 처우과정, 워커의 명령 등 세 부분은 포함하는 것이 보통이다.

통계적 자료로서 최소한 필요한 항목은 기입란을 사전에 한 장의 기록용지에 인쇄하여 두는 것이 좋다. 처우과정에 있어서 구성원이나 집단상태는 시간경과에 따라 기술하는 것이 기본이며, 구성원 상호 간 또는 워커에 대한 반응, 워커 자신의 판단이 구성원에게 미친 영향을 기록한다. 집단전체의 움직임이나 개인의 변화는 체크리스트 관찰표를 사용하여 기록하기도 한다. 또한 명령부분에는 회합에 대한 워커의 평가, 특정인의 행동에 대한 워커의 관찰이나 이견을 기록하여 둔다.

그룹워크의 기술(group work의 技術)

원조가 순서 있게 전개되는 과정 중 필요로 하는 과정적 기술과 그와 같은 과정기반을 일괄해서 필요로 하는 워커의 전달기술이다. 그룹워커의 원조적 과정은 일반적으로 ①대상자 선정 ②원조문제나 직업과제의 명확화 ③원조계획책정 ④개시 · 작업 · 종결기에 있어서 구성원 개인과 집단 전체에 대한 원조 ⑤성과의 평가 ⑥서비스종결이라고 하는 일련의 과정으로 된다. 각 단계에서 워커는 항상 자기행위의 원조적 목적을 인식하여 행동하여야 하는데 이 실행능력이 기술이다.

그룹워크의 사회자원(group work의 社會資源)

사회자원이란 사회복지사업의 실시에 있어 활용 가능한 인적, 물적, 제도적 자원의 총칭으로 각종 법률, 시설, 기관, 단체, 설비, 자금, 전문가, 자원봉사자, 시민의 이해 등 유 · 무형의 자원이 포함된다. 즉 그룹워크의 활동 내용을 풍부하게 하고 효과적 원조를 하기 위해 당해 기관, 시설의 대외에 있는 사회자원이 활용된다. 기관시설의 사회자원으로서는 그룹을 원조하고 협력하여 주는 전문적 지식기술을 가진 사람, 자원봉사자 활동이 행해지는 시설과 활동을 뒷받침하는 자금 등이 해당된다. 이러한 사회자원을 최대한 활용하기 위하여 광범위한 지식을 갖추고 새로운 것을 개발하여 가는 것이 필요하다.

그룹워크의 원칙(group work의 原則)

그룹워크가 소셜워크의 원조의 체계에 있는 한, 그룹워크의 원칙도 소셜워크의 원칙에 의거하는 것이 된다. 그룹워크에 특징적인 원칙으로서는 코노프가(Konop ka, G.)가 꼽은 14개의 원칙이 잘 알려져 있다. 그중 중요한 원칙으로는 그룹의 개별화, 그룹의 멤버의 수용, 갈등해결의 원칙,

경험의 원칙, 제한의 원칙, 프로그램의 활용, 그룹워커의 자기활동을 들 수 있다. 케이스워크에서 쓰이는 기본원칙에 더하여 멤버 간의 상호작용의 촉진이나 프로그램 활동에 있어서의 원칙이 쓰여 진다.

그룹카운슬링(group counseling)

통상 카운슬링은 내담자(來談者)와 카운슬링과의 1대(對)1의 인간관계에 의한 심리적 지지, 조언(助言)에 의하여 행하여지는데 내담자가 그룹으로 되어 카운슬링이 전개되는 방법을 말한다. 내담자가 복수이면 그룹 다이내믹이 작용되는데, 그것을 적극적으로 활용하는 방향으로 카운슬링이 실시된다. →카운슬링

그룹케어(group care)

개별적인 클라이언트 개인에 대한 케어가 아니라 복수의 클라이언트에게 개별성을 배려하면서 그 활동을 통해서 실시하는 케어워크이다. 특히 시설케어(residential care)나 데이케어, 나이트케어 등의 케어 장면에서 활용한다. 예컨대 아동복지 영역에서는 양자나 위탁아동과 대비시켜서 그룹케어 방식을 채용하는 수가 있다. 근래에는 지역사회와 관련해서 그룹케어를 정착시키고 있는데 이것은 다분히 시스템론이나 생태학이론의 영향을 받은 것이라고 할 수 있겠다. 그룹케어의 담당자는 케어워커이지만 그룹케어와 지역사회와의 네트워크화를 생각할 때 소셜워커와의 연계도 한층 중요하다. 그 경우 단순한 아프터케어의 장으로서의 지역사회를 파악하지 않고 그룹케어의 준비나 실천단계의 장으로서도 고려할 만하다.

그룹테라피(group therapy) ⇨ 집단요법

그룹홈제(Group Home制)

아파트나 연립주택, 단독주택 등 독립가옥에 장애인들을 소규모로 집단 수용하여 한 가정을 이루어 사회자립능력을 기를 수 있도록 사회복지요원의 지도를 받게 하는 제도 또는 소년소녀의 가장(家長) 4~5명이 한 명의 사회복지사와 함께 한 가정을 이루어 생활하는 제도를 말한다. 집단 수용된 지적장애인 등 장애인들은 사회복지요원의 도움을 받아 대인(對人)관계, 금전관계, 건강관리 등의 사회적응훈련을 받는다. 이는 경제적인 면에서 뿐만 아니라 정서적인 안정을 꾀하고 각종 사회범죄로부터 이들을 보호하는데 무엇보다도 효과적이다. 우리나라는 서울시가 지적(知的)장애인을 대상으로 이 제도를 1992년 9월부터 시범 운행해 오고 있다. 미국은 1970년대, 일본은 1988년부터 시행하고 있다고 한다.

그리피스 보고(Griffiths 報告)

『커뮤니티 케어: 행동을 위한 지침』(community care ⇨ : Agenda for Action, 1988)의 통칭. 이 보고서는 1986년 영국 대처정권의 사회서비스 담당장관(擔當長官) 퍼우라가 로이 · 그리피스 경(卿)에게 커뮤니티 케어정책의 검토를 의뢰한 결과로 정리된 것이다. 이 권고에서 커뮤니티케어의 목적은 시설이나 병원이 아닌 재택(가)에서 케어하는 것이라고 하고는 요원조자의 케어에 종사하는 가족이나 친구, 이웃의 사람들에게도 원조를 할 필요가 있다고 되어 있다. 또 서비스의 공급에 있어서는 비용에 알맞은 가치(value for money)라고 하는 사고방식을 강조하여, 지역의 사회자원의 통합화를 요청하고 있다.

그린우드, E.(Greenwood, Ernest : 1910~)

미국의 사회학자. 실험사회학이라는 용어를 처음으로 사용했다(1994)고 한다. 실험사회학이라 함은 특히 소집단연구의 분야에서 실험적 방법을 강조하는 수법이다. 소셜워크의 분야에서는 전문직의 연구로 알리져 있으며, 그 성립조건으로서 정리한 이론적 체계, 전문직으로서의 권위, 사회로부터의 승인, 자기통제적인 윤리강령, 전문직 집단의 규범으로서의 문화를 들었다. 더욱이 소셜워크가 전문직화의 길을 가는 동시에 소셜·액션(action)과 사회개량적인 요소가 방해되는 것을 지적했었는데 이것은 1980년대의 미국 소셜워크의 과제로 되었다.

그린포스트카드제(Green post card 制)

학교폭력 근절을 위해 정부가 도입한 학교폭력 전용신고 제도를 뜻한다. 이 제도는 교통불편 신고엽서 제도와 마찬가지로 학교와 공공장소, 다중 이용시설 등에 녹색의 엽서를 비치해 학교폭력 피해자들의 학교폭력 사례를 이 엽서에 적어 신고하는 제도이다.

근로계약(勤勞契約)

근로계약이란 근로자가 사용자에게 근로를 제공하고 사용자는 이에 대하여 임금을 지급하는 것을 목적으로 체결된 계약을 말한다(근로기준법 제2조4호).

근로권(勤勞權)

근로권이라 함은 노동을 할 능력이 있는 자가 노동을 할 기회를 사적으로 요구할 수 있는 권리를 말한다.

헌법 제32조 1항에서는 모든 국민은 근로의 권리를 가진다. 실제로 노동을 할 능력을 가지고 있으면서도 일반기업(직장)에 취업할 수 없는 자에 대해서 국가는 사회적·경제적 방법으로 근로자의 고용의 증진과 적정임금의 보장에 노력하여야 하며 법률이 정하는 바에 의하여 최저임금제를 시행하여야한다고 규정하고 있다. 만약 그것이 불가능 경우에는 상당한 생활비를 급부할 것을 요구하는 권리라고 할 수 있다. → 노동권

근로기준법(勤勞基準法)

근로기준법은 헌법(제32조3항)에 의 하여 근로조건의 기준을 정함으로써 근로자의 기본적 생활을 보장, 향상시켜 균형 있는 국민경제의 발전을 도모함을 목적으로 제정된 법률을 말한다. 이 법은 1950년 한국전쟁 중 부산소재의 조선방직에서 발생한 쟁의(爭議)가 직접적인 계기가 되었으며 1953년 5월 10일(법률 제286호)에 제정·공포하여 8월부터 시행되어 그 후 수십 차례의 개정을 거쳐 시행중 2007년 4월 11월(법률 제8372호)에 전부 개정하여 오늘에 이르고 있다. 이 법은 총 12장 116개 조문과 부칙으로 되어있다. 이 법의 특색으로는 ①통일적·망라적이라는 점 ②보호의 정도가 거의 국제적 수준에 도달되어 있다는 점 ③강력한 전국적 감독기관이 설치되어 있다는 점 등을 들 수 있다. 이 법의 적용범위는 상시 5인 이상의 근로자를 사용하는 모든 사업 또는 사업장에 적용하고, 동거의 친족만을 사용하는 사업 또 사업장과 가사사용인에 대하여는 적용하지 않는다. 그러나 4인 이하의 근로자를 사용하는 사업과 사업장은 대통령령의 규정에 따라 일부규정을 적용할 수 있다(동법 제11조). 또한 이 법을 적용하는 경우에 상시 사용하는 방법은 대통령령으로 정한다(신설. 2008. 3. 21).

근로복지(勤勞福祉)

임금·근로시간 등 기본적 근로조건 이외에 중

소기업근로자와 그 가족의 생활의 질을 향상시킬 목적으로 실시하는 모든 시책 또는 사업.

근로빈곤층(勤勞貧困層) ⇨ 워킹푸어

근로자(勤勞者)

근로자라 함은 직업의 종류와 관계없이 사업 또는 사업장에 임금(賃金)을 목적으로 근로를 제공하는 자를 말한다고 정의하고 있다(근로기준법 제2조1호).

근로자복지기본법(勤勞者福祉基本法)

이 법은 근로자복지정책의 수립 및 복지사업의 수행에 필요한 사항을 규정함으로써 근로자의 삶의 질을 향상시키고 국민경제의 균형 있는 발전에 기여함을 목적으로 근로자복지기본법으로 2001년 8월 14일(법률 제6510호)에 제정 · 공포하여 몇 차례 개정을 거쳐 시행하던 중 이 법의 제정으로 종래 시행해 오던 '중소기업 근로자복지 진흥법'과 '근로자의 생활향상과 고용안정지원에 관한 법률'은 폐지되었다.

2010년 6월 8일(법률 제10361호)에 전부개정으로 법명도 개정하여 오늘에 이르고 있다. 총 92개 법조문과 부칙으로 규정되어 있다.

근로자의 날(勤勞者의 날)

"5월 1일을 근로자의 날로 하고, 이 날을 근로기준법에 의한 유급 휴가로 한다"고 근로자의 날 제정에 관한 법률에서 규정하고 있다.

근로자퇴직급여보장법(勤勞者退職給與保障法)

이 법은 근로자 퇴직급여제도의 설정 및 운영에 필요한 사항을 정함으로써 근로자의 안정적인 노후생활 보장에 이바지함을 목적으로 2005년 1월 27일(법률 제7379호)에 제정 · 공포하여 동년 12월 1일부터 시행하고 있다. 제1장 총칙, 제2장 퇴직금제도, 제3장 퇴직금연금제도의 설정, 제4장 퇴직연금사업자 및 업무의 수행, 제5장 책무 및 감독, 제6장 부칙, 제7장 벌칙으로 총 35개 법조문과 부칙 7개 조문으로 규정되어 있다.

근로자파견(勤勞者派遣)

근로자파견이라 함은 파견사업주가 근로자를 고용한 후 그 고용관계를 유지하면서 근로자 파견계약의 내용에 따라 사용사업주의 지휘, 명령을 받아 사용사업주를 위한 근로에 종사하게 하는 것을 말한다(파견근로자 보호 등에 관한 법률 제2조1호). 이때 근로자파견계약이란, 파견사업주와 사용사업주 간에 근로자파견을 약정하는 계약을 말한다(동법 제2조6호).

근로장려세제(勤勞奬勵稅制 EITC – Earned Income Tax Credit)

EITC, 즉 근로 장려세제는 저소득층 근로자에게 근로소득에 대한 세금을 환급해 주는 제도를 말한다. 극빈층에게 '나눠주는' 기능 중심으로 설계된 기본 사회복지 제도들과 달리 열심히 일할수록 복지혜택을 많이 받을 수 있게 만든 제도이다. 1975년 미국에서 고안된 제도로 우리나라에는 2009년 처음으로 도입되었다.

근로청소년복지(勤勞靑少年福祉)

근로청소년복지라 함은 청소년근로자에게 신체적, 정신적, 사회적으로 조화할 수 있는 발달을 보장하고 근로청소년의 복지실현을 위하여 보호자, 사업주, 국가 및 지방자치단체, 사회일반에 의하여 지원하는 활동, 서비스의 체계를 말한다.

근로청소년복지의 기본원칙으로 보편성의 원칙, 선정성의 원칙, 종합성의 원칙, 개발지향의 원칙, 포괄성의 원칙, 전문성의 원칙, 참가의 원칙 등이 있다. 근로청소년복지의 내용으로서는 야간특별학급, 산업체부설학교 등의 교육복지, 건강진단 등 건강복지, 기숙사, 독신자아파트 등 주거복지, 교양레크리에이션, 체육 등의 문화여가복지, 직업훈련, 직업소개, 직업안정 등 고용과 관련된 복지, 산업카운슬링 등을 들 수 있다. 일본에서는 근로청소년복지법이라는 독립입법을 갖고 있다. 우리나라에서도 이에 대한종합적 대책이 요망되고있다.

근치수술(根治手術)

질환을 완전히 치료하는 것을 목적으로 행하여지는 수술의 총칭. 예컨대 암에 관해서는 주위의 건강한 조직을 포함한 종양 모두, 동시에 전이(轉移)가 예상되는 소속 임파절(節)의 절제를 행하여 암의 재발이 없도록 완전히 적출(摘出)하는 수술을 말한다.

금단증상(禁斷症狀)

알코올이나 의존성 약물(모르핀, 바르비트릭계 약제 등) 담배 등에 대한 의존자 또는, 남달리 기이한 버릇, 중독 상태에 있는 자가 그것들의 섭취를 급격히 감량 혹은 중지한 경우에 나타나는 증상을 말한다. 불안, 초조, 불면이나 발한(發汗), 손가락 흔들림, 빈맥(頻脈), 설사, 구토, 발열 등의 신체증상, 더 나아가 경련발작이나 작은 동물의 환각(幻覺), 환청, 착각, 섬망(譫妄) 등이 보여진다. 이러한 것은 가족 기타의 사람들로부터의 객관적인 사실의 청취가 필요하다.

금연교육(禁煙教育)

호기심에서 흡연을 하는 초등학교 고학년에서 중학생에 이르는 학생들이 증가하고 있는 현상에 대해 금연교육을 해야 한다는 운동. 이미 미국에서는 어릴 때부터 흡연의 무서움을 가르쳐야 한다는 필요성이 주장되어, 정규학교교육에 커리큘럼화된 경우가 많다. 일본 국립암센터의 한 조사에 따르면, 14세부터 흡연한 사람의 사망률은 흡연하지 않은 사람의 1.54배이며, 그 중에서도 암에 의한 사망률은 2.1배, 심장병 사망은 2.9배에 달한다고 한다. 성인들 간에도 혐연권(嫌煙權)이 자리를 잡아가고 있는 현재, 청소년에 대한 금연교육의 필요성이 강조되고 있다.

금치산자(禁治産者)

금치산은 심신상실(心神喪失), 즉 자기의 행위의 결과를 합리적으로 판단할 능력, 즉 '의사능력'이 없는 상황에 있기 때문에 자기 재산을 관리 · 처분할 수 없도록 법률로 금지하는 일이며, 본인 · 배우자 · 4촌 이내의 친족, 후견인(後見人), 검사의 청구에 의하여 가정법원으로부터 금치산 선고를 받은 자를 말한다(민법 제9조 참조).

정도가 약한 정신병환자라고 해도 한 번 선고를 받으면 치료되더라도 선고를 취소 받을 때까지는 금치산자이다.

급식서비스(給食 Service)

노인이 나이가 들어감에 따라 시장보기나 요리하기가 어려우므로 식사준비가 힘들어 음식을 잘 먹지 못하고 영양부족이 되는 경우가 많다. 이에 대응해서 노인복지관이나 경로회관에 노인들이 함께 모여 같이 식사하거나 또는 순회급식차로 매일 필요한 식사를 배달받는 서비스이다. 이 급식서비스는 노인들의 영양섭취 및 건강관리의 계기도 되고, 자원봉사자나 이웃을 동원하여 홀로 사는 노인을 방문하여 인보관계(隣保關係)를 맺는 계기도 된다.

기능유지운동(機能維持運動)

손상된 기능을 회복시키는 것이 목적이 아니고, 손상된 기능을 회복시킨 뒤에 재차 악화되지 않도록 기능을 유지해 가는 운동. 재활의 범위에 포함된다.

기능장애(機能障碍)

심리적, 생리적, 해부적인 구조, 또는 기능의 어떤 것의 상실, 또는 이상하게 되어 있는 형태이상(形態異常)을 포함하는 개념. 세계보건기구(WHO)에서는 국제장애분류시안(國際障碍分類試案)에서 장애를 기능장애, 능력저하(disturbance), 사회적 불리(handicap)라고 하는 장애 세계의 레벨로 받아 들였으며, 기능장애는 일상생활이나 사회생활상에서의 곤란을 초래하는 심신(心身) 그 자체의 장애의 상태를 말한다. 국제장애분류는 2001년 국제생활기능분류로 개정되었다. →장애

기능적 이상(機能的 異常)

기질적 병변이 없는 정신적 변화, 신경증, 심인성 정신병 혹은 정신분열증이나 조울증, 소위 내인성 정신병을 말한다. 정신기능변화의 예로는 심인반응으로서의 경악반응 등이 그 전형적 예이며 폭발, 대지진 등의 돌발적 재해에 조우했을 때 받은 쇼크가 원인으로 설 수도 없고, 걸을 수도 없는 상태가 되기도 하며, 의식도 몽롱해질 때가 있다. 이것은 뇌에 이질적 병변이 있어서 나타나는 의식장애와는 상이한 것이 특징이다.

기능주의(機能主義)

서비스 대상자는 스스로의 자발적인 의지로 문제를 해결할 수 있는 능력을 갖는다는 전제에서 원조자는 원조기관의 기능을 제공하고, 서비스 대상자는 서비스의 이용을 선택하여 자기 결정하는 과정이 개별원조의 기능이라고 하는 사용방식. 전통적인 진단주의에 대한 비판으로부터 기능주의가 주목되게 되었다. 그 배경으로서 개별원조를 필요로 하는 원조대상이 확대됨을 보여서 그것에 따르는 원조기능도 확대할 필요가 생겼다는 것을 들 수 있다.

기능학파(機能學派)

케이스워크에서의 이론학파의 하나.

진단학파와 대치되는 입장을 취한다. 랑크(Rank, O.)에 의한 의지심리학의 사고방식에 의거하여, 펜실베이니어 대학의 사람들을 중심으로 형성되었다. 클라이언트가 창조적으로 문제해결 할 수 있는 힘을 가지고 있다고 보며, 워커의 역할은 클라이언트가 자발적으로 기능을 가정 길 할 수 있는 장(場)을 제공하는 것이다. 따라서 원조기관의 기능과 한계를 클라이언트에게 제시하는 것이 중시(重視)된다.

기능회복훈련(機能回復訓練)

손상된 신체기능의 회복을 위한 훈련. 리허빌리테이션의 일부분이다.

구체적으로는 마비나 골절 등으로 잃은 기능의 회복을 위한 훈련, 장애가 영속적(永續的)으로 일어난 경우 남아 있는 건전한 기능을 개발, 훈련하여 일상 생활동작이 될 수 있게 하는 것을 말한다. 장애인복지법은 국가와 지방자치단체는 장애인의 재활치료를 마치고 일상생활이나 사회생활을 원활히 할 수 있도록 사회 적응훈련을 실시하여야 한다고 규정하고 있다(동법 제19조).

기대수명(期待壽命) ⇨ 건강수명

기도폐색(氣道閉塞)

의식소실(意識消失) 때의 설근침하(舌根沈下)나 분비물의 저류(貯留), 기관 협작, 인두부종(咽頭浮腫) 등에 의하여 기도가 폐색하여 충분한 호흡을 할 수 없게 되는 것. 질식으로 될 가능성이 있으므로 재빨리 기도를 확보하여야 하며, 호흡정지의 경우에는 인공호흡을 행할 필요가 있다.

기도확보(氣道確保)

의식이 없는 피케어자(요구호자)가 설근침하(舌根沈下)나 분비물의 저류(貯留)에 의하여 기도폐색(閉塞)을 일으켜 질식하는 것을 방지하는 것. 기도확보의 방법에는 두부(頭部)를 뒤로 기울리는 방법과 아래턱을 밀어내는 방법, air way의 삽입, 기관 내 삽관(挿管) 등이 있다. →air way

기독교사회복지(基督教社會福祉)

기독교 사회복지란, 기독교의 근본정신인 이웃 사랑과 봉사와 헌신을 통해서 세상 안에 열악한 처지에서 살아가는 사람들의 물질적, 신체적, 정신적 고통을 양적 질적으로 완화시키고 생활상의 곤란을 개선시켜 줌으로써 그들의 삶의 질을 향상시키고 정의(正義)를 실천하여 상실된 하나님의 현상을 회복시키려는 기독교인의 제도적이고 체계적인 노력이자 가치체계를 말한다. 기독교 사회복지를 구체적으로 실천하는 과정에서는 사회복지학, 상담학, 사회학, 의학, 심리학 등과 같은 사회과학에서 발달된 실천방법들을 원용할 수 있다.

기록(記錄)

사회복지원조 활동에 있어서 그 원조과정의 사실을 적는 것. 성격상 전문적인 지식 · 기술에 기인한 객관성이 요구된다. 의의로서는 이용자를 잘 이해할 수 있다는 것, 기록을 돌이켜 보는 것으로서 스스로의 이해를 깊게 가질 수가 있다.

기록양식에는 항목기록, 과정기록, 요약기록이 대표적이며, 사례의 내용, 시설 · 기관의 성격 등에 의해서 나뉘어 사용되거나 적당히 같이 사용된다.

기립성 저혈압(起立性 低血壓)

누워있던 자세에서 일어났을 때에 혈압이 낮아진 상태에서, 현기증이나 때로는 실신을 일으킨다. 원인에는 자율신경장애와 중추신경장애가 있는데 어떤 종류의 약제나 장기와상(長期臥床)이 관계되는 수도 있다.

기명력(記銘力)

새로운 것을 지각(知覺)하거나, 체험하거나 하는 것을 뇌리에 새기는 능력. 나이가 들어감에 따라 노화(老化)에 의해서 눈에 띄게 저하되는(현저해지는)것이 일반적이다. 오히려, 예전부터 지각(知覺)했거나, 체험한 것을 생각해 내는 능력은 기억력이라고 한다.

기본권(基本權)

인간이 천부적으로 가지고 있는 권리. 대한민국 헌법은 제2장에 국민의 권리와 의무에 국민의 기본권에 관한 규정을 두고 있다. 헌법에서 규정한 기본권에는 행복추구권, 평등권, 자유권적 기본권, 참정권, 청구권적 기본권, 사회적 기본권이 있다.

기본적 생활습관(基本的 生活習慣)

식사, 수면, 배설, 청결, 의복을 입고 벗는 것 등 아동의 생활 중 기본적 욕구충족방법에 관한 습관을 말한다. 유아기의 가정생활이나 집단생활을 통해 심신의 성장발달 단계에 따른 교육에 의해 이들 습관의 자립이 달성되는 것이다. 정신박약 등, 심신 장애아에 대해서는 특히 이의 배려가 중요하다.

시설보호에서는 일상생활지도를 통해 아동의 기본적 생활습관 외에 대인관계나 지역사회생활에서 필요한 보다 넓은 기본적 생활기술의 습득에 노력하고 있다.

기본적 욕구(基本的 欲求)

개체로서의 개인의 생명, 생존유지에 필요불가결한 욕구, 배고픔, 갈증, 배설, 성, 휴식 등의 생물적 · 생리적 욕구와 안전, 애정, 소속, 승인, 성취 등의 사회적 · 인격적 욕구가 있다. 다 같은 기본적 욕구라도 전자를 일차적 욕구, 후자를 이차적 욕구로 구별하기도 한다. 원래 기본적 욕구의 의미는 일차적 욕구에 있으나, 양자를 나누기 힘들어 일체성을 이루고 있다. 이것은 사회적 존재로서의 욕구가 포함된 데 의미가 있다.

기본적 인권(基本的 人權)

인간이 태어나면서부터 가지고 있는 당연한 기본적인 권리. 우리나라 헌법 제10조는 "모든 국민은 인간으로서의 존엄과 가치를 가지며, 행복을 추구할 권리를 가진다. 국가는 개인이 가지는 불가침의 기본적 인권을 확인하고 이를 보장할 의무를 진다"고 규정하고 있으며, 자유권(사상, 종교, 집회, 결사, 언론의 자유 등), 건강하고 문화적 최저생활을 영위할 권리, 교육을 받을 권리, 근로의 권리 등에 대하여도 규정하고 있다.

기부(寄附)

민간사회복지의 주요한 재원의 하나로, 개인이나 단체의 자발적인 금전 물품의 증여를 가리킨다. 사회복지의 미 확립시대에는 고소득자 등에 의한 기부는 소위 노블레스 오블레주(nobless oblige : 신분에 수반되는 의무)로서 사회적 구제사업의 주된 재원을 이루고 있었으나, 복지국가의 성립에 따라 사회복지가 확립된 이후도 복지문화로서 공적 재원을 보완하는 위치를 담당하고 있다. 사회복지법인은 물론, 사단법인이나 재단법인에 있어서도 기부금공제의 적용에 의하여 세제상의 우대조치가 강구되어 있다.

기부연금제(寄附年金制)

기부자가 자신을 위하여 기부하면 기부자의 뜻에 따라 기부액의 일부(정부 방안은 50% 이내)를 기부자 또는 기부자가 지정한 제3자에게 연금과 같은 형태로 지급하는 제도. 기부를 하고 싶지만 노후가 걱정돼 생활비 정도는 받고 싶은 사람들을 위한 것으로 미국 등 선진국에선 보편화돼 있다.

기부행위(寄附行爲)

재단법인의 설립행위, 즉 재단법인을 설립할 목적으로 일정의 재산을 제공하고 그 법인목적 기타 조직 및 운영에 필요한 기본규칙을 정하는 의사표시를 말한다. 생전처분 및 유언에 의해서도 가능하다. 또 기부행위가 표시된 서면 혹은 서면에 기재된 재단법인의 기본규칙을 기부행위라고도 한다.

민법상의 재단법인은 아니지만 학교법인 및 의료법인도 재단으로서의 본질을 가질 수 있기 때문에 그 설립행위는 기부행위라고 말한다.

기분장애(氣分障碍)

감정 장애라고도 일컬어지는 조울병(증)을 총칭한 증상을 말한다. 기분장애(쌍극형-雙極型)은 조울병, 기분장애(단극형-單極型)은 울병을 가리킨다. 내인성 정신장애의 일종으로 조(躁)상태에는 감정이 높아져서 다변(多辯), 다동(多動)으로 되고, 울상태에서는 억울기분, 사고정지, 행동억제 등이 보이게 되어 때로는 자살소망도 나타난다. 정신분열증이 청소년기에 많이 나타나는 데에 대하여 기분장애는 중년기 이후에 비교적 많이 보이지는 등의 특징을 가진다. 최근의 국제질병분류나 미국 정신의학회 진단기준에서 조울병이 아니고 기분장애라는 명칭으로 사용된다고 한다.

기속행위(羈束行爲)

기속행위라 함은 법규의 집행에 있어서 행정청의 재량(裁量)의 여지가 전혀 허용되지 않는 행정처분을 말한다. 이 기속행위가 그릇되면 위법행위가 되고 따라서 행정소송의 대상이 된다.

기아(飢餓)

기아란 먹을 것이 없이 배를 굶음, 즉 굶주림이다.

구체적으로는 식량에너지의 섭취량이 건강한 육체와 생활을 유지하는 데 어려운 최저수준의 상태를 말하며, 이로 인하여 영양부족 현상이 지속되면 육체의 쇠약과 영양부족에 의한 질병의 발생, 정신력의 약화 등으로 생명을 위협받게 되는 결핍상태를 말한다. 기근(飢饉)은 일시적 지역적 현상을 말하고, 기아는 연속적 혹은 만성적인 식량부족에서 오는 생리적 최저생존수준 이하의 생활상태를 말한다. 기아상태는 대체적으로 건강을 유지할 수 있는 의류 · 거주의 결여, 비위생적인 생활환경, 질병의 만연, 교육기회의 상실 등을 동반한다.

기억(記憶)

기억이라 함은 경험을 보존하여, 필요한 때에 생각해 내는 기능이다. 기억과정은 물건을 외우는 기명(記銘), 외운 것을 가지고 계속 유지면서, 그것을 생각해 내는 상기(想起)의 3단계로 이루어진다. 상기하는 방법에는 재생과 전에 경험한 일이 있다고 확인하는 재확인(再確認)이 있다. 정보이론에서는 이것들의 기억의 활동을 각각 부호화, 저장, 검색으로 부르기도 한다. 기억은 시간적 측면으로부터는 감각기억, 단기기억, 장기기억으로 분류되며, 탈루빈(Tulving. E.)은 장기기억을 때와 장소를 특정할 수 있는 사상(事象)의 에비소트기억과 어디에 선가 학습했으나 특정되지 않는 지식이나 사상의 의미기억으로 구분하고 있다. 그 외에 논리적 기억과 기계적 기업, 청각적 기억과 시각적 기억 등의 분류가 있다.

기억장애(記憶障碍)

생리적, 정신적인 원인에 의해서 기명(記銘)과 유지, 상기(想起)라고 하는 기억기능의 활동이 감퇴되거나 소실(消失)하거나 하는 상태를 말한다. 즉 보았거나 들었거나 한 일(것)을 기억하는 '기명(記銘)'의 장애와 그것을 유지하여 필요에 따라서 검색하여 생각해 내는 '기억의 보전(保全)'과 '유지 · 상기(想起)'의 두 가지 장애로 나뉜다.

기업복지(企業福祉)

기업 및 그 단체가 그 종업원이나 그 가족의 복리후생을 꾀하기 위하여 각 기업 · 단체의 부담에 의하여 임의로 행하고 있는 복지서비스를 말한다. 기업내복지라고도 일컬어진다. 지금까지 복리후생이라고 불리던 개념이고, 사회보장의 선구적 기능 혹은 대체적 기능, 보완적 기능을 떠맡아 왔다. 개별기업이 행하는 기업복지는 노동조합이 행하는 노동자복지, 국가나 자치단체가 행하는 사회보장 · 사회복지, 생협(生協) 등의 단체가 행하는 복지활동 등과 나란히 산업복지의 하나로 되어있다. 기업복지의 목적은 근로자와 그의 가족의 '지속적인 복지실현'에 두고 있으며, 그 이상(理想)에 '요람에서 무덤까지' 기업보장을 실현하는 데에 두고 있다. 기업복지의 본질은 급부와 시설, 활동의 세 가지 측면에서 포착된 기업 내 복지활동의 종합적 체계라고 할 수 있다.

기업복지시설(企業福祉施設)

기업 내 근로자의 복지를 도모할 목적으로 각 기업이 제공하는 복지시설이다. 여기에는 주택시설로서의 사원아파트, 기숙사. 사택을 비롯해 진료소, 병원, 보육원, 체육시설, 도서관, 오락시설, 보건소 등이 있다. 또 복지사업으로는 생활 법률 상담, 퇴직 후 시책, 각종 자금의 대부 등 광범위하다. 근로자의 복지향상과 함께 기업에의 근로자의 귀속의식강화, 생산성 향상, 근로관계의 안정을 목적으로 하고 있으며 대기업일수록 정비되어 있어 기업 간 격차가 심하다.

기업시민(企業市民)

기업을 지역사회로부터 떼어내어 대립적으로 받아들이는 것이 아니고, 지역사회의 구성원(시민으로서의 기업)으로서 받아들여, 기업 스스로가 시민으로서 자각을 가지고 지역사회에서 행동하는 것을 말한다.

구체적으로는 지역에 있어서 단순히 판매나 고용기회의 제공 등만이 아니고, 지역에서의 사회봉사활동과 기업 볼론티어 등을 행하여, 지역에 친근한 기업의 이바지 만들기에 중요시되기 시작했다.

기업연금(企業年金)

민간 기업이 행하는 퇴직연금으로서, 퇴직금의 전부 혹은 일부를 연금으로 퇴직자에게 매월 일정액을 재직기간과 임금액에 따라 지급하는 제도. 기업이 행하는 임의적인 사적 연금제도이다. 일시금과 연금의 병용이나 어느 한 쪽을 선택해서 행하는 경우가 많다. 미국은 피용자퇴직소득보장법에 의해 25세 이상 근속 1년 이상인 종업원에게 가입자격을 주고 10년 근속 후에는 100%, 근속 5년 후에는 25%, 근속연수와 연령의 합계가 45세 되면 50% 등 세 가지 기준을 적용하고 있다. 영국에서는 기업의 임의로 설립되며 '직역연금'이라 한다. 독일에서는 기업퇴직 연금개선법(1974)에 의한 규제가 있으나 본질적으로는 임의적립으로 되어있다. 스웨덴에서는 노사의 전국적 협약에 기초하여 개별기업의 재원 하에 기업별로 설립된다. 화이트칼라를 대상으로 한 '직업연금제도'와 블루칼라를 대상으로 한 '근로자연금제도'가 있는데 피용자의 거의 전부가 가입하고 있다. 일본에서는 1962년 4월부터 기업이 연금으로서 적립한 분(分)은 세법상 손금으로 우대받는 '세제적격연금'이 발족했고 1966년부터 공적연금과 기업연금의 조정을 도모하는 '조정연금=후생연금기금'이 발족했다. 우리나라에서는 그 동안 근로기준법에 의한 퇴직일시금(퇴직금)이 근무연수에 따라 지급되었으나 근로자퇴직급여보장법(2005년 1월 27일 법률 제7379호)이 제정되어 퇴직금제도와 퇴직연금제도의 설정, 퇴직연금사업자 및 업무의 수행 등을 규정하고 있다.

기업종신연금제도(企業終身年金制度)

기업은 퇴직금을 연금화하여 앞으로 전개될 고령화 사회에 대응하려 하고 있다. 선진제국에서는 퇴직일시금이나 유기(有期)연금을 종신연금으로 전환, 공적 연금과 더불어 노후의 안정을 도모하는 기업복지정책이 취해지고 있는데 그 전제로서 정년문제 등 고용조건의 개선이나 노사의 합의 등이 필요하게 된다.

기준고용률(基準雇傭率)

기준고용률이라 함은 사업장에서 상시 사용하는 근로자를 기준으로 하여 사업주가 고령자의 고용촉진을 위하여 고용하여야 할 고령자의 비율로서 고령자의 현황과 고용실태 등을 참작하여 사업의 종류별로 정하는 비율을 말한다. ① 제조업 : 그 사업장의 상시근로자 수의 100분의 2 ② 운수업, 부동산 및 임대업 : 그 사업장의 상시근로자수의 100분의 6 ③55세 이상의 고령자 및 우선고용직종(50세~55세 이하)외의 산업 : 그 사업장의 상시근로자수의 100분 3의 비율을 말한다(고용상 연령차별금지 및 고용자고용촉진에 관한 법률 제2조5호).

기준소득월액(基準所得月額)

기준소득월액이란 연금보험료와 급여를 산정하기 위하여 가입자의 소득월액을 기준으로 하여 대통령령(국민연금법시행령)으로 정하는 금액을 말하며, 그 결정방법 및 적용기간 등에 관하여 대통령령으로 정한다고 규정하고 있다(국민연금법 제3조5호).

기질적 장애(氣質的 障碍)

광의로는 유기체(organism)를 조직하고 있는 제기관(구조)에 손상을 받았기 때문에 생기는 행동 내지는 정신면의 장애를 말한다. 협의로는 뇌수의 손상으로 생기는 인지, 언어, 사고, 지능, 정서 내지는 행위의 장애를 말한다. 지각, 운동, 기억, 언어의 장애에 대응하는 뇌수의 손상부위는 어느 정도 해명되었으나, 뇌수의 어느 부위에 어떠한 손상을 받았을 경우 어떠한 기질적 장애가 생기는가는 연구과제다.

기질정신병(氣質精神病)

뇌의 병변에 의하여 발생하는 정신장애를 기질정신병 혹은 기질성 뇌증후군(腦症候群)이라고 한다. 뇌조직의 외상(外傷), 염증, 변성(變性) 등에 의하여 발생한다. 증상은 섬망(譫妄), 치매, 건망증후군, 기질성 망상증후군, 기질성 환각증(幻覺症), 기질성 감정증후군, 기질성 인격장애 등이 있다.

기초노령연금(基礎老齡年金)

기초노령연금은 기초노령연금법(2007년 7월 25일 법률 제8385호로 제정, 2008년 1월 1일 시행)의 규정에 의하여 65세 이상인 자로서국민기초생활보장법 규정의 소득인정액이 대통령령이 정하는 금액 이하인 자에게 근로 · 사업 · 재산소득 등을 감안해 매달 약 2~8만원씩 정부에서 용돈개념의 연금을 주는 제도를 말한다(동법 제5조). 이 경우 연금을 받고자 하는 자 또는 그 가족 그 밖의 관계인은 보건복지부장관 또는 지방자치단체장에게 급여를 신청하여 조사 질문을 거쳐 연금지급의 수급권자로 결정되면 연금을 신청한 달이 속하는 달부터 수급권이 소멸하는 날이 속하는 달까지 매월 정기적으로 지급된다.

연금액은 국민연금법 제51조 〔기본연금액〕제1항 제1호의 규정에 따른 금액의 100분의 5에 해당하는 액수이다(동법 제5조~제8조 참조).

기초노령연금법(基礎老齡年金法)

이 법은 노인이 후손의 양육과 국가 및 사회의 발전에 이바지하여 온 점을 고려하여 생활이 어려운 노인에게 기초노령연금을 지급함으로써 노인의 생활안정을 지원하고 복지를 증진함을 목적으로 2007년 7월 25일(법률 제8385호)에 제정 · 공포하였다. 시행은 2008년 1월 1일부터 시행되었으며, 연금의 지급대상은 65세 이상인 자로서 소득인정액이 대통령령으로 정하는 금액 이하인 자로 규정되어 있다(동법 제3조).

기초대사량(基礎代謝量)

생명유지에 필요한 각성 시(覺醒時)의 최저열량. 식후 10~18시간 후에 옆으로 누운 상태로 측정한다. 연령 · 성별 · 체질 등에 개인차가 있으나 기초대사량은 성인남자에게는 약 1500kcal, 같은 여자로는 약 1200kcal이다.

기초생활보장제도(基礎生活保障制度)

가족이나 스스로의 힘으로 생계를 유지할 능력이 없는 저소득층에 국가가 생계와 교육, 의료, 주거 등의 기본적인 생활을 보장해주는 제도. 연령이나 근로능력여부와 상관없이 소득이 최저생계비 수준인 경우에는 대상자가 된다 국가가 이들에게 지급하는 돈은 가구규모에 따라 정해진 최저생계비에서 가족의 소득과 다른 법적 지원 제도로 받는 금액(주민세, 전화요금, TV수신료 등)을 뺀 나머지 액수다.

기초생활수급자(基礎生活受給者)

소득이 최저생계비 이하인 사람들에게 최소한의 생계를 보장해주는 국민기초생활보장법에 따라 매달 일정한 정부보조금을 지원받는 사람을 말한다. 4인가족의 경우, 월수입과 재산을 월 소득으로 환산한 소득환산액 합계가 월 1,495,550원 (2012년 현재) 이하인 가구가 대상이다.

기초연금(基礎年金)

피용자, 자영업자를 불문하고 국민을 대상으로 하여, 노령 장애 유족의 각 기초연금을 지급하는 국민연금제도이다.

공적연금의 목적은 퇴직 등에 의하여 수입이 단절되었을 경우에 무엇보다도 최저생활을 보장하는 데 있으며, 나아가서는 수입의 급격한 하락을 완화하는 데에 있다. 이 두 가지 목적을 달성하기 위하여 정액의 연금위에 소득비례의 연금을 보태서 최저생활을 보장하면서 종전의 소득을 유지한다고 하는 소위 2단계 연금의 사고방식이 보급되게 되었다. 이러한 이중(二重) 구조적 연금에서 일단계부분의 연금을 기초연금이라고 한다.

기초적 니즈(基礎的 needs)

국민이라면 누구나 향수(享受)하는 권리를 갖는 생존권 등의 보장을 받을 수 있도록 네쇼널미니멈 등을 보장하기 위함의 복지니즈의 기초적인 부분에 대응하는 것.

긴급구조(緊急救助)

긴급구조라 함은 재난이 발생할 우려가 현저하거나 재난이 발생한 때에 국민의 생명, 신체 및 재산의 보호를 위하여 긴급구조기관과 긴급구조지원 기관이 행하는 인명구조 응급처치 그 밖에 필요한 모든 긴급한 조치를 말한다(재난 및 안전관리기본법 제3조6호).

긴급복지지원법(緊急福祉支援法)

이 법은 생계곤란 등의 위기 상황에 처하여 도움이 필요한 자를 신속하게 지원함으로써 이들이 위기 상황에서 벗어나 건강하고 인간다운 생활을 영위하게 함을 목적으로 2005년 12월 23일 (법률 제7739호)에 제정 · 공포하여 공포 후 3월이 경과한 날로부터 시행하여 4차례 개정을 거쳐 오늘에 이르고 있다. 이 법에서 '위기상황'이라 함은 본인 또는 본인과 생계 및 주거를 같이 하고 있는 가구 구성원이 다음 각호의 어느 하나에 해당하는 사유로 인하여 생계유지 등이 어렵게 된 것을 말한다. 1. 주 소득자가 사망, 가출, 행방불명, 구금시설에 수용되는 등의 사유로 소득을 상실하고 가구구성원에게 다른 소득원이 없는 때 2. 중한 질병 또는 부상을 당한 때 3. 가구구성원으로부터 방임 · 유기되거나 학대 등을 당한 때 4. 가정폭력을 당하여 가구구성원과 함께 원만한 가정생활이 곤란하거나 가구구성원으로부터 성폭력을 당한 때 5. 화재 등으로 인하여 거주하는 주택 또는 건물에서 생활하기 곤란하게 된 때 6. 그 밖에 보건복지부장관이 정하여 고시하는 사유가 발생한 때이다(본법 제2조).

긴급식품권(緊急食品券)

현금 대신에 식품과 교환할 수 있는 증서를 저소득층에 지급하는 미국의 '푸드 스템프(Food Stamp) 제도'와 같은 개념으로 소득이 전혀 없이 보호받지 못하는 계층을 위한 제도이다. 즉 지방자치단체가 굶주림의 위기에 있는 사람에게 대해 즉시 식료품이나 식사를 제공할 수 있게 한다는 것이 목적이다. 노숙자, 쪽방거주자, 독거고령자, 장기실업자, 결식아동 등이 대상이다.

긴급통보시스템(緊急通報 system)

홀로 사는 노인이 가정 내에서 질병 등 긴급사태가 발생했을 경우에 통보 및 구조를 위해 제도화시킨 것으로 일본에서 운영되고 있다. 복수의 연락선에 순차적으로 통보하는 전송방식과 제1차 통보선을 24시간 체제화 시키는 통보센터방식이 있다. 두 가지 모두 휴대용 무선발신기의 단추를 누름으로써 연락이 취해진다. 센터방식으로는 수신과 동시에 대상자의 기초자료나 구원협력자 등의 통보가 컴퓨터에 표시되어 구원자에게 연락이 된다.

긴급피난시설(緊急避難施設)

경제 · 주택문제, 가정의 붕괴, 정신적 문제, 재해 등 생활 전반에 이르는 긴급한 위기상황에 의한 심신의 마비상태나 몸의 위험성 때문에 집중 전문적 케어를 일정기간 계속할 필요가 있는 부녀자나, 그런 사람이 감호하는 아동에 대하여 일정기간의 원조를 지속시키는 시설(생활 제반의 원조, 지도 및 원호)을 말한다.

길버트법(Gilbert's Act 〈法〉)

영국에서 구 구빈법(救貧法)의 하나로 1782년에 제정되었다. 1722년의 워크하우스(work house) 데스트법에 의하여, 워크하우스는 공포의 집이라고 일컬어져, 구원억제적 기능이 기대되었다. 그러나 실제에는 아동이나 무능빈민을 무차별로 수용하기 때문에 유능빈민에 대한 구원억제적 효과보담도 아동, 노인, 장애인, 병질환자 등의 무능빈민이 그의 희생이 되었다. 거기에 길버트법에서는 워크하우스를 무능빈민의 구제시설로 하고, 유능빈민의 원외구제를 고용알선의 차선책으로 하는 것으로 했다. 그러나 이것이 후에 스피남랜드제도에 의한 거택보호의 가일층 강화에 이어져, 1834년에는 구빈법이 억압적으로 크게 개정되는 결과로 되었다.

나이트시터(night sitter)

베이비시터(baby sitter)가 사적인 계약에 의한 주간 탁아보호인데 비해 나이트 시터는 야간에 아이를 돌보는 곳이다. 아기의 부모, 특히 어머니의 취업 시간이 야간인 경우에 필연적으로 베이비시터가 필요하게 된다. 그러나 현재의 탁아보호는 주간 8시간의 탁아를 원칙으로 하며, 야간 탁아소는 거의 없는 실정이다. 점차 보육에 관한 욕구가 다양해짐으로 이에 대한 대비책이 필요하다. 일본 등 선진국에서는 베이비 호텔이란 이름으로 운영되는 곳도 있다.

나이트케어(night care)

short stay(단기 입소사업)의 하나.

야간의 케어가 곤란한 치매성 고령자 등을 야간에 한하여 지역의 단기입소시설이나 특별양호노인 홈에서 보호하여 재택생활의 유지나 향상에 이바지함과 동시에 가족의 케어의 부담의 경감을 도모하는 사업이다.

일본에서는 입소기간은 7일 이내로 되어 있다.

나이트호스피털(night hospital)

주로 정신장애인을 대상으로 한 병원리허빌리테이션의 한 형태로, 주간은 직장이나 학교에서 지내고, 야간에만 병원을 이용하여 치료나 요양 간호를 받을 수가 있는 시설을 말한다. 나이트 호스피털은 두 종류로 대별된다. 하나는 중간시설적인 형태로 정신병원을 퇴원해서 취로 또는 통학하고 있는 자를 대상으로 한 것이며, 또 하나는 사회적응훈령적인 사정을 갖는 형태로 종래, 외근(外勤)작업 등으로 불리고 있었던 것이다. 후자는 원내관해(院內貫解=정신분열증의 증상이 없어짐) 상태이기는 하나 지역생활을 하는 데에 생활능력상의 문제가 있어, 주간에는 사회에서 지내면서 사회적응 능력을 기르는 것을 목적으로 한 것이다. 특히 노인병원이나 정신병원에 병설된다.

나이팅게일(Nightingale, Florence : 1820-1910)

기술로서의 간호를 주창하여 간호교육의 확립에 공헌한 영국 여성. 이탈리아의 플로렌스출신으로 1854년 크리미아 전쟁 때 많은 간호원을 인솔하여 영국군병원의 간호업무에 종사하면서 병원의 위생관리와 식사 등을 전반적으로 개선하였다. 1860년에는 나이팅게일간호학교를 창설하여 간호교육의 기초를 세웠다. 그밖에 병원간호의 개혁, 육군의 위생관리, 인도의 위생문제, 위생통계 등의 분야에서 활약하여 오늘의 간호교육에 크게 족적을 남겼다. 주저로 『간호각서』, 『병원각서』 등이 있다.

나이팅게일 기상(記賞)은 그녀의 공적을 일컬어 훌륭한 간호사에 대하여 적십자사국제위원회가 수여하여 표창하는 상이다.

난민(難民)

광의로는 개인의 노력으로 극복할 수 없는 요인에 의해 일상생활의 계속이 불가능하고, 생명의 위기에 직면하여 자신의 주거지를 떠나지 않으

ㄴ

면 안 되는 불특정 다수인을 말한다. 여기에 발생 원인이나 지역적인 한정을 추가시키는 사고도 있다. 국제법에서 난민조약의 정의에 의하면 인종, 종교, 국적 혹은 특정의 사회적 집단의 구성원이라는 것, 또는 정치적 의견을 이유로 박해를 받을 위험이 있으므로, 결과로서 국외 거주하는 무국적자를 칭한다. 덧붙여서 말하면 보호를 받을 수가 없는 난민을 위하여 UN난민고등판무관소(UNHCR = Unitid Nations High Commissioner Refugees)의 관할하에 설치되는 것이 난민 캠프(camp)이다. UNHCR은 1951년의 국제연합회의에 의해 설립하여 제네바에 본부를 두고 있다.

난민조약(難民條約)

본국의 보호를 받지 못하는 난민을 일반적인 '외국인'과 구별하여 인도주의적 목적에서 그 권리를 보장해 주는 조약이다. 이 조약은 유입된 난민에 대해 체재국(滯在國)은 그들의 귀화(歸化) 동화를 촉진함과 아울러 여러 종류의 권리를 적극적으로 인정할 것을 명시하고 있다. 난민을 반드시 체재국에서 수용한다고 규정하지는 않았지만 불법 입국한 난민일지라도 일정한 조건을 갖추면 사법적 규제로부터 제외시킬 것을 보장한다. 1951년 7월 스위스 제네바에서 25개국의 대표가 참가하여 조약이 작성되어 1954년 4월부터 발효한 난민의 지위에 관한 조약 및 1967년에 발효한 난민의 지위에 관한 의정서를 합쳐 난민조약으로 일컬어지고 있다.

난민캠프(難民 camp)

비호(庇護)를 요구하는 사람이 일시에 대량으로 이동해 온 경우, 긴급피난을 위해 수용하여 최저한의 인도적 기준의 보호를 행하는 장소를 말한다. 그 보호의 기준은 물질적 수요를 만족시키고, 생명보호에 따른 기본적 거주장소의 제공, 건강관리 등이 주된 것이다. 국제연합총회의 결의에 기초하여 국적의 보호를 받을 수 없거나, 보호를 받는 것을 원하지 않는 사람들의 국제적 보호와 항구적인 해결을 위임받은 국제연합난민 고등변무관사무소(UNHCR)의 관할 아래 두고 있다.

난청(難聽)

청각훈련 · 구화(speech) · 순독(lip reading) · 언어치료 또는 보조청각 등이 특수서비스가 필요한 정도로 청력이 감소된 상태를 말한다. 적절한 조치가 이루어지면 많은 난청자도 일반아동과 같이 효율적으로 교육을 받을 수 있다.

난치병(難治病)

종래 난치성 질환의 총칭이었지만 최근에는 원인이 불분명해 치료법이 확립되어 장기간 가족에게는 큰 부담을 주는 질환이 난치병이라고 불리게 되었다. 1972년 일본 후생성은 종합적인 난치병대책에 착수함에 즈음하여 난치병을 다음과 같이 정의했다. 원인불명, 치료법이 미확립되어 있고 또 후유증을 남기는 위험이 적지 않은 질병(예를 들면, 스몬 · 베첼트병 · 중증근무력증 · 전신성 오리테마도 · 데스). 또 만성적 질환으로 요양(케어) 등에 사람을 요하기 때문에 가족의 경제적 부담이 무거우며 정신적으로도 부담이 큰 질병이다. 일본에서는 난치병 가운데 지정된 특정의 질환을 특정질환이라고 한다.

남구(濫救)

생활보호제도에 있어서 보호가 필요 없는데도 보호되고 있다든가, 허위의 신청임에도 불구하고 보호되고 있는 등의 현상을 남구라고 한다. 보호의 실시기관이 충분한 조사를 하지 않고 잘못 보호하는 데서 발생한다. 니즈의 파악과 서비스의 제공이 조직적, 체계적으로 되고 있는 오늘날에는 거의 볼 수 없는 현상이지만 영국의 역사에서 볼 수 있듯이 19세기 후반에 자선사업이 무질서하게 난립했던 시대에 많이 나타났었다. 이 남구상태의 개선이 자선조직협회를 설립케 했던 것이라고 할 수 있다. ↔누구

남녀고용평등과 일 · 가정 양립지원에 관한 법률(男女雇傭平等과 일 · 家庭 兩立支援에 관한 法律)

고용의 분야에 있어 남녀 간의 차별을 철폐하고 그 기회를 균등히 하기 위하여 제정된 법률이다.

이 법은 대한민국 헌법의 평등이념에 따라 고용에 있어서 남녀의 평등한 기회와 대우를 보장하고 모성보호와 여성고용을 촉진하여 남녀고용평등을 실현함과 아울러 근로자의 일과 가정의 양립을 지원함으로써 모든 국민의 삶의 질 향상에 이바지하는 것을 목적으로 1987년 12월 4일(법률 제3989호)에 제정되어 몇 차례 개정을 거쳐 시행 중 2001년 8월 14일에 전문개정, 공포(법률 제6508호)하여 같은 해 11월 1일부터 시행하여 오던 중 2007년 12월 21일(법률 제8781호)에 남녀고용평등법을 개정하면서 법명이 남녀고용평등과 일 가정양립지원에 관한 법률로 바뀌면서 시행해 오던 중 또 2001년 8월 14일(법률 제6508호)에 전부 개정으로 총 39개 조문과 부칙으로 되어 오늘에 이르고 있다.

남편사별한 여성의 날(男便死別한 女性의 날)

유엔은 2010년 12월 21일 총회을 열고 2011년부터 매년 6월 23일을 남편과 사별한 세계 여성의 날(International Widows Day)로 지정하는 내용의 결의안을 가결했다.

결의안은 남편과 사별한 전 세계 2억 4500만 명의 여성과 이들의 자녀가 겪는 어려움에 관심을 두자는 취지에서 마련된 것으로, 실비아 봉고 온딤바 가봉 대통령 부인이 발의를 추진했다. 룸바재단에 따르면 약 6000만 명의 이들 여성이 극빈 상태에서 생활하는 것으로 조사했다.

낫 포 세일(Not For Sale)

'나는 판매할 물건이 아니다'라는 의미로 2006년 아동 노동력 착취나 성매매를 방지하기 위해 설립된 비영리 국제단체(대표 데이비드 뱃스톤. 미국 샌프란시스코대학 교수)이다. 미국 샌프란시스코에 본부가 있고 시드니 암스테르담 프노펜 등 10개 도시에 사무실이 있다. 연구소 공장 교육기관 등을 세워 노동력 착취나 성매매 피해자를 교육하고 채용하여 사회적 기업을 운영하고 있다. 즉, 유기농 차 음료를 개발하거나 유명요리시 재능기부를 받아 요리사 취업교육을 하는 방식이다.

앞으로 낫 포 세일은 중국에 있는 탈북여성이나 어린이의 인신매매와 성매매를 막기 위한 사업도 추진할 계획이다.

내담자중심요법(來談者 中心療法)

인간은 본래 스스로 성장해 가는 힘을 가지고 있다고 하는 전제에서 내담자에 지시 · 교시하는 것으로 상담 · 원조를 행하는 것이 아니고, 내담자를 수용(受容)한 비지시적(非指示的)인 리더에 의해 상담 원조를 행하는 방법이며 로저스(Rogers C.R.)에 의하여 제창되어 카운슬링의 분야에서 발달했다. → 로저스 C. 비지시요법.

ㄴ

내면화(內面化)

개인이 어떤 사람이나 대상에 대한 감정을 버리고 상상된 형태의 신념과 가치관을 내면적으로 자신의 것으로 수용하는 것을 말한다. 이것은 사회화의 기본이 되는 것으로서 타인의 속성과 특질을 모방하는 동일시도 내면화의 결과이다. 즉, 아동이 부모의 속성을 내면화시켰을 때 부모와 동일시했다고 한다.

내부(기능)장애(內部〈機能〉障碍)

내장의 기능장애를 말하며, 심장기능장애, 신장기능장애, 호흡기 기능장애, 방광 또는 후천성 면역결핍의 장애, 소장 직장 기능장애로 인한 신체장애의 일종이다. 장애가 영속(永續)하여, 일상생활이 현저하게 제한을 받는 것으로 인정되는 자를 장애의 대상으로 하고 있다. 일반적으로 내부장애가 문제되는 경우에는 외관상으로는 이상이 없는 게 많다. 수족의 결손 등 외관상으로 이상이 인정되는 외부장애에 비교하여, 주위의 인식이 낮은데서 병이 있음에도 직장을 쉬지 못하거나, 장애의 등급이 과소평가되는 등의 문제가 있다. 장애가 어렸을 때부터 있는 경우는 장애의 정도에 따른 일정의 생활리듬이 되어 있는 것이 많으나, 중도장애의 경우에는 생활의 리듬을 새로이 만들어 가는 것도 필요하게 되는 수가 있다. 내부장에 의한 식사나 운동의 제한, 장애에 대한 불만이 있을 때나 주위에서의 괘념에서 행동이나 외출을 삼가야 할 때에는 주위의 지원체제가 중요하게 된다.

내셔널미니멈(national minimum)

국가가 그 사회적 책임으로서 보장해야 할 최저한의 국민생활수준, 즉 한 나라 전체국민의 생활복지상 불가결한 최저수준을 나타내는 지표를 뜻하며, '최소한도의 국민생활수준' 또는 '국민적 표준'으로 번역된다. 한 마디로 한 나라의 경제규모, 1인당 국민소득에 비추어 영양, 주거, 생활환경 등의 '최저' 또는 '표준'으로서 어느 정도가 되어야 하는가를 수치로 나타낸 것이다. 현재 국민생활수준이 어느 위치에 있고, 그것이 국민의 기대수준과 어느 정도의 격차가 있으며, 그것을 위해 어떤 정책을 마련해야 할 것인가를 밝히는 것이 이 개념의 의의이며 목적이다. 역사적으로는 1942년 영국에서 웹 부처(夫妻)에 의해 제창된 것이 최초로 베버리지 보고에서 구체적인 정책목표로서 설정되었다. 우리나라 헌법 제34조의 사회보장 등으로서 규정되어 있으며 국민생활기초보장법을 비롯하여 각 공동정책에서 구체적으로 실시되고 있다. 더욱이 시빌미니멈(Civil minmum)이란 도시최저생활의 의미로, 내셔널미니엄을 도시수준으로 받아들인 개념이다.

내집빈곤층(내집 貧困層) ⇨ 하우스푸어

너싱홈(nursing home)

건강상의 문제가 있고 자립해서 생활할 수 없는 노인에게 원조의 간호서비스를 제공하는 시설. 특히 미국에서 발달한 시설이다. 원조형 홈(intemediate care facilities)과 간호형 홈(skilled nursing facilities)의 두 종류로 나누어진다. 전자는 중증(重症)의 노인에게 보다 전문적인 치료 · 원조를 제공하며, 후자는 그보다 경증(輕症)인 노인에게 기초적인 서비스를 제공한다. 이들 너싱 홈은 메디케어(Medi care)와 메디케이드(Medicaid) 하에서 운영되고 의료체계 속에 포함되어 있지만, 병원과는 달리 의료와 복지의 통합적 시설로 되어 있다.

네가지자유(四가지 自由)

인간에게 보장되어야 할 네 가지 기본적인 자유, 즉 언론과 의사발표의 자유, 신앙의 자유, 궁핍으로부터의 자유, 공포로부터의 자유를 말한다.

미국의 제32대 대통령인 루스벨트(Roosevelt F.D.)가 1941년 의회에 보낸 연두교서(年頭教書)에서 한 말인데, 이 정신은 1948년 12월 10일 제3차 UN총회에서 채택된 세계인권선언에 반영되었다.

네개의 P(四個의 P)

미국의 사회복지연구가 펄만(Perman, H. 1905~)이 개별원조에 공통되는 구성요소로서 거론한 것의 약칭. 펄만은 그 구성요소로서 ① 원조를 필요로 하는 사람(Person) ② 그 사람과 사회 환경과의 사이의 조정을 필요로 하는 문제(Problem) ③ 개별원조가 구체적으로 전개되는 장소(Place) ④ 원조자와 서비스 이용자와의 사이의 원조과정(Process)의 4가지를 들고 있다. → 펄만, H.

네거티브소득세(negative 所得稅)

경제적 자유주의를 표방하는 시카고학파의 프리드만(Fridman, M.)이 제창한 최저생활보장제도. 통상적인 소득세제에서는 소득액으로부터 기초공제, 부양공제 등을 빼고 남는 부분에 대해 누진적으로 과세하고, 소득액이 여러 공제액의 총계 이하일 경우에는 납세가 면제된다. 네거티브 소득세란 납세가 면제되는 저소득층에 대해 정부가 지급하는 생활비를 말한다. 과세공제액(면세점)을 경계로 소득이 그것을 상회하면 소득세를 납부하고, 그 이하일 경우에는 거꾸로 생활비를 지급받는다. 지급액은 '네거티브 소득세율'에 의해 정해지며 전혀 소득이 없는 경우에도 최저한의 생활이 보장되는데 다소라도 수입이 있으면 지급액이 줄어든다. 프리드만이 네거티브 소득제도의 도입을 주장한 것은 현행의 복잡한 사회보장제도가 재정적자를 초래할 뿐만 아니라 절차가 복잡하여 행정당국의 자의적인 시책을 허용하게 되고 수익자의 근로의욕을 저하시킨다고 보기 때문이다. 경제적으로 볼 때 네거티브 소득세는 고액소득층에서 징수한 세금을 효율적으로 저소득층에 분배하는 기능을 가지며 고액소득층에 의해 저축으로 돌려진 소득이 재분배됨으로써 저소득층의 소비로 돌려져 사회의 총수요를 높이게 된다.

네글렉트(neglect)

신체적 학대, 성적 학대, 심리적 학대와 함께 부모 및 양육자에 의해 어린이에 대한 학대의 하나로서 분류된다. '보호의 태만 내지 거부'로 번역되는 경우도 있다.

구체적으로는 어린이의 유기 · 내버려두고 가버림, 어린이의 성장에 필요한 의식주의 환경을 제공하지 않거나, 의료나 취학의 기회를 적절히 제공하지 않는 등을 꼽을 수 있다. 보호자가 자각하지 않고 행하는 경우가 있거나 그 정도의 진상을 확인하기가 쉽지 않는 것 등으로 해서 학대 행위이냐, 아니냐를 판별하는 것이 어려움도 지적된다. 더욱이 수발거부 등의 고령자학대에 있어서도 쓰이지는 경우가 있다. → 학대

노년개발(老年開發)

노인복지법 제2조는 노인이 사회적으로 존경되어야 한다고 규정한다. 이는 단지 노인이 존경되는 존재로서 사회에 의존해 간다는 것만이 아니라 그 능력을 살려 사회의 일원으로 참여하는 데 의의를 가진다. 사회적 부양력의 한계가 있겠지

만 노인복지법 제2조와 제23조 23조의 2에 나타난 바와 같이 노인들의 능력개발, 주체성 향상에 힘써야 하는 것이 노인개발 내용에는 중년, 고령자의 재교육 · 재고용의 촉진으로서 취로알선 사업과, 각종 삶의 보람을 위한 대책으로서 노인교실 · 고령자교육(노인대학) · 직업재설계 등이 있다.

노년기(老年期)

노년기는 심신의 기능이 저하되고, 사회적으로도 서서히 주류 집단에서 멀어지며, 적응성도 상실되어 가는 시기, 즉 인생의 최종기를 말한다. 그리고 성적 호르몬의 감소로 남성은 여성으로, 여성은 남성적으로 변화해 간다. 노년기 정신건강의 성별차이는 여성이 남성보다 생활만족도가 낮고, 정신질환의 발생비율도 더 높은 것으로 나타나고 있다. 심신기능이 뒤떨어지는 시기라고 하는 소극적인 의미와 인생의 정리기 혹은 지혜(智慧)의 시대라고 하는 적극적인 의미와의 양면성이 있다. 일반적으로는 60~65세쯤부터라고 한다. 심신기능의 쇠약과 사회적 지위의 변화에 어떻게 적응하며, 지금까지의 인생과 이제부터의 인생 및 드디어 직면하게 되는 죽음에 대하여 어떻게 하느냐가 과제로 된다. 자타(自他)인식을 바꾸는 것과 인생의 의미를 되새겨 보는(반성) 것이 그 포인트이다.

노년인구(老年人口)

고령인구와 동의(同義)로 인구구조를 세 가지로 구분한 경우의 65세 이상의 인구를 말한다. 15세 이상 65세 미만의 생산연령인구에 대하여 0에서 14세까지의 연소인구를 합하여 종속인구(從屬人口)라고 불리어진다. →종속인구

노년인구지수(老年人口指數)

15~65세 미만의 인구군(人口群)인 생산연령인구에 대한 65세 이상의 인구군인 노년인구의 비율이다.

구체적으로는 인구의 고령화를 생각하는 경우에 중요한 지표로 이 노년인구지수의 상황에 의하여 사회가 고령자를 부양할 때의 부담의 정도를 안다. 우리나라의 경우 생산연령인구를 취업인구나 노동력인구 등과 동일시하는 것은 실태(實態)에 맞지 않기 때문에 주의가 필요하다.

노년치매(老年癡呆)

노년기에 발생하는 원인불명의 뇌위축성 질환을 말한다. 오늘날에는 초로기(初老期)에 발병하는 알츠하이머병과 동일의 질환으로 일컬어져, 알츠하이머형 치매의 만발형(晩發型) 또는 알츠하이머형 노년치매라고도 불리고 있다. 증상은 기억력 장애를 중심으로 한 치매, 인격변화의 수반(隨伴)정신증상(야간섬망, 환각, 망상, 작화〈作話〉, 억울상태 등)이 보인다. 뇌의 조직병리소견으로서는 뇌의 위축, 노인반(老人班), 알츠하이머원선유(原線維) 변화가 인정된다.

노년학(老年學)

노화와 고령자에 관한 메카니즘의 해명을 비롯하여, 고령자의 정신심리학적 사상(事象), 사회과학적 사상, 혹은 고령자문제에 대한 생물학, 생화학, 의학, 심리학, 교육학, 경제학, 인류학, 사회학, 사회복지학, 건축학 등을 동원한 포괄적인 제과학에 의한 학제적 어프로치를 말한다.

크게는 기초노화학(老化學), 노년의학, 노년사회학의 세 개의 분야에 있어서 연구 대상과 연구 어프로치에 정리된다. 다만, 노년학으로서의 고유의 이론체계는 미성숙이다. 세계적으로는 미

국의 연구가 선행되어 있어, 인간발달연구를 비롯하여 종합적인 인간과학으로서 자리매김 되어 있다.

노동가능인구(勞動可能人口) ⇨ 노동력

노동계약(勞動契約)

자본주의사회에서 노동자와 사용자는 평등한 인격체로서 자유롭게 계약을 맺을 수 있도록 되어 있지만 사회적 · 경제적 지위의 격차로부터 노동자 계약체결의 자율은 실질적으로 제약되고 있다. 노동자보호를 위한 근로기준법에서는 "사용자는 노동계약의 체결시 노동자에 대해 임금, 노동시간 그외 노동조건을 명시하지 않으면 안 된다"라 하고, 또 그것이 "사실과 다를 경우 노동자는 즉시 노동계약을 해제 할 수 있다"고 규정해 사용자에게 일정의 규제를 가하고 있다.

노동권(勞動權)

노동권이라 함은 노동을 할 능력이 있는 자가 노동을 할 기회를 사회적으로 요구할 수 있는 권리를 말한다. 실제로는 노동을 할 능력을 가지고 있으면서도 일반 기업에 취업할 수 없는 자에 대해서 국가 또는 공공단체가 최소한도 보통의 임금으로 근로의 기회를 제공하고, 만약 그것이 불가능한 경우에는 상당한 생활비를 급부할 것을 요구하는 권리라고 할 수 있다. 이 노동권에 관하여는 근본적으로 다른 두 가지의 개념이 있다. ① 개인이 자유롭게 근로의 기회를 얻음을 국가가 침범하지 못한다는 소극적 의미의 자유권적 기본권으로 이해하는 17~18세기의 개인주의 자유주의를 바탕으로 하는 자연법적 기본 권리의 개념과 ② 국민의 균등한 생활을 보장하고 경제적 약자인 근로자의 인간다운 생활을 보장하는 것을 내용으로 하는 적극적 의미의 생존권적 기본권으로 이해하는 20세기의 복리 후생주의적 노동권의 개념이 그것이다.

우리 헌법의 노동권(근로권)의 조항은 단순한 직업선택의 자유 이상으로 일종의 20세기적인 적극적 의미의 생존권적 기본권으로서의 노동권을 인정하는 동시에 국가는 사회적 · 경제적 방법으로 근로자의 고용의 증진과 적정임금의 보장에 노력하여야 하며, 법률이 정하는 바에 의하여 최저임금제를 실시하여야 하는 것과(헌법 제32조1항), 국가는 사회보장 사회복지의 증진에 노력할 의무를 진다(헌법 제34조2항)는 것을 아울러 선언하고 있다. →근로권

노동기본권(勞動基本權)

노동기본권이라 함은 근로자에 대한 생존권확보를 위하여 헌법이 보장하고 있는 노동권(근로권 헌법 제32조1항) 및 단결권 · 단체교섭권 · 단체행동권(생의권 헌법 제33조 1항)을 일괄한 권리를 말한다. 이러한 권리는 보장의 방법 여하에 따라서 반드시 동일한 성격을 가지고 있는 것이 아니다. 즉 노동권은 국민이 근로의 권리를 갖는다고 하는 취지의 선언적 규정에 불과한 것이며, 법률적으로는 정치적 강령을 표시한 것에 불과한 것이지만, 다른 3권은 노동조합법 · 노동쟁의조정법 · 근로기준법 등의 구체적 입법에 의하여 적극적으로 보장되어 있다. 이에 관하여 헌법은 공공복리에 의한 제약을 올바르게 밝히지 않았으나, 이러한 권리는 근로자의 생존을 확보하기 위한 수단으로서 보장된 것이라는 점을 생각하면 그 자체가 절대적 권리로서 무한정의 행사와 보장을 받는 것이라고는 할 수 없다. 즉 사회전체의 이익을 위하는 입장에서 제약을 받는 일이 있다고 할 수 있으나, 그렇다고 해서 이를 이유로

ㄴ

한 부당한 제한이 가해져서는 아니 된다.

노동력(勞動力)

일반적으로 취업중이거나 취업 가능한 인구를 의미하나 용어자체로서는 큰 의미가 없고 조사상으로 나타난 취업자와 실업자를 합한 인구량을 대변한다. 이 개념은 1930년대의 공황에서 실업자수를 측정하고 노동의 유효공급량을 파악하고자 하는 정책적인 목적에서 생겨났는데 실용적인 견지에는 노동가능인구 또는 생산가능인구를 지칭한다. 우리나라는 14세 이상 인구를, 일본은 15세 이상 인구수를, 미국은 16세 이상 인구를 보통 취업자, 비경제활동인구로 구분하여 취업자와 실업자를 합하여 경제활동인구라고 한다.

노동력인구(勞動力人口)

경제활동인구를 통계적으로 파악하기 위한 개념의 하나, 특정일 또는 일주일 내의 특정한 기간에 경제활동의 형태나 종류여하에 관계없이 취업한 사람, 또는 일을 찾고 있는 사람 전부를 말한다. 14세 이상의 인구(생산연령인구)는 경제활동 인구와 질병, 노령 등의 이유로 경제활동에 참가하지 않는 비경제활동인구로 대별된다. 노동력인구가 14세 이상 인구에서 차지하는 비율을 노동력율이라고 한다.

노동문제(勞動問題)

노동문제라 함은 근로자의 사회적 · 경제적 지위의 개선향상에 관련된 문제를 말한다. 산업혁명으로 공장제생산체제(자본제생산체제)가 확립됨에 따라 모든 상품은 기계와 동력에 의하여 대량으로 생산되었기 때문에, 종래 수공업적 생산 내지는 가내공업적 생산에 종사하던 사람은 부득이 몰락하게 되어 대공장을 중심으로 공장근로자로서 일하게 되었다. 공장제생산체제는 다수의 근로자가 동일한 장소에서 자연히 저임금 문제, 장기간 노동문제 또는 근로자의 재해문제 등이 야기되었다. 이러한 문제를 그대로 방치하기에는 너무나 큰 국가적 문제 사회적 문제였기 때문에 국가는 이 문제의 해결에 적극적으로 관여를 하게 되었다. 따라서 이것은 노동법이 생성되어지는 계기도 되는 것이다.

노동법(勞動法)

노동법이라 함은 자본주의 경제조직에서 노동관계에 대하여 규정한 법률을 말한다. 공장제 생산(자본제 생산) 확립됨에 따라서 사회의 새로운 계층으로 근로자라는 개념이 생겼고 이러한 근로자와 사용자와의 관계(이른바 노동문제를 중심으로 한 관계)는 종래의 근대 법률로서는 규율할 수 없는 새로운 양상으로 발전되어 나갔기 때문에 이에 대처하여 서서히 생성발전되어 나간 제(諸) 법제를 가리켜 일반적으로 노동법이라고 부른다.

노동기본법에는 근로자에 대한 생존권확보를 위하여 헌법이 보장하고 있는 노동권(근로권) 및 단결권 · 단체교섭권 · 단체행동권을 일괄하여 노동기본권이라고 한다.

노동3권(勞動三權)

근로자의 인간다운 생활권을 보장하기 위하여 우리나라 헌법 제33조에서 규정한 단결권(노동조합을 조직할 권리) · 단체교섭권 · 단체행동권을 말하며, 노동3권이라고도 한다. 우리나라에서 단체행동권의 행사는 법률이 정하는 바에 따르게 되어 있어 제한받고 있으며, 공무원인 근로자는 법률로 인정된 자를 제외하고는 노동3권을 가질 수 있도록 되어 있다. 또한 국가 지방자치단체, 국공영기업체, 방위산업체, 공익사업체 또는 국민경제에 중대한 영향을 미치는 사업체에 종사하는 자의 단체행동권은 법률이 정하는 바에 따라 이를 제한하거나 인정하지 않을 수 있다고 규정되어 있다.

노동정책(勞動政策)

경제자원의 효율적 배분을 촉진하면서 생활안정과 복지의 향상을 목적으로 하는 정책의 총칭. 노동정책의 주요행위자인 정부의 활동 면에서 보면 ① 최저 근로기준의 법제적 설정, 특히 최장 근로시간과 최저임금의 규제는 노동시장이 '저임금 다취업'의 악순환에 빠져들어 한없이 열악해지는 것을 방지하는 역할을 한다. ② 최저생활의 보장, 즉 경제적으로 자립능력이 없는 등 특별한 원조를 필요로 하는 사람들에게 소득보장이나 의료서비스를 제공하고, 이러한 '생존의 확보'에 의해서 노동시장으로 하여금 정상적인 경쟁기능을 확보, 유지하게 한다. 관련제도로서는 생활보호, 공적연금, 실업보험, 의료보험, 의료급여 등이 있다. ③ 각종 고용정책, 직업소개 기구의 정비, 직업훈련 등에 의한 인적 자원개발정책의 추진이다. 정부는 이러한 정책을 통해 노동시장의 적절한 수급밸런스를 달성하여, 효율적인 자원배분의 기능을 유지할 수 있게 된다. 이러한 정부의 역할은 선진국은 물론 우리나라에서도 각 행정 분야에서 법제화되어 있다.

노동조정위원회(勞動調停委員會)

노동쟁의의 조정을 위하여 노동위원회에 조정위원회를 두며, 조정위원회는 조정위원 3인을 둔다. 노동위원회 중에서 설정된 위원회 노·사·공익의 각각을 대표하는 조정위원으로 구성된다. 관계당사자 간의 쌍방으로 노동위원회에 대해 조정의 신청이 성립된 경우, 조정위원회는 당사자 간에 개입해 쌍방의 주장을 듣고 조정안을 작성해 그외 수락을 권고하고 이유를 달아 공표함으로써 노동쟁의해결에 노력한다.

노사가 함께 조정안을 수락할 의무는 없지만 3자구성에 따른 위원회의 조정안이라는데 일정의 중요성이 있다(노동조합 및 노동관계 조정법 제55조).

노동조합(勞動組合)

노동조합이라 함은 근로자가 주체가 되어 자주적으로 단결하여 근로조건의 유지·개선 기타 근로자의 경제적·사회적 지위의 향상을 도모함을 목적으로 조직하는 단체 또는 그 연합단체를 말한다. 다만, 다음 각목의 하나에 해당하는 경우에는 노동조합으로 보지 않는다(노동조합 및 노동관계조정법 제2조4호).

가 사용자 또는 항상 그의 이익을 대표하여 행동하는 자의 참가를 허용하는 경우
나. 경비의 주된 부분을 사용자로부터 원조받는 경우
다. 공제·수양 기타 복리사업만을 목적으로 하는 경우
라. 근로자가 아닌 자의 가입을 허용하는 경우. 다만 해고된 자가 노동위원회에 부당노동행위의 구제 신청을 한 경우에는 중앙 노동위원회의 재심판이 있을 때 까지는 근로자가 아닌 자로 해석해서는 안 된다.
마. 주로 정치운동을 목적으로 하는 경우

노동환경(勞動環境)

근로자를 둘러싼 직장환경, 즉 작업환경 등을 말한다. 작업환경조건으로는 작업장 기후, 건물의

ㄴ

설비상태, 작업장에 발생하는 분진, 유해방사선, 가스 및 증기, 소음 등이 있다. 이들은 각각 단독 혹은 서로 관련을 맺으면서 근로자의 건강과 작업능률을 좌우한다. 작업장의 기후조건, 특히 온도, 습도는 생산기술상의 조건과 불일치하는 경우가 있다. 예를 들면, 방적업 등의 직포작업에서는 온도, 습도를 높이면 섬유의 장력을 늘리고 생산량은 증가하지만 이것은 작업자의 심신기능에 현저한 영향을 미친다. 더욱이 근로시간의 길이도 근로자의 건강에 장애를 미친다. 또 ME 등 기술혁신의 진전에 따른 VDP(video display terminal : 단말표시장치) 작업에 의한 건강에의 영향 등 노동환경 속에서 새로운 문제가 생기고 있다. 노동환경이 위험하고 비위생적인 경우, 그 영향이 거기서 일하는 근로자에게 미치는 것은 당연하지만 작업장 밖의 지역까지 미쳐 공해를 유발하여 사회 문제화하는 경우도 있다.

노령연금(老齡年金)

노령(퇴직)으로 생각되는 일정한 연령에 달하는 것을 보험단위로 하여 연금보험으로부터 지급되는 연금 2013년부터 노령연금을 받는 나이가 만 60세에서 단계적으로 늦춰진다. 노령연금을 받기 시작하는 연령은 1953년~1956년생 61세, 1957년~1960년생 62세, 1961년~1964년생 63세, 1965년~1968년생 64세, 1969년 이후의 출생자는 65세로 조정된다. →기초노령연금법

노령화지수(老齡化 指數)

14세 미만 인구 대비 65세 이상 노령인구의 백분율을 말한다. 노령화문제는 1930년대 처음으로 미국에서 제기됐다. 노령자 수가 전 인구의 7%이상이면 노령화 사회라고 한다.

노멀라이제이션(normalization = 정상화)

본래 장애인복지서비스의 대등생활의 원칙에 따른 정책을 나타내는 말. 복지의 기본이념의 하나이며, UN이 국제장애인의 해(1981년) 및 국제장애인의 10년 동안에 강조도 하여 국제적으로 침투되어 갔다. 1959년 덴마크의 '지체아 부모운동' 중에 제창된 사고방식을 표현한 용어인데 반해 영국 등에서는 인티그레이션(integration)이라고 한다. 노멀라이제이션의 개념을 최초로 사용한 이는 덴마크의 정신장애자협회장인 뱅크 밋켈센(Bank Mikkelsen, Neils Erik.:1919~1990)에 이어 스웨덴의 니르제(Nirje, Bengt. : 1924~) 등에 의해 체계화되고 1967년에는 스웨덴에서 장애자복지정책에 도입되기에 이르렀다. 1977년에는 사회복지심의회의 보고 '사회서비스와 보통적 사회보장급부'에서 노인복지서비스를 포함한 복지정책의 일반적 원리로서 공인되고, 그 후 사회서비스 입법에 구체화되었다. 그 뜻은 고령자나 장애인이라도 젊은이나 정상인들과 함께 어울려 똑같은 인간으로서 더불어 사는 사회가 정상적이라는 사고방식이다. 즉 고령자나 장애인들을 위한 시설을 만들고 멀리 격리시키는 사회는 정상적이 아니라는 사고방식이다.

이 이념은 확산되어 양로원의 아파트화, 커뮤니티케어(community care)의 중시, 지역복지의 확충, 의료복지의 통합화와 심신장애인의 성생활 보장 등 여러 동향이 나타나고 있다.

노부모(노친)부양(老父母〈老親〉扶養)

노친부양이란 말은 자녀가 부모를 보살피는 일과 의미로 사용되며, 일반적으로는 자녀의 노부모에 대한 경제적 부양을 의미하는 일이 많다. 그러나 노인복지의 분야에서는 경제적 부양에 부가하여 신체 주변의 수발이나 질병의 수발 등의

요양(수발) 부양, 고민을 들어주거나 걱정의 상담을 하여 주는 등의 정서적 부양도 포함되며, 자녀를 중심으로 가족이 노부모에 대하여 행하는 부양을 의미한다.

노사협의회(勞使協議會)
노사협의회라 함은 근로자와 사용자가 참여와 협력을 통하여 근로자의 복지증진과 기업의 건전한 발전을 도모함을 목적으로 구성하는 협의기구를 말한다(근로자참여 및 협력증진에 관한 법률 제3조1호).

노쇠(老衰)
늙어서 인체의 각 기능이 쇠약한 상태를 말한다. 생물학적으로는 노화(老化)와 같은 뜻으로 쓰인다. 노화는 유전인자에 의해서 제어(制御)되어, 나이가 들게 됨에 따라 보여지는 현상(現象)에서 퇴축기(退縮期)에 인정되어지는 특징적 변화에서 경과와 더불어 연속적으로 진행하는 불가역적(不可逆的)인 기능 감퇴이다. → 노화

노숙인 등의 복지 및 자립지원에 관한 법률(露宿人 등의 福祉 및 自立支援에 관한 法律)
이 법은 노숙인 등의 인간다운 생활 권리를 보호하고 재활 및 자립을 위한 기반을 조성하여 이들의 건전한 사회복귀와 복지전진에 이바지하는 것을 목적으로 2011년 6월 7일(법률 제10784호)에 28개 조문 및 부칙으로 제정 · 공포하여 2012년 6월 8일부터 시행하고 있다.

노이로제(neurosis)
정신적 원인에 의한 심적 부조로서 정신병에까지는 이르지 않은 상태. 신경증이라고도 한다. 1779년에 스코틀랜드의 W. 카렌이 사용한 용어. 당시는 신경의 마비나 오늘날 난치병이라 불리는 병까지 포괄해서 쓰였다. 오늘날 신경증은 정신적인 원인으로 일어나 그 원인이 제거되면 증상도 없어지는 기능 장애를 말한다. 증상은 넓은 의미의 불안이며, 자신이 그로 인해 괴롭힘을 당하고 있다는 것을 자각하고 있는 것이 특징이다. 소위 마음의 병이므로 심리요법, 행동요법 등 마음의 간호 처치가 필요하다. 카랜이 사용한 본래의 의미와 혼돈되므로, 미국 정신의학회에서는 신경증이라는 용어대신 불안정 장애, 히스테리성 장애, 공포성 장애, 강박성 장애 등으로 분류하고 있다. 다만, 매스컴 용어로는 더 광범한 정신적인 이상을 모두 포괄하는 의미로 쓰이고 있다.

노인(老人)
심신의 노화현상이 현저하여 사회적으로도 늙은 사람으로 인정된 자.

구체적으로는 사회나 시대에 따라서 다르기 때문에 한 마디로 말할 수는 없다. 나이가 몇 살부터 노인으로 보느냐 하는 것은 각 사회와 시대에 따라 다르다. 보통 60세 혹은 65세 이상을 노인으로 보고 있으나, 이는 심신의 건강이나 기능 상태를 나타내기 보다는 법적 규정이나 통계, 또는 노인복지 대상의 기준으로 더 의미가 있다.

노인가정방문도우미제(老人家庭訪問도우미制)
거동이 불편한 노인을 위한 재가(在家)방문서비스인 '노인돌보기 바우처(voucher)'사업을 말한다. 이 제도는 중상층 이하 가정 중 혼자 활동하는데 어려움을 겪고 있는 노인들에게 가정 봉사원을 파견하여 식사, 목욕, 청소, 세탁, 외출, 생활 필수품 구매 등을 도와 주는 것이다. 이 제도를 이용하기 위하여 신청대상은 만 65세 이상 노인

을 둔 가구로 소득수준이 전국 월평균 소득의 80% 이하이고 치매, 중풍 등 중증질환을 앓고 있는 노인들이다. 전국 월평균 소득은 1인 가구의 경우 118만 7,000원, 2인가구는 217만 2,000원이다. 지원대상자로 선정되어 본인이 한 달에 36,000원(15%)을 내면 202,500원을 지원하여 모두 238,500원의 서비스 이용권(바우처)이 제공된다. 서비스 이용료는 기본 2시간에 2만 1,000원, 1시간 추가 시에는 5,500원으로 산정된다. 주말을 제외한 월~금요일 아침 8시~저녁 8시까지 주 2~3회 서비스를 받을 수 있다(서울은 2007년 5월 1일부터 시행되어 각 구별로 2~3곳씩 지정된 노인 돌보기서비스 제공기관이 51개소 있어 이용자는 서비스 기관을 자유롭게 선택할 수 있다. 이 서비스를 이용하려면 거주지 동(洞)주민센터를 방문하여 신청하여야 한다).

노인가정봉사원파견사업(老人家庭奉仕員派遣事業)

가정봉사원 사업은 영국에서 그 원류를 찾을 수 있는데 영국의 home help service, 미국의 home making service 등이 있다. 저소득, 질병, 기타의 가정 사정으로 정상의 일상생활이 어렵게 된 가정을 대상으로 하는 사업인데, 일본에서는 노인복지법에서 노인에 대한 가정봉사원 사업을 규정하고 있다. 이것은 재택(住宅)노인복지 대책의 중심적인 사업으로 신체상, 정신상 장애가 있는 저소득의 65세 이상 재택노인을 대상으로 무료로 노인가정봉사원이 파견되어 노인의 일상생활의 보살핌과 상담 등을 행한다. 가정봉사원의 주요 서비스 내용은 식사돌보기, 의류세탁 및 수선, 청소, 장보기 등 가사를 보살피는 것과 생활신상에 관한 상담이나 조언 등 대담역이 되어주는 것 등이다. 파견횟수는 주 2회 정도이다. 지방에 따라서는 유료로 파견 사업을 실시하고 있는 경우도 있다.

노인가족(老人家族)

노인가족은 65세 이상 노인이 자녀나 친척과 동거하지 않고 독신 또는 부부가 함께 독립적인 가구형태를 이루어 생활하고 있는 가족을 말한다. 즉 이것은 노인으로만 이루어진 가족형태인 것이다. 노인가족은 최근 핵가족화로 인하여 노인 부양 의식이 약화됨은 물론 노인의 독립적인 생활의 욕구로 인하여 점점 증가추세를 보이고 있는 실정이다.

노인건강진단(老人健康診斷)

노인에게 매년 수진(受診)기회를 부여하고 질병을 조기 발견하여 노인의 건강유지를 도모하려는 노인복지시책의 하나. 노인복지법은 국가 또는 지방자치단체는 65세 이상의 자에 대하여 대통령령이 정하는 바에 의하여 건강진단과 보건교육을 실시할 수 있다고 하였고 또 건강진단 결과 필요하다고 인정한 때에는 그 건강진단을 받은 자에게 필요한 지도를 하여야 한다고 규정하고 있다(동법 제27조). 또 국민건강보험법 제47조는 보험가입자 및 피부양자(40세 이상)에 대하여 2년에 1회 이상 질병의 조기 발견과 그에 따른 요양급여를 하기 위하여 건강진단을 실시한다고 규정하고 있다. 단, 사무직에 종사하지 않는 직장가입자는 1년에 1회 실시한다.

노인공동생활가정(老人共同生活家庭)

노인주거복지시설의 하나.

노인들에게 가정과 같은 주거여건과 급식, 그 밖에 일상생활에 필요한 편의를 제공함을 목적으로 하는 시설이다(노인복지법 제32조1항2호).

노인교실(老人教室)

노인들에 대하여 사회활동 참여욕구를 충족시키기 위하여 건전한 취미활동 · 노인건강유지 · 소득보장 기타 일상생활과 관련한 학습프로그램을 제공함을 목적으로 하는 노인여가복지시설의 하나를 말한다(노인복지법 제36조1항3호).

노인대학(老人大學)

고령자를 대상으로 교양강좌를 실시하는 동시에 레크리에이션 등에 의한 사회활동의 촉진을 꾀하여, 고령자의 심신의 건강유지에 이바지하는 것을 목적으로 하여 지방자치단체에서 실시하고 있는 사업. 고령자의 학습의욕의 고조를 반영하여 정원을 웃도는 인원을 모집하는 경우도 있다. 또 학습레벨도 해마다 높아져 가고 있어 수요자가 지역활동의 리더로서 활약하는 것이 기대되고 있다.

노인문제(老人問題)

고령화나 사회적 부양의 미숙함과 더불어 현저하게 되어 오고 있는 고령자 독특의 사회문제.

구체적으로는 심신의 기능이나 사회적 지위, 노동력의 저하, 빈곤, 보살핌, 수발, 질병, 여가의 개발 등의 문제이다. 노인은 상대적으로 심신의 기능의 쇠퇴나 사회적 지위변동에 따라 ① 노동시장에서의 경쟁력 저하로 노인의 노동조건은 저하된다. ② 노동조건 열악으로 인한 주택문제를 비롯한 빈곤문제 ③ 자립도 저하로 인한 신체의 보호문제 ④ 질병과 의료문제 ⑤ 교육문제를 포함한 노인의 여가개발문제 등이 발생한다. 노인인구의 비율이 급격히 상승하는 현대사회에서 사적 부양력은 저하되고 또한 사회적 부양력은 아직 미성숙하다는 데서 노인문제는 더욱 심각해지고 있다.

노인병(老人病)

일반적으로는 고령자가 걸리기 쉬운 뇌졸중, 뇌경색, 심근경색, 류머티스, 골다공증, 노인성 폐렴 등의 질병을 말한다. 이러한 질환은 신체적 노화가 배경에 있어 과거의 생활력이 환경에 깊이 관계되고 있기 때문에 개인차가 크다. 40세 이후에서 나타나기 쉬운 질병의 총칭인 성인병보다는 대상을 보다 고령자 측에 옮긴 개념이다. 증상은 젊은 사람에 비하여 비정형적(比定型的)이며, 표면적으로는 중독감(重篤感)이 없는 경우가 많다.

노인병원(老人病院)

노인환자들이 입원 치료받는 병원을 '노인병원'이라고 부르지만 법적으로는 '요양병원'이라고 한다. 노인 관련 시설은 노인복지시설과 의료시설로 나뉜다. 노인복지시설은 요양원을 가리키며, 노인복지법이 적용된다. 노인 관련시설이면서 의사가 있고, 시설을 갖추면 '이용시설'이 되며, 노인복지법과 의료법의 적용을 동시에 받는다. 요양병원으로 개칭하는 것이 바람직하다.

노인복지(老人福祉)

노인이 건강하고 행복한 여생을 보내도록 하기 위한 사회적 서비스의 총칭. 광의에서는 고령자의 심신의 건강을 유지하여, 생활의 안정을 꾀하고, 나아가 사회참가를 촉진하기 위한 보건, 의료, 소득보장, 고용, 주택 등의 제도 및 시책을 총칭하여 말한다. 협의로는 노인복지법에 의거한 제시책 및 그 취지에 의거한 공사(公私)의 활동을 말한다. 그 기본적 이념은 노인복지법 제2조에 규정되어 있는 것처럼 노인에 대한 경애와 건전하고 안정된 생활의 보장, 능력에 따라 적당한 일에 종사하여, 사회활동에 참여할 기회의 보장,

또 노인의 자조노력에 의한 심신의 건강의 유지, 희망과 능력에 따른 취업 및 그 지식과 경험을 활용, 사회의 발전에 기여하도록 노력하는 데 있다.

노인복지관(老人福祉館)

노인여가복지시설의 하나.

노인의 교양 취미생활 등에 대한 각종 정보와 서비스를 제공하고 건강증진 및 질병예방과 소득보장 재가복지 그밖에 노인의 복지증진에 필요한 서비스를 제공함을 목적으로 하는 시설을 말한다(노인복지법 제36조1항1호).

노인복지법(老人福祉法)

이 법은 노인의 복지에 관한 원리를 명확하게 함과 동시에 노인의 질환을 사전예방 또는 조기발견하고 질환상태에 따른 적절한 치료·요양으로 심신의 건강을 유지하고 노후의 생활안전을 위하여 필요한 조치를 강구함으로써 노인의 보건복지증진에 기여함을 목적으로 한 법률로 1981년 제정되어 시행해 오던 중 1997년 8월 22일(법률 제5359호)에 전문 개정하여 오늘에 이르고 있다. 2007년 7월 25일(법률 제8385호)에 기초노령연금법이 제정됨에 따라 이 법의 제2장(제9조~제22조)의 경로연금의 규정폐지와 부분개정이 있었다.

노인복지상담원(老人福祉相談員)

노인의 불안을 완화하고 사회적 고립을 방지하며 나아가 노인에게 삶의 보람을 주고 노후의 풍부한 생활설계를 갖도록 원조하는 방문원이다. 이들은 노인의 정신적 지주라 할 수 있으므로 상담원의 훈련과 전국 규모로 상담원제도의 전국적인 확대는 시급한 실정이다. 우리나라에서는 노인복지법시행령 제3조에서 규정하고 있는 상담원의 자격은 사회복지사의 자격소지자, 전문대학 이상에서 보건복지부령이 정하는 학과과정 이수자, 초·중등 교사로 2년 이상 근무한 자, 고등학교 이상의 학력소지자로 사회복지행정에 2년 이상 근무한 경력이 있는 자, 중학교 졸업자로서 사회복지행정에 5년 이상 근무한 경력이 있는 자로 되어 있다.

노인복지센터(老人福祉 center)

일본의 노인복지법 제13조에 근거한 노인복지시설의 하나. 지역사회 노인건강의 증진, 문화교양의 향상, 레크리에이션의 서비스를 목적으로 하여 일반 노인을 대상으로 한다. 일본의 노인복지센터는 크기에 따라 세 가지로 구분된다. 대규모형 (특A형)에서는 생활상담·건강상담·건강증진지도·취로지도·기능회복훈련·교양강좌·노인클럽에 대한 원조 등을 실시하며, 보통규모형 (A형)에서는 대규모형의 기능을 약간 축소한 것이고, 소규모형 (B형)은 A형을 보완하는 역할을 한다. 일반적으로 구·시·정(町)·촌에서 설립·운영하고 있으며 전임직원을 배치하여 재활·교양·취미·오락 활동을 전개한다. 우리나라에서도 서울·대구·구미에 노인복지센터가 설립되어 있으나 그 기능은 매우 약하다.

노인복지수당(老人福祉手當) ⇨ 기초노령연금

노인복지시설(老人福祉施設)

노인복지법에 의거하여 설치된 노인의 복지를 도모한 시설의 총칭.

노인복지시설에는 다음과 같은 시설이 있다(노인복지법 제31조).

①노인주거복지시설

②노인의료복지시설

③ 노인여가복지시설
④ 재가노인복지시설
⑤ 노인보호전문기관

노인복지시책(老人福祉施策)

광의로는 연금 · 보건의료 · 취로 · 주택 등을 포함한 노인을 위한 모든 사회적 시책을 가리키나, 보통은 협의로 노인복지법을 중심으로 국가 및 지방공공단체가 행하는 노인복지서비스를 의미한다. 협의의 노인복지시책은 주로 거동불능의 노인이나 독거노인을 대상으로 하는 보호적 시책과, 비교적 건강하고 사회적 활동이 가능한 노인이나 독거노인을 대상으로 하는 보호적 시책과 비교적 건강하고 사회적 활동이 가능한 노인을 대상으로 한 예방적 · 개발적 시책으로 나누어진다. 보호적 시책에는 노인 홈에서의 수용서비스와 다양한 주택복지서비스, 통원시설서비스가 있다. 최근 들어 지역복지가 강조되면서 예방적 · 개발적 시책이 강주되는 경향이 있는데 노인의 사회활동과 참여의 기회확대를 위한 시책이 이에 속한다.

노인복지주택(老人福祉住宅)

노인주거복지시설의 하나.

노인에게 주거시설을 분양 또는 임대하여 주거의 편의 생활지도 상담 및 안전관리 등 생활에 필요한 편의를 제공함을 목적으로 하는 시설이다(노인복지법 제32조1항3호).

노인부양(老人扶養)

노후생활에 있어 물질적 · 신체적 · 정신적 문제에 대하여 원조하는 것. 주체는 개인인 경우와 공공행정인 경우가 있다. 전자를 사적 부양, 후자를 사회적 부양이라 한다. 사적 부양은 민법 제974조의 직계 혈족 및 그 배우자 간에는 서로 부양할 의무가 있다는 조항을 핵심으로 하며, 사회적 부양은 국민기초생활보장법, 노인복지법, 각종 연금에 의한 소득보험이나 사회적 원조에 의한 대인서비스보장을 주로 한다. 사회적 부양은 행정기관이 담당하는 것 외에 지역주민이 담당하는 부분이 있다.

노인부양지수(老人扶養指數)

인구사학자들은 65세 이상의 비생산인구 대비 15~64세의 생산인구를 노령으로 생활능력이 없는 사람의 생활을 돕는 노인부양지수라고 말하고 있다. 인구고령화 현상의 가장 큰 문제점은 젊은이들의 출산(出産)저하로[한국여성의 출산 아이의 수가 1970년 에 4.53명이던 것이 2002년 통계에 1.3명임]생산인구는 계속 감소되고, 비생산인구(노인층)는 계속 증가하고 있는 현실이다.

우리나라의 경우 비생산인구, 즉 노인이 1998년에 전체인구의 6.6%였으나, 2002년에는 7.9%였고, 2019년에는 14.4%, 2026년 20.0%로 예상된다. 이 상태로 가면 25년 후에는 3명의 젊은이가 한 명의 노인을 부양하게 될 것 전망이다. 또한 출산율 저하는 앞으로 노동력 부족 등 사회경제 전반에 걸쳐 적잖은 변화를 가져올 전망이다.

노인성고혈압(老人性高血壓)

노화에 따르는 대동맥의 탄력성 저하에 수축기성 고혈압. WHO의 기준에 의하면 수축기 혈압 160mm Hg 또는 확장기혈압 95mm Hg 이상을 고혈압으로 하고 있는데 노인성고혈압에서는 확장기혈압이 높지 않고 특히 수축기혈압이 높다. → 고혈압

ㄴ

노인여가복지시설(老人餘暇福祉施設)

노인여가복지시설은 노인복지관, 경로당, 노인교실, 노인휴양소의 시설을 말한다.

위 시설의 이용대상 및 이용절차 등에 관하여 필요한 사항은 보건복지부령으로 정하도록 되어 있으며. 국가 또는 지방자치단체는 노인여가복지시설을 설치할 수 있다. 국가 · 지방자치단체 외의 자가 설치고자 하는 경우에는 도 · 시장 · 군수 · 구청장(자치구)에게 신고하여야 한다. 그리고 시설, 인력 및 운영에 관한 기준과 설치신고 등에 관한 사항을 보건복지부령으로 정한다(노인복지법 제36 · 37조).

노인요양공동생활가정(老人療養共 同生活家庭)

노인요양복지시설의 하나.

치매, 중풍 등 노인성질환 등으로 심신에 상당한 장애가 발생하여 도움을 필요로 하는 노인에게 가정과 같은 주거 여건과 급식 요양과 그 밖에 일상생활에 필요한 편의를 제공함을 목적으로 하는 시설을 말한다(노인복지법 제34조1항2호).

노인요양시설(老人療養施設)

노인의료복지시설의 하나.

치매, 중풍 등 노인성질환 등으로 심신에 상당한 장애가 발생하여 도움을 필요로 하는 노인을 입소시켜 급식 · 요양과 그밖에 일상생활에 필요한 편의를 제공함을 목적으로 하는 시설을 말한다(노인복지법 제34조1항1호).

노인의 날 등(老人의 날 등)

노인에 대한 사회적 관심과 공경의식을 높이기 위하여 노인복지법(제6조)에서 우리나라는 매년 10월 2일을 '노인의 날'로 정하였으며, 또 매년 10월을 경로(敬老)의 달로 규정하고 있다. 또 부모에 대한 효(孝)사상을 앙양하기 위하여 매년 5월 8일을 '어버이 날'로, 또 치매의 예방과 치료에 관한 사회적 인식을 제고하기 위하여 매년 9월 21일을 '치매극복의 날'로 정하고 있다(동법 제6조). 고령자를 공경하는 취지로 세계 각국의 기념일로, 예컨대 프랑스는 10월 첫째 일요일, 이탈리아는 5월 중의 하루, 브라질은 10월 6일, 오스트레일리아는 10월 첫째 일요일로, 일본은 매년 9월 15일을 '경로의 날'로 하고 있다.

노인의료복지시설(老人醫療福祉施設)

노인의료복지시설은 노인요양시설이다.

노인요양공동생활가정, 노인전문요양시설, 노인전문병원을 말한다. 노인의료복지시설의 입소대상 · 입소내용 및 입소절차와 설치 운영자의 준수사항 등에 관하여 필요한 사항은 보건복지부령으로 정하며, 국가 또는 지방자치단체는 노인의료복지시설을 설치할 수 있으며, 국가 · 지방자치단체 외의 자가 이 시설을 설치하고자 할 경우에는 시 · 도지사에게 신고하여야 한다. 다만, 노인전문병원은 의료법에 의한 의료기관을 설치할 수 있는 자에 한하여 시 · 도지사의 허가를 받아 설치할 수 있다(노인복지법 제34조 · 제35조).

노인인구비율(老人人口比率)

총인구에 65세 이상의 고령자가 차지하는 인구, 즉 노년세대의 비율. 고령화율이라고도 함. 특히 우리나라의 경우는 2002년에 7.9%로 고령화 사회에 근접했으며, 2020년에는 15%로 진입하게 될 것으로 예측하고 있다.

노인장기요양보험법(老人長期療養保險法)

이 법은 고령이나 노인성 질병 등의 사유로 일상

생활을 혼자서 수행하기 어려운 노인 등에게 제공하는 신체활동 또는 가사활동지원 등의 장기요양급여에 관한 사항을 규정하여 노후의 건강증진 및 생활안정을 도모하고 그 가족의 부담을 덜어줌으로써 국민의 삶의 질을 향상하도록 함을 목적으로 2007년 4월 27일(법률 제8403호)에 제정 · 공포하여 2008년 7월 1일부터 시행하게 되었다.

노인전문병원(老人專門病院)

노인의료복지시설의 하나.

주로 노인을 전문 대상으로 의료를 행하는 시설(병원)을 말한다(노인복지법 제34조1항3호).

노인전용주택(老人專用住宅)

노인을 위한 주택의 총칭. 이웃 일본에서는 공영주택법에 의한 노인을 위한 주택이나, 지방자치단체가 실시하는 노인주택 또는 독거노인을 위한 주택, 노인아파트, 전용거실 제공사업 등이 있다. 또 일본주택공단의 노인세대 우선입주, 페어주택(pair house)이나 주택금융금고의 노인동거세대 우대 등도 노인주택 대책의 일환이다. 앞으로의 노인주택은 동거세대를 위한 페어주택, 노인세대의 집단주택에 대한 보호서비스가 중요과제이다.

우리나라 노인복지법에는 "국가 또는 지방자치단체는 노인의 주거에 적합한 기능 및 설비를 갖춘 주거용 시설의 공급을 조장하여야 하며, 그 주거용 시설의 공급자에 대하여 적절한 지원을 할 수 있다"고 규정하고 있다(동법 제8조).

노인주거복지시설(老人住居福祉施設)

노인주거복지시설은 양호시설, 노인공동생활가정, 노인복지주택의 시설을 말하며, 노인주거복지시설의 입소대상, 입소절차, 입소비용 및 분양임대 등에 관하여 필요한 사항은 보건복지부령이 정하며, 노인복지주택의 설치, 관리 및 공급 등에 관하여는 노인복지법에서 규정한 사항을 제외하고는 주택법의 관련규정을 준용하도록 규정하고 있다.

국가 또는 지방자치단체는 노인주거복지시설을 설치할 수 있으며 국가 지방자치단체 외의 자가 위 시설을 설치하고자 할 때에는 특별자치도지사 · 시장 · 군수 · 구청장에 신고하여야 한다(노인복지법 제32 33조).

노인주택(老人住宅)

노인을 위한 주택을 총칭하여 사용하는 용어로 주택문제가 있는 노인을 위한 대책의 하나이며, 일본에 있어서는 공영주택법에 의한 노인을 위한 주택이나 지방자치제가 실시하는 노인주택 또는 독신자를 위한 주택, 노인아파트, 전용거실 제공사업 등이 있다. 또 일본 주택공단에서 노인세대 우선입주, 페어주택이나 주택금융금고의 노인동거세대우대 등도 노인주택대책의 일환이다. 앞으로의 노인주택에는 동거세대를 위한 페어주택노인세대의 집단주택에 대한 보호서비스가 중요과제이다.

노인클럽(老人 club)

소지역을 범위로 하여 대체로 60세 이상의 노인을 회원으로 하는 자주적인 조직. 목표는 회원 상호 간의 친근감 · 교양 · 사회성의 함양으로써 삶의 보람을 높이고 풍요한 생활을 기하며 자기가 가진 능력을 활용하여 사회에 공헌함에 있다. 우리나라의 경우는 한국전쟁 이후 대도시에 자주적이고 자연발생적인 경로당이 증설되고 이를 기반으로 노인구락부도 발생 · 증가되었다. 이들의 명칭은 명로회, 희로회, 장락회, 수경회, 재춘회, 장생구락부, 낙생회 등 이었다. 이들 조직들은 운영에 관한 정보교환 등을 목적으로 서로 연락을 갖게 되었으며, 1963년에 이르러서 사회단체 성격을 띤 노인회조직의 기운이 싹트기 시작했다. 1969년 1월 15일에는 전국노인단체연합회를 창립했으며, 그해 4월 15일에 연합회를 해체와 동시에 명칭도 개칭하여 대한노인회를 설립하기에 이르렀다. 그 활동은 강화(講話), 상호학습에 의한 교양의 향상, 레크리에이션, 노인체조, 걷기운동 등의 건강증진, 봉사활동, 생산 활동 등 다방면에 걸쳐있다.

노인학대행위(老人虐待行爲)

노인학대행위라 함은 지금까지 노인 학대에 대해 '형법' 등으로 처벌해 온 행위뿐만 아니라 노인복지법에서는 노인에 대하여 신체적 · 정신적 · 정서적 · 성적 폭력 및 경제적 착취 또는 가혹행위를 하거나 유기 또는 방임(放任)을 하는 것을 말한다고 규정하고 있다(동법 제1조의2 4호). 이 가운데 방임이라 함은 노인에게 밥을 주지 않거나, 모시기 싫다고 내쫓고 아파도 치료를 받지 못하게 하거나 방치하는 행위를 말하며, 또 정서학대는 요양시설로 보내겠다고 폭언을 하거나 겁을 줘, 정신적 고통을 가하는 경우 등이다.

노인휴양소(老人休養所)

노인들에 대하여 심신의 휴양과 관련한 위생시설 · 여가시설 기타 편의시설을 단기간 제공함을 목적으로 하는 노인여가복지시설의 하나(노인복지법제36조1항4호)를 말한다.

노화(老化)

성년기 이후 나이가 더해감에 따라 불가역적(不可逆的)으로 일어나는 심신기능의 변화를 말한다. 질병과는 본질적으로 다르나, 노화가 진행됨에 따라 질병에 걸리기 쉽고, 또 쉽게 낫지는 않는다. 노화에는 개인차가 있어 일률적으로 평가할 수는 없으나, 일반적으로는 ① 행동능력의 저하 ② 예비력의 감소 ③ 방위기능의 저하 ④ 회복력의 저하 ⑤ 적응력의 감퇴 등의 특징을 들 수 있다.

구체적으로는 신체의 세포가 연령이 더해 감에 따라 차츰 줄고, 장기(臟器)가 위축됨에 생기는 신체적 노화, 또 대뇌의 활동이 차츰 쇠약해져 지적 능력이 저하함에 따라 생기는 정신적 노화의 두 가지가 있다. 이 노화의 원인에 대해서는 신체의 형태나 기능의 소모에 의하는 것 또는 노폐물이나 방사선, 약제에 의해서 일어난 유전자 등의 변이물(變異物)의 축적이나 유전, 또는 스트레스나 호르몬에 의한 것 등 여러 가지 설이 있다. → 노쇠

노후보장(老後保障)

노후의 생활보장으로 요즘 사회에서 많이 사용되는 용어. 평균수명의 연장, 라이프사이클의 변화 등에 의해 노후기간이 현저히 연장됨에 따라 제3의 인생이라 할 수 있는 노후생활의 안정과 복지의 확보가 중요한 과제가 되고 있다. 노후의 생활보장은 경제적 안정뿐만 아니라 보건 · 의료의 확보, 생활환경시설의 정비, 교육 · 취로 등의 기회 확보, 그리고 사회복지서비스의 정비 등 종합적인 시책 · 제도의 정비와 확보를 뜻한다.

녹색주의(綠色主義)

산업사회의 정부역할에 관하여 다섯 가지 기본적인 비판을 가진다. ① 경제성장과 소비의 지속적 확대가 가능하며 바람직하다는 신념에

입각한 복지국가는 잘못되었다. ② 공업, 농업, 의료부문이 사용하는 대규모 기술은 유해하다. ③ 산업사회의 탐욕적이고 개인주의적인 정신은 자원고갈을 촉진시킨다. ④ 복지국가의 사회복지서비스는 사회문제의 원인이 아닌 현상만을 다루고 있다. ⑤ 경제성장과 소비의 감축과 마찬가지로 공공복지 지출도 축소되어야 한다.

농아자(聾啞者 = 벙어리)

음성기능 또는 언어기능을 상실했거나 그 기능에 영속적인 현저한 장애가 있는 자, 즉 귀로 듣지 못하고 입으로 말하지 못하는 자를 말한다. 보통 소아기(小兒期) 때부터 심한 난청(難聽)으로 음성언어의 습득이 불가능하기 때문에 말을 못하는 상태가 된다.

농아학교(聾啞學校)

농아교육을 하는 특수교육기관. 유치원에서 고등학교까지의 과정이 있다. 커뮤니케이션의 수단으로 현저한 장애를 가지고 있기 때문에 사회생활 내에서 곤란한 상황에 처해 있는 농아에 대해 사회생활에 필요한 지식의 흡수나 의견, 정보교환 등의 연수의 장을 만들어 복지증진을 도모하는 것을 목적으로 한다. 학습의 내용도 커뮤니케이션의 방법, 인간관계 등 사회생활 내에서 필요한 사항이다.

농어민연금제(農漁民年金制)

농어촌에 거주하는 18세 이상 60세 미만의 전국 농어민과 군 지역 자영업자들이 일정기간 보험료를 내면 60세 이후 연금혜택을 받을 수 있는 제도로 1995년 7월 1일부터 시행되고 있다.

농어촌주민(農漁村住民)

농어촌 주민이란 함은 농어촌에 거주하는 자를 말하는 데 지방자치법의 규정에 의한 시와 군의 지역 중 다음 각호의 1에 해당하는 지역에서 거주하는 자를 말한다.

가. 읍 · 면의 전지역

나. 동(洞)의 지역 중 국토의 계획 및 이용에 관한 법률의 규정에 따라 지정된 주거지역 상업지역 및 공업지역을 제외한 지역농어민은 농업 농촌기본법의 규정에 의한 농업인과 수산업법의 규정에 의한 어업인을 말한다(농어촌주민의 보건복지증진을 위한 특별법제2조).

농어촌 주민의 보건복지 증진을 위한 특별법(農漁村住民의 保健福祉 增進을 위한 特別法)

이 법은 농어촌 주민의 보건복지증진을 위한 시책을 강화하고 이에 관한 국가 및 지방자치단체의 책임을 명확히 하며 농어촌에 보건의료 및 사회복지시설을 확충함으로써 농어촌 주민의 인간다운 삶을 보장하는 것을 목적으로 하여 2004년 1월 29일(법률 제7151호)에 제정 · 공포하여 공포 후 3월이 경과한 날부터 시행하고 있다.

농활(農活)

대학생들의 농촌봉사활동의 준말. 대학생들이 여름방학을 이용해 단체로 농촌에 들어가 일을 거들면서 노동의 의미와 농민의 실정을 학습하는 활동을 말한다. 이것의 원류는 브나르드운동(1870년 러시아에서, 학생 등이 농민을 주체로 한 사회개혁을 이루고자 일으킨 계몽선전운동으로 '민중 속으로'의 뜻이며, 우리나라에서는 일제시대인 1930년대에 이 운동이 있었음)에까지 올라간다. 1960년대 이후 학생운동 그룹 사이에 농민에 대한 관심이 높아지면서 향토개척단 및 농촌을 연구하는 학회 등을 중심으로 농촌활동이 본격적으로 시작됐다. 이제는 농촌봉사, 농촌계몽이 아닌 보다 적극적인 개념으로서 대학생들이 참가함으로서 농촌활동이라는 용어가 정착됐다.

뇌경색(腦梗塞)

뇌혈전증이나 뇌전색증 등의 뇌혈류 장애에 의해, 뇌에 불가역적 변화가 일어나는 것. 뇌연화(腦軟化)라고도 한다. 뇌의 순환부전에 의하여, 뇌조직에 산소공급량이 저하하여 뇌대사가 장애되어, 뇌신경기능이 마비되고 그 위에 세포의 괴사에 의해 경색으로 된다. 뇌대사를 어느 정도 유지할 수 있을 만한 혈류(血流)가 있으면, 신경기능의 마비는 회복의 가망도 있다.

뇌병변장애인(腦病變障碍人)

뇌성마비, 외상성 뇌손상, 뇌졸중(腦卒中) 등 뇌의 기질적 병변에 기인한 신체적 장애로 보행 또는 일상생활동작 등에 제한을 받는 사람을 말한다(장애인복지법시행령 제2조 별표1).

뇌사(腦死)

심장의 정지에 앞서 뇌의 기능회복이 불가능한 가사(假死)상태.

구체적으로는 각종 장기(臟器)이식의 필요성으로부터 그 판정이나 취급을 둘러싸고 국민적인 의론이 높아져 있었는데 1999년 2월 8일 장기 등 이식에 관한 법률(법률 제5858호)이 제정되어 이 법에 의하여 설치되는 생명윤리위원회의 뇌사판정기준 및 뇌사판정 절차에 따라 뇌 전체의 기능이 되살아날 수 없는 상태로 정지되었다고 판정된 자를 뇌사자로 한다고 규정하고 있다(동법 제14~17조). 그러나 그 판정이나 취급 방법에 있어서는 법률과의 관계가 있기 때문에 역시 이론(異論)을 불러일으킬 경향도 있다.

뇌성마비(腦性痲痺)

태내에서 혹은 태생기(胎生期), 출산시 혹은 출생 직후에 발생하는 비가역적(非可逆的)인 뇌장애에 의한 운동장애의 총칭. 발생빈도는 출생 1,000명당 1~2명이며, 지적장애, 전간, 습식장애, 호흡장애 등도 가지는 중복장애가 절반 이상을 점한다. 뇌장애의 시기는 분만 시의 뇌 외상(外傷), 이상분만, 미숙아, 출산아가사(出産兒假死) 등 출산 시의 장애나 신생아 중증(重症)황달에 의한 것이 많다.

뇌일혈(腦溢血)

일명 뇌출혈. 뇌의 혈관이 파괴되어 출혈한 상태. 고혈압 동맥경화증이 있는 사람에게 과로나 정신흥분, 입욕, 용변 등이 유인이 되어 일어난다. 부위에 따라 증상이 다르지만, 대부분 회복 후에도 반신마비나 언어장애 등이 따른다.

뇌장애(腦障碍)

뇌의 혈관장애나 종양, 뇌염, 뇌막염, 진행마비 등 뇌자체의 손상에 의한 이질적 장애를 비롯해 두부외상이나 각종의 중독 혹은 산결상태에 의해 장애가 일어나는 것도 있다. 급성의 경우에는 외식장애가 현저하나 관성적인 상태에서는 지적능력의 저하가 보이며, 비교적 경증의 경우에는 건망증이 나타난다. 실어증처럼 언어중추라는 뇌의 특정부위에 장애가 한정되어 일어나는 것도 있다. 환각, 망상 등은 일시적으로 보이지 않는다.

뇌전색(腦栓塞)

혈관 내나 심장 내에서 생긴 혈액의 덩어리(혈전색전)가 혈관을 통하여 뇌에 흘러 들어와서, 뇌의 혈관이 갑자기 꽉 차는 병. 드물게 공기나 지방이 차서 발생하는 수가 있다. 전구(前驅) 증상은 없이 갑자기 발생하여 발작이 주야관계 없이 일어난다. 연령과는 관계없이 발생하여, 의식장애는 혈관이 막힌 장소나 범위에 따라 다르다. 때로는 빠르게 경쾌하는 경우도 있다. 질환의 원인으로는 심근경색, 심내막염, 심방세동(心房細動), 류머티스성 전막증 등, 심장유래의 색전(塞栓)의 경우가 많다. 특히 심장질환이나 동맥경화증을 수반하여 일어나는 일이 많으며. 졸중발작을 일으키고, 운동마비 지각마비 등을 일으킨다.

뇌졸중(腦卒中)

뇌혈관장애와 거의 동의(同義)로 쓰이지고 있다. 뇌의 순환부전에 의한 급격한 반응으로, 갑자기 넘어지거나 의식장애를 나타내어 한쪽 마비를 합병하는 증후군을 말한다. 뇌졸중으로서 발생하는 많은 뇌출혈은 이전에는 뇌혈과 질환의 주체를 점하고 있었기 때문에 뇌졸중(뇌출혈)으로 해석되고 있다. 그러나 근년 뇌출혈에 의한 사망률은 식생활의 개선, 생활환경의 향상, 고혈압 치료의 향상 등에 의하여 감소되고 있는 경향이다. 참고로 우리나라의 뇌졸중 요인은 남자는 흡연, 여자는 음주라는 연구결과를 2007년 9월 3일에 고려대학교 의과대학 윤덕준교수팀이 밝혔다.

뇌혈관성 치매(腦血管性 癡呆)

뇌동맥경화증 때문에 다발성으로 대소(大小)의 경색에 의해서 발생하는 뇌경색이나 뇌출혈 등 뇌혈관 장애가 원인으로 되는 치매이다.

구체적으로는 뇌혈관 장애로 되는 뇌경색이나 뇌출혈 등은 그 예방을 정기 검진과 과로의 방지, 건강 만들기, 폭음폭식의 금지 등 식생활에 주의하는 것이 필요하다.

뇌혈전(腦血栓)

콜레스테롤이나 혈액의 덩어리가 뇌의 혈관에 달라붙어서 서서히 막히는 병으로 고령자에서 많이 볼 수 있다. 수면 중 또는 기상 후에 발증하는 일이 많고, 증상은 단계적으로 진행되며, 허혈(虛血)에 의하여 장애된 뇌의 부위에 의하여 증상이 다르다. 전구(前驅) 증상으로는 뇌 허혈발작을 반복하지만 가끔 개선도 보인다. 의식장애는 비교적 경증(輕症)으로 예후(豫後)는 뇌의 장애부위와 그 범위에 의하여 좌우된다.

누구(漏救)

생활보호제도에 있어 보호를 요하는 자가 수급요건을 갖추고 있음에도 불구하고 보호받지 못하는 상태를 말한다. 누구가 발생하는 직접적 원인은 신청보호를 원칙으로 하고 있기 때문에 보호를 요구하지 않는 한 적용되지 않는다는 것이다. 제도에 관한 정보부족 · 수급에 대한 편견에 의한 저항, 거부에 의해서 생기는 경우가 있다. 나아가 정보의 미공개 · 상담원의 부족, 보호내용에 있어서 열등처우의 원칙 등 실시기관 측의 생활보호제도에 대한 자세도 원인으로 되어 있다. ↔ 남구

뉴딜정책(New Deal 政策)

미국의 제32대 대통령 루스벨트가 1933년부터 시작한 일련의 정책을 말한다. 당시의 미국은 세계대공황의 가운데에서 심각한 상황이었으나, 루스벨트는 공황을 극복하기 위하여 계획적인 경제활동의 통제를 행하였다. 1935년에 제정된

사회보장법도 그 일환이며, 사회보험, 공적부조, 아동·모자복지사업 보조 등의 구제사업의 정비가 내용의 중심이었다. 금융재정면에서는 은행에 대한 정부통제의 확대, 관리통화제 도입, 농산물 가격안정에 의한 농민구매력 증대를 꾀하는 정책을 실시하였다.

뉴리치현상(New Rich 現象)

서민층에 퍼지는 중류의식 확산현상으로, 중하류의 수입에도 빈곤을 느끼지 않고 보통이라고 생각하는 현상을 일컫는다. 이 현상은 중류개념과 개인의 생활수준인식 사이의 괴리에서 비롯된다. 이와는 반대로 실제 경제수준이 중류이면서도 여유가 없다고 느끼는 신 빈곤현상을 뉴 푸어(New Poor) 현상이라고 한다.

뉴머더(New Mother)

가정주부로서의 역할 뿐만 아니라 개인의 취미생활이나 부업 등 여러 가지 활동에 참여, 이를 즐기면서 균형 있는 삶을 살고 있는 새로운 주부상을 뜻한다. 고학력 주부층을 중심으로 이 경향이 두드러지고 있는데, 과거의 주부는 육아, 가사 등에만 관심을 쏟는 일이 많았지만, 뉴머더는 하나의 틀에 얽매이는 것을 싫어하고 배우자가 가사를 분담해야 한다고 생각한다.

뉴스테터, W. I(Newstetter, Wilber I : 1896 ~1972)

소셜워크, 특히 그룹워크의 교육과 실천에 크게 공헌한 인물. 펜실베이니아(pennsylvania)대학을 졸업, 웨스탄 리저브대학에서 석사학위를 취득한 후, 청소년과 그 가족의 그룹활동을 지도하고 그 후에는 핏츠버그대학 등에서 교편을 잡았다. 한 일에는 그룹워크와 커뮤니티 오거니제이션의 연결을 주장하며, 지역사회에 있어서 소집단의 그룹 다이너믹스를 주민의 복지에 활용하는 인터그룹워크설(說)을 주장한 것으로도 알려져 있다.

능력장애(能力障碍)

'WHO국제장애분류'(1980년)에서는 "능력장애라 함은 인간으로서 정상으로 간주되는 방법이나 범위로 활동해 가는 능력이(기능장애에 기인하는)무언가의 제한이나 결여(缺如)이다"라고 정의하고 있다. 기능장애의 결과, 식사, 배설, 의복의 착탈(着脫) 등의 신변동작이나 보행, 커뮤니케이션 활동 등이 잘 되지 않는 것을 의미한다. 더구나 국제장애분류는 2001년에 국제생활기능분류로 개정되었다. → 국제생활기능분류, 기능장애, 사회적 불리

니즈(needs)

일반적으로는 생존이나 행복, 충족을 구하는 신체적·정신적·경제적·문화적·사회적인 요구라는 의미로, 욕구, 필요, 요구 등으로도 번역된다. 사회복지에 대한 니즈의 경우, 특히 복지니즈라고도 한다.

구체적으로는 사회생활을 영위함에 있어서 필요불가결한 기본적 요건이 부족한 상태를 말한다. 그 실태에 따라 현재화(顯在化)된 것과 잠재화(潛在化)된 것이 있는 외에 그 서비스의 방법도 원조(처우)레벨과 정책레벨이 있다. → 복지니즈

니즈·자원조정설(needs·資源調整說)

레인(Lane, R.P)을 위원장으로 한 1939년 전 미국사회사업회의 제3부회의 보고서(레인보고서)에서 제창된 커뮤니티 오거니제이션의 사고방

식. 커뮤니티 오거니제이션의 주기능을 지역사회의 니즈에 대하여 사회자원을 효과적으로 조정하는 혹은 개발하는 데 있다고 했다. 레인보고서는 미국에서 최초로 커뮤니티 오거니제이션의 체계화를 시도한 것으로 되어 있으며, 그 중심이 되는 '니즈 자원조정설'은 그때까지 구빈사업의 조직화를 중심으로 하고 있었던 커뮤니티 오거니제이션의 대상을 지역사회의 니즈를 중심으로 하는 것으로 확대했다.

니즈의 평가(needs의 平價)

복지서비스의 계획이나 실시에 서비스의 이용자 및 잠재 이용자가 가지는 복지니즈의 성질, 양, 배경요인 등을 밝히는 것을 말한다.

다음 두 가지의 수준에서 행해진다.

① 상담 · 판정기관이나 서비스 실시기관이 개개의 내담자(來談者)나 서비스 이용 신청자에 대해서 개별적으로 행하는 처우 수준에서의 평가, ② 행정부나 사회복지협의회 등의 단체가 국가, 지방자치체, 지역사회에 있어서의 복지계획을 입안하기 위하여 일정 범위 내에서의 현재 및 장래의 복지서비스에 대한 니즈의 종류나 양을 집합적으로 파악하기 위하여 행하는 정책수준에서의 평가이다.

닐리에(Nirje Bengt, B : 1924~)

스웨덴 태생. '노멀라이제이션을 키운 아버지'로 불리어지고 있다. 닐리에, 니르제, 니리에 등으로 표기되기도 한다. 노멀라이제이션의 8가지 원리를 명확히 하여 아무리 장애가 중증인 것도 8개의 생활조건 안에서 삶의 권리가 있고 행정이나 사회는 그것을 실현할 책임이 있다고 했다.

8가지 원리라 함은 ① 하루의 노멀인리즘 ② 1주일의 노멀인리즘 ③ 1년간의 노멀인리즘 ④ 라이프 사이쿨에 있어서 노멀인 발달경험 ⑤ 노멀인 개인의 존엄과 자기 결정권 ⑥ 그 문화에 있어서 노멀인 성적 관계 ⑦ 그 사회에 있어서 노멀인 경제수준과 그것을 얻는 권리 ⑧ 그 지역에 있어서의 노멀인 환경형태의 수준이라는 것.

님비증후군(NIMBY症候群) ⇨ 님비현상

님비현상(NIMBY 現象)

님비라 함은 'Not in my backyard'라는 각 단어의 첫 글자를 따서 만든 조어(造語)로 시설의 필요성은 인정하지만, 자기 집의 환경이 악화되기 때문에 "내 뒷마당에서는 안 된다"는 이기주의적 의미로 통용되고 있다. 늘어나는 범죄자, 마약중독자, AID환자, 산업폐기물, 핵폐기물을 수용 또는 처리하는 마약처리센터나 또는 방사능오염 쓰레기장 및 병원의 영안실, 심신장애인학교, 장애인요양원, 화장장, 납골당 같은 시설의 필요성을 인정하지만, 이러한 것들이 나의 주위가 아니고 '남의 뒷마당'에서 이루어지기를 바라는 자기중심적 공공성 결핍 증상을 말한다.

ㄷ

다문제가족(多問題家族)

동일가족 내에 있어 복수의 문제를 동시에 떠맡고 있으며, 만성적인 의존(依存)상태에 있는 가족이라는 것.

현대사회에 있어서 중심적인 문제의 하나이며, 그 특징으로서는 ① 빈곤문제가 핵(核)에 있다는 것 ② 사회복지기관의 원조에 거부적이라는 것 ③ 지역사회로부터 고립되어 있다는 것을 들 수 있다. 그 대응으로서는 여러 가지 방법이 취해져 있으나, 문제가 다방면에 걸치기 때문에 각 기관의 팀워크가 불가결해진다.

다문화가족(多文化家族)

다문화가족이란 다음 각목의 어느 하나에 해당하는 가족을 말한다.

가. 재한 외국인 처우 기본법 제2조 제3호의 결혼이민자와 국적법 제2조부터 제4조까지의 규정에 따라 대한민국 국적을 취득한 자로 이루어진 가족

나. 국적법 재3조 및 제4조에 따라 대한민국 국적을 취득한 자와 같은 법 제2조부터 제4조까지의 규정에 따라 대한민국 국적을 취득한 자로 이루어진 가족(다문화가족지원법 제2조 1호).

다문화가족정책위원회(多文化家族政策委員會)

다문화가족정책위원회는 다문화가족의 삶의 질 향상과 사회통합에 관한 중요 상황을 심의 조정하기 위하여 국무총리 소속으로 설치하며, 정책위원회는 다음 각호의 사항을 심의 조정한다(다문화가족지원법 제3조의 4).

1. 다문화가족 지원을 위한 기본계획의 수립(본법 제3조의2)에 따른 다문화가족정책에 관한 기본계획의 수립 및 추진에 관한 사항
2. 연도별 시행계획의 수립 시행(본법 제3조의3)에 따른 다문화가족정책의 시행계획의 수립, 추진실적 점검 및 평가에 관한 사항
3. 다문화가족과 관련된 각종 조사, 연구 및 정책의 분석 평가에 관한 사항
4. 각종 다문화가족 지원 관련 사업의 조정 및 협력에 관한 사항
5. 다문화가족정책과 관련된 국가간 협력에 관한 사항
6. 그 밖의 다문화가족의 사회통합에 관한 중요사항으로 위원장이 필요하다고 인정하는 사항

다문화가족정책위원회는 위원장 1명을 포함한 20명 이내의 위원으로 구성하고 위원장은 국무총리가 되며, 위원은 다음 각호의 사람이 된다.

1. 대통령령으로 정하는 중앙행정기관의 장
2. 다문화가족정책에 관하여 학식과 경험이 풍부한 사람 중에서 위원장이 위촉하는 사람

정책위원회에서 심의 조정할 사항을 미리 검토하고 대통령령에 따라 위임된 사항을 다루기 위하여 정책위원회에 실무위원회를 둔다. 그 밖에 정책위원회 및 실무위원회의 구성 및 운영 등에 필요한 사항은 대통령령으로 정한다.

다문화가족지원법(多文化家族支援法)

이 법은 다문화가족 구성원이 안정적인 가족생

활을 영위할 수 있도록 함으로써 이들의 삶의 질 향상과 사회통합에 이바지함을 목적으로 2008년 3월 21일(법률 제9932호)에 법 23개 조문 및 부칙으로 제정·공포하여 시행중 몇 차례 개정되어 오늘에 이르고 있다.

다운증후군(Down 症候群)

1866년 영국의 다운(Down, J.L.H.)에 의해서 최초로 보고된 상염색체(常染色體) 이상에 의한 선천적 장애. 몽골리즘, 몽골증(몽골리스무스 : MongoIsmus=염색체 이상으로 인한 정신박약의 일종), 21-트리소미 증후군 등으로 불린다. 출현빈도는 1,000명에 한 사람의 비율로 나이가 많은 부모들(고연령) 출산과의 관련이 지적되고 있다. 주된 임상증상은 지적장애, 특이한 얼굴모양, 손가락의 이상, 힘줄 긴장저하, 귓바퀴 변형 등으로 심질환을 동반하는 게 많다. 근년의 의료기술의 진보에 의해 출생 전의 검사로 염색체이상의 진단이 가능해졌으나 이것은 장애인(아)의 존재를 부정하는 것으로 연결된다고 하여 사회적 논의를 부르고 있다.

다이버션(diversion)

범죄처리를 위한 형사사법 과정(경찰·검찰·재판·행형(行刑)·갱생보호)으로부터 이탈시켜 범죄처리를 하는 것을 말한다.

1960년대 후반 이후 미국에서 날로 심화되는 범죄문제에 대치할 수 없는 소년·형사사법 제도에서 연방정부의 자금원조를 받아 공판건 개입과 청소년 서비스국 등에 의한 기준의 사법제도에 대한 회피가 시도되었다.

행위에 대한 평가의 변화에 의한 비범죄화의 경우는 별도로, 기존제도의 활용 등의 이유에서 소년·형사사법제도 위에 사건처리를 위탁하는 것을 나름의 이점이 있다. 그러나 별도로 복지적·원조적 시책이 준비되는 경우, 그 시책대상자의 범위가 확대되고 보다 광범한 사회동체의 체제가 구성된 위험이 있고 또한 다이버션 수속에 있어서 자의적·차별적 계량상의 위험문제도 지적되고 있다.

단결권(團結權)

근로자가 그의 근로조건을 유지 개선하기 위해서 단결하는 권리, 단체교섭권·단체행동권과 함께 노동기본권이라고 한다. 이러한 근로자의 단결권을 침해하거나 지배 개입하는 사용자의 행위는 부당노동행위로서 금지 된다.

단급세대·병급세대(單給世帶·併給世帶)

국민기초생활보장법에 의한 급여를 받고 있는 세대에서 7종류(생계·주거·의료·자활·교육·해산·장제)의 급여 중 한 종류만을 수급하고 있는 세대를 '단급세대'라고 한다. 특히 의료보험만을 수급하고 있는 세대를 의료보험단급세대라 부르는데 이러한 종류의 세대가 많다. 이 경향은 피보호대상자 중에서 상병(傷病) 때문에 수급개시의 원인으로 되는 것이 많기 때문이다. 이러한 단급세대에 대하여 두 종류 이상의 수급을 받는 세대를 '병급세대'라고 한다.

단기기억(短期記憶)

일시적인 기억으로 전화를 걸기 위하여 번호를 잠시 머릿속에 넣어 두는 경우가 이에 해당한다. 장기기억으로 옮겨지지 않으면 기억은 그렇게 지속되지 않는다. 정보처리의 사고방법에 의한 기억의 세 가지의 구조의 제2단계다. → 감각기억, 장기기억.

단기보험 장기보험(短期保險 長期保險)

사회보험을 주로 재정수지의 기간으로 보아 단기보험은 보통 1년간에 수지 균등하도록 보험료를 계산하는 것으로서 건강보험 등이 여기에 해당된다. 장기보험은 국민연금과 같이 처음에는 급부비가 적지만 해를 거듭할수록 점증하는 것으로서 장기적인 시야에서 본 재정계획이 필요하다.

단기보호서비스(短期保護 Services)

재가노인복지시설에서 제공하는 서비스의 하나.

부득이란 사유로 가족의 보호를 받을 수 없어 일시적으로 보호가 필요한 심신이 허약한 노인과 장애노인을 보호시설에 단기간 입소(入所)시켜 보호함으로써 노인 및 노인가정의 복지증진을 도모하기 위한 서비스를 말한다(노인복지법 제38조1항3호).

단시간근로자(短時間勤勞者)

단시간 근로자라 함은 1주 동안의 소정 근로시간이 그 사업장에서 같은 종류의 업무에 종사하는 통상 근로자의 1주 동안의 소정 근로시간에 비하여 짧은 근로자를 말한다(근로기준법 제2조8호).

단체교섭권(團體交涉權)

경제적 약자인 근로자가 노동조합 기타 노동단체의 대표를 통하여 경제적 강자인 사용주와 근로조건에 관하여 교섭하는 권리를 말한다. 우리 헌법도 이 권리의 보장을 규정하고 있다. 근로자의 이와 같은 단체교섭에 대하여 사용주 또는 그 근로단체가 정당한 이유 없이 이를 거절 또는 해태(解怠) 할 수 없다. 단체교섭의 결과 노사 간에 체결되는 계약을 단체협약이라고 한다. 이 권리의 성질 한계 및 주체는 근로자의 단결권의 경우와 같다.

단체행동권(團體行動權)

근로자가 사용주에 대항하여 근로조건의 개선유지를 위하여 파업, 태업(怠業), 시위운동 등의 단체행동을 할 수 있는 권리를 말한다. 우리 헌법도 이 권리를 보장하고 있다. 광의(廣義)로는 단체교섭권도 여기에 포함된다. 근로자의 이와 같은 단체행동은 결국 쟁의행위 이므로 단체행동권을 일명(一名) 쟁의권(爭議權)이라고도 한다. 이러한 근로자의 단체행동권은 근로자의 지위향상을 것이므로 최대한으로 보장되어야 한다. 이 권리의 성질 주체는 근로자의 단결권의 경우와 같다.

단체협약(團體協約)

근로자의 단체, 즉 노동조합과 사용자 사이에서 노동조건 기타에 관하여 하는 계약이다. 근로관계를 규율하는 규범적 부분과, 그 규범을 실시하는 데 준수하여야 할 의무를 규정하는 채권법적 부분으로 성립되는데, 규범적인 부분이 핵심이 된다.

당연가입제도(當然加入制度)

법이 보험의 가입을 강제하는 것을 말한다. 사회보험은 인적 보험이기 때문에 일정자, 예를 들면 근로자에 대하여 당연가입이 원칙이다. 그러나 우리나라의 현행법은 일정 규모 이상의 사업소에 대해 강제 적용하는 방법(당연적용사업소)를 취하고, 거기에는 일하는 근로자에는 강제가입이 원칙이며 기타의 사업소에는 임의적용의 길을 열고 있다. 당연가입이라고 한 어휘는 현행법에서는 적용사업소와 피보험자의 쌍방에 대해서 말하는 것이다. →강제피보험자

대변적 기능(代辯的 機能)

사회복지서비스의 이용자의 권리옹호를 위하여 그 요령이나 의견을 대신하여 표명하고 실현을 꾀하는 기능. 사회복지서비스의 이용자는 그 장애나 사회적 입장의 약한 것 등에 의하여, 직접적인 의견표명과 실제에 절차를 행하는 것 등이 곤란하기 때문에, 권리를 옹호하기 위한 대변적 기능을 필요로 하고 있는 것이 적지 않다. 그것을 위하여 케어메니저, 소셜워커 등의 상담원조직(援助職)을 비롯하여 사회복지 전문직이 해야 하는 기능의 하나로서 중요하다. → 권리옹호

대사질환(代謝疾患)

전신적 혹은 극소적인 대사기구에 이상을 가져오는 질환의 총칭. 대표적인 예로서는 혈당(血糖)대사의 이상인 당뇨병, 지질대사(脂質代謝)의 이상인 고지혈증(高脂血症) 등이 있다. → 당뇨병

대안학교(代案學校 = alternative school)

학업을 중단하거나 개인적 특성에 맞는 교육을 받고자 하는 학생을 대상으로 현장실습 등 체험위주의 교육, 인성위주의 교육 또는 개인의 소질 · 적성 개발위주의 교육 등 다양한 교육을 실시하는 학교이다. 대안학교는 초등학교 · 중학교 · 고등학교의 과정을 통합하여 운영할 수 있다(교육기본법 제60조의 3).

교육법에서는 대안학교를 '자연친화적이고 공동체적인 삶의 전수를 교육목표로 학습자 중심의 비정형적 교육과정과 다양한 교수방식을 추구하는 학교'로 정의하고 있으며 획일적인 공교육제도에서 탈피, 교육목적, 학생수준 등에 따라 자유롭고 다양하게 교육과정, 학습방법 등을 운영한다.

대인복지서비스(對人福祉 services)

영국에서 시봄(Seebohm)보고가 발표된 1960년대부터 사용되고 있는 복지개념인데 반드시 통일된 견해는 아니다. 퍼스널 소셜서비스(Presonal social services)라고 원어 그대로 쓰이는 수도 있는가 하면 대인사회서비스, 개별적 복지서비스로 번역되는 수도 있다. 또 사회서비스(Soc-ial Services)로 동의(同義)로 사용되기도 한다. 일반적으로는 교육, 의료, 소득보장과는 다르고, 이용자에 대인적(對人的) 직접서비스를 제공하는 개별성이 높은 사회복지서비스를 가리키는 것이 많다. 사회복지 중에서 생활상의 곤란한 문제에 직면하는 개인, 가족 및 집단에 대하여 각각의 대면적인 관계를 통해서 개별적, 구체적으로 제공되는 서비스를 말한다.

구체적으로는 신변의 보살핌이나 상담조건 등을 내용으로 하는 시설 및 재택복지이다. 대인복지서비스의 특징은 ① 서비스의 이용자와 제공자 간이 상호관계가 전제된 것 ③ 이용자가 생활하고 있는 지역을 기반으로 한 원조가 중시되고, 지역주민이나 시설 · 기관 · 서비스 등의 사회자원의 활용과 정비가 중요하다는 것 ③ 경제적 서비스와 비교해서 명확한 최저기준의 설정이 어렵고 따라서 니즈에 가장 근접한 각 자치제마다 공식, 비공식 서비스를 포함한 지역복지계획이 필요하다는 것 ④ 보건, 의료, 교육, 주택과의 상호연계에 의하여 효과를 더욱 발휘할 수 있다는 것이다.

대인사회서비스(對人社會 services)

사회복지제도를 통하여 이용자에게 제공되는 소셜 · 서비스의 가운데에서 대인관계를 근원으로 제공되는 서비스를 말한다.

구체적으로는 상담 원조활동이나 케어활동이

여기에 해당한다. '퍼스널 · 소셜 · 서비스'의 번역인데 대인복지서비스라고 할 때도 있다.

대인원조기술(對人援助技術)

사회복지원조기술(소셜워크)에 한하지 않고 카운슬러 심리요법 등은 대인원조기술로서 공통성을 갖고 있어서 넓게 이와 같이 말하는 경우가 있다. 예컨대 경청, 수용, 비심판적 태도 등이 그런 것이다. 따라서 사회복지나 교육, 정신과 영역 등 다른 장면에서 쓰이는 대인원조의 기술의 유사성에 착안해서 이렇게 말하는 수도 있다. → 경청, 수용, 비심판적 태도

대증요법(對症療法)

원인요법에 대한 용어로 환자의 증상에 맞추어서 대처하는 치료법을 말한다. 고열에 대해서는 해열제를, 동통(疼痛)에 대해서는 진통제를 투여하는 것 등으로 원인의 치료법은 아니나 현재 직면한 고통 등을 가라앉힐 수가 있다.

대처리즘(Thatcherism)

영국 경제의 재생을 꾀한 대처 수상의 사회 · 경제 정책의 총칭. 1999년 총선거에서 보수당의 승리로 집권한 대처 수상은 노동당 정권의 여러 정책에 대한 질적 변혁을 원하였으며, 복지정책의 변경에 의한 공공지출의 삭감과 감세, 기업가와 민간의 자유로운 활동의 중시, 노조규제, 통화정책 제일주의의 중시, 국영기업의 민영화, 외환관리의 전폐와 빅뱅(big bang) 등에 의한 시티의 활성화 등이 그 중심적 정책이었다. 이와 같은 정부의 실현에 주력함으로써 영국은 '영국병'으로부터 벗어났다. 대처리즘은 또한 교육정책도 산학(産學) 협동으로 전환시켰다. 사회 · 경제정책의 변경에서부터 '의식계획'까지 추구하는 대처리즘은 또한 '미래의 혁명'이라는 말까지 듣고 있다.

대체적 기능(代替的 機能)

일반적인 사회제도나 사회시책이 갖추어지지 못했으므로 사회복지가 그들을 대신하여 사람들에게 생활상 필요한 급여나 서비스를 제공하고 있는 경우, 사회복지는 대체적 기능을 담당하고 있다고 말한다.

대한노인회(大韓老人會)

우리 민족의 미풍양속과 전통적 가족제도의 유지발전을 위하여 노인복지에 힘쓰며, 회원 상호간의 친목 도모를 목적으로 1975년 8월 25일에 보사부로부터 허가를 받아 법인체로 설립되었다. 주요 사업으로는 ① 노후생활의 권리보장과 노인복지사상보급 ② 노인정, 노인클럽, 노인교실, 종합복지센터, 양로원의 건립운영 ③ 노후생활의 안정을 위한 기타 부대사업 ④ 공원묘지 조성을 목적으로 한 재단법인의 지원관리 등 주요 사업을 수행하기 위하여 각 시 · 도에 지부 지회 분회를 두고 있으며, 회원들의 권익을 대변하고 있다.

대행기능(代行機能)

사람이라고 하는 생명체에 있어서 어떤 기능이 무언가의 장애로 활동하지 않는 경우, 그것에 대신하여 보조하는 기능. 시각장애인에 있어서의 촉각 · 청각, 언어장애인의 인공후두(喉頭), 내부장애인의 인공항문이라는 것, 더욱 광범위로는 장애에 대한 보조기구까지도 가리킨다.

데시벨(decibel)

소음을 측정하는 단위로 dB(decibel)로 표시한

다. 간신히 들을 수 있는 소리는 10dB, 전화벨소리는 60dB, 열차소리는 100dB이다. 10dB이 올라갈 때마다 음의 강도는 10배로 늘어난다. 80dB 이상의 소음을 오랜 기간 계속 들으면 평생 청각장애인이 될 수도 있다. 특히 80dB로 증가하면 소음의 세기는 두 배가 증가된다.

데이서비스(day services)

광의로는 데이케어(day care)와 같다. 고령자의 제도로서 말하는 경우, 노인복지법에 의거하여 재택의 허약노인 및 자리보전을 하고 있는 노인에 대하여 통소(通所) 또는 방문에 의해 요케어자의 심신기능의 유지 · 향상과 가족의 케어부담을 경감하는 것을 목적으로 생활서비스(식사, 목욕 등)를 중심으로 행하는 서비스를 말한다.

데이케어(day care)

재택(가)생활을 하고 있는 거동이 불편한 노인이나 치매성 노인, 장애인 등의 요개호자를 하루 중 일정한 시간 데이 케어센터 등의 복지시설에 받아들여서 목욕, 식사를 포함한 일상생활 원조나 재활(rehabilitation)을 실시하여 심신의 기능회복과 예방을 도모하는 재택(가)복지서비스를 말한다. 데이서비스(day service)와 거의 같은 뜻으로 사용되고 있으나 앞으로는 이 용어들의 조정이 필요하다고 생각된다.

서울시에서는 2009년 7월 15일에 '인증기준 36개 항목'을 통과한 서울형 데이케어센터를 시내 23개 자치구(중구 제외) 별로 1~4개씩 모두 47곳에 문을 열고, 오전 8시~오후 10시까지 운영하며 치매 등 노인성 질환을 앓고 있는 노인들을 돌봐주고 있다. 여기에 시 복지국은 점점 50명을 두어 위생 급식 상태를 살펴보고, 회계관리가 투명하게 이뤄지는지 관리한다고 한다.

데이케어시설(day care施設)

'데어케어(day care)'는 일반적으로 입원, 입소에 대치하는 개념으로서 재택(在宅)자에 대해 주로 통원(소)의 방법으로 제공되는 보호(치료, 훈련, 간호, 오락, 등)의 총칭으로 사용되는 경우가 많다. 데어케어(통원보호)시설에는 법적 근거를 갖는 것과 임의로 실시하고 있는 것이 있으며, 통원병원, 통원센터, 통원서비스센터 등 여러 가지로 불리워지고 있다. 제도화된 것으로서는 보건의료 영역으로, 노인통원보호, 노인보건시설 통소사업, 정신과통원보호가 있고, 사회복지영역으로는 노인통원 서비스(노인복지법), 신체장애인통원서비스(장애인복지법),아동동원서비스(아동복지법)가 있다.

데어케어(통원보호)시설의 목적은 재택을 가능하게 하기 위한 보호이며, 재택생활의 질을 높이기 위해 보호하는 것이다.

데이호스피털(day hospital)

상당기간에 걸쳐 정기적으로 통원시키되 주간(낮)에만 체재(滯在)시켜 치료나 훈련을 행하는 것을 말한다. 외래(外來)진료와의 구별이 명확하지 않으나 노인의료문제가 대두된 최근에 주목을 끌고 있다.

도너(donor)

장기(臟器)제공자. 심장이나 신장 등의 장기를 장기이식의 수술을 할 때 필요한 사람에게 이식장기(移植臟器)를 제공하는(사후에라도) 사람. 의학용어로는 급혈자(給血者)로도 번역된다.

도메스틱바이오렌스(domestic Violens)

DV라고 불리는 수가 많다. 가정 내 폭력이라고 직역되는데 일반적으로는 가정 내에 머물지 않

ㄷ

고, 친밀한 관계에서 남성으로부터 여성에의 폭력을 의미한다. 친밀한 관계라 함은 법적인 혼인 관계뿐만 아니라 연인끼리, 내연관계 등 다양하게 존재한다. 신체적 폭력에 한하지 않고, 여성의 사고나 행동을 위축시키는 것 같은 심리적인 폭력도 포함된다. 1995년의 중국 베이징(北京)여성회의 등을 거쳐, 여성의 기본적 인권을 위협하는 중대한 문제로서 인식되도록 되었다.

도시화(都市化)

도시화란 크게 나누면, 인구학적 정의와 사회학적 정의 두 가지 정의가 있다. 인구학적으로는 농촌(촌락) 인구가 도시로 이동, 도시인구가 급증하여 인구전체에서 점하는 도시인구의 비율이 높아진 것을 도시화라고 한다. 사회학적으로는 농촌과 다른 도시적 사회구조(제2차 · 제3차 산업의 발달, 경제 · 문화 · 교육 · 의료 · 정보 등 모든 기능의 집적(集積)과 기능집단의 발달 등)와 도시적 생활양식의 발달 및 이의 농촌을 포함한 전 사회의 침투를 도시화라고 한다.

도오너카드(donor card)

의학용어로서의 donor라 함은 장기기증자(臟器寄贈者)로 사후(死後) 자기의 장기를 제공하는 의사표시를 기록한 카드를 말한다.

독거노인(獨居老人)

노인이 속하는 세대(世帶)를 구분하는 카테고리의 하나이다. 배우자 및 친족, 비친족 중 그 누구 하나도 같이 거주하거나 가계를 함께 하지 않는 단독세대, 또는 그 상태에 있는 노인을 가리킨다. 세대단위로 본다면 노인의 단독세대는 부부만의 세대, 미혼자녀와 동거하는 세대, 그리고 핵가족적인 형태를 띄는 세대의 하위(下位)구분으로 될 수 있다. 한편 노인의 상태에 따라 생각한다면 혼자 사는 노인은 노화에 따라 흔히 나타나는 고독, 빈곤, 질병의 문제나 가사(家事)서비스 원조 및 수발, 보살핌의 필요에 대응해 주는 인적 자원을 세대 내에 갖지 못하고 있다. 이런 관점에서만 언급한다면 와상(臥床)노인, 치매성 노인과 더불어 사회복지서비스나 공공부조의 필요성이 높은 요원호노인의 한 구분이기도 하다.

독재적 부모(獨裁的 父母)

독재적 부모는 자녀에게 온정적이지 못하고 적대적이면서 자녀의 행동을 엄격하게 통제한다. 또 자녀에 대한 애정이 부족하고 강압적이며, 자녀를 통제하기 위하여 신체적 처벌을 가한다. 독재적 부모들은 자신들의 결정이나 규칙에 자녀가 따르지 않는 것을 도전으로 받아들이고 억압하며, 이러한 경우에 성숙한 행동에 대한 부모의 요구와 자녀의 욕구사이에 조화를 이루지 못하게 되며, 이러한 부모를 가진 자녀는 자발성이 부족하고 수동적이며, 냉담하고 낮은 자존심을 지니고 있다.

동기부여(動機附輿)

모티베이션(motivation)이라고도 한다. 생활체에 행동을 일으켜서 그 활동의 방향을 정하여 역동적인 일련의 심리적 과정. 생활체를 행동에 드러나게 하는 생활체의 내부 상태를 동기(motivs) 또는 동인(動因)이라고 하며, 행동을 일으키는 외부자극을 유인(誘因) 또는 목표라 한다. 예컨대 공복이 되어 레스토랑을 찾아 식사를 할 경우, 식욕이라는 동기가 생기고 레스토랑의 요리는 유인으로 된다. 또한 동기는 일차적 동기와 이차적 동기로 분류되어 전자는 생리적 동기, 기본적 동기로도 불리어, 호흡, 기아, 갈증 등 생리적인 기초를 갖는 동기인데 대하여, 후자는 사회적 동기, 학습된 동기라고도 불리어, 많은 것을 소유하고 싶다, 높은 사회적 지위에 앉고 싶다, 유명해지고 싶다고 하는 등의 동기를 말한다. 사회복지원조에 있어서는 서비스 이용자가 스스로의 동기부여를 가지고 사회복지서비스를 이용하는 것이 문제로 된다. 동기부여를 갖지 않는 자에 대하여는 원조측으로부터 적극적으로 활동하는 것 같은 원조가 필요하게 된다.

동반자살(同伴自殺)

부모가 자녀들을 앞세워 자살하는 것을 말하며, 빈곤, 가정불화, 질병 등 그 원인은 다양하다. 자녀를 독립된 개체로 인정하지 아니하고 부모의 종속물로 인식하기 때문이며, 부모일지라도 자식의 생명을 좌우할 권리는 없는 것이다.

동서대비원(東西大悲院)

백성의 질병을 고치기 위하여 의술을 베푼 의료기관으로 고려시대와 조선왕조 태조 원년(서기 1392년)에 설치 후 태종 14년(서기 1414년)에 동서활인원(東西活人院)으로 명칭이 변경되었다.

동서활인서(東西活人署)

조선 때의 백성들의 의료구호를 맡은 관청으로 태종 14년(서기1414년)에 동서대비원을 동서활인원으로 개칭한 것을 세조 12년(서기1466년)에는 다시 동서활인서로 개칭하면서 가난한 사람들의 의료와 의식급여를 맡았던 기관.

동일성(同一性)

어떤 집단을 구성하는 성원의 질이 같거나 거의 비슷한 성질. 집단성원의 질에는 인종 · 성별 · 연령 · 학력 · 직업능력 등 여러 가지 요인을 들 수 있다. 이와 반대의 의미로는 이질성을 들 수 있는데 이것은 집단을 구성하고 있는 성원이 그 질적인 면에서 서로 차이가 있는 것을 의미한다.

동일시(同一視)

정신분석의 용어로 주체가 있는 타자(他者)의 생각이나 속성(屬性), 행동을 받아 들이서 내재화하여 대상과의 합체(合體)를 다하는 심적기제. 부모처럼 되고 싶다고 하는 소망에서 어린이는 의식적 무의식적으로 부모의 모방을 행하여 그 결과 어린이의 사회화와 인격형성이 진행한다. 여기서 어린이로부터 부모에 대하는 애증(愛憎)의 양가적(兩價的) 감정은 동일시의 성립에 중요한 역할을 다한다. 동일시는 사랑하는 것과의 동일시, 적대자에의 죄악감에 의한 동일시, 심리적 전염에 의한 동일시, 자기애적(自己愛的) 동일시 등을 포함해, 다양한 신경증적 증상의 발증(發症)과정과 관련된다.

동일화(同一化) ⇨ 동일시(同一視)

동정(同情)

곤란한 처지에 있거나 고통을 받고 있는 다른 사람에게 관심을 가지고 그들과 어느 정도 비슷한 감정을 가지고 어려운 사정을 알아주고 마음 아파하는 것, 또는 그런 마음으로 도와주는 것.

동질성(同質性)

어떤 집단을 구성하는 성원의 질이 같거나 거의 비슷한 성질, 집단성원의 질에는 인종, 성별, 연령, 학력, 직업능력 등 여러 가지 요인을 들 수 있다. 이와 반대의 의미로는 이질성을 들 수 있는데 이것은 집단을 구성하고 있는 성원이 그 질적인 면에서 서로 차이가 있는 것을 의미한다.

ㄷ

듀낭(Dunant, Jean Henri : 1828~1910)

스위스의 인도주의자. 국제적십자의 창시자이다. 스위스 제네바의 명가에서 태어나서 일찍부터 종교운동과 자선사업에 종사하였다. 1855년 YMCA창설에 참가하였고 1858년 이탈리아 통일전쟁 때 솔페리노의 전쟁터를 여행하여 많은 전상자가 치료를 받지 못하고 수용소에 누워있는 현실에 충격을 받아 1862년에 『솔페리노의 회상』이란 책을 써서 출판하여 유럽 각국의 큰 호응을 받아 1863년 국제적십자사의 창설에도 기여 1864년 적십자(제네바)조약이 체결되었다.

1901년 제1회 노벨평화상을 받았다. 그는 적십자운동의 아버지로 칭송받으며 그의 생일인 5월 8일을 적십자의 날로서 기념하고 있다.

듀이(Dewey, John : 1859 ~1952)

미국 버몬드에서 출생. 버몬드대학 졸업하여, 시카고대학 교수를 거쳐 콜럼비아대학교수가 되어 다방면으로 활동하였다. 제임스 윌리엄(James, William)의 실용주의에 심취해 이를 발전시켰으며 윌리엄의 사후, 미국을 대표하는 실용주의(pragmatism)철학자인 동시에 교육학자가 되었다. 시카고대학 교수시절 『학교와 사회』(1899), 『민주주의와 교육』(1919)을 저술하여 교육학뿐만 아니라 사회복지에도 많은 영향을 미쳤다.

듀크스(double employed with kids)

맞벌이로 아이들을 가지는 부부를 가리킨다. 맞벌이를 하는 부부가 아이들이 없는 (DINKS) 분담 현실적인 사고 방식의 라이프타일로 일컬어져 보다 풍족한 생활을 요구하는 시대의 흐름에 쫓아 앞으로 더욱 증가하리라고 보여진다. 어느 쪽이던 경제적으로는 풍족하지만 지나치게 일들이 바쁜 까닭에 맞벌이 부부를 타겟으로한 서비스와 상품의 판매가 신장되고 있다. 그렇다고 편리하게 되었다고는 하지만 아직까지 육아, 가사 등의 부담은 클 것 같다.

등교거부 · 부등교(登校拒否 · 不登校)

지적 · 신체적 장애나, 경제적 이유나 병 등 명확한 이유와, 가정적으로나 사회적으로도 아무런 장애가 없음에도 어떤 심리적 이유로 등교할 수 없거나 등교하려 하지 않는 증상을 가지고 계속적 단속적으로 왠지 등교하지 않는 상태를 말한다. 정서장애의 한 가지이며, 대개 등교시간이 되면 갑자기 두통이나 복통을 호소하며, 오후가 되면 증상도 가라앉아 다음 날에는 등교한다. 그러나 그중에는 아침마다 같은 일이 되풀이 되는 경우도 있으며, 나중에는 집에 틀어박혀 기물을 부수거나 가정 내 폭력을 휘두르는 일도 있다. 넓은 의미에서의 등교거부의 배후에는 신경증(노이로제), 정신병 등의 장애가 숨어 있는 일도 있으므로 정신과 의사의 진료를 필요로 한다. 원인에 있어서는 각 방면에서 연구되고 있으나 확정적인 것은 발견되지 않는다.

디바인, E.(Devine, Edward :1867~1948)

미국 사회사업가로서 사회사업학자이다. 1896년 뉴욕자선조직협회의 사무국장을 지냈다. 1898년의 뉴욕자선학교(후에 콜롬비아대학 사회사업대학원)의 설립에 관여하였고, 그 후 두 차례에 걸쳐 통산 8년간의 교장을 지냈다. 미국에 있어서 사회사업 성립시의 커다란 영향을 준 이론적 · 실천적 지주의 한 사람으로서 많은 저서와 논문을 발표하였으며, 국내외에 큰 영향을 주었다. 그 중에서도 1922년의 저서 『Social Work』는 사회사업을 체계적으로 논설한 것으로서 고전의 하나로 평가받고 있다.

딩크족(DINK族 = 〈Double Income no Kids〉)
미국의 베이비 붐 세대의 젊은 부부, 또는 동거하는 남녀의 라이프스타일 생활양식, 가치관을 대변하는 용어이다. 딩크족은 의도적으로 자녀를 두지 않는 맞벌이 부부로서 넓고 깊은 사회적 관심과 국제적 감각을 지니고 상대방의 자유와 자립을 존중하며, 일하는 삶에서 보람을 찾으려고 한다. 인간의 공동성과 인격의 자유 자립, 풍요로운 생활의 향수를 마음껏 누리면 그 뿐이라는 남녀의 공동관계라고도 할 수 있다. 딩크족에 대해서는 남녀자립의 완전한 달성, 즉 이상(理想) 실현이라고 보는 관점이 있는 반면, 과도한 물질성과 노후의 참담한 심리상태를 예상하여 문명병으로 보는 견해, 그리고 종(種)으로서의 인간의 부정이라고 보는 주장 등 여러 가지 평가가 있다.

WAIS(wechsler adult intelligence scale)
미국의 심리학자 웨크슬러(wechsler, D.)가 개발한 웨크슨러법에 의한 성인용 지능검사. 호칭은 웨이스, 비네법에 의한 지능검사가 원래 아동을 대상으로 한 것에서 성인용의 지능검사의 필요를 느낀 웨크슬러는 10세~60세까지를 대상으로 한 지능검사를 고안했다(1939년). 그러나 1949년에는 5~15세를 대상으로 하는 아동용(WISC)를 만들었기 때문에 1955년에 적용범위를 16세 이상 75세 미만의 성인으로 하는 진짜 테스트가 완성되었다. 웨크슬러법에 의한 지능검사에는 언어성IQ(verva IQ)와 동작성IQ(Performance IQ)와 전척도(全尺度) IQ(full-scale IQ로하여 각각 결과가 나타나게 된다. 1981년에 개정되어 현재에는 WAISR(revised)로 되어 있다.

WHO ⇨ 세계보건기구(世界保健機構)

WISC(지능진단검사법知能診斷檢査法 =wechsler intelligence scale for children)
미국의 심리학자 워크슬러(wechsler, D.)가 1949년에 개발한 아동용지능검사, 호칭은 우이스크. 적용연령은 5~15세. 비네법의 정신연령(MA)의 사고방식은 체용하지 않고, 같은 연령의 사람에 비하여 피검사자의 지능이 어느 정도에 있는가를 상대적으로 판단할 수 있다. 1955년에는 WAIS(wechsler adult intelligence scale) 1967년에는 4세~6세 6개월을 대상으로 하는 유아용의 WPPSI(wechsler preschool and primary scale of intellingence : 워프시)가 고안 되었기 때문에 1974년의 개정판 WISC-R부터는 적용연령이 6세~16세 11개월로 되어 있다. 1991년에는 WISC-Ⅲ로 개정되었다. 언어를 매개로 하지 않는 그림 배열이나 부호문제 등 동작성의 검사항목이 많이 채용되고 있는 것이 특징이다.

또래집단(또래集團 = Peer Group)
리스만(Riesman, David)이나 아이젠슈타트(Eisenstad, S.N) 등이 지적한 바와 같이 전통지향적 사회구조가 붕괴되고 가족이나 친족집단의 유대가 약화되면 청소년들은 부락의 성인들이나 집안의 어른들에게서 벗어나서 자기 또래의 집단에서 동일시의 대상을 찾으려고 친우(親友)집단을 형성하는데 이를 동년배집단이라 한다. 이들은 이러한 동년배집단을 통해서 그들의 집단규범을 따르려고 하고 이 집단속에서 소속감을 희구하고 개인적 문제에 대한 상의 대상자를 찾으며, 친교와 취미활동을 위한 다양한 친구집단을 형성한다. 그러나 이러한 친구집단이 건전치 못할 때, 즉 비행집단을 형성할 때, 청소년에게 문제가 발생할 우려가 높다.

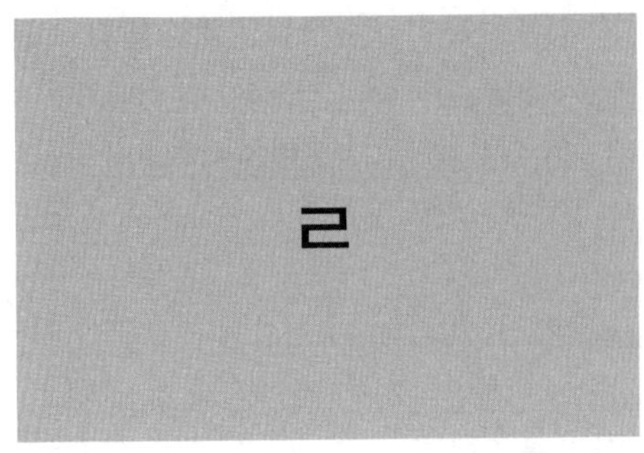

ㄹ

라우에 · 하우스(Raue Haus)

1833년 페스탈로치의 사상을 이어받은 빌헤른에 의해 함부르크 교외에 창설된 비행소년시설. 작은 기숙사제도를 도입하여 수용아동의 개성에 따른 보호, 그리고 지도와 상담, 노동에 의해 갱생시키려 했다. 소위 가정제도와 개별적인 지도의 시작이었으며, 후세에 큰 영향을 주었다. 또 이 사업의 효과를 올리기 위해서는 무엇보다도 우수한 인재가 필요하다고 하여 종사자의 양성에 노력했다.

라운트리, B.S.(Rowntree, Benjamin See-bohm: 1871~1954)

영국의 사회조사가. 오엔 칼리지를 졸업후, 아버지가 경영하는 제과회사의 중역으로 되었으나, 오히려 사회학자로서 유명하다. 1899년 요크조사로써 알려져 있는 빈곤조사를 실시하여 결과를『빈곤, 도시생활의 영구』(1901)에 그 후 1936년에 제2차 조사, 1950년 제3차 조사를 실시하여 각각『빈곤과 진보』(1941),『빈곤과 복지국가』(1951)로서 정리했다. 제1차 빈곤(전 수입으로 생존을 유지할 수 없는 상태), 제2차 빈곤(건강하며 문화적인 생활을 유지할 수 없는 저소득 상태)이라는 개념을 제시하여, 이론적으로 산출한 경비와 비교하여 빈곤자 수를 계산해 냈다.

라이프모델(life model)

생태학을 배경이론으로 한 에코로지컬 소셜워크(ecological · social work)의 대표적 모델. 1980년에 저메인(Germain, C.B.) 등에 의해 정리된 The Life model of social work practice에 의하여 체계화 되었다. '적응(適應)'이라던가 '양호한 적합상태'라고 한 생태학의 개념을 이용하면서 클라이언트를 치료의 대상으로 하는 것이 아니고, 환경과의 상호작용관계의 안에서 사는 생활주체자로서 받아들여, 그 위에 워커(worker)는 개인과 환경과의 접촉면에 개입한다고 하는 점에 특징이 있다.

라이프사이클(life cycle)

인생주기 또는 생활주기로 번역된다. 사람이 태어나서 길러지면서 청년기를 맞아, 드디어 성인이 되어, 다시 노년기에 들어가 인생의 원숙기(圓熟期)를 거쳐 죽음에 이르는 과정을 말한다. →가족주기. 라이프스테이지

라이프스타일(life style)

의 · 식 · 주나, 교제, 오락 등의 생활의 양식 또는 생활의 행동이나 양식의 형태를 만드는 사고방식이나 습관이다. 다시 말해서 생활양식 또는 사는 방식을 말한다. 특정의 사회 · 집단에서 공통으로 보여지는 것에서부터 지역이나 민족, 계층의 차이에 의하는 것, 그리고 개개인이 갖는 것까지 폭넓게 받아 들이진다. 더욱이 일정한 사회적 위신과도 결부된다.

라이프스테이지(life stage)

인생의 절목(節目).

구체적으로는 출생, 입학, 졸업, 취직, 결혼, 아이들의 결혼 · 독립, 양친과의 사별(死別), 배우자

의 사망, 자기의 사망 등이다.

라이프케어비즈니스(life care business)

미국에서는 자신의 건강관리를 제대로 못하는 사람은 그것만으로도 비즈니스맨으로서 실격(失格)이라고 한다. 우리나라에서도 치료만이 아닌 예방을 목적으로 하는 신 건강비즈니스가 대두되고 있는 실정이다. 각종 조사에 의해서도 대상자들은 첫째, 바람은 건강으로 나타나 있다. 단순히 신체적 건강만이 아니라 정신적 건강까지 포함하는 종합적인 라이프 케어로 발전해 나간다. 여기에는 종래의 맹목적인 건강일변도로부터 균형이 잡힌 심신의 건강이 중시되며, 의료뿐이 아닌 심리, 교육, 스포츠 등을 포함한 종합적인 라이프 케어비즈니스의 탄생을 보게 될 것이다. 또한 고령화의 진행과 더불어 가까이 있으면서 여러 가지 시중을 덜어주는 너싱 홈이나, 노인의 여가와 심신을 돌보는 기능을 갖춘 라이프 케어멘션도 생각할 수 있다.

라포(rapport)

원조자와 서비스이용자 간의 신뢰감에 넘치는 마음이 편하고 온화하며 친밀한 관계라는 것. 프랑스어로는 '라포루', 영어에서는 라포(rapport)라고 불리고 있는 것의 번역이다. 소셜워크의 직접원조나 심리카운슬링에 있어서 원조하는 측과 원조받는 측 사이에 맺어지는 신뢰관계라는 것. 이 신뢰관계를 기초로 하여 원조받는 측은 심리적 방위를 완화하여 또 자신에 대하여 솔직히 이야기할 수가 있어, 전문적 원조관계가 확립된다. 라포를 확립하기 위해서는 원조하는 측은 풍부한 인간성과 더불어 공감성과 수용적 태도, 때로는 자기개시(開示)의 기법을 몸에 익혀두지 않으면 안 된다. 이러한 의미에서 단순한 접촉(contact)이나 소통과는 구별된다.

랑크, O.(Rank, Otto : 1884~1939)

오스트리아 출신의 정신분석가로서 당초 프로이드로부터 정신분석을 배웠다. 후에 출산에 따르는 분리현상을 중시한 출산외상학설을 세우고 스스로의 방법을 의지요법(will therapy)이라고 칭하였다. 클라이언트를 획일적인 형으로 맞춰넣는 방식을 지양하고 유일하고 독자적인 존재로 분리 · 독립시키는 과정을 착안하고 프로이드로부터 독립하여 미국으로 건너갔다. 거기에서 타프트(Taft, J.) 로빈손(Robinson, v.) 등의 소셜워크 연구자와 만나, 그녀들에게 강한 영향을 주어 기능학파(펜실베니아학파)의 형성에 큰 영향을 미쳤다. 카운슬링의 영역에서는 로저스(Rogers C.R.)의 클라이언트중심요법에 영향을 주었는데 기능주의 케이스워크의 이론적 지주가 되었다.

러셀세이지 재단(Russel Sage 財團)

1907년 미합중국의 사회상태, 생활상태의 개선을 위해 설립된 재단이다. 이 재단은 사회사업의 발달에 많은 공헌을 했다. 리치몬드 여사도 만년에 이 재단에서 활약했다.

런던자선조직협회(London 慈善組織協會)

1896년 런던자선구제조직 걸식박멸협회를 결성, 그 이듬해 런던 자선조직협회(the London charity organization society)로 개칭하였다. 이 협회의 위원은 구빈신청서를 조사하고 빈곤가족의 체계적인 관찰을 행하였고 선택된 대상은 독지가에게 의뢰하여 독지가가 그들에게 끊임없는 충고와 감독을 행하여 가족이 독립하여 생계를 영위할 수 있도록 도와주려고 했다.

레드존(red zone)

레드 존이라 함은 윤락가 등 청소년 유해업소가 밀집한 지역에 대해 자치단체장이 의무적으로 지정하여 청소년의 통행을 금지하는 '청소년통행금지지역'을 말한다. 이는 기존의 '청소년 출입제한지역'과는 달리 경찰과 관계공무원이 통행금지 시간대에 청소년의 출입을 금지시키거나 구역 밖으로 나가게 할 수 있다.

ㄹ

레스폰시빌리티(responsiblity)

응답책임라고 번역된다. 어카운터빌리티가 의회(議會)에 대하여 스스로의 행동을 변명하는 설명책임이라는 것에 대하여, 레스폰시빌리티는 국민 일반에 대하여 니즈에 응답적으로 대처하여 제(諸) 과제에 몰두하는 행동책임, 활동책임을 가리키고 있다. 이것은 법률로 정해진 행정책임의 수행과 그 범위를 벗어난 것의 행정의 적극적인 역할의 쌍방을 기대하고 있다.

레스피트케어(respite care)

레스피케어라 함은 장애아(인)을 데리고 있는 부모 · 가족의 수발로부터의 일시적인 해방을 목적으로 한 원조이다. 임시적 휴식케어, 또는 휴식임시 케어 등으로 번역된다. 재택장애인 등의 케어의 피로로부터 부모나 가족을 해방시키기 위해서 일시적으로 그 장애인의 케어를 함으로써 가정기능의 유지와 질적 향상을 꾀하고 재택생활이 계속될 수 있게 하기 위한 가족지원(family support)의 하나이다.

레인,R.(Lane, Robert:1891~1953)

뉴욕시복지협의회 회장, 미국 사회사업회의 의장 등을 역임했고 1939년 동회의 제3부회에서 그를 위원장으로 하여 정리한 〈레인위원회 보고서〉는 지역사회조직(C.O : Community Organization)의 개념을 종합적 과학적으로 규명하였다. 내용적으로는 (욕구〈니즈〉 자원조정설)을 체계적으로 나타낸 것으로 주민참가의 개념을 도입한 C.O의 기본적 문헌이다.

레인위원회보고(Lane 委員會報告)

1939년에 행한 전미(全美) 사회사업회의 제3부회보고서를 가리키며 위원장이 레인(Lane, R)인데에서 이렇게 불리고 있다. 커뮤니티오거니제이션(Community Organization)의 기본적 체계를 정리한 보고서로서 평가되고 있다. 내용으로는 지역사회의 니즈를 개관적, 과학적으로 파악함과 동시에 사회지원의 발견 개발에 노력하여, 양자를 효과적으로 조정하는 것이 중요하다는 것의 생각(니즈 · 사회자원조정설)을 나타내고 있으며, 그 후의 커뮤니티워크의 사고방식과 방법에 크게 영향을 미치게 되었다. 이것으로 해서 본보고서는 커뮤니티 오거나이제이션의 '니즈 · 자원조정설'로 되어 있다. 이 보고서에 의하여, 커뮤니티 오거나이제이션은 전문적 소셜워크의 하나로서 정착하게 되었다.

레지덴셜소셜워크(residential social work)

사회복지시설 입소자의 시설 내의 처우가운데서 생활상담 업무를 중심으로 한 소셜워크 원조를 말한다. 종래, 시설에서의 소셜워크는 시설처우의 프로세스 가운데서 케이스워크, 그룹워크, 소셜 애드미니스트레이션 등의 방법을 적용하고 있었으나, 차츰 시설이라는 고유의 생활 형태에 따른 종합적인 소셜워크가 필요하겠끔 되었다. 입소자의 일상생활의 원조뿐만이 아니고, 인간관계의 조정, 사회참가의 촉진 등을 통하여 자립지원을 지향한 폭넓은 원조가 통합적으로 되어지고 있다.

레지덴셜트리 트먼트(residential treatment)

어떤 장애로 인하여 사회적 활동을 제한받거나 사회적 편견의 압박 때문에 사회생활에 융화될 수 없는 문제를 가진 사람에 대하여 그 장벽을 제거하는 여러 가지 활동을 말한다. 집단사회사업가는 시설의 생활을 지역사회의 생활환경에 접근시켜 대상자를 적극적으로 시설 내외의 자치적 활동에 참가시킴으로써 완전한 사회복귀를 목표로 한다. 교정시설, 장애인시설 등에서 적용될 수 있으나 우리나라에서는 이들 시설에 사회사업전문가를 배치하는 문제가 우선적으로 해결해야 할 과제로 남아 있다.

레크리에이션(recreation)

생활하는 가운데 학습이나 생산에 도움이 되는 여유와 즐거움을 창조해 가는 다양한 활동의 총칭.

구체적으로는 미국을 중심으로 발달한 레크리에이션 무브먼트(movement)의 영향에 의해 생산의 장이나 교육의 장에서의 여가의 활용을 지향한 교육적인 소셜워크, 즉 그 원조활동은 사회교육적인 시점에서의 집단원조기술(그룹워크)이다.

인간답게 싱싱하게 즐겁게 살고 싶다고 하는 인간의 기본적 욕구에 의거하여, 자유시간을 비롯하여 생활전체 안에서 자발적으로 행하여진다. 레크리에이션에 의하여 사람들은 심신의 건강을 유지 · 증진시켜 보다 좋은 인간관계를 만들어 내어, 자기 자신의 가능성을 넓힐 수가 있다. 레크리에이션은 생활에 평온함과 접촉(교제)함을 초래하여 나아가서는 사는 보람을 만들어 내는 것이다.

레크리에이션요법(recreation 療法)

레크리에이션요법은, 광의의 '작업요법(occupational therapy)'의 일익을 이루고 있으나, 협의의 작업요법이 영선(營繕) 취사 청소 내직(內職) 잡역(雜役) 등의 일로 '생산성'을 가지고 있는 것에 반하여, 레크리에이션요법은 일을 떠난 '오락성'을 가지고 있다. 레크리에이션이라고 하는 말에는 "휴식 기분전환에 의해, 다시 힘차게 활동 한다"고 하는 의미가 있다. 일과 레크리에이션은 대립하는 것이 아니고, 서로 보충하는 관계에 있다. 정신과(精神科)리허빌리테이션의 하나로서 가장 참가하기 쉬운 중요한 위치를 점한다. 미국에서는 이것과 작업요법을 포괄하여 활동요법(activity therapy)이라 하고 있으며, 레크리에이션요법이라는 용어는 쓰지 않은 경향이 있다.

레크리에이션운동(recreation運動)

미국에서의 그룹워크의 원류(源流)로 되는 활동의 하나. 1885년에 보스톤에서 어린이들을 위한 센드가든(sand garden)이 개설된 것이 조직적인 레크리에이션 활동의 최초로 된다. 소년비행이나 열악한 생활환경에 대한 수단으로서 활동이 전개되어 드디어 유급(有給)의 직원에 의해서 운영되게 되었다. 아담스(Addams, J.)가 개설한 세틀먼트인 헐 하우스(Hull House)에서도 플레이 그라운드(play ground)가 설치되었다. 건전한 성장을 위해서는 여가의 선용이 불가결하다고 하는 인식이 시민가운데에 강해져 운동으로서의 레크리에이션 활동이 조직적으로 전개되도록 되었다.

로렌츠 곡선(로렌츠 曲線: Lorenz Curve)

소득분포의 불평등도를 측정하기 위해 미국의

통계학자 M.O.로렌츠가 고안한 도표. 종좌표에 소득인원의 누적백분율, 횡좌표에는 이 인원에 대응하는 소득금액의 누적백분율을 넣고 이들 점을 연결해서 얻어지는 궁형의 곡선이 로렌츠 곡선이다. 도의 대각선은 소득분포의 완전한 평등상대에 대응하므로 균등분포선이라 부르고 로렌츠곡선이 거기에서 멀어지는 정도가 소득분포의 불평등도를 표시하게 된다.

로르샤흐테스트(Rorschach test)

1921년, 스위스의 정신과 의사이며 심리학자인 로르샤흐(Rorschach, H.)에 의해 창안된 투영법(投影法)에 의한 인격검사이다. 10장의 잉크의 염색으로 만들어진 도판(圖版)을 검사용구로 하기 때문에 속칭 잉크 브롯트 테스트(잉크의 염색)라고 일컬어진다. 유아로부터 고령자까지 시행이 가능한데 검사의 시행시간은 개인차가 크다. 약 1시간에서 1시간 30분은 필요하다. 검사자는 결과를 분석하는 것에 의해 피검사의 반응성이나 지력능력, 정서성, 현실검토력 등, 인격을 종합적 또한 통합적으로 이해할 수가 있다. 투영법에 의한 인격 테스트의 대표적인 것이다. → 성격검사

로브슨, W.(Robson, William Alec : 1895~1980)

영국의 정치학자. 1946년 런던대학교 교수가 되어 정치학, 행정학을 비롯하여 여러 분야에서 업적을 남기고 있다.

복지분야의 업적으로는 1976년에 출판된 『복지국가와 복지사회』가 있다. 그는 거기에서 참된 복지국가의 구축에는 성숙한 복지사회의 성립이 전제이며 그것을 위한 시민참가의 촉진과 시민이 행정사무와 정치에의 관심을 높여가는 것이 필요하다고 제창하고 있다. 그 밖의 저서로는 『런던시정의 성공과 실패』, 『위기에선 지방자치』, 『세계의 대도시』 등이 있다.

로빈슨, V.(Robinson, Virginia P : 1883 ~1977)

미국에서 1930년대 이후 케이스워크 독자성(獨自性)을 확립해 가기 위해 랑크(Rank, Otto)의 이론을 기초로 하여 기능적 어프로치(functional approach)라고 불리우는 케이스워크이론을 발전시켰다. 그 중에서 특히 전문적 자아의 발달을 중시한 슈퍼비젼의 체계를 부여하는 데 공헌했다. 초기의 저서에는 『A Changing Psychology in Social Case Work』(1930)는 유명하다.

로스, M.G.(Ross, Murrey G: 1910~2000)

캐나다의 사회복지연구가. 커뮤니티 오거나이제이션의 대표적 이론가의 한 사람으로 이론체계의 발전에 공헌했다. 로스의 이론은 지역사회의 주민을 직접 조직화하는 것을 목표한 것이었으나, 그것에 대하여는 소지역사회에만 적용할 수밖에 없다는 비판도 있다. 그의 저서 『커뮤니티 오거나이제이션: 이론 · 원칙과 실제』(1955년)는 그 연구의 집대성이다. → 지역조직화활동, 지역원조활동

로저스, C.R.(Rogres, Carl Ransom : 1902 ~1987)

미국의 상담심리학자. 비지시적 카운슬링을 착안하여 카운슬링계에 커다란 영향을 미쳤다. 후에 내담자 중심요법이라고 불리는 심리요법을 확립하였다. 케이스워크에 다대한 영향을 주었다. → 내담자 중심요법, 비지시요법, 카운슬링

롤 플레이(role play)
역할연기라는 것으로 심리문제의 해결, 또는 인간관계 능력 향상을 위한 심리적 기법의 하나이다. 사회적으로 적응한 역할을 수행하기 위한 훈련방식으로서 쓰이고 있다. 현실의 자신과는 다른 역할을 하는 것으로 일상의 역할의 정체(停滯)와 위축을 제거하여, 역할을 확대해 가는 것으로써 인간이해를 깊게 하고, 인간관계의 향상을 도모하는 것을 목적으로 한다. 응용의 범위는 넓어, 치료만이 아니라 전문직업의 교육, 훈련에도 응용되고 있다.

롱 팀 케어(long team care)
장기케어라고 하는 의미이며, 주로 미국에서 사용되어 온 용어이다. 장기에 걸쳐 심신의 장애를 가진 모든 개인에 대하여 적절한 보건, 의료, 복지서비스를 종합적으로 제공하는 케어체계. 장기케어의 제공 장소는 시설, 재택을 포함한 시설 이외의 장소 등 다양하며, 케어매니지먼트의 수법이 큰 힘이 된다

룸펜프롤레타리아(〈영〉Loafer Proletarian 〈독〉 Lumpen Proletaiet)
노동력 상실자, 선천성 불구자, 전상자, 전쟁고아, 전재가족 등 자본주의 사회의 최하층에 침전하여 사회적복지적 부조를 받지 않고는 스스로 생계유지가 곤란한 피규율적인 빈민을 말한다. 누더기를 걸친 사람, 걸레, 폐물 등을 뜻하는 것이 룸펜인데 이들은 장기적인 실업으로 노동의욕상실과 이에 따른 퇴폐적인 생활태도, 부랑적인 생업을 가지는 어느 의미에서는 기생적인 존재 형태를 보이고, 대도시에서 이른바 슬럼(slum)을 형성한다.

르 · 프레이(Le play, pierre Guillaume Frederic 1806~1882)
프랑스 사회개혁운동가.

구체적으로는 가족을 사회의 단위로 생각하고 가계(家計)를 중심으로 하는 사회조사를 실시하여, 그 후의 사회조사나 가족연구의 발전에 공헌하였다. 주된 저서에 『유럽의 노동자』(1855년) 등이 있다.

리더십(leadership)
리더십이란 집단이나 조직의 활동을 촉진하여, 통일을 유지해가며, 그 목표달성을 향해서 기능을 선도하고 그 멤버에 영향을 주는 일련의 과정이라는 것. 이 기능을 중심적으로 담당하는 것이 리더이다. 리더십과 유사한 개념으로서 헤드십(head ship)과 세력(power)이 있다. 헤드십도 리더십의 일종이나, 임명된 장(長: 우두머리)처럼 형식적, 절차적으로 정해진 것을 말한다. 세력은 리더십이 현재적 힘인 것에 대하여 잠재적인 것을 말한다.

은연(隱然)한 세력이라는 표현은 그 의미를 잘 전하고 있다. 요컨대 보스적 인물이 가지는 영향력이 세력이다. 레빈(Lewin k.)에 의한 리더십 유형의 실험적 연구는 그룹 다이네믹의 시작으로 되었다. 민주형, 전제형, 방임형의 3가지 다이네믹을 집단운영의 효과라고 하는 점으로 비교한 것이다. 이것은 이후 리더십유형에 관한 연구가 연달아 일어나게 되었다.

리드, W.(Reid, William James : 1928~)
록페러공공문제 정책칼리지, 올바니대학, 뉴욕주립대학 사회복지학부 교수. 전통적인 케이스워크가 비교적 장기의 처우를 행하고 있는 것에 대하여, 1960년대에 샤인(shyne, A.)과 함께 케

이스워크에서의 단기처우와 장기처우에 관한 비교조사를 행하여 단기처우가 장기처우에 필적하는 효과를 올리는 것을 밝혔다. 그 후 실증적인 조사연구를 근원으로 에프슈타인(Epstein, L.)과 더불어 케이스워크의 단기처우의 모델로서의 '과제중심케이스워크(task-centered case work)'를 제창했다. 주저에는 1972년의 에프슈타인과의 공저인『과제중심케이스워크』가 있다.
→과제중심케이스워크

ㄹ

리비도(Libido)

오스트리아의 정신분석학자 프로이드(Freud, S.)에 의해 인간본성의 가장 중요한 특색으로 내세워진 것으로서 정신분석학의 용어로 성(性)충동을 일으키는 에너지를 말한다. 성욕의 뜻으로도 해석하며, 유아기에도 해당되는 넓은 뜻으로도 쓰이나 프로이드는 말년에 이 말을 삶의 본능에 주어진 모든 심적 에너지의 총체를 뜻하는 말로 썼다. 융, C.G.는 더 넓은 의미로서 생명의 에너지로 생각했다. 이것을 억제하는 능력을 초자아(超自我 : Superego)라 한다.

리빙윌(living will)

정상적인 심리, 신체상황에 있을 때에 "만약 내가 병으로나 다른 사유로 인하여 식물인간으로 되었을 때 연명책을 강구하지 말라"고 선언해 두는 것. 일종의 유언 같은 것이다.

리치몬드, M.(Richmond, Mary(1961~1928)

19세기 후반부터 20세기 초엽에 걸쳐 미국의 자선조직협회활동의 지도자였으며, 미국 Social work의 이론 · 실천 및 사회운동의 대가(大家).
 구체적으로는 그 활동의 주된 방법이었던 우애(友愛)방문을 전문적인 레벨까지 높여, 개별원조기술(케이스워크) 등으로서 이론화, 체계화한 것이다. 이것 때문에 '케이스워크의 어머니'라고 불리어지고 있다. 주저에는 1917년에『사회 진단론 Social Diagnosis』『소셜케이스워크는 무엇인가? What is social case Work? (1922)』를 출판했으며, 소셜워크의 고전으로 후세에 큰 영향을 주었다.

리타이어먼트커뮤니티(retirement community)

경제적으로 자립된 퇴직 후의 고령자를 대상으로, 계획주도형으로 만들어진 집합주택형태의 거주시설을 총칭한다. 규모나 제공되는 서비스 내용, 운영방식이나 입주자격 등은 매우 다양하며, 민간사업체에 의하여 설치, 운영되고 있는 것이 대부분이다. 특히 미국에서 발달된 형태이다.

가장 대표적인 것이 아리조나 주(州)에 건설된 썬 시티이다. 1960년에 오픈한 이래 계속 확대되어 현재 약 6만 명 가량이 거주하고 있다. 입주자의 평균 연령은 68세이고, 분양방식에 있어서는 입주자격은 50세 이상이며, 또한 18세 미만의 자녀가 없어야 한다고 되어 있다. 다만, 썬 시티 정도의 규모의 것은 드물며, 대부분은 몇백 명 정도의 규모이다. 그리고 심신이 자립되어 있는 거주자를 위한 편의 서비스가 중심이며, 요양이 필요한 상태가 되면 너싱홈에 옮겨가야 하는 경우가 일반적이다. 초기에는 고령자만의 집합주거에 대하여 비판적이었으나, 차차 퇴직 후의 생활 형태로서 정착되어 가고 있다. 이웃 일본에서도 1970년대부터 이와 같은 종류의 시설이 만들어지기 시작하여, 현재는『유료 노인홈』으로서 총칭되고 있다. 운영주체는 민간기업, 재단법인, 일부의 사회복지법인이며, 분양형식보다도 종신이용권형이 많다.

리프로탁티브 헬스 엔드 라이트 (repoductive health and rights)

성과 생식의 측면에서 고찰한 건강과 여성의 권리. 1994년의 국제인구 · 개발회의에서 제창되어, 1995년의 제4회 세계여성회의(중국 베이징)에서도 행동강령 중에서 채택되었다. 아이를 낳느냐, 낳지 않느냐, 낳는다고 하면 언제, 몇 아이를 낳느냐를 '낳는 성인' 여성자신이 결정하는 자유와 권리를 중심적 과제로 하여, 여성 특유의 생리와 심신의 변화를 근거로 하여 생애에 있어 건강과 권리보장의 확립을 지향한 개념이다. 성생활과 생식에 관한 여성의 의사가 충분히 존중되기 위해서는 관련된 정보나 수단과 보건 · 의료 · 복지 등의 서비스를 니즈에 응하여 이용할 수 있는 것이 필요하며, 그것을 위한 사회적 제조건의 정비가 요구된다.

리프트 버스(Lift bus)

장애인이나 고령자의 사회적인 생활능력의 향상을 도모하기 위하여, 사회활동에 필요한 이동에 관한 원조를 행하여 사회참가를 촉진하는 차체의 뒤쪽이나 열부분에 휠체어용의 리프트(상하이등 장치)가 부착된 버스.

구체적으로는 최근에 지방자치단체의 독자적인 제도로서 각종 복지시설에의 이송수단용으로 도입되는 경우가 있다. 현재 서울시내에서는 구역을 한정하여 장애인과 고령자를 위한 순환 리프트버스가 운영되고 있다.

리허빌리테이션(rehabilitation)

장애인이나 고령자 등에 대하여, 의학, 교육, 사회복지, 직업 등의 전문영역이 전인간적 복권을 이념으로 하여, 장애인의 능력을 최대한으로 발휘시켜서 그 자립을 재촉하기 위하여 행하는 전문적 기술을 말한다. 이 말이 장애인에 대해 사용된 것은 의외로 근년이다. 1910년대 영미에서 일부 선구적인 사람들이 장애인을 위한 의료, 복지활동을 종합적으로 '리허빌리테이션'이라고 부를 것을 재창하였다. 이것이 점차 지지를 얻어 1940년대 제2차 세계대전 중, 영미에서 법률의 명칭이나 국가적 심의회의 명칭으로 사용하게 된 것이다. 신체 장애인을 사회에 다시 적응시키기 위하여 신체적, 정신적, 사회적, 경제적, 직업적으로 가능한 그 회복을 꾀하는 기능훈련이나 사회복귀를 위한 수산(授産) 및 갱생(更生)이다.

구체적으로는 신체에 남아 있는 다른 건전한 기능이나 잔존기능을 재개발하여 잃은 기능을 대상(代償)시키는 동시에 의지(義肢)나 장구(裝具) 휠체어 등을 이용하여, 기능장애나 능력저하, 사회적 불리한 장애를 개선하거나 제기하기도 한다. 전문직으로서 전문 의사나 물리치료사, 임상심리사 등이 있다. 고령자에 대한 리허빌리테이션에 있어서는 노화에 따르는 질병의 병발(倂發)이나 과도한 운동량의 부하(負荷)로 해서 심부전(心不全)의 위험 등, 고령자 특유의 특성을 고려하여 행할 필요가 있다.

리허빌리테이션계획(rehabilitation 計劃)

대상자의 리허빌리테이션의 목표를 실현하기 위하여 의학적 · 심리적 · 직업적 · 사회적인 각 분야마다 혹은 전체에 있어서 원조과정에 응하여 설정되는 개별의 계획을 말한다.

리허빌리테이션 세계회의(rehabilitation 世界會議)

장애를 가지고 있는 사람들의 자립과 사회복귀를 지향하여, 4년마다 열리는 국제회의. 1929

년 스위스의 제네바에서 제1회 회의가 열렸다. 1988년에 일본 도쿄에서 개최된 제16회 회의에는 80개국 장애인단체의 리더, 의사, 기능훈련사 등 관계자 약 2000명이 참가했었다. 2008년 제21회 회의는 카나다의 퀘벡에서 개최된 바 있다.

리허빌리테이션 센터(rehabilitation center)

의료, 교육, 직업훈련 등의 분야로 장애인의 기능회복훈련에서 사회복지까지의 일관된 원조서비스를 전문적으로 행하는 시설의 통칭.

구체적으로는 의학적 리허빌리테이션센터, 교육적 리허빌리테이션센터, 직업적 리허빌리테이션센터, 사회적 리허빌리테이션센터 등으로 대별되는데 각각의 기관이 연대하여 운영하는 게 바람직하다.

리허빌리테이션 소셜워커(R.S.W = Rehabilitation Social Worker)

리허빌리테이션 과정에서 사회복지원조활동을 행하는 자를 말한다. 또 한정된 직종이 아니고 소셜워커, 생활지도원, 의료소셜워커, 카운슬러 등으로 칭하는 직종이 관계되어 있다.

리허빌리테이션 의학(Rehabilitation 醫學)

주로 운동장애와 고차(高次)뇌기능장애를 대상으로 하여 그 장애의 상태와 치료법을 연구하는 의학의 분야를 말한다. 광의의 운동장애를 대상으로 하는 것에서 그 영역은 정형외과, 뇌외과, 신경내과, 내과, 정신과 등의 각 전문분야와 겹쳐져 횡단적(橫斷的)이기도 하다. 운동기능과 그 장애, 기능장애에 영향을 미치는 합병증, 그 치료법을 주된 연구대상으로 하는데 장애부위의 기능(機能)대행(의지 · 장구류)에 관한 연구도 이 분야의 영역이다.

리허빌리테이션 카운슬러(rehabilitation counselor)

리허빌리테이션 과정에서 심리학의 임상기술인 카운슬링의 기법을 이용하여, 대상자의 발견, 적응지도, 평가 등의 업무에 종사하는 자를 말한다. 장애인 직업카운슬러처럼 리허빌리테이션 계획의 작성, 리허빌리테이션의 확보, 취직원조, 취직후의 폴로(follow), 홍보계몽활동 등의 업무에 폭넓게 관계되는 경우도 있다. →장애인 직업 카운슬링

리허빌리테이션 팀(rehabilitation team)

장애인(아)의 리허빌리테이션의 과정에서는 대상자의 니즈를 찾아내어, 그 사람의 적성에 맞는 프로그램이 수립되어 훈련이 베풀어진다. 이것을 위하여 의학적, 직업적, 사회적인 각 측면에서 또는 이것들 전과정을 통하여 많은 전문직이 팀을 짜서 일관하여 한 사람의 장애인(아)을 원조할 필요가 있어, 그와 같은 전문직의 그룹을 리허빌리테이션 팀이라고 말한다.

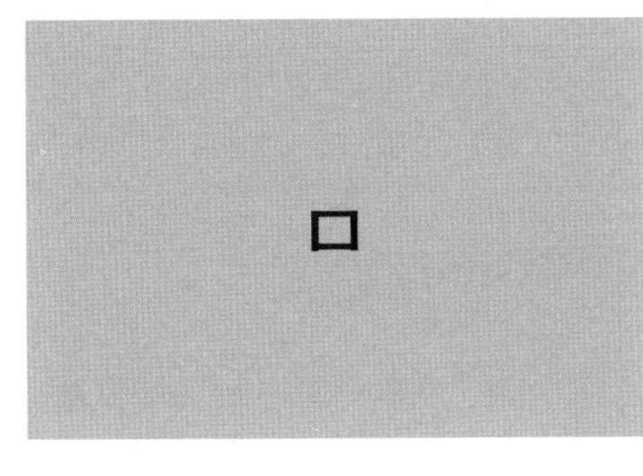

마더 테레사(Mother Teresa : 1910~1997)

카톨릭의 선교사.

인도 캘커타(calcutta)의 슬럼가에 살면서, 많은 학교, 고아원, 한센병 환자의 요양소를 설립하여, 가난한 사람들을 구제한 터미널 케어(종말간호 수발)와 호스피스(완화케어병동〈病棟〉)의 창시자로 불리어지고 있다. 반세기에 걸쳐 노상에서 죽음에 이런 병자를 떠맡아 끝까지 보살펴주기도 하였다. 1950년에 그가 세운 '사랑의 선교회'는 전 세계에서 600개 이상의 고아원과 무료급식소 등을 운영하고 있다. 이러한 활동이 평가되어 1979년에 노벨평화상을 수상하였다.

마르크스, K.(Marx, Karl Heinrich : 1818~1883)

독일의 과학적 사회주의 이론의 창시자. 독일출생으로 본대학과 베를린대학에서 법률을 연구, 민주주의자로서 프러시아의 반동정부와의 투쟁을 통해 공산주의자가 되었다.『경제학 · 철학초고』(1844)에서 사적(私的) 소유를 '소외된 노동'의 소산이라고 자리메김하고 공산주의는 '사적 소유의 적극적 지양(止揚)의 운동'이며, 사회주의를 '제개인의 인간적, 즉 사회적인 본연의 자세의 전면 개화(開花)'라고 받아들였다. 또 엥겔스(Engels, F)와의 공저인『독일 이데올로기』1845~1846)에는 유물사관의 기초를 구축했다. 그 위에 자본주의의 전기구의 체제적 해명을『경제학비전』(1859)에 의하여 시도,『자본론』1867/1893/1894)에 의하여 완성되었다. 그 밖에 엥겔스와의 공저로『공산당선언』(1848) 등이 있다. 그의 학설은 그 후 사회과학이나 혁명이론에 많은 영향을 주었다.

마약중독(痲藥中毒)

마약을 장기간 사용하여 마약을 사용하지 않고는 견딜 수 없고 생활할 수도 없는 상태를 말한다. 마약은 일반적으로 아편, 몰핀, 코카인 등을 말하며, 통증이나 감수성을 잃고 도취상태를 가져오며 장기상습자가 사용을 중단하면 금단증상이 강하게 나타난다. 인격망패에 이어지는 중독으로 범죄와의 관련도 많다.

마이너리티(minorities)

버젓한 사회의 성원임에도 불구하고 피부색, 머리카락색, 신장 등의 신체적 특징이나 사상, 직업, 종교, 언어 등의 문화적 특성이 일반적 경향과 비교해서 열등한 것으로 간주되어, 사회적 세력관계에서도 우위에 서지 못하고 다른 성원으로부터 차별적, 처우를 받고 그 결과 다양한 생활 문제를 가지고 있는 사회적 집단이며, 스스로도 그것을 지각하고 집단적 아이덴티티를 보유하고 있는 집단을 말한다. 소수자 집단 혹은 피차별 집단으로 번역될 수 있다.

구체적으로는 인종, 민족, 계급, 신분 등의 다양한 개념을 포함하는 용어이며, 단순히 다수에 대한 소수라는 양적 문제만이 아니라 집단의 규모, 우세자 집단으로부터의 배제의 정도, 마이너리티를 억압하는 사회질서 등에 의해 규정되는 것이다.

마찰적 실업(摩擦的 失業)

노동시장에서 신규실업이나 직장이동에 따른 시차로 인하여 발생하는 단기적인 실업형태이다. 즉 자본의 산업적 · 지역적 배분의 변동에 의하여 노동력의 수급이 일시적으로 또는 부분적으로 불균형상태에 있는 실업이며, 완전고용을 전제한 과도적인 현상으로 이해되고 있다. 마찰적 실업은 자유주의 경제질서에서는 불가피한 현상으로서 근본적인 원인은 완전한 시장정보가 즉각적으로 얻어지지 않기 때문이므로 그 경감을 위해서는 자원의 기동성을 높이고 고용기회에 대한 정보의 합리적 운용이 필요하다. → 실업

ㅁ

마켓 바스켓방식(market basket方式)

최저생활비 산정방식의 하나로 라운트리(Rowntree, B.S.)가 영국의 요크시(市)의 빈곤조사 때에 빈곤선을 산출하는 데에 쓰인 방법. 이론생계비 방식의 가장 대표적인 것이기도 하며 별명으로 라운트리 방식, 전 물량방식으로도 불리어진다. 이 방식은 최저생활을 유지하는 데 필요한 음식물이나, 의류, 가구집기 등의 개개의 품목을 계산해 내서, 그것을 시장가격으로 환산하여 적산(積算)하는 것으로 최저한도의 생활을 유지하는 데에 필요한 생활비를 산출하는 방식이다. 시장에서 생활용품을 바구니에 넣어서 구입하는 것과 닮았는 것에서 이 명칭으로 불리어지게 되었다.

마크로소셜워크(Macro Social Work)

마크로는 거대(巨大)이다. 거시적(巨視的)이란 것의 의미. 미국에서 1980년대에 일어난 소셜워크 통합화를 받아서 1990년에 제네널 소셜워크에서 원조의 레벨은 미크로 · 메조 · 마크로의 3가지로 분류, 정리되었다.

마크로 소셜워크는 원조의 가운데 거시적임을 말하고, 법률을 포함하는 제도 정착이나 생활지원서비스의 정비, 제도가 효과적으로 실시되기 위한 환경조정 등이 있다. 또 조직이나 지역에서의 활동도 포함하고 있다. 마크로 소셜워크는 간접원조와 같은 의미로 사용되는 수가 있으나, 마크로의 안에는 사회복지의 정책형성과 그 운영을 포함하고 있어 간접원조 보담도 범위가 넓다. 또 중위(中位)의 메조소셜워크와 대인원조를 중심으로 한 미크로 소셜워크를 시야에 넣고 피이드백(feed back)을 행하여, 그 결과를 활용하는 것이 중시된다. 더욱이 소셜워크를 효과적으로 행하는 기반을 어떻게 생각하는 가에 이어진다. → 메조소셜워크, 미크로 소셜워크

만성질환(慢性疾患)

병의 경과가 길고, 증상의 급격한 변화는 적으나 완전히 치유되는 것도 곤란한 질환. 만성간염이나 만성위염 등처럼 급성기에서 만성으로 이행(移行)한 것이라든가, 관절 류머티스처럼 느리지만 진행하는 성질을 가진 질환 외, 고혈압증이나 당뇨병 등과 같이 장기에 걸쳐 치료를 요하는 질환도 그 하나이다. 후자는 식사, 운동, 음주, 라이프스타일 등 환자의 생활습관이 그 배경에 있어, 생활습관병의 하나이기도 하다. 만성질환을 가진 환자에는 약물요법만이 아니라, 생활지도, 식사요법, 병의 수용(受容)에의 원조도 중요하다. → 생활습관병

말기암환자(末期癌患者)

말기암환자란 적극적인 치료에도 불구하고 근원적인 회복의 가능성이 없고 점차 증상이 악화되어 몇 개월 내에 사망할 것으로 예상되는 암환자를 말한다(암관리법 제2조1호).

말기암환자완화의료(末期癌患者緩和醫療)

말기암환자 완화의료란 통증과 증상의 완화 등을 포함한 신체적, 심리사회적, 영적 영역에 대한 종합적인 평가와 치료를 통하여 말기암환자와 그 가족의 삶의 질을 향상시키는 것을 목적으로 하는 의료는 말한다(암관리법 제2조2호).

말더듬이(rhythm장애, Stammerer)

말을 발음할 때 어음이 되풀이로 연발되고 길게 끄는 것과, 도중에서 막히고 말의 처음이 나오기 어렵고, 난발 등 말하는데 이상이 있고 유창하지 않은 증상을 일반적으로 말더듬이라고 한다. 말을 더듬는 것은 정서적 · 심리적 요인으로 오는 경우가 많으며, 특정발음, 특정사람, 특정상황에서 더 심하게 나타난다. 말더듬이를 하는 사람은 항상 긴장하고 말하기를 두려워한다. 말더듬이의 원인에 대해서는 많은 이론이 있으나 소인설, 신경질설, 학습설 등이 있다.

말초신경(末梢神經)

중추신경과 감각기관이나 지배기관을 연결하는 신경. 해부학적으로 뇌신경과 척추신경으로 나뉜다. 작용은 중추에 감각기관에서의 정보를 전달하는 감각신경과 중추에서 지배기관에 지령을 보내는 운동신경으로 나뉜다. 내장과 중추를 잇는 말초신경을 특히 자율신경이라고 부른다. → 뇌신경, 자율신경

망상(妄想)

현실과 맞지 않는 불합리로 틀린(잘못) 생각을 강하게 확신하여 절대로 정정하지 않는 것. 그 내용은 전혀 양해 불가능한 1차 망상과, 어느 정도 양해 가능한 2차 망상으로 나뉜다. 통합실조증, 조울병이나 간질, 약물중독 등으로도 일어나는 일이 있다. 망상에는 피해망상, 관계망상, 질투망상, 빈곤망상 등이 있다. 망상증을 파라노이아(Paranoia)라고 한다.

맞벌이가족(맞벌이 家族)

'맞벌이부부'라고도 하며 남편과 아내가 함께 고용근로자로서 취로하고 있는 가족을 말한다. 부부가 함께 임금수입을 얻고 있다는 의미에서 '맞벌이가족'이라고 부르고 있는데 취로는 단지 임금수입의 획득 또는 가계보충을 위한 것뿐만 아니라 생활의 질 향상, 사회참여나 능력발휘(자기실현) 등 사회적 · 정서적 동기에 의해서도 행해진다. 맞벌이가족에게는 자녀교육 문제를 위시하여 많은 문제가 있는데 직장에서의 모성보호, 남녀근로자의 가정책임수행의 보장, 부부의 역할공동부담 등이 해결되어야 할 과제이다. 참고로 우리나라 맞벌이부부의 하루 가사노동을 2007년 9월 통계청의 발표에 의하면 맞벌이 아내의 하루 평균 3시간 28분으로, 남편의 하루 가사노동의 평균 32분보다 6.5배(2시간 56분)가 많다고 밝혔다.

맞춤형 복지(맞춤型 福祉)

맞춤형 복지란 영유아에서 초 · 중 · 고생, 대학생 청장년 노인까지 각 생활주기 별로 보육, 교육, 주거 등 가장 필요로 하는 핵심 복지서비스를 제공하는 것이며, 특히 저소득층과 장애인, 노인, 다문화가족 등 사회적 취약 계층의 삶의 질을 향상시킬 수 있도록 핵심서비스를 제공하는 것을 말한다.

다시 말해서 생애주기 수혜대상별 맞춤 복지를 꼭 필요한 사람에게 꼭 필요한 혜택을 제공하는 맞춤형 복지야말로 이 시대가 요구하는 스마트(Smart)한 복지가 아닐까 생각한다.

매음금지조약(賣淫禁止條約)

1947년 UN 제4차 총회에서 채택되어 1951년에 발표된 〈인신매매 및 타인의 매음행위에 의한 착취금지에 관한 조약〉이다. 이 조약은 연령, 성별에 관계없이 인신매매를 금지하고 매음의 권유, 매음에 의한 착취, 매음의 경영, 매음장소의 제공, 매음업자에 대한 융자와 같은 해위를 처벌하도록 규정하고 조약체결국 사이의 국제적 협력을 통하여 외국인 매음자에 대한 정보교환과 본국 송환조치에 대하여 규정하고 있다. 또한 매음자의 갱생과 선도에 대하여서도 규정하고 있다. 우리나라는 이 조약에 1962년에 가입하였다.

ㅁ

매춘(賣春) ⇨ 윤락행위(淪落行爲)

맥박(脈拍)

심장의 박동에 의해, 혈액이 보내지게 되는 것에 의하여 생기는 동맥의 파동. 회수, 강약, 규칙성의 변동을 측정하는 것으로 심장을 비롯하여 순환계나 신경계의 상태가 나쁜 징조를 알아내 단서로서 활용한다. 맥박 수는 연령, 운동 등에 따라 변동하며, 개인차도 있다. 보통 성인은 1분간에 60~80회 정도이다. →바이탈사인

맨파워(man power)

사회자원 가운데 특히 인재(人材)에 관계되는 자원. 인구의 고령화가 급속히 진전하여, 보건의료 복지의 수요가 증대하는 가운데, 서비스의 담당자인 보건의료 복지의 분야의 맨 파워가 하는 역할은 더 중요한 것으로 되어 있어, 그 질량(質量)양면에 있어 한층 충실함이 강하게 기대되고 있다. 사회복지의 맨 파워에는 사회복지사나 케어복지사, 정신보건복지사, 케어메니저, 홈 헬퍼, 간호사 등이 있다.

맬더스, T.(Malthus, Thomas Robert : 1766~1834)

영국의 경제학자. 캠브리지대학을 졸업 후 목사 자격을 취득하고는 1793년 모교의 특별연구원이 되었으며, 1805년부터는 동인도대학의 근대사와 경제학 교수가 되어 평생 동안 재직하였다. 주저인 『인구의 원리』(1798)에서 산업혁명과정 중 심각하게 대두된 빈곤의 원인을 인구의 자연적 증가가 생활자료의 증가를 상회하는데서 찾았으며, 인구의 도덕적 억제와 빈민법의 폐지를 역설하여 1834년 빈민법의 대개정, 즉 신빈민법의 제정에 이론적 기반을 제공하였다.

맬트리트먼트(maltreatment)

트리트먼트란 보살핌, 시중, 케어, 치료 등의 의미. 소셜워크의 개입을 가리키는 말로 쓰여지거나, 시설이나 가정에서의 케어를 가리키는 말로서 쓰이지기도 한다. 맬트리먼트란 이와 같은 행위가 잘 행하여지지 않는 상황을 가리킨다. 근래에는 어린이의 학대를 가리키는 말로 쓰이지고 있다. 이때에는 '부적절한 관계'라고 번역되고 있다. 어린이의 학대는 일반적으로 child abuse and neglect라는 영어가 해당되지만 영어와 더불어 보호자에게 주는 마이너스이미지가 강하다는 것 또 행위의 범위가 좁게 인식되어 지는데서 '맬트리트먼트'나 '부적절한 관계'라고 하는 용어가 쓰이는 경우가 있다.

맹도견(盲導犬)

중증(重症)의 시각장애인의 보행을 도와주기 위해 특별히 훈련을 받은 개.

구체적으로는 이용자는 맹도견에게 말로 명령을 하여 안내시킨다. 맹도견은 자동차 등이 가까

이 오는 경우 그 자리에 서거나, 위험을 알리는 등의 동작을 하게끔 훈련되어 있다. 그러나 우리나라에는 아직 맹도견을 이용하는 시각장애인이 없다고 해도 과언이 아닐 정도로 이용하지 못하고 있는 실정이다.

맹아시설(盲兒施設)

맹아를 입소시켜 보호함과 동시에 독립자활에 필요한 지도, 원조를 행하는 시설이다. 무거운 중증지체부자유아시설에 대해 의학적 조치 및 생활, 학습, 직업에 대한 지도, 훈련이 중심으로 된다. 직업지도에 필요한 설비나 음악설비 외에 아동지도원이 점자를 해석할 수 있는 능력이 필요하다. 맹아가 장애에 따른 운동기능의 제약으로 신체적 발달이 불충분한 경우에는 심신의 발달에 대한 배려가 특히 필요하다.

메디케어(medicare)

미국에서 사회보장법에 의거하여 1965년부터 실시되고 있는 한정적(限定的)인 의료보장제도의 하나로, 65세 이상의 노령연금수급자, 65세 미만의 장애연금수급자, 만성신기능장애인 등이 대상이다. 연방정부가 운영하고 있으며, 1998년의 가입자 수는 약 3,800만 명. 입원의료비를 보장하는 강제가입의 병원보험(파트A)과 외래진료에 있어서의 의사의 진료보수 등을 보장하는 임의가입의 보족적(補足的) 의료보험(파트B)의 두 종류가 있어, 재원으로는 전자에는 노사(勞使)가 절반(자영업자는 전액 자기부담)의 사회보장이, 후자에는 가입자의 보험료와 일반재원이 충당되고 있다. 상기 이외의 일반근로자를 포함한 국민전체를 대상으로 한 공적 의료보장제는 없다.

메디케이드(Medicaid)

미국의 '사회보장법' 제19항에 의거, 1965년부터 실시되고 있는 빈곤자에 대해 연방의 원조를 받아 주(州)가 실시하는 공적 부조제도의 일환인 의료부조. 일정 소득액 이하인 자와 자산조사에 의해 인정된 자가 대상이 되는데, 노인 · 맹인 · 신체장애인 · 모자가정 등이 대부분이다. 특히 사설요양원 재원자의 약 반수는 메디케이드의 지원을 받고 있다. 21세 이하의 아동(빈곤자로 한정하지 않는다)을 대상으로 하는 주(州)도 있다. 각 주가 공히 지급해야 할 기본급부는 입원서비스 · 외래환자 병원서비스 · 보건서비스 · 물리검사 · X선 검사 · 요양시설 · 거택보건서비스 · 의료서비스 등이다. 재원은 연방과 주가 분담하고 있는데, 연방부담비율은 50%~78% 정도이다.

메조소셜워크(mezo social work)

메조라 함은 중위(中位)라는 것의 의미. 미국에서 1980년대에 일어난 소셜워크 통합화를 받아서, 1990년대에 제네럴 소셜워크에 있어서 원조의 레벨은 마크로 · 메조 · 미크로의 3가지로 분류, 정리되었다.

메조 소셜워크는 이 가운데 중위의 것을 말한다. 마크로(제도정책)레벨에서의 원조를 미크로(개인)레벨로 제공할 때에는 메조레벨에의 원조가 아주 중요하게 된다. 제도에서 복지서비스를 적절히 또한 효과적으로 제공함에는 시설이나 서비스의 운영 관리(애드미니 스트레이션)나 경영(메니지먼트), 더욱이 원조에 관한 팀어프로치 등이 중요하게 된다. 때문에 메조소셜워크의 시점(視點)을 결여하면 효과적인 소셜워크가 행하기 힘들게도 된다. → 마크로 소셜워크, 미크로 소셜워크

멘탈하이진(mental hygiene)

정신위생의 협의의 의미. '정신질환이나 그것에 의거한 장애의 예방활동'이라고 하는 좁은 의미에서의 정신질환의 케어와 예방시스템의 확립에 중점을 둔다. → 정신위생, 정신보건

멘탈헬스(mental health)

마음의 건강 내지는 정신건강을 가리키는 용어.

현대사회의 스트레스에 적응하지 못하는 사람들이 증대함에 따라 멘탈 헬스의 중요성에 대한 인식이 급속히 높아지고 있다. 정신분석학의 창시자인 프로이트는 정신적으로 건강한 사람이 할 수 있는 일은 사랑하는 것과 일하는 것이라고 정의하였다.

오늘날 정신적으로 건강한 상태란 ① 좁은 의미의 정신장애가 없고 ② 심한 불안이나 고뇌가 없으며 ③ 사회적 규범에 적응하여 자신의 역할을 다 할 수 있고 ④ 자기실현을 할 수 있는 상태를 말한다. 정신건강 정신보건이라고 하는 멘탈헬스의 역할은 넓은 의미의 정신적 건강상태를 유지하고 그 정도를 향상시키는 것이 목적이며, 가정 · 학교 · 지역의 각 영역이 그 대상이 된다.

면접(面接)

서비스를 원조하는 자와 이것을 필요로 하는 자가 대면하여, 언어적(言語的)인 수단을 통해서 응대(應待)하는 것을 말한다.

구체적으로는 사회생활을 하기 위해서는 여러가지 문제의 구체화나 정보의 수집, 구체적인 서비스의 제공, 전문적 직업관계의 수립 등을 들 수 있는 것으로 그 의미는 크다. 면접은 개별원조에서 중심적인 수단이며, 면접을 구성하는 요소로서 ① 서비스이용자 ② 원조자 ③ 시간 ④ 장소 ⑤ 커뮤니케이션의 수단 ⑥ 목적의 6가지를 일반적으로 들 수 있다. 특히 심리요법이나 카운슬링, 개별원조(케이스워크) 등의 원조는 면접을 중심으로 행해진다. → 개별원조활동

면접조사(面接調査)

배포조사, 집단조사, 우편조사와 같이 질문지를 피조사자가 읽고 자기가 응답을 기입하는 기계식에 의한 조사에 비해 면접조사는 조사대상을 조사원이 직접 면접을 해서 구두에 의한 질문에 응답자가 구두로 답하는 방식이다. 질문자, 즉 조사원이 그 응답을 기입하는 타계식에 의한 현지조사법의 하나이다. 조사내용은 사실에 관한 것과 의견이나 태도에 관한 것의 양쪽을 충분히 소화할 수 있다. 신뢰할 수 있는 우수한 조사원을 다수 얻을 수 있는 경우에는 일반적으로 가장 훌륭한 조사법이라고 할 수 있다. 이 방법의 장점으로는 대상자 본인에게서 꼭 들을 수 있고 응답자의 오해를 최소한으로 줄일 수 있다는 점이며, 단점으로는 조사원의 개인차에 의한 편견과 부정의 소지가 있다는 점이다.

명예퇴직제(名譽退職制)

공무원 또는 회사원을 정년이 되기도 전에 퇴직시키는 제도를 말한다. 보통정년을 5~10년 정도 앞둔 사람 중에서 희망자에 한해 적용하며, 명예퇴직자는 여유를 가지고 정년 이후를 준비 할 수 있으며, 회사는 인건비를 절감하고 조직을 활성화시켜 경영합리화를 꾀할 수 있다. 명예 퇴직할 때에 받게 되는 급여는 정신적인 퇴직금에 정년퇴직 때까지 남은 급여의 일정부분이 가산되어진다.

명칭독점(名稱獨占)

국가자격에 있어서, 그 자격의 명칭을 보호하는

것을 목적으로서 등록에 의해 유자격자만이 그 명칭을 쓸 수 있다고 하는 법적 규제. 그 자격자 이외에는 그 업무를 행하여서는 안 되는 업무독점에 대하여 쓰여진다. 사회복지사, 영양사, 간호사, 위생사, 요양사 등은 어느 것이나 명칭독점이다.

명확화(明確化)

감정의 명확화 또는 명료화라고도 한다. 카운슬링이나 케이스워크의 면접과정에 있어서 클라이언트가 표현한 혹은 표현이 희미하거나 명백하게 표현하지 못한 감정을 클라이언트가 사용하여 다시 표현하게 하는 것. 클라이언트는 이것에 의하여 공감되고 있다는 것을 느끼고 당면하고 있는 문제와 그 문제의 해결방향을 명확히 해나가는 과정을 말한다.

모니터링(monitoring)

케이스워크나 케어매니지먼트의 전개과정의 케어플랜에 비추어서 상황파악을 행하여 현재 제공되고 있는 서비스가 이용자의 니즈에 충분한가, 혹은 불필요한 서비스는 제공되고 있지 않는가 등을 관찰 파악, 확인하여 체크하는 것을 모니터링이라고 한다. 케어 메니지먼트에 있어서는 케어플랜을 작성하여 서비스제공의 준비를 하고 끝났다고 생각하는 게 아니고, 특히 재택생활자에 대하여는 케어메니저 자신의 방문에 의한 모니터링이 중요하다. 모니터링된 사항은 케어팀에 의해 평가되어 필요에 따라서 케어플랜의 변경을 검토한다. → 케어메니지먼트

모델사업(model 事業)

정규의 사업이 아니면서 실시되는 사업. 방법론적으로 미확정인 내용의 사업, 니즈의 예측이 곤란한 사업 등은 시행적(試行的)으로 실시되어, 결과에 의해서 정규의 사업으로 되기도 하고 폐지되기도 한다.

모라토리엄인간(moratorium 人間)

모라토리엄이란 본래는 경제용어로 '지불유예'라는 것이나, 미국의 심리분석가 애릭슨(Erikson, E.H.)은 모라토리엄을 사회심리학적 용어로서, 지적 · 육체적 · 성적인 능력에서 한 사람의 몫을 할 수 있음에도 불구하고, 사회인으로서의 의무수행이 유예하고 있는 청년기의 상태로 정의(定義)하고 이렇게 불렀다. 따라서 언제나 사회적 자아(自我 : indentity)를 확립하기 위한 모라토리엄(유예기간)에 머물뿐 기성성인 사회인으로서의 한 주체로 되지 못하고 있는 상태의 인간을 말한다. 1960년 이래 모라토리엄인 상태의 청소년층이 늘어났다. 이처럼 사회적 자아를 확립하지 못한 심리구조를 가진 사람을 '모라토리엄 인간'이라고 하는데 이러한 현상은 비단 청소년층뿐만 아니라 각 연령계층에 일반화되는 경향으로 나타나고 있다.

모라토리엄증후군(moratorium 症候群〈syndrom〉)

지적으로 보나, 육체적으로 보나, 한 사람의 몫을 충분히 할 수 있는 데도 사회인으로 책무를 기피하는 증세를 말한다. 예컨대 대개 20대 후반부터 30대 초반 사이의 고학력 청소년들로 대학 졸업 후 사회로 진출하는 것이 두려워서 수년씩 학교에 남아 있거나, 취직도 않고 빈둥대는 것 등이 이에 포함 된다.

모 · 부자공동생활가정(母 · 父子共同生活家庭)

한부모가족복지시설의 하나.

독립적인 가정생활이 어려운 모자가정 또는 부자가정이 각각 일정기간 공동으로 가정을 이루어 생활하면서 자립을 준비할 수 있도록 지원하는 것을 목적으로 하는 시설을 말한다(한부모가족지원법 제19조1항7~8호).

모성거부증후군(母性拒否症候群)

임신, 출산을 한 어머니가 육아를 거부하는 정신증상. 친정어머니나 시어머니에게 아이를 맡기거나, 유아원 등에 보낸다. 아이와 함께 있을 때는 온갖 학대를 하거나, 불안해하고 자신감을 잃으며, 때로는 우울증상에 빠지기도 한다.

모성박탈(母性剝奪)

모성박탈이란 모성적 보육의 상실상태를 의미한다. 어린이의 발달과정에서 모성으로부터 받아야 할 적절한 심리적 발달상의 장애현상을 말한다. 볼비(Bowlby, J.H.)는 '영유아와 어머니(또는 생애어머니의 역할을 다하는 인물)와의 인간관계가 친밀하고 계속적이고, 또한 양자가 만족감과 행복감에 충만되어 있는 상태가 정신위생의 근본이다'라고 지적하고, 이와 같은 인간적 결합이 어린이의 인격발달이나 정신위생의 기초가 되고(모자일체의 원칙), 이러한 인간관계가 결여한 상태를 모성박탈이라고 정의하였다. 이것을 논거로 한 자료는 ① 영아원, 소아(어린이)병원, 수양가정의 영유아를 대상으로 한 직접적 연구 ② 비행소년 등의 영유아기의 회고적 연구 ③ 모성박탈에 의하여 악영향을 받았다고 인정되는 아동의 추적전인 연구에서다.

모성보호(母性保護)

다음 세대를 짊어지는 자녀를 건전하게 출산, 양육하기 위해서는 의학적 · 사회적으로도 열세한 위치에 처해 있는 여성, 특히 출산, 육아에 관한 모성의 건강이 확실히 지켜져야 할 필요가 있으며, 이를 위해 모성의 사회적 보호, 원조가 필요하다.

현행 법제에서는 모자보건법, 아동복지법, 남녀고용평등법 등의 법률로 모성보호의 관점에서 여러 가지 조치가 규정되어 있다. 모성보호의 문제는 ILO 103호(출산보호)조약에서 보여지듯이 국제적으로도 규정되어 있다.

모성적 양육(母性的 養育)

유아에 대한 모성적인 양육행동을 의미하는 그 대표적인 행위로 피부접촉(skinship)을 들 수 있다. 볼비(Bowl by, J.H.)의 연구에 의하면, 생후 1년 사이에 모성적 양육자에게 친밀한 접촉을 상실한 경우, 아이의 기본적 인격형성에 막대한 악영향을 주며, 지적 발달뿐만 아니라 신체면에서도 뒤떨어짐이 나타난다고 했다. 특히 정서적인 면의 지체가 현저하며 무감동적, 정신병적인 경향을 나타낸다고 했다.

모자가정(母子家庭)

배우자와 사별(死別) 또는 이혼하거나 배우자로부터 유기(遺棄)된 여성, 정신 또는 신체장애로 인하여 장기간 노동능력을 상실한 배우자를 가진 여성, 미혼 여성 등의 모가 세대주(세대주가 아니더라도 세대원을 사실상 부양하는 자를 포함)인 가정을 말하며, '모자가족'이란 모가 세대주[세대주가 아니더라도 세대원(世帶員)을 사실상 부양하는 자를 포함]인 가족을 말한다.

모자공동생활가정(母子共同生活家庭)

한부모가족복지시설의 하나.

독립적인 가정생활의 어려운 모자가족이 일정

기간 공동으로 가정을 이루어 생활하면서 자립을 준비할 수 있도록 지원하는 것을 목적으로 하는 시설을 말함(한부모가정지원법 제19조1항7호).

모자동반자살(母子同伴自殺)

모자동반자살, 부자동반자살, 일가족동반자살, 조모 손자녀 동반자살 등의 총칭으로서 일반적으로 사용된다. 그러나 친자(親子)동반자살의 실태는 자기살해 플러스 부모의 자살의 경우가 많다. 원래 동반자살이란 말은 사랑하는 남녀가 상호합의에 의한 중복(double)자살이다. 따라서 자식살해라고 하는 살인 행위를 수반하는 부모의 살인인 친자동반자살은 엄밀하게는 동반자살이라고는 말하기 어렵다. 모자 동반자살이라고 하는 주요 3대동기(원인)는 ① 질병장애 ② 부부 가정불화, 빈곤 ③출산 육아노이로제이다.

모자문제(母子問題)

모자가정에 놓여있는 생활문제의 총칭이다. 그 기본적 구조는 다음과 같다. 저저 부분에 모친들이 직업생활에서 처해있는 열악한 노동조건, 특히 저임금 등의 수입이다. 이것은 빈곤문제를 가져온다. 또 장시간 노동으로 직업과 가사의 양쪽에 무리를 주어 모친의 건강파괴를 가져온다. 주택문제, 자녀의 진학곤란 등은 빈곤문제에서 파생한다. 이외에 모자가정의 차별, 모자의 심리적 소외 등도 있다.

모자보건법(母子保健法)

모성의 생명과 건강을 보호하고 건전한 자녀의 출산과 양육을 도모함으로써 국민의 보건향상에 기여한다는 목적에서 1973년 제정된 법률이었는데 1986년 5월 10일 전문 개정하여 법률 제3824호로 공포한 법이다. 이 법은 모성(母性) 및 영유아(嬰幼兒)의 생명과 건강을 보호하고 건전한 자녀의 출산과 양육을 도모함으로써 국민보건 향상에 이바지함을 목적으로 한다고 규정하고 있다. 이 법(제14조의 인공임신중절 수술의 허용 한계)에 의하면 다음 경우에 한하여 의사는 본인과 배우자의 동의를 얻어 인공임신중절수술을 할 수 있다고 규정하고 있다. ①본인 또는 배우자가 법으로 규정된 우생학적 또는 유전학적 정신장애나 신체질환 · 전염성 질환이 있는 경우 ②본인 또는 배우자가 이 법 대통령령이 정하는 전염성 질환이 있는 경우 ③강간 또는 준 강간에 의하여 임신한 경우 ④ 법률상 혼인할 수 없는 혈족 또는 친척 간에 임신된 경우 ⑤임신의 지속이 보건 의학적 이유로 모체의 건강을 심히 해하고 있거나 해할 우려가 있을 때이다. 우리나라의 모자보건법은 낙태허용범위가 그리 좁은 것은 아니지만 불의의 임신으로 어려움을 겪는 비혼모와 사생아의 탄생, 미흡한 가족계획 계몽운동과 낙후된 보건사업을 고려해 그 허용범위를 경제적 · 사회적 사유까지 과감히 넓혀야 할 것이다.

모자보건사업(母子保健事業)

모자보건사업이란 모성과 영유아에게 전문적인 보건의료서비스 및 그와 관련된 정보를 제공하고, 모성의 생식(生殖)건강 관리와 임신 출산 양육지원을 통하여 이들이 신체적 · 정신적 · 사회적으로 건강을 유지하게 하는 사업을 말한다(모자보건법 제2조8호).

모자보건수첩제(母子保健手帖制)

지체부자유아 · 기형아 등 비정상아의 출생을 막고 임산부와 영아의 사망률을 낮추기 위해 임산부와 영 · 유아의 건강상태를 국가에서 직접 관리하는 제도. 보건복지부는 임산부가 보건소나 민간의료기관에서 임신확인진단을 받으면 이를 관할 읍 · 면 · 동주민센터에 신고하도록 하고 이와 같은 절차를 마친 경우 모자보건수첩을 발급하도록 하여 임신 · 출산 · 영아의 건강관리, 3세까지의 각종 예방접종 이행여부 등을 국가가 종합 관리하는 모자보건수첩제를 1987년 1월부터 시행하였다. 수첩을 발급받은 임산부는 자신과 태아의 건강상태가 수첩에 기록되고 이 사실이 읍 · 면 · 동주민센터에 통보돼 적절한 의료혜택을 받게 된다. 태아에 이상이 있을 경우 치료 또는 임신중절 등 무료산전(産前)의료혜택과, 보건소에서의 영아에 대한 무료진료 · 예방접종혜택을 받는다.

보건복지부는 수첩에 기록된 내용을 취학 후 학교보건사업에 활용토록 하며, 장차 이 기록을 2000년대에 실시될 국민보건수첩제의 기초자료로 활용할 계획이다.

모자보건요원(母子保健要員)

모자보건요원이라 함은 의사, 조산사, 간호사의 면허를 받은 사람 또는 간호조무사의 자격을 인정받은 사람으로서 모자보건사업 및 가족계획사업에 종사하는 사람을 말한다(모자보건법 제2조 10호).

모자보호시설(母子保護施設)

한부모가족복지시설의 일종으로 생활이 어려운 모자가족을 일시적으로 또는 일정 기간 보호하여 생계를 지원하고 퇴소(退所)후 자립 기반을 조성하도록 지원하는 것을 목적으로 하는 시설을 말한다(한부모가족지원법 제19조1항1호).

모자복지위원회(母子福祉委員會)

모자가정의 복지에 관한 사업의 기획, 조사, 실시 등에 관하여 필요한 사항을 심의하기 위하여 보건복지부에 중앙모자복지위원회를, 서울특별시 직할시 · 도 및 시 · 군 · 구에 지방모자복지위원회를 둔다.

중앙위원회는 15인 이내의 위원으로 구성하며 모자복지사업의 기본방향 및 정책수립, 보호기준에 관한 사항을 심의한다. 지방위원회는 10인 이내의 위원으로 시 · 도에 두는 지방위원회는 모자복지사업의 기본방향 및 정책에 따르는 당해 시 · 도의 시행계획의 수립에 관한 사항을 심의한다.

모자생활지원시설(母子生活支援施設)

아동복지시설의 일종(일본 아동복지법의 규정에 의한).

18세 미만의 아동을 양육하고 있거나 또는 이에 준하는 사정에 있는 여성이 여러 가지 생활상의 문제에 의하여 그 양육 등이 충분히 행할 수 없는 경우 모자와 함께 입소시켜 보호하며, 그 자립을 정신면과 생활면의 양쪽에서 지원하는 시설을 말한다.

모자세대(母子世帶)

18세 미만의 아동(다만, 취학 시에는 20세 미만)을 부양하고 있는 배우자가 없는 여자 및 그 아동으로 이루어진 세대이다.

구체적으로는 배우자가 없는 여자에게는 아동의 어머니뿐 아니고 누이나 할머니, 숙모, 백모, 고모, 이모, 등도 포함된다. 우리나라의 모자세대는 근년에 이혼이나 유기, 생사불명, 가출, 미혼모 등의 순으로 많아져 한부모(편부모)가정 또는 모자가정이라고도 한다.

모자자립시설(母子自立施設)

한부모가족지원시설의 일종으로 자립이 어려운 모자가족에게 일정 기간 주택 편의만을 제공함을 목적으로 하는 시설을 말한다(한부모가정지원법 19조1항2호).

모자주택(母子住宅)

일본에서 모자 및 부녀복지법에 의한 복지조치의 하나로 공영주택공급에 관해 특별배려가 있다. 이것에 의하면 지방공공단체는 공영주택법에 의해 공영주택의 공급을 행하고 있고, 모자가정복지가 증진되도록 특별배려를 하지않으면 안 된다고 규정되어 있다. 그것도 공영주택의 일반공모에 따라 특히 별도로 모집해 당선율을 높여 모자세대주택을 확보하는 것이다.

모집단(母集團)

사회조사에 있어 표본조사를 위한 모체로 되는 조사대상의 모든 요소를 포함한 집합. 대상으로 되는 일정한 사회나 사회집단, 즉 모집단의 모든 것을 조사하는 것은 전수(全數)조사인데 〈대표예 : 국세조사〉 그것이 규모적으로나 경제적으로도 곤란한 것이 많아, 일반적으로 사회조사에서는 표본조사를 행한다. 표본조사에서는 모집단의 일부를 표본(샘플)으로서 추출하여 그 표본에 대한 조사결과를 바탕으로 본래 대상으로 해야 할 사회나 사회집단(모집단)의 상태를 추측하는 수법을 취한다. 조사결과의 공표에 있어서는 모집단에 대해서 그 요소 및 표본추출방법을 명시하지 않으면 안 된다. → 표본추출법

몬테소리, M.(Montessory, Maria : 1870~1952)

이탈리아의 여류 유아교육가. 1907년 로마의 슬럼가에 아동의 집을 창설, 독특한 교육(몬테소리법)을 실천했다. 그녀는 아이들의 자발성 자기활동을 중시하고 교사의 임무는 좋은 관찰자로서 환경정비와 아이들의 능력개발조성에 있다고 했다. 이미 100년 전 몬테소리는 어린이는 몸을 많이 움직이고 다양한 물체를 조작하는 역동적인 환경에서 더 잘 배울 수 있다고 주장했다. 실제로 몬테소리학교에서는 사포로 만들어진 글자를 손으로 만지며 알파벳(alphabet)을 배우고 나무토막을 가지고 산수를 익힌다고 한다.

교수의 관찰, 상벌 훈계에 따른 자율적 행위의 억압을 반대하고 놀이작업을 중시하는 감각훈련을 위한 몬테소리교구를 고안, 프뢰벨의 획일적 교육법에 대립된 것으로 제2차 대전 후 재평가되어 세계적으로 확산되는 추세에 있다. 주저서로는『아이들 교육의 재건』,『유아의 비밀』등이 있다.

몽고리즘(Mongolism)

몽고리즘을 의학용어로 몽고증(작은 머리, 짧은 손가락에 눈이 치켜올라가, 인상이 몽고인 비슷한 선천적인 백치)를 말한다. 정신박약의 임상분류 중의 하나. 1860년에 영국의 랑그돌드가 지은 명칭으로서 선천성이나 순수한 유전은 아니다. 따라서 우리나라 모자보건법 시행령 제15조에서는 유전성 정신박약자만을 인공임신중절토록 규정하고 있다. 이들은 대개가 머리가 크고 턱이 앞으로 튀어나온 특징적인 얼굴형을 지니고 있어 국제형으로 일컫고 있다. 원인은 노령산모의 마지막 자녀, 젊은 어머니의 첫 자녀, 많은 형제중의 막내가 많으며 주로 태내조기고장이 주된 원인이 되고 있다.

무갹출제(無醵出制)

사회보장제도에서 보험료를 재원으로 하거나 보

험료 지출을 수급의 조건으로 하지 않고 일반적으로 국가나 지방자치단체의 조세에 의해 충당되는 시스템을 말한다. 이것은 일정의 소득상한선을 정해서 그 이하의 저소득자에게 급부를 하는 것과 소득에 관계없이 급부하는 것이 있다.

예컨대 오늘날 연금제도에 있어서는 갹출제 연금이 중심적인 역할을 하고 있으나 보험료의 갹출을 조건으로 하지 않는 무갹출제의 연금도 있다. 이 같은 갹출은 불문하고 연금만을 조건으로 하여 일률적인 연금을 지급하는 사회수당방식의 연금은 모든 주민에 무차별 평등에 보편적인 급부를 지급할 수 있으나, 급부액이 정액으로 되기 때문에 급부수준은 낮을 수밖에 없어서 무갹출제 연금만으로는 노후의 생활을 보장하는 것은 곤란하다.

무관심(無關心)

원래는 정신의학분야에서 무감동, 무신경을 의미하는 용어이다. 그러나 사회과학에서는 정치적 무관심의 뜻으로 사용된다. 정치적 무관심이란, 정치적 상황에 대해 적극적인 반응을 나타내지 않고 주체적 행동도 결여된 의식이나 태도를 의미하고 있다. 그러나 최근에는 정치적 상황에만 국한한 것이 아니라, 모든 사회적 상황이나 세상사에 대해 아무런 반응을 표시하지 않는 무감동, 무기력, 비행동적인 태도를 의미한다.

무의식(無意識)

정신분석학에서 의식구조의 설명에 사용하는 개념으로 의식적 행동의 원인이 된다고 생각되는 것으로 개인이 잊고 기억해 낼 수 없는 기억과 생각, 정신분석에서는 꿈, 환상 등을 통해서 무의식의 내용을 추적하고 해석한다.

무인가보육시설(無認可保育施設)

보육원(보육소 · 육아원)으로 인가를 얻지 아니하고 보육소와 같은 역할을 담당하고 있는 보육시설을 말함.

구체적으로는 사업체(기업)내 보육소처럼 특정의 유유아(乳幼兒)를 보호하기 때문에 인가를 받지 않는 것 또는 시설의 정비나 직원의 조직이 보육원의 최저기준에 달하지 못한 것이 있다. 무엇보다도 그 가운데는 주민독자의 활동으로서 짜 맞추어지는 것도 있는가 하면 기업체나 지자체가 보조하고 있는 곳도 있다. 어느 것이든 보호자로부터의 징수금으로 운영되고 있으므로 그 부담은 무겁고 직원의 대우도 별로 좋지 않다고 한다.

무작위추출법(無作爲抽出法)

조사를 함에 있어 전수(全數)조사가 아니고, 표본조사를 행하는 경우, 사전에 정한 표본추출을 행하는 행위추출법(유의 선택법〈有意選擇法〉이라고도 한다)에 대하여 작위를 배제한 객관적 절차에 의해서 대상표본을 고르는 것. 무작위추출에는 단순무작위추출법, 계통적 추출법 등(간격추출법〈間隔抽出法〉) 2단계추출법, 층화(層化) 추출법, 층화다단추출법 등의 구체적인 방법이 있으나, 어느 것이나 객관적 분석을 위한 추출법이다. → 전수조사, 표본조사

무정부주의(無政府主義)

일체의 권력이나 강제의 사회제도를 부정하고 개인(인간)의 완전한 자유를 실현하려고 하는 사회사상과 운동이다.

권력기구로서의 정부의 폐지를 주장하는 것에서부터 무정부주의라고 번역되고 있는데 반드시 적당한 번역은 아니다. 러시아 혁명까지는 공산

주의와 함께 세력을 가졌으나 그 후 공상적이라고 비판되어 후퇴를 계속하여 왔다. 현재는 아직 잠재적인 정도의 영향력을 가진 신좌익운동에서 그 현재적 실현이 보여진다.

무주택(無住宅)

'관습적으로 살아가는 생활주기의 확보가 결여된 상태'를 말하지만, 구체적으로 어떠한 상태를 가리키는가는 명확하지는 않고, 사회적 · 문화적 또는 역사적인 문맥 속에서도 각각 다르다. 거주형태별로 예를 들면, 미국에서는 노상생활자(street people), 민간 · 공립의 보호수용(shelter), 요금이 싼 단신용 호텔(SRO, single-room occupancy)과 같은 관습적인 주거가 아닌 불안정한 주거환경에 있는 자도 홈리스상태라고 부르고 있다. 한편 홈리스를 사회관계면에서 보면, '가족 · 지역사회로부터의 이탈(de-privation)'로 취급하는 경우도 있다.

문제가족(問題家族)

문제가족이란 집단으로서 가족의 조직화가 약화되고, 기능상의 장애를 일으키고 있는 가족을 말하며, 그리고 문제가족을 병리가족, 이상가족, 부적응가족, 일탈가족, 가족아노미라고도 한다. 문제가 악화되어 장기적 해결하지 못할 때 가족은 붕괴되거나 해체현상이 나타난다. 문제가족 또는 부적응가족은 가족성원의 의식, 태도, 가치관, 이해관계가 대립되어 상호작용이 결여된 상태의 가족이다. 즉 가족의 성적, 생식적, 경제적, 보호적, 교육적, 정서안정적, 지위 관계적제 기능이 원만히 이루어지지 않고, 1차적 집단으로서의 전인적 상호관계가 결여된 가족이다. 따라서 가족성원 서로 간의 밀착성이나 연대성이 없이 성원상호 간의 역할기대와 역할수행이 이루어지지 않음으로서 여러 종류의 역할갈등, 부적응, 부조화문제 등이 있는 가족이다. 그리고 가족관계의 대립, 긴장, 갈등이 발생하여 가족성원 상호 간에 의사소통이 이루어지지 않아 가족성원의 욕구불만이 해결되지 않고 전체성, 통일성, 응결성, 융합성이 없는 가족을 말한다.

문제아(問題兒)

정신적 · 신체적인 모든 기능이나 행동 등에 현저한 이상이 나타나 특별한 원조를 필요로 한다고 생각되는 아동을 말한다. 주로 정신장애 등으로 문제행동을 하는 아동을 말하며, 비행아, 부적응아 등과 동의어로 쓰이는 경우가 많다.

문제해결능력(問題解決能力)

클라이언트의 기능하는 힘을 말한다. 클라이언트가 케이스워크 관계를 통해 제공되는 여러 가지 서비스를 통해 스스로가 문제해결 해가는 정서적, 지적, 구체적 능력의 총체이다. 이것은 클라이언트가 목표에 따라 워커나 관계자 또는 여러 가지 사회자원과 일정한 관계유지를 해갈 때의 능력, 동기부여와 기회로 구성된다.

문제해결어프로치(問題解決 approach)

소셜워크의 대표적인 방법의 하나로 펄만(Perlman, H.H.)에 의하여 체계화 되었다. 그녀는 인간의 생활은 무언가의 문제를 해결하면서 살아가는 과정이라는 인식에서 케이스워크의 과정도 '치료'의 과정이 아니고 '문제해결'의 과정이라고 받아들였다. 이 어프로치는 '진단파'와 '기능파'의 이론을 절충적으로 받아들임과 동시에 자아심리학(自我心理學)이란 역할개념이 도입되어 있다. 클라이언트가 워커의 관계에 의해서 문제의 해결을 향해서의 '동기마련'이나 '능력'을 높

ㅁ

여, 그것을 위한 '기회'를 적극적으로 활용한다고 하는 범위를 중심으로 구성되어 있어서, 클라이언트가 주체적으로 문제에 대처해 갈 수 있도록 원조하는 데에 특징이 있다. →펄만, H.

문제행동(問題行動)

정서장애아나 치매성 고령자가 나타내는 이상한 행동을 가리켜, 미혹(迷惑 : 무엇에 홀려서 정신을 차리지 못하는 것) 행동, 문제행동으로 부르는 일이 있다. 아동의 경우의 구체적인 예로서, 반항, 공격, 가출, 자살, 손톱 깨물기, 많이 움직임, 주의산만, 말이 없는 것 등이 있으며, 치매성 고령자의 경우는 배회, 실금, 난폭, 성적문제, 불결행위, 식사이상(이식〈異食〉) 등을 꼽을 수 있다. →배회, 실금

물리요법(物理療法)

이학요법(理學療法)의 한 분야로 신체에 장애가 있는 사람에 대하여, 주로 그 기본적 동작능력의 회복을 꾀하기 위하여, 전기, 온열, 압력 등의 물리적인 에너지를 생체(生體)에 가하는 것에 의하여, 생체 기관(器管)이 원래 가지고 있는 정상화작용, 평형유지 작용 등의 기능의 활동을 높이는 치료법을 말한다. 운동요법의 보조수단으로 실시되며, 일반적으로는 운동요법의 전후에 보조적 치료로서 이용된다. →이학요법, 운동요법

물리치료(物理治療)

의료재활의 중심적 영역으로서 기본적인 운동기능의 회복과 환자의 신체자립성을 높이기 위하여 열, 광선, 물, 전기와 같은 에너지를 이용한 온열요법, 한랭요법, 광선요법, 전기요법, 견인요법, 수욕치료, 치료적 운동 등의 물리적 효과를 치료에 적용하고 물질의 운동원리나 법칙을 적용하는 것을 물리치료라고 한다.

물품구입제(物品購入制)

고용주가 임금을 상품으로 주는 것으로서 많은 경우 임금가치에 미달됐으며 노동자가 이를 시장에 내다 팔아야 할 경우는 시장가격 이하로 밖에 받을 수 없으므로 실질적인 임금인하 효과마저 지니고 있다.

우리나라에서도 불경기에 가끔 기업체에서 활용하고 있다.

미국노인헌장(美國老人憲章)

이 현장은 백악관 노인회의법을 기준으로 하여 1961년 워싱턴에서 개최된 제1회 백악관 노인회의 (white House conference on Aging)에서 입안제정된 것이다. 여기에는 노인뿐만 아니라 사회적으로 노련한 사람, 앞으로 노년을 맞이할 사람들이 어떻게 그들의 권리를 유지하며 책임(의무)을 수행하는가의 문제를 규정하고 있다. 우리나라의 경로노인헌장은 1982년 5월 8일 제정되었다.

미국사회사업가협회(美國社會事業家協會)

N. A. S. W.(National Association of Social Workers)라고도 한다.

1955년에 결성된 미국의 사회복지전문직의 조직이다. 사회복지의 전문직에 관한 문제를 중심으로 자격의 인정이나 기관지의 발행 등의 활동을 행하고 있다.

미국아동헌장(美國兒童憲章)

1930년 후버 대통령에 의해 소집되어 아동의 건강과 보호에 관한 제3회 아동복지 백악관회에서 채택해 그 후 다른 나라의 아동헌장 성립에 영향

을 끼쳤다. 아동복지에 대한 권리를 시민의 제일 권리로 인식하고 그것에 대한 국민적 도덕적 언약으로서 미국아동을 위해 19개조의 구체적 목표를 설정하고 있지만 개별적으로 특정의 권리를 조문화시킨 것은 아니다.

미국우애봉사단(美國友愛奉仕團 AFSC = American Friends Service Committee)

1917년, 프렌드종교회원들(퀘이커교도)에 의하여 창설되어 구제를 목적으로 한 사회복지활동단체. 민족 인종을 초월하여 완전한 무상의 봉사활동을 한다. 현재는 오스트리아나 홍콩의 망명자에 대한 서비스, 미국의 재정착사업, 알제리아의 지역사회서비스 등 광범한 활동을 하고 있다.

미국의 사회보장제도(美國의 社會保障制度)

1935년에 뉴딜정책의 하나로 사회보장법이 제정되어 거의 2년마다 개정을 거듭해 오면서 오늘에 이르고 있다. 사회보장의 종류로는 ① 연방정부가 관리 경영하는 양로 및 유족보험 ② 각 주(州)가 경영하는 실업보상제도에 대한 국고보조 ③ 각 주가 영위하는 각종의 공공부조 및 복지사업에 대한 국고보조제도의 세 부문으로 되어 있다.

미성년자(未成年者)

민법이나 호적법 등에 있어서는 만 19세를 성년(민법 제4조)으로 하며, (2011년 3월 7일 개정) 만19세 미만의 자를 미성년자로 하고 있다. 본인의 보호와 안전 및 상대방의 보호를 위한 능력을 갖지 않는 자로 되어 친권자에 보호되는 존재이다. 미성년자가 법률행위를 함에는 원칙적으로 친권자 또는 법정대리인의 동의를 얻어야 한다. 다만, 권리를 얻거나 의무만을 면하는 것은 그러하지 아니하다(민법 제5조). 또 민법에 있어서는 남자는 만 18세, 여자는 만 16세에 달한 자는 부모 또는 후견인의 동의를 얻어 약혼할 수 있다. 이 경우에 민법 제 808조의 규정을 준용한다(민법 제801조). 미성년자가 혼인을 한 때에는 성년자로 본다(민법 제826조의2).

미숙아(未熟兒)

일반적으로 살아가기에 충분한 기능을 갖추기 못한 채 태어난 유아를 일반적으로 미숙아라고 하나, 정확하게는 출생체중이 2.5kg 미만의 저출생체중아 가운데 태내일수(胎內日數)가 만 38주 미만에 출생된 어린이를 말한다. 그러나 일반적으로는 저출생체중아를 가리켜서 미숙아라고 하는 경우가 많다. 2,501g 이상을 성숙아, 4,000g 이상을 거대아(巨大兒)라고 한다. 미숙아는 전신의 관리, 즉 호흡, 순환, 대사, 감염예방의 관리가 중요하다. 그러나 이와 같은 미숙아라도 신생아의료의 진보와 더불어 구명되는 것이 증가하며, 또한 후유증을 남기는 비율도 줄고 있다.

미아(迷兒)

미아는 3~12세의 아동이 길을 잃어 가족 또는 부양의무자 등으로부터 일시 이탈된 아동을 말한다. 미아는 교통이 복잡한 도시에서 발생률이 높으며 간혹 정신박약아 등이 지리를 몰라서 미아가 되는 경우도 있다. 이들에 대한 수배는 4시간 이내에 처리되고 있으며, 보호자인계, 위탁보호, 일시보호, 시설인계 등으로 처리되고 있는데 대다수가 보호자를 찾아 연계되어 진다.

미조치아동(未措置兒童)

복지조치가 필요함에도 불구하고 조치를 받지

못한 아동을 말한다. 일반적으로 보육원 입소를 신청했으나 결원이 없어 대기하고 있는 아동을 비롯해 아동상담소의 조치결정 후 시설에 결원이 없어 대기하고 있는 아동, 상담을 요구했으나 구체적인 복지조치가 정해져 있지 않은 아동, 그리고 일시보호소에서 관찰 · 조사 · 진단중인 아동을 모두 미조치아동이라 한다.

미크로소셜워크(micro social work)

미크로는 아주 작다는 것, 미시적인 것의 의미. 미국에서 1980년대 일어난 소셜워크 통합화를 받아서, 1990년대에 제네럴 소셜워크에 있어서 원조의 레벨은 미크로, 메조, 마크로 3가지로 분류 정리되었다. 미크로 소셜워크는 개인을 대상으로 한 직업적인 원조라는 것을 말한다.

구체적으로는 개인을 대상으로 하여 퍼스낼리티나 태도 행동에 작용하거나, 개인의 상황에 응한 원조 지원을 행한다. ⇨ 마크로 소셜워크, 메조 소셜워크

미혼모(未婚母)

미혼여성이 아이를 출산해 아이의 어머니가 되는 것을 말하고 있으나 보통 미성년자의 경우를 말한다.

사회사업사전에서는 미혼모란 합법적이고 적당한 결혼절차 없이 아기를 임신 중이거나 출산한 모든 여성을 말하며, 한국여성개발원(1987)에 따르면 미혼의 상태에서 혼전임신 및 출산 또는 임신 중절한 경우의 여성과 별거 이혼, 사별의 상태에서 배우자와 관계없는 아기를 가진 여성을 총칭한다고 정의하고 있다. 우리나라 법에는 법적으로 결혼하지 않은 상태에서 아기를 임신하여 분만한 여성을 의미하며, 광의로는 결혼여성이 이혼, 별거 등 독신과부의 상태에서 법적인 배우자가 아닌 남성과의 사이에서 임신을 한 경우, 처녀가 혼전임신을 한 경우나 독신녀가 인공수정으로 임신한 경우 또는 대리모(代理母)가 법적인 남편이 아닌 남성으로 청탁받은 대역으로서 임신한 경우도 혼외자의 생모로서 미혼모라는 범주에 속한다. 다만 법적으로 혼인하지 않은 경우라도 사실로 관계에 있으면 미혼모에 해당되지 않는다.

미혼모공동생활가정(未婚母共同生活家庭)

한부모가족복지시설의 하나.

출산 후 미혼모와 해당 아동을 양육하지 아니하는 미혼모들이 일정기간 공동으로 가정을 이루어 생활하면서 자립을 준비할 수 있도록 지원하는 것을 목적으로 하는 시설을 말한다(한부모가족지원법 제19조1항9호).

미혼모자가족복지시설(未婚母子家族福祉施設)

미혼모가족과 출산미혼모 등에게 다음 어느 하나상의 편의 제공하는 시설을 말한다(한부모가족지원법 제19조 1항 3호.

가. 기본생활지원: 미혼여성의 임신 출산시 안전분만 및 심신의 건강회복과 출산후의 아동의 양육 지원을 위하여 일정기간동안 주거와 생계를 지원.

나. 공동생활지원: 출산후 해당아동을 양육하지 아니하는 미혼모 또는 미혼모와 그 출산아동으로 구성된 미혼모자가족에게 일정기간 동안 공동생활을 통하여 자립을 준비할 수 있도록 주거 등을 지원.

미혼모자공동생활가정(未婚母子共同生活家庭)

한부모가족복지시설의 하나.

출산 후의 미혼모아 해당 아동으로 구성된 미

혼모자가정이 일정기간 공동으로 가정을 이루어 아동을 양육하고 보호할 수 있도록 지원하는 것을 목적으로 하는 시설을 말한다(한부모가족지원법 제19조1항6호).

미혼모자시설(未婚母子施設)

한부모가족복지시설의 일종으로 미혼여성이 임신을 하였거나 출산(出産)을 했을 경우 안전하게 분만하게 하고 심신의 건강 회복과 출산 후 아동의 양육 지원을 위하여 일정 기간 보호하는 것을 목적으로 하는 시설을 말한다(한부모가족지원법 제19조1항5호).

민간복지단체(民間福祉團體)

지역의 주민이 자주적, 자발적으로 참가하여 고령자 등을 대상으로 급식이나 가사원조 등의 일상생활의 원조, 간단한 보살핌(케어)서비스를 제공하는 민간의 비영리 단체.

구체적으로는 어떤 단체로부터도 재정적 원조를 받지 않는 경우와 기타의 단체로부터 재정적 원조를 받는 경우도 있다.

민간비영리조직(民間非營利組織) ⇨ NPO

민간사회복지(民間社會福祉)

공적(국가 및 지방공공단체) 이외의 민간단체나 개인이 사람들의 복지향상을 지향하여, 서비스를 제공하거나 공적인 부분에 압력을 행사하거나 하는 사업 및 활동의 총칭이다. 시민의 자발적이고 자유로운 활동으로서 생성 발전한 것이다. 본래 자치로 일관하여 행정에 의존하지 않고 영리를 목적으로 하지 않는 것을 지칭한다.

민간사회복지시설은 민간에 의하여 설치되어 운영됨은 물론 국가 또는 지방자치체가 운영하는 시설을 제외하고는 설치주체, 경영주체는 공히 민간의 이사나 또는 개인이다. 사회복지법인, 재단법인, 사단법인, 종교단체, 개인, 기타의 비영리법인 등이다.

민간사회복지사업(民間社會福祉事業)

민간단체 또는 개인이 행하는 사회복지사업으로 공적 사회복지사업에 앞서 생겼으며 개척적 역할을 담당해 왔다. 현재 민간이 자주적 · 임의적 · 창조적으로 행하는 경우와 국가 지방공공단체의 형태를 취하는 경우 등이 있다. 사회복지사업에 의하면 현행의 민간사회복지사업의 경영주체는 원칙적으로 사회복지법인으로 되어 있으며 민간사회복지사업의 법제상 조직으로 공동 모금회, 사회복지협의회, 민생위원 등이 규정되어 있다.

민간사회복지시설(民間社會福祉施設)

민간사회복지시설은 민간에 의하여 설치되어 운영되는 시설은 말한다. 사회복지법인, 재단법인 및 사회복지시설의 설립은 사단법인, 종교단체, 기타의 비영리법인, 개인, 국가 또는 지방자치단체가 할 수 있다. 사회복지법인을 제외하고는 설치주체, 경영주체는 공히 민간의 이사회 또는 개인이다.

민간산업복지(民間産業福祉)

주체별로 본 산업복지의 한 영역으로 민간단체, 종교단체 등이 주체가 되어 근로자와 그의 가족의 복지증진을 위한 제반 활동이나 서비스의 체계를 말한다.

민사소송법(民事訴訟法)

6법의 하나로, 민사소송에 관한 법률을 말하며, 사법기관이 사인(私人)의 요구에 의하여 사법상의 권리 또는 이익의 보호를 목적으로 재판상의 절차를 규정한 법이다.

2002년 1월 26일(법률 제6626호)에 전부 개정하여 그 동안 9차례 개정으로 오늘에 이르고 있으며, 총 502개 법조문과 부칙으로 이루워지고 있다.

민생행정(民生行政)

일본의 지방자치행정상 사용되고 있는 용어로 지방자치법에 의하면 시 · 도 행정조직으로서 군 · 도 및 인구 250만 이상의 지역에 사회복지 및 사회보장에 관한 사항을 분담하기 위해 민생국 내지는 민생부를 두는 것으로 하고, 인구 100만이상 250만 미만의 지역에 사회복리, 사회보장 및 노동에 관한 사항을 부담하기 위해 민생고용노동부를 두는 것으로 하고 있다.

민속문화(民俗文化)

민속문화는 어느 한 민족에서 오랫동안 일반대중에게 전승되어 온 전통적인 문화를 말한다. 즉 이것은 전승된 신앙, 풍습, 의례 등의 형태로 서민생활에 남아 있는 문화이다. 민속문화는 도시문화에 대비하여 농촌문화와 비슷한 의미로 쓰이지기도 하며, 변화에 따른 적응이 늦으며, 친족중심이면서 인간관계가 지적 · 정적인 측면 등을 모두 포함하는 전인적인 형태를 띤다. 또 민속문화는 성스럽고 종교적인 색채가 강하며, 자연과 관련되어 있는 경우가 많고, 고립적이며 관습화된 생활양식을 지니고 있다.

민주사회주의(民主社會主義)

20세기 초에 영국 노동당을 중심으로 하여 제창된 이상주의적 사회주의를 말한다. 이 사상은 기본적으로 사회개량주의(social reformism)에 입각해 있으며 맑스주의적 계급투쟁이나 볼세비키의 폭력혁명을 부인하고, 오로지 의회 민주주의적 방법에 의한 사회주의의 실현을 목적으로 한다. 특히 오늘날 복지국가 지향의 정치사회노선으로 널리 알려져 있다.

밀크 스테이션(milk station)

우유배급소로서 저소득계층의 모자보건센터, 보육원 등에 부설 또는 단독으로 설치하여 저소득빈곤층에 무료 또는 싼 값으로 우유를 배급하는 것을 말한다.

밀포드회의(Milford 會議 : The Milford Conference)

1923년부터 1928년에 걸쳐 미국에서 개최된 소셜워크의 회의. 거기에서 소셜워크는 다양한 영역이었으나 공통의 스킬(skill)을 가지는 전문직(Generic)이냐, 또는 직역(職域)마다에 별개의 스킬을 몸에 지닌 전문직(Specific)이냐를 둘러싸고 의론을 전개했다. 1929년에 회의의 보고서 Social case Work : Generic and Specific 『소셜케이스워크 : 제네릭과 스페시픽 〔밀 포드 회의』가 제출되었다. 그것에 의하면 소셜워크실천에 있어 '일반성'과 '특수성'을 의미하는 개념으로 전자(제네릭)는 '소셜워크 실천에서 필요 불가결한 요소'로부터 생성되는 측면을 나타내고, 후자(스페시픽)는 '그 요소를 특정의 장소나 상황에서 적용하는 경우의 특질'에서 지칭한다.

이 개념이 최초로 사용된 것은 미국으로 1929년에 나온 〈밀포드 회의보고서〉에서 하였다. 그 후 이 제네릭과 스페시픽의 개념은 미국에서 소셜워크 전체의 사고를 지배하여 그 '통합화'가 추진되었는데 그 발전과정에서 가장 공헌을 한 사람은 바트레트(Bartlett, H. M.)의 업적이다. → 바트레트, H. M.

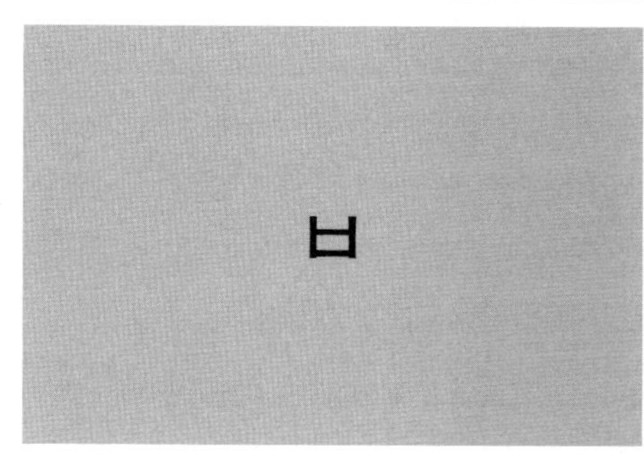

바네트, S.A.(Barnett, Samuel Augustus : 1844~1913)

영국의 크리스도교 사회주의자. 런던 동부의 슬럼가에 있는 교회의 사제(司祭)에 임명되어 세틀먼트운동을 전개했다. A, 토인비에 크게 영향을 주어 그의 공적을 칭송하여 세워진 토인비 · 홀의 초대관장으로 일을 했다. → 세틀먼트, 토인비 · 홀

바와즈, S.(Bowers, Swithun ; 1908~?)

캐나다의 사회복지연구가. 1949년에 발표한 논문 가운데의 케이스워크(개별원조)의 정의는 M, 리치몬드 이래의 여러 가지 정의를 검토하여 스스로의 견해로서 나타낸 것으로 해서 저명한 것이다. → 리치몬드, M.

바우처 제도(voucher 制度)

바우처는 증명서, 상품권이라는 뜻.

주민이 서비스를 구입한다는 사고방식. 바우처는 정부가 지불을 보증하는 전표로 이용자가 특정한 서비스를 구입할 수 있도록 하는 소득지원의 한 형태이다. 일종의 복지상품권이다.

우리나라는 이 사업을 2007년에 시작했는데, 미국과 영국, 프랑스 등 유럽 선진 국가에서는 1960~1970년대부터 이 제도를 도입했다. 서비스의 70%정도가 바우처시스템으로 이뤄지는 미국에서는 저소득 가정에 식품구입권, 교육, 의료서비스이용권 등을 주고 있다. 이 제도를 P.O.S(purchase of services) 방식이라고 일컬어 진다.

바이마르 헌법(weimar 憲法)

1919년 8월 11일에 성립된 독일공화국 헌법. 같은 해 독일의 바이마르에서 열린 국민의회에서 의결된 데서 이렇게 불린다. 바이마르 헌법은, 군주주권 하에 제정되어 있었던 그때까지의 헌법과는 다르게, 기본권 보장 · 국민주권주의를 취한 헌법으로 특히 기본권 보장에 있어서 자유권만이 아니라, "경제생활의 질서는 모든 자에게 가치있는 생활을 보장하는 것을 목적으로 하는 정의의 원칙에 적합하지 않으면 안 된다"고하여, 생존권의 보장을 정하고, 또 노동자의 권리를 정하는 등 사회권을 기본적 인권으로 하여 보장한 점에 특색이 있다. 이후의 세계 각국의 헌법에 큰 영향을 주었다.

바이스테크의 7원칙(Biestek, F. P.의 七原則)

미국의 바이스테크가 제창한 케이스워커와 클라이언트 간의 원조관계의 가장 기본적인 원칙을 제시한 것이다. 바이스테크는 클라이언트의 요구와 그것을 둘러싼 워커와 클라이언트 간의 태도와 정서의 역동적 상호작용의 본연의 자세에서 케이스워커의 7가지 원칙을 도출(導出)했다. 즉 원조자와 서비스 이용자의 사이에 바람직한 원조관계를 성립시키기 위하여 ① 개별화 ② 의도적인 감정의 표현 ③ 통제된 정서적 관여 ④ 수용 ⑤ 비심판적 태도 ⑥ 클라이언트(서비스 이용자)의 자기결정 ⑦ 비밀유지의 7가지를 들고 있다. 이것들은 개개로 독립한 것이 아니고

ㅂ

상호 관련하여 보족(補足)해 가는 관계에 있다.

바이스테크의 원칙의 특징은, 7가지 원칙의 원천이 인간의 기본적 욕구에 기인돼 있다는 것이다. 7가지 원칙은 각각 ① 개인으로서 취급(대우)받고 싶다. ② 감정을 표현하고 싶다. ③ 중심된(부모) 몸이 되어 응답(應答)하고 싶다. ④ 가치있는 인간으로 인정받고 싶다. ⑤ 심판받고 싶지 않다. ⑥ 자기 자신이 선택과 결정을 하고 싶다. ⑦ 자기의 비밀을 지키고 싶다고 하는 욕구에서 도출된 것이다. 이와 같은 기본적 요구는 워커에 쏠린 감정을 클라이언트의 내면에 만들어 낸다(제1의 방향). 다음에 그것들의 욕구와 감정에 대하여, 워커는 민감하게 받아들여 이해하고 적절히 응답하다(제2의 방향). 다시 워커의 감수성, 이해, 응답을 클라이언트가 그대로 감지한다(제3의 방향)고 하는 역동적 상호작용이 전개된다. 각 원칙은 클라이언트의 욕구와 워커와 클라이언트의 감정교류를 3가지 방향에서 받아들여 그것과 관련지어서 이끌어 냈다. 근래 이것들의 원칙에 비판적인 견해가 있는데 케이스워커 실천의 기본적 원리로서 크게 영향력이 계속 이어지고 있다.

바이탈사인(vital sign)

살아 있다는 것을 나타내는 표시. 생명징후(生命徵候)라고도 한다.

구체적으로는 살아 있는 것을 나타내는 사인으로 협의(狹義)에서는 체온이나 호흡, 맥박, 혈압을 가리킨다. 광의에서는 그 밖에 의식이나 정신상태, 식욕(食欲), 수분섭취, 배설, 수면, 신경반사 등이 포함된다.

맥박은 100회/분 이상을 빈맥(頻脈), 60회/분 이하를 서맥(徐脈), 호흡수는 16~20회/분 이상을 빈(貧)호흡, 16~20회/분 이하를 서호흡, 체온은 37도 를 넘으면 주의가 필요하다.

혈압은 최고혈압 150이상, 최저혈압 95이상을 고혈압, 최고혈압 90이하 최저혈압 50이하를 저혈압이라고 한다(성인의 표준치).

바인터,R.(vinter, Robert D: 1918~)

미국 그룹워크의 연구가. 그룹워크에 있어서 치료모델을 구축한 대표적인 인물이다. 바인터의 그룹워크는 그룹을 통하여 개인의 멤버를 바람직한 방향으로 치료(처우)하는 것에 초점이 맞아 들어가는 점에 특징이 있다. 1954년 이후 미시간대학에서 교편을 잡고 소셜워크에 있어서 미시간학파의 형성에 기여했다.

바자(Ba zaar)

원래 옛 페르시아의 공공시장을 가리키는 말이었는데 유럽과 미국 등으로 건너가면서 뜻이 변했다. 현재 유럽에서는 상품진열장, 잡화시장 특매장 등의 뜻으로 쓰이지고 있으며, 미국에서는 사회사업이나 공공사업 등의 자금조달을 위해 특정 단체가 상품을 수집하여 판매하는 자선시장의 뜻으로 쓰인다. 우리나라에서도 각종 단체, 동아리 등에서 바자회를 많이 열고 있다.

바클레이 보고(Barclay 報告)

영국의 전국소셜워커연구소가 1982년 5월에 발표한 『소셜워커 : 역할과 임무』(Social Workers; Their Role and Tasks)의 통칭. 이 보고서는 1980년에 젠킨 사회서비스담당 장관의 요청에 의하여 조직된 바크레이(Barcley, P.)를 위원장으로 하는 18인의 위원에 의한 전문위원회에 의해 정리된 것이다. 보고서는 13장 3부로 되어 있으며 부록으로 A에서 H까지의 문서가 수록되어 있다. 이 보고서를 편찬함에 있어 일치된 동의를 얻을 수가 없었기 때문에 다수파보고, 소수파보고, 평가 소수파보고의 3가지의 견해가 한 권의 책으로 정리되어 있다.

바틀렛, H. M.(Bartlett. Harriet, M : 1879~1987)

미국의 사회복지학자. 소셜워크의 실천자 연구자로 활약한 여성이다.

구체적으로는 특히 의료 소셜워크 분야에서 그 발전에 노력했다. 그 중에서도 주저(主著)『사회복지실천의 공통기반』(1970년)은 유명하여 사회복지의 원조에 공통되는 구성요소로서 가치, 지식, 개입 등을 들어, 소셜워크를 통합적으로 받아들여 새로운 발전에 공헌했다.

박애(博愛)

18세기 계몽주의 사상을 배경으로 하여 나타난 사상. 신의 사랑의 전통을 바탕으로 하고 있다. 인간은 이성을 부여받은 존재로 모두 자유로우며 평등하다. 이 모든 인간 사이를 결속시키는 것이 인류애, 즉 박애이다. 18세기 후반부터 19세기에 걸쳐 영국에서 사회복지를 의미하는 새로운 말로서 자선(charity)과 함께 사용되었다.

박애사업(博愛事業)

박애라 함은 모든 사람을 평등하게 사랑하고 소중하게 한다는 것. 이웃을 사랑하고 형제를 사랑하는 등의 기독교의 사상을 기초로 하여 18세기 유럽에서 널리 퍼져간 사회사상이다. 사회복지의 발전단계의 하나로서 얽매어 있을 때 구빈법 등에 의한 국가정책이 충분히 기능하고 있지 않은 혹은 제한적인 대응을 하고 있을 시기에 그것을 보완하는 것으로서 기능했다. 자선단계보다는 뒤에 속하여 그것과 융합해가면서 민간사회사업의 기초를 형성하는 데에 공헌했다.

반동형성(反動形成)

반동형성은 불안을 일으키는 성적 공격적 충동, 생각, 감정 등을 억제만 하지 않고, 의식의 수준에서 그 반대의 태도로 나타내는 것이다. 즉 이것은 수용할 수 없는 욕망과 대립되는 과장된 감정이나 행동을 취해서 그러한 욕망을 극복하려는 시도이다.

구체적으로는 어린이를 미워하는 계모가 그 감정을 억누르고 오히려 그 반대로 지나칠 애정을 쏟는 것과 같이 억압된 욕구와 반대되는 행동경향을 나타내는 것을 말한다. 즉 미움은 사랑으로, 복수심은 애정으로, 성욕은 전혀 문제가 되지 않는 다른 대상에 대한 애착으로 바뀌는 것을 말한다. 반동형성은 두 가지 단계를 거친다.

①받아들일 수 없는 충동을 억압하는 것이며, ②그 반대적 행동이 의식적 차원에서 표현되는 것이다. 예컨대 열등감을 가진 사람이 자만과 허세를 부르는 태도가 여기에 해당한다고 할 수 있다.

반사(反射)

케이스워크나 카운슬링의 면접과정에서 클라이언트가 말한 사안이나 표현한 감정을 될 수 있는 한 클라이언트와 같은 말로 되풀이 해준다는 기법. 이것이 이루어지면 클라이언트는 수용되어 이해되었다고 느껴 워커 대(對) 클라이언트관계가 깊어짐과 동시에 자기가 직면하고 있는 사태를 다시 한 번 생각하고 감정을 정리하거나 해서 현실적으로 대처해 갈 수 있게 된다.

반사회성(反社會性)

사회성은 사회에 공통하는 인간의 적응행동의

총칭으로 정의되지만 반사회성은 그 사회의 전통, 도덕, 규율, 조직 등에 대한 적의 공격을 나타내는 것이다. 구체적으로는 사회의 질서에 대한 반항적 행동으로 표현되며 청소년의 비행 등이 이에 상당한다. 모두가 사회에 적응하는 것이 곤란한 상태에 놓여졌을 때 폭력이나 비행으로 자기표현의 장을 찾는 심리기제가 작용하고 있다.

반항기(反抗期)

정신발달의 단계 중에서 부모나 윗 사람의 말을 듣지 않는 시기를 말한다. 인간은 정신전달과정에서 여러 가지의 자기주장을 하면서 성장하는 것이지만 특히 그 3세에서 5세까지의 유아기, 그리고 13세~15세까지에 이르는 청년기에 반항적인 태도가 현저하기 때문에 이 시기를 각각 제1반항기, 제2반항기라 한다. 전자의 경우 부모에의 의존관계에서 자립하려는 자아가 눈을 뜨면서 반항으로 나타난다고 하며, 후자는 부모뿐 아니라 사회적 권위에 대한 반항이 중심이 된다. 건전한 자아형성에는 반항기의 경험이 필요하다 하겠다. 반항기의 특징은 신체적 · 사회적 활동에 자립할 수 있는 능력은 있어도 충분히 사회화가 되지 못하기 때문에 필연적으로 주위와 대립하게 되는 것이다. 이 반항기를 기점으로써, 사회인식의 형성 자기중심성에서의 탈피 의지의 훈련 등이 이루어진다. 물론 인격형성에 미치는 이러한 것도 1기와 2기에 따라 정도의 차이가 있으나 본질적으로 인격형성에 주는 영향은 동일하다고 생각할 수 있다.

발달검사(發達檢査)

심리검사의 하나. 유유아(乳幼兒)의 정신발달의 정도를 측정하는 검사법. 유유아기의 초기에는 감각운동기능의 평정(評定)을 하는 검사항목이 많이 취급되어 발달단계가 진행됨에 따라 학습능력, 추상적 사고 등도 평정되도록 된다.

발달단계(發展段階)

발달을 몇 개의 단락을 가지고 받아들이면, 그 단락마다에 독특한 특징이 나타난다. 이 단락을 발달단계라고 불러 일반적으로 태생기(胎生期)〈수정 탄생〉, 유아기(乳兒期)〈탄생~2세〉, 유아기(幼兒期)〈2~6세〉,아동기〈6~12세〉,청년기〈12세~22세〉,성인기〈22~65세〉,노년기〈65세이상〉로 구분된다.

발달보장(發達保障)

인간은 각각 그 사람 나름대로 발달의 가능성을 가지고 있으며, 그 가능성을 최대한으로 찾아내어 인격의 발달을 보장함으로써 그 사람의 니즈를 충족시키는 것이 교육이나 장애아(인)복지의 목적이라고 하는 사고방식. 예컨대 지적 장애인은 그 발달이 완만할 뿐이지 그 사람 나름대로 발달은 있으며, 그 사람에 개성적인 발달, 잔존능력의 성장의 가능성을 찾아내어, 그 성장에 기대를 걸어, 그 개성이나 특질을 전인적(全人的)으로 보고 신장해간다는 것이다.

발달이론(發達理論)

발달이론은 발달에 관한 원리 원칙을 설명하는 것이지만 발달의 규정요인으로서 유전과 환경에 대한 생각이 문제가 된다.

셀든(Shelden, W.H)은 내적 인자로서의 유전과 외적 인자로서의 환경의 쌍방이 작용하는 제도를 문제로 삼아야 한다면서 폭주설을 제창했다.

현재는 유전과 환경의 2가지 요인을 분리한 양자택일의 사고가 아닌 유전과 환경의 상호작용이라는 생각을 하고 있다.

발달장애(發達障碍)

중추신경계의 이상에 의하여 고차(高次)의 정신 기능에 생기는 장애.

구체적으로는 소아기에 분명해지는 인지, 언어, 운동, 사회적 기능의 획득의 장애로서 규정되어 정신지체, 자폐성장애, 학습장애, 언어장애 등이 포함된다. 발달은 심신의 제 기능의 분화와 통합, 구조의 변화 등에 의해 표시되는 현상이지만 이들 과정은 일정의 한계에 따라 전개되어 간다. 발달장애는 어떤 원인으로 인해 다음 발달단계로 넘어가는 것이 곤란한 상태에 있는 것을 말하는 경우가 많다. 그러나 그것은 평균적 발달단계를 가정한 비교이며 종래의 발달기준의 시점을 바꾸는 것으로 발달장애의 내용이나 범위도 변화한다.

발달장애인(發達障碍人)

소아기 자폐증, 비전형적 자폐증에 의한 언어 신체표현, 자기조절, 사회적응 기능 및 능력의 장애로 인하여 일상생활 또는 사회생활을 하는 데 있어 상당한 제한을 받아 다른 사람의 도움이 필요한 사람을 말한다(장애인복지 법시행령 제2조).

발달지체(發達遲滯)

주로 유유아기(乳幼兒期), 신체 지적 측면의 발육 발달이 뒤처짐을 나타내고 있는 상태를 말하는 것이 많으나, 정해져 있는 정의가 있는 게 아니다. 특히 유유아기에 있어서는 장애의 확정적 진단은 쉽지 않기 때문에 특히 지적 측면 언어면에서 발달의 지체에 대하여 상태를 나타내는 용어로서 임상(臨床) 등에 사용되는 경향이 있다. 정신발달지체, 언어발달지체라고 하는 것처럼 뒤처지는 영역에 있어서는 사용되는 경우도 많다. 다만, 이 경우에는 정의가 분명하게 되어 있어 예컨대 정신발달지체는 소위 행정용어인 지적장애에 거의 해당하고 있다. 더욱이 신체면의 발육장애나 성장장애에 대해서도 쓰이는 경우가 있다.

발작(發作)

증상이 급격히 발현(發現)하여, 비교적 단시간에 소실되는 것. 여러 가지의 발작이 있으나 일반적으로는 전간(癲癎)발작(경련발작, 의식소실발작, 탈력발작, 정신발작, 정신운동발작)을 가리킨다. 그 외에 패닉(Panic)발작(불안발작)이나, 과(過)호흡발작 등도 있다. → 전간

방과후아동지도사업(放課後兒童指導事業)

아동복지시설에서 그 고유업무 외에 하는 사업의 하나.

저소득층 아동을 대상으로 방과 후 개별적인 보호와 교육을 통하여 건전한 인격형성을 목적으로 하는 사업을 말한다(아동복지법 제52조3항6호).

방문간호(訪問看護)

질병이나 장애를 가진 환자나 가족 등에 대하여 간호사가 환자의 거택(居宅) 등 생활의 장에 나아가서 필요한 간호를 행하는 것을 가리킨다. 노인 장기요양보험법(제23조1항1호가목).

방문간호사 1인 1동제(訪問看護師 一人一洞制)

보건복지부는 2007년부터 지역 주민의 가정을 찾아 보살펴 주는 맞춤형 건강관리 서비스 사업으로 이 제도를 채택하여 전국으로 실시하기로 하였다. 이 제도는 각 동별로 방문간호사를 1명

ㅂ

씩 전담 배치하여 저소득 계층이나 독거노인 장애인 등 의료취약층의 건강 · 질병관리를 해 주는 제도로 2004년 12월 서울 중구에서 최초로 실시되었다.

방문목욕서비스(訪問沐浴 Services)

재가노인복지시설에서 제공하는 서비스의 하나.

목욕 장비를 갖추고 재가노인을 방문하여 목욕을 제공하는 서비스를 말한다(노인장기요양보험법 제23조1항1호나목).

방문수발(訪問수발)

일명 home help service라고도 한다. 고령자, 장애아(인), 난치병 환자 등을 대상으로 가정 등에 홈 헬퍼를 파견하여 목욕, 배설, 식사 등의 수발, 조리, 세탁, 청소 등의 가사나 생활 등에 관한 상담, 조언 등 일상 생활상의 보살핌을 행하는 서비스를 말한다.

방문요양 서비스(訪問療養 Services)

재가노인복지시설에서 제공하는 서비스의 하나.

가정에서 일상생활을 영위하고 있는 노인(재가노인)으로서 신체적 · 정신적 장애로 어려움을 겪고 있는 노인에게 필요한 각종 편의를 제공하여 지역사회 안에서 건전하고 안정된 노후를 영위하도록 하는 서비스를 말한다(구 노인복지법 제38조1항1호).

방문조사(訪問調査)

면접원이 조사대상인 개인, 가정, 사업소 등을 개별적으로 방문하여 응답을 얻는 조사방법이다. 방문조사의 장점으로는 ① 면접과 피조사자와의 관계를 적절히 조절하여 보다 정확한 결과를 얻을 수 있다. ② 조사대상으로서 본인 여부를 파악하기 쉽고 본인이나 가족원의 일상생활을 있는 그대로 파악할 수 있다. ③ 응답에서 제3자의 영향을 받지 않기 때문에 응답에 대한 확인이 가능하다는 점을 들 수 있다.

방문지도(訪問指導)

질병이나 부상 등으로 집에서 누워있는 등의 상태에 있는 자나 건강진단의 결과 지도가 필요하다고 인정된 자 등에 대하여 주치의(主治醫)와의 연휴(連携)아래 간호사가 방문하여 행하는 간호와 요양, 일상생활 동작훈련 등의 방법의 지도를 말한다. 노인보건제도에 있어 보건사업의 하나.

방위기제(防衛機制)

방어(防禦)기제, 적응기제(適應機制)라고도 한다. 마음속에 욕구불만이나 갈등상태가 생겨, 그것에 의하여 불안이나 위협을 느꼈을 때에, 그것들의 심적 위기를 회피하기 위하여 무의식으로 작동하는 마음의 메카니즘을 말한다. 바람직하지 않는 생각이나 감정이 의식에 오르는 것을 저지하는 억압을 비롯, 미움(증오)을 느끼는 상대에 과도한 애정을 나타내는 반동(反動)형성. 자기 마음속에 있는 애증(愛憎)감정을 상대 속에 바꿔놓고 외계(外界)의 것으로 인지하는 투영(投影=投射), 성적(性的) 원망(願望)을 스포츠나 사회적 활동 등에 옮겨 놓는 승화(昇華) 등이 알려진다. 방위기제는 심적 위기를 회피하는 의미로는 적응적이라고 보이지만 과도하게 행하여지면 신경증 등 병리적 상태로 되게 한다. → 적응기제, 퇴행

방임적 부모(放任的 父母)

방임적 부모는 자녀에게 무관심하고 부모의 역

할을 거의 수행하지 않는다. 자녀와의 접촉을 회피하며 자녀의 욕구에 대해 거의 반응을 보이지 않으면서 거부적이다. 자녀와의 상호작용은 단지 부모자신의 즉흥적 위안을 얻기 위해서이며, 일관성 있는 훈육을 실시하지 않는다. 이러한 역할유형은 부부 간의 갈등, 사회적 자원의 부족 등에 위해서 나타날 수 있으며, 자녀로 하여금 인지적 · 정서적 · 사회적 발달을 기할 수 없게 된다. 방임적 부모를 가진 자녀는 적대적 공격적이며, 대인관계가 원만하지 못하며, 낮은 자존심을 가지고 있다.

배경인자(背景因子)

2001년 5월에 WHO(세계보건기구)에서 내놓은 국제생활기능분류(ICF)에서 언급된 구성요소이며 '배경인자(contextual factors)'는 개인의 인생과 생활에 관한 배경전체를 나타내어 '환경인자(environmental factors)'와 '개인인자(Personal factors)' 2개의 구성요소로부터 성립된다. 환경인자는 물리적 환경, 사회적 환경, 사람들의 사회적인 모양, 상태라거나 그 사람이 특징(성별, 인종, 연령, 건강상태, 라이프스타일, 생육력, 성격 등)을 의미한다. → 국제생활기능분류

배뇨감지기(排尿感知器)

기저귀나 침대에 부착(附着)하는 센서(censor)이며, 배뇨를 감지하면 벨 또는 무선으로 경보를 알리는 케어 기구.

배뇨장애(排尿障碍)

일반적으로는 요의(尿意)를 느껴도 오줌이 쉽게 나오지 않는 상태를 말한다. 방광괄약근(膀胱括約筋)에 이상이 있는 경우와 전립선 비대 등의 요로(尿路)통과 장애가 있는 경우에 인정된다. 광의에는 요량의 이상, 오줌 회수의 이상, 배뇨상태의 이상, 요선의 이상 등이 있다. → 실금

배란기(排卵期)

배란기란 수정이 이루어진 후부터 수정란이 자궁벽에 착상하기까지 약 2주간의 시기를 말한다. 이 시기에 수정란은 세포분열을 시작하여 수정후 3일이 지나면 32개의 세포가 되고 4일이 지나면 90개의 세포가 되며, 계속적으로 세포분열을 하게 된다.

수정란은 세포분열을 거듭하면서 난관 내부의 섬모운동과 난관의 수축작용으로 나팔관과 난관을 지나 자궁안으로 내려온다. 자궁으로 내려온 수정란은 하루 또는 이틀 정도 떠돌다가 자궁벽에 착상한다. 이 과정의 기간을 말한다.

배변장애(排便障碍)

변비, 설사, 변실금을 가리킨다. 변비는 변이 내장 내에 장시간 정체하여, 배변이 곤란한 상태 및 매일 있다고 하더라도 소량으로 단단하고 건조해 있는 경우를 말한다. 설사는 장내의 것이 거의 소화 · 흡수되지 않고 액체상(液體狀)의 그대로 체외로 나오고 마는 상태이다. 고령자는 탈수증이나 영양불량을 초래하여 전신상태에 영향을 미친다. 변실금은 불수의(不隨意; 마음대로 되지 않는 것)에 변이 나오게 되는 상태이다. → 실금

배설(排泄)

생물이 물질대사의 결과 생긴 불필요한 것을 체외로 방출하는 것. 협의로는 대소변만을 가리킨다. 배설을 생명유지에 있어서 극히 중요한 것이기는 하지만 생활이나 정신적 영향을 받기 쉬운 생리기능이다. 특히 고령자는 기능저하에 의한

배설장애를 일으키기 쉬워, 그 횟수와 성상(性狀)은 건강의 지표로서도 중요하다. 또 배설의 시중을 남에게 맡기게 된다는 것은 자존심을 상하게 할 위험이 있어, 수발자는 세심한 주의를 기울일 필요가 있다.

배설기능장애(排泄機能障碍)

배설작용을 하는 기관의 기능이 손상된 상태를 말한다. 보통은 배뇨 기능을 갖는 기관의 장애와, 배설 기능을 가진 기관의 장애 쌍방을 포함해서 말하는 것으로 전자에는 신장, 방광, 요도가 관련되며 후자에는 대장, 특히 직장이 관련되어 있다.

배아기(胚芽期)

배아기란 수정란이 자궁에 착상한 후부터 약 6주간의 시기를 말한다. 즉 수정 후 약 2~8주 사이를 배아기라고 하는데 이 기간 동안 배아는 자궁벽으로부터 영양을 얻어 계속 성장하며, 주요 기관과 조직의 약 95%가 형성되고, 수정란이 약 2만 배 정도로 커진다.

배아의 발달과정은 외배엽, 중배엽 및 내배엽으로 분화하여 서로 다른 형태의 세포로 발달함에 따라 신체의 각 기관이 형성된다. 외배엽으로부터는 모발, 손톱, 피부의 표피, 감각기관, 신경계 등이 형성되며, 중배엽으로부터는 근육, 골격, 순환계, 피부의 진피, 기관지, 폐, 췌장, 간 등의 기관 등이 형성되며, 이들 중에서 제일 먼저 순환계가 발달하며, 그 외에도 태내발달에 중요한 역할을 하는 양수주머니, 태반, 탯줄 등이 발달한다.

배우자 학대(配偶者 虐待)

배우자 학대는 남편 또는 아내가 다른 한편의 배우에게 신체적, 사회적, 정서적, 성적으로 위해를 가하는 것을 말한다. 이것은 주로 남편에 의한 아내의 학대를 말하는 것이나, 아내에 의한 남편의 학대도 포함되고 있다. 학대의 유형에는 신체를 주먹, 발, 물건 등으로 구타하거나, 흉기로 위협하거나, 폭언, 협박, 인격적인 멸시 차별, 등을 행하거나, 또 모욕적인 성행위의 강요 등 다양하게 이루어지고 있다. 이 배우자 학대는 학대를 당하는 배우자에게 신체적, 사회적, 정신적으로 심한 손상을 입힐 수 있으며, 자녀에게 폭력을 학습할 수 있는 장을 제공할 수 있다는 점에서 자녀교육에 악영향을 미칠뿐더러 심각한 문제가 아닐 수 없다. 이것으로 인하여 부부 간의 별거나 끝내는 이혼으로까지 이어져 자녀들에게 불안감, 공격성, 등교거부, 비행, 학습부진, 가출 등의 요인이 될 수 있다.

배회(徘徊)

치매증의 2차 증상의 하나로서 정처 없이 목적도 없이 헤매면서 걷는 것. 청소년기의 도피의 형태로서 일어나는 것, 기억상실의 상태, 치매질환 등에서 보이진다.

배회는 치매성 고령자가 느끼고 있는 불안에 기인(起因)하는 것으로, 그 사람 나름의 불안의 해소를 위한 행동으로 받아들일 수가 있다. 치매성 고령자의 케어에 있어서는 일상생활의 규칙, 세밀한 관찰이나 관계에서 그 사람의 불안을 가지게 되는 요인을 찾아내서 그것을 해소하는 데에 노력하는 것이 필요하다고 한다. 또 배회 시에 전도(轉倒)나, 사고 등의 위험성에 대하여 안전의 확보에도 주의가 필요하다.

백내장(白內障)

눈의 수정체의 혼탁에 의해서 투명성이 잃게 되는 것. 선천적인 것과 후천적인 것이 있다. 선천성에는 어머니의 임신초기에 질환에 의하는 것이며, 원인불명의 것도 있다. 후천성에는 외상성(外傷性)백내장, 당뇨병성 백내장, 병발(倂發)백내장(녹내장 등외의 안질환에 병발하는) 등의 외, 노화에 따르는 노인백내장이 있다. 노인백내장의 수술은 수술 후의 경과는 좋으나, 당뇨병성 백내장이나 병발백내장 등은 수술 후에도 그렇게 좋지 않다.

백악관노인회의(白堊館 老人會議 = White House Conference on Aging)

이 회의는 미국의 노인문제를 종합적으로 분석, 토의하고 일관성 있는 국가정책을 확립해서 미국노인복지를 개발하고 실천해 나가는 데 목적이 있다. 10년에 한 번씩 열리는 이 회의는 미국노인이 당면하고 있는 모든 문제를 검토하고, 회의에서 제안된 내용은 연방정부의 노인복지 정책수립에 반영하고 있다. 대통령이 소집하는 이 회의는 1961년에 처음으로 시작하여 1971년, 1981년에 모였고 1993년에 제4회 회의가 열렸다. 미국노인헌장이 1961년 제1회의 때에 입안 채택 되었다.

회의에는 미국 내 각주의 정부대표, 노인복지 전문가, 그리고 외국의 옵서버(observer)들이 참가하고 있다.

백악관회의(白堊館會議=White House Conference)

백악관이라 함은 미국 대통령의 관저로 여기에서 대통령이 소집하여 개최되는 회의라는 것. 제1회 회의는 엘렌 케이(Ellen key)의『아동의 세기』에 의해서 소집되었다. '가정은 문명의 최고의 창조물' 혹은 "아동을 긴급, 부득이 한 경우를 제외하고는 가정으로부터 떼어 놓아서는 안 된다"는 등. 어린이에게 있어서 가정의 소중함이 강조되었다. 그 후 전국아동복지회의로서 대개 10년마다 개최되고 있다. 1970년의 제3회 회의에서는 〈미국아동헌장〉이 채택되었다. 고령자 문제에 관해서는 1961년에 제1회 회의가 개최되어 그 후 아동복지와 마찬가지로 대개 10년마다 개최되고 있다.

뱅커미켈센, N.E.(Bank Mikkelsen, Neils Erik : 1919~1990)

노멀라이제이션의 이념의 보급에 크게 영향을 준 덴마크의 장애인복지의 정책입안자. 1919년에 덴마크에서 출생하여, 덴마크가 나치스에 의해 점령되어 있을 때 1944년 나치스에 대한 레지스탕스 활동을 하여 강제수용소에 투옥되었다. 그 청년기의 그 경험을 통하여 지적 장애인의 시설의 처우를 걱정한 나머지 그로 하여금 1951~52년에 발족한 '지적장애자 부모회' 설립취지에 공명(共鳴)하여 지적 장애인의 처우개선을 위하여 보호자들과 함께 당국에 적극적으로 작용하여 장애가 있는 자나 없는 자나 다 같이 지역에 있어서 생활하는 것이 노멀라이다라는 이념(理念), '노멀라이제이션'이라는 말을 처음으로 사용한 1959년 법의 성립에 길잡이를 한 인물이며, 노멀라이제이션 이념을 이론화한 최초의 인물로 '노멀라이제이션의 아버지'로 불리고 있다. 장애가 있다고 해서 사회로부터 저해(沮害)되는 이유는 없다. 장애가 있어도 하나의 인격을 가지고 장애가 없는 인간과 아무런 다름이 없다. 가능한 한 같은 조건하에 있어야 할 것이다. 사람으로서의 권리가 실현된 수 있는 사회의 상태를 만들어 가지 않으면 안 된다고 하는 내용을 표현한 말로써 노멀라이제이션을 사용하였다고 일컬어진다. 노멀라이제이션을 세계에 보급시켜, 지적 장애인의 대형시설을 폐지하고 지역생활을 실현한 공적으로 케네디국제상이 수여되었다.

범죄소년(犯罪少年)

14세 이상 19세 미만의 소년으로서 형벌법령에 저촉되는 행위를 한 자를 말하며 형사책임을 진다. 우리나라 형법 제9조는 14세가 되지 아니한 자의 행위는 벌하지 아니한다고 규정하고 있다.

범죄심리학(犯罪心理學)

범죄와 범죄자를 심리학적으로 연구하는 과학을 말한다. 협의로는 범죄자의 성격, 인격형성, 범죄의 동기 등을 연구하는 학문영역을 말하지만 광의로는 정신감정, 재판에 관한 심리학적 문제를 취급하는 교정심리학을 포함한다. 범죄사회학, 범죄정신병리학 등과 함께 범죄학을 구성한다. 아들러(Aler, A.), 알렉산더(Alexander, F.) 등이 선구적인 연구를 했다.

법률구조(法律救助)

경제적 이유 때문에 법률상의 권리(헌법 제31 32조)을 행사하는 것이 곤란한 자에 대하여 무료 또는 저렴한 경비로 상담을 할 수 있고, 소송비용을 대여해 주는 사업을 말한다.

유럽과 미국의 각국 법률구조의 역사는 오래다. 특히 1960년대 이후, 법률구조의 개혁입법이 실현·정비되고 있다. 일본에 있어서의 조직적이고 본격적인 활동은 1952년 일본변호사연합회·자유인권협회 등의 협력·운영에 의해 재단법인 법률부조협회가 설립된 것에서부터 시작된다.

우리나라는 1986년 12월 23일에 법률구조법(법률 제3862호)을 제정하였다.

이 법에서의 법률구조의 정의는 경제적으로 어렵거나, 법을 모르기 때문에 법의 보호를 받지 못하는 자에게 법률구조를 하여 줌으로써 기본적 인권을 옹호하고 나아가 법률복지의 증진에 이바지한다고 하는 목적을 달성하기 위하여 변호사 또는 '공익법무관에 관한 법률'이 정한 공익법무관에 의한 법률상담, 소송대리 기타 법률사무에 관한 모든 지원을 하여 주는 것을 말한다(동법 제2조).

법률구조공단(法律救助公團)

법률구조법의 규정(법 제8조)에 의하여 법률구조를 효율적으로 추진하기 위하여 법인으로 설립된 대한법률구조공단을 말한다. 대한법률구조공단(1987년 9월 15일 기존의 대한법률구조협회를 확대 개편)을 중심으로 법률구조활동이 행해지고 있다. 서울에 본부를 두고 각 지방검찰청과 지청에 11개 지부 및 36개 출장소를 설치하고 있으며, 판·검사, 변호사 및 대학교수로 구성된 심사위원회와 변호인단이 상설되어 있다. 그러나 구조대상의 지나친 제한과 구조활동의 소극성 때문에 아직도 구조받지 못하는 법익의 피해자들이 대량으로 방치되고 있는 것이 현실이다. 형사사건에서의 국선변호인제도 무자력자에 대한 법률구조제도의 하나라고 할 수 있다. 공단은 1. 법률구조 2. 법률구조제도에 관한 조사연구 3. 준법정신의 앙양을 위한 계몽사업 4. 기타 공단의 목적 달성에 필요한 사업을 한다(동법 제21조).

법률구조법(法律救助法)

이 법은 경제적으로 어렵거나 법을 모르기 때문에 법의 보호를 충분히 받지 못하는 자에게 법률구조를 하여줌으로써 기본적 인권을 옹호하고 나아가 법률복지의 증진에 이바지함을 목적으로 1986년 12월 23일(법률 제3862호)에 제정·공포하여 오늘에 이르고 있다. 이 법의 규정에 의거 법률구조를 효과적으로 추진하기 위하여 대한법률구조공단이 법인으로 설립되어 있다.

법앞에 평등(法앞에 平等)

헌법 제11조에 의거하여 모든 국민은 법 앞에 평등하며, 누구든지 성별 종교 또는 사회적 신분에 의하여 정치적 · 경제적 · 사회적 · 문화적 생활의 모든 영역에 있어서 차별을 받지 않도록 정하여진 규정이다.

구체적으로는 국민은 건강하고 문화적인 최저한도의 생활을 할 수 있는 권리를 갖는다는 것을 명확하게 하고 그것을 위하여 국가는 사회복지나 사회보장, 공중위생의 향상 증진에 노력하지 않으면 안 된다고 하고 있다. 이것은 서비스의 이용요금의 비용부담에 있어서 종래 무료, 또는 저렴한 요금으로 제공되고 있었던 서비스라고 하더라도 국민의 복지니즈의 다양화에 따라 대상자의 확대와 함께 적정한 비용부담을 요구하는 것은 진실로 부담의 공평의 확보라는 의미로 이해해야 할 문제이다. 그것은 또 이용자로서 서비스의 이용을 선택할 수 있기 때문에 자기 결정의 원칙에 맞는 것이다.

법인(法人)

자영인이 아니고, 법률상으로 권리, 의무의 주체로 인정되는 자를 말한다. 지방자치단체와 같은 공법인(公法人)과 재단법인(財團法人) 사단법인(社團法人)같은 사법인(私法人)의 두 종류로 나눈다.

법정급여(法定給與)

사회보험의 각 법에 있어서 보험자가 행할 급여로서 법률에 의해 정해진 급여를 말한다. 이에 대하여 보험자가 자주적으로 행하는 급여를 임의급여(부가급여)라고 한다. 예를 들면 일본에서는 국민건강보험에 있어서 요양급여, 고액요양비의 지급, 조산비의 지급, 장제비의 지급 등은 법정급여이며, 상병수당금은 임의급여이다. 우리나라의 의료보험에서는 임의급여제도를 부가급여라고 하여 보험급여 이외에 대통령이 정하는 기준에 따라 조합의 정관으로 정하는 장제비 기타의 급여를 할 수 있도록 규정하고 있다.

베리어프리(Barrier Free)

장애물 없는 생활환경으로 번역된다.

고령자, 임산부 또는 장애인들도 편안한 삶을 살 수 있는 도시를 만들기 위해 물리적 · 제도적 장벽을 제거하자는 것으로 1974년 유엔장애인생활환경전문가 회의에서 '장벽없는 건축설계'(barrier free design)에 대한 보고서가 나온 이후 건축학계에서 사용되기 시작했다. 공공의 건축물이나 도로, 개인의 주택 등에 있어서, 고령자나 장애인의 이용에도 배려한 설계라는 것을 말한다.

구체적으로는 휠체어로 통행가능한 도로나 복도의 폭의 확보. 단차(段差)의 해소, 손잡이, 점자(點字)의 안내판, 경고상재(警告床材)의 설치 등을 들 수 있다. 이 설계사상은 미국은 물론 유럽 여러 나라에서는 장애인이나 고령자의 사회통합을 실현하기 위한 중요한 수단으로 발전하고 있다. 구미 선진제국에서는 1960년대 초에 처음으로 건축적 장벽(archifectural barrier)이라는 단어가 사용되고 그 후 국제연합전문가회의에 의해 보고되었다. 미국에서는 1961년에 건축규칙, 1968년에 연방법을 제정하였고, 스웨덴에서는 1975년에 건축법으로 규정하고 있다.

베리어프리 설계(barrier free 設計)

고령자나 장애인의 행동을 방해하는 건축적 장벽을 제거한 건축설계라는 의미로 사용된다. 억세스 프리디자인(access free design), 디자인 포 더 핸디캡(design for the hand cap), 장벽이 없는 건축환경의 설계, 고령자, 장애인을 배려한 건축설계 등도 동의어(同義語)이다.

유럽과 미국의 선진국에서는 1960년 대 초엽에 비로소 건축적 장벽(architectural barrier)이라는 단어가 사용되고 이후 국제연합전문가회의 (UN, Expert Group Meeting on Barrier Free DesIgn, 1974)에 의해 보급되었다.

그 이후 미국은 세계에서 가장 먼저 American Stendard Specifications for Making Buildings and Facilities Accessible to and Usable by the Physically Handicapped (1961년)이라는 건축규격과 연방법(1968년)을 제정하였다. 스웨덴에서는 건축법 42a에 의해 레저용도 이외의 모든 주거(주택)를 휠체여 사용자가 사용하는 것을 규정하고 있다(1975). 이 설계 사상은 유럽 여러 나라에서는 장애인이나 고령자의 사회통합을 실현하기 위한 중요한 수단으로 발전하고 있다.

베버리지보고(Beverdge, W. H 報告)

정식으로는 영국의 경제학자이며 사회보장제도 완전고용제도의 주창(主唱)자인 W.H. 베버리지(1877~1963)가 1942년 정부의 위촉을 받아 사회보장에 관한 문제를 조사 연구한 것을 영국정부에 제출한 보고 '사회보험 및 관련서비스(Social Iusurance Allied Services)'로써 공표된 것의 통칭. 위원장이였던 윌리암 · 베버리지의 이름으로 불리어지고 있다. 궁핍(窮乏)의 해소를 최대의 목표로 하고 있다.

구체적으로는 이 보고에는 빈곤, 질병, 무지, 불결, 태만의 5대 사회악을 지적하고, 빈곤에는 사회보장, 질병에는 의료보장, 무지에는 교육보장, 불결에는 주택정책, 태만에는 완전고용정책으로 대응하지 않으면 안 된다고 하고 있다. 또 사회보험에 있어서는 균일액의 최저생활 보장비의 급부와 보험료의 갹출, 보험사고와 적용인구의 보편과, 행정의 일원화 등 6가지 기본원칙에 의거하여 사회보험을 중심으로 하여 공적 부조와 임의보험에 의하여 보완되는 새로운 사회보장을 체계화함과 더불어 그 전제조건으로 필요한 아동수당과 포괄적 보건서비스, 고용의 유지에 관한 제안을 포함한 것으로 되어 있다. 이것은 단순한 명칭이나 이념에 머물고 있었던 종래의 사회보장에 대하여 구체적인 내용을 나타낸 것으로서 평가되어 전후의 영국의 사회보장체계(요람에서 무덤까지) 확립에 기여했다. 이 보고는 구빈법의 폐지에 이어지는 동시에 각국의 사회보장제도의 창설에도 큰 영향을 주었고 국민들의 사회생활을 보장한다는 복지국가 이념의 대표적인 문헌이다.

베이비시터(baby sitter)

일반 탁아소와는 달리 사적인 계약에 의한 유아탁아소로서 산휴가 끝난 유아로부터 생후 5~6개월 미만의 아이를 맡는 곳으로 규모는 자택을 사용하여 2~3명의 아기를 맡은 곳으로부터 탁아소와 같이 시설을 갖추고 전임을 배치하여 두는 곳도 있다. 미국 일본 등지에서는 베이비 홈 혹은 가정보육실로 운영되고 있으나, 우리나라는 아직 공식적인 기관은 없다.

보건복지기구(保健福祉機具)

신체에 장애가 있는 사람이나 요개호 노인이, 장

애 혹은 그것에 따르는 생활상의 문제에 의해 감소한 기능을 보충하고, 보다 쾌적하게 하기 위한 생활지원기구의 총칭이다. 복지기구라고도 줄여서 말한다.

보건복지부(保健福祉部)

보건복지부장관으로 하여금 보건위생 · 방역 · 의정 · 약정 · 생활보호 · 자립지원 · 자활지원 · 여성복지 · 아동(영육아 보육을 제외) · 노인 · 장애인 및 사회보장에 관한 사무를 장리(掌理)하게 하기 위하여 설치된 중앙행정기관이다(정부조직법 제39조1항). 식품 및 의약품의 안전에 관한 사무를 관장하기 위하여 보건복지부장관 소속하에 식품의약품안전청을 둔다(동법 동조2항).

보건소(保健所)

지역에 있어서 주민의 질병의 예방, 공중위생의 향상과 그 증진을 도모하기 위하여 시 · 군 · 구가 설치하는 지역보건대책의 제일선의 기관이다.

구체적으로는 국민건강증진 · 보건교육 · 구강건강 및 영양개선사업, 전염병의 예방 · 관리 및 진료, 모자보건 및 가족계획사업, 노인보건사업, 공중위생 및 식품위생, 의료인 및 의료기관에 대한 지도 등에 관한 사항, 의료기사 · 의무에 관한 사항, 공중보건사 · 보건진료원 및 보건진료소에 대한 지도 등에 관한 사항, 약사에 관한 사항과 마약 · 향정신성 의약품의 관리에 관한 사항, 정신보건에 관한 사항, 가정 · 사회복지시설 등을 방문하여 행하는 보건의료사업, 지역주민에 대한 진료, 건강 진단 및 만성퇴행성질환 등의 질병관리에 관한 사항, 보건에 관한 실험 또는 검사에 관한 사항, 장애인의 재활사업 기타 보건복지부령이 정하는 사회복지사업 기타 지역주민의 보건의료의 향상 · 증진 및 이를 위한 연구 등에 관한 사항 등의 사무와 지역보건활동에 노력한다. 그리고 아동복지법의 규정에 따라 ①아동의 전염병 예방조치 ②아동의 건강상담, 신체검사와 보건위생에 관한 사항 지도 ③아동의 영양개선의 업무를 행한다(아동복지법 제36조).

보건위생(保健衛生)

공중위생과 동의어이나 공중위생보다 넓은 분야에서의 보건, 즉 의료도 포함되는 개념이다. 급성질환이나 감염증의 예방 치료뿐 아니고 만성질환에 대한 대책도 포함되며 때로는 넓게 재활까지 포함된다. 질병의 조기발견, 건강유지도 포함하는 개념이므로 포괄적 보건과 같은 사고라 할 수 있다.

역사적으로는 전염병 대책이나 환경개선(모기 파리 없애는 것) 등이 주였으나 최근에는 건강증진, 건강관리, 건강생활, 그리고 성인병예방, 질병조기발견 등으로 중점이 옮겨지고 있다. 행정의 노력뿐 아니라 개인이나 가족, 각종의 지역적 조직이 협력해서 실시해 나간다면 보다 효과적인 사업이 될 것이다.

보건의료기술(保健醫療技術)

보건의료기술이란 다음의 하나에 해당하는 것을 말한다(보건의료기술을 진흥법 제2조 1호).

가. 의과학, 치의학, 한의학, 의료공학 및 의료정보학 등에 관련되는 기술

나. 의학품, 의료기기,식품, 한약 등의 개발 및 성능 향상에 관련되는 기술

다. 그 밖에 인체의 건강과 생명의 유지 증진에 필요한 상품 및 서비스와 관련되는 보건의료 관련 기술

ㅂ

보건의료서비스(保健醫療 services)

보건의료 서비스라 함은 국민의 건강을 보호 증진하기 위하여 보건의료인이 행하는 모든 활동을 말한다(사회복지사업법 제2조5호).

보건진료원(保健診療員)

1978년 WHO 국제회의에서 규정한 1차 보건의료의 개념에 입각하여 그 업무를 수행하는 의료요원을 말한다.

현재 1차 의료를 담당하는 중간급 의료요원을 활용하는 것은 세계적 추세. 이들의 역할은 ① 건강문제의 예방 통제방법에 관한 보건교육 ② 안전한 식수공급과 환경위생유지 ③ 모자보건사업과 가족계획사업 ④ 주요 감염질환에 대한 예방접종 ⑤ 풍토병 예방 ⑥ 치료 · 약품공급 이외에 우리나라에서는 그 지역의 학교보건까지 업무로 포함시키고 있다. 1981년도에 이 제도가 도입되어 정규대학과정(전문대 이상)의 간호교육을 수료한 간호사나 기타 조산원 자격증 등을 소지한 자로서 6개월의 교육기간을 경과한 사람들이 보건진료원으로서 지역사회에 배치되고 있다. 이들이 당면한 애로사항으로는 지역실정에 맞지 않는 공허한 교육내용, 면(面)보건요원과의 역할분리, 협조체제가 불명확한 점 등이다.

보도위탁(補導委託)

가정법원은 시험관찰을 결정함에 있어서 재택시험관찰과 더불어 적당한 시설, 단체 또는 개인에게 위탁하여 행할 수도 있다(소년법 제25조 2항). 이것을 보도위탁이라 한다. 보도위탁의 경우에 가정법원은 위탁처에 대해 소년의 보도상 참고가 되는 사항을 지시하지 않으면 안 된다.

보도위탁에는 신병(身柄)위탁을 수반하는 것과 수반하지 않는 것이 있다. 후자는 소년이 재적하고 있는 학교장과 고용주에 대해 소년의 보도만을 위탁하는 것이고, 전자는 신병과 함께 보도위탁이라 부른다. '신병과 함께 보도위탁'하는 경우, 기간 중 소년을 위탁처에 기거를 시키면서 전 생활에 걸쳐 보도하고 근로의 체험도 수반하는 경우가 많다.

보디메카닉(body mechanics)

생체역학. 인간공학 용어로 신체의 골격, 근육, 내장 등의 각 계통 간의 역학적 상호관계를 말한다. 보디 메카닉을 좋은 상태로 유지함으로서 안전성이 얻어져 장애를 방지할 수가 있다.

보상(補償)

보상은 개인의 결함이나 열등감을 극복하기 위한 수단으로서, 어떤 분야에서 탁월하게 인정을 받아 다른 분야에서의 실패나 약점을 보충하여 자존심을 고양시키는 기제이다. 즉 개인의 결함을 다른 것으로 대치시킴으로서 보충하려고 하는 마음의 작용을 말한다. 보상은 긍정적인 면과 부정적인 면을 동시에 지니고 있다. 전자는 청각장애인이 유명한 음악가가 되는 것이며, 후자는 소외당한 사람이 다른 사람의 관심을 끌기 위한 반사회적인 행동을 하는 것이다. 즉 비교적 자신있는 행동이나 태도를 선택하여 그 방면에서 남을 능가함으로써 자신의 열등감, 무력감 등을 의식적으로 또는 무의식적으로 극복하려는 심리적 기제를 말한다.

보육(保育)

영유아(6세미만의 취학 전 아동을 말함)를 일반적으로 같은 보육이라도 가정 내에서 기르는 것은 육아(育兒)인데 대하여 가정 외의 시설 등에서 돌보는 것을 보통 보육이라고 구별되어 있는 경향이 있다. 그러나 보육이라는 용어의 개념이나 사용법은 지극히 다양하며 또 변화하고 있다. 즉 유치원처럼 비교적 단시간 내에서의 소위 유아교육적인 일에 대해서도 보육이라는 용어를 써왔고 또 한편, 최근에는 어린이 양육 전반에 대해서도 보육이라고 호칭하고 있다. 가정 내 보육이라고 하는 표현은 그 예이다.

어쨌든 영유아의 어린이를 기르는데 있어서의 사회적인 관심이 일반적으로 된 오늘날에 있어서는 보육이라는 용어가 가지는 개념은 넓어졌고 또한 그 의미와 내용도 심오해 간다고 할 수 있을 것이다.

보육계획(保育計劃)

지방자치단체 등에서 만들어져 지역의 보육계획을 가리키는 경우도 있지만, 일반적으로는 보육원, 유치원 등의 보육시설에서 보육활동을 진행해가는 일정기간의 계획을 의미하고 있다. 보육커리큘럼이라 부르기도 한다. 보육계획 중 구체적인 실천지도에 관한 계획을 지도계획하며, 그 계획의 기간에 따라 기간계획, 월안(月案), 주안(週案), 일안(日案) 등이 있다. 연간계획은 보육계획 중에서도 골자로 되어 있다. 아이들의 발달상황을 근거로 연간보육목표를 정해, 그것에 이르는 순서를 명확히 하지 않으면 안 되지만, 이것은 아이들의 여러생활을 포함한 집단생활의 발전을 축으로 구상된다.

보육교직원(保育教職員)

보육교작원이란 어린이집 영유아의 교육, 건강관리 및 보호자와의 상담, 그 밖의 어린이집의 관리 · 운영 등의 업무를 담당하는 자로서 어린이집의 원장 및 보육교사와 그 밖의 직원을 말한다(영유아보육법 제2조제5호).

보육니즈(保育 Needs)

아동이 적절히 보육을 받을 수 없는 상대에 있는 경우, 보육의 필요성의 질 양을 객관적으로 나타내는 개념이다. 일반적으로 보육니즈에는 잠재적(潛在的)인 니즈와 현재적(顯在的)인 니즈가 있다고 하는데, 그 정의는 여러 가지이다. 오늘날 보육원의 다기능화나 보육서비스의 다양화의 배경으로서 보육니즈를 말하게 될 경우는 보육원 이용의 대상은 되나, 보육에 마땅치 않은(결여되는) 아동 및 보육원대기아동으로 있는 경우를 현재적 니즈라고 한다. '보육에 흠이 있는 아동'의 정의에는 합당하지 않으나, 실제 가정에의 보육이 곤란하게 되어 있어서 보육의 서비스를 이용하고 싶다고 의식하고 있는 층을 잠재적 니즈라고 하는 경우가 많다.

보육도우미제(保育도우미制)

보육도우미는 국공립 어린이집에 보육행정업무를 보조하는 인력을 두는 '보육도우미' 제도를 말한다. 보육도우미는 보육시설의 회계, 예산, 각종 부주 및 행정업무 등 시설장을 보조하는 업무를 담당하게 된다. 서울시에서 전국 최초로 2008년부터 시행하여, 보육도우미의 자격은 서울시에 주소를 둔 30~50대 중년 여성으로 서울시내 632개 국공립보육시설에서 시설별로 공개 채용한다. 보육도우미로 채용되면 보육업무에 관한 필요한 기본 소양교육을 30일 동안 받은 뒤 보육시설에 투입되며 하루에 6시간 정도 근무하게 된다.

보육시설(保育施設)

보육시설이란 보호자가 근로 또는 질병, 기타 사정으로 영유아를 보호하기 어려운 경우에 보호자의 위탁을 받아 영유아를 보육하는 시설을 말한다. 여기에서 보호자란 친권자 후견인 그 밖의 자로서 영유아를 사실상 보호하고 있는 자를 말한다(영유아보육법제2조3 4호).

보육시설의 종류에는 ① 국 · 공립보육시설(국가와 지방자치단체가 설치 · 운영하는 보육시설) ② 법인보육시설(사회복지사업법에 의한 사회복지법인이 설치 · 운영하는 보육시설) ③ 직장보육시설(사업주가 사업장의 근로자를 위하여 설치 · 운영하는 보육시설, 국가 또는 지방자치단체의 장이 소속공무원을 위하여 설치 운영하는 시설을 포함) ④ 가정보육시설(개인이 가정 또는 그에 준하는 곳에서 설치 · 운영하는 보육시설) ⑤ 부모협동보육시설(보호자들이 조합을 결성하여 설치 운영하는 보육시설 ⑥ 민간보육시설(① ⑤에 해당하지 아니하는 보육시설) 등이 있다(동법 제10조).

보육시설종사자(保育施設從事者)

보육시설에서 영유아의 보육, 건강관리 및 보호자와의 상담 그 밖에 보육시설의 관리 · 운영 등의 업무를 담당하는 자로서 보육시설의 장 및 보육교사와 그 밖의 종사자를 말한다(영유아보육법 제2조5항).

보육정보센터(保育情報 center)

영유아의 보육에 대한 제반 정보의 제공 및 상담을 위하여 시장 · 군수 · 자치구의 구청장이 설치하여 운영하는 시설을 말한다. 여기에는 영육아의 보육을 위한 상담 및 지도업무를 담당하기 위하여 보육지도원을 배치한다(영유아보육법제7조).

보육제도(保育制度)

국가 지방자치단체에 의해서 영유아의 건전한 성장발달을 도모하고자 법규에 성립되어진 보육에 관한 조직기관의 조직 및 그 작용의 총칭이다. 보호자가 노동 또는 질병 등의 이유로 보육에 부적합한 상황에 있는 유유아(乳幼兒)에 대해 1일 8시간의 보육을 행하는 보육원이 아동복지법에 따른 보건복지부소관으로서 제도화되어 있다. 한편 3세 이상의 유아에게 조직적인 유아교육을 행하는 유치원이 학교교육법에 의해 교육인적자원부 소관으로 제도화되어져 있다.

보장구(補裝具)

보장구라 함은 신체장애아 · 신체장애인의 장애를 가볍게 해주거나 보충하거나 해서 일상생활이나 직업생활을 용이하게 할 수 있게 쓰여지는 가구류를 말한다.

구체적으로는 의지(義肢), 장구(裝具), 허리받침장치, 맹인용지팡이(흰 지팡이), 의안(義眼), 안경, 점자기(點字器=점판 · 점필), 보청기, 인공후두, 휠체어, 보행기, 두부보호모자, 수요기(변기), 스토마용장구와 보호보조용 지팡이 등이 지정되어 있다.

보장기관(保障機關)

보장기관이라 함은 국민기초생활보장법에 의한 급여를 행하는 국가 또는 지방자치단체를 말한다(국민기초생활보장법 제2조4호).

보조금(補助金)

특정의 사업 등을 행하는 자에 대하여 국가 또는 지방자치단체가 당해 사업 등의 수행의 육성, 조장(助長) 등을 행하기 위하여 교부하는 금전(현금) 급부(給付)를 말한다.

보조사회사업가(補助社會事業家)

미국에서 사회복지 전문교육을 받은 전문사회사

업가를 보조하기 위해 채용된 직원이다. 현재는 그 실무가 넓어져 소셜 서비스에이드(social service aide) 혹은 소셜 워크 어시스턴트(social work assistant) 등으로 표현되고 있다. 종래 비전문가이며, 잡무를 처리하는 임시적인 대리 직원으로 생각되어 왔으나, 특히 1960년대 이후 중요한 역할을 담당하는 사람으로 재평가되어 직원으로서 위치를 잡고 있다.

보편주의(普遍主義)

사회정책이나 사회복지의 기본적인 짜임새(목표 · 원칙 · 급부범위 · 수급조건 등)을 나타내는 개념이며, 소득보장이나 사회복지서비스를 수급함에 있어 수급자격을 판정하기 위한 자산조사 등을 요건으로 하지 않고, 그러한 것을 필요로 하고 있는 모든 사람들이 이용할 수 있도록 하게 한다고 하는 생각 및 방법. 대개념(對概念)은 선별주의. 중 · 고 소득자 층에도 일률적으로 수급자격이 주어지는 것으로 해서 소득재분배효과가 약해진다거나, 비용이 너무 많이 소비된다고 하는 면에서 비효율적이라고 비판되어 왔으나, '선별주의에서 보편주의'의 전환은 복지제도개혁의 기본적 이념의 하나로서 꼽고 있다.

보편주의적 서비스(普遍主義的 services)

사회복지 이용자의 대상을 모든 계층으로 하여 공급되는 서비스. 건강증진이나 사회참가 대상 등이 그것인데 보편주의적 사회복지라고도 한다.

보험급여의 제한(保險給與의 制限)

국민건강보험공단은 보험급여를 받을 수 있는 자가 다음 각호의 1에 해당하는 때에는 보험급여를 하지 아니한다(국민건강보험법 제48조).

1. 고의 또는 중대한 과실로 인한 범죄행위에 기인하거나 고의로 사고를 발생시킨 때
2. 고의 또는 중대한 과실로 국민건강보험공단이나 요양기관의 요양에 관한 지시에 따르지 아니한 때
3. 고의 또는 중대한 과실로 급여의 확인의 문서 기타 물건의 제출을 거부하거나 질문 또는 진단을 기피한 때
4. 업무상 또는 공무상 질병 부상 재해로 인하여 다른 법령에 의한 보험급여나 보상 또는 보상(補償)을 받게 되는 때

그리고 보험급여를 받을 수 있는 자가 국외에 여행 중일 때나 국외에서 업무에 종사하고 있는 때 및 병역법 규정에 의한 현역복무자, 교도소 기타 이에 준하는 시설에 수용되어 있는 때에는 보험급여를 정지한다(동법 제49조).

보험료(保險料)

사회보험 개인이 일부가 되는 피보험자, 즉 가입자가 매월 부담하는 각출금. 다시 말해서 보험에 가입한 자가 보험자에게 내는 일정한 금액이다.

보험자(保險者)

사회보험의 사업을 운영하는 주체(主體)를 말한다. 일반적으로는 보험계약에 의하여 보험금을 지불하는 의무를 부담하고 보험금을 받는 권리를 가진 자를 말한다.

구체적으로는 보험회사 및 국민건강보험의 보험자는 국민건강보험공단이다.

보호(保護)

어린이를 보호하고 교양한다는 것.

구체적으로는 민법 제913조에 의하여 친권자는 자(子)를 보호하고 교양할 권리를 가지고 의

무를 진다고 규정하고 있다. 또한 아동복지법에서는 '보호를 필요로 하는 아동'이라 함은 보호자가 없거나 보호자로부터 이탈된 아동 또는 보호자가 아동을 학대하는 경우 등 그 보호자가 아동을 양육하기에 부적당하거나 양육할 능력이 없는 경우를 말하며, 보호자라 함은 친권자, 후견인, 아동을 보호 · 양육 · 교육하거나 그 의무가 있는 자 또는 업무 · 고용 등의 관계로 사실상 아동을 보호 · 감독하는 자를 말한다고 규정하고 있으며, 소년법에서도 소년은 소년부의 보호사건으로 심리한다고 규정하고 있다(동법 제2조).

보호고용(保護雇傭)

국제노동기구(ILO)에 의한 직업리허빌리테이션의 정의(1955년)에서는 기업체에서의 취로가 어려운 장애인을 고용하는 보호공장제도나 통근이 곤란한 자의 재택고용제도를 말한다.

주로 유럽제국에서 발전한 공적인 고용형태로 소득보장의 뒷받침을 가지면서 장애특성을 고려한 고용의 장의 확보나 취로환경을 정비하는 것으로 되어 있으나, 근년 그들의 나라에서도 사회통합의 이념이나 경제적인 이유에서 일반고용에의 전환이 적극적으로 도모되고 있다.

보호관찰(保護觀察)

범인을 교도소 기타의 시설에 수용하지 아니하고 자유로운 사회에서 일정한 준수사항을 명하여 이를 지키도록 지도하고 필요한 때에는 원호하여 그의 개선, 갱생을 도모하는 처분. 형의 집행유예가 허용된 자에 대하여는 보호관찰을 행할 수 있으나(두 번 이상 집행유예를 허용한 자에 대하여는 반드시 행하여야 한다). 이 같은 수용처분 없이 처음부터 보호관찰을 행하는 경우를 프로베이션(Probation)이라 한다. 또 가출옥이 허용된 자에 대하여는 보호관찰을 하나, 일단 수용처분을 한 후에 가석방하여 보호관찰을 한 경우를 파로울(Parole)이라 한다. 또 프로베이션은 비행소년에 대한 보호처분의 일종으로서도 행하여진다. 또 파로울은 소년원으로부터 일시퇴원된 자에 대하여도 행하여진다(보호관찰 등에 관한 법률 제1조 제3조).

보호관찰관(保護觀察官)

범죄자나 비행행위가 있는 성인(成人)과 소년에 대하여 형벌에 대체하거나, 형벌을 보충하는 것으로써 사회내 처우를 행하는 국가 공무원을 말한다.

구체적으로는 보호관찰소(보호관찰지소를 포함)에 소속되어 다음의 사무를 처리한다. ① 보호관찰의 실시 및 사회봉사명령 · 수강명령의 집행 ② 갱생(更生)보호의 실시 ③ 검사가 보호관찰관의 선도를 조건으로 공소제기(公訴提起)를 유예하고 위탁한 선도의 실시 ④ 범죄예방자원봉사위원에 대한 교육훈련 및 업무지도 ⑤ 범죄예방활동 ⑥ 보호관찰 등에 관한 법률 또는 다른 법령에 의하여 보호관찰소의 관장업무로 규정된 사항. 그리고 보호관찰관은 형사정책학 · 행정학 · 범죄학 · 사회사업학 · 교육학 · 심리학 기타 보호관찰에 필요한 전문적 지식을 갖춘 자이어야 한다(보호관찰 등에 관한 법률 제15조 16조).

보호관찰 등에 관한 법률(保護觀察 등에 관한 法律)

이 법은 죄를 지은 사람으로서 재범방지를 위하여 보호관찰, 사회봉사 · 수강(受講) 및 갱생보호(更生保護) 등 체계적인 사회내 처우가 필요하다고 인정되는 사람을 지도하고 보살피며 도움으로써 건전한 사회복귀를 촉진하고 효율적인 범죄예방 활동을 전개함으로써 개인 및 공공의 복지를 증진함과 아울러 사회를 보호함을 목적으로 한다고 규정하고 있다. 이 법은 보호관찰법(1988년 12월 31일 법률 제4059호)으로 제정되어 시행중 1995년 1월 5일 (법률 제4933호)에 개정시 법명이 '보호관찰 등에 관한 법률'로 됨과 동시에 기존의 갱생보호법은 폐지되었으며, 다시 1996년 12월 12일 (법률 제5178호)에 전문 개정되어 오늘에 이르고 있으며 총 100개 조문과 부칙으로 되어 있다.

보호관찰소(保護觀察所)

범죄자와 비행소년이 사회생활을 영위할 수 있게 하면서 필요한 지도감독 보도원호(후원)를 행함으로써 개선, 갱생을 도모하려고 하는 보호관찰과 범죄예방활동, 사회봉사 수강 및 갱생보호에 관한 사무를 관장하는 법무부장관소속하에 있는 기관을 말한다. 보호관찰소의 사무의 일부를 처리하기 위하여 그 관할 구역안에 보호관찰지소를 들 수 있다(보호관찰 등에 관할 법률 제14조).

보호권의 아동권리(保護權의 兒童權利)

국가는 아동이 양육되는 동안 모든 형태의 신체적 · 정신적 폭력이나, 상해, 학대, 부당한 대우, 성적인 학대 등의 착취로부터 아동을 보호하기 위해 적절한 모든 조치를 취해야 한다. 이를 위해 아동 및 아동의 양육책임자에게 필요한 지원 계획을 수립하고 아동학대 사례를 막기 위한 조사, 처리, 필요한 경우 사법적 개입까지 가능한 한 효과적인 절차를 가져야 한다. 우리나라의 경우 안타깝게도 아동학대의 80% 이상이 가정에서 일어나고 있다. 지역사회의 관심이 절실하다.

국가는 신체적, 정신적, 도덕적, 사회적으로 유해한 모든 노동으로부터 아동을 보호할 의무가 있다. 또 아동은 그런 노동으로부터 보호받을 권리가 있다. 이를 위해 국가는 최저고용연령을 정하고 고용시간 및 고용조건에 관한 적절한 규정을 만들어야 한다. 또 이를 거치지 않는 기업 혹은 보호자가 있을 경우 처벌하여야 한다. 방글라데시, 네팔 등 제3세계 국가에서는 아직도 14세 미만의 어린아이들이 광산에서 돌을 나르거나 거리에서 물건을 파는 등의 중노동에 시달리고 있다.

보호를 필요로하는 아동(保護를必要로 하는兒童)

보호를 필요로 하는 아동이라 함은 보호자가 없거나 보호자로부터 이탈된 아동, 또는 보호자가 아동을 학대하는 경우 등 그 보호자가 아동을 양육하기에 부적당하거나 양육할 능력이 없는 경우의 아동을 말한다. 이때 보호자라 함은 친권, 후견인(後見人), 아동을 보호, 양육, 교육하거나 그 의무가 있는 자 또는 업무, 고용 등의 관계로 사실상 아동을 보호 · 감독하는 자를 말한다(아동복지법 제2조2호).

보호소년(保護少年)

경찰관직무집행법 제4조(보호조치)에 의거 미아, 가출아동, 기아를 요보호대상으로 하여 응급의 구호를 요하는 경우에는 24시간의 범위 내에서 보호조치를 하고 있다. 이 때, 보호 조치된 미아, 가출아동 혹은 기아를 보호소년이라 한다. 따라서 보호소년의 가족, 친지, 기타의 연고자가 나타나지 않을 경우에는 공공사업기관, 병원, 기타 구호기관에 인계함으로써 비행에 빠지지 않도록 적절한 보호와 처우를 하고 있다.

보호소년 등의 처우에 관한 법률(保護少年 등의 處遇에 관한 法律)

이 법은 보호소년 등의 처우 및 교정교육과 소년원과 소년 분류심사원의 조직, 기능 및 운영에 관하여 필요한 사항을 규정함을 목적으로 1998년 12월 31일(법률 제4058호)에 소년원법을 전문개정과 동시에 법명도 개정, 공포하여 그동안 몇 차례 개정을 거쳐 오늘에 이르고 있다. 총 53개 법조문과 부칙으로 되어 있다.

보호시설(保護施設)

사회복지사업법에 의거 설치되는 사회복지시설의 일종으로 구(舊)생활보호법에 의거하여 설치된 시설의 총칭.

구체적으로는 재택(在宅)에서 일정수준의 생활을 영위하기가 곤란한 자를 입소(入所), 또는 통소(通所)시켜 보호를 행하는 시설로서 생계보호 · 주거 · 의료 · 교육 · 해산(解産) · 장제(葬祭) · 자활보호시설 등이 있다. 또 장애인복지법이 규정한 장애인복지시설, 노인복지법이 규정한 노인복지시설, 아동복지법이 규정한 아동복지시설, 정신보건법이 규정한 정신질환자사회복지시설 및 정신요양시설, 기타 사회복지사업법에 의하여 신고한 사회복지시설 중 수용보호시설을 말한다.

보호기간은 보호대상자의 거주지를 관할하는 특별시장 · 광역시장 · 도지사와 시장 · 군수 · 구청장이 행한다. 시설의 설치주체는 국가 · 지방자치단체 및 사회복지법인에 한정되어 있다.

보호율(保護率)

국민생활기초보장법에 의해 보호받는 수급자를 인구 1,000명 당 비율로 나타낸 지표(指標)를 말한다.

원래 이 지표를 시기별 또는 지역별로 관할하려는 의의는 국민이나 지역주민의 피보호율을 확대하기 위한 것으로 서로 다른 시기나 지역주민의사회 · 경제적 수준을 대략적으로 나타낸 비교지표이다. 통상 사용되는 보호율은 연차별(年次別) 추이, 지역별 비교, 세대 유형별, 세대보호율 등이 있다.

보호의무자(保護義務者)

정신장애인으로서 입원치료가 필요한 경우, 본인의 동의가 반드시 필요한 것은 아니지만 치료를 위해 본인을 대신하여 동의를 행하는 등의 의무를 부담하는 자를 말한다. 정신질환자의 민법상의 보호의무자는 정신장애인의 후견인, 배우자, 친권자 및 부양의무자이다. 정신보건법에 의하면 정신장애인의 자해 및 타해의 사고가 일어나지 않도록 감독하거나 본인의 재산상의 이익을 보호하지 않으면 안 된다고 되어 있다. 보호의무자 사이의 보호의무의 순위는 부양의무자 후견인의 순위에 의하여 부양의무자가 2인 이상인 경우에는 민법제976호 〔부양의 순위〕의 규정에 따르며, 보호의무자가 없을 때나 의무를 수행할 수 없을 때에는 정신질환자의 주소지(주소지가 없거나 알 수 없는 경우에는 현재지)를 관할하는 시장 · 군수 또는 구청장이 보호의무자로 된다(정신보건법 제21 22조).

보호의무자에 의한 입원(保護義務者에 의한 入院)

정신보건법에 의거한 입원형태의 하나. 정신과 전문의에 의해 진단의 결과 정신질환자이며, 또한 의료 및 보호를 위한 입원의 필요가 있는 정신질환자로서 정신질환 치료를 위하여 본인의 동의에 의한 입원(자의입원(自意入院)〈동법 제23조〉)을 해야 할 상태에 있지 않은 질환자에 대하여 보호자의 동의를 얻어서 입원시키는 것을 말한다(동법 제24조).

보호자(保護者)

보호자라 함은 친권자, 후견인(後見人), 아동을 보호 양육 교육하거나 그 의무가 있는 자 또는 업무 고용 등의 관계로 사실상 아동을 보호 감독하는 자를 말한다(아동복지법 제2조3호).

보호처분(保護處分)

가정법원 소년부 또는 지방법원 소년부에서 심리의 결과 소년에 대하여 행하는 처분이다. 보호처분에 대하여는 소년법 제32조(보호처분의 결정)의 규정에 의하여 ① 보호자 또 보호자를 대신하여 소년을 보호할 수 있는 자에게 감호를 위탁 ② 수강명령 ③ 사회봉사명령 ④ 보호관찰관의 단기보호관찰 ⑤ 보호관찰관의 장기보호관찰 ⑥ 아동복지법상의 아동복지시설이나 그 밖의 소년보호시설에 감호위탁 ⑦ 병원, 요양소 또는 보호소년 등의 처우에 관한 법률상의 소년의료보호시설에 감호위탁 ⑧ 1개월 이내의 소년원 송치 ⑨ 단기소년원 송치 ⑩ 장기소년원 송치 등의 조치가 규정되어 있으며, 이 때 ①② ③④⑤ ④⑥ ⑤⑥ ⑤⑧의 처분은 병합할 수 있으며, ③의 처분은 14세 이상의 소년에 그리고 ② 및 ⑩의 처분은 12세 이상의 소년에게만 할 수 있다. 다만, 소년의 보호처분은 그 소년의 장래의 신상에 어떠한 영향도 미치지 아니한다(소년법 제32조). → 보호관찰

복지(福祉)

행복의 추구, 및 그 사회적 실현에 이르는 노력의 과정이다.

구체적으로는 어원(語源)은 종교상의 생명의 번영, 위급으로부터의 피난이라고 하는 의미이지만 복지적으로는 웰페어(welfare), 또는 웰빙(well-being), 즉 보다 좋은 또는 보다 충실한 생활을 영위하는 것, 바꿔어 말하면 일상생활상의 사회적, 경제적인 욕구만이 아니고, 문화적인 욕구 등을 포함한 행복의 추구 및 그 실현을 위한 사회적인 지원이나 그 노력의 과정을 의미한다. 이것은 노멀라이제이션의 이념의 일단(一端)을 나타낸 것뿐이지만 노인복지법 제2조제3항에서는 "노인은 노령에 따르는 심신의 변화를 자각하여 항상 심신의 건강을 유지하고 그 지식과 경험을 활용하여 사회의 발전에 기여하도록 노력하여야 한다"고 규정하고 있기 때문에 고령자는 자기의 행복의 추구를 위하여 권리를 행사하는 것뿐만이 아니고 스스로도 그것을 위하여 자립함과 동시에 사회 연대해야 할 의무도 지고 있다.

복지교육(福祉敎育)

특히 지방공공단체(지자체)가 지역주민을 대상으로 사회교육으로서 행하는 교육정책. 국민의 사회복지 이해와 관심을 고조시키고, 볼런티어 활동 등의 체험을 통하여 국민적 과제로 되어 있는 고령화 사회의 문제해결 등을 위해 국민의 사회복지에의 참가와 협동을 권장할 것을 목적으로 행하는 교육활동을 말한다. 광의로는 사회복지교육으로 인식되어 아동이나 학생에 대한 복지교육, 성인에 대한 복지교육, 전문종사자를 양성하는 복지교육으로 분류할 수 있다. 단지, 일반적으로 학교교육과 관련하여 아동이나 학생에 대한 복지의 마음을 키워주는 교육활동으로 취급하고 있다.

복지국가(福祉國家)

국민에 대한 인권의 옹호와 생활의 안정 및 항구적 평화를 중시(重視)하기 위하여, 복지의 향상을 중요한 국책(國策)의 하나로 삼아 완전고용과 사회보장, 사회복지 등을 목표로 한 국가.

복지국가라고 하는 언어 자체는 제2차 세계 대전 전후에 영국에서 권력국가(power state), 전쟁국가(warfare state)와 대비하여 사용한 데에서 기원이 있으나, 그 원초적 형태는 구빈법의 제정까지 거슬러 올라갈 수가 있다. 오늘날에 있어서의 의미로 비약적으로 복지국가의 성립이 주창(主唱)하게끔 된 계기는 전시중에 영국에서 나오게 된 베버리지 보고에서 제안된 사회보장계획과 그것을 떠받치는 케인즈 경제학의 이론적 지원이 있다.

구체적으로는 국민의 평화와 생활의 안정을 중시하기 위하여 복지의 증진과 확보를 중요한 국가목적의 하나로서 완전고용과 사회보장, 사회복지 등의 정책을 실현시키는 국가이다. 좁은 의미로는 제2차 대전 후 영국이나 스웨덴, 덴마크 등 복지선진국의 북유럽 여러 나라를 의미하는 경우도 있다. 반대 개념으로는 전쟁국가이다. 다시 말해서 복지국가(福祉國家)라 함은, 극단적인 개인주의 · 자유주의를 지양하고 국민의 공동복리를 주요한 기능으로 하는 국가를 말한다. 일반적으로 야경국가(夜警國家 : 질서유지와 개인의 자유에 대한 침해의 제거만을 목적으로 하는 국가)에 대응하는 용어이다. 19세기 후반 이후, 고도자본주의의 발달에 따라 자본주의가 초래하는 많은 폐단이 각국에서 해결해야 할 문제로서 나타나게 되었다. 여기에서, 국가는 사적 경제에 대한 간섭은 될 수 있는 한 하지 않기 위하여 자유방임주의의 정책을 지양하고 적극적으로 사회의 경제질서에 개입하는 동시에 경제적 이해의 대립을 조화시키고, 국민의 생존의 실질적인 보장을 확보하려고 노력하게 되었다. 이와 같이 국가기능이 확대된 현대국가의 형태를 복지국가 또는 복리국가 또는 사회복지국가라고 부르고 있다. 우리나라 현행 헌법은 제34조 1항에서 생존권의 기본권의 보장을 규정하고, 제32조 1항에서 근로의 권리, 제33조 1항에서 근로자의 단결권, 단체교섭권, 단체행동권을 보장하고, 제119조에서는 경제질서의 기본과 독과점의 규제 등을 규정하고 있다. 이러한 규정에 의하여 국가는 국민의 생활배려를 위한 조치를 취하는 것이 요청되고 있으며, 실제로 제도면에서도 어느 정도 복지국가적인 실태를 구비하고 있다고 말할 수 있다. 그러나 자유국가의 이념을 완전히 지양하고 복지국가의 이념을 관철하게 되었는가 하면 그렇지도 않다.

복지권(福祉權)

넓은 의미로 말하면 생존권의 일종으로 빈곤층, 노인, 장애인 등 복지 당사자의 사회복지에 관련된 모든 권리의 총칭이며, 국민의 최저생활권이나 행복추구권, 나아가 시민적 모든 권리를 포함한 적극적인 의미를 가진 것이다. 복지권을 구성하는 것은 우선 건강하고 문화적인 최저한도의 경제생활권이다. 다음으로는 케어(care)나 원조가 필요한 복지, 당사자에게 있어서는 요원호성의 여부에 관계없이 인간다운 자립생활을 영위할 권리가 매우 중요하다. 즉 신변자립이나 경제자활이 곤란한 요원호자라고 하더라도 스스로의 인생을 스스로의 책임하에 결정짓고 스스로가 선호하는 생활양식을 선택할 수 있는 권리가 자립생활권이며 복지권의 중요한 하나의 지주(支柱)이다.

복지니즈(福祉 needs)

복지에 관한 요구 또는 수요. 요원호자의 사회복지에 대한 필요성을 양적으로 객관적으로 표현하는 중요 개념이다. 사회복지 니즈란 "사회복지의 보호와 원조를 필요로 하는 상태'라고 하고 그것은 또한 '어떤 이유로 정신적 신체적 사회경제적으로 장애를 받아서 자력으로 생활의 유지 및 향상을 기할 수 없는 상태'로 정의한다. 이 니즈는 '가족 혹은 시장 매카니즘 등에서 해결'할 수 없고, "사회복지에 대한 국민의 가치 혹은 의식의 형태라든가 해당 사회복지의 질, 양의 조건을 거쳐 수요로 변화하는 것으로 생각할 수 있다"고 말하고 있다. 그러한 의미에서 시회복지 니즈나 수요는 조작적(操作的) 개념인 것이다.

복지다원주의(福祉多元主義)

1970년 후반부터 주로 영국에서 발전한 개념. 이 이론의 골자는 전통적인 복지국가의 관료주의적 · 중앙집권적 성격을 비판하고, 이것을 타개하기 위하여 복지공급의 다원화, 분권화, 시민참가 등의 중요성을 주장하는 데에 있다. 복지다원주의는 단순히 공사(公私)의 기능분유론(機能分有論)에 그칠 것이 아니고 '다원주의'를 호칭하고 있는 것으로 알 수 있듯이 정부로부터의 자유를 지향하는 권력론으로서의 측면을 갖는 것에 유의해야 한다. 그것은 복지다원주의가 민간비영리부문을 정부에 대한 세력으로서 중요시하고 있는 것으로도 엿 볼 수 있다.

복지레크리에이션(福祉 recreation)

사회복지영역에 있어서 레크리에이션 서비스. 직장레크리에이션이나 지역레크리에이션과 대비하여 쓰이진다. 사회복지 서비스의 이용자는 그 신체적 사회적 조건에서, 레크리에이션을 충분히 향수(享受)하는 것이 어려웠다. 레크리에이션은 모든 사람의 중요한 생활과제라는 것을 기반으로 하여, 레크리에이션 환경의 정비와 여러 가지의 프로그램 개발을 행하여, 고령자나 장애인이 레크리에이션 생활을 충실히 하도록 하는 것이 복지레크리에이션의 과제이다. 이웃 일본에서는 일본레크리에이션협회가 양성하는 '복지레크리이션 워커'가 담당하여 활동하고 있다. → 레크리에이션워커

복지문화(福祉文化)

복지문화는 사회화의 복지적 행위에 관련된 측면이지만 인간의 복지적 행위는 인간의 가치 지향적 행위에 대한 주체의 가치의식 내지 평가적 태도에 의하여 결정된다. 일반적으로 복지행위에 대한 가치의식, 평가적 태도를 복지의식이라고 하여, 복지의식에 의해 복지적 행위를 한다. 이렇게 볼 때 복지의식은 주체적 정신 내지 태도라고 볼 수 있다. 이에 대하여 복지문화는 객관적 가치 내지 창조물이라고 할 수 있다. 복지문화는 복지조직이나 시스템을 움직이는 원동력이 된다.

복지문화는 가변적인 복지환경(welfare environment)과 불변적인 복지풍토(welfare climate)로 나누어지는데, 이들 복지문화요인은 주체적인 복지의식과의 상호작용 속에서 복지적 행위가 결정된다. 이렇게 하여 결정된 복지적 행위는 장기간에 결쳐서 복지규범(welfare-norm)을 형성시켜 새로운 복지문화로 전환하게 된다.

복지사회(福祉社會)

일반적으로는 영국이나 스웨덴 등의 소위 복지선진국에서 볼 수 있는 국가 및 행정의 정책과제로서의 복지국가를 더욱더 발전시킨 개념이다.

구체적으로는 복지사회라 함은 복지국가의 사회기반을 구축하기 위해 국가 및 행정은 원래부터 일반국민의 의식이나 행동을 통하여 건설적인 복지토양 구축을 중시하여 복지국가를 더욱더 발전시킨 개념이다. 또한 이것과는 따로 산업사회와 대비하거나 산업사회 그 자체를 수정하여 개념을 부여하는 경우도 있다. →복지국가

복지산업(福祉産業)

우리나라는 물론 국제적으로도 아직 확립되어 있지 않은 감도 있지만, 일반적으로는 시장기구에 기초한 계약을 통해서 유료로 상품이나 서비스가 공급되는 민간부분에 의한 사업활동의 총칭(總稱)이다. 개인적인 의견에 의하면 대상자별로 노인복지 산업, 아동복지 산업, 신체 장애인 복지산업 등으로 분류할 수가 있다. 그 의미에서는 이른바 실버서비스의 대상자는 보통 대개 65세 이상의 고령자 층(실버 층)으로 되어 있으나 상품이나 서비스의 내용 및 분야에 따라서는 보다 광범위하게 취급되는 경우도 있다. 또한 실버서비스는 각자의 관점과 시각에 따라서 실버산업이라든가 실버비지니스, 실버마켓으로도 불리고 있다.

복지서비스(福祉 services)

사회복지에 관계되는 행정의 시책이나 민간복지단체에 의한 사업 활동에 의하여 제공되는 서비스이다.

구체적으로는 재택복지서비스로서의 홈 헬퍼, 데이서비스, 쇼트스테이(short stay) 등에 의하여 제공되는 서비스가 있다. 시설복지서비스로서는 특별양호노인 홈, 신체장애인 갱생원호시설에의 입소가 있다. 이 밖에 지방자치체에 의한 단독사업(고유사무), 민간복지단체에 의하여 공급되는 비영리, 영리의 각종 복지서비스도 있다.

복지수준(福祉水準)

일정시점에서 개인이나 인구집단의 욕구에 대한 충족 만족의 결과가 인지된 상태. 복지수준은 육체적 발달수준인 신체 상태는 물론 정신적 발달수준인 교육상태, 나아가 사회 상태와도 관련이 깊은데, 이러한 여러 가지 상태가 복지수준의 결정소가 된다. 신체 상태는 영양상태 건강상태 여명 육체적 적응성 등으로 파악되며, 교육 상태는 문맹률, 교육수준, 고용상태, 교육의 적합성 성취 등에 의하며, 사회 상태는 국민전체 사회계층 가족의 일체감과 통합력 및 사회참여의 정도에 의하여 그 수준이 나타나는데 이들을 종합한 것이 바로 복지수준이다.

복지심(福祉心)

열악한 사회적 조건에 있는 소외된 사람들과 인격적으로 관계를 맺고 자신도 상대방도 상호 변혁되는 따뜻한 인간적 태도와 복지문제를 만들어내는 사회에서 복지의 본질을 찾고 복지사회를 창조해가는 공동의 사회적 노력을 육성하는 풍부한 인간 의지와 정열을 지향하는 말이다. 예로부터 가족주의적인 상호부조나 인보부조(人保扶助) 혹은 빈곤, 질병, 장애로 고통받는 사람들에 대해서 따뜻한 마음을 가지고 원조하는 것은 도덕적으로 여겨지고 계승되어왔다. 그러나 이것은 개인윤리의 측면이 강한데다 좁은 공동체 속에서만의 상호원조라는 한계를 가지고 있었다. 부국강병(富國强兵) 식산흥업(殖産興業)의 국가주의시대에는 생산성이 우선시되어 노동능력을 가지지 못한 복지의 대상자는 '사회적 약자'로 취급되었다.

복지심은 경제성장을 추진한 부(富)와 권력과

효율의 철학으로 성립된 인간관을 초월하는 가치관으로써 제기된 일면을 가지고 있다.

복지용구(福祉用具)

복지용구란 심신기능이 저하되어 일상생활을 영위하는데 지장이 있는 노인장기요양보험 대상자에게 일상생활 또는 신체활동 지원에 필요한 용구를 말한다. 대상은 보건복지부장관이 정하여 고시하는 것을 구입하거나 대여해 주는 것으로 장기요양기관에 입소하지 않은 자이다. 복지용구로 구입전용 품목은 이동변기, 목욕의자, 보행차, 보행보조차, 안전손잡이, 미끄럼방지용품, 간이변기, 지팡이, 욕창예방방석, 자세변환용구 등 10종이다. 구입대여품목은 수동휠체어, 전동침대, 수동침대, 욕창예방 메트리스, 이동욕조, 목욕리프트 등이 있다. 다만, 대여용구 중 전동침대, 목욕리프트 등 3종은 대여품목이다.

복지원리(福祉原理)

사회복지에서 클라이언트의 생활지원을 행하는 복지적 기능을 떠받치는 기본원리를 말한다. 역사적 근원을 더듬어가면 첫째는 그리스의 폴리스에서 특정집단내의 상호부조인 형태로 이루어졌던 아름스(alms), 둘째는 로만제국이 사회체제 유지를 궁극적인 목적으로 했던 사회방어(alimenta), 셋째는 신의 사랑의 실천이라고 할 수 있는 자기부정에서 출발한 인류적인 행위인 카리타스(Caritas)의 세 가지의 원형이 있다고 일컬어지고 있으나 이것들은 상호 관련되어 현대의 사회복지를 떠받치는 개념으로 되어 있다.

기본적 세 유형은 고대국가를 상징으로 하고 있기 때문에 그리스형, 로마형, 이스라엘형이라고 호칭되기도 한다. 최근에는 노말라이제이션이나 리허빌리테이션 등도 복지원리에 의거한 기본개념으로 되어오고 있다.

복지위원(福祉委員)

사회복지사업을 원활하게 수행하도록 하기 위하여 시장 · 군수 · 구청장이 읍 · 면 · 동단위에 위촉한 자를 말한다.

복지위원은 명예직이며, 예산의 범위 안에서 수당을 지급할 수도 있다. 복지위원의 자격 직무 위촉절차 등에 관하여 필요한 사항을 보건복지부령으로 정한다고 규정하고 있다(사회복지사업법 제19조).

복지윤리(福祉倫理)

사회복지원조 활동에 있어 원조의 기반이 되는 도덕적 규범이라는 것. 사회복지는 개인이나 행복의 추구를 목표로 하는데, 그것을 위해서는 피원조자의 기본적 인권이 존중되지 않으면 안 된다. 원조자는 원조과정에 있어서 피원조사의 생활상의 비밀을 알 수 있으나, 업무상 알았는 비밀을 지킬 의무를 지니고 있다. 복지윤리는 사회복지원조 활동을 전개함에 있어 중요한 요건이다.
→비밀유지 의무

복지정보시스템(福祉情報 System)

복지서비스의 이용자가 서비스에 관련되는 정보를 입수하거나, 서비스를 제공하는 사업자 간에 업무관련 정보를 주고받거나, 행정이 서비스사업자의 정보를 수집하여 이용자에 알리기 위한 컴퓨터네트워크에 의한 정보시스템을 말한다.

특히 노인장기요양보험의 도입에 의한 서비스 선택성의 확대는 이용자가 적확(的確)한 정보를 끄집어 냄으로써 실질적인 의미를 갖기 때문에 인터네트의 활용 등이 기대되고 있다. 또 사업자

간에 또는 행정과의 정보의 교환에는 업무를 효율화할 수 있는 강점(merit)이 있는 반면, 이용자의 프라이버시 보호 등 수비(守秘) 의무(비밀보장, 의무)를 철저하게 할 필요가 있다.

복지증진서비스(福祉增進 Services)

재택복지 서비스의 분류의 하나. 가사 원조서비스, 요양(케어)서비스와 더불어 복지서비스 이용자인 고령자나 장애인 등의 삶의 확보나 레크리에이션에 관한 서비스를 총칭한 것이다.

구체적으로는 특정의 대상자를 한정하지 않는 장애인의 사회참가 추진대책, 노인클럽이나 삶의 창조 · 유지를 위한 취미 · 교양활동, 레크리에이션 원조활동 등이 포함된다.

복지증진의 책임(福祉增進의 責任)

사회복지사업법은 "국가와 지방자치단체는 사회복지를 증진할 책임을 지며, 사회복지서비스와 보건의료서비스를 함께 필요로 하는 사람에게 이들 서비스가 연계되어 제공되도록 노력하여야 하며, 또 사회복지사업을 행하는 자는 사회복지를 필요로 하는 자에 대하여 그 사업과 관련한 상담 · 작업치료 · 직업훈련 등을 실시하고 필요한 경우에는 주민의 복지욕구를 조사할 수 있다"고 규정하고 있다(동법 제4조).

복지커뮤니티(福祉 comunity)

종래의 단순한 지역공동체가 아니고 지역의 주민이 지역복지의 향상을 위하여 복지시설이나 시업, 활동을 중시한 복지형의 지역공동체.

구체적으로는 주민참가에 의거한 공사(公私)협동에 의해서 추진하고, 지역조직화로 발전시켜야 할 지역복지의 최종목표라고 말하고 있다.

복지행정(福祉行政)

복지행정이란 복지개념의 복합개념으로서 행정학의 한 분야이며 복지행정현상을 사실적 측면에서 고찰하는 국가 혹은 지방자치단체의 책임있는 행정을 말한다. 이에 Mues Arthur P.는 그의 저서 『an introduction to public welfare』에서 곤궁자(the needy)를 구제하고 사회적으로 또는 정신적으로 부적응자를 치료하는 기교(art) 혹은 기술(technique)이라고 하였고, white R. Clyde는 『administration of Public Welfare』에서 "복지행정을 빈곤자의 구제, 종속아동과 문제아의 보호, 범죄자와 비행자의 치료, 정신병자의 치료를 목적으로 하는 정부활동에 관한 기술이며, 과학이다"라고 하여 대상, 목적, 주체를 분명히 하고 있다.

복합가족(複合家族)

부부와 기혼(旣婚)인 2인 이상의 자녀의 가족과 동거하고 있는 가족을 말한다. 아들이 결혼하더라도 부모와 동거를 계속하기 위하여, 직계가족처럼 수직방향으로의 확장만이 아니라, 수평방향으로도 확장되어지는 데에 그 특징이 있으며, 다수 대가족이 되기 쉽다. → 핵가족

복합핵가족(複合核家族)

서구 선진국에서는 이혼이 현저히 증가하고 있는데, 미국의 경우 아동의 3분의 1이 이혼가정에서 살고 있으며, 5분의 1이 재혼가정에서 살고 있는 것으로 알려져 있다. 아이들의 양육을 위해서는 이혼 후에도 가족관계가 지속되는 것이 보통인데 남캘리포니아 대학의 콘스탄스 얼론즈 교수는 이러한 가족관계를 '복합핵가족'으로 명명(命名)하여 다음 네 가지 유형으로 분류하고 있다. 즉 이혼한 부부가 종형제 사이처럼 사이좋

게 자주 만나 아이들의 양육을 교대로 맡는 ① 완전한 동료타입 ② 아이들 문제에 대해 서로 타협하는 협조적 타입 ③ 화는 나지만 아이들을 공동으로 양육하는 타입 ④ 정말 원수 같은 타입(이 타입은 일체 얼굴을 상호 마주치지 않고 오직 아이들을 통해서만 연락이 된다) 등이다.

볼런터리즘(Voluntarism)

볼런티어라 함은 어느 것에도 강제되지 않고, 개인(조직)의 자유의사에 의하여 행동하는 것, 혹은 이와 같은 행동지침을 정신적으로 떠받치는 에토스(ethos). 자발적 행위를 존중한 행동체계 및 그 사상. 사회복지역사에서 이것이 현재화한 것은 19세기의 영국이다. 볼런티어(Volunteer)는 자발적으로 스스로 나서서 사회적인 문제해결을 위하여 활동(운동)을 행하는 사람이라고 일컬어지는데, 이러한 사람들의 활동의 동기, 정신적으로 뒷받침하는 에토스(스피리트 혹은 마인드)를 볼런티리즘이라고 한다. 볼런터리즘은 두 개의 의미를 가지고 있다. 하나는 철학이나 신학에서 사용하는 의미로서, 철학용어로는 주의주의(主意主義)로 불리는데, 인간이 가진 이성이나 지식보다도 자유의지나 자유로운 정신을 중시한다는 의미로서 영어로는 'Voluntarism'으로 표현되고 있다. 다른 하나는 기독교 교회의 역사 가운데서 최초로 생선된 것으로서 국가의 권력에 의해 간섭받지 않는 자유로운 교회, 자유로운 결사로서의 모습을 나타내는 역사적으로 지원병제도라는 용어로 영어로는 'Voluntarism'으로 표현하고 있다. 요컨대 볼런터리즘은 개인의 행동이 국가나 행정권에서 자립하여 자유라고 하는 것과 동시에 개인이 이와 같은 자유를 저해당한다든지, 국가권력이나 특정의 세력이 반인권적 반복지적인 행위를 할 때, 두려워하지 않고 비판하고 저항해 가는 개체의 논리, 자립의 논리 그리고 대중의 논리에 선 사상인 것이다.

볼런티어(Volunteer)

사회사업에 무보수(무상성—無償性), 선의성(善意性), 자발성에 의해서 행하여지는 복지서비스. 또는 그 사람, 자원봉사(자). 볼런티어의 어원은 voluntas(자유의지), voluntarism(자진하다, 임의의) 등의 라틴어에서 왔다. 이러한 말에 인명칭의 -er을 붙여서 성립한 것이라 한다. 명사로서는 '유지자(有志者)', '지원자(支援者)', 동사로서는 '자진하다', '자발적으로 신청하다', '지원하다'라는 의미를 갖고 있다. 이와 관련하여 중국에서는 '자원참가자'로 번역하는 것도 있다. 또 프랑스에서는 1970년대 이후에 와서는 오랫동안 사용해 오던 베네비로스(benevod=무보수로 서비스를 제공하는 사람)라는 말이 애매하다는 이유로 사회복지나 공동사회에 기여하는 자발적인 활동가를 볼런티어(volunteer)라고 부르게 되었다고 한다.

볼런티어 활동은 복지시설에서 활동과 자신들이 살고 있는 지역사회에서의 활동으로 나눌 수 있다. 개인적 봉사활동은 직접 개인과 접촉, 교제를 심화하고 상대방의 성장과 사회화를 돕되 상대방의 입장에 서서 프라이버시를 침해하지 않는 것이 중요하다. 또한 간접적 봉사활동은 수집볼런티어, 행동볼런티어, 사무볼런티어, 노동볼런티어, 기획볼런티어 등 많은 분야로 세분된다. 일반적으로 볼런티어의 특성은 임의성, 자발성, 복지성, 무상성, 민간활동, 여가활동, 창의성 등이다. 정치, 종교, 기업 등과 관련지어서는 안 되며, 특히 상업적 선전이나 이익 명예를 요구해서는 안 된다. 최근 들어 커뮤니티 캐어, 거택복지서비스, 복지사회의 실현을 위해 볼런티어의 위치가 중요시되고 있다.

볼런티어보험(Volunteer 保險)

이 보험은 볼런티어가 활동 중 만일의 사고에 대비하여 안심하고 활동에 임할 수 있도록 하기 위한 목적으로 창설된 것으로 볼런티어가 볼런티어 활동 중에 상처를 입은 경우 '상해부분'과 제3자의 신체 또는 재물에 손해를 끼친 경우에 위자료 등의 배상금을 지불하는 '손해책임부분'을 하나로 한 것이다.

볼런티어센터(Volunteer center)

볼런티어활동을 요구하는 니즈(needs)의 파악, 볼런티어활동에 필요한 사회자원의 확보개발, 볼런티어확대 보급의 3개 기능의 유기적인 결합을 도모하면서 볼런티어활동을 활성화하기 위한 추진 기구를 말한다. 주로 사회복지협의회, 자원봉사단체 등에 설치되어 있다.

구체적으로는 수급조정을 주축으로 하여 상담, 교육, 원조, 조사연구, 정보제공, 연락조정 등을 업무로 하고 있다. 일명 자원봉사자센터라고 할 수 있다. 볼런티어센터의 개설은 미국의 보스톤시(市)가 최초였다고 전해지며, 일본에서는 1962년에 개설되었고, 그 전신이라고 할 수 있는 선의은행(善意銀行)이 도쿠시마현(德島縣)에 창설되어 있다.

볼런티어활동(Volunteer 活動)

사회복지 등의 면에서 무보수로 오직 자주적, 자발적인 사회봉사활동, 복지사회 만들기에 적극적으로 관여하는 시민(주민)에 의한 일련의 실천적인 활동을 가리킨다. 즉 사회복지시설이나 재가복지의 분야에서 활동하며, 이 중에서 가장 많은 것이 신변의 간병, 식사서비스를 하거나 외출 시에 부축을 하며 도와주는 서비스의 재가복지서비스 또는 스포츠, 레크리에이션의 지도, 지역활동 · 환경미화 · 자연보호 점검 · 모금활동과 이어져 있다.

볼런티어 활동은 근대사회에 있어서 고아나 곤궁자의 구제, 자선(慈善)조직화운동, 세틀먼트운동, 세계기독교청년회동맹 등 사회교육운동의 민간활동 속에서 잉태되었으나 전후, 교육이나 복지 등의 면에서 제도화, 전문화가 진전되는 가운데 '공(公)'에 대한 민(民)전문화에 대한 아마추어라고 하는 역할분화가 일어나 시민측에서 일어난 활동형태로 정착하고 있다. 자원봉사 활동의 성격으로서는 자발성(주체성), 복지성(공공성), 무상성(봉사성)의 3가지를 지적하는 논자(論者)가 많으나 이 밖에도 계속성(계약성)을 추가하는 사람도 있다.

볼펜스벨거,W.(wolfensberger, wolf:1934~)

1934년 독일에서 태어나, 1950년 미국으로 이주, 죠지 피보디 교육대학에서 심리학과 특수교육의 박사학위를 취득 1960년대 후반부터 70년 전반에 걸쳐 노멀라이제이션 이념을 미국에 도입하는 계기를 만들어 다시 그것을 문화적 측면에서 검토하고 발전시키고 또 서비스시스템의 노멀라이제이션 목표 이행의 프로그램(Pogram Analysis of service systems, Implementation of Normalization Goals ; PASS ING)를 개발하는 등, 세계적으로 노멀라이제이션이념을 보급시킨 인물로서 유명하다. 그는 벵크 미켈센(Bank Mikkelsen, N.E.)와 닐리에, (Nierie, B.)의 노멀라이제이션의 정의를 '목적'을 중시한 것이라고 설명하여, 자신의 정의를 '과정과 목적'으로 중시한 것이라고 기술하고 있다. 1983년에는 포스트 노멀라이제이션으로서 Social Role

Valorization 이론을 제기하는 데 이르고 있다.

부가급여(附加給與)

근로자가 기본임금 외에 사용자로부터 받는 보수를 말한다. 부가적 급여란 1940년대에 미국에서 처음으로 사용되기 시작하였는데 오늘날은 그 범주 내에 다음과 같은 것을 광범위하게 포함시키고 있다. 실업수당, 노령, 유족보험과 같이 법적으로 청구할 수 있는 보수. 연금, 보험, 상품이나 서비스의 할인 등과 같은 종업원 서비스, 휴식시간, 식사시간, 세면시간 등에 대한 수당지급, 휴가, 휴일, 병가 중 등 불취업 시간에 대한 수당지급, 이윤분배, 연말상여, 제안상 및 기타 수당 등이다.

부녀보호소(婦女保護所)

성매매알선 등 행위의 처벌에 관한 법률, 성폭력범죄의 처벌 및 피해자보호 등에 관한 법률 등에 의하여 설치되는 사회복지시설의 일종.

국가가 윤락행위의 상습이 있는 자와 환경 또는 성향으로 보아 윤락행위를 하게 될 현저한 우려가 있는 여자를 선도 보호하기 위하여 보건복지부장관이 지정하는 중요 도시, 기타 필요한 곳에 보호지도소를 설치하여 요보호자의 정신계몽에 주안을 두고 상담에 응하거나 조사 · 선도 · 보호 등을 행하는 시설을 말한다.

부녀복지(婦女福祉)

일반적으로 부녀라고 하면 부인과 여자를 가리키는 말로서 부녀복지는 미혼과 기혼을 가리지 않고 모든 여성의 문제와 욕구를 해결하려는 복지대책의 전반을 포함한다. 그러나 현실적으로 사회복지의 분야로서 부녀복지는 근로여성, 모자가정, 미혼모, 윤락여성 등의 문제를 중요하게 취급하고 있다. 1980년대 여성운동과 여성학이 활발히 논의되고 수용됨에 따라 현재는 부녀복지라는 용어보다는 여성복지라는 용어가 더 많이 사용되고 있다.

부당노동행위(不當勞動行爲)

사용자가 근로자의 단결권, 단체교섭권, 단체행동권이나 조합의 정상적인 노동운동에 대해 행하는 방해 행위의 총칭. 노동조합 및 노동관계조정법은 다음 사항을 부당 노동행위로 금지하고 있다. ① 근로자의 조합결성 조합가입 등에 대해 불이익한 취급을 하는 것 ② 조합에 참가시키지 않는 일, 조합으로부터 탈퇴를 고용조건으로 하는 일 ③ 정당한 이유 없이 단체교섭권을 거부하는 일 ④ 조합의 결성운영을 지배 개입하고 경비 원조를 하는 일 ⑤ 노동위원회에서 근로자가 증거를 제시하고 발언한 것을 이유로 불이익한 취급을 하는 일 등이다(동법 제81조).

부랑인(浮浪人)

일정한 주거나 생업수단도 없이 상당기간 거리를 배회하며 구걸하거나 노숙하는 자를 말한다.

구체적으로는 일정한 주소가 없거나 생업수단이 없는 무의무탁한 사람 또는 연고자가 있어도 가정보호를 원하지 않는 사람으로 거리를 방황하면서 시민에게 위해와 혐오감을 주는 등 건전한 사회질서의 유지를 곤란하게 할 뿐만 아니라 신체적 · 정신적 결함으로 정상적인 사고(思考)와 활동력이 결여된 정신질환자, 알코올중독자, 약물중독자, 걸인(乞人), 앵벌이, 부랑아동, 폐질자 등을 말한다.

부부사제(夫婦舍制)

우리나라의 사회복지시설(수용시설)은 모두 남

녀별로 구별되어 있는데, 선진국에서는 고령화 사회 속에서 유료노인 홈이나 경비(輕費) 노인 홈에 부부가 함께 입소하는 사례가 증가하여 복지시설로서 부부를 위한 숙사를 특별히 설치할 필요가 생겼다. 특히 구미 선진국에서는 노인 홈의 부부동거를 일반화하고 있으며, 일본에서도 연금제도가 발달하고 핵가족화가 추진됨에 따라 노인 홈에 부부사제방식의 도입이 증가하고 있다.

부분욕(部分浴)

어떤 사정으로 해서 입욕(入浴)이나 샤워욕을 할 수 없을 때 부분적으로 신체의 청결효과를 높이기 위하여 행하는 방법. 주로 족욕(足浴)과 수욕(手浴)이 있다. 특히 족욕은 온열효과 등에 의하여 불면 시에 이용하면 수면을 재촉하는 효과가 있다고 일컬어지고 있다.

부분조사(部分調査)

통계조사에서 조사대상 범위에 속하는 모든 조사단위를 조사하지 않고 일부분만을 조사해서 전체를 추측하려는 조사로 전수조사(全數調査)와 대칭(對稱)된다. 표준조사, 추출조사도 부분조사의 하나다. 사회현상을 연구하는 경우 거기에 관계되는 개인이나 집단을 전부 조사하는 것은 불필요하거나 또 경비나 시간 인력관계상 전수조사가 불가능한 경우에 쓰여진다. 이러한 경우 선택된 부분이 전체를 대표할 수 있어야만 한다.

부스, 윌리엄.(Booth, William: 1829~1912)

구세군의 창시자. 영국의 노팅검에서 태어나서, 23세에 메소지스트(Methodist)교회의 목사로 되었다가 그 후, 1865년에 런던의 이스트엔드의 빈민가에서 독립의 종교단체로서 전도를 전개하였다. 그 방법으로서는 군대의 조직을 채용했기 때문에 1878년에 이것을 구세군으로 명명(命名)하게 되었다. 자선냄비라고 알려진 모금활동과 출소자(出所者), 빈곤자를 위한 갱생활동 · 구제활동에 공헌했으며, 이것을 통하여 그리스도교를 민중의 것으로 했다고 되어 있으며, 그가 죽었을 때에는 구세군 조직이 세계 56개국에 퍼져 있었다. 그의 주저(主著)『재암흑(再暗黑)의 영국과 그 출구(出口)』(1890) 는 명저로서 알려져 있다. → 구세군

부스, 찰스.(Booth, charles : 1840~1916)

영국에 있어서의 사회조사의 창시자. 리바푸루의 곡물상의 아들로 태어나 후에 선박회사의 사장으로 된다. 개인적으로 빈곤문제에 강한 관심을 가져 사재(私財)를 던져서 '런던조사'로 알려진 빈곤조사를 행하여, 그 결과를『런던시민의 생활과 노동』(1903)으로 정리하여 빈곤을 과학적으로 분석하여, 그 후의 영국 구빈재정(救貧財政)에 큰 영향을 주었다. 이것은 빈곤문제가 단순히 자선의 대상이 아니고, 국가의 시책으로서 받아들여야 된다고 하는 것을 증명함과 동시에 사회개량을 목적으로 하는 사회조사의 입장을 확립하였다. 후에 구빈법에 관한 왕명위원회(王命委員會)에 참가하여 구빈법의 억압적 방법을 비판하고 20세기 초의 영국구빈제도를 리드했다. → 빈곤조사

부양(扶養)

자신의 힘만으로는 생활을 유지할 수 없는 사람에 대한 생활상의 원조를 말한다. 넓은 뜻으로는 국가의 사회보장제도에 의한 공법적 부양도 포함되지만, 좁은 뜻으로는 사법(민법)상의 친족부양을 의미한다. 민법은 부양에 관한 장(章)을 두어 생계를 같이하는 일정한 친족관계에 있는

사람과 직계혈족 및 배우자 상호 간에 부양의무를 지우고 있다.

부양아동가족부조(扶養兒童家族扶助)

부모의 적절한 보호를 받을 수 없는 아동을 위한 미국연방 주지방정부의 프로그램. 자신의 집에서나 친척집에서의 보호를 격려하기 위해 재정적 부조, 재활, 기타 서비스를 제공하고 그들의 부모나 친척을 자조할 수 있도록 도와 가족생활을 유지 강화토록 한다. 1968년 이래 수령자가 급격히 증가하고 있다. 대다수의 가족이 모자가족, 부자가족 등 결손가정으로 구성되고 있으며, 종족별로는 흑인과 소수민족이 큰 혜택을 받고 있다.

재정은 연방정부가 50% 정도를 나머지는 주와 지방정부가 부담한다. 지급방법은 주로 현금이나 의료보호, 식품구입권 등이다.

부양의무(扶養義務)

자기의 자력이나 근로에 의하여 생활을 유지할 수 없는 자에 대한 경제적 급여(생활비의 지급 현물제공 등)를 말한다. 공법상 부양(공적부양)과 사법상 부양(사적 부양)으로 나누어진다. 공법상 부양은 국민기초생활보장법에 규정되어 있는 것이 가장 전형적인 것인데, 보통 부양이라고 하면 사법상에서 분배되는 것을 가리킨다. 민법(民法)이 인정하고 있는 부양에는 이론적으로 두 가지가 있다. 하나는 생활유지의 부양을 의미하는 '1차적 부양의무'이고, 다른 하나는 생활부조의 부양을 의미하는 '2차적 부양의무'이다. 부양의무자는 다음과 같은 일정한 신분을 가진 자 사이에서만 발생한다.

1차적 부양의무는 부모와 자(子), 부부 사이의 부양의무로서 현실적 공동생활 그 자체에 입각해서 당연히 요청되는 것이라고 할 수 있다. 특히 민법이 혼인의 효과로서 부부간의 부양의무를 일반친족부양과 구별하여 따로 규정한 것(민법 제826조 1항)은 이러한 사상의 표현이라고 할 수 있다.

(1) 친자 간의 부양 : 친자 간의 부양의 근거에는 현실적 공동생활에서 근거를 구하는 견해, 친권자의 친권에 포함시키는 견해가 있다.

(2) 부부 간의 부양 : 배우자 간에 상호 부양의무가 있다. 부부는 1차적 부양관계에 있으므로 상호 동등한 생활수준을 누릴 수 있는 정도의 생활비를 청구할 수 있다.

2차적 부양의무는 친족 간의 일반적인 부양의무로, 민법 제777조의 친족 중에 생계를 같이 하는 자만을 포함한다.

특히 이것은 사회보장의 대채물로서 누구도 자기 생활을 희생하여서까지 부양의무를 지지는 않는다는 것을 골자로 하고 있다.

부양의무자(扶養義務者)

부양의무자라 함은 국민기초생활보장법의 규정에 의하여 수급을 받을 수 있는 자격을 가진자, 즉 수급권자는 부양의무자가 없거나 부양의무자가 있어도 부양능력이 없거나 부양을 받을 수 없는 자로서 소득인정액이 최저생계비 이하인 자(수급권자)를 부양할 책임이 있는 자로서 수급권자의 직계(直系) 혈족 및 그 배우자와 생계를 같이 하는 2촌 이내의 혈족을 말한다(동법 제2조5호).

부자가정(父子家庭)

부모의 이혼 혹은 모의 사망 또는 가출 등으로 인하여 아버지와 미혼의 자녀로만 구성된 결손가족을 의미한다. 모자가정이 일반적으로 경제적 곤궁의 문제를 내포하고 있는데 비하여 부자가정은 아동의 양육과 가사, 취사를 적절히 수행할 수 없는 문제를 가지게 된다. 가족 역할에 있어서 어머니의 역할, 아내의 역할이 결여되고 애정의 기능을 비롯한 가족의 제 기능이 수행되지 못하므로 가정 분위기가 경직될 가능성이 있고 성격형성에도 문제가 있다. 부자수당제의 도입, 가정봉사원의 파견, 유아원, 탁아소의 이용, 부자가정회의 조직 등 복지서비스의 제공이 이루어져야 한다.

부자공동생활가정(父子共同生活家庭)

한부모가족복지시설의 일종.

독립적인 가정생활이 어려운 부자가족이 일정기간 공동으로 가정을 이루어 생활하면서 자립을 준비할 수 있도록 지원하는 것을 목적으로 하는 시설을 말함(한부모가족지원법 제19조1항8호).

부자보호시설(父子保護施設)

한부모가족복지시설의 일종.

생활이 어려운 부자가족을 일시적으로 또는 일정기간 보호하여 생계를 지원하고 퇴소 후 자립기반을 조성하도록 지원하는 것을 목적으로 하는 시설을 말함(한부모가족지원법 제19조1항3호).

부자자립시설(父子自立施設)

한부모가족복지시설의 일종으로 자립이 어려운 부자가족에게 일정기간 주택 편의만을 제공하는 것을 목적으로 하는 시설을 말함(한부모가족지원법제19조1항4호).

부정(否定)

자신에게 불안을 가져다주는 일들을 사실이 아니라 거짓이라고 하거나, 불쾌하거나 위협적인 사실을 목격하거나 듣는 것을 거절하는 것이다. 부정은 불안과 고통을 제거하는 단순하고 효과적이며 널리 사용되고 있는 기제 중의 하나이다. 때로는 어떤 사실들을 부정하는 것이 심각한 위기에서 긍정적인 효과를 발휘할 때가 있다. 어떤 절망적인 사실에 대하여 이를 부정하고 희망을 갖도록 한다는 것은 부정이 지닌 긍정적인 기능이라 할 수 있다.

부정맥(不整脈)

심박(心拍)이 불규칙으로 리듬이 흐트러지는 것, 혹은 정상의 리듬 이외의 심수축(心收縮) 등을 포함하는 것을 말한다. 따라서 부정맥에는 심박리듬의 불규칙한 것과 규칙적인 것이 있다. 동성부정맥(洞性不整脈), 기외수축(期外收縮), 방실(房室)블록, 심방세동(心房細動) 등 여러 가지 종류가 있다.

부조(扶助)

생활유지의 능력이 없거나 생활이 어려운 자에게 필요한 보호를 행하여 이들에게 최저생활을 보장하고 자활을 조성함으로써 경제적 요보호상태에 있는 자에 대해 공비(公費)로 행해지는 급부를 부조라 한다. 국민기초생활보장법을 공적부조라 하기도 하고 이 법에 의한 급부를 부조라 하기도 한다. 구제, 구호보다는 좀 더 권리성을 함축하고 있지만 보장적인 측면에서는 권리성이 불명확하다.

북한이탈주민(北韓離脫住民)

북한이탈이라 함은 북한에 주소, 직계가족, 배우자, 직장 등을 두고 있는 자로서 북한을 벗어난 후 외국의 국적을 취득하지 아니한 자를 말한다

(북한이탈주민의 보호 및 정착지원에 관한 법률 제2조1항).

북한이탈주민의 보호 및 정착지원에 관한 법률(北韓離脫住民의 保護 및 定着支援에 관한 法律)

이 법은 군사분계선 이북지역에서 벗어나 대한민국의 보호를 받고자 하는 북한주민이 정치 · 경제 · 사회 · 문화 등 모든 생활영역에 있어서 신속히 적응 정착하는 데 필요한 보호 및 지원에 관한 사항을 규정함을 목적으로 1997년 1월 13일(법률 제5259호)에 총 34개법 조문과 부칙으로 제정 · 공포하여 동년 7월 13일부터 시행하여 오늘에 이르고 있다.

분권화(分權化)

복지에 관련되는 권한을 국가로부터 지방자치체, 특히 시 · 군 · 구에 옮기는 것. 주민에 가까운 지방정부(지방자치체) 쪽이 중앙정부 보다 주민에 의한 컨트롤이 가능하여 그만큼 민의(民意)도 반영되기 쉬워지게 된다.

분실금(糞失禁)

신체질환이 없는 상태에서 대변을 가릴 수 있으리라고 기대되는 나이가 되었는데도 대변을 적절한 장소에서 못 보는 증상. 정의(定義)상 만 4세에 이르렀는데도 대변을 못 가리는 경우를 말한다. 일반적으로 분실금이 있는 경우에는 심한 정신과적 문제가 동반되는 경우가 있다. 남아(男兒)보다 여아(女兒)에서 많으며, 사회계급상 하층(빈곤층)에서 많이 나타난다. 부적절한 대변훈련, 정신사회적 스트레스가 유발인자가 될 수 있다. 이와 비슷한 것으로 5~6세가 되어도 오줌을 가리지 못하는 증상을 요실금(尿失禁)이라 한다. → 요실금.

불교사회사업(佛教社會事業)

불교신도 내지 불교교단 혹은 불교단체가 실천하는 민간 사회(복지)사업을 총칭하는 형태개념이다. '보살도의 사회사업'이라든가 '보은행(報恩行)의 사회사업'과 같은 특정의 불교 교의를 실천이념으로 해서 '친구 동반자의 사회사업', '모든 사람의 복지를 모으는 운동' 등 독자적인 사회사업 활동을 호칭하는 경우도 있다. 동시에 특정의 불교 교단 종파나 사원을 실천주체 혹은 경영주체로서 독자의 사회사업활동을 전개하는 경우도 불교 사회사업의 범주에 포함하고 있다. 불교자선 활동도 포함하여 불교 사회사업의 개념은 광범하게 사용되고 있다.

불안(不安)

알려져 있거나 현실적으로 존재하는 대상이 없음에도 불구하고 막연하게 주관적으로 느끼는 공포의 감정으로 정신적, 육체적으로도 불쾌한 상태를 말한다. 흔히 혈압, 피부 등의 신체적 반응을 동반하고 있다. 프로이드(Freud)는 불안이 각 개인에게 반격하거나 피해야 하는 절박한 위험을 알려주는 자아의 기능이라 하였다. 따라서 불안은 개인으로 하여금 위급한 상황에 적합한 방법으로 반응하도록 한다. 불안의 출처에 대해서 오토랭크(Otto Rank)는 출생외상이 모든 불안의 근원이라고 주장한 반면에 프로이드(Freud)는 어머니와 유아의 격리에서 느끼는 유아의 심리적 충격이 불안의 원천이라고 하였다. 이러한 불안에는 현실적 불안, 신경적 불안, 도덕적 불안의 세 가지 형태가 있다는 것이다. 현실적 불안은 위협에 대한 정서적 반응 또는 외적 환경에서 위협을 자각하는 것을 말하며, 두려움과 같이 현실세계의 어떤 위협이 있을 때 나타나게 되며, 신경적 불안은 원초아의 충동이 의식화 될 것이라는 것으로 인하여 위협을 받고 이에 따라 생긴 정서반응을 말한다. 도덕적 불안은 자아가 초자아로부터 벌의 위협을 받을 때 일어나는 정서반응을 말한다. 즉 이것은 자아가 죄책감 또는 수치감을 경험하고 양심으로부터 위험을 의식함으로써 발생하는 불안이다.

불완전취업(不完全就業)

어떤 형태로든지 취업은 하고 있으나 불안정한 것으로 불안정취업이라고도 한다. 잠재실업과 거의 같은 의미이지만 잠재실업이 무업자(15세 이상의 학생, 주부 등) 중 취업을 희망함에도 불구하고 구직하지 못한 자를 포함하는데 반해, 불완전취업은 이것을 포함하지 않는 점에서 다르다. 또 반실업과는 실태로서는 동일하다. 또 불완전고용과 비교해서 보면 영세농업자, 소경영주 등을 포함하기 때문에 범위는 보다 넓다. 준실업, 잠재적 실업을 통계적으로 정확히 파악하기 위한 개념으로 우리나라의 경우 주 18시간 미만 취업자는 이 범주에 속하는 것으로 통용되고 있다.

블루존(Blue Zone)

블루존이란 청소년들이 안전하게 활동할 수 있도록 설정된 안전지대를 말한다. 크기는 반경(半徑) 200~500m 정도로 이곳에서는 청소년들이 건전하게 생활할 수 있도록 건전한 청소년문화가 조성되며 유해업소에 대한 단속도 강화된다. 또 이곳에서 폭력으로부터 청소년을 보호하고 선도하는 일을 하는 '청소년 지킴이'가 활동하는데 문구점이나 약국, 음식점 등 건전한 업소 등이 지킴이 업소로 선정된다.

비비에스운동(BBS運動:Big Brothers and Sisters movement)

'형(兄)이거나 누이이기도 한 청년 남녀의 손으로'라는 취지로 대형자운동(大兄姉運動)으로 비행소년이나 불우소년의 형이나, 누이 또는 친구로도 되어 대화도 하고 놀기(놀이)도 하면서 좋은 감화(感化)를 주어 또 다시 과오를 되풀이 하지 않도록 선도를 목적으로 행하여지는 청소년들의 봉사활동을 하는 단체를 말한다. 비행청소년이나 불우소년들에게 형제자매의 입장에서 상담상대가 되어 주고 희노애락을 같이 하면서 정상의 사회인으로 복귀하도록 지원해 주고 있다. 1904년 뉴욕시의 소년재판소 서기였던 A.K. 글타의 노력에 의해 시작되었다.

비밀보장의 원칙(祕密保障의 原則)

클라이언트가 진술한 사실을 비밀로 지켜야 하는 케이스워크 기본 원리의 하나이다. 모든 전문직업에 공통되는 태도이기도 하며, 클라이언트를 제1차적 정보원으로 하는 케이스워크나 사회사업에서는 인간성의 존엄이나 원조관계유지에 필요한 중요한 원칙이다. 클라이언트로부터의 정보수입, 케이스 기록의 경우에도 클라이언트가 불이익을 당하지 않도록 세심한 주의가 요구된다. 비밀보장은 원조의 목적에 부합하도록 치료적 신뢰관계를 연결하는 윤리적인 일이기도 하다.

비밀유지의무(祕密維持義務)

개별원조의 원칙의 하나. 사회복지사업 또는 사회복지업무에 종사하였거나 종사하고 있는 자는 그 업무수행의 과정에서 알게 된 서비스 이용자의 비밀, 정보를 이용자의 허락 없이는 남에게 누설해서는 안 된다는 것. 비밀 누설금지는 이용자의 인간으로서의 존엄, 자기실현의 존중이라고 한 민주주의의 가치관에 지탱되고 있어, 사회복지 전문직뿐만 아니라 모든 전문직 활동을 유지하고 있는 기본적인 윤리이다. 사회복지사업법 제47조에 '비밀누설의 금지'가 규정되어 있으며, 이 조항을 위반했을 경우에는 1년 이하의 징역 또는 300만 원 이하(동법 제54조6호)의 벌금에 처하게 된다.

비스마르크(Bismarck, Otto Eduard Leopold : 1815~1898)

독일제국의 철혈재상(鐵血宰相). 1848년 프러시아 의회의원이 된 이후, 1851년 독일연방회의 프로이센 사절, 1859년 주러시아 공사 등 외교관으로 활약하고, 1862년에 프러시아 수상이 되어 독일의 통일을 이룩하였다. 그 성공과 함께 1871년 독일제국의 초대 수상이 되었으며, 1890년에 은퇴하였다. 당시 독일의 사회주의 운동을 저지하기 위해 1878년 '사회주의자단속법'을 제정한 한편, 세계최초로 사회보험제도를 실시하였다. 이를 당근과 채찍정책이라고 한다. 비스마르크 사회보험은 사회정책의 발전에 획기적인 일이었다.

비스마르크사회보험(Bismarck 社會保險)

독일제국의 철혈재상으로 알려진 초대재상, 비스마르크(Bismarck, O.1815~1898)가 1878년에 제정한 '사회주의자단속법' 이후, 사회민주주의 운동을 진압하는 한편, 계급투쟁을 완화시킨 사회보험정책이다.

구체적으로는 그 내용은 '당근과 채찍 강온 양면책'으로 일컬어졌으나 그 후의 사회보험을 중심으로 하는 구미(歐美)에서의 사회보장의 발전사상, 당시로서는 획기적인 정책이었다.

비심판적 태도(非審判的 態度)

개별원조의 원칙의 하나. 원조자가 원조를 행함에 있어, 스스로의 윤리관, 가치관에 의거하여 서비스 이용자의 행동이나 태도를 비판하거나 변명할 여지도 주지 않고 엄하게 책하지도 않는다는 것을 말한다. 이용자에 대하여 비심판적 태도를 취하는 것으로서 있는 그대로를 받아들여서 이용자를 이해하는 것에 이어진다. → 내담자 중심요법, 바이스테크의 7원칙

비언어적 커뮤니케이션(非言語的 communication)

언어 이외의 표현을 통하여, 사상 · 감정의 전달을 해서 수용(受容)하는 행위라는 것. 비언어라 함은 시각, 청각, 촉각, 후각, 미각이라고 하는 5감이나 감정, 태도, 몸짓 등이다. 개별원조 등 대인적인 원조에 있어서는 서비스 이용자와의 커뮤니케이션은 가장 기본이 되지만, 비언어적인 것은 간과(看過)하는 경향이 있어 언어의 배후에 있는 것을 이해할 필요가 있다. ↔ 언어적 커뮤니케이션 → 커뮤니케이션

비영리민간조직(非營利民間組織) ⇨ NPO

비영리법인(非營利法人) ⇨ 공익법인

비정부단체(非政府團體)

NGO라고도 한다(Non Governmental Organization). 원래 비정부단체 전반을 나타내는 용어로서 선진국의 국제복지 분야에서는 일반적으로 해외협력에 관한 시민조직을 지칭하는 말이다. 또 일반적으로 개발도상국에 있어서 특정의 복지문제에 관한 단체나 지역주민조직도 NGO의 번역어이며, 그밖에 '비정부조직', '민간원조단체', '민간공익단체' 등으로 사용되는 경우도 있다. 미국에서는 같은 의미로 P.V.A.(Private

Voluntary Agency)라는 말이 폭넓게 사용되고 있다.

비지시요법(非指示療法)

사회복지원조에 있어서, 원조자가 서비스 이용자에 직접 원조하는 것이 아니고, 이용자 스스로가 자립할 수 있을 것 같은 기분(마음가짐)을 환기시키는 것으로 자립을 촉진하는 방법을 말한다. 임상심리의 분야에서 발달한 것으로 내담자(來談者) 중심요법의 이론에 의거하고 있다.

비행(非行)

비행은 소년법 제4조에 규정되어 있는 보호의 대상과 송치(送致)할 수 있는 소년의 행위로서 소년부의 보호사건으로 심리한다. 즉 ①죄를 범한 소년 ② 형벌법령에 재촉되는 행위를 한 12세 이상 14세 미만의 소년 ③ 보호자의 정당한 감독을 복종하지 아니하는 성벽이 있거나 ④ 정당한 이유 없이 가정에서 이탈하거나 ⑤ 범죄성이 있는 자 또는 부도덕한 자와 교제하거나 자기 또는 타인의 덕성을 해롭게 하는 성벽이 있는 자로서 그의 성격 또는 환경에 비추어 장래 형벌법령에 저촉되는 행위를 할 우려가 있는 12세 이상의 소년의 행위를 말하나, 이외 소년의 음주, 금연 등의 불량행위와 기타 사회규범으로부터의 일탈까지 포함하는 넓은 의미를 취하는 사람도 있다. 그러나 비행의 정의(定義)는 사회와 시대에 따라 크게 다르다.

비행소년(非行少年)

개성이나 생활환경 등에 의하여 법률적, 사회적인 규범에서 일탈(逸脫)한 행동을 취한 소년.

구체적으로는 '소년법'에 의하여 범죄소년이나 촉법(觸法)소년, 우범소년으로 분류, 장래를 위하여 19세 미만의 경우 경찰관 등으로부터 체포되지 않고 보호처분으로 완화시키고 있다. 그러나 최근 범죄의 흉포(凶暴)와 저(低)연령화 때문에 '소년법' 등의 개정검토가 바람직하다. '소년법' 제4조 규정에 해당하는 경우에는 가정법원 소년부에서 보호사건으로 심리하며, 비행소년을 발견한 보호자 또는 학교와 사회복지시설의 장은 이를 관할 법원소년부에 통고할 수 있다.

비화폐적 니즈(非貨弊的 needs)

조작(操作)개념의 하나로, 대인복지서비스에 의하여 충족되는 니즈를 가리킴. 화폐로는 대체할 수가 없는 대인원조에 의한 서비스를 필요로 하는 복지니즈. 현금급부에 의하여 충족되는 화폐적 니즈의 대어(對語)로서 사용된다. 종래는 각종 사회복지시설에 의하여 대응하고 있었으나, 근년에 있어서 고령사회 등의 사회변동을 배경으로 하여 고령자, 장애인에의 일상생활에의 원조와 상담, 조언(助言) 등의 노역적(勞役的)서비스에 의한 재택형 복지서비스의 비중이 크고, 비화폐적 니즈의 충족에 중점이 두어져 있다. →화폐적 욕구

빈곤(貧困)

가장 넓은 의미로는 근로자의 정상적인 생명 및 생활을 유지할 수 없을 정도의 곤란을 말한다. 빈곤의 개념에는 필요한 최저한의 생명이 유지가 되지 않아 위기에 빠져있는 절대적 빈곤과 그 이상의 상대적 빈곤의 두 가지의 구별이 있다. 그러나 타운젠트(P. Townsend)가 제시한 상대적 박탈이라고 하는 개념에 의하면 사회적으로 생활레벨을 유지할 수 없다는 것 자체가 빈곤이라는 이해도 있다. 현대 사회에

서 빈곤의 원인은 다양화되어 있어 소득보장뿐만이 아니라 다른 생활보장이나 사회참가에의 시책도 필요로 하다.

빈곤가정(貧困家庭)

빈곤가정이란 경제적 빈곤현상, 즉 실업 및 저소득, 노령, 불구 등으로 생계유지를 원만히 영위할 능력이 없는 가정을 말한다. 빈곤가정은 대개 저속한 문화 환경 속에 위치하게 됨으로써 그 자녀들의 불량문화에의 감염을 용이하게 한다. 그 밖에 과밀거주에 의한 갈등 내지 불안정성, 주부의 과중한 노동으로 가족원에 대한 원만한 애정기능이 결여되어 가정결손의 위험까지 발생할 우려가 있는데 이러한 것을 빈곤가정 내의 수반현상이라 하겠다.

빈곤기준(貧困基準)

일반적으로 빈곤기준은 그 나라의 공적 부조기준을 의미하는 경우가 많다. 역사적으로 라운트리(Rowntree B.S.)의 빈곤조사에서 제시된 빈곤기준은 소득저하로 육체적 능률유지를 위해 필요한 최소한도에서 부족한 생활상태의 수준을 빈곤상태라고 한다. 이 이론은, 생활이 곤궁한 사람에게 부조를 공적인 형태로 보장하려는 제도에 이용하게 되었고, 공적부조제도로서 확립되었다. 이것은 빈곤기준이 제도로서의 기준과 빈곤상태의 유무(有無)를 나타내는 기준이라면 이면성을 가지고 있다는 것을 의미한다.

빈곤문화(貧困文化)

세대에서 세대로 계승되어 가는 생활양식인 하나의 문화로서 빈곤이 세대 간에 계승되어 가는 것을 말한다. 이 말은 미국 문화인류학자 루이스(O.Lewis) 가 최초로 사용했다. 그는 주로 멕시코의 저소득자 생활을 관찰하여『빈곤의 문화』(1959)와 『산체스의 아이들』(1961) 등의 저서를 남겼다.

빈곤자의 가치관이나 생활양식은 한 가족이 공유하는 것이며, 또 지역이나 국경을 넘어서 공통성이나 유사성이 나타난다고 지적되었다. 사회경제의 발전과정에 있어서 뒤처진 사람들이 사회에 순응 혹은 방위기제로서 계승되고 있는 것이 빈곤문화이다. 빈곤문제의 해결은 단순히 재정지원만이 아니고 빈곤문화를 시야에 넣어두는 대응이 불가결하다.

사회복지분야에서 현재 문제시되고 있는 것은 저소득자 중에서 사회제도나 자기의 능력을 충분히 활용할 수 없어 사회적 의존의 상태로 침전하고 그 생활방식을 다음 세대에 전하고 있는 사람들이다.

빈곤선(貧困線)

빈곤 상태에 있느냐, 아니냐를 판단하는 기준선이라는 것. 빈곤은 그 자가 자기의 생활상황을 어떻게 인식하는가라고 하는 주관적인 요소를 동반한다. 빈곤자를 사회적으로 구제 · 보호하려고 하는 경우에는 빈곤한가 아닌가를 판정하여, 구제의 정도를 결정하기 위한 통일적인 수준의 설정이 필요하게 된다. 옛날에는 부스(Booth, C.)의 런던빈곤조사, 라운트리(Rowntree, B.S.) 요크조사 등에 의해 빈곤선의 연구가 되어왔다. 오늘날 이 수준을 설정함에 있어서는 그것을 절대적 · 고정적으로 받아들이는 것 보다는 그 나라의 경제상황과 생활수준, 사회적 연대 등에 관한 국민의식 등을 기반으로 상대적으로 받아들이는 것이 일반적이다.

우리나라의 경우 정책적인 빈곤선으로는 최저생활 보호기준이 이것에 해당한다.

빈곤아동(貧困兒童)

빈곤아동이란 생활여건과 자원의 결핍으로 인한 복지교육 문화 등의 격차를 해소하기 위하여 지원이 필요한 아동을 말하며, 그 구체적인 기준은 다음 각호의 어느 하나에 해당하는 아동을 말한다(아동의 빈곤예방 및 지원 등에 관한 법률 제3조3호 동 법률 시행규칙 제2조).

1. 아동복지법제3조4호 및 5호에 따른 보호대상아동 및 지원대상아동
2. 국민기초생활보장법제2조2호에 따른 수급자인 아동
3. 한부모가족지원법제4조2호에 따른 한부모가족 및 다문화가족지원법제2조1호에 따른 다문화가족의 아동 등 복지교육 문화 등의 격차를 해소하기 위하기 사회적 · 경제적 · 문화적 지원에 필요하다고 보건복지부장관이 인정하 는 아동

빈곤예방(貧困豫防)

빈곤에 빠지는 것을 사전에 예방하는 것, 또는 그 같은 생각을 의미하며 사후적인 의미를 갖는 구빈에 대비되는 용어이다. 그러나 구빈은 빈곤자에게 금품을 급부해서 그 생활을 구제수준까지 끌어올리기 때문에 구제가 계속되는 한, 구제수준 이하로 저하되는 것을 방지하나 빈곤자 원조면에서는 빈곤예방과 그 방법을 달리한다. 빈곤예방은 근면, 저축, 질병, 예방, 상호부조, 또 피구제자의 빈곤원인에 대응하는 사회적 시책을 강구하는 방법을 취하고 있다. 현대사회에서는 공적책임하에 국민의 권리로서 생활보장의 체제가 점차 정비되어가는 실정에 있고 빈곤예방시책은 사회보장제도 특히 사회보험에 가치를 부여하고 있다.

빈곤의 악순환설(貧困의 惡循環說)

저개발국의 실질소득이 낮은 수준에서 악순환되는 과계를 미국의 경제학자 넉시(Nurkse, R.)가 그의 저서 『저개발국의 자본형성문제(Problems of Capital Formation in Underdeveloped Countiries :1953)』에서 체계화한 이론에서 처음 사용한 데에서 비롯되었다. 저개발국은 자본축적수준이 낮아, 낮은 생산성과 그에 따른 저소득을 가져오고, 이는 낮은 저축수준으로 이어져 자본부족이 악순환 된다. 한편 저소득은 낮은 구매력과 함께 시장의 협소를 초래하고 이는 기업의 투자유인을 감소시켜 결과적으로 다시 저소득의 악순환이 된다. 이 과정에서 저임금, 실업, 인구증가, 질병, 생활필수품 등이 결핍하여 빈곤상태를 순환시킨다는 것이다.

빈곤의 함정(貧困의 陷穽)

공공부조의 수급자격을 얻기 위해서는 일반적으로 자산조사를 받지만, 한편 자격이 인정되면 그 외의 모든 제도의 이용이나 면제혜택 등 규정도 받는다. 한편 소액의 수입증가에 의해 공공부조의 수급자격을 잃게 되면, 우대조치의 적용에서 제외되기 때문에 오히려 현재까지 부조를 받는 생활쪽이 유리하게 되는 경우도 있다. 이 때문에 부조수급자는 근로의욕을 잃고, 현상태에서 오히려 만족을 하게 된다. 이와 같은 상태를 빈곤의 덫 또는 함정이라고 한다.

빈곤전쟁(貧困戰爭)

미국의 대통령 존슨이 취한 정책의 하나. 전후의 미국사회에서는 갈브레이스(Galbrath, J.K.)의 저서 『풍요사회(affluent society)』(1958)에도 현저하게 나타낸 것처럼 이미 빈곤은 소멸된 것처럼 받아들여졌다. 그러나 1960년에는 할린톤,

M의 『또 하나의 미국 : 합중국에서의 빈곤』(1963)을 비롯하여 심각하게 된 흑인문제와 더불어 수많은 〈빈곤의 재발견〉에 관한 보고가 있었다. 이와 같은 상황 하에 죤슨 대통령은 1964년의 연두에 빈곤에 대한 '전쟁선언'을 하고 빈곤박멸을 위한 입법화를 행하였다. 이것을 가리켜 '빈곤전쟁'이라고 한다. 그러나 당초의 낙관주의적 슬로건과는 거꾸로 예산조치도 충분히 안 되어 1969년 닉슨대통령 때에 종결되었다.

빈곤조사(貧困調査)

빈곤문제가 사회문제화 되었기 때문에 빈곤자의 생활실태 등을 파악하기 위하여 영국에서 19세기에 행한 사회조사를 말한다. 이 조사에서 빈곤자의 생활의 실태가 밝혀졌다.

구체적으로는 그 대표적인 것이 부스(Booth C.)의 런던에서의 빈곤조사(1886~1891년)와 라운트리(Rawntree B.S.)의 요크시에서 빈곤조사(제1회 1899년)를 각각 행하여 두 실업가의 위대한 공적이다. 그 결과 시민의 약 3할이 빈곤자였으며 그의 대부분은 개인의 책임에 의한 것이 아니고, 실업이나 저임금 등 사회적 원인에 의해서 일어난 문제였다는 것이 명백해졌다.

빈곤층(貧困層)

포괄적인 사회보장제도가 존재하는 속에서의 빈곤은 단순히 저소득자, 노동력을 잃었거나 혹은 없는 자만이 아니고, 현재 일을 하는 데도 빈곤 속에 있는 광범한 취업계층(working poor)까지를 포함하는 넓고 깊은 것이다. 그들은 집합해서 하나의 계층을 형성하며 고정화된다는 장기성, 고정성을 가지고 있다. 하나의 중핵인 사회계층의 생활개선을 통해 모든 사회의 생활안정을 확보하는 것이 의도되고 있다.

빈뇨(頻尿)

배뇨의 회수가 많아지는 상태로 주간 8회 이상, 야간은 2~3회 이상을 말한다. 원인은 방광염, 요도염, 전립선염 등의 질환이나, 신경증 등이다. 일시적인 것은 정신적 긴장이나 몸을 차게 했을 경우에도 일어난다. 질환에 의하는 것이 아닌 경우에는 긴장을 푸는 등으로 대처한다. 야간 빈뇨에 있어서는 수분 섭취시간을 지도하거나 요기(尿器)나 이동 토이렛을 이용하는 것도 한 방법이다.

빈둥지증후군(빈둥지 症候群) ⇨ 공소증후군(空巢症候群)

빈민(貧民)

일반적으로 빈곤생활에 허덕이는 사람들을 총칭한 것이지만 제1차 대전 후부터 빈곤자라는 명칭이 사용되었다 건전한 노동의욕을 상실하고 정신적으로도 황폐해져 타인의 구호를 바라고 생활하는 궁민(窮民)과는 구별된다. 따라서 빈민은 자활할 수 있는 경미한 사고나 우연한 경우를 당하여 생활곤란에 이르렀거나, 개인이 속한 사회적 관계에서 육체적 및 정신적 유지발달에 필요한 제반 조건과 인정되어진 물질을 얻지 못하는 자이다.

빈민가(貧民街)

빈민들이 모여 사는 지역을 말한다. 이 지역의 특성으로는 인구구성의 이질성, 어두운 골목과 방임, 이민 집단의 불쾌한 요소, 빈곤 및 결손가정, 성공 못한 비숙련노동자들, 떠돌이와 범죄자들, 마약중독자와 주정뱅이들, 이동성과 익명성, 과밀거주와 지역적 통제력 상실, 건설적 영향물의 결여 등을 꼽을 수 있다. 이 지역에서는 공통으로 경험하는 실패감으로 인해 사해동포주의(cosmopolitanism)가 성행하기도 하나 다른 사람의 업적을 인정하는 고차원적인 그것과는 구별된다. 빈민하위문화가 있으며, 범죄가 배양되기 쉬운 지역이다.

빈민구제위원(貧民救濟委員)

1834년 영국의회가 16세기 이래의 엘리자베스 구빈법을 대폭 개정한 개정구빈법에서는 각지의 교구연합에 빈민구제위원회가 생겼다. 치안판사와 납세자, 건물소유주 중에서 선거로 뽑혀 노역장의 건설관리, 구제신청의 인가 등을 행했다. 이에 따라 종말의 치안판사, 감독관의 권한은 유명무실하게 되었다. 1894년 지방자치법은 노동자나 여자의 당선을 가능하게 하여 구빈법의 민주화를 추진했다. 위원은 수급자의 입장에서 구빈재정의 증액을 요구한 예가 많았으며 투옥까지 된 1921년의 포푸러지구의 반란은 유명하다.

빈터(Vinter, Robert D : 1918~)

미국의 집단사회사업학자이며 미시간학파의 대표자인 그는 1954년부터 현재까지 미시간 대학교수로 있다. 그의 집단사회사업은 일반적으로 치료모델이라 불리며, 그는 "집단사회사업을 대면적 소집단 안에서 또는 그 집단을 통해서 클라이언트가 바람직한 변화를 나타내도록 원조하는 하나의 방법이다"라고 정의하였다. 동료와 공저인 『Individual Change Through Small Group』은 미시간학파의 집단사회사업론을 집대성한 것이다.

뻐꾸기 가족(뻐꾸기 家族)

친부모의 이혼, 학대, 빈곤, 사망, 부모의 포기 등의 이유로 가정이 해체되어 부모가 아닌 다른 가정이나 단체시설 등에서 양육되면서 부모와 자녀가 떨어져 살아가는 가족을 말하고 있다. 즉 다른 새의 둥지에 알을 낳는 습성에 빗댄 표현인데 이런 처지의 아이들과 부모를 '뻐꾸기 가족'이라고 부른다. 현재 우리나라에서 만 18세 미만의 아이들이 친부모가 아닌 다른 가정이나 단체 시설 등에서 양육되고 있는 수가 9만 7천 명에 이르는 것으로 나타났다. 2010년 기준으로 경제적 어려움이나, 이혼 등 부모의 사정으로 아동의 양육시설(옛 고아원) 및 보육원 등 각종 시설에서 지내는 시설위탁 아동은 1만 7천 119명, 친인척이나 위탁양육을 원하는 일반 가정이 맡아 기르는 아동이 1만 6천 359명, 7명 내외 아이들을 함께 키우는 그룹 홈 양육아동이 2천 127명이다. 또한 조부모 위탁 아동으로 등록된 아이들은 약 1만 8천 명이며, 여성가족부가 집계한 조손(祖孫)가족(할아버지 할머니와 같이 사는)가구 자녀는 7만 2천 500명에 달하고 있다. .

사내근로복지기금법(社內勤勞福祉 基金法)

이 법은 사업주로 하여금 사업의 이익의 일부를 재원(財源)으로 사내근로복지기금을 설치하여 이를 효율적으로 관리 · 운영하게 함으로써 근로자의 생활안정과 복지증진에 이 바지함을 목적으로 1991년 8월 10일(법률 제4391호)에 제정 · 공포하여 2001년 4월 1일부터 시행되고 있다. 총 31개 법조문과 부칙으로 규정되어, 그동안 수 차례의 개정을 거쳐 오늘에 이르고 있다.

사단법인(社團法人)

일정한 목적을 위하여 결합된 사람의 집단으로서 권리능력이 인정된 것. 사단법인은 둘로 나누어 영리를 목적으로 한 것, 예를 들면 회사와 같이 상법 제169조, 민법 제39조의 적용을 받는 영리법인(營利法人)과 학술, 종교, 사교 기타 영리 아닌 사업을 목적으로 하는, 예를 들면 적십자사와 같은 민법 제32조의 적용을 받는 비영리사단법인(非營利社團法人)이 있다. 여기 그 설립은 비영리를 목적으로 하여 수익사업을 하여도 좋으나 이익을 관계자에게 분배할 수 없고, 정관(定款)을 작성하고 주무관청(재단법인 참조)의 허가를 얻는다. 설립은 각 사무소의 소재지에서 등기하여야 한다. 특히 주된 사무소의 소재지에서 등기하지 않고는 법인의 설립을 주장할 수 없다. 사단법인은 기관에 의하여 행위하지만 최고필수(最高必須)의 의사결정기관은 사원총회이며, 이사(理事)는 적어도 매년 일회 이상 통상총회(通常總會), 기타 필요에 따라 특히 총사원 5분의 1 이상의 청구가 있을 때에는 임시총회를 소집한다. 또한 법인의 내부적 사무를 집행하고 대외대표를 행하는 상설필수(常設必須)의 기관은 이사(理事)이다. 법인의 재산 상태나 이사의 업무집행을 조사 감독하는 감사가 있으나 이는 필수의 기관은 아니다.

사례관리(事例管理) ⇨ 케이스매니지먼트

사례기록(事例記錄)

케이스워크에서 클라이언트의 문제해결을 원조하기 위한 실천활동의 과정을 기재한 기록이다. 기관의 관리향상뿐만 아니라 전문직으로서의 실천활동의 향상이나 케이스워커의 성장을 도모하는 면에서도 중요한 요인으로 생각된다. 케이스기록은 일반적으로 ① 페이스시트(face sheet) ② 조사표 ③ 경과기록 ④ 기다 서류 등으로 구성되며 케이스파일에 기록하여 보관되고 있다. 그 중에서도 가장 중요하며 노력이 많이 드는 것은 경과기록이다. 사례기록은 클라이언트의 문제해결을 원조하는 데 중요한 도움을 준다는 점에서 부단히 검토하고 개선해 가는 것이 필요하다. 또 기록으로 남기 때문에 클라이언트의 비밀을 지키는 데 세심한 주의를 필요로 한다.

사망률(死亡率)

연간 사망한 국민의 총수를 총인구로 제하여 1000배 한 것을 인구 천(千)대의 사망률이라고 한다.

인구 1,000명에 대한 사망자 수의 비율 수.

사망진단서(死亡診斷書)

사람의 사망에 관한 의학적 증명이며, 이것에 의하여 그 사람의 법률적 권리의무가 모두 종결되는 극히 중요한 절차이다. 진료중의 환자가 그 질병으로 사망한 경우에 진료한 의사가 작성하는 의무가 있다.

사법권(司法權)

구체적 쟁송(爭訟)에 있어서 법을 해석, 적용하여 이것을 재정(裁定)하는 국가의 작용. 사법작용을 행하는 통치권의 권능을 말한다. 사법권은 입법권 및 행정권에 대립하는 개념이며, 3권 분립은 근대국가의 근본원칙의 하나이며, 이것은 입법 · 행정 · 사법의 세 가지 권력이 각각 별도의 기관에 부여되는 것을 요구하고 있다. 따라서 근대문명국가는 모두 사법권을 독립의 법원으로 하여금 행하게 하고 있다.

사법보호케이스워크(司法保護 case work)

사법보호케이스워크는 비행소년이나 사회복귀 · 예방, 갱생을 꾀하기 위하여 가정법원의 조사관이나 보호관찰소의 보호관찰관에 의하여 전개되는 케이스워크를 말한다. 이것은 강한 법의 권위를 배경으로 클라이언트와 대응하는 경우가 많으므로 진실한 원조관계를 수립하는 것이 곤란하다.

사법 소셜워크(司法 social work)

법률상의 분쟁문제로서 구성되고, 규범적 해결의 실제적 융화를 필요로 하고 있는 사회문제에 대해서 그 문제의 해결을 촉진하기 위해 행해지는 대상자(소년의 비행문제, 수형자의 사회복귀 등)의 원조활동을 지칭한다.

구체적으로는 소년심판, 교정보호처우 및 교호에 있어 비행소년의 건전 육성과 개선 갱생을 지향하여 이루어지는 복지적, 교육적 원조활동과 심판에서의 원조활동, 범죄피해자의 상담, 조언 등을 들 수 있다.

사법케이스워크(司法case work)

사법복지의 분야에서의 케이스워크를 말한다. 사법의 개입을 요하는 비행소년의 처우, 가정문제의 해결 등의 사법복지가 대상으로 되는 생활문제는 사회복지가 대상으로 하는 생활상의 곤란, 문제와 같은 시점(視點)이 필요함과 동시에 법률상의 해결도 필요로 하고 있다. 따라서 사법복지의 영역에 있어서는 법적 근거에 의거한 규범적 해석과 복지적 해결의 쌍방이 요구된다. 사법케이스워크는 후자의 복지적, 교육적 활동이며, 구체적으로는 소년심판, 교정보호처우, 아동자립지원 등의 분야에서의 비행소년에 대한 처우, 및 가사조정, 가사심판 등의 가사사건의 상담, 조정 등의 원조활동을 포함한다.

사생관(死生觀)

인간의 생(生)과 사(死)에 대한 근본적인 사고방식이나 자세를 나타내는 죽음이나 삶(生)에 대한 근본적인 사고방식을 말한다.

사생관은 그 사람의 인생관(人生觀)의 근본으로서 그 개인의 생활방식을 규정하는 점에서 인생관과 표리(表裏) 일체의 관계에 있다. 특히 말기 암환자를 예로 들면, 병의 부정이나 분노의 시기로부터 단계를 거쳐, 죽음의 수용의 최종단계에 이른다고 하는 유력한 견해가 있다. 현대인은 타인의 죽음을 가정이나 이웃 가까이에서 볼 수 없으므로 올바른 사생관을 몸에 익혀 둘 필요가 있다고 일컬어지고 있다.

사생아(私生兒)

여자가 정당한 혼인관계 없이 낳은 비적출자(非嫡出子)를 그 모에 대하여 일컫는 명칭으로서 일반적으로 자기 아버지를 전혀 모르는 아이를 가리킨다. 한편 자기 아버지를 아는 아이는 서자(庶子)라 하여 구별하고 있다.

법률적으로 사생아와 그 아버지의 관계는 아버지가 자진하여 인지하지 않는 한 친자관계가 성립되지 않으나 사생아는 자기 아버지에 대하여 인지를 청구할 권리를 갖고 있고, 일단 인지가 되면 아버지의 서자로서 부양청구권을 가질뿐만 아니라 상속에서는 상당한 대우를 받는다. 또 어머니와의 관계는 인지를 기다릴 필요가 없이 모자관계가 성립되나 어머니의 집에 들어가려면 호주의 동의를 받아야 하며 어머니에 대하여 부양청구권을 가지는 것도 물론이다.

4H클럽(四H Culb)

농업구조와 농촌생활의 개선을 목적으로하는 농촌 청소년의 학습단체. 제2차 대전 후 미국의 영향에 의해 조직된 단체이며, 4H란 두뇌(head) 손(hand) 마음(heart) 건강(head)의 머릿글자를 딴 것이다. 과학적인 머리(知育), 성실한 마음(德育), 일하는 손(技育), 튼튼한 몸(體育)을 지향한다. 4H클럽은 미국에서 시작한 청소년의 농사연구 클럽을 모체로 탄생하여 미국뿐만 아니라 유럽 남미에도 보급되었다. 4H클럽은 동지조직일 것, 정치적 중립일 것, 프로젝트학습을 중심으로 할 것 등을 원칙으로 삼고 있다. 우리나라는 농림식품부 관할하에 농촌부락과 학교를 단위로 조직되기 시작해 2001년 한국4H본부로 이름을 바꿨다.

사실혼(事實婚)

혼인계의 제출이라고 하는 법률혼주의에 의하지 않고 당사자 간의 혼인의 의사 및 동거의 사실을 가지고 혼인의 성립으로 간주하는 하나의 공동생활형태. 신고만을 하지 않은 사실상의 부부관계이며, 사실혼을 내연(內緣) 또는 비혼(非婚)커플(couple)이라고도 한다. 민법이 1923년 법률혼주의를 채택한 이후부터 사실혼이라는 용어를 사용해 왔다. 오늘날에 있어서는 법률상의 혼인관계에 들어가는 것을 도피하고, 신고의사를 가지지 않고 동거하고 있는 자가 꽤 많이 있다. 종래에 있어서도 남자쪽에 신고의사가 없는 경우가 많았다. 민법이 법률혼주의를 채택하고 있는 이상 사실혼관계에 있는 부부는 완전히 남과 남의 관계로 혼인의 효력을 부여해서는 안 된다는 당초 판례는 이러한 태도를 취했으나, 1932년 2월 9일 조선고등법원판결은 사실혼은 장래 혼인(결국신고)하는 계약의 예약으로서 신고를 상대방에게 강제할 수는 없으나 사실혼관계를 부당하게 파기한 자는 상대방에 대하여 대법원판결(1959. 2. 19)은 사실혼은 준(準) 혼인관계로 보고 법률상의 부부에 준한 법적 효력을 인정하고 그 부당파기는 불법행위가 된다고 하였다(통설). 스웨덴에서는 사실혼부부의 커플을 공식용어도 '삼보'라고 부르며, 라이프스타일의 선택성이라고 하는 시점에서 1987년에 동서법(同棲法)도 제정되어 있다.

사이코드라마(psychodrama) ⇨ 심리극

사인(死因)

사망의 직접의 원인이라는 것. 통계자료로는 악성 신생물(악성종양, 암 등) 뇌혈관질환, 심장질환, 폐렴, 불의의 사고, 노쇠, 자살, 신부전, 간질환, 당뇨병, 교통사고 등으로 분류되어 있다.

사적부조(私的扶助)

공적부조에 대비되는 개념으로서 사적인 개인 상호 간에 이루어지는 생활의 원조로서 민법적 부양을 주로 하는데 법률상 부양의무관계가 없으면서도 친척, 기타 개인적인 관계로 임의로 행해지는 생활상의 원조를 말한다.

사전조사(事前調査)

본(本) 조사의 실시를 위하여 본조사와 똑같은 조건에서 소규모에 걸쳐 구체적인 실제자료를 수집하는 조사이다. 가능한 한 사전조사를 철저히 할수록 타당성을 갖게 되어 잘못된 점을 시정할 수 있다. 그리고 사전조사를 함으로서 그 자료에 의한 표본설계(sampling design) 여부를 검토하고 조사도구의 사용가능성 여부를 검토하며 잠정적인 조사 설계를 이 과정에서 확정하여 본조사의 계획으로 사용하게 된다.

사정(査定)

1970년대 이후 사회사업실천에서 의료모델에 대한 비판이 강해지면서 이때까지 사용하고 있던 진단이라는 용어 대신에 일반적으로 사정이라는 용어를 사용하고 있는데 이는 클라이언트가 직면하고 있는 문제와 상황을 확인하고 이해하기 위한 자료를 수집하여 분석함과 동시에 문제해결을 위한 계획을 확정해 가는 과정을 말한다.

사창(社倉)

사창은 의창(義倉)과 동일한 목적으로 중국에서 시작된 것이다. 즉 의창이 창설된 후 540년을 경과하여 수(隋)나라 문제(文帝) 때 장손평의 창안으로 시작된 것이 송나라 석학인 주자(朱子)에 의하여 완비되었다.

유교의 영향을 받아 조선(朝鮮)에 사창제가 처음으로 소개되었다. 당시 의창 · 환곡을 지방관이 직접 관리하였으므로 그 출납이 번잡함과 관리의 횡포 및 기타 폐단 등이 허다하였다. 이리하여 세종 21년(1439년)에 공조참판 이참이 의창의 단점과 사창의 이점(利點)을 들어 사창제의 실시를 제안하였고, 세종 21년(1444년)에 이계순이 국내에 사창을 설립할 것을 제안하였으나 부결되었다. 사창은 의창과는 달리 사민의 공동저축으로 상부상조하여 연대 책임지는 자치적 운영을 하는 것이므로 구제의 적절과 신속을 기할 수 있고 또 관에 의하지 않으므로 보다 용이하게 혜택을 주었다. 그러나 당시의 사회 · 경제적인 곤란 등으로 사창은 지방에 널리 보급되지 못하였고 대부분의 지역에 있어서는 여전히 관에 의한 환곡의 대출이 계속되어 이로 인한 관폐가 지속되었다.

사체계모형(四體系模型 : four systems model)

핀커스(pincus.A) 미나한(minahan. A.)이 사회사업실제를 전개하여 갈 때 관계되는 다양한 사람들이나 조직체를 체계적으로 다루기 위하여 제시한 것으로 다음의 체계로 구성되고 있다. ① 변화매개체계(change agent system) : 변화 매개인으로서 워커를 고용하고 있는 조직체 ② 클라이언트체계 (client system) : 워커의 원조를 받아서 문제해결에 전념할 것을 약속한 개인, 가족 등 ③ 표적체계(target system) : 워커가 클라이언트와 함께 문제해결을 위하여 변화시켜야 할 사람이나 조직체 등 ④ 행동체계(action system): 문제 해결을 위하여 워커가 협조하여 가는 사람.

사회개량(社會改良)

자본주의제도 하에서 생기는 노동자의 문제 등

의 사회문제를 해결하려고 하는 것이다.

구체적으로는 노동자의 빈곤에 대하여 경제기구와 사회체제의 일부를 수정하는 것으로서 구제(救濟)에 대응한다는 것 등을 가리킨다. →사회답사

사회개량주의(社會改良主義)

19세기말 바그너(wagner) 시몰러(Schmoller) 브렌타노(Brentano) 등 독일 신역사학파의 사상으로, 당시 대두하기 시작한 마르크스주의와 영국에서 발달한 자유방임주의에 대항하여 발전한 주의로 자본주의의 발전에 따라 발생되는 모순이나 결함을 사회체계로 변혁하는 것이 아니라, 부분적으로 사회경제나 의회(議會)주의에 의하여 수정, 점진적으로 노동자 계급의 생활을 개선하려는 사회사상을 말한다.

사회개발(社會開發)

대상이 되는 나라 혹은 지역사회에 다양한 자원을 투입함으로써 자원배분의 상태를 변화시키고 이것에 의해서 국민 또는 지역주민의 생활을 향상시키려고 하는 계획적인 행위를 말한다. 이 개념은 경제성장을 기도한 경제개발에 대치하는 것으로서 UN의 개발논의에서 제기되었다. 또 이 개념은 발전도상국에서는 광의의 사회복지를 의미하고, 균형이 잡힌 경제개발과 사회개발의 추구를 포함하고 있다. UN은 창설 이래 개별도상국의 개발문제에 적극적으로 개입(介入)해 왔다. 특히 1961년부터 1970년까지를 '개발의 10년'으로 설정하고 '경제개발과 사회개발의 균형'을 1961년 12월에 결의한 바 있다.

사회개발시스템(社會開發 system)

교통 · 통신 · 도시개발 · 교육 · 의료 · 환경제어 · 방재 · 방범 등 사회적인 면을 가진 각 분야를 대상으로 한 정보시스템. 사회시스템이라고도 한다. 생산제일, 효율추구주의에서 사회복지, 인간존중주의로의 정책전환을 배경으로 클로즈업되었다. 앞으로 경제발전이 거듭될수록 사회시스템의 필요성이 높아질 전망이다.

사회계층(社會階層)

전체사회를 구성하는 사람들의 사회적 지위, 신분, 직업 등과 함께 사회구조상 구별되는 몇 개의 계층을 말한다.

구체적으로는 소득별(고소득, 중간소득, 저소득, 그 외)이나 경제적 지위별(상류, 중류, 또는 중산, 하급 또는 하류층 그 외), 계층별(자본가, 중간층, 노동자, 그 외) 등의 계층구분이 있다. 사회복지의 이상적인 자세에서는 특히 사회복지에서는 소득계층의 구분이 중요한 위치를 가지며, 종전에는 저소득 계층을 중심으로 전개되어 있었으나 근년에는 전사회계층에 복지서비스 이용자가 넓혀져 가고 있다.

사회공헌활동(社會貢獻活動)

필렌솔로피(Philanthropy), 즉 기업에 의한 사회공헌활동 또는 볼런티어활동이다.

구체적으로는 사회복지의 연구비의 조성이나 시설의 운영자금의 기부, 재택의 고령자나 장애인에 대한 가정원조나 수발(케어) 등이다. 국제적으로는 미국이나 영국 등에서 활발히 행하여지고 있는데 우리나라도 최근에 와서는 관심을 나타내는 기업이 늘어나고 있다.

사회관계(社會關係)

사회적 존재인 사람들의 상호관계를 말한다. 사회의 운동변화발전, 사람들의 생존과 활동과정

에서 필연적으로 이루어진다. 사회관계에서 중요한 것은 정치, 경제, 문화, 도덕적 관계 등인데 여기에서 가장 중요한 것은 정치적 관계이다. 사람들의 정치적 관계는 국가주권의 소유관계에 따라서 규정되며, 경제적 관계는 생산수단의 소유관계에 의존된다. 문화, 도덕적인 관계를 비롯한 다른 모든 사회관계는 국가주권과 생산수단을 누가 장악하고 있는가 하는데 따라 결정된다. 착취사회에서는 착취계급과 피착취계급, 지배계급과 피지배계급 간의 계급적 대립적 투쟁이 사회관계의 기본으로 된다.

사회교육(社會敎育)

학교교육에 의한 교육활동이 아니고 주로 청소년 및 성인에 대하여 행하여지는 조직적인 교육활동(체육 및 레크리에이션을 포함)을 말한다. 초 · 중 · 고교의 어린이, 학생에 대한 사회교육(소년교육), 부모에 대한 아동의 육성에 관한 교육(가정교육), 방송대학, 대학공개강좌 등의 성인교육, 평생교육, 노인대학 등도 사회교육의 일환이다.

사회권(社會權)

개인의 생존, 생활의 유지 · 발전에 필요한 제조건을 확보하도록 국가에 요구할 수 있는 국민의 권리의 총칭. 사회적 기본권, 생존권적 기본권이라고도 한다. 사회권에는 생존권, 교육을 받을 권리, 근로권 및 단결권 등이 있으며, 대개의 국가헌법에서 이를 규정하고 있다. → 사회적 기본권

사회답사(社會踏査)

사회개량을 목적으로 하여, 빈곤, 범죄, 슬럼 등을 대상으로 행하는 실천적 조사.

구체적으로는 하워드(Houard, J)의 감옥조사나, 이든(Eden, F)의 빈민 노동자의 조사가 이것에 해당한다. 사회답사는 사회문제의 해결을 목적으로 한 점에서 사회사업, 사회복지의 발전과 깊이 관계되어 있어 특히 사회복지조사에 있어서는 중요한 위치를 점하고 있다. → 사회개량, 사회조사법

사회리허빌리테이션(社會 rehabilitation)

장애인이 보다 좋은 사회에서 살아가기 위하여 의학적 리허빌리테이션을 포함, 그 이외에 리허빌리테이션 기능을 발휘하는 각종의 시책 및 활동을 총칭하고 있다. 의학적 리허빌리테이션의 입장에서는 사회복지의 동의어(同義語)로서 쓰이고 있다.

국제리허빌리테이션협회는 "사회리허빌리테이션이란 사회생활력을 높이는 것을 목적으로 한 프로세스이다. 사회생활력이라 함은 여러 가지 사회적 상황 가운데 자기의 니즈를 충족시키고 한 사람, 한 사람에게 가능한 가장 풍족한 사회참가를 실현하는 권리를 행사하는 힘을 의미한다"고 정의하고 있다. 사회리허빌리테이션을 중심적으로 권하는 전문직은 소셜워커이며, 사회복지원조기술 등을 원용하여 사회생활력을 높이기 위하여 각종의 프로그램을 실시한다. → 사회생활력, 국제리허빌리테이션협회

사회문제(社會問題)

사회의 변동 등에 따라 일어나는 사회, 경제, 문화 등의 모순을 반영한 국민의 사회적인 화제로 되는 제(諸) 문제를 말한다. 사회병리(病理)현상이라고 부르는 학파도 있으나, 국민의 생활문제가 심각화하여 사회전체의 과제로 되어 있는 것을 의미한다. 노동문제, 빈곤문제, 도시문제, 환

경문제, 저출산(低出産) 고령화문제 등이 생겨났다. 사회문제는 사회정책의 대상이며, 사회복지의 문제도 거기에 포함된다. 저출산 고령화, 국제화, 정보화 등의 진전에 따라 새로운 과제가 차례차례로 생겨나고 있다.

사회보장(社會保障)

빈곤상태에 빠지거나 생활수준이 대폭적으로 저하된 위험에 처했을 경우에 국가나 공공단체가 현금 또는 대인서비스를 급부, 최저한도의 생활수준을 보장하는 공적 제도를 말한다.

사회보장이란, 용어의 시초는 1935년 미국의 사회보장법(SSA Social security Act)으로 대공황의 와중 속에 뉴딜정책의 일환으로 등장하였다. 사회보험이란 말의 사회(social)와 긴급경제보장위원회(Emergency Economic Security Committee)의 '보장(Security)'의 합성어이다. 1938년 뉴질랜드의 사회보장법 제정과 1942년 영국 사회보장제도의 원인이 된(베버리지 보고서)에 의해 사회보장 · 사회보장제도라는 용어는 국제적인 것이 되었다.

우리나라 사회보장기본법은 질병 · 장애 · 노령 · 실업 · 사망 등의 사회적 위험으로부터 모든 국민을 보호하고 빈곤을 해소하여 국민생활의 질을 향상시키기 위하여 제공되는 사회보험 · 공공부조 · 사회복지서비스 및 관련 복지제도를 말한다고 동법 제3조1호에 규정하고 있다. 또 동법 제2조에서는 사회보장의 기본이념은 모든 국민이 인간다운 생활을 할 수 있도록 최저생활을 보장하고 국민개개인이 생활의 수준을 향상시킬 수 있도록 제도와 여건을 조성(造成)하여, 그 시행에 있어 형평과 효율의 조화를 도모함으로써 복지사회를 실현하는 것을 기본 이념으로 한다고 규정하고 있다. 즉 모든 국민을 대상으로 하는 생활보장(최저생활의 확보와 생활의 안정화를 도모하는 것을 목적)을 위한 제도이다. 우리나라에서는 제3공화국 헌법에서 사회보장 조항이 설정된 후, 1963년 11월 5일에 사회보장에 관한 법률이 제정되고 이어 산업재해보상보험법, 국민건강보험법, 국민기초생활보장법 등이 제정되면서 구체화되었다.

사회보장급여비(社會保障給與費)

사회보장지출 중에서도 중요한 항목으로 개인에 대하여 직접 지급되는 현금 및 현물급부비를 말한다. 사무비나 시설정비는 포함되지 않는다. 국민총생산(국민소득)에 대한 비율은 비용 면에서 본 사회보장의 중요한 지표로서 시계열적 · 국제적 비교로 사용되어진다.

사회보장기본법(社會保障基本法)

이 법은 사회보장에 관한 국민의 권리와 국가 및 지방자치 단체의 책임을 정하고 사회보장제도에 관한 기본적인 사항을 규정함으로써 국민의 복지증진에 기여함을 목적으로 1995년 12월30일(전문개정법률 제5134호)에 제정 · 공포하여 오늘에 이르고 있으며. 이 법의 제정으로 1963년 11월 5일에 제정하여 시행해 오던 '사회보장에 관한 법률'은 폐지되었다. 총 3장 35개 법조문과 부칙으로 되어 있다.

사회보장부담률(社會保障負擔率)

건강보험료, 산업재해보험료, 국민연금, 사학연금, 공무원연금 등 각종 사회보장기여금을 합한 금액이 국내총생산(GDP)에서 차지하는 비중을 말한다.

사회보장의 부담액이 늘어남에 따라 그 부담률도 상승한다.

사회보장부담률 조세부담률(社會保障負擔率 租稅負擔率)

조세부담률이란, 국세 지방세를 합친 조세 수입 금액을 국민소득으로 나눈 것을 가리키며, 이는 세금의 경종을 나타내는 지표가 된다. 사회보장부담률이란, 연금이나 의료보험의 각출금내지는 지불보험료의 총액을 국민소득으로 나눈 것이다. 그리고 조세부담과 사회보장을 합친 것이 국민 부담률이다.

사회보장성 기금(社會保障性 基金)

사회보장성 기금이란 국민연금 같은 사회보장성 급여를 지급할 목적으로 정부가 관리하는 기금을 말한다.

우리나라에서는 국민연금기금, 사학(私學)연금기금, 고용보험기금, 산재보험기금 등이 사회보장성 기금에 해당된다. 정부가 고용주인 공무원연금과 군인연금기금은 사회보장성 기금에 포함되지 않는다. 사회보장성 기금은 기금의 수급구조, 즉 보험료 수입과 급여 지급정도 등에 따라 적자나 흑자가 발생할 수 있어 엄밀한 의미에서 재정 활동이라고 보기 어렵다. 이 때문에 정부는 재정 건정성 지표로 통합 재정수지에서 사회보장성 기금을 뺀 관리대상 수지를 작성하여 별도로 발표하고 있다.

사회보장수급권(社會保障受給權)

사회보장수급권이라고 함은 사회보장을 받을 권리, 즉 모든 국민은 사회보장에 관한 관계 법령이 정하는 바에 의하여 사회보장의 급여를 받을 권리를 가진다는 것을 말한다(사회보장기본법 제9조). 이 수급권은 관계 법령이 정하는 바에 따라 타인에게 양도하거나 담보로 제공할 수 없으며, 이를 압류 할 수 없다(동법 제12조).

사회보장의 기본이념(社會保障의 基本理念)

사회보장은 모든 국민이 인간다운 생활을 할 수 있도록 최저생활을 보장하고 국민 개개인의 생활의 수준을 향상시킬 수 있도록 제도와 여건을 조정하여 그 시행에 있어 형평과 효율의 조화를 기함으로써 복지사회를 실현하는 것을 기본이념으로 한다고 규정하고 있다(사회보장기본법 제2조).

사회보장법(社會保障法)

우리나라에는 사회보장법이라고 하는 개별의 법이 없으나, 사회보장제도에 관한 법의 총체를 사회보장법으로 부르고 있다. 사회보장법의 기본이념은 생존권의 보장, 행복추구권의 보장, 보편적 평등의 보장이 있다. 또 사회보장의 체계에 있어서는 여러 가지 학설이 있으나 통설적으로는 ①사회보장급여에 관한 법 ②사회보장 행정에 관한 법 ③사회보장 쟁송에 관한 법 등으로부터 이루어진다고 한다.

사회보장심의위원회(社會保障審議委員會)

사회보장에 관한 주요 시책을 심의하기 위하여 국무총리 소속하에 설치한 합의제기관을 말한다. 이 위원회는 위원장 1인과 부위원장 3인을 포함한 30인 이내로 구성하며, 위원장은 국무총리가 되고, 부위원장은 기획재정부장관, 교육과학기술부장관 및 보건복지부장관이 된다. 위원회의 심의사항으로는 ①사회보장의 증진을 위한 사회보장장기발전방향 ②사회보장제도의 개선 ③사회보장제도의 도입 또는 확대에 따른 우선순위조정 ④둘 이상의 부처에 관련되는 주요 사회보장정책 ⑤사회보장 급여 및 비용부담의 조정 ⑥국가 및 지방자치단체의 역할 및 비용부담 ⑦기타위원장이 심의에 부치는 사항 등이 있다(사회보장기본법 제16, 17조).

사회보장헌장(社會保障憲章)

1961년 세계노동조합연맹(WFTU)의 제5회 세계노동대회(모스크바)가 채택한 헌장을 말한다. 전문에서는 사회보장이 근로자의 기본적 권리라는 것 등이 기술되어 있으며, 사회보장은 원인의 여하를 불문하고, 질병, 출산, 가족수당, 노동재해와 직업병, 신체장애와 노령, 사망 등 일체의 사회적 사고를 커버하며, 재원은 근로자의 갹출에 의하지 않고 사용자 또는 국가에 의하여야 한다고 되어 있다. 일할 권리와 실업, 예방의학과 보건을 중시하고, 노동시간 단축과 휴강, 주택에 대해서도 언급하고 있다. 이 헌장은 사회주의 체제의 우위 등 좌경사회주의적 색채가 농후한 것이다.

사회보험(社會保險)

사회보장의 중심적인 제도의 하나로서 국민의 생활을 보장하기 위하여 노령(퇴직)이나 질병, 부상, 장애, 사망, 출산, 실업 등 생활을 위협하는 사유가 발생하였을 때 일정의 기준의 급부를 행함으로써 피보험자의 생활안전을 도모하는 공적인 보험을 말한다.

독일의 비스마르크에 의한 질병보험에서 비롯, 그 후 각국에 보급되었다. 우리나라 사회보장기본법에서는 '사회보험'이라 함은 국민에게 발생하는 사회적 위험을 보험방식에 의하여 대처함으로써 국민건강과 소득을 보장하는 제도라고 규정하고 있다(동법 제3조2호).

사회복귀(社會復歸)

본래적으로 인간에게 맞는 권리, 자격, 권위의 회복을 의미한다. 사회복귀라고 하는 경우에는 다의성이 있지만, 사회적 복권(社會的 復權)에 가까운 사고방식으로 사용하는 것도 가능하다. 장애인을 예로 들면, 단순한 신체상의 운동기능장애의 회복 및 심리적, 경제적, 직업적 등의 장애를 전인간적인 입장에서 복권하는 것이 사회복귀의 일이다. 고령화 사회에 의한 노인 등에도 사용되게 된다. → 리허빌리테이션

사회복귀시설(社會復歸施設)

장애인이 일상적인 사회생활을 영위할 수 있도록 자립 · 자조(自助)를 위한 훈련 · 지도 등을 행하는 시설을 말한다. → 리허빌리테이션시설.

사회복귀활동(社會復歸活動)

정신분열증 등의 정신 장애인이 가능한 한 직업을 수행하는 능력을 회복하여 또 직업생활 기타 사회생활상의 모든 권리를 회복하고 혹은 보장될 수 있도록 의료적, 사회적 원조의 활동을 말한다.

사회복지(社會福祉)

사회복지학은 사회복지에 관한 종합적이고 실질적인 학문, 즉 복지 니즈(needs)를 가진 사람들의 생활에 있어서 자립을 지원하는 데 동원되는 물심양면의 서비스를 포함하는 실질적 과학이며, 아동, 장애인, 고령자 등으로 구별되는 대상별 분야 각론과 함께 정책적, 경영적, 임상적 영역의 세 가지 구성요소로 성립되는 종합적인 과학이다. 예컨대 사회복지의 구성요소를 개별적으로 분석하거나, 복지사회를 토탈로 분석하거나, 사회학적 대상을 개별로 고찰하거나 하고 있다. 어느 것이든 사회복지학의 지주의 하나로서 사회적 어프로치에 의한 사회복지학의 역할은 크다.

이러한 의미에서 사회복지학은 사회철학을 비롯하여 사회학, 심리학, 의학 등의 기초과학을 기반으로 하면서 보건학, 교육학, 행정학 등 인접영

역의 모든 학문적 성과를 받아들여 체계화해 나아가야 할 학제적(學際的) 과학(interdisciplinary science), 또는 복합적(複合的) 과학(multi science)이라고 말할 수 있다.

사회복지계획(社會福祉計劃)

사회복지시책을 계획적 · 합리적으로 추진하는 방법을 말한다. 사회복지계획에는 다음 두 가지 점이 중요하다.

① 사회복지의 개념 : 사회복지를 어떻게 생각하느냐에 따라서 시책의 내용이 달라지기 때문이다.

② 계획의 개념 : 계획은 계획서(플랜)를 작성할 뿐만 아니라 플랜의 실시 · 평가도 포함한 플랜링(계획입안) 과정으로서 합리적으로 추진하는 방법이다.

사회복지공동모금(社會福祉共同募金)

사회복지공동모금이라 함은 사회복지사업 기타 사회복지활동의 지원에 필요한 재원을 조달하기 위하여 사회복지공동모금회법에 의하여 기부금품을 모집하는 것을 말한다(사회복지공동모금회법 제2조2호).

사회복지공동모금회(社會福祉共同募金會)

사회복지공동모금사업을 관장하기 위하여 사회복지공동모금회법 제4조의 규정에 의거 사회공동모금회를 설립하여 모금회는 사회복지사업법 제2조 제3호(사회복지법인)에 따른 복지법인으로 설립되며, 모금회는 정관을 작성하여 보건복지부장관의 인가를 받아 등기함으로써 설립된다. 모금회는 다음 각호의 사업을 수행한다.

1. 사회복지공동모금사업
2. 공동모금재원의 배분
3. 공동모금 재원의 운용 및 관리
4. 사회복지공동모금에 관한 조사연구 보호 및 교육훈련
5. 지회(支會)의 운영
6. 사회복지공동모금과 관련된 국제 교류 및 협력증진사업
7. 다른 기부금품자와의 협력사업
8. 기타모금회의 목적달성에 필요한 사항

임원은 회장 1인, 부회장 2인, 이사(회장, 부회장, 사무총장을 포함) 15인 이상 20인 이하, 감사 2인, 임원의 임기는 3년이나 1회에 한하여 연임할 수 있으며, 부득이한 사유로 후임 임원이 선임되지 못하면 후임 임원 선임 시까지 임기완료된 임원이 그 업무를 수행한다.

사회복지공동모금회법(社會福祉共同募金會法)

이 법은 사회복지공동모금회의 공동모금을 통하여 사회복지에 대한 국민의 이해와 참여를 제고(提高)함과 아울러 국민의 자발적인 성금으로 조성된 재원을 효율적이고 공정하게 관리 · 운용함으로써 사회복지증진에 이바지함을 목적으로 총 37개 조문과 부칙으로 1999년 3월 31일(법률 제5960호)에 제정되어 그동안 5차례의 개정을 거쳐 현재에 이르고 있다. 사회복지공동모금회는 사회복지법인으로 하며, 정관을 작성하여 보건복지부장관의 인가를 받아 등기함으로써 설립된다. 재원은 모금회의 사업에 필요한 경비는 다음 각호의 재원으로 조성된다(동법 제17조).

1. 사회복지공동모금에 의한 기부금품
2. 법인 또는 단체가 출연하는 현금 · 물품 그 밖의 재산
3. 복권 및 복권기금법 제23조 제1항의 규정에 의하여 배분받은 복권수입금
4. 기타 수입금

사회복지관(社會福祉館)

사업복지사업법에서 '사회복지관'이란 지역사회를 기반으로 일정한 시설과 전문 인력을 갖추고 지역주민의 참여와 협력을 통하여 지역사회복지 문제를 예방하고 해결하기 위하여 종합적인 복지서비스를 제공하는 시설을 말한다고 규정하고 있다(동법 제2조3의2호).

사회복지관의 기원은 영국의 토인비 홀(Toynbee hall), 미국의 헐 하우스(Hull house), 우리나라의 태화사회관(1921년 감리회 선교사 마이너여사에 의해)이 개관된 데에서 비롯된다. 오늘날의 사회복지관은 주로 고령자의 심신의 건강증진과 교양의 향상, 레크리에이션, 사회참가의 기회 등의 니즈에 대한 이용시설의 하나로 되어 있으며, 일반인의 교양강좌 등의 장소로도 이용되고 있다. 설치주체는 주로 시·군·구이나 사회복지법인 등의 운영위탁도 가능하다. 사회복지관의 기본적인 성격은 ① 자주성 ② 지역성 ③ 복지성 ④ 다목적성 ⑤ 시설성 ⑥ 전문적인 방법을 채택해야 하는 전문성이 필요하다. 사회복지관의 주요기능으로서는 ① 관료화되지 않은 기관으로서 주민과의 접촉이 직접적이고 인간 전체면의 관계 속에 주민의 생활전체에 대하여 대화를 나눈다. ②주민에 대하여 안정된 거주의 근거를 갖게 한다. ③ 생활문제를 처리하기 위한 새로운 지식과 기술의 응용에 대해서 실험을 행한다. ④ 거주하고 있는 장소 부근에 원조를 필요로 하는 자에게 서비스를 제공한다. ⑤ 직접·간접으로 문화적 활동을 촉진한다. ⑥ 도시계획에 의한 지역사회개발사업의 입안과 실행에 관련해 중요한 서비스를 제공한다. 요컨대 근린사회와의 신뢰관계, 직접적인 서비스제공, 전 지역사회의 조직화기능, 주민의 공동의식향상과 시민의 참여 장려 등의 기능이라고도 할 수 있다.

사회복지관리운영(社會福祉管理運營)

사회복지원조기술의 간접원조기술의 하나. social administration 또는 administration이라고도 한다. 사회복지를 합리적, 효율적으로 전개하기 위하여 취해지는 방법과 기술영역은 사회복지정책, 사회복지시설의 경영 등의 사회복지활동 전반에 미친다. 사회복지를 구성하는 요소가 확대되어 복잡화 고도화 한 것으로 효율적으로 전개되는 이론, 기술이 필요하게 되었다. 사회복지 관리운영은 그 필요성으로부터 생긴 것이라고 할 수 있다. 간접원조기술의 한 방법으로 차지할 위치를 부여하게 된다. → 간접원조활동

사회복지법인(社會福祉法人)

사회복지사업을 하는 것을 목적으로 사회복지사업법의 규정에 의하여 설립된 법인이다.

사회복지법인을 설립하고자 하는 자는 보건복지부장관의 허가를 받아야 한다. 법인이란 자연인(인간) 이외에 이것과 동일하게 법인격을 가지고 권리·의무를 다하는 단체(사단-社團) 및 일정한 목적을 위하여 제공되는 자산(재단-財團)을 말한다.

사회복지법인은 민법상의 공익법인보다 공익성이 높은 특별법이다. 따라서 사회복지법인은 그 목적으로 하는 사회복지사업을 실시하기 위해 필요한 자산을 준비하고 있지 않으면 안 된다. 경영이 안정되고 또한 목적을 달성할 수 있는 기반이 필요하기 때문에 면세나 수익사업의 인가 등의 우대조치가 마련되어 있다. 또 다른 법인이 사회복지법인과 혼돈되는 일이 없도록 사회복지법인 이외의 자는 그 명칭 안에 '사회

복지법인' 또는 이것과 유사한 문자를 사용해서는 안 된다. 이를 위반한 자는 300만 원 이하의 과태료에 처하게 된다(사회복지사업법제2장 및 제53~54조).

사회복지사(社會福祉士)

사회복지사업에 관한 전문적인 지식과 기술을 가지고 신체상, 정신상의 장애 또는 환경상의 이유로서 일상생활을 영위하는 데 지장이 없는 자를 대상으로 각종 상담에 응하거나, 조언(助言)과 지도, 원조를 행하는 전문직.

구체적으로는 보건복지부장관은 사회복지에 관한 전문지식과 기술을 가진 자에게 사회복지사 자격증을 교부하며 사회복지사의 등급은 1·2·3급으로 하고, 자격증을 교부받고자 하는 자는 1999년 사회복지사업법의 개정으로 2003년부터 1급 자격취득은 국가고시에 응시하여 합격하여야 한다. 응시자격 등은 사회복지사업법에 규정되어 있다(동법 제11조).

사회복지사업(社會福祉事業)

사회복지사업법에 의거한 각종의 사업, 즉 다음의 각항의 법률에 의한 보호·선도 또는 복지에 관한 사업과 사회복지상담. 부랑인 보호·직업보도·무료숙박·지역사회복지·의료복지·재가(在家)복지·사회복지관운영·정신질환자 및 한센병력자, 사회복귀에 관한 사업 등 각종 복지사업과 이와 관련된 자원봉사활동 및 복지시설의 운영 또는 지원을 목적으로 하는 사업을 말한다(동법 제2조).

가. 국민기초생활보장법 나. 아동복지법 다. 노인복지법 라. 장애인복지법 마. 한부모가족지원법 바. 영유아보육법 사. 성매매방지 및 피해자 보호 등에 관한 처벌 등에 관한 법률 아. 정신보건법 자. 성폭력방지 및 피해자 보호 등에 관한 법률 차. 입양 특례법 카. 일제하일본군위안부 피해자에 대한 생활안정지원 및 기념사업활동에 관한 법률 타. 사회복지공동모금회법 파. 장애인·노인·임산부 등의 편의증진 보장에 관한 법률 하. 가정폭력방지 및 피해자보호등에 관한 법률 거. 농어촌주민의 보건복지 증진을 위한 특별법 너. 식품기부활성화에 관한 법률 더. 의료급여법 러. 기초노령연금법 머. 긴급복지지원법 버. 다문화가족지원법 서. 장애인연금법 사회복지사업의 경영주체는 국가나 지방공공단체(지방자치체), 사회복지법인 등이다.

사회복지사업법(社會福祉事業法)

이 법은 사회복지사업에 관한 모든 분야에 있어서 공통적인 기본적 사항을 규정하여 사회복지를 필요로 하는 사람의 인간다운 생활을 할 권리를 보장하고 사회복지의 전문성을 높이며, 사회복지사업의 공정·투명·적정을 기함으로써 사회복지의 증진에 이바지함을 목적으로 제정된 법이다. 1997년 8월 22일(법률 제5358호)에 전문 개정되어 총 58개 법조문과 부칙으로 되어 있으며, 그 동안 수 차례의 개정을 거쳐 오늘에 이르고 있다.

사회복지서비스(社會福祉 services)

사회복지를 어떻게 정의하는가에 따라서 사회복지서비스의 범위와 뜻하는 것은 다르나, 일반적으로는 사회복지사업법을 비롯하여 사회복지관계 각 법률 및 관련 통지에 의거한 사업은 물론 광의에는 볼런티어활동, 민간의 자발적인 단체에 의한 사회복지활동 등도 사회복지서비스로써 받아들인다.

우리나라 사회보장기본법과 사회복지사업법

에서 '사회복지서비스'라 함은 국가 · 지방자치단체 및 민간부분의 도움을 필요로 하는 모든 국민에게 상담 · 재활 · 직업소개 및 지도 · 사회복지시설의 이용 등을 제공하여 정상적인 사회생활이 가능하도록 제도적으로 지원하는 것을 말한다고 규정하고 있다(사회보장기본법 제3조4호 사회복지 사업법 제2조4호).

사회복지시설(社會福祉施設)

사회복지서비스를 제공하는 거점. 사회복지의 범위를 어디까지 하는가에 따라 사회복지시설의 범위도 달라진다. 사회복지시설이라 함은 사회복지사업을 행할 목적으로 설치된 시설을 말한다(사회복지사업법제2조3호). ① 노인복지법에 의한 노인복지시설 ② 아동복지법에 의한 아동복지시설 ③ 장애인복지법에 의한 장애인복지시설 ④ 한부모가족지원법에 의한 모 · 부자복지시설 ⑤ 국민기초생활보장법에 의한 보호시설 ⑥ 정신보건법에 의한 정신장애인 사회복지시설 ⑦ 성매매방지 및 피해자보호 등에 관한 법률에 의한 피해자 등을 위한 지원시설 등이다(사회복지사업법제3장).

사회복지시설의 기능(社會福祉施設의 機能)

사회복지시설의 역할 기능은 사회복지의 역사적 발달과 함께 변화해왔다. 사회복지의 발전이 아직 충분하지 않은 시기에 사회복지시설은 주로 가정에서 요양 케어 등이 가능하지 않은 사람들을 수용해 가족기능을 대체 보충하는 역할 기능을 갖고 있었다. 현재는 사회복지시설, 특히 입소시설이 가족을 대체하여 생활의 장을 제공하는 것만이 아닌 치료, 훈련, 재활 그외 전문적 원조기능을 갖고 있다. 그 외에 입소시설기능의 지역개방, 시설을 중심으로 한 통원 혹은 이용시설 등 중간시설(intermediate facility)이 증가하는 경향이 보여지고 있다. 사회복지욕구의 변화, 복지처우의 이념 및 방법의 변화로 사회복지시설기능은 변화해 가고 있으며 그것은 또 새로운 사회복지시설을 발생시킨다.

사회복지실천(社會福祉實踐)

사회복지정책에 의거하여 제도화된 것을 실제로 사회복지서비스로서 공급하기 위하여 사회복지종사자에 의해 행하여지는 원조활동과 민간의 사람들에 의해 활동하는 모든 것을 말한다. →사회복지정책

사회복지원조기술(社會福祉援助技術)

사회복지원조기술 활동에 있어서 활용되는 전문적 원조기술의 총칭. 처우기술(處遇技術)이라고도 한다.

방법의 상이(相異)로 해서 직접(直接)원조기술(개별원조기술, 집단원조기술)과 간접원조기술(지역원조기술) 등으로 분류된다. 사회복지 전문직이 발달한 미국에서 개발, 체계화되기 진척되었다. 일본에서는 19세기 말엽에 개별원조기술이 소개된 것을 시작으로 해서 제2차 대전 후에 많은 기술이 소개되었다.

최근에는 복지직의 전문성으로서 케어매니지먼트기술, 심리학적 원조기술 등이 강조되고 있다. → 직접원조기술, 간접원조기술, 소셜워크

사회복지원조활동(社會福祉援助活動)

사회복지제도 정책 하에서 전문적인 기술 지식을 가진 원조자에 의해서 행하여지는 원조활동을 말한다.

'소셜워크'라고 일컬어지고 있는 용어 중, 주로

원조활동에 해당하는 부분을 가리킨다. 19세기 후반, 영국에서 자선조직화운동에서 발달되어 그 뒤 미국의 자선조직화운동의 추진자의 한 사람인 리치몬드, M.에 의하여 체계화가 시도되어 발전해 가고 있다. →자선조직화운동. 리치몬드, M.

사회복지의 가치이념(社會福祉의 價値理念)

가치라 함은, 철학용어로 모든 개인 사회를 통해서 늘 승인되어야 할 절대성을 가진 본질적 성질이나 특성이라는 것. 따라서 사회복지의 가치라 함은 사회복지의 원조과정에 있어서 항상 승인되어야 할 인간존재의 의미를 가리킨다. 사회복지학의 세계에서 공통으로 승인되고 있는 가치는 없으나 옛날에 프리드란더, W.가 개개인의 인간으로서의 존엄성의 유지, 개개인의기본적 니즈에 관한 자기결정의 권리, 평등기회의 제공 및 제 권리에 대응하는 개개인의 사회적 책임의 수행의 4가지를 가리키고 있다. 이것들의 대부분은 자유권적 기본권에 속하는 것이기는 하나 이것을 생존권이나 사회권을 자명(自明)하다라고 한 결과로서 생각된다. '사회복지의 가치'라 함은 결국 인간답다고 함은 무엇인가를 생각한다는 것으로서 기본적 인권이 실현된 모습이라고도 할 수 있다. 따라서 현대사회에서는 사회복지가 구하는 가치라 함은 광의에는 〈국제인권규약〉에서 말하는 경제적 · 사회적 · 문화적 권리 및 시민적 · 정치적 권리의 총체라고 할 수 있다. 사회복지의 이념이라는 것은 이와 같은 사회복지의 가치를 실현하는 데에 있다.

사회복지의 국제화(社會福祉의 國際化)

사회복지의 분야에서 지구 규모적으로 전 인류가 행복하고 또한 자립한 생활을 보낼 수가 있도록 케어 등의 서비스를 보장해 가는 개념이다.

구체적으로는 인권옹호나 세계평화를 사상적인 기반으로 해서 인종차별이나 이민, 난민, 외국인 노동자 등의 문제의 해결이 요망되고 있다.

사회복지의 날(社會福祉의 날)

국가는 국민의 사회복지에 대한 이해를 증진하고 사회복지사업 종사자의 활동을 장려하기 위하여 매년 9월 7일을 사회복지의 날로 정하고 있다. 사회복지의 날로부터 1주간을 사회복지주간으로 하여 국가와 지방자치단체는 사회복지의 날 취지에 적합한 행사 등 사업을 실시하도록 노력하여야 한다고 사회복지사업법에 규정하고 있다(동법 제15조의2).

사회복지의 원조(社會福祉의 援助)

사회복지의 목적을 달성하기 위한 제도, 혹은 행동 행위의 총체. 광의에는 사회복지 그 자체가 원조행위이나, 협의에는 원조기술을 가리킨다. 유의어(類義語)으로서 사회복지실천이라고 하는 용어도 있으나 이것들에 대해서는 명확한 정의가 없고, 사용하는 사람에 의해서 양자의 관계는 다르다. 일반적으로 사회복지의 원조는 가치에 의거하는 지식과 개입(介入)의 레퍼터리(repertory)가 있어, 그것들이 일정한 목표를 달성하기 위한 프로세스로서 전개된다.

사회복지의 윤리(社會福祉의 倫理)

윤리(ethics)라 함은, 사람으로서 마땅히 지키고 행하여야 할 도리이며, 또 선악 · 정사(正邪)의 판단에 있어서 보편적인 기준이 되는 것이다. 사회복지의 윤리라 함은, 사회복지의 원조에 있어서 지켜야 할 원칙을 말한다. 이와 같은 윤리는 전문직(profession)일반에 요구된다. 특히 의사, 변호사, 교사, 사회복지사 등, 원조전문직으로 불리는 자에게 강하게 요구되며, 이와 같은 전문직의 윤리를 체계화한 것을 윤리강령이라고 한다. 윤리강령은 전문직의 능력, 역할, 책임 혹은 지위를 명확히 해서, 행동기준을 이끄는 동시에 그것에 준거하지 않는 자에 대해서 규제, 통제한다고 하는 기능을 완수한다. 사회복지전문직인 사회복지사의 윤리강령은 사회복지사협회에서 제정(1993년 개정)하여 그 회원인 사회복지사가 준수토록 하는 것이다.

사회복지전달체계(社會福祉傳達體系)

사회복지서비스를 구체적으로 추진하고 실천하기 위해 필요한 자원을 조달, 배분하여 서비스를 실시하는 조직체계를 의미한다. 이 체계는 여러 구성요소로 이루어진다. 즉 서비스자원에는 인력, 시설이나 기기, 재원, 지식 정보 등이 속하고 이들 자원을 조합하여 서비스가 조직화된다. 따라서 사회복지공급은 서비스의 직접공급수준, 자원개발과 조달수준, 재원조달수준으로 나눌 수 있다. 사회복지의 공급체계는 각각의 수준특성에 대응해 중앙정부, 지방자치체, 전문직 집단, 기업 등의 다양한 주체와 기관, 조직이 관련되어 있다. 이것을 유형화하면, 먼저 사회복지서비스가 공공적으로 제공되느냐, 자발적으로 제공되느냐, 또 공공적 경우에서도 행정이 직접 서비스를 제공하느냐, 행정의 인가에 의한 민간단체가 행정책임의 위탁계약에 의해서 제공하느냐로 대별된다. 그리고 사적 서비스제공의 경우에도 시장적 서비스의 제공과 지역사회를 형성하는 시민 참가에 의한 서비스제공으로 대별되어지는데 이것들이 서비스 전달유형을 이룬다.

사회복지전문요원(社會福祉專門要員)

사회복지 업무의 효율적 추진을 위해 지방자치체에서 채용하여 저소득층 밀집지역의 행정기관에 배치한 지방공무원을 가리킨다. 주요 업무로는 생활보호대상자를 조사하는 것을 비롯하여 보호금품 지급과 생계보호, 직업훈련, 생업자금 융자, 취업알선 등의 자립지원, 개별상담 및 사후관리, 생활보호대상자를 위한 후원금품 지급이나 후원자 알선 등이다.

사회복지정책(社會福祉政策)

사회복지에 관하여 국가 및 지방자치단체 등의 주체정책이 시민을 둘러싸고 있는 사회문제의 해결이나 시민의 복지향상, 더나아가 시민이 가지는 제권리의 실현을 위하여 주로 사회복지서비스의 제공을 기획, 계획하고 운영하는 일련의 프로그램의 총칭. 단순히 복지정책이라고 하는 경우도 있다. 사회복지계획에 의한 정책은 전형적인 케이스이다.

사회복지조사(社會福祉調査)

사회복지조사는 여론(세론), 통계조사 등을 포함하는 사회조사를 응용한 것으로서 공통의 수법을 사용하는데 조사 목적을 사회복지문제의 추출 및 문제해결과 방지를 위한 자료의 제공으로 자리를 차지하고 있어, 이 점에서 사회조사와 구별된다. 조사의 내용은 주로 두 개로 나누어진다. 하나는 현재 제공되고 있는 사회서비스에 대하는 요구나 잠재적 니즈의 발견 등, 복지니즈의 적확한 파악과 분석이다. 또 하나는 니즈충족을 위하여 제공되고 있는 사회복지서비스의 효과의 측정이다. 방법으로는 조사대상이나 목적에 의해서 사회적 조사라던가 사례조사 등이 이용된다.

사회복지조사법(社會福祉調査法)

사회복지원조기술의 간접원조기술의 하나. 소셜

워크리서치(Social work research)라고도 한다. 사회복지를 대상으로 실태를 파악하여 보다 좋은 복지서비스의 제공을 위해서 하는 조사.

구체적으로는 통계조사, 사례조사 등이 있다. →간접원조기술

사회복지학(社會福祉學)

사회복지학은 사회복지에 관한 종합적이고 실질적인 학문, 즉 복지 니즈(needs)를 가진 사람들의 생활상 자립을 지원하는 데 동원되는 물심양면의 서비스를 포함하는 실질적 과학이며, 아동, 장애인, 고령자 등으로 구별되는 대상별 분야 각론과 함께 정책적, 경영적, 임상적 영역의 세 가지 구성요소로 성립되는 종합적인 과학이다.

이러한 의미에서 사회복지학은 사회철학을 비롯하여 사회학, 심리학, 의학 등의 기초과학을 기반으로 하면서 보건학, 교육학, 행정학 등 인접영역의 모든 학문적 성과를 받아들여 체계화해 나아가야 할 학제적(學際的) 과학(interdisciplinary science), 또는 복합적(複合的) 과학(multi science)이라고 말할 수 있다.

사회복지협의회(社會福祉協議會)

주민의 복지향상을 목적으로 지역주민 및 복지관계기관 · 단체로 구성된 사회복지사업법에 의거한 민간복지단체이며, 조사, 종합기획, 연락, 조정, 조성, 보급, 홍보, 인재개발, 연수, 사업기획, 실시 등을 행하는 복지활동조직체이다.

구체적으로는 우리나라 사회복지사업을 더욱 원활하게 수행하고 사회복지를 목적으로 하는 사업 상호 간의 횡적 교류를 통해 전체 사업을 균형 있게 발전시키고, 대국민 홍보와 계몽, 그리고 자체 종사자들의 자질향상 등의 업무를 행한다. 사회복지사업법제33조는 ①사회복지에 관한 조사 · 연구와 각종 복지사업을 조성하기 위하여 전국 단위의 한국사회복지협의회와 시 · 도 단위의 시 · 도 사회복지협의회를 둔다(2005년부터는 기초단위 민간복지 전달체계로서 시 · 군 · 구사회복지협의회를 사회복지법인으로 설립할 수 있게 되었다). ② 한국사회복지협의회와 시 · 도 사회복지협의회는 이 법에 의한 사회복지법인으로 하되, 사업의 운영에 필요한 재산은 소유하지 않아도 된다고 하였으며 ③ 협의회의 조직과 운영 등에 관하여 필요한 사항을 대통령령으로 정한다고 규정하고 있다.

한국사회복지협의회는 다음 각호의 업무를 행한다.

1. 사회복지에 관한 조사연구 및 정책건의
2. 사회복지에 관한 교육훈련
3. 사회복지에 관한 자료수집 및 간행물 발간
4. 사회복지에 관한 계몽 및 홍보
5. 자원봉사활동의 진흥
6. 사회복지사업에 종사하는 자의 교육훈련과 복지증진
7. 사회복지에 관한 학술도입과 국제사회복지단체와의 교류
8. 보건복지부장관이 위탁하는 사회복지에 관한 업무
9. 기타 중앙협의회는 목적 달성에 필요한 정관으로 정하는 사항

그리고 시 · 도 사회복지협의회는 1호에서 7호의 사업과 시 · 도지사 또는 중앙협의회의 장이 위탁하는 업무 및 정관이 정하는 업무 등을 행한다.

사회봉사명령제(社會奉仕命令制)

사회봉사명령제란 죄질이 경미하거나, 집행유예 가석방 등으로 풀려나는 범죄인에 대하여 일정 기간 무보수로 다양한 봉사활동에 종사토록 하

는 형벌의 일종을 말한다. 1972년 영국의 형사재판법을 효시로 선진국에서 활발히 시행되어 큰 교정효과를 거두고 있다고 한다. 우리나라는 1989년 7월부터 개정된 소년법에 따라 보호관찰 결정과 함께 사회봉사명령을 내리고 있다. 현재 형사법에서 부분적으로 도입하여, 집행유예를 선고할 때 사회봉사명령을 과(科)하고 있다.

사회부적응(社會不適應)

개인이 환경(가족, 학교, 직장, 사회 등)과의 사이에서 공존하지 못하고, 적응실패를 하는 과정을 말한다. 증상으로는 비사회적, 반사회적, 도피, 반발, 일탈 등의 병리행동이 현재화(顯在化)한다.

구체적으로는 자살, 부모자식동반자살, 따돌림, 가정 내 폭력, 등교 등원거부, 출근거부, 가출, 비행, 범죄 등의 사회병리 현상 등이 있다.

사회부조(社會扶助)

본래는 사회보험에 대비해서 사용되는 용어이다. 사회보장급부의 조직화는 기술적으로 사회보험과 사회부조로부터 이루어진다고 하는 경우에 사용되어지는 개념으로 공적 부조에 가깝다. 사회부조 내지 공적 부조 급부의 수급요건으로서 자산조사 또는 소득조사에 복종하는 것을 요하는 점에서 사회보험이나 공적 서비스(예를 들면 영국의 국민보건서비스 등)와는 다르다. 또 각종 아동수당, 무각출 복지연금, 원호 등을 사회부조라고 칭하는 입장도 있어서 우리나라에서는 용어로서 확립되어 있지 않다. → 공공부조

사회사업(社會事業)

빈곤자, 환자, 청소년범죄자 등을 구제, 지도, 갱생하여 건전한 사회를 형성하려고 하는 사업이라는 것. 자선사업이라고 하는 말 대신에 1920년대 이후부터 사용되기 시작했다. 자선사업과의 개념상 다른 점은 사회사업이 국가나 공사(公私)의 단체 등, 조직화된 사회적 기반 하에 행하여지는 점이다. 제2차 대전 이후 사회복지라고 하는 말이 보급 일반화되어 있다. ⇨ 자선, 사회복지

사회사업가(社會事業家)

사회복지종사자의 일반적인 명칭으로 사용되어지고 있으나 국제적으로는 고도의 이론과 기술을 습득한 사회복지전문직에 부여되는 자격에 기초한 명칭이며, 일상적인 케어 워커(수발직원)와는 구별되고 있다. 종래 이 전문분야에서 케이스워커라던가 그룹워커로 호칭되던 사람들도 미국의 사회복지방법론의 통합화나, 영국의 시봄보고서 이래 단일 사회복지전문직(a single social work profession)으로서 사회사업가로 불리우는 경향이 강해지고 있다. 다만, 다른 고전적 3대전문직(의사, 변호사, 성직자)에 비교해 ① 전문교육기간이 짧고(5년 이하) ② 생명 · 인권에의 관여도가 낮으며 ③ 자율성이 낮고 ④ 비밀보장이 엄격하지 않은 점에서 간호사나 교사처럼 준(準) 전문직(semi-profession)으로 보는 견해도 있다.

사회사업조사(社會事業調査)

광의의 사회조사에 포함될 수 있으나 사회복지라는 특정영역의 대상에게 시행하는 조사이며, 사회사업실천의 과정에서 사용하는 전문적인 방법의 하나이다. 일반적으로 사회조사와 구별되는 특징은 그 대상이 문제해결을 위한 공헌이 요청되고 조사결과가 사회복지실천, 정책, 프로그램계획의 입안 등에 직접적으로 관련되어야 한다는 점이다.

구체적으로는 지역사회의 욕구측정이나 사회사업실천의 효과측정을 위한 조사 등을 들 수 있다.

사회서비스(社會 servces)
단수로 표현되는 사회서비스는 협의의 개념으로서 사회사업 또는 사회복지사업을 말한다. 복수의 사회서비스도 같은 개념이나 광의의 개념으로 사용될 때가 많다. 영국에서 많이 쓰였으나 오늘날에는 미국에서 더 사용되어진다. 영국에서의 사회서비스는 사회보험, 소득보장, 의료보장, 공중위생, 사회복지로부터 주택, 교육의 일반대책까지도 포함하지만 비행 범죄관계의 갱생보호사업은 포함되지 않는 것이 보통이다. 이것은 특히 이론적 근거가 있는 것이 아닌 역사적으로 보는 관용적인 용법이 일반화한 것이다. 따라서 이들 단어가 사용될 때는 구체적으로 무엇이 함축되어 있는가를 명백히 하는 것이 필요하다.

사회서비스이용권(社會서비스利用券)
사회복지이용권이란 그 명칭 또는 형태와 상관없이 사회서비스 이용자가 사회서비스 제공자에게 제시하여 일정한 사회서비스를 제공받을 수 있도록 그 사회서비스의 수량 또는 그에 상응하는 금액이 기재 또는 자기적 방법에 의한 기록 포함된 증표를 말한다(사회서비스이용 및 관리권 관리에 관한 법률 제2조2항).

사회서비스이용 및 이용권관리에 관한 법률(社會서비스利用 및 利用券管理에 관한 法律)
이 법은 사회서비스 이용 및 이용권 관리에 필요한 사항을 정함으로써 사회서비스의 이용을 활성화하고 이용자의 선택권을 보장하도록 하여 국민의 복지증진에 이바지하는 것을 목적으로 2011년 8월 4일(법률 제10998호)에 제정 · 공포하여 6개월이 경과한 날부터 시행하고 있다. 총 법 40개 조문과 부칙으로 규정되어 있다.

사회서비스이용자 · 제공자(社會서비스利用者提供者)
사회서비스 제공자란 사회서비스 이용 및 이용권관리에 관한 법률 제16조【제공자 등록】에 따라 사회서비스를 제공하는 자 또는 기관을 말하며, 사회서비스 이용자란 사회서비스 이용권을 사용하여 제공자로부터 사회서비스를 제공받는 자를 말한다(위법 제2조3 4호).

사회생활력(社會生活力)
사회리허빌리테이션의 목적인 사회생활력은 social functioning ability (SFA)의 역어(譯語)이며, 장애가 있는 자가 지역사회 안에서 이용할 수 있는 사회자원을 적극적으로 활용하여, 주체적으로 생활을 개척하여 사회에 참가해서 장애있는 자에 대한 주위의 사람들의 의식마저도 변경시켜 가는 것 같은 힘을 의미한다. 사회생활력을 높이기 위해서는 자신의 장애를 바르게 이해하고 장애를 정면으로 받아들여 건강관리, 시간금전관리, 가정관리, 안전 위기관리 등을 자신이 할 수 있고, 지역활동, 여가활동에도 적극적으로 참가하는 것을 지향하는 사회생활력 프로그램 등을 실시한다. →사회리허빌리테이션

사회생활평가척도(社會生活評價尺度)
장애인의 장애의 정도, 일상생활활동, 자기관리, 대인관계 등의 생활능력, 노동자립의 정도 등, 사회복지에 필요한 기본능력의 습득의 정도를 종합적으로 평가할 때의 표준. 특히 정해진 것이 아닌 여러 가지 시안(試案)이 만들어져 있으나 리

허빌리테이션 계획을 세우는 때에 의의가 있는 것이다.

사회성의 원리(社會性의 原理)

사회복지가 해결하려 하는 문제나 과제는 개인의 정신내계(精神內界)나 심신기능 그것을 직접 복지원조의 대상으로 하는 것이 아니고, 이것들을 사회관계의 안에서 받아들여 원조해 가는 데에 그것의 최대의 특질이 있다. 사회적 존재로서의 인간의 생활문제의 해결은 이용자와 원조자와의 협동작업이다. 사회성의 원리는 이용자의 주체적인 노력을 지원해 가기 위해서는 사회관계의 객체적 측면인 생활관련 시책의 불비, 결함까지도 지적하면서 문제해결에 대응하는 것을 중시한다고 하는 원칙이다.

사회수당(社會手當)

각 국가에서는 일반적으로 사회보장의 전통적인 방법으로 사회보험 및 공적부조로 구분하는데 이것만으로 부족하여 양자의 중간적 성격의 현금급여를 말할 때 이 용어를 사용한다. 사회보험과 다른 점은 사회수당이 갹출을 조건으로 하지 않는 것이고 공적부조는 대상자를 반드시 빈곤자에 한정하여 자격제한이 있음에도 보족성의 원칙에 의하지 않고 있다. 노령복지연금, 아동수당, 아동부양수당, 가족수당, 특별아동부양수당 등이 해당된다.

사회안전망(社會安全網=social safety net)

사회안전망(Social Safety Net)이란 용어를 우리는 1997년 이후부터 들을 수 있었으며, 그 동안 사용해온 '사회보장'이나 '사회복지'란 용어를 대신하고 있어 전문가들은 현재의 사회의 위기감을 극복하기 위해서는 이 용어가 풍기는 뉘앙스가 보장이나 복지보다 한결 강렬하기 때문이라고 한다.

광의로는 '노령, 질병, 실업, 산업재해, 빈곤 등 사회적 위험으로부터 모든 국민을 보호하기 위한 제도적 장치'를 가리킨다. 즉 국민연금, 건강보험, 고용보험 및 산재보험의 4대 사회보험과 사회부조(공공부조)를 포괄하는 말이다. 한편 OECD 국가들에선 우리나라 사회보장에 해당하는 용어로 'Social Protection'을 자주 사용한다. 이 용어는 사회보험과 사회부조(공공부조)를 포함하는 개념인 사회보장(Scial security)에 '건강 및 사회서비스'를 추가한 개념이다. 우리나라에서 '생활보호'정도로 받아들어지는 것과는 달리 국제적으로는 훨씬 광범위한 의미를 가지고 있다. 사회안전망은 국민의 빈곤상태로 떨어지지 않도록 사회적 차원에서 보호하고 이미 빈곤상태에 있는 사람에게는 최저수준의 생활을 보장하여 빈곤으로부터 탈피하도록 도와준다.

사회연대(社會連帶)

여러 개인 사이에서 인정되고 있는 상호의존관계를 가리키는 용어이다. 사회적 연대 하에서 행위 당사자는 자신 및 타인에 대해 책임있는 태도를 취하며 또 타인으로부터 주어지는 행위에 기대할 수가 있다. 이 사상은 발생에서부터 사회적 연대라고 표현되는 일이 많으며, 때로는 사회적 응집 내지 사회적 결합(Social cohesion)과 동의어로 사용되는 경우도 있다.

사회연대사상은 프랑스를 중심으로 발생하여 각국에 보급되었다. 이는 이미 머리스터(Maristree, J.M.)와 보날(Bonald, L.G.A) 등의 전통주의자들에게서도 나타났지만 꽁트(congte, A.)에 이르러 사회연대를 사회학의 기초이념으로 사용했다. 사회연대사상은 프랑스를 중심으로 한 때는 각국으로 눈부시게 보급되었지만 현재는 그다지 왕성한 논쟁을 이루어지지 않고 있다. 다만, 사회보험과 사회복지 내에서 실질적으로 계속 생존하고 있다.

사회운동(社會運動)

사회학에서의 광의의 개념은 사회변동의 원인 내지 결과로 생기는 사회적 위기를 해결하려는 의도하에 조직적으로 행해지는 집합행동을 의미하고, 협의로는 자본주의사회에서 노동자계급이 사회문제의 해결을 통해 궁극적으로 체제의 변혁을 목표로 하는 운동을 의미한다. 가령 복지증진을 위해서 각종제도의 개혁이나, 생활수준의 향상을 요구하는 대중이나 사회복지관계자의 조직적 행동과 같은 개별적인 요구에 뿌리를 둔 운동도 사회운동에 넣을 수 있겠다. 사회운동은 사회의 기구나 제도 등에 대한 변혁요구를 갖고 있으며, 각각의 운동이 행해지는 구조적 조건이 차이에 따라 운동형태가 상이할 뿐만 아니라 요구의 내용과 방향 및 변혁의 방법이 달라진다. 또한 노동운동, 부인운동, 주민운동처럼 운동참가 주체에 따라서 다양한 차이가 생긴다.

사회자본(社會資本)

사회적 간접자본(내지 사회적 공통자본)의 약어(略語)를 말함. 산업도로, 항만, 공업단지 등의 생산관련 사회자본과 공공주택, 학교, 병원, 생활관련 사회 자본에 크게 구분된다.

우리나라는 1970년대에 고도성장에 전자의 낙후가 정책과제로서 크게 부각되어 공공사업 등의 비약적 확대가 이루어졌으나, 후자는 대폭 뒤처져 다시 주목되게 되었다.

사회자원(社會資源)

사회적 니즈를 충족하는 여러 가지의 물자나 인재의 총칭.

구체적으로는 사회복지사업의 실시에 동원(動員) 이용하게 되는 인재(人材)나, 정책, 정보 시설설비 자금물품 집단 및 개인 제도 기술 등을 말한다. 사회복지사업이 원활히 실시되기 위해서는 질적으로 보다 높은 수준을 유지하도록 개선함과 동시에 필요에 따라서는 새로운 사회자원을 조성 개발하지 않으면 안 된다. 우리나라에서는 사회자원이 미정비이기 때문에 앞으로 여러 가지 사회자원의 개발이나 연대(連帶)가 필요하다고 말하고 있다.

사회적 공정(社會的 公正)

사회적 정의와 같은 것으로 여기는데 공평한 배분으로 올바른 실현에 관계가 있는 것으로, 공정한 원리에 곧 배분이 행하여지는 것을 말한다. 사회적 공정의 원리는 단순히 소득재분배만이 아니고, 사회자원의 배분에 미치는 것으로 고용이나 사회참가 등의 공평한 기회제공과 국내외에 있어서의 기본적 인권의 보호도 당연히 포함되어 있다. 더욱이 사회적 공정의 실현에 대하여 평등, 원리, 격차원리, 필요원리 및 능력원리에 의하는가는 의논이 있기도 하다.

사회적 기본권(社會的 基本權)

국민이 생존을 유지하거나, 생활을 향상시켜 '인간다운 생활'을 누리기 위하여 국가에 대하여 적극적인 배려를 요구할 수 있는 권리이다. 사회권, 사회권적 수익권, 생활권적 기본권, 생존권적 기본권이라고도 한다. 우리 헌법(제31~37조)에서는 인간다운 생활을 할 권리, 교육을 받을 권리, 근로의 권리, 노동의 3권, 환경권, 보건에 대한 권리 등이 규정되어 있다. →사회권

사회적 니즈(社會的 needs)

인간이 갖는 기본적인 욕구 가운데, 생명의 유지 및 종족(種族)의 보존에 필요한 자연적 욕구(호흡 · 굶주림 · 배설 · 휴식 등)을 '1차적 · 기본적 욕구'라고 하며, 사회생활에 있어서 경험적으로 획득되는 욕구(소속 · 승인 · 칭찬)를 '2차적 · 사회적 욕구'라고 한다.

사회적인 존재인 인간은 사회에 있어서의 가지각색의 관계로부터 분리되고 만다면, 가령 생존은 보장되어도 인간답게 살아갈 수는 없다. 사회복지라 함은 개인 · 집단 · 지역 사회에 있어서 이와 같은 현재적(顯在的) · 잠재적인 니즈에 대하여 사회복지서비스를 실천하는 것이다.

사회적 부양(社會的 扶養)

사적 부양에 비교되는 개념이지만 그 중심에는 국가책임에 근거해서 생활곤궁자의 최저생활을 권리로 보장하는 기초생활보장제도가 있다. 근대에 들어와 생활의 곤궁은 개인의 책임에 의한 것이 아니라 사회적 원인에 의한 것으로 인식되게 되었다. 사회적 문제로서의 곤궁에 대해 사회적 부양으로 대응하기 위한 국민기초생활보장법 이외에도 각종 공적 원조나 사회복지의 민간단체에 의한 조직적 원조가 그것을 선도, 보충하고 있다.

사회적 부적응(社會的 不適應)

인간이 사회적 니즈와 사회적 환경조건 사이에서 조화된 관계를 형성하거나 균형을 취하지 못하고 사회적 기대나 사회규범에 반하여 정상이라고 되어 있는 범위에서 일탈한 성격형성이나 행동경향을 보이는 것을 말한다. 이 경우의 사회적 환경조건이란 자연환경에 대해서 집단이나 사회의 시스템, 인간관계 등의 사회환경이나 문화 환경을 말한다. 반대로 정상으로 되어 있는 범위에서 조화를 이루는 경우는 '사회적 적응'이라고 한다.

사회적 불리(社會的 不利)

장애 때문에 대다수의 사람들에게 보장되어 있는 생활수준, 사회활동에의 참가, 사회적 평가 등이 불리하게 되어 있는 상태를 나타낸다. WHO는 '국제장애분류(ICIDH)'(1980년)에 있어서 장애의 3가지의 레벨(기능장애→능력장애 →사회적 불리)의 개념을 제기하였는데 이것에 의하면 "사회적 불리라 함은 기능장애나 능력장애의 결과로서 그 개인에게 발생한 불이익일뿐 아니라 그 개인에게 있어서 (연령, 성별, 사회문화적 인자〈因子〉로부터 봐서) 정상적인 역할을 다하는 것이 제한된다거나 방해되기도 한다는 것이다"라고 되어 있다. 그리고 1980년의 국제장애분류는 2001년에 국제생활기능분류로 개정되었다.

→국제생활기능분류, 기능장애, 능력장애

사회적 역할(社會的 役割)

인간의 행동을 설명하기 위하여 미드(Mead, G.)가 적극적으로 전개한 개념이다. 자아(自我)와 타자와의 상호작용과정에 있어서 각 행위자의 행위가 조직화 구조화되어 있을 경우에 그 일련의 시종일관된 행위의 계열을 가리켜 역할이라고 한다. 사회심리학자의 역할이론이 자아(自我)와 타자관계의 맥락에 강조점을 둔 데 대하여 사회학에서는 이 시각을 역할행동과 사회구조의 수준으로 확정 시켰다.

사회적 욕구(社會的 欲求)

인간이 갖는 기본적인 욕구 가운데 사회적인 관계를 가지고 소속 · 칭찬 · 승인을 얻고 싶다고 하는 욕구. 니즈(needs)는 욕구, 필요, 궁핍, 절박한 상태 등 여러 가지로 번역된다. 사회복지분야에서 social needs라 할 경우에는, 인간이 사회생활을 영위하기 위해 없어서는 안 되는 기본적인 요건을 표현한다. 다만, 사회복지의 정책, 사회복지행정, 사회치료의 차원에서는 사회복지원조가 필요하게 된 상태를 의미하여 요보호성 내지 요원조상황을 가리킨다. 인간은 원래 사회적인 존재이며, 신뢰에서의 친한 관계 안에서 자신을 정당하게 위치를 차지하여, 서로 도우면서 살아간다는 것을 강하게 원하고 있다. 사회관계로부터 분리하게 되면 가령 생존은 보장되더라도 인간답게 살아갈 수가 없다. → 인격적 욕구, 심리적 욕구, 신체적 욕구

사회적응훈련(社會適應訓練)

사회적응이란 사회적으로 용인된 방법에 의하여 사회적 환경 속에서 자신의 니즈를 충족시키는 것이며, 교육지도, 카운슬러, 그룹워크 등에 있어서 그것을 위한 원조가 실시되고 있다. 사회적응훈련으로서 신체장애인의 영역에 있어서는 생활훈련, 음성기능 장애인발성(發聲)훈련, 가족교실 등이 실시되고 있으며, 정신장애인의 영역에 있어서는 통원환자 리허빌리테이션이라던가 수양부모제도 사업이 실시되고 있다.

사회적 일자리(社會的 일자리)

사회 전체적으로는 꼭 필요하지만 수익성이 낮아 민간 기업이 뛰어들지 않는 각종복지 서비스를 정부나 민간단체가 일정한 예산을 보태서 민간에 위탁하는 것이다.

방과 후 교실 보조교사, 간병도우미, 장애인방문 도우미 등이 대표적이다. 실직자들은 일자리가 생겨서 좋고 국민들은 저렴한 사용료를 내고 일상생활의 불편을 덜 수 있어 좋다.

사회적 입원(社會的 入院)

병의 증상이 안정기에 있어 의학적으로는 입원치료의 필요가 없고, 본래 가정에서의 요양이 바람직함에도 불구하고, 돌보는 사람(수발자)이 없는 등의 가정의 사정에 의하여 병원에 입원하고 있거나, 또 입원하는 것을 말한다.

사회적 재활(社會的 再活)

사회적 재활이라 함은 심신(心身)에 무엇인가의 장애가 있는 사람이 보다 사회에 잘 적응해 가기 위한 사회생활이나 가정생활면에서의 지원을 총칭하는 말이다. 일반적으로 '복지'와 동의어로 사용되는 경우가 있다.

사회적 적응(社會的 適應)

적응이란 생물유기체가 그 환경 속에서 균형을 유지하며 그 개체가 갖는 욕구를 충족시켜 생존을 유지하는 과정을 말한다. 사회적으로 용인된 방법에 의해 사람들은 그 욕구를 충족시키면서 사회적 환경과의 균형을 유지하며 생활을 전개해 간다. 개인이 사회적 환경에 규제되면서 사회를 만들어간다는 주체적 태도가 요구되고 있다. 교육지도, 여러 가지의 카운슬링, 케이스워크, 그룹워크, 사회복귀 등의 과정은 사회적 적응을 목적으로 하는 원조이다.

사회적 정의(社會的 定義)

사회정의라고도 한다. 정의는 자연법의 견지(見地)에서는 공통성의 추구를 의미하고, 자연권과의 관계에서는 공통성의 추구, 실현에 대한 질서부여에서 성립한다. 이 정의에서 '사회적'이라는 형용사가 붙여지게 된 것은 근대 사회에 정의가 오

로지 개인의 자유와 권리라는 개인주의, 자유주의의 견지에서 고려되어 정의가 뜻하는 공통성의 추구, 실천이라는 사회성을 상실함으로써 사회적인 측면에서의 정의 실현이 강조되었던 것이다.

사회적 진단(社會的 診斷)

사회진단이라고 하는 용어와 같은 의미로 사용되는 경우도 있으나, 보다 광범위한 의미로 쓰이는 경우도 있다. 최근의 경향으로서는 개별원조가술(케이스워크)에 있어서의 수리면접(受理面接) 등의 진단보담도 폭넓은 보건 · 의료 · 복지에 걸치는 팀케어 안에서 각각의 전문직에 의한 진단이나 판단이 필요하게 되어 있어 그것들을 종합하여 사회적 진단이라고 한다. 팀 케어가 불가결한 케이스가 증가하고 있으므로 그것에 대응한 광의(廣義)의 진단이 필요로 되어 있다. ⇨ 사회진단

사회적(아동)보호(社會的〈兒童〉保護)

가족 이외의 사회적 장소에서 아동의 양육과 보호의 모든 프로그램을 내용으로 하는 개념이다. 부모의 사망이나 행방불명, 이혼, 장기입원, 빈곤, 그리고 유기나, 양육거부, 확대, 네글렉트(neglect) 등, 보호자의 신체적, 경제적, 사회적, 심리적 요인에 인한 아동의 양육환경에 파탄이나 아동 본인의 심신상황으로부터 보호자에 의한 가정에서의 양호의 한계를 가져오는 등, 보호자 아동의 일방 또는 쌍방의 이유에 의해 원래의 가족에 의한 양육이 아니고 시설, 위탁부모에 의해 양호를 행하는 것.

제도상으로 아동복지법 제10조에서 서울특별시장 · 광역시장 · 도지사 또는 시장 · 군수 · 구청장은 그 관할구역 안에서 보호를 필요로 하는 아동을 발견하거나 보호자의 의뢰를 받은 때에는 아동의 최상의 이익을 위하여 대통령령이 정하는 바에 따라 다음 각호의 필요한 보호조치를 하도록 규정하고 있다.

1. 아동복지지도원 또는 아동위원에게 보호를 필요로 하는 아동 또는 그 보호자에게 대한 상담 지도를 행하게 하는 것
2. 보호자 또는 대리 양육을 원하는 연고자에 대하여 그 가정에서 보호 양육 할 수 있도록 필요한 조치를 하는 것
3. 아동의 보호를 희망하는 자에게 가정위탁하는 것
4. 보호를 필요로 하는 아동에 적합한 아동복지시설에 입소시키는 것
5. 약물 및 알코올 중독 정서장애 발달장애 성폭력피해 등으로 특수한 치료나 요양 등의 보호를 필요로 하는 아동에 대하여 전문 치료기관 또는 요양소에 입원 또는 입소시키는 것

등의 조치를 취하도록 되어 있다. 광의에서는 고령자, 장애인에게도 같은 서비스가 포함된다.

사회적 평등(社會的 平等)

모든 인간이 그 인격적 가치에 있어서 동등하다는 것을 주장하는 이념(理念)을 말한다. 사회의 발전에 따라 여러 가지 사회적 · 경제적 · 법적 불평등이 발생하는데, 개인의 특성이나 능력을 살리는 것도 부당한 불평등을 없애고, 전체로서의 실질적 평등의 실현을 목표로 하는 것이 사회적 목표로 된다. 그러나 사회의 평등은 지키지 않으면 안 되는데, 기회의 평등이 아닌 결과의 평등만을 너무 강조하면 오히려 사회적 공정에 반하는 것으로 될 위험이 생긴다.

사회정신학(社會精神學)

정신장애의 예방, 성인(成因), 치료, 사회복귀 등

에 관련되는 사회적 요인을 연구하는 정신의학의 한 분야이다. 가정, 학교, 직장, 지역, 문화, 산업, 정치, 사회 등에 주목하여 연구한다. 그 영역으로 가족정신의학, 지역정신의학, 산업정신의학 등이 포함된다.

사회정책(社會政策)

종래의 노동정책으로서의 사회정책을 구별하고, 현대사회 서비스의 정책개념을 설명하기 위해 사회정책이란 용어를 사용했다. 복지 국가적 상황에서는 종래의 노동정책의 범위에서 이해하기 힘든 각종 복지서비스가 확대일로에 있다. 즉 소득보장으로서의 사회보장, 보건의료, 사회복지, 교육, 주택 등을 사회서비스로 해서 그 정책입안, 운영관리의 문제를 대상으로 한 사회정책개념을 재구축하는 것이 이론적 과제이다.

사회조사(社會調査)

일정한 사회나 사회집단의 특성을 명확하게 하기 위하여 사회사상(事象)을 대상으로 하여, 그 대상 및 그것에 관련되는 모든 사실을 현지조사로 직접적으로 테이터를 수집하여, 그 데이터를 처리 · 분석 · 기술(記述)하는 전 작업과정 및 그 방법을 말한다. 조사분석 결과는 보고서 등에 공포되어 사회시책의 제안 등에 나타난다. 대표적인 사회조사는 국가가 행하는 국세조사 외에 매스콤 등에 의한 여론조사, 시장조사 등 조사방법에 의하여 ① 전체를 대상으로 하는 통계적 · 양적 조사인 전수(全數)조사 ② 부분을 대상으로 하는 통계적 양적조사인 표본조사 ③ 부분을 대상으로 하는 기술(記述)적 · 질적 조사인 사례조사 ④ 전체를 대상으로 하는 기술적 · 질적 조사인 집락(集落)조사로 나눠진다.

사회지표(社會指標)

복지수준을 측정하는 지표이다. 1960년 후반 태동된 영구영역으로 인간의 삶과 관련되는 요건이나 관심사는 물론 삶을 규정짓는 사회상태 및 그 변동 등에 대하여 체계적으로 파악하고자 하는 방법론.

사회지표라는 말은 NASA의 우주개발이 국민에게 미치는 영향을 연구하는 과정에서 바우어, R.A.교수가 처음 사용한 이래 많은 나라에서 사회지표를 체계화하여 공표하고 있다. 우리나라는 1975년 그 체계화 작업을 시작, 1979년부터 경제기획원이 매년 공표해오고 있다. GNP가 개인소비나 민간설비투자 등 경제활동을 화폐량으로 집계하는데 반해 사회지표는 GNP계산에 직접 산입되지 않는 항목, 즉 건강 · 교육 · 학습활동 · 고용과 근로생활의 질, 여가, 물적 환경, 범죄와 법의 집행, 가족, 커뮤니티, 생활의 질, 계층과 사회이동 등 국민생활과 관계되는 통계로서 복지수준을 나타내는 것이 특징이다.

사회진단(社會診斷)

수리면접(受理面接)이나 조사에 의하여 얻어진 문제의 상황을 분석하여 해결의 방침을 세우는 개별원조의 한 과정을 말한다. → 개별원조의 전개과정

사회진화론(社會進化論)

다윈이 종의 기원을 발간하면서 생물학적 법칙으로서의 동물의 진화론이 인정되기에 이르렀는데, 이것을 인간사회에 적용해 사회의 진화를 설명하려는 이론을 말하는 것으로 H. 스펜서가 다윈의 이론과는 별도로 사회진화론을 전개했다. 적자생존과 자연도태에 의한 사회조직이나 규범도 진화해 사회가 하나의 유기체로 존재하고 있다고 주장

했다. 19세기 말에는 이 같은 사고가 성행했으나 1980년대에는 또 다른 형태의 진화론이 일어나 사회의 발전이론에도 적용되고 있다.

사회집단(社會集團)

상호 간에 관계를 가지고 사회관계를 형성하고 있는 집단이라는 것. 구성요건으로서는 복수의 구성원으로부터 성립되며, 목표 · 관심이 공통이며, 역할 분담이 되어 있어 구성원 간에 연대감이 있다는 것 등을 들 수 있다. 집단원조기술은 사회집단의 이와 같은 상호 관계를 유효하게 활용한다.

사회참가대책(社會參加對策)

고령자나 장애인 등이 보다 충실한 삶의 보람을 보낼 수 있을 것 같은 시책.

구체적으로는 고령자의 생활과 건강관리추진사업, 고령자종합상담센터 운영사업 등이다.

사회참여(社會參與)

사회참여는 지역사회가 사회적 목적을 성취하기 위하여 또는 주민들의 개인적인 발전을 위하여 그들에게 제반활동에 참여할 수 있도록 기회를 제공하는 기능이다. 인간은 본질적으로 사회적이기 때문에 사회참여의 기회를 계속적으로 요구하며, 사회참여는 개인의 성장과 발전에 기여한다. 사회참여는 가족생활이나 종교생활 뿐만 아니라 다른 다양한 지역사회의 단위들인 신민단체, 전문단체, 문화단체, 여가활동단체 등에 참여하는 것을 말한다.

사회철학(社會哲學)

사회복지학의 가장 기초적인 학문적 기초를 이루는 것으로 개인과 사회의 관계를 기축(機軸)으로 한 정의, 평등, 자유, 특히 현대의 사회철학은 복지국가의 정책적 공준(公準), 사회정책의 이념, 소셜워크의 행동규범 등을 정하여, 사회복지연구에 있어서도 기본적 관점(基本的 觀點)으로서 개별 제 과학에 의한 어프로치를 통합하여 기초를 다지는 역할을 담당하고 있다.

사회치료(社會治療)

서비스 이용자가 문제해결을 할 수 있도록, 원조자가 행하는 원조활동이며, 개별원조의 한 과정을 말한다. → 개별원조의 전개과정

사회통제(社會統制)

사회통제는 지역사회가 주민들에게 사회규범에 순응하도록 행동을 규제하는 기능이다. 즉 이것은 사회기능의 한 측면으로서 지역사회의 가치와 규범적 행동기대에 최소한 순응하도록 하는 것이다. 사회통제는 다양한 사회적 단위들에 의해서 공식적 · 비공식적으로 수행한다. 공식적으로는 사회통제가 경찰이나 법원과 같은 지역사회의 사법기관에 의해 수행되며, 비공식적으로는 가족, 종교단체 등이 사회기능을 수행한다. 사회에는 개인이나 집단에게 사회가 바라는 행동을 취하게 하는 작용이 있다. 이 작용 일체를 사회통제라 하며, 그 목적 내지 기능은 사회의 기존 질서를 유지하는 데에 있다.

사회통합(社會統合)

비통합적 상태에 있는 사회 안의 집단이나 또는 개인이 서로 적응함으로써 단일의 집합체로서 통합되어 가는 과정이다. 파슨즈(Parsons T.)는 통합을 일컬어 다음의 상태 또는 그 상태로 인도하는 과정이라고 하였다. 즉, 복수의 사람들 사이에 공통의 목표가 존재하며 그 목적을 달성하기 위한 각자의 역할이 분담되어 있고 그 역할 외

수행이 당연한 권리이자 의무임을 서로 인정하고 있으며 분담하고 사후 보호있는 역할은 크든 작든 그 사람에게 욕구충족을 가져다주는 것으로 정의하고 있다.

사회화(社會化)

개인이 그 사회의 구성원이 되기 위한 지식, 기능 등을 습득해 가는 과정을 말한다. 아동은 태어나서 자라고 있는 사회의 문화(습관, 제도, 문화재 등)의 영향을 받으면서 다른 사람들과의 상호 영향을 통하여 사회적으로 필요한 행동이나 경험을 쌓아 간다.

사회화환경(社會化環境)

자연환경에 대응하는 사회적 모든 조건의 총칭을 뜻한다. 일반적으로 풍토, 기후 등의 자연환경(물리적 환경)을 기초로 하여 인간이 만들어낸 제도이다. 조직, 계급, 풍습, 규범 등을 말하며 사회적 인간을 형성하는 조건으로 여긴다.

사회후생함수(社會厚生函數)

사회의 경제적 후생의 증감을 판단하기 위한 기준. 사회의 경제적 후생과 이에 영향을 미치는 여러 요인 사이의 함수관계를 말한다. 예를 들어 국민소득의 변동이 사회후생에 어떻게 반영되는가, 국민소득 분배의 평등, 불평등이 사회후생의 증감(增減)과 어떤 관계를 갖는가 하는 문제 등의 판단기준이 된다.

사후보호(事後保護)

에프터 케어(after care)로 쓰이는 경우가 많다. 의학적인 사후보호에는 외과수술 뒤나 중증질환의 회복기에 행해지는 건강관리, 정신병환자가 퇴원 후에 그 효과의 유지를 목적으로 행해지는 요양지도 등이 있으며, 신체장애인의 재활과정에 있어서도 'follow-up'과 같은 의미로 쓰여지고 있다. 재활은 후에 지체부자유를 남길 우려가 있는 질병이나 외상에 대해 발병 혹은 상처를 입은 후 초기부터 계속적인 치료를 필요로 한다. 또한 의학적 재활에 의해 일정 수준까지 기능이 회복한 장애인이라도 방치해 두면 다시 퇴화하는 경우가 종종 있으며, 특히 노인에 있어서는 그 같은 경향이 현저하다. 이러한 기능의 후퇴를 방지하기 위해서는 수시로 사후보호가 실시되어야 한다.

사후평가(事後評價)

에발류에이션(evaluation)이라고도 한다. 원조활동이 행하여진 후에 행해지는 평가. ↔ 어쎄쓰먼트 사전평가

산업복지(産業福祉)

기업에 의한 기업(내)복지와 근로자에 의한 근로자복지로부터 이루어지는 개념. 산업복지는 노동자들의 건강, 안정, 번영을 보장하기 위한 구체적인 노력, 활동이라고 정의 될 수 있는데 단순히 노동자들의 물질적 조건과 환경의 충족만을 추구하는 것은 아니고, 심리적, 정신적 그리고 인간관계 등에서의 만족까지를 포함한다.

광의의 산업복지는 국가 또는 지방자치단체, 기업, 노동조합, 협동조합 등이 주체가 되어 노동자와 그 가족의 생활안정, 생활수준의 향상, 복지서비스의 증진 등을 목적으로 하는 제시책, 시설서비스 활동의 총체를 의미한다. 여기에는 기업이 주체가 되는 기업복지, 노동조합이 주체가 되는 노동복지, 정부가 주체가 되는 사회보장, 협동조합이 행하는 각종 복지활동 등이 포함된다. 협

의의 산업복지는 미국에서 쓰이고 있는 산업사회사업(Industrial Social Work)의 개념에 근거를 두고 있다.

산업소셜워크(産業 social work)

기업에 있어서 종업원의 복지향상을 위하여 행하는 사회복지적 원조라는 것. 산업카운슬링이라고 불리는 대표적인 것이다.

최근에는 맨탈헬스(mental health)의 중요성이 지적되어 있는데 산업소셜워크는 직장에 있어서 멘탈헬스의 확보를 위해 중요한 존재로 되어 있다. → 맨탈헬스=정신보건

산업안전보건법(産業安全保健法)

이 법은 산업안전·보건에 관한 기준을 확립하고 그 책임의 소재를 명확하게 하여 산업재해를 예방하고 쾌적한 작업환경을 조성함으로써 근로자의 안전과 보건을 유지, 증진함을 목적으로 1981년(법률 제3532호)에 제정하여 시행하여 오던 중 1990년 1월 13일(법률 제4220호)에 전문 개정하여 시행되면서 오늘에 이르고 있다. 총 9장 72개 법조문과 부칙으로 되어 있다.

산업재해(産業災害)

산업재해라 함은 근로자가 업무에 관계되는 건설물·설비·원재료·가스·증기·분진 등에 의하거나 작업 기타 업무에 기인하여 사망 또는 부상하거나 질병에 이환(罹患)되는 것을 말한다(산업안전보건법 제2조1호).

산업재해보상보험(産業災害補償保險)

근로자의 업무상의 재해를 신속하고 공정하게 보상하기 위한 보험을 말한다. 노동자의 재해보상을 보장하는 제도는 1884년 독일에서 처음 실시되었으며, 현재 많은 나라에서 이를 채택하고 있다. 우리나라는 산업재해보상보험 사업을 행하여 근로자의 업무상의 재해를 신속하고 공정하게 보상하고, 재해근로자의 재활 및 사회복귀를 촉진하기 위하여 이에 필요한 보험시설을 설치·운영하며, 재해예방 기타 근로자의 복지증진을 목적으로 1963년에 산업재해보상보험법을 제정·공포하여 시행하던 중 1994년 12월 22일(법률 제4826호)에 총10장 106개 조문과 부칙으로 전문 개정하여 시행하면서 오늘에 이르고 있다.

근로기준법의 적용을 받는 모든 사업 또는 사업장의 근로자에 대한 업무상의 재해를 보상하여 근로자보호에 기여하고 있다. 보험급여 종류에는 요양급여, 휴양급여, 장해급여, 간병급여, 유족급여, 상병보상연금, 장의(葬儀)비 등이 있다.

산업혁명(産業革命)

1760~1830년경에 이르는 약 1세기 동안에 기계의 등장으로 인하여 종래의 수공업적 소규모 생산으로부터 개량생산의 공장제 기계공업으로 전환된 산업상의 일대 변역을 말한다. 방직기계의 등장으로 영국이 제일 먼저 그리고 가장 철저히 경험하였고, 차츰 세계 각국에서 계속하여 일어났다. 프랑스는 1830년~1870년, 독일에서는 1848년~1870년, 미국에서는 1840년~1870년에 걸쳐서 일어났다. 이것을 거쳐 비로소 자본주의 경제체제가 확립되었다.

산전산후휴가(産前産後休暇)

근로기준법 제72조의 규정에 의거하여 산모(産母)에 대하여 출산 전후를 통하여 90일의 보호

휴가가 인정된다. 이 경우 최초 60일은 유급으로 한다. 이 휴가의 배치는 산후에 45일 이상이 되어야 한다. 여기에서 출산이라 함은 임신 4개월 이후의 분만(分娩)을 말한다.

산후조리업(産後調理業)

산후조리업이라 함은 산후조리 및 요양 등에 필요한 인력과 시설을 갖춘 곳(산후조리원이라 한다)에서 분만 직후의 임산부나 출생 직후의 영유아에게 급식 · 요양 그 밖의 일상생활에 필요한 편의를 제공하는 업을 말한다(모자보건법 제2조11호).

3권분립(三權分立)

국가권력의 작용을 입법, 행정, 사법(司法)의 각각의 국가기관이 독립하여 운영되는 것.

구체적으로는 우리나라의 경우, 헌법의 규정에 의거 입법은 국회, 행정은 정부, 사법은 법원으로 되어 있는데, 그 목적은 국가기관의 권력집중에 의한 남용과 전제(專制)를 방지하고, 국민의 권리와 자유를 보장하는 데 있다. 근대국가에 있어서는 거의 다 이 주의에 입각하고 있는데, 그 구체적인 형식은 물론 국가에 따라 각각 다르다.

3대사인(三大死因)

우리나라 사망원인의 순위 가운데 상위 세(3)가지를 점하는 것으로서 악성신생물(악성종양, 암), 뇌혈관성 질환, 심장질환을 가리킨다.

3대성인병(三大成人病)

한창 일할 때의 성인과 고령자에 많으며, 중년 이후 급격하게 발증률(發症率)이 증가하여 사망률도 높은 병을 성인병으로 부르고 있다. 특히 악성신생물(악성종양, 암), 뇌혈관질환(뇌졸중), 심장질환을 말한다. 인구동태통계에 의하면 최근의 전 사망자 수의 거의 6할 이상이 이러한 질병을 사인으로 하고 있어서 질병대책의 중심적 과제로 되어 있다. 새로이 병질예방에 중점을 두고 3대 생활습관병이라고 하는 경우가 많다. → 생활습관병

3D산업(三D 産業)

제조업 광업 건축업 등 소위 더럽고(dirty), 힘들고(difficult), 위험한(dangerous) 분야의 산업을 말한다. 이웃 일본은 1차오일쇼크가 일어났던 1973년부터 이 3D산업을 기피하는 현상이 일어났다. 그러나 기술개발을 통한 자동차와 로봇이용 등으로 이를 극복했다. 우리나라에서는 88올림픽을 치른 이후부터 3D산업의 기피현상이 나타나서 전체 실업률은 높아도 섬유, 전자, 건설, 탄광, 원양어업 등에서는 인력난을 겪고 있다. 요즘은 3D업종에 원거리(distant)라는 특성이 있는 원양 업계를 더하여 4D업종이라고도 일컫는다.

상대적 박탈(相對的 剝奪)

인간의 생활에 있어서 남(타인)과 비교하여 중요한 생활자원을 상실하거나 또는 결여해 있는 상대적인 빈곤상태를 가리킨다. 특히 사회복지의 분야에서는 이용자가 다양한 사회자원으로부터 소외되어 격리되어 있는 상태를 의미하고 있다. 특히 빈곤과 불평등과는 밀접하게 결부되어 있다. 다만, 종래의 빈곤개념처럼 소득수준만으로 생활을 받아들이지 않고 타운젠트(P. Tounsent)가 주장한 것처럼 여러 가지 사회자원이나 반대급부 등을 폭넓게 종합적으로 받아들인 새로운 빈곤개념이 필요하다고 할 수 있다.

타운젠트는 상대적 박탈의 정도를 측정하는 데에 다음과 같은 지표를 사용하고 있다. ① 현

금소득(근로소득, 비근로소득, 사회보장급여), ② 자산(가옥 기타), ③ 근무처의 복지사업(주변급여, 보조금, 지역보험, 후생시설), ④ 사회서비스로부터의 급여(보건, 교육, 공영주택 등), ⑤ 개인적 현물소득(가정 내 생산물, 수여품, 개인적 원조). 이와 같은 지표를 사용해서 생활의 다양한 측면에서 상대적 결여, 소외의 상태를 표준적인 가정과 대비하여 수량화하고, 세대를 소득별로 계층화하여 그것들의 곡선이 교차한 점을 빈곤기준으로 삼았던 것이다.

상병급여금(傷病給與金)

선원보험법에 따른 실업보험금의 수급자격을 가진 자가 구직신청을 한 후 질병 또는 부상으로 15일 이상 직장에 나갈 수 없을 때 지급기간의 1일에 대해 실업보험금에 맞는 액수가 지급되는데 이것을 상병급여금이라 한다. 고용보험법의 상병수당과 같은 취지의 제도이다.

상병보상연금(傷病補償年金)

산업재해보상보험법에 의거, 업무상 재해, 즉 부상 또는 질병에 걸린 근로자가 그 상병으로 인한 요양이 장기화되어 그 개시 후 2년이 경과된 날 또는 그날 이후에, 다음 요건에 해당되는 경우 그 요건에 해당되는 달의 다음 달부터 지급되는 연금을 말한다. 즉 ① 그 부상 또는 질병이 치유되지 않은 상태에 있고 ② 그 부상 또는 질병에 의한 폐질의 정도가 폐질등급표의 폐질 등급에 해당되어야 한다. 이 연금의 수급권자에게는 필요한 요양보상급여가 계속 지급되지만 휴업급여는 지급되지 않는다. 또 요양기간 2년 경과 후 상병은 치유되지 않았으되 그 폐질의 정도가 폐질등급에 해당되지 않는 노동자에겐 계속 요양보상급여 외에 필요에 따라 휴업급여가 지급된다. 연금액수는 폐질등급 1급이 평균 임금의 313일분, 2급이 272일분, 3급은 245일분에 해당되는 액수가 지급된다.

상평창(常平倉)

중국 한(漢)나라와 당나라에서 창시된 물가 조절제도의 기관으로서 고려 성종(成宗) 12년(1993년)에 처음으로 설치되어, 미곡, 면포 등 생활필수품을 물가가 내릴 때에 다소 비싼 값으로 사들였다가 물가가 오르게 되면 다소 싼 값으로 팔아서 물가를 조절하여 안정시키는 역할을 하였다. 조선왕조 선조41년(1608년)에 폐지하고 선혜청(宣惠廳)으로 개칭하였다.

상평창제(常平倉制)

상평창제는 조선에 답습되어『경국대전』에 규정되어 경기에는 상평청, 경외에는 상평창을 설치하여 각각 그 기본미를 선정하고 또 곡물 이외에도 포목을 취급하게 하여 고려시대에 비하여 확대되었다. 초기에 있어서는 국민생활의 경제적 안정 및 농업발달에 큰 도움이 되었으나 세월이 경과함에 따라 그 운영이 흐려지게 되고 또 재해가 각지에 빈번하게 발생하고 또 병란 등으로 인하여 자원이 감소, 소실 및 유실되므로 지속적인 운영이 곤란하게 되었다.

따라서 인조 13년(1626년)에 진휼청에 병합되었고 그 잔여곡물 및 포목 등은 진휼의 자원으로 사용하였다.

상호부조(相互扶助)

집단이나 지역사회에서 어느 구성원이 사회생활을 해 감에 해결을 요하는 생활상의 문제를 안고 있을 때 구성원들 간에 자발적으로 도우며 원조하는 것.

상호원조(相互援助)

상호원조는 지역주민들이 자신들의 욕구를 스스로 충족할 수 없는 경우에 지역사회의 공식 · 비공식 지원체계로부터 필요한 서비스를 제공받는 기능이다. 공식 지원제도로는 지역사회의 병원, 보건소, 사회복지기관과 시설, 공식협의회, 사회단체, 복지기업, 회원조직 등이 있다. 비공식 지원체계로는 가족, 친척, 친구, 이웃, 동료, 종교단체, 자조집단, 자원봉사자 등 있다.

생계비(生計費)

생활에 필요한 비용. 일정기간(1개월)을 단위로 하여 생활을 위해 구입한 생활수단의 질과 양을 화폐지출이라는 형태로 표시한 것. 이것은 이론생계비와 실태생계비로 나뉘는데, 이론생계비란 일정세대 인원 수, 연령, 성(性)에 따라 일정 소비내용을 이론적으로 설정하고, 이것에 각 품목의 가격을 곱하여 1개월의 생활비를 이론적으로 설정하는 것이다. 이 경우 의 · 식 · 주, 기타 생계비의 전품목을 설정해서 산출하는 '전물량(全物量)방식'과 음식품만 설정, 엥겔계수를 이용해 산출하는 방식이 있다. 실태생계비란 소비자가 실제로 소비하는 생활자료의 총계를 말하며, 일정시기와 장소에서 그 사용목적에 적합한 대상세대의 생활상태를 조사, 산정하는 것이다.

생리적 노화(生理的 老化)

나이를 먹어 가면서 일어나는 신체기능의 변화. 신체를 구성하는 세포가 서서히 감소하기 때문에 피부, 근육, 장기 등에 의축이 나타나서 기능의 저하를 보게 된다. 노화에 의하여 잃은 기능은 회복이 어려워서 일상생활동작의 저하 등, 건강상, 생활상의 중요한 문제로 된다. →정신적 노화

생리적 욕구(生理的 欲求)

인간이 가지는 기본적인 욕구의 하나. 생명체로서의 인간의 생리로부터 필연적으로 생겨나는 욕구이며, 굶주림과 갈증을 충족시키는 음식의 욕구, 배설의 욕구, 피곤한 몸을 쉬게 하는 휴식의 욕구, 이성과의 사랑과 성을 구하는 욕구 등이 여기에 포함된다. →인격적 욕구

생명윤리(生命倫理)

첨단의료기술, 생물공학적 기술 등의 생명에 대한 적용에 관하여 지배하는 원리를 말한다. 당초에는 생물의 실험적 조작이나 인공수정 등에 관한 윤리적 제지억제의 의미를 가지고 있었으나, 차츰 생명의 기본문제를 사회윤리, 문화, 종교 등과 관련시켜 종합적으로 취급하는 과제로 되어왔다. 최근에는 뇌사나 유전자조작에 의한 쿠론(clone) 기술의 진보에 대한 사회적 관심이 높아져서 생명의 시초와 종말, 그리고 생명의 질(QOL)에 관한 문제가 주목되고 있다.

생명표(生命表)

인간의 생명에 관한 통계표. 인구가 각 연령에서 사망으로 소멸해 가는 과정을 도표로 나타낸 것이다. 남녀 · 연령별로 작성한다. 생명표는 연령별로 얼마나 더 살 수 있는 가를 평균적으로 나타내 주기 때문에 인구통계 등의 인구분석 여러 분야에 활용된다.

생산가능인구(生産可能人口)

일을 하고 돈을 버는 등 경제활동이 가능하다고 간주되는 15~64세 인구를 말한다. 생산가능인구(lador force population) 중에서 실제 일을 하고 있거나, 구직 활동을 하는 인구를 '경제활동인구'라고 한다.

2012년 통계청 자료에 따르면 우리나라 전체 인구 중에서 생산가능인구는 72.8%이고, 65세 이상 인구는 11.1%, 0~15세 유소년(幼少年)인구는 16.1%의 비중을 차지하고 있다. 2050년에는 생산가능인구가 52.7%로 줄어들고, 고령인구는 37.4%, 유소년 인구는 9.9%를 차지할 것으로 전망되고 있다.

생산연령인구(生産年齡人口)

15세 이상 65세 미만의 생산활동에 종사하는 것이 가능한 연령계층을 말한다. 다만, 그 실태에 있어서 곧바로 취업인구, 노동인구 등과 동일시는 할 수 없다. 왜냐하면 생산연령인구 가운데는 중 · 고교 · 대학 등의 학생이나 실업자, 그 외에 정년퇴직자와 연금생활자 등, 노동력이 아닌 자도 포함되어 있기 때문이다. 이 때문에 단순히 65세 이상의 노년세대와의 비교를 하는 것은 오해를 초래하기 쉽다고 되어 있다. → 종속인구, 연소인구, 생산가능인구

생존권(生存權)

기본적 인권의 하나로 인간이 인간답게 살아갈 권리이며, 국가에 대하여 인간의 생존을 유지할 수 있는 생활에 필요한 서비스를 요구하는 권리이다.

생존권보장(生存權保障)

국민의 생존 또는 생활을 위하여 필요한 조건의 확보를 국가가 보장한다는 것. 우리나라는 헌법 제34조 1항에서 "모든 국민은 인간다운 생활을 할 권리를 가진다"라고 규정되어 있다.

생존권의 아동권리(生存權의 兒童權利)

모든 아동은 출생 후 즉시 법률에 의해 안전된 신분을 보호받을 수 있도록 등록되어야 하고 이름과 국적을 가져야 한다. 또 부모가 누구인지 알고, 가능한 한부모에 의해 양육 받아야 한다. 우리나라 아이들에게는 너무도 당연한 내용이지만 아직도 세계 많은 나라에서 호적도 없이 세상에 나와 사라지는 아이들이 많다. 부모의 신분이나 법적 지위 여부에 상관없이 모든 아이들은 이름과 나라를 가지고 보호받을 권리를 가지고 있다는 것을 주어야 한다. 모든 국가는 아이들이 최상의 건강 수준을 유지한 권리와 질병 치료 및 건강회복을 위한 시설을 이용할 권리를 인정해야 한다. 특히 영아와 아동의 사망률을 낮추기 위한 조치와 아이들을 위한 영양식 및 안전한 식수 보급을 통해 노력하여야 한다. 또 산모에게 적절한 산전산후(産前産後) 건강관리를 보장해야 한다. 아직도 아프리카, 아시아 등의 많은 제3세계 국가에서는 엄마와 아이들이 적절한 치료를 받지 못해 숨지는 안타까운 일들이 일어나고 있는 실정이다.

생존자증후군(生存者症候群)

같은 직장, 같은 사무실에서 어제까지 함께 일하던 동료들이 하루아침에 직장(일자리)을 잃은 것을 목격한 사람들이 느끼게 되는 허탈감, 불안감 등 각종 정신적 스트레스와 이로 인한 증상을 일컫는 용어. 의학적인 용어는 아니지만 실직증후군과 함께 세계적으로 불어 닥친 구조조정 감원열풍으로 인한 사회현상을 표현하는 상징적인 말로 사용되고 있다.

생체리듬(生體 rhythm)

건강을 유지하며 생명현상을 원활하게 하기 위해서는 생체는 일정의 주기(周期 ; 주야, 한달, 일년 등)를 가진 생리기능의 변동을 나타내며, 생존하고 있는 환경의 변화에 대응하고 있다. 이

변동을 생체리듬이라고 한다. 생체리듬의 유인(誘因)에는 명암(明暗), 기온(氣溫), 습도(濕度), 기압(氣壓), 소리 등이 있다.

생태권(生態權)

인간을 포함한 모든 생물과 그를 둘러싼 환경의 밀접한 관계를 강조하는 '생태개념과 그것을 보호하는 것이 인간의 기본권리 만큼이나 중요하다는 인권' 개념의 합성어로 생태권의 이념은 환경오염과 생태계의 교란이라는 후기 산업사회의 현실, 그리고 인간의 유전적 정체성마저 흔들 정도의 과학기술의 발전을 반영하고 있다. 또한 생태권은 환경운동과 인권운동의 경합이 낳은 것으로 환경보전을 위한 소수자들의 권리, 환경문제해결을 위한 절차적 권리와 '미시(微視)정치' 그리고 타인에게 해를 끼치지 않는 한 자신의 유전적 구성에 대한 지식을 거부할 수 있는 '유전적 무지권(無知權)' 등의 문제를 제기한다. 더 근본적으로는 인간과 자연의 밀접한 관계를 강조하는 상태주의와 인간 동물의 연관성을 강조하는 진화론에 입각해 동물을 인간의 관점에서 보고 인간을 동물의 한 분류로 보는 새로운 자연관을 요구하고 있다.

생활권역(生活圈域)

일상생활의 행동범위. 예컨대 거동이 불편한 고령자와 장애인에 있어서 신체기능이 쇠약해지면 생활의 행동범위가 좁아지게 되어, 최종적으로는 자기의 침실만이 생활권역으로 된다.

생활기능훈련(生活技能訓練)

사회생활을 대인장면을 중심으로 세밀하게 분석하여, 그것에 대응할 수 있도록 세밀하고도 구체적인 학습용의 프로그램을 작성하여, 그것에 의거하여 연습 실습하는 것. 행동요법적 사고가 기본에 있다.

생활력(生活歷)

서비스 이용자의 출생에서 현재까지의 생활사(生活史)라는 것. 진단주의의 개별 원조에 있어서는 진단을 위한 자료로서 중시(重視)되는데 기능주의의 개별원조에 있어서는 그 성격상 그렇게 중시되지 않는다. → 진단주의, 기능주의

생활모델(生活 model)

사람과 환경과의 상관관계와 그것을 기반으로 하여 전개되어지는 사람의 일상생활의 현실에 시점(視點)을 두고 사회복지원조를 행하려고 하는 것. 생태학(ecology)의 입장을 기반으로 하고 있다. 사회복지원조에서는 전통적인 의학모델의 이론이 지배적이였으나 원조대상의 확대에 따라 대처할 수 없는 점이 표면화되어 왔다. 이리하여 의학모델에 반성 · 비판이 가해져, 생활모델의 이론에 의거해서 사회복지원조의 체계를 모색하게 되었다. → 의학모델.

생활보장급여기본원칙(生活保障給與基本原則)

국민기초생활보장법에 의한 급여는 수급자가 자신의 생활의 유지 · 향상을 위하여 그 소득 · 재산 · 근로능력 등을 활용하여 최대한 노력하는 것을 전제로 이를 보충 · 발전시키는 것을 기본원칙으로 하며, 부양의무자의 부양과 다른 법령에 의한 보호는 이 법에 의한 급여에 우선하여 행하여지는 것으로 한다. 다만, 법령에 의한 보호의 수준이 이 법에서 정하는 수준에 이르지 아니하는 경우에는 나머지 부분에 관하여 이 법에 의한 급여를 받을 권리를 잃지 아니한다고 규정하고 있다(국민기초생활보장법 제3조).

생활보장급여의 종류(生活保障給與의種類)

생활보장급여의 종류는 국민기초생활보장법에 의거하여 ① 생계급여 ② 주거급여 ③ 의료급여 ④ 교육급여 ⑤ 해산(解産)급여 ⑥ 장제급여 ⑦ 자활급여의 7종류로 나누어져 있다.

이 법에 의한 급여는 ① 생계급여와 수급자의 필요에 따라 ② ⑦의 급여를 함께 행하는 것으로 하며, 이 경우 급여의 수준은 ① ④ 및 ⑦의 급여는 수급자의 소득인정액을 포함하여 최저생계비 이상이 되도록 해야 하며 ③의 의료급여는 따로 법률이 정하는 바에 의하도록 규정하고 있다(동법 제7조).

생활보장기준(生活保障基準)

헌법 제34조에 규정하고 있는 생존권을 보장하기 위하여 국가에 의하여 정해져 있는 최저한도의 생활기준이다.

구체적으로는 급여기준의 결정은 보건복지부장관이 정하는데 수급자의 연령 · 가구 · 규모 · 거주지역 기타 생활여건 등을 고려하여 급여의 종류별로 정하며, 급여종류에 응하여 필요한 사정을 고려한 최저한도의 생활의 수요를 충족함에 충분한 것으로 이것을 초과하지 않는 것으로 되어 있다. 즉 건강하고 문화적인 최저생활을 유지할 수 있는 것이어야 한다.

생활보장의 기본원리(生活保障의 基本原理)

국민기초생활보장법에서 규정한 생활보장 급여제도의 운영의 기본이 되는 원리.

구체적으로는 ① 모든 국민은 법에 규성한 요건을 충족하는 한 무차별 평등으로 보장을 받을 수가 있다고 하는 '무차별 평등의 원리' ② 건강하고 문화적인 최저한도의 생활을 보장하는 '최저생활보장의 원리' ③ 이용할 수 있는 자산, 능력 기타의 모든 것을 활용한 다음에 법의 보호가 행하여진다고 하는 '보호의 보족성의 원리'가 있다.

생활보호(生活保護)

노령, 질병, 기타 근로능력의 상실로 인하여 생활유지가 곤란한 상태에 있는 자를 구제하는 일이다. 생활보호대상자의 범위는 부양의무자가 없거나 부양의무자가 있어도 부양할 능력이 없는 자에 한한다. 보건복지부가 매년 일정한 주거를 갖고 있는 요보호대상자 선정기준을 각 시 · 도에 시달, 생활보호대상자를 조사하고 있다. 생활보호대상자는 생활무능력자(65세 이상의 노령자, 18세 미만의 아동, 불구 · 폐질 · 상이 · 기타 정신 또는 신체의 장애로 인하여 근로능력이 없는 자)와 영세민(임산부, 보호기관이 국민기초생활보장법에 의한 보호를 한다고 인정하는 자)으로 구분된다. 생활무능력자란 거택보호 또는 수용보호를 해야 하는 사람으로서 국가에서 무상으로 보호하지 않으면 생계가 곤란한 경우를 말하고, 영세민은 경작지 · 재산 · 소득 등이 일정수준에 미달하는 경우를 말한다.

생활보호법(生活保護法)

생활유지 능력이 없거나 노령 질병 기타 근로능력의 상실로 인하여 생활이 어려운 자에게 필요한 보호를 행하여 이들의 최저생활을 보장하고 자활을 조성함으로써 사회복지의 향상에 기여함을 목적으로 1966년 12월 30일에 제정하여 시행하여 오던 중 1999년 7월 9일에 국민기초생활보장법의 제정으로 폐지되었다.

생활수준(生活水準)

생활수준이라 함은 일정한 사회를 구성하는

사람들의 생활충족 정도나 그 차이를 양적으로 표시한 것이다. 즉 인구집단의 평균적인 생활상태의 정도를 말한다. 주관적인 평가의 파악방법도 있지만 대개는 어떤 사회적 척도를 설정하고 객관적으로 파악하는 것이 보통이다. 이 객관적 파악에는 ① 생활에서 최저수준, 표준, 쾌적 수준을 다시 한 번 설정하고, 이들을 기준치로 하여 충족의 정도를 평가하는 경우와 ② 시계열(時系列) 비교나 국제비교 등과 같은 집단 간의 상호비교를 통해 수준의 높고 낮음을 상대적으로 표시하는 경우가 있다.

생활습관병(生活習慣病)

식습관, 흡연, 음주 등의 생활습관이 그 발증(發症) 진행에 관여하는 질환군(疾患群)이라는 것을 말한다.

지금까지 성인병이라고 일컬어진 것을 건강증진과 발병예방에 각자가 주체적으로 대처하게끔 인식을 고쳐 바꿔 부르는 것이다. 생활습관이 발병(발증-發症)에 깊이 관여하고 있는 것으로서, 흡연과 폐암이나 폐기종, 동물성 지방의 과다섭취와 대장암, 식염의 과잉섭취와 뇌졸중, 알코올 섭취량과 간경변, 비만과 당뇨병 등을 꼽을 수 있다. →3대성인병

생활시설(生活施設)

사회복지시설의 형태는 그 이용 형태에 따라 수용시설, 통원시설 및 이용시설로 나눌 수 있으나, 이중 수용시설의 기능에 주목해서 이것을 생활시설이라고 부르는 경우가 있다. 즉 수용시설에 입소하는 사람들은 비교적 장기간에 걸쳐 해당 시설에서 모든 일상생활을 영위하게 되는데 그 생활과 관계 또 그 생활 외에도 생활장애를 경감시키기 위하여 필요에 따라 교육, 훈련, 갱생, 원조, 기타의 서비스를 받게 된다. 그러나 그 시설기능을 어디까지나 생활이 기초가 된다는 의미에서 수용시설은 생활시설과 동의어로 사용된다.

생활양식(生活樣式)

인간이 생활을 하는 방법, 상태를 말한다. 인간은 역사적 문화적 배경을 바탕으로 각각의 지역에 각기 다른 생활방식을 하고 있다. 사회복지의 연구대상으로는 사회적 원조를 요하는 사람들의 생활양식을 어느 척도(尺度)에서 분석하여 그 구성원의 생활양식을 종합적으로 연구하는 것이 중요하다.

각국의 사회복지는 국민의 생활지원을 목적으로 하고 있는 한, 국민의 생활양식을 유지 발전시키는 것이 아니면 안 된다.

생활연령(生活年齡)

실제의 연령. 태어나서 1세가 된다고 하는 사고방식으로 계산된 연령이며, 인간은 통산 이 연령을 가지고 사회생활을 영위하고 있기 때문에 절대적 연령이라고 할 수 있다. 역연령(曆年齡)이라고도 한다. 태어난 이래 어느 일정의 일시(日時)까지 경과한 연월일을 역(曆)에 의해서 산정한 연령을 이른다. →정신연령

생활요법(生活療法)

장기입원 및 무위(無爲), 자폐적인 환자에 대하여, 일상생활의 지도 및 자발성의 회복을 목적으로 한 작용을 말한다. 사회복귀에의 촉진을 목적으로 하는 것으로 생활지도, 레크리에이션 요법, 작업요법, 정신과리허빌리테이션 등이 포함된다.

생활의 질(生活의 質)

QOL(quality of life) 이라고 하며, 생명의 질, 인생의 질, 생활의 질 등으로 번역된다. 인간의 생활 내용을 주로 물재적(物財的)인 측면에서 양적으로 파악하는 생활수준과 달리 비물재적(非物財的) 측면도 포함하여 질적으로 파악하는 개념이다.

생활의 질은 생활의 쾌적성이라고도 불리운다. 인간의 생활이 진정으로 풍요로운가 하는 것은 물질과 마음, 타인과 자신, 생산시스템과 생활시스템 등의 조화와 균형을 전제로 한 목적개념으로서 논의되어야 한다. 일반적으로 이 생활의 질을 가늠할 수 있는 지표로는 국민소득에서 차지하는 사회보장비의 비율, 진학률, 여가시간, 생활의 만족도 등이 거론되어 있으나 국제적으로 통일된 것은 없다. 사회복지의 분야에서는 특히 와상(臥床)노인, 치매성 허약고령자나 신체장애인, 지적장애인, 정신장애인 등의 QOL을 중시(重視)할 필요가 있다.

생활지도(生活指導)

학교와 사회복지시설이 개인의 자주성을 존중하면서 그가 가진 가치의 실현에 조언을 주거나 지도하는 것. 생활지도는 직업의 선택과 취업준비 및 취업알선에 관한 내용을 중심으로 한 직업지도, 학교생활의 적응에 관한 교육지도, 사회 내의 바람직한 인간관계를 중심으로 하는 사회성 지도, 신체적 정신적 건강에 관한 지도를 하는 건강지도, 여가를 보다 적절하게 활용케 하는 여가지도로 분류된다. 생활지도란 어디까지나 개인을 하나의 전인(全人)으로서 고려하여, 통일적 과정으로 지도하는 것을 뜻한다.

생활훈련(生活訓練)

시각기능에 무언가의 손상을 받은 사람들에 대해서 과거에 학습해온 경험을 기초로 잔존시각이나 시각 이외의 여러 감각기능을 효과적으로 이용하거나 보조기구를 활용하여 신변자립에서부터 생활자립에 빠질 수 없는 보행기능, 일상생활기술, 레크리에이션 기능 등을 획득할 수 있도록 종합적으로 지도 · 훈련하는 체계이다. 이러한 훈련체계는 단지 기술의 습득에 중점을 둔 것이 아니라, 시각장애를 수용하고, 인간으로서의 존엄과 독립심이나 사회의 구성원으로서의 자각을 획득하도록 원조하는 과정이기도 하다.

서민층(庶民層)

서민층에 대한 학술적으로 정립된 정의는 없다. 다만, OECD(경제협력 개발기구)는 중(中)의 소득(전체 가구를 소득 순서로 배열했을 때 맨 가운데에 해당하는 소득수준, 우리나라는 2008년 기준 월 354만원)의 50~150%를 버는 계층을 중산층(中産層)으로 정의하는데, 중위소득의 절반 미만으로 버는 빈곤층과 중산층 가운데 중하위권(中下位圈)에 속하는 가구를 합쳐 '서민층'으로 분류하는 견해가 많다. 또 정부는 연소득 3,000만 원 이하의 무주택자인 경우 서민 근로자 전체에 대출을 해주고 있는데, 이를 감안해서 연소득 3,000만 원 이하를 서민층이라고 볼 수도 있다. 연소득 3,000만 원 이하는 가구소득(家口所得) 하위 40% 이하에 해당한다.

서비스계약(services契約)

사회사업실천을 전개하는 과정에서 표적이 되는 문제, 목표, 진행방법, 참가자의 역할과 과제 등에 관해서 워커와 클라이언트 간에 확실한 합의를 하는 것을 말한다. 1970년대 이후 중요성이 강조되어 적극적으로 도입하게 되었다. 계약은 문서에 의한 경우와 구두에 의한 경우로 대별되나 어느 경우에도 형식적, 일반적이 되지 않도록 배려하면서 공동의 책임으로서 탄력적으로 체결하는 것이 중요하다.

서비스의 계속성(services의 繼續性)
적절한 서비스의 가능성을 상시 검토하여 시설 서비스와 재택서비스의 연대를 비롯하여 보건 · 의료 · 복지의 연대를 적극적으로 하여 이용자의 생활의 연속성 · 종합성에 배려한 서비스를 제공하는 것을 서비스의 계속이라고 한다.

서비스이용자(services利用者)
클라이언트, 대상자 등의 사회복지서비스를 이용하는 사람들의 총칭임. 단순이 이용자라고도 한다. '서비스 이용자'는 그 사람 개인이나 가족의 자유의사에 의거하여 사회복지서비스의 활용이 있는 경우에 이용된다. → 원조자

서포트시스템(support system)
심리적으로 곤란한 상황에 놓여 있는 사람을 지지하기 위한 시스템을 말한다. 사람들이 속해 있는 집단을 인식 · 증강하거나, 필요에 응하여 협력 체제를 만들거나, 자신이 대응할 수 있도록 교육의 찬스를 만드는 것 등을 가리킨다. 병(환)자의 가족이 심리적으로 고립하는 것을 막는(방어)것도 포함된다.

선도보호시설(善導保護施設)
소년부 판사가 소년법 규정에 의하여 윤락행위를 한 19세 미만의 자에 대하여 심리의 결과 보호처분을 할 필요가 있다고 인정되어 위탁된 자를 대상으로 선도보호를 행하는 시설 및 특별시장 광역시장 · 시 · 도지사로부터 요보호자, 윤락행위의 상습이 있는 자와 환경과 성행(性行)으로 윤락행위를 하게 될 우려가 있는 자를 일시보호소(요보호자에 대한 일시보호와 상담을 행하는 시설) 및 선도보호조치에 의하여 입소한 자를 대상으로 선도보호를 행하는 시설을 말한다.

선별적 · 보편적 복지(選別的 · 普遍的 福祉)
'선별적 복지'는 소득과 재산조사를 하여 복지 수요자를 결정하고 헌법에 정한 최저한의 문화적이고 인간적인 생활을 할 수 있는 복지 급여를 하는 경우이고, '보편적 복지'는 소득과 재산조사를 하지 않고 모든 국민(경우에 따라 거주자 포함)에게 특정 복지급여를 평등하게 하는 것이다. '선별적 복지'의 대표적인 예는 국민기초생활보장법(제7조)에 따라 생계 · 주거 · 의료급여 등 7가지를 받는 경우이다. 이 경우 반드시 소득과 재산조사를 거친다. 건강보험제도에서 보험급여는 보험료에 대한 반대급여이며, 보험료는 소득과 재산액에 비례해 부담하기 때문에 소득과 재산조사가 이루어져야 한다. 뿐만 아니라 보험료를 부담할 수 없는 저소득계층은 국민기초생활보장법에 따라 의료보장(의료급여)을 받는다. 그러므로 건강보험과 의료급여는 선별적 복지라고 할 수 있다. 그러나 영국이나 스웨덴처럼 조세를 재원으로 하여 모든 국민(거주자 포함)에게 소득이나 재산조사 그리고 보험료 부담 없이 의료보장(보건서비스)을 하는 경우는 보편적 복지에 해당된다.

우리나라의 국민연금 경우는 소득과 연계하여 보험료를 부과하고 보험료의 많고 적음에 따라 수령하는 연금액이 많아지거나 적어지기 때문에 선별적 복지에 해당된다. 그러나 같은 공적 연금제도라 하더라도 스웨덴이나 일본의 기초연금제도는 보편적 복지범주에 속한다. 왜냐하면 스웨덴이나 일본의 기초연금제도는 소득과 재산조

사를 하지 않고 일정연령 이상 국민에게 동일하게 균일적으로 동일액의 보험료를 부과하고, 동일액의 연금을 지급하기 때문이다. 기초연금제도가 있는 나라에는 소득비례연금 제도가 병존한다.

선별주의(選別主義)

사회정책이나 사회복지의 기본적인 제도적 틀(목표 · 원칙 · 급부범위 · 수급조건 등)을 나타내는 개념이며, 사회복지 서비스를 수급함에 있어 수급자격을 판정하기 위한 자산조사를 요건으로 하는 등, 이용자를 선별하기 위한 기준이 제도화되어 있는 상태. 대개념은 보편주의. 생활보호가 선별주의의 좋은 예이다. 이에 대해 소득 · 자산조사를 하지 않고 보편적으로 평등한 급부를 원칙으로 삼아야 한다는 생각이 보편주의이며, 그 전형적인 예로는 사회보험 급부를 들 수 있다. 최근의 사회보장에서는 자산조사에 의해서 수급자격(受給資格)을 결정한다는 선별주의의 생각이 점차 후퇴하고, 사회복지처럼 서비스의 필요성 유무라는 필요도조사에 입각한 선별주의가 중요시되고 있다.

선별주의적 서비스(選別主義的 services)

사회복지의 이용자를 일정한 계층으로 한정하여, 공급하는 서비스. 곤궁자(困窮者)에 대한 생활보호 등이 그것으로 선별주의적 사회복지라고도 일컬어지고 있다.

선천성 이상아(先天性 異常兒)

선천성이상아라 함은 선천성 기형(奇形) 또는 변형(變形)이 있거나 및 염색체에 이상이 있는 영유아로서 대통령령으로 정하는 기준에 해당하는 아이를 말한다(모자보건법 제2조6호).

선천성 장애(先天性 障碍)

태어나면서의 장애. 유전에 의하여 전해진 것뿐만 아니고, 태생기(胎生期)에 외인요인(外因要因—방사선, 약물, 감염, 난산 등)에 의해서 일어난 상태장애도 포함된다. ↔ 후천성 장애

선천성 질환(先天性 疾患)

출생 전에 생긴 이상이나 질환을 말한다. 선천이성이라고도 한다. 성인(成因)은 유전원인에 의한 것, 환경에 의한 것 및 유전과 환경의 양요인(兩要因)에 의하는 것이 있다.

선택의 자유(選擇의 自由)

선택의 자유란 인간이 생활하는 데 있어 경제적 자유권의 행사, 정치적 자유의 권리와 사회적 생활상의 자유 등의 행사와 같이 관련되어 있다. 예를 들면 자기의 소득을 어떻게 사용할 것인가, 자기 자신을 위해 어느 정도를 어떠한 방법으로 사용할 것인가, 어느 정도를 어떠한 형태로 저축할 것인가 등에 대한 선택의 자유, 또 자신이 소유하고 있는 자유, 예를 들어 직업선택의 자유, 창업영업의 자유 등은 그것의 표현이다. 이러한 자유를 정부 및 행정기관이 억압해서는 안 된다. 그러나 이 자유가 절대적인 것이 아니라 공공의 제약을 받고 있다하더라도 경제적 자유, 정치적 자유, 사회적 생활상의 자유를 행사할 때 자신의 가치관에 따라 그 자유를 선택하는 것을 지칭(指稱)한다.

선택주의(選擇主義) ⇨ 선별주의(選別主義)

섬망(譫妄)

의식장애의 일종으로 정신적인 활동이 혼란한 상태.

구체적으로는 인지력(認知力)이나 사고력(思考力), 판단력이 저하하여 혼란이 있고 착각·환각과 정신적인 흥분을 수반하는 상태로 알코올·모르핀의 중독, 노인치매 등에서 볼 수 있으며, 때로는 심한 불안 등을 수반한다.

성격검사(性格檢査)

개인이 가지고 있는 성격특징, 심층심리, 정신역동 등의 주로 정의면(情意面)을 알기 위해 사용되는 검사이다. 검사방법은 질문지법에 의하는 자기평정법, 타자(남)평정법과 작업검사법, 투영법, 관찰법, 면접법 등이 있다. → 로오샤카 테스트

성격이상(性格異常)

평균기준에서 일탈하여 그 이상성(異常性) 때문에 스스로 괴로워하거나, 사회가 걱정하는 성격을 말한다. 이상인격, 정신병질과 거의 동의어(同義語)이다. 정신지체, 치매, 뇌염, 정신장애 등에 의한 성격의 변화는 포함되지 않는다. → 정신병질

성공적인 노화(成功的인 老化)

행복하게 생의 보람을 느끼면서 노년기를 맞이하는 것은 많은 사람들의 희망이며, 따라서 대부분의 사람들에게 있어서 건강한 노화를 보장하는 일이 노인복지의 궁극적인 목표이다. 성공적인 노화(건강한 노화)는 많은 사람들이 바라는 이상적인 노화를 표현하기 위하여 사용되고 있는 언어에 불과하며, 반드시 엄밀히 정의된 전문용어는 아니다. 미국에서는 건전한 노화, 이웃 일본에서는 건강한 노화, 훌륭한 노화(well aging)라고 표현되기도 한다.

성교육(性敎育)

아동, 젊은 남녀에게 성에 대한 생리적, 의학적 지식 등 성적 성숙이나 생식현상, 동성인, 이성의 특질을 과학적으로 이해시키는 것을 기본으로 하는 교육으로 성에 대한 무지와 성욕으로 말미암아 생기는 폐해를 없게 하려는 교육이다.

오늘날 체력의 향상에 따라 초경이 빨라지고 포르노문화가 범란하기 때문에 성에 대한 올바른 판단력이나 태도의 형성이 중요한 과제로 되어 있다. 남녀평등의 사회나 민주적인 가정을 이룩하는 데 있어서도 이성의 특성을 아는 것은 필요하다 하겠다.

성도착증환자(性倒錯症患者)

성도착증 환자란 치료감호법제2조 제1항 제3호〔소아성기호증(小兒性嗜好症), 성적 가학증(性的 加虐症) 등 성적 성벽(性癖)이 있는 정신성적 장애자로서 금고 이상의 형에 해당하는 성폭력 범죄를 지은자〕사람 및 정신과 전문의의 감정에 의하여 성적 이상(異常) 습벽으로 인하여 정신의 행위를 스스로 통제할 수 없다고 판명된 사람을 말한다(성폭력 범죄자의 성충동 약물치료에 관한 법률 제2조1항).

성매매(性賣買)

성매매라 함은 불특정인을 상대로 금품 그 밖의 재산상의 이익을 수수(授受) 약속하고 다음 각 목의 어느 하나에 해당하는 행위를 하거나 그 상대방이 되는 것을 말한다.

1. 성교행위 2. 구강, 항문 등 신체의 일부 또는 도구를 이용한 유사성교 행위 등(성매매 알선 등 행위의 처벌에 관한 법률 제2조제1호).

성매매목적의 인신매매(性賣買目的의 人身賣買)

성매매 목적의 인신매매라 함은 다음 각목의 어느 하나에 해당하는 행위를 하는 것을 말한다고 규정하고 있다(성매매알선 등 행위의 처벌에 관한 법률 제2조1항3호).

가. 성을 파는 행위 또는 형법 제245조(공연음란)의 규정에 의한 음란행위를 하거나, 성교행위 등 음란한 내용을 표현하는 사진, 영상물 등의 촬영대상으로 삼을 목적으로 위계 위력 그 밖에 이에 준하는 방법으로 대상자를 지배 관리하면서 제3자에게 인계하는 행위

나. 가목과 같은 목적으로 청소년보호법 제2조 제1호의 규정에 의한 청소년(만 18세미만의 자), 사물을 변별하거나 의사를 결정 할 능력이 없거나 미약한 자 또는 대통령령이 정하는 중대한 장애가 있는 자나 그를 보호 감독하는 자에게 선불금 등 금품 그 밖의 재산상의 이익을 제공 약속하고 대상자를 지배 관리하면서 제3자에게 인계하는 행위

다. 가목 및 나목의 행위가 행하여 지는 것을 알면서 가목과 같은 목적이나 전매를 위하여 대상자를 인계하는 행위

라. 가목 내지 다목의 행위를 위하여 대상자를 모집, 이동, 은닉하는 행위

성매매방지 및 피해자보호 등에 관한 법률(性賣買防止 및 被害者保護 등에 관한 法律)

이 법은 선량한 풍속을 해치는 성매매를 방지하고 성매매피해자 및 성을 파는 행위를 한 자의 보호와 자립의 지원을 목적으로 종전의 윤락행위 등 방지법을 폐지와 동시에 2004년 3월 22일(법률 제7212호)에 제정 · 공포하여 공포 후 6월이 경과한 날부터 시행되고 있다. 총 24개 법조문과 부칙으로 규정되어 있다.

성매매알선 등 행위(性賣買斡旋 등 行爲)

성매매알선 등 행위라 함은 다음 항목의 어느 하나에 해당하는 행위를 하는 것을 말한다.

가. 성매매를 알선 권유 유인 또는 강요하는 행위

나. 성매매의 장소를 제공하는 행위

다. 성매매에 제공되는 사실을 알면서 자금 토지 또는 건물을 제공하는 행위 등이다(성매매알선 등 행위의 처벌에 관한 법률 제2조2호).

성매매피해자(性賣買被害者)

성매매피해자라 함은 ① 위계 · 위력 그 밖에 이에 준하는 방법으로 성매매를 강요당한 자 ② 업무 · 고용 그 밖의 관계로 인하여 보호 또는 감독하는 자에 의하여 마약류 관리에 관한 법률 제2조 규정에 의한 마약 · 향정신성의 약품 또는 대마에 중독되어 성매매를 한 자 ③ 청소년, 사물을 변별하거나 의사를 결정할 능력이 없거나 미약한 자 또는 대통령령이 정하는 중대한 장애가 있는 자로서 성매매를 하도록 알선 · 유인된 자 ④ 성매매 목적의 인신매매를 당한 자 등을 말한다(성매매 알선 등 행위의 처벌에 관한 법률 제2조 4호).

성매매피해자의 지원시설(性賣買被害者의 支援施設)

성매매피해자 등을 위한 지원시설의 종류는 다음 각호와 같은 4종류의 시설을 말한다(성매매방지 및 피해자보호 등에 관한 법률 제5조).

1. 일반지원시설 : 성매매피해자 등을 대상으로 1년 이내의 범위에서 숙식을 제공하고 자립을 지원하는 시설. 일반지원 시설장은 6월 이내의 범위에 지원기간을 연장할 수 있다.

2. 청소년지원시설 : 청소년인 성매매피해자 등을 대상으로 1년 이내의 범위에서 숙식을 제공하고, 취학 교육 등을 통하여 자립을 지원하는 시설. 청소년지원시설장은 청소년이 18세에 달할 때까지 지원 기간을 연장할 수 있다.
3. 외국인여성 지원시설 : 외국인 성매매피해자 등을 대상으로 3월(성매매 알선 등 행위의 처벌에 관한 법률의 제11조[외국인 여성에 대한 특례]의 규정에 해당하는 외국인 여성에 대하여는 그 해당하는 그 해당기간)이내의 범위에서 숙식을 제공하고 귀국을 지원하는 시설
4. 자활지원센터 : 성매매피해자 등을 대상으로 자활에 필요한 지원을 제공하는 이용시설을 말한다.

성범죄 · 비행(性犯罪 · 非行)

법률상 성범죄란 강간, 동치사상(同致死傷), 강제추행, 강제외설(強制猥褻), 공연외설(公然猥褻), 외설(음란)문서반포, 외설목적유괴 등이고 이것에 매춘을 추가하는 경우가 있다.

협의로는 어느 특정한 성행위 등을 금지 또는 처벌하는 법률에 저촉되었을 경우를 말하며, 광의로는 그 사회의 성 모럴에 위반되는 일체의 성행동을 말한다. 강간, 외설행위, 노출, 들여다보기 등의 성에 관련된 범죄가 있으며, 중혼도 특이의 성범죄가 된다. 오늘날 청소년들의 성범죄가 증가현상을 나타내고 있는데 이는 경제발전으로 인한 청소년들의 영양양호로 성적 조숙이 이루어지고 서구문물의 부정적 측면인 퇴폐풍조 만연, 무분별한 남녀교제와 숙박업소, 유흥장, 오락장, 유기장의 자유출입과 퇴폐도서 등으로 성적 자극을 일으키며, 무분별한 매스컴의 영향과 음주, 흡연과 남녀혼성 동숙으로 성욕을 유발해 성범죄의 경우 이목(耳目)이 두려워 고소하지 않아 드러나지 않은 경우가 많은데 이를 잠재범죄라 한다. 성 비행은 19세 미만의 소년에 의한 성범죄 및 그와 유사행위를 말한다.

성역할(性役割)

사회적 · 문화적으로 기대되고 있는 성별에 따른 역할특성. 젠더라고도 한다. 일반적으로는 태어날 때부터 성역할을 획득할 수 있게 되어 교육된다. 소녀는 소녀답게, 소년은 소년답게 길러져서 각각의 성역할에 맞는 퍼스낼리티(personaltiy)를 생각하고 있다. 남성, 여성에 따른 역할특성은 각각 남성성(男性性), 여성성(女性性)으로 불리어, 남성성 · 여성성 양쪽을 합쳐진 것을 양성성(兩性性)이라고 한다. → 젠더

성인기(成人期)

인생 가운데 가장 심신의 기능이 안정되고 활동력이 왕성해지며, 창조적이 현실과 조화를 이루고 사회적으로 독립된 역할을 하는 제일 긴 기간에 해당한다. 본인의 책임하에 직업을 갖고 계속하는 것, 가정을 이루고 가는 것이 중심과제다. 거기에서 실제적인 문제에 고민하는 시기이다. 직장에 관련되는 문제, 가정과 자녀의 양육의 갈등 등이 있다. 그러나 일반적으로는 사회에서 비교적 안정된 지위를 가지게 되므로 마음의 안정이 되는 때가 되어 성숙한 인격(퍼스낼리티)이 요구된다. 올포트(Allport, G.W.)는 다음의 6가지를 거론하고 있다.

① 자기의식의 확대 ② 타자와의 타정한 관계 ③ 정서적 안정(자기수용) ④ 현실감각 현실능력 및 현실적 과제 ⑤ 자기 객관시, 통찰과 유모어 ⑥ 인생을 통일하는 통일철학.

성인병(成人病)

성년기의 후반부터 노년기(老年期)에 걸쳐 이환률(罹患率)이나 사망률이 높게 되는 만성질환.

구체적으로는 뇌졸중이나 동맥경화, 고혈압, 악성종양, 당뇨병, 통풍, 만성간염, 간경변(肝硬變), 류마티스, 관절염, 신경통, 백내장, 녹내장, 노인성난청 등이다. 최근에는 생활습관병이라고도 하고 있다. →3대성인병, 생활습관병

성인병대책(成人病對策)

치료뿐만 아니라 제1차 예방(원인)을 제거하는 것), 제2차 예방(조기발견, 조기치료), 제3차 예방(기능회복)에 의해서 질병을 예방함과 동시에 가능하면 빨리 사회에 복귀시키거나 그것 이상으로 기능이 저하되지 않게 하는 것을 목적으로 한 의료시책이다. 다른 한편, 성인병의 치료는 고도의 기술과 설비를 필요로 하는 것이 많고, 전문가의 조언과 고도의 기능을 가지는 병원에 충실히고 진료소와의 연계 및 정비된 의료체계가 필요하다. 따라서 성인병 대책은 예방 · 의료 · 재활 등이 포괄적인 대책을 전개하는 것이 필수적이다. 나아가서 와상(臥床) 노인이나 치매성 노인으로 대표되는 것과 같은 만성질환과 기능장애를 가진 경우에는 복지까지 포함한 종합적 대책이 필요하다.

성인병환자(成人病患者)

'성인병'이라고 하는 말은 학술적으로 특별히 정의되지 않고 사용되고 있다. 일본에서 1955년경에 만들어진 새로운 용어이고, 성인병의 범위는 일정하지 않은 다음과 같은 증상을 가지는 환자를 말한다.

① 좁은 의미로 악성신생물(惡性新生物) 뇌혈관질환, 심질환, 고혈압, 동맥경화증 등을 말한다(특히 암, 심장병, 뇌졸중을 일반적으로 3대 성인병이라 말한다).

② 중년층의 대표적 질환으로서 당뇨병, 만성간질환 등을 포함하는 경우도 있다.

③ 사망통계의 B군 성인병과 같이 노쇠를 포함하는 경우도 있다.

성장집단(成長集團)

성장집단은 집단활동을 통해서 개인의 잠재력을 개발하여 사회적 기능을 향상시키기 위하여 구성된 집단이다. 성장집단에서는 집단을 개인이 성장할 수 있는 기회로 활용하며, 자신의 발전을 위해 집단활동을 통해서 사고(思考)와 행동을 변화시킨다. 성장 집단으로 인카운터그룹(encounter group : 집단감수성훈련그룹〈인간관계에 관한 수양회〉), 퇴직준비 집단 등이 있으며, 이러한 집단은 잠재되어 있는 구성원들의 심리적 · 사회적 · 정서적 기능의 향상에 초점을 둔다.

성적 자결권(性的 自決權)

원치 않는 성행위나 임산, 출산, 성기관 설제 등을 강요받지 않을 권리를 말한다. 성관련 행위에 모든 결정은 본인이 한다는 것이 기본전제이다. 1995년 UN세계여성회의 여성인권에 포함시켜 각종 여성운동의 행동강령에 반영하고 있다. 이에 따라 선진국들은 여성의 성적 자결권을 누구도 침해할 수 없는 기본적 인권으로 간주하고 있다. 일부 국가에서는 남편이 아내에게 원치 않는 섹스를 강요할 경우 강간죄가 성립된다고 보고 있다. 어디까지나 본인의 의사를 절대적으로 존중해야 한다는 것이다. 우리나라에서도 이를 인정하는 사법부의 판례를 남겼다. 그러나 자결권을 지나치게 강조한 나머지 매매춘(賣買春)도 자유로운 노동의 일종으로 인정해야 한다는 극

단론이 나와 논란을 빚고 있는데 매매춘을 성폭력의 일종으로 비난해 온 기존의 여성인권운동과 상충되기 때문이다.

성충동 약물치료(性衝動 藥物治療)

성충동 약물치료라 함은 비정상적인 성적 충동이나 욕구를 억제하기 위한 조치로서 성도착증 환자에게 약물투여 및 심리치료 등의 방법으로 도착적인 성기능을 일정기간 동안 약화 또는 정상화하는 치료를 말한다(성폭력범죄자의 성충동 약물치료에 관한 법률 제2조3호).

성폭력범죄(性暴力犯罪)

성폭력 범죄란 다음 각호의 범죄를 말한다(성폭력 범죄자의 성충동약물치료에 관한 법률 제2조 2항).

1. 아동 · 청소년의 성보호에 관한 법률 제7조(아동 청소년에 대한 강간 강제추행 등)의 죄
2. 성폭력범죄의 처벌 등에 관한 특례법 제3조(특수강도 강간 등)부터 제12조(통신매체를 이용한 음란 행위)까지의 죄 및 제14조(미수범)의 죄(제3조부터 제9조까지의 미수범만을 말한다).
3. 형법제297조(강간) 제298조(강제추행) 제299조(준강간, 중강제추행) 제300조(미수범) 제301조(강간 등 살해 치사) 제301조의2(강간 등 살인 치사) 제302조(미성년자 등에 대한 간음) 제303조(업무상위력 등에 의한 간음) 제305조(미성년자에 대한 간음추행) 제339조(강도 강간) 및 제340조(해상강도) 제3항(부녀를 강간한 죄만을 말한다) 의 죄.
4. 1호부터 3호까지의 죄로서 다른 법률에 따라 가중 처벌되는 죄

성폭력범죄의 처벌 및 피해자보호 등에 관한 법률(性暴力 犯罪의 處罰 및 被害者保護 등에 관한 法律)

이 법은 성폭력범죄를 예방하고 그 피해자를 보호하며, 성폭력 범죄의 처벌 및 그 절차에 관한 특례를 규정함으로써 국민의 인권신장과 건강한 사회질서의 확립에 이바지함을 목적으로 1994년 1월 5일(법률 제4702호)에 제정 · 공포하였다. 3장 37개 조문과 부칙으로 국가와 지방자치단체의 의무와 피해자에 대한 불이익처분의 금지, 성폭력범죄의 처벌 및 절차에 관한 절차 및 성폭력피해 상담소 등의 설치, 업무, 감독 등과 벌칙을 규정하고 있었는데 이 법률은 2010년 4월 15일(법률 제 10261호)에 제정된 성폭력방지 및 피해자보호 등에 관한 법률이 2011년 1월 1일부터 시행되면서 폐지되었다.

성폭력범죄자의 성충동약물치료에 관한 법률(性暴力犯罪者의 性衝動藥物治療에 관한 法律)

이 법은 16세 미만의 사람에 대하여 성폭력범죄를 저지른 성도착증 환자로서 성폭력범죄를 다시 범할 위험이 있다고 인정되는 사람에 대하여 성충동 약물치료를 실시하여 성폭력범죄의 재범을 방지하고 사회복귀를 촉진하는 것을 목적으로 2010년 7월 23일(법률 제10371호)에 35법 조문과 부칙으로 제정 · 공포하여 공포한 날로부터 1년에 경과한 날부터 시행하고 있다.

성행위감염증(性行爲感染症)

주로 성행위를 통해서 감염이 성립되어, 생식기계통의 기관에 장애가 나타나는 질병의 총칭이다. 속언(俗言)으로 말하는 성병을 가리키는데 종래의 성병의 개념을 확대한 성행위 감염증이라는 단어가 사용하게 되었다. 에이즈, 비임균성

요도염 등을 포함한다.

성희롱(性戲弄: sexual harassment)

성적인 추행을 말한다. 법률상 문제가 되고 있는 것은 직장에서의 성희롱이다. 그 정의는 업무, 고용 그 밖의 관계에서 국가기관 지방자치단체 또는 대통령령이 정하는 공공단체의 종사자, 사용자 또는 근로자가 그 지위를 이용하거나 업무 등과 관련하여 성적 언동 등으로 상대방에게 성적 굴욕감 또는 혐오감을 느끼게 하거나 성적 언동 그밖에 요구 등에 대한 불응을 이유로 고용상의 불이익을 주는 것을 말한다(국가인권위원회법 제2조5호).

구체적으로는 '성희롱'이란 업무, 고용, 그 밖의 관계에서 국가기관 지방자치단체 또는 대통령령으로 정하는 공공단체의 종사자, 사용자 또는 근로자가 다음 각목의 어느 하나에 해당되는 행위를 하는 경우를 말한다고 규정하고 있다(여성발전기본법 제3조1호).

가. 지위를 이용하거나 업무 등과 관련하여 성적 언동 등으로 상대방에게 성적 굴욕감이나 혐오감을 느끼게 한 행위

나. 상대방이 성적 언동이나 그 밖의 요구 등에 따르지 아니하였다는 이유로 고용상의 불이익을 주는 행위

이 때 '사용자'란 사업주 또는 사업경영담당자, 그 밖에 사업주를 위하여 근로자에 관한 사항에 대한 업무를 수행하는 자를 말한다.

미국에서는 여성노동자연합협회가 1975년에 성희롱에 대한 항의행위를 확산시켰다. 그 계기는 ①1961년 공민권법(公民權法)에서 성차별 금지가 규정된 것과 ②1960년대 후반의 여성의 직장 진출이다. 1980년엔 미국고용기회평등위원회가 성희롱의 가이드라인을 작성했으며, 1986년에 이 가이드라인을 연방최고재판소가 지지하고, 또 성희롱에 있어서는 가해자만이 아니라 이러한 직장환경에 대한 기업체 측의 책임도 있다고 판결했다. 1987년 국제자유노동연맹(國際自由勞動聯盟)도 성희롱을 노동조합에서 다루어야 한다고 상세한 가이드라인을 작성했다.

세계보건기구(世界保健機構)

WHO(World Health Organization)라고도 한다. 국제사회의 모든 사람들이 최고 수준의 건강을 유지하는 것을 목적으로 한 국제연합(UN)의 전문기구의 하나이며, 1948년 4월 7일, 국제연합가맹 26개국이 같은 기관의 헌장을 추진하여 발족하였다. 매년 4월 7일에 '세계보건의 날'행사가 있는 것도 이것을 기념하기 위한 것이다.

구체적으로는 보건 분야에 있어서 전염병의 대책이나 위생증진, 기준설정, 의약품의 공급, 기술협력, 연구개발 등을 행하고 있다. 본부는 스위스의 제네비에 있다.

세계보건기구헌장(世界保健機構憲章)

세계보건기구(WHO)의 헌법이다.

구체적으로는 1948년에 작성된 것으로 "건강이라 함은 단순히 질병이나 허약하다는 게 아니고, 육체적, 정신적, 사회적으로도 완전하고 양호한 상태"라고 정의하고 있다. 그런 의미로 이 정의는 그 후의 국제사회의 공통의 개념으로써 사용되고 있다. 1960년의 제20회에서 수정 결의된 헌장은 세계보건기관의 목적, 기능, 구성, 조직, 총회, 이사회, 위원회, 지역위원회, 예산 등을 명시했으며 총 19장 82항목에 이른다. 일종의 세계보건기관의 규약 같은 내용이다.

세계인권선언(世界人權宣言)

모든 국민과 국가가 인권보장으로서 달성해야 할 기준을 나타낸 국제적인 선언. 1948년 12월 10일, 제3회 UN총회에서 채택되었다.

구체적으로는 인간의 존엄과 가치, 기본적 인권, 남녀의 동등권 등이 정해져 있다. 또 국제인권규약에서는 사회권이나 자유권, 아동권리선언에서는 출생권이다. 생존권, 발달권, 행복추구권, 교육권, 레크리에이션권의 보장이 명확하게 되어 있다.

세계인권선언 제22조(世界人權宣言第二十二條)

〈세계 인권선언〉 제22조는 모든 사람이 사회보장의 권리가 있으며, 또한 모든 사람이 경제적, 사회적, 문화적 권리를 실현할 자격이 있음을 명시하고 있다. 즉 사람은 누구를 막론하고 사회보장을 받을 권리를 가지며, 국가적 노력과 국제적 협조를 통하여 또는 각 국가의 기구와 자원이 허락하는 범위 내에서 존엄성과 인격의 자유로운 발달에 불가결한 경제적 사회적 또는 문화적 제 권리를 실현하는 권리를 가진다.

세계인권선언제25조(世界人權宣言 第二十五條)

〈세계 인권선언〉 제25조는 모든 사람이 인간다운 생활을 할 권리가 있음을 구체적 상황과 연결시켜 규정하고 있다. 즉 ①사람은 누구를 막론하고 의식주 의료 및 필요한 사회적 시설을 포함하여 자신 및 그 가족의 건강과 안녕을 유지함에 충분한 생활수준을 보유할 권리를 가지며, 실직, 질병, 불구, 배우자의 상실, 노쇠 혹은 기타 불가항력의 사정으로 인하여 생활의 빈궁을 받을 때에 생활보장을 받을 권리를 가진다. ②모성과 유약(幼弱)은 특별한 보호와 원조를 받을 권리를 가진다. 모든 아동은 적출(嫡出)이고 아님을 막론하고 동일한 사회의 보장을 받아야 한다.

세계인권의 날(世界人權의 날)

1948년 12월 10일 제3회 국제연합총회에서 세계 인권선언이 채택된 것과 동시에 동 선언의 보급에 관한 결의를 하고 특히 선언이 채택된 12월 10일을 정식으로 세계인권의 날로 정했다. 모든 인간은 태어나면서부터 자유로우며 존엄과 권리에 관해 평등하다는 세계인권선언의 정신을 이해하고 세계인의 인권을 지키기 위해 여러 가지 운동이나 기념행사를 행하고 있다. → 세계 인권선언

세대(世帶)

주거와 가계(家計)를 같이하는 사람들의 집단.

구체적으로는 동거인이나 사용인은 포함되지만 동일호적, 또는 생계를 같이 하는 자라도 취학(유학), 단신으로 외지 직장의 부임으로 인하여 일시적으로 별거하고 있는 가족은 포함하지 않는다.

세이브더칠드런(Save the Children)

세이브더칠드런이란 한국전쟁으로 생긴 수많은 전쟁고아와 미망인을 구호하기 위하여 미국, 영국, 캐나다, 스웨덴 등의 세이브더칠드린이 1953년에 한국에도 세이브더칠드런을 창설하고 활동을 시작하였다. 지금까지 국내외의 아동의 건강, 보건, 의료, 교육과 아동학대 예방, 치료사업, 결손빈곤가정 어린이의 지원사업, 아동권리 교육사업 등을 펼쳐온 아동권리 전문기관을 말한다.

세이브더칠드런은 1919년 런던에서 젭(Jebb, Eglantyne) 여사가 창립한 당시는 세계 대전 이후의 참담한 환경속에서 아동의 생존권이 심각하게 침해당하는 상황이었다. 이에 젭 여사는 아

동의 구호와 복지 그리고 권리선언을 위해 본 기관을 창립하고 아동을 단순한 보호의 대상이 아닌 주체적인 인격체로 존중해야 함을 주창하였다. 젭 여사는 1923년 최초의 아동권리 선언문을 초안(아동의 생존, 보호, 발달, 참여권을 명시)을 발표하고, 이 선언문이 1924년 국제연맹에 의해 〈아동권리에 관한 제네바선언〉으로 선포되었다. 이 선언이 1989년 유엔아동권리협약(UN Convention on the Right of the child)제정으로 이어졌다. 아동권리에 뿌리를 둔 젭 여사의 정신은 오늘날까지 전 세계 세이브더칠드런 활동의 근간이 되고 있다.

세틀먼트(settlement)

지식계급의 대학 교수 등의 유식자가 도시 슬럼(빈민지구)지구에 이주하여 빈곤자나 노동자에 대하여 인격적 접촉을 통하여 생활개선과 자립향상, 지역적 통합을 촉진함과 더불어 지역 환경이나 제도의 개선을 하게 하는 사회개량운동의 한 형태를 말한다. 다시 말해서 19세기 말기에 실업, 질병, 범죄 등과 깊은 관련성을 가진 빈곤문제가 집약된 지역인 슬럼가에 주거하면서 빈곤자와의 이웃관계를 통하여 인격적 접촉을 도모하여 문제의 해결을 목표로 한 민간유지의 운동이다.

역사적으로는 세계 최초의 세틀먼트는 1884년 영국의 런던에서 비네트 S. A.를 중심으로, 토인비, A.를 기념하여 세워진 아놀드, 토인비 · 홀이 최초로 노동자 교육의 거점으로 되었다. → 토인비, A, 아담스, 바네트, S.

세틀먼트활동(settlement 活動)

세틀먼트에서 자발적인 활동으로, 지역적 접근의 선구를 이루고 집단원조기술(group work)을 육성하고, 조사활동이나 사회활동의 발전으로 연결시키는 등 사회사업의 근대화, 민주화로 이끌어온 활동을 말한다.

섹슈얼해러스먼트(Sexual harassment) ⇨ 성희롱(性戱弄)

센서스(census)

통계적인 실태조사라는 것. 즉 국세조사(인구조사), 농업센서스에 대표된다. 대상으로 되는 조사단위를 남기지 않고 조사하는 전수조사가 본래의 센서스의 의미이다.

셀프케어(self care)

스스로가 주체적으로 판단하여 생명이나 건강문제를 스스로 대처하려는 일반 사람들의 태도와 행동을 말한다. 자기관리(自己管理)이다. 그 범위는 건강의 유지, 증진, 질병의 조기발견과 가벼운 질병의 자기치료, 의료서비스의 이용과 질병의 자기관리와 함께 질병이 예방에서부터 치료까지를 포함한다. 의료, 보건 등의 전문직은 정보를 제공하여 조언을 주게 된다.

셀프헬프(selp help)

셀프헬프라 하면 자신이 자신을 도운다고 하는 의미이며 우리말의 '자조(自助)'에 해당한다. 같은 장애를 가진 사람끼리가 서로 정보를 교환한다든지 서로 협력하는 것을 의미하여 그것을 위하여 그룹이나 단체를 결성하여 활동하고 있다. 장애인 당사자 단체 등이 셀프헬프 그룹이며, 구체적으로는 전국 신체장애인 단체연합회 등이 있다.

소년(少年)

일반적으로는 연소한 남자를 말하는데 법률에

따라서 각각 다음과 같이 규정하고 있다.

아동복지법에서는 초등학교에 입학하는 취학의 시기(時期), 즉 아동부터 만 18세에 달하는 자로, 또한 소년법에서는 만19세 미만을 소년으로 하고 있으며, 또 근로기준법에서는 만 18세 미만의 자를 연소자(年少者)로 하고 있다.

소년범(少年犯)

소년범이란 소년의 범법행위를 성인의 범법행위와 분리 취급하기 위하여 설정된 개념으로 넓은 의미로는 범죄소년, 촉법소년, 진범소년, 불량행위소년을 의미하나 좁은 의미에서는 범죄소년만을 의미한다.

소년범죄의 원인 내지 범인성 요인으로는 경제적 빈곤, 결손가정으로 인한 애정, 훈육의 결핍, 불량교우, 퇴폐풍조 등을 지적할 수 있는데 이에 상응하는 적절한 조치가 바로 소년범에 대한 형사정책이며, 따라서 빈곤추방, 완전고용, 우범지역의 정화, 소년복지시설의 확충, 각종 학교의 증설, 장학금 지급대상 및 금액의 확대, 가족결손의 예방, 도시의 인구분산, 청소년전용의 운동 및 오락시설의 증설, 퇴폐풍조의 근절, 사회기강의 확립과 모범청소년상의 정립 등은 전부 소년범의 예방을 위해 필요하고도 유익한 정책이라 할 것이다.

소년법(少年法)

이 법은 반사회성에 있는 소년의 환경 조정과 폭행교정을 위한 보호처분 등의 필요한 조치를 하고, 형사처분에 관한 특별조치를 함으로써 소년이 건전하게 성장하도록 돕는 것을 목적으로 1958년 7월 24일(법률 제489호)에 제정하여 시행해 오던 중 1988년 12월 31일(법률 제4057호)에 전문 개정하여 1999년 7월 1일부터 시행되면서 오늘에 이르고 있다. 이 법에서 '소년'이라 함은 18세 미만의 자를 '보호자'라 함은 법률상 감호교육(監護教育)의 의무 있는 자를 말한다고 규정하고 있다(본법 제2조).

소년보호(少年保護)

소년비행을 대상으로 하는 대책의 총체를 말한다. 성인범죄 대책이 징벌(懲罰)주의를 바탕으로 하는 것과 구별하여 소년비행대책을 보호(교육적 · 복지적)주의를 기조(基調)로 하는 것에 소년보호라고 부르는 의미가 있다.

소년보호는 소년법(少年法)을 기본으로 하여 그것에 관련된 주요 법규 (보호관찰 등에 관한 법률 · 보호소년 등의 처우에 관한 법률 · 아동복지법 등)의 시행 · 운영에 의해서 구체화되고 있다. 소년법은 비행소년을 건전 육성하는 것을 처우(處遇)이념으로 하고 있으며, 소년법에 의한 소년심판은 사법적 기능과 교육적 · 복지적 기능의 조화에 의해서 건전육성 실현을 도모하고 있다.

소년분류심사원(少年分類審查院)

보호소년 등의 처우에 관한 법률에 의거하여 설치된 법무부장관 관장의 국립의 시설이다.

소년분류심사원은 (종래의 소년감별소) 법원소년부 가정법원소년부로부터 위탁된 소년, 전문가 진단의 일환으로 법원소년부가 상담조사를 의뢰한 소년의 상담과 조사, 소년피의 사건에 대하여 검사의 조사를 의뢰한 소년의 품행 및 환경 등의 조사 및 소년원장이나 보호관찰소장이 분류심사를 위하여 의뢰 수용된 소년에 대하여 자질의 분류심사를 항하는 것을 주된 업무로 한다. 의학, 심리학, 교육학, 사회학, 사회복지학, 범죄학 기타의 전문적 지식, 기술에 근거하여 보호소년 등의 자질이나 인격의 진단을 행하고 신체적, 심리적, 환경적 측면 등을 조사 판정하여 분류심사의 결과를 소년 분류 심사원장은 위탁 의뢰된 기관에 통지하고 필요한 의견을 제시할 수 있다(동법 제27조). 여기에 보호된 소년들에게 그릇된 사고방식과 행동양식을 교정시켜 사람다운 인간으로서 생활 할 수 있도록 자주적 생활능력과 국민으로서 자질을 향상시켜 정의사회가 필요로 하는 건전한 청소년을 육성하는 데에 목적이 있다.

소년소녀가족(少年少女家族)

소년소녀 가족은 부모의 사망, 이혼, 가출, 질병, 심신장애, 장기복역 등으로 인하여 18세 미만의 아동이 가정생활을 이끌어 가야 하는 가족을 말한다. 즉 이것은 아동이 앞에서 열거한 사유로 부모와 같이 살지 못하거나 부모의 폐질 심신장애 행방불명 장기복역 등으로 부모가 부양능력을 상실하였을 경우에 아동이 가장(이때 가정을 도맡아 이끌어 가는 어린이와 청소년을 '소년소녀가장'이라고 함)의 역할을 수행하는 가족형태인 것이다.

소년소녀 가족은 부모의 역할을 담당할 사람이 없기 때문에 신체적 · 정서적 · 교육적 · 경제적 · 사회적 문제가 발생할 수 있다. 첫째 부모가 없기 때문에 수입이 부족하고 생활이 안정되지 못하여 신체적으로 정상적인 성장과 발달을 기하기 어려우며, 정서적으로 불안정하여 정상적인 학교생활도 할 수 없다. 또 경제적으로 자활할 기반과 능력이 부족하기 때문에 빈곤에서 벗어나기 어려우며, 사회적으로 고립될 수 있다.

소년심판(少年審判)

소년심판은 소년법에 의한 소년보호사건의 처리를 위하여 가정법원에 의해 행하여지며, 검찰관의 입회를 배격하고 대심구조(對審構造)에 따른 소송형식을 받아들여 가정법원 조사관 등의 과학적 조사 · 원조를 활용하여 행하여진다. 가정법원은 송치된 소년사건을 조사한 다음 심판하여 그 죄질 및 정상을 비추어 ① 보호감호 ② 아동자립지원시설 또는 아동양호시설에의 송치 ③ 소년원 송치 ④ 검찰관 송치, 어느 것이든 결정을 한다. 심판은 재판장의 지휘하에 비공개로 행하여지고 소년은 변호사 등을 선임할 수 있다.

소년원(少年院)

구체적으로는 가정법원 소년부, 지방법원 소년부로부터 보호처분으로서 송치(送致)된 12세 이상의 비행소년을 수용하여 교정교육(矯正教育)을 행하여 원활한 사회복귀를 기하는 것을 목적으로 행함을 임무로 하는(보호소년 등의 처우에 관한 법률 제2조1항) 법무부장관이 관장하는 국가시설이다. 모두 국립(國立)이며, 형기(刑期)는 정하지 않으며 생활지도나 직업훈련을 행하고 있다. 법무부장관은 분류 수용과 교정교육상 필요하다고 인정할 때에는 소년원을 교과교육소년원, 직업훈련소년원, 여자소년원 및 특별소년원 등 기능별로 분류하여 운영하며, 교정교육은 규율있는 생활 속에서 보통교육, 직업훈련, 심성순화, 심신의 보호 · 지도 등을 통해서 보호소년이 사회생활에 원만하게 적응하고 전인적인 성장 · 발달을 할 수 있도록 하며, 원생(院生)들의 처우는 단계를 두고 성행(性行)의 개선과 진보의 정도에 따라 점차로 향상된 처우를 하고, 다만, 교정성적이 특히 불량한 자에 대해서는 그 단계를 하향조정하여 처우할 수 있다.

보호소년이 22세에 달할 때에는 이를 퇴원(退院)시켜야 하며, 소년원장은 보호소년에 대하여 교정의 목적을 달하였다고 인정할 때에는 보호소년 등의 처우에 관한 법률에 따른 보호관찰심사위원회에 퇴원을 신청하여야 한다고 법에 규정되어 있다(동법 제43조).

소득보장(所得保障)

실업 · 질병 · 재해에 의해 소득이 감소한다거나, 수입이 중단될 때, 또는 노령에 의한 퇴직이나 부양자의 사망 등에 의해 수입이 상실될 때, 출생사망 등에 의해 수반하는 지출이 발생할 때에 일정 생활수준을 유지 확보하기 위하여 사회보험이나 공공부조에 의한 급여에 의한 소득을 보장한다는 것을 말한다. 이에는 ① 저소득자에 대하여 보충성의 원리에 입각, 최저생활수준을 보장하는 공적부조 ② 정형적 급부를 행하는 사회수당(사회부조) ③ 각출원칙을 기초로, 생활안정을 위해 보험사고 발생 시 일정한 급부를 행하는 사회보험 등 세 가지가 있다. 공적부조는 자산조사에 기준하여 보호 · 적용하는 선별주의를 취하는 데 대하여, 사회보험의 수급에서는 자산조사가 아닌 보편주의 원칙에 입각하고 있다. 한편 사회부조인 아동수당과 같이 자산조사가 없는 무각출제도가 도입되어 보험의 부조화라고 하는 새로운 움직임이 나타나고 있고, 사회보험의 급부수준을 둘러싸고 최저보장의 생활유지가 논의되고 있다.

소득분배(所得分配)

해마다 국민순생산물이 그 생산에 참가한 경제주체 간의 일정한 법칙에 따라 배분되는 것을 보통 소득분배라고 한다. 소득분배에 관하여는 기능적 분배론, 제도적 분배론 등이 있으나 근대에 와서는 소득의 인적 분배가 보다 더 중요한 문제로 되어 있다. 인적 분배란 개인 간의 소득분포상태를 지칭하는 것으로 부자와 빈자와의 소득분할을 말한다. 소득분포의 통계적 연구는 재정지출, 사회보장 등의 정책입안을 위한 기초가 된다.

소득세(所得稅)

소득을 직접과세대상으로 인세(人稅)로서 광의의 소득세는 개인소득세와 법인 소득세를 함께 말하지만, 오늘날 소득에는 개인소득세만을 가리키는 협의의 소득세를 의미한다. 소득세는 기초공제, 부양가족공제 등 인적공제와 필요경비를 인정하고 있다. 때문에 납세자의 개인적 사정이 고려되고 수입탄력성을 갖는 점에서 조세 중에서 가장 공정하고 이상적인 조세라 할 수 있다. 과세되는 소득은 종합소득으로서 당해 연도에 발생하는 이자소득, 배당소득, 부동산임대소득, 사업소득, 근로소득, 일시재산소득, 연금소득과 기타 소득을 합산한 것, 그리고 퇴직소득으로는 퇴직으로 인하여 발생하는 소득과 국민연금법, 공무원연금법등에 의하여 지급되는 일시금, 양도소득으로는 자산의 양도로 인하여 발생되는 소득, 산림소득으로는 벌채 또는 양도로 인하여 발생하는 소득 등이다.

소득세는 1월1일부터 12월 31일까지의 1년분의 소득 금액에 대하여 과세하며, 거주자가 사망 시에는 1월 1일부터 사망일까지의 소득금액을 과세한다.

소득의 재분배(所得의 再分配)

소득배분의 불평등의 시정이나 공평화를 꾀하기 위하여 사회보장제도나 조세제도에 의해서 사회를 구성하고 있는 사람들로부터 보장을 필요로 하고 있는 사람들에게 소득을 이전하는 것. 사회보장은 사회를 구성하는 각 개인의 생활안정을 목표로 정부가 공적으로 행하는 것이다. 때문에 정부가 강제력을 가지고 일단 분배된 각 개인의 소득으로부터 조세나 사회보험료를 징수하여 그 한편에서 각 개인에 급여를 행한다. 소득의 재분배는 '수직적 재분배'와 '수평적 재분배'로 나눠진다. 전자는 소득계층 간의 격차를 축소하는 것을 목표로 하는 것이며, 후자는 동일 계층 내에서 소득격차를 수정하기 위하여 실시된다.

소득인정액(所得認定額)

소득인정액이란 국민기초생활보장법 제2조 제8호에 따른 소득인정액(본인 및 배우자의 소득인정액에 한한다)을 말한다. 다만, 보건복지부령으로 정하는 바에 따라 그 산출기초가 되는 소득재산의 범위, 같은 법 제2조 제9호에 따른 소득평가액 산정방식 및 같은 법 제2조 제10호에 따른 재산의 환산액 산정방식을 다르게 정할 수 있다(기초노령연금법 제2조4호).

소득제한(所得制限)

사회보장은 소득의 중단이나 상실에 의해 빈곤에 빠질 위험을 배제하는 것을 하나의 목적으로 하고 있기 때문에 최저한 이상의 생활수준을 유지하는 수급자 본인 또는 부양의무자의 소득이 일정한도를 넘는 경우, 급부의 정지 또는 제한을 행하는 것을 소득제한이라 한다. 소득제한을 하는 이유는 ① 사회보장의 목적이 최저생활수준의 보장에 있으며 ② 비용증대를 초래하여 욕구에 대한 사회보장비의 효율적인 배분을 도모하고 ③ 생활보호의 자산조사에 비해, 제한의 정도가 완만하여 제한의 실질적 피해가 적은 것 등이다. 그러나 대부분의 갹출제 사회보험에서는 소득제한을 두지 않고 급부를 행하고 있다. 이것은 소득조사에 많은 행정비용이 수반한다는 것과, 모든 사람들이 평등하게 취급받는 것은 민주적이다라는 사고방식에 의한 것이다.

소비세(消費稅)

사람들이 소비를 위해서 돈을 지불하는 생태를 포착하여 부과하는 세금. 물건을 소비하는 배후에는 각기의 소득이 있으므로 납세능력이 있다고 판단하는 것이다. 특별소비세, 주세 등이 이에 해당한다. 원칙적으로 생활필수품에는 소비세가 부가되지 않는다.

소비자복지(消費者福祉)

민간 기업에 의한 복지서비스의 이용자를 소비자로 받아들여 그 보호의 상태를 생각하는 사회복지의 한 영역.

구체적으로는 고도한 소비사회 하에서 대량생산 대량판매나 기술혁신의 발전 등에 따라, 유해조악(粗惡)한 일상생활용품의 계약이나 구입에 의한 피해의 위험성, 거래상의 불평등성, 나아가서는 생존권을 침해되지 않도록 소비자의 보호나 그 복지의 향상을 생각한다. 이에 해당하는 법으로 소비자 보호법이 제정되어 있다.

소비자운동(消費者運動)

고도대중 소비사회의 도래와 더불어 현재화(顯在化)한 소비자 문제에 대처하기 위하여 소비자가 스스로의 권리와 이익을 지키기 위하여 행하는 시민운동을 말한다. 1844년 영국에서 로찌데일공정개척자조합의 활동이 시작이었다고 한다. 소비자가 자주적으로 단체를 조직하여 소비생활을 지키기 위한 운동이 근년에 많이 발생하는 소비자운동이라던가, 소비자의 권리를 주장하는 적극적인 운동 등이 전개되고 있다.

소비자주권(消費者主權)

생산의 최종의 결정권은 소비자에 있다는 사고방식. 소비자의 의향이 시장에서의 구매활동을 통해 생산자에게 전달되고 생산되는 상품의 종류, 수량이 결정된다는 생각에서 나왔다. 사회의 경제활동은 사람들의 소비에서 얻는 만족의 최대가 되도록 행하여지는 것이 바람직하다는 규범을 나타내는 경우와 시장기구에 있어서 생산의 위치를 결정하는 것은 소비자의 수요라는 사실관계를 표현하기 위하여 쓰이는 경우가 있다. 그러나 최근에는 소비자가 당연한 권리로서 기대하는 이익, 혹은 그 이익을 보장하기 위한 제도가 행정이 완전히 실현될 것을 요구하는 소비자운동의 슬로건으로서 이 용어가 쓰이는 일이 많다.

소비지출(消費支出)

소비를 목적으로 지출되는 것으로 예컨대, 생활비라는 것. 식료품비, 주거비, 광열비, 피복비 등의 필수적 지출과, 교양, 오락비, 교제비 등의 선택적 지출이 있어, 각각의 가계는 소득의 범위와 가족구성 등에 의해서 이것들의 배분을 결정한다. 그 배분상태는 소비구조라고도 일컬어져 시대, 지역, 소득, 라이프사이클 스테이지, 소비재의 가격, 기호 등에 의하여 변화한다.

소셜니즈(social needs)

일반적으로 니즈라 함은 필요 · 요구의 의미이나, 사회학적인 의미의 니즈라 함은 사회생활의 속에서의 기본적인 필요 · 요구로서 일정의 기준을 충족한 것이거나 전문가가 판정한 것을 가리킨다. 이 기본적인 필요 · 요구는 소셜서비스의 제공에 의하여 충족이 도모하게 된다. ↔ 소셜서비스

소셜서비스(social service)

사회복지제도를 통하여 이용자에 제공되는 서비스라는 것이다. 이용자가 가지고 있는 문제의 내용과 성격에 의해서 제공되는 서비스는 현물이나 서비스 활동, 현금 등의 여러 형태로 나뉜다. 이것들은 문제를 안고 있는 자의 니즈에 응하여 제공된다. 광의(廣義)로는 의료(cure), 보건(health), 복지(care)서비스 등의 정책, 제도 모두가 포함되나, 일반적으로는 협의의 사회복지 서비스만을 말한다. ↔ 소셜니즈

소셜서포트네트워크(social support network)

1970년대 이후 구미의 정신위생, 보건, 사회복지 등의 영역에서 주목되어온 개념이며, 가족, 이웃, 볼런티어 등, 비전문적인 원조자에 의한 원조의 네트워크를 말한다. 때로는 복지관련 직원이나 사회복지시설의 전문가가 관계하는 일도 있다. 새로운 개념이며, 명확하게 개념정리가 되어 있지 않다.

소셜워커(social worker)

사회복지의 분야에서 지도적 종사자로서 혹은 상담원조 등의 전문직으로서 실천에 관련되어 있는 사람(예컨대 케이스워커, 그룹워커, 커뮤니티워커 등)의 총칭이다. 이 호칭은 국제적으로 승인되어 있으며, 그 범위나 자격기준은 국가에 따라 다르지만 고도의 전문지식, 전문기술을 일정교육, 훈련에 의해 취득하고 그것을 구사할 수 있는 능력이 요구되고 있다. 즉, 수용시설의 현장에서 시설운영자와 수용자 사이에 제도적으로 개입하여 예산지원, 당국의 감독을 대신하고 수용자의 인권과 법적 불이익을 대변 옹호하는 사회복지종사자, 또는 사회복지윤리에 의거해서 전문적인 지식이나 기술을 가지고 사회복지원조

를 행하는 전문직을 뜻하는데 사회복지사라 번역된다.

소셜워크(social work)

현대사회에 있어서 '사회복지'(social welfare)가 사회제도로서 확립 · 발달해 감에 따라서 그 제도 체계하에서 전개되는 전문적 활동의 총체이다.

과거에는 사회사업으로 번역되었으나 오늘날에는 소셜워크라는 원어 그대로 사용되어 사회복지에서의 방법의 체계로서 쓰여지고 있다.

소셜워크는 영국이나 미국에서는 19세기 후반부터 20세기 초에 걸쳐 발전하게 된 '자선조직화운동'과 '인보관운동' 속에서 생성되어 왔다. 그것을 출발점으로 해서 소셜워크는 미국을 무대로 리치몬드(Richmond, M.E.)를 위시한 많은 선구자의 노력에 의해 1910년대부터 1920년대에 걸쳐서 서서히 전문적으로 확립되었고, 사회복지제도의 정비와 확충에 수반되어 현저한 진전을 보이면서 각국에도 영향을 미쳤다. →사회복지원조기술, 사회복지원조활동

소수민족단체(少數民族團體)

신체적 또는 문화적 특성 때문에 사회에서 다른 사람들과 구별되는, 특별하고도 불평등한 처우를 받고 있는 소수집단 및 지배적인 집단에 의한 동화정책 속에서 억압 수탈당한 소집단이 스스로의 주체성을 확립하여 제반 권리와 존엄을 요구하며 행하는 운동과 그 단체를 말한다.

소수파보고(少數派報告)

영국의 왕립구빈법위원회(1905년~1909년)의 두 파 중 1909년 비아트리스웹 등 노동당 및 노동조합 관계자·4명이 서명, 발표한 것. 이미 시대에 뒤떨어진 구빈법 개혁을 위해 다수파보고보다 철저한 방책을 주장했다. 즉 기존 구빈법을 해체하여 새로이 예방적 원칙에 입각, 빈곤의 원인별로 최저생활의 유지를 가능하게 하는 제시책을 수립할 것을 권고 했다. 그 주장은 당시 정부에 의해 받아들여지지는 않았지만 노동운동 슬로건의 하나로 되는 등 그 간접적 영향이 컸다.

소시오메트리(sociometry)

인간관계와 집단구조의 분석이나 측정을 위해서 모레노(Moreno, J.L.)를 중심으로 발전하고 체계화된 이론과 기법이다. 사회측정학(測定學)으로 번역되는 수도 있다. 소집단의 각 멤버의 '좋다', '싫다'고 하는 상호의 대인관계의 지각(知覺)을 측정하고, 인간관계의 실체를 파악하여, 그룹의 변용(變容)을 위한 자료로서 쓰인다. 그룹워크와의 관련성이 깊다. → 집단원조기술

소아성인병(小兒成人病)

이제까지 성인이나 노인에게 나타나는 증상이었던 것, 예컨대 비만에 의한 고혈압, 동맥경화, 당뇨병 등이 어린이에게 나타나는 상태이다. 노인병 증상이라고도 한다. 그러나 학문상의 용어는 아니다. 그 원인은 전반적으로 단백질이나 지방의 섭취량이 늘어나는 한편, 운동량이 감소하고 있다는 것을 들 수 있다. 또 인스턴트식품의 유행과 범람도 그 원인이다.

소자화(少子化)

출생률이 낮기 때문에 어린이가 해마다 감소해(저출산)가는 사회상태. 어린이 수가 줄면 점차 일할 수 있는 젊은 사람이 줄어들어 결국 노동공급이 감소하게 된다. 그렇게 되면 기업은 부족한

노동력을 보충하기 위하여 고령자를 고용하게 된다. 자연히 생산성이 떨어지고 또 젊은 사람은 고령자에 비해 소비활동도 활발하기 때문에 젊은 사람이 줄면 소비량도 줄어들게 된다. 이런 점에서 출산율이 저하되면 결국 국가경제의 성장 잠재력을 떨어뜨리게 된다. 우리나라의 출산율은 선진국 평균인 1.58인에 못 미치는 1.19인을 기록하여(2006년 6월 세계인구 현황보고서) 전체 155개국 중 4번째로 출산율이 낮았다. 북한도 1.95인으로 51위를 기록했다. 일본은 1.37명이다.

소재식(所在識)

자기가 지금 시간적 · 공간적 · 사회적으로 어떤 위치에 있는가라는 의식(인식)이다.

구체적으로는 자기와 가족과의 관계의 인식, 또 어제는 몇 월 몇 일이었는가 하는 시간적 관계의 인식, 지금 자기가 어디에 있는가라고 하는 지리적 관계의 인식 등을 말한다.

소재식장애(所在識障碍)

자기 및 자신이 있는 상황을 인식하는 능력(장소, 시간, 인물)의 장애. 올바른 소재식을 갖기 위해서는 밝고 맑은 의식, 주의, 지각, 인지, 사고, 판단, 기억 등의 정신기능이 발휘되지 않으면 안 된다. 치매증의 진단의 결정적 수단 방법이 되는 증후군의 하나이다. 방향감각의 장애에서 자신이 있는 장소의 인식이 불명료한 장소실소재(場所失所在), 시간의 소재식이 악화되어 주야가 뒤바뀌어(역전)가는 시간실소재(時間失所在), 교분이 적은 사람들로부터 잊혀져 가는 경향이 있는 인물실소재가 있으며, 일반적으로 인물실소재가 제일 마지막에 장애를 받는다.

속인법주의(屬人法主義)

국제법상 각종의 법률관계에 대하여 원칙적으로 속인법을 적용하는 주의를 말한다. 19세기의 후반에 이탈리아에서 일어난 국제사법상의 한 학파(이탈리아 학파) 학자들에 의하여 주장된 주의이다. 즉 이 학파의 학설에 의하면 법을 원칙적으로 속인적(屬人的)이며, 따라서 사람이 어느 곳에 있는가를 불문하고 본 국법을 적용을 받아야 한다고 한다. 또한 이 밖에 특정한 법률관계에 대하여 속인법을 적용하는 주의를 속인법주의라고 하는 경우도 있다. 예컨대 상속에 관한 속인법주의라고 하는 경우 등이 그 것이다.

속지법주의(屬地法主義)

속지법주의라 함은, 법이 일정한 지역에 체재(滯在) 거주하는 자에게 적용된다고 하는 주의를 말한다. 독일의 프랑크시대(5~9세기)에는 각 등록의 법이 속인적으로 적용되었다. 그러나 봉건제도의 발달, 근대에 있어서의 영토주권의 관념의 확립에 따라 일국(一國)의 법은 사람의 국적 여하를 묻지 아니하고 원칙적으로 일국의 영토내에 있는 모든 사람에게 적용하게 되었다. 이것이 속지법주의이다. 현대의 국가는 속지법주의를 원칙으로 함과 동시에 어느 정도 속인법주의를 병용(倂用)하고 있다. 예를 들면 우리 헌법은 누구든지 대한민국의 영토내에서 죄를 범한 자에게 적용하며 동시에 외국에서 죄를 범한 한국인에게도 적용된다(형법 제2 · 3조).

쇼트스테이홈(short stay home)

영국에서 설치 운영되고 있는 시설이다.

부모가 없는 요보호아동 등에 대하여는 지금까지 시설에서 수용하여 일정한 연령에 달할 때까지 길러준다고 하는 사고방식이 기대되고 있었으나 최근에는 요보호아동도 변화하여 전혀 부모가 없는 아동은 감소하여 오히려 가족 간의 조정이 안 되는 것을 해결하는 동안, 1~3개월 정도 수용 보호한다고 하는 새로운 수용형태가 생겼다. 이와 같은 시설을 말한다. 여기에 수용된 동안에 케이스 워크적 원조 등에 의하여 가족 간의 조정을 하여, 문제의 해결을 도모하려고 하는 말하자면 치료적 성격을 갖는 것이다.

수급권자(受給權者)

국민기초생활보장법에 의하여 수급권자라 함은 급여를 받을 수 있는 자격을 가진 자(수급자)를 말한다. 그 수급권자의 범위는 부양의무자가 없거나, 부양의무자가 있어도 부양능력이 없거나 부양을 받을 수 없는 자로서 소득인정액이 최저 생계비 이하인 자로 하며, 수급권자에 해당하지 아니하여도 생활이 어려운 자로서 일정기간동안 이 법이 정하는 급여의 전부 또는 일부가 필요하다고 보건복지부장관이 정하는 자도 수급권자로 보며, 부양의무가 있어도 부양능력이 없거나 부양을 받을 수 없는 경우에는 다음의 각호에 해당하는 경우를 말한다.

1. 병역법에 의하여 징집 또는 소집된 경우
2. 해외이주자라 함은 생업에 종사하기 위하여 외국에 이주하는 자와 그 가족 또는 외국인과의 혼인(외국에서 영주권을 취득한 한국국민과 혼인한 경우 포함)및 연고관계로 이주한 자의 경우 (해외이주법 제2조).
3. 외국에 3월 이상 체류하는 자, 교도소 · 구치소 · 보호감호소 등에 수용중인 자, 사회의 각종 보장 시설에서 급여를 받고 있는 자, 실종선고의 절차가 진행 중인 자, 가출 또는 행방불명의 사유로 신고되어 1월이 경과되었거나 위 사실을 자치구의 구청장이 확인한 자 등의 경우
4. 부양을 기피 또는 거부하는 경우
5. 기타 수급권자가 부양을 받을 수 없다고 시장 · 군수 · 구청장이 확인한 경우 등(동법 제5조).

수급품(受給品)

수급품이라 함은 국민기초생활보장법에 의하여 수급자에게 급여하거나 대여하는 금전 또는 물품을 말한다(동법 제2조3호).

수리(受理) ⇨ 인테이크

수리면접(受理面接)

개별원조의 수리의 단계에서 행하는 면접이라는 것. 신청자와 접수상담원간에 행하여진다. 신청자의 여러 가지 생활내용이라던가 과제가 이야기하게 되어 그 기관에서 수리될 것인가 여부의 판단재료로 된다.

수발

수발이란 살아가는 데 필요한 생리적인 현상이나 요양상의 신변처리를 거들어 줄 때 일반적으로 사용되는 용어이다. 즉 가정에서 가족 중 누군가가 병환이나 요양상태에 있는 경우, 가족에 의해 이루어지는 용변처리, 식사제공, 청결 등에 대한 농밀한 부분까지의 돌봄행위를 말한다. 그러므로 수발자라 함은 전문적인 케어관련 종사자보다는 돌봄의 주체가 가족이나 친지 등의 비공식적인 자원체계를 의미하는 경우가 많다.

수비의무(守秘義務)

사회복지사업 또는 사회복지업무에 종사하였거

나 종사하고 있는 자는 그 업무수행의 과정에서 알게 된 이용자(다른 사람)의 정보(비밀)를 당사자의 승낙 없이는 남에게 누설해서는 안 되며, 지켜야 한다는 것. 법률상으로 규정되어 있다(사회복지사업법 제47조).

수양부모(收養父母)

보호자가 없는 어린이(아동) 또는 보호자에 감호시키는 것이 부적당하다고 인정되는 어린이를 일시적 또는 계속적으로 자기의 가정에서 맡아 양육하는 자를 말한다. 일명 위탁부모라고도 한다.

수용(受容)

바이스테크(Baiestek, F. P.)의 7원칙의 하나.

이용자의 심정을 정신적 · 정서적으로 받아들이는 것. 사회복지의 분야에서는 개별원조 및 집단원조의 원칙의 하나로 원조자가 원조하는 데 있어서 서비스 이용자의 행동, 태도를 스스로의 가치관으로 판단해서 접하는 것이 아니고, 있는 그대로를 받아들여 문제를 해결하는 것을 말한다. 원조자가 수용하는 것으로서 이용자는 자기 자신에 대한 부정적인 감정을 버리고 스스로의 수용에 이어진다. 면접 전반에서의 기법의 하나로 카운슬링의 내담자가 중심요법의 기본적 사고방법으로도 되어 있다. → 내담자 중심요법, 바이스틱의 7원칙

수용보호(收容保護)

역사적으로 사회복지 혜택의 중요한 방식으로 시설에서의 보호가 적합한 경우 수혜자가 시설에서 생활하도록 조치하여 보호하는 것이다. 구빈원(Alms houes)이 수용보호의 대표적 형태라고 할 수 있다.

수용시설(收容施設)

시설서비스를 필요로 하는 사람들을 수용(입소)시켜서 일정한 생활을 돌보아 줌과 동시에 필요한 원조서비스를 하는 시설을 말함.

수익권(受益權)

국민이 자기의 이익을 위하여 국가에 대해서 특별한 행위 또는 특별한 보호를 요구하거나, 국가시설을 사용하는 등 국가로부터 일정한 이익을 받을 것을 내용으로 하는 적극적인 권리이다.

수익사업(收益事業)

원래 영리를 목적으로 하고 있지 않는 단체가 그 사업에 쓰이는 경비의 일부를 마련하기 위하여 행하는 수익을 목적으로 하는 사업이다.

예컨대, 사회복지법인은 그 경영하는 목적사업의 경비에 충당하기 위하여 필요한 때에는 법인의 설립목적 수행에 지장이 없는 범위 안에서 수익사업을 할 수 있으며, 수익사업으로부터 생긴 수익을 법인 또는 그가 설치한 사회복지시설의 운영 외의 목적에는 사용할 수 없다. 그리고 수익사업에 관한 회계는 다른 회계와 구분하여 계리(計理)하여야 한다(사회복지사업법제28조).

수익자부담(受益者負擔)

공(公)이 행한 사업에 의해 무언가의 이익을 받은 자에 부과하는 부담을 말한다. 최근에 많이 쓰이고 있는 것은 사회보장급부나 사회복지서비스를 받는 자에 대하여 그 비용의 그 일부를 부담시킨다고 하는 의미에서의 부담금이라는 것이다. 이용자 부담금이라고도 한다. → 이용자 부담금

수화(手話)

음성언어와 틀리는 문법체계를 가지고 시각을 매개로 커뮤니케이션이 교환되는 언어이다. 정상인(正常人)이 말하는 언어를 청각장애인에게 이해하기 쉽게, 그 뜻이나 내용을 양손가락으로 움직여서 표시함으로써 올바르게 읽게 하여 말하는 언어로 바꾸는 기술이다.

구체적으로는 언어 · 청각장애인의 커뮤니케이션 수단의 하나로 양손의 모양(손가락) · 위치 · 움직임의 짜맞춤으로 의미를 나타낸다.

순환기질환(循環器疾患)

전신에 산소, 영양소 및 대사산물을 운반하는 순환기에 발생하는 질환의 총칭. 심장, 혈관, 임파관, 임파절의 병변(病變)을 가리켜, 생활습관병에 포함되는 질병도 많다. 고혈압증, 허혈성 심질환, 부정맥, 심부전 등이 있다. 동맥경화의 예방, 식사, 운동, 휴식, 수면 등의 생활습관의 개선과 조정이 중요하다.

순회교육(巡廻教育)

순회교육이라 함은 특수교육교원 및 특수교육관련서비스 담당인력이 각급 학교나 의료기관, 가정 또는 복지시설(장애인복지시설, 아동복지시설 등을 말한다) 등에 있는 특수교육대상자를 직접 방문하여 실시하는 교육을 말한다(장애인 등에 대한 특수교육법 제2조8호).

순회입욕서비스(巡廻入浴 services)

집안에만 누워 지내는 노인은 입욕이 어려워 수건으로 닦는데 그치는 경우가 많다. 일본에서의 노인 홈에서는 누워만 있는 노인을 위해 특수욕조를 개발하여 보급하고 있고, 이 욕조를 간편화해 차에 설치해서 입욕의 혜택을 받지 못하고 집안에 누워만 있는 노인을 방문하여 방에서 목욕시키는 서비스가 행해지고 있다. 입욕차는 노인홈에 배치된 경우가 많지만, 입욕서비스의 방법은 각 지역마다 다르다. 케어보조원 2~3명이 순회계획에 따라 가정방문을 해 입욕일체의 서비스를 행하고 있는 곳도 있다.

순회진료(巡廻診療)

섬, 벽지 등에 진료반을 파견해 진료를 행하는 것. 오늘날 일본은 사회복지사업법에 의해 무료저액진료사업의 적용기준에 지역의 위생당국 등과 제휴하여 정기적으로 산간벽지나 의사가 없는 지역 등에 진료반을 파견하도록 하고 있다.

우리나라도 해당지역 보건소 등에서 의사, 간호사가 도서(섬), 벽지를 순회하면서 진료를 행하고 있다.

쉘터드하우징(sheltered housing)

영국에서 보급되고 있는 고령자가 안심하고 살 수 있도록 건축적으로 배려한 소규모 집합주택. 워던(warden)이라고 불리는 직원이 주야로 배치되어 주민의 일반적인 원조를 담당하는 외에 집집마다 긴급 통보시스템이 설치되어 있는 것이 특징이다. 자치체나 주택협회에 의하여 공급되어 관리되고 있다. 워던(warden)이라고 불리어지는 복수의 직원이 배치되어 최저 하루 한끼의 식사서비스가 제공되는 외에 보다 극진한 서비스를 제공하는 베리쉘타드 하우징이라고 불리는 타입도 있다. 1950년부터 건설되었다. 이웃 일본에서도 영국의 쉘타드 하우징을 참고로 하여 복지시책과 주택시책을 결합시킨 고령자용 집합주택으로서 국가에 의하여 실버하우징과 도쿄도(東京都)에 실버피어(Silver Peer) 등이 건설되고 있다.

슈바르츠,W.(schwartz, william : 1916~1982)
1960년대로부터 1970년대에 걸쳐 북미를 대표하는 소셜워크의 연구가. 기능주의학파의 영향을 받은 소셜워크이론의 발전에 기여하고, 특히 그룹워크에 있어 '상호작용모델'을 구축한 것으로서 알려지고 있다. 슈바르츠의 소셜워크 이론은 소셜워크 고유의 기능을 '매개'로 하여 명시한 점에 특징이 있어, 그룹워크뿐만 아니라 소셜워크 전체에 큰 영향을 주었다. 슈바르츠의 주된 저작물로는『The social worker in the Group』(1961),『The practice of Group work』(1971) 등이 있다. 또한 1994년에 슈바르츠의 저작집인『social work : The collected writings of wIlliam schwartz』가 발행되어 있다.

슈퍼바이저(supervisor)
감독자 또는 관리자. 슈퍼바이지에 대하여 슈퍼비젼을 행하는 숙련된 지도자라는 것이다.

구체적으로는 사회복지시설 기관 등에서 사례를 담당하고 있는 원조자에 대하여 슈퍼비젼을 행하는 주임지도원이 이에 해당한다. 숙련된 지도자나 경험이 풍부한 선배가 행하는 경우가 많다. → 케이스 컴퍼런스, 슈퍼비젼

슈퍼바이지(supervisee)
슈퍼바이저에 의하여 슈퍼비젼을 받는 원조자라는 것. 원조자가 그 직무를 수행하는 것은 숙련된 기능과 경험이 필요하다. 그러나 실제는 숙련된 원조만이 있는 게 아니다. 그러한 경험이 얕은 원조자는 슈퍼비젼을 받으므로 해서 전문가로 성장해서 업무를 수행해 가지 않으면 안 된다.

슈퍼비전(supervision)
사회복지나 교육의 현장에 있어서 직원을 슈퍼바이즈하는 것을 슈퍼비전, 슈퍼바이즈하는 사람을 슈퍼바이저(supervisor)라고 하며, 그것을 받는 사람을 슈퍼바이지라고 한다. 사회복지 등의 대인원조를 전문으로 하는 직업에 있어서는 워커(worker)와 클라이언트와의 두 사람만의 관계에서는 케이스워크가 진전되지 않는 경우가 있다. 이때 슈퍼바이저는 워커가 생각이 미치지 못하는 원조의 상황을 해설하거나 지적함으로써 워커가 그 장애를 극복하고 원조를 계속하게 되는 것이다. 대인원조라는 일은 클라이언트의 심각한 문제에 직면하는 만큼 워커 자신의 삶의 방법이나 성격 등을 반성하게 하는 기회도 많고 그 고뇌도 심해 워커 자신이 일의 벽에 부딪힌 느낌을 갖는 일도 있다. 이 워커의 신상 상담을 포함한 일에 관한 상당에 응하는 것이 슈퍼바이저로서의 주요한 임무이며, 따라서 슈퍼바이저는 워커와 일상적으로 좋은 관계를 갖는 것과 기본적으로 카운슬링의 이론이나 기술에 정통해야 하는 게 바람직하다.

슈퍼에고(super ego)
프로이드가 정신구조론에서 이용한 개념인데 심적 장치이론(心的 裝置理論)에서 제시한 3개의 심적 영역(슈퍼에고, 자아, 에고)의 하나이며, 초자아(超自我)라고도 한다. 초자아는 에고로부터 파생해서 분리하여 에고에 대하여 재판관이나 검열자의 역할을 다하면서 에고를 지배한다. 양친(부모)의 요구와 금지를 내재화(內在化) 시킨 것으로 양심과 도덕, 이상 등의 형태로 나타난다. 그 성립은 에디푸스 콤플렉스(Oedipus complex)의 소멸과 관계되어 있어 어린이는 금지에 의해 에디푸스적 욕망의 충족을 단념, 양친에의 동일화에 의하여 그 금지를 내재화한다. 나이를 먹으면서 다시 사회적 문

화적 가치를 받아 들여서 보다 강고(强固)한 것으로 된다.

슈퍼우먼신드롬(superwoman syndrome)

엘리트를 지향하는 캐리어우먼(직장 여성)에게서 볼 수 있는 스트레스증후군. 미국 노동성의 통계에 따르면 관리직에서 여성이 차지하는 비율은 이미 36%에 달하였다고 한다. 여성이 모든 일에 완벽해지려고 지나치게 신경을 써서 지쳐버리는 증상을 말한다. 즉 직장에서의 업무뿐만 아니라, 아내로서 엄마로서 가정의 주부로서 한 사람의 여성으로서 완벽한 사람이 되기 위해 지나치게 노력을 하다 지쳐버리는 스트레스증후이다. 미국의 정신위생학자 셰피츠 M.이 명명(命名)하였다. 오늘날 미국의 여성들은 아내로서 직업인으로서 이웃으로서의 모든 역할을 완벽하게 해내야 엘리트여성이라는 강박관념에 사로잡혀 스트레스가 쌓인다. 외견상의 지위나 우아함, 생활의 충실 뛰어난 직무수행력 뒤에 현기증, 허탈감 등의 심신증상이 숨어 있다. 또 엘리트여성이 되지 못한 대부분의 여성들은 좌절감, 패배감에 시달린다.

스쿨존(School zone)

교통사고로부터 어린이를 보호하기 위해 설치한 어린이보호구역. 스쿨존은 학교 정문을 중심으로 400m 이내의 도로에 설치되며, 모든 차량이 주차나 정차를 할 수 없다.

스쿨카운슬러(school counseller)

학교에서 많이 발생하는 따돌림문제 등에 대응하기 위하여 배치된 학교임상 심리상담원이라는 것. 아동이나 학생에 대한 카운슬링(counselling)만이 아니고 교원에 대한 상담 · 조언도 행하고 있는 데 전자보다도 후자의 쪽이 많은 게 실태이다. 주로 임상심리사가 이 업무를 담당하고 있다.

스킨쉽(skin ship)

피부접촉육아법. 미국에서 제창되고 있는 육아법은 유아의 심신안정에 필요한 어머니의 애정은 포옹, 수유 등 직접적인 피부접촉에 의해 전해져야 한다는 것이다. 우리나라에서는 예로부터 아이를 업어 주는 일이 많아 스킨쉽이 너무 지나친 것으로 생각되었으나, 최근에는 스킨쉽이 부족한 어머니들이 늘고 있다. 그 때문에 어머니의 애정을 모르고 자라서 비정상적인 행동을 하는 아이들도 늘어났다. 스킨쉽의 형태는 나이에 따라 다르지만 사춘기에 들어서기까지 필요하다.

스토마(stoma)

그리스어로 '입'이라는 뜻. 그것이 전화(轉化)하여 인공항문, 인공방광의 배설구(排泄口)를 말한다.

스트레스(stress)

생체(生體)에 한냉(寒冷)이나 외상, 중독, 전염병, 따위의 정신적 · 육체적 쇼크 등의 이상 자극이 가해지면 생활체는 그것에 대처하려고 하는 반응이 일어난다. 이와 같이 여러 가지 외적 · 내적 자극에 의하여 야기되는 긴장에 대한 적응반응을 스트레스라고 한다. 스트레스를 일으키게 하는 자극을 스트레셔(stressor)라고 하며, 일상적으로 스트레스라고 하는 경우는 스트레셔도 포함해서 스트레스라고 하는 경우가 많아, 널리 일반적으로 쓰이고 있다. 이 스트레스 상태가 오랫동안 계속되면 부신피질의 비대, 흉선(胸線) · 비장(脾臟) · 임파절의 위축, 위 · 십

이장의 출혈이나 괴양 및 허혈심(虛血心) 질환 등이 유발된다.

스트레스정신장애(Strees 精神障碍)

강한 정신적 외상(外傷)후에 일어나는 정신적 증훈군. 정신적 심적외 상후스트레스장애(PTSD : post traumatic stress disorders), 전장이나 강제수용소 등에서의 체험, 강도, 강간 등의 피해 체험 뒤에 발생하는 것이 대표적이다. 악몽이나 환각, 불안, 격노, 죄악감, 우울, 불면, 절망, 착관, 무력감 등 환자에 따라 여러 증상을 볼 수 있다. 전장에서 죽음의 공포 뒤 급격히 일과성(一過性)으로 인정되는 것이 전쟁신경증 또는 쉘 쇼크(shell shock)이다. 미국 워싱턴대학의 J. 헤르치 박사에 의하면, 일반인이 1%인데 비하여 전쟁귀환병은 3.5%, 부상귀환병은 20%가 PTSD를 겪고 있다고 한다.

스티그마(stigma)

심신의 장애나 빈곤 등에 의한 사회적인 불이익이나 차별, 굴욕감, 열등감. 사전에 의하면 스티그마의 번역으로 오명(汚名), 치욕, 불명예, 결점, 낙인(烙印) 등의 낱말이 보인다. 어원은 그리스어로 '달인 인두로 표시를 한다'라는 의미라고 알려져 있다. 범죄자나 도망한 노예, 반역자를 벌하고 기피해야 할 자에게 낙인을 찍어 그 사람을 배제한 것에서 유래된 것이다. 고퍼만(Goffman, E.)에 의하면 스티그마란 '다른 사람들과의 다른 속성, 그것도 바람직하지 않는 속성, 결점, 단점, 핸디캡'으로서 '사람의 신뢰를 상실시키는 속성'이다라고 했다. 현대 사회에서 스티그마를 띠는 요인으로는 ① 신체장애, 정신장애 ② 인종, 민족, 종교 ③ 빈곤, 의존 ④ 사회규범에 어긋나는 행위 등을 들 수 있다.

스페셜올림픽(Special Olympic)

정신박약인의 국제스포츠대회. 1968년 미국에서 창설했다. 1975년 국제대회가 4년마다 열리고 있다. 경기종목으로는 육상, 체조, 축구, 농구, 수영볼 등이다.

스페시픽크 소셜워크(specific social work)

아동, 장애인, 고령자, 공적 부조 등 그 분야 특유의 원조기술, 원리, 활동의 총칭. specific은 '특수의' '특유의' 등의 의미이며, generic(일반적인, 포괄적인)에 대하여 사용된다. ↔ 제네릭크 · 소셜워크

슬럼(slum)

슬럼이란 근대사회의 발전과정 속에서 그 구조적 필연의 결과로 생기는 것으로서 자유경쟁이나 경제위기의 희생이 된 다수의 패륜자, 부적응자, 사회적 낙오자가 불량주택에 운집해 있는 지역을 말한다. 1900년 전후의 시대 일본은 빈민촌굴이라고 하는 것이 있었다. 우리나라도 광복후에 '판자촌', '불량주택 밀집지구'라고 불려지기도 했던 지역이 있었다. 오늘날에는 '불량'이라는 차별적인 언어를 피하고 '환경개선지구' 또는 '환경개량지구'라고 부르고 있다.

승화(昇華)

승화는 정서적 긴장, 충동, 감정 등을 사회적으로 인정될 수 있는 행동방식으로 표출하는 것이다. 즉 이것은 사회적적으로 가치있는 대상을 통하여 욕구를 충족시키는 기제로서 창조적이거나 헌신적인 작업에 몰두하는 것을 말한다. 승화는 대체로 성적인 에너지가 전환되어 사회적으로 유익한 목적으로 사용되며, 자아가 충동을 억제하지 않고 충동의 목적이나 대상을 변화시켜 문

제가 있는 충동을 건전하고 건설적인 방법으로 다루는 전략이다. 심리분석에서 사회적으로 인정되지 않는 충동 욕구를 예술활동 종교활동 등 사회적 · 정신적 가치가 있는 것으로 치환하여 충족시키는 일이며, 자아의 방위기제의 하나이다.

시각장애인(視覺障碍人)

시각장애인이라 함은 한쪽 눈 또는 양쪽 눈이 모두 시력을 잃은 사람은 물론, 다음과 같은 시력을 가진 사람으로서 일상생활에 장애를 받는 자를 말한다(장애인복지법 시행령 제2조).

1. 나쁜 눈의 시력(만국식 시력표에 의하여 측정한 것을 말하며, 굴절 이상이 있는 사람에 대하여는 교정시력을 기준으로 한다)이 0.02 이하인 사람
2. 좋은 눈의 시력이 0.2이하인 사람
3. 두 눈의 시야가 각각 주시점에서 10도 이하로 남은 사람
4. 두 눈의 시야의 2분의1 이상을 잃은 사람으로 규정하고 있다.

시각장애인재활시설(視覺障碍人再活施設)

지체장애인 재활시설에의 심리 · 사회적 재활에 기준하여 실시해야 하며, 직업재활에 관해서는 시각장애인에게 적합한 과목의 직업훈련을 하도록 노력하고 다음의 준비훈련 및 기능훈련을 실시해야 한다. 입소자의 일상생활에 필요한 시각 및 동작에 숙달되도록 생활훈련을 실시 안전보행에 필요한 훈련실시 점자 · 타자 등 의사소통 훈련을 실시해야 한다.

시민권(市民權)

공동체(커뮤니티)에의 개인의 완전한 성원성(成員性〈멤버 쉽〉)이라는 것으로 그 공동체의 성원이 평등에 있는 권리와 의무의 총칭. 생존권 등, 공동체와 관계가 없는 인간의 천부 또한 불가침의 권리인 자연권과 대비해서 쓰여서, 지역사회학, 사회정책학, 법학 등의 영역에서 최근에 주목되어 오고 있다. 일찍이 공민권(civilright) 혹은 공민권운동이라는 것이 있었으나, 이것과 동의어(同義語)로 받아들이지거나, 그 연장상의 말로서 받아들이지는 수도 있다. 국제인권규약의 시민적 권리 혹은 자유로서 받아들이는 경우에는, 정치적 권리와 사회적 권리도 이것에 포함해서 생각한다. 시민자격으로도 불리는 수도 있다.

시민법(市民法)

시민법이라 함은 로마시민 간에 적용된 법을 말한다. 로마는 기원전 8세기에 로마 부근에 국가를 세웠다고 전하여지는데 이때에 로마의 시민간에 적용된 법을 시민법이라 한다. ①로마법에 있어서는 만민법(萬民法)과 대비되어 로마시민에게 적용되는 관습법을 의미했다. ②중세에 있어서는 교회(教會)법(카논canon법)과 대비되어 시민법대전(市民法大典)〈소위 유스티니아스 법전〉을 의미했다. ③근대에 있어서는 협의에서는 민법을 의미하나 더욱이 소유권의 절대의 원칙, 계약자유의 원칙, 과실책임주의 등을 기본원리로 하는 법체계를 의미하여 그것을 수정한 사회법과 대비하여 쓰이지고 있다.

시민생활상담소(市民生活相談所)

1938년 영국의 전국사회복지협의회에 의해 개설되어 전 영국에 900개소(1983년)로 발전해 온 민간의 상담기관이다. 사회의 급격한 변동과 사회복지의 다양화 · 전문분화에 대응해 필요성이 증대되어 창설 초기에는 자원봉사자에 의한 정보와 조언의 제공이었으나 제2차 대전 후에는

지방자치체에 의한 8할보조금 교부의 길도 열어 유급전임사회사업가도 두고 있다. 보조를 받으면서도 전임기관의 지배와 통제에서 해방되어 민간의 독자성이 존중되고 있다는 데 의의가 있다.

시민운동(市民運動)

체제에 대해 '무엇인가 이상하다'라는 감수성을 출발점으로 해서 개인문제와 사회문제를 총체로 파악하고 해결하려는 시민의 사상과 행동이다. 1960년대에 들어오면서 공해, 환경문제, 생활복지문제, 반전 · 평화문제 등을 쟁점으로 한 시민운동이 대도시를 중심으로 전개되고 있다. 운동의 공유체험으로 강자의 시민의식도 배타되고 있다. 특정의 지역사회 이해에 관계되는 주민운동과는 구별되지만 상호배타적 관계에 있는 것은 아니다.

시민의식(市民意識)

'시민 없는 도시는 도시가 아닌 도시'라고 말하듯 시민의식은 도시의 정신을 실현하는 구성요건으로서 서구도시에서는 전형으로 생각해 왔다. 개인의 주체성과 합리성, 권리와 의무, 자치와 연대, 저항성 등의 제 특징이 있다.

시민참가(市民參加)

시민으로 하여금 정치 · 행정 과정에 대해 자발적 주체적으로 그 의지를 반영시키기 위한 운동 또는 제도. 오늘날 특히 자치단체의 행정과정에 대한 직접적인 참가를 가리키는 경우가 많다. 시민참가와 주민참가는 동의어로 사용된다.

시봄보고(seebohm 報告)

영국노동당의 정권하에 있어서 시봄 위원회(1965년 설치)에 의하여 제출된 보고서의 통칭임. 정식 명칭은 〈지방자치체와 관련되는 복지서비스에 관한 위원회보고서〉로서 1968년에 제출되고 있다. 보고서에는 커뮤니티를 기반으로 한 가족지향(志向)의 서비스를 제공하는 지방자치체의 사회서비스부의 설치, 제네릭크 소셜워커의 배치 등이 제안 되어 있다. 이 보고서를 받고 1970년에는 지방자치체 사회서비스법(Local Authority Social Services Act)이 제정되었다.

시설보호(施設保護)

사회적인 원호가 사람들을 특정한 시설에 수용하고 전문적 서비스를 제공하여, 복지필요도(needs)의 충족을 도모하고 사회복귀를 촉진시키는 일. 이전에는 노령자, 아동, 장애인 등에 대해서 시설입소가 최선의 방법이라는 전통적 시설중심주의가 뿌리 깊었으나, 일반사회로부터의 격리는 인간성 회복을 위해 바람직하지 않다는 생각에서 시설보호에 대한 비판이 높아지고 있다.

시설복지(施設福祉)

복지서비스의 이용자를 시설에 입소, 보호하며, 필요한 전문적 서비스를 제공하는 시책. 입소시설이나, 이용시설, 통소시설이 있다.

구체적으로는 고령자복지에서는 특별양호 노인 홈이나, 양호 노인 홈, 경비(輕費) 노인 홈 등이 입소시설이며, 노인복지센터 등은 이용시설이다. 더군다나 노인 당일치기 왕복 수발시설(서비스센터)은 통소(通所)시설에 해당한다.

시설복지서비스(施設福祉 services)

역사적으로는 사회복지시설은 여러 가지 원인에 의해서 지역공동체(地域共同體)에서 '통상의' 성원의 자격을 박탈당한 자들이 사는 특별한 장

(場)으로서의 위치를 주어 왔다. 그리고 근대적인 복지국가 이후는 '특별니즈'를 갖는 사람들에 대하여 훈련이나 구체적인 생활지원을 제공하는 장치로서 거주형의 복지시설을 제도화하였다. 이 과정은 원조시스템의 합리화, 조직화, 효율화의 측면을 포함하고 있다. 그러나 그 후 시설에서 제공되는 서비스나 사회관계의 폐쇄성 등, 이용자에 의도되지 않는 악영향이 미치는 것이 명확하게 되었다. 지금까지 주로 거주형의 복지시설이 담당하고 있는 기능은 특별한 니즈에 대응하는 주택, 일시휴식이나, 단기적 훈련을 위한 시설, 통소형의 복지시설, 다양한 재택복지서비스, 소셜워크 원조 등에 전문 분화하여 제공되고 있다.

시설수용주의(施設收容主義)

고령자나 장애인 등 원조가 필요한 자는 원조의 전문직이 있는 시설에서 보호하는 것이 안전하며 또한 본인을 위해서도 좋다고 하는 사고방법이다 그러나 최근에는 노멀라이제이션의 이념상에서도 원조의 장소는 본인이 오랫동안 생활해 온 익숙해진 거택 등 재택에서 행하는 것이 좋다고 하고 있다.

시설의 사회화(施設의 社會化)

재가의 고령자나 장애인 등에 복지서비스를 제공함과 동시에 복지시설에 입소자의 사회관계를 확대하기 위해 당해 시설을 개방하는 것이다.

구체적으로는 시설수용주의의 재 검토를 배경으로 사회복지시설의 여러 가지 기능이나 설비, 인원 등을 지역에 개방, 편익을 필요로 하는 사람들에게 널리 제공하여 시설의 폐쇄성을 제거하려고 하는 사고방법이다. 예컨대 쇼트스테이나 데이서비스, 나이트스테이 등은 그 전형적인 서비스이다. → 시설수용주의

시설장(施設長)

사회복지시설의 관리운영의 책임을 담당하는 동시에 처우직원의 지도 조언, 직원의 조직적인 파악 등 시설처우의 전체적인 조정을 행하는 자를 말한다. 따라서 시설장은 이용자 처우관리, 인사관리, 문서관리, 건물설비보전, 경리 등에 대한 지식을 갖출 필요가 있고, 시설이 개개의 직원을 두고 시설목적을 확실히 달성하고 있는가를 검토해 그것을 촉진하기 위한 장애의 조건을 해결 완화해 가는 능력이 요청된다. 또 민간사회복지에 있어서는 시설의 운영 관리에 관해 법인이사와의 긴밀한 연락조정을 진전시키는 것도 요구되어 진다. 시설의 장은 상근하여야 하며, 사회복지사업법 제7조3항 각호의 1에 해당하는 자는 시설의 장이 될 수 없다고 규정하고 있다(동법 제35조 참조).

시설케어(施設 care)

복지니즈를 가진 사람들을 각 사회복지시설에 입소시켜서 시설에서 보호 · 양호하는 것을 말한다. 최근에 사회복지의 흐름이 시설복지에서 재택복지로 이행하고 있는 과정에서 시설 케어는 지역복지 혹은 커뮤니티케어를 대치하는 개념으로 받아들여지는 경우도 있으나 오히려 그 구성요소로 보는 것이 일반적이다.

시설복지는 역사적으로 징벌적, 격리성격을 가진 구빈법의 원내보호에서 발전하여, 시설은 수용대상자를 가정이나 지역사회에서 격리, 수용하는 것으로 되어 있었다.

시스템이론(system 理論)

사회복지원조에 있어서 클라이언트가 알고 있는 복지문제를 개개로 받아 들이는 게 아니고 상호 연관해 받아들여 원조하는 방법론이며, 전체는

다양한 요소로부터 성립되어 있어 각각의 요소는 전체와 괴리(乖離)된 것이 아니고, 상호 연대하면서 전체(시스템)를 구성하고 있다고 하는 사고방식. 18세기에 물리학의 영역에서 나타나 주로 자연과학에서 발전해 왔으나, 20세기 중반에 벨타란피(Bertalanffy, L.)에 의하여 일반시스템이론이 제창되고부터는 여러 가지 분야에 받아들여졌다. 소셜워크에 있어서는 한(Hearn, G.)과 핀커스(Pincus, A.)와 미나한(Minahan, A.) 또 골드슈타인(Goldstein, H.) 등에 의하여 시스템이론을 이용한 소셜워크의 통합이론이 전개되어 그것들은 오늘의 소셜워크 이론에 강한 영향을 주고 있다.

시장원리(市場原理)

경쟁시장에서 이윤의 극대화를 목적으로 하는 기업은 시장에서 가격이나 서비스 내용 등 다른 기업과 경쟁하는 데에서 이윤을 얻고 있다. 한편 시장에서의 소비자는 경쟁의 결과에 의해서 초래한 가격의 저하나 서비스의 질의 향상 등에서 이익을 얻을 수가 있다. 최근의 사회복지서비스를 시작으로 하는 공공서비스에 시장원리의 도입의 움직임은 이 시장의 효과를 기대하는 것으로 행정내부의 효율화, 민간부문의 복지서비스에 새로운 역할을 가지고 참가에 의한 복지시장의 활성화를 촉구하고 있다.

시행령(施行令)

어떤 법률의 시행에 필요한 모든 규정을 내용으로 하는 명령. 보통 대통령령으로 제정된다. 시행령은 법률의 시행을 위하여 발생하는 집행명령과 법률이 특히 위임한 위임명령이 포함된다. '이 법 시행에 관하여 필요한 사항은 대통령령으로 정한다'라고 할 때는 집행명령을 의미하고, '공무원의 보수에 관하는 대통령령으로 정한다'라고 할 때는 위임명령을 의미한다(예: 노인복지법시행령 장애인복지법시행령 등).

시효(時效)

일정한 사실상태(예를 들면 어떤 사람이 소유자 같은 사실상태)가 일정한 기간 계속한 경우에 이 상태가 진실의 권리관계에 합치하는가 아닌가(위의 예로서는 점유자가 과연 소유자인가 아닌가)를 묻지 않고 법률상 이 사실상태에 대응한 법률효과를 인정하는(위의 예로서는 다른 진실한 소유자가 있어도 그 주장은 허용되지 않는다) 제도. 시효에는 취득시효와 소멸시효의 두 가지가 있다. 전자는 장기간에 타인의 물건을 점유하는 자에게 권리(예를 들면 소유권)를 부여하는 제도이고, 후자는 일정기간 행사되지 않는 권리(예를 들면 채권)를 소멸시키는 제도이다.

식물(상태의)인간(植物〈狀態의〉人間)

호흡, 혈액순환, 소화, 배설 등의 기능을 식물성 기능이라고 부른다. 뇌외상이나 심장정지 등에 의한 뇌의 산소결핍증 때문에 의식이 전혀 없으며, 식물성 기능만이 남아 있는 상태의 환자를 식물(상태의) 인간이라고 부른다. 식물인간이 잃은 동물성 기능이라 함은 말초 및 중추신경, 감각기, 힘줄의 기능을 가리킨다. 뇌사(腦死)와는 다른 상태이다.

식중독(食中毒)

보존, 착색 등의 목적으로 식품에 첨가되는 화학물질이나 식품에 관계되는 기구 포장이나 식품자체를 체내에 섭취함으로 해서 일어나는 급성의 건강장해 가운데 일어나는 중독 내지 감염증, 기생충증, 영향장애, 이물(異物), 외상 등을 제외한 것. 식품자체에서 증식한 세균 또는 거기에 생겨난 독소를 포함한 음식물 섭취하여 일어나는 것과 한정(限定)하는 경우도 있다. 식중독은 그 원인별로 세균성 식중독(살모렐라균 포도당구균 등), 화학성식중독(메탄올 등), 자연독 식중독(버섯 복어알 등)으로 분류되어 있다. 증상으로는 설사, 구토, 복통, 빈열 등이 보인다.

식품기부활성화에 관한 법률(食品寄附活性化에 관한 法律)

이 법은 식품기부를 활성화하고 기부된 식품을 생활이 어려운 자에게 지원함으로써 사회복지의 증진 및 사회공동체문화의 확산에 이바지함을 목적으로 2006년 3월 24일(법률 제7918호)에 제정·공포하여 2006년 9월 24일부터 시행하여 오늘에 이르고 있다. 총 14개 조문과 부칙으로 규정되었다.

이 법에서 사용되는 용어의 정의는 다음과 같다(본법 제2조).

1. 식품이라 함은 식품위생법 제2조제1호의 규정(모든 음식물을 말한다. 다만, 의약으로서 섭취하는 것은 제외한다)에 따른 식품을 말한다.
2. 기본식품이라 함은 생활이 어려운자에게 지원할 목적으로 제공된 식품을 말한다.
3. 이용자라 함은 기부식품을 이용하는 자를 말한다.
4. '제공자'라 함은 기부식품을 이용자에게 직접 또는 간접으로 제공하는 자를 말한다.
5. 사업자라 함은 제공자 중 본법 제4조 〔기부식품제공사업〕 ①기부식품의 모집 관리 및 제공 ②식품기부를 활성화하기 위한 홍보 ③그 밖에 기부식품 제공과 관련된 부수사업)의 규정에 따른 기부식품 제공사업을 계속적으로 영위하는 자로서 대통령령이 정하는 자를 말한다.

식품첨가물(食品添加物)

식품위생법에서 식품첨가물이라 함은 식품을 제조 가공 또는 보존함에 있어 식품에 첨가·혼합·침윤 기타의 방법으로 사용되는 물질(기구 및 용기 포장의 살균 소득의 목적에 사용되어 간접적으로 식품에 이행(移行) 될 수 있는 물질을 포함한다)이라고 정의하고 있다(동법 제2조2호). 결국 최종적으로 만들어진 식품에 잔존하든 안하든 관계없이 식품에 대하여 무언가의 목적을 위하여 첨가하는 등의 모두를 가리킨다.

신경성식욕부진증(神經性食欲不振症)

신경성 무식욕증(無食欲症)이라고도 한다. 기질적 질환이 인정되지 않는데도 음식의 섭취불능으로 현저하게 마르는 것을 말한다. 원인으로는 심리적인 것이 중요시 되어 있으나 가정, 사회, 문화적 배경과도 관계가 있다. 주로 사춘기의 여성에게 나타난다.

신경쇠약(神經衰弱)

심신의 기능저하에 수반하는 기능적 피로(기능적 원인이 없는 피로)를 특징으로 하는 분명하지 않은 증상군을 말한다. 대부분은 심인성(心因性)에 의하는 것으로 생각되고 있으나, 소화기질환, 감염증, 대사성 질환 등의 경우에 수반하는 예도 있다.

신경증(神經症)

정신장애 가운데에서 기질적(器質的) 원인이 없

이 불안이나 정신적 쇼크 등의 심리적, 환경적, 사회적 원인에 의하여 발증(發症)하여 정신증상(정신장애)이나 신체증상을 나타내는 것을 말한다. 일반적으로 노이로제라고 불린다. 정신병이나 정신병질, 지적장애는 이 분류에 포함되지 않는다. 치료에 의해 치유된 경우 후유증을 남긴다고 하는 것은 거의 없다. 특유한 성격경향을 인정하여 소통성, 병식(病識)이 있고 치료의욕이 높은 것이 특징이다. 불안신경증, 강박신경증, 심기(心氣)신경증, 공포증, 히스테리 등의 유형이 있다.

신구빈법(新救貧法) ⇨ 개정 구빈법

신기능장애(腎機能障碍)

신장에서 오줌의 생성(生成)이 장애되는 것. 오줌양의 감소, 부어오름(부종), 권태감 등의 다른 장애가 진행되면 요독증(尿毒症)으로 되어, 체내에 유해한 대사산물(代謝産物)이 축적하여 생명의 위험이 있다. 치료에는 식이요법이나 인공신(人工腎) 투석(透析) 등이 있다. → 인공투석

신드롬(syndrome =증후군〈症候群〉)

어떤 공통성이 있는 일련의 병적 징후를 총괄적으로 나타내는 말. 증후로서는 일괄할 수 있으나 그에 특정한 병명을 붙이기에는 인과관계가 확실치 않은 것이다. 과민성 대장증후군, 네프로제(Nephrose)증후군 등, 예로부터 알려진 것은 그리 많지 않지만 최근에는 이 말을 메스컴이 많이 사용하여 하나의 유행어가 되었다.

신생아(新生兒)

출생 직후부터 모체 외의 생활에 충분히 적응할 수 있게 될 때까지의 시기에 있는 아기. WHO(세계보건기구)의 규정으로는 생후 만 28일 미만인 아이를 신생아라고 한다. 특히 조기신생아는 주요한 장기가 모체(母體)외의 생활에 적응할 수 있게 되는 중요한 기간이다.

신자유주의(新自由主義)

19세기의 자유방임적인 자유주의의 결함을 인정하여 국가에 의한 사회정책 등의 필요를 승인하면서도 이상주의적 개인주의를 기조로 하여 자본주의의 자유기업의 전통을 지키고 사회주의에 대항하려는 사상, 마르크스주의에 반대하고 케인즈의 경제정책에 관한 것도 국가에 의한 설계주의(設計主義)라 하며 배격하며, 시장체제에 맡기는 자유 경제론을 주장한다. 레이거노믹스와 대처리즘의 뿌리도 여기에 근거한다. 하이트만의 거대정부의 위험성과 하이에크(F.A. Hayek)의 전체주의 방식에의 경고가 주목된다. 하이에크는 『예속으로의 질』에서 나치스와 소련이 모든 부문에 독재를 행하는 것을 지적하고 개인의 자유를 무시한 전체주의 방식에 있어서의 공통점을 비판하였다.

신장장애인(腎臟障碍人)

신장의 기능부전으로 인하여 혈액투석이나 복막투석을 지속적으로 받아야 하거나, 신장의 기능에 영속적인 장애가 있어 일상생활 활동에 현저한 제한을 받는 사람을 말한다(장애인복지법시행령 제2조9호).

신체구속(身體拘束)

케어서비스 등의 이용자의 행동을 제한하는 행위이며, 휠체어나 베드에 묶는 등으로 해서 고정하는 것, 과하게 약제를 투여하여 행동을 제한하

는 것, 잠금쇠가 달린 방에 가두는 등이 해당한다. 신체구속은 이용자에 대하여 신체적 · 정신적 사회적인 폐해를 가져오는 것이 많아서 개호보험제도에서는 (일본 등) 신체구속 제로작전으로서 그 폐지를 향해 움직임이 행하여지고 있다고 한다.

신체장애인(身體障碍人)

장애인복지법에 의한 정의는 지체장애, 시각장애, 청각장애, 언어장애 또는 정신지체 등 정신적 결함으로 인하여 장기간에 걸쳐 일상생활 또는 사회생활에 상당한 제약을 받는 자로 하고 있으며, 그 당사자, 그 법정대리인 또는 장애인을 보호하고 있는 장애인보호시설의 장이 보건복지부장관이 정하는 사항에 대하여 특별시장, 광역시장 또는 시 · 도지사에 등록하여 장애인수첩을 교부받은 자를 말한다.

신체장애인고용률(身體障碍人雇傭率)

장애인고용촉진 및 직업재활법에 규정되어 있는 고용률(장애인 고용의무). 이 고용률은 사업장의 사업주에 장애인의 고용의무를 과하는 고용제도라는 것으로 고용률제도 의무고용제도라고도 한다.

구체적으로는 상시 50인 이상의 근로자를 고용하는 사업주는 그 상시 근로자의 수의 100분의 5의 범위 안에서 대통령령(사업주가 고용하여야 할 장애인 상시 근로자의 의무고용률은 100분의 2로 한다) 정하는 비율(의무고용률)이상을 고용하도록 법률로 규정하고 의무를 부과하고 있다. 이 경우 의무고용률을 달성한 사업주에게는 장애인고용 장려금이 지급된다. 의무고용률이 달성되지 못한 경우에는 장애인 고용부담금을 납부하여야 한다. 의무고용률은 전체 인구 중 장애인의 비율, 전체 근로자의 총수에 대한 장애인근로자의 비율, 장애인실업자 수 등을 감안하여 5년마다 정하도록 규정하고 있다(동법 제28조 제33조 참조).

신체적 욕구(身體的 欲求)

인간이 가지는 기본적 욕구의 하나. 병이 없고 건강하며 몸을 충분히 사용해서 발랄하게 살고 싶다고 하는 소망에 기인한 욕구이다. 이 욕구를 토대로 하여 스포츠나 야외활동 등, 여러 가지 레크리에이션이 만들어지고 있다.

실금(失禁)

대소변을 무의식적으로 싸는 상태. 즉 배설기능의 조절이 안 되는 것. 변실금(便失禁)은 신경계의 장애와 항문괄약근(肛門括約筋)이 쇠약하기 때문에 일어난다. 고령자의 경우는 후자가 많다. 요실금(尿失禁)의 경우는 많은 요인이 생각되는데 배뇨에 관계되는 신경의 장애, 방광, 요도의 장애, 대뇌피질의 장애 등이 있다. 이것에 동작의 장애, 환경, 생활상태가 관여되어 스트레스, 분노, 불안은 요의(尿意)을 점점 더 일으키게 해서 실금하기 쉬운 상태를 만든다.

실금케어(失禁 care)

실금은 오줌을 무의식적으로 싸는 상태. 즉 괄약근(括約筋)에 이상이 있는 경우, 대뇌중추의 기능장애나 깊은 잠으로 대뇌의 억제가 잘되지 않는 경우, 복압(腹壓)이 급히 상승하는 경우 등에 오즘이 누출(漏出)되는 것을 요실금이라고 한다. 실금이 일어나면 자존심이상하기도 하고 외출을 피하고 수분을 삼가는 등 생리 · 심리 · 사회적 등 여러 가지 면에서의 영향이 있기 때문에 적절한 케어가 필요하다. 실금에는 절박성 실금,

일류성(溢流性) 실금, 기능성 실금 등 여러 가지 타입이 있다. 고령자의 경우에는 배뇨기능 뿐만 이 아니라 ADL의 저하가 영향되는 수가 많아, 그 때문에 배뇨기능을 포함한 잔존기능, 배뇨간 격이나 양 등, 배뇨상황에 있어서의 정확한 어세스먼트를 향하여 적절한 케어를 제공하는 것이 중요하다. → 실금

실버산업(silver 産業)

주로 고령자를 대상으로 한 상품(서비스 포함)을 제조 판매하거나, 제공할 것을 목적으로 하는 영리사업. 최근 실버산업이 선진국에서 중요시되고 있는 것은 ① 고령자인구가 급증하고 있고 ② 공사(公私)연금제도의 충실화로 고령자의 경제력이 전체적으로 높아져 인구비율의 증가 이상으로 구매력이 높아질 것으로 예상되며 ③ 앞으로 고령기에 접어드는 사람들은 1960년대 이후의 소비문화를 경험하고 있어 노후생활의 패턴이 보다 활동적이고 고령자용 상품이나 서비스에 대해 적극적인 구매의욕을 나타낼 것으로 기대되며 ④ 고령기에는 수발 · 간호의 필요가 증가되는 한편 자녀수의 감소나 일을 가진 중년 여성들의 증가로 노인들이 수발을 필요로 할 때, 유료서비스를 이용할 사람이 증가할 것으로 예상되며 ⑤ 앞으로 공적인 고령자 대책이 충실해질 전망이며, 서비스의 종류에 따라서는 공적 기관이 실버산업에 위탁하는 경우가 많아질 것이라는 예상 때문이다.

협의의 실버산업이 우리나라 경제활동 전체에서 차지하는 비중은 극히 한정되어 있지만 유럽 고령화선진국의 사례를 참고하여 전망하면 ① 유료노인 홈 등 고령자용 주거의 건축(제조) 전매 혹은 제공 ② 시설용 · 가정용의 간호, 수발관련 기기의 제조 판매, 대여 등의 사업 ③ 재택고령자를 위한재택간호 케어, 가사원조 등의 서비스 ④ 재산신탁 등의 금융서비스, 장기요양보험 등의 사적 서비스가 발전할 것이다. 미국의 경우, 전 인구의 21%가 55세 이상의 고령자로 이들이 미국의 전체 부(富)의 56%를 점하고 있다고 한다. 이러한 부유한 고령자의 증가에 따라 이들을 대상으로 건강식품, 의료, 휴양 및 관광 등을 판매하는 실버산업이 호황을 맞고 있다. 실버비즈니스는 앞으로도 의류(衣類), 음식, 주거, 베리어 프리, 휴양, 광광, 교육, 건강 등의 넓은 분야에서 성장이 기대되고 있다. 케어분야 뿐만 아니라 재테크, 보험, 사는 보람, 고령이라는 단어가 갖는 마이너스적인 이미지를 없애기 위해 고안된 이름으로 실버(Silver)란 은발(銀髮)이란 뜻이 함축되어 있다.

실버서비스(silver services)

고령화의 진행, 가족환경의 변화나 연금제도의 충실에 의하여 구매력을 가지는 고령자가 증가해 가고 있다. 그와 같은 고령자와 그 가족을 대상으로 하여, 시장 메카니즘(mechanism)을 통하여 제공되는 서비스를 실버서비스라고 한다. 따라서 이 서비스는 큰 회사(주식회사 등 포함) 등으로부터 상품으로서 제공되기도 한다. 서비스의 내용에는 유료노인 홈이나 재택서비스(케어서비스, 목욕서비스, 복지용구 임대, 판매서비스) 등 그 밖에 고령자스포츠, 고령자교양강좌 금융상품, 교통비할인(지하철 무료) 등이 있다.

이 서비스는 도시권에 집중되어 있다는 것, 공적 복지서비스의 기반정비를 전제로 해서 유효성을 발휘하는 등의 한계가 있다.

실버타운(silver town)

노인들만이 집단으로 생활하는 촌락. 외국의 경

우 병원, 백화점, 레스토랑, 은행, 영화관, 레크리에이션센터(수영장 테니스코트 볼링장 헬스클럽) 등 노인들을 위한 편의시설이 구비되어 있으며, 입주자의 건강상태에 따라 노인전용 아파트, 유료 요양원, 노인병원, 치매병원 등 다양한 형태의 주거시설이 있다.

실버프로그램(silver program)

고령자복지프로그램. 장기 근속 후의 정년 퇴직자가 미지의 세계에 적용할 수 있도록 보살피거나 직계자녀 또는 형제자매의 자녀에게 일자리를 보장해 주는 등의 인생설계를 말한다. 최근 일부기업에서 이러한 제도가 도입돼 주목을 끌고 있다.

실비양로시설(實費養老施設)

노인을 입소시켜 저렴한 요금으로 급식, 치료 및 일상생활에 필요한 편의를 제공함을 목적으로 하는 시설로 그 규모는 입소정원이 50인 이상이어야 한다. 다만, 다른 노인복지시설에 병설한 때에는 30인 이상이어야 한다(노인복지법 제32조 1항2호).

실어(失語)

발생기관이나 청각기관 등의 장애가 없음에도 불구하고 말을 하거나, 듣거나, 읽거나, 쓰거나가 되지 않는 것. 뇌의 언어기능의 장애가 원인으로 된다.

실어증(失語症)

일단 정상적인 언어기능을 가진 후에 대뇌의 특정영역(언어중추)에 손상을 받아 언어에 의한 의사소통 기능이 장애된 상태를 말한다. 최대의 원인질환은 뇌졸중이다. 실어증의 중핵(中核)증상은 전달하려는 내용을 언어부호로 변환(부호화)해서 언어로 전해지는 내용을 이해(해독)하는 기능의 장해이며 음성언어와 문자언어의 이해면과 표출면(즉 듣고, 말하고, 읽고, 쓰고 하는 기능의 전부), 그리고 계산기능이 많든 적든 장해를 받는다. 장해의 정도, 유형, 경과는 뇌손상의 부위나 범위, 기타 요인에 따라 다양하다. 대다수의 실어증 환자는 적절한 언어기능을 회복하지만 발병 전과 같은 언어수준에 이르는 예는 드물다.

실업(失業)

노동능력과 일할 의사를 가지고 있으면서도 그 능력에 적합하고 공정한 노동조건의 고용기회가 객관적으로 주어져 있지 않은 상태를 말한다. 이 개념은 스스로 노동력을 상품으로 판매하는 고용노동자가 직업을 잃었을 때 사용하는 것으로, 비록 영세하지만 생산수단을 스스로 소유하고 있는 지, 영업자에게는 적용되지 않는다. 더구나 여기에서 말하는 능력이라 함은 특별한 것이 아니고 인간이 가지고 있는 보통의 노동능력을 말한다. 또 의지를 가지고 있다고 하는 경우는, 자기의 노동력을 상품으로 판매하여 생활할 수밖에 없다는 노동자의 운명에 따르라는 태도를 말하는 것이다. 이것은 당연히 임금이 낮아지면 곧 열악해지는 노동조건의 상관관계를 내포하고, 또 실업이 장기화되면 차츰 노동의지는 저하될 수밖에 없기 때문에 의지가 있다, 없다는 판단을 어떻게 하느냐는 어려운 문제이다.

실업급여(失業給與)

근로자가 자발적 또는 구조조정, 감원 등으로 실업한 경우에 그의 생활의 안정을 꾀하는 등을 목적으로 하여 지급되는 고용보험의 급여. 실업급여는 구직급여와 취업촉진 수당으로 구분되어 있다. 취업촉진 수당에는 ①조기재취업수당 ②직업능력개발수당 ③광역구직활동비 ④이주비의 4종류가 있다. 실업급여를 받을 권리는 양도 또는 압류하거나 담보로 제공할 수 없다(고용보험법 제28 29조).

실업률(失業率)

경제활동을 할 수 있는 국민 중에서 일자리가 없는 사람들이 차지하는 비중을 말한다. 즉 경제활동인구에 대한 실업자 수의 비율이다. 경제활동인구는 만 15세 이상의 국민 중 일할 의사와 능률을 동시에 가진 사람을 가리킨다. 따라서 근로능력이 있더라도 일자리를 구하려는 의사가 없으면 경제활동인구에서 제외된다. 학생이나 주부는 원칙적으로 제외되지만 수입을 목적으로 취업하면 경제활동인구에 포함되며, 군인이나 교도소수감자 등은 무조건 대상에서 제외된다. 실업과 취업여부를 가리는 기준은 나라마다 조금씩 다르지만 우리나라를 포함한 대부분의 국가가 ILO(국제노동기구)의 방식을 채택하고 있다. 즉 1주일에 1시간 이상 일하면 취업자, 그렇지 않으면 실업자로 구분하는 것이다.

실업문제(失業問題)

실업은 자본주의 사회에 전형적으로 생기는 현상이며, 실업자는 자본제적 축적의 법칙에 의해 생겨나는 상대적 과잉인구의 기본부분이다. 자본주의의 발전과 더불어 실업의 지배적 형태는 변화해 왔지만 산업혁명 후에 경기실업이 생겨나게 되어 실업문제는 현재화하며, 특히 일반적 위기의 단계이후로 만성적 실업 내지 구조적 실업이 생겨나게 되었다. 실업문제의 본질은 이후 자본주의 사회의 구조적 필연의 결과로서 명확히 의식되게 되었다.

실업자(失業者)

실업자라 함은 적극적으로 일자리를 찾아다니고 일할 것이 있을 때 즉시 일 할 수 있지만 지난 1주일 동안 임금을 받고 일해 보지 못한 15세 이상의 사람을 말한다. 국가마다 노동력에 대한 정의가 다르고 실업자에 대한 조건이 다르다. 한국은 국제노동기구(ILO)의 정의를 기초로 3가지 조건을 두고 있어 이에 모두 해당되어야 실업자로 구분한다. ① 만 15세 이상으로 15일에 일주일 동안 일해서 돈을 번 경험이 없어야 하며 ② 조사기간 중에 적극적인 구직활동을 하고 있어야 하며 ③ 일자리가 생기면 곧바로 취업이 가능해야만 비로소 실업자의 정의에 해당한다.

실종선고(失踪宣告)

가출 등 일반적인 사유로 실종되어 생사(生死)가 5년간 불분명할 때(보통 실종) 가족이나 이해관계인의 청구에 의해 가정법원이 실종선고를 해줌으로써 사망으로 간주하는 제도. 침몰선박이나 추락항공기 또는 전쟁터에서 실종된 사람은 사고 후 1년 간 계속하여 불명인 경우(특별실종) 이해관계인이나 검사의 청구에 의하여 실종선고를 받을 수 있게 특례규정을 두고 있다(민법 제27조).

실종아동 등(失踪兒童 등)

실종아동 등이라 함은 약취, 유인, 유기, 사고 또는 가출하거나 길을 잃는 등의 사유로 인하여 보호자로부터 이탈된 아동 등을 말한다(실종아동 등의 보호 및 지원에 관한 법률 제2조2호).

실종아동 등의 보호 및 지원에 관한 법률(失踪兒童 등의 保護 및 支援에 관한 法律)

이 법은 실종아동 등의 발생을 예방하고 조속한 발견과 복귀 및 복귀이후의 사회적응 지원에 관한 사항을 규정함으로써 실종아동 등과 가정의 복지증진에 이바지함을 목적으로 2005년 5월 31일에 제정(법률 제7560호)공포하여 시행되고 있다. 총 19개 법조문과 부칙으로 되어 있다.

실직증후군(失職症候群)

퇴직을 했거나 퇴직을 앞두고 있는 사람들에게서 공통적으로 나타나는 불안감과 우울감, 불면증, 두통, 소화불량 등의 증상을 말한다. 정신의학적 진단명은 아니지만 감원열풍으로 발생한 사회현상으로 진료 현장에서 흔히 접할 수 있어 이러한 증상의 정신적 질병 이름이 만들어졌다.

실행(失行)

뇌의 기질병변 때문에, 운동마비, 지각마비, 실조(失調), 불수의운동(不隨意運動) 등이 없음에도 불구하고, 목적에 알맞은 동작 행동을 바르게 행할 수가 없는 것을 말한다. 지절운동실행(肢節運動失行), 관념실행(觀念失行), 착의실행(着衣失行) 등이 있다. 즉 운동장애나 정신장애가 없음에도 자기 의사대로의 행동이 되지 않는 것이다.

심근경색(心筋梗塞)

관상동맥의 죽상(粥狀)경화에 의한 폐쇄이거나 협착 때문에 관혈류(冠血流)의 급격한 감소나 단절이 발생하여 심근에 괴사(壞死)를 초래한 상태. 임상적으로 결렬한 심한 흉통(胸痛)발작이 1시간에서 수 시간 지속한다. 고령자에게는 흉통이 없는 수도 있다. 치명적인 부정맥이나 심부전, 쇼크를 계속 일으키는 일도 많아서, 급성기(急性期)의 치사율은 높으나, 근년에는 CCU(관상동맥질환집중치료병돈)이 보급되어 사망률은 낮아졌다.

심리극(心理劇 = psychodrama)

루마니아 출생의 정신과의사인 모레노(Moreno, J. L)에 의해서 창시된 심리요법의 하나이다. 현재에는 정신치료 또는 교육에 있어서의 하나의 기법으로 사용되고 있다. 연기자(환자)는 관객(환자집단)을 관객으로 하고 연출자(치료자)로부터 주어진 과제에 대하여 연출보조자(보조자아〈補助自我〉의 역할을 다한다)의 원조하에 연극의 줄거리가 없는 드라마를 통해서 카타르시스(그: Katharsis〈정화〉)에 의한 감정의 안정이 조성되고 더욱이 자발성이나 창조성이 고양됨으로써 자아의 강화가 기대된다. 특설무대를 사용하는 것이 원칙이나, 보통 교실 등에서도 괜찮다. 아동의 경우에는 인형을 매체로 쓰는 경우도 있다. →카타르시스

심리상담사(心理相談士)

정신건강이나 정신장애와 관련된 문제로 일상생활에 적응하지 못하고 인지(認知), 정서, 행동상의 장애를 일으키는 사람들을 과학적 측정도구를 사용하거나 상담(면접)을 통해 종합적으로 진단한 후에 심리학적 방법을 활용함으로써 다시 건강하고 바른생활을 할 수 있도록 돕는 업무를 담당하는 임상심리전문가를 말한다.

업무와 역할은 영 · 유아를 비롯하여 초 · 중 · 고등학생의 학습심리 상담은 물론, 청소년 및 대학생들의 진로에 대한 갈등심리, 성인들에게서 늘어나는 성피해 심리상담 · 정신적 심리상

담 · 종교적 심리상담 · 직장인 심리상담 · 노인 심리상담 등 정서장애의 예방과 평가진단에 초점을 두고 다시 건강한 삶을 살 수 있도록 재활을 도모하는 것이다.

심리요법(心理療法)

심리요법이란 개인 또는 소집단의 전문가와의 치료관계를 통해서 심리적인 갈등이나 정신적인 부적응 혹은 행동상의 문제의 해결을 행하는 과정이다. 정신요법이라고도 한다.

하퍼(Harper, R. A.)는 심리요법이란 '마음의 치료(treatment of the psyche)'라는 의미이며, '인간의 커뮤니케이션의 가장 중요한 매체인 언어적 상호작용을 주된 수단으로 하는 심적 치료의 다양한 체계'라고 하고 있다. 그러나 오늘날 심리요법에는 언어를 주된 치료매체로 하는 것뿐만 아니라 비언어적 매체를 사용하는 것도 포함하여 매우 많은 종류의 다양한 이론과 방법이 있다. 예컨대 전통적인 정신분석요법이나 클라이언트 중심요법, 행동과학에 기초를 둔 행동요법, 그리고 음악요법이나 회화(繪畫)요법 등으로 대표되는 아트테라피 등이다. 심리요법의 대표적인 것으로서 프로이드(Freud, S.)의 정신분석요법이 있다.

심리적 리허빌리테이션(心理的 rehabilitation)

리허빌리테이션의 과정에 있어서 장애인에 대하여 심리적 측면에서 필요한 지도 조언을 행하는 것을 말한다. 리허빌리테이션의 각 전문 영역에 관계되는 큰 요소이며, 카운슬러, 심리판 정원이라고 하는 전문직이 리허빌리테이션의 심리적 측면을 떠받치고 있다.

심리적 욕구(心理的 欲求)

인간의 마음이 본래적(本來的)으로 가지고 있는 여러 가지 욕구의 총칭. 그 내용을 대별하면, ① 새로운 사물에의 열렬한 호기심에 의거한 지적(知的)인 욕구 ② 아름다운 것과 접촉하고 싶다고 하는 미적 욕구 ③ 사람과 사람의 사이를 맺어짐으로서 생기는 애정에서의 욕구 등을 꼽을 수가 있다. 이것들의 욕구를 충족시키는 것이 삶의 보람을 가지고 살아가는 데에 이어진다. → 인격적 욕구, 사회적 욕구, 신체적 욕구

심리적 원조(心理的 援助)

서비스 이용자의 문제가 본인의 태도나 행동에 의거하고 있노라고 생각되는 경우, 이용자의 심리적 측면을 원조하는 것으로 인격의 성장발달을 촉진하여 문제의 해결을 꾀하려고 하는 개별원조의 사회치료과정의 한 방법. 구체적으로는 감정의 정화, 심리적 지지, 자기통찰, 자아기능의 강화 등이 이에 해당한다. 이용자의 문제가 사회환경에 있을 때에는 효과적이 아니다. 직접요법이라고도 불리어진다. → 환경요법, 사회요법

심리테스트(心理 test)

지능이나 성격, 작업능력 등에 있어서 개인의 특정이나 발달의 상태를 객관적으로 파악하기 위하여 행하는 검사. 심리적 원조를 할 때에 어떠한 원조가 어느 정도 필요한가를 확인하는 심리 어세스먼트(심리사정)의 한 방법으로서 시행된다. 목적에 의해 발달검사, 지능검사, 작업검사, 인격검사, 기명력검사 등의 종류로 분류된다. 각각의 심리테스트의 결과는 개인의 한 측면을 나타내는 데에 지나지 않는다. 때문에 하나의 테스트결과에서 피검자의 전체상을 결정하고 만다는 것은 대단히 위험하다. 여러 종류의 심리테스트를 편성해서 시행하여 행동관찰이나 일상생활의 정보와 서로 비추어 가면서, 테스트결과가 절대적

이다가 되지 않도록 배려할 필요가 있다.

심리판정(心理判定)

통상은 아동상담소에서 행하여지는 대상아의 성격이나 지능을 객관적으로 평가하는 것을 가리키는데, 널리 장애인 리허빌리테이션의 과정에서도 장애를 따르는 심리학적 판정이 갱생상담소 등에서 행하여져서 리허빌리테이션 실시상의 중요한 요소로 되어 있다. 심리학적 모든 검사의 결과에 의거 심리적 특성을 파악하여 그 전 인격의 종합적 판정을 행하는 것으로서 아동상담소, 갱생상담소 등의 심리판정원이 여기에 관계한다.

심부전(心不全)

심장의 펌프기능이 저하하여 전신의 장기조직에 필요한 혈액을 순환할 수 없게 된 상태를 말한다. 모든 심장질환의 말기증상이다. ⇨ 울혈성 심부전

심사청구(審査請求)

한부모가족지원법, 노인복지법, 장애인복지법, 의료급여법, 국민건강보험법의 규정에 의하여 적용받을 수 있는 보호대상자, 법정대리인 또는 그 친족 기타 이해관계인은 보호대상자가 행정청으로부터의 처분이나 부작위 등으로 복지급여(복지조치)등에 대하여 이의가 있을 때에는 그 결정의 통지를 받은 날로부터 90일(국민기초생활보장법은 60일)이내에 서면으로 당해 복지기관에 심사(불복)를 신청하는 것을 말함.

심신기능 · 신체구조(心身機能 · 身體構造)

2001년 5월에 WHO 총회에서 채택된 국제생활기능분류(ICF)에서 논의된 구성요소이며, '심신기능(bodyfunctions)'이라 함은, 신체계(身體系)의 생리적 기능(심리기능을 포함)이며, '신체구조(body structures)'라 함은, 기관 지체(器官 肢體)와 그 구성부분 등의 신체의 해부학 부분이다. '신신기능 신체구조'는 1980년의 국제장애분류에서 '기능장애'의 용어가 변경된 것이며, 기능장애(구조장애를 포함)는 현저한 변이(變異)나 상실 등이라고 한 심신기능 또는 신체구조상의 문제로서 받아들이고 있다. → 국제생활기능분류

심신상실자(心神喪失者)

심신이 상실된 사람이라 함은 심한 정신기능의 장애로 사물에 대한 판단능력이 없거나 의사를 결정할 능력이 없는 상태에 있는 사람을 말한다.

심신장애(心身障碍)

인지, 지능, 언어, 정서, 시각, 청각, 신체기능 등의 심신의 기능면에서 장애가 있는 상태의 총칭이다. 교육이나 복지의 관계에서는 기능장애(정신박약, 정신지체), 시각장애(맹 · 약시), 청각장애(농 · 난청), 언어장애, 지체부자유, 정서장애, 병약, 신체허약과 이러한 장애를 복합적으로 가지게 되는 중복장애 등으로 분류할 수 있다. 심신장애자의 교육과 요육(療育)을 보다 효율적으로 수행하기 위하여 우리나라는 1977년에 특수교육진흥법이 제정되었고, 1981년에는 심신장애자법이 제정되어 시행되어 오던 중 장애인복지법(1999년 2월 8일 법률 제5931호)으로 개정되면서 심신장애인법은 폐지되었다.

심인(心因)

정신장애의 원인은 내인(內因), 외인(外因), 심인(心因)으로 나누어, 심인은 심리적, 환경적, 사회적인 요인이 강하게 관계되는 것을 말한다. 심

인에 의하는 것으로는 신경증, 심인반응(心因反應), 심신증(心身症) 등을 꼽을 수 있다. ⇨ 정신장애의 원인

심인성반응(心因性 反應)

심적 체험으로 말미암아 일어나는 이상반응. 심한 실의 불안 감정적 쇼크 등 마음의 모순이 있으면 이따금 일시적인 육체적 질환이나 고장 또는 정신이상 등을 나타내는 데 이런 반응을 심인성 반응이라고 한다.

심인성 정신장애(心因性 精神障碍)

심리적, 환경적, 사회적 원인으로 일어난다고 생각되는 정신장애. 특유한 퍼서낼리티(Personality)를 배경으로 하여 그것에 지속적 스트레스가 가해져 발병하는 신경증. 급격한 스트레스가 가해져 반응을 일으키는 심인반응(心因反應) 등이 있다.

심장장애인(心臟障碍人)

심장의 기능부전(機能不全)으로 인한 호흡곤란 등의 장애로 일상생활 활동에 상당한 제한을 받는 사람을 말한다(장애인복지법시행령 제2조 관련별표10호).

심적 외상(心的 外傷)

트라우마(trauma)라고도 한다. 개인의 생활 가운데에서 자신이 대처할 수 없을 만큼의 강한 자극 혹은 충격적인 체험이 주어지는 것이다. 이와 같은 체험은 시간이 경과해도 감정, 행동 등, 정신생활상에 강한 영향을 미치는 것으로서 남는다.

심적 외상은 객관적으로 보면 작은 사건인 경우에도 개인에는 강한 충격을 주는 경우도 있으므로, 주관적 체험이 중요하다. 원래 이 개념은 프로이드(Freud, S)에 의하여 초기의 신경증연구 중에 제창된 것이다.

심포지움(symposium)

강단식 토의법이라고 하여 학회 등에서 많이 쓰이며, 사회자와 강사와 청중으로 구성된다. 하나의 테마에 관해 여러 가지 각도에서 강사(2~4명 정도)가 의견이나 문제제기를 하고 이것을 받아서 참가자 전체가 토론을 한다. 포럼(forum)과 다른 점은 강사 간에 반드시 대립된 의견제시가 요구되지 않는다는 점이다. 심포지움에서는 각 강사의 발언내용이 중복되지 않도록 사전조정이 필요하다.

쌀소동(쌀騷動)

일본에서 1918년 7월 23일, 제1차 대전 후의 쌀값 폭동을 계기로 富山(토야마)현의 어촌에서 한 주부의 소요가 일어난 후, 전국적으로 파급된 소요를 말한다. 그해 10월 26일 정부는 군대까지 출동시켜 진압하였으나, 당시의 농민과 노동자의 생활은 극히 고통스러웠고, 이 소요에 참가한 사람은 궁핍화한 노동자, 일용고용인, 소상인, 미해방 부락주민, 피휼구층(被恤救層) 등이 중심이었다. 그러나 이 소요를 계기로 하여 일본 정부는 구제 사업대책에 대신하는 사회사업대책을 비로소 실시했다.

COS(Charity Organization Society movement) ⇨ 자선조직화운동

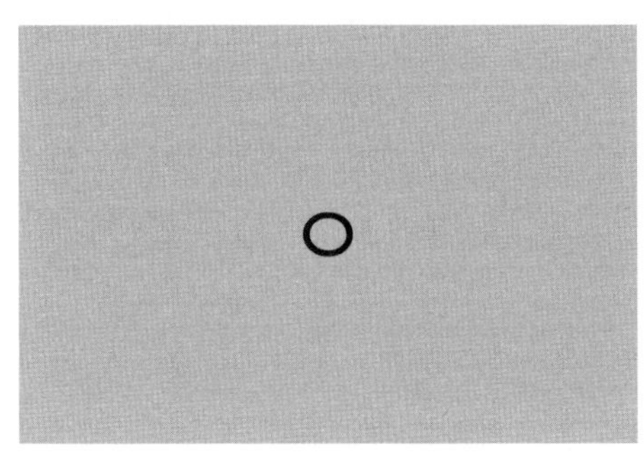

아그레씨브 케이스워크(aggressive case work)

공격적 케이스워크, 또는 적극적 케이스워크라고도 일컫는다. 생활상의 곤란이나 문제를 가지고 복지서비스를 필요로 함에도 불구하고 서비스의 이용을 두려워하거나 면접을 거부하기도 하는 접근 곤란한 사람이나 가족에게 대하여 워커쪽에서 적극적으로 작용하는 케이스워크. 접근 곤란한 사람 가운데에는 지역으로부터 고립되어 있어, 서비스의 정보가 미치지 않는 이유로 서비스를 모르는 사람, 니즈가 있으면서도 포기나 무력감으로 원조를 거부하는 사람들이 포함된다. 이와 같은 사람에 대하여는 우선 클라이언트와의 신뢰관계를 형성하기 위한 노력이 워커에게 필요하게 된다. →아우트리치

아노미(anomy)

'무질서 상태'를 의미하는 희랍어가 어원이다. 사회성원의 행동을 규제하는 규범의 해체나 결여, 구속력의 이완에 의해 일어나는 개인이나 사회의 무규제 상태를 가리킨다. 프랑스의 사회학자 E. 뒤르켐(E. Durkheim)에 의해 사회학적인 개념으로서 확립되었다. 일반적으로는 산업구조의 변용에 따라 사회구조나 사회규범이 변화하고 일원적인 가치체계나 행동양식이 허물어진 혼란상태를 지칭하고 있다. 19세기 후반부터 공업화의 진전이 사회집단이나 사회연대 그리고 사회관계에 끼친 영향과 그 결과를 해명하는 과정에서 생겨난 개념이지만 현재에는 사회변동 일반의 사회적 상호설명에 사용되고 있다.

아담스, J.(Addams, Jane : 1860~1935)

미국의 사회사업자. 평화운동가 이기도하며, 여성운동 등 광범위한 활동을 한 여성이다.

미국의 일리노어주에서 태어나 중부개척자였던 아버지의 영향을 받아 퀘이거(Quaker)교도(기독교의 한파 : 형식적인 의식을 배제하고, 근엄 검소한 생활을 하며, 절대 평화를 주장함)가 된다. 1889년 아담스는 시카고에서 스타(Starr, E)와 더불어 세계 최대 규모로 된 Hull · House 라고 하는 명칭의 세틀먼트를 시카고에 창설하였다. 그녀는 세틀먼트를 단순한 슬럼교화사업으로 생각하지 않고, 모든 문화, 종교, 나아가서는 노사의 가교가 되도록 운영하였다. 따라서 할 · 하우스를 부인운동, 인종차별 반대운동, 반전운동의 거점으로서 받아들여 폭넓게 활동했다. 또한 마이너러티(minorities)의 가치관 존중, 아동노동금지를 포함한 아동복지문제, 빈곤문제, 주택환경문제 등의 근대적 사회문제에 몰두한 것이 높이 평가되고 있다. 그의 주된 저서에는 『헐 · 하우스의 20년(Twenty years of Hull House)』가 있으며, 또 1931년에는 노벨평화상을 수상하였다. →헐 · 하우스

아동(兒童)

아동의 정의에 있어서는 학자나 관계법, 관계분야에 따라 다르게 정하고 있다. 국제적으로는 아동의 권리에 관한 조약 제1조에서 '아동'이란, 18세 미만의 모든 자를 말하고 있으며, 아동복지법

제3조1호에서도 18세 미만인 사람을 아동으로 규정하고 있다.

6세 미만의 초등학교 취학 전의 자를 영유아보육법에서는 영유아(嬰乳兒)라고 정의하고 있으며, 한부모가족지원법에서도 모(母) 부(父)에 의하여 양육되는 18세 미만(다만, 취학중인 경우에는 22세 미만)의 자를 아동으로 규정하고 있는 실정이다. 또 근로기준법(제62조)에서는 "15세 미만(초·중등교육법에 의한 중학교에 재학중인 18세 미만인자 포함)의 자는 소년으로 근로자로 사용 못하도록 하고 있으며 다만, 고용노동부장관의 취직인허증을 소지한 자는 그러하지 아니한다"고 규정하고 있다.

아동가정지원사업(兒童家庭支援事業)

아동복지시설 종류의 하나로서 그 시설의 그 고유업무 외에 하는 사업의 하나이다.

지역사회 아동의 건전한 발달을 위하여 아동, 가정, 지역주민에게 상담, 조언(助言) 및 정보를 제공해 주는 사업을 말한다(아동복지법 제52조 3항1호).

아동관(兒童觀)

아동을 어떻게 이해하고 아동을 어떠한 존재로 볼 것인가라고 하는 아동에 대한 기본적인 사고방식 및 태도를 말한다. 국제적으로는 1924년에 국제연맹의 소위 제네바선인에서 아동의 최선의 이익을 도모하는 성인의 의무가 규정된 이후 '보호를 받는 대상으로서의 아동관'이 정착하여 오늘에 이어지고 있다. 이에 대하여 1989년에 국제연합에서 채택된 아동의 권리에 관한조약은 이 아동관을 답습해 가는 것도 '권리행사의 주체로서의 아동'관을 명확하게 했다. 즉 아동을 단순히 성인의 보호를 받는 수동적 존재로서 받아들이는 것이 아니고, 스스로 의견을 표명하여 결정에 참가해 가는 능동적 존재로서 받아들이려고 하는 아동관이 보이지고 있다. 이에 따라 아동이 교육의 대상으로서 건전 육성되고 있으며, 국가발전의 원동력이요, 국가부강의 기본이요, 국가안정의 바탕으로 인식되어 아동관이 점진적으로 고조되고 있다.

아동권리의 발달권(兒童權利의 發達權)

국가는 교육에 대한 이동의 권리를 인정하고 초등교육을 무상으로 제공해야 한다. 또 일반 및 직업교육을 포함한 중등교육과 발전을 장려하고, 모든 아동이 중등교육의 혜택을 받을 수 있도록 해야 한다. 우리나라의 경우 중학교까지 의무교육이 실시되고 있다. 하지만 가난한 나라의 아이들은 초등학교도 채 졸업하지 못한 채 생계를 위해 거리로 내몰리고 있는 실정이다.

모든 아동은 휴식과 여가를 즐기고, 자신의 나이에 맞는 놀이와 오락, 활동에 참여하며, 문화생활과 예술 활동에 자유롭게 참여할 권리가 있다. 또 국가는 아동의 이런 권리를 존중하고 적절하고 균등한 기회 제공을 촉진해야 한다. 충분히 노는 것은, 어른이 선택하거나 결정해 주는 문제가 아니라, 아동이 가지고 있는 기본권리이며 아이들이 건강하게 자라는 데 꼭 필요한 요인이다.

아동권리의 선언(兒童權利의 宣言)

1959년 11월 20일, 국제연합 제14회 총회에서 채택된 것으로 이것은 제1차 세계 대전 후 국제연맹은 전쟁이 아동에 미친 참화의 입장에서 1924년 9월에 국제연맹이 채택한 아동의 권리에 관한 선언(통칭 '제네바선언')을 이어받은 세계적 선언. 전문(前文)과 10개조의 본문으로 구성되어 있다. 이것은 제네바선언을 부연 확대한 것으로 아동의 출생권, 생존권, 발달권, 행복추구권, 교육권 등 각종의 아동의 권리를 선언하고 있다. 아동의 권리를 전면으로 내세우고 있는 점에서 획기적인 선언이며, 특히 '아동의 최선의 이익'이 전체를 일관하는 원칙으로서 강조되고 있다. 30년 후의 1989년 11월 20일에 아동의 권리에 관한 조약이 채택되기까지 아동복지의 이념을 상징함과 동시에 지금도 여전히 세계적 선언으로서의 의의를 가지고 이어지고 있다. → 아동의 권리에 관한 조약

아동권리의 참여권(兒童權利의 參與權)

모든 아동은 본인에게 영향을 미치는 문제에 대해 자유롭게 의견을 표현할 권리가 있다. 아동의 나이가 어리다고 무조건 의견을 무시해서는 안 된다. 국가는 아동에게 영향을 미치는 사법적 행정적 절차를 시행함에 있어 아동이 직접, 또는 대리인이나 적절한 기관을 통해 의견을 진술할 기회를 국내법 준수의 범위 안에서 갖도록 해야 한다. 어렸을 때부터 자신과 관련된 일에 생각을 적극적으로 이야기하고, 어른과 상의할 수 있는 분위기를 만들어 주는 것이 중요하다.

아동그룹홈(兒童 club home)

아동그룹 홈은 부모의 이혼, 가출, 빈곤, 가정폭력 등으로 인하여 가정이 해체되거나 가정해체의 위기에 처해있는 영유아들을 짧게는 6개월에서 길게는 2년 넘게 보호해 주는 가족공동체이다. 그룹 홈 하면 주로 정신지체장애인들이 생활하는 장애인그룹 홈을 말하나 부유아동들이 함께 모여 생활하는 아동그룹 홈 같은 공간도 있다.

학대와 빈곤, 결손 등으로 위기에 처한 불우아동들 가운데 사실상 정상적인 부모의 보살핌을 받을 수 없는 만 1세에서 6세까지의 어린이 4~5명이 다른 그룹 홈과 동일하게 최대한 일반 가정과 같은 환경에서 생활을 하며, 심리정서적 안정을 회복하여 다시 가정으로 돌아갈 수 있는 힘을 얻어간다. 지역사회 안에서 요즘 조금씩 생겨나고 있는 이 아동그룹 홈은 불우아동뿐만 아니라 부모 상담을 통한 가족해체의 예방활동도 벌이고 있다.

아동단기보호시설(兒童短期保護施設)

아동단기보호시설이라 함은 일반가정에 아동을 보호하기 곤란한 일시적 사정이 있는 경우 아동을 단기간 보호하며 가정의 복지에 필요한 지원조치를 하는 것을 목적으로 하는 아동복지시설의 일종을 말한다(아동복지법 제16조1항6호).

아동보호(兒童保護)

아동의 건전한 성장발달과정을 조장하기 위해 사회나 성인 측에서 아동에게 할 수 있는 모든 형태의 서비스 및 프로그램을 의미한다. 국가 및 지방자치단체는 아동의 보호자는 물론 국민과 더불어 아동의 건전육성과 복지증진에 대하여 노력하여야 하며, 아동의 권익과 안전을 존중하여야 하며, 장애아동의 권익을 보호하기 위하여 필요한 시책을 강구해야 한다는 책임의 규정을 두고 있다. 이 취지는 본래 아동육성의 제1차적 책임은 보호자에게 있으나 보호자가 없거나, 또는 충분하게 그 책임을 다하기 곤란한 경우에는 보호자에 대신하여 국가 및 지방자치단체가 아동의 육성을 보완 · 대체하는 의무를 국민과 더불어 진다고 하는 것이다. 그 일환으로 법에 의거한 아동복지시설 입소 등의 조치가 있고 공적인 부담을 도입하고 있다(아동복지법 제4조).

아동보호치료시설(兒童保護治療施設)
아동에게 보호 및 치료서비스를 제공하는 다음 각목의 시설을 말한다.

가. 불량행위를 하거나 불량행위를 할 우려가 있는 아동으로서 보호자가 없거나 친권자나 후견인(後見人)이 입소(入所)를 신청한 아동 또는 가정법원, 지방법원소년부 지원에서 보호위탁 된 19세 미만의 사람을 입소시켜 치료와 선도를 통하여 건전한 사회인으로 육성하는 것을 목적으로 하는 시설
나. 정서적 행동적 장애로 인하여 어려움을 겪고 있는 아동 또는 학대로 인하여 부모로부터 일시 격리되어 치료받을 필요가 있는 아동을 보호 치료하는 시설(아동복지법 제52조1항3호).

아동복지(兒童福祉)
원조의 대상을 아동으로 하는 사회복지의 한 분야.

아동복지란 이념적으로는 인격주체로서 이해되면서, 실제로는 자기들의 입장을 주장하거나, 그것을 지킬 힘이 약한 아동을 그 보호자와 더불어 국가, 지방자치단체 및 사회전체가 그 생활과 발달, 자기실현을 보장하는 활동의 총체를 말한다.

구체적으로는 아동의 인권을 존중하고 또한 그의 생존권이나 교육권 등의 보장을 위하여 행하여지는 사업·활동. 아동복지의 대상인 아동은 18세 미만으로 되어 있다.

아동복지관(兒童福祉館)
아동복지시설의 하나.

지역사회 아동의 건전육성을 위하여 심신의 건강유지와 복지증진에 필요한 서비스를 제공하는 것을 목적으로 하는 시설(아동복지법 제16조1항9호).

아동복지법(兒童福祉法)
아동복지에 관한 기본법이 1961년 12월 30일에 '아동복리법'으로 제정되어 그 동안 여러 가지 여건과 환경의 변화에 따라 수차례 개정되어 시행 중 1981년 4월 13일(법률 제3438호)에 법명도 아동복지법으로 개정되어 시행되어 오던 중 다시 2011년 8월 4일(법률 제11002호)에 총 75개 조문과 부칙으로 전문(全文)개정, 공포하여 오늘에 이르고 있다.

이 법은 아동이 건강하게 출생하여 행복하고 안전하게 자라나도록 그 복지를 보장함을 목적으로 하고 있다. 이와 같은 이념 하에 18세 미만의 아동에 대한 복지시책을 위하여 아동복지의 기관으로서의 아동복지위원회를 비롯하여 아동복지지도위원, 아동위원, 아동상담소, 보건소 등의 업무 규정, 복지의 조치 및 보장, 사업 및 시설, 비용 등에 대하여 규정하고 있다.

아동복지소셜워크(兒童福祉 social work)
개개 아동의 생활을 존중하고 그 생존과 발달을 가능한 한 최대로 보장하기 위한, 그 아동과 가정에 대한 사회복지의 원조활동을 말한다. 그를 위해서 생존을 위한 기본적 니즈(needs)의 충족을 도모하고, 심리적 신체적 특성을 배려하면서 생활주체로서 발달하도록 원조하고, 적절한 환경이 정비되지 않으면 안 된다.

소셜워크의 직접적 원조로서 케이스워크(개별적 원조기술), 그룹워크(집단 원조기술) 케어워크(요양적 원조기술) 등이 있고, 간접적 원조로서 지역사회의 활동이나 조직화(커뮤니티 워크, 사회복지조사, 사회복지운영관리, 사회복지계획

이 있고, 그 원조의 과정은 개시, 개별의 아동과 그 주어진 상황이 가지는 문제의 확인, 대응할 과제의 설정과 원조계획의 책정, 원조의 실시, 그 평가, 종결이라고 하는 단계를 밟는 과정을 따르는 일이 중요하다. 코놉카(Konopka, G.)는 그룹워커의 활동에 대하여 (1) 수용한다, (2) 관계 지운다, (3) 원조하고 지지한다, (4) 바람직하지 않은 행동을 제한한다, (5) 지도한다, (6) 완화한다, (7) 설명한다, (8) 관찰하고 평가한다, (9) 계획하고 준비한다라는 분류를 소개하고 있으나 소셜워크에 대개 공통한다고 말할 수 있을 것이다.

아동복지시설(兒童福祉施設)

가정의 아동양호기능과 책임을 대체(代替) 또는 보완하여 아동의 복지를 도모함을 목적으로 하는 법정시설이다. 아동복지시설에는 양육·보호적 기능, 치료적 기능, 교육·훈련적 기능, 사회적 기능 등이 있으며, 아동복지시설의 종류에는 1. 아동양육시설 2. 아동일시보호시설 3. 아동보호치료시설 4. 아동직업훈련시설 5. 자립지원시설 6. 아동단기보호시설 7. 아동상담소 8. 아동전용시설 9. 아동복지관 10. 공동생활가정 11. 지역아동센터가 있으며, 아동복지시설은 종합시설로 설치할 수 있다. 설치는 국가 또는 지방자치단체 외의 자는 관할시장·군수·구청장에게 신고하고 설치할 수 있다.

아동복지시설은 각 시설의 고유 업무 외에도 ① 아동 가정복지지원사업 ② 아동주간보호사업 ③ 아동전문상담사업 ④ 학대아동보호사업 ⑤ 공동생활가정 사업 ⑥ 방과 후 아동지도사업 등을 할 수 있다(아동복지법 제16조 참조).

아동복지시설종사자(兒童福祉施設從事者)

아동복지시설에서 아동의 상담, 지도, 진료, 보육 기타 아동의 복지에 관한 업무를 담당하는 자를 말한다. 아동복지시설에는 필요한 전문인력을 배치하도록 법에 규정하고 있으며, 종사자의 직종과 수, 그 자격 및 배치기준은 아동복지법시행령(대통령령)으로 정한다(아동복지법 제19조).

아동복지지도원(兒童福祉指導員)

가정의 사정이나 장애 등으로 인하여 아동복지시설에서 생활하고 있는 0세~18세 까지의 아동이 건전하게 성장할 수 있도록 특별시·광역시·시·도·군·구에 소속되어, 아동의 생활지도를 하는 전문직(사회복지전담공무원)을 말한다. 아동복지지도원은 다음 각 호의 업무를 수행한다.

1. 보호를 필요로 하는 아동에 대한 적절한 보호조치
2. 아동 및 그 가족 또는 관계인에 대한 상담
3. 아동지도에 필요한 가정환경의 조사
4. 아동에 관한 전문적·기술적 지도를 필요로 하는 경우의 개별지도·집단지도 및 그 알선
5. 아동시설 또는 보호를 필요로 하는 아동에 대한 조사·지도 및 감독
6. 아동을 위한 지역사회 자원의 활용 알선
7. 지역사회의 학교부적응아, 비행 청소년에 대한 예방·지도 및 원조
8. 기타 아동의 복지증진 및 육성에 관한 업무

구체적으로는 전문대학·대학교에서 보건복지부령이 정하는 사회복지에 관한 학과의 과정을 이수하고 졸업한 자, 고등학교 졸업학력을 가진 일반 공무원으로서 국가 또는 자치단체에서 아동복지 기타 사회복지에 관한 행정에 3년 이상 경력이 있는 자, 유치원·초등·중·고등학교 교원으로 2년 이상 근무경력이 있는 자, 전문

대학 이상 학교를 졸업한 자로서 보건복지부장관이 시행하는 아동복지지도원 자격시험에 합격한 자가 아동상담소의 업무를 담당한다(아동복지법 제7조).

아동상담(兒童相談)

아동상담은 아동에 관한 여러 가지 문제에서 가정, 학교, 지역 또는 본인으로부터 상담에 응하여 아동의 문제나 니즈(needs), 환경상황 등을 정확하게 받아들여 개개의 아동이나 가정 등에 가장 효과적인 전문적인 지도를 행하고 조정을 하며, 적응과 발달을 원조하여 아동의 복지를 도모함을 목표로 하는 원조활동이다.

상담내용은 양호, 비행, 심신장애, 보건 · 의료, 건전육성, 교육, 직업 등 아동의 생활상의 문제 전반에 해당된다. 아동과 그 가족의 문제에 관한 상담, 치료, 예방 및 연구 등을 목적으로 하는 아동복지시설의 하나로 아동상담소가 있다. ⇨ 아동상담소

아동상담소(兒童相談所)

광역시 도 · 시 · 구(자치구) 군이 설치하는 아동과 그 가족에 관한 상담, 치료, 예방 및 연구 등을 목적으로 하는 시설로 아동복지를 위한 상담기관.

구체적으로는 아동복지지도원(아동복지전담공무원)이 배치되어 다음과 같은 업무를 담당한다.

1. 아동 또는 임산부(*姙産婦*)에 관한 그 가족의 문제에 관한 상담, 치료, 예방 및 연구 등
2. 아동지도에 필요한 가정환경의 조사 · 입양 · 위탁보호 및 거택보호
3. 아동 또는 임산부에 관하여 전문적 · 기술적 지도를 필요로 하는 경우
4. 아동복지시설 또는 요보호아동의 조사 · 지도 및 감독
5. 아동을 위한 지역사회자원의 활용 알선
6. 아동의 일시보호
7. 기타 아동 및 임산부의 복지증진에 관한 업무 등이다(아동복지법제16조1항7호 참조).

아동양육시설(兒童養育施設)

아동복지시설의 하나.

보호대상 아동을 입소(入所)시켜 보호, 양육 및 취업훈련, 자립지원 서비스 등을 제공하는 것을 목적으로 하는 아동복지시설의 일종이다(아동복지법 제52조1항1호).

아동에 대한 금지 행위(兒童에 對한 禁止 行爲)

아동의 복지를 저해하는 행위로서 아동복지법 제29조에 "누구든지 다음 각 호의 1에 해당하는 행위를 하여서는 안 된다"고 규정되어 있다. 이 규정을 위반한 경우 벌칙이 적용된다(동법 제40조). 금지행위는 ① 아동의 신체에 손상을 주는 학대행위 ② 아동에게 성적 수치심을 주는 성희롱, 성폭행 등의 학대행위 ③ 아동의 정신건강 및 발달에 해를 끼치는 정서적 학대행위 ④ 자신의 보호 감독을 받는 아동을 유기하거나 의식주를 포함한 기본적 보호 양육 및 치료를 소홀히 하는 방임행위 ⑤ 아동을 타인에게 매매하는 행위 ⑥ 아동에게 매음을 시키거나 음행을 매개하는 행위 ⑦ 장애를 가진 아동을 공중에 관람시키는 행위 ⑧ 아동에게 구걸을 시키거나 아동을 이용하여 구걸하는 행위 ⑨ 공중의 오락 또는 흥행을 목적으로 아동의 건강 또는 안전에 유해 한 곡예를 시키는 행위 ⑩ 정당한 권한을 가진 일선기관 외의 자가 아동의 양육을 알선하고 금품을 취득하는 행위 ⑪ 아동을 위하여 증여

또는 급여된 금품을 그 목적 외의 용도에 사용하는 행위 등이다.

아동위원(兒童委員)

사회봉사의 정신에 의거 시 · 군 · 구(자치구)의 구역에 두는 민간의 봉사자이다.

아동위원은 당해 지역사회에서 그 지역의 실정에 밝고 아동복지에 열의가 있으며, 아동복지에 관한 학식과 경험이 풍부한 자 중에서 아동에 대하여 항상 그 생활상태 및 가정환경을 상세히 파악하고 아동복지에 관하여 원조와 지도를 행하며, 아동지도위원 및 관계 행정기관과 협력하여 업무를 행한다. 또 업무의 원활한 수행을 위하여 적절한 교육을 받을 수 있다. 단, 직무에 관해서는 그 관할구역의 장(長)의 감독을 받으며, 명예직이면서 수당을 받을 수 있다. 아동위원에 관하여 필요한 사항은 당해 시 · 군 · 구(자치구)의 조례로 정한다(아동복지법 제6조).

아동의 권리에 관한 협약(兒童의 權利에 관한 協約)

아동의 권리를 확립하려는 국제협력은 1924년 국제연맹의 아동권리에 관한 제네바선언 이후 1959년 아동의 권리선언으로 이어졌다. 국제연합은 이 권리선언 20년 후인 1979년을 국제아동의 해로 정하고 지금까지의 아동에 관한 선언의 내용을 아동의 인권의 실질적인 실현과 보호에 기여할 수 있는 법적 구속력이 있는 '협약'으로 1989년 11월 20일에 UN총회에서 전회의(全會議) 일치로 채택된 국제조약을 말한다. 1990년 9월 2일 국제법으로서 발효(發效)하고, 우리나라는 1991년 11월 20일에 비준서를 기탁하여 1991년 12월 20일에 조약 제1072호로 발효되었다. 한국 등 세계 192개국이 비준한 유엔아동권리협약은 아동에게 모든 형태의 신체적 정신적 폭력과 학대 및 유기를 금하고 있다.

아동 권리에 관한 조약의 전(全) 54개조는 다음의 4개의 부분으로 되어있다.

① 전문(前文)은 조약이 만들어진 배경이나 이념을 규정하고 있어 조약해석의 지침이 된다. ② 제1부는 41개조의 실체규정으로 되어 있으며 어린이의 최선의 이익, 생명, 생존에의 권리, 시민적 자유와 의사표명권, 부모와의 관계에 있어서의 어린이의 권리, 교육 · 사회보장에의 권리, 특별히 보호를 받을 권리 등이 규정되어 있다. ③ 제2부는 실시조치로서 국가의 조약 홍보의무, 어린이의 권리위원회의 설치, 조약국의 보고의무가 규정되어 있고, ④ 제3부는 조약의 비준, 효력발생, 개정, 유보 등을 정한 최종 조항이다. 이 조약에서는 어린이란 '18세 미만의 모든 자'를 지칭하며, 단순한 권리향유의 주체 일뿐 아니라 스스로 권리를 행사하는 존재라고 되어 있다.

아동빈곤(兒童貧困)

아동빈곤이란 아동이 일상적인 생활여건과 자원이 결핍하여 사회적 경제적 문화적 불이익을 받은 빈곤한 상태를 말한다(아동의 빈곤예방 및 지원 등에 관한 법률 제3조 2호).

아동의 빈곤예방 및 지원 등에 관한 법률(兒童의 貧困豫防 및 支援 등에 관한 法律)

이 법은 빈곤아동이 복지 교육 문화 등의 분야에서 소외와 차별을 받지 아니하고 한 사회의 구성원으로 건강하게 자랄 수 있도록 제도적 기반을 마련하는 것을 목적으로 2011년 7월 14일(법률 제10850호)에 제정 · 공포하여 시행 해온 법 공포 후 1년이 경과한 2012년 7월 15일부터 시행하고 있다.

아동의 세기(兒童의 世紀)

20세기 초엽에 스웨덴의 사상가인 엘렌 · 키(Ellen Key)가 20세기를 '아동의 세기'로 해야 한다고 제창한 것에서 시작된다. 미국에 있어서 제1회 백악관콘퍼런스(1909), 독일에서의 바이마르헌법에서의 아동법의 제정(1922), 영국에 있어서의 아동구제기금 단체에 의한 세계아동헌장 초안의 제시(1922), 국제연맹에 의한 아동권리선언의 채택(1959), 국제연합은 권리선언 30년 후에 아동의 권리에 관한 조약(1989) 등의 아동에 관계되는 큰 흐름이 나타나게 되었다. 그러나 한편에서는 제1차 대전, 제2차 대전 등의 전쟁에 의하여 많은 아동이 피해를 받았다. →아동의 권리선언, 아동의 권리에 관한 조약.

아동의최선의이익(兒童의最善의利益)

아동의 권리에 관한 조약 제3조에 규정되어 있는 말. 아동에 관련되는 모든 조치를 취함에 있어서는 공적, 사적 어느 기관에 의하여 행하여지더라도, 아동의 최선의 이익이 고려되지 않으면 안 된다는 취지가 정의되어 있다. 아동의 입장에서 장래적, 장기적 시점으로부터 아동에 있어 최대한의 권리가 보장된다는 것이다. 조약에서는 제9조 '부모로부터 분리되지 않는 권리, 제18조 부모의 양육책임과 국가의 원조', 제20조 '가정환경의 확보', 제21조 '양자결연', 제37조 '사형 고문의금지', 제40조 '소년사법'에 있어서 이 말이 사용되고 있어 구체적인 규정으로 되어 있다. →아동의 권리에 관한 조약

아동일시보호시설(兒童一時保護施設)

아동복지시설의 하나.

보호대상자 아동을 일시보호하고 아동에 대한 향후의 양육대책수립 및 보호조치를 행하는 것을 목적으로 하는 시설이다(아동복지법 제52조 1항2호).

아동전문상담사업(兒童專門相談事業)

아동복지시설에서 그 시설의 고유업무 외에 하는 사업의 하나.

학교부적응아동 등을 대상으로 올바른 인격형성을 위한 상담, 치료 및 학교폭력예방을 실시하는 사업을 말한다(아동복지법 제52조3항).

아동전용시설(兒童專用施設)

아동전용시설이라 함은 어린이공원, 어린이놀이터, 아동회관, 체육, 연극, 영화, 과학실험전시시설, 아동휴게숙박시설, 야영장 등 아동에게 건전한 놀이 · 오락 그 밖의 각종 편의를 제공하여 심신의 건강유지와 복지증진에 필요한 서비스를 제공하는 것을 목적으로 하는 아동복지시설을 말한다(아동복지법 제52조1항7호). 자치단체는 아동이 항상 이용할 수 있는 아동전용시설을 설치하도록 노력하여야 한다(본법 제52조1항).

아동정책조정위원회(兒童政策調整委員會)

아동의 권리증진과 건강한 출생 및 성장을 위하여 종합적인 아동정책을 수립하고 관계 부처의 의견을 조정하며, 그 정책의 이행을 감독하고, 평가하기 위하여 국무총리 소속으로 이 위원회를 두며, 이 위원회는 다음 각호의 사항을 심의 조정한다.

① 기본계획의 수립에 관한 사항
② 아동의 권익 및 복지증진을 위한 기본방향에 관한 사항
③ 아동정책의 개선과 예산지원에 관한 사항
④ 아동관련 국제조약의 이행 및 평가 · 조정에 관한 사항

⑤ 아동정책에 관한 부처 간 협조 사항
⑥ 그 밖에 위원장이 부의하는 사항 등 위원회는 위원장을 포함한 25명 이내 의원으로 구성하되 위원장은 국무총리가 된다(아동복지법 제10조1 2항).

아동주간보호사업(兒童晝間保護事業)

아동복지시설에 그 시설의 고유업무 외에 하는 사업의 하나.

부득이한 사유로 가정에서 낮 동안 보호를 받을 수 없는 아동을 대상으로 개별적인 보호와 교육을 통하여 아동의 건전한 성장을 도모하는 사업을 말한다(아동복지법 제52조3항2호).

아동중심주의(兒童中心主義)

어린이야말로 교육을 받을 주체이며 학습의 주인공이라고 하는 교육에 대한 신념. 일반적으로 중세의 교육이 일정한 신조나 지식을 어린이에게 수용기와 같은 존재로서 규정지어온 데 대립하는 개념이다. 이 사상의 원류는 18세기의 J.J. 루소에 의하여 정립되어 J.H. 페스탈로치 등의 실천으로 굳혀졌으며, 그 후 교육개혁운동을 뒷받침하게 되었다. 1889년에 미국의 철학자 J. 듀이가 『학교와 사회』를, 스웨덴의 사상가인 E. 키가 『아동의 세기』라는 저서를 냈는데, 이것이 20세기 초에 전개된 교육운동의 지표가 되었다. 우리나라에서도 광복 후 일제의 식민지 교육에서 벗어나 민주적인 신교육을 도입, 아동중심주의 교육으로 전환해 왔다.

아동직업시설(兒童職業施設)

아동복지시설에 입소되어 있는 만 15세 이상의 아동과 생활이 어려운 가정의 아동에 대하여 자활에 필요한 지식과 기능을 습득시키는 것을 목적으로 하는 시설을 말한다(아동복지법 제16조4호).

아동 · 청소년의 성보호에 관한 법률 (兒童 · 靑少年의 性保護에 관한 法律)

이 법은 아동 청소년대상 성범죄의 처벌 및 절차에 관한 특례를 규정하고 피해아동 · 청소년을 위한 구제 및 지원절차를 마련하여 아동 · 청소년대상 성범죄자로부터 보호하고 아동 · 청소년이 건강한 사회구성원으로 성장할 수 있도록 함을 목적으로 2009년 6월 9일(법률 제9765호)에 제정 · 공포하여 오늘에 이르고 있다.

아동 · 청소년의성을사는행위(兒童 · 靑少年의性을사는行爲)

아동 · 청소년의 성을 사는 행위는 아동 청소년, 아동 · 청소년의 성(性)을 사는 행위를 알선한 자 또는 아동 청소년을 실질적으로 보호 감독하는 자 등에게 금품이나 그 밖의 재산상 이익, 직무 편의 제공 등 대가를 제공하거나 약속하고 다음 각 목의 어느 하나에 해당하는 행위를 아동 · 청소년을 대상으로 하거나 아동 · 청소년으로 하여금 하게 하는 것을 말한다(아동 · 청소년의 성보호에 관한 법률 제2조4호).

가. 성교행위
나. 구강 항문 등 신체의 일부나 도구를 이용한 유사 성교 행위
다. 신체의 전부 또는 일부를 접촉 노출하는 행위로서 일반인의 성적 수치심이나 혐오감을 일으키는 행위
라. 자위행위

아동 · 청소년이용음란물(兒童 · 靑少年利用淫亂物)

청소년이용음란물이라 함은 청소년이 등장하여

청소년의 성을 사는 행위의 어느 하나에 해당하는 행위를 하거나 그밖에 성적 행위를 하는 내용을 표현한 것으로서 필름 · 비디오물 · 게임물 또는 컴퓨터나 그 밖의 통신매체를 통한 화상 · 영상 등의 형태로 된 것을 말한다(아동 · 청소년의 성보호에 관한 법률 제2조5호).

아동학(兒童學)

어린이(兒童)을 연구대상으로 하는 학문영역을 총칭하고 있다. 원래는 20세기 초엽에 미국의 교육학자 크리스만(D.C. Chrisman)이 희랍어의 paidos(아동)과 logos(학-學)을 합성한(Paedolgy: 아동학)것으로 특히 장애아의 종합적 연구의 발전을 기대한 것이었다. 현재의 아동학의 구성으로는 아동심리학, 아동교육학, 아동보건학, 아동문화학, 아동복지학 등으로 하여금 학제적(學際的)으로 성립되어 있다.

아동학대(兒童虐待)

아동학대라 함은 보호자를 포함한 성인(成人)에 의하여 아동의 건강 · 복지를 해치거나 정상적 발달을 저해할 수 있는 신체적 · 정신적 · 성적 폭력 또는 가혹행위 및 아동의 보호자에 의하여 이루어지는 유기(遺棄)와 방임(放任)을 말한다고 규정하고 있다(아동복지법 제2조4호).

구체적으로는 아동의 건전한 성장이나 발달을 저해하는 인권해(人權害)의 행위가 부모 또는 부모에 대신하는 보호자에 의하여 비우발적으로(단순한 사고가 아닌 고의를 포함함) 아동에게 가해진 다음의 행위를 말한다.

① 신체적 폭행 : 외상이 남는 폭행, 또는 생명에 위험한 폭행 외상으로서는 타박상, 내출혈, 골절, 두부외상, 자상, 화상 등, 생명에 위험이 있는 폭행이란 목을 조른다거나, 이불 찜질을 한다거나, 물에 익사케 한다거나, 독물을 마시게 한다거나, 식사를 안 준다거나, 집밖으로 내쫓는다거나, 기아(棄兒), 방에 구금하는 등

② 보호의 태만 및 거부 : 위기상황, 의식주나 청결 등에 관하여 건강 상태를 손상하는 방치(영양불량, 극단의 불결, 태만 및 거부에 의한 질병의 발생, 학교에 등교 시키지 않는 것 등)

③ 성적학대 : 부모에 의한 근친 상간, 또는 부모에 대신하는 보호자에 의한 성적 폭행

④ 심리적 학대 : 위 ①②③을 포함하지 않은 그 외의 극단적인 심리적 외상을 주었다고 생각되는 행위(심리적 외상이란 아동의 불안, 겁, 우울상태, 무감동이나 무 반응, 강한 공격성, 습벽이상 등, 일상생활에 지장을 가져오는 정신증상이 나타나도록 하는 것에 한함) 등

아동학대신고의무(兒童虐待申告義務)

누구든지 아동학대를 알게 된 때에는 아동보호 전문기관 또는 수사기관에 신고할 수 있다. 보호를 필요로 하는 아동의 복지를 도모하기 위하여 일반 국민에 대하여 신고의 의무를 과한 것인데 신고를 하지 않았다는 것에 벌칙은 없다. 그리고 다음 각호의 1에 해당하는 자는 그 직무상 아동학대를 알게 된 때에는 즉시 아동보호 전문기관 또는 수사기관에 신고하여야 한다. 이때 신고인의 신분은 보호되어야 하며 그 의사에 반하여 신원이 노출되어서는 안 된다.

1. 각종학교의 교직원 2. 의료법 제3조의 규정에 따른 의료기관에서 의료법을 행하는 의료인 3. 아동복지시설의 종사자 및 그 장 4. 장애인복지법제48조의 규정에 따른 장애인복지시설에서

장애아동에 대한 상담 · 치료 · 훈련 또는 요양을 행하는 자 5. 영유아보육법 제10조의 규정에 따른 보육시설의 종사자 6. 유치원의 장, 교직원 및 종사자 7. 학원의 운영자 강사 직원 종사자 8. 소방법규정에 따른 구급대의 대원 9. 성매매방지 및 피해자 보호 등에 관한 법률의 규정에 따른 지원시설 및 성매매 피해자상담소의 장이나 종사자 10. 한부모가족지원법 규정에 따른 한부모가족복지상담소의 상담원 및 한부모가족복지시설의 종사자 11. 가정폭력방지 및 피해자보호 등에 관한 법률의 규정에 따른 가정폭력 관련 상담소의 상담원 및 가정폭력 피해자보호시설의 종사자 12. 아동복지지도원 및 사회복지사업법의 규정에 따른 사회복지전담공무원 등이다(아동복지법 제25조).

아동학대예방의 날(兒童虐待豫防의 날)

아동의 건강한 성장을 도모하고, 범국민적으로 아동학대의 예방과 방지에 관한 관심은 높이기 위하여 매년 11월 19일을 아동학대 예방의 날로 지정하고 아동학대 예방의 날로부터 1주일을 아동학대예방주간으로 하며, 국가와 지방자치단체는 아동학대 예방의 날의 취지에 맞는 행사와 홍보를 실시하도록 노력 하여야 한다고 규정하고 있다(아동복지법 제23조).

아래턱호흡(아래턱 呼吸)

호흡이 곤란한 때에 아래턱을 움직여 조금이라도 공기를 흡입하려고 하는 보조호흡근(補助呼吸筋)을 이용한 호흡. 죽음의 직전을 의미하는 상태로 된다.

아메니티(amenity)

생활환경의 쾌적성이라는 것. 구체적으로는 건물이나 장소 등이 조용하고 아름다움과 프라이버시의 확보 등이 아메니티의 조건이라고 한다. 역사적으로 19세기 후반의 영국의 도시계획에서 생겨났다. 당초에는 도시경관이 중심이었으나 차츰 생활상의 모든 설비와 사회적 서비스에도 사용되도록 되었다. 사회복지에서는 열등처우적인 발상을 불식하여, 인간으로서의 보다 만족한 상태가 얻어질 것 같은 거주시설이나 재택생활에의 설비, 서비스를 나타내기 위하여 쓰이게 된다. 어떤 상태가 바람직한가에 대하여는 주관(主觀)이 포함되기 쉬우며, 누가 기준을 만들 것인가가 문제로 된다. 당연히 여기에는 당사자와 시민, 주민의 참가가 불가결하게 된다. 특히 고령자나 장애인의 입장에서 아메니티를 생각하는 것은 중요한 것이다.

아사히소송(朝日訴訟)

일본에서 생활보호법상 가장 저명한 행정소송사건이다. 생활보호를 수급하고 있는 일본 국립 오카야마(岡山) 요양소에 입원했던 고(故) 아사히 시게루(朝日茂) 씨가 1957년에 생활보호로 입원환자에게 지급되는 생활부조로서의 일용품비 월액 600엔(당시)으로는 일본 헌법 제25조에서 말하는 생존권이 보장되지 않는다고 하여 후생성(우리나라 보건복지부)장관을 상대로 한 소송. 제1심에서는 원고가 승소했으나, 제2심에서는 "그 금액은 대단히 적으나 위법은 아니다"라고 하여 제1심 판결을 취소하였다. 그 후 최고재판소에 상고했으나 아사히 씨가 도중에 사망하여 양자(養子)부부가 국가를 상대로 소송을 승계하려고 했으나 최고재판소는 보호수급권은 일신전속성의 권리라고 하여 승계를 인정하지 않고 1967년 5월 소송의 종료를 선고하였다. 원고의 성(姓)을 따서 불려진 이 소송은 그 후 일본에서의 생활보호행정이나 인권의식의 고양에 크게 영향을 주었다.

아시아태평양장애인의 10년(Asia 太平洋障碍人의 10年)

국제연합이 설립한 '장애인의 10년'(1983~92년)의 최종 해에 이르러, UN 아시아태평양경제사회위원회가 1992년 4월 중국 베이징(北京)에서 개최된 제48회 총회에서 채택한 결의이다.

구체적으로는 1992년 이후 아시아 태평양지역에서 장애인에 대한 세계행동계획의 실시에 있어, 새로운 자극을 주어짐과 동시에 이 세계행동계획의 목표, 특히 완전참가와 평등에 영향되어 있는 문제를 해결하기 위하여 당해 지역 내의 협력을 강화한다는 등으로 되어 있다.

아우트리치(out reach)

접근곤란한 사람에 대하여, 요청이 없는 경우에도 워커의 쪽에서 적극적으로 받아들여 원조하는 것을 말한다. 생활상의 문제나 곤란함을 가지고 있으면서도 복지서비스의 이용을 거부한다거나, 워커에 대한 공격적, 도피적인 행동을 나타내는 사람에 대하여 적극적으로 작용하는 것을 가리킨다. 즉 아우트리치는 손을 뻗쳐서 받아들이고 손을 뻗친다는 의미가 있는데 리치아우트라고 하는 용어가 쓰이는 수도 있다. 아그레씨브 케이스워크(aggressive casework)의 구체적인 방법이며, 워커의 측에 적극적인 태도가 요구된다. →아그레씨브 케이스워크

아이덴티티(identity)

미국의 정신분석학자인 에리크손(Erikson, E.H.)에 의하여 이론화된 자아의 생애발달의 기본개념으로 자기의 동일주체성, 또는 자립(자율)성 등으로 번역된다. ① 자신은 자기 스스로 고유한 자기라고 하는 '자기의 일재성(一在性)' ②'시간적인 연속성과 일관성' ③ 자타(自他)와 더불어 무언가의 사회집단에 귀속감을 가지는 '귀속성(歸俗性)'의 3가지의 축에 의하여 정의된 자기의식의 총체를 가리킨다.

구체적으로는 "자기 자신이란 무엇이냐"라는 물음에 대한 답과 그것을 발견해 내는 과정에 있어서의 마음의 움직임을 말한다. 사회 · 경제생활을 해 가는 동안에 자기 자신이 변화하여 성장해 가면서도 기본적으로는 자기의식을 동일하게 연속하고 있다고 하는 감각, 즉 자기 자신은 자신이며, 진정한 자기 자신은 변하지 않는다고 하는 감각을 의미한다.

아이돌봄지원법(아이돌봄 支援法)

이 법은 가정의 아이돌봄을 지원하여 아이의 복지증진 및 보호자의 일 가정양립을 통한 가족구성원의 삶의 질 향상과 양육친화적인 사회환경 조성을 목적으로 2012년 2월 1일(법률제11288호)에 제정 · 공포하여 공포후 6개월이 경과한 날부터 시행되고 있다.

아이돌보미

국가파견 베이비시터이다.

생후 3개월~12세 이하의 자녀를 둔 부모가 갑자기 야근을 해야 하거나 몸이 아파서 아이를 돌볼 수 없게 된 경우에 국가가 파견하는 저렴한 시간제 '아이돌보미'(베이비시터)의 제도.

구체적으로는 2007년 4월부터 서울을 비롯한 전국 38개 건강가정지원센터에서 운영하는 아이돌보미사업은 야근과 질병, 출장, 집안행사, 대외활동 등 긴급 상황으로 아이를 맡겨야 할 때에 마땅한 대안이 없었던 부모들을 위해 국가가 양

성한 돌보미들이 아이의 집이나 학교를 직접 찾아가 시간당 일정액을 받고 자녀를 돌봐 주는 유료서비스다. 아이돌보미 서비스의 이용비용은 민간 베이비시터 업체보다 저렴하며 시간당 5천원으로 평균소득(4인가구기준 월소득 391만 천원)의 수입을 얻는 가구는 전액을 부담하며, 저소득층(4인가구기준 월소득 195만 6천 원 이하)의 경우는 시간당 1,000원만 지급하면 된다.

아이돌보미의 자격은 면접전형을 통과하고 50시간의 무료 양성교육을 이수해야 한다. 이용대상은 생후 3개월~12세 이하를 둔 가정으로 각 지역 건강가정지원센터를 방문해 회원으로 등록한 뒤 필요할 때 신청하면 된다. 한 달 이용할 수 있는 시간은 80시간으로 제한된다(아이돌봄지원법 제2조3 4호).

아이에이디엘(IADL = Instrumental Activity of Daily Living)

수단적 ADL, 도구적(道具的) ADL이라고 번역된다. ADL이 식사, 입욕, 배설 등의 일상생활의 기본동작인 것에 대하여, IADL은 버스를 타고 물건을 사러 간다, 전화를 사용할 수 있다, 외출할 때 단정한 몸가짐을 할 수 있다, 금전의 계산을 해서 물건을 살 수 있다, 필요한 약을 필요할 때에 복용할 수 있다는 등 일상생활을 영위하는 데에 필요한 동작을 말한다. 사람이 생활한다는 것은 단순히 선다, 앉는다, 걷는다, 배설이 된다는 등의 동작만으로는 성립된다는 게 어렵다. ADL(일상생활동작)과 함께 IADL이 어느 정도 할 수 있는가를 원조자는 시야에 넣을 필요가 있다. 노인장기요양보험제도에 있어서 LADL은 ADL과 더불어 요수발(케어) 인정조사의 항목에도 있으며, 일상생활에의 지원의 필요성을 판단하는 시점으로 되어있다. →일상생활동작, IL운동

ILO(International Labour Organization = 국제노동기구〈國際勞動機構〉)

국제노동기구라고도 한다. 세계의 모든 근로자를 위한 사회정의구현과 노동조건개선을 목적으로 1919년 6월 28일 서명된 베르사이유 평화조약에 의하여 창설된 국제기구. 현재는 WHO, UNESCO 등과 더불어 국제연합의 전문기구로서 중요한 지위를 차지하고 있다. 1919년 제1차 세계 대전 후 벨사이유 평화조약에 담겨진 노동문제를 다루는 13편에 기초하여 국제연합의 기관으로서 설립되어 1946년 12월 14일에 국제연합경제사회이사회와의 협정에 의하여 최초의 국제연합전문기관으로 계승되었다. 1969년에는 노벨평화상을 수상했다.

구체적으로는 국제노동조약과 권고에 의거하여 국제노동기준의 설정과 그 국내에 있어서의 실시의 감독이나 발전도상국에의 기술협력, 조사연구가 주된 역할이다. 지금까지 노동조합의 가중 권리의 확립이나 사회보장의 세계적인 보급에 공헌하고 있다. 총회는 각 가맹국 정부대표 2인, 사용자, 근로자 대표 각 1인에 의하여 구성되고, 국제노동조항 또는 권고의 형식으로 국제적 근로기준을 설정한다. 우리나라는 1991년 정식으로 가입하여 151번째 회원국이 되었다. 본부는 처음에 제네바에 있었으나 그 후 몬트리올로 옮겼다.

IL운동(Independent Living 運動 =자립생활운동〈自立生活運動〉)

중증(重症)장애인이 자기결정에 의해 주체적인 생활을 목표로 하는 활동이나 운동. 자립생활운동의 시초는 1960년대의 미국 캘리포니아대학 바크레교에서 장애를 가진 학생의 운동으로부터 시작되었다. 이 운동은 공민권운동이나 노멀라

이제이션과 더불어 전 미국에 퍼졌다. 자립운동은 장애인의 자기결정과 선택권이 최대한으로 존중되어 있는 한, 가령 전면적인 시중을 받고 있어도 인격적으로는 자립하고 있는 것으로 생각하고, 자기결정을 자립의 중심적인 가치로서 자리(위치)를 부여한 점에서 중요하다. 이 생각은 지금까지 의료에서 절대시(絶對視)되어 있었는ADL(일상생활동작)의 자립이라고 하는 자립관으로부터 '자기결정의 자립'이라고 하는 자립관으로의 이행(移行)을 가져 온 점에서 중요하다.

IQ(Intelligence Quotient) ⇨ 지능지수

안락(安樂)

신체적으로나 정신적으로도 고통이나 불안이 없는 만족한 상태. 요수발자는 신체적, 정신적, 사회적인 장애로부터 불안이나 걱정 등이 항상 붙어 따라 다닌다. 수발(케어)자는 습관의 변경, 신체적 위화(違和), 소음, 정신적 불안 등 안락을 저해하는 인자(因子)를 제거, 정신적인 면 및 신체적인 면에 십분 배려하여 안락을 확보하지 않으면 안 된다.

안락사(安樂死)

죽음(死)이 다가온 사람을 여러 가지 고통으로부터 해방하기 위하여 연명(延命)치료를 하지 않고 인위적(人爲的)으로 죽음을 가져오게 하는 것.

안락사는 질병이나 치료의 고통으로부터 피하기 위하여 본인의 의사로 죽음을 빠르게 하는 것으로, 존엄사(尊嚴死)와는 다르다. 다만, 안락사에 대해서는 필요한 조치를 취한 의사의 행위가 의료(醫療)이냐, 그렇지 않으면 살인(殺人)이냐고 하는 논의는 구미(歐美)에서 행하여지고 있다. 미국에서는 1976년 캘리포니아주가 최초로 안락사를 입법화 했다. 소극적 안락사는 일종의 자연사로 간주되어 반론이 줄어들었지만, 적극적 안락사는 mercy killing(안락사)으로 표현되고 있듯이 살인이라는 뉘앙스가 있어 여전히 반대가 거세다. 한편 네덜란드가 안락사를 세계 최초로 인간의 권리로서 인정하고 법으로 명문화함으로써 안락사의 허용여부를 둘러싸고 결렬한 논쟁이 일어나고 있다. 안락사에는 약물을 주사하는 등의 방법을 취하는 적극적인 안락사와 인공호흡기 등의 생명유지 장치를 제거하여 죽음을 기다리는 소극적 안락사가 있다. 후자는 존엄사라고 한다. ↔ 존엄사

안면장애인(顔面障碍人)

안면부의 변형 또는 기형으로 인하여 사회생활을 하는 데 있어 상당한 제한을 받는 사람을 말한다(장애인복지법시행령 제2조).

안전보건교육(安全保健敎育)

사업주가 당해 사업장에 산업재해를 방지하기 위하여 근로자를 고용할 때와 작업내용을 변경할 때, 유해, 위험한 작업에 근로자를 사용할 때에 사업주의 책임 하에 안전에 대하여 실시하는 교육. 이 교육은 고용노동부령이 정하는 바에 따라 "당해업무와 관계되는 안전, 보건에 관한 교육을 실시하여야 한다"고 의무화하고 있다(산업안전보건법 제31조).

안전보건진단(安全保健診斷)

안전보건진단이란 함은 산업재해를 예방하기 위하여 잠재적 위험성을 발견하고 그 개선 대책의 수립을 목적으로 고용노동부장관이 지정하는 자가 실시하는 조사 · 평가를 말한다(산업안전보건법 제2조6호).

알모너(almoner)

원래는 중세 말기 영국의 수도원 등에서 가난한 사람에게 자선을 베푼 사람들을 호칭하는 말로서, 말 자체는 14세기 초부터 사용되어 왔다고 한다. 1895년 런던에 자선조직협회가 생기고, 로크(Loch, C.)가 그 중심인물이 되자 당시 자선조직협회에 있던 스튜아트, (Stewart, M.)를 초청하여 무료진료를 위해 사회조사를 하고, 구제가 필요한 자는 구빈법에 적용하고, 실비진료를 소개해 주는 역할로 채용되어 서비스를 주었는데 이것이 오늘날 의료사회사업가의 선구적인 것이다. 그러나 이 용어는 그후 이 같은 업무담당자를 알모너라고 불리었고, 1965년 이후는 병원소셜워커라 부르게 되었다.

알츠하이머병(Alzheimer 病)

알츠하이머병은 1907년에 독일 뮨헨의 신경과 이사인 아이로스 알츠하이머(Alzheimer, A)에 의하여 처음으로 기재된 병이며, 당시의 알츠하이머환자는 47세의 여성으로 병적인 치매이 증상이 나타났었다. 최초에는 망상과 환각(幻覺)에 잡혀서 가끔 심하게 흥분해서 화를 쉽게 내기도 하고 또 어떤 때는 우울상태로 되기도 하였다. 이 환자의 증상은 급속히 악화되어 최후에는 자신의 일과 주위의 것을 전혀 모르게 되어 4년 반 뒤에 사망하였다. 이 병은 노인인구에서 치매를 유발하는 가장 흔한 질환 중 하나이다. 서서히 기억력이 감퇴되고 언어구사 및 다른 사람들과의 대화가 힘들어지며 간단한 일상 업무수행조차 어려워진다. 병이 더 진행되면 성격이 변하여 전혀 다른 사람같이 행동하기도 하고 대소변을 가리지 못하기도 한다. 이 병은 기억장애, 소재식(所在識) 장애 등을 동반하는 진행성의 치매로 40대 후반부터 60대 전반에 일어나는 수가 많은데 20~30대 젊은 나이에서도 발병된다는 사례가 늘고 있다고 한다.

특히 가족력이 있는 경우에는 가족력이 없는 사람들에 비해 빨리 발생된다는 보고가 많다고 하며, 그 이유는 유전자 변이에 기인된다고 한다. 치료에 가장 중요한 것은 병이 진전되어 신경세포가 많이 손상되기 전에 치료하면 훨씬 더 나은 치료효과를 기대할 수 있다고 한다.

알츠하이머형치매(Alzheimer型 癡呆)

1907년 독일의 알츠하이머 박사(Alzheimer, A)에 의하여 보고된 질환. 알츠하이머병과 노인치매로 분류된다. 지능저하에서 인격상실에 이르기까지 심각한 치매로 뇌가 위축하고, 아미로이드라는 물질의 반점이 생기는 것이 특징이다. 알츠하이머병과 알츠하이머형 노인치매를 합쳐서 말한다. 노년(기)치매라고도 한다. 알츠하이머형 노인치매는 70세대 이후 고령기에 발생하는 질환으로 치매가 심한 것(고도의 치매)이 특징이다. 대응상의 주의로서는 수용적인 대응을 하며, 잔존능력이 발휘할 수 있는 환경을 만들고, 고독하지 않도록 하는 등이 있다.

알코올병(alcohol病)

알코올중독에 대한 WHO의 정식명칭이다. 알코올음료를 일시에 다량 섭취한 급성중독인 경우, 인사불성 · 동공확대(瞳孔擴大), 피부혈관 이완을 일으키고 심장 및 호흡기능의 쇠약을 초래하여 사망하는 경우도 있다. 만성중독인 경우는 신체장애와 정신질환을 일으킨다. 장기간에 걸친 음주로 생기는 병으로 알코올간질 · 알코올성 간경변(肝硬變) · 알코올신경염 · 알코올진행마비 등이 있다.

알코올의존(alcohol依存) · 알코올 의존증(alcohol 依存症)

연속, 반복해서 섭취의 결과, 생체가 정신적, 신체적으로 알코올의 섭취 없이는 정상상태를 유지할 수 없게 되어, 강박적으로 알코올을 구하는 상태이다. 음주 때문에 사회생활에서 탈락되거나 가정이 붕괴되거나 해서 그 고통으로부터 도피하기 위하여 음주를 강화하기도 하고 또 이탈증상(금단증상이라고도 불린다)을 피하기 위하기 음주한다는 과정을 택해, 파국적 상황이 된다. 알코올의존은 본인만의 문제가 아니고 주위를 연루되게 하는 것이 문제이다. 술의 해악을 알고도 끊는 일이 고통스러워 술을 끊지 못하는 경우를 알코올의존이라고 한다. 알코올의존 상태에서 금주를 하면 금단증상이 생기게 되는데 이를 신체적 의존이라고 한다. 치료는 정신병원뿐만이 아니고, 보건소, 알코올전문클리닉, 자조그룹 등에서 할 수 있다.

ㅇ

알코올중독(alcohol 中毒)

개인의 건강과 사회적응 기능에 손상을 초래할 정도로, 사회가 허용하는 범위 이상의 술을 마시는 병적 상태를 알코올중독이라고 한다. 의학계에서는 지나친 음주로 인하여 개인, 가족, 직업폐해에도 불구하고 술을 절제하지 못하는 술의 남용과 습관성 음주로 조절능력을 상실하고 일을 못할 정도의 장애와 만성질환이 발생하는 '알코올이론'을 통틀어 알코올중독으로 본다.

알코올치매(alcohol 癡呆)

장기간에 걸친 대량음주로 인하여 중추신경계, 특히 대뇌에 기질성(器質性)변화를 일으킨 결과 치매가 되는 것을 말한다.

알코올환각증(alcohol 幻覺症)

알코올의 의존증자에게 일어나는 환각을 주증상(主症狀)으로 하는 정신병적 상태를 말한다. 환청(幻聽)이 주(主)이고 환시(幻視)는 드물다. 언동을 비난하는 내용의 환청이 많다.

알코올정신병(alcohol 精神病)

알코올의 존중을 기반으로서 급성 혹은 만성의 특이한 정신증상이 나타난다. 원인은 음주로 동반하는 대사장애 때문에 중간대사산물이 중추신경계에 작용하는 것으로 생각되어진다. 알코올정신병은 대개의 경우 금단증상의 하나로 환청(幻聽), 알코올환각증 의식장애, 떨림, 다동(多動), 운동실조 등이 일어나는데, 그밖에도 알코올성 질투망상, 알코올성 치매 등 지속적 증상이 생기는 수도 있다. 치료에는 심리요법 행동요법 등이 필요하다.

암 예방의 날(癌豫防의 날)

정부는 국민의 암에 대한 이해를 높이고 암의 예방 치료 및 관리에 대한 의욕을 고취시키기 위하여 매년 3월 21일을 '암 예방의 날'로 정하고 있다. 국가와 지방자치단체는 암의 발생을 예방하고, 암의 조기 발견 등 암관리에 대한 범국민적인 관심을 높이기 위한 교육 홍보사업을 실시하여야 한다고 규정하고 있다(암관리법 제4조).

애드보카시(advocacy)

자기의 권리나 생활의 니즈를 표명하는 것이 곤란한 치매성 고령자, 장애인, 어린이 등을 대신하여, 원조자가 서비스 공급주체나 행정 · 제도, 사회복지기관 등에 대하여, 유연한 대응이나 변혁을 요구해 가는 일련의 행동. 대변, 권리옹호 등으로 번역되는 수도 있다. 그 기능은 ① 발견 ②

조정 ③ 개입 ④ 대결 ⑤ 변혁을 들 수 있다. 애드보카시는, 케이스애드보카시와 클라스애드보카시로 대별된다. 케이스애드보카시는 개인이나 가족을 대상으로 한 것이며, 클라스애드보카시는 케이스애드보카시에 의해서 축적된 서비스나 제도의 결함에 대하여 같은 니즈를 갖는 집단, 계층, 커뮤니티를 위하여 그 기능을 다하는 것이다. → 옴부즈만 제도

애타주의(愛他主義)

이기주의에 대한 반대개념으로 사회학자 콩트(A. Comte)에 의하여 만들어진 용어로 인간의 도덕은 사랑을 기초로 타인(남)의 행복, 권리를 행위의 목적으로 하는 사상을 가리킴. 이 애타주의의 원점은, 종교상에서 크리스도교에 있어서는 이웃과의 사랑으로 또 불교에서는 자비의 마음으로 하여금 타자(他者)의 이익을 도모하려고 하는 것에 나타나고 있다. 더구나 근년에는 애타주의의 이해는 상호돕는다고 하는 색채를 띤다거나 타인에게 의지 등을 포함하여 이해되는 등으로 나타나 있어 종래의 개념보다도 광범위하다. 사회복지활동에 있어서는 공사(公私)를 불문하고 애타주의의 의미는 더욱더 중요하게 되어 있다.

액션리서치(action research)

그룹 다이너믹스의 창시자인 쿨트 레뷘(Lewön, K.)에 의하여 제창된 현실의 사회현상이나 문제를 해결하기 위하여 행하여지는 방법. 복지의 분야에서 사회복지조사법의 하나로 되어 있다.

구체적으로는 실천활동과 그 효과를 객관적으로 분석, 평가하여 실천활동의 개선을 행하는 조사연구방법이다. 실천방법의 유효성을 질적, 양적으로 분석하는 것으로서 문제점이 이해되어, 보다 유효한 실천방법의 개발에 결부된다고 하고 있다.

액션플랜(action plan)

행동강령, 행동계획이라는 것. 당면한 중요한 과제에 대하여 다양한 의견을 수집하여 과제에 대응해 가기 위하여 만들어지는 계획이며, 행정이 행하는 정책실현을 위한 수법. 행정으로 행하는 여러 가지 시책에 관한 기본적인 플랜을 작성하여 시책의 추진상황이나 사회정세의 변화 등에 응하여 평가되는 것이 많다.

사회복지의 분야에서는 여러 가지 복지시책에 관한 기본계획, 실시계획이 이에 해당되어 노인복지에 관한 플랜, 가정복지, 장애인복지 등의 플랜 등이 있다. 또한 계획의 책정에 있어 원조자, 연구자 등만이 아니고 당사자나 가족 등의 의견도 받아들이는 경향이 있다.

앤비밸런스(ambibalancc)

동일의 대상에 대한 긍정적 감정과 부정적 감정이 융합되어 있는 것을 가리킴. 양면성(兩面性)이라고 한다. 양가감정(兩価感情), 양면가치 등으로도 번역된다. 원래는 심리학, 정신의학의 용어로서 동일한 대상에 애정과 증오라는 반대의 감정을 가지는 것을 말한다. 원조하는 경우에 있어서 클라이언트가 워커에 의존하면서 동시에 원조를 거부하는 현상에서 보이는 서로 모순된 감정 등을 갖는 것을 말한다. 워커는 그러한 클라이언트의 개인적 정동적(情動的)체험의 복잡한 데에 눈치채는 것은 불가결하다. 더욱더 중요한 해결의 배후에 있는 복잡한 정동에 대하여 인정하게 된 감정의 반영(反映)을 행하여, 클라이언트의 정동적체험을 탐구하는 데에 도움이 될 것 같은 질문을 하는 것이 중요하다.

야간섬망(夜間譫妄)

야간에 나타나는 섬망은 일종의 의식장애로 치매성 고령자에 많이 나타나는 증상이며, 주간에는 많은 자극이 있어서 정신적으로 적당한 긴장이 유지되어, 의식레벨도 그런대로 유지되는데 야간에는 자극이 감소되고, 인지능력의 저하가 점점 일어나 잠을 이루지 못하고 흥분 다동(多動)으로 되어 판단의 갈피를 잡지 못해 착각, 착란이 일어나기 때문이라고 생각되어지고 있다. 예컨대, 특별양호노인 홈에서 "여기는 군함의 갑판이다. 나는 청소를 하지 않으면 안 된다"라고 청소하는 행동을 할 수 있는데 이런 상황을 말한다. →섬망

야뇨증(夜尿症)

야뇨증은 유아기에 나타나는 보편적인 기능장애이다. 옛날부터 흔히 말하는 오줌싸개를 말한다.

5세 이후의 유아가 3개월 동안 1주일에 2회 이상 옷이나 침대에서 반복적으로 배뇨가 발생하면 야뇨증으로 보아야 하는데, 야뇨증의 원인은 생리적인 원인과 심리적인 원인으로 나누는데 생리적 원인으로는 중추신경계나 방광의 기능질환, 자율신경계의 손상, 또는 유전적 소질 등이 있으며, 심리적인 원인으로는 부모의 애정과 관심을 끌기 위한 욕구의 표현, 동생과 같은 어린이로 되돌아가려는 퇴행 등에서 기인된다고 한다. 야뇨증은 흔히 나타나는 것으로 심각한 장애가 아니기 때문에 어린이에게 처벌이나 자존심을 상하게 하지 말아야 한다. 오줌은 배뇨의 간격 및 자율신경의 활동을 조절하는 등의 투약에 의한 치료가 개발되어 효과를 얻고 있다고 한다.

야마시로군뻬이(山室軍平:1872~1940)

일본에서 기독교 구세군의 창설자.

〔다만, 이시이쥬시(石井十次)가 동양구세군이라고 칭하고 있었는 것으로 해서 야마시로(山室)는 이시이(石井)의 영향을 받아 창설했다〕오카야마(岡山)현 출신, 쯔구지(築地)활판제조소의 인쇄공을 거쳐, 17세부터 22세까지 고학하여 도시샤(同志社)대학에서 신학을 배웠다. 1895년 구세군에 들어가서 그로부터 그 발전에 진력했다. 그 후 동양 최초의 사령관(일본구세군) 및 장관(將官)인 중장에 임명되어 창립자상을 받았다. 출옥인 보호, 공창(公娼)폐지운동, 아동보호, 직업소개, 결핵요양 등의 사회사업에도 폭넓게 관계하고 또한 많은 분야에서 선구자로서 공헌했다. 기독교를 일상생활 가운데에서 알기쉽고 명료하게 풀이하는 데에 심혈을 기울여 주저『평민의 복음』(1899)은 일본에서 기독교 전도서(傳道書) 중의 베스트셀러로 되어 있다.

약물범죄 · 비행(藥物犯罪 · 非行)

약물남용에 관한 범죄행위를 말한다. 약물남용이란 학술목적이 아니고, 또 의사의 지시에 의하지 않는 약물의 사용을 말하는데, 이 경우의 약물이란 특유한 부작용을 일으켜 약물의존(依存)이라고 불리는 강한 정신적 의존 · 신체적 의존 · 중독증상과 금단 증상을 갖는 것을 말한다. 이러한 약물의 제조 · 가공 · 밀수 · 판매 · 소지 · 사용함에 있어서 엄격한 규제가 행하여지고 있으며, 우리나라는 마약류관리에 관한 법률, 유해화학물질관리법, 마약류불법거래방지에 관한 특례법이 제정되어 있다. 또한 미성년 흡연금지, 미성년음주금지 등도 범주에 포함시키고 있다.

약물의존(藥物依存)

약물의 작용에 의한 쾌감을 얻기 위하여 또는 이탈증상에 의한 불쾌감을 피하기 위하여, 유해(有

害)하다는 것을 알면서도 약물을 사용하여 계속 지속적 또는 주기적 사용하지 않고는 견디지 못하는 상태. → 알코올 의존증.

약물중독(藥物中毒)

약물의 오용에 의해 일어나는 바람직하지 않은 작용을 의미하며, 정상적인 사용에 의한 부작용과 구별된다. 급성중독과 악성중독이 있는데, 만성중독에서 문제가 되는 것은 사회적 영향이 큰 약물 의존성이다. 이는 그 약을 계속해서 사용하고 싶다는 억제하기 힘든 욕구(정신적 의존) 사용량의 급속한 증대(내성) 사용중지에 의해 나타나는 금단증상(신체적 의료)등 세 가지 특징이 있다. 의존성 약물로서는 마약, 모르핀 등이 대표적이며 이외 최면제, 알코올, 일부의 프랭퀼라이저 등이 있다.

양로시설(養老施設)

노인주거복지시설의 하나로서 노인을 입소시켜 급식과 그밖에 일상생활에 필요한 편의를 제공함을 목적으로 하는 시설을 말함(노인복지법 제32조1항1호).

양로원(養老院)

노인의 보호를 대상으로 하는 양로원이 처음에 생겼었으나 구호시설의 하나로 자리를 잡았다. 그 후 양로시설로 명칭이 변경되었고 노인복지법에 따라 실비양로시설, 유료양로시설 등의 명칭이 생겨났다(노인복지법 제32조).

양벌규정(兩罰規定)

법인의 대표자나 법인 또는 개인의 대리인 사용인 기타의 종업원이 그 법인 또는 개인의 업무에 관하여 일정한 위법행위를 하였을 경우에 행위자를 처벌하는 외에 사업주체인 그 법인 또는 개인도 처벌하는 외에 사업주체인 그 법인 또는 개인도 처벌하는 규정이다. 쌍벌규정(雙罰規定)이라고도 한다.

행정목적의 효율적 달성을 위하여 행위자와 함께 그 감독자의 감독책임을 물음으로써 단속의 실효를 거두려는데 그 취지가 있다. 행정법규의 벌칙규정에는 대부분 양벌규정이 있다.

양성의 평등(兩性의 平等)

남녀의 성별에 의하여 차별대우를 받지 않는다는 사상을 말한다. 이것을 남녀동등이라고도 한다. 이 양성의 평등은 헌법에서 보장된 법 앞의 평등으로부터 오는 당연한 귀결이다. 법률상 차별대우를 받지 않는다는 것은 다만, 법률의 적용 및 집행에 있어서 차별대우를 받지 않을 뿐만 아니라, 입법에 있어서도 차별대우를 받지 않음을 의미한다. 특히 혼인과 가족생활에서의 양성을 명정(明定)하고 있다. 즉 "혼인과 가족생활은 개인의 존엄과 양성의 평등을 기초로 성립되고 유지되어야 하며, 국가는 이를 보장한다"고 규정하고, 양성의 평등에 입각하여 특히 국가가 모성의 보호를 위하여 특별히 노력하여야 한다고 규정하고 있다(헌법 제36조).

양육보조금(養育補助金)

요보호아동을 입양하는 가정에 공적인 재정부조시책(공급)이다. 국가 및 지방자치단체는 입양기관의 알선을 받아 입양된 장애아 등 입양아동의 건전한 양육을 위하여 필요한 경우에는 입양촉진 및 절차에 관한 특례법시행령이 정하는 범위안에서 양육수당, 의료비 그 밖의 필요한 양육보조금을 지급 할 수 있으며, 또 입양기관의 운영비와 '국민기초생활보장법'에 의하여 지급되는 수급금품 외에 가정위탁 보호비용을 보조할 수 있는 비용을 말한다(본법 제23조).

양자(養子)

양자라 함은 생리적 신생자(新生子)관계가 없는 것으로 의제된 법적 친자를 말한다. 친생자와 동일한 법적 효력이 부여된다.

구체적으로는 어린이를 위한 양자와 부모를 위한 양자가 있다. 전자는 보호자가 없는 아동이나 혼외자 등 가정에 베풂을 받지 못하는 아동의 양육을 목적으로 한 것인데 대하여, 후자는 노동력의 확보나 노후의 보살핌의 의뢰, 가계(家系)의 계승 등을 목적으로 한 것에 대표된다. 양친자관계는 부모 아닌자가 부모가 되고, 자(子) 아닌 자가 아들로 될 것을 서로 바라는 의사가 있어서 이러한 당사자의 의사에 의거하여 친자와 동일한 신분관계를 창설하는 것을 법률이 허용한 것이다. 양자는 입양(入養)일자로부터 양친의 혼인 중의 출생자와 같은 신분을 취득하며, 양자의 배우자 · 직계비속과 그 배우자는 양자의 양가에 대한 친계를 기준으로 하여 친족관계가 발생한다(민법 제772조).

양자가 될 자격(養子가 될 資格)

법에 의하여 양자가 될 사람은 요보호아동으로서 다음 각호의 어느 하나에 해당하는자이어야 한다(입양특례법 제9조).

1. 보호자로부터 이탈된 사람으로서 특별시장, 광역시장, 도지사 및 특별자치 도지사 또는 시장, 군수, 구청장(자치구의 구청장)이 부양의무자를 확인할 수 없어 국민기초생활보장법에 따른 보장시설에 보호 의뢰한 사람
2. 부모(부모가 사망이나 그 밖의 사유로 동의할 수 없는 경우에는 다른 직계존속 또는 후견인이 입양에 동의하여 보장시설 또는 입양기관에 보호 의뢰한 사람
3. 법원에 의하여 친족상실의 선고를 받은 사람의 자녀로서 시 · 도지사 또는 시장 · 군수 · 구청장에 보호시설에 보호 의뢰한 사람
4. 그 밖에 부양 의무자를 알 수 없는 경우로서 시 · 도지사 또는 시장 · 군수 · 구청장이 보장시설에 보호 의뢰한 사람

양친이 될 자격(養親이 될 資格)

법에 의하여 양친이 될 사람은 다음 각호의 요건을 모두 갖춘 후 이어야 한다(입양특례법 제10조).

1. 양자를 부양하기에 충분한 재산이 있을 것
2. 양자에 대하여 종교의 자유를 인정하고 사회의 구성원으로서 그에 상응한 양육과 교육을 할 수 있을 것
3. 양친이 될 사람이 아동학대,가정폭력, 성폭력, 마약 등의 범죄나 알콜 등 약물중독의 경력이 없을 것
4. 양친이 될 사람이 대한민국 국민이 아닌 해당 국가의 법에 따라 양친이 될 수 있는 자격이 있을 것
5. 그 밖에 양자가 될 사람의 복지를 위하여 보건복지부령이 정하는 필요한 요건을 갖출 것

그리고 양친이 될 사람은 양자가 될 아동이 복리에 반하는 직업이나 그 밖에 인권침해의 우려가 있는 직업에 종사하지 아니하여야 하며, 입양의 성립 전에 입양기관으로부터 보건복지부령으로 정하는 소정의 교육을 마쳐야 한다.

양호(養護)

광의에서는 위험이 없도록 보호하여 기르는 것이나, 종래 아동복지의 분야에서 넓게 사용되어,

가정양호가 중시되어 왔다. 그러나 고령화에 따르는 인구구조의 변화, 핵가족화에 의한 가정기능의 변화 축소에 의해, 가정양호에서 시설에 그것을 보완하는 사회적 양호에로 발전하여, 그 범위도 성인, 고령자, 장애인으로 널리 미친다. 양육, 요양, 교정교육, 리허빌리테이션 등, 사후적(事後的) 보호시책으로부터 예방적 시책으로 개념내용이 바뀌어 오고 있다.

양호교사(養護教師)

학생, 아동, 원아와 또 교직원에 대하여 보건지도를 행하여 건강증진을 도모하는 한편, 이를 통하여 학교교육의 원활한 실시와 보건관리를 행하는 교직원을 말하며, 각급 학교에 배치되어 있다.

어덜트칠드런(AC: Adult Children)

어린이 때의 가정 내에서 외상(外傷 : trauma)에 의하여 마음에 상처를 받고 성인이 된 어른. 당초는 알코올의존증의 부모 밑에서 자란 어른을 가리키고 있었으나, 그 후 약물의존증과 노름(도박)의존 등에 의해 기능부전을 일으키고 있는 가정에서 자란 자에게도 적용되었다. 현재에는 훨씬 넓은 의미로 사용되고 있다. 고독감, 자기비난, 실패하는 것에의 공포, 승인되는 것에의 욕구, 자기 긍정감이 없고, 일관성이 없는 것 등을 특징으로 한다.

어린이가정복지(어린이 家庭福祉)

아동을 직접 서비스의 대상으로 하는 협의의 아동복지를 넘어, 아동이 생활하며 성장하는 가정도 복지서비스의 대상으로서 인식해 갈려고 하는 사고 방식하에 구성된 개념이다. 1989년 이웃 일본에서는 전국사회복지협의회 아동가정복지간담회가 한데 모여서 "아동복지에서 아동가정복지로"라는 제호로 제언이 최초로 되어, 그 후 '아동' 보다는 권리행사의 주체로의 뉘앙스를 갖게 된 '어린이'로 표현을 바꾸어 '어린이 가정복지'로 표현되도록 되었다. 협의의 복지(welfare)를 넘어, 어린이를 가진 가족성원의 복지(wellbeing : 개인의 존엄과 자기실현)를 보장하는 복지서비스를 총칭하는 개념으로서 정착되어 가고 있다. 전통적인 아동복지와는 틀린다는 것을 강조하는 경우에 쓰이는 일이 많다.

어린이 날

어린이에 대한 사랑과 보호의 정신을 높임으로써 이들을 옳고 아름답고 슬기로우며, 씩씩하게 자라나도록 하기 위하여 매년 5월 5일을 어린이 날로 정하여 공휴일로 하고 있으며 (관공서의 공휴일에 관한 규정 제2조7호), 5월 1일부터 5월 7일까지를 어린이주간으로 한다고 규정하고 있다(아동복지법 제6조). 제정 이후 매년 이 날을 중심으로 아동복지주간 등의 각종 계몽적 행사가 실시되고 있다.

어린이 집

영유아보육시설의 통칭으로 소지역을 대상으로 한 사립의 작은 규모를 가리킨다. 이 외에 아동사회교육기관의 일반 명칭으로서도 사용되는 공 · 사립시설이 있다. 어느 것이나 이들 시설은 갱에이지(gang age)로 불리는 학동기에 있어서 건전육성에 과하여진 역할은 크다. 또 몬테소리 교육법에 의한 보육시설을 어린이 집으로 명명해 우리나라에서도 이 명칭을 사용하고 있다.

어린이 식생활안전관리 특별법(어린이 食生活安全管理 特別法)

이 법은 어린이들이 올바른 식생활 습관을 갖도

록 하기 위하여 안전하고 영향을 고루 갖춘 식품을 제공하는 데 필요한 사항을 규정함으로써 어린이 건강증진에 기여함을 목적으로 2008년 3월 21일(법률 제8943호)에 제1장 총칙, 제2장 어린이 식품안전 보호구역 지정관리, 제3장 어린이 기호시품 관리 등, 제4장 올바른 식생활 정보제공 등, 제5장 어린이 급식관리 지원센터, 제6장 식생활 안전관리체계 구축, 제7장 시정 명령 등, 제8장 과태료로 총 법29개 법조문과 부칙으로 제정 · 공포하여 공포후 1년이 경과한 날부터 시행하여 몇 차례 개정을 거쳐 오늘날에 이르고 있다.

어린이의 칩거(어린이의 蟄居)

방과 후에 어린이들이 여러 가지 레슨을 받거나, 학원에 다니는 한편, 방에 틀어 박혀 TV을 보거나 게임을 하거나 만화를 보며, 시간을 보내는 현상. 이와 같은 칩거는 어린 시절에 머물지 않고 청년기에도 지속된다. 퍼스널컴퓨터, 카세트, 만화, 잡지 등 이들을 혼자서 완결할 수 있는 자폐(自閉)문화의 상품 속에 갇혀 생활하고 있다. 이처럼 사회적으로 자폐된 청소년상은 칩거하는 어린이의 모습의 연장선장에 있다고 하겠다.

어린이헌장(어린이 憲章)

우리나라는 1957년 2월 내무 · 법무 · 문교 · 보건사회 등 4부 장관의 공동명의로 '사회적 협약'으로서 전 9조의 〈어린이 헌장〉을 공포하였다. 동 헌장 제1조에 있어서는 '어린이는 인간으로서 존중되어야 하며, 사회의 한 사람으로서 올바르게 키워야 한다'라고 규정하고 있으며, 제3조에는 "어린이에게는 마음껏 놀고 공부할 수 있는 시설과 환경을 마련해 주어야 한다"라고 규정하고 있어 인격주체로서의 아동, 사회적 존재로서의 아동, 그리고 환경주체로서의 아동이라고 하는 아동관의 기본적 3원칙이 잘 명시되어 있으며, 그 밖의 조항에서도 아동복지이념의 구체적 내용을 명확하게 열거하고 있어 헌법의 정신에 직결되어 있음을 알 수 있다.

우리나라의 헌법 가운데 아동복지이념의 근간이 되는 것은 헌법 제10조의 '인간의 존엄과 가치와 행복추구권' 규정과, 헌법 제11조 '법 앞의 평등'의 규정을 토대로 하는 헌법 제34조의 '생존권보장'이라는 것이 분명하다.

어쎄쓰먼트(assessment)

사전평가, 초기평가라고도 번역된다.

구체적으로는 원조를 개시함에 있어서 문제 상황을 파악하고 이해하는 소셜워크의 프로세스의 하나. 문제 상황의 확인, 정보의 수집과 분석, 원조 방법의 선택과 계획까지를 포함한 폭넓은 개념이다. 일반적으로는 환경분야에서 사용되는 용어이나, 복지분야에 있어서는 복지이용자가 직면하고 있는 문제나 상황의 본질, 원인, 경과, 예측을 이해하기 위하여 원조활동에 앞서서 행해지는 일련의 절차를 말한다. ↔ 사후평가

어카운터빌리티(accountability)

원래는 회계책임이라는 의미. 국민의 위탁을 받은 세금, 재정을 담당하는 행정이 국민에 대하여 회계적인 책임을 진다는 것을 가리키고 있다. 또 의회에 스스로가 해온 회계처리에 대하여 설명을 행하는 책임을 가지고 있다는 것으로서 설명책임이라고도 일컬어지고 있다. 최근에는 사회복지서비스를 포함, 행정활동 일반에 있어서 의회, 주민에 대하여 스스로의 행동의 변명을 행하는 설명책임으로 해석되도록 되어, 그 위에 국민

에 대해서 포괄적 응답적으로 행정활동을 행하여 가는 책임으로써 위치를 부여받게 되는 등 그 개념은 다의적(多義的)으로 되어 있다.

억세스권(access 權)

복지서비스를 국민의 권리로써 받을 수 있는 일반적인 권리를 한층 구체화한 것으로서 사람들이 복지서비스에 쉽게 접근할 수 있는 권리를 말한다.

구체적으로는 복지서비스의 폭넓은 정보제공, 복지서비스 신청의 절차의 간편과 복지시설의 이용을 쉽게 하는 등을 포함한 접근을 가리킴. 시민이 이용하기 쉬운 서비스제공 체제를 구축하는 것으로서 단순히 서비스 수급권에 멈추지 않는 권리로서 근년의 중요한 과제로 되어있다.

억압(抑壓)

일반적으로는 무리하게 억누른다는 것. 프로이드(Freud, S)가 히스테리 연구를 통하여 발견한 방위기제이며, 신경증적 방어기제의 기초로서 작용하는 것이다. 심리학에서는 정신분석에 있어서 가장 중요한 사고의 하나. 자아(自我)에 있어 위험이 발생했을 때, 무의식으로 억누르는 자기방위로, 불안이나 자책(自責)을 일어나지 않도록, 자아에 통합하지 못하는 충동을 물리치는 것. 억압된 것은 무의식중에 남아 신경증 증상으로서 나타나거나, 잘못 말하거나, 꿈 등에 나타난다고 프로이드는 논하고 있다. → 방위기제

언어기능장애(言語機能障碍)

일반적으로 언어기능에는 말에 의하여 의사를 밖으로 표현하는 기능과 남의 말을 듣고 이해하는 기능이 있는데 전자의 장애를 가리켜 언어기능장애라고 한다. 즉 이야기하는 말(speech)의 기능에 장애가 있는 것을 의미한다. 여기에는 조음장애, 소리(음성)장애, 리듬(rhythm)장애, 언어발달장애, 구개파열에 따른 언어장애, 실어증, 청각장애에 따른 언어장애, 뇌성마비에 따른 언어장애 등이 있다. 우리나라 장애인복지법에서는 음성기능 또는 언어기능에 연속적으로 상당한 장애가 있는 사람은 장애인으로 규정하고 있다. → 음성장애

언어발달지체(言語發達遲滯)

언어발달이 늦어지거나 일탈(逸脫)한 상태를 말한다. 원인으로는 지적 발달의 늦음, 대인관계의 장애, 청각장애, 언어 환경의 결함, 발성발어(發語)기관의 장애, 언어학습의 특이적(特異的)인 장애 등이 있다. 말하지 못한다, 글을 만들지 못한다, 듣고는 이해하지 못한다, 문자가 학습되지 않는다, 발음이 이상하다, 커뮤니케이션을 받아들이려고 하지 않는 등의 증상이 보인다.

언어요법(言語療法)

언어장애에 관한 갖가지 언어기능면의 개선을 목표로 한 치료법의 총칭이다. 언어장애인을 대상으로 그 언어적 개선과 대인적 적응을 가져오는 과정을 언어치료라고 한다. 언어장애에는 음성장애, 구음(構音)장애, 말더듬, 조구증(早口症), 청각장애에 수반된 언어장애, 입천장 파열에 수반된 언어장애, 뇌성마비에 수반된 언어장애, 언어발달지체, 실어증 등 많은 종류가 있다. 그러므로 각각의 장애의 정도에 따라 맞는 각종 언어치료법이 실시되고 있다.

언어치료의 실시에 있어서는 일반적으로 다음과 같은 절차가 필요하다. ① 언어장애의 현재 증상의 분석 ② 언어장애인의 생육력(生育歷) 조사 ③ 진단과 치료(치료목표, 치료순서, 치료

방법의 선택 · 결정) 등이다.

언어장애아(言語障碍兒)

음성기능 또는 언어기능에 의한 커뮤니케이션 등이 영속적으로 현저한 장애가 있는 사람을 말한다.

이 커뮤니케이션 과정이란 전달하고자 하는 내용을 언어부호로 변환(부호화)해서 말하는 언어(또는 문자)로 실현하는 과정과 말을 듣고 (또는 문자를 읽고) 그 의미를 이해(해독)하는 과정이다. 언어장애의 발생율은 인구의 약 5% 라고 한다.

언어적 커뮤니케이션(言語的 communication)

인류 특유의 표현행위인 언어를 통하여 사상 · 감정을 전달하여 수용(受容)하는 행위라는 것. 문자 · 음성이라고 하는 두 종류로 대별되어, 지역, 사회, 문화에 의해서 크게 다르다. 사회복지원조 활동에서의 커뮤니케이션의 수단으로서 언어는 중요한 수단으로 된다. ↔ 비언어적 커뮤니케이션 ↔ 커뮤니케이션

언어치료사(言語治療士)

언어장애 아동이나 성인에게 언어훈련을 통해 치료하는 일을 하는 사람을 일컫는다. 의료관계에서는 후두(喉頭)암 등의 수술 후에 나타나는 언어장애에 대한 리허빌리테이션이, 교육계에서는 뇌성마비 아동이나 난청 아동에게 언어치료교육을 실시해 상당한 성과를 올리고 있다.

업무독점(業務獨占)

국가자격으로 그 자격을 취득한 자가 당해의 법률로 정하여진 업무를 독점한다는 것.

구체적으로는 무자격자가 그 업무를 행한다거나 그 자격의 명칭을 사용 · 사칭하는 것은 금지된다. 예컨대 의사, 간호사, 법무사, 세무사, 공인중개사, 등의 그것이다.

업무상의 재해(業務上의 災害)

'업무상의 재해'라 함은 업무상의 사유에 의한 근로자의 부상, 질병, 장애 또는 사망을 말한다. 이 경우 업무상의 재해의 인정기준에 관하여는 고용노동부령으로 정한다고 규정하고 있다(산업재해보상보험법 제4조1호).

에고(ego)

프로이드(Freud, S.)가 심적 장치이론에서 제시한 3개의 심적 영역(초자아 〈超自我〉, 자아〈自我〉, 이드〈id〉)의 하나이며, 자아라고도 한다. 인격의 중추적 기능을 담당하는 기관이라고 한다. '이드가 있는 곳에 자아를 있게 하라' 라는 말대로, 이드의 심적 에너지의 속에서 탈성화(脫性化) · 승화된 에너지로서 파생한다. 이드의 쾌감원칙과 달라, 자아는 현실원칙에 의하여 행동하여, 이드와 초자아 간의 갈등을 조정하는 기능을 갖는다. 또 이 양자로부터 독립한 자율적 자아기능도 주목되고 있다. 정신분석요법은 심적 과정을 통합하는 자아의 강화를 지향하여 행하여진다. 정신분석에 있어서는 초자아, 이드(id)와 나란히 퍼서낼리티(peresonality)를 형성하여, 심적 갈등의 조정기능, 자립적 기능을 가지는 심적 기관으로 되어 진다. → 이드, 초자아, 퍼서낼리티

에디푸스 콤프렉스(Oedipus complex)

프로이드(Freud, S.)가 자기 자신의 내부에서 발견한 어머니에의 애정과 아버지에의 정애(情愛)

와 질투에 의거하여 이론화한 개념이다. 어린이가 양친(어버이)에 대하여 품는 애증(愛憎)의 욕망의 형태를 왕(王)의 신화에 연관시켜 이름을 붙였다. 발달적으로는 3~5세의 남근기(男根期)에 우세하게 되어, 잠복기를 사이에 두고 사춘기에 재연한다. 동성(同性)의 부모에 대한 적대감은 어린이에게 불안(거세불안)을 야기하기 때문에 어린이는 동일시에 의하여 동성의 부모를 내재화하여 에디푸스적 갈등은 해결된다. 이 갈등을 극복하는 방법에 의하여 여러 가지 병리학적 증상이 파생한다고 한다.

에리크손, E.H.(Erikson, Erik. Homburger : 1902~1994)

자아심리학의 흐름을 받은 정신분석학자. 독일 태생의 덴마크인. 양친은 출생 전에 이혼하고 어머니는 독일인과 결혼하여 그 양자로 되었다. 후에 미국으로 이주, 연구에 종사하여 이론을 발전시켰다. 처녀작인『유아기와 사회』(1950)에서는 인간의 심리발달을 프로이드(Freud, S.)의 심리 · 성적(性的)발달에 대하여 심리 · 사회적 발달로서 받아들였다. 인간의 생애를 점성적(漸成的) 발달의 이론으로부터 전개하여 라이프 사이클론을 제창, 8개의 연대별 발달도식을 나타내 보였다. 그는 청년기의 문제로서 자아동일성(ego identity)의 개념을 만들어 내어, 그것을 테마로 하여 청년기 경계예(境界例) 환자들은 동일성 확상(同一性擴散)을 나타내는 것을 지적했다. 자아동일성은 청년기임상(臨床)을 이해하는 키워드로서 중요하다.

에발류에이션(evaluation)

원조를 종결로 이끄는 중요한 단계라는 것으로 사후평가라는 것. 이 평가는 최종적인 평가이며, 원조의 골(goal)과 목표달성의 의미를 명확히 하는 것이다. 전개해 온 원조과정의 효과와 효율에 관해서 측정하고 평가하고 원조의 종결을 결정하는 것을 목적으로 하고 있다. 사회복지원조의 종료 시 또는 일단락 됐을 때에 지금까지의 원조과정에 있어, 효과의 판정, 결점, 장래예측 및 금후의 개선책을 클라이언트와 함께 검토하는 것을 말한다.

구체적으로는 원조내용이 클라이언트의 환경에 주어진 영향, 구체적인 문제해결의 과정의 확인, 활용한 사회자원의 종류와 활용방법의 확인 등이 주된 내용으로 된다. 더구나 소셜워크에 있어서는 어쎄쓰먼트와 더불어 중시되게끔 되어 있으나 유효성과 효율성의 측정에 있어서는 신뢰성과 타당성을 갖춘 척도의 개발이 시급한 것이다. →어쎄쓰먼트

에어웨이(airway)

구강 또는 비강(鼻腔)에서 기관까지의 기도를 확보하기 위한 관상(管狀)의 기구. 의식장애가 있는 경우, 설근침하(舌根沈下)에 의한 기도(氣道)장애(질식)을 방지하는 목적으로 사용된다. →기도확보.

ADHD(주의결함다동성장애〈注意缺陷多動性障碍〉 = Attention Deficit/ Hyperactivity Disorder)

아동기에 발생하는 부주의와 다동성, 충동성을 특징으로 하는 장애. 미국정신의학회에 의한 정신질환의 진단통계 매뉴얼(manual)제3판(DS-Ⅲ)에 처음으로 정의되어 제4판에도 계속되어 있다. 주의력장애와 다동성을 합치는 경우와 어느 한쪽이 주증상의 경우가 있다. ADHD아의 특징으로는 침작하지 못함, 주의산만, 충동적 폭력

적인 행위, 학습장애 등의 문제에 의해서 학교에서는 부적응상태를 일으키기 쉽고, 그 결과 고립, 분노, 제멋대로, 자기비하 등의 여러 가지 증상을 쉽게 나타내는 것 등이 있다.

ADL(activity of daily living)

일상생활 동작이라고도 한다.

구체적으로는 매일의 생활을 영위하는 데에 필요한 기본적인 동작이라는 것으로 ① 식사나 배설, 목욕, 옷 갈아입는 등의 신변의 동작 ② 이동 동작 ③ 기타 가사(家事), 교통기관의 이용 등의 생활관련 동작이 있다. 통상ADL이라고 하는 경우는 ① 및 ②를 가리킨다. ADL의 자립 리허빌티테이션 의학의 치료목표의 하나로 중요시 되어 있다. ③은 IADL이나 APDL로 일컬어진다. →IADL, APDL

에이디엘테스트(ADL Test)

장애인이 일상의 생활에 필요한 기본적 동작을 어느 정도 행할 수 있는가를 평가하기 위하여 작성된 검사. 일정한 형식은 정하여져 있지 않으나 식사, 옷 갈아입는 것, 기거(起居), 이동(보행), 목욕, 배설, 자세, 손끝동작(글씨쓰기, 스윗치 취급 등) 등에 걸쳐 평가하여 ADL훈련을 위한 지침으로 한다.

에이디엘훈련 (ADL 訓練)

장애로 인하여 수행할 수 없게 된 일상생활에 필요한 기본 동작을 가능케 하기 위한 훈련.

훈련방법에는 잔존능력을 십분 활용하여 장애가 된 기능을 대상(代償) · 보완하면서 행하는 동작훈련 외에 잔존기능으로 대상(代償)해 내지 못하는 경우에 자조구(自助具)를 사용하여 연습하는 방법도 있다.

에이즈(AIDS=Acquired ImmuneDeficiency Syndrome:후천성면역 결핍증후군)

1983년 발견된 인간면역결핍바이러스(HIV: Human〈인체〉Immunodeficiency〈면역결핍〉Virus〈바이러스〉)가 병원체의 질병. 이 바이러스는 면역의 활동을 가진 임파구(淋巴球)에 침입하여 파괴해 간다. 이 HIV 바이러스에 감염되면 면역기능이 저하되어, 전신적인 증상(악성종양 등)이 출현한다. 감염경로는 성적 접촉(정액, 길내 분비액), 혈액(주사기 등의 공용 등), 모자감염(모유, 출산 때)에 의한 것이 대부분이다. WHO에 의하면 2002년 12월 현재 전 세계에 4,200만 명이나 된다고 추계되어 있다. 우리나라의 법제적 대응으로서는 후천성면역결핍증예방법(後天性免疫缺乏症豫防法)이 1987년 11월 28일(법률 제3943호)에 제정되어 시행하면서 오늘에 이르고 있어 신고 및 보고 체제의 정비 등을 꾀하고 있다.

에이즈대책(AIDS 對策)

에이즈의 원인인 HIV(human immunodeficiency virus, 인간면역결핍바이러스)에 의한 감염예방과 치료를 포함하는 대책을 말한다. 현재 확실한 치료법, 예방에 유효한 백신(vaccine)이 없기 때문에 감염경로를 차단하는 오염혈액의 배제와 에이즈의 올바른 지식의 보급, 환자 감염자에 대한 철저한 생활지도가 행하여지고 있기는 하나 아직도 미흡하다.

HIV의 감염경로는 성행위감염, 혈액매개감염(혈액의 수혈), 모자감염(HIV에 감염된 임산부로부터 출생아에 감염 및 모유매개 감염) 이다. 우리나라의 경우 간혹 혈액 수혈감염도 있으나 주요 경로는 성행위감염이다.

에이징(aging)

일반적으로 노령화 가령화(加齡化)를 가리키는 용어이다. 의학적 진보. 생활수준과 생활환경의 개선이 평균수명을 상승시켜 에어징 현상을 가져옴으로써 급속히 고령화 사회를 도래시키고 있다. 에이징 현상은 노년층에만 한정되는 것이 아니고 청년층이나 장년층에도 관련된다. 그러나 그것이 곧 그 사람의 노화나 성숙화(成熟化)를 뜻하는 것은 아니다. 왜냐하면, 현대는 사회생활 전체의 변동이 두드러지고, 인간의 자질이나 능력도 나이와 더불어 다양하게 변화하며, 또 인간의 능력 자체도 유연하여 스스로의 능력이나 사는 법에 대한 의미부여도 끊임없이 재구축 되어가고 있기 때문이다.

HIV(human immunodeficiency virus) ⇨ 에이즈(AIDS)

APDL(Activies Paralled to Daily living)

생활관련 활동으로 번역된다. 식사, 배설, 자세라고 한 일상생활의 기본적 동작을 ADL이라고 하는데 대하여 APDL을 조리(調理), 청소, 세탁 등의 가사 동작이나 쇼핑, 교통기관의 이용 등 ADL보담도 넓은 생활권에의 활동을 가리킨다. → ADL

에코맵(eco · map:ecological map)

복지서비스를 보다 합리적, 효율적으로 제공하기 위하여 이용자나, 가족을 비롯하여 지역의 다양한 사회자원과의 관계를 일정한 원과 선에 의하여 나타내는 것으로서 클라이언트나 가족이 놓여져 있는 상황을 지도처럼 시스템적, 도식화(圖式化)하여 표현하는 방법. 1975년에 하트만(Hartman, A.)에 의하여 고안 되었다. 원조자는 클라이언트에게 영향을 주고 있는 주의(환경)와의 관계를 한꺼번에 파악할 수가 있어, 개입의 방법이나 사회자원의 이용 등에 관한 전망이 가능하게 된다. 에코메프는 원조활동의 기록이나 슈퍼비젼, 사례연구 등에 활용될 뿐만 아니라, 클라이언트가 그 작성에 관여하는 것으로서 스스로의 상황을 객관시할 수 있다는 이점에서 면접의 도구로서도 쓰여진다. 또 에코마프의 작성에 있어 원조자와 클라이언트가 함께 참가함으로써 효과를 올릴 수가 있다. → 에콜로지칼 어프로치

에콜로지운동(ecology 運動)

생태학(ecology)은 오늘날 문명에 의한 자연의 오염이나 파괴가 일어나고 있고 인간을 포함한 생태계의 위기가 조성되고 있어 주목을 받고 있다. 애콜로지 운동은 이러한 위의 인식에 기초하여 자연보호나 환경보건을 망라한 전문가나 볼런티어 운동을 말한다.

이 운동은 경제성장이 공해나 환경파괴를 야기하고 있는 선신국에 공동석으로 보여지는 현상이라고 할 수 있는데 나라에 따라서는 원자력 발전소건설이나 핵무기 문제에 대한 투쟁을 통하여 이 운동이 정치적 성격을 띠고 있는 경우도 있다.

에콜로지칼어프로치(ecological approach)

에콜로지란 생태학이라는 것으로 인간과 환경(자연환경, 사회환경 등)의 관계의 시스템을 연구하는 학문이다. 사회복지실천에 있어서는 대상자를 환경과 분리한 개인으로서가 아니고 가족, 이웃, 직장, 지역이라고 한 집단의 일원으로서 환경과의 상호작용 관계로 받아들여 원조를 행하고저 하는 어프로치이다. → 생활 모델

에프터스쿨(after school)

맞벌이 부부가정의 초등학생 자녀들을 방과 후부터 부모가 퇴근할 때까지 맡아서 교육하는 기관으로, 미국 등에서는 주로 기업이나 대학 등에서 탁아시설의 설비를 갖추어 놓고, 방과 후의 직원 자녀들에게 놀이와 소그룹중심의 예체능교육을 실시하는 탁아제도의 한 형태이다. 우리의 방과 후의 학교와 제도는 비슷하나 내용에 있어서는 학과를 위주로 실력을 향상시키는 것과는 차이가 있다.

엔엔더블유(NNW : net national welfare = 국민후생지표)

국민순복지, 국민후생지표, 국민복지지표, 후생국민소득이라고도 한다. GNP가 주로 경제활동수준, 유효수요수준 지표로서의 성격이 강하고 경제 후생지표로서의 성격이 명확하지 못한데 반해 NNW는 후생지표에 가까운 형태로 GNP를 보완하기 위해 만들어진 개념이다. NNW개발방법은 GNP를 기초로 하여 ① 개인소비 ② 재정지출 ③ 공해방지 ④ 여가 등 4개 항목을 주축으로 추진되고 있다.

구체적으로는 GNP에서 공해, 방위비, 통근시간 등 복지에 관계되지 않는 항목을 삭감하고 여가, 주부노동을 GNP에 가산하여 화폐가치로 나타낸다.

NGO(Non Governmental Organization = 비정부조직〈非政府組織〉)

본래는 정부기관이 아닌 민간조직을 가리키는 용어이며, 개념적으로 NPO와 겹치지만 우리나라에서 말하는 경우에는 국제연합과의 관련으로 비정부간 국제조직을 가리키는 것에 많다. NPO는 비영리성을 강조하며, NGO는 비정부성을 강조하고 있다. 전통적으로는 NGO는 UN에서의 각국의 정부대표(GO)에 대하여, 민간의 조직에 쓰이지고 있다. 이것에 대응하는 것처럼 NGO는 해외원조 조직에 있어서 사용되는 경향이 있다. 비정부간 국제조직으로서는 국제사회복지협의회, 국제적십자연맹, 국제사회보장연맹, 국제리허빌리테이션협회, 국제소셜 · 워커연맹 등이 있다. →NPO

NPO(Non Profit Organization)

1990년대에 미국에서 들어 온 용어이다. 사회적인 활동을 행하는 민간조직을 가리키고 있다. 비영리사회단체 활동이 공익을 위한 것이면서도 영리를 추구하지 않는 사업을 행하는 민간단체라는 것을 말한다. 이 경우의 '비영리'라 함은 이윤을 안내는 것이 아니고, 이윤이 나온 경우에는 내부에 배분하지 않는 것으로 하고 있다. 이윤목적이 아니고 사회적인 목적을 가진 조직인 것이다. 이와 같은 면을 의식하여 not for profit but for mission organization(이익 없이 사명을 목적으로 하는 조직)이라고 강조하는 경우도 있다. 이러한 조직은 자원을 외부에 의존하는 것이 많으므로, 이해 관계자에 대하여 경영정보나 운영의 절차의 공개 등의 설명책임이 있다. 미국에서는 법인격과 세제는 별도이며, 법인격은 주(州)레벨로 세제에 있어서는 연방레벨의 내국세입청이 받고 있다. 또 영국에서는 채리티(charity)라는 용어가 사용되고 있다.

구체적으로는 사회복지협의회나 환경단체, 봉사단체, 농업협동조합 및 여러 가지 협동조합, 사회봉사단체 등이 그 대표적이다. 우리나라는 2000년 1월 12일(법률 제6118호)에 비영리민간단체지원법이 제정 · 공포되어 오늘에 이르고 있다. 이 법은 민간단체의 자발적인 활동을 보장하고 건전한 민간단체로서의 성장을 지원함으로써 비영리민간단체의 공익활동증진과 민주사회 발전에 기여함을 목적으로 하고 있다.

NPO법(Non Profit Organization法)

이웃 일본에서 시민단체와 국회의원과의 약 3년 동안에 걸쳐 협의를 한 끝에 1998년 3월에 제정된 법률, 정식으로는 특정비영리활동촉진법이라고 하며 1998년 12월부터 시행되고 있다. 보건, 의료, 복지, 환경보전, 재해구호 등 12개 분야에서 민간비영리단체가 도·도·부·현(都道府縣)에 신청하여 공익법인으로 설립된다. 법인격 취득이 비교적 간편하여 소속관할청의 재량이 적다고하는 특징이 있다. 법인이 됨으로 인하여 권리의무의 주체로 되어, 활동상의 책임문제나 재산의 소유, 혹은 계약관계에도 효력이 발생한다. 현재 NPO법인 수는 2만 개가 넘고 있다고 한다. 당초에는 세제에 있어서 감면조치가 없었으나, 그 후 개정으로 세제지원이 도입되어 국세청에 인정된 NPO 법인에는 기부자에 대한 세공제나 NPO법인의 특정사업의 법인세가 경감되는 길이 열었다.

엘런케이(Ellen key: 1849~1926)

스웨덴의 여성평론가, 여성·아동의 인권운동가. 케이는 여성해방운동을 거처 왕성한 문필활동을 하였다. 대표작은『아동의 세기』『연애와 결혼』『부인운동』등이 있으나 그 중에서도『아동의 세기』(1900)는 유명하며 거기에서 케이는 20세기는 아동의 세기로 될 것이다라고 기술하여 20세기 초엽의 아동중심주의 교육운동을 이끌었다. 가족중심, 실물교육, 체벌의 금지, 계급성과 성별을 철폐한 학교조직, 교육의 기회균등 등이 케이의 교육사상의 중심이다. 아동의 인권을 널리 사회문제로서 논한 인물로서 널리 알려져 있다. →아동의 세기

엘리자베스 1세(Elizabeth 一世:1533~1603)

헨리 8세와 두 번째 왕비 앤플린과의 사이에서 태어나 공주로서 1558년에 여왕(재위 1558~1603)이 되었다. 헨리 8세 이래의 로마교회와의 항쟁을 거쳐서 근대적인 국가를 형성하고 영국의 국위를 높였다. 또 해외에 식민지를 가지고 위에 대영제국의 기초를 만들었다. 에콜로지운동이나 수도원 해산으로 농민이 토지를 잃고 많은 부랑자, 빈곤자가 생기자 이에 대처하는 최초의 구빈법(1601년)을 만년에 집대성 하였다. 엘리자베스 빈민법은 구빈의 국가책임을 명시했다는 점에서 세계 최초의 근대적인 빈민법이었다. →엘리자베스 구빈법

엘리자베스구빈법(Elizabeth 救貧法)

영국 절대 왕조기의 엘리자베스 1세(1533~1603년)가 통치하였던 1601년에 성립한 빈민의 구제 등을 목적으로 한 법률이다.

구체적으로는 그 첫째의 목적은 농촌사회의 변모, 흉작에 의한 궁핍 등에 의한 사회불안의 제거나 질서의 유지, 귀족(貴族)과 농민과의 신분계급의 보전 등을 위하여 교구(教區)를 단위로 지역의 빈민감독관을 판사가 임명하여, 그 감독관이 교구로부터 구빈세(救貧稅)를 징수하여 구빈사업을 행하는 제도를 도입하기로 했다. 그러나 법률적 효과가 별로 없었기 때문에 1834년 대폭 개정되었다. 이 때문에 이 엘리자베스 구빈법은 개정된 구빈법에 대하여 구 구빈법(舊救貧法)이라고도 일컬어지고 있다.

엘버펠트제도(Elberfeld 制度)

독일의 구빈제도의 하나. 함부르크·시스템을

수정하여 1853년 앨버펠트시의 조례에 의하여 실시된 공적인 구제사업. 그 후 독일 각지에 널리 채용되었다. 이 방식에 의한 활동은, 많은 소지역에 분할되어 시민에 의하여 무보수의 명예직으로서 실시되었다. 그 특징은 볼런티어의 구빈위원이 담당구(1구 3세대 이하)를 담당하여 개별원조(케이스워크)적 수법에 의하여, 구제 · 지도를 맡은 점이다. 지역사회 단위로 조직적 · 계속적으로 시민활동으로서 구빈을 향한 선구적인 예라할 수 있다.

MRI(magnetic resonance imaging)

MRI이라 함은 자기공명단층(磁氣共鳴斷層)촬영이라는 것으로 생체에 장애가 적은 자장(磁場)의 안에서 핵자기공명현상을 이용하여, 생체내의 원자핵의 상태를 영상화하여 임의의 단면(斷面)을 표시하는 것이다. 화상진단법의 하나로서 최근에는 많이 이용되고 있다.

MRSA(Methicillin Resistant Staph ylococcus Aureus)

메티시린 내성(耐性)황색포도상 구균(球菌). 지금까지의 항균제가 연용으로 인하여 효력이 없이 내성력(耐性力)을 가진 신종의 균을 말한다. 뇌성균 MRSA는 건강한 사람에게는 중한 감염증을 일으키지 않으나, 수술 후나 면역결핍상태에 있는 자가 감염하면 중증으로 되며, 사망에 이르는 수도 있다. MRSA에 의한 감염을 MRSA감염증이라고 한다. 그리고 특히 저항력이 약한 고령자 등이 감염하기 쉬우며 감염되면 사망하는 경우도 있다. 시설이나 집에서도 다 같이 감염예방대책이 중시된다. 수발자는 물론 요수발자도 양치질과 비누로 손을 깨끗이 씻고 의복은 깨끗하고 건조한 것을 착용해야 한다. 특히 균이 번식하기 쉬운 장소는 세밀히 청소하여 소득하는게 필요하다.

엠파워멘트(empowerment)

사회복지 원조활동(쇼셜워크)에 있어 이용자, 이용자집단, 커뮤니티 등이 힘(파워)을 자각하고 행동할 수 있게 원조를 행하는 것. 이용자 등의 주체성, 인권 등이 위협받고 있는 상태에서 심리적, 사회적으로 지원하는 과정을 말한다. 사회복지원조의 목적개념으로서 근래 주목을 끌고 있다. 그 목적은 위협받고 있는 상태에 대하여 이용자, 집단, 커뮤니티 등이 자율성을 되찾아 그 영향력, 지배력을 발휘할 수 있도록 하는 데에 있다. 1980년대 이후 미국, 영국을 중심으로 발전해 온 수법인데 현재는 사회복지원조활동의 동향(動向)으로서 뿌리내리고 있다.

엠프티네스트(empty nest)

빈집. 가족주기(家族週期)의 가운데서 아들들이 취직이나 결혼 등으로 독립하여 나간 뒤 늙은 부부만이 생활하는 기간. 장수화(長壽化)에 따라 이 기간이 길어지고 있다. ⇨ 공소증후군

엥겔계수(Engel 係數)

가계(家計)의 소비지출에 있어 차지하는 식료품비(食料品費)의 비율을 엥겔계수라고 한다. 엥겔계수는 19세기 독일의 통계학자 엥겔 (Engel. C.L.E. 1821~1896년)이 발견한 법칙으로 가계의 총지출액에서 차지하는 식료품비의 비중을 가리킨다. 식료품은 필수품이기 때문에 소득수준에 상관없이 일정수준을 소비해야 되며 소득수준이 높아지면 엥겔계수는 하락하고 생활수준이 나빠지면 반대로 올라간다. 소득이 증가함에

따라 감소하는 경향이 있어서 엥겔법칙이라고 불리어지고 있다. 이 엥겔계수는 생활수준의 지침으로서 사용되는 일도 있어 엥겔계수의 감소는 생활수준의 상승이라고 생각되고 있다. 그러나 식생활의 질(質) 등 다른 요인에 따라서 변하기 때문에 현실에서는 반드시 그렇지 않을 때도 있다.

엥겔방식(Engel 方式)

음식물비의 지출비율은 생활정도와 관계가 있다는 엥겔의 법칙을 이용해서 일정한 생활수준을 산정하는 방식을 말한다.

구체적으로는 노동력을 유지하기 위해 필요한 음식물비를 영양학 지식을 근거로 마켓 바스켓 방식 등에 의해 산출하고, 이것을 통계조사의 결과로 나오는 엥겔계수로 나누어 생활비 총액을 산출한다.

엥겔스(Engels, Friedrich:1820~1859)

독일 섬유공장주의 장남으로 태어나 문학, 종교, 철학을 독학하고, 아버지 소유의 영국 맨체스타 소재의 방직공장에 근무하면서 경제학을 연구, 칼 마르크스(Marx, k)와 함께 과학적 사회주의이론을 확립하고, 제1 인터내셔널인 '국제노동자협회'의 결성에 참여하여 지도하였으며, 마르크스를 경제적으로도 지원하였다. 저서는 다양하나 특히 『영국에서의 노동자계급의 상태』(1845)는 사회문제 연구의 고전이다. 마르크스의 『자본론』 유고(遺稿)를 정리하여 완성시켰다.

엥겔의 법칙(Engel's의 法則)

독일의 통계학자 엥겔(1821~1896)이 1875년에 근로자의 가계조사에서 발견한 법칙을 말한다. 저소득 가정일수록 전체의 생계비에 대한 음식물비(식료품비)가 자치하는 비율이 50% 이상으로 높아진 가정은 빈곤선에 있다는 설이다. → 엥겔계수

여가활동(餘暇活動)

고령자나 장애인 등이 노동시간이나 생리적 필요시간 이외의 자유에 사용하는 시간을 행하는 휴식, 기분전환, 자기실현 등의 활동을 말한다. 종래는 자신의 자유에 사용할 수 있는 남은 시간으로 적극적으로 자기실현을 행하여, 인생을 충실히 하는 활동으로 위치를 부여 해왔다. 특히 그 요구가 실현하기 힘든 고령자 등에의 여가생활 레저 등의 지원은 건강생활대책으로도 최근에는 매우 중요시 되어 있다.

여성가족부(女性家族部)

여성가족부는 여성가족부장관이 여성정책의 기획 · 종합, 여성의 권익 증진 등 지위향상, 가족정책의 수립 · 조정 · 지원 및 영유아 보육에 관한 사무를 관장하게 하기 위하여 설치된 중앙행정기관이다. 장관은 소관사무에 관하여 지방행정의 장을 지휘 감독한다(정부조직법 제26조).

여성관련시설(女性 關聯施設)

여성관련시설이란 남녀평등의 촉진, 여성의 사회참여 확대 및 복지증진을 주된 목적으로 설립된 법인 및 다음 각호의 어느 하나에 해당하는 단체를 말한다고 규정하고 있다(여성발전기본법 시행령 제2조2호).

1. 남녀평등의 촉진, 여성의 사회참여 확대 및 복지증진을 주된 목적으로 설립된 단체
2. 그 밖의 여성발전을 위한 사업을 추진하는 단체로서 여성가족부장관이 인정하는 단체

여성단체(女性團體)

여성단체라 함은 남녀평등의 촉진, 여성의 사회참여확대 및 복지증진을 주된 목적으로 설립된 법인 및 단체 또는 기타 여성발전을 위한 사업을 수행하는 단체로서 여성가족부장관이 인정하는 단체를 말한다(여성발전기본법 제3조2호).

여성발전기본법(女性發展基本法)

이 법은 헌법의 남녀평등 이념을 구현하기 위한 국가와 지방자치단체의 책무 등에 관한 기본적인 사항을 규정함으로써 정치 · 경제 · 사회 · 문화의 모든 영역에 있어서 남녀평등을 촉진하고 여성의 발전을 도모함을 목적으로 1995년 12월 30일(법률 제5136호)에 제정 · 공포하여 몇 차례 개정을 거치면서 오늘에 이르고 있다.

여성범죄 · 여자비행(女性犯罪 · 女子非行)

여성에 의한 범죄 및 비행을 말한다. 일반적으로 여성은 남성에 비하여 범죄, 비행의 건수가 현저하게 적다. 그 이유로는 여성의 심신의 특성이나 그 사회적 지위, 역할, 기타 등의 다양한 측면에서 의론되어 왔으나, 명확한 결론은 없다. 우리나라에서도 절도를 중심으로 배임횡령, 사기 등으로 범죄 비행이 증가하고 있으며, 특히 여성범죄와 마찬가지로 매춘이나 소년폭력단의 존재 등도 무시할 수 없다.

여성복지(女性福祉)

여성복지가 사회복지의 한 분야로 자리매김을 시작하기 전부터 여성복지라는 용어는 이미 다양한 학문분야에서 사용되고 있었지만 여성복지의 정의에 대한 시도나 합의에 대한 노력은 1990년대 후반에서부터 활발해지기 시작하였다.

한국여성개발원은 여성복지를 '여성이 국가나 사회로부터 인간의 존엄성과 인간다운 생활을 할 권리를 동등하게 보장받음으로써 여성의 건강, 재산, 행복의 조건들이 만족스러워지는 상태를 의미하며 동시에 가부장적 가치관과 이에 기초를 둔 법, 기타 사회제도를 개선하는 것 등으로 여성의 인간다운 삶을 실현하기 위한 모든 실천적 노력을 포함하는 개념'이라고 정의 하였다.

여성복지관(女性福祉館)

한부모가족복지시설의 일종으로 모자가족과 미혼여성에 대한 각종 상담을 실시하고, 생활지도, 생업지도, 탁아 및 직업보도를 행하는 등 모자가족과 미혼여성의 복지를 위한 편의를 종합적으로 제공하는 것을 목적으로 하는 시설을 말한다(한부모가족지원법 제19조1항11호).

여성의 전화(女性의 電話)

학대받은 여성을 돕기 위해 1983년 6월 발족한 여성단체이다. 지금까지 가정 내의 문제로만 덮여 있던 매맞는 또 폭력에 시달린 아내들의 고민을 덜어주고 스스로 문제를 해결하도록 돕는 등의 전화 상담을 주로 한다.

여성1366(女性 1366)

여성1366 상담전화는 그 동안 공공상담소와 시민단체 등의 상담창구가 다양하게 마련되어 있음에도 불구하고 야간이나 휴일에는 상담이 거의 이루어지지 않고 전화번호도 평소 숙지하기 어려워 위급할 때 사용할 수 없어 설치하게 되었다. 112나 119처럼 국번 없이 무료로 통화 할 수 있는 전화로 1년 365일+하루 더 서비스라는 의미에서 1366으로 이름 붙여졌다. 1366전화를 통해 가정폭력이나 성폭력 혹은 인신매매를 당한 여성, 가출여성, 미혼모 등 긴급한 도움을 필요로하는 여성 1366은 여성복지상담소, 여성회관, 민간단체 등에 144개가 설치되어 있으며, 이를 중심으로 상담기관, 경찰, 병원의 서비스 네트워크가 구축되어 있다.

여성주간(女性週間)

여성의 발전을 도모하고 범국민적으로 남녀평등의 촉진 등에 대한 관심을 높이기 위하여 대통령령이 정하는 바에 따라 1년 중 1주간을 여성주간으로 한다고 규정하고 있다(여성발전기본법 제14조).

여성차별철폐협약(女性差別撤廢協約)

이 협약은 제22차(1967년) UN총회에서 채택한 〈여성에 대한 차별철폐 선언〉을 바탕으로 1979년 12월 제34차 UN총회에서 채택하였다. 정식 명칭은 '여성에 대한 모든 형태의 차별철폐에 관한 조약'이다. 이 조약은 전문과 본문 30개조로 되어 있으며, 정치적 · 경제적 · 사회적 · 문화적 그 외 어떤 분야에서도 성(性)에 따른 차별을 해서는 안 된다는 것이며, 또한 모성이 차별의 대상이 되어서는 안 되며, 가정의 책임은 남녀 모두에게 있다는 것을 규정하고 있다.

1981년 9월 정식으로 발표된 이 협약에 우리나라는 1984년 12월 27일에 UN사무총장에게 비준서를 기탁하고 1985년 1월 7일에 협약 제855호로 이 협약에 89번째로 서명하여 같은 해 1월 26일부터 대한민국에 효력이 발생하게 되었다.

여성학(女性學)

여성을 연구대상으로 여성에 의한, 여성을 위한 학문 영역을 총칭하고 있다.

미국에서는 1960년대 후반부터 1970년 전반에 고양(高揚)된 여성해방운동(woman power)이 여성학의 탄생을 촉진시켰으나, 현재는 여성에 관한 역사, 노동, 법제, 가족, 성(性) 등을 여성의 시점(視點)에서 종합적으로 받아들이는 새로운 학문으로서 각국에서 다양하게 전개되고 있다. 1980년에는 유네스코가 〈여성에 관한 연구 교육에 관한 전문가회의〉를 개최했었는데 그것은 그 후의 각국의 여성학의 국제적 발전에 공헌했다.

여성해방운동(女性解放運動)

여성의 지위와 성별제약조건을 근본적으로 거론하고 성 억압으로부터의 해방을 요구하는 운동을 말한다. 여성해방운동은 1840년대의 영국 등에서 부인참전운동을 상징으로 자연 발생적으로 일어나, 2차 대전 이후에는 1960년 중반에 우먼리브(Woman's Liberation Movement)라고 호칭으로 미국을 중심으로 세계적으로 강력한 성해방운동이 전개되었다. 다시 여기에 페미니즘(feminism) 등이 주장되어, 현재는 새로운 단계에 들어가 있다.

구체적으로는 섹슈얼 하라스먼트(sexual harassment)의 문제 등에 대한 항의운동도 그러한 흐름의 일환(一環)이다.

여피족(Yappie族 : Young urban Professionals)

도시나 그 주변을 기반으로 하여 지적인 전문직에 종사하는 젊은이를 뜻하는 말. Young(젊음), 도시형(Urban), 전문직(Professionale)의 머리(頭) 글자를 딴 YUP에서 나온 말. 한때 유행하던 히피, 이피 등을 본 딴 말이며, 미국에서 기괴한 젊은이들이나 신세대를 가르키는 말로 사용되고 있었으며, 자기 마음에 들지 않은 관습이나 적응할 수 없는 제도 행동 예를 들어 자신을 대하는 상사나 선배의 불쾌한 태도 등을 보면 인사도 없이 그 자리를 뜨는 등, 다루기 힘들고 공동의 일이나 생활을 할 수 없는 젊은이들을 가리킨다.

세계 2차 대전이 끝난 1946년부터 약 20년 동안 미국은 베이비붐으로 그 이전 20년 동안 출생자수를 3,000여 만 명이라는 엄청난 숫자가 늘어났었다. 여피는 가난을 모르고 자란 세대 가운데에서도 고등교육을 받고 도시근교에서 살며 고급관리직 또는 전문직에 종사해 연간 수입이 수만 달러정도로 추산된다고 한다.

역전이(逆轉移)

정신분석에 있어서 분석자가 피분석자에 대하여 혹은 피분석자로부터 전이에 대하여, 무의식적 반응을 일으키는 것을 말한다. 프로이드(Freud, S.)는 분석자 자신의 콤프렉스가 치료에 미치는 영향을 지적했다. 그 뒤로 정신분석이 인간관계에 의거하는 치료이다라는 것, 그 때문에 분석자로부터의 반응이 중시되게 된다고 하는 생각이 퍼졌다. 분석자는 개인분석에 의해 스스로의 콤플렉스를 이해해 가는 것이 중요하게 되었다. 역전이의 치료적 의의에 대해서는 치료의 방해로서 제거하여야 한다는 입장과 역으로 치료에 유효하게 이용해야 한다고 하는 입장도 있다.

역학조사(疫學調査)

질병의 원인 · 전염과정 · 발생빈도 · 분포 · 양태 및 종식(終熄)에 미치는 모든 조건을 명백히 하는 등 여러 가지 요인과 이들 요인의 상호 연관을 조사 · 치료 · 연구하는 것이다. 전염병에 대해서만 실시해 오던 이 역학조사는 근래에 와서는 심장병, 암, 교통사고 등 전염성이 없는 병에도 적용하고 있으며, 조사방법도 의학이 발달하면서 더욱 세분화 되었다.

역할(役割)

사람과 사람의 상호작용 속에서 개인이 타인과의 관계에서 취하는 행동, 즉 자기가 응당히 해야 할 맡은 바의 일을 역할이라 한다. 개인은 일정한 인간관계의 면에서 자기의 지위 또는 위치에 어울리는 것으로서 타인에게 기대되고 있는 강제되는 행동을 취한다. 친자관계에서는 어버이는 자식이 어버이로서의 기대하는 행동을 하며, 자식은 어버이가 기대하는 또는 강제하는 행동을 한다. 역할개념에 처음 주목한 사람은 미국사회철학자 미드(Mead)이다.

역할갈등(役割葛藤)

일정한 지위 또는 위치에서 기대되는 역할에서 개인의 내부에서의 사고방식과 행동의 불일치를 말한다. 외부에서는 양립하지 않는 두 개 이상의 역할의 대립이 있어서 장기간 계속될 때 사회적 · 심리적 장애를 불러일으키는 상태이다.

역할기대(役割期待)

사회체계 속에 있어서 타인과의 상호관계에서 각각 지위에 따른 개인의 일정한 행동양식을 가리킨다. 그 행동양식을 역할이라 부르고 이것에 대한 타인의 예상을 역할기대라 부른다. 아내가 남편에 대하여 남편이란 것은, 가족이 생활해 갈 수 있을 만한 수입을 벌어 오는 것이라고 생각한다면 이것은 하나의 역할기대이다.

역할수행(役割遂行)

사람이 기대된 역할을 일정의 상황에서 구체적으로 실현하는 것을 말한다. 물론 그것은 조작된 인형이나 로봇처럼 받아들여진 역할기대에 그대로 동조해 버리는 것을 의미하지는 않는다. 인간 독자의 공기나 욕구에 따라 어느 정도의 폭을 갖는 주체적인 행동으로 역할 실현이라고도 한다.

역할이론(役割理論)

인간의 행동을 어떤 내재적인 소질, 재능, 욕망 등의 표현으로서가 아니고 집단 속에서 차지하는 역할을 통해서 설명하려는 이론. 이를테면 어머니가 아이를 사랑하며 기르는 것은 무슨 본능적인 모성애에 의하는 것이 아니고 사회속에서 어머니라는 것에 기대되고 있는 역할을 연기하고 있다고 본다. 이 이론에 따르지 않는다면 왜 어머니가 사회에 따라 시대에 따라 혹은 개인에 따라 그렇게 다른 육아행동을 하는가를 설명할 수 없다. 역할이 먼저 있고 난 다음에 욕망이니 감정이니 하는 것이 따라오는 것이다. 여자에 대한 남자의 성적 행동도 마찬가지여서 남자는 열심히 남자라는 역할을 연기하고 있는 것이다. 남자로서의 성적 욕망이라는 것이 먼저 있고 그것에 의거하여 여자에 대한 성적 행동이 나온다고 생각하는 것은 인간관계의 전도(轉倒)이다.

연금관리기관(年金管理機關)

연금관리기관이란 국민연금법에 따른 국민연금공단, 공무원 연금법에 따른 공무원연금관리공단, 사립학교교직원 연금법에 따른 사립학교교직원연금관리공단, 별정우체국법에 따른 별정우체국 연금관리단을 말한다(국민연금과 지역연금의 연계에 관한 법률 제2조1항15호).

연금보험(年金保險)

보험급부가 주로 연금의 지급에 의해서 행해지는 사회보험의 총칭. 노령 · 장해 · 사망을 주된 보험사고로 하고, 원칙적으로 피보험자의 보험료 각출을 조건으로 노령연금 · 장해연금 · 유족연금 등의 급부를 하는 보험제도를 말한다. 가득능력(可得能力)의 상실이나 생계유지자의 사망이 있는 경우, 본인 또는 유족의 생활의 장기간 유지가 목적이므로 장기보험이라고도 한다. 공적 연금보험은 강제가입을 원칙으로 하지만, 보완적으로 임의가입을 받아들이는 경우도 있다. 세계의 공적 연금보험에는 독일형과 북유럽 · 영국형의 2대 원류가 있다. 전자는 독일의 비스마르크가 1889년 노동자계급을 대상으로 강제적용의 제도로서 창설한 사회보험방식의 연금제도이고, 후자는 영국과 북유럽에서 생긴 무갹출연금으로서 생활이 곤란한 노령자에 대한 공적 부조에 가까운 일률정액의 연금제도이다. 전자는 소득비례형의 급부를, 후자는 정액형의 급부를 하였는데, 그 영향이 현재에도 미치고 있다.

연금보험료(年金保險料)

연금보험료라 함은 국민연금사업에 필요한 비용으로서 사업장가입자에 있어서는 부담금(사업장가입자의 사용자가 부담하는 금액) 및 기여금(寄與金 : 사업장가입자가 부담하는 금액)의 합계액을, 지역가입자 · 임의가입자 및 임의계속 가입자에 있어서는 본인이 납부하는 금액을 말한다.

연금수급권(年金受給權)

연금급부의 수급이 법적으로 확정된 경우 그 자는 연금을 청구할 권리를 갖는다. 사회보험에서의 연금수급권의 피보험자(유족급부에 대해서도 그 자의 유족)가 소정의 수급요건을 충족시킬 때에 생긴다. 연금수급권의 확보를 위해 양도금지, 압류금지, 조세 기타 공과금지(노령연금 등은 예외) 등이 정해지며 또 권리구제를 위한 심사청구제도(사회보험심의회 등)가 설치되어 있다.

연금제도(年金制度)

사회보장제도의 중요한 일부분으로 노령, 질병, 사망의 사고에 따른 정기적 또한 장기에 걸쳐 금전을 장기급부하는 제도. 연금을 노령이나 장애, 생계유지자의 사망에 의한 소득의 감소나 상실을 보충하기 위하여 종신(終身)에 걸쳐 금전이 급부된다. 연금에는 공적 연금제도와 사적연금제도의 두 종류가 있다.

통상 법률에 의한 사회보험의 한 형태로 공적 연금제도를 지칭하며, 민간기업 등이 독자적으로 행하는 사적 연금제도는 공적연금제도를 보충하는 것이다. 우리나라의 공적 연금제도인 국민연금에는 국내에 거주하는 18세 이상 60세 미만의 국민은 국민연금의 가입대상이 되며, 다만, 공무원연금법, 군인연금법, 및 사립학교교직원연금법의 적용을 받는 공무원 · 군인 및 사립학교 교직원 기타 대통령령이 정하는 자는 제외된다. 가입자는 사업장가입자 · 지역가입자 · 임의가입자 및 임의 계속가입자로 구분한다(국민연금법 제6 · 7조).

연명의(치)료(延命醫(治)療)

치명적인 질환을 가진 환자에 대하여 그 생존기간을 조금이라도 연장시키기 위하여 노력하는 의료를 말한다. 그러나 그 한편으로는 본인이나 그 가족의 의사(意思)가 아닌 과도한 치료에 의하여 생명을 연장하는 것 같은 의료로서 문제가 되어 있다. 이 때문에 환자에 대한 인폼드컨센트(informed consent)의 보장, 노인의료비의 증대에 따른 의료보험의 재정압박 등의 배경에 연명의(치)료의 시비에 있어서 논의되고 있다. 최근에는 아무런 소용이 없는 연명을 시키는 행위를 말하는 경우가 많다.

연소인구(年少人口)

인구구조를 세 가지로 구분한 경우의 0세에서 14세까지의 인구를 말한다. 15세 이상 65세 미만의 생산연령인구에 대하여, 65세 이상의 노령인구와 합쳐서 종속인구라고 불리고 있다.

연장보육(延長保育)

보육원이 통상의 보육시간을 초가 하여 유유아(乳幼兒)를 보호자로부터 맡아서 보육하는 것이다.

구체적으로는 개설시간이 오전 7시쯤에서 오후 6시를 지나 대개 1시간 연장하여 보육하는 것을 말한다. 최근에는 보호자의 취로의 다양화, 통근시간의 증가에 따라 근무시간과 통근시간을 더한 시간을 보육시간으로 했으면 좋겠다는 것이 절실하게 요망되고 있다.

연차유급휴가(年次有給休暇)

근로자의 적절한 휴양을 위해 설정된 것이 연차유급휴가 제도이다. 근로기준법 제59조에 의하면 사용자는 1년간 8할 이상 출근한 근로자에 대하여는 15일의 유급휴가를, 계속근로 연수가 1년 미만인 근로자에 대해서는 1월간 개근(皆勤)시에는 1일의 유급휴가를 주도록 하고, 사용자는 근로자의 최초 1년간의 근로에 대하여 유급휴가를 주는 경우에는 계속근로 연수가 1년 미만 자에게도 유급휴가를 15일로 하며, 1월간 개근 시 1일의 유급휴가를, 이미 사용한 경우에는 휴가일 수 15일에서 공제한다. 또 사용자는 3년 이상 계속근로자에 대하여는 15일의 유급휴가일에 최초 1년을 초과하는 계속근로 연수 2년마다 1일을 가산하여 유급휴가를 주어야 하며, 이 경우 가산휴가를 포함한 총 휴가일 수는 25일을 한도로 하고 있다. 휴가는 근로자의 청구가 있는 시기에 주어야 하며, 그 기간에 대하여는 취업규칙이나 그 외정하는 바에 의하여 통상임금 평균임금을 지급하여야 하며, 다만, 근로자가 청구한 시기에 휴가를 주는 것이 사업운영에 막대한 지장이 있는 경우에는 그 시기를 사용자는 변경할 수 있다.

열등감(劣等感)

여러 가지 점에서 타인과 비교했을 때 자기가 모자란다고 느끼는 기분으로 우월감의 반대감정이다. 신체적인 결함이나 환경 등에 의해 생기는 것이며, 보통은 이 열등감을 보상하려는 여러 가지 심리적 경향을 수반하게 된다. 때로는 이것이 오히려 보통 이상의 일을 해낼 수도 있으나, 신경증이 되는 경우도 있으며 청년기에 많이 나타난다.

열등처우의 원칙(劣等處遇의 原則)

국가로부터 구제를 받는 빈곤자의 지위는 독립·자영하고 있는 최저계층의 노동자의 지위보담도 못하지 않으면 안 된다고 하는 구빈사업상의 원칙. 구체적으로는 1834년 영국의 엘리자베스구빈법 조사위원회의 보고서에 포함시킨 신구빈법의 운영상의 3원칙(전국적 통일, 열등처우, 원내보호) 등의 하나이다. 그러나 현실에 있어서는 비인간적인 워크하우스(노역장)에 의한 구제이외에는 어떠한 구제도 인정하지 않는다고 하는 소위 워크하우스·테스트 원칙과 서로 어울려서 구제의 부정(否定)이라고도 할 만한 내용 이였다고 일컬어지고 있다. →신구빈법, 워크하우스

영국소셜워커협회(英國social workers協會)

영국의 소셜워크의 전문직단체를 총괄하는 횡단적(橫斷的)인 조직. 지방자치제의 사회서비스가 의무화된 1970년에 소셜워커의 전문성과 자질 향상을 목적으로 하여 발족하였다. 버밍엄(Birmingham)에 본거지를 두고, 사회정책 및 홍보부문, 전문적 실천부문, 회원서비스 등의 기능을 가지고, 독자의 윤리강령을 갖는 등, 영국에 있어 사회복지실천의 중핵으로 되어 있다. 잡지『social work today』를 발행하고 있다.

영국의 사회보장제도(英國의 社會保障制度)

1941년 베버리지(Beveridge, W.H.)를 위원장으로 하는 위원회가 설치되고, 1942년 그 위원회의 조사보고서를 기초로 하여 1945년부터 가족수당법, 국민산업재해보험법, 국민보험법, 국민보건사업법, 국민부조법, 아동법 등에 제정되어 1948년부터 자본주의 사회에서 가장 완벽한 사회보장제도를 갖추게 되었다. 그리하여 영국 국민은 이른바 "요람에서 무덤까지", 즉 이 말은 사회보장제도의 완전형태를 뜻하는 말로써 전 생애를 보장받고 있다.

영양사(營養士)

영양면의 관리나 상담을 행하는 외에 건강하게 보다 건전한 생활을 할 수 있도록 위생관리를 하거나 조언(助言)을 하는 전문직.

구체적으로는 복지시설에 입소하는 자나 지역의 주민들을 대상으로 이상적인 영양의 밸런스의 메뉴 작성과 조리원의 지도를 행하거나, 영양 상담에 응하기도 하고 또 요리교실이나 영양교실 등을 개최하여 건강의 유지·증진에 기여한다.

영양섭취량(營養攝取量)

섭취한 식품의 종류의 양을 구(求)하여 그것을 기초로 하여 그 사람이 섭취한 영양소 등의 양을

나타내는 것을 말한다. 일반적으로 각 영양소 등의 함유량은 '식품성분표'를 이용하여 산출되지만, 그 사람이 섭취한 식품과 동일한 것이 아니기 때문에 보다 정확하게 구하기 위해서는 섭취한 식품을 직접 분석하지 않으면 안 된다.

영양소요량(營養所要量)

건강인을 대상으로 해서 국민의 건강의 유지 · 증진, 생활습관병의 예방을 위하여 표준이 되는 에너지 및 각 영양소의 섭취량을 나타낸 것을 말한다. 내용은 성별, 연령계층별, 생활활동강도별로 나타내게 해서, 식생활의 변천이라든가, 건강과 질병에 관한 새로운 개념이나 연구성과 등을 고려하여 일정기간마다 개정되고 있다.

영유아(嬰幼兒)

영유아라 함은 6세 미만의 사람을 말한다고 영유아보육법 제2조1항에 규정하고 있다. 신생아는 출생후 28일 미만의 영유아를 말한다(모자보건법 제2조3호).

영유아보육법(嬰幼兒保育法)

이 법은 영유아의 심신을 보호하고 건전하게 교육하여 건강한 사회 구성원으로 육성함과 아울러 보호자의 경제적 사회적 활동이 원활하게 이루어지도록 함으로써 영육아 및 가정의 복지 증진에 이바지함을 목적으로 1999년 1월 14일(법률 제4328호)에 제정 · 공포하여 시행하던 중 2004년 1월 29일(법률 제7153호)에 전문 개정하여 그 동안 20차례의 개정을 거쳐 오늘에 이르고 있다. 총 9장 56개조문과 부칙으로 규정되어 있다.

예방의학(豫防醫學)

국민을 대상으로 질병에 대한 예방을 위한 각종의 의학활동이나 연구분야. 치료의학과 대립적으로 쓰인다. 질병의 원인을 제거하는 등의 활동을 행하여, 질병의 발생을 미연에 방지하는 것을 목적으로 하는 의학을 가리킨다.

구체적으로는 환자의 증상이나 질병을 치료하는 진료의학에 대한 언어로, 금주, 금연 등의 건강증진으로부터 예방왁친, 수원(水源)의 염소소독 등, 엄밀하게는 발병을 막는 제1차 예방을 가리키지만, 질병의 조기발견, 조기치료로 악화를 막는 제2차 예방의학, 질병을 악화시키지 않는 대책, 리허빌리테이션 등의 제3차 예방의학도 포함된다. 예전에는 유유아(乳幼兒) 중심의 감염증대책이나 결핵대책에 중심이 두어졌으나, 오늘날에는 성인병대책이 중심이 되고 있다. 국민의 건강에 대한 의식변화나 의료비 억제라는 점에서도 예방의학의 중요성이 강화하게 인식되고 있다. → 생활습관병

예방적 사회복지(豫防的 社會福祉)

개인의 사회생활의 장애나 곤란, 부적응에 대하여 그 발생을 예방하고, 동시에 사회의 제도나 사회복지서비스에 문제나, 모순이 있기 때문에 개인의 생활상의 곤란이 발생한다는 경우에 그 제도의 구조나 서비스의 내용을 변경하여 개선하는 것을 목적으로 하는 사회복지이다. 유의해야 할 것은 사회복지의 예방적 기능과 예방적 사회복지 개념의 성립 논거(論據)가 서로 다르다고 하는 점이다. 전자는 사회제도나 일반적 서비스에서 탈락함으로써 초래되는 사회생활상의 곤란에 직면하여 케이스의 발견, 제공되어야 할 서비스의 방침을 결정할 조기(早期)진단, 그 방침에 따라서 조기에 서비스를 받게 하는 조기처우(早期處遇), 치료라는 일련의 과정을 거쳐서 개인의 생활상의 곤란이나 장애의 영향을 최소화하는

것이다. 말하자면 사전적(事前的), 보호적 성격을 가진 것인데, 예방적 사회복지는 기본적인 사회제도나 일반적인 서비스에 관련해서 개인이 이러한 제도나 서비스와 적극적으로 그 관계를 유지하고 주체적으로 이용하는 것을 목적으로 한다.

기본적인 사회제도란 경제, 의료, 가족, 교육, 고용, 주택, 문화, 오락 등의 제도이며, 일반적 서비스란 그것들에 따르는 사회보장, 의료보장, 교육보장, 고용보장, 주택보장, 가족생활의 안정, 문화, 오락의 기회 등의 서비스나 대인원조 서비스이다.

예방접종(豫防接種)

질병에 대하여 면역의 효과를 얻기 위하여 질병의 예방에 유효한 것이 확인되어 있는 면역원(免疫源 ; 왁친〈독. Vakzin〉)을 인체에 주사하거나 경구적으로 또는 접종하여 인공적으로 면역을 부여하는 것이다. 예방접종을 행하는 질병은 전염병예방법에 의하여 규정되어 있다.

예산(豫算)

형식적 의미로는 1회계년도(會計年度)의 국가의 수입과 지출에 관한 회계적 산표이며, 실질적으로는 이러한 화폐수치로 표현한 국가의 정치적 행정적 · 경제적 활동의 예정적 계산표이다(회계년도는 매년 1월 1일에 시작하여 같은 해 12월 31일에 종료한다).

따라서 예산을 보면 국가 · 지방자치단체의 활동 전모나 각론적인 정책방향의 대강을 알 수 있다. 우리 헌법은 정부가 매 회계년도 개시 90일 전에 예산안을 국회에 작성 제출하고 국회는 개시 회계년도 30일전까지 이를 심의 · 의결해야 한다고 규정하고 있다.

예산집행(豫算執行)

국가 또는 지방자치단체의 예산 지출 행위를 말한다. 좁은 의미의 예산집행은 예산에 정한 금액을 국고에 받아들이고, 일정한 한도내에서 국고에서 지출하는 것을 말한다. 그러나 일반적인 의미의 예산 집행은 단순히 예산에 규정된 금액을 국고 또는 금고에 수납하고 국고 또는 금고로부터 지급하는 것뿐만 아니라, 그 원인이 되는 국고채무부담행위 또는 지출원인행위를 하는 것도 포함한다.

예산편성(豫算編成)

예산편성은 정부의 사업과 계획에 사용될 재원을 추계하고 각종 사업을 지원할 지출 규모를 확정하는 것을 말한다. 예산편성 작업은 일반적으로 행정부가 담당하고 있다. 이러한 제도를 행정부제출 예산제도라 한다. 행정업무와 구조가 단순한 시대에는 입법부 예산제도가 사용되기도 하였다.

중앙정부의 예산편성은 대개 다음의 4단계로 이루어진다. 즉 기획예산처가 재정운영 계획을 수립하고 중앙부처에 예산편성 지침서를 시달하면, 각 중앙부처가 그들의 사업을 확정하여 예산요구서를 제출하게 되고, 다음으로 중앙예산기관이 각 부처의 예산요구서를 사정하여 정부예산안을 확정, 의회에 제출하게 된다.

예후(豫後)

병의 결과를 예측하는 것과 병의 경과를 사전에 알리는 것. 병세의 진행, 회복에 관한 예측을 의미하는 의학용어이다. 질병에 걸린 자에 대하여 그 병의 경과나 결과에 관한 의학상의 전망이라고 하는 것처럼 개별의 판단으로서 쓰이는 경우와, 어느 질병에 관하여 일반적으로 예후가 좋다고 하는 것처럼, 일반적인 전망으로서의 의학적 견해에 쓰이는 경우가 있다. 클라이언트가 의료에 관계하고 있는 경우 리치몬드가 지적한 바와 같이 병명으로서 사회진단을 충분히 알지 못하고 의학적 예후를 확정하는 것이 일반적이다. 종래 케이스워커에 있어서는 의학과 같이 이야기할 경우에 예후를 고려하는 것이 필요하다고 간주하여 전용되었지만, 최근에는 평가(Hamilton, G.) 워커빌리티(workability : Perlman, H.H.)란 용어가 사용되어 그 속에 포함시키고 있다.

5대사회악(五大 社會惡)

영국에서 전후 사회상의 재건을 위해 1942년 사회제도의 아버지라고 불리는 베버리지(Beveridge, W)를 의장으로 한 베버리지위원회가 영국정부에 대하여 제출한 보고서 〈사회보험 및 관련서비스〉 소위 〈베버리치보고〉(1942)에서 생활곤란을 가져온 원인으로서 지적된 5가지의 요인. 그 중에서 영국사회의 재건을 저해하는 것으로 언급된 궁핍(want), 질병(disease), 무지(ignorance), 불결(squalor), 나태(idleness)의 5가지를 말한다. 베버리지는 사회악으로서 이 5가지를 합쳐서 '5대의 거인(巨人)' 또는 '5거인의 악'으로 부르고 있다. 베버리지는 사회악으로서의 이 5대 악은 동시에 공략되어야 퇴치할 수 있다고 했다. 사회복지가 관계되는 생활상의 여러 문제를 단적으로 표현하는 말로서 종종 쓰이지 고 있다.

오웬(Owen, Robart : 1771~1858)

영국의 공상적 사회주의자로 10세에 런던에 나와 점원이 되고 29세에 뉴라나크(New Lanak) 공장 지배인이 되었다. 계몽적 복지시설을 실험하였으며, '성격형성학원'을 설립하고 유치원, 노동자교육 등 선구적인 역할을 행하였다. 공장법 제정, 공동체사회(뉴 하모니)의 건설과 협동조합 운동 등 다양하고도 폭넓은 활동을 전개했으며, 만년에는 저작(著作)과 계몽활동에 전념했다. 주된 저서에는 『신사회관』, 『자서전』, 『사회변천과 교육』 등이 있다. 산업복지의 아버지, 협동조합의 아버지라고 불려지며 온정적 노사관계의 전범(典範)을 실천했다.

OECD(Organization for Economic Cooperation and Develoment)

경제협력개발기구를 말한다.

제2차 세계 대전 직후 유럽의 경제부흥을 위한 미국의 마셜플랜에 따라 1948년에 결성된 유럽경제협력기구(OEEC)를 모태로 개발도상국 문제 등 새로운 세계정세에 적응하기 위해 경제성장, 저개발국원조, 통상확대의 3가지를 주된 목적으로 하여 1961년에 발족했다. 우리나라는 1996년 10월 19일에 29번째로 회원국이 되었으며, 선진국을 거의 망라하고 있다. 1983년 12월에 개최된 노동력 · 사회문제위원회에서 사회보장을 취급하는 사회정책부회의 설치가 결정되었다.

오픈숍(open shop)

기업의 종업원이 그 회사에 결성되어 있는 노동조합에 대한 가입여부를 자유의사에 따라 결정할 수 있는 제도. 조합원이건 조합원이 아니건 똑같이 고용기회가 부여되므로 사용자 측에서 비조합원인 노동자만을 고용해 노동조합을 약화시키는 데 악용되기도 했다. 우리나라에서는 모든 근로자에 대해 오픈숍을 적용한다. ↔유니온숍

온습포(溫濕布)

국소(局所)를 피부로부터 따뜻하게 해서 순환을

촉진하게 함으로써 통증을 완화하는 요법. 고온(高溫)의 물에 적신 천이나 수건(약제도 쓰인다)을 피부표면에 대고 위에 유지(油紙)나 비닐 등으로 방수 단열한다.

온열요법(溫熱療法)

온천욕 · 온찜질 등 온열을 이용하여 치료효과를 제고(提高)시키는 방법. 광니(鑛泥)나 모래 · 온욕 · 파라핀욕 · 열기욕 · 증기욕과 같이 전도열을 이용하는 것과 전광욕(電光浴) · 자외선 · 고주파요법 등 복사열을 이용하는 것이 있다. 만성 관절염이나 신경통 · 근육통뿐 아니라 만성 간염 · 간경변에 대한 임상효과가 있다는 것이 발표된 적도 있다.

옴부즈맨제도(Ombuzdman 制度)

옴부즈맨은 호민관을 의미하는 스웨덴어. 부정, 부당한 행정집행이나 시설처우에 대한 감시 · 관할, 또는 고충처리 등을 행하는 조직 또는 제도.

구체적으로는 종래의 불복신청이나 행정소송, 검사 등과는 다르며, 법적인 구속력에 의하는 절차를 경유하지 않고 재량적인 판단에 의한 권고나 조언 등에 의해서 문제가 해결되는 것이 특징이다. 옴부즈맨은 입법부에 의해 임명되나 그 직무수행에 있어서는 직접적인 감독을 받지 않으며 독립적 위치와 높은 위신을 갖는 일종의 행정감찰관으로서 서민의 제소(提訴)하는 사안에 대해 조사하고 처리한다. 조사는 공식적인 절차나 방법을 취하지 않음으로써 효율성 · 신속성을 살리고 또 그것을 공개하여 여론에 영향력을 미친다. 그러나 옴부즈맨은 법원과 달리 행정기관의 결정을 직접 취소하거나 무효로 만들 수는 없다는 점에 그 권한이 제약되고 있다. 최근 특히 의사능력에 결함이 있는 치매성고령자나 지적장애인 등에 대한 제3자에 의한 권리옹호기관의 설치의 필요성에 논의되고 있어 주목되고 있으나 아직 우리나라에는 이 제도가 실시되고 있지 않고 있다.

옴부즈맨제도는 1809년에 스웨덴에서 최초로 제도화된 이래 핀란드, 노르웨이, 네덜란드, 뉴질랜드, 덴마크 등 유럽제국과 미국에 도입되어 현재 세계 108개 국가에서 채택되어 권리구제기능과 행정통제기능을 수행하고 있다. 더욱이 종래는 옴부즈맨으로 불리었으나 최근에는 옴부즈퍼슨(ombuds(z)person)으로 일컬어지고 있다.

우리나라에서는 국민고충처리위원회가 행정옴부즈맨기능을 담당하고 있다.

옹호(擁護)

타인을 직접적으로 보호하거나 대표하는 행위. 사회복지실천기술의 과정은 클라이언트는 자신이 문제를 명확히 인식하지 않아도 상담을 하러 온 것을 전제로 해서 개시할 수 있는 게 통례이다. 그러나 빈곤으로 생활곤란에 처해 있어도 상담하려 오지 못하는 사람들도 있다. 그들은 빈곤, 장애, 고령 등에 의해 사회복지제도를 비롯하여 여러 가지 사회자원 활용의 혜택을 수급하지 못하는 사회적 약자이다. 옹호는 이와 같은 사람들의 권리를 보호하고 대변하기 위해서 워커는 그들의 욕구를 찾아서 이용할 수 있는 사회제도에 대한 정보를 제공하고 실제로 이용할 수 있도록 연결시켜 가는 기능이다. 이러한 견해는 1960년대 후반 개별사회사업에 대한 대응으로서 나타나 진단주의의 개별사회사업에서도 도입되어 왔다. 다시 말해서 사회사업에서 직접개입이나 권한 부여를 통하여 개인이나 지역사회의 권리를 감싸서 지키고 돕는 것이다.

와상노인(臥床老人)

와상노인이란, 일반적으로 65세 이상으로 신체상 또는 정신상으로 현저한 장애가 있어서 거의 방이나 침대에 누워있는 상태가 6개월 이상 계속되며, 식사, 목욕, 용변(배설) 등의 일상생활 전체에 있어서 타인의 수발(보조)를 필요로 하는 노인을 말한다.

YWCA(Young Women's Christian Association = 기독교여자청년회)

여자청년을 회원으로 하는 국제조직. Young Women's Christian Association을 약칭하여 YWCA라고 한다. YWCA운동은 1855년 영국에서 여성들의 안정과 삶의 이익을 위해 시작되었으며, 한국 YWCA는 일제의 식민지하에서 신앙을 깊게 하고 가난하며, 억눌린 여성들을 깨우치고 계몽하는 기독교운동으로 시작되었다. 초기의 활동은 주로 기독교신앙, 애국사상 및 새로운 지식을 경험하는 강연회, 성경공부 등에 치중되었으나, 점차 정치 · 경제 · 사회문제에 대처하면서 소외계층을 위한 봉사활동, 생활개선운동, 소비자운동, 여성운동 등으로 활동영역을 넓혔다.

YMCA(Young Men's Christian Association)

기독교 청소년회의 약칭으로 YMCA라고 한다.

그리스도교 신앙으로 맺어진 청년남자의 조직이다. 1844년, 영국 런던에서 윌리암즈가 창설하여, 현재는 국제적인 단체로 발전하고 있다. 교육사업, 사회복지사업을 주체로 활동을 전개하고 있다. → 윌리암즈

완전고용(完全雇用)

현행 임금률로 일을 하고 싶다고 하는 사람이 모두 고용되어 있는 상태. 이에 대해 불완전고용은 각종 이유로 근로자가 실업하고 있는 상태를 말한다.

케이즈(Keynes, J.M.)는 '유효수용의 부족에 의한 비자발적 실업이 존재하지 않은 상태'라고 했고, 베버리지(Beveridge, W.H.)는 '노동자가 파는 시장이 되고, 구직자가 공정한 임금으로 확실하게 일을 확보할 수 있는 상태'라는 등 여러 가지 정의가 있다.

그 개념은 ILO의 〈필라델피아선언〉(1944), 〈고용정책조약〉(1964), 그리고 OECD의 이사회권고 등에서도 나타나 있다. 추상적인 개념 규정은 가능하지만 실태를 감안한 구체적인 기준을 설정하기는 어렵다. 다만, 노동수용의 일시적인 것으로 인하여 마찰적 실업은 항상 일어나므로 실업자가 전혀 없는 상태를 가리키는 것은 아니고, 유효수용의 부족에 의한 비자발적 실업이 해소되고 있는 상태를 말한다.

이와 같은 상태에 있어서는 사회의 유효수요가 증대해도 모든 물가 수준의 상승에 흡수되어 산출량도 고용량도 증가하지 않는다. 더욱이 각국에 따라 완전고용으로 보여지는 실업률의 수준은 다르다. 완전고용은 복지국가의 존립의 존재조건으로서 중시되어 왔다. 완전고용의 현실을 위하여 감세, 정부의 재정지출의 증대, 금리의 인하 일자리 창출 등 각종의 재정금융정책을 행하는 것을 완전고용정책이라고 하고 있다.

완전참가와 평등(完全參加와 平等)

국제장애인의 해의 슬로건. 국제연합에 의한 국제장애인의 해(International Year of Disabled Persons : IYDP, 1981)의 테마로 1979년의 제34회 UN총회에서 채택된 것으로서 장애인의 사회에의 통합과 사회의 발전에의 완전한 참가, 사회적으로도 경제적으로도 장애가 없는 자와의

평등한 생활이 이루어지는 상황의 실현 등을 들고, ①신체적 · 정신적 레벨에 있어서 장애인의 사회적응 원조 ②취로와 사회생활 참가를 위한 지도 ③장애인 사회생활을 용이하게 하기 위한 조사연구의 실시 ④장애인의 사회적 · 경제적 · 정치적 활동 참가의 권리에 관한 국민의 계발(啓發) ⑤리허빌리테이션 대책의 추진의 5항목을 구체적 목적으로 하고 있다.

완화의료(緩和醫療)

완화의료란 통증을 줄이고 정서적 · 사회적 영역을 포괄하는 의료를 통해 품위 있는 죽음을 준비하도록 돕는 의료서비스다. 지금까지는 완화의료 전문기관에서만 받을 수 있는 완화의료서비스를 집에서 의사, 사회복지사, 전문 간호사 등의 방문형태로 받을 수 있는 '가정간호' 등의 방문형태로 받을 수 있는 사업을 보건복지부는 검토 중이라고 하며 (2013년 하반기 시행목표) 환자는 가정에서 심리적인 안정을 유지하며 지속적인 서비스를 받을 수 있을 것이라고 밝혔다. 또 완화의료 전문기관으로 지정받지 않은 병원에서도 이 서비스를 받을 수 있도록 '완화 케어팀' 제도를 도입하는 방안도 논의되고 있는 것으로 알려졌다.

완화케어(緩和 care)

WHO는 '암의 통증(痛症)의 해방과 완화의 케어'(1990)에서 '치유하는 것을 목적으로 한 치료가 이제 효과를 기대하지 못하는 경우, 그 환자에 대하여 행하여지는 적극적인 전인적 케어'라는 것을 가리킨다. 완화케어에서는 육체적인 고통, 심리적, 사회적 혹은 영적인 문제에 대한 완화를 최우선으로 한다. 완화케어의 최종목표는 환자와 가족에 대하여' 최고의 QOL을 실현하는 데 있다고 정의하고 있다. 전인적인 케어에서는 의료종사자뿐만 아니라 소셜워커, 종교가 등, 많은 전문직이 더 나아가서는 가족이나 친구 등도 끌어넣은 팀으로서의 케어가 필요하다.

완화케어병동(緩和care病棟)

PCU(Palliative Care Unit)라고도 한다. 말기암 등의 환자에게 연명의 · 치료(延命醫 · 治療)가 아니고 통증 등의 고통을 제거하는 케어를 행하는 병동으로 되어 있는 시설. 호스피스는 그 대표적인 것이다.

왕따 ⇨ 집단(集團)괴롭힘

왕립위원회(王立委員會 : royal commission)

1832년에 구빈법(救貧法 : Poor Law in1 601)의 개정을 위해 구빈행정을 조사하는 위원회인데 이 위원회가 건의한 중요한 사항은 다음과 같다.

①스핀햄랜드법의 임금보조제도를 철폐할 것. ②노동이 가능한 자는 작업장에 배치한다. ③병자, 노인, 허약자, 아동을 거느린 과부에게만 원외구호를 준다. ④교구단위의 구호행정을 구빈연합구로 통합한다. ⑤구빈수혜자의 생활조건은 자활하는 최하급 노동자의 생활조건보다 높지 않아야 한다. ⑥왕명에 의한 중앙통제위원회를 설립한다. →신구빈법

외국 민간원조단체에 관한 법률(外國 民間援助團體에 관한 法律)

이 법은 국내에서 사회복지사업을 하는 외국 민간원조단체의 등록 및 지원에 필요한 사항을 정함으로써 사회복지사업의 원활한 수행에 이바지함을 목적으로 1998년 12월 30일(법률 제5610

호)에 종전의 법률을 전문(全文) 개정, 공포하여 1999년 4월 1일부터 시행되어 오늘에 이르고 있다.

외국민간원조단체(外國 民間援助團體)

외국 민간원조단체라 함은 그 본부가 외국에 있고 그 본부의 지원으로 국내에서 보건사업 · 교육사업 · 생활보호사업 · 재해구호사업 또는 지역사회개발사업 그 밖의 사회복지사업을 하는 비영리목적의 사회사업단체으로서 그 사업에 필요한 재원이 외국에서 마련되고 실질적인 운영주체가 외국인인 단체를 말한다(외국 민간원조단체에 관한 법률 제2조).

외국인노동자(外國人勞動者)

타국에 체류하면서 취로하는 외국인을 말한다.

우리나라 출입국관리법(出入國管理法)에서는 취로가 허가되는 체류(滯留)자격을 (1) 상용, (2) 교수 및 원어민 강사 (3) 흥행, (4) 기술제공, (5) 숙련노동, (7) 산업연수생, (8) 법무부장관이 특히 체류를 인정한 자로 정하고 있다. 그러나 단기관광, 취업 등으로 입국하고 있으면서 체류기간을 초과하여 체류하거나, 자격(입국목적외) 활동으로서 취로하고 있는 케이스가 많이 보여 진다. 특히 단순노동 등에 종사하고 있는 불법체류 외국노동자가 많아진 현실에서 불법체류라는 이유로 열악한 생활환경에 있거나 체임노임, 의료보장, 등 충분한 사회보장을 받지 못하는 것이 문제로 되어 있다.

요람에서 무덤까지(from the cradle to the grave)

1942년 영국의 〈베버리지 보고서〉에서 제창한 사회보장의 본연의 자세를 단적으로 나타내는 표현이다. 즉 출생에서 사망까지의 전 생애 중에 예측 가능한 사고는 국가가 최저한도의 사회보장책임을 진다는 것을 표시한 것이다. 제2차 대전 후의 영국의 사회보장제도의 구축시에 그 목표를 단적으로 표현한 말, 슬로건. 당시 영국 수상인 W. 처칠이 그의 연설 중에서 사용한 것으로 그 후 널리 일반에게 보급되었다. 그 뒤 사회복지의 자세를 나타내는 용어로 각국에서 사용하고 있으며, 스웨덴에서는 이 말을 다시 수정해 태내(胎內)에서 천국까지라고 표현하고 있다.

요보호아동(要保護兒童)

요보호아동이란, 가정에서 양육하는 사람이 결여되어 있거나, 양육능력이 부족하거나, 그 보호자로부터 유실(遺失) · 유기(遺棄) · 학대 또는 이탈된 경우 또는 아동자신에 신체적 · 정신적인 장애 또는 행동상의 문제가 있는 경우 또는 기타의 경우에 사회적으로 보호를 요하는 아동의 총칭이다. 사회적 보호를 필요로 하는 아동이란 사회적인 아동보호사업 내지 제도(아동보호)와 상호 규정적인 관계에 있다. 일반적으로 아동보호가 성립하는 것은 사회적 보호를 필요로 하는 아동의 문제 상황이 존재하고, 사회가 그것을 해결해야 할 문제로 제시하여 아동문제의 완화나 해결을 꾀하려는 정책주체가 형성되는 것이 전제가 된다.

요보호임산부(要保護姙産婦)

임산부라 함은 임신 중에 있거나 출산 후(出産後) 6월 이내의 여자를 말하며, 요보호임산부라 함은 아동의 건전한 출생을 기(期)할 수 없는 경우 또는 기타의 경우에 보호를 받을 임산부를 말한다.

요실금(尿失禁)

오줌이 무의식중에 배출되는 상태. 생명에 관계되는 증상은 아니기 때문에 이제까지 의료의 한 뒤쪽에서 방치되었지만, 노인 인구의 증가와 함께 점차로 주목되어 1989년 1월에 일본에서 처음으로 요실금을 테마로 한 전문의의 국제심포지움이 열렸었다. 재채기나 기침을 하는 순간에 흘러버리는 복압성(腹壓性)요실금, 갑자기 요의(尿意)를 느껴 화장실까지 가는 동안 참지 못하고 나오는 절박성(切迫性)요실금, 항상 흘러 버리는 일류성(溢流性)요실금 등이 있다. 특히 여성은 요도가 남성보다 짧아서 이러한 현상이 일어나기 쉽기 때문에 산부인과 의사도 이 문제에 적극적으로 참여하고 있다.

요약기록(要約記錄)

사회복지기관에서 가장 많이 사용되는 것으로 사회복지원조 기록의 일종으로 특히 케이스워커에 가장 많이 이용되고 있다. 날짜와 클라이언트의 기본적인 사항을 적은 다음 개입내용과 변화사항을 간단히 요약하는 것으로 원조과정에 있어서 원조자와 서비스 이용자의 사이에서 주고받는 회화, 전체적인 자료, 시간의 흐름에 따라 변화되는 상황, 행동, 계획, 게임활동, 사회조직, 중요한 정보 등의 결과를 요약하여, 기록하는 방법이다. 프로세스 · 레코드에 비하여 손쉬운 것으로 해서 비교적 잘 이용되어진다. → 기록, 프로세스 · 레코드

요양(療養)

병을 낫게 하기 위하여 휴양하면서 치료하여 양생하는 것을 말한다. 쾌적하게 안심하고 생활을 할 수 있도록 적절한 의료기관에의 수진이나 복약의 관리, 자리보전을 하지 않도록 하는 수발, 욕창예방의 수발, 안락에의 수발 등의 의료와 수발의 쌍방이 필요하므로, 원조자는 연대(連帶)를 밀접하게 해서 이용자의 자립에 향한 원조를 행한다.

요양급여(療養給與)

요양급여는 국민건강보험법과 산업재해보상보험법의 규정에 의하여 실시하는 급여의 일종이다. 국민건강보험법에 있어서는 가입자 및 피부양의 질병 부상 출산 등에 대하여 다음과 같이 실시하고 있다. 진찰 검사, 약재 · 치료재료의 지급, 처치 수술, 기타의 치료, 예방 · 재활, 입원, 간호, 이송으로 규정되어 있으며(본법 제39조1항), 산업재해보상보험법에서는 근로자가 업무상의 사유로 부상을 당하거나 질병에 걸린 경우에는 그 근로자에게 지급하되 요양급여의 범위는 다음과 같다. 진찰 및 검사, 약제 또는 진료재료와 의지(義肢)나 그 밖의 보조기의 지급, 처치 수술, 그 밖의 치료, 재활치료, 입원, 간호 및 간병, 이송, 그밖에 고용노동부령이 정하는 사항 등으로 되어 있다(본법 제40조).

요양병원(療養病院)

요양병원이라 함은 의사 또는 한의사가 그 의료를 행하는 곳으로서 요양환자 30인 이상을 수용할 수 있는 시설을 갖추고 상시 요양을 요하는 입원환자에 대하여 의료를 행할 목적으로 개설하는 의료기관을 말한다(의료법 제3조5항).

요양보상(療養補償)

요양보상이라 함은 재해보상의 일종이다. 근로자가 업무상 부상 또는 질병에 걸린 경우에 사용자는 그 비용으로 요양을 하거나, 또는 필요한 요양비를 부담하여야 한다. 위의 질병과 요양의 범

위는 근로기준법시행령 제40조의 별표 ③에 규정되어 있으며, 또 사용자는 근로자가 취업중 업무상 질병에 걸리거나, 부상 또는 사망한 경우에는 지체없이 의사의 진단을 받도록 하여야 한다(근로기준법 제81조).

요양보호사(療養保護士)

요양보호사는 노인의료복지시설(노인요양시설, 노인요양공동생활가정)이나 재가노인복지시설(방문요양서비스, 주야간보호서비스, 단기보호서비스, 방문목욕서비스 제공시설)등에서 노인등의 신체활동 또는 가사활동지원 등의 업무를 전문적으로 수행하는 동시에 의사 또는 간호사의 지시에 따라 장기요양급여수급자에게 신체적, 정신적, 심리적 및 정서, 사회적 보살핌을 제공하는 사람이다(노인복지법 제39조의2).

요양보호사의 직무는 대상자의 질병유무 및 개인의 신체적 특성에 따라 차이가 있을 수 있으나 일반적으로 대상자에 대한 정보를 의사, 간호사, 가족들로부터 수집하여 요양보호서비스 계획을 세우고 환자의 청결유지, 식사와 투약, 배설, 운동 및 정서적 지원, 환경 관리 및 일상생활 지원 업무를 수행한다.

요양보호사가 되려는 자는 요양보호사교육기관에서 요양보호사 교육과정을 마치고 자격을 검정하고 자격증을 교부받아야 된다(동법 제39의3).

요양비(療養費)

요양에 필요로 한 비용. 즉 국민건강보험법에 의거 의료수급자가 긴급 기타 부득이한 사유로 인하여 의료급여기관과 동일한 기능을 수행하는 기관에서 질병, 부상, 출산 등에 대하여 의료급여(진찰 · 검사, 약제 · 치료재료의 지급, 처치 · 수술, 기타의 치료, 예방 · 재활, 입원, 간호, 이송 등)를 받거나, 의료급여기관 외 장소에서 출산을 한 때에 보건복지부령이 정하는 수급권자에게 지급되는 금액을 말한다(의료급여법 제12조).

요원호노인(要援護老人)

일반적으로 거동을 못하는 와상(臥床)노인, 독거(獨居)노인, 노인부부만의 세대 등 사회적인 원조를 필요로 하는 노인을 말한다. 고령화 사회에서의 노인인구 증가로 요원호노인의 수도 자연히 증가하고 있다. 대책으로는 보건 · 복지 · 주택 등 각종 영역에서 여러 가지의 서비스를 실시해야 할 것이다. 치매성 노인이나 항상 누워 지내는 노인 등의 보살핌과 수발을 필요로 하는 노인문제가 심각하다.

요원호환자(要援護患者)

요원호환자란 정신적 · 신체적인 질환을 가지고 자립하여 사회생활을 유지할 수 없기 때문에 의료적 · 간호적 복지적 케어나 요양 · 원조 등의 서비스를 필요로 하는 사람이다. 그들이 갖고 있는 문제는 질병과 장애로 인하여 발생하고 있으므로 개인과 가족의 노력과 능력만으로서 쉽게 해결할 수 없는 성격을 지닌다. 따라서 법적 · 제도적 시책과 공적 · 사적 서비스를 체계적으로 제공함으로써 요원호성이라고 하는 장벽을 극복하고 자립해서 생활할 수 있게 지원될 필요가 있다.

욕구불만(欲求不滿)

어떤 요구에 의거하여 실행도상에 있는 목표행동이 외적 혹은 내적 장애에 의해서 저지된 때의 상태를 말한다. 외적 장애에는 물리적인 것과 다른 인물로부터의 금지, 방해, 구속 등이 있으며, 내적인 것으로는 자신의 능력의 부족이나 다른 요구와의 충돌 등이 생각해진다.

욕구의 5 단계설(欲求의 五段階說)

미국의 심리학자로 인간심리학의 영역을 개척하여 1935년 후에 유명해진 매스로우(Maslow, A.H.: 1908~1970)에 의해 제창된 설이다. 그는 다양한 욕구 가운데 기본적인 것은 다음의 5가지의 욕구라고 하였다. ① 생리적 욕구 ② 안전욕구 ③ 소속집단애정욕구 ④ 자존(自尊)의 욕구 ⑤ 자기실현의 욕구라는 5단계로 분류하여, 이 순서로 만족하지 않으면 안 된다고 하였다.

이것들 욕구가 일어나는 데는 일정한 순서가 있다고 하는 사고(思考)가 욕구 5단계(계층)설이다. 이 5가지 욕구에는 명확한 행동지배의 순서가 있다는 것이다. 만약 모든 욕구가 만족되지 않는 상황에 처해 있다고 가정하면, 인간의 행동은 먼저 생리적 욕구에 지배된다. 생존에 불가결한 굶주림, 갈증, 수면, 배설 등의 욕구를 만족하는 데에 시종하게 된다.

이 경우, 다른 욕구는 일어나지 않으나 욕구가 생겼다고 하더라도 생리적 욕구를 상회할 만큼 강한 것은 아니다. 제2단계의 욕구(안전욕구)는 생리적 욕구가 충족되어 비로소 행동을 지배하게끔 된다. 이하 제5단계까지 같은 순서로 행동을 지배한다.

욕구 · 충족의 우선순위(欲求充足의 優先順位)

사회적 니즈 충족에 필요한 자원의 부족이 생길 경우 니즈의 사이에 우선순위를 부여할 필요가 생기는데 그 때문에 니즈를 어떤 유형으로 분류하고 척도화한 위에 니즈의 양에 비교가능한 형태로 제시할 필요가 있다. 이론적으로는 이러한 절차에 의해 ①서비스의 대상자(혹은 그룹, 지역 등)의 우선순위의 결정, ②다른 니즈 간의 우선순위의 결정이 가능한 방법이다. 전자에 대해서는 금전 급부로, 어떤 서비스 급부로 여러 가지 방법을 사용한 결정이 행해지고 있다. 예를 들면 진학률에 대한 우선교육지역, 실업률에 의한 인종정책 등도 이 예에 들어간다. 다만 후자에 대해서는 모든 니즈가 공통된 척도가 형성되지 않는 이상 비교가 불가능한 것으로 관습 혹은 뭔가의 합의에 의하여 결정이 행해지지 않을 수 없으며 또 그 같은 모든 니즈의 공통된 척도를 구성하는 것의 의의나 가능성에 대해서도 문제가 없는 것은 아니다. 그러나 사회서비스의 확대는 점차 그 같은 수법의 개발을 필요로 하고 있다.

욕망(欲望)

무엇을 하고자 하거나 간절히 바라는데서 표현되는 심리현상, 사람은 자연과 사회를 자기에게 복종시키기 위하여 물질적 조건과 대상에 대한 요구를 가지게 된다. 이러한 요구가 구체적으로 체험되는 것이 욕망이다. 욕망은 충동, 희망, 의욕 등과 같은 여러 가지 체험형태를 가진다. 충동은 욕망의 시초적 형태로서 일정한 대상에 대한 필요가 초보적으로 체험되는 상태이다. 희망은 욕망의 대상이 뚜렷이 자각되어 무엇이 필요하며, 요구되는가를 자각하는 상태이다. 의욕은 지향의 대상과 방향이 뚜렷할 뿐 아니라 그것을 쟁취하기 위한 수단과 방도가 명백하고 정열적인 노력과 행동이 뒤따르는 행동적 지향이다. 충동으로부터 의욕에로의 지향의 발전은 자연과 사회에 대한 사람들의 욕망의 의식화 과정을 표현한다. 욕망이 보다 자각적이고 의식적일수록 사람들의 활동은 더욱 더 목적지향성을 띤다. 욕망에서도 가치가 있는 것이 있고, 없는 것이 있는데 그 가치를 규정하는 척도는 그 사회적 의의에 있다.

욕창(褥瘡)

장기간의 와상(臥床) 등 환자가 오래 같은 자세로 누워 있어서 몸에 뼈가 돌출된 부분에 지속적인 압박이 가해져 혈액의 순환장애를 일으켜서 조직이 괴사하는 것이다. 욕창이 생기는 주요한 원인은 ① 지속적 압박 ② 불결 ③ 마찰 ④ 습윤(습기가 많음) ⑤ 영양수준의 저하 등의 다섯 가지로, 이들의 상호작용에 의하여 발생한다. 욕창이 생기기 쉬운 부위는 엉덩이, 허리, 등, 어깨, 발뒤꿈치 등이다. 정기적으로 체위(體位)를 바꾸고, 영양상태를 좋게 하며, 피부를 청결히 유지하는 등으로 해서 예방에 노력해야 한다.

우리사주(우리社株)

우리사주란 주식회사의 소득 근로자 등이 그 주식회사에 설립된 우리사주조합을 통하여 취득하는 그 주식회사의 주식을 말한다(근로복지기본법 제2조5호).

우리사주조합(우리社株組合)

우리사주조합이라 함은 주식회사의 근로자가 당해 회사의 주식을 취득 · 관리하기 위하여 근로복지기본법이 정하는 요건을 갖추어 조직한 단체를 말한다(동법 제2조4호). 우리사주제도는 근로자로 하여금 우리사주조합을 통하여 우리사주조합이 설립된 회사의 주식을 취득 보유하게 함으로써 근로자의 경제 · 사회적 지위향상과 노사협력을 도모함을 목적으로서 근로자는 대통령령이 정하는 규정에 따라 설립할 수 있으며, 이 경우 근로자는 사전에 회사와 합의하여야 하며, 설립과 운영은 민법 중 사단법인에 관한 규정을 준용한다(동법 제27 · 28조).

우범소년(虞犯少年)

소년법이 그 적용의 대상으로 하는 비행소년의 한 종류.

구체적으로는 ① 보호자의 정당한 감독에 복종하지 아니한 성벽이 있는 자 ② 정당한 이유 없이 가정에서 이탈(離脫)한 자 ③ 범죄성이 있는 자 또는 부도덕한 자와 교제하거나 자기 또는 타인의 덕성을 해롭게 하는 성벽이 있는 어느 것인가에 사유가 있어 그 성격, 혹은 환경에 비추어 장래 죄를 범하거나 또는 형법법령에 저촉될 행위를 할 우려가 있는 소년을 말한다. 이와 같은 우범소년은 가정법원소년부 또는 지방법원소년부에서 심리하게 되는데 12세 미만의 우범소년에 대하여는 아동복지법의 조치가 우선되는 것으로 되어 있다.

우성유전병(優性遺傳病)

개체를 부모로부터 하나씩 얻은 한 조(組)의 유전자를 가지나, 양자가 서로 다른 형질을 가질 때, 한쪽의 유전자의 성질만이 나타나는 경우, 그 유전자를 우성유전자라고 한다. 이 우성형질이 병적인 것도 많아서, 이렇게 나타난 질환을 우성유전병이라고 한다. 연골형성부전증(軟骨形成不全症) 등이 대표적인 예이다.

우송조사(郵送調査)

조사대상자에 질문지를 우송하여, 기입한 다음, 다시 우송에 의하여 반송하여 받는 조사방법이라는 것. 대상자가 광범위에 미친 경우, 우송법이 유효하기는 하나, 회수율이 낮다고 하는 게 결점이 있다. 때문에 조사의 책임주체, 목적, 비밀유지를 명기한 의뢰문과 함께 조사표를 송부하는 동시에 반송하여 받을 수 있도록 우표를 붙인 봉투를 동봉하는 등의 연구가 요구된다.

우애방문(友愛訪問)

우애방문자를 'friendly vistors'라고 불렀으며, 빈곤법이 시설중심의 구호에서 지역사회 중심의 구호로 원조의 형태를 바꾸면서 발생한 기능이다.

19세기 후반부터 20세기 전반의 영국, 미국에 있어서 자선조직화운동으로 볼런티어의 방문원이 빈곤가정 등을 찾아다니면서 상담 및 교육, 교화를 전달하는 역할을 행한 것을 말한다. 우애방문은 대상을 선별하여 반드시 전문적 지식 · 기술에 기반을 두지 않았으나, 나중에 케이스워크로서 이론화되는 데에 초석으로 되었다. → 자선조직화운동

우울증(憂鬱症)

우울증은 청소년에 비교적 흔히 나타나는 장애로서 견딜 수 없는 울적한 기분이 주요 증상이다. 이것은 대인관계의 위축, 권태감, 무력감, 절망감, 식욕의 현격한 증감, 불면이나 과다수면, 활기부족, 피로감, 의욕저하, 불안, 자기혐오 등을 수반하는 상태를 이룬다.

우울증은 청소년에 증가하며 여성이 남성보다 빈도가 높다. 이것은 우울한 기분이 주요한 증상이지만 청소년들은 피로감, 주의집중장애, 두통, 복통 등의 증상으로 표출되기도 하며, 반사회적 행동이나 문제행동으로 나타나기도 한다.

운동기능장애(運動機能障碍)

지체부자유아, 지체부자유인과 요양보호노인에게서 볼 수 있는 상하지(上下肢) 체간(體幹)에 일정기준 이상의 운동기능의 장애가 인정되는 것을 말한다. 특히 지체부자유는 상하지, 체간의 운동기능장애와 유유아(乳幼兒) 이전의 뇌성마비에 있어서 운동기능장애로 나뉜다. 더욱이 운동기능장애는 행동장애의 일종이라고 할 수 있으나, 종종 지적인 장애와 합병되어 있어 그와 같은 케이스가 근년에 증가하고 있다고 한다.

운동요법(運動療法)

이학(理學)요법의 한 분야로 신체에 장애가 있는 자에 대하여 주로 그 기본동작 능력의 회복을 도모하기 위하여 치료체조, 기타의 운동을 과학적으로 이용하는 치료법을 말한다. 광의로는 이학요법 내지 작업요법의 원리에 의거한 각종 운동에 의한 기능장애의 개선을 도모하는 행위를 말한다. 물리요법, 기계적(器械的)요법, 심리적 요법과는 달라, 특히 기능장애의 개선에 있어서는 신체장애인에 대하여 자발적으로 또는 타동적으로 혹은 기계적설비 등을 사용하여 종합적으로 행하는게 중요하다. 장애인의 스포츠 레크리에이션은 당초에는 모든 시설에서 운동요법으로써 받아들여졌다. 운동요법은 ① 근력(筋力)증강, 근내구력(筋耐久力)증대를 꾀하는 것 ② 단축된 근육, 관절포(關節包)를 신장시켜 관절가동역의 개선을 꾀하는 것 ③ 근군(筋群)상호의 기능평형의 개선을 꾀하는 것 ④ 활동에 불필요한 근육을 억제하는 것 ⑤ 올바른 팔다리위치를 유지하기 위하여 근육 · 신경기능의 개선과 재(再)훈련을 행하는 것 등을 목적으로 하여 실시된다.

울혈성부전(鬱血性 不全)

국소의 정맥이나 모세혈관 내에 정맥혈(靜脈血)이 증가해 있는 상태를 울혈이라고 한다. 좌심부전(左心不全)에 의해 폐순환계(肺循環系)에 울혈이 생긴 것을 좌심부전(左心不全), 체순환계(体循環系)에 울혈이 생긴 것을 우심부전(右心不全)이라고 한다. 좌심부전의 증상에는 호흡곤

란, 기좌(起坐)호흡, 심장천식발작, 핍뇨(乏尿) 등이, 우심부전의 증산에는 부종, 복수(腹水) 등이 보여 진다. →심부전

워커빌리티(workability)

복지서비스의 이용자(클라이언트)스스로가 자신의 문제의 해결을 위하여, 적극적으로 관여해 가는 능력이라는 것. 펄만(Perlman, H.H.)에 의하여 체계화된 문제해결 어프로치에 있어서 강조된 사고 방법이다.

구체적으로는 정서적 · 지적 · 신체적 능력 및 사회복지서비스를 자발적으로 활용하려고 하는 피원조자에의 동기 마련을 들 수 있다. 클라이언트의 주체성이 존중되는 소셜워크에 있어서는 중요한 실천개념이며, 워커빌리티의 향상은 소셜워크 실천의 목표개념의 하나로 된다. 예컨대, 지역복지에 있어서는 이용자 스스로가 그 문제해결을 위하여 당사자나 가족의 조직화, 지원전문기구에의 인식의 부여, 지역사회의 의식개혁, 사회자원의 개발, 지원체제의 정비 등을 통하여 문제해결을 위한 다양한 능력을 높혀가는 것이다. →동기마련

워커홀릭(workaholic)

일(work)과 알코올 중독자(alcoholic)의 합성이다. 일의 중독자, 업무중독자 등으로 번역된다. 미국의 경제학자 w. 오츠가 그의 저서『워커홀릭』에서 최초로 사용한 용어로 업무제일주의자는 일종의 병이라는 풍자가 담긴 말이다.

워크쉐어링(work sharing)

잡 쉐어링(job sharing)이라고 하며, 업무의 분담을 뜻한다.

워크쉐어링이란 직접적으로는 한 사람이 담당해야 할 일의 양을 타인과 나누어 갖는 것을 의미하지만 보다 포괄적으로는 고용자의 수를 증가시킨다는 정책 목표와의 관련에서 거론되고 있다. 그러나 고용자 측과 피고용자 측이 존재하는 자본관계에서 한 사람당 작업량의 감소가 즉시 고용의 창출을 낳는 것은 아니다. 이러한 수단이라기 보기는 한 사람당 작업량과 전체 고용량을 관련시키는 사회철학이라고 하는 편이 나을 것이다. '일의 분담'이라고 해석할 수도 있지만, 이 경우 일이라는 것은 유급의 고용노동이라는 것에 유의해야 한다.

워크쉐어에 관한 사고방식은 한 사람 당 작업량의 감소가 실노동시간의 감소를 가져오게 일정한 인건비에서 더 추가적인 노동고용이 가능한 것이라고 산정한다. 즉 워크쉐어링의 현실성은 노동시간과 생산성 및 고용자수와의 관련 속에서 추구되어지는 것이다.

워크숍(work shop)

워크숍은 작업장 또는 제작소의 의미이나, 심신장애인의 훈련을 위하여 마련된 작업장의 의미로 사용하는 경우가 많으며, 어느 정도 강제된 훈련장면을 가리킨다. 사회복지원조기술(소셜워크)의 이론이나 기술은 단지 강의형식만으로는 수강생에게 전달되지 않기 때문에, 역할연기법(role play) 등을 받아들이는 형식으로 되는 게 많다. 워크숍에서는 강의도 행하여지지만 수강생이 프로그램에 적극적으로 참가하여, 여러 가지 역할을 체험하면서 조금씩 기술을 몸에 익혀가는 체험학습이라고 할 수 있다. →사회복지원조기술

워크페어(work fare)

복지를 뜻하는 welfare가 work fare라는 말로 대치되고 있다. 미국 레이건 정권에서 일하는 조

건으로 공적인 부조를 베푸는 것을 말했다. 적당한 취직자리가 없을 때 시영(市營) 신체 장애인 센터나 도서관 등에서 일정시간(주 24시간)의 무료봉사가 의무화되어 있었다. 일할 수가 있는데도 일을 하지 않고 복지혜택만을 받는 태만자들을 추방하는 것이 목적이었다.

워크하우스(work house)

일반적으로 노역장으로 번역된다. 17세기 말, 영국의 구 구빈법에 의한 구빈사업의 지출비용이 많아, 그 대책으로서 1697년에 유능한 노동자에게는 강제노동에 종사시켜 보수를 주는 작업장으로서 설립된 빈민의 수용시설이었으나, 1722년 워크하우스 테스트법에서는 빈곤자에 대한 구원억제적 기능이 강화되어, 그 처우가 열악했기 때문에 '공포의 집'라고 불리었다. 그러나 유능빈민에 대한 거택보호가 인정됨과 더불어 빈곤은 개인의 나태(懶怠)에 의한 죄라고 하는 사고방식에서 강제노동을 시키는 '본보기장(場)'으로서 이용되어 차츰 무능빈민의 구제시설로 되어 있었으나, 1834년의 구빈법으로 개정 이후다시 빈곤자에 대한 징벌적 기능이 강조되어, 구빈법의 암흑을 상징하는 존재로 되었다. → 엘리자베스 구빈법

워킹푸어(working poor)

국립국어원은 순화어로 근로빈곤층으로 2013년 1월 7일 선정했다.

매일 녹초가 되도록 열심히 일을 하지만, 아무리 시간이 흘러도 빈곤에서 벗어날 수 없는 사람들을 말한다. 이 용어는 미국에서 1990년대 중반 처음 등장한 용어로 근로빈곤층과 동의어(同義語)이다. 2000년대 중반 이후 전 세계적으로 근로 빈곤층이 확산되면서 널리 쓰이고 있다. 경제적인 어려움뿐만 아니라 실직(失職) 및 고용불안, 저임금 등 취약한 고용 상황에 처해 있는 것이 일반적이다. 또 저축할 여력(餘力)이 없어 갑자기 직장을 잃거나 질병 등으로 근로 능력을 상실하게 되면 곧바로 절대 빈곤층으로 추락할 위험이 크다. 근로 빈곤층은 경제 활동을 하고 있어서 사회적으로는 비교적 건강한 계층이지만, 실제 삶의 수준은 최저생계비 수준을 넘지 못하고 있다는 빈곤층(貧困層)이라는 점에서 국가의 정책적 배려가 필요하다고 전문가들은 입을 모은다. 소득으로 지출을 감당할 수 없는 이들에게 주거, 의료, 교육 등은 국가가 기본적으로 보장해 줘야 한다는 것이다. 우리나라 워킹푸어는 2009년 현재 300만 명 안팎으로 추산되고 있다.

원내구호(院內救護)

영국 구빈법의 구제방법의 하나로 구빈대상자를 거택보호하는 것이 아니고 구빈시설에 수용 보호하는 방법이라는 것. 대개념은 원외구호. 구빈시설로서는 징치감(懲治監), 노역장, 구빈원 등이 있었다. 1782년의 길버트법에서 당시의 원내구호가 혼합수용에 의한 열악한 장소였던 것으로 해서 고용이 없는 유능빈민은 원외구호로 한다는 것으로 된 1834년의 개정법에서는 열등처우의 원칙으로, 재차 유능빈민의 노력장수용, 거택보호가 금지되었다. → 원외구호

원스톱서비스(one-stop services)

서비스 이용을 희망하는 자가 최초의 창구만의 상담이나 절차로서 서비스 이용까지 프로세스가 담보되는 시스템을 말한다. 이에 의해 ① 창구가 종합적으로 상담에 응하여, 연락 · 조정기능을 가지고 실제의 서비스 공급주체에 이용자를 연결하여, 이용자를 차례로 돌리는 것을 방지하고

② 창구가 일정의 판단을 행하여, 서비스 제공에 관한 권한을 가지는 등의 실효성이 담보되고 있는 것에 의해 그 자리에서 서비스 이용의 가부(可否)·이용자부담 등이 이용자에게 분명해진다고 하는 효과가 기대된다.

원외구호(院外救護)

영국 구빈법의 구제방법의 하나이며 빈민을 구빈시설인 작업장에 수용보호는 원내보호에 대해 빈민을 그 거택에서 보호하는 방법이라는 것. 구빈법대상자를 구빈시설에 수용하는 원내구호의 대개념(對槪念)이다. 요보호아동 등에 있어서는 수양부모나, 교구도제(教區徒弟) 등, 남의 가족에의 위탁보호의 형태를 취하고 있었다. 1601년 제정당시는 이와 같은 원칙이 취해지고 있었으나 1834년의 신구빈법에 있어서는 열등처우의 원칙하에 유능한 빈민의 노역장수용, 거택보호의 금지가 되었다. → 원내구호

원인적 진단(原因的 診斷)

문제발생원인과 그 뒤의 결과 그리고 이들 상호간의 인과관계를 시계열적·역사적으로 파악하여 진단하는 개념으로 발생학적 진단학이라고도 한다. 이러한 대상 이해의 방법은 언제나 문제발생의 메카니즘을 원인과 결과라는 인과관계의 추구에 두기 때문에 현실의 문제상황이 곤란하거나 클라이언트의 잠재적인 가능성이나 건강한 측면이 소홀히 취급될 염려가 있다는 비판도 있다.

원조관계(援助關係)

사회복지원조에 있어서 원조자와 요원조자의 대인관계라는 것. 케이스워크(소셜워크)의 구성요소의 하나. 양자 간에 신뢰성이 있는 원조관계가 맺어지는 것이 원조를 원활하게 행하는 것의 전제로 된다. 이 경우의 관계란 원조자가 전문적 원조를 행하는 것을 목적으로 한 직업적 관계이며, 원조자는 전문직의 요건인 윤리, 지식, 기술이 요구된다.

원호(援護)

고령자나 장애인, 저소득자 등을 대상으로 후원하여 행하여지는 복지전달의 서비스이다.

구체적으로는 고령자나 장애자에 대한 의료·복지용구의 제공, 시설이나 재택(在宅)에서의 수발, 저소득자에 대한 생활보호 등의 서비스이다.

월요병(月曜病)

토요일, 일요일에 휴식을 취한 뒤, 새로이 일을 시작하는 월요일에 느끼는 권태감, 무력감을 일반적으로 일컫는 말. 특히 셀러리맨들에게 흔히 나타나는 가벼운 심리증상이다.

웨버, M.(weber, Max : 1864~1920)

20세기를 대표하는 독일의 사회학자. 독일사회학회 창설자의 한 사람. 근대 서구의 자본주의사회의 해명을 주된 목표의 하나로 하여, 자본주의의 성립과정에 대한 프로테스탄티즘의 윤리의 영향을 중시하였다. 또 행위자의 정당성의 관념에 의거하여 지배관계의 3유형을 행하여, 관료제와 민주화에 대한 해명을 시도하였다. 방법론으로서의 이념형을 구상하여 가치판단에서의 자유를 주장하는 것으로 사회학에 있어서의 객관성과 과학적 인식의 중요성을 설명했다. 또 사회적 사상(事象)을 모든 개인의 유의미적(有意味的)인 행동으로부터 해명하려고 하는 방법적 개인주의를 확립하여, 인간의 사회적 행위의 4유

형을 행하였다. 주된 저서에는『경제와 사회』(1920),『종교사회학논집』(1920) 등이 있다.

웰니스(wellness)

헬스(health)에 대하여 보다 적극적 창조적인 고도의 건강을 획득하고 유지 · 발전하려는 실천적 생활활동의 종합. 건강하고 행복하면서 번영하고 있는 상태를 뜻하는 영어인 well-being에서 비롯된 말이다. 1961년 미국에서 출판된 H.L.던 박사의 저서『하이 레벨 웰니스=High Lovel wellness』에서 사용된 것이 최초이다. 웰니스가 지향하는 것은 WHO가 규정한 웰니스의 3요소, 즉 운동 영향 휴양의 셋을 통합하고 이를 추구해 나가는 일이다. 1975년 미국 켈리포니아주의 밀밸리에 세계 최초로 웰니스 센터가 설립되어 웰니스운동은 이곳을 중심으로 발전하였다.

웰빙(Wellbeing)

복지를 의미하는 welfare를 다시 높인 용어. 1946년 세계보건기구(WHO)의 헌법초안에서 '건강'을 정의하면서 기술한 가운데에서 '사회적으로 양호한 상태 : well-being'로 처음으로 사용되고 있어, 최근 사회복지분야에 있어서는 현대적 소셜서비스의 이념으로서 사용된다. 개인의 권리와 자기실현이 보장되어 신체적 · 정신적 · 사회적으로 양호한 상태에 있다는 것을 의미하는 개념이다. 생활보장이나 최저한도의 생활보장의 서비스뿐만이 아니고, 인간적으로 풍부한 생활의 실현을 지원하여, 인권을 보장하기 위한 다양한 서비스에 의해 달성된다. 1994년 국제 가족년에서도 중요한 키워드로서 거론되었다. 모든 사람들과 라이프스타일을 존중하고, 소셜서비스의 스티그마 해소라고 하는 가능성도 가지고 있는 개념이다. 생활의 질(QOL)의 풍족함을 나타내는 개념이며 welfare보다 충실한 용어이다.

웹부처(Webb 夫妻 Webb, Sydney : 1859~1947/ Webb, Beatrice : 1858~1943년)

부부 다 같이 영국의 연구가. 시드니는 1885년 페비안협회에 가입하여 후에 협회의 지도자로서 활약. 한편 비아트리스는 노동자나 실업자의 조사활동을 행하고 있었다. 두 사람은 1892년에 결혼 한 후, 함께 노동조합운동 등에 힘을 쏟아 사회정의의 실현을 지향했다. 1897년에『산업민주론』으로 내쇼널미니멈론(論)을 전개하고 또 1909년의 구빈법왕명위원회(救貧法王命委員會)=구민법과 공궁자구제에 관한 위원회)의 보고에서는 소수파보고의 제안자이면서도 국가의 책임과 역할을 기반으로 하는 사회보장정책을 주장했다.

위기(危機)

인간의 일상생활 중 언제나 일어날 수 있는 위험한 상황을 의미하는 것으로 사회사업에 있어서는 정서적 요인이 중요시 되고 있다. 위기는 위험한 상황 그 자체가 아니라 그 상황에 대한 개인의 정서적 반응이며, 정서적 장애나 정신병의 발생을 촉진시키는 긴장이기도 하다.

위기개입(危機介入)

어떠한 문제의 위기상태에 직면하고 있는 개인, 또는 가족, 집단, 조직, 지역에 대응해서 그 상태를 회복해 갈 수 있도록 적극적, 또는 직접적으로 개입함으로써 위기 이전의 상태로 되돌리거나 혹은 위기를 넘길 수 있도록 적극적인 원조활동을 전개해 가는 일련의 활동을 총칭하는 말이다.

위기 중재라고도 한다. 원어 그대로 crisis intervention(원조개입)으로 표기되기도 하고 위기원조법이라고도 불리는 등 통일되어 있지 않다. 그 기초가 되는 것은 '위기이론'(crisistheoy)이다.

위기관리(危機管理)

대홍수, 대지진이나 방사능 노출 등 대규모의 재해 혹은 타국과의 돌발적 전쟁 등이라고 하는 사회의 위기적 상황에 대하여 국가와 지방자치단체가 적절히 관리하여 문제를 신속히 또한 원활하게 처리하는 것을 말한다.

우리나라는 현재 재난방제청에서 담당하고 있으나 가까운 장래의 과제로서 국가레벨과 지방레벨를 불문하고 위기관리에 대한 행정청의 거버너빌리티(governability)는 크다.

위기상황(危機狀況)

위기상황이라 함은 본인 또는 본인과 생계 및 주거를 같이하고 있는 가구구성원이 다음 각 호의 어느 하나에 해당하는 사유로 인하여 생계유지 등에 어렵게 된 것을 말한다.

1. 주(主) 소득자가 사망, 가출, 행방 불명, 구금시설에 수용되는 등의 사유로 소득을 상실하고 가구소득이 국민기초생활보장법제 6조에 따라 해마다 공표되는 최저 생계비 이하인 경우
2. 중한 질병 또는 부상을 당한 경우
3. 가구구성원으로부터 방임 · 유기되거나 학대 등을 당한 경우
4. 가정폭력을 당하여 가구구성원과 함께 원만한 가정생활이 곤란하거나 가구구성원으로부터 성폭력을 당한 경우
5. 화재 등으로 인하여 거주하는 주택 또는 건물에서 생활하기 곤란하게 된 경우
6. 그 밖에 보건복지부장관이 정하여 고시하는 사유가 발생한 경우 등(긴급복지지원법 제2조).

위기청소년(危機靑少年)

위기청소년이란 가정 문제가 있거나 학업수행 또는 사회적응에 어려움을 겪는 등 조화롭고 건강한 성장과 생활에 필요한 여건을 갖추지 못한 청소년을 말한다(청소년복지 지원법 제2조 4호).

위임사무(委任事務)

법률과 그것에 의거한 시행령의 규정에 의하여 지방공공단체(지방자치단체), 또는 기관에 위임하여 행하는 사무. 고유사무에 대응하는 개념이다.

이 가운데 지방공공단체에 위임된 사무를 단체위임사무, 지방공공단체(광역시 · 도지사 · 시장 · 군수 · 구청장)의 장, 기타의 기관에 위임되는 사무를 기관위임사무라고 한다. 단체위임사무에 비하여 기관위임사무의 쪽은 국가의 감독권이 강하다. 즉 보건소의 설치 · 경영 · 도로 · 하천 등의 비용의 부담에 관한 사무 등이 위임사무이다. ⇨ 고유사무

위촉(委囑)

어떤 일을 자기가 소속된 부외(部外)의 사람에게 부탁하여 맡기는 것. → 고유사무

위탁(委託)

거래 등을 자기를 대신하여 타인(남)에게 부탁하는 것. 사회복지에서 말하는 경우에는 국가나 지방공공단체(지방자치단체)가 행하여야 할 조

치를 사회복지법인 등 민간의 사회복지사업 자나 단체에 의뢰하고 대가(代價)를 지급하는 행위를 말한다.

구체적으로는 조치권자로부터 위탁을 받는 사회복지시설을 위탁시설, 대가(代價)로서 사회복지사업의 경영모체(母體)에 지급되는 위탁비 등을 조치비(措置費)라고도 한다.

위탁보호(委託保護)

위탁보호란 아동이 자기가정에서 양육될 수 없을 때 또 입양이 바람직하지도 않고 불가능할 경우 다른 가정에서 일정한 기간 동안 계획된 보호와 양육을 받는 대리보호를 말한다. 구빈법(1601년)에서 이미 오늘날의 위탁보호사업의 일환으로 도제(徒弟)제도를 통하여 빈곤한 가정의 아동은 다른 가정에서 보호를 받도록 하면서 일할 수 있는 소년들은 주민의 직업을 배우며, 무료로 24세까지 일했고, 소녀들은 가사를 도우며 결혼한 때까지 노동력을 제공하며 계속 머물러 있었다. 즉 하루 24시간 내내 친부모가 아닌 다른 부모의 가정에서 대리보호를 받는 여러 종류의 양육을 의미한다. 위탁보호가 요구되는 상황은 가족붕괴나 결손가정, 즉 부모의 이혼, 사망, 별거, 질병, 실업, 투옥, 가출 등으로 아동 양육이 어려울 때, 부모의 문제, 즉 알코올 중독, 약물중독, 정신질환 등이나, 아동의 정서적인 문제, 행동상의 문제가 있을 때, 또 아동의 유기나 학대의 위험이 있을 때 등이다. 위탁보호의 본질은 정상적인 가정생활에 참여할 수 있고 또 그것에 기여할 수 있는 아동에게 제공하는 지원이라는 것이다.

위탁비(委託費)

위탁을 받은 자가 위탁된 사업을 처리하는 데 필요한 비용을 말한다. 사회복지에 있어서는 조치의 실시자가 요보호자의 조치를 민간의 사회복지시설 등에 위탁한 경우, 그 사업의 위탁의 대가로서 조치의 위탁자가 수탁자에 대하여 지불한다. 지불되는 위탁비의 금액에 있어서는 요보호자에 행하여지는 처우의 내용 등에 따라서 조치비, 국고부담금교부기준 등에 의하여 그 기준이 정해져 있어 이 기준에 의거하여 산출된다.

위탁아동(委託兒童)

별거, 이혼, 질병, 복역(服役), 학대, 사망, 경제적 어려움 등으로 부모가 가정위탁을 요청한 경우의 아동, 또는 학대 및 방임 등으로 부모로부터 분리가 필요한 아동, 그리고 소년소녀 가정세대 중 위탁보호로 의뢰된 아동을 말한다.

위탁일시보호(委託一時保護)

아동을 일시보호 할 필요가 있는 경우에는 아동상담소 부설의 일시보호소를 이용하는 것이 원칙으로 되어 있으나 야간에 발생하거나, 유아 등이 경우에는 일시보호소에서 감호하는 것이 곤란한 아동의 경우 등에 있어서는 당해 아동을 경찰서, 의료기관, 아동복지시설, 기타 적당한 자에게 일시보호를 위탁할 수 있는 것을 말한다.

윌리암즈, G.(Williams, George: 1821~1905)

영국 서머세트에서 태어났다. 19세 때 런던에 나와 포목상을 하고 뒤에 고용주의 딸과 결혼하였다. 당시에 젊은 점원들의 생활이 거칠어져 있는 것을 구제할 목적으로 YMCA를 창설하였다. 처음에는 순수한 종교의 목적을 가진 단체였지만 뒤에는 이에 더하여 청년들이 가진 사회적 · 교육적 욕구를 충족시켜 주는 단체로 세계적 조직으로 발전했다. →YMCA

유기(遺棄)

유기라 함은 요부조자 등의 생명 · 신체를 추상적인 위험상태에 두는 것을 말하며, 여기에는 두 가지의 경우가 있다. ① 요부조자로 종래에 있던 장소로부터 생명 · 신체가 위험한 다른 장소로 이전하는 적극적 유기가 있다. 예컨대 유아를 길거리에 버리는 행위가 여기에 속한다. ② 요부조자와의 장소적 거리를 생기게 하거나 생존에 필요한 보호를 하지 않는 소극적 유기이다. 예컨대 요부조자를 멀리 떠나거나, 기거불능의 노모에게 식사를 제공하지 않는 경우 등이다.

UNESCO(United Nations Education Scientific and Culture Oganization = 국제연합교육과학문화기관〈國際聯合教育科學文化機關〉)

교육, 과학, 문화를 통하여 국가 간의 협력을 취해서 세계의 평화와 안전에 기여하는 것을 목적으로 하여 1945년 11월 런던에서 제정된 유네스코 헌장에 입각하여 1946년에 설립된 국제연합의 전문기관을 가리킨다.

구체적인 활동으로는 초등교육의 보급과 식자(識字)교육, 교원양성계획, 교육행정관 연수, 학교건설 등의 국제적 원조를 행하는 외에 사막의 개발, 태양열의 이용이나 이집트 신전의 이전 건축과 인도네시아의 유적 수리 복구 등의 문화유산의 보존을 행하여, 과학기술 문화면에서의 원조활동을 행하고 있다. 우리나라도 유네스코의 출자국이면서 민간의 유네스코협회도 국가의 틀을 넘어서 각지에서 활약하고 있다. 본부는 파리에 있으며, 우리나라는 1950년 6월에 가입하였다.

유니버셜디자인(universal design)

베리어프리는 장애가 있는 사람의 생활에 미치는 장애를 제거하는 것을 목적으로 한 것에 대하여 유니버셜 디자인은 장애를 가진 사람을 특별히 대상으로 한 것이 아니고 모든 사람에게 있어서 사용하기 쉬운 형상이나 기능이 배려된 조형(造形), 설계. 제품이나 환경, 정보의 디자인 등의 물적인 면뿐만 아니고, 시각정보를 보충하는 음성안내 부착의 홈페이지나 TV프로그램의 자막 텔롭(telop) 등, 정보면도 그 대상이다. 장애인 · 고령자의 이용에서 장벽으로 되는 부분의 제거나 개선을 하는 베리어프리 디자인의 이념이 발전하여 장애인 · 정상인이 공용으로 사용할 수 있는 생활용품의 상품개발로 지향(指向)되도록 되어, 처음부터 모든 사람들의 사용을 의식하여 고안, 설계되도록 되었다. 이 유니버셜 디자인의 제창자는 자신도 휠체어를 사용하고 있었던 론, 메어스(L, Mace, R), 로 노스칼로라이나 주립대학 유니버셜 디자인 센터에서 활동했다. 이 센터는 유니버셜 디자인의 7가지 원리를 제안하고 있다. 요컨대 ① 공평성 ② 유연성 ③ 단순성 · 직감성(直感性) ④ 인지성 ⑤ 안전성 ⑥ 효율성 ⑦ 스페이스 사이즈이다. 모든 세대에 대응하여 장애가 있는 사람, 모든 시민 등에 이용하기 쉬운 생활환경의 정비는 앞으로의 과제라고 할 수 있다. → 베리어프리

유니세프(UNICEF= United Nations Emergency International Children's Fund)

⇨ 국제연합아동기금(國際聯合兒童基金)

유니온숍(union shop)

회사와 노동조합의 협정에 의해 회사가 고용하는 노동자에게 조합에의 가입을 의무화하는 제도이다. 이것의 적용을 받는 종업원은 조합에 가입하지 않거나 조합으로부터 제명당하면 회사에

서 해고당하게 된다.↔오픈숍

유동성지능(流動性 知能)

새로운 정보의 수집이나 환경에 필요로 하게 되는 능력을 말한다.

구체적으로는 개체(個體)의 생물학적인 요인, 특히 뇌기능의 영향을 받는 것으로 지식이나 경험의 영향을 별로 받지 않는다고 되어 있다. 때문에 사람에 따라서 개인차는 있으나 유동성 지능은 20세 정도까지는 급속히 발달한다. 그러나 그 이후는 완만하게 되어 60세쯤부터 서서히 저하하여 70세대쯤부터는 가속한다고 되어 있다.

유료양로시설(有料養老施設)

노인을 입소시켜 급식, 기타 일상생활에 필요한 편의를 제공하고, 이에 소요되는 일체의 비용을 입소한 자로부터 수납하여 운영하는 시설로서 입소대상자는 65세 이상의 자로 일상생활에 지장이 없는 자라야 한다. 입소 정원은 50인 이상이어야 하나 다만 다른 노인복지시설에 병설할 때에는 30인 이상이어야 한다.

유상볼런티어(有償 Volunteer)

볼런티어 활동에 대한 노동의 대가가 아니고, 인위적으로 설정된 저액(低額)의 보수를 얻는 볼런티어이다. 주로 주민참가형 재택복지서비스를 담당하는 사람들을 가리킨다. 볼런티어라 함은 스스로의 의지에 의거하여 무상으로 복지활동 등을 행하는 자의 일을 가리키는데, 이 경우의 유상이라 함은 복지활동 등을 함에 있어서 교통비, 식비, 보수가 보장되어 있는 것을 말한다. 어디까지를 볼런티어로 할 것인가 하는 것은 반드시 정해진 견해는 되어 있지 않다.→볼런티어

유스호스텔(Youth Hostel)

'젊은이의 집'인 뜻으로서 국내 또는 세계 여러 곳을 여행하고자 하는 청소년들이 적은 비용으로 이용할 수 있는 간소하고 청결한 청소년의 간이 숙박소로 청년야외활동의 일환으로 하는 운동 및 그를 위한 숙사로서 독일에서 시작한 것인데 청년편력숙사운동, 청년간이숙박소운동이라고도 불리는 유스호스텔운동은 청소년들이 여행을 싼 비용으로 할 수 있도록 숙박소 그 밖의 시설을 제공하는 운동으로 반더포겔(Wandervogel)이 발전한 것이다. 반더포겔은 제1차 대전시 독일에서 시작되어 도시의 청년들이 기타를 메고 마을에서 마을로 돌아다니면서 낮에는 농가의 일을 도와주고, 밤에는 청년들과 함께 노래 부르고 춤추며 여행하였는데 이것이 영국으로 건너가자 부자나 귀족들이 별장을 숙박소로 개방하게 된 것이 유스호스텔의 시초이다. 국제 유스호스텔협회의 본부는 코펜하겐에 있으며, 도보·사이클 등의 방법으로 여행하고, 견문을 넓히며, 규율 있는 행위에 의해 인격의 향상을 도모하는 것을 목적으로 하고 국적이나 사회적 배경 또는 종교가 다른 청소년들이라도 서로 만나 우정을 나누며 레크리에이션 및 야외활동을 통하여 심신을 단련하는 수련장이라 할 수 있다. 이곳에는 부모와 같이 돌보아 주며 어려움이 있을 때 상담과 조언을 해주는 페어런트(parent:관리자)가 있어 여행하는 젊은이들은 마음껏 여정을 즐길 수 있으며, 여행을 보내는 부모들도 안심하고 여행을 권장할 수 있다.

유아교육(幼兒敎育)

유아교육이라 함은 초등학교 입학까지의 유아를 대상으로 하는 교육으로서, 취학전 교육이라고도 한다. 유아의 의욕적인 관심을 촉진하는 환경을 구

성하고 집단으로 놀이나 생활의 구체적인 활동체험을 통한 종합적인 원조 · 지도에 의하여 심신의 조화적 발달의 달성을 목적으로 하고 있다. 육아교육시설, 유치원과 유유아보육시설, 보육원, 어린이집 등은 아울러 교육기능도 가지지만 각각의 목적, 기능이 상이하기 때문에 제도적으로 이원화되어 있다. 유아교육의 단서는 프뢰벨(Frobel, F. W. A.)의 유치원(1840년)에서 찾아 볼 수 있다.

유아기(幼兒期)

유아기는 3~6세까지의 시기의 아동을 말하며, 신체가 전체적으로 균형을 잡아가면서 운동기술이 발달하여 독립된 개체로 활동하게 되며, 대소변 가리기 훈련도 가능해진다. 인지발달과 주의집중력, 지각변별이 발달하지만, 자아중심성, 직관적 사고, 문화론, 상징적 기능, 꿈의 실재론 등과 같은 특징을 지니는 시기이다. 또 언어발달이 급속히 이루어져 기본적인 의사소통이 가능해지며, 정서의 분화가 현저하게 나타난다. 또한 자율성과 자기 개념이 발달하여 여러 가지 놀이를 배우게 되고, 환경에 대한 호기심도 발달해진다.

유엔아동기금(UN兒童基金) ⇨ 국제연합아동기금(國際聯合兒童基金)

유전자검사(遺傳子檢査)

유전자검사라 함은 개인 식별을 목적으로 혈액 · 모발 · 타액 등의 검사대상물로부터 유전자를 분석하는 행위를 말한다(실종아동 등의 보호 및 지원에 관한 법률 제2조5호).

유족급여(遺族給與)

산업재해보상보험에서 근로자가 사망했을 경우 수급권자인 유족에게 지급하는 급여. 유족보상연금과 유족보상일시금(평균임금의 1,000일 분) 두 가지 형태가 있으며, 수급권자의 선택에 따라 이를 지급한다(산업재해보상보험법 제9조의6). 유족특별급여는 사용자의 고의 또는 중대한 과실로 재해가 발생하여 근로자가 사망하였을 경우에, 수급권자가 민법에 의한 손해배상청구에 대신하여 청구한 때에 유족급여 외에 평균임금의 1,000일 분을 가산하여 지급한다. 이 경우 수급권자와 사용자는 민사소송법의 규정에 의한 화해가 성립된 것으로 본다(동법 제9조의7). 한편 유족보상연금액은 기본금액과 가산금액은 급여기초연액(평균임금 365)의 100분의 40에 상당하는 금액이다. 가산금액은 연금수급권자 및 그에 의해 부양되고 있는 연금수급자격자 1인당 급여기초연액의 100분의 5에 상당하는 금액의 합산액이다. 다만, 이 경우 합산액이 급여기초연액의 100분의 20을 초과한 때에도, 그 100분의 20에 상당하는 금액으로 한다(산업재해보상보험법시행령 제18조).

유족기초연금(遺族基礎年金)

국민연금의 피보험자가 사망했을 때, 그 피부양가족에 지급되는 유족연금.

구체적으로는 국민연금의 피보험자 또는 그 피보험자이였던 자가 다음 각호의 1에 해당하는 자가 사망한 때에는 그 유족에게 유족연금을 지급한다. 다만, 가입기간이 1년 미만인 가입자가 질병이나 부상으로 인하여 사망한 경우에는 가입 중에 발생한 질병이나 부상으로 사망한 경우에 한한다.

1. 노령연금수급권자
2. 가입기간이 10년 이상인 가입자이었던 자

3. 가입자
4. 장애등급 2급 이상에 해당하는 장애 연금수급권자

이때 유족의 범위와 순위는 ① 배우자(다만, 부(夫)의 경우 60세 이상이거나 장애등급 2급 이상) ② 자녀(다만, 18세 미만이거나, 장애등급 2급 이상) ③ 부모(배우자 부모포함. 다만, 60세 이상이거나 장애등급 2급 이상) ④ 손자녀(다만, 18세 미만이거나 장애등급 2급 이상)이다(국민연금법 제62조1항 · 제63조).

유족보상(遺族補償)

유족보상이라 함은 재해보상의 일종이다. 근로자가 업무상 사망한 경우에 사용자는 유족에 대하여 보상으로 해당 근로자의 평균임금의 1,000일분에 해당하는 금액을 지급하여야 한다고 규정하고 있다(근로기준법 제85조).

유족연금액(遺族年金額)

유족연금은 가입기간에 따라 다음 각호의 금액에 부양가족연금액을 더한 금액으로 한다. 다민, 노령연금 수급권자가 사망한 경우의 유족연금액은 사망한 자가 지급받던 노령금액을 초과할 수 없다.

1. 가입기간이 10년 미만이면 기본 연금액의 1천분의 400에 해당하는 금액.
2. 가입기간이 10년 이상 20년 미만이면 기본 연금액의 1천분의 500에 해당하는 금액
3. 가입기간이 20년 이상이면 기본 연금액의 1천분의 600에 해당하는 금액(국민연금법 제74조).

유해환경(有害環境)

가정과 학교 밖에 있는 사회일반의 환경 중에서 교육적으로 바람직하지 못한 비교육적인 환경이 유해환경이다. 크게 나누어서 학교나 근로청소년들의 직장 바로 앞에 형성되어 있는 유해환경과 그 이외의 사회 일반에 존재하는 비교육적인 환경으로 나누어서 살펴볼 수 있다. 청소년들은 감수성이 예민하고 감정이 풍부하여 감각적이거나 관능적인 면을 자극하는 놀이나 오락에 이끌리기 쉽다. 이러한 청소년의 심리를 이용하여 영리를 추구할 목적으로 교육적인 의미를 망각한 채 유흥음식점이나 각종 오락시설을 설치하는 것이 청소년들에게는 유해환경이 된다.

육아노이로제(育兒 Neurose)

출산이나 육아의 과정에서 발증(發症)하는 노이로제(신경증)를 총칭하여 말한다. 산욕(產褥)기는 출산에 의하여 모체의 호르몬이 급격(急激)히 밸런스가 허물어져 정신적 불안정을 일으킨다. 그 때문에 심신의 스트레스가 쌓여 육아 노이로세가 일어나기 쉽다. 육아에 자신이 없다는 것을 주로 호소하는데 신경증뿐만 아니고 억울상태를 나타내는 수도 많다.

육아불안(育兒不安)

할아버지, 할머니로부터 육아의 전승(傳承)이나 원조가 없어지거나(핵가족이란 가정형성으로) 또 근린(이웃)관계가 소원하여 고립하기 쉬운 상황에서 특히 젊은 엄마들이 어린이를 잘 기를 수 없다고 하는 스트레스나 불안감을 갖는 것이다. 적절한 원조가 없는 경우 학대나 모자동반자살로 발전하는 예도 볼 수 있다.

육아휴직(育兒休職)

근로여성 또는 배우자가 생후 3년 미만의 영유아를 가진 경우 영아의 양육을 위하여 직장을 일

정기간 휴업하는 것을 보장하는 제도.

구체적으로는 사업주는 3년 미만의 영아를 가진 근로여성 또는 그를 대신한 배우자인 근로자가 그 영유아의 양육을 위하여 육아휴직을 신청하는 경우에는 사업주는 허용하여야 하며, 육아휴직기간은 1년 이내로 하며, 당해 영아가 생후 3년이 되는 날을 경과하지 못하며, 또 사업주는 육아휴직을 이유로 해고나 그 밖의 불리한 처우를 해서는 안 되며, 육아휴직기간 동안은 당해 근로자를 해고 하지 못한다. 그리고 육아휴직을 종료 후에는 휴직전과 동일한 업무 또는 동등한 수준의 임금을 지급하는 직무에 복귀시키고 휴직기간은 근속기간에 포함하도록 규정하고 있다(남녀고용평등과 일 · 가정양립지원에 관한 법률 제19조).

육영사업(育英事業)

주로 빈곤 때문에 교육의 기회를 얻지 못하고 있으나 능력과 자질이 훌륭한 개인과 특정계층 자제에 대해 경제적 · 사회적 원조활동을 하는 것을 말한다. 이 사업은 당초에는 자혜적 목적으로 유산계급의 개인이나 집단이 해오다가 현재는 공적 또는 준공적 기관에 의해 폭 넓게 청소년의 교육원조나 신체 장애인에 대한 원조활동으로 전개되어 가고 있다.

윤락행위(淪落行爲)

윤락행위라 함은 "불특정 다수를 상대로 하여 금품, 기타 재산상의 이익을 받거나 받을 것을 약속하고 성행위를 하는 것이다"라고 윤락행위등방지법 제2조1항에서 규정하고 있었으나, 이 법은 2004년 3월 22일 성매매알선 등 행위의 처벌에 관한 법률(법률제7196호)이 제정되면서 폐지되고 성매매라는 용어로 규정하고 있다. 유사어로 매춘(賣春), 매음(賣淫)이 있다.

윤리(倫理) ⇨ 복지윤리(福祉倫理)

윤리강령(倫理綱領)

전문직인 자가 그 업무를 수행함에 있어, 그 가치관을 명확히 하여 직업방침을 나타낸 것으로서 지켜야하는 행동규범을 말한다. 사회복지에 있어서는 대인서비스라고 하는 성격에서 서비스 이용자의 인권을 존중한 것이 요구된다. 그 기능으로서는 ① 가치지향적 기능 ② 교육 · 개발적 기능 ③ 관리적 기능 ④ 재제적 기능의 4가지가 고려된다. 우리나라에도 사회복지사 윤리강령, 요양보호사의 윤리강령 등이 있다. 그 대표적인 것으로 해외에서는 미국 · 소셜워커협회 윤리강령(1951년), 영국 · 소셜워커협회 윤리강령(1975년), 일본에서는 일본소셜워커협회 윤리강령(1986년), 의료소셜워커협회 윤리강령(1961년), 실버서비스진흥회 윤리강령(1988년), 일본개호복지사회 윤리강령(1995년)을 들 수 있다.

융, C. G.(Jung, Carl Gustav: 1875~1961)

스위스의 심리학자, 정신의학자. 처음에 프로이드의 정신분석학에 공명하여 같은 길을 걸었으나, 나중에 갈라져서 분석심리학의 창시자로 된다. 1933년에는 독일 정신요법가협회 회장으로 되어 임상의학의 면뿐만 아니라, 세계의 사상계에 영향을 주었다. 융(Jung)의 심리학은 단지 정신의학의 범위에 멈추지 않고 예술이나 종교에도 깊이 관계되는 광대(廣大)한 내용을 가진다. '콤플렉스', '내향〈內向〉—외향', '보편적 무의식' 등의 개념은 그가 처음으로 사용한 것으로 최근에는 독자의 '꿈 해석' 등을 시작으로 한 융(Jung)

심리학이 널리 알려지게 되었다. 주(主) 저서는 『심리학과 연금술』(1944/52) 『변용의 상징』(1912/52) 등이 있다. → 프로이드, S. 콤플렉스

은둔문화(隱遁文化)

은둔문화는 외부에서 손쉽게 파악할 수 없는 감추어진 문화를 말한다. 즉 이것은 인간의 행동이나 사물을 통해서 나타나지 않는 것으로 문화의 내부나 하부에 존재하는 가치관 내세관 등을 말한다. 은둔문화는 내재된 문화라고도하며, 외부로 나타내 보이지 않으면 인간의 행동과 사고(思考)에 크게 영향을 미친다. 이것은 외적으로 나타난 문화와 서로 관련되어 기능하고 있으며, 전체문화의 일부분을 차지하고 있다.

음성기관(音聲器官)

언어음성을 내는 작용에 직접 관계되는 기관으로 횡격막, 폐, 기관, 기관지, 후두, 인두, 구강, 비강과 그것에 부속되는 여러 기관으로부터 이룬다. 이 가운데에서 성대보다 위쪽의 기관을 구음(構音)기관이라 한다.

음성장애(音聲障碍)

음성을 구성하는 4개의 요소(소리의 높이, 소리의 강도, 음질, 소리의 지속〈持續〉)의 어딘가에 장애가 생기는 것으로서 음원(音源)의 장애가 있어 언어를 발생하는 데 필요한 운동경로나 기관의 장애인 구음(構音)장애와는 다르다. 기질적(器質的)장애와 기능적 장애로 나누어져, 기질적인 것에는 후두(喉頭)의 염증 · 종양 · 마비 등이 있고, 기능적인 것에는 후두에 기질적 변화가 없음에도 불구하고 음성에 이상이 있는 경우를 말하며 심리적 원인이 생각되어 진다. → 구음장애

음악요법(音樂療法)

음악이 가지는 심리적인 작용을 이용하여, 신체적 · 정신적 · 사회적 건강의 회복 · 유지를 꾀하는 것, 음악을 매체로 하여 치료적으로 이용하는 요법. 음악이 사람의 마음을 고친다(병, 고민 따위를)는 것은 예부터 알리져 있으며, 10세기의 아라비아의 정신병원에서는 '휴식, 음악, 목욕'을 중시했었다고 하는 기록이 있다. 오늘날의 의미의 음악요법이 본격적으로 시작한 것은 제2차 대전 후의 미국에서는 전쟁에 의한 쇼크로 울병(우울증)상태가 된 부상병을 위하여 음악에 의한 위문이 행하여졌었다. 현재에는 심신에 장애를 가진 자만이 아니고 태아에서 고령자까지 모두가 대상이 된다.

응급의료(應急醫療)

응급의료라 함은 응급환자의 발생부터 생명의 위험에서 회복되거나 심신상의 중대한 위해가 제거되기까지의 과정에서 응급환자를 위하여 행하여지는 상담 · 구조 · 이송 · 응급처치 및 진료 등의 조치를 말한다(응급의료에 관한 법률 제2조2호).

응급의료기관(應急醫療機關)

응급의료기관이라 함은 의료법 제3조의 규정에 의한 의료기관 중에서 '응급의료에 관한 법률'에 의하여 지정된 중앙응급의료센터, 권역응급의료센터, 전문응급의료센터, 지역응급의료센터 및 지역응급의료기관을 말한다(본법 제2조5호). 그리고 응급의료기관 등이라 함은 응급의료기관, 구급차 등의 운영자 및 응급의료정보센터를 말한다(동법 제2조7호).

응급의료에 관한 법률(應急醫療에 관한 法律)

이 법은 국민들의 응급상황에서 신속하고 적절

한 응급의료를 받을 수 있도록 응급의료에 관한 국민의 권리와 의무, 국가 · 지방자치단체의 책임, 응급의료제공자의 책임과 권리를 정하고 응급의료자원의 효율적인 관리를 위하여 필요한 사항을 규정함으로써 응급환자의 생명과 건강을 보호하고 국민의료의 적정을 기함을 목적으로 2000년 1월 12일(법률 제6147호)에 제정 · 공포하였다. 총 10장 63개조문과 부칙으로 되어 시행중 몇 차례 개정을 거쳐 오늘에 이르고 있다.

응급입원(應急入院)

정신질환자로 추정되는 자로서 자신 또는 타인을 해할 위험이 큰 자를 발견한 자는 그 상황이 매우 급박하여 정신보건법 제23~제25조(자의입원, 보호의무자에 의한 입원, 시 도지사에 의한 입원)의 규정에 의한 입원을 시킬 수 없을 때에는 의사와 경찰관의 동의를 얻어 정신의료기관에 당해인을 입원을 의뢰하는 것을 말한다. 이 경우 이에 동의한 경찰관 또는 구급대의 대원은 정신의료기관까지 당해 인을 호송해야 하며, 정신의료기관의 장은 입원 의뢰된 자에 대하여 72시간의 범위 내에서 응급입원 시킬 수 있으며, 정신과전문의의 진단결과 계속입원이 필요하지 아니하는 경우에는 즉시 퇴원시켜야 한다(동법 제26조).

응급처치(應急處置)

응급처치라 함은 응급의료행위의 하나로서 응급환자에게 행하여지는 기도의 확보, 심장박동의 회복 기타 생명의 위험이나 증상의 현저한 악화를 방지하기 위하여 긴급히 필요로 하는 처치를 말한다(응급의료에 관한 법률 제2조3호).

응급치료(應急治療)

부상이나 위급한 상태의 경우, 의사의 치료를 받을 때까지의 동안에 일시적으로 행하는 처치이다. 부상자의 전신상태를 잘 관찰하고, 의식의 유무, 호흡, 맥, 출혈부위 등을 조사하여 지혈을 행하거나, 인공호흡을 실시하는 등 하여 전신에 대한 조치를 행하는 것이다.

응급환자(應急患者)

응급환자라 함은 질병, 분만, 각종 사고 및 재해로 인한 부상이나 기타 위급한 상태로 인하여 즉시 필요한 응급처치를 받지 아니하면 생명을 보존할 수 없거나 심신상의 중대한 위해가 초래될 가능성이 있는 환자 또는 이에 준하는 자로서 보건복지부령이 정하는 자를 말한다(응급의료에 관한 법률 제2조1호).

응능부담(應能負擔)

조세나 사회보험료의 부담에 있어 각 개인의 지불능력에 응하여 부담해야 한다는 시스템이다. 예컨대 소득세나 연금보험의 보험료 등이 그것이다. 소득의 재분배의 효과가 강하다.↔응익부담

응익부담(應益負擔)

응능부담(應能負擔)의 대어(對語). 조세나 사회보험료의 부담에 있어 각 개인이 수익에 응하여 부담해야 한다고 하는 시스템. 사회복지시설 등을 이용하는 경우, 비용징수라는 형태로 본인부담이 행하여지는데 소득에 관계없이 그 이용으로부터 얻어지는 편익의 대가로서, 이용료 등을 부담하는 경우, 응익부담이라고 한다. 예컨대 의료보험의 본인의 3할부담은 응익부담이라고 할 수 있다 . ↔응능부담

의도적인감정의 표출(意圖的인 感情의 表出)

바이스테크(Biestek F.P.)의 케이스워크의 7원

칙의 하나. 클라이언트는 부정적인 감정을 억압하여, 심리적 혼란이 더해지는 수가 있다. 이와 같은 클라이언트의 심리적 혼란을 갈아 앉혀서, 클라이언트가 자신의 생각이나 감정, 특히 부정적인 감정을 자유로이 표현해서 서로 함께 나누는 것이 중요하다. 이러한 감정의 표현과 함께 나누는 것이 단지, 워커가 알고 싶다는 것에 클라이언트가 대답하는 것이 아니고, 클라이언트의 니즈를 제대로 반영하는 것으로 된다. 클라이언트가 부정적인 감정을 표현하더라도 워커가 그것을 받아들여 준다고 하는 체험이 거듭 쌓여짐(반복)으로 해서 클라이언트에게 안심감이 생기게 된다.

의료 · 간호서비스(醫療 · 看護 Services)

만성의 거택 병약노인에 대한 방문의료, 방문간호, 방문보건지도 등을 말한다. 병약노인의 건강증진과 기능회복을 통해서 신변자립생활을 충족할 수 있도록 노인과 그 가족을 교육 · 훈련하고, 노인의 보호에 지친 가족을 위주해 주는 데 있다. 간호의 방법을 가족에게 교육하고 잔존기능의 회복에 희망을 갖게 하고, 일상생활이나 간호에 유효한 기구나 방법을 연구하고, 기구의 대여 등과 같은 여러 가지 서비스를 해주어 기능회복의 조건을 갖추어야 하는 것이다.

의료과오(醫療過誤)

의사 · 간호사 등의 의료종사자가 진료행위, 간호행위, 기타 진료상의 행위를 하는 데 있어서 잘못하여 처치할 것을 하지 않았거나, 혹은 해서는 안 되는 것을 행함으로써 환자에게 피해를 발생시키는 것을 말한다.

과오라는 것은 과실을 말하며, 오진(진단을 잘못함), 수술과실(수술기술, 기법을 잘못함), 투약과실(약을 틀리게 처방, 조제함) 등이 있다. 의료과오가 있었다고 하는 것은 의료종사자의 행위에 주의의무위반(과실)이 있고, 그 결과 환자가 피해를 입었다는 관계(인과관계)가 존재할 필요가 있다. 유사한 개념으로 의료분쟁 및 의료사고가 있다. 의료종사자와 환자와의 의료상의 트러블(다툼이 있는 것)을 의료분쟁(醫療紛爭)이라 하며, 의료현장에서 발생하는 모든 사고를 '의료사고'라고 총칭한다.

우리나라 의료법(법률 제2533호)에 의료행위로 인하여 생기는 분쟁(의료분쟁)을 조정하기 위하여 보건복지부장관 소속하에 중앙의료심사조정위원회를, 시 · 도지사 소속하에 지방의료심사조정위원회를 둔다고 규정하고 있다(동법 제54의2조).

의료급여기관(醫療給與機關)

의료급여기관이라 함은 수급권자에 대한 진료 · 조제 또는 투약 등을 담당하는 의료기관 및 약국 등을 말한다.

의료급여법(醫療給與法)

이 법은 어려운 자에게 의료급여를 실시함으로써 국민보건의 향상과 사회복지의 증진에 이바지함을 목적으로 2001년 5월 24일(법률 제6474호)에 의료보호법을 전문(全文) 개정하는 동시에 법명도 의료급여법으로 개정하여 2001년 10월 1일부터 시행하여 오늘에 이르고 있다. 37개 법조문과 부칙으로 규정되어 있다.

의료급여수급권자(醫療給與受給權者)

수급권자라 함은 의료급여법에 따라 의료급여를 받을 수 있는 자격을 가진 자를 말하며, 수급권자는 다음과 같다(의료급여법제3조1항).

1. 국민기초생활보장법에 의한 수급자 2. 재해

구호법에 의한 이재민 3. 의사상자 예우에 관한 법률에 의한 의상자(義傷者) 및 의사자의 유족 4. 입양촉진 및 절차에 관한 특례법에 의하여 국내에 입양된 18세 미만의 아동 5. 독립유공자 예우에 관한 법률 및 국가유공자 등 예우 및 지원에 관한 법률의 적용을 받고 있는 자와 그 가족으로서 국가보훈처장이 의료급여가 필요하다고 인정한 자 6. 문화재보호법에 의하여 지정된 중요문화재의 보유자(명예보유포함) 및 그 가족으로서 문화재청장이 의료급여가 필요하다고 요청한 자 중 보건복지부장관이 의료급여가 필요하다고 인정한 자 7. 북한이탈주민의 보호 및 정착지원에 관한 법률의 적용을 받고 있는 자와 그 가족으로서 보건복지부장관이 의료급여가 필요하다고 인정한 자 8. 5 · 18 민주화운동 관련자 보상 등에 관한 법률 제8조의 규정에 의하여 보상금 등을 받은 자와 그 가족으로서 보건복지부장관이 의료급여가 필요하다고 인정한 자 9. 그 밖에 생활유지의 능력이 없거나 생활이 어려운 자로서 대통령령이 정하는 자이다.

의료기관(醫療機關)

기관이란 개인 또는 단체가 그 목적을 달성하기 위한 수단으로서 설립한 조직을 말한다. 이 같은 의미에 맞추어 의료기관을 정의한다면 개인(의사 · 설립자 등) 또는 단체(공적 · 법인 등의 설립단체)가 주목적인 의료를 제공하기 위한 수단으로 설립한 조직이라고 할 수 있다. 이론관리상 병원을 조직적으로 분류하면 크게 의료기관과 의료시설로 분류할 수 있다. 여기서 말하는 의료기관이란 의사와 의료시설로 이루어진 병원을 의미한다.

우리나라 의료법의 의료기관이라 함은 의료인이 공중(公衆) 또는 특정다수인을 위하여 의료 · 조산(助産)의 업무를 행하는 곳으로 종별은 종합병원 · 병원 · 치과병원 · 한방병원 · 요양병원 · 의원 · 치과의원 · 한의원 및 조산원으로 규정되어 있다(동법 제3조).

의료기술의 진보(醫療技術의 進步)

의료기술이 과학기술에 기초하여 고도로 발전하는 것을 말한다. 의료기술의 진보는 자기목적이 아니고, 어디까지나 인간의 복지의 향상에 유익한 것이 아니면 안된다. 그 대표로서 수혈기술, 그리고 마취를 이용한 수술기술의 진보이며, 1970년대 이후에 있어서는 CT, MRI 라고 새로운 진단기술의 개발, 레이저메스 등의 개발, 장기이식, 유전자공학의 적용 등이다. 한편으로는 의료기술만이 발달하여 인간소외(人間疎外)의 의료와의 반성도 하게되어, 생명윤리와 의료종사자의 본연의 자세(태도)가 문제되고 있다.

의료법인(醫療法人)

의료행위를 영위(營爲)하기 위하여 설립된 법인. 병원이나 의사, 치과의사가 항시 근무하는 진료소 또는 노인보건시설을 개설하려고 하는 사단(社團)이다.

구체적으로는 의료법에 의거, 일정한 목적으로 사람의 집단(사단), 혹은 재단(財團), 즉 일정한 목적 하에 결합한 재산의 집단은 의료법인을 설립할 수 있다. 영리성은 부정되어 있으며, 잉여금의 배당은 금지되어 있다.

의료보장(醫療保障)

의료보장은 인간의 질병의 위험으로부터 구제하고 건강한 생명을 유지하기 위한 사회보장제도이다. 의료보장은 소득보장과 더불어 사회보장을 구성하는 중심적인 제도로, 필요한 때에 필요한 의료서비스를 받는 기회를 보장하는 것을 목적으로 하고 있다. 의료보장의 방식에는 사회보험방식과 보건서비스의 방식이 있다. 의료보장은 노령보장과 더불어 중요한 역할을 하고 있으며, 일반적으로는 국가가 국민이 필요로 하는 의료를 무료로 제공하는 것으로 여겨지고 있다. 또 이는 보건서비스라고도 불리는데, 상병치료에 한정되지 않는 이른바 포괄적 의료에 대응하는 것으로, 의료제도의 종합적 조직화를 전제로 해서 성립한다. 그러나 이 제도는 사회주의국가와 몇몇 자본주의국가에서 채택하고 있을 뿐이며, 대부분의 자본주의국가에서는 전통적인 의료보험제도에 의한 의료보장이 실시되고 있다. 우리나라는 1977년부터 본격적으로 실시되고 있다.

의료보험(醫療保險)

질병이나 부상, 사망, 분만(출산)에 대하여 그 의료비를 사회보험방식에 의하여 공동부담 함으로써 개인의 의료비 부담을 덜어주는 일종의 사회보장제도. 요양의 급부 등 현물급부가 원칙이다. 대상자로 나누면 민간피용자나 공무원 등을 대상으로 하는 직장가입자(피용자 보험), 자영업 · 자유업자 등을 대상으로 하는 지역가입자(지역보험)로 구분한다.

의료보호(醫療保護)

의료보호는 의료를 필요로 하는 요보호자에 대해서 진료, 의학적 조치, 수술과 기타 치료, 시술, 약제 또는 치료재료의 급부, 병원 또는 진료소에의 수용, 간호, 이송, 운반 기타 진료목적의 달성을 위한 조치 등에 해당하는 보호를 행하는 것을 말한다.

의료복지(醫療福祉)

보건의료서비스에 관련된 환자와 그 가족에 대한 사회복지서비스를 말한다.

구체적으로는 대인원조(對人援助)로서의 의료소셜워크와 간호 · 수발(케어) 등의 대인복지서비스 및 의료정책 · 공공위생 정책에 관한 분야로서 받아들여지고 있다. 지금까지 보건의료와 관련된 소셜워크를 의료사회사업, 의료소셜워크로 칭하고 있으나, 사회사업이 사회복지로 호칭하게 됨에 따라 소셜워크가 전문적 사회복지원조라고 하는 의미로 사용하게 된데 대응하여, 보건의료에 관련된 사회복지서비스를 의료복지라고 칭하여 의료와 관련된 전문적 사회복지원조실천을 의료소셜워크라고 부르게 되었다. 최근에는 진료중심의 의료에 그치지 않고 헬스케어(보건서비스)가 필요하다라는 인식이 높아져 보건과 의료의 통합이 진행되는 것에 대응하여 보건의료 소셜워크나 보건복지라는 용어도 사용되기 시작했으나 거의 같은 내용이다.

사회복지와 의료복지가 불가분의 관계에 있다는 것은 역사를 되돌아보면 명백하다. 근대의 사회문제의 중심은 '빈곤과 질병의 악순환'이었다. 빈곤 때문에 의료혜택을 받을 수 없는 환자가족을 돕기 위해 자선사업 · 보호사업의 일환으로 무료 또는 적은 요금으로 진료를 행하는 의료시설(자선병원 · 요양병원)의 경영과 의료비의 급부가 행하여졌다.

의료부조(醫療扶助)

국민기초생활보장법에 있어서의 의료급여(부조)의 하나. 저소득 등에 의해서 최저한도의 생활을 유지할 수가 없는 국민에 대하여 주어지는 의료를 말한다.

구체적으로는 부조의 범위는 진료라든가, 약제, 또는 병원이나 진료소에의 수용, 간호, 이송(移送) 등이다. 어느 것이든 원칙으로서 현물급여이나 현금(금전)급여의 경우도 있다.

의료비공제(醫療費控除)

소득금액으로부터 일정금액을 초과하는 의료비를 공제하는 것이다. 다만, 이 경우의 의료비란 의사나 치과의사에 의한 진료, 치료, 또는 치료나 요양에 필요한 의약품의 구입 등으로 되어 있다.

구체적으로는 납세자 본인, 또는 생계를 같이 하는 배우자, 기타의 친족에 관한 의료비를 지불한 경우 그 해에 지불한 의료비의 금액의 합계액이 일정금액 이상이었을 때, 또는 금여총액에 100분의 3을 곱하여 계산한 금액을 초과하는 경우에는 그 초과하는 부분의 금액이 소득금액으로부터 공제된다. 이 경우 공제대상의료비가 연 500만 원을 초과하는 경우에는 연 500만 원으로 하되, 경로우대자 및 장애인의 재활을 위하여 지급한 의료비가 있는 경우에는 당해 의료비와 500만 원을 초과하여 공제받지 못한 금액 중 적은 금액을 500만 원에 추가한 금액으로 한다.

의료소셜워커(醫療 social worker)

메디칼 · 쇼셜워커, 즉 보건 · 의료기관 등에서 종사하는 의료사회사업가. MSW(Medical Social Worker)라고 약칭(略稱)된다. 질병이나 심신장애 등으로 고민하는 환자나 그 가족이 안심하고 의료를 받을 수 있도록 보건 · 의료상의 경제적, 심리적, 사회적인 문제에 대하여 상담에 응하거나 관계기관이나 직원과의 연락 · 조정에 노력하며 그 해결을 도모하는 사회복지의 전문직을 말한다.

구체적으로는 환자나 그 가족의 프라이버시를 존중해서 치료비나 생활비의 부담을 비롯하여 의사의 지시에 의거한 진찰이나 입원할 때의 원조, 재택요양 중에 있어 가사나 육아, 어린이의 교육, 직업, 환자끼리나 직원, 가족과의 인간관계의 조정에의 원조, 병원을 옮길 때의 병원의 소개, 퇴원 후의 사회복지시설의 활용이나 주택의 확보, 취직의 지도, 관계기관이나 직종에 의한 재택요양 등을 통하여 사회복귀를 꾀한다. 업무상, 의료스탭과의 연대가 중요하다. 특히 전원(轉院)이 필요한 환자나 장애가 있는 환자의 경우, 적절한 전원이나 리허빌리테이션시설, 재택시스템(보건소) 등의 정보의 정리, 지역의 의사회나 복지관, 사회보지협의회, 복지시설 등 관계기관의 연락 · 조정, 볼런티어의 육성 등 폭넓은 쇼셜워크의 기술이나 활동이 요구된다. 정신장애인을 대상으로 하는 정신보건법이 1997년 12월 31일(법률 제5486호 전문개정)에 공포되어 동법 제7조에 정신보건전문요원으로서 정신보건임상심리사 · 정신보건간호사 및 정신보건사회복지사로서의 국가자격증화가 규정되어 있어 MSW에 대하여도 그 기대가 높아져 있다. → 의료복지

의료소셜워크(醫療 social work)

보건 · 의료영역에서의 소셜워크의 체계. 질병과 장애로 인하여 초래된 환자와 가족의 사회생활의 문제해결을 원조하는 보건의료 영역에서의 소셜워크를 말한다. 질병구조의 변화와 더불어 의학적 치료만으로는 해결할 수 없는 다양한 사회생활상의 여러 가지 문제가 증가하여 이 영역에서의 소셜워크의 니즈를 높이고 있다. 1905년 미국 메사추세스 종합병원의 카보트 박사(Cabot, R.C.)에 의해서 처음으로 의료의 장(場)에 소셜워크가 도입되었다.

의료의 사회학(醫療의 社會學)

국민이 의료를 필요로 할 때에 의료를 받으려고

하는 것을 말함. 의료의 사회화에는 몇 가지의 관점이 있으며, 의료기관의 사회적 정비, 의료의 비영리화, 의료비부담의 경감, 의료시설운영의 민주화 등이 있다. 이웃 일본에서는 1910년대에 자유개업의(自由開業醫)제도에서 저소득자가 의료를 받을 수 없는 것을 문제로 삼은 운동이 적극적으로 행해져, 2차 대전 패전 후 의료법에 의한 의료기관의 경영주체의 비영리화, 국민개보험(皆保險)제도에 의한 의료비부담의 경감 등이 꾀하여지게 되었다.

의료재정(醫療財政)

국민이 치료를 위하여 각종 의료기관에 관계될 때에 발생하는 비용에 있어 부담자 및 부담방법을 정하는 재정적 구조(형태)를 말한다.

각종 의료기관에는 병원, 의원, 보건소외, 기타 노인보건시설이나 약국도 포함된다. 국민은 가입하고 있는 의료보험에 의하여 정하여진 자기부담금을 지불하고 있으나, 그 이외의 부분은 국민과 기업이 납부한 보험료나 세금으로 제공(충당)되고 있다. 환자의 증가와 의료의 고도화는 의료비를 증가시키는 요인으로 되는데 의료비의 인하를 위해서는 과잉의료의 억제, 재원으로 되는 보험료의 인상 등이 과제이다.

의료정책(醫療政策)

사회적 요청에 의거하여 건강과 의료에 관한 재(財)와 서비스를 제공하는 시스템의 구조를 결정하여 조정하는 정책을 말한다. 주로 의료공급, 의료수요, 의료재정의 3가지 축(軸)으로 되어, 이것들의 조정이 목표로 된다.

이 시스템에 관계되는 주체로는 가계(家計), 영리조직, 정부에 더하여 비영리가 있는 것이 의료의 특장으로 되어 있다. 종래는 수급조정과 의료비의 관리가 큰 목표로 되어 있었으나 2000년대 이후는 국민이 풍족하게 생활할 수 있는 사회보장정책의 일환으로서의 중요성이 보다 높아져 간다.

의료케이스워커(醫療 case worker)

의료기관에서 치료나 재활 등의 보건 · 의료가 적절하고 효과적으로 이루어질 수 있도록 환자와 그 가족에 대해 개별사회사업을 하는 전문가. 워커는 의료팀의 일원으로서 환자와 밀접한 인간관계를 유지하고 의료를 방해하고 있는 경제적 · 사회적 · 심리적 제 문제를 제거하기도 하며, 가족이나 직업상의 문제를 조정 · 해결하기 위해 환자와 함께 사회자원을 활용 · 조성해서 문제해결이 가능하도록 측면적 활동을 한다.

의료행위(醫療行爲)

의료행위라 함은 '의사의 의학적 판단 및 기술을 가지고 있지 않으면 인체에 위해를 미치거나 또는 미칠 위험이 있는 행위'이기 때문에 의(醫)행위이냐 아니냐는 그 방법 또는 이용의 여하에 의하는 것으로 해석되고 있다. 이 의료행위는 의료인이 아니면 할 수 없다. 만약에 위반한 경우에는 5년 이하의 징역 또는 2천만 원 이하의 벌금에 처하게 된다(의료법 제25조 66조).

의무교육(義務教育)

부모 또는 보호자는 그 아이의 교육을 국가에 의한 의무로서 과해져있는 교육을 말한다. 우리 헌법 제37조는 모든 국민은 능력에 따라 균등하게 교육을 받을 권리와 그 보호하는 자녀에게 적어도 초등교육과 법률이 정하는 교육을 받게 할 의무를 지며, 의무교육은 무상으로 한다고 규정하고 있다.

우리 교육기본법 제8조[의무교육]에 ① 의무

교육은 6년의 초등교육 및 3년의 중등교육으로 한다. 다만, 3년의 중등교육에 대한 의무교육은 국가의 재정여건을 고려하여 대통령령이 정하는 바에 의하여 순차적으로 실시한다. ② 모든 국민은 ①의 규정에 의한 의무교육을 받을 권리를 가진다고 어린이의 교육에 대한 권리가 명확히 되어있다. 그리고 초 · 중등교육법 제12조[의무교육]은 ① 국가는 교육기본법 제8조의 규정에 의한 의무교육을 실시하여야 하며, 이를 위한 시설의 확보 등 필요한 조치를 강구하도록 하여야 하며, ② 지방자치단체는 그 관할구역안의 의무교육대상자 전원을 취학시키는 데에 필요한 초등학교 및 중학교와 초등학교 및 중학교의 과정을 교육하는 특수학교를 설립 · 경영하여야 한다고 규정하고 있다.

의사상자 등 예우 및 지원에 관한 법률(義死傷者 등 禮遇 및 支援에 관한 法律)

이 법은 직무이외의 행위로 위해(危害) 에 의한 다른 사람의 생명, 신체 또는 재산을 구하다가 사망하거나 부상을 입은 사람의 그 유족 또는 가족에 대하여 그 희생과 피해의 정도 등에 알맞은 예우와 지원을 함으로써 사상자의 숭고한 뜻을 기리고 사회정의를 실현하는데 이바지 하는 것을 목적으로 1970년 8월 14일에 재해구호로 인한 사상자구호법으로 제정하여 시행 중 1990년 12월 31일에 전문개정으로 법제목이 의사상자보호법으로 되었고, 1996년 12월 30일(법률 제4307호)에는 다시 의사상자의 예우 및 지원에 관한 법률로 법명도 개정되어 시행중 2007년 8월 3일(법률 제8609호)에 전문 개정하여 오늘에 이르고 있다. 총 18개 법조문과 부칙으로 되어 있으며, 법 내용은 적용범위, 사상자심사위원회, 인정 신청 및 보고, 보상금, 보상금 지급순위, 의료급여, 자녀의 교육지원, 취업보호, 장제보호, 보호기관 등에 대하여 규정하고 있다. 따라서 이 법은 사회보장법의 성격을 갖는 법으로써 사회의 수호를 위하여 이바지한 자의 공로를 보상하기 위한 것이다.

의사상자적용범위(義死傷者 適用 範圍)

의상자 · 의사자의 적용범위는 다음 각호의 어느 하나에 해당하는 때에 적용한다.

1. 강도, 절도, 폭행, 납치 등의 범죄 행위를 제지하거나 그 범인을 채포하다가 사망하거나 부상을 입는 구조행위를 한 때
2. 자동차 열차, 그 밖의 운송수단의 사고로 위해에 처한 다른 사람의 생명, 신체 또는 재산을 구하다가 사망하거나 부상을 입는 구조행위를 한 때
3. 천재지변 수난(水難), 화재, 건물 축대 제방의 붕괴 등으로 위해에 처한 다른 사람의 생명 신체 또는 재산을 구하다가 사망하거나 부상을 입는 구조행위를 한 때
4. 천재지변, 수난, 화재, 건물, 축대,제방의 붕괴 등으로 일어날 수 있는 불특정다수의 위해를 방지하기 위하여 긴급한 조치를 하다가 사망하거나, 부상을 입는 구조행위를 한 때
5. 야생동물 또는 광견 등의 공격으로 위해에 처한 다른 사람의 생명, 신체 또는 재산을 구하다가 사망하거나 부상을 입는 구조행위를 한 때
6. 해수욕장, 하천, 계곡, 그 밖의 장소에서 물놀이 등을 하다가 위해에 처한 다른 사람의 생명 또는 신체를 구하다가 사망하거나 부상을 입는 구조행위를 한 때
7. 그 밖에 제1호부터 제6호까지와 유사한 형태의 위치에 처한 다른 사람의 생명 신체 또

는 재산을 구하다가 사망하거나 부상을 입는 구호행위를 한 때에 적용된다.

위에 기술한 1호에서 7호에도 불구하고 다음의 각호의 어느 하나에 해당하는 사람에 대하여는 이 법을 적용하지 않는다.

1. 자신의 행위로 인하여 위해에 처한 사람에 대하여 구조행위를 하다가 사망하거나 부상을 입은 사람
2. 구조행위 또는 그와 밀접한 행위와 관련 없는 자신의 중대한 과실이 직접적인 원인이 되어 사망하거나 부상을 입은 사람(의사상자 등 예우 및 지원에 관한 법률제3조).

의사자(義死者)

의사자라 함은 직무 외의 행위로서 타인의 생명, 신체 또는 재산의 급박한 위해(危害)를 구제하다가 사망한 자와 의상자(義傷者)로서 그 부상으로 인하여 사망하여 보건복지부장이 법에 따라 의사자로 인정한 사람을 말한다라고 규정하고 있다(의사상자 등 예우 및 지원에 관한 법률 제2조2호).

의상자(義傷者)

의상자라 함은 의사상자 등 예우 및 지원에 관한 법률에서 직무 외의 행위로서 타인의 생명, 신체 또는 재산의 급박한 위해를 구제하다가 신체의 부상을 입어 보건복지부장관이 법에 따라 의상자로 인정한 사람을 말한다(의사상자 등 예우 및 지원에 관한 법률 제2조3호).

의식장애(意識障碍)

지각, 사고, 주의, 인지,(認知), 판단, 기억 등의 정신활동의 장애로, 일과성(一過性) 내지 지속성의 장애를 말한다. 일반적으로 자기가 지금 어디에 있으며, 어떤 상태인지 알지 못하며 나중에도 그 사이의 기억이 존재하지 않는다.

구체적으로는 대상(對象)에의 지각(知覺)이나 인지(認知), 주위(周圍)에의 주의, 사고(思考)나, 판단, 사물에 대한 반응 등으로 정신활동이 장애된 상태를 말하며, 의식장애의 종류로는 의식의 청명도의 이상인 의식혼탁, 의식의 시야가 좁아지는 의식협착, 의식혼탁에 더하여 환각(幻覺), 착각, 불안, 몽환(夢幻) 상태, 흥분 등을 동반하는 섬망이나 망상(妄想)상태 등의 의식변용이 있다. → 의식혼탁

의식혼탁(意識混濁)

의식의 청명(淸明)함이 저하된 상태.
깜빡 깜빡(꾸벅 꾸벅)조는 상태를 하고 있을 때 자극이 있으면 각성하는 상태(경면=傾眠), 상당히 심한 자극으로 반응이 있으나 각성하지 않는 상태(혼면=昏眠), 외계의 자극에는 전혀 반응이 없는 정신활동이 정지되어 있는 상태(혼수昏睡)가 있다. → 혼수(昏睡)

의약분업(醫藥分業)

의사와 약사가 업무를 분담하여, 국민의료의 질의 향상을 꾀하는 것이다.

구체적으로는 환자는 의사로부터 원외 처방전을 받아, 지역의 약국에서 약의 조제를 의뢰하여 필요 이상의 투약을 없애는 동시에, 약물의 알레르기에 의한 부작용의 발생을 예측하여 회피하는 것에 있다. 대부분의 선진국에서는 오래전부터 이와 같은 제도를 실시해 오고 있으며, 우리나라에서도 이 같은 세계의 추세를 받아 의약분업을 하게 되었다.

의원(醫院)

의원 · 치과의원 · 한의원이라 함은 의사 · 치과

의사 · 한의사가 각각 의료를 행하는 곳으로서, 진료에 지장이 없는 시설을 갖추고 주로 외래환자에 대하여 의료를 행할 목적으로 개설하는 의료기관을 말한다(의료법 제3조6항).

의정(義井)

맹자는 "인(仁)은 사람의 마음이고 의(義)는 사람의 길이다"라고 말하고 '의' 속에 사회적인 상호부조의 실천을 제창했다. 이것은 '의창(義倉)', '의전(義田)'처럼 빈민구제 목적의 전답 등과 비교되며, 중국 당대(唐代)에 처음 설치되었다. 이 같은 목적의 사회시설로서의 공동우물을 의정(義井)이라 불렀고 주로 여행자나 수리(水利)가 나쁜 지방 빈민이 이용했지만 이와 같은 의정을 설치하는 것은 무상의 노동제공에 의해 의정을 파는 것이 사회봉사의 한 형태로서 장려되었다.

의존적 니즈(依存的 needs)

재택복지서비스에 의하는 것 보다는 오히려 전면적인 원조서비스 공급주체에 의존하는 상태를 말한다.

구체적으로는 (생활) 시설복지서비스로 대응하는 것 같은 니즈가 이에 해당한다. 서비스이용자의 개별니즈에 대응하는 자립적 니즈(재택복지서비스로 대응하는 니즈)에 대비하여 쓰여진다. 또 니즈를 실현하는 측에서 요원호자대책(needy oriented approach)으로 하는 사고방식도 의존적 니즈를 나타내고 있다. → 비화폐적 니즈, 자립적 니즈

의지(義肢)

두 팔(兩手), 두 다리(兩足)의 절단부분에 장착하여 형태와 기능을 대신으로 이용하기 위한 기구.

구체적으로는 상지(上肢)의 절단에 부착하는 의수(義手)와 하지절단에 부착하는 의족(義足)이 있다. 이 가운데 의수(義手)는 그 목적상 외관(外觀)을 주로 한 장식용의 손, 작업을 주로 한 작업용의 수(手), 잔존근(殘存筋)이나 어깨의 운동 등을 근원으로 하여, 일상생활이나 가벼운 작업에 적합한 능동식의수의 3종류가 있다. 절단부위에 따라서 상완(上腕)의수, 어깨의수, 팔꿈치의수, 전완(前腕)의수, 수부(手部)의수, 손가락의수가 있다. 한편, 의족에는 평소 사용목적에 따라 사용하는 상용의족과 특정의 작업에 사용하는 작업용 의족이 있다. 또 절단의 부위에 따라 넓적다리의족, 대퇴의족, 무릎의족. 하퇴(종아리)의족, 발목의족, 발가락의족이 있다.

의창(義倉)

삼국 · 고려 · 조선조에 걸쳐 정부에서 빈민구제를 목적으로 설치되었던 구호기관. 의창은 고려의 구호행정에 있어 중요한 역할을 하였으며, 조선조에 이르러서도 의창에 저장된 곡물의 반은 거치하고 나머지 반은 해마다 민간에게 대부하여 다음 추수기에 환곡(還穀)케 하였다. 이때 곡물의 자연감소량을 보충하기 위하여 1~2할의 이식(利息)을 부가하여 수납시켜 그 이식수입은 일반 구제기금으로 사용하였다. 이로 인하여 환곡이란 명칭이 있게 되었다. 고구려의 진대법(賑貸法) 등도 한 종류로 고려 태조 때 흑창(黑倉)이라는 이름으로 설치되었다. 986년까지 확대되었으나 무인정권기와 몽고전쟁 때 양광도 및 개경의 5부에 설치되면서 재정비되었다.

의학적 리허빌리테이션(醫學的 rehabilitation)

리허빌리테이션의 4개의 어프로치(의학적, 교육적, 직업적, 사회적)의 중의 하나이다.

질병이나 외상(外傷)에 의한 장애를 방지하여 잔존(殘存-남은)장애를 최소한으로 정지시키기 위한 의료이며, 장애의 평가와 2차적 장애발생의 예방 및 장애인의 사회복귀를 주목적으로 하는 의료조치이다.

구체적으로는 고령자나 장애인을 대상으로 이학요법(理學療法), 작업요법(作業療法), 언어(言語)요법 등에 의한 치료나 훈련을 행하는 것. ① 물리요법에서 운동요법은 마비 혹은 위축되어 움직일 수 없게 된 근육을 훈련하여 움직이도록 하는 것으로 신경이나 근육, 관절의 기능에 대한 생리학적 의식을 전제로 하는 운동학을 기초로 하여 행해지며, 일상생활동작훈련을 포함한다. 기타 물리요법의 보조적 수단으로서 수치요법, 은열요법, 전기 · 광선요법이나 마사지 등이 있다. ② 작업요법은 목공, 가죽세공, 도예, 수예, 타이프, 연극 등 작업활동을 이용하는데 작업을 통한 신체적 기능의 개선과 자발적 의욕의 앙양이 기도된다. ③ 언어요법은 언어장애를 대상으로 하는 치료로서 뇌장애에 수반되는 실어증, 발어실행증, 구음장애 등 언어적 커뮤니케이션의 회복 및 기능촉진을 행한다.

의학적 판정(醫學的 判定)

리허빌리테이션 계획을 설정해 감에 즈음하여 장애인의 전신적 상태, 기능장애의 정도 등에 대해서 알기 위하여 행하는 의학적 진단 · 평가를 말한다.

이너시티(Inner City)

일반적으로는 도심부 주변지대를 나타내는 용어이나, 특히 경제적 쇠퇴, 주거환경의 황폐, 사회불안의 축적 등에 의하여 특정 지워진 사회문제를 안고 있는 지역을 가리킨다. 선진국에 있어서는 도시정책이 실현되기까지는 슬럼 등의 황폐지역이 도심부의 외측(外側)에 발생하여, 여러가지 지역적 문제를 안고 있다.

도시계획에 의하여 그 일부는 분명히 개선되고 있으나, 여전히 이너시티 문제는 재생산되어, 발전도상국뿐만이 아니라 구미제국의 대부분의 심각한 정책과제로서 다시 주목되게 되어오고 있다.

이데올로기(ideology)

어느 역사적 사회적 조건하에서 사람들이 형성하는 정념(情念)이나 관념, 사상의 윤리적인 제체제. 개인의 생활에 가치를 부여하고, 목적의식적인 행동에로 사람들을 뛰어 나서게 하는 가치체계이다. '관념형태' '의식형태' 등으로 번역되기도 하나 보통 원어 그대로 사용되는 경우가 많다. 이데올로기라는 용어가 처음으로 학술적인 의미를 담고 사용된 것은 트라시(Destutt de Tracy 1754~1836)의 『이데올로기에 대해서』(1801년)였다. 그의 이데올로기는 관념의 형성과정을 개인의 심리 · 생리적 기반과 결부시킨 것으로 단면적인 고찰에 그친 것이었다. 협의에는 일정한 정치적 경향 혹은 정치적 선택을 동반한 "정치적 이데올로기"를 가리키는데 그 경우 구체적으로는 자유민주주의, 사회주의, 공산주의 등을 가리킨다. 특정의 계급에 한하지 않고 현실에서 특정의 사회집단이나 사회적인 제 조건을 배경에 형성된 경우에는 일반적으로 '사회적 이데올로기'라고 불린다.

이동권(移動權)

이동권이라 함은 장애인 등 교통약자는 인간으로서의 존엄과 가치 및 행복을 추구할 권리를 보장받기 위하여 장애인 등 교통약자가 아닌 사람들이 이용하는 모든 교통수단, 여객시설 및 도로를 차별 없이 안전하고 편리하게 이동할 수 있는 권리를 말한다(교통약자의 이동편의 증진법제3조).

이동동작(移動動作)

일상생활활동의 개념 중의 하나. 이승동작(移乘動作)과 다른 동일평면에서 행하여지는 동작으로 구체적으로는 보행 등을 들 수가 있다. → ADL이승동작

이동서비스(移動 services)

이동서비스는 장애인의 사회적인 생활능력의 향상을 도모하기 위해서 사회활동에 필요한 이동에 관한 원조를 사회참가촉진, 지역사회의 개선, 시민의 이해를 깊게 하려고 하는 것이다.

교통운임의 할인은 지하철, 기차, 항공기, 버스 등 외에 유료도로의 통행료의 할인 및 주차요금의 할인 등이 있다. 또한 장애인의 이동수단인 자동차 사용에 대하여 편의도모와 경제적 부담경감을 위하여 조세감면, 유류, 통행료 및 주차비 등 필요한 지원시책을 하고 있다. 그리고 공공건물 출입구의 휠체어통행로 설치, 지하철역에는 계단의 리프트, 승강기, 구내유도의 점자블록, 도로의 건널목(횡단보도)의 맹인신호기, 점자블록 등이 설치되어 있으며, 또 시각장애인이나 중증장애인과 동행보호자에게도 장애인과 동일한 교통운임의 혜택이 있다.

이동편의시설(移動便宜施設)

이동편의시설이라 함은 휠체어 탑승설비, 장애인용승강기, 장애인을 위한 보도 등 교통약자가 교통수단 여객시설 또는 도로를 이용함에 있어 이동의 편리를 도모하기 위한 시설 및 설비를 말한다(교통약자의 이동편의 증진법 제2조7호).

이드(id)

영어로는 이드, 독일어로는 에스(es)라고 한다. 프로이드가 심적 장치이론에서 제시한 세 가지의 심적 영역(초자아, 자아, 이드)의 하나이다. 프로이드(Freud, S.)가 사용한 정신분석의 개념. 무의식적이며, 유전적인 것과, 억압된 후천적 것을 포함하는 인격의 욕동적(欲動的), 충동적 부분으로부터 성립, 심적 에너지의 저장고로 불린다. 이드는 혼돈으로 하여금 시간관념에 상담하는 것이 없기 때문에 현실원칙을 무시하고 쾌감원칙을 추구하여 증상형성(症狀形成)이나 직접 방법에 의하여, 욕구충족을 꾀하려고 한다. 이드에서 분화(分化)된 자아 및 초자아는, 이드의 심적 에너지와 부딪혀, 그 갈등에 대처할 수 없는 경우, 신경증 발증의 기인(起因)으로 된다. → 자아, 초자아

이든(Eden, Frederic Morton, F. M : 1766~1809)

영국의 경제학자. 사회보험회사의 창립자이며 회장이었다. 산업혁명기의 영국에서 빈곤문제를 조사한 『빈민의 상태』(1797년)에 의해 빈곤의 비참함과 추악한 상황을 소개했다. 오늘날의 사회조사의 시조(始祖)로 불리어지고 있다.

이론 생계비방식(理論 生計費方式)

최저생활비의 산정방법에는 대별하면 이론생계방식과 실제생계방식이 있다. 이론생계방식의 대표적인 것으로 마켓 바스켓(market basket)과 엥겔방식이 있다. 마켓 바스켓방식은 최저생활을 유지하는 데에 필요한 음식물이나, 의류, 가구 집기 등의 개개의 품목을 산출해 내어 그것을 시장가격으로 환산하여 적산(積算)하는 것으로, 최저생활비를 산출하는 방법이다.

엥겔방식은 엥겔계수를 가지고 최저생계비를 산출하는 방법이다. 이와 같은 이론 생계비방식은 최저생활비를 이론적으로 산출하는 방식을 말한다.

이민(移民)

고용을 주된 목적으로 하여 본인의 국적(國籍)과는 다른 나라에 이동하는 사람들을 이민이라고 부른다. 초기의 단계에서는 정착하지 않고 조국으로 회귀(回歸)하는 것 같은 이동이 보였으나, 장기적으로는 받아들이는 국가에 정착(定着)하는 사람들이 증가하는 경향이 있다. 우리나라는 6 · 25동란 후를 통하여 남북아메리카대륙과 세계 각국에 이민을 송출하였으나 오늘날에는 노동력부족으로 역으로 동남아시아인과 중국동포들의 신분이 비교적 불안정한 단순노동에 종사하는 노동자의 국제이동이 두드러지고 있다. 각국의 정책에 있어서 이민의 인격을 어떻게 지킬 수 있는가가 과제이다.

이상(異常)

신체적, 정신적 기능 등은 개인에 따라 상위(相違)가 있어 이것을 개인차라고 말한다. 개인차 가운데 현저하게 정상 영역으로부터 벗어나 있는 것을 이상이라고 한다.

이상보행(異常步行)

장애가 생긴 것에 의하여 보행패턴에 이상을 초래한 것. 원인에는 다리의 장 · 단의 차이나 관절의 이상, 신체구조상의 이상, 신경 · 근육계통의 이상, 동통(疼痛) 등을 생각하게 된다.

이상심리학(異常心理學)

이상한 심리학을 대상으로 하는 심리학. 꿈, 최면상태 등의 예외적 심리상태를 포함, 이상인격, 신경증, 통합실조증, 조울병, 신체적 기초를 가지는 정신장애 등에 나타나는 심리를 대상으로 한다. 이상심리학의 방법은 정신의학적 분야를 기초로 하는 것도 있으나 프로이드(Freud, S.)처럼 증상이 정신적으로 어떻게 이루어졌느냐 하는 것을 역동적인 입장에서 논하는 사람도 있다.

이상행동(異常行動)

일상생활에 있어서 통상과는 다른 행동이나 반응이 보이는 경우를 말한다.

구체적으로는 야뇨(夜尿), 틱(Tick)증 (유아나 저학년 아동에 보이는 증상으로, 얼굴을 찡그리거나 눈을 몹시 깜박이거나 손발을 순간적으로 꿈틀거리거나 움직이거나 함 ; 신경성 인자〈因子〉에 의한다고 하며 성장하면 고쳐짐) 등의 버릇에서 등교거부 등의 비사회적 행동, 비행 등의 반사회적 행동 등까지 있으나, 이상행동이라고 할 수 있는 기준은 시대나 사회적 상황 등에 따라서 바꾸어진다.

이송서비스(移送 services)

고령자나 장애인환자 등을 병원이나 복지시설 등에 운송(運送)하는 서비스이다.

구체적으로는 고령자나 장애인이 지역 내의 여러 군데의 통소(通所) · 통원(通院)시설을 이용하거나 환자가 병원에 통원을 하기 위하여 재가(택)복지나 재택의료 등과 병행하여 행하는 게 필요하다.

이승동작(移乘動作)

침대에서 휠체어, 휠체어에서 변기 등으로 갈아(바꿔) 옮기는 동작. 이동권과 이동 후의 평면이

바뀔 때에 쓰인다. 일상생활활동의 분류, 훈련 등에서 중요한 것의 하나. →ADL, 이동동작

이용계약(利用契約)
서비스이용자와 서비스제공자 간에 체결하는 계약을 말한다. 통상의 경제시장에서는 자유계약이 있으나, 복지서비스의 경우는 행정에 의한 각종의 규제에 의한 사회시장에서의 계약이며, 소위 복지계약이라고 한 성격이 강하다. 또 이용자가 불리하게 되지 않는 후견인제도, 권리옹호, 고충처리, 정보공개 등의 백업시스템(backup System)의 정비가 복지서비스의 이용계약에는 불가결의 조건정비로 되어 있다.

이용시설(利用施設)
이용자가 자기스스로 외출한다거나, 가족들과 함께 나들이하면서 복지서비스를 받을 수 있는 시설. 통소(通所)시설과 다른 점은 이용의 결정이 행정에 의하지 않고 자기가 할 수 있는 점이다.

구체적으로는 노인복지센터나 신체 장애인복지센터, 경로당, 노인정, 노인휴게소, 모자복지시설 등이다.

이용자부담(利用者負擔)
사회복지시책의 이용자에 의한 비용부담을 말한다. 예전에는 수익자부담이라고 한 경우가 많았으나 최근에는 이 용어로 사용하는 경우가 많아졌다.

사회복지 각 법에는 사회복지시설에 대한 입소나 공비(公費)부담, 의료 등에 대한 비용징수규정이 설정되어 있다. 지방자치법에는 사용료, 수수료, 부담금 등의 용어가 사용되고 있으나 이용료는 이 부담을 총칭하는 것으로 사용되고 있다.

이의신청(異議申請)
행정청(국가나 지방공공단체=지방자치체)의 처분이나 부작위(不作爲-해야 할 것을 하지 않았다)에 대하여 불복(이의)을 주장하는 행위. 노인복지법은 경로연금 수급권자의 자격인정, 기타 법에 의한 처분에 이의가 있는 자는 국가 또는 지방자치단체에 이의를 신청할 수 있도록 규정하고 있으며, '국민건강보험법'(제76조)은 가입자 및 피부양자의 가족 · 보험료 등 보험급여 및 보험급여 비용에 관한 공단의 처분에 이의가 있는 자는 공단에 이의신청은 할 수 있다고 규정하고 있다, 이의신청은 그 처분을 안 날로부터 90일 이내에 서면으로 신청하여야 한다.

이익사회(利益社會)
공동사회에 대립되는 개념으로, 이 집단에서는 서로 공통된 이익이나 목적으로 달성하기 위하여 교환을 통해서 개방적으로 결합되어 있고, 그 성원은 선택적 의지에 의하여 상대방과 수단적으로 계약을 하는 인위적(人爲的) 사회에 지나지 않는다. 영리회사, 협회, 국가 등이 이에 속한다.

이익집단(利益集團)
특정의 이해 · 관심 · 가치의 유지 내지 수행을 위해 조직화된 집단. 이익단체, 이해집단, 관심집단 등으로도 해석된다. 일반적으로는 어느 특정의 경제적 이익으로 결속된 집단. 예를 들면 노동조합 농민단체, 동업조합, 기업가 단체 등을 지칭하는 경우가 많고 때로는 압력단체를 말하는 경우도 있다. 그러나 사회에서는 반드시 그러한 일정의 경제적 또는 정치적 목적을 가진 집단으로 한정하는 경우가 아닌 제2차 집단에 포함되는

것까지 넓게 보고 있다. 이익집단의 생성도 현재 사회의 기능분화를 배경으로 하지만, 특히 오늘날의 다원적 민주주의에 따라 중요한 역할을 갖고 있는 것으로 보여진다.

이주노동자(移住勞動者)

흔히 외국인 노동자라는 용어를 사용하는데 외국인 노동자는 외국인이라는 인종적, 민족적, 차별의식을 함축하고 있기 때문에 이미 국제사회에서는 사용하지 않는 단어이다. 외국인 노동자라는 말 대신 보다 나은 삶을 찾아 공간을 이동하여 다른 나라에 와서 노동하는 노동자라는 의미로 사용되고 있다.

이주노동자와 그 가족구성원의 권리보호에 관한 국제조약(移住勞動者와 그 家族構成員의 權利保護에 관한 國際條約)

이주노동자는 외국에 거주한다는 이유로 자국의 보호는 제대로 받지 못하는 동시에 노동자라는 이중적 취약점을 갖고 있는 사회적 약자이다. 특히 불법입국 노동자나 불법체류노동자는 이를 악용한 고용주의 착취의 대상이 되기 쉽다. 이주노동자가 급증하고 이들에 대한 인권문제가 국제적 문제로 대두되면서 UN총회는 1990년 이 조약을 채택하였다. 조약은 이주노동자의 법적 지위와는 관계없이, 즉 그들이 불법입국, 불법체류하고 있다할지라도 보호받아야 할 권리를 규정하는 동시에 합법적 이주노동자에게 보장해야 할 추가적 권리를 규정하는 형식을 취하고 있다. 인력 송출국을 중심으로 단 9개국만이 이 조약을 비준했을 뿐, 이 조약의 이행이 요구되는 선진자본주의국가는 비준을 외면하고 있는 실정이며 우리나라도 아직 가입하지 않고 있다.

이중경제(二重經濟)

이중경제라 함은 후진국가의 경제발전과정의 구조적 측면을 특징짓는 용어로서 주로 다음과 같은 의미에서 사용된다. ① 생산부문의 이중구조를 말한다. 즉, 전통적인 생존유지적인 농업부문과 근대화된(또는 상업화된) 비농업부문이 서로 접촉이 없이 병존하는 상태를 말한다. ② 기술상의 이중구조를 말한다. 특히 각 부문 내부에 있어서 전통적인 기술과 가장 최신의 첨단기술이 동시에 사용되는 상태로 중소기업과 대기업 간의 기술수준의 격차에서도 나타난다. ③ 소비의 이중구조를 들 수 있다. 전통적 부문에 종사하는 가구와 근대화된 부문에 종사하는 가구 사이의 소비패턴, 특히 소비품목의 격차까지도 포함한다. 결국 전통적 생활양식과 근대적 생활양식의 공존을 뜻한다.

2차집단(二次集團)

2차집단은 어떤 특정한 목적을 달성하기 위해 인위적으로 구성된 집단이다. 2차집단은 구성원들 간에 친근감, 애정, 배려 등과 같은 정서적인 측면이 부족하며, 의사소통이 빈번하지 못하다. 2차집단은 특정한 목적달성을 위해 구성원들 간에 상호작용을 하며, 구성원들 각자의 역할을 중요시하고, 구성원들의 능률이나 효율성을 강조한다.

이탈증상(離脫症狀)

알코올, 약물의 기호자가 그것으로부터 이탈할 때에 일어나는 증상이다. 모르핀(morphine)에는 발한(發汗), 심계항박(心悸亢迫), 불면, 구토, 설사, 오한 등의 자율신경계의 증상을 주로 하는데, 알코올이나 수면약의 만성중독에서는 손가락을 떠는 것(무의식적으로), 전신경련 발작, 환각, 섬망상태가 나타나는 일도 있다. 이탈 후 수

일에 일어나는데 기벽(嗜癖)=(정신의학에서 알코올 · 마약 · 수면제 따위를 상용하여 끊지 못하게 된 상태)물질에 의하여 증상은 다르다.

이학요법(理學療法)

신체에 장애가 있는 자에 대하여 주로 그 기본적 동작능력의 회복을 꾀하기 위하여 치료체조 기타의 운동을 행하게 하고 또 전기자극, 마사지, 온열, 기타의 물리적 수단을 가하는 것을 말한다. 정형외과 수술, 교정(矯正) 또는 고정깁스 포대법(包帶法) 등이라고 한 정형외과치료와는 구별된다. 이학요법은 운동요법이나 일상생활훈련을 주로 하게 되어 있어 온열, 전기자극 등을 가하는 물리요법은 혈액순환을 좋게 하거나, 동통(疼痛)을 부드럽게 하기 위하여 이용되는 것이 많다. → 운동요법, ADL훈련, 물리요법

이학요법사(理學療法士)

PT(Physical Therapist)라고도 한다.

신체장애자를 대상으로 의사의 지시로 리허빌리테이션을 행하여 일상생활을 보내면서 필요한 기본적인 동작 능력의 회복을 도모하는 전문직을 말한다.

구체적으로는 근력(筋力)의 증강, 운동의 재학습 등을 위한 운동요법이나 광선(光線), 온열(溫熱) 전기자극 등의 물리요법을 중심으로 일상생활동작(ADL) 능력의 회복을 도모하여, 장애의 예방과 교정을 꾀한다. 또 의사와 협력하여, 의족(義足), 휠체어, 지팡이 등의 보장구의 선정이라던가 그 사용방법, 가옥의 개조, 가족에의 시중드는 방법 등의 지도를 행한다. 그외 장애인이 지역사회안에서 생활할 수 있도록 복지적인 입장에서 지역리허빌리테이션 사업에도 참가한다. 아직 우리나라에는 이학요법사의 자격, 인증제도가 마련되어 있지 않다.

이혼(離婚)

이혼이란 부부쌍방이 생존 중에 혼인을 해소하는 것을 말한다. 이혼은 부부관계를 인위적으로 해소시킨다는 점에서는 혼인의 무효 취소와 같고 부부 한쪽의 사망에 의하는 혼인의 자연적인 소멸과는 다르다. 혼인은 본래 영속적인 결합을 목적으로 하므로 혼인의 본질에서 본다면 이혼은 비정상적인 것이다. 이혼으로 인하여 필연적으로 발생하는 친자관계(親子關係)는 당사자 한쪽의 사망에 의해서만 소멸되지만, 창설적인 친족관계는 위의 것이 이에 통설적으로 소멸시킬 수 없다. 이혼은 한쪽의 사망에 의하지 않는 배우자관계의 소멸이다. 우리나라는 협의이혼과 재판상 이혼을 법률로 규정하고 있다. 협의이혼은 남녀평등의 원칙에 입각하여 부부의 자유의사를 존중하고 있으므로 당사자의 합의(협의)만 이루어지면 이혼을 할 수 있다(민법제834조). 재판상 이혼은 법률상 규정하고 있는 위반행위를 하였을 때, 한쪽 배우자가 소송을 제기하여 재판을 거쳐 이혼이 성립된다(민법 제842조). 다만, 이혼은 요식행위이므로 가정법원의 확인을 받아 신고함으로써 성립한다(협이이혼 : 민법 제836조1항).

이혼으로 자(子)를 양육하지 아니하는 부모 중 한쪽은 면접교섭권을 가지며, 가정법원은 자(子)의 복리를 위하여 당사자의 청구에 의하여 면접교섭권을 제한하거나 배제할 수 있다(민법 제837조).

이혼문제(離婚問題)

현대 사회의 모순이 분출하는 사회문제 가운데, 가족집단 혹은 가족성원이 직면하는 가족해체와

붕괴를 초래하는 문제를 가족문제라고 한다. 가치관의 상실과 희박한 부부관계가 가지는 자녀에 대한 과잉기대가 선별교육에서의 좌절과 결합하여 발생시키는 아동의 문제, 자녀의 자립과 정년퇴직에 의한 역할상실과 부부중심의 핵가족으로부터의 소외가 자아내는 노인의 문제, 소비수준의 향상과 저임금 때문에 가족 총노동을 하게 하는 '풍요속의 빈곤'이라고 하는 빈곤화의 문제 등이 있으나, 그것들을 집약하는 형태로 가족문제의 핵심이 되는 것이 부부관계의 파정, 이혼문제인 것이다.

이환율(罹患率)

상병(傷病)의 발생빈도를 나타내는 상병통계 지표의 하나이며, 조사기간 중에 발생한 상병건수를 인구에 대한 비율로 나타낸다. 따라서 조사기간 전부터 있었던 상병건수는 이환율에서 제외된다.

인간면역결핍바이러스(人間免疫缺乏 Virus : HIV = Human Immunodeficiency Virus)

HIV는 인간에서 면역력을 앗아가는 에이즈(1983년에 발견된) 바이러스를 말한다. 인체에 들어오면 면역을 담당하는 세포를 공격하여 면역체계를 손상시키는 바이러스다. 이 HIV로 인하여 면역체계가 손상되면 그로 인한 증후군이 유발되는데 그것을 AIDS라고 한다. 구조는 가장 안쪽에 염색체RNA(리보핵산 : Ribo Nucleic Acid)가 있고 그 주위를 단백질이 둘러싸며 가장 바깥에 지질층이 있다. 이중 RNA와 단백질이 사람의 세포안으로 침투해 수백, 수천 배까지 증식하여 이렇게 증식한 HIV는 혈관을 돌면서 면역을 담당하는 림프구를 빨리 파괴시켜 버린다. 즉 HIV에 감염되면 면역기능이 저하되어 전신적인 증상이 출현된다.

인간의 존엄(人間의 尊嚴)

인간이 인간으로서 갖는 고유한 권리(기본적 인권)의 바탕을 이루는 것으로, 범하기 어려운 인간으로서의 존엄성을 인정하는 이념 및 사상이다. 이 용어는 현대사회에서는 쉽게 이용되고 있지만 인간의 존엄이란 무엇인가를 생각하고 그 실현과 조건을 구체적으로 논한다는 것은 어려운 일이다. 우리나라가 1990년에 비준 승인한 〈국제인권규약〉의 전문(前文)은 "인류사회 모든 구성원의 고유한 존엄 및 평등 또한 박탈할 수 없는 권리가 인간 고유의 존엄에서 유래하는 것을 인정한다"고 규정하며, 그 기초를 이룬 세계인권선언은 '인간의 존엄에 상응하는 생존'이라고 말한다. 이와 같이 전후의 국제문서는 인간존엄의 사상을 구체적으로 표현하고 있다.

우리나라 헌법 제10조는 전단(前段)에서 "모든 국민은 인간으로서의 존엄과 가치를 가지며, 행복을 추구할 권리를 가진다. 국가는 개인이 가지는 불가침의 기본적 권리를 확인하고 이를 보장할 의무를 진다"라고 규정하고 있다.

인간환경선언(人間環境宣言)

1970년 UN 인간환경회의에서 채택된 국제적으로 공해를 방지하고 인간이 살 수 있는 환경을 만들기 위한 선언이다. 그 내용은 인류가 건강한 환경에서 생활할 권리를 주장하는 국제공해방지 선언(案)의 준비(1972년 6월 4일~15일까지 스톡홀름회의에서 세계114개국 3,000명의 대표가 참석하여 채택 됨), 국제적인 공해정보의 교환, 공해측정기구의 설치의 필요성, 공해추방을 위해 지역, 국가, 국제 등 세 차원에서 협력체제를 만들어 장기적인 시야에서 먼저 실행할 것 등을 강조하고 있다.

인격권(人格權)

권리와 분리 할 수 없는 이익, 즉 신체 · 자유 · 명예 특히 성명 · 초상 · 정조, 신용 등에 인정된 인격적 이식의 총칭이다. 민법은 이들에 대한 침해를 불법행위로 규정하고 있다. 이것은 법률상 인정되는 인격자라는 지위 자체의 뜻으로 쓰는 일이 있으나, 곧 권리능력과 같은 뜻이 귀착하게 된다. 인격권은 일신전속성이 있으므로 양도나 처분은 할 수 없다.

인격변화(人格變化)

건전한 인격이 병환 등에 의하여 변화하는 것을 말한다. 통합실조증(統合失調症)에서의 감정이나 의욕의 장애에서의 인격변화, 뇌기질질환에 의한 인격변화 등이 있다.

인격장애(人格障碍)

성격 · 인품의 이상, 즉 사회적 적응이 불능한 정도의 성격장애. 망상성 인격장애, 비사회성 인격장애, 정서불안정성(경계성-境界性) 인격장애, 강박성 인격장애, 의존성 인격장애 등이 있다. 종래 보더라인(borderline—경계선)라고 부르던 정신장애에 있어서도 최근에는 인격장애라고 하는 진단명을 사용하는 일이 많다. 신경증에 비하여 치료는 곤란하며, 심리요법에 더하여 주위의 사람이나 사회의 협력을 얻는 대응이 필요하다. →신경증

인격적 욕구(人格的 欲求)

인간이 갖는 기본적 욕구의 하나. 생물적인 존재로서 생명유지를 구하는 생리적 욕구에 대하여 인간답게 사는 것을 바라는 정신적인 욕구이다. 그 내용은 인간으로서의 접촉이나 애정을 구하는 사회적 욕구의, 진실을 구하여 지식이나 기술을 배우려고 하는 지적욕구로 나눌 수가 있다.

인공임신중절수술(人工姙娠中絶手術)

임공임신중절수술이라 함은 태아가 모체 밖에서 생명을 유지할 수 없는 시기에 태아와 그 부속물을 인공적으로 모체 밖으로 배출시키는 수술을 말한다(모자보건법 제2조7호).

인공투석(人工透析)

신부전이나 약물중독 등에 의한 생체내의 수 · 전해질이상(水 · 電解質異常), 노폐물 축적을 인공적으로 시정하는 방법이다. 복막을 이용하여 내부환경을 정상화하는 복막투석과 인공막(人工膜)을 이용하는 혈액투석이 있다.

인공항문(人工肛門)

장의 질환 때문에 장의 일부를 절제하고 장의 절단 끝을 몸 밖으로 내어 복벽(腹壁)에 고정하여 변을 체외로 배설할 수 있도록 한 인공의 배설구(stoma)라는 것. 소화기계 스토마라고도 일컫는다. 복벽에 고정되는 장의 부위에 의해 회장(回腸)인공항문과 결장(結腸)인공항문, 기간에 따라 영구적 인공항문과 일시적 인공항문으로 나뉜다. 인공항문에는 자기 뜻대로 배변을 조절하는 기능이 없다.

인공호흡(人工呼吸)

호흡이 정지되어 있는 상태의 사람에게 인공적으로 호흡운동을 행하게 하여 회복시키는 방법이다. 구급처치로서는 가장 간단하고 유효한 방법은 mouth-to-mouth법이며, 기타 여러 가지 방법이 있다.

인구고령화(人口高齡化)

인구고령화라는 것은 어느 사회(국가와 지역)의 인구 가운데 고령인구가 상대적으로 증가하는

것이다. 직접적인 원인은 사망률과 출생율의 관계이며, 특히 출생율의 저하(소자화)에 있다. 인구고령화는 경제, 사회에 미치는 영향은 심각하다. 이것은 고령인구의 비율로 계산되는 것이 가장 일반적이지만, 이때 고령인구가 몇 세까지인가를 먼저 결정해야 한다. 국제연합(UN)인구부의 제창으로 최근에는 65세 이상을 고령자라고 하는 것이 보통이지만, 특별한 근거가 있는 것은 아니다. 개발도상국 등에서는 60세 이상으로 하자는 의견도 강하고 1982년의 빈 고령화국제행동계획에서는 60세 이상으로 하자고 하였다. 또 경우에 따라서는 75세 이상으로도 사용된다.

인구노령화(人口老齡化)

총인구 혹은 다른 연령층의 인구와의 대비에서 노년인구가 상대적으로 증가하는데 따른 직접적인 원인은 사망률과 출생율의 관계이며 특히 출생율의 저하에 있다. 인구노령화가 경제, 사회에 미치는 영향은 심각하다.

인구동태(人口動態)

인구의 증감, 인구구성의 변화의 상태는 출생, 사망, 이주 등에 의해서 항상 변동하는데 이 변동을 인구동태라고 한다. 해마다 일정기간 내의 출생, 사망 외에 유아사망 수, 신생아사망 수, 사산 수(死産數), 혼인, 이혼 등의 인구의 움직임을 본다. 인구는 끊임없이 출생, 사망에 의하여 자연히 증가 감소한다. 또 혼인, 이혼에 의하여 인구의 내부구조도 변화한다. 인구현상은 사회경제, 자연환경 외, 사회문화적 요인과도 밀접하게 관련되어 있다. → 인구정태

인구문제(人口問題)

인구문제는 사회문제와 밀접한 관계를 갖는다. 일반적으로 인구문제는 양의 문제와 질의 문제로 나누어 생각할 수 있다. 전자에서는 인구의 가속도적 증가가 문제가 되고 후자에서는 연령, 취업, 사회계층 등의 구성이 논의된다. 인구문제는 시대에 따라 그 양상이 달라지지만 오늘날에는 개발도상국에서의 인구증가와 선진공업국가에서의 출생력의 저하와 노령인구의 증가가 자원과 환경의 문제와 관련되어 주목되고 있다.

인구정태(人口靜態)

인구의 지리적 분포나 구조의 변동 등을 일정한 때에 한정하여 관찰한 것을 인구정태라고 한다. 성별(性別), 연령별, 광역시 · 도 · 시별, 산업별 인구 등을 나타냄. 인구정태조사의 대표적인 것으로는 국세조사를 꼽을 수 있다. → 인구동태, 국세조사

인권보장(人權保障)

인간이 인간으로 생존하고 생활하기 위해 고유하게 보유하고 있는 기초적 · 기본적인 권리의 보장을 말한다. 이 인권 중에는 개인적 · 자유권적인 자유주의적 권리와 국가가 적극적으로 구체적인 시책을 강구하는 사회주의적 권리가 있다. 전자에 속하는 권리로서 재산권이나 결사의 자유 등이 있고 이것들은 국가의 침해를 받지 않는다는 불가침의 인권이며, 후자는 생존권 보장처럼 적극적으로 국가에 의해 조치되도록 요청하고 있다.

인도주의(人道主義)

인간의 자유와 존엄을 존중하고 이를 구속하는 일체의 것에 대해 반대하는 인간해방을 목표로 한 사상의 총칭이며 인문주의, 인간주의 등으로

도 불린다. 다의적 개념으로 내용도 시대에 따라 다르다. 이념적으로는 그리스 로마시대로 거슬러 올라가지만, 역사상 정신운동으로서는 중세적, 봉건적 구조 속에서의 인간해방을 목표로 한 르네상스 휴머니즘으로 시작된다. 이 흐름은 18~19세기에 추상적 인간관이나 기계론적 사회관에 반대하고 인간적 개성의 존중을 목표로 한 Winckelnann, J. J., Goethe, J. W. 등의 신휴머니즘의 운동으로 계승되었다.

인보관운동(隣保館運動)

1889년 아담스(Addams, J.)와 스타(Starr, E.G.)가 시카고에 세운 헐하우스(Hull House)가 가장 유명한 기관이다. 이는 런던의 토인비 홀을 모델로 하여 세워진 것이며, 특징은 이곳에서 일하는 모든 사람들이 이 기관에서 숙식을 함께 하며 생활한다는 것이다. 이로 인해 이 기관이 세틀먼트 하우스로 되었는데, 한 지역사회 내에서 함께 생활하면서 그 지역사회 주민들과 하나가 된다는 것이 이 운동의 표현 방법이었다. 대부분 자유주의자들로 주택문제, 공공위생문제, 그리고 고용주로부터의 고용착취 등에 관심을 갖고 사회계획을 시도한 사람들이다. 이곳에서 일하는 사람들은 모두가 젊고 똑똑한 사람들이었으며, 높은 이상(理想)을 가진 부유층 출신의 높은 교육을 받은 대학생들이 자신들의 성장배경과 다른 이들을 제대로 이해하고, 돕기 위해 이들의 생활환경에 뛰어들어 그들과 함께 호흡한다는 것이 그 특징이었다.

인신보호법(人身保護法)

이 법은 위법한 행정처분 또는 사인(私人)에 의한 시설에의 수용으로 인하여 부당하게 인신의 자유를 제한당하고 있는 개인(소위 피수용자가 자유로운 의사에 반하여 국가, 지방자치단체, 공법인 또는 개인, 민간단체 등이 운영하는 의료시설 복지시설 수용시설 보호시설 등에 수용 보호 또는 감금되어 있는 자)의 구제절차를 마련함으로써 헌법의 보장하고 있는 국민의 기본권을 보호하는 것을 목적으로 2007년 12월 21일(법률 제8724호)에 제정 · 공포하여 오늘에 이르고 있다. 다만, 형사절차에 의한 체포 구속된 자, 수형자 및 출입국관리법에 의하여 보호된 자는 제외한다.

인에이블러(enabler)

소셜워커의 특징적인 역할의 하나. 원조을 받는 이용자 자신이 자기의 문제나 과제를 해결하는 것을 가능케 하는 사람이라는 의미로 쓰인다. 가능케 하는 사람, 혹은 측면적 원조자라고도 번역하는 경우도 있다. 인에이불러는 클라이언트의 주체성이나 자기 결정의 존중, 그 위에 이용자주체의 원조라고 한 소셜워커의 원리 · 원칙을 기능면에서 구체화한 것으로서, 의의는 크다. 이 용어는 사회복지이념을 잘 나타내고 있는 것으로 영어에서는 잘 사용되고 있는데 우리나라에서는 이에 적합한 말이 없다.

인적 서비스(人的 services)

사회복지의 정책 · 제도를 통해 제공되는 서비스 중 대인관계를 기초로 해서 개인에게 제공되는 상담, 교육, 치료, 재활, 직업훈련 등 직접적 서비스를 말한다. 그 기능은 사회복지전문직으로서의 실천인 사회사업보다 광범위하다. 칸(kahn, A.)은 사회화와 발달을 촉진시키거나, 치료를 실시하거나, 새로운 서비스를 이용하거나, 또 그 정보를 알리는 것 등의 서비스가 포함된다고 보고 있다.

인종차별(人種差別)

과학적 근거나 경험적 지식 없이 인종, 피부색 또는 민족적 출신을 이유로 특정집단, 개인을 부당하게 차별하는 행위를 말한다. 부당한 차별은 인간의 존엄성을 침해하는 행위이며, 때로는 국제평화를 위협하는 것으로도 된다. 인종차별을 타민족 · 타인종에 대한 인종우월주의나 인종적 증오(憎惡)라고 하는 인종적 편견(racial prejudice)형태를 취하는데 그 근저(根底)에는 민족중심주의가 있다고 생각할 수 있다. 민족중심주의란 자신이 소속하는 민족(인종) 집단을 미화하고 그 집단구성원에 대해서는 자(自)집단에 대한 충성을 강제하는 한편, 다른 집단에 대해서는 편견을 가지고 배제하려고 하는 자민족지상주의를 지칭한다. 1965년 UN 총회결의에서 국제사회에 있어서 모든 차별을 없애고 또는 인간의 존엄과 평화를 지키는 것을 목적으로 한 〈모든 형태의 인종차별 철폐에 관한 조약〉이 채택되고 있다.

이 조약의 제1조에는 일반적으로 사용되고 있는 '인종'에 한정된 협의(狹義)의 차별에 그치지 않고 피부색, 문별, 민족 또는 종족적 출신에 의거한 넓은 범위의 차별을 지적하고 있어, 따라서 우리나라의 지역차별도 조약에서 말하는 차별의 개념에 해당하며 또한 외국인 차별도 대상이 된다고 할 수 있다. 우리나라는 위 조약을 1779년 1월 6일에 조약 제667호로 발효하게 되었다.

인지요법(認知療法)

미국의 정신분석의(醫)베크(Beck, A.T.)에 의해 창시된 심리요법. 행동요법의 기법과 통하는 데가 많아 인지행동요법(Congnitve behavior therapy)이라고 불리는 수도 있다. 사람이 자신의 주변세계를 어떻게 보는가, 어떻게 구조화(構造化)하는가(인지)가 감정이나 행동을 결정한다고 하며, 병적인 상태는 이 인지의 왜곡이 원인이라고 한다. 인지 혹은 인지의 프로세스를 바꿔서 장애를 수정할려고 하는 방법이다. 다른 심리요법에 비하여 테라비스토는 보다 지시적(指示的)으로 또한 현재의 적응상황에 초점화 한다. 울병이나 불안장애에 대하여 뒤어난 치료효과가 실증(實證)되어 있어, 현재 가장 주목되고 있는 간이 정신요법이다.

인클루존(inclusion)

1980년대 이후 미국의 장애아 교육영역에 있어서 주목되어 온 사고방법. 인클루존이라 함은 포함한다고 하는 의미를 가지고 '포괄', '포함' 등으로 번역된다. 장애의 유무, 종별이나 능력에 구애됨이 없이 한 사람 한 사람에게 필요한 원조가 보장된 다음, 모든 어린이가 지역의 통상의 학교에서 교육을 받는다는 것을 말한다.

인클루존의 중요한 점은, 아동은 한 사람 한 사람이 개별적인 존재이며, 개별적 니즈에 대한 적절한 원조가 보장되어 있지 않으면, 한 사람 한 사람의 개성을 존중해 갈 수 없다고 하는 점이다. 인티그레이션(integration)을 다시 발전시킨 것으로 1980년대에 미국의 특수교육분야에서 급속히 퍼진 사고방식이다.

인터그룹워크(intergroup work)

지역조직화 활동을 위한 기술의 하나. 지역사회 안에는 각종의 집단이 존재하는데 그 집단에 소속된 유지(有志)가 당면한 사회문제를 공통의 목표로서 인식하여, 목표달성을 위하여 협력 · 조정(調整)하면서 나아가는 것을 말한다. 그룹 간의 그룹워크라고도 한다.

인터그룹워크설(intergroup work說)

1940년대부터 50년대에 걸쳐 뉴스테터(Newstetter, W.)들에 의해서 제시된 커뮤니티 오거니제이션의 방법. 지역사회는 각종 그룹(단체, 조직, 기관 등)의 상호작용에 의해서 구성되어 있다고 받아들여, 그룹 간의 관계를 조정하여 지역문제의 해결을 위한 협동을 촉진하는 것이 커뮤니티 오거니제이션의 기능이라고 했다.

구체적으로는 각 그룹의 대표자를 모아서 위원회를 조직하는 등으로 해서 토의장을 마련하여, 대표자 간의 관계를 조정해 가게 된다. 그것을 위하여 각 그룹의 대표자가 민주적으로 선발되어, 그룹의 성원에 의해 신임된 자라는 것이 긴요하다. → 뉴스테터, W. I.

인터벤션(intervention) ⇨ 개입(介入)

인테이크(intake)

어떤 사람이 원조를 구하기 위하여 사회복지기관에 오는 경우 최초로 하는 면접으로서, 그 사람의 주요한 요구와 욕구를 명백히 하여 문제의 개요를 파악하고 그 사람에게 그 기관의 기능을 설명하여 그 기관에서 취급하는 것이 적당한가를 결정하는 일을 말한다. 이 면접을 인테이크 면접이라 하며 케이스워크의 최초과정으로서 중요한 역할을 가진다. 이 단계를 전문적으로 담당하는 케이스워크를 인테이크워커라 한다.

구체적으로는 신청자의 기본적인 속성이나 문제를 경청(傾聽)하여 주소(主訴)와 니즈를 확실히 파악, 워커가속한 기관의 서비스 내용을 설명한다. 신청자가 원조를 받을 의사가 있는가의 여부를 확인하는 것을 목적으로 하고 있다. ⇨ 수리

인티그레이션(integration)

통합(統合), 통합화. 사회복지의 대상자의 처우에 있어 대상자가 다른 사람과 차별없이 지역사회와 밀착된 가운데서 생활할 수 있도록 원조하는 것. 또 지역안에서 핸디캡을 가진 자가 일상생활에 지장을 초대하지 않도록 지역주민, 관련기관 · 단체가 중심이 되어서 문제해결을 맞는다는 것 두 가지의 의미를 갖는다. 현재의 사회복지추진을 함에 있어 기본적인 이념이라고 할 수 있다. 다만, 본인의 상태, 환경, 원조체제 등에 대한 충분한 배려가 필요하다고 함은 말할 나위도 없다. → 노멀라이제이션

인포멀케어(informal care)

법률이나 정책 등에 의해 규정된 공식적 케어(formal care)에 대하여 가족이나, 친구, 지역주민, 볼런티어 등에 의한 자조(自助) 또는 상호부조를 내용으로 하는 일상적인 비공식적인 케어(원조)를 말한다. 법제도에 의거한 포멀케어, 즉 공식적 · 정형적(定型的)원조에 대하여 말한다. 양자의 협동(공사협동)이 과제로 되어 있다.
↔ 포멀케어 → NPO, 볼런티어

인포메이션서비스(information service)

정보제공에 의한 복지서비스. 생활에 관련되는 여러 가지 서비스 · 시스템과 복지이용자를 결합시키는 역할을 다한다. 복지이용자에 어느 정도의 자립성이 있으면, 정보제공에 의해서 행동선택의 폭을 넓혀 자유로이 새로운 활동을 골라서 생활을 충실히 하는 데에 유용하게 쓸 수 있다.

인폼드콘센트(informed consent)

환자가 의료정보에 대하여 충분히 설명을 받고,

또 환자가 납득한 다음에 자기의 의료행위에 동의한다는 것. 즉 납득진료라고도 일컬어지고 있다.

구체적으로는 의사가 진료, 특히 수술의 목적과 내용, 효과 등에 있어서 환자에 대하여 사전에 충분히 설명하여 그 환자가 납득한 다음에 치료가 행하여진다는 것이다. 하지만 단순히 의료정보의 개시(開示)나 그것에 의거한 동의뿐만 아니라 복수의 의사의 진료나 소견, 즉 세컨드 오피니언(second opinion)에 의거하여 환자가 자신이 바라는 치료를 선택하는 인폼드 초이스(informed choice)로 해야 한다고도 말하고 있다.

일반부조(一般扶助)

절대부조와 대칭되는 프로그램으로서 미국연방정부에서는 (general assistace, G.A)로 통칭하고 있으며, LA지방에서는 (general relief, G.R)로 칭하고 있다. 일반부조는 부가수입보장제(SSI : Supplentary Security Income)와 부양아동가족부조(AFDC : Aid to Famcily with Dependent Children)의 혜택을 받지 못하는 실직부모(unemployed parents)를 대상으로 그들의 가족을 일시적으로 부조하는 프로그램으로서 패치워크(patchwork)라고도 한다. 이 프로그램은 연방정부의 기금과 기준이 없기 때문에 주 사이(among states), 주 내부(within states)에서도 다양하며 위급상태에 한해서만 부조금을 지급한다.

일본군위안부피해자(日本軍慰安婦被害者)

일본군위안부 피해자라 함은 일제에 의하여 강제 동원되어 성적 학대를 받으며 위안부로서의 생활을 강요당한 피해자를 말한다(일제하 일본군위안부 피해자에 대한 생활안전지원 및 기념사업 등에 관한 법률 제2조1호).

일본의 복지3법(日本의 福祉三法)

생활보호법, 아동보호법, 신체장애인복지법의 세 개의 법률을 말한다.

구체적으로 어느 것이고 제2차 세계대전 직후에 제정된 것으로서 그후 고도 성장기에 제정된 모자 및 과부 복지법, 노인복지법, 지적장애인복지법을 추가하여 복지6법의 시대를 맞이하여 입법적으로 겨우 사회복지제도가 정비되게 되었다. → 일본의 복지6법, 일본복지8법의 개정

일본의 복지6법(日本의 福祉六法)

생활보호법, 노인복지법, 신체 장애인복지법, 지적(知的)장애인복지법, 아동복지법, 모자 및 과부복지법의 6개의 법률을 말한다. 일본의 현재의 사회복지법은 기본적으로 6개의 법률에 기초하여 제도화된 것이기 때문에 이 명칭이 있다. → 일본의 복지3법, 일본복지8법의 개정

일본복지8법의 개정(日本福祉八法의 改正)

노인복지법, 신체장애인복지법, 지적장애인복지법, 아동복지법, 모자 및 과부복지법, 사회복지사업법, 노인보건법, 사회복지의료사업단법이 1990년 6월에 개정이 행하여진 것을 칭한다. 특히 노인복지법은 1963년에 제정된 이후 전후 처음으로 발본적인 제도개혁이 있었기 때문에 사회복지 개혁 등으로도 일컬어지고 있다.

그 중에서도 중요한 것은 고령자복지의 이념 등을 근거로 하여, 종래 시(市) 이외에 도도부현(都道府縣)에 유보되어 있던 노인복지시설의 입소조치의 권한을 정촌(町村)으로 이양, 1993년 4월 1일 이후 재택(在宅)복지와 시설복지가 일원화되어 종합적으로 된 것과 더불어 시정촌(市町村)은 이후 주민에 가장 친근한 기초자치단체로서 계획적으로 고령자복지와 고령자보건서비

스를 연계시키기 위하여, 노인복지법에 의한 노인복지계획 및 노인보건법에 의한 노인보건계획으로서 일체적으로 책정, 실시해야만 했다. 여기에서 지역의 특성에 응하여 종합적인 고령화대책을 전개할 수 있게 되었다.

일상생활동작(日常生活動作) ⇨ ADL(Activity of Daily Living)

일상생활보호(日常生活保護)

일상생활동작 능력이 쇠퇴한 경우나 기능장애를 일으켰을 경우에 사람은 보장구, 보조구로 어느 정도의 자위성을 회복할 수 있다. 그러나 전면적으로 자위성을 회복할 수 없을 경우 타인에 의한 보호가 필요하게 된다. 이에 사회복지시설에 일상생활보호를 필요로 하는 사람을 수용하여 시설 등을 이용하게 하는 방법과 일상생활보호를 필요로 하는 사람이 있는 가구에 사회복지사 등이 방문해서 보호하는 두 가지 방법을 취하고 있다. 앞으로 시설과 지역사회를 결부한 일상생활보호가 활발할 것으로 생각된다.

일상생활지도(日常生活指導)

사회의 기초적 생활습관을 통해 자립심을 기르기 위해 행하는 지도이며 주로 아동복지시설 등에서 행해진다. 여기에는 개인지도와 집단 지도의 두 가지 방법이 있는데, 그 지도에는 개별화와 사회화의 균형이 유지되어야 한다. 그러기 위해서는 지도자가 대상이 되는 아이들의 특성을 잘 파악해두지 않으면 안된다. 이 지도를 담당하는 것은 주로 보모와 아동지도원이다.

일시보호(一時保護)

아동상담소나 부녀상담소에 부설되어 있는 일시보호소에 가출한 아동 등 보호자가 없는 아동이나, 학대를 받고 있는 아동, 또는 보호를 요하는 어린이를 최종적인 조치가 결정될 동안 일시적으로 보호하는 것을 말한다.

일시보호시설(一時保護施設)

한부모가족복지시설의 일종으로 배우자(사실혼 관계에 있는 자를 포함)가 있으나 배우자의 물리적 · 정신적 학대로 아동의 건전한 양육이나 모의 건강에 지장을 초래할 우려가 있을 경우 일시적으로 또는 일정 기간 그 모와 아동 또는 모를 보호할 목적으로 하는 시설을 말한다(한부모가족지원법 제19조1항10호).

일시지원복지시설(一時支援福祉施設)

한부모가족복지시설의 하나로서 배우자(사실혼 관계에 있는 자포함)가 있으나 배우자의 물리적 정신적 학대로 아동의 건전한 양육이나 모의건강에 지장을 초래할 우려가 있을 경우 일시적 또는 일정기간동안 모와 아동 또는 모에게 주거와 생계를 지원하는 시설을 말한다(한부모가족지원법 제19조 2항4호).

일신전속권(一身專屬權)

상속인에게 승계되지 않는 피상속인의 일신에 전속되는 권리의무를 말한다(민법 제1005조 단서). 일신전속의 권리의무로서는 개인 간의 신용을 기초로하는 대리권, 고용계약에 의한 노동의무, 위임계약에 의한 사무처리의 의무나 친족관계를 기초로 하는 부양청구권, 부부 간의 계약취소권, 혼인동의권, 이혼청구권, 친권 등이 있다. 또 신원보증채무는 신원보증인은 상속인에게 이전하지 않으나 보통의 보증채무는 상속인에게 승계된다. 그 밖에 위자료청구권은 피해자가 청구의 포기의사를 표시하지 않는 한, 상속인에게 승계된다. 또 생명보험으로 경우의 보험수익자의 지위는 당연히 상속되지 아니하고, 보험계약자가 변경권 또는 지정 권을 행사하지 아니하고 사망할 때에 보험수익자의 권리를 취득하게 된다(상법 제733조).

일제하 일본군위안부 피해자에 대한 생활안정지원 및 기념사업 등에 관한 법률(日帝下 日本軍慰安婦 被害者에 對한 生活安定支援 및 記念事業 등에 관한 法律)

이 법은 일제에 의하여 강제 동원되어 위안부로서의 생활을 강요당한 피해자를 보호 · 지원하고 일본군 위안부피해자의 명예회복과 진상규명을 위한 기념사업을 수행함으로써 이들의 생활안정과 복지증진을 기하고 국민의 올바른 역사관 정립과 인권증진에 기여함을 목적으로 1993년 6월 11일(법률 제4565호)에 제정 · 공포하여 같은 해 12월 11일부터 시행하여 오늘에 이르고 있다.

일차집단(一次集團)

일차집단은 어떤 특정한 목적이 없으면서 혈연과 지연을 바탕으로 자연발생적으로 이루어진 집단을 말한다. 일차집단으로는 가족, 친구, 친척, 이웃, 동료, 또래집단 등이 있다. 이것은 구성원들에게 친근감과 소속감을 갖게 하며, 대면적인 상호작용이 빈번하게 나타나고, 구성원들 간에 우리감정(we feeling)을 느끼게 한다. 이 집단은 구성원들의 사회화, 도덕규범의 발달, 행동의 형성과 변화 등에 영향을 미친다.

일탈행동(逸脫行動)

일탈(deviation)은 용인된 규범으로부터의 탈선, 용인된 규범의 측면에서의 탈선, 용인된 규범에 부착된 무능력이라고 한다. 첫 번째의 경우는 사회의 정상적인 규범을 받아들이지 못했거나 정상적인 사회의식의 발달이 못된 것을 합리화하기 위해 일어나는 행동, 두 번째의 경우는 문화적 요인에 의해 정서적으로나 사회적으로 적응하지 못하는 탈선, 세 번째의 경우는 인간의 생물학, 정서적, 사회적 요소의 결함에 의하여 일반적으로 승인된 규범을 따르는데 무능력한 것을 말한다. 그러나 사회적 여건이나 상황에 따라 상대성이 있고, 사회규범의 변화에 따라 일탈을 규정하는 사회적 기준도 변화한다.

임금(賃金)

임금이란 사용자가 근로의 대가로 근로자에게 임금, 봉금, 그 밖에 어떠한 명칭으로든지 지급하는 일체의 금품을 말한다(근로기준법 제2조5호).

임금채권보장제도(賃金債權保障制度)

경기의 변동 및 산업구조의 변화 등으로 사업의 계속이 불가능하거나 기업이 불안전하여 임금을 지급받지 못한 상태로 퇴직한 근로자가, 임금과 퇴직금을 지급받지 못한 경우 정부의 고용노동부 산하 기관인 근로복지공단이 사업주를 대신하여, 일정범위의 임금채권에 대해 지급해줌으로써 근로자와 그 가족의 기본적인 생활안전을 도모하는 제도. 우리나라는 퇴직한 근로자에게 그 지급을 보장하는 조치를 강구함으로써 근로자의 생활안정에 이 바지함을 목적으로 임금채권보장법(법률 제5513호)이 1998년 2월 20일에 제정 2005년 1월 1일부터 시행하고 있다. 현재 영국, 프랑스, 독일, 일본, 대만 등의 나라에서도 시행되고 있다.

임산부(姙産婦)

임신 중이거나, 출산 후의 산욕기에 있는 부인을 말한다. 의학적으로 수태에서 출산 후 6~8주의 기간을 말하고 있으나 모자보건법에서는 '임산부'라함은 임신 중에 있거나 분만 후 6월 미만의 여자를 말 한다고 규정하고 있다(동법 제2조1호).

임산부건강진단(姙産婦健康診斷)

임산부란 임신중 및 출산 후 6월 이내의 부인을 말하고, 모성보호를 위해 임산부와 건강상태를 조사하여 그 건강의 유지 · 증진을 도모함과 동서에 아동이 건전하게 육성되는 권리를 보호하려는 사업으로서, 이웃 일본에서는 도도부현(都道府縣), 시정촌(市町村)이 실시 주체가 되어 왔다.

임산부의 날(姙産婦의 날)

임신과 출산의 중요성을 고취하기 위하여 매년 10월 10일을 임산부의 날로 규정하고 있다(2005년 12월 7일(법률 제7703호)에 제정된 모자보건법 제3조의 2).

임상사회사업(臨床社會事業) ⇨ 클리니컬소셜워크

임상심리사(臨床心理士)

심리학적인 기법에 의하여 환자를 검사 · 진단하여 여러 가지로 심리요법을 행하는 전문직을 말한다.

구체적으로는 마음(심적인)의 문제나 고민 등에 대하여 임상적인 심리학의 기법을 이용해서 해결을 도모하거나 상담에 응한다.

임상적 진단(臨床的 診斷)

케이스워크의 집단과정에서 클라이언트를 이해하는 방법의 하나이다. 한 사람의 인간을 병적 상태 또는 적응장애의 내용과 특질에 의해 평가하려는 시도이다. 아동상담업무에서 쓰이는 정신지체, 행동장애, 신경증 등의 진단분류가 그 예이다. 이들은 원칙적으로 정신과 의사가 판단할 일이며 케이스워크의 입장에서는 환경에 대한 부적응이기 때문에 구체적이고 직접적인 계획을 수립하고 치료에 임한다.

임의가입(任意加入)

사회보험은 강제가입방식을 원칙으로 취하고 있지만 경우에 따라 임의가입이 인정되고 있다. 우리나 사회보험제도에서는 종업원 5인 미만의 사업장에 대해 의료보험, 국민연금 등의 피용자보험의 강제적용이 제외되어 이들 사업장의 종업원은 임의포괄 피보험자에 대한 절차에 따라 임의가입 하도록 인정되고 있다.

임의가입자(任意加入者)

임의가입자란 사업자가입자 및 지역가입자의 자로서 18세 이상 60세 미만의 자는 보건복지부령으로 정한 바에 따라 국민연금공단에 가입을 신청하면 임의가입자가 될 수 있다. 임의 가입자는 보건복지부령에 따라 국민연금공단에 신청하여 탈퇴할 수 있다(국민연금법 제3조1호 8호 제10조).

임의계속가입자(任意繼續加入者)

임의계속가입자란 국민연금 가입자 또는 가입자였던 자가 다음에 해당하는 자는 (18세 이상 60세 이하는 가입대상이 해당함에 불구하고) 65세가 될 때까지 보건복지부령으로 정하는 바에 따라 국민공단에 가입을 신청하면 임의계속자가 될 수 있다. 이 경우 가입신청이 수리된 날에 그 자격을 취득한다.

국민연금가입자 또는 가입자였던 자로서 60세가 된 자. 다만, 연금보험료를 납부한 사실이 없는 자, 노령연금 수급권자로서 지급을 받고 있는 자, 반환일시금을 지급받은 자(가입기간이 10년 미만으로 60세가 된 때), 가입자 또 가입자였던자가 사망한때 국적을 상실하거나 국외로 이주한 때는 제외된다(국민연금법 제2조9호 제13조1항).

임종간호(臨終看護)

임종에 가까운 노인을 위해 제공하는 간호를 말한다. 병약 노인의 노쇠한 몸은 젊은 사람과 달라 신체가능이 약화되고 병균에 대한 저항력이 감퇴되어 숨이 차고, 배설장애가 오며, 세균에 쉽게 감염되고, 종창 등 고통스러운 증상이 심해진다. 이 고통을 제거하기 위해 산소호흡, 배설원조, 체위변경, 영양식 지급, 환경정리 등을 제공한다. 또한 환자의 심리적 불안을 제거하고 고립감을 방지하기 위해 가족이나 친지들이 환자를 찾아가 마음의 대화를 나누게 하는 것도 중요하다. 종말(終末)간호는 인간의 생명을 최후까지 존중하는 생(生)의 완성의 지원이다.

임페어먼트 · 디서빌리티 · 핸디캡(impairment · disability · handicap)

영어에서는 장애를 표현할 때 이 세 가지의 말을 쓴다. 임페어먼트는 '기능장애'를 뜻하며, 심신의 기능이 이상을 일으키거나 기관에 이상이 생겨, 장기간 혹은 영구히 계속되는 상태를 말한다. 디서빌리티는 '능력장애'를 뜻하며, 기능장애로 인해 생긴 능력의 저하를 가리킨다. 또 핸디캡은 '사회적인 불리'를 뜻하며, 기능장애로 인하여 사회적인 불리한 상태에 놓여지는 것을 말한다.

입소명령(入所命令)

전염의 위험이 있는 환자 또는 보호자가 입소권유에 응하지 않을 때에 국립요양소에 환자의 입소를 명하며 전염병환자를 전염병원 및 격리병동으로 강제 수용시킨다. 또 전염의 위험이 있는 결핵환자 또는 보호자에게 결핵요양소나 결핵병동이 있는 병원에 입소할 것을 명하며, 외래전염병(4종)이 공항검역소에서 발견된 때에는 환자 및 승원을 강제격리 수용한다. 이들 모두 전염방지의 목적에서 행해진다.

입소시설(入所施設)

특히 명확한 정의는 없으나 사회복지의 용어로서 쓰이는 경우, 일반적으로는 복지의 조치에 의거하여 체재형 시설을 가리키는 경우가 대부분이다. 체재하지 않고 당일 돌아가는 당일치기 왕복 서비스 밖에 제공하지 않는 경우는 통원시설이라고 부르며, 같은 체재형 시설이라도 이용자 본인과 시설의 계약에 의한 경우는 이용시설로 부르는 경우가 많다. 입소시설은 시설서비스를 필요로 하는 사람들을 입소시켜 일상생활보호를 행함과 동시에 필요한 원조서비스를 행하는 시설이다. 입소시설은 사회복지사업법에 규정되어 있는 사회복지시설을 가리키며, 사회복지사업에 속한 시설이다.

입소지도(入所指導)

사회복지시설 입소자가 맨 처음 받는 처우가 입소지도이다. 사회복지시설에 처음으로 입소하는 사람은 거주지가 바뀌고 집단생활을 영위하게 되어 생활상의 문제 등을 책임져야 하는 등 새로운 생활에 불안을 느끼는 경우가 많다. 입소지도는 먼저 이들의 불만을 제거하는 것이 우선이다. 이를 위해 시설목적이나 기능을 잘 설명해 시설

내외의 물적, 인적, 자원 및 정보활용 방법 등이 지도된다.

입양(入養)

입양이라 함은, 부부와 그 친생자와의 사이의 관계와 동일한 법률관계를 설정할 목적으로 양자가 되려는 자와 양부모가 될 자 사이에 체결하는 신분상의 계약을 말한다. 아동복지 기능과 과정일 뿐만 아니라 합법적이다. 출생부모로부터 입양부모에게 법적으로 아동을 입양시켰다는 법적 기록의 변경을 포함한다.

구체적으로는 입양이란 성인의 측면에서 보면 친자가 아닌 타 아동을 법적 절차를 밟아서 자기 아이로 삼는 것을 말하며, 아동의 측면에서 보면 부모와 동등한 친자관계(부양, 상속, 양육, 재산관리)를 맺는 것을 뜻한다. 이러한 입양에는 친부모가 가정을 선정하여 아동을 입양가정에 양도하는 독립적 입양, 의붓아버지가 아이를 입양할 권리를 청원하여 이루어지는 의붓어버이 입양, 국가에서 인정한 기관에 의하여 입양되는 기관입양, 아버지쪽에서 사생아를 자기의 친자식임을 공개 선언하여 입양하는 아버지쪽 사생아 입양이 있다.

우리나라에서는 주로 독립적 입양으로서 생전양자 및 사후양자, 동성양자 및 이성양자, 서양자, 수양자 및 시양자 등으로 이루어져 있으나 현대사회에 이르러서는 보건복지부가 인정한 전문입양기관인 홀트(Holt) 아동복지회, 대한사회복지회, 동방아동복지회, 한국사회봉사회 등의 기관입양에 의해서 국내외 입양이 이루어지고 있으며, 1977년에 이르러서는 종전의 고아입양특례법을 폐지하고 입양특례법을 제정하여 시행하여 오던 중 1955년 1월 5일 법명도 입양촉진 및 절차에 관한 특례법으로 전문 개정되어 입양아의 성을 자기성으로 하고 입양자도 호주상속을 받도록 하며, 입양 후에는 친권을 포기토록 하여 입양사업을 활성화시켰다. 그러나 우리나라의 입양사업은 부진하다. 그 이유는 혈연중심의 가족제도, 연장아동과 장애아동의 입양회피, 생활공간의 제한, 인간존엄성의 희박, 입양에 대한 개념이나 관계 법률이 미약해 있다고 보아진다.

입양의 날(入養의 날)

건전한 입양문화의 정착과 국내입양의 활성화를 위하여 5월 11일을 입양의 날로 하고, 입양의 날로부터 1주일을 입양 주간으로 규정하고 있다. 그리고 국가와 지방자치단체는 입양의 날 취지에 적합한 행사 등 사업을 실시하도록 노력하여야 한다고 규정하고 있다(입양특례법 제5조).

입양특례법(入養特例法)

이 법은 요보호아동의 입양(入養)에 관한 요건 및 절차 등에 대한 특례와 지원에 필요한 사항을 정함으로써 양자(養子)가 되는 아동의 권익과 복지을 증진하는 것을 목적으로 입양촉진 및 절차에 관한 특례법을 전부 개정하여 2011년 8월 4일(법률 제11007호)제정 · 공포 후 1년이 경과한 2012년 8월 5일부터 시행하게 되었다.

이 법률은 제1장 총칙, 제2장 입양의 요건 및 효력, 제3장 입양기관 및 중앙입양원, 제4장 입양아동 등에 대한 복지 지원, 제5장 입양아동 등에 대한 정보의 공개, 제6장 지도 감독 등, 제7장 보칙, 제8장 벌칙으로 총45개 조문과 부칙으로 규정되어 있다.

자기각지(自己覺知)

사회복지원조에 있어서 원조자가 스스로의 능력, 성격, 개성을 알고, 감정, 태도를 의식적으로 컨트롤하는 것이다.

원조는 원조자의 가치관이나 감정에 좌우되기 쉬우나, 이용자의 문제에 스스로의 가치관이나 감정을 가지고 가는 것은 문제의 상황을 거슬리어 판단하는 것에 결부된다. 때문에 원조자는 스스로를 알고, 컨트롤하는 자기각지가 필요하게 된다.

자기개념(自己槪念)

자기가 받아들이고 있는 자신의 모습. 외견적(外見的), 내면적으로 자신이 자신을 어떻게 보고 있는가의 평가. 자기개념은 자존심이나 자기부정의 감정과 밀접하게 묶여 있기 때문에 심신(心身)에 장애가 있는 경우, 어떻게 거둬들이는가에 큰 영향을 미친다. 예컨대 "장애가 있어도 자기는 가치 있는 인간이다"라고 생각하는 것과 "장애가 있으니까 무능한 인간이다"라고 생각하는 것과는 그 인간의 사는 방법을 크게 좌우한다.

자기결정(自己決定)

개별원조의 원칙의 하나이며, 서비스이용자가 스스로의 의사를 스스로의 방향을 선택하는 것을 말한다. 자기결정의 원칙은, 이용자 자신의 인격을 존중하며, 스스로가 판단하여 결정해 가는 자유가 있다고 하는 이념에 기인하고 있다. 그러나 무제한으로 자유가 있는 것이 아니고 자기결정능력의 유무나 '공공의 복지'에 반하지 않는 한 이라고 한 제한이 붙어 있는 자기결정권이 있다고 하는 것이 일반적인 견해이다. 또 자기결정은 이용자를 개별원조의 과정에 적극적으로 참가시키는 것이 중요하다고 하는 의미로 이용자의 '참가의 원칙'으로서 나타낼 수도 있다. 자기결정은 클라이언트의 원조과정에의 참가에 연결되는 것이므로 워커는 이용자(클라이언트)가 최대한 가능한 한 자기결정을 할 수 있는 조건정비에 노력하지 않으면 안 된다. → 개별원조의 원칙, 바이스틱의 7원칙

자기동일성(自己同一性) ⇨ 아이덴티티

자기실현(自己實現)

사회복지 및 소셜워크의 목적개념의 하나. 융(Jung, C.G.)은 Self realization이라는 용어로 자기실현의 개념을 제창했으나, 이것을 받아 이어서 인간성 심리학의 입장에선 로저스(Rogers, C.R.)나 마슬로우(Maslow, A. H.)들은 self actualization 이라는 말을 사용하여 개념화 했다. 이 입장의 의미로서는 개인이 가지는 잠재력을 충분히 발휘하여, 이룰 수 있는 최대한의 것을 하는 것을 말한다. 현대의 사회복지에서 사람들은 단지 수동적으로 사회복지서비스를 수급하는 소극적 입장을 초월하여 인간으로서 여러 가지 경우에 있어서, 자기실현이라고 하는 가치를 추구해도 좋을 뿐더러, 혹은 추구할 만하다고 한다. 한편 서비스 제공자는 이용자의 자기실현이라고 하는 가치를 추구하는 활동을 존중해야만 한다

고 하여 복지정책으로도 그와 같은 가치는 차츰 인식되도록 되어 있다. →자기결정

자기인식(自己認識)

케이스워크의 기본원리로서 보통 인간은 타인을 볼 때 가치기준이나 감정에 영향 받기 쉽고 또 그와 같은 일을 스스로 느끼기 힘들다. 만일에 워커가 클라이언트와의 대인관계에서 자신의 선입견을 갖고 대하거나 자기자신의 감정대로 상대방을 대한다면, 사람을 쉽게 수용할 수도 없고, 올바르게 이해할 수도 없다. 따라서 워커는 평소부터 의식적으로 자신의 심리나 행동의 특이한 면을 보다 정확하게 파악할 필요가 있다. 이러한 면에서 슈퍼비전(supervision)은 필수적이라고 할 수 있다.

자녀양육지원(子女養育支援)

양육의 1차적 기반인 양친 및 가족의 자녀양육 기능의 취약화(脆弱化) 경향에 대하여, 2차의 기반인 사회가 사적 및 공적으로 그 기능을 보완하는 일 내지 양친 및 가족과 더불어 자녀양육에 관여하는 일을 말한다.

자립(自立)

자립은 인간의 기본적인 욕구인 동시에 권리이며, 인간다운 생활의 중요한 요소로서 완전참가와 평등이라는 장애인복지의 궁극적 목표의 실천에 있어 전체적인 동시에 조건이다. 자기 이외의 도움없이 또는 타인의 지배를 받지 않고 자기 의지에 의해 결정하고 행동하는 것으로 영어로 independence라고 표현하는 경우에는 이 뉘앙스가 강하다. 이 경우 의지결정에 있어서의 자기결정권과 행위수행에 있어서의 자기관리능력 여하에 따라 실현이 가능해 진다. 자립행위 수행의 내용영역은 본래 경제자립 내지 생활자립(self suppout)을 의미하며, 예를 들면 남녀평등을 논할 경우 여성이 남성에게 경제적으로 의존하고 있는 것을 여성의 열위(劣位)로 간주한다. 그래서 여성의 경제적 자립을 우선적 목표로 생각했다. 그러나 여성의 심리적인 종속에 대한 고찰이 진전됨에 따라 정신적 자립(self-reliance)도 역시 중요시 되었으며, 이러한 양쪽의 의미를 모두 포함하여 자립자조를 self-help라도 표현하기도 한다. 넓은 의미에서 자립은 새로운 사회복지의 기본이념과 목적 가운데 하나이다. 이와 같은 과정을 더듬어서 사회복지 내지 사회보장분야에서는 self-help를 자립자조(自立自助)라고 한다.

자립생활(自立生活)

'자립생활'이라고 하는 용어는 미국의 개념〔independent living : IL〕을 번역한 것으로 육체적 혹은 물리적으로는 타인에게 의존하지 않으면 안 되는 중증장애인이 자기결정에 의해서, 주체적인 생활을 영위하는 것을 의미한다. 다시 말해서 사지(四肢)마비 등 중증의 장애인이 보조자나 보장구 등의 보조를 이용하면서도 심리적으로는 주체적으로 생활하는 것이다.

자립생활센터(自立生活 center)

미국에 있어서 중증의 장애인이 자립하여 생활해 가기 위해서 장애인 스스로의 상호부조조직으로서 각 지역의 장애인이 운영하는 것. 자립생활을 위한 카운슬링, 개조(介助)자의 알선, 주택서비스, 이동서비스, 취로서비스 등, 여러 가지 서비스를 행하고 있다. 이웃 일본에서도 1980년대부부터 서서히 자립생활을 지원하는 센터가 증가하고 있으며, 또 전국조직으로서 전국자립생

활센터협의회가 있다고 한다. → 자립생활운동

자립생활운동(自立生活運動) ⇨ IL운동(Independent Living 運動)

자립생활프로그램(自立生活 Program)

중증장애인이 자기의 선택에 의하여 사회안에서 자립생활을 영위하는 데에 필요한 서비스의 프로그램이라는 것을 말한다. 미국에서 IL운동(자립생활운동) 중에서 실천해 온 것으로서 프로그램의 원칙으로서 ① 장애인의 니즈와 니즈에의 대응의 방법은 장애인 자신이 가장 잘 알고 있다고 하는 것 ② 니즈를 충족시키는 것은 다양한 서비스를 갖춘 종합적 프로그램이라야 한다는 것 ③ 장애인의 그 거주지의 커뮤니티에 될 수 있는 한 포함되어야 한다는 것의 3가지를 들 수 있다. → IL운동

자립자활시설(自立自活施設)

요보호자 또는 선도보호시설에서 퇴소한 자 중 사회적응이 곤란하거나 거주할 곳이 없는 자로서 본인이 희망하는 경우 6개월의 범위내에서 숙식·직업알선 등을 제공하여 사회적응을 용이하게 하는 시설이라고 규정하고 있다(구 윤락행위등방지법 제11조1항3호). 성매매방지 및 피해자 보호 등에 관한 법률에서의 일반지원시설과 동일한 것(동법 제5조1항2호).

자립적 니즈(自立的 needs)

시설(생활시설)에서 대응하기 보담은 차라리 자립하기 위하여 부분적인 원조를 서비스공급주체에 의존하는 상태를 말한다.

구체적으로는 재택복지서비스에서 대응하는 것 같은 니즈가 이에 해당한다. 종래는 서비스이용자가 전면적으로 공급주체에 의존하는 의존적(依存的)니즈(시설복지서비스에서 대응하는 니즈)가 중심이었으나 근년에는 자립적 니즈에의 대응이 중심으로 되어오고 있다. 또 니즈를 실현하는 측으로부터 니즈 오리엔티드 어프로치(needs oriented approach: 요원호성대책)로 하는 사고방식도 자립적 니즈를 나타내고 있다. → 의존적 니즈, 비화폐적 니즈

자립지원시설(自立支援施設)

아동복지시설의 하나.

아동복지시설에서 퇴소한 자에게 취업준비기간 또는 취업 후 일정기간 보호함으로써 자립을 지원하는 것을 목적으로 하는 시설을 말한다(아동복지법 제52조1항5호).

자산조사(資産調査)

자력조사. meanstest라고도 한다. 공적 부조제도에 있어서의 부조(우리나라의 경우는 국민기초생활보장법)에서의 신청자의 수급(급여)자격의 유무를 판정하기 위하여 행하여지는 조사.

구체적으로는 생활상태를 알기 위하여 수입지출과 자산에 대하여 조사한다. 무엇보다도 프라이버시에 깊게 관계되기 때문에 이용자에 스티그마를 줄 가능성이 높기 때문에 신중하게 행할 필요가 있다. → 스티그마.

자산활용제도(資産活用制度)

현금수입은 적지만, 자택 등 부동산 자산을 지니고 있는 고령자가 자택에서 생활해 나가면서 자산을 현금화하여 생활에 활용하기 위한 공사(公私)의 제도를 말한다. 금융기관 및 현재 은행 등에서 실시하고 있는 모기지론과 같은 제도를 말하는 것이다.

자살예방의 날(自殺豫防의 날)

자살의 위해성을 일깨우고 자살예방을 위한 적극적인 사회 분위기를 조성하기 위하여 매년 9월 10일을 자살예방의 날로 하고, 자살예방의 날부터 1주일을 자살예방주간으로 하며, 국가 및 지방자치단체는 자살예방의 날 취지에 적합한 행사와 교육 홍보사업을 실시하도록 노력하여야 한다고 규정하고 있다(자살예방 및 생명존중문화 조성을 위한 법률 제16조).

자살예방 및 생명존중문화 조성을 위한 법률(自殺豫防 및 生命尊重文化 造成을 위한 法律)

이 법은 자살에 대한 국가적 차원의 책무와 예방정책에 관하여 필요한 사항을 규정함으로써 국민의 소중한 생명을 보호하고 생명존중문화를 조성함을 목적으로 2011년 3월 30일(법률 제10516호)에 법25개 조문과 부칙으로 제정 · 공포하여 시행은 이 법 공포일로부터 1년이 경과한 날부터(2012년3월31일)시행되고 있다.

ㅈ

자상행위(自傷行爲)

자기의 신체에 자기 스스로가 상처를 입히는 행위이다. 자살을 목적으로 해서 행하는 경우와 그렇지 않은 경우가 있다. 자살을 목적으로 하지 않는 자상행위는 유아, 아동, 청소년, 지적장애아 등에 많이 나타나며, 주먹으로 머리를 때리거나, 머리를 벽에 부딪치기고 하며 손을 깨문다든지, 머리카락을 잡아당겨 뽑는다든지 한다. 청소년의 자살을 목적으로 하지 않는 자상행위에는 손목에 칼로 상처를 내는 것이 가장 많다. 통합실조증자의 자상행위는 아주 위중해서 이해가 곤란한 예가 많다.

자선(慈善)

역사적으로는 고아, 노병자(老病者), 빈민자를 불쌍히 여겨 구조(救助)하는 것을 말한다. 종교상의 이념과 실천에 깊이 관계되어 있다. 자선의 사고방법이나 실천은 1920년대 이후의 사회사업과 제2차 세계 대전 후의 사회복지에로 이어 받아졌다. 자선은 반드시 사회사업, 사회복지와 동의(同義)는 아니나, 역사적 전제(前提)다라고 할 수 있다. →사회사업, 사회복지

자선남비(慈善남비)

구세군이 사회사업의 일환으로 연말 또는 계절적으로 불행한 사람들을 돕기 위하여 모금하고자 가두에 모금용 남비를 설치하는 것이다. 이 운동은 제1차 세계 대전 이전부터 행하여졌고 제2차 세계 대전 이후부터는 더욱 활발해졌으며 이 모금으로 많은 빈곤자가 구제되고 있다. 이 운동은 세계 각처에서 행하여지고 있으며, 연말과 성탄절 때에는 특히 크리스마스 포트(Christmas pot)혹은 크리스마스 캐틀(Christmas kettle)이라는 남비를 설치하고 모금운동을 전개한다.

자선사업(慈善事業)

근대사회에 있어서 자선은 중세사회의 그리스도교에 의한 신앙과 박애(博愛)를 하는 일이었으나 그 후 그것으로부터 차츰 이탈해나간 시민의 양심에 의한 자주적인 복지적 구제나 사회봉사로 된 것을 말한다. 일반적으로는 자원과 자선사업은 명확히 구별되지 않는다. 그러나 자선사업은 산업혁명 전후에 사용되어진 용어로 그 성격은 자선에 대해 보다 사회성도 가지고 있고 과학적 조직성을 기초로 한다는 점에서 양자를 구별짓는다. 또 자선행위가 개인적 행위인데 대해 자선사업은 자선적 색채를 가진 사회적 구제사업

으로 보았다.

대규모적인 활동단체로서 19세기 영국에서 탄생한 자선조직운동의 담당자인 COS(Charity Organization Society, 자선조직협회)를 꼽을 수 있다. 그것은 미국, 한국, 일본 등에도 크게 영향을 미쳤다. 오늘날에는 시민레벨에서 더욱 다양한 사업이 전개되고 있다.

자선조직화운동(慈善組織化運動)

COS(Charity Organization Society movement)라고도 한다. 자본주의사회의 발전과 함께 빈곤문제가 증대되어 민간의 구제사업도 활발하게 된 19세기 후반의 영국에서 무차별에 의한 자선적인 구제의 난립(亂立)에 의한 폐해를 없애기 위해 결성된 자선조직협회에 의한 운동이다.

이 방법론은 그 후에 미국과 각국의 근대사회사업의 형성을 위해 커뮤니티 오거니제이션의 하나로서 선구적인 실천으로 되는 등 큰 영향을 주었다 → 커뮤니티 오거니제이션

자아(自我) ⇨ 에고

자아동일성(自我同一性) ⇨ 아이덴티티

자아실현(自我實現)

일반적으로 자신의 능력이나 기능을 충분히 발휘하여 이룩하려는 노력이나 그 이루어진 상태를 말한다. 학문적 입장에 따라 자아실현의 과정은 차이를 보여주고 있다. 카운슬링에서는 진정한 자기의 발견과 새로운 가치의 목적을 이루고자 하는 행동의 시작을 의미하고, 정신분석에서는 자신의 허구에서 벗어나 갈등을 해결하고 진정한 자아상을 실현하는 것을 의미한다. 장애아교육의 현장에서는 장애아 한 사람 한 사람의 독자성을 말할 때가 있다. 따라서 자아실현을 위한 노력에 동기를 부여하기 위해서는 교육적 원조와 치료적 원조를 제공할 필요가 있다.

자연권(自然權)

환경권과 함께 보다 살기 좋은 환경의 확보를 요구하고 자연의 생물의 보호를 호소하여 인간을 포함한 생태계의 적극적인 유지를 주장할 권리. 천연기념물로 지정된 동식물이나 기타 멸종위기에 처한 생물의 종(種)의 보존 보호를 위해 법에 의한 자연개발의 중지 등을 목표로 한다. 미국에는 절멸위기에 처한 종(種)의 보호법이 마련되어 있다.

자연범(自然法)

자연범이란, 행위 그 자체가 법규범위 성질을 기다리지 않고 이미 반사회적 반도덕적으로 되어 있는 범죄(예:살인, 강도, 절도 등)를 말하며, 형사범과 유사하다. 자연범을 형사범이라고도 한다. 형벌법규의 제정을 기다릴 것 없이 그 행위 자체가 이미 반사회적인 위법의 행위로 범죄, 이에 대하여 행위 자체는 별로 위법(반사회성)은 아니지만 행정상의 단속의 필요에 의하여 규정됨으로써 비로소 범죄로 되는 것을 행정범(법정범〈法定犯〉)이라고 한다. 예를 들면 행정형벌, 과태료를 과하는 행정질서벌, 지방자치법상의 과태료가 과하여지는 행위 등이다.

자연인(自然人)

법이 권리능력을 인정하는 자연의 생활체로서의 인간을 말한다. 다시 말해서 권리의 주체(자연인, 법인)가 될 수 있는 지위나 자격을 말하는데, 구체적으로는 우리와 같은 육체를 가진 자연인과 국가 회사 학교 재단법인과 같은 법인은 권

리능력이 있다. 자연인은 태아가 모체로부터 전부 노출한 때(전부노출 될)로부터 권리능력을 가지는 것이 원칙(민법 제3조)이다. 아직 출생하지 않은 태아는 부친이 사망한 경우에 손해배상을 청구하거나, 부모형제의 유산의 상속(민법 제1000조)에 있어서 이미 출생한 것으로 하여 권리능력을 인정한다. 사산(死産)인 경우에는 처음부터 권리능력을 갖지 않았던 것으로 한다.

자연환경(自然環境)

자연환경이라 함은 지하 지표(地表)〈해양을 포함〉 및 지상의 모든 생물과 이들을 둘러싸고 있는 미생물적인 것을 포함한 자연의 상태(생태계 및 자연경관을 포함)를 말한다(환경정책기본법 제3조2호).

자원봉사주의(自願奉仕主義)

19세기 영국에서 민간사회복지에 한계가 보이자 자선조직화운동 및 세틀먼트사업과 더불어 자원봉사활동이 시작되었다. 20세기 전반에는 사회복지 정책화의 시대, 복지국가성립의 시기였으나 자원봉사활동은 유럽, 구미에 폭넓게 행해졌다. 후반에서는 자원봉사활동의 의의 이념 역할이 명확해져서 그 필요성이 더욱 강하게 나타나게 되었는데 이것을 볼런터리즘(Voluntarism)이라고 한다.

자유권(自由權)

정신적 자유(사상 및 양심의 자유, 종교의 자유, 집회 결사 표현의 자유 등)와 경제적 자유(재산의 불가침 등)에 있어서 국가권력에 의한 개인에의 불개입을 보장하는 권리. 우리 헌법은 ①국민의 자유와 권리는 헌법에 열거되지 아니한다. ②국민의 모든 자유와 권리는 국가안전보장 질서유지 또는 공공복리를 위하여 필요한 경우에 한하여 법률로서 제한 할 수 있으며, 제한하는 경우에도 자유와 권리의 본질적인 내용을 침해할 수 없다(헌법 제37조)고 되어 있다. →사회권

자율신경(自律神經)

심장, 폐, 소화기 등 의지와는 관계없이 활동하는 내장이나 혈관에 분포하여 그 활동을 조절하는 신경. 심신을 활동에 적당한 상태에로 조정하는 교감신경과, 휴식에 적당한 상태에로 조정하는 부교감신경으로 성립되어 이 두 개의 신경계가 서로 길항(拮抗)하여 전신상태의 조정을 행하고 있다. →교감신경, 부교감신경

자율신경증상(自律神經症狀)

자율신경, 즉 교감신경 및 부교감신경의 영향에 의한 증상을 말한다. 구갈(口渴), 구내건조증, 빈맥(頻脈), 비폐(鼻閉), 변비, 배뇨장애, 발한(發汗) 등의 증상에서, 향정신성약(向精神性藥)의 부작용으로서 종종 나타난다.

자의입원(自意入院)

법 규정에 의거 정신질환자 본인의 동의에 의거한 입원형태. 본인의 인격존중, 금후의 치료에 있어서 원활한 효과적인 영향, 가족관계의 트러블 회피라고 하는 관점에서의 노력규정이다. 법에서는 정신질환자 본인이 입원신청서에 의하여 정신의료기관에 자의로 입원할 수 있으며, 또 자의로 입원한 환자로부터 퇴원신청이 있는 경우에는 정신의료기관의 장은 지체없이 퇴원시켜야 한다고 규정하고 있다. 법은 정신의료기관에 대하여 정신질환자를 입원시킬 경우와 퇴원할 때에도 원칙으로는 본인의 동의에 의거하도록 규정하고 있다(정신보건법 제23조).

자조 · 공조 · 공조(自助 · 共助 · 公助)

자조(〈自助〉 스스로의 노력으로 이루는 것), 공조(〈共助〉지역 등에서 서로 돕는 것), 공조(〈公助〉행정 등이 공적 원조를 제공하는 것)의 밸런스가 잡힌 복지의 달성이 기대되고 있다. 특히 자조를 무시한 지나친 원조는 본인의 자립을 저해한다고 생각되어 지고 있다.

자조집단(自助集團)

자조집단은 공통적인 조건, 경험 또는 욕구나 문제를 공유하는 사람들끼리 결성하는 자발적인 집단이다. 즉 이것은 공통적 요소들에 관한 대처능력을 향상시키기 위해서 상호간에 필요한 활동과 지원에 대한 정보교환 및 전문적인 지식과 기술을 바탕으로 구성원들에게 원조를 제공하기보다는 오히려 구성원들의 경험에 기초한 것들을 기반으로 상호간에 원조를 제공한다. 이러한 원조는 훌륭한 지지의 원천이 되며, 특히 그 집단이 구성되는 초기에 구성원들 상호간의 원조는 더욱 효과적인 지지의 원천이 된다.

자치법규(自治法規)

광의(廣義)로는 지방자치단체의 자치와 관계가 있는 모든 법규의 총칭이다. 예컨대, 헌법, 지방자치법, 교육기본법, 지방세법, 지방공무원법, 조례, 규칙 등이 그것이다. 협의(狹義)로는 지방자치단체가 법령의 범위 안에서 제정하는 자치에 관한 규정, 즉 조례와 규칙만을 말한다.

자폐증(自閉症)

1943년 미국의 정신과 의사인 케너(Kanner. L.)에 의하여 조기유아자폐증(早期幼兒自閉症)으로서 제창되고부터 그 원인이 임상적, 가족적, 생물학적으로 연구되어, 많은 논쟁을 일으켜 왔으나 아직까지 해명되지 않고 있다. 최근에 자폐증의 원인은 뇌의 중추(中樞)신경의 기능장애에 의해 일어난다고 상정(想定)되게끔 되었으나 중추신경의 장애의 기인(起因), 뇌의 부위, 뇌의 기능 등의 장애의 메커니즘은 명확하지 않다. 주된 증상은 환경이 갖는 정보를 올바르게 의미를 갖지 못하며, 말의 의미가 이해되지 않고, 공감적인 커뮤니케이션이 되지 않고, 행동의 양식이나 흥미의 대상이 국한되어 같은 행동을 반복하고 주위의 약간의 변화에도 공포나 고통을 느끼기 쉬운 등이다. 발달장애의 일종으로 받아들여지고 있다.

자폐증아(인)(自閉症兒〈人〉)

자폐증의 정의는 나열적(羅列的)으로 여러 가지로 정의되어 있지만 간단히 정의하기 어렵다. 자폐증이란 유유아기(乳幼兒期)에 발증하는 정신장애의 하나이며, 대인적(代人的) 고립, 언어발달의 지체이상, 동일성 유지의 욕구가 특징이며, 심리적으로 자기 세계 안에 들어박혀 대인관계가 전혀 이루어지지 못하는 정신증세 및 이것이 주가 되는 증세의 정신질환이다. 주위 사람들이나 상황에 대하여 관심을 가지지 않는다는 것이 문제이며, 같은 연령의 어린이는 물론 때로는 부모에게조차 대응하지 않을 경우도 있다. 그 반면에 자기가 흥미를 가진 대상에는 무엇이든지 무조건 고집하거나 열중한다. 일반적으로 남자 아이에게 많으며, 남아 대 여아의 비는 7대 1에서 10대 1 사이이다. 원인은 밝혀져 있지 않으나 선천적이라는 것은 어느 정도 인정되고 있다. 우선 주위 사람들과 상황에 대한 관심을 강화하기 위해 스킨쉽(skinship)을 비롯한 적극적인 대처가 필요하다. 또 흥미를 나타내는 대상을 전문화하는 한편, 흥미를 넓히기 위해 새로운 교육방법을 개발할 필요가 있다. 친구에게 흥미를 가지기 시작하면, 유치원이나 보육원 같은 곳에 넣어 보통 어린이와 함께 보육하는 것이 자폐아의 발달에 유익하다.

자폐증의 정의는 1973년의 세계보건기구(WHO)의 국제질병분류에 관한 용어해설시안(ICD-9)과 미국자폐아협회(1978년)에 의한 것 등이 알려져 있으나 루터(Rutter, M.)에 의한 정의에서는 ① 생후 30개월 이전의 발증(發症) ② 지적인 수준과는 일치하지 않는 사회성 발달의 장애 ③ 언어발달이 늦거나 왜곡 ④ 동일성에의 고집이라는 4가지가 자폐증 진단의 기준이 되는 것으로 하고 있다.

자활급여(自活給與)

자활급여란 국민기초생활보장법에 규정된 급여에 의한 종류이다. 자활급여는 수급자의 자활을 조성하기 위하여 다음과 같은 급여를 행하는 것을 말한다. ① 자활에 필요한 금품의 지급 또는 대여 ② 자활에 필요한 기능 습득의 지원 ③ 취업알선 등 정보의 제공 ④ 공공근로 등 자활을 위한 근로기획의 제공 ⑤ 자활에 필요한 시설 및 장비의 대여 ⑥ 기타 대통령령이 정하는 지원 조성을 위한 각종 지원 등을 행한다. 또 자활급여는 관련 공공 또는 민간기관 시설에 위탁하여 이를 행할 수 있으며, 이 경우 그에 소요되는 비용은 보장기관이 이를 부담한다(동법 제15조).

자활보호(自活保護)

자활보호는 보호대상자의 자활을 조성하기 위하여 자활에 필요한 금품의 지급 또는 대여, 기능습득의 지원, 취업의 알선, 기타 대통령령이 정하는 자활조성을 위한 각종 지원으로서 그 내용을 보면 아래와 같다. ① 취로구호로서 영세민에게 고용과 소득의 기회를 제공하여 그들에게 근로의욕을 진작시키고 그들에게 생활안정을 도모하도록 하며 지역사회개발에 참여케 함으로서 애향심을 갖게 하고 있다.

그러므로 당해 취로사업장은 언제나 그 대상자가 거주하는 지역내의 환경개선 및 지역사회개발이어야 한다.

② 응급구호로서 걸식 및 천막기거자와 같이 응급구호가 필요한 영세민에게 현물급부를 원칙으로 하여 영세민의 항구적 생활대책의 밑바탕을 만들어 줌과 함께 건전사회 내지 명랑사회 건설의 기틀을 다지기 위한 조치로서 읍 · 면 · 동장의 재량사업으로서 실시하고 있다. ③ 기능교육으로서 영세민과 그 자녀에 대한 기술교육은 점차 국가에서 많은 관심을 갖고 추진하고 있다. 남자인 경우는 금속, 기계공작, 목공 등이며, 여자인 경우는 미싱자수, 양재, 기계편물, 미용 등의 과목을 소정기간동안 교육시키게 되는데 대체로 수료자 거의가 국가 2급 기능공 자격을 취득하고 있다. ④ 자녀수업료 지원으로서 영세민자녀들 중에서 중학생에 한하여 수업료 전액을 보조해 주고 있는데 이는 개별적으로 지급을 하는 것이 아니고 일괄적으로 해당 교육위원회나 해당 학교로 납부하고 있다.

자활지원센터(自活支援 center)

자활지원센터는 성매매 피해자 등을 대상으로 자활에 필요한 지원을 제공하는 이용시설을 말한다. 자활지원센터에서는 업무로서 ① 자활공동체의 운영 ② 취업 및 기술교육(위탁교육을 포함) ③ 취업 및 창업을 위한 정보의 제공 ④ 그 밖에 사회적응을 위하여 필요한 지원으로서 여성가족부령이 정하는 사항 등을 행한다. 그리고 지원시설에 입소하는 자는 당해 지원시설의 이용규정을 준수하여야 하며, 입소규정 및 이용규정을 준수하지 아니하거나 그밖에 단체 생활을 현저히 저해하는 행위를 하는 입소자 또는 이용자에 대여는 시설의 장은 퇴소 또는 이용중단 등 필요한 조치를 할 수 있다(성매매방지 및 피해자보호 등에 관한 법률 제5, 8조).

작업요법(作業療法)

신체 또는 정신에 장애가 있는 자에 대하여 주로 그 응용적 동작능력 또는 사회적 적응능력의 회복을 꾀하기 위하여 수예, 공작 기타의 작업을 행하게 하는 것을 말한다. 이용되는 작업 활동에는 ① 일상생활에서의 개인적 활동(일상생활활동) ② 생산적 직업적 활동 ③ 표현적 창조적 활동 ④ 레크리에이션활동 ⑤ 인지적 교육적 활동이 있다. 이것들의 활동을 이용하여 신체기능, 정신심리기능, 고차뇌(高次腦)기능, 일상생활활동 능력, 직업복귀 능력, 사회생활적응 능력 등의 제기능 능력의 개선을 꾀한다. → 작업치료

작업장법(作業場法)

영국 경제학자들이 네덜란드의 거리에 거지가 없다는 점과 구빈원 입주자들이 수출제품을 만드는 생산적인 일을 하는 것을 보고 감동되어 원료, 양모, 철 등을 확보하여 산업을 위해서 영국의 빈민을 훈련시켜, 수출완제품을 생산코자하는 의욕을 갖고 만든 것이다. 이 법은 노동 가능한 빈민들에게 기술을 가르쳐 국가의 부의 증대에 기여하는 한편 빈민에게 수입을 줄 수 있는 기회를 마련하는데 있었다. 그 결과 거리의 상습적인 걸인이나 난폭한 부랑자가 사라졌지만 작업장제품은 기업의 질과 경쟁할 수 없어 경영난을 겪게 되었고 재료의 낭비 등으로 교구민의 세부담이 늘었다. 한편 빈민의 혹사, 노동력의 착취가 문제시 되었다. 그러나 이 법의 의의는 빈민의 작업보전적 성격을 띤 원초적인 프로그램이라는 점에 있다.

작업정의(作業定義)

사회조사 등을 행함에 있어, 그것에 쓰이는 개념을 명확화 · 엄밀화해 두기 위하여 행하는 개념의 정의 부여. 사회조사에는 개념을 의식적으로 사용해서 사실을 확인해 가는 작업이 행하여지기 때문에 사전에 그것들의 개념을 명확히 정의해 둘 필요가 있다. 이와 같은 정의에 의하여 개념의 명확성 엄밀성 함의성이 달성된다. 정의를 하는 방법에는 이론적 정의와 조작적(操作的) 정의가 있다. → 사회조사

작업중지권(作業中止權)

산재(産災)가 발생할만한 긴박한 위험이 있거나 또는 중대한 재해가 발생하였을 때에는 즉시 작업을 중지하고 근로자를 작업장소로부터 대피시키는 등 필요한 안전보건상의 조치를 취한 후 작업을 재개할 수 있는 권리를 뜻한다. 현행 산업안전보건법에는 사용자가 이 권리를 행사할 수 있도록 되어 있으며 근로자가 산재발생의 급박한 위험으로 인하여 작업을 중지하고 대피한 때에는 지체 없이 이를 직상급자에게 보고하고 직상급자는 이에 대한 적절한 조치를 취하여야 한다고 규정하고 있다(본법 제26조).

작업치료(作業治療)

재활의 중요한 일부분으로서 각종의 작업 활동(유희, 게임, 운동을 포함)을 매개로 지체운동 장애인에게는 응용적인 기능회복을 꾀하고, 정신장애인에게는 장애의 경감과 적응력의 증강을 도모함과 아울러 환자의 자립성을 높이는 것을

ㅈ

목적으로 한다. 기능적 작업요법(운동요법적인 작업요법), 일상생활동작훈련, 심리적 작업요법, 직업적 작업요법(직업훈련과 다름) 등으로 분류된다. 최근에는 실행증, 실인증 등의 치료도 작업요법을 통하여 그 성과가 인정되고 있으며 정신과병원에서도 작업요법의 활용이 점차 확대되어 가고 있는 실정이다. → 작업요법

작업치료사(作業治療士)

OT(Occupational Therapist) 라고도 한다. 신체장애인이나 지적장애인, 정신장애인을 대상으로 의사의 지시아래 각종 작업을 통하여, 심신의 기능이나 사회복지에 불가결한 적응능력의 회복을 꾀하는 전문직을 말한다.

구체적으로는 선천적인 심신의 장애나 병, 사고 등에 의하여 치료후 무언가의 장애가 남아는 기능을 최대한으로 회복시키기 위하여, 일상생활동작(ADL)이나 그림, 도예, 목공, 수공예, 원예, 직물 등을 통하여 손끝의 훈련이나 치료를 행하기도 하고, 보장구나 비품의 개량, 환경의 개선에 대하여 지도한다. 또 대인관계나 작업활동을 이용하여 심리적 준비라던가 직업전 평가를 통하여 노동력의 평가와 직업준비훈련, 레크리에이션, 유희활동, 사회교육 등을 행하는 외에 지역활동에도 참가한다. 여러 가지의 생활장애를 가진 어린이로부터 고령자까지를 대상으로 하며, 취업장소는 의료기관, 복지시설, 리허빌리테이션센터, 보건소 등이다. 자격은 ①보건의료에 관한 학문을 전공하는 대학 산업대학 또는 전문대학을 마친자 및 보건복지부장관이 인정하는 외국에서의 ①과 같은 교육과정을 이수하고 외국의 해당 의료기사 등의 면허를 받은 자로서 국가시험에 합격하여 면허를 받아야 한다(의료기사 등에 관한 법률 제1조의 2 · 4조).

작업환경측정(作業環境測定)

작업환경측정이라 함은 작업환경의 실태를 파악하기 위하여 해당 근로자 또는 작업장에 대하여 사업주가 측정계획을 수립하여 시료의 채취 및 그 분석 평가를 하는 것을 말한다(산업안전보건법 제2조5호).

작화(作話)

실제로 경험하지 않은 것을 자기가 마치 경험한 것처럼 얘기를 만들어서 하는 것이다. 자신의 추상(追想)이 그릇되고 있는 것을 모르고, 얘기하는 내용도 장소에 따라서 바뀐다. 노년치매에 있어서 만드는 얘기는 그 기초에 기명력(記銘力)장애나, 기억력장애, 소재식(所在識)장애가 존재하고 있는 일이 많다. 코르사코프(korsakov)증후군〈기억력 소재식을 상실하고 아무 말이나 지껄이는 따위의 정신병징후〉에서 인지된다. 또 알츠하이머형 노년치매에서는 건망에 의한 공백을 매꿀려고 하는 당혹(當惑)작화도 보인다. → 코르사코프 증후군

잔존감각기능(殘存感覺機能)

시각, 청각, 미각, 후각, 촉각, 압각(壓覺), 통각(痛覺), 습도감각, 운동감각, 평형감각, 내부감각 등의 감각의 어딘가에 장애가 있는 경우에 남은 감각이 갖는 기능이라는 것. 예컨대 시각에 장애가 있으면 청각, 촉각, 평형감각 등 다른 잔존감각을 이용하여 대신해서 자기가 처해 있는 상황을 파악하여 대처하게 된다.

잔존기능(殘存機能)

장애구조(기능장애, 능력장애, 사회적 불리)의 가운데 기능장애에 의하여 생긴 장애 이외의 남겨진 기능레벨의 능력. 리허빌리테이션 의학에

있어서는 지능장애 자체에 초점을 맞추어 치료해 가는 어프로치보다는 남겨진 기능에 초점을 맞추어서, 그 능력을 적극적으로 활용하여, 향상시켜 가는 어프로치의 쪽이 중시되고 있다. 이 어프로치의 특징을 위하여, 리허빌리테이션 의학은 장애나 질병의 치료를 중심으로 하는 통상의 의학과는 다르게 되어 있다. 따라서 리허빌리테이션 의학을 남아 있는 능력을 신장시킨다고 하는 의미로 '플러스의 의학'이라고 하는 경우도 있다.

잔존능력(殘存能力)

장애를 가지고 있는 자가 남은 기능을 가지고 발휘할 수 있는 능력을 말한다. 잔존능력은 가능성으로서의 능력이기 때문에 본인의 의사에 의해 발휘되지 않을 수도 있다. 원조를 행하거나 자조구(自助具) 등을 구입할 때에는 잔존능력을 상하게 하는 일이 없도록 충분히 주의하는 게 중요하다.

잠재적 니즈(潛在的 needs)

현재적(顯在的) 니즈의 대어(對語). 복지니즈 등의 니즈를 둘로 대별한 경우 본인이 자각 혹은 감득(感得)하고 있지 않다고 해도 어느 일정한 기준에서 괴리(乖離)되어 그 상태의 해결이 사회적으로 필요하다고 간주되고 있는 상태를 가리킨다. 현실적 서비스수요로서 현재화(顯在化)되지 않고 잠재화되어 있는 니즈. 예컨대 특별양호노인 홈 등의 복지시설에 입소하여 시설복지서비스를 필요로 하는 상태에 있으나, 가족수발(케어)에 의해서 재택에서 생활하고 있는 것 같은 경우이다. 이 경우 가족수발이 한계에 다다르면 니즈는 현재화되어 오는 것으로 된다. ↔ 현재화 니즈

장기기억(長期記憶)

장기간 지속하는 기억, 혹은 영속적인 기억으로 저장되는 양도 무한이라고 말할 수 있다. 지식이나 경험처럼 이미 학습한 것을 생각해 내기 위하여 사용된다. 정보처리의 사고방법에 의한 기억의 3가지 구조의 제3단계다. ↔ 감각기억, 단기기억

장기요양급여(長期療養給與)

장기요양급여라 함은 노인장기요양보험법의 규정에 따라 6개월 이상 동안 혼자서 일상생활을 수행하기 어렵다고 인정되는 자에게 신체활동 가사활동의 지원 또는 간병 등의 서비스나 이에 갈음하여 지급하는 현금 등을 말한다고 규정하고 있다(동법 제2조2호). 장기요양급여의 종류는 다음과 같다(동법 제23조).

1. 재가급여

가. 방문요양 : 장기요양요원이 수급자의 가정 등을 방문하여 신체활동 및 가사활동 등을 지원하는 장기요양급여

나. 방문목욕 : 장기요양요원이 목욕 설비를 갖춘 장비를 이용하여 수급자의 가정 등을 방문하여 목욕을 제공하는 장기요양급여

다. 방문간호 : 장기요양요원인 간호사 등이 의사, 한의사 또는 치과 의사의 지시에 따라 수급자의 가정 등을 방문하여 간호, 진료의 보조, 요양에 관한 상담 또는 구강위생 등을 제공하는 장기요양 급여

라. 주 · 야간보호 : 수급자를 하루 중 일정한 시간 동안 장기요양기관에 보호하여 신체활동지원 및 심신기능의 유지, 향상을 위한 교육 훈련 등을 제공하는 장기요양 급여

마. 단기보호 : 수급자를 보건복지부령이 정하는 범위 안에서 일정기간 동안 장기요양기

관에 보호하여 신체활동 지원 및 심신기능의 유지 향상을 위한 교육, 훈련 등을 제공하는 장기요양급여

바. 기타재가급여 : 수급자의 일상 생활 신체활동에 필요한 용구를 제공하거나 가정을 방문하여 재활에 관한 지원 등을 제공하는 장기요양급여로서 대통령령이 정하는 것

2. 시설급여 : 장기요양기관이 운영하는 노인복지법 제34조(노인의료 복지시설)의 규정에 따른 노인의료 복지시설 등에 장기간 동안 입소하여 신체활동지원 및 심신기능의유지 향상을 위한 교육 훈련 등을 제공하는 장기요양급여

3. 특별현금급여

가. 가족요양비: 동법 제24조의 규정에 따른 ①도서, 벽지 등 장기 요양기관이 현저히 부족한 지역으로서 보건복지부장관이 정하여 고시하는 지역에 거주하는 자와 ② 천재지변 그 밖의 이와 유사한 사유로 인하여 장기요양기관이 제공하는 장기요양급여를 이용하거가 어렵다고 보건복지부장관이 인정하는 자와 ③신체 · 정신 또는 성격 등 대통령령이 정하는 사유로 인하여 가족 등으로부터 장기요양을 받아야하는 자에게 기준에 따라 가족요양비를 지급할 수 있다.

나. 특례요양비: 국민건겅보험공단은 수급자가 장기요양기관이 아닌 노인요양시설 등의 기관 또는 시설에서 재가급여 또는 시설급여에 상담한 장기요양급여를 받을 경우, 대통령령이 정하는 기준에 따라 장기요양급여비용의 일부를 당해 수급자에게 동법 제25조에 따라 특례 요양비로 지급할 수 있다.

다. 요양병원간병비: 국민건강보험 공단은 노인복지법 규정에 따른 노인전문병원 또는 의료법의 규정에 따른 요양병원에 입원한 때에는 대통령령이 정하는 기준에 따라 장기 요양에 소요되는 비용의 일부를 동법 제26조에 따라 요양병원 간병비로 지급할 수 있다(동법 제23조 1항).

장기요양기관(長期療養機關)

장기요양기관이라 함은 노인장기요양보험법 제31조[장기요양기관의 지정]에 따라 지정을 받은 기관 또는 동법 제32조 [재가 장기요양기관의 설치]에 따라 지정된 재가 장기요양기관으로서 장기요양급여를 제공하는 기관을 말한다(동법 제2조4호).

장기요양사업(長期療養事業)

장기요양사업이라 함은 장기요양보험료, 지방자치단체의 부담금 등을 재원으로 하여 노인 등에게 장기요양급여를 제공하는 사업을 말한다(노인장기요양보험법 제2조3호).

장기요양요원(長期療養要員)

장기요양요원이라 함은 노인장기요양보험법에서 규정된 장기요양기관에 소속되어 노인 등의 신체활동 또는 가사활동 지원 등의 임무를 수행하는 자를 말한다(동법 제2조5호).

장기요양인정서(長期療養認定書)

장기요양인정서란, 노인장기요양보험법 제12조에 따른 장기요양인정신청 할 수 있는 노인으로서 ① 장기요양보험가입자 또는 그 피해자 ② 의료급여법 제3조1항에 따른 수급자가 신청서에 의사, 한의사가 발급하는 의사소견서를 첨부하여 신청하면 장기요양등급판정위원회가 장기요양인정 및 등급 판정의 심의를 완료한 후에 장

기요양등급과 장기요양급여의 종류 및 내용, 그 밖에 장기요양급여에 관한 사항으로서 보건복지부령으로 정하는 사항 등을 기재하여 작성한 증명서를 말한다(노인장기요양보험법 제17조).

장기이식(臟器移植)

이식이란 '조직 혹은 장기를 떼어 내어 분리해서 다른 개체(個體)의 장소에 또는 다른 고체(固體)에 옮겨 심는 것'을 말하며, 이 가운데서 장기(신장, 심장 등)의 이식을 말한다. 조직이식에는 피부, 각막(角膜), 골수, 혈액 등의 이식이 있다. 그리고 이식할 장기를 제공하는 사람을 장기기증자(donor), 받는 사람을 수납자 · 수증자(recipiet)라고 부른다. 현재 신장과 심장이식은 광범위하게 행하여지게 되었다. 다만, 장기기증자가 적음이 문제로 남아 있다. 우리나라는 '장기 등 이식에 관한 법률'이 1999년 2월 8일(법률 제5858호)에 제정 · 공포되어 시행 중에 있다.

장년기(壯年期)

장년기는 25~39세의 사이의 시기로서 신체적 심리적 · 사회적으로 성숙해지며, 일생에서 가장활력이 넘치고 활동적면서 건강한 시기이다. 이 시기에는 배우자를 선택하여 가정을 이루고 자녀를 양육하면서 부모로서의 역할을 수행하면서 가정생활을 관리해 나간다. 또한 경제적으로 독립의 필요성을 느껴 직업을 가지며, 사업이나 직장에서는 자기 일을 만족스럽게 성실히 수행하고, 사회인으로서의 권리와 의무 및 책임을 다하는 시기이다. 장년기의 신체적 건강유지를 위해서는 음주와 흡연, 스트레스 등을 줄이고 적절한 영양섭취와 규칙적인 운동을 해야 한다.

장루 · 요루장애인(腸瘻 · 尿瘻障碍人)

배변기능 또는 배뇨기능의 장애로 인하여 장루 또는 요루를 시술하여 일상생활을 하는 데 있어 상당한 제한을 받는 사람을 말한다(장애인복지법시행령 제2조).

장사 등에 관한 법률(葬事 등에 관한 法律)

이 법은 매장(埋葬) · 화장 및 개장(改葬)에 관한 사항과 묘지 · 화장장 · 납골시설 및 장례식장의 설치 · 관리 등에 관한 사항을 규정함으로써 보건위생상의 위해를 방지하고, 국토의 효율적 이용 및 공공복리의 증진에 이바지함을 목적으로 한 법률이다. 총 43개 조문과 부칙으로 구(舊) 매장 및 묘지 등에 관한 법률이 2000년 1월 12일(법률 제6158호)에 전문(全文)개정때 현재의 법률명으로 개정되어 시행중 3차의 개정을 거쳐, 2007년5월 25일(법률 제8489호)에 다시 전문개정하여 오늘에 이르고 있다.

장수화(長壽化)

인구의 평균적인 생존년 수가 늘어나는 것이며, 사망률의 저하(低下)와 동의어이다. 사망률은 연차별로 성(性) 연령별로 계산되지만 이러한 사망률을 종합해서 전반적인 수준을 나타내기 위한 평균수명(0세 평균여명)이나 어느 연장까지의 생존률이 사용된다. 장수화는 영양의 개선, 의료의 발달 등에 의하여 기대되는 것으로 사인(死因)으로 보면, 폐렴, 결핵, 기관지염 등의 감염증의 감소에서 나아가 악성신생물, 심장질환, 고혈압 등의 성인병의 개선으로 진전되어 왔다. 앞으로 장수화가 어떻게 진행될 것인가는 식생활과 노동 휴양의 조건이 개선되어 성인병이 어느 정도 감소해 가느냐에 의존하고 있다.

장수화는 사회에 다양한 영향을 미친다. 인구고령화에의 영향은 단순하지 않고 초기의 유아사망률의 개선의 단계에서는 역으로 인구 청소년화를 가져오는 수도 있지만 그 후의 단계에서는 직접 인구고령화를 야기한다. 장수화는 개개인의 생활에 있어서 자기 자신의 노후생활을 길게 함과 동시에 배우자의 생존률을 높이고 사망률을 저하시켜서 부부가 함께 지내는 기간의 연장을 가져온다.

장애(障碍)

무언가를 행하려고 할 때에 지장(방해)이 되는 것. 협의로는 신체나 정신의 기능이 저하 · 이상 · 상실(喪失) 혹은 신체의 일부결손 등 심신의 기능레벨의 개념을 말한다. 즉 지체부자유, 시청각장애, 내부기능장애, 지적장애 등이다. 한편, 광의로는 1980년에 세계보건기구(WHO)의 국제장애분류시안(試案)에서 제창된 '장애'의 세 개의 레벨(표준), 즉 기능장애, 능력저하, 사회적 분리의 능력저하나 사회적 불리까지를 가리키는 용어로서 사용되고 있다. 장애인복지법에서는 신체적 장애와 정신적장애로 분류하고 있다.

국가인권위원회법에서는 장애라 함은 신체적 · 정신적 · 사회적 요인에 의하여 장기간에 걸쳐 일상행활 또는 사회생활에 상당한 제약을 받는 상태를 말한다고 규정하고 있다.(동법 제2조7호) → 장애인

장애경제인(障碍經濟人)

장애경제인이라 함은 장애인 기업의 대표자와 임원으로서 당해 기업의 최고 의사결정에 참여하는 장애인을 말한다(장애인기업활동촉진법 제2조3호).

장애과대시(障碍過大視)

자신의 장애를 두드러지게 과대하게 평가하는 것. 특히 중증(重症)장애인의 경우, 당초는 장애에 의한 쇼크가 크기 때문에 장애의 국소에 의식이 집중하게 되어 이와 같은 경향이 보여 진다.

장애를 가진 아메리카인법(障碍를 가진 美國人法 ADA = American With Disabilities Act)

장애를 가진 미국인 법으로 번역된다. HIV 감염자를 포함하여 전장애인에 대하여 모든 차별을 금지하고, 그 사회참가의 촉진을 꾀하는 것을 목적으로 한 미국의 법률로 1990년 7월에 제정되었다. 장애인에 대한 차별을 금지하는 법률로서 정착되어 공공시설을 비롯하여 이동 교통, 교육, 고용, 주택 및 케뮤니케이션 등 사회적활동이나 생활면에 있어서 심신에 장애를 가지는 자에 대한 차별이나 배제를 금지하는 동서에 장애인의 사회에의 참가를 보장하기 위한 구체적인 조건정비를 정부 행정기관, 민간 기업에 의무를 지운 것이다. 이 법률은 미국의 공민권법과 1973년에 제정된 리허빌리테이션법을 근거로 하여 장애인에 대한 차별의 금지를 보다 강하게 국민에게 본보기로 알린 획기적인 법률로 영국, 오스트레일리아를 비롯하여 국제사회에 큰 영향을 주고 있다. 특히 장애인의 고용차별을 위반한 기업에는 거액의 배상책임을 부과하는 등, 고용차별의 철폐에 엄한 규정을 마련하고 있는 것으로 알려져 있다.

장애물 없는 생활환경 인정제(障碍物 없는 生活環境 認定制)

베리어 프리(Barrier Free : BF) 인정제라고도 한다. 이 인증제는 장애인, 노인, 임산부와 같은 사회적 약자를 포함한 시민 모두가 건축물 등 개

별시설물이나 도시, 구역에 쉽게 접근, 이동 이용할 수 있는지 여부를 평가해 인정하는 제도이다.

장애수당(障碍手當)

국가와 지방자치단체는 장애 정도와 장애인의 경제적 생활수준을 고려하여 장애인의 소득보전을 위해 급여하는 금액을 말한다. 다만, 국민기초생활보장법에 의한 생계급여의 수급자인 장애인에게는 이 장애수당을 지급도록 장애인복지법 제44조에 규정하고 있다.

장애수용(障碍受容)

자신이 장애를 지니고 있다는 사실을 솔직히 인정하고, 적절히 대응하는 것이다.

구체적으로는 의학적으로는 자기의 장애의 특징이나 예후(豫後)를 파악하고, 심리적으로는 부정이나 도피를 하지 않고, 사회적으로는 그 한계나 효용에 적합한 행동을 취하도록 하는 것을 가리키고 있다.

수용이라는 말이 받아들인다든가 책임지고 떠맡는다라고 해석되기 때문에, 소극적 태도라고 오해되기 쉽지만, 결코 본의 아니게 타인의 척도를 강요당하는 것은 아니고, 하물며 단념이라든가 패배의 용인도 아니다. 장애수용은 단순히 부정적인 면을 각오시키게 하는 것만이 아니라, 긍정적인 면의 기대를 갖게 하는 것이라고 해도 좋다.

장애아교육(障碍兒敎育)

심신장애아의 교육은 특수교육, 심신장애아교육, 치료교육, 장애교육 등으로 불리어지고 있다. 교육기본법(제18조), 초 · 중등교육법 제7절(제55조~제59조)에서는 특수교육으로서 규정되어 있으나, 일반적으로는 장애교육이라는 명칭을 사용하는 게 많다. 장애교육은 심신의 장애에 기인하는 교육상의 여러 가지 문제를 고려하여, 장애아의 발달을 촉진하기 위한 발달교육과 지각 · 인지 · 운동 · 언어 등의 발달의 일그러짐이나 심리 · 학습 · 행동의 장애의 치료지도를 목표로 치료교육을 행한다. 교육의 장으로서는 개개의 장애에 따라 특수학교, 맹학교, 지적장애양호학교, 농아학교, 지체부자유아양호학교 등이 있어 모든 장애아에 대하여 교육지도가 행하여지게 되어 있다. →통합교육

장애아동복지지원법(障碍兒童福祉支援法)

이 법은 국가와 지방단체가 장애아동의 특별한 복지적 욕구에 적합한 지원을 통합적으로 제공함으로써 장애아동이 안정된 가정생활 속에서 건강하게 선정하고 사회에 활발하게 참여할 수 있도록 하며, 장애아동가족의 부담을 줄이는데 이바지함을 목적으로 2011년 8월 4일(법률 제1109호)에 제정 · 공포하여 1년이 경과한 날부터 시행되었다.

장애아보육(障碍兒保育)

취학 전의 장애유아를 위한 보육을 말한다. 주로 장애아끼리의 집단에 의한 경우와 장애아와 건강한 아이의 집단에 의한 경우의 두 종류의 보육형태(장)가 있다.

장애의 개념(障碍의 槪念)

WHO(세계보건기구)는 1980년의 국제장애분류(ICIDH= International classification of Impairments, Disabilities, and Handicaps)에서 장애를 기능장애(impairment): 질병이나 심신기능의 변조가 영속화된 상태, 능력장애(disability): 그것 때문에 모든 활동의 수행이 제

ㅈ

한되거나 결여되는 것, 사회적 불리(handicaps): 기능장애 · 능력 장애의 결과로서 개개인에게 생긴 불이익이라고 하는 세 가지 계층의 영속으로서 정의했다. 하위레벨의 운동을 전제로 하여 상위의 수의(隨意)운동이 일어난다고 하는 운동행동(motor behavior)의 계층성을 인간의 사회생활행동에까지 확대하여 사회통념상의 장애인관을 집약한 정의라고도 할 수 있다. 그러나 당초부터 "의학적인 선형(線型)모델 사회적 불리를 생기게 한 환경요인에 언급하지 않은 계층의 정의가 애매하다"라는 비판과 캐나다 모델 등이 제안 되어, '장애인에 관한 세계행동계획'(1982년)에서도 그 재검토가 WHO에 요청되어 있었다.

WHO는 검토의 성과를 2001년 5월 제네바에서 개최된 제54회 WHO총회에서 전의 국제장애분류(ICIDH)의 개정판으로서『국제생활기능분류(International classification of Functioning, disability and Health : ICF)』을 채택했다.

ICF는 심신기능에 변조가 있는 개인을 다양한 요인(환경인자 · 개인인자)과의 상호관계로서 받아들인 것으로 장애인이라고 하는 단일의 카테고리로 개인의 능력특성이나 그것에 이어지는 사회생활까지 규정한다고 하는 윤리적인 모순을 고친 것, '장애인'이라고 하는 호칭에 담긴 부정적인 고정관념이나 스티그마(오욕감)을 불식하는 것에 역점이 두어져 있다. 또 참가(participation)라고 하는 콘텍스트(context)는, 개인의 사회참가를 거부하고 있는 '사회적 장애 = 살기 힘듦'의 소재를 분명히 해야 하는 것이다.

장애인(障碍人)

장애인이라 함은 신체적 · 정신적 장애로 인하여 장기간에 걸쳐 일상생활 또는 사회생활에 상당한 제약을 받는 자의 총칭이다.

신체적 장애라 함은 주요 외부 신체기능의 장애, 내부 기관의 장애 등을 포함하며, 정신적 장애라 함은 정신지체 또는 정신적 질환으로 발생하는 장애를 말한다(장애인복지법제2조). → 장애

장애인고용부담금(障碍人雇傭負擔金)

장애인고용촉진 및 직업재활법에 의거하여 장애인의 고용에 따르는 경제적 부담의 평등화를 위하여 조정 등을 꾀하고 경제적 측면에서 장애인의 고용에 관한 사업주의 사회연대책임의 이행을 구한다고 하는 제도이다. 사업주는 의무고용률에 미달하는 장애인을 고용하는 경우(상시 50인 이상 100인 이하는 제외)는 대통령령이 정하는 바에 의하여 매년 고용노동부장관에게 장애인고용부담금을 납부하여야 한다(장애인고용촉진 및 직업재활법제27조제1항).

장애인고용촉진 등에 관한 법률(障碍人雇傭促進 등에 관한 法律)

이 법은 장애인이 그 능력에 맞는 직업생활을 통하여 인간다운 생활을 할 수 있도록 장애인의 고용촉진 및 직업재활을 도모함을 목적으로 하여 2000년 1월 12일(법률 제6166호)에 장애인 고용촉진 등에 관한 법률 제정 · 공포하여 동년 7월 1일부터 시행하던 중 2007년 5월 25일(법률 제8491호)에 전문 개정하여 시행하며 오늘에 이르고 있다. 법은 제1장 총칙, 제2장 장애인고용촉진 및 직업재활, 제3장 장애인고용 의무 및 부담금, 제4장 한국장애인고용촉진공단, 제5장 장애인 고용촉진 및 직업재활 기금. 제6장 부칙으로 총 87개 법조문과 부칙으로 되어 있다.

장애인권리협약(障碍人權利協約)

유엔은 2006년 12월 13일 192개 전체회원국들이 참석한 가운데 본회의를 열고 전 세계 6억 5천 만 장애인의 권익을 보호하기 위한 국제협약인 장애인권리에 관한 협약을 만장일치로 채택하였다. 권리협약의 주요 내용은 1. 건물 · 도로 · 대중교통 및 기타 실내 · 외시설의 이용과 정보 의사소통 및 기타 서비스에 대한 접근권 보장 2. 통합교육 및 평생교육보장 3. 가능한 최고수준의 건강유지를 위한 의료 · 건강관리 서비스 제공 4. 개방적이고 접근 가능한 근로환경과 고용조건의 제공 등이다. 이 협약은 각 회원국들이 신체적 장애, 정신적 질환 등 어떤 형태의 장애에 대해서도 차별을 하지 못하도록 법으로 금지하고, 장애인의 재산권과 상속권을 비장애인과 동일하게 보장하며, 사생활의 보호를 법제화 할 것을 규정하고 있다. 우리나라 정부는 2008년 12월 2일 제278회 정기국회에서 비준동의를 얻어 2008년 12월 11일 국제연합 사무총장에게 비준서를 기탁함으로써 2009년 1월 10일에 '조약 제1928호'로 우리나라에 대하여 발효되었다. 이 유엔장애인 권리협약은 1948년 이후 유엔이 채택한 8번째의 국제인권협약인 이 협약은, 초안 마련에서 각국 서명까지 5년이 걸려 유엔역사상 가장 단시간에서 서명된 협약으로 기록되었다.

장애인기업(障碍人企業)

장애인기업인이라 함은 다음의 각호의 요건을 갖춘 기업을 말한다.

1. 장애인이 소유하거나 경영하는 기업으로서 대통령령이 정하는 기준에 해당하는 기업
2. 당해 기업에 고용된 상시근로자 총수 중 장애인의 비율(장애인고용비율)이 100분의 30인 이상으로서 대통령령이 정하는 비율 이상인 기업. 다만, 중소기업기본법 제2조2항의 규정에 의한 소기업에 대하여 장애인 고용비율은 적용하지 아니한다(장애인 기업 활동촉진법 제2조2항).

장애인기업활동촉진법(障碍人企業活動促進法)

이 법은 장애인의 창업과 기업활동을 적극 촉진함으로서 장애인의 경제적 · 사회적 지위를 제고하고 경제적 향상을 도모하여 국민경제 발전에 이바지 함을 목적으로 하여 2005년 7월 29일(법률 제7632호)에 제정하여 공포 후 3월이 경과한 날부터 시행하여 그간 3차 개정을 거쳐 오늘에 이르고 있다.

장애인 노인 임산부 등의 편의증진보장에 관한 법률(障碍人 老人 姙産婦 등의 便宜增進保障에 관한 法律)

이 법은 장애인 노인 임산부 등이 생활을 영위함에 있어 안전하고 편리하게 시설 및 설비를 이용하고 정보에 접근하도록 보장함으로써 이들의 사회활동참여와 복지증진에 이바지함을 목적으로 1997년 4월 10일(법률 제5332호)에 29개법조문과 부칙으로 제정 공고되어 공포 후 1년이 경과한 날부터 시행되어 수 차례 개정을 거쳐 오늘에 이르고 있다.

장애인 등에 대한 특수교육법(障碍人 등에 관한 特殊敎育法)

이 법은 교육기본법 제18조[특수교육]에 따라 국가 및 지방자치단체가 장애인 및 특별한 교육적 요구가 있는 사람에게 통합된 교육환경을 제공하고 생애주기에 따라 장애유형, 장애정도의 특성을 고려한 교육을 실시하여 이들이 자아실현과 사회통합을 하는 데 기여함을 목적으로

2007년 5월 25일(법률 제8483호)에 제정하여 공포하였다. 법의 구성은 제1장 총칙, 제2장 국가 및 지방자치단체의 임무, 제3장 특수교육대상자의 선정 및 학교배치 등, 제4장 영유아 및 초중등교육, 제5장 고등교육 및 평생교육, 제6장 보칙 및 벌칙으로 총 38개 법조문과 부칙으로 되어 있으며, 이 법이 제정됨과 동시에 종래 시행해오던 특수교육진흥법은 폐지되었다.

장애인단체(障碍人團體)

장애아(인) 본인 및 장애아(인)를 가진 부모의 복지증진을 위하여 제각각의 운동을 전개하고 있는 단체의 총칭이다. 장애인 단체는 ① 장애인 본인 및 그 부모 등이 중심이 되고, 장애종류별 또는 질병특성별로 조직되어 있는 당사자 단체 ② 복지시설, 노동, 의료, 교육 등의 장애인에 관련한 전문가단체 ③ 주부, 학생, 노동조합 등 봉사자를 중심으로 한 시민단체의 세 종류로 구분이 가능하며, 일반적으로는 당사자단체를 가리키는 경우가 많으나 근래에는 시민단체의 활동도 활발해지고 있다. 장애인단체의 주요한 활동은 완전참가와 평등을 실현하기 위한 교육, 취업기회의 확대, 참가내용의 충실, 공적 시책의 개선 등에 있다.

장애인등록증(障碍人登錄證)

장애인 본인과 그 법정 대리인 또는 장애인복지시설의 장 및 기타 장애인을 사실상 보호하고 있는 자는 장애상태와 그 밖에 보건복지부령이 정하는 사항을 시장 · 군수 또는 구청장(자치구의)에게 등록하면 시장 · 군수 · 구청장은 장애인복지법제2조(장애인의정의 등)에 따른 기준에 맞으면 장애인에게 교부하는 등록증을 말한다(장애인복지법제32조1항).

장애인보조기구(障碍人補助機具)

장애인 보조기구라 함은 장애인이 장애의 예방과 보완 및 기능의 향상을 위해 사용하는 의지(義肢) · 보조기 및 보건복지부장관이 정하는 보장구(補裝具)와 일상생활의 편의증진을 위하여 사용하는 생활용품을 말한다(장애인복지법제55조). 즉 신체에 장애가 있는 사람이나 요개호 노인이 장애 혹은 그것에 수반되는 생활상의 문제에 의해 감소된 기능을 보충하여 보다 쾌적하게 하기 위한 생활지원기구의 총칭이다.

장애인복지(障碍人福祉)

신체장애인 및 지적장애인, 정신박약자, 정신장애인을 대상으로 하는 사회복지의 한 분야이다.

구체적으로는 노멀라이제이션의 이념에 그 사회복귀나 사회참가를 지향하기 위하여 장애인복지법, 정신보건법 등에 의거하여 필요한 시책이 강구되어 있다.

장애인복지법(障碍人福祉法)

이 법은 장애인의 인간다운 삶과 권리보장을 위한 국가와 지방자치단체 등의 책임을 명백히 하며, 장애발생의 예방과 장애인의 의료, 교육, 직업재활, 생활환경개선 등에 관한 사업을 정하여 장애인복지대책의 종합적 추진을 도모하며, 장애인의 자립생활 보호 및 수당의 지급 등에 관하여 필요한 사항을 정하여 장애인의 생활안정에 기여하는 등 장애인의 복지와 사회활동 참여증진을 통하여 사회통합에 이바지함을 목적으로 한 법률이다.

1981년 6월 5일(법률 제3452호)에 제정된 심신(心身)장애자복지법을 시행해 오던 중 1989년 12월 30일에 장애인복지법으로 전문개정하여 몇 차례 개정을 거치면서 시행하는 중

2007년 4월 11일(법률 제8367호)에 또 전문 개정되어 오늘에 이르고 있다.

장애인복지상담원(障碍人福祉相談員)

장애인의 복지증진을 위한 상담 및 지원업무를 담당하게 하기 위하여 시 · 군 · 구(자치구에 한함)에 소속되어 여러 가지 상담업무를 담당하는 자를 말한다. 장애인복지상담원은 그 직무를 행함에 있어 상담내용이 프라이버시에 관한 것이 많기 때문에 개인의 인격을 존중하고, 업무상 알게 된 개인의 신상에 관한 비밀을 누설해서는 안 된다(장애인복지법제30조).

장애인복지시설(障碍人福祉施設)

국가와 지방자치단체가 장애인의 성 · 연령 및 장애의 유형과 정도를 고려하여 장애인복지시설에서 보호, 의료, 재활지도, 재활훈련과 자립생활 지원 등의 서비스를 제공함으로써 장애인이 기능회복과 사회성 향상을 도모할 수 있도록 설치한 시설을 말한다.

시설의 종류는 장애인생활시설, 장애인지역사회재활시설, 장애인직업재활시설, 장애인유료복지시설, 그 밖에 대통령령령으로 정하는 시설 등이 있다(장애인복지법제58조1항).

장애인복지운동(障碍人福祉運動)

심신장애인복지운동은 장애인 자신의 운동으로 이해되며, 장애인 자신에 의한 인권주장운동, 요구운동, 복지소비자운동 등이다. 다른 한편, 장애인복지 진전을 위한 운동으로 이해할 때에는 장애인 자신뿐만 아니라 장애인 대변자로서의 '부모회운동' '볼런티어'나 시민을 끌어 들이는 '주민운동', '교육연구운동', '매스컴 · 캠페인' 등을 총망라하게 된다. 우리나라는 1970년대에 들어와서 백만인 모금걷기운동 등이 매스컴을 활용하는 적극적 운동으로 지금까지 추진되어 오고 있으며 시각장애인, 지체부자유인 등 장애 유형별로 그들의 생활과 관련되는 문제에 직면하여 수시로 요구운동을 벌여왔다. 앞으로 이 운동은 제도적인 개선, 제정되지 않은 법률의 통과, 각 장애별 자격증의 세분화를 중심으로 하는 제도적 마련, 장애종류에 알맞은 보장구의 제작과 교부, 장애인에 대한 사회적 인식의 개선, 장애인의 인권향상 등을 위한 장애인 자신들에 의한 운동을 중심으로 각계각층의 호응이 있어야 할 것이다.

장애인생활시설(障碍人生活施設)

장애인복지시설의 하나.

장애인이 필요한 기간 생활하면서 재활에 필요한 상담 · 치료 · 훈련 등의 서비스를 받아 사회복귀를 준비하거나 장애로 인하여 장기간 요양하는 시설을 말한다(장애인복지법제58조1항1호).

장애인연금법(障碍人年金法)

이 법은 장애로 인하여 생활이 어려운 중증장애인에게 장애인연금을 지급함으로써 중증장애인의 생활안전 지원과 복지증진 및 사회활동을 도모하는 데 이 바지함을 목적으로 2010년 4월 12일(법률 제10255호)에 법27개 조문과 부칙으로 제정 · 공포하여 2010년 7월 1일부터 시행하여 오늘에 이르고 있다.

장애인운동(障碍人運動)

장애인의 처우나 대우 등에 있어서 공적시책의 개선을 구하는 장애인관계 단체의 운동을 말한다. 장애인운동을 대별하면 ① 당사자단체에 의한 운동 ② 전문가단체에 의한 운동 ③ 시민단체에 의한 운동의 3가지로 분류할 수가 있으나, 일반적으로는 당사자 단체에 의한 운동을 가리키는 것이 많다.

장애인유료복지시설(障碍人有料福祉施設)

장애인복지시설의 하나.

장애인이 필요한 치료, 상담, 훈련 등 편의를 제공받고 그에 소요되는 모든 비용을 시설 운영자에게 납부하여 운영하는 시설을 말한다(장애인복지법제58조1항4호).

장애인의 권리(障碍人의 權利)

우리나라 장애인복지법에서는 ① 장애인은 인간으로서 존엄과 가치를 존중받으며, 이에 상응하는 처우를 받는다. ② 장애인은 국가 · 사회의 구성원으로서 정치 · 경제 · 사회 · 문화 기타 모든 분야의 활동에 참여할 권리가 있다고 규정하고 있다(동법 제4조). → 장애인권리협약, 장애인의 권리선언

장애인의 권리선언(障碍人의 權利宣言)

1975년 12월 9일의 제30회 UN총회에서 채택된 '모든 장애인의 권리에 관한 결의'의 통칭이다.

이 선언의 목적은 UN헌장에 있어서 선언된 인권, 기본적 자유, 평화, 인간의 존엄, 사회적 정의 등의 원칙을 재확인하여, 장애인의 권리와 권리보호를 위하여 국내적, 국제적 행동을 요청하는 것이다. 구체적인 권리로서는 인간으로서의 존엄, 시민권 및 정치적 참가권, 의학적 · 교육적 · 직업적 · 사회적 리허빌리테이션을 받을 권리, 사회적 활동 · 창조적 활동 · 레크리에이션활동에의 참가권 등이다. 이 선언은 13항목으로 구성되어 있으며, 세계 각국 공동의 문제인식과 복지노력의 실천을 호소하고 있다.

장애인의 기회균등화에 관한 표준 규칙(障碍人의 機會均等化에 관한 標準規則)

의료, 리허빌리테이션, 교육, 취로, 사회보장 등 장애인에 관계되는 중요한 과제에 있어서 각 국이 취해야 할 보다. 구체적인 지침으로 만들어진 것으로 1993년 12월의 제48차 UN총회에서 채택되었다. 평등한 참가에의 전제조건으로서 ① 이해의 촉진 ② 의료 ③ 리허빌리테이션 ④ 지원서비스를 평등한 참가를 위한 목표분야로서 ㉠ 억세스(access) ㉡ 교육 ㉢ 취로 ㉣ 소득 · 사회보장 ㉤ 가정생활과 개인의 존엄 ㉥ 문화 ㉦ 레크리에이션 · 스포츠 ㉧ 종교를 들고 있다.

장애인의 날(障碍人의 날)

국민의 장애인에 대한 이해를 깊게 하고, 장애인의 재활의욕을 고취하기 위하여 매년 4월 20일을 장애인의 날로 하고 장애인의 날로부터 1주간을 장애인주간으로 하며, 국가와 지방자치단체는 장애인의 날 취지에 적합한 행사 등 사업을 실시하도록 노력하여야 한다고 장애인복지법에 규정하고 있다(동법 제14조).

장애인의무고용율(障碍人義務雇鏞率)

상시 50인 이상의 근로자를 고용하는 사업주(건설업에 있어서 근로자 수의 확인이 곤란한 경우에는 공사실적액이 고용노동부장관이 정하여 고시하는 금액 이상인 사업주)는 그 근로자의 총수(건설업에 있어서는 근로자 수의 확인이 곤란한 경우에는 대통령령이 정하는 바에 따라 공사실적액을 근로자의 총수로 환산한다)의 100분의 5의 범위 안에서 대통령령이 정하는(장애인 상시근로자 의무고용율을 100분의 2로 한다) 장애인을 고용하여야 하는 율을 말한다(장애인고용촉진 및 직업재활법제24조1항).

장애인의 성과 결혼(障碍人의 性과 結婚)

장애인의 성적 기능장애와 동시에 장애인차별로부터 생기는 성적 교접(交接)이나 결혼이 곤란한 문제를 말한다. 장애인도 같은 인간으로서 여러 가지 보조수단을 사용해서라도 성을 자각하여 성적만족을 할 가회가 주어져야 한다는 사고가 일반화되어 있다. 많은 장애인의 성생활을 대개 각종의 폐해를 극복해 오고 있으나 성교접이 되지않고 결혼상대가 적다거나 어린이가 태어나지 않는다는 등의 곤란을 안고 있는 장애인도 적지 않다.

장애인의 자립생활(障碍人의 自立生活)

장애인의 자립생활이라는 것은 장애인이 타인에 의존하지 않고, 모든 것을 자신의 힘으로 행하고 생활하는 것을 의미하는 것이 아니며, 스스로의 능력에 맞는 생활을 타인의 원조를 어느 정도 받으면서 스스로 선택하고, 실천화하는 것이다. 여기서 요구되는 것은 그 장애가 지체에 있건 정신에 있건, 혹은 심신의 중복 · 중증의 장애인이 건강에 타인의 관계 속에서 자기의 행동을 스스로 선택하고 결정한다고 하는 자율능력(self control)이다. 이것이 자립생활의 최초의 스탭인 것이다. 그것은 타율과는 다르며, 자신의 행동이나 발언에 대해서 책임을 진다고 하는 의식이며, 자립생활의 형태나 내용이 문제되는 것은 아니다.

장애인의 정의(障碍人의 定義)

세계 각국의 법률 · 제도에 의하여 장애인의 정의나 개념에는 상이(相異)하나, UN의 〈장애인의 권리선언〉(1975년)은 "장애인이라는 용어는 선천적이거나 아니거나를 불문하고, 신체적 또는 정신적인 능력의 부전(不全) 때문에 통상의 개인 또는 사회생활에 필요한 것을 확보하는 것이 자기 자신으로는 완전히 또는 부분적으로 할 수 없는 사람이라는 것을 의미한다"고 하고 있으며, 우리나라 장애인복지법에서는 '장애인은 신체적 · 정신적 장애로 인하여 장기간에 걸쳐 일상생활 또는 사회생활에 상당한 제약을 받는 자를 말한다'고 규정하고 있다.

신체적 장애라 함은 주요 외부 신체기능의 장애, 내부 기관의 장애 등을 말하며, 정신적 장애라 함은 정신지체 또는 정신의 질환으로 방생하는 장애를 말하고 있다(장애인복지법제2조).

장애인정(障碍認定)

각종 장애인의 장애의 종류 및 정도를 통일적 기준으로 평가 또는 인정한다는 것을 말한다.

장애인정은 장애평가(障碍評價)로도 일컬어져 각국에 있어서 인정기준이 다르고 국제적으로는 통일적 파악이 곤란하다. 우리나라에서는 장애인복지법시행령 제2조에서 다음과 같이 규정하여 분류하고 있다. ① 지체(肢體)장애인, ② 뇌성장애인, ③ 시각장애인, ④ 청각장애인, ⑤ 언어장애인, ⑥ 정신지체인, ⑦ 발달장애인, ⑧ 정신장애인, ⑨ 신장장애인, ⑩ 심장장애인, ⑪ 호흡기장애인, ⑫ 간장 장애인, ⑬.안면장애인, ⑭ 장루(腸瘻) 요루(尿瘻)장애인, ⑮ 간질(癎疾) 장애인.

장애인정책조정위원회(障碍人政策調整委員會)

장애인 종합정책을 수립하고 관계 부처 간의 의견을 조정하여 그 정책의 이행을 감독하고 평가하기 위하여 국무총리 소속하에 장애인정책조정위원회를 두고 위원회는 다음 각호의 사항을 심의 · 조정하는 기관이다(장애인복지법 제11조).

1. 장애인복지정책의 기본 방향에 관한 사항

2. 장애인복지증진을 위한 제도개선과 예산지원에 관한 사항
3. 중요한 특수교육정책의 조정에 관한 사항
4. 중요한 장애인 고용촉진정책의 조정에 관한 사항
5. 장애인 이동보장정책에 관한 사항
6. 장애인정책 추진과 관련한 재원조달에 관한 사항
7. 장애인복지에 관한 관련 부처의 협조에 관한 사항
8. 그 밖에 장애인복지와 관련하여 대통령령으로 정하는 사항

위원회는 필요하다고 인정되면 관계 행정기관에 그 직원의 출석 · 설명과 자료제출을 요구할 수 있으며, 위 사항을 미리 검토하고 관계기관사이의 협조사항을 정리하기 위하여 위원회에 장애인정책조정 실무위원회를 둔다.

장애인지역사회재활시설(障碍人地域社會再活施設)

장애인복지시설의 하나.

장애인지역사회재활시설이라 함은 장애인을 전문적으로 상담, 치료, 훈련하거나 장애인의 여가활동과 사회참여활동 등에 편의를 제공하는 장애인복지관 · 의료재활시설, 체육시설, 수련시설 및 공동생활가정 등의 시설을 말한다(장애인복지법제58조1항2호).

장애인직업재활시설(障碍人職業再活施設)

장애인복지시설의 하나.

일반 작업환경에서는 일하기 어려운 장애인이 특별히 준비된 작업환경에서 직업훈련을 받거나 직업생활을 할 수 있도록 하는 시설을 말한다(장애인복지법제58조1항3호).

장애인차별금지 및 권리구제 등에 관한 법률(障碍人差別禁止 및 權利 救濟 등에 관한 法律)

이 법은 모든 생활영역에서 장애를 이유로 한 차별을 금지하고 장애를 이유로 차별받은 사람의 권익을 효과적으로 구제함으로써 장애인의 완전한 사회참여와 평등권 실현을 통하여 인간으로서의 존엄과 가치를 구현함을 목적으로 2007년 4월 10일(법률 제8341호)에 제정 · 공포하여 공포후 1년이 경과한 2008년 4월 11일부터 시행되고 있으며, 총 50개 법조문과 부칙으로 규정되었다. 이 법은 고의적이고 악의적인 차별에 대해서는 시정명령과 3천 만 원 이하의 과태료를 부과하는 등 심각하고 중대한 차별에 대한 처벌을 규정하고 있다.

장애인표준사업장(障碍人標準事業場)

장애인표준사업장이라 함은 장애인고용인원 고용비율 및 시설 임금에 관하여 고용노동부령으로 정하는 기준에 해당하는 사업장을 말하며, 장애인복지법 제58조[장애인복지시설] 제1항3호에 의한 장애인 직업재활시설은 제외된다(장애인고용촉진 및 직업재활법제2조8호).

장애인활동 지원에 관한 법률(障碍人活動 支援에 관한 法律)

이 법은 신체적 정신적 장애 등의 사유로 혼자의 일상생활과 사회생활을 하기 어려운 장애인에게 제공하는 활동지원급여에 관한 사항을 규정하여 장애인의 자립생활을 지원하고 그 가족의 부담을 줄임으로써 장애인의 삶의 질을 높이는 것을 목적으로 2011년 1월 4일(법률 제10416호)에 총49개 법조문과 부칙으로 제정공포하여 2011년 10월 5일부터 시행하게 되었다.

장애인활동 지원제도(障碍人活動支援制度)

장애인활동 지원제도는 신체적 · 정신적 장애로 인하여 일상생활과 사회생활이 어려운 장애인에게 제공되는 복지서비스로 일상생활지원, 가사지원, 이동(移動)의 보조 등 활동보조서비스와 전문화된 요양서비스(방문간호, 방문목욕)을 제공하여 장애인의 자립생활과 사회참여를 도모하고 삶의 질을 향상하도록 하기 위한 제도이다.

사업주체는 보건복지부와 지방자치단체이며, 국민연금공단은 활동지원급여 신청의 안내 및 접수이며, 인정조사표에 의한 방문조사 수급자격 심의위원회운영, 사후관리업무 등을 하게되고, 지방자치단체에서 지정한 활동, 보조를 활용하여 서비스를 제공하게 된다. 장애인활동지원을 희망하는 중증장애인과 가족은 거주지 면 읍 동주민센터나 국민연금공단 지사에 신청하면 된다. 거동이 불편하여 직접 방문하기 어려운 경우 국민연금공단에 요청하면 찾아가는 서비스를 받을 수 있다).

장애학(障碍學)

장애에 관한 학제적(學際的) 연구영역을 말한다. 장애학은 의학, 심리학, 공학 등의 여러 가지 학문적 어프로치로부터 과학적으로 장애를 연구함과 동시에 사회복지학의 기초적 영역을 형성한다고 하는 새로운 학문분야이다. 특히 1980년의 국제연합의 국제장애인 의 해 동계획으로 장애의 구조를 (1) 기능장애(impairment), (2) 행동장애(disability), (3) 사회적 불리(handicap)의 3가지에서 받아들인다고 하는 획기적인 인식을 보였다. 더욱이 최근에는 (1)은 function/structure, (2)는 activity, (3)은 participation으로 바꿔놓았다.

장제급여(葬祭給與)

국민기초생활보호법에 의한 급여(보호)의 1종.

빈곤하여 최저한도의 생활을 유지할 수 없는 국민을 대상으로 하여, 장제를 행하는 데 필요한 것을 급부한다. 수급자가 사망한 때, 부양의무자가 없는 경우이거나, 사망자의 유류품으로는 장제가 행할 수 없는 경우 등에 장제를 행하는 자에 대하여 지급된다.

구체적으로는 검안, 사체의 운반, 화장 또는 매장, 납골 등 기타 장제조치를 하는 데 필요한 것이며, 주로 현금에 의하여 지급되며, 경우에 따라서는 물품을 지급함으로써 행할 수 있다(국민기초생활보장법 제14조).

재가(재택)복지(在家〈在宅〉福祉)

심신의 장애나 질병 때문에 케어 등의 복지서비스가 필요한 고령자나 장애인 등을 대상으로 오래도록 자신이 살아온 생활공간인 주택이나 지역에서의 생활이 계속 유지될 수 있도록 제공되는 서비스이다.

구체적으로는 서비스가 필요한 고령자나 장애인 등이 장기간 주거한 주택이나 지역에서 필요한 서비스를 언제든지 신속하게 이용할 수 있는 것이 기본이다. 특히 고령자의 경우, 자칫하면 나이를 더하면서 새로운 생활환경에의 적응성이 떨어지기 때문에 지금까지의 생활환경을 바꾸지 않고, 지역의 사회자원을 활용할 수 있을뿐더러 그 서비스의 선택지(選擇肢)도 비교적 많은 데에 의의가 있다. 또 오늘날의 고도경제성장에 따르는 생활수준의 향상이나 핵가족화, 여성의 사회진출에 따르는 지역사회의 변모, 또는 가정의 수발기능의 저하에 의해서 복지니즈가 다양화되어 있으므로 수많은 고령자는 어떠한 상태가 되어도 오랫동안 살아 정든 곳에서 노후를 지내는 것을 바라는 경향이다. 그러나 시설 등의 정비 등이 태부족하기 때문에 희망하는 시설에 곧바로 입소할 수가 없이 부득이 집에서 지내고 있는 경우가 많다. 또 21세기의 본격적인 고령사회를 앞두고 시설복지대책보담도 재택복지대책 방향으로 중점이 옮겨지는 것도 요인이다.

재가(재택)케어서비스(在家〈在宅〉care services)

자택에서 생활하는 고령자나 장애인에게 제공되는 보살핌 · 가사원조를 중심으로 하는 서비스.

구체적으로는 주로 의료 보건서비스, 복지서비스로 구분되는데 가사원조 서비스로서 홈 헬프, 급식, 목욕, 세탁, 침구의 건조, 청소, 물품의 구매, 보행원조, 통원의 수발 등이 있다.

재가노인복지시설(在家老人福祉施設)

재가노인복지시설은 다음 각호의 어느 하나 이상의 서비스를 제공함을 목적으로 하는 시설을 말한다.

1. 방문요양서비스
2. 주 · 야간보호서비스
3. 단기보호서비스
4 방문목욕서비스
5. 그밖에 재가노인에게 제공하는 서비스로서 보건복지부령이 정하는 서비스

위 서비스의 이용대상 및 이용절차 등에 관하여 필요한 사항은 보건복지부령으로 정하도록 하고 있으며, 국가 또는 지방자치단체는 재가노인복지시설을 설치 할 수 있다. 국가 · 지방자치단체 외의 자가 설치코자 하는 경우에는 시장 · 군수 · 구청장에게 신고하여야 한다. 그리고 재가노인복지시설의 시설, 인력 및 운영에 관한 기준과 설치신고에 관하여 필요한 사항은 보건복지부령으로 정한다(노인복지법제38조).

재가복지봉사센터(在家福祉奉仕center)

센터에서는 적극적으로 서비스요구를 발굴하여 이에 대응하는 자원을 효율적으로 운영하여야 하며, 관련기관과 수시 연계체계를 갖추고 알선, 의뢰, 자원봉사 등을 수행해 자립 및 자활을 행하는 데 중점을 둔다. 센터는 대상자 및 가정의 욕구조사와 문제를 진단하여 직 · 간접 서비스를 제공하고 지역사회자원을 동원 · 활용하여 그 효과에 대한 사업평가를 행해 자원봉사자 및 지역주민에게 교육제공의 역할을 함으로써 지역사회 내의 연대의식을 고취시키는 기능을 행한다.

재가복지서비스(在家福祉 Services)

살아온 자기의 집에서 생활을 계속하고 싶다고 원하면서도 자립조건의 결여(缺如), 무언가 타인의 원조를 필요로 하는 장애인 · 고령자 등에 대하여 가능한 집에서의 생활을 유지할 수 있도록 제공되는 여러 가지의 복지서비스이다.

재가복지서비스의 구성내용으로는 ① 예방적서비스=건강교육 등 ② 전문적 케어서비스=의료 간호 리허빌리테이션 등 ③ 재가케어서비스=일상생활에 있어서의 가사원조 등 ④ 복지증진서비스=노인클업활동, 노인대학 등 ⑤ 복지시설의 기능을 주축으로 한 재가(재택)복지서비스 등의 5가지 점을 들 수 있다.

재난(災難)

재난이라 함은 자연현상과 사회생활에 자연적 혹은 사회적 원인에 이상이 발생함으로써 인간의 건강, 생명과 생활, 환경 · 신체 및 재산과 국가에 피해를 주거나 줄 수 있는 것으로서 다음의 각호의 피해를 입은 상태를 말한다(재난 및 안전관리기본법제3조1호).

1. 태풍 · 홍수 · 호우 · 폭풍 · 해일 · 대

설 · 가뭄 · 지진 · 황사 · 적조 그밖에 이에 준하는 자연현상으로 인하여 발생하는 재해
2. 화재 · 붕괴 · 폭발 · 교통사고 · 화생방사고 · 환경오염사고 그 밖에 이와 유사한 사고로 대통령령이 정하는 규모 이상의 피해.
3. 에너지 · 통신 · 교통 · 금융 · 의료 · 수도 등 국가기반체계의 마비와 전염병 확산 등으로 인한 피해.

재단법인〈비영리〉(財團法人〈非營利〉)

일정한 목적에 바쳐진 재산의 실체로서 권리능력을 가진 것이다. 사단법인과는 달리 사원이나 사원총회는 출연행위(出捐行爲)에 따라 이사(理事)가 의사결정 업무집행 대외대표의 일을 행한다. 재단법인은 종교, 자선, 학술, 학예(學藝), 의료, 기타의 영리 아닌, 사업을 그 설립은 비영리를 목적으로 재산을 내고 동시에 근본원칙인 정관(定款)을 작성하여 주무관청, 예를 들면 보건복지부장관 교육과학부장관 등의 허가를 얻어 완성하는 등 사단법인과 다를 바 없고 등기도 같다.

재량행위(裁量行爲)

재량행위라 함은 광의로는 법규에 의하여 행정행위의 요건 및 내용이 엄격하게는 구속되지 않고 행위의 내용을 결정함에 있어 행정기관에 재량의 자유가 인정되어 있는 처분을 말하고 (기속〈羈束〉행위에 대응하는 개념), 협의로는 재량행위 중에서 무엇이 공익에 적합한가의 재량에 의하여 행하여지는 행위 즉, 자유재량행위(편의 재량행위)만을 말한다. 기속재량행위에 대응하는 개념이다. 기속행위라 함은 법규의 집행에 있어서 행정청의 재량의 여지가 전혀 허용되지 않는 행위를 말한다. 이 기속행위가 그릇되면 위법행위로 되어 법률문제로서 재판의 심사(행정소송) 대상이 된다. 자유재량은 무언가 행정의 목적에 맞고 공익에 적합한가의 재량이기 때문에 그 판단이 그릇되더라도 당(當), 부당이 문제로 될 뿐 재량권을 몹시 일탈하거나, 몹시 남용한 경우가 아니면 소송의 대상으로 되지 않는다.

재산관리서비스(財産管理 Services)

고령자나 장애를 가진 사람들이 안정된 재생활을 계속할 수 있도록 하기 위하여, 일상생활에 필요한 현금이나 자산(資産)의 관리를 관리하는 재택(在宅)복지 서비스이다.

재산의 소득환산액(財産의 所得換算額)

보장기관이 급여의 결정 및 실시 등에 사용하기 위하여 개별가구의 재산가액에 소득환산율을 곱하여 산출한 금액을 말한다. 이 경우 개별가구의 재산범위 · 재산가액의 산정기준 및 소득환산율 기타 필요한 사항에 관하여는 보건복지부령으로 정한다(국민기초생활보장법 제2조10호).

재정복지(財政福祉)

국민의 복지를 실현하기 위하여 사회복지 및 기업복지와 나란히 기여하는 세제(稅制)를 매개(媒介)로 하는 복지시스템이라는 것을 말한다. 통상은 감세(減稅)지출로서 소득공제나 세액공제의 형태로 본래는 세금으로서 지불해야 될 것을 지불할 필요가 없다고 하는 점에서 마이너스 복지적 급부를 행하는 것. 특히 사회보험 급여자는 소득이나 지위에 상관없이 니즈원리에 의하는데 재정복지는 예컨대, 소득이 있는 것을 전제로 하고 있어, 간혹 고소득자일수록 유리한 경우도 발생 할 수 있으므로해서 재정복지의 폐지를 주장하는 사회정책학자도 있다.

재택(재가)의료(在宅〈在家〉醫療)

재택(가)에 있어서의 의료.

만성질환자나 와상(臥床)고령자 등이 자택에서 요양함에 있어서, 질환이나 장애의 영향을 최소한으로 하기 위하여 제공되는 의료시스템을 말한다. 종래의 시설중심의 의료시스템에서는 병원에 있는 일수나 의료비의 증대 등의 요인에 의하여 충분한 대응이 될 수 없는 것으로 해서 집에서의 요양은 지원하는 기능이나 재택의료에 충실을 바랄 수 있다. 의료뿐만이 아니고 보건의료 복지의 종합적 효율적인 서비스의 제공이 중요한 것이다. →통원의료

재택(재가)호스피스(在宅(在家) hospice)

호스피스라 함은 말기환자를 위한 병원을 의미하는데 넓은 의미에서는 케어의 철학에 준하여 케어를 행하는 장소를 가리킨다. 치료효과가 기대되지 않는 말기환자에 대하여 고통이 적은 상태에서 편안하게 죽음을 맞이할 수 있도록 집에서 원조하는 것을 말한다. →호스피스, 터미널케어

재택케어(在宅 care)

일반적으로 전문적 케어와 함께 협의(狹義)의 재택복지서비스의 하나로 규정하는 개별적·직접적·비화폐적 복지서비스이다. 가족이나 친척만으로는 충분히 충족시킬 수 없는 복지 니즈를 가진 사람들을 가능한 한 집에서 처우하는 거택(居宅) 처우원칙에 의거하여 그 사람들에게 가족 내에서 행해지는 가사나 수발 등의 케어서비스를 사회적으로 대체, 보완하는 복지서비스이다. 비전문적인 지역주민이나 자원봉사자의 참가뿐만 아니라 한편으로는 보건의료, 교육 등의 전문서비스를 실시하는 전문가 등의 협력, 참가도 필요하다.

재해(災害)

재해란 자연현상과 사회생활에 자연적 혹은 사회적 원인에 의해서 이상(異常)이 발생함으로써 인간의 건강, 생명과 생활 및 환경이 피해를 입은 상태를 가리킨다.

재해구호법(災害救護法)

이 법은 재해가 발생하였을 때에 피해자에게 응급적인 구호를 실시함으로써 재해의 복구, 피해자의 보호와 사회질서의 유지, 생활안정에 기여함을 목적으로 2001년 12월 19일(법률 제6530호)에 제정하여 공포함과 동시에 종래 시행해 오던 재난구호법(1962년 3월 20일 법률 제1034호)은 폐지되었다.

재해구호의 종류(災害救護의 種類)

재해구호의 종류는 다음 각호와 같으며, 구호기관은 필요하다고 인정하는 경우에는 이재민에게 현금을 지급하여 구호할 수 있으며, 구호의 종류에 따른 구호의 한도 방법 및 기간에 관하여 필요한 사항은 대통령령으로 정한다(재해구호법 제4조).

1. 임시주거시설의 제공
2. 급식 또는 식품 의류 침구 그 밖의 생활필수품의 제공
3. 의료서비스의 제공
4. 전염병예방 및 방역활동
5. 위생지도
6. 장사(葬事)의 지원
7. 그 밖에 대통령령이 정하는 사항

재해보상(災害補償)

노동재해에 대한 보상을 말한다. 근로자의 업무상 재해에 대해서는 사용자의 보상책임이 정해

진 근로기준법에 추가하여 사용자를 가입자로 하는 보험제도에 의해 재해보상을 확실하게 행하기 위해 산업재해보상보험법이 있다. 이 법에 의한 보험급여는 요양급여, 휴양급여, 장애급여, 유족급여, 상병보상연금, 장례비 등이 있다. 공무원이나 선원에게는 역사적 경과나 근무의 특수성으로부터 거의 동일한 내용의 별도보상제도가 있다. →산업재해

재활(再活)

재활(rehabilitation)이란 심신(心身)장애인에게 의료적 · 직업적 · 교육적 · 사회적 · 심리적 재훈련을 통합적 · 협동적으로 실시함으로써 각 개인에 대하여 가능한 한 최대한의 기능회복을 부여하는 것을 말한다. 광의(廣義)로는 같은 인간에게 일어난 일에 대한 인도주의적 책임이라는 신념에 기초한 인간행동의 철학이며, 협의(狹義)로는 의료적, 직업적 훈련을 통해서 완전하고 생산적인 유용한 삶(生)을 만드는 것이다. 미국 재활협회에서는 재활이란 장애인의 신체적, 정신적, 사회적, 직업적, 경제적인 능력을 가능한 한 최대한으로 회복시켜주는 것이라고 하여 사회 심리적, 직업적인 재활과정을 강조하고 있다.

재활서비스(再活 Services)

노인에게 신체적, 심리적, 사회적 생활능력을 회복시켜 개인적, 사회적 독립생활을 하게 하는 것을 목적으로 하는 서비스이다. 이는 기능장애의 회복만이 아니고 그 기능장애 때문에 일어나고 있는 여러 가지 생활상의 장애도 제거하는 것이다. 노인의 신체적 측면을 위주로 한 의학적 재활, 직업적 능력개발에 중점을 둔 직업재활, 병약노인이 갖게 되는 소극적인 생활태도나 심리(의존성, 도피적 경향, 장애부정 등의 심리경향)에 관한 심리적 재활, 노인의 가족이나 사회와의 관계에 관련된 사회적 재활 서비스가 종합적으로 이루어져야 한다. 그리고 신체장애인이 필요로 하는 물리요법, 작업요법, 오락요법, 식이요법, 심리요법, 사회요법, 생활훈련법 등의 서비스도 필요하다. 북구제국의 경우 재활 서비스를 위한 기관으로서는 노인병원, 노인센터, 중간시설(day facilities) 등이 있다.

재활시설(再活施設)

재활은 그 기능에 따라 의학적 재활, 직업적 재활, 교육적 재활 그리고 사회적 재활 등으로 나눌 수 있다. 그리고 그에 따라 의료, 교육, 직업훈련 등의 분야에서 이들 재활을 전문적으로 행하는 시설이 만들어져 있다. 특히 사회복지분야에서도 대상에 따라 재활, 원호, 기능회복 등의 이름으로 시설이 있으나 상기의 의학 · 직업 · 교육 등의 재활과 연계하면서 사회적 재활이 실시되는 일이 많다.

재활의학(再活醫學)

장애인을 신체적 정신적 사회적, 기타 모든 면에서 가능한 한 최대한도까지 회복시키고자 하는 의학의 한 부분, 신체 심리에 대한 의학적 훈련과 직업 훈련 등이 포함된다. → 재활

저메인, C.(Germain, Carel B: 1916~1995)

미국의 소셜워크 연구가. 생태학의 사고방식에 의거한 라이프모델을 구축한 것으로써 큰 공적을 남겼다. 컬럼비아대학의 교수를 역임한 후 코네티카트 대학에서 교편을 잡았다. 1980년 이후의 에콜로지컬 소셜 워크의 리더십을 주장했다. 주저(主著)에는 기타맨(Gitterman, A.)과 공저

한『The Life Model work practic』(1980년 제2판 : 1996년)를 꼽을 수가 있다.

저소득자대책(低所得者對策)

소득이 낮은 세대나 사람들을 대상으로 빈곤을 방지하고 생활의 유지 · 향상을 위하여 제공되는 제도나 시설이다. 이 경우의 저소득이란 세대의 소득이 생활보호기준액을 약간 상회한 정도를 말한다.

구체적으로는 생활복지자금대부제도, 공공임대주택, 수산(授産)사업 등을 들 수 있다.

저소득층(低所得層)

일반적으로 저소득층은 공적 빈곤기준인 생활보호의 수준과 동등 혹은 그 이하의 소득에서 생활하고 있는 사람들을 가리킨다. 생활보호기준에 근접한 소득 수준에 위치하는 사람들을 보더라인(border line)층이라고 부른다. 이것은 일본의 독특한 호칭이며, 1950년대 후반 생활보호행정의 운영면에서 긴축이 실시될 때 보더 라인층의 문제가 부각되었다. 당시 보더 라인층은 약 100만 명으로 추계되었다. 저소득층은 단지 소득이 낮다고 하는 성격만으로 모두 규정되는 것이 아니고 노동력이 있는 빈곤자(working poor)인 점에서 그 특징이 있다. 직업(고용)의 불안정성, 소득의 불규칙성, 사회적 발원력의 약화 등 넓은 의미에서 볼 때 경제적으로 낮은 지위 때문에 저소득의 상대에 있는 것이 주목되는 점이다. 저소득층은 어떤 일정한 사회계층으로 파악할 필요가 있다.

저출산 · 고령사회정책(低出産 · 高齡社會政策)

저출산 · 고령사회정책이라 함은 저출산 및 인구의 고령화에 따른 변화에 대응하기 위하여 수립 · 시행하는 정책을 말한다(저출산 · 고령사회기본법 제3조2호).

저출산 · 고령사회기본법(低出産 · 高齡社會基本法)

이 법은 저출산 및 인구의 고령화에 따른 변화에 대응하는 저출산 · 고령사회정책의 기본방향과 그 추진체계에 관한 사항을 규정함으로써 국가의 경쟁력을 높이고 국민의 삶의 질 향상과 국가의 지속적인 발전에 이 바지함을 목적으로 2005년 5월 18일(법률 제7496호)에 제정 · 공포하여 동년 9월 1일부터 시행해 오고 있다. 총32개 법 조문과 부칙으로 규정되었다.

저항(抵抗)

저항이란 사회복지사와 클라이언트의 관계에서 변화를 방해하는 힘을 저항이라 한다. 저항은 개인목표와는 반대되는 클라이언트의 행동을 말하는데 클라이언트가 이런 행동을 인식하고 있는 경우도 있지만 대부분 의식하지 못하고 사회복지사의 눈치만 보이는 경우도 있다.

적극적 고용개선조치(積極的 雇傭 改善措置)

적극적 고용개선조치란 현존하는 남녀 간의 고용차별을 없애거나 고용평등을 촉진하기 위하여 잠정적으로 특정성을 우대하는 조치를 말한다(남녀 고용평등과 일 · 가정 양립지원에 관한 법률 제2조3호).

적십자사(赤十字社)

전시에 적 · 아군의 구별없이 부상자 · 질병자나 포로를 구호할 목적으로 설립된 국제적 협력 조직이다. 사무국은 1863년에 스위스의 제네바에서 세계 11개국 사이에 체결된 적십자조약에 의하여 창설된 적십자사 국제위원회로 스위스 제네바에 본부가 있다.

적응(適應)

사회나 환경에 적합하고 더구나 개인의 욕구를 충족해 가는 것. 욕구불만 등은 있기는 하지만, 바로 파탄하는 일 없이 생활해 가는 것. 내적 적응과 외적 적응의 두 가지 측면이 있다. 내적 적응은 개인의 내면을 주체로 생각한 것으로 행복감, 충족감 등의 주관적인 세계의 적응, 외적 적응은 적응을 개인의 외측으로 본 경우로 자기와 환경의 조화, 원활한 대인관계, 사회적으로 승인될 것 같은 행동을 가리킨다. 또 여러 가지 장애나 곤란으로부터 욕구가 방해되어, 정신적 혹은 신체적으로 좋지 않는 상태를 일으켜, 적응행동이 잘 되지 않는 상태를 부적응이라고 한다.

적응기제(適應機制)

외계(外界)에 적합하기 위한 자아(自我)의 심리기제(機制). 사람이 욕구불만에 빠졌을 때 불쾌한 긴장감을 해소하여, 심리적으로 만족을 얻기 위하여 무의식적 해결방법을 취하는 것. 방위기제(防衛機制)라고도 한다. 국어사전에서는 기제는 인간의 행동에 영향을 미치는 심리의 작용이나 원리 또는 메커니즘이라고 풀이하고 있다. → 방위기제.

전간(癲癎)

간질 또는 지랄병이라고도 한다. 여러 가지 병인에 의해 일어나는 만성의 뇌장애로 대뇌의 신경세포의 과잉반사(反射)가 일어나, 그것에 의해서 경련, 결신(缺神 - 가벼운 간질발작의 하나. 아주 짧은 시간 동안 의식을 잃는데, 넘어지거나 경련을 일으키지는 않음), 탈력(脫力), 환청(幻聽) 등 여러 가지 증상이 반복하면서 보여지는 병태이다. 유전질환 이외의 기초 병인이 불명한 특발성 전간과 뇌에 어떠한 기질적인 병변이 인정되는 증후성 전간, 증후성으로 생각되나 병의 원인이 특정되지 않는 잠재성 전간으로 분류된다. 발병에는 성차는 없고 발작이 잘 일어나는 연령은 소아로부터 사춘기이며, 약 90%의 환자는 20세까지에 발생한다. 치료로서는 약물요법에 의해 발작을 억제함과 동시에 일상의 사회생활을 원활히 행할 수 있도록 지도하는 것이 중요하다.

WHO에서는 '여러 가지의 병인(病因)에 의하여 일어나는 만성의 뇌장애로 대뇌뉴론(neuron)의 과잉발사(發射)의 결과 일어나는 반복성발작(전간발작)을 주징(主徵)으로 하여 이것에 다양한 임상증상 및 검사소견을 수반하는 것'이라고 정의하고 있다.

전기고령자(前期高齡者)

노년인구는 75세를 경계로 구분하여 65세 이상의 고령자 중 75세 미만의 자를 가리킨다. 75세 이상의 후기고령자를 old로 부르는데 대하여 전기 고령자를 young old로 부른다. 전기고령자가 취업률이 높고, 질병 등의 비율도 적다는 등으로 인하여 이들의 세대에 대한 취로지원이나 건강생활대책은 후기고령자 이상으로 중요한 의미를 가지고 있다.

전미국사회사업가협회(全美國社會事業家協會 NASW=National Association of Social Workers)

미국의 사회복지전문직들로서 구성된 조직이다. 1955년에 결성되어 협회를 중심으로 다섯 개의 분야별 · 기능별 전문직 단체와 두 개의 연구회가 통합함으로써 결성되어 사회복지전문직에 관한 문제를 중심으로 몰두하고 있다. 구체적인사업으로는 라이센스의 교부, 기관지(소셜워크)의 발행 등이 있다.

전반치매(全般癡呆)

지능을 구성하는 기억력, 이해력, 판단력, 추리력, 계산력 등이 꼭 같이 광범위하게 장애된 치매의 상태를 말한다. 노년치매나 진행마비에서 볼 수 있다.

전수조사(全數調査)

통계조사법에 의한 조사에 있어서 결정된 조사대상 범위를 모두 대상으로 한 경우를 말한다. 조사대상의 일부만을 대상으로 하는 표본조사와 구별된다. 전조사단위를 대상으로 함으로써 오차를 적게 하고 정확한 자료를 얻을 수 있다. 국세조사(國勢調査)가 그 대표적인 것이다. 그러나 대상 집단이 대규모인 경우, 조사인원, 제경비(諸經費) 등의 비용이 많아지는 것, 많은 조사원이 관련되는 것에 의한 조사결과의 치우침 등의 문제가 있다.

전염병(傳染病)

미생물에 의하여 발증하는 질병을 감염증이라고 하는데 그 중에서 사람에서 사람으로 차례차례 전파되어 가는 감염증을 말한다. 우리나라는 전염병예방법(1954년 2월 2일 법률 제308호)에서 법의 대상으로 하는 감염증을 그 감염력(感染力)이나 병에 걸린 경우 증상의 위독성에 의거 제1~4군 전염병으로 분류함과 동시에 지정 생물테러 인수(人獸) 공동전염병으로 규정하고 있다. 제1군 전염병은 전염속도가 빠르고 국민건강에 미치는 위험정도가 너무 커서 발생 또는 유행 즉시 방역대책을 수립하여야 한다.

제1군전염병 : ① 콜레라 ② 페스트 ③ 장티푸스 ④ 파라티프스 ⑤ 세균성이질 ⑥ 장출혈성 대장균 감염증

제2군전염병 : 제2군전염병은 예방접종을 통하여 예방 또는 관리가 가능하여 국가예방접종사업의 대상이 되는 ① 디프테리아 ② 백일해 ③ 파상풍 ④ 홍역 ⑤ 유행성 이하선염(耳下腺染) ⑥ 풍진 ⑦ 폴리오 ⑧ B형간염 ⑨ 일본뇌염 ⑩ 수두

제3전염병 : 제3군 전염병은 간헐적으로 유행할 가능성이 있어 지속적으로 그 발생을 감시하고 방역대책의 수립이 필요한 ① 말라리아 ② 결핵 ③ 한센병 ④ 성병 ⑤ 성홍열 ⑥ 수막구균성 수막염 ⑦ 레지오렐라증 ⑧ 비브리오재혈증 ⑨ 발진디푸스 ⑩ 발진열 ⑪ 쯔쯔가무시증 ⑫ 렙토스피라증 ⑬ 브러윌라증 ⑭ 탄저 ⑮ 공수병신증후(腎症候)군출혈열(유행성 출혈열)인플루엔자후천성면역결핍증(AIDS)

제4군전염병 : 제4군 전염병은 국내에서 새로 발생한 신종 전염증증후군, 재출현전염병 또는 국내 유입이 우려되는 해외유행전염병

5. 지정전염병 : 제1군 내지 제4군 전염병 외에 유행여부의 조사를 위하여 감시활동이 인정되고

6. 생물테러전염병 : 고의로 또는 테러 등을 목적으로 이용원 병원체에 의하여 발생된 전염병

7. 인수(人獸) 공동전염 : 동물과 사람 간에 전파되는 병원체에 의하여 발생되는 전염병으로서 (4~7)은 보건복지부장관이 고시하는 것을 말한다(동법 제2조1항).

전이(轉移)

일반적으로 어떤 사람이나 사물에 대해서 느낀 감정과 똑같은 감정을 다른 사람이나 사물에 대

하여 느끼는 것을 말한다. 즉, 정신분석치료에 있어서 피분석자로부터 분석자에 대하여 무의식의 욕망이 현실화되는 과정을 말한다. 전이는 일반적으로 분석과정에서는 빈번히 보이지는 현상이며, 억압된 무의식의 내용의 상기(想起)를 방해하는 저항으로서 이해된다. 상담이나 케이스워크에 있어서 늘 클라이언트가 이전의 대인관계 중 중요했던 사람에게 가졌던 감정을 상담자나 케이스워크에게 전달하는 것으로(주로 부모, 아동 간의 정서적 관계를 재현한다) 정신분석에서는 상담자가 전이의 대상이 되며, 전이감정은 클라이언트로 하여금 상담자 및 타인에 대해서 가졌던 감정을 표현할 수 있도록 허용하기 때문에 분석에 도움이 된다.

전치(轉置)

전치는 기본적인 성적 · 공격적 욕구를 직접적으로 충족시킬 수 없을 때 현실적으로 용납될 수 있는 대상이나 방법으로 바꾸어, 그 욕구를 충족시킴으로써 불안을 회피하는 일종의 방어기제다. 즉 이것은 에너지가 하나의 대상에서 다른 대상으로 흘러들어가는 과정으로서 사람이나 사물, 상황 등에 대한 느낌, 욕망, 노력 등 다른 방향으로 돌려 불안을 제거하는 것을 의미한다.

절대부조(絶對扶助)

절대부조는 미국에서 운영되고 있는 제도이다. 일반부조와 구별되는 공적 부조로서 학자에 따라서는 범주적 부조로 해석하는 경우도 있다. 절대부조는 노령부조, 맹인부조, 장애인부조, 종속아동부조(aid to dependent children)로서 65세 이상의 노인, 교정시력이 200분의 20인 맹인, 18세 이상 65세 미만의 심신장애인, 고아, 기아, 미아 등의 종속아동에게 미국연방정부의 일반회계예산으로 부조하고 있다. 이러한 절대부조 프로그램은 1972년 10월부터는 노령부조, 맹인부조, 장애인부조가 부가수입보장제(supplementary security income)로, 종속아동부조가 부양아동가족부조(aid to family with dependent children)로 운영되게 되었다.

절대적 빈곤(絶對的 貧困)

건강 · 체력을 유지하기도 곤란한 최저생활수준 이하의 생활상태. 상대적 빈곤과 대치되어 사용되어지는 경우에는 다음에 서술하는 2가지 사항이 포함되고 있다. ① 현대의 풍요한 사회에서는 고전적 의미로서의 빈곤은 감소하고 현대적 빈곤을 파악하는 새로운 개념이 필요하다. ② 그를 위해서는 종래의 빈곤기준의 고정적 성격을 제거해 계층이나 집단의 다양화에 따른 추이가 변동하도록 상대적 기준을 갖지 않으면 안 된다. 또 절대수준 뿐만이 아닌 제 계층 · 제 집단 간의 상대비교가 중요하다.

절반문화(折半文化)

절반문화는 어느 한 문화가 완전한 의미의 독자적인 형태를 이루지 못하고 다른 문화에 의존한 것을 말한다. 즉 이것은 한민족이나 지역의 문화가 다른 문화나 지역의 문화에 의존하여 살아가는 것을 말한다. 예컨대 어느 한 민족이 독자적인 생활양식을 갖고 있으나, 자신들의 문화만을 가지고는 계속적으로 살아갈 수 없기 때문에 어느 경우에 있어서는 다른 민족의 문화에 의존해야만 존재할 수 있는 것을 말한다.

절차법(節次法)

실체법의 실현절차에 대하여 규정한 법. 실체법을 주법(主法)이라고 하는데 대하여 조법(助

法)이라고 하는 수도 있고 또는 형식법이라고도 한다. 그 개개인의 규정을 절차규정이라 한다. 절차법은 수단적 · 기술적 성격을 가지는 것이 보통이다. 민사소송법, 형사소송법이 그것이고 행정적인 절차규정인 국세징수법중의 절차규정, 민사상의 절차규정인 호적법 부동산등기법도 이에 포함된다. 동일법령 중에 실체적 규정과 아울러 절차적 규정이 정하여진 것이 적지 않다.

점자(點字)

시각장애인의 커뮤니케이션 수단의 하나. 손가락 끝으로 접촉하여 해독할 수 있도록 지면(紙面)에 철(凸)짐 여섯 개를 일정한 방식으로 짜 맞추어서 음을 표기한다.

한글에 대응한 표준점자, 또 숫자, 알파벳에 대응한 표기도 갖춰져 있다. 점자는 좌(左)에서 우(右)로 읽어간다.

접근권(接近權)

접근권이라 함은 장애인 등은 인간으로서의 존엄과 가치 및 행복을 추구할 권리를 보장받기 위하여 장애인 등이 아닌 사람들이 이용하는 시설과 설비를 다른 사람의 도움없이 동등하게 이용하고 장애인 등이 아닌 사람이 접근할 수 있는 정보에 다른 사람의 도움 없이 자유롭게 접근할 수 있는 권리를 말한다.

장애인 · 노인 · 임산부 등의 편의증진보장에 관한 법률에서 접근권이라는 새로운 개념이 법적권리로 보장함으로써 지금까지 장애인 · 노인 · 임산부의 생계보장적인 측면을 강조하던 시각에서 벗어나서 장애인 등을 위한 공공시설을 장애없는 공간으로 전환되는 데 기여하리라 생각된다(동법 제4조).

정관(定款)

사단법인인 회사의 조직 목적(활동), 사원의 지위에 관한 근본규칙(실질적의의) 또는 이것을 기재한 서면(형식적의의)을 말한다. 정관의 작성이라 함은 위의 근본 규칙을 정하고, 이것을 서면에 기재하는 것을 말한다.

작성할 때에는 주식회사에서는 발기인에 한하여 발기인 전원의 기명날인하여야 한다(상법 제289조 1항). 기타의 회사에서는 특별히 정한 것이 없고 설립자인 사원이 작성하고 총사원이 기명날인하여야 한다. 정관에는 반드시 기재하여야 하는 사항인 필요적 기재사항과 그렇지 않은 임의적 기재사항이 있다. 민법상 사단법인의 경우에는 목적 · 명칭 · 사무소의 소재지 · 자산에 관한 규정 · 이사(理事)의 임면(任免)규정 · 사원자격의 득실규정 · 존립시키나 해산사유를 정하는 때에는 그 시기나 사유를 반드시 기재한다(민법 제40조). 정관의 변경은 정관에 정한 바에 의하며, 정관이 없는 때에는 총 사원 3분의 2이상의 동의에 의하며 주무관청의 허가를 얻어서 행한다(민법 제42조).

정년(停年)

정년이라 함은 국가공무원법 · 지방공무원 등 및 취업규칙 등에 의하여 일정한 연령에 달하면 퇴직하는 것으로 되어 있는 제도이다. 국가공무원법에는 제74조, 지방공무원법에서는 제66조에 정년에 관하여 규정되어 있다. 고령자고용촉진법 제19조의 규정에는 "사업주가 근로자의 정년을 정하는 경우에는 그 정년이 60세 이상이 되도록 노력하여야 한다"고 사업주에 대한 노력규정이 정해져 있다. "사업주는 정년에 도달한 자가 그 사업장에 다시 취업을 희망하는 때에는 그 직무수행능력에 적합한 직종에 재고용하도록 노력하여야 한다"고 규정하고 있다(고령자고용촉진법 제19조 · 제21조 참조).

정년퇴직(停年退職)

일정한 연령에 도달하는 것을 이유로 고용자가 강제적으로 퇴직시키는 것을 말하며, 이것이 제도화된 것을 정년제라고 한다. 유럽과 미국의 여러 나라에서는 리타이어먼트(retirement)가 되기 위한 요건이며, 노령연금제도의 도입에 의하여 제도화되었다. 공무원 및 공직자는 대개 법률로서 정년이 정해져 있으며, 거기에서 퇴직은, 즉 노동으로부터 은퇴가 된다.

정상화(正常化) ⇨ 노멀라이제이션(normalization)

정서발달(情緖發達)

심리적, 신체적인 자극을 받았을 때 심리적 · 생리적인 긴장반응이 일어나는 상태를 말하며, 이때 일어난 긴장해소의 방법이 발달에 의해 변화하는 것을 정서발달이라 한다. 프릿제스는 2세까지의 정서발달을 4단계로 나누어 2세 때에는 공포, 혐오, 분노, 질투 등 10종류에 이르는 기본적 정서의 분화가 완성된다고 하였다. 정서발달에는 성숙과 환경자극에 의한 경험이 복잡하게 관계하고 있으며 특히 인간관계의 영향이 크다.

정서불안정(情緖不安定)

사소한 자극에 의해 심신이 과도의 긴장이나 불안상태에 빠지기 쉬운 경향을 말한다. 그로 인해 행동의 안정성을 결하고 폭발적 분노나 집중력의 결여, 기본의 역변성이 생기는 것 등이 특징이다. 이것을 신경증적 경향으로 파악하는 경우도 있으나, 정서적 미성숙과의 관련도 무시할 수 없다. 원인은 질환 등에 의한 신체조건, 자율신경계의 과민성, 부모의 육아태도의 편향(과보호, 거부)등을 들고 있으며, 상태에 따라 환경조정이나 카운슬링을 필요로 한다.

정서장애(情緖障碍)

정서를 적절히 표출하거나, 억제하지 못하는 것을 가리키는 말이다. 일반적으로 아동기(兒童期)에서 주로 심인성(心因性)의 감정이나 정서의 장애 및 그와 관계가 같은 행동의 장애를 말하는데, 정서장애라고 하는 개념은 아동의 문제만을 지칭하는 것은 아니지만 관례적으로 정서에 장애가 있는, 즉 정서장애아를 설명하는 개념으로 사용된다.

구체적인 예로는 난폭, 초기적(初期的)비행, 등교거부, 손가락을 빨거나 손톱을 씹는 등의 습벽(習癖=버릇), 천식 등 신체에 나타나는 증상 등이 있다. 또한 정서장애아는 과거에는 문제아, 부적응아 등으로 불리어져 왔다.

정서장애아동(情緖障碍兒童)

정서장애아동이라 함은 가정, 학교, 이웃에서의 인간관계가 바르지 못함으로 인하여 감정생활에 지장을 초래해 사회적 적응이 곤란하게 된 아동을 말한다. 예컨대 등교거부, 완전침묵, 적극성이 없는 그런 성질 등의 비사회적 행동을 가지고 있는 아동, 혹은 반항, 공부를 게을리 하거나 금품 등의 지출의 비사회적 행동을 하는 아동 또는 말더듬이, 야뇨, 고약한 신경성 버릇을 가지고 있는 아동을 말한다.

정서장애아동은 정서적으로 기복이 심하고 교우관계가 원만하게 이루어지지 않는 것이 하나의 특징이며, 친우교제가 잘 안 되므로 사회적으로 고립된다.

정신감정(精神鑑定)

사법정신감정을 말한다. 재판관, 검찰관 등이 의학전문가에 의뢰하여 정신장애인 또는 그 의심이 있는 자의 정신상태가 책임능력이나 행위능력이 있는가의 판정을 행하게 하는 것.

정신과 데이케어(精神科 day care)

정신 장애인에 대하여 주간(晝間), 일정시간의 의료팀에 의하여 집단정신요법이나 창작활동 등의 치료가 행하여지는 서비스. 정신과 의료의 한 형태로 말하고 있다.

정신과리허빌리테이션(精神科 rihabiritation)

정신과의 입원환자가 사회복귀할 때에 사회생활에의 적응을 촉진하기 위하여 병원에서 사회에의 이행(移行)단계로서 행하여지는 재활작용. →정신과 데이케어

정신과병원(精神科病院)

정신질환자 등에 집중적인 치료나 간호, 보호를 행하여 사회복귀를 촉진시키는 한편, 질환의 발생예방과 국민의 정신적인 건강의 유지와 증진에 노력하고 국민의 정신보건의 향상을 꾀하는 병원이다.

구체적으로는 정신질환자가 입원치료를 받을 만한 정도 또는 환자 자신에게는 병 의식은 없으나 타인의 안전을 위하여 입원이 필요한 경우, 본인이 동의하여 입원, 또는 보호의무자의 동의에 의하여 정신과 전문의에 의한 진단의 결과를 받아 입원 시킬 수가 있는 의료보호입원과 환자 본인에 있어서 긴급의 보호가 필요하여 본인이나 보호의무자의 동의 없이 72시간 이내에 한하여 입원시킬 수가 있는 응급입원의 세 가지로 나뉜다.

정신박약(精神薄弱)

일반적으로는 정신지체와 거의 같은 뜻으로 사용되고 있어 '지적인 수준이 분명히 낮아 적응에 장애를 가진다'는 것으로 표현고 있다. 미국정신박약아보호협회는 최근의 학술적 견해를 종합하여 종합적인 정의를 내렸다. 즉 '정신박약아'란 발달기에 야기되고 적응행동에 결함을 갖는 동시에 일반적 지적능력이 평균 이하인 아동이라고 하였다. 정신박약은 지적기능의 결함으로 의학적 치료가 전혀 불가능한 상태를 말하고 있다.

그러나 '정신박약'이란 분명히 장애가 있다는 것을 전체로 한 용어이며, '확정된 것'이라고 하는 뉘앙스가 짙은 것이다. 따라서 적절히 치료교육을 받아서 대폭적 개선한 예나 가성(假性) 정신박약 등에는 본래 '정신박약'이라고 하는 용어는 어울리지 않는다고 할 수 있다. 현재에는 법률이나 행정용어 등에 있어서는 상태상(狀態像)을 나타내는 '정신박약'이라고 하는 용어를 사용하는 경우가 많다.

정신발달지체아(精神發達遲滯兒)

정신적인 장애를 가지고 지능이 뒤쳐지는 아동은 모두 정신발달지체아라고 해도 좋다. 협의로는 병리적인 원인을 갖는 정신지체아 이외의 정신발달상 지체를 나타내는 아이를 지칭하며 유전적 환경적 조건으로 발현된다고 생각한다. 정신발달장애아의 정신활동은 완만하며 정확성의 결여도 많고 활동수준도 일반적으로 낮지만 제대로 교육받고 경험을 누적하면 어느 정도 정신적 발달을 기할 수 있다.

정신병(精神病)

중한 정신장애의 일종. 지적장애라 함은 어느 시점으로부터의 질환 프로세스가 있다고 하는 점에서 구별되나, 어린이의 경우에는 이 구별도 어려운 경우가 있다. 통합실조증, 조울증 등의 내인성정신병, 뇌장애에 기인하는 기질성정신병, 급성전염병이나 내분비 장애에 동반하여 일어나는 증상정신병, 알코올중독이나 각성제중독 등에 의한 중독성정신병 등이 있다. 신경증, 심인반응(心因反應), 성격장애는 이에 포함되지 않는다.

정신병이란 단어가 가진 부정적인 인식 때문에 병을 숨기는 환자들을 치료의 장(場)으로 끌어들이기 위해서 국내 정신과 관련학회들이 개명작명에 나섰다고 한다. 국내에서는 스키조페레니아(Schizophrenia)를 정신분열증으로 해석한 일본의학 교과서에 따라 한동안 정신분열증으로 부르다가 근래에 와서는 주로 정신분열병으로 쓴다. 일본은 2005년부터 정신분열증 대신 몸과 마음이 따로 움직이면서 조화로움을 잃어 버렸다는 의미의 통합실조증(統合失調症)이란 병명을 쓰고 있다. 홍콩은 생각이나 각성을 서서히 잃어간다는 뜻으로 '사각실조증(思覺失調症)'이라고 한다. → 정신분열증

정신병질(精神病質)

성격이 현저하게 비뚤어짐, 이상(성격이상)을 말한다. 일반적으로는 평균기준으로부터 일탈한 인격(이상인격), 가운데, 그 이상(異常)때문에 스스로가 고민하거나 사회가 고민하는 인격을 말한다.

정신병환자(精神病患者)

의료복지의 영역에서 정신병환자라는 말은 정신병에 걸린 사람이라고 하기 보다는 정신 · 신경과의 치료를 받고 있는 사람(환자)이라는 의미에서 사용되는 경우가 많다. 클라이언트에게 이상(異常)하거나 혹은 병적이라고 생각되는 행동이 나타날 때에는 그것을 있는 그대로 관찰하고 기술(記述)하여 의료기관에의 소개를 포함하여 필요한 원조의 대상으로 삼아야 하는 것이므로 안이하게 그 사람을 정신병환자로 판정하거나 또 그와 같이 취급해서는 안 되는 것이다. 정신병원에 입원, 사회복귀, 예방 등에 있어서는 정신보건법에 규정되어 있다.

정신보건(精神保健)

건강 가운데 주로 정신면의 건강을 대상으로 하여 정신장애를 예방 치료하고 또 정신적 건강을 유지 향상시키기 위한 모든 활동을 말한다. 정신적인 건강의 상황, 즉 이것을 유지, 증진하기 위해서는 발생예방(1차 예방), 조기발견 조기대응(2차 예방), 재발예방(3차 예방)이 중요하다. 종래의 정신위생 보담 넓은 의미로 해석된다. → 정신위생

정신보건법(精神保健法)

이 법은 정신질환의 예방과 정신질환자의 의료 및 사회복지에 관하여 필요한 사항을 규정함으로써 국민의 정신건강 증진에 이바지함을 목적으로 1995년 12월 30일(법률 제5133호)에 제정 · 공포하여 공포 후 1년이 경과한 날로부터 시행해 오던 중 1997년 12월 31일(법률 제5486호)에 전문 개정하여 시행중 그 동안 여러 차례 개정하여 지금에 이르고 있다. 총59개 조문과 부칙으로 되어 있으며, 기본이념으로 ① 모든 정신질환자는 인간으로서의 존엄과 가치를 보장받고 ② 모든 정신질환자는 최적의 치료를 받을 권리를 보장 받으며 ③ 미성년자인 정신질환자에 대하여 특별히 치료, 보호 및 필요한 교육을 받을

권리가 보장되어야 하며 ④ 모든 정신질환자는 정신질환이 있다는 이유로 부당한 차별 대우를 받지 아니하며 ⑤ 입원치료가 필요한 정신질환자에 대하여는 항상 자발적 입원이 권장되어야 하며 ⑥ 입원중인 정신질환자는 가능한 한 자유로운 환경이 보장되어야 하며, 다른 사람들과 자유로이 의견교환을 할 수 있도록 보장되어야 한다고 규정하고 있다.

정신보건시설(精神保健施設)

정신보건시설이라 함은 정신보건법에 의한 정신의료시설 정신질환자사회복귀시설 및 정신요양시설을 말한다(동법 제3조2호).

정신보건전문요원(精神保健專門要員)

보건복지부장관이 정신보건분야에 관한 전문지식과 기술을 갖추고 보건복지부령으로 정하는 수련기관에서 수련을 받은 자에게 정신보건 전문요원의 자격증을 교부한 정신보건임상심리사, 정신보건간호사 및 정신보건사회복지사를 말한다(정신보건법 제7조).

정신분석(精神分析)

오스트리아의 정신의학자, 정신분석학의 창시자인, 프로이드(Freud, Sigmus, 1856~1939)가 정립한 신경증의 치료법과 심리학적 이론체계. 프로이드는 이 이론체계를 통하여 유아기의 성적(性的)발달과정, 콤플렉스, 자아구조, 갈등과 방위의 무의식 심리과정, 불안과 정신병리의 증상 형성 등의 심층 심리학적 메커니즘 등을 명백히 밝힘으로써, 정신의학, 심리학, 사회학의 극히 중요한 여러 문제에 해답을 주는 동시에 문학 · 종교 · 사회의 여러 문제에 대해 아주 대담하고 광범위한 체계를 세우고 있다. 프로이드이론에 대한 정통과 연구자는 비록 소수이지만, 위에서 언급한 여러 분야에 많은 영향을 주었다.

정신분열증(精神分裂症)

조울증과 더불어 대표적인 정신장애의 하나로 주로 청년기에 발생하며, 원인으로서는 아직 잘 알려지지 않은 점도 있으나 사고(思考) 의리 감정 등에 이상을 보여 조울증과 함께 내인성 정신병으로 분석된다. 정신병원 입원환자의 7~8할을 차지하며, 경과가 길어 입원이 장기화되고 환각(환청), 망상 등의 이상체험 때문에 주위에서 편견으로 보이지는 까닭에 정상적인 사회생활이 곤란하다. 1950년대 이후의 약물요법의 진보에 의해 외래통원이나 데이케어, 기타에 의한 재가치료가 여러 형태로 추진되게 되었다.

정신안정제(精神安靜劑)

정신안정제는 강력 정신안정제와 완화 정신안정제로 나뉜다. 전자는 정신병에 사용하는 항정신병약이며, 후자는 불안, 심신증, 신경증, 경울(輕鬱)상태에 사용되는 항불안약(抗不安藥)이라고 불리어지고 있다. 일반적으로 정신안정제라고 하는 것은 후자의 경우가 많다.

정신연령(精神年齡)

생활연령에 관계없이 기능면에서의 개인의 발달의 정도를 연령으로 나타낸 것으로 지능검사에 있어서 피검자의 지능이 표준적인 지능발달의 어느 단계에 상당하는가를 연령척도를 가지고 표현한 것. 1905년 지능검사를 고안한 프랑스의 비네(Binet, A)가 지능수준(mental level)이라는 단어(말)를 처음으로 도입했다. 1908년에 3

세에서 12세의 각 연령의 검사항목이 57항목 배치되어, 회답의 상한(上限)에 해당하는 연령이 피검자의 정신연령으로 산정되었다. 이 개념에 의하여 실제의 연령(생활연령)과 지능발달의 정도가 상대적으로 파악 가능하게 되었다. 현재도 비네법에 의한 지능검사결과에 사용된다. 발달검사의 경우는 같은 관점에서 발달연령이라고 부르고 있다. →생활연령, 지능지수

정신요법(精神療法)

의사와 환자사이의 정신적 상호작용을 통하여 환자의 심신에 치료적 변화를 가져오게 하는 치료방법이다. 방법적으로는 면접법, 유희요법, 집단정신요법, 가족요법 등이 있다. 또 이론적으로는 정신분석을 비롯하여 수많은 것이 있다.

정신요양시설(精神療養施設)

정신보건시설의 하나.

정신보건법에 의하여 설치된 시설로서 정신의료기관에서 의뢰된 정신질환자와 만성정신질환자를 입소시켜 요양과 사회복귀촉진을 위한 훈련을 행하는 시설을 말한다(동법 제3조5호).

이 시설은 사회복지법인 기타 비영리법인이 보건복지부장관의 허가를 받아 설치·운영할 수 있다. 또한 이 시설에 입소한 환자의 요양과 사회복귀를 위한 훈련은 보건복지부장관이 정하는 바에 의하여 행하여야 하며, 요양과 사회복귀 촉진을 위한 훈련에 지장이 없는 범위 안에서 지역주민·사회단체·언론기관 등이 이 시설의 운영상황을 파악할 수 있도록 정신요양시설을 설치운영하는 자는 그 시설을 폐지·휴지하거나 재개하고자 할 때에는 보건복지부령이 정하는 바에 의하여 미리신고 하여야 한다(동법 제10조10조의2).

정신위생(精神衛生)

정신장애의 예방과 치료를 주된 목적으로 하여, 발생예방, 조기발견, 재발예방, 리허빌리테이션이 여기에 포함되는 것으로 되어 있다. 지금은 정신위생보담 넓은 개념인 정신위생보건이라고 하는 용어로 사용되는 경우가 많다. →정신보건

정신의료기관(精神醫療機關)

정신보건시설의 하나.

의료법에 의한 의료기관중 주로 정신질환자의 진료를 행할 목적으로 정신의료기관의 시설기준에 적합하게 설치된 병원과 의원 및 병원급 이상의 의료기관에 설치된 정신과를 말한다(정신보건법 제3조제3호).

정신의학(精神醫學)

정신질환(정신장애)를 대상으로 하는 의학의 한 분야이다. 그 원인, 진단, 치료, 예방 등에 관하여 연구하는 것으로서 이것에는 정신병리학, 뇌조직병리학, 유전학, 뇌생화학, 정신약리학, 정신생리학, 교정정신학, 사회정신의학, 역동정신의학, 지역정신의학, 아동정신의학, 청춘기정신의학, 노년정신의학 등의 영역이 포함된다.

정신장애(精神障碍)

정시장애는 정신결함과 정신질환으로 대별된다. 정신결함은 정신박약과 간질을, 정신질환은 정신의학에서 다루는 정신병, 즉 정신분열증 편집증, 신경증, 조울증 등과 정신병질적인 것을 의미한다. 정신장애의 범주에는 신체장애, 즉 시각장애, 청각장애, 지체부자유, 음성 언어기능장애에, 평형기능장애, 허약과 병약 등은 제외시키는 것이 일반적이다. 정신장

애 중 정신박약과 정서장애는 특수교육의 대상이 됨과 동시에 직업적, 사회적 재활인 사회복지의 영역에 포함된다. 정신질환은 의료적 치료와 재활의 대상이 되면서 사회적 · 심리적 재활과 직업적 · 보호적 재활도 되므로 역시 사회복지의 범주에 포함된다. 우리나라의 장애인복지법은 정신박약은 복지의 대상으로는 하나 정신병류에 속하는 대상으로 하지 않고 있다.

정신장애의 원인(精神障碍의 原因)

그 성질에 따라서 내인(內因), 외인(外因), 심인(心因)의 세 가지를 꼽을 수 있다. '내인'이란 어떤 개체의 소질과 유전인데, 그것만으로는 명확하게 설명될 수 없기 때문에, 현재 원인불명이라는 것으로 되어 있다. 내인에 의하는 것으로서 통합실조증, 조울증 등이 있다. '외인'이라 함은 기질적인 신체적 병변(病變), 뇌병변이나 약물 등을 말하며, 외인에 의한 것으로서 뇌기질적 정신병, 증상정신병, 중독성 정신병 등이 있다. '심인'이라 함은 심리적, 환경적, 사회적인 자극이 어떤 성격 특징을 가진 사람에게 미치게 되어 정신적 반응을 일으켰을 때의 그 자극을 말한다. 심인에 의한 것으로서는 심인반응이나 신경증 등이 있다.

정신장애인(精神障碍人)

지속적인 정신분열병, 분열형 정동장애(情動障碍), 양극성 정동장애 및 반복성 우울장애 의한 감정조절 행동 사고기능(事考機能) 및 능력장애로 인하여 일상생활 또는 사회생활을 하는 데 있어 상당한 제한을 받아 다른 사람의 도움이 필요한 사람을 말한다(장애인복지법시행령 제2조).

정신적 노화(精神的 老化)

나이를 먹음으로서 일어나는 정신적 · 심리적 기능의 변화를 말하며, 뇌의 생리적 노화에 의하여 초래된다. 일반적으로 기억력(외우고 있는 것을 생각해 내는 능력), 기명력(記銘力-경험한 것을 완전히 익히는 능력)이 저하하는 것에 의하여 현재화(顯在化)한다. → 생리적 노화.

정신지체(精神遲滯)

정신지체의 정의는 나라나 학자에 따라 다소 차이가 있어 확립된 개념은 없다. WHO에서는 "정신능력의 전반적 발달이 불완전하거나 또는 불충분한 상태"로 규정하고 있다. 또 미국정신지체협회에서는 발육기 중에 시작되어 사회적응의 장애를 수반하고 있는 전반적 지능의 수준 이하의 자로 규정하고 있다. 1973년의 미국정신지체학회의 정의에 의하면 정신지체는 ① 일반적 지적기능이 명확하게 평균보다 낮고 ② 동시에 적응행동에서 장애를 동반하는 상태로 ③ 그것이 18세 미만에서 나타나는 것으로 되어 있다. 평균 이하의 지적기능은 지능 테스트의 IQ=70을 가지고 판단되어, 종래의 정신박약의 개념보담도 적응장애가 중시되는 개념으로 되었다. 더욱이 근년에는 지적장애(intellectual disabilities)라는 용어로 통일되어 가고 있다. 이 같은 개념에서 밝혀진 것처럼 정신지체는 질병이 아닌 상태상의 것이다. 지적능력의 증후는 나라에 따라 다소의 차이는 있으나 지능지수(IQ)에 의해 경증(75~50), 중증(中症)(50~25), 중증(重症)(25이하)로 분류된다.

정신지체아교육(精神遲滯兒敎育)

정신지체아란 지적 기능이 자기 동년배 집단의 평균 이하인 아동들로 지칭되고 있으나, 그들의 사회성 적격성은 그 지역사회 내에서 독립적으로 적절하게 기능을 수행할 수 있을 정도인가의 여부로 판정된다.

이 교육은 광의의 심신장애아 중에서 지적능력이 뒤진다고 불려지는 정신박약아에 대한 특별교육을 말한다. 정신박약아 중에서도 중증과 경증은 차이가 있기 때문에 일률적으로 대응하는 것은 불가능하다는 데에 정신박약아교육의 특질이 있다. 주로 특수학교에서 교육이 행해진다. 경증 등은 보통학급이나 특수학급에서 건강한 아이와 함께 교육받도록 하고 있지만 교사와 특별훈련을 받도록 되어야 한다는 취지와 맞서고 있다. 우리나라 장애인 등에 대한 특수교육법에 특수교육대상자의 선정 등의 규정이 있다(동법 제5~17조).

정신지체인(精神遲滯人)

정신발육이 항구적으로 지체되어 지적능력의 발달이 불충분하거나 불완전하고 자신의 일을 처리하는 것과 사회생활에의 적응이 상당히 곤란한 사람을 말한다(장애인복지법시행령 제2조).

정신질환자(精神疾患者)

정신보건법에서 정신질환자라 함은 정신적(기질적 정신병을 포함한다) · 인격장애 · 알코올중독 및 약물중독 · 기타 비정신병적 정신장애를 가진 자를 말한다고 규정하고 있다(동법 제3조 제1호). 보건복지부장관은 정신보건법의 적절한 시행을 위하여 정신질환의 실태조사를 5년마다 실시하여야 한다(동법 제4조의 2).

정신질환자사회복귀시설(精神疾患者社會復歸施設)

정신보건시설의 하나이다.

정신보건법에 의하여 설치된 시설로서 정신질환자를 정신의료기관에 입원시키거나 정신요양시설에 입소시키지 아니하고 사회복귀촉진을 위한 훈련을 행하는 시설을 말한다(동법 제3조4호).

정신질환자생활훈련시설(精神疾患者生活訓練施設)

정신질환자의 사회복귀시설의 하나이다.

정신질환자가 필요한 기간 동안 생활하면서 재활에 필요한 상담 훈련 등의 서비스를 받아 사회복귀를 준비하거나 장애로 인하여 장기간 생활하는 시설을 말한다(정신보건법 제16조제1호).

정신질환자의 격리제한(精神疾患者의 隔離制限)

환자의 격리는 환자의 중심으로 보아서 본인 또는 주변 사람이 위험에 이를 가능성이 현저히 높고, 격리 이외 방법으로 그 위험을 회피하는 것이 뚜렷하게 곤란하다고 판단되는 경우에 그 위험을 최소한으로 줄이고, 환자 본인의 치료 또는 보호를 도모하는 목적으로 당해 시설 안에서 행하여야 한다는 것을 말한다. 환자를 격리하는 경우에는 정신과전문의의 지시에 따라야 하며 이를 진료기록부에 기재하여야 한다(정신보건법 제46조).

정신질환자지역사회재활시설(精神疾患者地域社會再活施設)

정신질환자복지관, 의료재활시설, 체육시설, 수련시설, 공동생활 가정 등 정신질환자에게 전문적인 상담 훈련 등을 제공하거나 여가활동 및 사회참여활동 등에 필요한 편의를 제공하는 시설을 말한다(정신보건법 제16조2호).

정신질환자직업재활시설(精神疾患者職業再活施設)

일반고용이 어려운 정신질환자가 특별히 준비된 작업환경에서 직업훈련을 받거나 직업생활을 영위할 수 있도록 하는 시설을 말한다(정신보건법 제16조3호).

정신질환자특수치료의 제한(精神疾患者特殊治療의 制限)

정신질환자에 대한 전기충격요법 · 인슐린혼수요법 · 마취하최민요법 · 정신외과요법 기타 대통령령이 정하는 특수치료행위는 당해 정신의료기관이 구성하는 정신과 전문의와 정신보건에 관한 전문지식과 경험을 가진 자로 구성된 협의체에서 결정하여 본인 또는 보호의무자에게 특수치료에 필요한 정보를 제공하고 그 동의를 얻어서 치료해야 한다는 것을 말한다(정신보건법 제44조).

정신치료(精神治療)

정신치료란 적절한 수련을 받은 사람이 전문직업적인 관계에 입각하여 상대방이 지닌 성격상의 문제와 감정상의 문제를 심리적인 방법을 통하여 치료하는 것이다. 환자가 가진 정신증상을 제거 · 개선 · 지연시키고 그 행동양상 가운데 고통스럽게 느끼는 점을 조정하여 그의 인격이 긍정적인 방향으로 발전하고 성장하도록 하여 그가 자기 자신 및 주위 사람, 세상과 평화롭게 정을 나누며 균형 · 조화된 삶을 영위할 태세를 갖추게 함에 그 목적을 둔다.

정액제(定額制)

사회보장 특히 사회보험에 있어서 급부와 갹출이 양자를 피보험자의 소득에 관계없이 균일액으로 갹출하는 것을 말한다. 베버리지의 사회보장계획은 '균일갹출 균일급부의 원칙'에 의하여 설계되었다. 균일제는 모든 사람들에게 '최저생활수준'을 보장하는 것이며, 모든 시민에의 평등주의를 근원으로 하고 있다. 각국의 사회보험은 점차로 균일제에서 소득비례제로 옮겨가는 추세에 있다.

정착지원시설(定着支援施設)

정착지원시설이라 함은 북한이탈주민의 보호대상자의 보호 및 정착지원을 위하여 통일부장관이 보호대상자에 대한 보호 및 정착지원을 위하여 정착지원시설을 설치 · 운영하는 것과 또 국가정보원장이 보호하기로 결정한 자를 위하여 국가정보원장이 별도의 정착지원시설을 설치 · 운영하는 시설을 말한다(북한이탈주민의 보호 및 정착지원에 관한 법률 제2조3호).

제너릭소셜워크(generic social work)

사회복지원조의 어느 분야에 있어서도 공통되는 기술, 원리, 활동이라는 것. generic은 '일반적' '포괄적' 등의 의미로 specific(특수의, 특정의)에 대하여 사용된다. ↔ 스페시픽크 · 소셜워크

제네바선언(Generva 宣言) ⇨ 아동권리선언

제노그램(genogram)

3세대 이상의 가족 및 친족의 계보를 기호를 이용하여 도식화(圖式化)한 것. 남성은 정방형(正方形), 여성은 원으로 나타내고, 혼인관계를 나타내는 경우에는 양자를 수평의 선으로 묶는다. 또 어린이라는 것을 나타낼 경우에는 혼인관계를 나타내는 선보다 수직으로 내려가는 선으로

묶어서 표시한다. 그 밖에도 사망이나 이혼, 재혼 등도 다른 표시나 기호에 의해서 표시된다. 동거인은 실제 선으로 둘러싸는 등의 기본이 있다. 가족관계를 파악함에 있어 문자에 의해 기술한 기록을 보완하여 이해를 돕는다.

제3의 인생(第3의 人生)

직업이나 일에서 은퇴하여 유유자적한 생활을 보낼 시기를 적극적으로 재 검토하자는 생각에서 붙여진 용어. 만숙기(晩熟期=later maturity), 프로덕티브 에이징(productive aging), 웰 에이징(well aging) 등도 같은 맥락의 용어이다. 한 사람이 태어나서 사회에 진출할 때까지를 인생의 제1기, 사회인으로서 일하며, 자녀를 키우는 시기를 인생의 제2기로 보고, 그 다음에는 제3의 인생이라는 뜻에서 붙여진 말이다. 예전에는 이 시기는 '여생(餘生)'이라고 붙였지만 이제는 이러한 소극적인 삶이 아닌 적극적인 생활태도로 노령기를 보내자는 뜻이 담겨있다. 이를 실현하기 위하여 세계 각국에서는 고령자의 자기개발 자기실현을 목적으로 하는 각종의 공적 사적인 프로그램들이 실시되고 있다.

제3의학(第三醫學)

뉴욕대학의 러스크, H.A. 교수가 발표한 것으로 예방의학 · 치료의학 다음에 등장한 신의학이라는 뜻. 신체장애환자를 육체적 · 심리적 · 경제적으로 회복시켜 사회에 복귀시키는 의학. 신체장애의 치료에서부터 장래를 위한 직업지도까지 해준다.

제한의 원칙(制限의 原則)

그룹워크의 원칙의 하나이다. 멤버나 그룹의 행동에 제약을 설정하여, 그것을 원조의 원칙으로 하여 잘 활용해 가는 것이다. 그룹워커는 멤버를 수용하여, 그룹의 결정을 존중해 가는 것이 기본자세인데 그 멤버의 행위나 그룹의 결정이 사람을 훼손(명예, 긍지, 기분 등) 한다거나, 인간관계를 무의미하게 망치는 일이 있으면 워커는 제한하지 않으면 안 된다. 그룹워크의 실천을 효과적 또한 안전하게 진행시키기 위해서는 빼놓을 수 없는 원칙이다. 그 밖에 워커의 역할, 그룹으로서의 시간이나 화합의 회수, 프로그램의 한계, 활동을 위한 예산이라는 제조건의 명확화도 제한이라 할 수 있다. 이것들을 애매하게 하는 것이 아니고 명확하게 해 감으로써 원조를 깊숙이 할 수 있다.

제한진료(制限診療)

건강보험의 요양급여인 보험급여에 대해서 그 내용 및 범위에 일정한 제한이 있는 것을 말한다. 본래 질병의 개인차로부터 요양급여의 내용의 차이가 생기는 것인데 보험경제의 재정적 고려 때문에 요양급여를 일정한 내용, 범위로 한정하는 것이다. 이 경우 의료의 개별성, 의사의 주체적 판단을 저해하는 문제를 발생시킨다. 일반적으로 요양급여의 내용 및 범위에 일정한 제한이 있는 것을 지칭하는 경우에 급여의 제한이라고도 부른다. 의료적으로 필요하다고 인정되는 경우에도 제한을 한다(국민건강보험법 제48조 참조). 그 이외의 진료를 인정하지 않는 것을 지칭하는 경우에 제한진료라고 할 때가 많다.

젠더(gender)

남녀의 상위(相違)를 사회적, 문화적으로 받아들여 그 역할을 중시한 개념이다. 1960년대 말쯤부터 미국을 중심으로 남녀 간에 있어 대등 · 평등을 구하는 운동이 대두하여 여성의 사회진출이 활발해 졌다. 젠더란 지금까지의 성(性)에 대한 영문표시였던 섹스(sex)라는 용어 대신에 새로 쓰기로 한 용어로 사회로부터 기대되어 학습에 의하여 몸에 붙인 사회적 문화적으로 만들어진 성차(性差).

구체적으로는 '남자답다' '여자답다'로 일컬어지는 성역할을 가리킨다. 1995년 9월 15일 중국 베이징 제4차 여성대회 GO(정부기구)회의에서 결정했다. 우리말로 젠더와 섹스는 '성'이라는 같은 뜻이지만 원어(原語)인 영어로는 미묘한 차이가 있는데 젠더는 사회적인 의미인 성이고, 섹스는 생물학적인 의미의 성을 말한다.

유럽연합(EU)과 미국 등 많은 국가가 주장하는 젠더는 남녀차별적인 섹스보다 대등한 남녀간의 관계를 내포하며, 평등에 있어서도 모든 사회적인 동등함을 실현시켜야 한다는 의미가 함축되어 있다.

조기발견 · 조기치료(早期發見 · 早期治療)

조기발견 · 조기치료라고 하는 말은 결핵(結核)을 치료하는 데 있어서 가장 적절한 시기를 결정하는 것으로부터 유래되었다.

오늘날에는 암이 조기발견에 따라 치료율이 높게 나타내고 있기 때문에 보건상 주요 용어로 사용된다. 국민건강보험공단과 보건소를 중심으로 건강진단 등에 힘써 질병의 조기발견체제가 성과를 거두고 있다. 그러나 어느 정도 조기에 질병이 발견되고 그것에 대응한 의학기술이 진전되어도 치료를 받는 조건, 요컨대 의료보장제도가 가능하지 않으면 그것은 문구에 그치고 만다. 조기발견 · 조기치료의 효과적 추진도 역시 의료보장이나 의료제도의 정비에 있다 해도 과언이 아니다(장애인복지법제17조 참조).

조기치료양육(早期治療養育)

장애를 조기에 발견하여 적절한 치료를 행하는 것은 직접적인 본인의 발달의 원조뿐만이 아니고, 적정한 모자관계 형성과 2차 장애 및 중증화(重症化)의 방지 등, 장애아의 앞으로의 인생이라고 하는 점에서 보더라도 극히 중요한 역할을 갖는 것이다. 때문에 장애의 원인을 찾아 이것을 예방하는 대책이 모자보건대책을 중심으로 나아가게 하고 있다. 장애인복지법에서는 국가와 지방자치단체는 장애의 발생원인과 그 예방에 관한 조사연구를 촉진하여야 하며, 모자보건사업의 강화, 장애의 원인이 되는 질병의 조기발견과 조기치료의 추진 기타 필요한 시책을 강구하여야 한다고 규정하고 있다(동법 제17조1항).

조기퇴직제(早期退職制) ⇨ 명예퇴직제(名譽退職制)

조사(調査)

케이스워크의 과정에 있어서 사회진단을 위한 기초자료를 수집하는 것을 말하며, 이때 클라이언트 자신을 제1의 자료로서 존중하게 된다. 만약 클라이언트 이외의 곳으로부터 자료를 수집할 때는 클라이언트의 양해를 받는다. 사회조사라고 하는 경우도 있지만 지역의 사회조사와 혼동되어 조사라고 사용하는 경우가 많다.

조사기록(調査記錄)

면접이나 관찰결과를 기록한 것을 조사기록이라 한다. 어떠한 사회조사에서도 조사기록은 중요한 분석 자료이지만 특히 분석자가 면접자나 관찰자가 아닐 경우에는 더욱 중요하다. 면접자나 관찰자에 의해 많은 것이 얻어졌다 해도 남겨진 조사기록만이 유일한 분석자료가 되기 때문이다. 따라서 면접이나 관찰결과는 충실하게 기록되지 않으면 안 된다. 가령 자유회답의 경우 회답은 가능한 한 말 그대로 기록하도록 유의해야 한다.

조사수단(調査手段)

현지조사로 자료 수집을 하는 수단에는 조사표법, 관찰법, 자유면접법, 테스트법 등이 있으나 가장 폭넓게 이용되는 것이 조사표법이다. 조사표법은 그 사용하는 방법에 따라 개별면접조사법, 배표조사법, 집합조사법, 우송조사법, 전화조사법 등으로 분류되어진다. 이 같은 조사수단에는 각기 장점과 단점이 있어 조사주체는 조사목적이나 조사 대상에 맞춰 어떠한 수단을 써야할지를 결정할 필요가 있다.

조산아(早産兒)

태중에서 28주 이후 38주까지에 태어난 유아(乳兒)를 조산아라고 한다. 재태(在胎)일 수에 관계없이 체중이 2,500g 이하의 유아를 미숙아(未熟兒)라고 한다. 조산아는 미숙아인 경우가 많은데 만기산아에도 체중이 2,500g이하(쌍둥이 등)의 유아도 있으므로, 세계보건기구(WHO)에서는 출산때 체중이 2,500g 이하의 유아를 저체중아, 재태(在胎) 37주 미만에서 태어난 유아를 미숙아로 칭하는 것을 권고한다.

조산원(助産院)

조산원이라 함은 조산사가 조산과 임부(姙婦) · 해산부(解産婦) · 산욕부(産褥婦) 및 신생아를 대상으로 보건활동과 교육 상담을 하는 의료기관을 말한다(의료법 제3조2호).

조울증(躁鬱症)

내인성 정신병의 한 증상이다. 조(躁) 상태와 울(鬱) 상태가 번갈아 나타나기 때문에 조울증이라고 하는데, 조상태만을 되풀이하거나 울상태만을 반복하는 증세도 있다. 조상태에서는 지나칠 정도로 의욕이 강해지며, 말이 많고, 활발해지면서 침착성이 없다. 반대로 우울상태에서는 공연히 자신감이 없어지고 우울해지면서 허무감에 빠져 삶의 의욕을 잃는다. 조울증은 대개 두 가지 상태가 번갈아 가면서 나타나는데 WHO는 1995년의 국제질병분류 제10판(ICD-10)과 미국정신의 학회 진단기준에서는 종래 '조울병'이라고 하던 것을 '기분장애(mood disorders)로 바꾸어 사용되고 있으며, 통합실조증과 더불어 내인성정신병으로 불리어지고 있다. 확실한 원인이 밝혀지지는 않았지만 중추신경계의 생화학적인 대신장애가 중요한 원인이라고 알려져 있으며, 유전적인 원인도 있다고 한다. 치료는 지나치게 빨리 움직이는 정신운동을 억제하는 약물요법 외에 심신의 부하(負荷)의 경감과 주위의 수용적 태도를 주로 한 환경적 조정도 중요하다.

조정(調整)

소셜워크에서 연락 · 조정기능을 지칭한다. 둘 혹은 그 이상의 개인, 기관, 시설, 단체 간에 상호관계를 형성하여 각각이 최대한으로 그 특성을 발휘할 수 있도록 조정, 조화를 도모하는 것을 말한다. 따라서 단순한 연락활동이나 상위하달(上位下達)방식의 조정방법과는 구별된다.

커뮤니티워크에 있어서는 오래전부터 지적되어 왔는데 특히 최근에 지역복지의 진전과 함께 소셜워커의 역할로 이 조정기능이 제차 중요시되고 있다.

조정적 기능(調整的 機能)

본래 전체적이고도 주체적인 주민의 생활요구에

대하여 사회제도가 대립하거나 불리하지 않도록 주민(집단 및 개인)과 사회제도의 전반에 작용시켜서 그 관계를 조정하는 사회복지의 기능을 말한다. 지역사회의 생활관련 시책이나 사회복지의 공사(公私)서비스가 개별적으로, 분담적으로 계획 운영하는 데서 생겨나는 폐해에 대응하는 것이다. 이 기능을 가진 사회복지의 현실상태는 사회복지협의회의 활동으로 수행된다. 또 구체적인 개인의 상담에 응하여 클라이언트가 생활조건의 모순을 발견하고 그것을 사회기관을 통하여 해결하도록 원조하거나 혹은 대변하여 가는 개별적인 조정의 원조도 있다.

조치(措置)

조치라 함은 행정청이 행하는 행정상의 처분을 말하는데 사회복지영역에 있어서는 행정청이 사회복지의 대상으로 되는 자에 대하여 각 사회복지법의 규정에 의거하여 행하는 원호, 육성, 갱생에 관한 행정처분을 가리킨다. 협의(狹義)의 조치는 행정청이 사회복지시설에 요입소자(要入所者)를 입소시키는 것을 말한다(입소조치). 혹은 이처럼 입소한 자에 대한 처우자체를 조치라고 하는 경우도 있는데 이 경우 영어로는 treatment가 될 것이다. 광의(廣義)로는 사회복지법제 등에 의하여 행정청에 의무화시키고 또는 권한이 부여된 시책을 총칭하는 것으로 복지조치라는 용어가 사용되고 있다.

이 경우의 영어는 welfare services 또는 Personal Social Services가 된다. 입소조치를 취하는 권한(조치권)이 부여된 행정청을 조치권자 또는 조치기관이라 한다. 조치권자는 사회복지시설에 보호(입소)위탁을 하는 경우가 있는데 이것을 조치위탁이라 부른다. 이 입소조치에 필요한 비용을 조치비라고 하는데 이것에는 국가로부터 지방공공단체에 대한 부담금으로서의 의미와 조치권자로부터 민간의 사회복지시설에 대한 조치위탁비로서의 의미가 있다.

조치권(措置權)

사회복지서비스의 급부를 법에 따라 결정한 권한. 광의의 복지조치에는 행정기관의 작용에 한계가 없는 수익적인 성격의 것도 있지만, 담당범위와 행정행위의 책임의 주체를 명확히 하기 위한 것도 있다. 조치내용에 맞게 권한을 세밀히 명기한 것이 특징이다. 아동복지법에 의한 시설입소 조치권은 서울특별시시장 · 광역시장 · 도지사가 행사하는 것이 전형이다. 또는 시장 · 군수 · 구청장이 그 관할 구역안에서 보호를 필요로 하는 아동을 발견하거나 보호자의 의뢰를 받은 때에는 아동의 최상의 이익을 위하여 대통령령이 정하는 필요한 보호조치를 하여야 한다.

조치비(措置費)

사회복지관계법의 규정에 의거하여 조치권자가 아동이나 장애인, 노인 등의 복지를 필요로 하는 자에게 대하여 사회복지시설에의 보호(입소) 등, 복지의 조치를 취한 경우에 요하는 비용. 조치비는 사무비와 사업비로 이루어진다. 사무비란 시설운영을 위한 인건비 및 시설관리비 등을, 사업비란 입소자의 생활비와 교육비 등을 가리킨다.

존엄사(尊嚴死)

연명의 · 치료(延命醫 · 治療)가 무의미한 것이라고 생각하는 환자가 치료를 거부하여 자연의 형태로 죽음을 구하는 것이다. 즉 죽음에 직면한 환자의 의사에 의하여 인간으로서 품위와 존엄성을 유지하면서 맞이하는 죽음을 말한다. 환자의 의사를 어떻게 확인할 것인가, 환자의 의사를 직접 파악할 수 없을 때 어떻게 하여 의사(意思)를 추측할 수 있을까, 존엄이란 무엇인가, 이 존엄을 누가 판단할 것인가 등 중요한 이 점의 논의가 충분히 이루어지고 있다고는 할 수 없다. 유사어(類似語)로서 '죽을 권리', '바람직한 죽음', '리빙윌(living will : 연명의료를 거절하는 취지의 사전의사 표명)"이 있다. 안락사(安樂死)와는 구별되고 있다. 안락사는 평온하고 안락한 죽음을 의미하고 죽음이 임박해 있어서 죽음의 고통을 완화하기 위해 그 사망 시기를 빨리하는 행위를 말한다. 고도한 의료가 발달한 오늘날 우리나라에서는 완치가 불가능 난치병이라도 연명의 · 치료가 행하여지고 있는데 구미(歐美) 등에서는 자연사법(自然死法)이 제정되어 있어 존엄사가 정착되어 가고 있다. → 안락사

종결(終結)

사회복지원조에 있어 서비스 이용자에 대한 원조목표가 달성되는 경우, 혹은 서비스 이용자가 스스로의 의지로 서비스의 이용을 종료하는 것을 희망한 경우를 말한다.

종교단체(宗敎團體)

종교단체라 함은 예배의 시설을 갖춘, 사원(寺院), 성당, 교회, 수도원, 기타 이것에 유사한 단체 및 이것들의 단체를 포괄하는 교파, 종파, 교단, 교회, 수도회, 기타 이에 유사한 단체로 종교의 교의(敎義)를 넓이고, 의식행사를 행하며, 신자를 교화 육성하는 것을 주된 목적으로 하는 것을 말한다.

종교사회사업(宗敎社會事業)

종교 내지 종교집단 혹은 종교단체가 실천하는 민간사회(복지)사업을 총칭하는 형태개념이다. 따라서 '불교사회사업'이나 '기독교사회사업' 등과 같이 특정의 종교교의를 사회사업의 실천이념으로서 '자비의 사회사업' 이라든지 '구원심에 의한 사회사업' 등의 독자적인 사회사업 활동을 호칭하는 경우도 있다. 또한 특정의 종교 교단의 실천주체 혹은 경영주체로 해서 독자의 사회사업 활동을 전개하는 경우도 종교사회사업의 개념에 포함한다. 그리고 종교적 사회사업이라는 형태개념도 포함하여 종교사회사업은 넓은 의미로 이용된다.

종말기(終末期)

질병 · 노쇠 · 사고 등에 의하여 죽음에 향하는 인생 최후의 시기를 말한다. "노년기는 인생의 종말기이다"라고 하는 경우와 "암환자 종말기 케어의 상태"라고 하는 경우하고는 다소 뉘앙스(nuance)가 다르다. 전자에서는 인간의 일생 동안에서의 최후의 단계, 죽기 전의 시기라고 하는 의미로서 쓰이고 있다. 후자에서는 통상 "이제 어떠한 치료를 해도 치료의 가망이 없는 상태로 3개월 내지 6개월 이내에 죽음을 맞이하는 일이 예상되는 시기"를 가리킨다. → 터미널 케어

종말 케어(終末 Care)

말기환자에게 베푸는 최후의 기간(통상 3~6개월 간)의 신체적 · 심리적 · 사회적 · 종교적 측면을 포괄한 종합적인 케어로서 터미널케어(terminal care)라고도 부른다. 이러한 케어를 충실히 하려는 움직임으로서는 호스피스운동이 대표적이다. 환자가 존엄성 있는 죽음을 맞이하기 위해서 의료관계자와 종교신자나 볼런티어 등의 팀이 환자와 가족을 포함하여 보살핌(care)을 중시한다. 특히 동통(疼痛) 완화는 식

사 수면 · 배설을 가능케 하고 심리적인 안정을 가져올 수 있게 하여 한정된 상황 속에서 생활의 질(QOL)을 충실하게 하는 게 중요하다.

종속인구(從屬人口)

0(제로)세에서 14세까지의 연소인구와 65세 이상의 노년인구를 합친 인구이다. 이 이외의 인구인 생산연령인구에 대한 비율을 종속인구지수라고 한다. 이것에 의해서 사회전체로서의 부양의 부담 정도를 안다. ↔ 생산연령인구 → 연소인구

주관적 욕구(主觀的 欲求)

어떠한 사회적인 요구상황이 객관적으로 존재하고 있는 것을 기초로 해서 사회적 해결에의 필요성을 자각적으로 받아들이고 있는 상태를 말한다. 현재적 욕구를 의식수준에서 규정한 용어로 의식적 욕구라고도 한다. 객관적 사실과 반드시 일치하지 않는 표현 형태를 취하는 경우도 있으나, 당사자의 의식적 사실로 받아들일 필요가 있다.

주민좌담회(住民座談會)

지역사회조직(community organization)에 있어서 집단토의의 중요한 방법의 하나이기도 하고 지역에서 주민의 욕구를 직접 파악하는 장으로 설정된다. 그것은 또 주민활동의 의욕에너지(energy)를 얻어 내는 곳으로 된다. 지역복지활동에 주민이 직접 참가하는 장으로서 중시된다. 주민좌담회는 지구별만이 아니고 계층별, 문제별로도 설정되고 나아가서는 양자를 집약하는 곳으로도 설정되어야 한다.

주민참가(住民參加)

지역사회의 주민이 사회복지의 향상을 위하여 그 활동이나 시책에 적극적인 참가, 협력에 의해 사회복지활동을 추진하는 것을 말한다. 지역활동의 경우 지역의 주민이 지역의 복지문제를 스스로의 손으로 해결하려고 하는 성격 때문에 주민의 참가 협력은 불가결한 것이며, 그 개발도 중요하다.

구체적으로는 직접 참가와 간접 참가의 두 가지 방법이 있으며, 전자는 주민 · 시민 집회나 설명회, 강연회 등, 후자는 앙케이트 조사나 모니터 제도에 의한 의견 청취 등이 있다.

주야간보호서비스(晝夜間保護 services)

주야간보호서비스란, 부득이한 사유로 가족의 보호를 받을 수 없는 심신이 허약한 노인과 장애노인을 주간 또는 야간동안 보호시설에 입소시켜 필요한 각종 편의를 제공하여 이들의 생활안정과 정신기능의 유지향상을 도모하고, 그 가족의 신체적 · 정신적 부담을 덜어주기 위한 서비스이다(노인복지법 제38조1항2호).

주의력결함다동성 장애(注意力缺陷 多動性 障碍 ADHD = Attention Deficit / Hyper-activity Disorder)

아동기에 발생하는 부주의와 다동성, 충동성을 특징으로 하는 장애이다. 미국 정신의학회에 의한 진단통계매뉴얼 제3판(DSM-Ⅲ)에 처음으로 정의되어 제4판에도 계속되어 있다. 주의력장애와 다동성을 합치는 경우와 어느 한쪽이 주증상의 경우가 있다. ADHD아의 특징으로는 침착하지 못하다, 주의산만, 충동적 폭력적인 행위, 학습장애 등의 문제에 의해서 학교에서는 부적응 상태를 일으키기 쉽고, 그 결과 고립, 분노, 제멋대로, 자기 비하 등의 여러 가지 증상을 쉽게 나타내는 것 등이 있다.

주치의(主治醫)

어떤 환자와 가족의 진료를 장기적으로 담당하는 단골 의사라는 것이다. 어떤 환자에 관하여 복수의 의사가 관여하는 경우가 있는데 그 가운데에서도 진찰에서 치료까지의 모든 과정에서 중심적으로 담당하는 의사를 말한다.

주택(주거)환경(住宅(住居)環境)

협의(狹義)와 광의(廣義)로 해석되고 있는데 협의에서는 주택 그 자체를 의미하고, 광의에서는 주택을 포함한 주택주변의 생활공간을 지칭한다. 여기에서는 광의 의미로 해석한 것을 중심으로 기술한다. 장애인이 지역사회에서 생활하는 데 장애에 적합한 주택구조를 가진 주택의 확보가 성결 문제이나 그것만으로는 생활을 할 수 없다. 일상생활을 유지하기 위해서는 구매시설이나 금융기관, 행정기관도 당연히 그 이용대상이 된다. 경우에 따라서는 교통기관도 그 대상이 된다. 어쨌든 지역사회에서 생활하면서 장애를 갖고 있지 않은(정상인) 사람들과 같은 생활을 장애인에게 보장하기 위한 주변 환경의 물리적 정비가 필요하다.

주휴2일제(週休二日制)

노동시간이 주(週) 48시간에서 40시간으로 변화됨에 따라 주 1일의 휴일이 주 2일의 휴일로 되는 제도이다. 하루의 노동시간을 적게 하기보다는 휴일을 더 얻는 것을 택하게 된다. 오늘날 기계설비의 근대화에 의해 노동력이 인력으로부터 기계력으로 이행해 가서 기계설비의 합리화가 진행됨에 따라 노동시간 단축의 경향이 나타나 격주(隔週) 주휴 2일제나 완전주휴 2일제의 경향으로 되게 되었다.

중복장애(重複障碍)

장애는 단일의 장애만이 아니고 다른 장애를 중복으로 가진 경우도 적지 않다. 예컨대 상지(上肢)와 하지(下肢)와 같은 류의 중복에 머물지 않고, 시각장애, 운동기능장애, 청각 · 언어장애, 지적장애 등의 장애가 2가지 이상 겹치진 것을 말한다. 장애가 겹친 것과 장애의 정도 등에 의하여, 그 상태상(狀態像)은 복잡다양하다. 때문에 수발자는 하나의 장애에서만이 아니고, 다른 장애와의 관련도 생각해서 수발에 임해야 할 필요가 있다.

중상주의(重商主義)

한나라의 부(富)의 척도를 금은(金銀)의 다소에 두고 식민지획득, 해상권확보, 상공업의 중요시, 보호무역 등으로 국가의 부강을 꾀하지는 주의도 16~18세기 후반 절대왕권시대의 경제정책이다. 콜베르(J.B.Colbert) 토마스 먼(Thomas Mun) 크롬웰(O. Cromwell) 등이 주장 했다. 특히 금 · 은 화폐의 축적을 목적으로 했던 초기의 중금주의(重金主義) 또는 배금주의(拜金主義)라고 칭한다.

중증장애인(重症障碍人)

중증장애인이란 주요 일상생활을 현저히 제한하는 신체적 또는 정신적 손상으로 인하여 장기간에 걸쳐 직업생활에 상당한 제약을 받는 자로서 장애인고용촉진 및 직업재활법 제2조 제2호에 따른 대통령령으로 정하는 장애의 종류 및 기준에 해당하는 자 중 다음 각 호의 자로 한다.

1. 지적 장애인, 자폐성장애인, 정신장애인, 언어장애인
2. 1급부터 3급까지에 해당하는 뇌병변장애인 심장장애인

3. 1급 또는 2급에 해당하는 시각장애인, 지체장애인, 청각장애인, 신장 장애인, 뇌전증장애인, 간장애인, 안면장애인, 장류 · 요류장애인
4. 손가락에 장애가 있는 3급의 지체장애인
5. 제3호에 해당하는 장애를 2가지 이상 가진 장애등급 3급에 해당하는 장애인(중증장애인생산품 우선 구매특별법 제2조1항).

중증장애인생산품(重症障碍人生産品)

중증장애인 생산품이란 장애인복지법제58조 제1항 제3호에 따른 장애인 직업재활시설과 같은 법 제63조에 따른 장애인복지단체 중 제9조(국가와 지방자치단체의 책임)에 따라 보건복지부장관으로부터 지정을 받은 생산시설(중증장애인생산품 생산시설)에서 생산된 제품 및 동 생산시설에서 제공하는 노무용역 등의 서비스를 말한다(중증장애인 생산품우선 구매 특별법 제2조2항).

중증장애인생산품 우선구매특별법(重症障碍人生産品 于先購買 特別法)

이 법은 경쟁고용에 어려운 중증장애인을 고용하는 직업재활시설 등의 생산품에 대한 우선 구매를 지원함으로써 중증장애인의 직업생활을 돕고 국민경제발전에 기여함을 목적으로 2008년 3월 21일(법률 제8945호)에 법 22개 조문과 부칙으로 제정 · 공포하여 공포후 6개월이 경과한 날부터 시행하면서 수차례 개정을 거쳐 오늘에 이르고 있다.

중증(4대)질환(重症〈四大〉疾患)

암, 심장질환, 뇌혈관질환, 희귀난치성질환 등 4대 중증질환에 대해 건강보험 적용을 확대하기로 한 것. 2013년 10월 초음파 검사의 보험 적용을 시작으로 2014년 고가항암제 등 약제와 MRI(자기공명영상) · PET(양전자방출단층촬영) 등 영상검사, 2015년 각종 수술 및 수술재료, 2016년 유전자 검사 등 각종 검사가 순차적으로 보험 적용을 받게 된다. 정부는 중증질환 의료는 생명과 직결되는 부분이고 고액 진료비로 가정이 파탄나는 경우가 많아 우선적으로 보험 적용을 확대하기로 했다.

정부는 필수적인 의료는 모두 급여화하고, 필수적 의료는 아니지만 사회적 수요가 큰 의료는 '선별급여'로 묶어 단계적으로 급여화해 나갈 방침이다. 또한 2014년 '혈색소증' 등 20여 개의 질환을 산정특례 대상 희귀난치질환으로 추가 지정하고, 매년 질환의 추가여부를 검토하기로 했다. 질병명이 불분명한 극희귀난치질환에 대해서는 '희귀난치질환의료비지원사업'을 통해 지원하는 방안을 추진할 계획이다.

증후군(症候群) ⇨ 신드롬(shyndrom)

지각(知覺)

일반적으로는 시각, 청각, 후각, 미각, 촉각에 의한 자극을 받아들이는 것을 지각이라고 한다. 보다 순수한 생리활동을 감각, 보다 개인으로서의 심리활동이 관계된 것(지식이나 과거의 경험 · 체험에 의한 자기독자(自己獨自)의 필터를 통한 것)을 인지(認知)라고 한다. 예컨대 흰 타원(楕圓)을 받아들이는 것은 감각이며, 흰 타원이 보인다고 아는 것이 지각이며, 저것은 달걀이며 먹으면 맛이 있다고 판단하는 것이 인지라고 할 수 있다.

지각장애(知覺障碍)

지각에 장애가 생기는 것. 지각의 양적 변화(장애)로서는 둔마(鈍痲), 차단(遮斷), 과민(過敏)이 있

고, 질적 변화(장애)로서는 착각과 환각(幻覺)이 있다. 착각은 외적 자극을 잘못 해석하는 것이며, 환각은 외적 자극이 없는데 지각이 생기는 것(아무도 없는데 소리가 들려오는 것 등)이다. →환각

지능검사(知能檢査)

문제해결능력(지적기능)을 객관적으로 파악하기 위한 검사. 최초의 지능검사는 프랑스의 비네(Binet, A.)에 의해서 1905년 고안 되어 '지능측정척도'라고 불리었다. 이 검사가 창안된 배경은, 당시 능력부족 때문에 학교의 수업에 따라가지 못하는 아이들에 대하여, 특수교육을 행할 필요성이 부르짖기 시작한 데에 있다. 어떤 아이를 능력부족으로 볼 것인가라고 하는 객관적인 판단기준이 필요하게 된 것으로 해서 척도(尺度)의 작성이 요구되었다. 이처럼 지능검사는 원조체제를 조정한다고 하는 전제에서 사용되어야 하며, 단순히 분류를 위하여 사용해서는 안 된다. 오늘날 많은 검사가 있으나 비네법과 웨그슬러법이 세계적으로 많이 쓰이지고 있다. 결과는 지능연령(MA : ment age), 지능지수(IQ) 등으로 표시된다.

지능장애(知能障碍)

뇌의 장애에 의하여 지능이 저하된 상태. 선천적 혹은 발달도상에서의 뇌의 장애에 의해 지능이 저하된 경우를 정신(발달)지체, 정상으로 발달한 뒤에 장애를 받아서 지속적으로 지능이 저하된 경우를 백치(천치)라고 한다.

지능지수(知能指數)

지능의 정도를 정신연령과 생활연령의 비(比)로 나타내는 지능검사 결과에 의거한 지표(指標). IQ(Intetelligence quotient)라고도 한다.

구체적으로는 지능지수(IQ)=정신연령(MA) / 생활연령(CA : Chronolgical Age) 100으로 나타낸다. 정신연령이 10세로 생활연령도 10세이면 지능지수는 100이다. 100이면 평균, 100 이상은 평균 이상, 100 이하는 평균 이하의 지능이 된다.

심리학에서는 90~100이면 보통, 70 이하는 지적장애의 지수(指數)로서 쓰이는 것이 일반적이다. →정신연령, 생활연령.

지능편차치(知能偏差値)

지능지수의 평균적 치(値)를 50으로 하여 거기에서의 개인의 지능지수의 치우침(기울어짐)을 나타낸 것으로 이 정도에 의해 지능의 우열을 알 수가 있다.

구체적으로는 개인 득점과 그 연령의 평균득점의 차를 표준편차로 나누고, 그것에 10을 곱하여 50을 더한 것으로 된다. →지능지수

지방공공단체(地方公共團體)

중앙관청인 정부에 대한 지방관청, 즉 지방자치단체이다.

구체적으로는 지방자치법에 의거 광역시 · 도 · 군 · 구이다. 서울은 특별지방공공단체로 되어 있다.

지방분권(地方分權)

헌법에서 정하는 지방자치의 이념에 입각하여, 그 지역주민의 니즈에 응답하여 전반적인 주민의 복지를 달성하기 위하여 지방자치체의 업무에 관련되는 권한과 책임을 중앙정부로부터 지방자치체에 위양하는 것이다. 현재의 민주주의의 발전은 지방분권화의 최대

한의 실현을 중요한 밑거름으로 삼고 있다. 그러나 중앙집권적 성향이 높은 우리의 경우, 하급기관의 불신이 크고, 우리의 실정에 맞는 분권화의 계획 · 조직 · 통계 · 조정 등의 업무가 아직 마련되어 있지 못하고 이론적 수준과 여론의 수준에서 논의되고 있는 수준이다. 분권화의 방식으로는 의사결정의 권한을 위임 또는 전결의 방식으로 분산하는 것이 가장 효과적이다.

지방자치(地方自治)

일정한 지역공동체의 주민이 자치단체에 참가해 지역의 공공사무를 자기 책임하에 스스로, 또는 대표자를 통해 처리하는 행위이다. 이는 국가와 지방정부의 관계라는 측면에서는 주민자치의 요소를 동시에 가지고 있다. 지방자치는 영국에서 발전된 영미형과 프랑스와 독일을 중심으로 한 대륙형으로 구별된다.

GNP(Gross National Product) ⇨ 국민총생산

지역격차(地域格差)

정치, 경제의 발전에 따른 지역산업의 변화나 그에 따른 인구이동 등에 의해 발생하는 지역의 사회문제, 생활수준 등의 격차, 또 그러한 영향이 지역에 따라 크게 다른 것을 말한다. 대표적인 현상으로서 대도시와 농촌의 소득격차, 사회자본의 정비격차, 문화수준격차 등이 있으며, 주민생활에 미치는 영향, 복지과제의 차이를 들 수 있다.

지역리허빌리테이션(地域 rehabilitation)

장애인의 리허빌리테이션을 병원이나 대규모시설 등의 전문기관에서 행하여지는 것이 아니고, 지역사회 안에서 여러 가지 사회자원을 구사하여, 방문리허빌리테이션을 비롯하여 장애인이 지역에 동화(융화)되어 자립할 수 있는 활동을 가리킴. 특히 개발도상국에서는 장애인리허빌리테이션으로서 중요한 이념으로 되어있다. 노말라이제이션의 실현을 목표로 장애를 가진 사람들이 다양한 사회자원을 이용하여 자립생활과 사회참가 될 수 있는 효과적인 활동이 기대되고 있다.

지역보건(地域保健)

주민의 탄생에서 죽음에 이르기까지의 심신의 건강을 주민이 일상생활에 뿌리를 내린 지역에서 떠받치는 것이다.

공중위생수준의 향상과 증가하는 고령자 혹은 만성질환환자에의 대응 등, 보건활동은 점점 중요하게 되어 있다. 이러한 보건서비스의 받는 쪽인 주민의 니즈도 다양화되어 있어, 지역보건이라 함은 그 지역에 사는 생활자로서의 주민을 대상으로 한 보건활동이다. 구체적으로는 지역주민에 대한 위생 건강교육, 건강상담, 모자보건, 치과위생, 노인보건, 예방접종, 통계조사 등 여러 가지 많은 종류의 업무가 포함된 보건활동이다. 이와 같은 보건활동의 근거로 되는 것이 지역보건법이며, 업무의 중심이 되는 것은 지방자치체의 보건소이다.

지역보건법(地域保健法)

이 법은 보건소 등 지역보건의료기관의 설치 운영 및 지역보건의료사업의 연계성 확보에 필요한 사항을 규정함으로써 보건행정을 합리적으로 조직 운영하고 보건시책을 효율적으로 추진하여 국민보건의 향상에 이바지함을 목적으로 1995년 12월 29일(법률 제5101호)에 제정 · 공포하여 시행하여 오늘에 이르고 있다. 이 법의 제정으로 종래 시행해 오던 보건소법은 폐지되었다.

지역보험(地域保險)

사회보험 중 고용관계에 있는 피용자 이외의 지역에 있는 일반주민을 대상으로 한 보험이다. 직장보험 및 피용자보험과 달리 가구주 또는 직업활동에 종사하는 자만을 피보험자로 하는 것만이 아닌 가구원 전부를 피보험자로 하는 것을 말한다.

지역복지(地域福祉)

지역복지란 바람직하다고 할 말한 표준적 생활수준에서 볼 때 좋지 않은 상태에 있는 지역주민 또는 지역사회에 대하여 그 개선 및 향상을 목적으로 생활자 · 주민주체의 원칙에 입각하면서 국가 · 지방자치단체 및 주민조직, 민간단체가 협동하여 소득보장시책, 주거환경시책, 보건의료시책, 교육 · 문화시책, 노동시책, 교통 · 통신시책 등 일반 공공시책과 함께 또는 그것들을 대체하거나 혹은 보충하여 개별적, 종합적, 조직적인 원조를 행하는 지역시책과 지역활동의 총칭이다.

따라서 지역복지를 구성하는 운영요건은 ① 서비스체계화의 요건 ② 재원(財源) · 재정 관리의 요건 ③ 법제화 · 제도화의 요건 ④ 공급조직 · 인재(人材)정비의 요건 ⑤ 계획화의 요건으로 이루어진다. 또한 지역복지의 서비스체계로서 구성되는 요건은 (a) 시설서비스와 재택서비스를 일원화한 커뮤니티 케어 (b) 소득보장 · 고용 · 교육 · 보건의료 · 주거환경 · 교통 · 통신(정보) 등의 생활관련 공공시책과 모든 시책과의 연계서비스 (c) 이러한 서비스 전체를 관련지어 조직화 · 계획화하는 주민참가 · 주민조직화로 이어진다고 할 수 있다.

지역복지센터(地域福祉 center)

지역주민의 복지의 증진 및 복지의식의 고양(高揚)을 도모하는 것을 목적으로 하여, 지역주민의 복지니즈나 지역의 실정에 응한 각종 복지사업을 행하는 지역에서의 복지활동의 거점. 설치운영 주체자는 지방공공단체 또는 사회복지법인이며. 이용료는 무료 또는 염가(서비스 실시에 따르는 원재료비 등의 실비)이다. ① 데이서비스 사업 ② 볼런티어단체 등이 행하는 식사서비스 사업 ③ 연수 · 상담 사업 ④ 볼런티어 활동지원 사업 등을 실시한다.

지역복지시책(地域福祉施策)

지역에서의 생활을 영위하는 데 필요한 소득보장, 고용, 교육, 보건, 의료, 주택, 생활환경 등의 관련공공시책, 생활상의 곤란에 대한 개별적 대응으로서의 예방적, 전문적 보호, 복지증진을 포함한 재택복지 서비스, 환경서비스 및 조직화 활동을 포함하는 시책을 말한다.

지역사회(地域社會)

사회변동이 심한 오늘날, 이 개념은 많은 실성석 연구를 쌓아 왔음에도 불구하고 애매한 개념이라고 일컫어지고 있다. 대략 3가지 의미로 쓰이는 경우가 많다. ①'지방'에 대하여 마을(촌락)이나 도시 등의 보다좁은 범역을 기반으로 하는 사회적인 통합을 가리키는 실태적 개념, ②'가족이나 직장집단'에 대하여 지역적인 사회적 결손을 총칭하는 추상적 개념, ③'커뮤니티'라는 말에 의하여 자립한 주민에 의한 자치와 친밀한 연대를 기초로 하는 이념적인 개념이다. 사회학적으로 고도성장기 이후, 도시사회학과 농촌사회학의 2분법을 초월한 현상이나 실태가 진행하여 독자로 '지역사회론'으로서 구성되었다. 사회복지의 방법론, 특히 커뮤니티워크나 커뮤니티케어에서는 원조대상이며 주체로 되는 '지역사회'의 의미는 '해체에서 재생'이라고 하는 과정으로 점점 중요하게 되어온다.

지역사회관계(地域社會關係)

지역사회의 접근방법중 하나이며 지역사회 내에서는 단체, 기관 등이 그 지역사회에 참가, 협력하는 활동을 말한다. M.로스(Ross)에 의하면 그 형태에는 ① 기관의 활동에 대한 이해를 구하는 홍보, ② 기관의 서비스를 지역주민에 제공하는 지역사회서비스, ③ 지역사회의 여러 활동에 대표를 파견하는 지역참가 등이 있다. 가령 시설의 사회화를 예로 들면, 시설입소자의 지역사회관계를 유지하는 활동, 시설운영에 대한 주민참가의 활동 등이 그것이다.

지역사회보호(地域社會保護)

1950년대 이후 영국의 동향을 배경으로 일본에서 처음으로 커뮤니티 케어(community care)라는 용어를 정식으로 사용한 것은 1969년 도쿄도(東京都) 사회복지협의회 답신 도쿄도에 있어서 커뮤니티케어의 진전에 대하여이며, "커뮤니티에 있어서 재택의 대상자에 대한 그 지역사회의 사회복지기관 시설이 사회복지에 관심을 갖는 지역주민의 참가를 유도해내는 사회복지의 방법이다"라고 되어 있다. 계속해서 1971년 일본 사회복지협의회 답신 〈커뮤니티형성과 사회복지〉에서는 "사회복지의 대상을 수용시설에서 보호하는 것만 아니라 지역사회, 즉 거택(居宅)에서도 보호를 행하여 그 대상자의 능력을 한층 유지 발전할 수 있도록 도모하는 것"이라고 정의되어 있다.

영국의 경우에도 처음부터 정의가 있었던 것은 아니고, 정책이념으로서 전개한 개념이며, 1957년의 〈정신장애자 및 정신박약자에 관한 왕립위원회보고〉가 장기입원 입소자의 대부분은 적절한 보건, 복지서비스 아래서 지역사회 속에서 사회복귀를 도모하는 것이 가능하다고 하여 〈institusional care 에서 community care로 (제도적 보호에서 지역사회 보호로)〉 제창한 이래 정책초점이 되었다. 즉, 대규모 시설에 있어서 폐쇄적인 보호 케어에서, 지역사회에 있어서의 보건복지 서비스를 이용하여 인간다운 일상생활을 영위할 수 있도록 한 케어의 총재(거의 지역복지와 같은 의미)를 의미한다.

지역사회복지관(地域社會福祉館)

지역사회복지관은 지역사회 내에서 일정한 시설과 전문인력 및 자원봉사자를 갖추고 지역사회의 인적, 물적 자원을 동원하여 지역사회 문제를 해결하고 주민의 복지욕구를 충족시키기 위한 종합적인 사회복지사업을 수행하는 사회복지시설이다. 즉 지역사회 및 주민의 연대감을 조성하는 매체로서 지역사회 주민의 복지증진을 위한 종합복지센터의 역할을 수행하는 시설이다. 사회복지시설의 한 유형이긴 하지만, 다른 사회복지시설과의 차이는 사회복지 대상자들을 직접 수용하지는 않고 사회복지 대상자들이 가정에 살고 있으면서 지역적인 차원에서 사회복지서비스를 제공하는 성격을 지닌다는 것이다.

지역사회접근방법(地域社會接近方法)

보건위생이나 사회복지의 문제해결을 위해 지역사회에 작용하는 과정의 총칭이다. 환언하면 지역사회수준의 문제해결방안이며, 지역사회조직을 포함한 넓은 사고에 입각하고 있다. 이 작용에는 문제발견, 지구논단, 대책수립, 실시, 평가의 다섯 단계를 포함하나 문제해결에 있어서는 주민이 중심이 되어야 한다. 지역사회수준의 문제해결에는 한계가 있으며 한편에서는 보다 넓은 대중접근을 요한다.

지역아동센터(地域兒童 center)

아동복지시설의 하나이다.

지역사회 아동의 보호 · 교육, 건전한 놀이와 오락의 제공, 보호자와 지역사회의 연계 등 아동의 건전육성을 위하여 종합적인 아동복지서비스를 제공하는 시설을 말한다(아동복지법 제52조 1항8호).

지역원조기술(地域援助技術)

사회복지 교육의 원조기술의 하나이다. 종래 '커뮤니티워크'로 불리고 있었던 것의 원조기술에 해당하는 부분을 가리킨다. 지역원조는 주로 지역조직화 활동에 대표되는데 그 활동에 있어서의 ①지역의 진단 ②조직화의 방법 ③사회자원의 개발 ④연락 · 조정의 방법 등이 중심적인 원조기술이다. 역사적으로는 영국에서 발전도상국의 원조활동의 방법으로 발전한 커뮤니티 · 오거니제이션의 방법이 융합하여 사회복지원조기술로 발달해 왔다. →커뮤니티워크

지역원조활동(地域援助活動)

사회복지 고유의 원조활동의 하나이다. 지역사회에 있어서 지역의 주민이 그 지역사회의 문제를 스스로 해결할 수 있도록, 전문적 지식 · 기술을 가진 커뮤니티워커를 지역조직화 등의 활동을 통하여 원조하는 것이다. 종래 '커뮤니티워크'로 불리고 있었던 것의 원조활동에 해당하는 부분을 가리킨다. 주민의 지역활동을 측면에서 원조한다고 하는 의미로 간접원조기술로 분류된다. →간접원조기술

지역의료(地域醫療)

단순히 의료기관이 외래(外來)에서 행하는 의료행위 뿐만이 아니고, 지역주민을 대상으로 하는 방문간호, 방문리허빌리, 방문의료까지를 포함하는 개념을 말한다. 이 경우 의료는 건강검진이나 예방도 포함하는 광의(廣義)의 개념이며, 치료만을 중심으로 하는 의료와는 다르다. 그러나 실제로는 광의의 공중위생과 같은 의미로 사용하거나 보건위생의 유사개념으로 쓰이는 경우도 있어, 이 용어의 사용이나 정의에는 주의하지 않으면 안 된다. 일본에서는 질병구조의 변화, 의료구조의 변화 등에 의해, 생활중시의 지역내 의료의 충실을 지향하여 보건의료계획 등의 책정되어있다.

미국에서는 일반적인 이미 외에도 입원치료 및 보건의료 전반을 의미하는 경우도 있고, 유럽 등에서는 그 지역의 지원에 의해 지역을 위한 보건사업을 말하는 경우도 있다.

지역정신보건복지활동(地域精神保健福祉活動)

지역사회 안에서 발생하는 여러 가지 정신보건복지상의 문제를 지역사회 전체에서 해결해 갈려고 하는 활동. 보건소, 정신보건복지센터, 의료기관, 사회복귀시설 등이 중심이 되어 당사자와 주민의 조직 등과 협조하여 ①지역정신보건복지계획 ②정신장애인 지역생활원조 ③교육개발활동 ④지역조직화활동 ⑤정신장애 등의 발생방지 ⑥정신보건 상담과 위기개입 ⑦조기발견과 조기치료 ⑧사회복귀의 촉진 ⑨정신장애인 사회복귀시설, 복지시설의 충실 등의 활동이 기대되고 있다.

지역정신의학(地域精神醫學)

제2차 세계대전 후에 미국을 중심으로 발전해 온 새로운 정신의학의 한 분야. 여태까지의 병원내 중심의 정신의학에서 커프란 G.E가 제창하는 예방정신의학의 개념을 중시하여, 정신장애의

발생예방(제1차 예방), 조기발견, 조기치료(제2차 예방), 사회복귀(제3차 예방)을 지역 안에서 주민의 협력 하에 사회자원을 활용하여 추진해 간다고 하는 사고방식에 의거한 정신의학이다.

지역조사(地域調査)

사회문제의 해결이라는 실천적 접근의 특색을 가진 사회조사는 노동자의 생활내용에 주목한 가계조사, 빈곤자(층)의 생활실태를 지역사회의 넓은 범위에서 파악하려는 지역조사의 두 개 분류로 나뉜다. 과학적인 지역빈곤조사의 선구가 된 19세기말 부스, C.의 런던조사나 라운트리, B.S.의 요크조사는 정책적으로 큰 영향을 주었다. 조사방법상에서도 이 같은 지역조사의 계보는 오늘날에도 중요한 의의를 가지고 있다.

지역조직화활동(地域組織化活動)

지역사회의 주민이 주체로 되어 복지의 증진을 목적으로 하여 행해지는 활동이다. 지역사회의 니즈를 명확히 한 다음에 그 충족을 위하여 계획을 책정하고 조직활동을 통한 실천을 행한다.

지역진단(地域診斷)

지역복지를 추진하기 위하여, 당해 지역의 특성, 즉 지역성을 파악하기 위한 방법이다.

지역사회문제의 해결을 위한 지역복지계획의 책정이나 지역조직화 활동에 앞서 행하여는 지역의 사회진단 및 주민의 생활 진단이다. 공중위생이나 지역보건활동의 영역에서는 일반적으로 지구(地區)진단이라고 불리고 있다. 문제가 발생하는 지역사회의 파악 그 자체가 목적은 아니고, 사람들이 생활을 영위하고 있는 일정 지점으로서 지역사회에 있어서의 어느 특정문제를 둘러싼 상황 파악으로서 행하여지는 것이며, 의학진단과 마찬가지로 두 가지의 형이 있다.

지역진단은 첫째로 지역사회의 문제로서 발견된 생활상의 문제 원인을 찾아내는 것, 둘째는 원인규명에서 문제 해결을 위한 대책을 끌어내는 것이다.

진단의 방법은 문제 여하에 따라 일정하지 않으나 기본적인 것으로 ① 기본 자료의 수집과 음미 ② 참여 관찰과 면접 청취 ③ 사회 조사로 구분할 수 있다. 긴급한 문제해결이 요구되는 경우에는 ②의 단계에서 머물러 다음의 실제 활동으로 옮기는 것이 필요하게 된다.

지역특성(地域特性)

인구, 기후, 사회경제상황, 역사, 문화 등에 의하여 결정하는 지역의 구조적 특징을 말한다.

지역이라 해도 지방, 자치제, 도시 농촌, 지역사회 등 다양한 의미로 사용되는 경우가 많고 그 자체로 지역의 분화를 나타내고 있다. 지역특성을 나타내는 것으로는 지리적 조건, 인구구조, 인종 민주적, 사회 경제적, 역사 문화적인 속성 등이 다르다. 이와 같은 지역특성에 의하여 변별되는 지역의 분화(分化)는 사회복지의 전개, 특히 복지계획의 책정에서 각각 교육의 특질을 살리는 데에 중요시되고 있다.

지적장애(知的障碍)

선천성 또는 출산 시 내지 출생 후 조기에 뇌수(腦髓)에 무엇인가의 장애를 받은 것으로 인하여 지능이 미발달의 상태에 멈추어 그로 인하여 정신활동이 열약하여 학습, 사회생활에의 적응이 현저하게 곤란한 상태로 되어, 행정시책상은 지능지수 (IQ) 75 이하의 것을 가리킨다고 되어 있다. IQ 25 내지 20 이하의 것을 중증(重症), IQ 20 내지 25에서 50의 정도를 중증(中症), IQ 50

에서 75의 정도를 경증(輕症)으로 하고 있다. 종래의 정신박약, 정신지체(MD)라고 하는 용어도 동의(同義)이다.

지적장애인(知的障碍人)

지능적인 기능상의 장애가 있는 자이다.

구체적으로는 신체장애인과 더불어 신심장애인이나 단순히 장애인이라고 하는 경우도 있다. 우리나라 장애인복지법에서는 '정신지체인'으로 규정하고 있는데, 즉 항구적으로 지체되어 지적 능력의 발달이 불충분하거나 불안전하고 자신의 일을 처리하는 것과 사회생활에의 적응이 현저히 곤란한 자를 말한다(본법시행령 제2조 별표).

지적장애인의 권리선언(知的障碍人의 權利宣言)

1971년의 국제연합에서 채택된 지적장애인의 권리선언을 옹호하는 선언이다.

1960년대에 접어들어 노멀리이제이션이념의 영향 등에 의한 장애인에 대한 인권의식이 높아짐에 따라 1971년 12월 20일 제26회 국제연합총회에서 본 선언이 채택되었다. 이 선언에 의해 지적장애인은 권리의 주체자라는 것의 인지가 국제적으로 확인되게 이르러 가맹국은 선언에 표명된 지적장애인의 제권리의 보장에 향한 시책의 충실에 노력이 요구되게 되었다. 이 선언에서는 ① 가능한 한 다른 사람과 동등한 권리 ② 적당한 의학적 관리 및 물리요법, 교육, 훈련, 리허빌리테이션을 받을 권리 ③ 경제적 보장, 직업에 취직할 권리 ④ 보호자와 더불어 지역사회생활에 참가할 권리 ⑤ 자기의 이익 보호를 위한 후견인이 주어지는 권리 ⑥ 착취, 남용, 학대로부터 보호되는 권리 ⑦ 권리의 제한이나 배제를 위하여 원용된 절차의 남용방지를 위한 법적 조치 등에 대하여 명문화되어 있다.

지지(支持)

개별원조에 있어서 서비스 이용자의 말을 경청하여 수용하는 것에 의하여 이용자를 긴장감으로부터 해방시켜, 심리적으로 떠받쳐 회복을 꾀한다고 하는 면접상의 기술. →경청, 수용

지체장애인(肢體障碍人)

지체장애인이라 함은 다음 각호의 장애가 있는 자를 말한다.

1. 한 팔, 한 다리 또는 몸통의 기능에 영속적인 장애가 있는 사람
2. 한 손의 엄지손가락을 지골관절(指骨關節) 이상 부위에서 잃은 사람 또는 둘째손가락을 포함하여 한 손의 두 손가락 이상을 각각 제1지 골관절 이상 부위에서 잃은 사람
3. 한 다리를 리스프랑(Listranc)관절 이상 부위에서 잃은 사람
4. 두 발의 모든 발가락을 잃은 사람
5. 한 손의 엄지손가락의 기능에 영속적인 현저한 장애가 있거나, 둘째 손가락을 포함하여 한 손의 두 손가락의 기능을 잃은 사람
6. 왜소증으로 인하여 키가 심하게 작거나 척추에 현저한 변형 또는 기형이 있는 사람
7. 지체에 위 각호의 1에 해당하는 장애정도 이상의 장애가 있다고 인정되는 사람(장애인복지법시행령 제2조 참조).

지팡이(stick)

가장 간단한 보행보조기. 보행에 안정감을 주어 넘어지는(전도)것을 방지한다. 다리가 부자유스러운 경우 환지(患肢)의 체중 부하(負荷)를 경감

시킨다. 한쪽 편에 장애가 있는 경우는 항상 건강한 다리쪽(健肢側)의 손으로 쥐고, 수발자는 원칙으로 사용자의 환측(患側)에서 보조(補助)한다. 일반적으로 T자형, L자형 지팡이 외, 4점 지지형(支持型) 지팡이, 로후스트란형 지팡이 등이 있다.

지표범죄(指標犯罪)

범죄율을 측정하기 위하여 국가의 공식적인 통제기관(미국의 경우 FBI) 이 기준으로 택하는 범죄유형을 뜻하는 데 여기에는 살인, 강간, 폭력, 강도, 방화, 절도 등의 7가지를 들 수 있다.

직계가족(直系家族)

조부모, 부모, 자녀, 자손처럼 어떤 가족원을 중심으로 세대가 상하 직선적으로 연결되고, 상하 가족원의 연결이 강한 가족을 직계가족이라 한다. 확대가족의 일반 형태이며 대가족, 3대가족이라 할 때 거의 같은 의미로 쓰여진다. 직계가족은 부(父)와 자(子)의 수직적인 계승선을 중요시한다. 직계가족의 가족형태는 가계의 계승에 중점을 두는 것으로 우리나라를 포함하여 일본, 중국 등지에서 볼 수 있다. 직계가족은 핵가족과 비교할 때에 부부관계보다 친자관계를 중요시 한다.

직계존비속(直系尊卑屬)

직계는 증조부모, 조부모, 부모, 자, 손, 증손과 같이 곧바로 이어나가는 관계를 말하며, 직계친족 중 본인부터 아버지 할아버지의 계열에 있는 곧 부모, 조부모 등을 직계존속이라고 하고, 자손의 계열에 있는 아들과 손자 등을 직계비속이라고 한다. 직계는 방계(傍系: 형제자매)에 대해서 이르는 말이다.

직권보호주의(職權保護主義)

행정작용으로서 당사자주의, 신청주의에 대비된 개념으로, 행정기관의 재량에 의해 일정처분으로 보호를 행하는 것을 말한다. 예컨대 국민기초생활보장법은 신청주의를 취하고 있지만, 요보호자가 급박한 상황에 있음이 판명될 때에 신청을 안해도 보호실시기관에서 직권으로 보호를 개시하지 않으면 안 된다.

직권주의(職權主義)

형사소송에서 주도적 지위를 법원에게 인정하는 소송구조를 말한다. 즉, 형사소송절차에서 검찰이나 피고인에 대하여 구속받지 않고, 직권으로 증거를 수집 · 조사하여 사건을 심리하는 소송구조를 직권주의라 한다. 직권주의는 실체적 진실발견에 효과적이고, 심리의 능률과 소송진행의 신속을 도모할 수 있다. 그러나 사건의 심리가 법원의 자의 독단에 흐를 위험이 있고, 법원 자신의 소송에 깊숙히 개입되면 공정한 판단을 하기 어렵다.

직업교육훈련(職業教育訓練)

직업교육훈련이라 함은 산업교육진흥 및 산학협력 촉진에 관한 법률 및 근로자 직업훈련촉진법 기타, 다른 법령에 의하여 학생 및 근로자 등에게 취업 또는 직무수행에 필요한 지식 · 기술 및 태도를 습득 · 향상시키기 위하여 실시하는 직업교육 및 훈련(직업능력개발훈련을 포함)을 말한다(직업교육훈련촉진법 제2조제1항).

직업병(職業病)

직업병이란, 일정한 직업에 종사하여 직업상 유해인자에 노출됨으로써 야기되는 질병을 말한다. 넓은 의미로는 특정한 직업에 종사하는 사람에게 많이 발생하는 질병이며, 노동법상으로는 업무수행에 의하여 발생하는 업무상의 질병을 말한다. 직업병으로 인정받기 위해서는 업무수행상, 작업환경의 열악성, 업무기인성 등의 요건을 갖추어야만 한다. 현재 진폐증, 소음성난청, 유기용제 중독 등은 그 피해가 심각하며, 유해 환경에서의 불규칙 노동, 야간근무, 장시간 노동 등이 질병에의 이환 가능성이 더욱 높인다.

직업병대책(職業病對策)

직업병은 직업에 있어서 직업대상과 수단, 작업환경, 작업형태 등이 발생하는 질병의 총칭이다. 지금까지는 특정한 직업에 종사하는 사람에게만 발생하는 질병을 직업병이라 칭했으나 최근 일반적인 질병이라 할지라도 직업조건에 의해서 그 발생이 촉진되거나 악화되거나 하는, 예를 들면 과중한 노동부담으로 고혈압자에 생긴 뇌혈관질환도 직업병에 포함하게 되었다. 법률상으로는 노동기준법에서 말하는 업무상의 질병을 가운데서 돌발적인 사고에 의한 재해성 질병을 제외한 직업성 질병이 직업병에 해당하게 된다.

직업재활(職業再活)

직업재활이라 함은 장애인의 직업지도 · 직업적응훈련 · 직업능력재활훈련 · 취업알선 · 취업 · 취업 후 적응지도 등에 대하여 장애인고용촉진 및 직업재활법이 정하는 조치를 강구하여 장애인이 직업생활을 통하여 자립할 수 있도록 하는 것을 말한다.

1955년에 ILO 99호 권고는 〈장애인의 직업재활에 관한 보고〉에서 "직업재활이라는 것은 계속적 및 종합적 재활과정 가운데 장애인이 적당한 직업을 갖고, 또한 그것을 지속하는 것이 가능하도록 하기 위한 직업에 대한 서비스(예컨대 직업지도, 직업훈련 및 직업의 선택 소개)를 제공하는 부분을 말한다"라고 정의하고 있다.

직역연금(職域年金)

직역연금이라 함은 다음 각목의 것을 말한다.

가. 공무원연금법에 따른 공무원연금

나. 사립학교교직원 연금법에 따른 사립학교교직원연금

다. 군인연금법에 따른 군인연금

라. 별정우체국법에 따른 별정우체국 직원연금직역연금법이란 공무원연금법, 사립학교교직원연금법, 군인연금법, 및 별정우체국법을 말한다(국민연금과 직역연금의 연계에 관한 법률 제2조 1~2항).

직역형복지(職域型福祉)

고령으로 인한 퇴직자나 퇴직연령에 가까운 사람들을 대상으로, 직역을 기반으로 한 넓은 의미에서의 복지사업, 종래의 공적 기관이나 비영리의 민간기관이 공적인 자금이나 기부금 등을 주요 재원으로 삼아 행하는 복지사업과는 달리 최근 들어 기업이나 노동조합이 사원이나 조합원의 퇴직 후의 생활에 대해서도 관심을 기울여 퇴직준비교육의 실시, 퇴직자에 대한 후생시설의 개방 등 직역을 기반으로 한 복지사업을 말한다.

직장내보육시설(職場內 保育施設)

기업 등이 직장의 노동력 확보와 복지후생서비스의 일환으로서 기업의 건물 등의 일부를 사용하여 행하고 있는 보육서비스시설. 인가보육소와는 달리 이용이 직장 · 사업소의 관계자에 한하여 있는 것으로 특히 병원이나 여성근로자를 많이 고용하고 있는 직장에 설치되어 있다.

병원에 설치되는 보육시설은 원내 보육시설이라고 한다. 영유아보육법에서는 사업주가 직장보육시설을 설치하여야 하는 사업주는 상시 여성근로자 300인 이상 또는 근로자 500인 이상을 고용하는 사업장으로 규정하고 있다(동법 제14조제1항). 위의 규정에 의한 사업장 외의 사업주는 필요한 경우 사업장 근로자의 자녀를 보육하기 위하여 직장 보육시설을 설치하거나 보육수당을 지급할 수 있다.

직장내 성희롱(職場內 性戲弄)

직장 내 성희롱이라 함은 사업주, 상급자 또는 근로자가 직장 내의 지위를 이용하거나 업무와 관련하여 다른 근로자에게 성적 언동 등으로 성적 굴욕감 또는 혐오감을 느끼게 하거나 성적 언동 또는 그 밖의 요구 등에 따르지 아니하였다는 이유로 고용에서 불이익을 주는 것을 말한다(남녀고용평등과 일·가정양립지원에 관한 법률 제2조2호).

직장리허빌리테이션(職場 rehabilitaton)

장애인 등의 리허빌리테이션의 과정에 있어서 직업생활에의 적응을 상담·훈련·지도하여 그 사람에게 어울리는 작업에 취업할 수 있도록 원조하는 전문기술의 영역을 말한다.

구체적으로는 장애인직업센터, 장애인직업능력개발시설, 신체장애인 재활시설, 지적장애인 재활시설 등에서 행한다.

직접원조기술(直接援助技術)

전통적으로 케이스워크, 그룹워크로 불리고 있었던 사회복지의 방법은 사회복지사 및 케어복지사의 제정에 의하여 사회복지원조기술의 가운데에 포함되어, 직접원조기술로 되었다. 이것은 대면성(對面性)과 개별성(個別性)을 특징으로 하는 직접적인 전문적 대인관계에 의거한 원조를 말한다. 직접원조기술은 개별원조기술(케이스워크)과 집단원조기술(그룹워크)로 나뉜다.

직접처우(直接處遇)

클라이언트 자신에 초점을 맞추어 문제 해결을 꾀하는 원조의 방법이다. 간접처우와 대비하는 형태로 쓰이어진다. 클라이언트가 자신의 문제에 눈치채어 문제 해결에 몰두해 가는 것처럼 활동하는 것이다. 직접처우에 있어서는 면접이 중요한 방법이 되지만 구체적으로는 지지적(支持的) 기법, 통찰적 기법, 카타르시스(Katharis), 직접적 조언 등이 쓰이진다. ↔간접처우

진단주의(診斷主義)

원조자가 심리적·사회적 분석방법에 의거하여 서비스 이용자를 진단하는 것인데, 이용자의 인격을 해명하여, 사회적 적응을 꾀하려고 하는 개별원조의 전통적인 사고 방법. 프로이드, S.의 정신분석이론이 기반으로 되어 있다. 진단주의는 그 후 개별원조의 대상이 확대되는 등 시대의 변화에 따라 현실에 맞지 않는 부분도 나타나, 기능주의파로부터 비판을 받는 것으로 되었다. →기능주의, 프로이드, S.

진대법(賑貸法)

고구려의 고국천왕이 왕 16년(194년)에 을파소(乙巴素) 등을 기용하여 실시한 것으로 춘궁기에 가난한 백성들에게 관곡을 빌려주었다가 추수기인 10월에 관에 환납케 하는 일종의 빈민구제법이었다. 이것은 귀족의 고리대금업으로 인한 폐단을 막고, 양민들의 노비화를 방지하려는 목적으로 실시한 제도였으며, 이는 고려의 의창제도, 조선의 환곡·사창제도의 선구가 되었다.

진로및직업교육(進路 및 職業教育)

진로 및 직업교육이라 함은 특수교육대상자의 학교에서 사회 등으로의 원활한 이동을 위하여

관련 기관의 협력을 통하여 직업재활훈련 자립생활훈련 등을 실시하는 것을 말한다(장애인 등에 대한 특수교육법 제2조9호).

진폐(塵肺)

분진(粉塵)을 들어 마심으로써 폐에 장애를 일으키는 직업병의 일종이다.

장기간에 걸쳐 폐에 규산(硅酸), 석면(石綿), 활석, 탄, 시멘트 등 먼지나 여러 가지 가루가 쌓여, 폐의 조직 내에 섬유증식성(纖維增殖性) 변화를 일으켜 심폐기능이 저하되는 질병이다.

질식(窒息)

호흡이 정지하는 것. 또 호흡정지에 의한 가사(假死)상태를 말한다. 기도(氣道)가 완전히 폐색되면 공기는 폐에 가지 못하여 혈액속의 산소부족과 2산화탄소 과잉 때문에 곧 바로 의식을 잃게 된다. 원인은 기도의 폐색, 호흡근 마비, 호흡중추의 장애, 기흉(氣胸: 폐가 수축하여 호흡 곤란을 일으키는 상태), 외기(外氣)의 산소 결핍 등이다. 고령자의 경우는 오연(誤嚥)으로 기도가 막히면 질식상태를 일으키기 쉽다. 또 유아(幼兒)에 있어서는 이물질(異物質)의 오연 사고가 많다. 호흡정지로 의심이 되면, 바로 구급차와 병원에 응원을 요구하는 한편 이물질을 제거한 후 인공호흡을 행한다. 마우스 · 투 · 마우스법이 적당하다. → 인공호흡, 마우스 · 투 · 마우스법

질투망상(嫉妬妄想)

망상의 하나. 남편 혹은 아내가 바람이 났다고 하는 확신적 생각을 말한다. 통합실조증(統合失調症), 알코올의존증 및 알츠하이머형 노년치매 등에서 나타난다.

집단(集團)

일반적으로는 사람이나 동물이 무리를 이루어 모인 상태를 가리키는데, 협의로 사회집단을 가리키는 경우는 상호의존관계에 있는 성원(成員)의 모임을 말한다. 집단원조, 그룹 · 테라피(group therapy)라고 한 경우의 집단은 후자에 속한다. → 사회집단

집단규범(集團規範)

그룹에서 일어나는 특정적인 다이네믹의 하나. 멤버가 준거하게끔 그룹으로부터 기대되는 인지, 사고, 태도 등의 표준양식이라는 것이다. 멤버가 그룹에 속하기 위한 독자(獨自)의 룰(rule)이라고 한다. 집단규범의 동조는 그룹으로부터 시인되지만, 집단규범으로부터 일탈은 비난의 대상으로 된다. 집단규범은 그룹이 개인을 변용(變容)시키는 하나의 요인으로 된다. 그룹워커의 전문기술에 이 집단규범을 의도적으로 활용하는 것이 요구된다.

집단괴롭힘(集團괴롭힘)

정당한 이유 없이 힘 있는 자나 혹은 집단이 저항력이 약한 자를 공격하거나, 무슨 일이나 조직을 할 때에 밉거나 싫은 자를 돌려내어 관계를 못 하게하고 차별을 하는 등으로 외톨이 (심리적 신체적으로 반복해서 괴롭히는 행위)로 만드는 것이다. 어떤 집단에 있어서 이질(異質)인 개체에의 공격은 많은 생물에서 볼 수 있는 본능적 행동이나 최근에 학교현장에서 볼 수 있는 학생들의 따돌림은 집단화, 음섭화, 불합리와의 경향이 강해, 한도를 지나치는 내용의 따돌림을 받아 자살까지 하는 학생도 증가하고 있는 실정이다. 왕따라는 단어는 1997년에 시작(탄생)해서 언론에 소개되었다. 이웃 일본에서는 이지메(いじ

め)라는 용어로 사용되고 있다.

집단사회사업(集團社會事業)
사회사업실천의 한 방법이다. 집단지도 · 집단사업 · 집단처우법이라고도 한다. 세틀먼트 및 청소년 단체의 집단활동을 사상적 실천적 기반으로 1930년대 미국에서 집단과정을 활용하는 교육과정의 하나로서 체계화되었다. 사회사업 분야에 널리 의식적으로 사용되기 시작한 것은 제2차 세계 대전 이후, 코노프카(Konopka, G.)는 사회사업의 한 방법으로 의도적인 집단 경험을 통하여 개인의 사회적 기능을 높이고, 개인 · 집단 · 지역사회의 문제에 보다 효과적으로 대처하도록 개인을 돕는 것이라고 정의하고 있다. 집단사회사업은 집단의 특성, 즉 집단 회원에게 심리적 · 사회적 안정감과 사회적 행동의 학습기회, 현실과의 폭넓은 접촉기회를 부여하고, 또 개인으로서는 불가능한 것을 협력하여 달성하는 경험과 민주적인 행동의 학습기회를 제공함으로써 사회복지의 각 영역에서 직면하는 여러 가지 문제에 적합한 집단을 만들어 어떤 기존의 집단이나 회원을 원조하고, 고립된 사람을 원조한다. 집단사회사업가는 집단 및 회원과 집단사회사업가와의 관계, 집단 내의 상호관계, 토론 및 그 외 프로그램 활동을 통하여 집단 과정에 영향을 주어 집단과 회원의 요구를 명백히 함으로써 문제 해결 과정을 원조한다.

집단압력(集團壓力)
그룹이 멤버의 태도나 언동에 주는 압력이다. 그룹의 멤버이기 위해서는 집단규범에 준거 할 필요가 있으나, 거기에 생기는 그룹을 원조의 매체(媒體)로 하여 활용하는 그룹워커는 원조목적에 향해 이 집단압력을 쓰는 것이 요구된다. 집단압력은 멤버의 행동의 제일화(齊一化)를 초래하여, 드디어 행동뿐만이 아니라 가치관에까지 영향을 주는 것으로 된다.

집단요법(集團療法)
심리적으로 부적응 상태에 있는 것을 소집단에 넣어서 집단활동을 행하게 하여 치료하려고 하는 요법이라는 것이다. 사회복지의 원조에 있어서는 원조로 되는 것이 많으므로 집단원조기술과 함께 활용되는 경우가 많다. → 그룹 · 다이내믹

집단원조(集團援助)
사회복지 고유의 원조의 하나이다. 집단원조의 기술 및 집단원조의 활동의 양자를 포함한 개념이며, 원명의 소셜그룹워크(social group work)를 번역한 것이다.

집단원조기술(集團援助技術)
그룹워크라고도 한다. 사회복지 고유의 원조기술의 하나이다. 종래 '소셜그룹워크'라고 불리고 있었던 것의 원조기술에 해당하는 부분을 가리킨다. 아동, 고령자, 지적 장애인 등의 사회복지시설, 소년원, 교도소 등의 교정시설 등, 광범한 분야에서 활용된다. 심리적 안정감, 연대감, 집단행동에 의한 학습 등, 집단의 특성을 살려서 원조에 임하는 것이 특색이다. ↔ 개별원조기술, → 사회복지원조기술

집단원조의 원칙(集團援助의 原則)
원조자와 그룹 · 멤버 간에 신뢰성이 있는 원조관계가 성립되는 것이 원조를 성공시키기 위한 전제라고 할 수 있는데 그러기 위해서는 원조자가 취할 기본적 자세라고도 할 수 있는 원칙을

고려할 필요가 있다. 일반적으로는 코노프카(Konopka. G.)가 제시한 원칙과 그것을 다시 발전시킨 트렉카(Trecker, H.)의 원칙을 들 수 있다. → 코노프카, G. 트렉카, H.

집단원조활동(集團援助活動)

집단원조기술을 활용하여 행하여지는 사회복지 고유의 원조활동. 원조를 필요로 하고 있는 가족 · 서클(circle) 등의 집단을 대상으로 하여 그룹 · 다이내믹(group · dynamic)의 이론 등에 의하여 전개된다. 종래 '소셜그룹워크'라고 불리고 있었던 것의 원조활동에 해당하는 부분을 가리킨다. 역사적으로는 1860년대부터의 영국의 세틀먼트(settlement)운동과 1930년대의 미국의 세틀먼트활동에서 발단되었다. 기능적인 점에서 사회교육적인 측면과 치료적인 측면의 양쪽을 가진다. → 그룹 · 다이내믹

집단주의(集團主義)

종래의 교육처럼 학습의 동기마련을 경쟁에 두는 게 아니고, 집단의 멤버의 협력에 두는 사고방식으로 1인의 향상과 행복이, 모두의 향상과 행복에 직결되지 않으면 안 된다고 하는 교육상의 주장이다. '집단교육'과 '집단주의교육'이 다른 것은 전자가 집단을 교육의 하나의 방법으로서 이용하는 것에 대하여, 후자는 그것을 이념으로 하는 점이다. 즉, 이 다음에 오는 사회의 비전에서 미래에 사는 어린이에게도 그 자세를 심어주려 하는 것이다.

집단지도자(集團指導者)

집단의 지도자, 조직적 대표자 또는 실제적으로 성원의 요구를 찾아내어 분위기를 만들며 활동을 조직하여 공통된 목표로 향하는 영향력을 가진 사람을 말한다. 또한 집단사회사업에 있어서 집단사회사업가와 비교하여 사용되는 경우는 특히 회원 중에서 나온, 혹은 선출된 지도자를 말한다. 이 경우 집단사회사업가는 집단지도자와 경쟁적 관계에 있는 것이 아니라 지도자가 그의 역할을 충분히 발휘하도록 원조자로서 일하는 것이 중요하다.

집단활동(集團活動)

사회교육, 사회복지의 단체나 시설에 있어서 참가자의 성장발달을 목적으로 하여 조직적으로 전개되는 집단활동의 프로그램을 총칭하는 것이다. 레크리에이션, 음악, 스포츠, 연극 등의 활동을 집단으로 행하는 것으로부터 나오는 효과에 착안하여 다룰 때 사용된다.

구체적으로는 클럽(club), 흥미집단, 학습회, 팀, 위원회 활동, 레크리에이션, 파티, 캠프, 하이킹 등 다양한 형태를 포함한다.

집합조사(集合調査)

조사대상자를 한 곳에 모아 질문지를 배포하고 그 자리에서 가입시키고 회수하는 방법이다.

장점으로는 ① 회수율이 높고 ② 조사의 설명이나 조건설정이 모든 피조사자에 대해 평등하게 행하여지며 ③ 비용과 조사원의 수가 적고 조사가 간편하다는 점이다. 반면, 단점으로는 ① 피조사자를 같은 장소에 모으기가 곤란하며, ② 회답에 있어서 내심(內心)의 의견보다는 표현적인 대답이 되기 쉽다는 점이다.

차별(差別)

일반적으로 본래 인간이 동등하게 가지고 있던 기본적인 권리가 소속되어있는 집단이나 사회적 카테고리에 근거하여 부당하게 침해당하는 것을 말한다. 그러나 차별에는 다양한 것들이 포함되어 획일적으로 엄밀한 정의를 내리기는 어렵다.

남녀고용평등과 일·가정양립지원에 관한 법률'에서 '차별'이라 함은 사업주가 근로자에게 성별, 혼인, 가족 안에서의 지위, 임신 또는 출산 등의 사유로 합리적인 이유 없이 채용 또는 근로의 조건을 다르게 하거나 그 밖의 불리한 조치를 취하는 경우 (사업주가 채용조건이나 근로조건은 동일하게 적용하더라도 그 조건을 충족할 수 있는 남성 또는 여성이 다른 한 성(性)에 비하여 현저히 적고 그에 따라 특정성에게 불리한 결과를 초래하며 그 조건이 정당한 것임을 입증할 수 없는 경우를 포함한다)를 말한다. 다만, 다음 각호의 하나에 해당하는 경우에는 차별로 보지 않는다고 규정하고 있다.

1. 직무의 성격에 비추어 특정성이 불가피하게 요구되는 경우
2. 여성 근로자의 임신·출산·수유 등 모성보호를 위한 조치를 취하는 경우
3. 그 밖에 이 법 또 다른 법률에 따라 적극적 고용개선조치를 하는 경우 등이다(동법 제2조1호).

차상위계층(次上位階層)

차상위계층이라 함은 수급권자에 해당하지 아니하는 계층으로서 소득인증액이 대통령령이 인증하는 기준(소득인정액이 최저생계비의 100분의 120이하인 자) 이하인 계층을 말한다(국민기초생활보장법 제2조11호).

차액증수(差額增收)

차액이란, 보험의료에 있어서 규정된 진료수가액 이외에 요하는 비용으로 병실료, 부가간호(간병 등), 치과진료 등의 요양비 차액을 말하며, 이것을 환자나 환자의 가족에게 청구하는 것을 차액징수라고 한다. 환자 측에서는 차액변상이 된다.

착란(錯亂)

흥분 때문에 사고(思考)가 흩어져 정리가 나쁘게 되는 상태를 말하며, 어느 정도 의식장애가 있는 경우가 많다. 간질, 히스테리, 통합실조증을 동반하는 일이 있다.

찰머즈,T.(Chalmers, Thomas: 1780~1847)

영국 스코틀랜드의 장로파교회 목사며, 경제학자이다.

1819년 글래스고우의 세인트존 교구의 목사를 했으나, 스코틀랜드에서는 당시는 구빈법이 실시되지 않았기 때문에 빈곤문제 대책으로서 인보운동 (neighborhood movement)과 우애방문활동을 전개하였다. 이것은 빈곤자의 자조와 상호부조, 민간의 자선을 중시하는 구제의 방법이며, 볼런티어의 담당자(우애방문원)에 빈곤가정을 우애방문 시켜서 엄밀한 조사에 의거한

구제를 실시했다. 영국 빈민법의 구제방식에 비판적이었으며, 빈민의 자조와 상부상조를 중시하는 구제방법을 채택하여 교구를 소교구로 나누고 집사를 배치해 조직화하였다. 이는 자선조직운동(COM)의 선구가 되었다. 빈곤을 사회구조의 모순에 의한 문제로 생각하지 않기 때문에 그 실태는, 자유주의적 빈곤에 바탕을 둔 자선사업이며, 공적구빈은 근면과 자조의 정신을 저해한다고 생각되어 있었다.

1823년에는 모교인 세인트 앤드류스의 도덕철학교수가 되었고 1828년에는 에딘버러대학의 신학교수로 취임하였다.

참가(參加)

정치용어로서의 참가란 넓게는 정부(중앙과 지방)의 정책과정에 대해서 정부 이외의 사람들이 실제로 효과가 있는 영향을 미치게 하려고 하는 활동을 말한다. 정책과정이라는 것은 정부가 행하여야 할 정책과제의 발견·제시·원안의 작성, 공식의 심의와 결정, 집행·실시·효과의 평가, 평가정보의 김도·활용, 기존정책의 재평가 등이라고 하는 일련의 단계이고, 참가라는 것은 이러한 정책과정의 각 단계에 사람들이 요망, 요구, 주문, 비판 등의 형태로 활동하여 정책의 내용과 방법에 영향을 미치는 것이다.

참가의 원칙(參加의 原則)

그룹워크의 원칙의 하나. 멤버가 그룹에서 프로그램 활동에 주체적으로 참가할 수 있도록 작용하는 것을 의미한다. 그룹워크에 있어서는 가장 기본적인 원칙이다. 왜냐하면 맴버의 그룹에의 참가가 없으면 상호작용이 일어나지 않아 결과로서는 그룹의 원조의 매체(媒體)로서 활용할 수 없기 때문이다. 그룹워커는 멤버가 그룹에 참가하는 의미를 찾아내어 그룹에 대한 '우리들 의식'을 높여가도록 원조하지 않으면 안 된다. 그것을 위해서는 개개의 맴버가 워커나 그룹에 받아들여져서 자신의 존재를 인정받을 것 같은 그룹을 만들 필요가 있다. 거기에서의 멤버의 체험은 개개의 멤버의 문제해결이라든가 과제달성을 가져오는 요인이 된다.

참여관찰(參與觀察)

사회조사 및 사회복지조사에 있어서 질문조사법을 쓰는 통계조사에 대하여 조사원이 조사 내용을 직접 스스로의 시각과 청각을 사용해서 관찰하여, 조사대상의 특징 등을 파악하는 관찰법의 하나이다. 참여관찰법은 조사자 자신이 조사대상으로 되는 집단의 내부에 들어가서 장기에 걸쳐 함께 생활을 하면서 안으로부터 집단의 다양한 동태 등을 관찰하는 방법을 말한다. 외부자로서의 표면적인 관찰로는 잡히지 않는 집단 내부의 감정적 교류 등을 파악할 수 있다고 하는 장점을 가진다. 그러나 연구자로서의 객관성의 유지나 내부에 들어가는 것이 지나치면 전체성을 놓칠 걱정도 있다. 관찰법에는 그 밖에 비참여적 단순관찰법, 통계적 관찰법 등이 있다.

참정권(參政權)

정치권이라고 한다. 국민이 국가기관의 구성원서 공무원에 참여하는 권리, 즉 피치자(被治者)인 국민이 치자(治者)의 입장에서 공무원을 선거하고 공무담임권을 담당하는 권리이다. 우리 헌법은 이에 대하여 크게 선거권(선거인의 지위를 말함), 피선거인 공무담임권(국민이 공무원이 되어 공무를 담당할 수 있는 권리), 국민표결권(국민이 국정에 직접참여 할 수 있는 제도 중에는 국민소환, 국민발안, 국민표결이 있는데 우리

ㅊ

헌법은 국민표결만을 규정하고 있다. 그리고 대통령이 국가안위에 관한 중요한 중요정책 중 필요하다고 인정하는 경우 국민투표를 통해 결정을 내릴 수 있다.

처우(處遇)

복지서비스의 이용자에 대하여 행하는 처치, 대우. 요즘에는 부조(원조)라는 말로 바뀌어가고 있다. → 부조(扶助)

처우기록(處遇記錄)

일반적으로 수용시설에서의 클라이언트 또는 집단에 대한 지도 · 훈련 등의 처우를 기재한 문서이며 케이스워크에서의 사례기록에 대응하는 것이다. 특히 시설에서는 한 사람의 워커가 클라이언트나 집단에 유일하게 간여하고 있지 않고 야근 등 근무 교대가 있으며, 클라이언트에 따라 목공 등 집단 활동의 장이 다르다. 따라서 워커 상호 간에 정보교환의 자료로서 중요할 뿐만 아니라 클라이언트나 집단의 개별적인 처우목표의 도달 정도를 아는 데 있어서도 필요한 자료다. 그러므로 처우계획을 세워 실시하고 있는 바를 관찰 · 기록함으로서 다음의 처우계획을 세우는 데에 중요자료로 삼을 필요가 있다. 수용시설에서는 집단처우가 주가 되며 이 집단 안에서의 개개의 클라이언트의 동정도 기록할 필요가 있다.

처우목표(處遇目標)

복지서비스에 대한 이용자 처우는 여러 형태의 기관 · 시설에서 행해지지만 그 궁극적 목표는 모두 '인간의 잠재가능성을 최대한으로 실현시키는 원조'라는 가치에서 비롯된다. 그러나 실제는 개인의 기능에 한정하여 대상자의 문제와 시설의 필요성에 따라 구체적으로 개별적 목표, 소집단 단위의 목표, 또는 시설 전체로서의 목표가 설정된다. 기본적으로 그것은 대상자와의 면접에 근거해서 결정되어야 하며, 또 성취 가능한 것이어야 한다.

청각장애인(聽覺障碍人)

소리를 느끼거나, 들을 수 있는 기능의 악화 등으로 감각에 장애가 있는 자를 말하며, 장애인복지법시행령(제2조)에서 다음과 같이 규정하고 있다.

가. 두 귀의 청력 손실이 각각 60데시벨(dB) 이상인 사람
나. 한 귀의 청력손실이 80데시벨(dB) 이상인 사람, 다른 귀의 청력 손실이 40대 시벨(dB)이상인 사람
다. 두 귀에 들리는 보통 말소리 명료도가 50퍼센트 이하인 사람
라. 평형기능에 현저한 장애가 있는 사람

청구권(請求權)

대금을 지급하지 않는 자에게 대금의 지급을 청구하거나 임차기한 어지났는데도 계속 거주하고 있는 임차인에 대하여 가옥의 명도를 청구하는 것과 같이 직접 물건을 지배하는 것이 아니라 타인에게 일정한 행위(부작위도 포함)를 요구하는 내용으로 하는 권리를 말한다. 가장 대표적인 청구권은 채권(債權)이고, 그 밖에 소유물 반환청구권(민법 제213조), 상속회복청구권(민법 제999조)등이 있다. 재산권만 아니라 신분권 중에도 청구권에 속하는 것이 있다. 혼인외의 출생자의 인지청구권(민법 제863조), 부부상호 간의 동거청구권(민법 제826조) 등이 그 예이다.

ㅊ

청소년교류활동(青少年交流活動)

청소년교류활동이라 함은 청소년이 지역 · 남북간 · 국가 간의 다양한 교류를 통하여 공동체의식 등을 함양하는 체험활동을 말한다(청소년활동 진흥법 제2조4호).

청소년그린벨트(青少年 green belt)

청소년들의 통행이 많은 지역, 즉 청소년 통행 다발지역 중 집중적인 유해 업소의 계도(啓導) · 단속을 통해 청소년들이 마음 놓고 출입할 수 있는 거리를 조성한 곳을 말한다.

구체적으로는 서울지검소년부는 청소년의 출입이 잦은 지역 37곳을 청소년그린벨트로 지정하고 있는데, 그린벨트지역으로는 대학가나 지하철역의 주변, 쇼핑몰 등 서울의 청소년을 상대로 한 대형상권이 대부분 포함되었다. 이 그린벨트 지역에 검찰과 서울시는 단속효과를 높이기 위하여 '공무원실명제'를 도입해 구별(區別) 청소년그린벨트를 담당한 공무원을 선정하고 자원봉사활동자도 같이 참여시키고 있다.

청소년기(青少年期)

청소년기의 범위를 명확하게 파악하기는 어려우나 일반적으로 남자는 13세부터 22~23세, 여자는 12세부터 21~22세를 청소년기라 한다. 이 시기에는 신장과 체중이 급격히 증가하게되며, 이 시기를 제2성장 급등기라고 한다. 그 이유는 사춘기가 되며, 내분비선에서 분비하는 호르몬이 증가하기 때문이다. 이 시기에는 그 이전의 아동기와 달리 남자는 남자답게 여자는 여자답게 되고, 또한 복잡한 정신활동이 나타나 지식과 감정이 갑자기 풍성해진다. 또 자아정체감이 확립되며, 동년배 및 이성(異性)과의 새로운 관계를 형성하게 되고 성역할 정체감이 발달한다. 또한 부모로부터 독립된 인격체로서 대우받기를 원하며 정서적으로 독립하고자 한다. 이 시기에 여러 가지 변화가 두드러지기 때문에 불안전시기라고도 한다.

청소년기본법(青少年基本法)

이 법은 청소년의 권리 및 책임과 가정 사회 국가 및 지방자치단체의 청소년에 대한 책임을 정하고 청소년육성정책에 관한 기본적인 사항을 규정함을 목적으로 2004년 2월 9일(법률 제7162호)에 이전에 시행 해오던 법을 전문 개정 공포하여 1년이 경과한 날부터 시행하여 오던중 10여 차례 개정을 거쳐 오늘에 이르고 있다. 총 10장 66개 조문과 부칙으로 되어있다.

청소년문화활동(青少年文化活動)

청소년문화 활동이라 함은 예술활동 · 스포츠활동 · 동아리활동 · 봉사활동 등을 통하여 문화의 감성과 더불어 살아가는 능력을 함양하는 체험활동을 말한다(청소년활동진흥법 제2조5호).

청소년범죄(青少年犯罪)

미성년자의 범죄를 말한다. 인생의 일대도약기로서 성장발달과정에 있는 청년기의 좌절, 자립모색의 실패적 성격으로 형벌에 의한 대처가 아닌 비행으로 취급해 주로 국가적 보호 · 육성조치의 대상으로 하는 것이 일반적이다.

청소년보호(青少年保護)

청소년보호라 함은 청소년의 건전한 성장에 유해한 물질 · 물건 · 장소 · 행위 등 각종 청소년유해환경을 규제하거나 청소년의 접속 또는 접근을 제한하는 것을 말한다(청소년기본법 제3조5호).

ㅊ

청소년보호법(靑少年保護法)

이 법은 청소년에게 유해한 매체물(媒體物)과 약물 등이 청소년에게 유통되는 것과 청소년이 유해한 업소에 출입하는 것 등을 규제하고, 청소년을 청소년 폭력 · 학대 등 청소년 유해행위를 포함한 각종 유해한 환경으로부터 보호 · 구제함으로써 청소년이 건전한 인격체로 성장할 수 있도록 함을 목적으로 1997년 3월 7일(법률 제5297호)에 제정 · 공포하여, 그 동안 10여 차례 개정을 거쳐 오늘에 이르고 있다. 법은 청소년 보호를 위한 사회 및 국가와 지방자치단체의 책임, 청소년 유해 매체물의 청소년대상 유통규제, 청소년 유해업소, 청소년 유해약물 및 청소년 유해행위 등의 규제와 청소년 보호센터 등 부칙과 벌칙으로 총 8장 64개 조문과 부칙으로 규정되어 있다.

청소년보호재활센터(靑少年保護再活 center)

청소년폭력 학대 등 유해환경으로부터 청소년을 임시로 보호하기 위하여 여성가족부장관이 설치한 기구를 말한다.

이 센터에는 피해를 당한 청소년에게 법률상담, 소송업무 대행 등의 법률적 지원을 할 수 있도록 전문 변호사를 두며, 청소년폭력 학대 등의 피해 가해청소년 및 약물로부터 고통을 받는 청소년의 재활을 위하여 청소년보호재활센터를 둔다(청소년보호법 제33조).

청소년복지(靑少年福祉)

청소년복지라 함은 청소년이 정상적인 삶을 영위할 수 있는 기본적인 여건을 조성하고 조화롭게 성장 · 발달할 수 있도록 제공되는 사회적 · 경제적 지원을 말한다(청소년기본법 제3조 4호).

청소년복지지원법(靑少年福祉支援法)

이 법은 국가가 청소년들의 의식 · 태도 · 생활 등에 관한 사항을 정기적으로 조사하고 이를 개선하기 위하여 청소년의 복지향상 정책을 수립 · 지원하고 또 국가 및 지방자치단체는 기초생활의 보장, 직업재활훈련, 청소년활동지원 등의 시책을 추진함에 있어서 정신적 · 신체적 · 경제적 · 사회적으로 특별한 지원을 필요로 하는 청소년에 우선적으로 배려하고 청소년의 삶과 질을 향상하기 위하여 구체적인 시책을 마련하여 청소년 복지 증진에 관한 사항을 정함을 목적으로 2004년 2월 9일(법률 제7164호)에 제정 · 공포하였다. 공포 후 1년이 경과한 날부터 시행하던 청소년기본법의 규정에 따라 청소년복지 향상에 관한사항을 규정함을 목적으로 2012년 2월 1일(법률 제11290호)에 전부 개정 되어 오늘에 이르고 있다.

청소년비행(靑少年非行)

청소년비행이라 함은 12세부터 20세미만의 청소년이 저지른 범법행위를 말한다. 그러나 이것은 대개 청소년기에 일어나는 도덕적 사회적 법률적 측면에서 옳지 못한 행위범죄소년, 촉법소년, 우범소년으로 형벌법에 저촉되는 광범위하게 일컫는 말이다. 즉 청소년이 형벌법령에 위배되는 행위를 하거나, 보호자의 정당한 감독에 복종하지 않거나, 가출, 흡연, 음주, 흉기소지, 폭력, 성폭력, 약물남용, 청소년유해업소출입, 부녀자희롱, 금품갈취 등의 행위를 하는 것을 말한다.

청소년수련활동(靑少年修練活動)

청소년수련활동이라 함은 청소년이 청소년활동에 자발적으로 참여하여 청소년시기에 필요한 기량과 품성을 함양하는 교육적 활동으로서 청소년지도자와 함께 청소년수련거리에 참여하여 배움을 실천하는 체험활동을 말한다(청소년활동진흥법 제2조3호).

청소년유해물건(靑少年有害物件)

청소년유해물건이란, 다음 각호의 어느 하나에 해당하는 것을 말한다.

1. 청소년에게 음란한 행위를 조장하는 성기구 등 청소년의 사용을 제한하지 아니하면 청소년의 심신을 심각하게 손상시킬 우려가 있는 성 관련 물건으로서 청소년보호법의 시행령이 정하는 기준에 따라 청소년보호위원회가 결정하고 여성가족부장관이 고시한 것
2. 청소년에게 음란성, 포악성, 잔인성, 사행성 등을 조장하는 완구류 등 청소년의 사용을 제한하지 아니 하면 청소년의 심신을 심각하게 손상시킬 우려가 물건으로서 청소년보호법시행령이 정하는 기준에 따라 청소년보호위원회가 결정하고 여성가족부장관이 고시한 것(청소년보호법 제2조4호 나목(1)(2)).

청소년유해행위(靑少年有害行爲)

누구든지 다음의 행위를 해서는 안 된다(금지)고, 청소년보호법에 규정되어 있다(동법 제30조).

1. 영리는 목적으로 청소년으로 하여금 신체적인 접촉 또는 은밀한 부분의 노출 등 성적 접대행위를 하게 하거나 이러한 행위를 알선 매개하는 행위(위반자는 1년 이상 10년 이하의 징역)
2. 영리를 목적으로 청소년으로 하여금 손님과 함께 술을 마시거나 노래 또는 춤으로 손님의 유흥을 돋구는 접객행위를 하게하거나 이러한 행위를 알선 매개하는 행위(위반자는 10년 이하의 징역)
3. 영리 또는 흥행의 목적으로 청소년에게 음란한 행위를 하게하는 행위(위반자는 10년 이하의 징역)
4. 영리 또는 흥행의 목적으로 청소년의 장애 기형(畸形) 등 현상을 공중에게 관람시키는 행위(위반 자는 5년 이하의 징역)
5. 청소년에게 구걸을 시키거나, 청소년을 이용하여 구걸하는 행위(위반자는 5년 이하의 징역)
6. 청소년을 학대하는 행위(5년 이하의 징역)
7. 영리를 목적으로 청소년으로 하여금 손님을 거리에서 유인하는 행위를 하게하는 행위
8. 청소년에게 이성(異性)혼숙을 하게 하는 등 풍기를 문란하게 하는 영업행위를 하거나 그를 목적으로 장소를 제공하는 행위
9. 주로 다류(茶類)를 조리 판매하는 업소에서 청소년으로 하여금 영업장을 벗어나 다류를 배달하는 행위를 하게 하거나 이를 조장 또는 묵인하는 행위(7,8,9의 위반자는 3년 이하 징역 또는 2천만 원 이하의 벌금)

청소년육성(靑少年育成)

청소년육성이라 함은 청소년 활동을 지원하고 청소년의 복지를 증진하며 사회여건과 환경을 청소년에게 유익하도록 개전하고 청소년을 보호하여 청소년에 대한 교육을 보완함으로써 청소년의 균형있는 성장을 돕는 것을 말한다(청소년기본법 제3조2호).

청소년의 성보호에 관한 법률(靑少年의 性保護에 관한 法律)

이 법은 아동 청소년대상 성범죄의 처벌과 절차

ㅊ

에 관한 특례를 규정하고 피해아동 청소년을 위한 구제 및 지원절차를 마련하여 아동청소년 대상 성범죄자를 체계적으로 관리함으로써 아동청소년을 성범죄로부터 보호하고 아동청소년이 건강한 사회구성원으로 성장할 수 있도록 함을 목적으로 2009년 6월 9일(법률 제9765호)에 제정 · 공포하여 시행해오고 있다. 총7장 54개 조문과 부칙으로 규정되어 있다.

청소년활동시설(青少年活動施設)

청소년활동시설이라 함은 수련활동, 교류활동, 문화활동 등 청소년활동에 제공되는 청소년활동진흥법 제10조(청소년활동시설의 종류)의 규정에 의한 시설을 말한다. 청소년활동시설의 그 종류는 다음 각호와 같다(동법 제2조2호).

1. 청소년수련시설

가. 청소년수련관 : 다양한 수련 거리를 실시할 수 있는 각종 시설 및 설비를 갖춘 종합 수련시설

나. 청소년수련원 : 숙박기능을 갖춘 생활관과 다양한 수련 거리를 실시할 수 있는 각종 시설과 설비를 갖춘 수련시설

다. 청소년문화의 집 : 간단한 수련 활동을 실시할 수 있는 시설 및 설비를 갖춘 정보 문화 예술중심의 수련시설

라. 청소년특화시설 : 청소년의 직업 체험, 문화 예술, 과학정보, 환경 등 특정 목적의 청소년 활동을 전문적으로 실시할 수 있는 시설과 설비를 갖춘 수련시설

마. 청소년야영장 : 야영에 적합한 시설 및 설비를 갖춘 수련거리 또는 야영편의를 제공하는 수련시설

바. 유스호스텔 : 청소년의 숙박 및 체재에 적합한 시설 설비와 부대 편의시설을 갖추고 숙식편의 제공, 여행청소년의 활동지원 등을 주된 기능으로 하는 시설

2. 청소년이용시설 : 수련시설이 아닌 시설로서 그 설치목적의 범위에서 청소년활동의 실시, 청소년의 건전한 이용 등에 제공할 수 있는 시설이다.

청소년활동진흥법(青少年活動振興法)

이 법은 청소년기본법 제47조2항의 규정에 따라 다양한 청소년활동을 적극적으로 진흥하기 위하여 필요한 사항을 정함을 목적으로 2004년 2월 9일(법률 제7163호)에 제정 · 공포하여 시행중 몇 차례 개정을 거쳐 오늘에 이르고 있다.

이 법의 내용은 제1장 총칙, 제2장 청소년 활동의 조장, 제3장 청소년활동시설, 제4장 청소년수련활동의 지원, 제5장 청소년교류활동의 지원, 제6장 청소년문화 활동의 지원, 제7장 부칙, 제8장 벌칙과 부칙으로 총 72개 조문으로 되어 있다.

청원권(請願權)

국민이 국가기관 또는 지방자치단체에 대해 희망을 진술할 수 있는 권리로 헌법 제26조에 보장되어 있으며 청원사항은 공무원의 비리 시정에 대한 징계나 처벌의 요구, 피해의 구제, 법령 또는 규칙의 제정 · 폐지 · 개정, 공공의 제도 또는 시설의 운영, 그밖에 국가기관 등의 권한에 속하는 사항 등에 관하여 그 희망을 문서로써 진정할 수 있다(청원법 제4조).

청원권은 수익권(기본권을 보장하기 위한 기본권이라고도 함)의 하나이며, 현대 각국 헌법에는 거의 빠짐없이 규정되어 있다. 청원사항은 단지 소극적으로 불평의 구제에 그칠 것이 아니라, 적극적으로 국가에 대해 희망을 진술

하는 것도 포함된다. 청원을 제기할 수 있는 국가기관에는 제한이 없으며, 따라서 행정기관은 물론 국회, 법원에 대해서도 청원할 수 있다. 헌법상으로는 청원을 수리한 기관은 그것을 신속히 심사 처리할 의무는 있으나, 재결(裁決)할 의무까지는 지지 않는다. 그러나 청원법은 그 처리 결과를 청원인에게 통지해 줄 의무를 부과하고 있다. 그러나 반드시 청원의 내용에 대하여 실현시켜줄 의무는 없다. 그리고 헌법상 인정된 국가기관의 권한을 침해하는 청원은 허용될 수 없다.

체위변환(體位變換)

건강하고 정상적인 사람은 자고 있으면서도 자다가 몸을 뒤치는 등으로 체위 몸의 자세, 위치를 바꿀 수 있으나, 상병(傷病)으로 인하여 장기간 와상(臥床)이나 자리보전의 상태에서는 자력으로는 체위를 바꾸지 못할 때가 있다. 동일체위(同一體位)이 계속은 고통이라든가 피로가 있게 되어 내장 제기관의 기능저하를 초래하고 또 동일부위의 압박이 계속됨으로써 욕창을 만들기 쉽다. 이것들을 예방하기 위하여 수발의 조력에 의하여 정기적으로 체위를 바꿔줄 필요가 있다.

초자아(超自我) ⇨ 슈퍼에고

촉법소년(觸法少年)

12세 이상 14세 미만으로 형벌법령에 저촉되는 행위를 한 소년. 가정법원소년부, 지방법원소년부는 이 촉법소년에 대하여는 검사, 또는 아동상담소장으로부터 송치를 받은 때에 대하여 심리를 할 수 있다. 이들 소년들을 책임무능력자로 규정하여 형사책임능력이 없다고 보고 있으므로 형사처벌은 되지 않으나, 보호사건으로 처리되어 보호처분을 받게 된다. 결국 법률 저촉 소년에 대하는 소년법의 심리에 의하여 아동복지법의 조치가 우선하는 것으로 되어 있다.

최빈국(最貧國)

개발도상국 중에서도 1인당 국민소득이 현저하게 낮고 세계 경제에 있어서 가장 불리한 입장에 놓여 있는 모든 나라를 지칭한다. 또한 자원을 비롯하여 생산기술이 부족하여 경제개발을 자국(自國)에서 촉진하는 것이 곤란하고 또한 자연재해나 타국의 침략 등에 의해서 크게 피해를 받아 경제가 혼란에 있는 나라를 말한다. 일반적으로는 개발도상국(Least Developed Countries =LDC)과 석유 위기에 의해 "아주 심각한 영향을 받은 나라"(Most Seriously Affected Countries=MSAC)를 합해서 최빈국이라고 한다. 그러나 LDC는 거의 MSAC에 포함되어 있다. 석유 등의 천연 자원이 풍부한 개발도상국과 구별하기 위해서 종래의 제3세계에 대해 제4세계 등으로도 불리워지고 있다.

최저생계비(最低生計費)

최저생계비라 함은 국민이 건강하고 문화적인 생활을 유지하기 위하여 소요되는 최소한의 비용을 말하며, 보건복지부장관은 국민의 소득 · 지출수준과 수급권자의 가구유형 등 생활실태, 물가상승률 등을 고려하여 매년 12월 1일까지 중앙생활보장위원회의 심의 · 의결을 거쳐 다음 연도의 최저생계비를 공포하는데 이 최저생계비를 결정하기 위하여 필요한 계측조사를 3년마다 실시하며, 이에 필요한 사항은 보건복지부령으로 정하도록 규정하고 있다(국민기초생활보장법 제2조6호 제6조). → 최저생활비

최저생계비방식(最低生計費方式) ⇨ 마켓 바스켓 방식

최저생활보장의 원리(最低生活保障의 原理)

사회보장기본법의 기본원리 중의 하나이다.

동법(同法)제2조에서 "사회보장은 모든 국민이 인간다운 생활을 할 수 있도록 최저생활을 보장하고 국민 개개인이 생활의 수준을 향상시킬 수 있도록 제도와 여건을 조성하여 그 시행에 형평과 효율의 조화를 기함으로써 복지사회를 실현하는 것을 기본이념으로 한다"고 규정하고 있다.

구체적으로는 생활보장제도는 헌법 제34조에서 규정한 생존권의 보장의 이념을 구현(具現)하는 것이다. 때문에 보장된 생활수준은 당연한 것이므로 헌법이 보장하고 있는 생존권의 보장을 가능하게 하지 않으면 안 된다.

최저생활비(最低生活費)

인간으로서 활발하게 일하며 생활하기 위해 최저한도로 필요한 생계비를 말한다. 이 최저한도는 단지 노동하는 본인의 육체적 재생산에 필요한 최저 생계비만이 아니고, 다음 세대의 재생산도 포함하여 인간이 건강하고 문화적인 생활을 유지 · 발전시키는 것에 필요한 생활자료나 서비스를 획득할 수 있는 수준을 의미한다. 따라서 그 수준은 국가에 따라 또는 나라의 경제발전 단계에 따라 다르다.

최저생활수준(最低生活水準)

인간은 문화적 · 사회적 동물이므로 이러한 면에서 최저한도의 것을 포함한 생활수준이라는 생각이다. 이 수준을 확보하지 못하면 노동의욕을 상실할 뿐만 아니라 일에서의 창의능력이나 사회적 활동능력을 잃는다. 사회보장에서 최저생활보장이 유의할 점이다. 라운트리의 최저생존수준을 비판하고 최저생활수준을 다시 생각하자는 것이 에벨, 스미스, 피터, 다운젠트 등의 빈곤의 재발견(rediscovery of poverty)이다.

최저생활의 보장(最低生活의 保障)

현대의 사회복지 · 사회보장정책의 기본이념. 우리나라에서는 최저생활이란 헌법 제34조의 규정에 모든 국민은 인간다운 생활을 할 권리의 범위내의 생활로 생각하고 있다. 이에 따라 국민기초생활보장법의 최저생활보장의 원리가 규정되어 있다. 최저생활보장이라는 사고방식은 사회보장제도의 생성(生成)에 맞추어서 명확하게 된 것이며, 웹부처(Webb, S. J. & webb, B.P)에 의한 네셔널미니멈론, 부스(Booth, C)나 라운트리(Rowntree, B.S)에 의한 최저생활비의 연구, 베버리치(Beveridge, W.H)에 의한 사회보장 플랜 복지국가정책 등이 이 골격을 형성하는 것으로 되었다.

최저임금(最低賃金)

근로자의 생활안정과 노동력의 질적 향상을 기함으로써 국민경제의 건전한 발전에 기여하기 위하여 국가가 근로자에 대하여 보장한 최저수준의 임금이다.

국제노동기관(ILO)의 〈최저임금결정에 관한 권고안〉 135호에 따르면 빈곤을 퇴치하고 모든 근로자와 그 가족들의 필요를 만족시킬 것을 보장하고 임금소득자들에게 허용 가능한 최저의 임금수준에 관해 필요한 사회적 보호를 제공하는 데 최저임금설정의 목적이 있다고 되어 있다.

ㅊ

최저임금법(最低賃金法)

이 법은 근로자에 대하여 임금의 최저수준을 보장하여 근로자의 생활안정과 노동력의 질적 향상을 기함으로써 국민경제의 건전한 발전에 이바지하게 함을 목적으로 1986년 12월 31일(법률 제3927호)에 제정 · 공포하여 몇 차례의 개정을 거쳐 오늘에 이르고 있다.

최저임금제도(最低賃金制度)

임금의 최저한도를 법률이나 노동협약에 의해서 정하는 제도이다. 우리나라에서는 1986년에 임금의 저렴한 근로자에 대하여 임금의 최저수준을 근로자의 생활안정과 노동력의 질적 향상을 기함으로써 국민경제의 건전한 발전에 이바지하게 함을 목적으로 최저임금법이(1986년 12월 31일 법률 제3927호) 제정되어 1999년 1월 1일부터 시행되어 오늘에 이르고 있다. 사업, 직업의 종류에 따라 최저의 임금액이 정해지게 되며(매년 8월 5일까지 고용노동부장관이 결정), 사용주는 근로자에 그 최저임금액 이상을 지급하여야 하며, 최저임금액은 노동협약에 의거하여 결정되는 최저임금과 최저임금위원회에 의한 조사, 심의에 의한 최저임금의 방식에 의하여 결정되는 수도 있다. 다만, 이 법은 선원법 적용을 받는 선원과 선원을 사용하는 선박의 소유자에게는 적용하지 않는다(최저임금법 제3조).

추가경정예산(追加更正豫算)

예산의 성립후에 생긴 사유로 인하여 이미 성립된 예산에 변경을 가하는 예산을 말한다. 구(舊)재정법에서는 추가예산의 경정예산을 구별하여 각각 인정하고 있었으나, 헌법(제56조)과 국가재정법은 이를 포괄하여 추가경정예산으로 하고 있다. 추가경정예산안의 제출은 수정예산의 제출과는 다르다. 즉 후자는 행정부가 예산안을 국회에 제출한 후 예산이 성립되기 전에 부득이한 사정으로 예산안의 일부를 수정하는 것임에 대하여 전자는 예산이 성립된 후에 그 예산에 변경을 가하는 것이다. 따라서 본예산과 추가경정예산의 합계가 그 해의 최종적인 예산으로 된다.

추가질문(追加質問)

probing이란 면접자가 응답자와 만나서 면접을 진행할 때 응답자의 대답이 불확실하거나 불충분하여 알고자 하는 질문의 대답을 파악하지 못할 때 알고자하는 조사 내용을 바로 알아내도록 계속해서 추궁하는 질문인 것이다. 이러한 추가질문은 응답자가 질문에 대하여 피해 의식을 갖고서 자기보호를 하기 위하여 응답하지 않거나 열등감, 공포심, 표현력 부족 등에 의하여 자신있게 응답을 하지 않을 때에 면접자가 좀 더 정확히 파악하기 위하여 다시 하는 질문이다.

추출조사(抽出調査)

표본조사라고도 한다. 모집단의 일부를 무작위추출 등의 기술을 써서 표본으로 추출해 그것을 밀접조사 대상으로 조사를 해서 통계량을 추정 또는 검정하려는 조사이다. 이 추정 또는 사고과정이 명확하게 평가되지 않으면 안 된다. 검정이라는 이 조사방법은 통계적수출법, 층화추출법, 부차추출법 등의 무작위추출법의 발전에 의해 전수조사를 대신해서 일반적으로 넓게 쓰여지게 되었다.

출산전진단(出産前診斷)

태아의 유전성 질환, 질병의 유무, 건강상태 등을 진단하는 것. ① 양수, 융모(絨毛), 태아혈의 채취에 의한 염색체 이상이나 선천성 대사이상 등의 유전성 질환 ② X선 검사 등에 의한 기형진단 ③ 초음파 진단 등에 의한 태아발육, 기형, 태아 건강의 진단 등이 있다. 출산전 진단은 태아 치료나 출산 후 치료의 대책을 세울 수 있는 잇점이 있으나, 질병이 발견되면 임신중절을 선택해야 할 경우도 있다. 그것 때문 우생(優生)사상이나 장애인의 존재의 부정 등에 관련된다고 하여 사회적 논의를 부르고 있다.

출생률(出生率)

보통 출생률과 합계 특수출생률을 합친 개념이다.

구체적으로는 전자는 인구 1,000명 당 출생률인데 대하여 후자는 한 사람의 여자가 한 생애에 몇 명의 아이를 낳을 수 있는가를 나타내는 비율이다. 우리나라 여성의 출산율은 최근 급격히 낮아지면서 미국(2.1명) 중국(1.7명) 일본(1.3명)을 제치고 세계 193개국 중 아이를 가장 적게 낳는 나라가 되었다.

세계보건기구(WHO)가 2008년 5월에 발표한 〈세계보건통계 2008 보고서〉에 따르면 2006년을 기준으로 한국 여성의 합계출산율은 193개국 중에 최하위인 1.2명이다. 북한은 2006년에는 1.9명이다.

충동행위(衝動行爲)

의지의 작용을 받지 않고 욕구의 동작이 직접 행동으로 옮겨지는 것을 말한다. 통합실조증(統合失調症)에서 나타나는 일이 있다.

취업지도(就業指導)

사회에 있어서 개인이 자립하여 생활이 될 수 있을지 없을지를 규정하는 커다란 요인의 하나로서, 직업을 그가 선택케 하는 지도이다. 이와 같은 관점에서부터 학교나 직업안정소, 아동복지시설이나, 장애인 재활시설에서는 가이던스(guidance)의 하나로서 취직지도 혹은 취로 지도가 이루어지고 있다. 개인적인 취직 지도와 집단적인 취직 지도의 방법이 있다.

치료감호대상자(治療監護對象者)

치료감호법에서 치료감호대상자라 함은 다음 각 호의 어느 하나에 해당하는 자로서 치료감호시설에서 치료가 필요하고 재범의 위험이 있는 자를 말한다.

1. 형법 제10조 제1항(심신장애로 인하여 사물을 변별할 능력에 없거나 의사를 결정한 능력이 없는 자는 벌하지 아니한다)의 규정에 의하여 벌할 수 없거나, 동조 제2항(심신장애로 인하여 전항의 능력이 미약한 자의 행위는 경감한다)의 규정에 의하여 형이 감경되는 심신장애자로서 금고 이상의 형에 해당하는 죄를 범한자.
2. 마약, 향정신성의약품, 대마, 그 밖에 남용되거나 해독작용을 일으킬 우려가 있는 물질이나 알코올을 식품 섭취 · 흡연 또는 주입받는 습벽이 있거나 그에 중독된 자로서 금고 이상의 형에 해당하는 죄를 범한 자(본법 제2조1항).
3. 소아성기호증(小兒性嗜好症), 성적가학증(性的加虐症) 등 성적성벽(性癖)이 있는 정신성적 장애자로서 금고 이상의 형에 해당하는 성폭력범죄를 지은 자.

치료감호법(治療監護法)

이 법은 심신장애 또는 마약류 알코올 그 밖에 약물중독, 상태 등에서 범죄행위를 한 자로서 재범의 위험성이 있고 특수한 교육 개선 및 치료가 필요하다고 인정되는 자에 대하여 적절한 보호와 치료를 함으로써 재범을 방지하고 사회복귀를 촉진하는 것을 목적으로 2005년 8월 4일(법률 제7655호)에 제정 · 공포하여 시행 중 몇 차례 개정을 거쳐 오늘에 이르고 있다.

치료교육(治療教育)

치료교육이라 함은 장애로 인하여 발생한 결함을 보충함과 동시에 생활기능을 회복시켜 주는 심리치료 · 언어치료 · 물리치료 · 작업치료 · 보행훈련 · 청능(聽能) 및 생활적응 훈련 등의 교육활동, 즉 의학적인 진단 및 치료를 병행하면서 교육적 지도를 행하는 것을 말한다(특수교육진흥법 제2조7호). 학습장애와 정신박약 및 지체부자유 또는 시각장애아, 농아, 정서장애아에 대해서 시도되고 있다. 특수학교 내에 물리치료실, 언어교정 및 치료실, 작업치료실, 놀이요법실, 기능훈련실, 특수실 등 특수시설을 설치하여 교육과 병행해서 치료교육을 수행하고 있다. 특수교육진흥법 제4조는 국가 및 지방자치단체의 생활기능회복을 위한 요육(療育)을 교육과 동시에 수행하도록 규정하고 있다. 치료교육 팀의 구성은 전문직과 비전문직으로 조직할 수 있다. 전문가로는 심리학자, 사회사업가, 언어치료사, 작업치료사, 훈련사, 유희 · 오락 · 음악치료사, 특수교사, 의사, 소아정신과 의사, 간호사, 물리치료사 등이며, 비전문직은 보모, 가정부, 간호보조원, 조리사, 잡역 등으로 합리적인 팀웍에 의하여 치료교육이 이루어질 수 있다.

치료식(治療食)

질병의 치료법 가운데에서 가장 기본적인 것으로서의 식사요법에 있어서 제공되는 식사를 말한다. 환자를 받들어 질환의 회복을 보다 효과적으로 하여 치료의 목적을 완수하는 것이다. 일반식과 특별 치료식이 있으며, 환자의 전신의 영양상태나 질환의 상태, 또 식습관이나 습식능력 등을 종합적으로 판단하여 의사가 식사전(箋)을 내고, 그것에 따라 영양사가 메뉴를 작성하고, 조리사가 요리를 만든다.

치료적 커뮤니티(治療的 community)

영국의 정신장애인의 지역정신위생 대책 중에서 제2차 세계 대전 후 제기된 개념으로 정신장애인이 지역사회 속에서 인간다운 생활을 영위할 수 있는 것을 목표로 한 원조이념이다.

사회복지에 있어서 커뮤니티 케어 이념을 발전시키는 원동력의 하나로 되었다.

치료집단(治療集團)

치료집단은 집단 활동을 통해서 개인의 행동을 수정하거나 심리적 · 사회적 문제를 해결하기 위해 구성된 집단이다. 치료집단을 개인의 문제해결을 위한 도구로 활용하며, 구성원들은 자신의 문제를 해결하기 위해 집단에 깊숙이 관여한다. 치료집단으로는 비행청소년집단, 정신장애인 집단 등이 있으며, 이러한 집단은 집단활동을 시작하기 전에 구성원들에 대한 치료계획을 수립하고 전문가에 의해 계획적으로 이루어진다는 특성을 지니고 있다.

치매(癡呆)

치매라 함은 퇴행성 뇌질환 또는 뇌혈관계 질환 등으로 인하여 기억력, 언어능력, 지남력, 판단력 및 수행능력 등의 기능이 저하됨으로써 일상생활에서 지장을 초래하는 후천적인 다발성 장애를 말한다(노인복지법 제1조의2제3호). 치매는 정상적으로 성숙한 뇌의 신경세포에 여러 가지 요인에 의해 손상이 가해져 변화가 일어난 것에 의하여 발생하는 심한 지능의 저하나 인격의 붕괴로 정상적인 일상생활과 대인관계가 힘들어지는 질병을 일컫는다. 치매를 뜻하는 영어 단어 dementia는 '제정신이 없어졌다'라는 뜻의 라틴어에서 유래했다.

구체적으로는 고령기에 발생한 뇌의 광범한 기질적(器質的)인 장애 때문에 일단 발달된 지능이 지속적으로 저하된 상태로 대부분은 노인성 치매에 의하는 것이라고 일컬어진다. 그 중 뇌경색이나 뇌출혈 등, 혈관의 장애에 의하여 발생하는 동맥경화성 치매, 즉 뇌혈관성 치매와 무언가의 뇌의 위축에 의해서 일어나는 위축성 치매, 즉 알츠하이머형 치매의 두 가지가 있는데 우리나라에는 전자, 구미(歐美)는 후자가 비교적 많다고 한다. 일상용어로 노망이라고 불리는 것과 의학적으로 치매라고 불리는 것이 포함된다. 노망이라고 불리는 것은 생활상의 장애가 되지 않을 정도의 지능저하나 정신생활의 퇴행현상이 포함되어 있으며, 적절한 원조나 환경개선에 의해 증세가 개선되는 경우도 있다. 치매의 정의에 있어서는 식자에 의해서 다소의 차가 있으나, 당면은 DSM-IV(미국 정신의학회)에 준거하는 것이 바람직하다.

치매극복의 날(癡呆克服의 날)

치매관리의 중요성을 널리 알리고 치매를 극복하기 위한 범국민적 공감대를 형성하기 위하여 매년 9월 21일을 치매극복의 날로 한다.

국가와 지방자치단체는 치매극복의 날 취지에 부합하는 행사와 교육 홍보 사업을 시행하여야 한다고 규정하고 있다(치매관리법 제5조).

치매관리법(癡呆管理法)

이 법은 치매의 예방 및 치매환자의 진료요양 및 치매퇴치를 위한 연구 등에 관한 정책을 종합적으로 수립 시행함으로써 치매로 인한 개인적 고통과 피해 및 사회적 부담을 줄이고 국민건강증진에 이바지함을 목적으로 2011년 8월 4일(법률 제11013호)에 법 21개 조문과 부칙으로 제정 · 공포하여 2012년 2월 5일부터 시행하여 오늘날에 이르고 있다.

치매노인그룹홈(癡呆老人 grouphome)

노인그룹 홈은 기초생활보장수급자와 차(次)상위계층인 저소득층 치매노인이 단독주택 등에서 10명 미만으로 공동생활하며 치료를 받을 수 있는 제도이다. 전문사회복지기관이 위탁 운영을 맡게 된다. 집 가까운 곳에 노인요양시설이 없는 치매노인들이 일정기간 머물며 치료를 받거나, 낮 시간 동안 머무를 수 있는 시설이다.

치매성노인(癡呆性 老人)

치매성 노인이란, 고령자에 발생하는 뇌의 광범위한 기질적(器質的)장애 때문에 일단 발달한 지능이 지속적으로 저하된 상태의 노인을 의미한다.

고령기의 치매는 일반적으로 1차 요인과 2차 요인에 의하여 발생한다. 1차 요인은 뇌의 기질적인 병적 변화에 의한 지능의 장애이며, 2차 요인은 뇌의 기능장애, 신체적 질병 · 우울상태, 심리 · 환경요인이 있다. 1차 요인인 뇌의 기질성 변화의 대표적인 질병으로 알츠하이머형 치매(노년치매와 뇌혈관성 치매)가 있다.

친권(親權)

민법상, 부모 또는 부 · 모가 미성년인 자(子)에 대하여 갖는 신분상 및 재산상의 감독 · 보호를 내용으로 하는 권리나 의무의 총칭(總稱)이다.

구체적으로는 자(子)의 보호 · 교양, 거소지정(居所指定), 징계, 영업 허락 등 자의 신분상에 관한 권리 의무를 가지며, 자의 특유 재산의 관리, 자의 재산상 법률행위의 대리, 자의 법률행위에 관한 동의 등 재산에 관한 권리의무를 가진다.

친권상실선고회복(親權喪失宣告回復)

친권상실선고란, 법원이 일정한 사유가 있는 경우에 친권자에게 친권을 박탈할 것을 내용으로 하는 선고를 말한다. 전부박탈과 일부박탈이 있다. 친권자(父 또 母)가 친권을 남용하거나, 현저한 비행 기타 친권을 행사시킬 수 없는 중대한 사유가 있을 때에는 자(子)의 친족 또는 검사의 청구에 의하여 친권의 전부를 박탈할 수 있고(민법 제924조), 법정대리인이 친권자가 부적당한 관리로 인하여 자의 재산을 위태롭게 한 때에는 자의 친족의 청구(민법 제777조)에 의하여 그 법률행위의 대리권과 재산관리권의 상실을 선고할 수 있다(민법 제925조). 그러나 이러한 모든 경우에 그 선고원인이 소멸한 때에는 본인 또는 친족의 청구에 의하여 법원은 실권의 회복을 선고할 수 있다(민법 제926조).

친자관계(親子關係)

가족을 구성하는 기본적인 인간관계의 하나로서 부모와 자녀사이를 친자관계라 일컫는다. 이는 주로 부부관계에서 친자관계로 발전하며 양자제도 등으로 친자관계가 성립하기도 한다. 가족의 생활주기에서 친자관계는 변화하지만 특히 모친과 아동의 관계가 아동복지, 교육, 보육, 가족복지, 비행문제에 관련하여 중요시 된다. 한편 부권문제, 부친상실, 부자세대, 모자세대 등의 가족문제 중에서 친자관계가 문제의 중심이 된다. 특히 민법상의 친족, 혼인, 상속 등에 있어서 복잡하게 다루어지고 있다.

친자동반자살(親子同伴自殺)

모자동반자살, 부자동반자살, 일가족동반자살, 성인친자동반자살, 조모 손자녀 동반자살 등의 총칭으로서 일반적으로 사용된다. 그러나 친자동반자살의 실태는 자식살해 플러스 부모의 자살인 경우가 많다. 원래 동반자살이란 말은 사랑하는 남녀의 상호합의의 중복자살(double suicide)이다. 따라서 자식살해라고 하는 살인행위를 수반하는 부모의 자살인 친자동반자살은 엄밀하게는 동반자살이라고는 말하기 어렵다.

친족(親族)

일반적으로는 친척, 인척(姻戚) 등의 의미로 사용되고 있으나 민법에서는 친족의 정의는 배우자, 혈족 및 인척을, 혈족(血族)은 자기의 직계존속과 직계비속을 직계혈족이라 하고, 자기의 형제자매의 형제자매의 직계비속, 직계존속의 형제자매 및 그 형제자매의 직계비속을 방계(傍系)혈족이라고 규정되어 있다(민법 제767 · 768조). 인척은 혈족의 배우자, 배우자의 혈족, 배우자의 혈족의 배우자를 말한다(민법 제769조).

친족의 범위는 친족관계로 인한 법률상 효력은 이 법 또는 다른 법률에 특별한 규정이 없는 한 다음 각호에 해당하는 자에 미친다고 규정하고 있다(민법 제777조).

1. 8촌 이내의 혈족
2. 4촌 이내의 인척
3. 배우자

친족의무(親族義務)

특정가족원이 도움이 필요한 다른 가족원을 보

호 내지 원조하도록 명시하는 법률 및 도덕강령과 관련된 용어를 의미한다. 미국에서는 이러한 의무영역에서 법적 필요조건은 주마다 매우 다양하다. 미국의 모든 주에서는 미성년 아동보호에 대한 법률을 갖고 있다. 대부분의 주들은 한 개인이 부모, 형제자매, 또는 먼 친척을 돌보도록 하는 법률을 없애거나 완화하고 있다.

친족회(親族會)

친족회라 함은 어떤 사람의 친족과 그 밖에 연고 있는 자로서 구성되어 무능력자의 보호와 거주권에 관한 사항을 의결하는 합의체의 기관을 말한다. 친족회는 상설기관이 아니며, 법률상 화합이 필요한 사건이 발생할 때마다. 법원에 의하여 구성 소집되며, 그 사항의 의결과 동시에 소멸하는 것이 원칙이나, 무능력자를 위하여 설치된 친족회는 그 무능력이 해소될 때까지 존속한다. 친족회는 법인이 아니므로 권리의무의 주체가 되지 못한다. 친족회의 권한은 무능력자 보호에 관한 것과, 호주권대행자의 선임에 관한 것으로 대별할 수 있고, 무능력자보호에 관한 것은 다시 무능력자의 신상에 관한 것과 후견감독에 관한 것으로 나누어 볼 수 있다(민법 제962~973조).

ㅊ

침식분리(寢食分離)

잠을 자는 장소와 식사를 하는 장소를 따로 하는 것이다. 침식분리에 의하여 침대위에서 생활하는 시간이 줄어서 생활에 변화를 만들어 낼 수가 있다. 또 식당으로 이동하는 것에 의해서 이동 · 운동 능력의 유지, 확대를 꾀하는 것도 가능하다. 또 식당에서는 많은 사람들과의 접촉할 기회도 많아져서 인간관계도 풍부하게 되어 즐겁게 식사함으로써 식욕도 증진하는 등 많은 장점이 있다.

칩거(蟄居)

인간관계의 트러블 등에 의해 학교나 직장에 가지 않고 장기간 집안에 틀어박혀 사회참가를 하지 않는 상태, 즉 외출, 활동거부를 말한다. 불안, 무기력 상태가 계속되어 가정 내 폭력, 자살 등의 행위에 미치는 일도 있다.

칩거증후군(蟄居症候群)

고령자가 집에 틀어박혀 밖에 나가지 않는 것으로 해서 폐용증후군을 일으켜 자리보전이나 치매로 이르는 것을 가리킨다. 칩거의 원인에는 질병이나 신체기능의 저하 등의 신체적 요인, 장애나 병이나 노령을 수용하지 못한 체 의욕의 저하를 가져오는 등의 심리적 요인, 가족이나 주위의 사람들의 이해하지 못한다고 하는 인적 환경과 가옥 구조나 지리적 환경 등의 물리적 환경으로부터의 환경적 요인이 있다. 이것들의 요인이 복합되어 고령자가 집에 칩거하는 것으로 활동성이 저하하여 주로 신체기능면에 악영향을 미치는 것이 자리보전으로, 정신기능면에 악영향을 미치는 것이 치매로 이어져 간다고 되어 있다. 그 때문에 재택 케어에 있어서는 칩거를 어떻게 방지하는가가 중요하게 되어 있다.

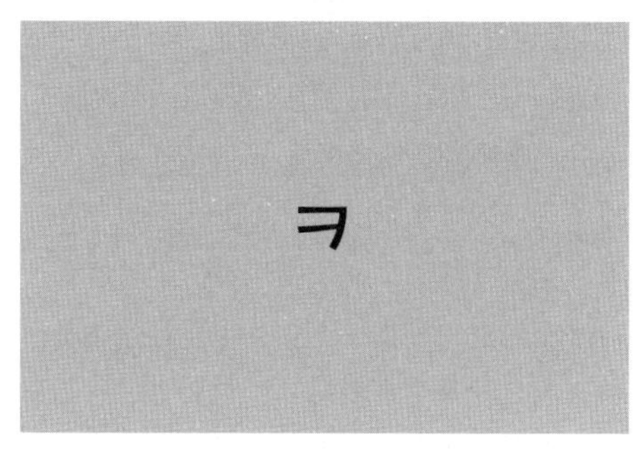

카뉼레(kanüle)

기본적으로 여러 가지 크기의 인공적인 호스로 체강(體腔) 내에 삽입하는 것 (인체에 약을 넣거나 액체를 뽑아내기 위해 몸속에 넣는 호스)을 가리킨다. 케어의 경우에는 기관(氣管) 카뉼레를 가리켜 단순히 카뉼레라고 부르고 있다. 기관 카뉼레는 기관절개 후의 기관공(氣管孔)에 삽입하여 이것이 닫히는 것을 방지하고 기도(氣道)를 확보하는 것이다. 금속제, 실리콘제 등이 있는데 장기로 사용하는 경우는 금속제가 많다. 기관 카뉼레를 장착하고 있는 이용자는 발성(發聲)을 할 수 없기 때문에 커뮤니케이션에 연구가 필요하다.

카리타스(caritas)

라틴어로 영어의 charity의 어원. 본래는 고귀함, 기품(氣品), 고가(高價)등의 의미였으나 기독교와 연결되어 '신의 사랑' 혹은 '아가페'(agape = 희랍어)의 뜻으로 쓰이어지고 있다. 기독교에서는 자선으로 불리어, 사회적 곤궁자, 복지 대상자 등에 대한 예방도 포함하는 구제활동의 의미로도 사용된다. 옛날의 자선사상에 그치는 것이 아니고, 민간 복지활동의 원동력으로 된 것으로서 보호활동의 범위를 넘어선 보건, 교육, 노동의 넓은 분야에서 세계의 전 카톨릭교회가 연맹 활동을 추진하고 있다

카운슬러(counselor)

개인의 문제에 대하여 상담, 조언을 하는 카운슬링의 전문가. 내담자(來談者)와 카운슬러 간의 신뢰관계를 통하여 문제 해결에의 원조를 행한다.

구체적으로는 개인의 심리, 성격상의 여러 문제의 해결이 중심이 된다. → 카운슬링

카운슬링(counseling)

카운슬링이란 클라이언트가 안고 있는 문제나 지향하고 있는 과제의 해결을 주로 하여 심리적 적응과정을 통해서 가능하게 하고자 하는 상담 원조 활동이다. 카운슬러와의 사이에 언어적 혹은 비언어적 커뮤니케이션을 통해서 특수한 원조관계를 구성하면서 상호 신뢰감을 확립하고 자기의 감정을 자유로이 표현하여, 자기 이해를 깊게 해서 바람직한 태도와 자세가 유지될 수 있는 행동변용(行動變容), 자기표현을 시도하는 성장과정이다.

카타르시스(Catharsis)

희랍어로 '정화'를 의미한다. 원래의 의미는 연극을 보는 관객이 가지는 심리적 해방감을 가리키는 말이었으나, 정신분석학에서 프로이드(Freud, S.)들이 그것을 응용하여 억압된 감정의 해방이라고 하는 치료적 의미에 사용하게 되었다. 그 후 일반적인 의미로서 일상생활의 불만이나 울분을 해소하는 것을 가리키는 용례(用例)도 보여진다. 소셜워크에서는 면접 장면 등에서 클라이언트가 자유롭게 감정을 표출하는 것을 가리켜 사용된다.

캐넌(Cannon, Ida M. : 1877~1960)

미국 최초의 의료사회사업가 중 한 사람. 간호사로서 사회사업교육을 받은 후 사회사업가가 되어 매사츄세츠 종합병원에 사회사업부가 설치된 다음 해인 1906년부터 부장으로 취임하여 40년간 근무하면서 의료사회사업의 개척과 발전에 공헌하였다. 미국병원 사회사업가협회(The American Association of Medical Social Workers)의 창립과 의과대학 사회사업 교육을 위한 위원회의 설치 등을 위해 헌신하였으며 병원에서의 팀 접근이나 사회사업가의 필요성을 역설하였다.

캐리어우먼(Career woman)

캐리어 걸(Career girl)이라고도 한다. 한 가지의 일에서 생의 보람을 찾아 결혼을 하건 안 하건 일생동안 그 일에 몰입하는 여성을 말한다. 즉, 직업에 종사하는 여성, 특히 종래 많은 여성이 종사해 온 보조적인 단순한 업무가 아닌, 관리직이나, 전문직에 평생에 걸쳐 직업설계 하에서 종사하는 여성을 말한다. 직업을 갖는 여성의 증가의 요인으로서는 평균수명이 늘어난 것, 여성의 고학력화, 여성이 담당해 오던 가사노동의 경감, 산업구조의 변화에 따르는 여성의 취업기회의 증가, 전통적인 성별 역할분업에 대한 비판의식의 침투 등을 들 수 있다. 그러나 계속 일을 하려고 하는 여성은, 출산이나, 남편에 의한 가사 · 육아의 분담, 노부모의 수발 등의 가정에 있어서의 문제나, '직장의 꽃'으로서 두려 하거나, 관리직에 있는 여성을 완숙한 일인으로 인정치 않는 풍조, 직종에 의한 남녀의 선별, 재고용제도나 육아제도보장의 결여 등, 직장 혹은 사회 측의 벽에 마주치지 않으면 안 된다.

캐리오버효과(carry over 效果)

통계조사를 위한 질문지 및 조사표에서 질문항목의 배열에 대하여 앞에 있는 질문이 뒤에 두었던 질문의 회답에 어떤 영향을 주어, 뒤의 질문만을 독립하여 물었을 경우에 비하여 회답에 치우침이 생기는 영향효과라는 것이다. 통상 질문지나 조사표의 구성에 있어서는 상호 관련된 질문항목마다 모아서 배열하게 되는데 이와 같은 캐리오버 효과가 예상되는 경우에는 그것들의 질문을 분리하는 등으로 하여 유도질문으로 되지 않도록 하지 않으면 안 된다.

캠프센터(kempe senter)

1958년에 소아과 의사인 캠프(kempe, H.)가 콜로라도 제너럴호스피스피탈에 만든 아동학대 보호팀이 전신(前身)이며, 그 후 1972년에 캠프센터로서 개설되었다. 아동학대의 예방과 조기 발견을 목적으로 하는 이 센터는 아동학대는 특수한 우발적인 사건은 아니고, 그것을 방지하기 위해서는 공적 전문기관이 필요하다는 사고방식에서 설립되었다. 캠프는 1962년에 '타박아(打撲兒)증후군(The Battred Child syndrome'이라는 제목의 논문을 발표하여 처음으로 부모에 의한 어린이에의 폭력의 존재를 지적했다. 1976년에는 스위스에서 제1회 국제회의가 개최되었다. 현재에도 캠프센터는 선구적인 활동을 행하고 있다.

캡(CAP : Chilld Assault Prevention)

레이프구제센터(1978년에 미국 오하이오주에 설립)에서 1985년에 독립한 전국 폭력방지센터의 가장 유명한 프로젝트. 현재에는 단체명으로서 사용되고 있다. 앤파워먼트를 사상적 지주로서 노래나 롤플레이, 토론 등을 통하여 어린이들이 안전하게' '자유롭게' 사는 권리를 몸에 익히기 위하여 개발된 프로젝트. 어른들의 교육프로그램과 CAP프로젝트를 수행하는 퍼실리테이터(facilitator)의 육성 등에도 힘을 쏟고 있다.

커뮤니케이션(communication)

몸짓, 문자, 언어 등의 기호를 매체로 정보(의사)를 서로 전달하는 행위를 말한다. 커뮤니케이션의 대상에 의하여 개인들 간에 이루어지는 직접적인 개인적 커뮤니케이션과 대중 매체(TV, 신문, 영화, 잡지 등)를 매개로 한 매스 · 커뮤니케이션으로 크게 나누어 볼 수 있다. 또 사용하는 기호의 면에서, 언어적 커뮤니케이션과 비언어적 커뮤니케이션으로 분류된다. 현대사회에는 특히 후자의 정보전달매개가 양적으로 확대, 증가되고 다원화됨으로서 사회적 영향이 지대해지고 있으며 사회적 인식과 변화에 긍정적, 부정적으로 크게 기여하고 있다. → 언어적 커뮤니케이션, 비언어적 커뮤니케이션

커뮤니케이션이론(communication 理論)

커뮤니케이션은 각종 기호를 매개로 정보, 사고, 감정 등을 전달하는 인간의 상호작용 과정이다. 사회사업실천에 있어서도 커뮤니케이션은 필수적인 요소이다. 커뮤니케이션이론에서는 언어적 그리고 비언어적(특히 신체적) 커뮤니케이션의 특성과 기능, 커뮤니케이션의 왜곡과 영향, 효과적인 커뮤니케이션을 방해하는 요인 등에 관해 많이 연구되었으며 그 연구결과는 사회사업실천 분야에 중요한 의미를 지니고 있다.

커뮤니케이션장애(communication障碍)

커뮤니케이션은 상이한 인간이 기호(記號)와 의미를 공유(共有)하는 것이다.

구체적으로는 전달자가 감각적 자극을 발하고, 수용자(受容者)가 감각기관에서 받아들여 그 의미를 이해하고, 필요에 응하여 반응했을 때 성립한다. 그 성립에는 보내는 사람과 받는 사람 사이에 공통의 기호체계가 존재하고, 서로 간에 보내는 사람에게도 받는 사람에게도 익숙해 있지 않으면 안 된다. 그러기 위해서는 기호체계를 획득하여 구사하기 위한 자질(지적 능력), 송신수단인 운동기관(기관), 수신수단인 감각기관, 송수신관계를 성립시키는 정서적 기반이 필요하다. 이상의 어느 것인가가 결여된 것을 커뮤니케이션 장애라고 한다. 커뮤니케이션의 방법에는 몸짓 · 표정 · 외치는 소리 · 음성언어 · 문자언어 등이 있으며, 생물의 종류에 따라 진화(進化)단계에 알맞은 방법이 받아들여지고 있다.

커뮤니티(community)

거주 지역을 같이 하는 공동체라는 것이다. 통상 지역사회라고 번역된다. 생산, 풍속, 습관 등에 결속되어 있어 공통의 가치관을 소유하고 있는 점이 특징이다. 현대에는 산업화, 도시화 등이 진행되어, 커뮤니티의 기능도 크게 변용(變容)하여 약체화(弱體化)되어 있다. → 지역원조활동, 지역원조기술

커뮤니티 디벨롭먼트(community development)

사회문제를 해결하기 위한 하나의 어프로치 내지는 사고방식이다.

구체적으로는 지역주민의 주도 하에 의거, 지역사회의 경제적, 사회적, 문화적인 여러 가지 문제나 과제에 대하여 주민을 끌어들여서 개선하는 것이다. 원래는 발전도상국 등의 지역개발이 대상이었으나 근년에는 선진제국도 포함한 지

역사회 개발로서 큰 과제로 되어 있다. 어느 경우라도 소위 주민의 '주체성이나 문제해결 능력의 성장, 그리고 전문직이 취하여야 할 역할은 중요한 논점이 된다.

커뮤니티 베이스드 리허빌리테이션 (CBR = Community based rehab ilitation)

지역의 힘을 활용하여 행하여지는 리허빌리테이션. 전문가가 중심으로 되어 행하는 것이 아니고 장애인의 가정, 다른 장애인 및 지역주민이 중심이 되어 행하는 것이며, 1994년에는 WHO, ILO, 유네스코가 공동으로 다음과 같은 정의를 채택하였다.

"CBR 이라 함은 장애가 있는 모든 사람들의 리허빌리테이션, 기회의 균등화 그리고 사회에의 통합을 이루기 위한 방법이다. CBR은 장애가 있는 사람들과 그의 가족, 지역, 나아가 적절한 보건, 교육, 직업 및 복지서비스가 통합된 형태로 실천되는 것이다."

커뮤니티소셜워크(community social work)

영국에서 1982년에 간행된 〈바크레이보고〉에서 제안된 커뮤니티에 초점을 맞춘 새로운 소셜워크 업무의 진행방법. 지원을 필요로 하는 사람들의 생활권이나 인간관계 등의 환경면을 중시한 원조를 행한다. 지역을 기반으로 하는 인포멀한 지원을 발견하여 크라이언트를 그것에 연결되게 하거나 그것들을 지지하거나, 개발하거나, 제도적인 자원과의 관계를 조정한다거나 하는 것을 목표로 한다.

커뮤니티오거니제이션(CO = Community Organization)

지역조직화 활동(사업). 케이스워크와 그룹워크가 나란히 기본적인 소셜워크의 하나로서 미국에서 체계화된 기술, 지역원조기술(커뮤니티워크)과 거의 같은 의미이다. 사회복지원조기술의 하나로 지역사회를 단위로 하여 발생하는 사회복지상의 문제를 지역사회 스스로가 조직적으로 해결하도록 커뮤니티워커가 측면에서 원조하는 기술과정이다. 이론은 1939년 미국에서 레인, (Rane, R. 1881~1953년) 위원회 보고에 의하여 확립되었다고 알려지고 있다. 이론사(理論史)에서 정의의 변천을 더듬어 보면 1939년의 레인보고(Lane report)가 '니즈 · 자원조정설'을, 1947년 뉴스테터(New steter, w.)가 '인터그룹워크설'을, 1955년 로스(Ross, M.G,)가 '지역조직화설'을 제창하고 있는데 이웃 일본에서는 오카무라시게오(岡村重夫)가 로스의 프로세스 중시(重視)의 CO론을 재빠르게 일본에 도입하여 사회복지협의회의 실천지도에 적용했다. 그 후 미국에서는 공민권 운동이라던가 복지권운동을 거쳐 1962년 전미소셜워커협회의 'CO실천의 작업정의'가 '문제해결중시 모텔'을 1968년 로스만(Roth man. J.)는 포괄적 모델로써 '지역개발 · 사회계획 · 소셜 · 액션의 3모델'을 제시하여 오늘의 마크로 · 프라크디스(Tro-pman. J. & Erlick. J. 1987)에 계속되어 있다.

커뮤니티 워커(community worker)

커뮤니티 워커란 ① 지역에 있어서 개별적인 복지니즈를 파악하고 ② 각각에 적절한 서비스가 공급될 수 있도록 모든 체계를 중개, 조정하거나 ③ 때로는 스스로도 니즈에 직접 관여하여 서비스를 제공하는 전문직을 말한다. 최근에는 서비스공급을 하기 위한 지역의 자원개발도 그 역할에 추가하게 되었다.

구빈(救貧)대책이 사회복지의 주요한 임무였

ㅋ

던 시대는 현물급부나 시설입소의 중개가 사회사업가의 역할이었으나, 최근에 와서는 장애인, 노인, 아동 등 사회복지 이용자가 지금까지의 거주지에서 정상적인 생활을 계속하는 것이 사회복지의 과제라고 생각하는 정상화(normalization)이념이 일반화되어 재택복지서비스의 수요가 확대되었다. 각종 다양한 개별적 수요에 대하여 적절한 서비스공급이 요청되게 되고, 이를 위하여 지역서비스 공급체계도 다원적으로 되지 않으면 안되게 되었다. 따라서 지역 사회사업가는 지금까지와는 다른 전문성이 필요하게 될 것이다. 하나는 공급체계를 다양하게 만들어 내는, 즉 자원개발을 하는 능력이다. 또 하나는 다양한 수요(needs)를 정확하게 파악하여 다원적인 서비스 공급을 적절하게 중개·원조하는 사례관리(case management)의 역할이다.

커뮤니티워크(community work)

재택복지를 핵심으로 하는 지역복지의 진개를 위하여 ① 지역에 있어서의 서비스 수요(needs)의 질과 양을 조사하여 종합적으로 파악하고 ② 그러한 수용에 대응할 수 있는 모든 서비스 공급체계를 확보·정비하여 ③ 그것을 위한 각종 사회자원을 개발하고 ④ 사전에 파악한 개별적 서비스 수요전체에 서비스공급이 될 수 있도록 중개·조정 등의 조정을 하여 ⑤ 개개 수요자의 인격·인권을 존중하여 서비스와 케어를 정확하게 전달하는 지역원조기술을 말한다. →지역원조기술

커뮤니티 케어(community care)

지역공동체 내에서 복지의 원조를 필요로 하는 사람들에게 재택의 형태로 서비스를 제공하는 것. 그 정의(定義)는 여러 설(說)이 있으며, 꼭 개념이 정리되어 있지는 않으나, 지역 특성에 의거하여 재택복지, 재택케어와 동의(同義)로 사용되는 일이 많다. 1950년대의 영국에서 발단되어 지역복지에의 관심이 높아짐에 따라 커뮤니티 케어의 이론은 주목되게 이르렀다.

컨슈머(consumer)

일반적으로는 소비자라는 것으로 사업자가 제공하는 상품이나 서비스 등을 생활의 수단으로서 구입하여, 사용, 이용하는 사람을 말한다. 사회복지 영역에 있어서는 종래 복지서비스의 수급자는 요원호자, 대상자, 클라이언트 등의 용어로 나타내고 있었으나, 이것들에게 스티그마성이 부수되는 것으로 해서 이것에 대체되는 용어로서 쓰인 경우가 많다. 한편 오늘날에는 많이 사용되게 되어 있다. 이용자는 중립적인 이유가 강하지만, 컨슈머는 소비자운동의 안에서 형성된 소비자로서의 권리를 강조한다.

컨슬테이션(consultation)

진문직인 조언을 필요로 하고 있는 사람에 대하여 전문성을 보유하는 기관이나 개인으로부터 상담·지도를 제공하는 것. 소셜워크에서는 워커가 전문가로부터 원조에 필요한 조언 등을 받는다는 것을 의미한다. 일반적으로는 상담, 조언 지도라는 의미로 사용된다. 주로 기업경영이나 자치제의 계획책정 등에 있어서 지식, 경험, 기술의 상담을 가리키는 경우가 많다. 사회복지원조에서는 개별원조의 인접영역으로서 의사 등에 의한 컨슬테이션의 방법이 활용되는 일이 있다.

케어(care)

케어는 흔히 간호와 수발로 사용자의 용도에 따라 의료적인 시점과 사회복지적인 시점으로 구

분하여 사용되기도 한다. 최근 사회복지 실천분야에서의 케어가 뜻하는 협의(狹義)로는 주로 혼자 자기 자신을 돌보기 어려운 고령자나 장애인을 보살피는 직접적인 원조를 가리킨다. 이것은 보살핌, 수발과 비등한 의미로 많이 쓰이고 있다. 그리고 광의(廣義)의 케어란, 다양한 문제에 직면한 사람들을 도와서 문제를 해결하고 인간다운 생활을 영위하게 하는 모든 원조활동을 일컫고 있다. 즉 전문직의 분야나 장소에 따라 너싱(nursing)케어, 헬스(health)케어, 데이(day)케어, 시설케어 등 대인서비스 활동의 하나로 보다 포괄적으로 쓰이는 경우이다.

케어매니지먼트(care management)

생활이 곤란한 상태로 되어 원조를 필요로 하는 이용자가 신속하고 또한 효과적으로 필요하게 되는 모든 보건 · 의료 · 복지서비스를 받을 수 있도록 조정하는 것을 목적으로 한 원조전개의 방법이다. 이용자와 사회자원의 연결이나, 관계기관 · 시설과의 연계에 있어서, 이 수법이 받아 들이지고 있다. 게다가 요양보험에 있어서는 케어메니지먼트는 특히 '요양지원서비스'로 불리어진다.

케어워커(care worker)

케어를 업으로 하는 전문 직종이다. 사회생활을 하는 데에 곤란이나 여러 가지 문제를 부둥켜안고 전문적인 원조를 필요로 하고 있는 사람(심신에 장애가 있거나 미성숙한 장애인과 아동 등을 대상)에 대하여 사회복지의 입장에서 개별사정에 따라 그 문제의 해결이나 완화를 위한 조언, 상담, 더 나아가 직접적인 서비스를 제공 지원하는 사회복지 실천에 종사하는 사람을 말한다. 구미에서는 이전의 child care worker라는 표현도 있었다. 구미의 케어워커는 소셜워커에 비해 전문성이 저하되어 있고 특히 미국에서는 소셜워커의 고도한 자격에 대해 자격권도 없다. 일본에서의 대표적인 직종은 가정봉사원이나 노인 홈의 보조원으로 되어왔지만, 오늘날에는 장애인이나 아동의 케어를 하는 지원으로까지 확대되고 있다.

케어워크(care work)

신체케어(목욕 · 식사 · 배설 등)나 가사원조(청소 · 세탁 · 조리 등)를 주된 서비스로 하는 가치 · 지식 · 기술의 체계. 사회복지분야의 전문적 교육을 받은 자가 고령자, 심신장애 등에 의하여 사회생활상 곤란을 초래한 사람이나 성장도상에 있어 원조(신체케어, 가사원조)를 필요로 하는 사람에 대하여 직접적 또한 구체적인 기술을 활용하여, 신체적 측면 정신적 측면에서 원조하는 것이다. 또 그때에 구사하는 원조의 기술이라는 것이다.

구체적인 직종은 홈 헬퍼나 특별양호노인 홈 등의 가정부 등이 또 케어복지사가 그 중심적 역할자가 된다. 복지영역의 전문직인 한 케어나 가사원조의 직무를 수행하는 것만이 아니라 소셜워크의 가치에 의거한 대인원조의 역할자로서의 실천이 요구된다.

케어콘퍼런스(care conference)

사례의 원조과정에 있어서 적확(的確)한 원조를 행하기 위하여 원조에 종사하는 자가 모여서 토의하는 회의를 말한다. 사례검토회 또는 케이스 검토회 등이다. 개별원조에 있어서는 슈퍼바이저가 담당의 원조자에 대하여 행하는 교육 · 지도의 장(場)인 것이 많다. 원조가 복수의 기관, 시설에 걸치는 경우에는 관계되는 담당자가 출석

ㅋ

하여 팀 대응을 전개하는 장으로 된다. → 슈퍼비전, 서비스 담당자회의.

케어팀(care team)

한 사람에 대하여 서비스가 뿔뿔이 제각기 제공되는 것은 서비스의 중복이나 빠트릴 수가 있다. 따라서 보건 · 의료 · 복지의 각 서비스 제공자가 팀을 짜서 서비스를 제공하고 빈번히 콘퍼런스(confernce)를 가지는 것은 극히 중요하다. 이와 같은 팀케어의 목적으로 한데 모인 팀을 케어팀이라고 한다.

케어패키지(care package)

한 사람의 요케어고령자 등에 대한 필요한 케어군(群)이라는 것. 기본적으로는 보건, 의료, 복지의 전문직이 팀을 결성하여 어쎄쓰먼트(ass-essment), 케어플랜 작성회의를 실시하여, 본인에게 필요 충분한 케어패키지가 결정된다.

케어플랜(care plan)

개개인의 니즈에 맞춘 적절한 보건 · 의료 · 복지서비스가 제공될 수 있도록 케어메니저를 중심으로 작성된 케어계획이라는 것. 케어 플랜은 ① 이용자의 니즈의 파악 ② 원조목표의 명확화 ③ 구체적인 서비스의 종류와 역할분담의 결정이라고 하는 단계를 거쳐서 작성되고, 공적인 서비스뿐만이 아니고, 인포멀(informal)인 사회자원이라도 활용하여 작성할 필요가 있다. 더구나 케어 플랜은 일정기간의 계획이며, 이용자의 생활니즈 등에 변화가 있을 경우에는 새로운 원조목표를 설정하여 케어 플랜을 작성하게 된다. → 케어메니저, 케어메니지먼트

케어주택(care 住宅)

혼자 생활하는 고령자(독거노인), 고령자 단독세대 또는 신체장애가 있는 사람들이 안심하고 생활할 수 있도록 설비 구조 등이 배려되어 있는 동시에 긴급시의 대응이나(의사와 간호사, 사회사업가, 봉사원 등의 서비스)홈 헬퍼의 파견 등에 의한 케어서비스의 제공 등, 일정한 복지서비스가 확보된 주택. 지역케어의 전형적인 주택으로 형성되어 있는 것이 특징이다.

케이스기록(case 記錄)

케이스워크에서 클라이언트에의 원조 내용을 적은 개별기록이라는 것이다. 원조를 제공한 기록으로 케어기록이라고도 한다. 기록의 목적에는 처우의 향상, 기관의 관리 운영, 사례연구나 슈퍼비전의 자료, 조사연구 등을 들 수 있다. 일반적으로 케이스기록은 클라이언트에 관한 사항을 요령있게 잘 정리한 '페이스시트'와 시간의 경과와 함께 클라이언트의 변화 및 워커의 활동의 내용을 적는 '과정기록'으로 나누어진다. 이것은 기록으로 남기 때문에 클라이인드의 비밀을 지키는 네 세심한 주의를 필요로 한다. 케이스기록을 위해서는 사상(事象)의 관찰능력, 자기를 객관시 할 수 있는 능력, 주관적 내용과 객관적 내용을 적절하게 잘 분간해서 쓰고, 문장표현력 등이 요구된다.

케이스매니지먼트(case management)

케이스 메니지먼트 또는 케어메니지먼트라는 용어는 일반적으로 1970년대 중반부터 미국에서 사용된 용어이다. 최근 미국의 대인서비스 기관에서 가장 널리 보급되어 있는 서비스 전달방식이며, 가장 급속히 성장하고 있는 사회사업의 분야이다. 이 말은 우리나라에서는 사례관리라는 용어로 번역하여 사용되고 있는데 용어 사용은

국가나 학자에 따라서 서로 다르다. 이것은 대인서비스의 여러 분야에서 다양한 취약집단들에게 효과적으로 서비스를 전달하는 주요한 실천전략으로 인식되고 있고 재가보호, 정신보건, 노인복지, 발달장애, 직업재활 등의 다양한 분야에서 활용되고 있으며, 1990년에 접어들면서 대인서비스 분야에서 가장 빈번하게 사용되고 있는 전문적인 용어 중의 하나이다.

케이스매니지먼트가 클라이언트와 이미 제도화되어 있는 공식적 서비스와 또 가족, 친척, 근린(近隣), 볼런티어 등의 비공식적 지원을 연계시켜 클라이언트를 계속적으로 원조하는 방법의 총체를 말한다.

케이스사례(case 事例)

이 용어를 정확하게 말하면 소셜케이스이다. 이것은 케이스워크에서 클라이언트의 문제를 해결하기 위하여 원조해 가는 과정에 관여하며 상황 전체가 개별성을 갖고 있는 것을 나타내기 위해 쓰이고 있다. 그 범주와 특질을 포함하는 방법은 케이스워크의 발달에 따라 현저하게 변화해 오고 있지만 최근에는 체계이론에 의거하는 시점에서 파악하려는 경향이 높아지고 있다.

케이스슈퍼바이저(case supervisor)

케이스워크의 상급자로서 보다 나은 지식과 기술 및 경험을 가지고 평소의 업무에 관하여 지도감독하고 워커가 보다 성장할 수 있도록 원조하는 전문가이다. 케이스워크 등 사회사업기술(방법)에는 특히 중요한 존재이다.

케이스슈퍼비전(case supervision)

상급의 케이스워커가 하급의 워커에 대해 담당케이스를 소재로 원조·지도해 가는 과정을 말하며, 개인슈퍼비전과 집단슈퍼비전으로 대별된다. 슈퍼비전은 계획을 갖고 진행해야 하며, 내용은 케이스워크의 수준에 따라 관리적, 교육적, 지지적 기능을 적절하게 조합하는 것이 중요하다.

케이스에이드(Case aide)

미국에 있어서 사회사업전문교육을 받은 전임 사회사업가를 돕기 위하여 채용되고 있는 직원을 말한다. 현재는 그 업무가 확대된 것도 있고 소셜서비스 에이드(social service aide) 혹은 소셜워크 어시스턴트(Tmsocial work assistant) 등으로 표현되고 있다. 과거에는 비전문가로서 잡무를 처리하며 임시적으로 직원을 대신하는 사람으로 보았지만, 1960년대 이후에는 중요한 역할을 담당하는 자로서 재평가되고 직원 구성 중에 위치하게 되었다.

케이스워커(Case worker)

사회생활 안에서 곤란과 문제를 껴안고 전문적 원조를 필요로 하고 있는 사람에 대하여 사회복지의 입장에서, 개별사정에 맞게 문제의 해결이나 완화를 위한 조언, 지원을 하는 원조자를 말한다.

케이스워크(case work)

정신적·육체적·사회적 결함이 있는 자의 개별적 생활환경 등을 조사하여 진단·치료에 이바지하는 사회복지사업의 하나이다.

케이스워크과정(Casework 課程)

케이스워크는 개별적이고 구체적인 문제에 대해 해결하려고 의도한 과정이지만 그 과정은 케이스워크가 의거하는 이론에 따라 다소 상이하다. 전통적으로 진단주의파와 기능주의파 두 가지 분류방법이 있다. 진단주의파는 ① 사회조사

(social study) ② 사회진단(social diagnosis) ③ 사회치료(social treatment)로 나눈다. 실제로는 확실히 구별되는 것이 아니고 서로 뒤얽히며 전개된다. 한편 기능주의파에 의하면 클라이언트의 욕구와 시설기관의 기능이 일치하는 경우에 그 과정을 전개하기 위해 케이스워크 관계 그 자체가 클라이언트의 창조적 자아를 어떻게 발전시키는가를 과제로 한다. 여기에는 조사 · 진단 · 치료의 이론적인 개념은 쓰지 않고 원조과정(helping process)이라는 용어를 쓰며 초기의 국면, 중간의 국면, 그리고 종결의 국면이라는 과정으로 진행한다.

케이스워크관계(case work 關係)
케이스워크에 있어 클라이언트와 워커와의 사이에 맺어지는 인간관계는 케이스워크의 성립조건 가운데에서 가장 중요한 요소이다. 케이스워크 관계는 다른 인간관계와 달라, 클라이언트의 문제해결이라는 목적을 가진 전문직업적 원조관계라고 하는 점에 특징이 있다. 케이스워크에 있어서는 이 관계를 기초로 하여 원조가 전개된다.

사회복지의 전문직으로서의 워커에 요구되는 클라이언트와의 원조관계의 기본적 요소는, 신뢰관계이다. 그 전제로서 워커는 클라이언트를 개별성을 가지는 인간으로서 존중하고 수용하여 공감적으로 이해해 가는 것이 불가결하다.

케이스워크의 원칙 ⇨ 바이스테크의 7원칙(原則)

케이스콘퍼런스(case conference) ⇨ 케어 콘퍼런스

케이스히스토리(case history)
라이프히스토리나 생활력(生活歷)으로 일컬어지고 있다. 사람은 갑자기 현재를 맞이한 것이 아니고 누구나 출생에서 오늘까지 살아온 과정이 있다. 케이스워크의 원조를 하는 경우에도 그 사람을 이해하는 데에 제일 중요한 것은 생활력을 아는 것이다. 복지서비스 이용자의 출생에서부터 현시점까지의 생육력(生育歷), 학력, 직력, 결혼력, 가족력, 기왕력(旣往歷) 등을 시간적 경위에 따라서 기록한 것이다. 소셜워크의 각 어프로치에 의하여 케이스히스토리를 받아들이는 방법은 다르나, 정신분석의 영향을 강하게 갖는 진단주의 학파의 흐름을 취하는 심리사회어프로치 등에서는 중요한 의미를 가진다. 기능학파에서는 현재의 문제에 관계되는 생활력을 중심으로 파악한다. 또 라이프 모델에서는 생태학적 시점으로부터 시간적 측면뿐만 아니라 공간적 넓은 범위 가운데서 케이스히스토리를 받아들인다.

케인즈J. M.(Keynes, John Maynard : 1883~1946)
영국의 경제학자. 미크로 경제학의 제1인자이다. 그의 저서『고용 · 이자 및 화폐의 일반이론』(1936)에서는 유효수요론을 전개, 사회의 국민소득수준이 유효수요수준에 의하여 결정되는 것을 명확하게 했다. 그는 시장이 정상으로 기능하고 있으면 자동적으로 완전고용이 달성된다고 하는 종래의 예정조화(豫定調和)의 경제이론을 뒤집어엎고, 불완전 고용하에 있어서도 균형이 존재하는 것을 논증(論證), 실업의 증가나 불황을 해결하기 위하여 정부가 적극적으로 경제에 개입할 필요가 있다는 것을 주장하였다. 전통적인 경제이론을 뒤집었다고 하는 의미로, 이 케인즈의 이론의 출현은 '케인즈 혁명'이라고 불리어지고 있다. 그 외의 주저에는『평화의 경제귀결』(1919) 등이 있다.

케인즈혁명(keynesian〈革命〉 revolution)
영국 경제학자 케인즈(keynes, J.M.)의『고용 이자 및 화폐의 일반이론』이 경제학계에 미친 광범위한 영향을 말하는 것으로 이 용어는 제2차 세계 대전 후인 1947년 미국의 경제학회에서 클라인(Klein, L.R)이 사용함으로써 일반화되었다. 케인스 혁명이 이론적 핵심에 대해서는 여러 가지 견해가 있으나 일반적으로 케인스의 유효수요의 원리, 투자승수이론, 유동성 선호설 등을 그 중심으로 보는 학자가 많다.

켈러, H. A.(Keller, Helen adams : 1880~1968)
미국의 여류저술사, 사회사업가. 알리바마주에 출생, 두 살 때 장님에다가 귀머거리, 벙어리라고 하는 3중의 장애로 되었으나, 6세 때 셜리반 여사를 가정교사로 맞이하고 가정교사의 지도와 본인의 노력에 의하여 경이적인 학습성과를 올려 1904년 하버드대학 라드크리후 · 칼리지를 졸업했다. 이후 세계 각지에서의 강연을 통해 장애인복지를 위한 기금을 모금하여 장애인을 위한 사회활동에 몰두하는 등 각국의 사회복지활동에 큰 영향을 주었다. 주된 저서에『The Story of My Life』(1902)가 있다.

코노프카,G.(Konopka, Gisela: 1910~2003)
그룹워크의 연구자. 유태계 독일인으로 태어났으나 나치스의 박해로 미국으로 망명 후 미네소타대학에서 교편을 잡았다. 아동상담, 비행소년 등을 대상으로 실천적 연구를 거듭하여, 그룹워크의 발전에 공헌했다. 저서로『소셜 · 그룹워크』(1967),『수용시설에서의 소셜워크 · 그룹워크』(1967) 등이 있다.

코디네이터(coordinator)
일의 흐름을 원활히 하는 조정자이다. 사회복지의 원조에 있어서는 다른 직종과의 팀워크가 불가결하므로 그 때에 그 사람들과의 조정이 필요하게 된다. 특히 지역원조활동에 있어서는 지역내의 시설, 기관, 단체 간을 통합적으로 조정하는 것이 중요한 역할로 되어 있다. 또 개별원조활동에 있어서는 케어메니지먼트를 추진하는 데에 조정의 역할을 가진다.

코르사코프증후군(korsakovs症候群)
코르사코프에 의해서 기재(記載)된 증후군이다. 기명력(記銘力)장애, 소재식(所在識), 작화(作話), 역행건망(逆行健忘)을 증상으로서 나타냄. 알코올의존증, 두부외상, 일산화탄소중독, 노년치매 등에서 보여 진다. → 건망증후군

코일, G.(Coyle, Grace:1892~1962)
미국에서 그룹워크의 성립에 크게 기여한 인물이다. '그룹워크의 어머니'라고도 불린다. 코일은 그룹워크의 원류(源流)라고 하는 세틀먼트나 YMCA, 성인교육운동, 레크리에이션운동에 있어 실천을 기반으로 듀이(Dewey, J.)들의 진보주의 교육으로부터 많은 영향을 받으면서 교육적 과정을 강조한 그룹워크를 형성하였다. 1923년에 웨스턴 리자브대학의 사회사업대학원에서 그룹워크의 최초의 코스를 개강시켜 1934년부터 1962년까지 동대학의 응용사회과학부에서 교편을 잡았다.

콘티넨스(continence)
영어로 '절제', '자제', '극기'의 뜻인데 바뀌어서 '실금(失禁)을 극복한다'라고 하는 의미로 사용된다. 또한 '실금'의 영역은 인콘티넨스(incoti-

nence)이다. 자리보전, 치매와 함께 실금문제는 중요하다고 하는 인식이 높아져서 실금케어는 케어의 기본으로 되어 있다.

콘퍼런스(conference)

보건 · 의료 · 복지 등 이용자가 필요로 하는 서비스를 보다 효율적으로 제공되게 하기 위하여, 관계자가 한자리에 모여서 각각의 서비스를 연락 · 조정하는 회의. 소셜워크의 과정에서 행해지는 경우를 케이스 콘퍼런스(case conference)라고도 한다.

콜레스테롤(cholesterol)

동물성 지방의 일종으로 콜레스테링(cholesterin)이라고도 한다. 뇌 신경조직 부신(副腎) 등에 많으며, 간장 신장 피부에도 함유되어 있다.

장기의 막(膜)의 유지에 중요한 역할을 하며, 특히 혈관벽이나 적혈구의 보호에 없어서는 안 된다. 그러나 달걀 노란자위, 버터, 육류의 지방 등 콜레스테롤 함유량이 많은 식품을 다량섭취하면 혈액중의 콜레스테롤이 늘어나 혈관벽에 다량 침착(沈着)하면 동맥경화(증)의 원인으로 된다. 혈청(血清)속의 콜레스테롤치(値)의 정상 범위는 150~220mg/dl로 220 이상이면 높은 것으로 되어 있다. 연령과 함께 상승경향을 나타낸다.

콜로니(colony)

일반적으로 다른 토지(지역)에 영주목적으로 집단 이주하여 '식민' 또는 '식민지' 등으로 번역된다. 최근에는 사회생활이 곤란한 사람들, 예컨대 저폐기능자(低肺機能者)나 장기배균자(長期排菌者), 신체장애인, 정신박약자들이 치료받으면서 생산에 종사하고 일생동안 거주할 수도 있도록 일정한 지역에 만들어진 시설 또는 거주자 집단을 말한다.

콜쟈크,J.(koreczak, Janusz : 1878~1942)

폴란드 태생의 유대인. 제1차 세계 대전 후 콜쟈크는 전쟁고아를 수용하기 위하여 '나슈 돔'(우리들의 집)이라는 고아원을 설립했다. 콜쟈크는 거기에서 어린이의 자주성을 존중하고는 그들에게 자치권을 부여하여 '어린이 의회', '어린이 법전', '어린이 재판' 등을 시도했다. 1942년 콜쟈크는 나치스에 의해 유대인 박해로 해서 어린이들과 함께 트레브린 수용소에 보내졌다. 세계적 교육자의 구명 탄원이 각국으로부터 쇄도했기 때문에 나치스도 석방을 결의했으나 콜쟈크는 단호히 거부하고 어린들과 같이 손을 잡고 독가스실로 사라졌다고 한다. 유네스코는 그의 탄생 100주년을 기념하여 1978년에서 79년까지의 1년을 '콜쟈크의 해'로 했었다. 폴란드가 〈어린이의 권리조약〉의 제안국으로 된 배경에는 교육자 콜쟈크의 존재가 있었다.

콤비나트(combinat)

기업집단의 대표적인 형태로서 집단화, 다각적 결합공장 혹은 공장집단, 공장군(工場群)이라고도 한다. 콤비나트는 러시아어에서 유래되었는데, 1930년대 사회주의 체제하에서 소련에서 생산기술적인 바탕위에서 형성된 전략적 기업집단 내지 종합기업을 뜻한다. 이는 일정지역에 있어서 각종 생산부문이 기술적으로 결합하여 일반화 · 다각화하여 집약적인 계열을 만들고 있는 것을 말하며, 그 목적은 원재료의 확보, 생산의 집중화, 유통과정의 합리화 등으로 원가절감을 꾀할 수 있다는 것이다. 가장 대표적인 것으로는 석유화학 콤비나트를 들 수 있는데 그 외에도 철강, 목재 등의 분야에서 콤비나트가 형성되고 있다.

우리나라에서 울산 석유화학공업단지 여천 석유화학공업단지 등이 대표적인 콤비나트라고 할 수 있는데 최근에 특히 울산 등에서는 공해문제가 심각한 사회문제로 대두되고 있다.

콤비네이션시스템(combinatiou system)

여러 가지 노인복지시설이나 케어가 딸린 주택, 노인보건시설, 의료기관 등의 편성을 생각하여 고령자의 건강상의 변화에 대하여 같은 부지 내에 복지서비스를 제휴하여 대응하려고 하는 사고방법이다.

콤플렉스(complex)

정신분석학의 용어로 융(Jung, c.c.)이 처음 사용한 개념이다.

정신생활에 영향을 미치는 관념복합체 등으로 번역되는 심리학의 개념을 말한다. 유아기에 대인관계 가운데에서 형성되는 것으로 의식화 되지 않고 자아(自我)통제에 따르지 않는다. 열등감이나 신경증의 증상으로서 나타난다.

쾌락원칙(快樂原則)

인간은 오직 희열과 쾌락을 추구하며 고통이나 불편을 회피하는 삶을 시작한다는 프로이트 이론(Freudian theory)의 하나이다. 결과적으로 어린이는 자라면서 눈앞의 희열을 때때로 억제해야만 한다는 것을 배우게 되는데, 이때 현실원리(reality principle)가 모습을 나타내기 시작한다. 이후 인간은 평생 양자 사이에서 갈등을 겪는데, 건전한 자아(ego)는 쾌락원리의 여지를 다소 남겨 놓은 채 현실원리에 집착하려 노력한다고 한다.

클라이언트(client)

사회복지기관이나 사회복지시설 혹은 관계기관, 단체 등에서 여러 가지 복지서비스와 원조를 받거나 이용하는 자를 말한다.

구체적으로는 대상자나 당사자, 피원조자, 수급자, 이용자, 방문자 등으로 번역되었는데 일반적으로는 클라이언트로 통칭되는 경우가 많다. 원래는 상업용어, 법률용어이며, 상업상의 고객, 주요 고객, 법률상의 의뢰인의 의미였는데, 사회복지원조활동의 발달에 수반하여 사회복지정책이나 소셜워크에 도입되었다. 넓게 사회복지 전반에서 사용될 때에는 대체적으로 클라이언트가 알맞겠지만, 케이스워크 등의 개별원조기술의 전개 시에는 방문자(내담자=來談者)라고 부르는 경우가 많다.

클라이언트 시스템(client system)

원조의 대상이 되는 시스템이라는 것. 개인, 가족, 그룹, 조직이더라도 시스템으로서 얽매이는 것에 의해서 각자와 사회환경과의 상호작용을 포함해서 원조의 대상으로 하는 것이 명확해진다. 소셜워크는 원조의 초점을 사람과 상황과의 상호작용에 맞추는 것을 특징으로 해왔다. 시스템적 시점에 입각하면, 클라이언트와는 생활상의 문제를 갖는 개인이나 가족 등과 단체(單體)로 파악되어지는 것이 아니고 그것들을 포함한 보다 큰 시스템의 안에서 이해된다.

클라이언트중심요법(client 中心療法)

로저스(Rogers, C.R),에 의하여 제창된 심리치료법. 인간의 성장 동기를 중시하여, 내담자(來談者)를 주체로 한 기본적 자세를 가로지르는 점이, 정신분석적 입장이나 행동주의적 입장의 심리요법과 다르다는 점이다. 지적 측면보다 감정적 측면에 그리고 '지금, 여기'의 반응에 주목한다. 내담자의 인격변용(變容)을 지향하기 위해서는 치료자 측에는 ① 순수 또는 자기일치(自己一致) ② 무조건의 긍정적 관심 ③ 공감적 이해라고 하는 세 가지의 기본적 태도가 필요하게 된다. 이것들에 의해서 내담자에 본래 내재(內在)되어 있는 치유력을 상기시켜, 문제해결이나 자기성장이 재촉된다.

클라이언트참가(client 參加)

케이스워크의 기본원리의 하나인 자기결정 원칙을 다른 측면에서 보면 참가의 원칙이 된다. 케이스워크의 원조과정을 전개해 나갈 때 워커가 주도권을 갖고 조작하는 것이 아니라 클라이언트를 중심으로 두고 워커는 클라이언트와 함께 움직여 가는 것이 중요하다. 즉 클라이언트가 케이스워크 과정에서 주체적으로 참가해 클라이언트 자기의 의사표명과 결정이 충분히 이루어지도록 워커가 원조해야 한다.

클럽활동(club 活動)

학교, 사회단체 또는 사회기관에서 주로 청소년들의 자발적 참여에 의하여 행해지는 각종 활동을 말한다. 그 내용은 학예, 운동, 취미, 교양, 오락, 사회봉사, 사교 등 여러 분야이다. 클럽이 참가자들의 손으로 자치적으로 운영해 나가는 데에서 민주시민의 자질을 함양시키고 그들의 의욕적인 자발적 활동을 하도록 하는 데에 그 가치가 있다.

클리니컬소셜워크(clinical social work)

개인이나 가족에 대하는 것보다 전문적인 직접적 소셜워크 실천을 가리킨다. 미국에서 1960년대의 심한 케이스워크 비판 가운데에서 케이스워크를 보다 고도로 발전시킨 것으로서 등장하여 1970년대부터 정착되고 있다. 클라이언트가 가족문제 혹은 대인관계 장애의 문제, 개인의 부적절한 사회생활 기능, 개인 및 가족의 발달과제상의 위기라고 한 문제군(群)을 껴안고 있는 경우, 워커의 원조기술이나 집단역동의 활용에 의해, 이것들의 제 문제를 해결 개선해 간다.

클리닉(clinic)

도움을 필요로 하는 내담자 또는 환자(개인이나 집단)에게 정신(심리)적 및 의료적 상담이나 치료서비스를 제공하는 장소를 총칭한다. '상담소' 또는 '진료소'라고 번역되기도 하지만 흔히 클리닉이라는 표현이 범용되고 있다. 요즘 우리나라에서는 의원이나 병원의 간판에서 클리닉이라는 간판을 흔히 볼 수 있다.

킹슬리홀(kingsley Hall)

킹슬리 홀은 미국에 있어서 초기의 세틀먼트로서 1893년에 조지 홉세스에 의하여 피츠버그시(市)에 개설되었다. 노동자교육과 더불어 이민인종문제대책을 중시하는 미국 세틀먼트의 특징을 반영하여 흑인과 이탈리아계 노동자를 위한 인보관이다. 명칭은 영국의 기독교 사회주의자 찰스 킹슬리의 이름을 따서 킹슬리홀(관)이라고 명명했다고 한다. 이웃 일본에서는 근대 일본의 노동운동, 기독교 사회주의, 사회사업가였던 카다야마 센(片山 潛 : 1859~1933)은 미국이나 영국의 세틀먼트운동을 보고는 1897년에 도쿄(東京)의 간다. 미사끼마치(神田三崎町)에 킹 슬리관을 설립하여 세틀먼트활동과 노동운동에 진력했다고 한다. 이것이 일본의 세틀먼트의 시작이라고 하며, 그후 쌀소동(1918년)으로부터 1940년대까지 인보사업으로서 전개되어 가는 계기로 되었다. → 세틀먼트

ㅋ

타민론(惰民論)

생활이 곤궁하여 공적인 원조를 받는 자는 그것에 의존하는 타성이 생긴다고 보는 빈곤자 시책에 관한 하나의 견해이다. 나아가 생활곤궁자는 나태한 생각이나 문제 있는 성격을 가지고 있어서 공적인 원조를 받음으로서 한층 나태하게 되는 경향을 갖는다는 견해에 이른다. 이것은 빈곤자에 대한 공적인 구제의 입안과 실시의 입장으로부터 주장된 견해이다. 빈곤의 원인을 빈곤자 자신에게 구하는 사고방식은 옛날부터 나타나게 되며 대표적인 것으로서는 '맬더스의 인구론'을 들 수 있다. 지유주의 경제가 진행하는 과정 속에서 발생하는 빈곤문제에 대처하기 위하여 나타난 이 견해는 국민생활에 주는 사회경제체제의 영향을 무시하는 구제시책은 타민(惰民)의 양성에 연결되며 남구(濫救)를 초래한다는 판단에 이르러 공적구제 시책의 실시는 강화를 저해하고 소극화 시키는 원인이 되며 빈곤자에의 엄격한 처우 방법의 추진력으로도 되어 왔다. 현실생활에서의 빈곤원인을 보는 방식이나 인간관에 타민론이 의연히 존재하고 있는 것은 인식하여 두지 않으면 안 된다.

타운센드(townsend)

1930년대 초에 타운센드(Francis Townsend)가 만든 것으로, 퇴직에 동의한 60세 이상의 모든 빈곤노인들에게 연방정부가 매달 200달러를 지급하도록 주장한 계획은 특히 미국 노인들이 강력한 사회운동(social movement)을 하도록 만들었고, 사회보장법(social security act)의 발전에 부분적으로 기여하였다.

탁아보호(託兒保護)

탁아보호란 낮 동안 다른 사람의 보호를 받아야 할 아동들에게 주어지는 보호이다. 이러한 탁아보호는 어린이에게는 안전한 보호를 받게 하고 활동능력을 키워주고 개인과 협동할 수 있는 집단생활의 훈련을 받게 하고 규칙적인 생활로서 자주성과 독립성을 키워주는 장점을 지니고 있으며, 어머니에게는 안심하고 직장에서 근무할 수 있게 하고 가정의 경제를 돕고 사회활동에 참여토록 하며 객관적으로 어린이를 평가할 수 있는 기회를 제공해주는 장점을 지니고 있다.

탈수(脫水)

체액이 과도하게 잃어진 상태이다. 수분이 몸에서 빠져나간 것으로 인하여 일어나는 수분결핍성 탈수와, 전해질이 없어진 것에 의해서 일어나는 식염결핍성 탈수 및 그 혼합성 탈수에 분류되어, 전 2자는 발생원인, 탈수증의 증상, 대처가 다르기 때문에 구별된다.

태교(胎敎)

임부(姙婦)가 언동을 조심하고, 건강에 유의하여 태아에 좋은 영향을 줄려고 하는 고대 중국의 가르침. 근년 태아와 모체와의 관계의 과학적 해명이 진전되어 태아기의 중요성이 인식된 것에 의해서 새로운 시점에서 다시 평가되고 있다.

태아기(胎兒期)

태아기는 수정 후 3개월부터 출산까지의 기간을 말하며, 이 기간에는 신체의 모든 기관이 빠르게 발달하며 구조가 더욱 정교하게 기능도 보다 원활해지며, 또한 근육 및 신경계도 빨리 발달한다. 임신 3개월이 되면 성별(性別)의 구별과 움직임이 나타나며, 소화기관이 발달하기 시작한다. 4개월이면 태아의 크기에 변화도 있고 뇌가 급속히 성장한다. 5개월이 되면 땀샘이 발달하여 피부가 두꺼워지고, 몸에 솜털이 돋으며, 모발, 눈썹, 손톱 및 발톱이 생기고 빨기, 삼키기, 딸꾹질 등의 반응이 나타난다. 6개월이 되면 눈의 기능이 발달되며, 심장 박동이 뚜렸해지며, 소년도 방출하고 빛에도 반응할 수 있다. 7개월이면 태아의 근육신경계, 순환계의 조직이 거의 완성되어 조산의 경우라도 생존할 수 있게 된다. 8개월이 되면 빛과 소리에 급격히 반응하며 운동이 적극적으로 지속되고 놀라는 반사를 보이며, 9개월이 되면 운동이 활발하고 근육에 자극하면 반응하며, 두개골이 부드러워지고 배가 고프거나 불편할 때 울 수도 있다. 10개월이 되면 손톱이 긴게 자라고 지방이 축적되며 출생할 준비를 다하여 태어나게 된다.

터미널스테이지(terminal stage)

사람의 인생의 종말기. 또 말기상태에서 죽음을 바로 눈앞에 둔 시기. 죽음을 부정적으로 받아들이는 것이 아니고 죽음에 이르기까지의 생명의 질을 중요시하는 데에 의의가 있다. 이 시기의 기본으로 되는 이념은 ① 고통을 제거하고 생명의 질을 높인다. ② 인간으로서의 존엄성을 소중하게 한다. ③ 죽음을 수용(受容)하여 편안한 가운데 죽음을 맞이할 수 있도록 따뜻하게 원조하는 것 등이다. 사람이 죽음을 수용하여 편안하게 죽음을 맞이하기 위해서는 이 시기의 케어는 대단히 중요하다.

터미널 케어(terminal care)

종말간호(終末看護) · 요양(케어).

구체적으로는 치유의 가망이 없고 죽음이 가까워진 환자에 대하여 연명의 치료 중심이 아니고 환자의 인격을 존중한 간호중심의 포괄적인 원조를 행하는 것이다. 그것을 위해서 신체적 고통이나 죽음에 직면하는 공포를 완화시켜 남은 인생을 그 사람답게 다할 수 있게 원조를 행한다. 말기 암환자 등의 터미널 케어를 위한 시설로서 호스피스가 만들어져 있다. 근래 의학의 진보와 임금지급방식에 의한 진료보수점수제, 일부의 의료기관에서의 독립채산제에 따르는 경영우선에 의하여 재택사(死)에서 시설사(施設死), 병원에서의 죽음으로 전환하고 있다. 개중에는 불필요하다고 생각되는 고도한 선진의료를 구사하여 각종 의료기기에 장착된 연명만의 간호 · 케어도 보여지나, 인간의 존엄을 중시하여 남은 능력을 최대한으로 활용해서 최후까지 사이좋은 사람과의 유대를 소중히 하도록 원조해 가는 것이 바람직하다.

테라피스트(therapist)

요법사(療法士). 정신분석이론이나, 학습이론, 현상학적 이론 등을 비롯한 여러 퍼서낼리티 이론과 임상기법(臨床技法)의 전문적 지식을 가지고 마음의 문제를 껴안은 사람들(클라이언트)과의 면접을 통하여 인격변용(變容)의 적극적인 작용을 행하여 클라이언트의 마음의 성장을 원조하는 심리임상전문가를 말한다. 즉 약품이나 수술 등을 수반하지 않는 치료관계의 전문직의 총칭으로 이학(理學) 요법사(PT : physical therapist), 작업요법사(OT : ocupational therapist), 언어요법사(ST : speech therapist), 심리요법사 등이 있다. 또 심리적인 치료를 하는 카운슬러를 의미하는 것도 있다. 테라피스트에게는 클라이언트의 기본적 인권의 존중이 요구되는 동시에 전문성의 향상에의 노력, 사회적 도의적 책임이나 윤리강령의 준수 등, 심리임상가로서의 기본적 자세의 유지가 엄하게 요구된다.

테크니컬 에이드센터(technical aid center)

보건복지기기의 지급에 관련한 각각의 지원에 관여하는 지역의 모든 일선기관을 말한다. 기기의 입수, 평가, 통합, 급부, 대여, 상담, 정보제공, 제공연구 등, 복지기기의 유효활용화를 위해 필요한 지원을 실제로 기기를 필요로 하는 사람의 가까운 지역에서 제공하는 것이다.

테크니컬 에이드센터는 스웨덴 등 유럽 여러 나라에서는 이미 널리 설치되어 있으나 일본에서는 위의 정의를 만족시키는 완전한 형태로 설치된 것은 없는 상황이다. 또한 테크니컬 에이드센터의 법적인 정의도 아직 규정되어 있지 않다.

보건복지기기에 대한 수요의 증대에 따라 현재 많은 자치체(自治體)에서 복지기기의 전시장을 설치하고 동시에 복지기기에 관한 상담, 조언을 하고 있다. 장애에 적절한 기기의 처방, 수리, 신규기기의 개발연구 등을 포함한 종합적인 테크니컬에이드 센터의 기능을 다해야 한다는 관심이 높아져 있는 현상이다.

템퍼러리워커(temporary worker)

본래는 임시고용인의 뜻이었는데 현재에는 직무 경험이나 기능을 가진 여성이 자신의 형편에 따른 시간에만 일을 청부맡는 현재의 직무 조직에서의 근로자를 말한다. 템퍼러리 워킹 서비스(TWS: temporary working service) 조직은 미국에 발달되어 있다. 여기에서 취급되고 있는 업종으로는 일반사무, 경리, 무역사무번역, 통역, 면접인터뷰, 카탈로그 판매, 정서 등 여러 가지가 있다. 각자가 스스로의 능력과 형편에 맞춰서 일에 종사하며 임금도 일반 파트타임보다는 약간 높은 이점이 있다.

토울(Towle, Charlotte:1896~1966)

1932년 시카고대학 사회사업 대학원의 교수가 되었다. 케이스워크의 이론과 실제를 연구하여 제2차 대전 후 케이스워크 발전에 크게 공헌했다. 그녀의 많은 저서 논문 중에서 1945년의 Common Human Needs(공적부조 케이스워크의 이론과 실제)는 잘 알려져 있고 세계적으로 커다란 영향을 주었다. 케이스워크와 공적부조 행정의 결부를 논하여 공적부조처우의 체계를 논하였다.

토인비, A.(Toynbee, Arnold : 1852~1883)

19세기의 영국의 역사학자, 목사. 세틀먼트의 선구적 역할운동에 몸을 던져 노동자의 교육을 맡았다(영국의 동부 이스트 · 앤드에서). 노동자의 빈곤에 대하여 기구 · 체제의 일부를 수정하는 것으로서 구제하려고 하는 사회개량운동가의 실천가이기도 하다. 사후에 출판된 그의 저서 『산업혁명사』(1884)는 산업혁명 논쟁의 발단이 되었고, 높이 평가되고 있다. → 세틀먼트, 토인비홀

토인비홀(Toynbee Hall)

1884년, 런던 교외의 슬럼가인 이스트 앤드에

있는 화이트 차벨에 사뮤엘 버네트(Bernet S.) 부부의 지도로 세워진 세계 최초의 세틀먼트 하우스. 그 면칭은 옥스퍼드대학 강사이면서 사회개량가로, 학생시대부터 이스트 앤드의 세틀먼드 활동에 몸을 던져 1883년에 31세의 젊은 나이로 생을 마친 토인비(Toynbee, A.)를 기념하여 이름을 붙였다. 토인비홀은 세틀먼트 하우스의 발상지이며, 선구적이였다고 하는 역사적 의의를 갖는 것뿐만 아니라 현재에도 활동을 계속하고 있는 거점으로서 국제적으로도 상징적인 존재로 되어 있다고 할 수 있다. → 세틀먼트, 토인비. A

토혈(吐血)

소화관계, 특히 식도나 위, 십이지장에서 출현한 혈액을 구토 내지 토출하는 것이다. 대량 출혈의 경우는 신선한 혈액 그대로인 것도 있으나, 통상은 위안의 염산(鹽酸) 때문에 커피 찌꺼기 같은 상태로 토출된다. 원인은 빈도에서 보면 위궤양, 미란성(糜爛性)위염, 위암, 식도하부의 정맥류(靜脈瘤) 등이 있으나, 기타 많은 원인이 있다.

통원의료(通院醫療)

질병의 치료나 검사 등을 위하여 환자가 의료시설에 다니며 의료를 받는 것. ⇨ 재택의료

통찰요법(統察療法)

사회사업, 카운슬링, 정신치료 등의 전문적인 원조기술에서 쓰이는 통찰은 보통 클라이언트가 정신내부의 상당히 깊은 수준에서 행동양식의 기제를 터득하여 인식하는 것이다. 의식적으로 행동의 방법을 변경하는 단계까지의 자기이해를 의미한다. 그리고 이 수준까지의 통찰을 목표로 행하는 치료법이 통찰요법이다.

통합/격리(統合/隔離)

통합이란 장애인이나 노인 등의 요원호가 스스로 자신들이 양육된 지역사회에서 일반주민 시민과 더불어 보통으로 생활할 수 있는 상태이고, 격리는 보통의 지역사회에서 분리되어 요원호자만을 특별히 보호하는 상황이다. 역사적으로는 요원호자만을 지역사회에서 격리된 수용시설 내에서 특별히 보호하려고 하는 처우가 일반적이었다. 그러나 수용보호적 처우에서 보여지는 의존적인 인격 형성이 조장(助長)이나 호스피탈리즘으로 대표되는 요원호자의 발달의 소외 등에 대한 반성으로 인해 최근의 정상화의 이념으로 대표되는 기본적 인권 중시의 입장에서 복지적 처우는, 격리적 보호에서 통합적 처우를 중시하는 방향으로 또 시설보호에서 재택복지, 지역복지를 중시하는 방향으로 전환되고 있다.

통합은 정상화의 복지이념을 달성하기 위한 주요한 원칙의 하나이다. 특히 통합적 처우의 목적은 모든 요원호아동 및 요원호자가 가능한 한 보통의 시민과 더불어 생활하고, 배우고, 일하고, 휴식하는 것이 가능한 생활을 확보하는 것이다.

통합교육(統合教育)

통합교육이란 특수교육대상자가 일반학교에서 장애유형, 장애정도에 따라 차별을 받지 아니하고 또래와 함께 개개인의 교육적 요구에 적합한 교육을 받는 것을 말한다(장애인 등에 대한 특수교육법 제2조6호). 기본적으로는 장애아동이나 장애학생이 보통(정상) 학급에서 학습하는 형태를 말하나 특수학급에 재적한 장애아동 · 장애학생이 특정의 시간만을 통상의 학급의 아이들과 배운다고 하는 소위교류교육도 통합교육의 한 형태로 하는 사고방식도 있다.

ㅌ

통합화(統合化)

정상화(normalization)와 나란히 사회복지원조의 중요한 이념 및 실천 개념이다.

구체적으로는 복지서비스의 이용자가 차별 없이 지역사회와 밀착한 가운데에서 생활할 수 있도록 원조하거나 핸디캡이 있는 자가 지역사회 안에서 일상생활에 지장을 받지 않도록 다양한 사람들이 지역사회 안에서 함께 생활해 갈 수 있는 상태를 회복하려고 지역주민과 관련기관 · 단체가 중심이 되어 문제의 해결을 맡는다는 것이다. 즉 장애를 가진 사람들과 그렇지 않는 이른바 정상인이 모든 기회에 서로 공동 · 협력해 갈 가능성을 위한 조건 추구를 지향하는 과정을 말한다.

퇴보형 아동(退步型 兒童)

신경병적 아동유형중의 하나로서 새로운 경험이 과거의 상처를 건드릴까봐 새로운 상황에 처하는 것을 꺼려하는 아동으로서 진취성이 결여된다. 반면에 공격적 아동은 모든 것을 지배하려하고 행동이 파괴적이며 잔인한 성격을 지니고 있다. 이러한 퇴보형 아동과 공격적 아동은 아동자신의 기본적인 욕구불충족과 주위환경이 자신의 능력이상의 어떤 것을 요구할 때 발생된다고 보고 있다.

따라서 이러한 아동을 위해서는 훌륭한 부모, 즉 사랑과 인정, 안정성을 심어줄 수 있는 자로서 공포증을 줄여주고 자아실현을 위한 기회를 주어 자아세력을 발달시켜가야 한다.

퇴직공제(退職共濟)

퇴직공제란 사업주가 건설근로자를 피공제자로 하여 건설근로자 공제회에 공제부금(共濟賦金)을 내고 그 피공제자가 건설업에서 퇴직하는 등의 경우에 건설근로자 공제회가 퇴직공제금을 지급하는 것을 말한다(건설근로자의 고용개선 등에 관한 법률 제2조5호).

퇴직연금(退職年金)

공무원연금법 등에 의한 장기급부의 하나로 공무원연금법 제46조에 의하면 공무원이 20년 이상 재직하고 퇴직한 때에는 사망할 때까지 퇴직연금을 지급하도록 되어 있다. 다만, 본인이 원하는 경우에는 퇴직일시금을 지급하거나 20년을 초과하는 재직기간 중 본인이 원하는 기간에 대해서는 그 기간에 해당하는 퇴직연금에 갈음하여 퇴직연금공제일시금을 지급할 수 있다. 재직기간 20년에 대한 퇴직연금의 금액은 보수연액의 100분의 50에 상당하는 금액을 급여하고 재직기간이 20년을 초과할 때는 그 초과하는 매 1년에 대하여 보수연액의 100분의 2에 상당하는 금액을 가산한 금액으로 한다. 이 경우 퇴직연금의 금액은 보수연액의 100분의 76을 초과하지 못하도록 되어 있다. 한편 사립학교교직원연금법도 공무원연금법과 유사하게 되어 있다.

퇴직연금사업자(退職年金事業者)

퇴직연금사업자라 함은 퇴직연금 또는 개인 퇴직계좌의 운용관리 업무 및 자산관리업무를 수행하기 위하여 근로자퇴직급여보장법 제14조【퇴직연금사업자의 등록】규정에 의하여 등록한 자를 말한다(동법 제2조12호).

퇴직전교육(退職前 敎育)

퇴직준비 교육이라고도 하며 정년퇴직을 눈앞에 둔 자가 퇴직 후의 생활설계를 준비하기 위하여 계획된 프로그램이다. 현역에 종사하고 있는 자들의 자질을 높이기 위한 교육이 아니라, 일단 직업전선(직장)에서 떠난 노후의 사생활과 관련되는 영역을 내용으로 하는 교육이라고 할 수 있다. 퇴직준비 프로그램과 같은 교육프로그램의 등장 배경은 수명 연장에 의해 정년 후의 생활이 길어졌다는 점과 그 간의 상황이 인생을 크게 좌우하는 상황으로 변화해 왔다는 데에 있다.

퇴행(退行)

발달하여 성장해 온 것이 장애를 만나 현재의 발달 단계의 이전으로 되돌아가고 마는 상태이다. 어려운 장면에 부딪쳤을 때 정신발달이 미숙한 초기 단계로 역행하는 심리기제를 말한다. 즉 발달의 이전 단계에서 유효했던 옛날의 사고, 감정, 행동양식으로 돌아가 현재에도 옛날의 행동양식이 유효하리라는 생각에서 옛날 행동을 되풀이 하는 것이다. 퇴행은 문제해결의 합리적인 방법이 아니며, 갈등이나 곤란한 상태에서의 도피인 것이다.

투사(投射)

정신분석 용어로 자기의 내부에 생기는 욕망·감정·결정·이상 등을 억압하여 무의식화하고, 더 나아가 그것을 외계의 대상으로 돌리고 자아(自我) 와는 딴 객관적인 지각 내용으로서 경험하는 심적 기제(心的機制)이다. 자기비판에서 생기는 알력을 해결하는 수단의 하나로 정신분열증에서의 환시(幻視)·환각·망상 등이 그 예이다.

인간은 보는 것, 듣는 것, 인지하는 것의 모두에 어떤 의미를 부여하려는 경향을 가진다. 이는 인간이 정보를 형태로 하여 처리하는 생리적 기능을 가지고 있기 때문이다. 그 의미의 분석은 당연히 그 사람의 심리적 상황을 반영한다. 환각이나 망상이 환자의 사고나 감정의 투사에 의해 일어나는 것도 있으며 인색한 사람이 타인을 인색하다고 말하는 것도 동일시의 일종으로 투사이다. 그림을 그리면 그 사람의 심리적 상황이 표현되는데 이것도 투사의 일종이다.

투석(透析)

급성·만성의 신부전(腎不全)의 치료법의 하나이다. 신장에 대신하여 투석의 원리를 응용하여 요소(尿素) 등, 혈액속의 유해물질의 제거, 과잉수분의 제거, 전해질(電解質)의 조절을 행한다. 복막(腹膜)을 이용한 간이성에 뛰어난 복막투석(腹膜透析=복막관류〈腹膜灌流〉)과 세로판 등의 인공막을 이용한 기기에 혈액을 보내는 혈액투석이 있다.

트라우마(trauma) ⇨ 심적 외상

트랜스퍼(transfer)

환승(換乘)동작이라고 번역된다. 이승(移乘)동작이라고도 한다. 허약하거나 자리보전하는 고령자, 장애인의 이동 동작이라는 것이다. 예컨대 휠체어에서 침대, 침대에서 휠체어 등으로 옮겨지는 때의 움직임이 그것이다.

트레카,H.B.(Trecker Harleigh:1911~)

미국의 그룹워크(집단원조기술)의 대표적 연구가. 그룹워크 이론의 발전에 공헌했다.『소셜·그룹워크』는 그의 명저(名著)로서 정평이 있다. 전미국 그룹워크협회의 회장도 역임하였다. → 집단원조활동, 집단원조기술

특별가사원조서비스(特別家事援助 services)

재택복지서비스의 일종으로서 아직 정착된 호칭이라고는 할 수 없지만 잡역(雜役) 서비스라고도 불려지며, 특별한 노력이 필요한 서비스이거나 간단한 조력 정도의 서비스 등을 말한다. 예컨

대, 이삿짐 나르기나 폭설지대의 제설작업, 가옥이나 울타리 수리, 제초나 정원에 나무심기 등으로 일반적으로 home help service로 불리는 식사, 시장보기, 청소, 목욕 서비스와는 달라서 가사노동과 관계있는 분야의 서비스를 가리킨다.

특별교통수단(特別交通手段)

특별교통수단이라 함은 이동에 심한 불편을 느끼는 교통약자의 이동을 지원하기 위하여 휠체어 탑승설비 등을 장치한 차량을 말한다(교통약자의 이동편의 증진법 제2조8호).

특별양호노인홈(特別養護老人 home)

일본의 노인복지법에 의하여 설치된 노인복시설의 하나이다. 오늘날 사회적 관심과 기대가 큰 사회복지시설의 하나이며, 그 반영에 있어서도 증가율이 큰 시설이다. 입소대상은 65세 이상의 자로 심신에 현저한 결함이 있기 때문에 항시 케어를 필요로 하며, 재택생활이 곤란한 자가 입소하는 시설로 되어 있다.

시설에서 제공되는 서비스는, 입욕, 배설, 식사 등의 수발, 기타 일상생활상의 보살핌, 건강관리, 기능훈련, 리크레이션 행사의 실시, 상담, 가족이나 병원 복지사무소와의 조정, 금전관리 등의 대행 업무 등을 행하는 것을 목적으로 한 시설이다. 서비스의 제공에 있어서는 시설주도가 아니고, 어디까지나 이용자의 심신의 상태나 희망, 기호 등을 충분히 이해하여 보통의 생활을 염두에 두고, 개별적으로 서비스의 내용을 검토, 실시하는 것이 바람직하다. 일본에서도 개호보험 실시 이후는 개호노인복지 시설로 옮겨가고 있다. 우리나라 노인복지법제32조에 해당하는 시설이나 우리나라에는 아직 설치되어 있지 않다.

특별지원청소년(特別支援靑少年)

특별지원청소년이라 함은 청소년의 조화로운 성장과 정상적인 생활에 필요한 기초적인 여건이 미비하여 사회적 · 경제적 지원이 필요한 청소년을 말한다. 다만, 국민기초생활보장법 등 다른 법률의 적용을 받는 청소년은 제외한다(청소년복지지원법 제2조3호).

특수교육(特殊敎育)

심신에 장애가 있기 때문에 일반 초등학교나 중학교의 통상 학급에서 행해지는 교육을 통해서 충분한 교육효과를 기대하기 어려운 아동이 있다. 이 같은 아동에 대해서 그 심신장애 상태나 발달단계, 특성 등에 따라 적절한 교육 환경을 갖추어 그 가능성을 최대한으로 신장시키고 가능한 한 적극적으로 사회에 참가할 수 있는 인간으로 육성하기 위해 특별한 배려 하에 적절한 교육을 행할 필요가 있어 이에 준비된 학교교육의 한 분야를 특수교육이라고 하고 있다.

심신장애아를 받아들이는 교육의 장으로서는 시각장애아를 위한 맹(盲)학교, 청각장애아를 위한 농(聾)학교, 정신박약 · 지체부자유 · 병약자를 위한 특수학교 및 약시 · 난청 · 정신박약 · 언어장애 · 정서장애 등의 아동들을 위해 통상의 초등학교, 중학교 안에 특별히 설치된 특수학급도 있다. 장애아의 교육적 조치기준으로서는 원칙적으로 장애정도가 심한 아동들은 특수학교에서, 가벼운 아동들은 초등학교, 중학교의 특수학급 또는 통상학급에서 유의하여 지도하게 되어 있다.

우리나라에서는 1894년 미국 감리교 선교사 부인인 R.S.홀이 평양에 여자 맹학교를 설립하여 맹아교육을 시작한 것이 시초가 되었으나, 국가와 사회의 관심사가 되지 못한 채 일부 독지가나 종교단체의 자선사업의 일환으로 특수학교가 산발적으로 증설되어 명맥을 유지해 왔을 뿐이었다. 그러다가 1977년 12월 31일 특수교육을 법적으로 뒷받침할 수 있는 특수교육진흥법을 제정 · 공포하여 1979년 1월 1일부터 시행해 오다가 1994년 1월 7일에 전문 개정하여(법률 제4716호)시행 해오던 중 2007년 5월 25일(법률 제8483호)에 장애인 등에 대한 특수교육법이 제정됨과 동시에 특수교육진흥법은 폐지되었다. 우리나라의 특수교육은 새로운 전기를 맞이하게 되었다.

특수교육관련서비스(特殊教育關聯 services)

특수교육관련서비스란 특수교육대상자의 교육을 효율적으로 실시하기 위하여 필요한 인적 물적 자원을 제공하는 서비스로서 상담직원 가족지원 치료지원 보조 인력지원 보조공학기지원 학습보조기기지원 통학지원 및 정보접근지원 등을 말한다(장애인 등에 대한 특수교육법 제2조2호).

특수교육교원(特殊教育教員)

특수교육교원이라 함은 초 · 중등 교육법 제2조 제5호에 따른 특수학교 교원자격증을 가진 자로서 특수교육 대상자의 교육을 담당하는 교원을 말한다(장애인에 대한 특수교육법 제2조4호).

특수교육기관(特殊教育機關)

특수교육기관이라 함은 특수교육 대상자, 즉 ① 시각장애 ② 청각장애 ③ 정신장애 ④ 지체부자 ⑤ 정서장애 ⑥ 언어장애 ⑦ 학습장애인 등에게 유치원 · 초등학교 · 중학교 또는 고등학교(전공과를 포함)의 과정을 교육하는 특수학교 및 특수학급을 말한다(장애인 등에 대한 특수교육법 제2조10호).

특수교육대상자(特殊教育對象者)

특수교육대상자는 장애인 등에 대한 특수교육법에 규정한 다음 각호의 1에 해당하는 장애가 있는 사람 중 특수교육을 필요로 하는 사람으로 진단 · 평가된 사람을 말한다.

1. 시각장애
2. 청각장애
3. 정신장애
4. 지체장애
5. 정서 · 행동장애
6. 자폐성장애(이와 관련된 장애 포함한다)
7. 의사소통장애
8. 학습장애
9. 건강장애
10. 발달장애
11. 그밖에 대통령령으로 정하는 장애

교육장 또는 교육감이 특수교육대상자를 선정할 때에는 법에 따른 진단 평가결과를 기초로 하여 고등학교과정은 교육감이 시 · 도 특수교육운영위원회, 중학교과정 이하의 각급학교는 교육장이 시 · 군 · 구 특수교육운영위원회의 심사를 거쳐 결정한다(동법 제15조).

특수교육진흥법(特殊教育振興法)

이 법은 특수교육을 필요로 하는 사람에게 국가 및 지방자치단체가 적절하고 고른 교육기회를 제공하고, 교육방법 및 여건을 개선하여 자주적인 생활능력을 기르게 함으로써 그들의 생활 안정과 사회참여에 기여함을 목적으로 1977년 12월 31일에 재정, 공포하여 시행 중 1994년 1월 7일 전문개정(법률 제4716호)되고 다시 2007년 5월 25일(법률 제8483호)에 장애인등에 대한 특수교육법이 제정됨과 동시에 폐지되었다.

E

특수법인(特殊法人)

법률에 의하여 직접 설립 되는 법인 또는 특별법에 의해 특별한 설립행위를 가지고 설립되는 법인이다. 업무는 공공적인 성격이 강하다. 사회복지관계에서는 국민건강보험공단. 국민연금관리공단 등, 또 국가정책상 또는 공공이익을 위하여 설립되는 한국은행, 대한석탄 공사, 한국석유공사 등이 있다.

특수요양비(特殊療養費)

현행 일반적인 요양으로는 정상적인 치료가 곤란하거나, 치료 후 정상적인 사회활동이 곤란하여 별도의 요양이 필요한 경우에 국민건강보험법령 및 산업재해보상보험법령에 의해 산정한 일반 요양비를 초과하거나 그 범위 외의 특수요양에 소요되는 비용을 말한다.

특수아동(特殊兒童)

특별한 정신적, 사회적 능력이나 한계 때문에 특수한 형태의 교육, 사회적 경험, 또는 처우를 필요로 하는 의존적인 아동들을 지칭한다. 이러한 아동에는 그들의 잠재력을 키우도록 고안된 교육훈련 시설에서 혜택을 받을 수 있는 정신지체 아동이 포함된다. 또한 재능아, 천재아 또는 특별한 신체 능력을 가진 아동 등도 포함된다.

특수진료병원(特殊診療病院)

특수진료란 문자 그대로 특수 방사선진료나 동위원소 치료를 위한 병원, 또는 정신병원 등 특수진료 또는 질환을 위한 진료를 말하는데 이러한 진료를 요하는 환자는 1차 진료기관이나 2차 진료기관에서 직접 의뢰할 수 있고 때로는 3차 진료기관과 상호 의뢰할 수도 있다. 진료를 위한 병원은 필요에 따라 있게 되는데 국 · 공립인 경우가 보통이다.

특수학교(特殊學校)

신체적 · 정신적 · 지적장애 등으로 인하여 특수교육을 필요로 하는 자에게 초등학교 · 중학교 또는 고등학교에 준하는 교육과 실생활에 필요한 지식 · 기능 및 사회적응 교육을 하는 것을 목적으로 설립한 학교를 말한다. 고등학교과정을 설치한 특수학교에 당해 과정을 졸업한 자에 전문기술교육을 하기 위하여 수업 연한을 1년 이상인 전공과를 둘 수 있다(초 · 중등교육법 제55~56조).

특수학급(特殊學級)

특수학급이라 함은 특수교육대상자에게 통합교육을 실시하기 위하여 고등학교 이하의 각 급 학교에 설시된 학급으로서, 그들의 능력에 따라 전일제(全日制) · 시간제 · 특별지도 · 순회교육 등으로 운영되는 학급을 말한다(특수교육진흥법 제2조4호). 대상은 경증(輕症)의 지적장애, 지체부자유, 신체허약, 약시, 난청, 기타 심신에 고장이 있는 아동 · 학생이다.

TDL(Techiques of Daily Living)

장애인의 일상생활 전반의 제 활동에 관한 일상생활, 기술훈련을 말한다. 주로 시각장애인 리허빌리테이션의 분야에서 쓰이어지며, 시각장애인의 일상생활활동 능력의 촉진, 사회생활에의 적응을 목표로 하여 행하여진다.

구체적으로는 식사 · 화장실 · 차림세 · 자세 등의 신변관리, 청소 · 세탁 · 재봉 · 조리 등의 가사 관리에 관한 여러 기술의 훈련이며, ADL이 장애된 기능의 회복까지 포함하여 훈련하는

E

것에 대해서는 TDL에서는 이것을 포함하지 않는다. →ADL

티켓제도(ticket 制度)

일반적으로 기업 내 구매시설을 이용하는 경우에 현금을 사용하지 않고 전표 또는 계산서를 이용하여 구입하는 제도이다. 매월마다 급료에서 공제하며 또 특약 상점과의 구입의 경우는 회사에 일괄하여 종업원의 구입액을 지불함과 동시에 종업원은 기업에 월부로 반제하여 가는 제도도 활용된다. 티켓제도는 우리나라에서도 상당히 확대되고 있다. 직장에서의 식권제도 등이 이에 해당된다. 일명 '쿠폰(coupon)제도'라고도 한다.

티트머스, M.(Titmuss, Richard Morris : 1907~1973)

영국의 사회정책학 연구의 제1인자. 제2차 세계대전 후 사회보장과 사회복지 분야에서 영국뿐만 아니라 국제적으로도 많은 영향을 미쳤다. 그가 활약한 시기를 '티트머스 시대'라고까지 불리어지고 있다. 1950년부터 런던대학의 교수가 되어 영국 사회복지연구에 지대한 영향을 주었으며, 또 교육자로서 많은 인재를 배출했다. 소셜에드미니스트레이션(Social administration)연구를, 사회서비스에 관한 정책형성과 그 운영관리로서 조직론, 계획론으로부터의 분석, 사회적 니즈, 사회적 비용, 서비스의 효과분석, 시민권 등 8개의 시점으로부터 연구를 행하여 가는 것을 요청하고 있다. 철저한 경험적 자료에 근거하여 그때그때의 문제에 대해 정확한 방침을 제시한 점에서 정평이 나있다. 정치적으로는 노동당에 속해 정책입안에 크게 공헌하였으며, 학문적으로는 '사회복지행정학'(social administration : 영국에서는 사회복지학을 이렇게 부른다)을 확립한 것으로 유명하다. 저서에는 『복지국가의 이상과 현실』(1958), 『사회복지와 사회보장』(1968), 『사회복지정책』 등이 있다.

팀워크(team work)

동일의 사업에 종사하고 있는 개인이 집단을 형성하여 행하는 연대 · 협동 작업이라는 것. 사회복지원조에 있어서는 동일기관 · 시설에서 팀워크와, 타 기관 · 시설 간에 있어서의 팀워크로 대별된다. 현대의 복지 니즈는 다양화 · 복잡화되어 있어, 하나의 문제가 많은 기관에 걸치는 경우도 적지 않다. 이와 같은 경우에 팀워크에 의한 원조가 필요하게 된다.

파견근로자보호 등에 관한 법률(派遣勤勞者保護 등에 관한 法律)

이 법은 근로자 파견사업의 적정한 운영을 기하고 파견근로자의 근로조건 등에 관한 기준을 확립함으로써 파견근로자의 고용안정과 복지증진에 이바지하고 인력수급을 원활하게 함을 목적으로 1998년 2월 20일(법률 제5512호)에 제정 · 공포하여 같은 해 7월 1일부터 시행되었으며, 4장(章) 46개 조문과 부칙으로 규정되어 몇 차례 개정을 거쳐 오늘에 이르고 있다.

파산(破産)

어떠한 사람이 경제적으로 파탄하여 그의 변제 능력으로서는 총채권자의 채무를 변제 할 수 없는 상태에 이르렀을 때, 이에 대처하기 위한 법률적 수단으로서 강제적으로 그의 전재산을 관리 환가(換價)하여 총채권자에 공평한 금전적 만족을 주는 것을 목적으로 하는 재판상절차이다. 원래 채무자가 모든 채권자에 대하여 채무를 완제할 수 있으며, 각 채권자에 대하여 채무를 완제할 수 있으며, 각 채권자는 보통의 권리보호방법으로 만족을 얻으면 충분하다. 다수의 채권자가 경합하여 변제에 충당하여야 할 자산이 부족할 때에는 특별한 사권(私權) 보호의 절차가 필요하다.

파산절차는 이와 같은 요청에 대응하기 위한 것이다. 이러한 절차를 상인(商人)에 대하여서만 인정할 것인가에 따라, 상인파산주의와 일반파산주의가 대립된다. 우리나라 파산은 후자의 입장이다. 파산절차의 개시는 지급불능과 채무초과를 그 원인으로 한다. 강제 집행절차를 개별적 집행절차가 한다면 파산절차는 일반적 집행 총괄적 집행이라 할 수 있다. 파산절차의 성질에 관해서는 비송사건설(非訟事件說), 소송사건설, 비송사건도 소송사건도 아닌 특수한 사건이라고 보는 절충설 등 3설(說)이 대립되어 있는데 소송사건설이 통설(通說)이다.

파슨즈, T.(parsons, Talcott :1902~1979)

현대의 이론사회학을 대표하는 미국의 사회학자. 그의 연구는 기능-구조주의의 일반이론의 구축에 한하지 않고 가족사회학, 비교사회학을 비롯하여 많은 사회학 분야에 널리 영향을 미쳤다. 20세기 사회학의 제1인자로 평가받고 있다. 웨버(weber, M.) 둘케임(Durkheim, E.), 파레트(Pareto, V.)들의 비교연구에서 시작해 사회적 행위의 종합적인 이론의 구축을 목표로 하여 주의(主意)주의 행위론의 관점에서 문화체계 사회체계 퍼스낼리티(Personality)체계의 상호 연관성을 밝혔다. 사회체계론에 있어서는 그 유지 존속에 필요한 기능요건에 의거하여 AGIL도식, 즉 A(적용), G(목표달성), I(통합), L(잠재적 유형의 유지)를 제장, 패턴(Pattern)변수(變數) 등을 이용하여 사회체계의 구조분석에 공헌했다. 만년에는 사회변동론 비교론 등의 연구에 힘썼다. 주요한 저서에 『사회적 행위의 구조』(1937), 『사회체계』(1951) 등이 있다.

파일로트스터디(pilot study)

기초조사 혹은 예비조사, 탐색적 조사로 사용되

고 있다.

파일로트스터디(pilot study)는 설문지 작성의 이전 단계로서 실시되며 그 조사내용도 주로 연구의 문제파악 및 가설의 의미 파악조사의 기초자료의 수집이 목적이며, 예비조사는 설문지의 초안이 만들어진 후에 설문지의 언어구성, 내용, 반응형성, 문제의 배열 등에 있어서의 오류를 찾아내고 설문지의 적용시 단위 면접시간, 응답자 간의 분산정도, 재방문율, 응답거부 등 설문지 적용상의 제 사항을 알아보는 조사로서 목적이나 절차에서 예비조사와는 상호 구별되고 있다.

파킨슨병(Parkinson 病)

특정질환치료 연구대상 질환의 하나이다. 중뇌(中腦)의 흑질(黑質)과 대뇌기저핵(大腦基底核) 등의 병변에 의한 진전마비(振顫痲痹)로 원인불명의 만성의 진행성 질환이다. 수족의 떨림과 근육의 경직, 동작의 완만, 가속보행(加速步行), 앞으로 기울어지는 자세, 가면 모양의 얼굴 모습을 특징으로 한다. 증상은 한쪽에서 시작하여 경과와 더불어 차츰 양측으로 진행한다. 1817년에 영국의 병리(病理)학자인 파킨슨(Parkinson) 박사에 의해 보고된 중년 이후에 발생하는 추체외로변성(錐体外路變性)질환의 하나로, 원인불명의 만성의 진행 질환이다.

파트타임(part time)

파트타임 고용에 대해서는 아직 확립된 정의가 없지만 ILO 제48회 총회보고에서는 '일반 정규 노동시간보다도 짧은 시간 수를 1일 또는 1주간 단위로 취업하는 것, 그러면서도 이 취업은 규칙적, 자율적인 것'이라고 정의하고 있다. 그렇지만 우리나라에서는 풀 타이머(full timer)와 같거나 또는 그 이상 시간 노동을 하면서 신분상 파트타이머(part timer)라고 불려지고 있는 경우도 있다. 증가하는 중 · 고령 여성 파트타임 노동자를 위해 다음과 같은 대책의 정비가 과제로 되어 있다. ① 파트타임 근로자 정의의 명확화 ② 파트타임 근로자에 대한 근로조건의 정비, 즉 취업규칙의 정비, 근로시간 관리의 적정화(근로시간, 연차유급휴가, 반복 경신된 기간의 정함이 있는 근로계약의 종료, 건강진단에 대한 적절한 조치, 임금기준의 설정 등) ③ 고용관리의 적정화(모집 · 채용에서 퇴직 · 해고에 이르기까지 적정한 고용관리, 고령자고용촉진, 우선적 응모기회부여 노력) ④ 기타 근로기준법, 최저임금법, 산업안전보건법 등 노동관계법의 개정과 적용.

판정(判定)

상담기관에서 아동이나 장애아의 문제에 대해 그 원인과 배경을 조명함과 동시에 문제의 해결에 가장 적절한 지도와 치료의 방침을 세우는 과정이다. 아동과 장애아도 생물학적 존재인 동시에 사회문화적 존재이다. 따라서 가족이나 지역사회의 일원으로 생활을 영위하고 있는 아동이나 장애인의 문제를 이해하고 적절한 지도방침을 찾아내기 위해서 의학적 심리학적 재검사, 생육사의 조명, 가족, 학교, 지역사회 등에 관한 사회조사를 근거로 하여 다면적이고 종합적으로 진단하는 것이다.

패럴림픽(Paralympics)

내외의 신체 장애인을 대상으로 한 국제적인 스포츠대회(국제신체장인 올림픽대회)를 말한다. 패럴림픽의 영문표기는 Paralympics Games이며, 패럴림픽이라는 단어는 '하반신 마비(Paralysis)'라는 의학용어와 '올림픽(Olympic)'이라는 말이 합해져 만들어진 합성어이다.

구체적으로는 세계 제2차 대전 후의 1948년 영국의 병원소재지인 스토크 먼데일병원에서 병원장인 구트만(Gut man, L.)이 척수손상에 의한 하반신마비자의 치료 및 레크리에이션으로서 그 성과를 겨루는 데에서 시작한 것이 동기가 되어 스포츠경기대회로서 개최되었다. 1952년부터 국제경기대회로 발전 4년마다 개최키로 되어 1960년 제17회 로마올림픽대회부터 올림픽개최지에서 열리도록 하여 (로마에서 제1회 패럴림픽〈하계〉이 열렸다. 제1회 동계 패럴림픽은 하계 패럴림픽보다 16년 뒤인 1976년에 스웨덴에서 제1회 대회가 개최되었다) 내외의 신체 장애인이 한자리에 모여 그 스포츠경기를 통하여 사회참가를 함과 동시에 정상인에게 장애인복지에의 이해와 협력을 구하는 국제적인 경기대회로 되었다. 1964년 일본 동경대회에서 패러프레지어(Paraplegia : 척추 손상 등에 의한 하반신 마비자)의 올림픽이란 의미로 '패럴림픽'으로 불리게 되었다. 오늘날에는 '장애인올림픽'으로 부르고 있다. 현재는 시각장애인이나 절단자도 참가하는 대회로 되어 또 하나의 올림픽이라고 하는 의미로 사용되고 있다. 대회는 매회, 각국의 여기저기에서 개최되고 있다. 볼런티어도 해마다 증가하고 있어 국제교류라고 하는 의미에서도 높이 평가를 받고 있다. 우리나라에서는 1988년에 개최한 바 있다.

패밀리그룹홈(family group home)

미국에서의 양친(養親)의 한 형태로서, 몇몇 위탁아동인 양자를 맡아 그 생활보장과 성장 발달을 수탁(受託)하는 집단양호가정이다. 위탁아동의 수는 대개 5~6명. 지역에서의 사회경험의 기회를 주고, 그룹 다이내믹스를 활용하여 성장 발달시키려는 것이다. 일본에서는 '지역사회 독립가정에서 원칙적으로 한 부부가 몇 사람의 요양아동을 아동상담소 등과 제휴해서 양육하는 사회적 양호의 한 형태'라고 정의를 내리고 있다. 시설 직원이 작은 주택에서 양호하는 시설분원형(施設分園型)의 그룹 홈과 일반 가정에 아동이 위탁되는 양친형(養親型)의 패밀리 홈으로 나누어 설치되어 있다.

패밀리폴리시(family policy)

서구제국에서는 일반적으로 어린이와 그 가족의 상황에 영향을 미치는 것을 의도하여 책정된 공적인 제시책의 총체를 가리켜 쓰이고 있다. 패밀리 폴리시에 포함되는 정책 분야는 광범위하여 가족법 등 가족을 대상으로 제법률, 가족수당, 어린이가 있는 가정에의 사회부조 급여, 출산 육아에 관한 모든 급여, 세제의 부양공제, 아동 케어 서비스 등이 여기에 포함된다. 일본에서도 이 용어가 최근에 사용하게 되었으나, 소자(少子) 고령화와 핵가족화 및 맞벌이 가정의 증가 등의 변화를 배경으로 하여 어린이와 가족의 복지향상을 목적으로 하는 정책으로서의 패멀리 폴리시에 대한 관심이 높아졌다고 한다.

퍼스낼리티(Personality)

기질, 성격, 인격, 퍼스낼리티라고 하는 용어는 명확하게 구별되지 않고 사용되는 일이 많은데, 일반적으로는 기질은 그 사람이 가지는 심리학적 특성 가운데 생득적(生得的)인 것을 가리키며, 성격은 기질에 생활경험에 의하는 후천적인 것이 보태지는 것을 가리킨다. 인격은 성격에 가까운 용어이나, 지적능력 등을 더한 전체적 인간상을 가리키는 것이 많다. 인격이라고 하는 경우 '인격자'라고 하는 말이 있는 것처럼 사회적으로 인정된 훌륭한 사람이라고 하는 의미가 들어가는 것이 있으므로 심리학에서는 원어 그

대로 '퍼스낼리티'라는 용어를 사용하는 수가 많다. 청년기에는 자신의 성격 등을 바꿔야 되겠다고 생각하고 고민하는 일이 많으나, 이런 것은 쉽게 바뀌어지는 것이 아니라는 것을 수용(受容)하여, 소심한 성격이면 그 섬세함이나 공감성의 높이 등 플러스의 면을 살리는 것을 생각해야만 할 것이다.

펄만, H.(Perlman, Helen Harris1905~)

미국의 대표적인 케이스워크의 이론가이며, 사회복지 연구가. 그녀는 케이스워크를 사회적으로 기능하는 주체적인 존재로서의 클라이언트와 기관이나 시설의 기능을 담당한 원조자와의 역할관계를 통해서 전개되는 문제해결의 과정이다라고 하고는 '문제해결어프로치'를 제창하였다. 또 1960년대 이후의 빈곤문제를 시작으로 하는 사회문제에 케이스워크가 대응할 수 없다라는 비판이 높아지는 가운데에서 케이스워크는 죽었다라는 제목의 논문을 발표하여, 케이스워크의 존재의식을 다시 찾을려고 했다. 가족소셜워크의 실천 경험 후, 대학에서 케이스워크(개별원조)의 연구 교육에 의하여, 사회복지원조이론의 발전에 공헌했다. 그의 저서 『소셜 · 케이스워크 ; 문제해결의 과정』(1967년)의 가운데 '4개의 P'라고 불리는 케이스워크에 공통되는 구성 요소를 거론하여 그 관련성을 설명하고 있다. 사회과학이론을 기반으로 한 문제해결 어프로치(app-roach)의 체계화가 큰 공적이다. →4개의 P

페미니즘(feminism)

여성이라는 성(性), 혹은 남성은 아니다라는 것에 기인(起因)하는 모든 사회생활상의 성별에 의거하는 차별, 불평등, 불균형에 반대하여, 그 철폐를 요구하며, 여성의 지위 향상을 목표로 하는 사상이라든가 운동의 총칭. 여성해방론, 남녀동권론, 남녀동등권주의 등으로 번역된다. 19세기에 들어 자유, 평등의 근대 이념에 의거하여 억압된 성 지배의 상황에서의 해방을 요구하며 시작되었다. 19세기에서 20세 전반에 이르는 제1파(波) 페미니즘은 부인참정권 운동을 축으로 전개되어, 그 후 1960년대 후반에 우먼리브(women's liberation movement : 여성해방운동)운동이 일어나고, 제2파(波) 페미니즘에서는 '여자답게'의 스테레오타입의 비판적 검토, '남성은 밖에서 일, 여성은 집에서 가사 · 육아'라고 하는 성별 역할분업의 부정, 여성의 '성과 생식의 자기결정권'의 확립, 성폭력의 부정 등이 주장되었다.

페비안주의(Favian主義 = Favianism)

영국에서 1884년에 결성된 페비안협회의 주장을 말한다. 페비안협회는 1883년에 결성된 윤리적 이상주의의 단체인 신생활우애협회를 계승해서 시드니 웰, 버나드 쇼 등의 지도로 발전되었다. 페비안주의는 토지와 산업자본을 개인이나 계급적 소유자에서 해방해 공유화함으로서 사회를 재조직할 것을 목표로 개량주의적 입장에 서서 의회제민주주의, 민주국가에 의한 산업관리 운영에 근거한 점진적인 사회주의로의 이행을 주장했다. 영국사회주의 운동뿐만 아니라, 영국사회 전체 또 사회복지, 복지국가의 성립에도 큰 영향을 주었으며, 영국노동당의 정책형성에도 기여했다.

페스탈로치, J. H. (Pestalozzi, Johann Hein-rich : 1746~1827)

스위스의 츄릿히 태생의 유아교육가. 루소의 영향을 받아 스위스의 비루에 농원 '노이호후(새마을)'을 만들어 교사로서의 재능에 눈이 떠어 1775년 농원을 고아원으로 바꿔어 유아교육에 전념했다. 그는 고아원을 가정적인 분위기 속에서 운영할려고 했다. 그것은 가정교육의 모방 그것만이 인간을 교육시킨다고 하는 신념에 기반을 두었다. '개성에 응한 지도에 의해서 어린이의 생득적(生得的)인 자연의 능력을 이끌어 낸다'고 하는 독자의 이념하에 개개의 어린이에게 적절한 환경을 조정하여 지도하는 것을 고아원의 이념으로 하여 실천했다. 근대교육의 아버지로 불리며, 대표적인 저서로는『숨은 자의 해질녘』(1780),『겔트루트교육법』(1801),『슈탄츠의 소식』(1826) 등이 있다.

페어런팅(parenting)

부모로서의 역할을 제대로 완수한다는 것은 가장 중요한 일이다라는 사고(思考)하에 부모 양성(兩性)이 육아에 관계되는 필요성을 말하는 어버이(부부)교육이라는 것. 육아에 대하여 어떻게 상관해야 되는가를 부모에게 가르치는 구체적인 방법론을 포함한 육아이론. 현대에서는 육아에 있어 어떻게 상관(접촉)해야만 좋은가를 모르는 젊은 엄마와 아빠가 증가해 오고 있다. 그와 같은 배경에서 사회학, 교육학, 문화인류학 등 다양한 분야로부터 주목되고 있다.

페이스시트(face sheet)

사회복지원조, 수발 등의 기록의 하나. 서비스 이용자 본인 및 가족의 상황을 일람할 수 있도록 표시한 것이다. 성명, 연령, 직업, 성별, 교우관계, 건강상태 등이 그 주된 항목이다.

편견(偏見)

편견이란 확실한 근거나 경험에 의하지 않고 어떤 개인, 집단, 종교, 인종 등에 대해서 품고 있는 이미지와 그것에 의한 부정적 · 비우호적 태도를 말하는 것이 통례이다. 편견의 개념에는 이 부정적인 '부당한 범주화'(vercategorization : 올포트- Allpart G.W.)만에 한하지 않고, 충분한 근거도 없이 다른 사람 내지 사물에 호의를 보이는 '긍정적 편견'도 포함된다. 그러나 부정적인 부당한 범주화로서의 편견이 정상적인 사회관계를 저해하고 그 결과 일상생활 속에서 대립이나 다툼 등의 여러 문제를 일으키는 중요한 원인으로서 중시되는 것이다. 따라서 긍정적 편견은 지금까지 별로 문제시 되지 않았다.

편의시설(便宜施設)

편의시설이라 함은 장애인, 노인, 임산부 등이 생활을 영위함에 있어 이동과 시설이용의 편의를 도모하고 정보에의 접근을 용이하게 하기위한 시설과 설비를 말한다(장애인, 노인, 임산부 등의 편의증진 보장에 관한 법률 제2조2호). 또한 국가 및 지방자치단체는 장애인 등이 생활을 영위함에 있어 안전하고 편리하게 시설 및 설비를 이용하고 정보에 접근할 수 있도록 각종 시설을 마련하여야 한다고 동법 제6조에 의무를 규정하고 있다. 대상시설은

1. 공원 2. 공중이용시설 3. 공동주택 4. 통신시설 5. 기타 장애인 등의 편의를 위하여 편의시설의 설치가 필요한 건물시설 및 그 부대시설(동법 제7조).

편집증(偏執症)

논리적으로는 일관성 있는 혼자만의 망상에 사로잡혀 다른 사람의 의견은 받아들이지 않는 정신질환을 말한다. 자기가 믿고 있는 사실을 의심해 보거나 비판할 여유를 갖지 않고 무조건 주장

하며, 어떤 설득력 있는 설명도 거부하고 방어하는데, 문제는 때로는 이 망상이 현실적으로 전혀 터무니없지 않다는 데 있다. 인격의 붕괴는 일어나지 않는 상태에서 서서히 형성되는데 과대망상, 피해망상, 종교망상 등이 포함되며 술을 과음함으로써 더욱 증세가 심해진다.

평가(評價)

일련의 원조가 이용자의 문제 해결이나 성장 · 발달에 대하여 어느 정도 공헌했는가, 유효했는가라고 한 시점에서 효과 측정을 행하여, 그 결과를 분석 검토하여 다음의 원조에 반영시켜 간다는 것. 방법으로는 관찰이나 인터뷰 등에 의해서 얻어진 정보를 분석 검토해 가는 것이 일반적이지만, 그 정보의 정밀도를 높이기 위해서는 관찰시트(sheet) 등을 사용하여 데이터(data)의 객관화에 노력하는 것이 중요하다.

평균소득월액(平均所得月額)

평균소득월액이란 매년 사업장 가입자 및 지역가입자가 전원(全員)의 기준 소득월액을 평균한 금액을 말하며, 그 산정방법은 대통령령으로 정한다(국민연금법 제3조4호).

평균수명(平均壽命)

0세를 기점으로 하여, 그 대상 집단의 평균여명을 통계적으로 추계한 것. 참고로 우리나라의 평균수명은 2008년 7월에 보건복지부가 공개한 '2008년 OECD 건강데이터'에 따르면 2006년 기준으로 79.1세를 기록해 OECD 국가 평균수명 78.9세를 0.2세 앞질렀다. 세계보건기구(WHO)의 〈세계보건통계 2008 보고서〉에 따르면 2006년을 기준으로 78.5세로 전 세계 193개국 중 23위를 차지하고 있다. 북한은 남자 64세, 여자 68세로 조사되었고 일본은 남자 79세, 여자 86세로 세계최고의 장수국이며, 한국은 남자 76세, 여자는 82세로 조사되었다. 현재 세계최장수국은 일본이며, 다음은 스위스로 평균수명이 81.7세이다. → 평균여명

평균여명(平均餘命)

각각의 연령에 있는 사람이 그 후의 사망 상황에 변화가 없다고 하는 가정에 의거하여 각 연령마다 앞으로 몇 년 더 살 수 있는가를 나타내는 지표의 하나. 덧붙여서 말하면 0세 나이 어린이의 평균여명을 평균수명이라고 한다. ⇨ 평균수명

평균임금(平均賃金)

평균임금이란 이를 산정하여야 할 사유가 발생한 날 이전 3개월 동안에 그 근로자에게 지급된 임금의 총액을 그 기간의 총일 수로 나눈 금액을 말한다. 근로자가 취업한 후 3개월 미만인 경우에도 이에 준한다(근로기준법 제2조6호).

평등권(平等權)

평등이라 함은, 모든 사람은 법 앞에 평등하다는 것이 내용으로 되어 있는 권리를 말한다. 모든 인간은 어떠한 사회적 환경에 있어도 인간으로서의 가치는 똑같고 평등한 존재라는 것은 민주주의 사상의 가장 본질적인 내용을 이루는 것이다. 그래서 근대 헌법은 예외 없이 평등권을 인정한다. 대학민국 헌법도 "모든 국민은 법 앞에 평등하다. 누구든지 성별 · 종교 또는 사회적 신분에 의하여 정치적 · 경제적 · 사회적 · 문화적 생활의 모든 영역에 있어서 차별을 받지 아니한다"고 규정하고 있다(헌법 제11조1항).

평생교육(平生教育)

평생교육은 1967년의 유네스코 성인교육회의에서 제정된 교육론에 의거 우리나라에서는 헌법과 교육기본법의 평생교육의 진흥에 의거 평생교육법이 제정되었다. '평생교육'이란 학교의 정기 교육과정을 제외한 학력보완교육, 성인기초 문자해독교육, 직업능력향상교육, 인문교양교육, 시민참여교육 등을 포함하는 모든 형태의 조직적인 교육활동을 말한다고 정의하고 있다(평생교육법 제2조1호).

평생학습(平生學習)

여태까지 학교 중심으로 생각하고 있었던 학습활동을 사람의 일생 전체에 확대한 사고방법이다. 사람은 죽을 때까지 성장을 계속한다고 하는 시점에서 유아에서 시작되어 고령자에 이르는 일관된 학습을 전개하는 것. 또 학교뿐만 아니라 지역사회의 여러 가지의 교육자원을 활용한 종합적인 학습활동이다. 교육과학기술부를 비롯, 자치제나 대학 등의 교육기관이 평생학습의 확충에 노력하고 있다. → 사회교육

평형〈기능〉장애(平衡〈機能〉障碍)

인간은 시각계(視覺系), 내이(內耳)의 전정계(前庭系) 및 전정(前庭) 이외의 여러 지각계(知覺系)를 통하여 평형상태를 움켜잡고, 그것에 의해 자세의 유지, 걷는 것, 달린다고 하는 여러 가지의 동작이 된다. 이들의 기관의 장애와 뇌간(腦幹), 소뇌(小腦), 척수 등의 중추에 이상이 있어도 평형기능은 허물어진다. 자각 증상은 현기증, 안전(眼前)암흑감, 동요시(動搖視), 차멀미, 배멀미의 느낌 등 다채롭다. 병의 원인은 평형기능 검사로 알 수 있다.

폐용성기능저하(廢用性機能低下)

어떤 기관(器官)을 사용하지 않는 것이 원인이 되어 그 기관이 가지는 기능이 장애된다는 것. 장기간 와상(臥床=자리보전)에 의해 근육이 쇠퇴하여 일어서거나 보행이 되지 않는 것 등을 가리킨다.

폐용성위축(廢用性萎縮)

자리보전, 상처에 의한 깁스(Gips) 고정 등으로 근육(힘줄)의 활동이 장기간에 걸쳐 행할 수 없으므로 인하여 일어나는 근육의 축소. 자리보전 상태의 고정화에 연결되기 때문에 마사지(massage) 등으로 방지한다. → 폐용성징후군

폐용성증후군(廢用性症候群)

심신을 사용하지 않음으로서 초래되는 여러 가지의 기능저하. 신체적으로는 근육이나 뼈의 위축과 관절구축, 기립성 저혈압 등의 순환기 기능의 저하 등('저운동성〈低運動性〉'증후군이라고도 한다), 정신적으로는 의욕의 감쇠(減衰)나 기억력 저하 등이 있다. 고령자의 질환이나 상처에 의한 자리보전 상태의 방치라던가 사회교류의 단절로부터 연쇄적으로 일어나 자리보전의 고정화에 연결되는 것이 많으므로 해서 와상(臥床)증후군이라고도 하여 가능한 한 자립(自立), 기능 활용을 꾀하는 것이 필요하다.

포괄수가제(包括酬價制 : Diagnosis Related Group Payment System)

포괄수가란 치료과정이 비슷한 질병군(疾病群), 즉 환자군별로 제공된 의료 서비스의 종류와 관계없이 미리 책정된 정액(定額)진료비를 지불하는 일종의 '입원진료비 정액제'이다. 이렇게 정해진 정액진료비 전체에 건강보험이 적용되어 입

원환자는 치료비의 20%만 본인이 부담하게 된다.

우리나라는 1977년 의료보험 제도의 도입 이후부터 의료비 지불제도로서 '행위별수가제(Fee for Service)'를 근간(根幹)으로 하고 있다. 이는 환자가 진찰을 받으면 진찰료, 검사는 검사료, 처치는 처치료, 입원은 입원료, 약은 약값, 이렇게 따로따로 가격을 매겨놓고 각각의 행위(서비스)의 가격을 모두 더해서 최종 병원비를 계산하는 방식이다.

이렇게 되면 불필요하게 제공된 진료 행위만큼 환자의 경제적 부담이 과중되고 건강보험 재정도 낭비되는 문제가 발생한다.

포괄수가제는 다른 지불방식에 비해 진료량을 상대적으로 적절히 유지하고 환자회피 위험이 낮으면서 효율성과 투명성이 높은 제도로, 이를 올바르게 시행한다면 병원 진료의 투명성, 효율성, 질의 개선을 기대할 수 있다는 장점이 있다. 이러한 이유로 2012년 7월부터 병 · 의원 구별 없이 다음 7개 (백내장수술, 제왕절개수술, 자궁적출수술, 맹장수술, 탈장수술, 치질수술, 편도수술) 질환의 수술이 포괄수가제로 시행하게 되었다. 1979년 미국의 예일대학에서 경영관리기법을 의료관리에 도입함으로써 '포괄수가제'가 처음 시작되었다. 그 후 많은 국가가 이 제도의 유용성과 한계 등을 검토하였으며 지금은 대부분의 국가가 이 제도를 도입하여 운영하고 있다.

포괄의료(包括醫療)

질병의 예방에서 치료, 리허빌리테이션, 사회복귀, 더 나아가 건강의 유지 · 증진까지를 포함하는 의료시책 체계이다.

구체적으로는 근대의학의 진보에 따라 전문화, 세분화되어 온 의학을 환자측 입장에서의 의료의 상태, 즉 환자에의 진료와 치료를 중심으로 한 종래의 임상의학을 중심으로 한 대응을 평가하여 보건 · 복지서비스를 포함한 보건 · 의료서비스를 목표로 하는 것이다. 일반적으로 보건케어(health care)라는 용어는 예방 · 치료 · 재활을 포괄한 의미로 사용되고 있다.

포괄(comprehensive)이란 예방 · 치료 · 재활을 결합시키는 과정이다. 즉 각각 다른 기관이 활동하면서 그 사이의 중복이나 간격을 조정하고 협동하여 하나의 일을 한다. 나아가 서로의 일을 밀접하게 편성해서 통합하여 최후에 융합시켜 하나의 완전한 조직을 만드는 활동의 과정을 말한다.

포럼(forum)

한 사람 또는 몇 사람이 강연을 하고 그 후에 청중들이 이에 다하여 질문하고 비판하며 토의하는 방법의 하나로 ① 소수의 발표자가 의견을 제시하고 청중이 토론에 참가해 의견을 통합하는 형식 ② 공론식 토의법처럼 대립된 의견의 발표를 듣고 청중이 토의에 참가하는 방법 ③ 강의포럼, 영사포럼처럼 어떤 매체를 사용해 화제를 전개한 뒤 청중을 포함한 참가자들의 추가 토론을 하고 방향을 잡아가는 형식 등이 있다. 지역조직 활동에 있어서 ③의 형식이 많이 활용되어 청중의 적극적인 발언과 참여가 성과를 높인다.

포멀케어(formal care)

공공적인 케어서비스를 말한다.

구체적으로는 국가나 지방공공자치단체에 의한 시책으로서의 케어서비스를 의미한다.

포터블토일릿(poetable toilet)

실내용의 들고 운반하는 걸상변기. 화장실까지

걷지 못하거나 용변이 급한데 그 시간에 대지 못하거나, 화장실이 협소하여 수발하기가 어렵거나 등의 때에 이용한다. 형상, 변좌(便座)의 난방, 소득 등 여러 가지로 연구된 것이 시판되고 있다. 이용할 때만이 실내로 가져오는 게 보통이다. 통상은 의자로도 사용되어 외관상 변기로 보이지 않는 가구 같은 것도 있다.

폭력범죄 · 비행(暴力犯罪 · 非行)

일반적으로는 형법범(刑法犯)을 포괄한 죄종별(罪種別) 분류에 있어 흉악범(살인 · 강도 · 방화 및 강간)과 조폭범(폭행 · 상해 · 협박 · 공갈 등)을 말한다. 대개 절도 등의 재산범에 대하여 인신(人身)에 대한 범죄를 말하나, 소년비행의 경우에는 반드시 형법범에 포함되지 않는 폭주족(暴走族)이나 교내폭력 · 가정 내 폭력도 해당됨으로 정확한 법적 정의는 없다. 또 범죄 · 비행을 반사회적인 것과 비사회적인 것으로 구분하였을 경우에 전자 가운데서 '유희형(遊戱型)', '초발형(初發型)'에 들어가지 않는 소위, 누범성(累犯性)의 높은 악질적인 것을 총칭하기도 한다. 이것들에 대해서는 사람들이 범죄자로서 인정하는 정도가 강하고, 또 범죄화의 정도도 높다.

표본조사(標本調査)

일부조사 혹은 부분(部分) 조사라고도 한다. 전수(全數)조사에 대하여, 조사대상의 모집단의 가운데에서 일부를 무작위로 뽑아내어, 그것에 대하여 표본으로서 조사를 실시하는 방법이라는 것이다. 전수조사에 대하여 ① 비용의 절약 ② 요구되는 정밀도에 맞춘 조사 설계의 가능성 ③ 조사원에 의한 치우침의 방지 등의 이점이 있으나 ㉮ 표본을 집어내는 방법에 연구가 필요 ㉯ 전수조사 보담도 오차(誤差)가 생기기 쉽고 ㉰ 사후 분류의 복잡함 등의 결점이 있다. ⇨ 일부조사, 전수조사, 사회복지조사법

표본추출법(標本抽出法)

조사를 행하는 경우에는 모든 조사대상에 실시하기에는 많은 시간과 비용을 요함으로 전체를 모집단(母集團)으로 하여, 그것을 대표하는 표본을 전체에서 골라서 조사대상으로 하는 표본조사가 일반적으로 되어 있다. 그때에 표본과 모집단과의 오차가 최소가 되도록 하지 않으면 안 된다. 그것을 위한 방법이 표본추출법이다. 추출법으로서 현재 널리 쓰이고 있는 것은 무작위추출법으로 모집단을 구성하는 조사단위의 추출되는 확률이 동등하게 되도록 연구(노력)한 추출법이다. 이 추출법에는 다시 단순 무작위추출법, 계동적추출법, 층화(層化)추출법, 다기(多岐)추출법, 층화다단(層化多段)추출법 등이 있다. → 무작위추출법.

표준보수(標準報酬)

국민건강보험, 선원보험, 국민복지연금의 보험료 보험급여의 산정의 기초가 되는 것으로 피보험자의 보수액에 따라 수진단계의 등급별 표준월액을 세우고 임금액으로부터 자동적으로 단가가 정해지는 형태이다. 보험료의 산출 등에 있어서 될 수 있는 한 피보험자의 실제의 보수를 기초로 하는 것이 바람직하지만 현실적으로는 시시각각으로 변화하는 것이기 때문에 정확히 파악하는 것이 곤란하므로 일정방식에 따른 개별적인 양태를 집약하여 급별로 하고 일정기간 고정시키는 방법을 취하고 있다. 일년에 한번 정시 결정과 커다란 변화가 있는 경우의 수시 개정 등에 의해 각 피보험자마다 해당급이 결정된다.

표준소득월액(標準所得月額)

연금보험료 및 급여의 산정(算定)을 위하여 가입자의 소득월액을 기준으로 하여 등급별로 대통령령이 정하는 금액을 말함(국민연금법 제3조 제3호). 다시 말해서 국민건강보험이나 국민연금, 공제조합 등의 보험료의 산정이나 피보험자의 소득의 금액에 따라 정해지는 금전(현금)급여의 산정할 때에 쓰이는 가정적(假定的)인 보수이다.

구체적으로는 피용자가 매월 수령하는 월수입(月收入)에 거의 세금이 합쳐진 금액에 해당된다. 또한 현역 시대와 표준보수월액의 총액을 총 피보험자 기간으로 제(除)한 것을 평균표준보수월액이라고 한다.

프라이메리케어(primary care)

국민의 건강이나 복지에 관계되는 모든 문제를 종합적 · 계속적, 그리고 전인적(全人的)으로 대응하려고 하는 지역에서의 실천활동. 프라이메리란, 초기, 근접, 상재(常在), 기본, 본래라고 한 의미이지만, 중요하다고 하는 의미도 포함된다. 프라이메리라는 영어는 '제1'이라던가, '가장 중요한' 것이라고 한 의미가 있다. 영국에서 프라이메리케어라고 하면 일반의(一般醫)가행하는 의료를 의미하고 있다. 영국에서는 국민들이 일반의에게 스스로 등록하고 있고 사람들은 일반의에게 진찰을 받고, 병원에서의 진료가 필요한 때에는 지역의 병원에 소개되는 방식으로 되어 있다. 그러나 국가에 따라 최초에 방문하는 의료기관은 다르다. 특히 우리나라에서는 외래에 있어서의 의료는 보건소, 의원뿐이 아니고 병원에서도 행해지고 있어서 프라이메리케어가 무엇을 가리키고 있는가를 정의하기가 어렵다. 본래의 프라이메리케어에는 의료뿐만 아니라 예방, 나아가서 복지의 일부까지 포함되는 개념으로 이해해야 할 것이다. 따라서 의료에만 주목할 경우에는 프라이메리 메디컬케어라고도 한다.

세계보건기구는 1975년에 프라이메리 헬스케어(primary health care : PHC) 라는 개념을 제창하였다.

WHO에서 말하는 PHC라 함은 "사람들의 건강개선에 필요한 모든 요소를 지역에서 통합하는 것을 의미하며, 예방, 건강증진, 치료, 사회복지, 기타의 지역 활동의 모든 것을 가리킨다" 즉 의사만의 전문적인 활동만을 의미하지 않는다.

프라이버시(privacy)

개인의 사생활이나 비밀은 사전에 얻는 양해도 없이 간섭되지 않는다는 권리이다. 즉 자기의 생활 환경을 개인적으로 지키는 일. 통신수단의 발달, 정보화의 가운데에서 개인의 것이 함부로 공개되는 위험이 커졌기 때문에 차츰 하나의 기본적 인권으로서 확립되게끔 되었다. 고령자나 장애인은 생활범위가 한정되거나, 수치심이 적다고 오해되어, 거실(居室) 등의 프라이버시가 지키지 않는 것이 많아, 관계자는 이 권리에 언제나 되돌아볼 필요가 있다. → 기본적 인권, 비밀유지

프랑스인권선언〈혁명〉(France 人權宣言〈革命〉)

프랑스 부르봉 왕조는 정치 · 경제 · 사회 등 전반에 걸쳐 불합리한 상태에 있었는데 구제도(앙시앵 레짐)라 한다. 구제도의 모순중 신분제도가 특히 두드러졌는데, 사회적 모순에 대한 계몽사상가들의 계몽과 미국 독립전쟁에 크게 자극받아 시민들이 바스티유 감옥을 습격함으로써 혁명은 폭발하였다. 파리시민의 압력을 받아 국민의회는 특권계급의 조세상의 특정영주 재판권 등 일체의 봉건적 특권을 폐지하여 봉건적 예속

관계를 해체시켰고, 인권선언으로 자유, 평등 주권재민(主權在民) 및 사유재산의 불가침 원칙을 확인하였다. 이 혁명의 성공으로 1791년 신헌법이 공포되고 다음해에는 왕정(王政)이 폐지되어 공화제가 되었다.

프로그램활동(program 活動)
그룹워크에서 원조매체의 하나이다. 그룹워크에서 '프로그램'이란, 입안(立案)에서 평가에 이르는 멤버의 공동체험의 전 과정을 가리켜, 그 구체적인 활동을 '프로그램 활동'이라고 불리어지고 있다. 그룹워크의 원조과정은 이 프로그램 행동 위에서 전개된다. 프로그램 활동 그 자체가 그룹워크의 목적은 아니고 어디까지나 목표달성의 수단이라는 것에 유의하지 않으면 안 된다. 따라서 프로그램 활동 등의 선택과 실시에는 원조목표나 멤버의 제조건 그룹의 발달단계 등과 충분히 상담하고 조정 해가는 것이 바람직하다.

프로이드,S.(Freud, Sigmund:1856~1939)
오스트리아의 신경학자. 정신분석학의 창시자이며, 사상적으로도 큰 영향을 주었다. 프로일러(broller)의 최면요법(催眠療法)에 영향을 받아, 자유연상법(自由連想法)에 의하여 신경증의 치료를 행하는 방법을 개발하였다. 그 후의 정신분석학의 출발점으로 되었다.

프로젝트(project)
어느 특정의 목표를 효과적으로 달성하기 위한 사업 내지는 과정계획을 말한다. 여기에는 대소 다양한 것이 포함되지만 보통 사회개발 프로젝트라 하는 것처럼 개발적 창조적이며 복잡 광범하고 장기간을 요하는 기획을 말한다. 따라서 이 과정에서의 불확정 요인의 취급, 사회 · 경제적 변화에 대한 대처 등이 문제가 되며, 많은 경우 학제적 연구, 또는 부문 간의 협력 조정을 필요로 하며 프로젝트팀을 평성하는 것이 일반적이다.

프롬, E.(Fromm, Erich : 1900~1980)
독일 태생의 정신분석학자 사회학자. 나치스의 박해에 의해 1933년 미국으로 망명, 1940년 멕시코에 이주했다. 프로이드학파의 한 사람. 마르크스(Marx, k.)와 프로이드(Freud, S.)의 영향을 받으면서 나치즘의 태두를 설명하기 위하여 사회적 성격의 개념을 구상, 당시의 독일의 하층 중산계급의 권의주의적인 사회적 성격을 지적했다. 그는 사회적 성격을 어느 집단의 성원의 대부분이 계속 유지하는 본질적인 성격구조의 중핵이라고 받아들여 사회 경제적 제조건과 사람들의 이데오르기를 매개하는 것으로 했다.

기독교나 유태교, 불교 등으로부터도 영향을 받아 그의 연구에는 일정한 휴머니즘이 엿보인다. 주요한 저서로 『자유로부터의 도주』(1941), 『희망의 혁명』(1968) 등이 있다.

프뢰벨F. W.(Fröbel, Friendrich Wilhelm August : 1782~1852)
유치원의 창시자. 루소(Rousseau, J. J.), 페스탈로치(Pestalozzi. J. H.)의 흐름을 맞춘 독일의 교육가이다. 1816년에 페스탈로치주의의 학교를 세워 여기에서 실천을 기반으로 1826년 주저 『인간의 교육』을 저술했다. 인간교육의 기초는 유아기의 교육에 있다고 생각하여 유아교육의 중요성을 제창했다.

1837년 후의 유치원(Kindergarten)의 기초가 되는 시설을 설립하여, 보육자 양성을 행하였다. 프뢰벨은 놀이가 유아기에 있어 최고의 의미있는 활동이라고 하여, 세계의 유아교육 · 유치원의 원조(元祖)로 되었다.

프리테스트(pre test)

예비조사. 파이로트 · 스터디라고도 한다. 본 조사 전에 조사대상자에 사전에 조사를 부분적으로 실시하여, 조사표의 불완전한 곳의 수정, 조사방법의 재검토가 필요한가 어떤 가를 알 목적으로 행한다. 본 조사를 의미 있게 또한 정확하게 실시하기 위해서는 빠뜨려서는 안 되는 스텝이다. →사회복지조사법.

플랜 · 두 · 시(Plan · Do · See)

계획 · 실시 · 평가라는 것으로 고령자나 장애인의 생활지원은 지원계획의 작성과 실시뿐만 아니라, 빈번한 모니터링(monitoring :관찰)에 의한 평가가 중요하다는 것을 의미한다. → 모니터링

피보험자(被保險者)

보험료를 납부하여 보험사고가 발생했을 때 보험급여의 대상이 되는 자이다.

구체적으로는 연금이나 국민건강보험과 모든 보험 등에 가입한 자를 말하며, 손해보험에서는 피보험이익의 주체이며, 보험금의 지급을 받는 자이다.

피보호자(被保護者)

생활보호를 받고 있는 자. 요보호자라고도 한다.

피부양자(被扶養者)

건강(의료)보험에서는 피보험자가 부양하는 가족도 급부의 수익자이며 그 부양가족을 '피부양자'라고 한다. 법적으로는 민법상의 신분관계보다도 주로 피보험자에 의하여 생계유지되는 동일세대에 속하는 것 등의 생활관계가 중시된다. 이 경우에 약간의 수입이 있을지라도 관계없다.

피어카운슬링(peer counseling)

클라이언트와 카운슬러라고 하는 수직적인 관계가 아닌 같은 장애나 문제를 늘 안고 있는 장애인끼리가 수평적인 관계에서 서로 심리적인 지원을 행하는 것이다. 피어(Peer)라 함은 동아리 또는 동료로 번역되는 수도 있다. 자립생활운동의 가운데에서는 전문직이 행하는 원조에의 비판이 있어, 피어카운슬링은 장애인끼리가 행하는 원조로서 중요한 역할을 가지고 있다. 자립생활센터에서는 전문직 종사자의 피어카운슬러를 배치하거나 육성하기도 한다. 종래의 카운슬링보다도 대등성, 공감성, 수용성이 중시되어 있어서 장애인의 카운슬러의 양성이 큰 과제로 되어 있다. 자립생활센터의 가운데는 카운슬링보담도 셀프헬프를 중시하여 피어서포트(peer support)라고 부르는 곳도 있다.

피용자보험(被傭者保險)

민간기업체, 관공서, 공공기업체 등에 고용되어 있는 피용자가 적용되는 건강(의료)보험, 즉 국민건강보험이나 공제조합 등이다.

피용자연금(被傭者年金)

민간사업체(기업), 관공서 등에 고용되어 있는 피용자가 적용되는 연금. 즉 국민연금보험이나, 공제연금 등이다.

피크병(Pick 病)

초로기(初老期) 치매의 하나. 초로기에 발병하여 치매, 도덕 감정의 상실, 행동의 일탈 등의 인격변화, 이상한 언동 등을 주(主) 증상으로 하여 비

교적 빨리 경과하는 기질성(器質性)의 뇌질환. 뇌의 위축을 볼 수 있다.

구체적으로는 피크병은 뇌의 전두엽의 위축으로 감정적인 억제를 잃고 주위 상황을 의식하지 않는 이상한 행동을 보이거나 가게에서 물건을 훔치는 등의 행동을 하고도 기억을 못하는 것이 특징이다. 치매환자의 80%를 차지하는 이 병은 행동장애와 인격 장애가 되풀이 되면서 결국 기억장애로 이어진다. 흔히 노인층에서 발견되는 알츠하이머병과 달리 젊은 층(18~39세)과 중장년(40~60세)에서 많이 발생한다. 1898년 체코의 정신의학자 아놀드 피크가 처음으로 사례를 보고하면서 피크병으로 불리게 되었다.

최근 일본에서 한창 일할 나이에 치매(인지증)의 일종인 이 피크병에 걸려 직장에서 퇴직하는 사례가 많다고 한다.

피플퍼스트(people first)

이 말은 1973년 미국의 오래곤주에서 행하여진 지적장애인의 집회에서, 그 참가자의 한 사람이 "지능지체라든가 장애인이 아닌 우선 인간으로서 대우(취급)받고 싶다(I want to be treated like people first)"라고 발언한데에서 시작된다고 한다. 그 후, 캐나다를 비롯하여 많은 지역에 피플퍼스트(people first)를 외치는 그룹이 결성되어 갔다. 지적장애가 있는 사람들 자신에 의한 권리옹호를 위한 운동으로서 또 구체적인 활동을 전개하고 있는 단체의 명칭이기도 하다. 1960년대 후반에 스웨덴에서 전국대회가 있었고, 1993년에는 캐나다의 토론토시에서 피플퍼스트 국제회의가 개최되었다. 피플퍼스트를 두드러지게 하는 조직의 활동의 기초 이념에는 '셀프 에드보카시'가 있어, 자기의 의견이나 사고방식을 존중하여 권리와 주장을 다른 시민과 같은 인간으로서 사회에 전해 가는 것으로서, 지적장애인의 권리보장과 장애인이 아닌 우선 같은 인간라고 하는 것의 이해를 넓혀 나가는 데에 있다. 현재는 세계 각국의 단체와 토의를 하는 국제회의가 개최되고 있다.

피해망상(被害妄想)

망상의 일종. 사실이 아님에도 불구하고 타인이나 단체로부터 해를 가하게 된다거나 가해질 것 같아 고통 받고 있다고 확신하는 것을 말한다.

필드소셜워크(field social work)

사회복지영역에 있어서 필드(field)라는 용어는 일반적으로 '현장'을 의미하는데 영국에서의 필드소셜워크는 지역사업에 대치하는 것으로서 사용하고 있다. 후자가 시설에서 각각의 집단원조에 종사하는 것에 대하여 필드소셜워크는 일반적으로 사회복지사무소를 거점으로 하여 지역에서 생활하고 있는 주민들의 문제를 원조하는 것을 의미한다. 필드소셜워커의 업무방법은 다양해서, 사무소 내에서 일이 많은 사람, 한편으로는 지역, 즉 '필드'나 각 가정을 위해 원조하는 것을 우선으로 하는 경우도 있다. 지역 내에서 원조한다고 해도 지역을 대상으로 활동하는 커뮤니티워크와는 다른 개념이다.

필란솔로피(philanthropy)

박애주의. 자선주의. 기업이나 민간인이 행하는 사회공헌활동 또는 민간이 행하는 공익활동을 말한다. → 공익사업

ㅍ

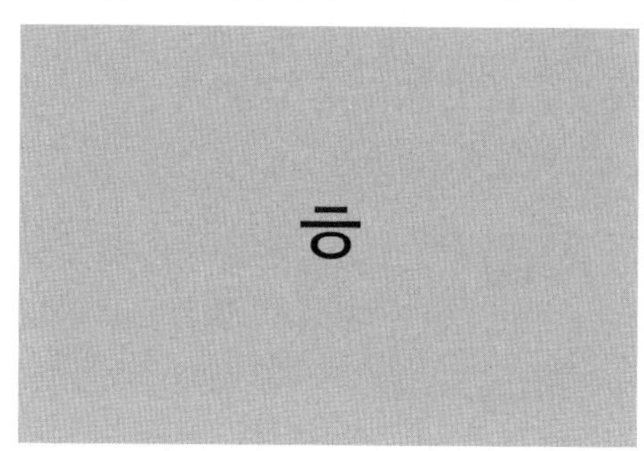

하반신마비(下半身痲痹)

하반신의 운동과 지각(知覺)을 담당하는 신경장애에 의하여 생기는 마비. 주로 척수 손상의 사람에게 마비증상이 오는데 뇌성마비의 사람에게도 나타날 수가 있다. 이동 수단은 주로 휠체어나 전동차로 하기 때문에 배뇨 · 배변의 컨트롤 장애가 생겨 욕창에 걸리기 쉽다. 남성의 경우에는 성적 기능에 불안을 갖는 일도 있다.

하비타트(habitat)

'거주환경'이라고 번역된다. 생태학에서의 용어로, 유기체가 존재하는 모든 장소를 의미하고 있다. 생태학을 원용한 라이프모델에서는 비유적으로 쓰여져 사람이 존재하는 물리적 사회적 장소의 모두를 가리킨다. 생태적에서는 중립적인 개념인데, 라이프모델에서는 하비타트(habitat)는 사람에 대하여 긍정적, 혹은 부정적인 영향을 주는 것으로 간주된다. 커뮤니티에서 실천에 도움이 되는 개념으로서 쓰이는 일이 많다.

하우,S.(Hawe, Samuel Gridley:1801~1876)

미국의 맹(盲)교육학자. 미국 최초의 맹학교 창설자이며, 특히 그는 맹인의 사회적 자활능력의 양성을 위한 교육법을 제안하였다.

하우스푸어(house poor).

국립국어원은 순화어로 내집빈곤층으로 2013년 1월 7일에 선정했다.

하우스푸어는 주택 가격이 오를 때 저금리로 대출을 과도하게 받아 번듯한 집을 소유하고 있지만 무리한 대출과 세금 부담으로 실질소득이 줄어 빈곤하게 사는 사람을 말한다. 주로 부동산 상승기에 무리하게 대출받아 내 집 마련에 성공했지만 집값이 떨어져 팔리지도 않고 매월 막대한 이자를 감수하고 있는 경우가 많다.

하우스허즈번드(hause hasband)

종래의 성역할 분업관에 사로잡히지 않고 가사를 돌보는 남편이다. 하우스 와이프에 대한 신조어로서, 전업주부(主夫)인 셈이다. 패미니즘의 정책, 핵가족의 증가와 더불어 남 · 여 부부의 성적 역할이 급속히 유동화 하여 아내가 직장에 출근하고 남편이 가정에서 가사와 육아를 맡는다는 역할분담도 구미제국뿐만 아니라 모든 국가에서 흔한 일이 되었다. 그러나 이 새로운 동향과 전통적인 역할감각파의 남성들에게 갖가지 심적 스트레스를 일으키고 있는 것이 문제이다.

하위문화(下位文化)

하위문화는 전체문화의 일부분을 이루는 문화를 말한다. 즉 이것은 한 사회집단 내에서 다른 것과 구분될 수 있도록 다르게 나타나는 생활양식을 말한다. 하위문화는 한 사회집단의 각 부분에서 특정적으로 나타나는 행위양식이나 사고방식을 포함한 생활양식의 차이를 나타내며, 그러한 차이를 통해서 사회의 각 부분에 대한 이해를 촉진하고 변화에 적절히 대처할 수 있게 한다. 예를 들면, 빈민지역에서 나타나는 특유의 생활양식인 빈곤문화는 빈민들의 하위문화이다.

하위집단(下位集團)

전체집단을 구성하고 있는 소집단을 말한다. 대체로 하위집단은 제1차 집단의 성격을 가지고 있다. 예컨대 학교집단을 구성하고 있는 학급집단, 교사집단, 과외활동반 등은 소집단, 즉 하위집단에 속한다. 이와 같이 하위집단은 집단의 규모가 적으므로 집단구성 상호관계가 직접적이며, 따라서 친밀도가 높은 집단이다.

학교공포증(學校恐怖症)

학교공포증이란 이유가 불합리한 학교에 대한 공포와 학교에 가는 것에 대한 비현실적인 두려움을 의미하는데 이것은 격리불안 장애의 한 유형으로서 아동이 가정이나, 애착을 가진 사람으로부터 분리되어 학교에 가는 것에 대하여 지나친 불안을 가지는 상태를 말한다. 몇몇 정신역학 분석가들은 유아시설의 의존에 대한 욕구가 해결되지 않았거나 어머니로부터 분리불안에 그 이유를 두고 있다.

학교공포증을 나타내는 아동은 신체적으로 두통, 복통, 메스꺼움, 고열 등의 증상이 따르기도 하며 심리적으로는 교사에 대한 불평과 불만, 학업에 대한 염증, 다른 아이들에 대한 불만의 호소 등으로 나타나기도 한다. 이와 같은 증세는 학교를 가야할 때 나타나며, 학교에 가지 않아도 된다고 결정되는 순간 해소된다.

학교보건법(學校保健法)

이 법은 학교의 보건관리와 환경위생 정화에 필요한 사항을 규정하여 학생 및 교직원의 건강을 보호 · 증진하게 함으로써 학교교육의 능률화를 기함을 목적으로 1967년 3월 30일(법률 제1928호)에 제정 · 공포하여 그 간 20여 차례의 개정을 거쳐 현재에 이르고 있다. 보건시설, 학교의 환경위생 및 식품위생, 학교환경위생 정화구역 안에서의 금지행위 등, 전염병의 접종, 예방, 조치, 치료, 학생의 보건관리, 학교의사 약사 및 보건교사, 교직원의 보건관리, 학교보건위원회 등에 관하여 규정하고 있다.

학교비행(學校非行)

학교생활 중 퇴학, 절도, 주의환기를 위한 꾸준한 기도, 불복종, 완고, 거짓말, 흡연, 성적비행 등을 자행하는 것을 말한다. 비행소년들의 경우 때때로 또는 지속적으로 학교비행을 하는 예가 극히 높게 나타나고 있다. 이러한 학교비행이 조기에 시작하는 연령은 9세에서 12세이며 학교비행이 조기에 시작되면 사회적 비행으로 이어질 가능성도 커진다. 성인범죄들의 대다수가 재학시절에 퇴학의 기록을 갖는 경우가 많음은 이를 증명하고 있다.

학교사회사업(學校社會事業) ⇨ 학교소셜워크

학교소셜워크(學校 social work)

학교에 있어서 실천되는 소셜워크의 한 분야. 학교생활을 하는 동안에 여러 가지 학교의 적응상 곤란에 직면하고 있는 어린이들에게 가능성을 충분히 발휘할 수 있게 하기 위한 소셜워커들에 의한 원조시스템이다. 어린이 개인에 대한 직접적인 원조뿐만 아니라 학교나 가정, 지역사회의 상호관계를 긴밀화함으로써 문제의 해결을 도모한다. 학교사회사업의 목적은 ① 학생에게 자신을 키워주고, ② 계속적으로 배울 수 있는 준비를 시키며, ③ 닥쳐오는 변화에 대한 적응력을 키워주는 것이라고 하여 정서와 성격문제를 벗어나 학생자신이 스스로 배우게 하고, 생각하게 하며, 문제해결을 하게 하는 능력을 도와주는 데에 있다. 미국에서는 학교와 교육위원회에 학교소셜워커를 두고, 장기결석 아동 · 피학대아동의 문제해결을 담당하고 있다. 등교거부, 따돌림, 교내폭력 등 학교에 있어서의 문제가 현재화하며, 또 가정 내 폭력과 아동학대 등 가정 내 문제가 학교에도 가지고 가는 것이 많아진 것을 배경으로 하여 학교소셜워커의 중요성이 지적되게 되었다. 어린이에게 초점을 맞추는 것뿐만이 아니고 어린이를 가정이나 지역과 밀접한 관계를 갖는 존재로서 받아들여서 원조하는 점에 특징이 있다. 미국에서는 소셜워커의 한 분야로서 발달하고 있다.

학교폭력(學校暴力)

학교폭력이라 함은 학교내외에서 학생 간에 발생한 상해, 폭행 강금, 협박약취, 유인, 명예훼손, 모욕, 공갈, 강요 및 성폭력, 따돌림, 정보통신망을 이용한 음란, 폭력,정보 등에 의하여 신체 · 정신 또는 재산상이 피해를 수반하는 행위를 말한다(학교폭력예방 및 대책에 관한 법률 제2조1호). 여기에서 '가해학생'이라한은 학교폭력을 행사하거나 그 행위에 가담한 학생을, 피해학생이라 함은 학교폭력으로 인하여 피해를 입은 학생을 말한다(제2조 4호).

학교폭력예방 및 대책에 관한 법률(學校暴力豫防 및 對策에 관한 法律)

이 법은 학교폭력의 예방과 대책에 관하여 필요한 사항을 규정함으로써 육성함을 목적으로 2004년 1월 29일(법률 제7119호)에 제정 · 공포하여 공포 후 6개월이 경과한날부터 시행하던 중 2008년 3월 14일(법률 제8887호)에 전문 개정하여 현재에 이르고 있다. 총20개 법조문과 부칙으로 되어 있다.

학대(虐待)

힘이 센 자가 저항할 힘이 없거나 극히 약한 자에 대하여, 신체적 혹은 정신적인 공격을 가하는 것. 학대의 내용에는 직접적인 신체적 학대, 정신적 학대, 성적학대, 네글렉트(neglect= '무시' ; 식사를 안 준다, 병이 나도 병원에 데리고 가지 않는 등)가 있다. 종래의 아동학대에 더하여 요즘에는 고령자 학대가 문제로 되어 있다. → 네글렉트, 고령자학대, 아동학대

학대아동보호사업(虐待兒童保護事業)

아동복지시설에서 각 시설의 고유 업무 외에 하는 사업의 하나이다. 학대아동의 발견, 보호, 치료 및 아동학대의 예방 등을 전문적으로 실시하는 사업을 말한다(아동복지법 제52조3항4호).

학력사회(學歷社會)

모든 사회생활에 있어 학력의 높고 낮은 것에 그 개인의 높낮이를 거의 결정짓는 사회를 말한다. 학력사회에서는 취업과 승진 등과 같은 직업생활과 그 밖의 사회생활에 있어서 졸업장이 중요한 역할을 하며, 학력에 따라 임금 차이가 많이 날뿐만 아니라 결혼상대(배우자 선택)의 결정에 있어서도 학력이 중요한 기준이 된다.

학습사회(學習社會)

미국의 교육 사회학자 허친스(Hutchins, R.M.)는 사람들이 각자의 필요성과 동기부여에 따라서 언제라도 학습의 기회가 주어지도록 제도적으로 보장된 사회를 학습사회라고 불렀다. 현대와 같이 의무가 선행하는 사회에서는 본의 아닌 취학이나 진학이 증가하며 교육효과를 저하시킬 위험도 발생하지 않을 수 없으므로 인간이 노동이나 사회활동을 경험한 외에 필요성을 느낄 때

에는 언제라도 교육을 받고 학습할 기회가 주어지는 제도가 필요하다고 주장하고 있다. 그렇게 되면 의무로서 보다도 권리로서의 학습이 우선되게 된다.

학습장애(學習障碍)

학습장애라 함은 기본적으로는 전반적인 지적 발달에 뒤떨어짐이 없으나, 듣기, 말하기, 읽기, 쓰기, 계산하는 또는 추론하는 능력 가운데 특정의 것의 습득과 사용에 현저히 곤란을 나타내는 여러 가지 장애를 가리키는 것이다. 즉 지능은 정상범위 내에 있음에도 불구하고, 읽기, 쓰기, 계산 등의 특정의 학습능력에 곤란을 나타내는 상태를 말한다. 그 배경으로서 중추신경계에 어떤 기능장애가 있다고 추정되고 있다. 전문기관의 원조를 받으면서 보통학급에서도 학습이 진행된다.

학습지체(學習遲滯)

발달장애나 학습장애 등의 하나의 형태. 뇌의 장애 등에 의한 정신발달지체가 원인으로 학습에 지장을 초래하는 단순한 학업부진과는 구별된다. 뇌의 기질적 손상이나 기능적 손상 외에, 뇌의 부위의 발달순서의 혼란 등에 의해서 일어나 정신발달 지체가 원인으로 경험이 겹쳐 쌓여 반복에 의해서 플러스에 진행하는 행동의 변용(變容)[학습]에 지장이 오는 것. 청각장애아에는 청각을 통해서의 학습기회가 주어지지 않기 때문에 정신발달의 지체가 보이질 수 있다.

한국B.B.S연맹(韓國 Big Brothers and Sisters Movement 聯盟)

불량아의 형제자매가 되어 그들을 선도하고자 하는 청소년운동으로 20세기 초에 미국에서 시작된 운동이다.

우리나라는 사단법인으로서 ① 불우청소년 선도사업 ② 불우청소년 결연사업을 목적으로 결성되어 서울에 중앙연맹과 서울연맹을 비롯하여 부산, 경기, 충북, 충남, 전북, 전남, 대구, 경북, 경남, 제주연맹을 두고 있고 대구, 경북 연맹에서는 전화상담 사업 등도 하고 있다.

한국보건복지인력개발원법(韓國保健福祉人力開發院法)

이 법은 한국보건복지인력개발원을 설립하여 보건복지에 관한 교육 훈련 등의 업무를 수행하게 함으로써 보건복지관련 업무에 종사하는 자 등에게 전문성을 높이는 기회는 제공하고 보건복지 분야의 발전을 도모하며 국민의 삶의 질 향상에 기여함을 목적으로 2007년 1월 3일(법률 제8205호)에 23개 법 조문과 부칙으로 제정 · 공포하여 공포한 날부터 3월이 경과한 날부터 시행하여 2차례 개정을 거쳐 오늘에 이르고 있다.

한국사회복지공제회(韓國社會福祉共濟會)

사회복지사 등은 생활안전과 복지증진을 도모하기 위하여 보건복지부장관의 인가를 받아 한국사회복지공제회를 설립할 수 있으며, 공제회는 법인(법인)으로 하고 주된 사무소는 서울특별시에 둔다. 공제회의 정관기재사항은 대통령령으로 정하고, 정관의 변경은 대의원회의 의결을 거쳐 보건복지부장관의 인가를 받아야 한다(사회복지사 등의 처우 및 지위 향상을 위한 법률 제4조).

한국사회복지사협회(韓國社會福祉士協會)

1965년 7월 개별 사회사업가들을 중심으로 한 한국(Case Worker)협회가 임의단체로 발족되었으며, 1967년 3월 8일에 전국의 사회사업가들이 모여 한국사회사업가협회를 설립하게 되었다. 1977년 사단법인으로 보건복지부의 허가를 받았고, 1985년에 사회복지사협회로 변경하였다. 이 회는 사회복지에 관한 전문지식과 기술을 개발 보급하여 사회복지사업의 발전과 향상을 촉진하고 사회복지사의 자질향상과 권익증진을 도모함으로써 사회복지건설에 기여함을 목적으로 하고 있다. 시도별 사회복지사협회를 두고 있으며, 주요사업으로는 사회복지분야와 지역사회개발 실행, 사회적 제반문제 해결을 위한 사업연구, 국내 사회사업 및 유사직종의 실무자에 대한 교육훈련 및 연구발표 등이다. 현재 가입한 회원수는 약 1만여 명이다.

한부모가정(한父母家庭)

아버지, 어머니의 어느 쪽이든 어린이와 함께 이뤄지는 부자가정 모자가정을 말한다. 이혼의 증가에 따라 한 부모가정도 증가되어 새로운 문제가 발생하고 있다. 예컨대, 모자가정의 빈곤화 경향이나 사회적 고립과, 부자가정의 가사 · 육아의 곤란 등이 있다. 부성(父性) · 모성(母性)의 결여에 의하는 어린이의 인격형성에의 영향 등도 있다. → 결손가정

한부모가족복지상담소(한父母家族福祉相談所)

한부모가족복지시설의 하나이다.

한부모가족에 대한 조사, 지도, 시설입소(入所) 등에 관한 상담업무를 수행할 것을 목적으로 하는 시설을 말하며, 구체적으로는 특별시장 · 광역시장 · 도지사 · 시장 · 군수 · 구청장이 관할 구역안에 설치하여(이 경우 관찰 구청장 · 군수는 시 · 도지사의 승인을 얻어야 함) 한부모가족복지에 관한 사항을 조사, 지도, 기능의 습득, 내직의 알선, 보육 등 여러 가지 생활원조를 행한다. 한 부모가족복지상담소에는 한부모가족복지 상담원을 둔다(한부모가족지원법 제17, 19조1항12호).

한부모가족복지상담원(한父母家族福祉相談員)

한부모가족복지에 관한 사항을 상담하거나 지도하기 위하여 특별시 · 광역시 · 도와 시 · 군 · 구에 설치된 한 부모가족복지상담소에 임용되어 다음과 같은 직무를 행하는 자를 말한다.

① 한부모가족가정에 대한 신상 및 고충상담 ② 보호대상자의 실태조사 및 통계작성 ③ 한부모가족가정에 대한 취업상담 및 지원 ④ 한부모가족가정에 대한 보호내용의 구분 ⑤ 피보호자의 일시보호 ⑥ 피보호자에 대한 사후관리 ⑦ 기타 한부모가족복지 상담에 필요한 사항 등(한부모가족지원법 제8조).

한부모가족지원법(한父母家族支援法)

이 법은 모 · 부자가정의 건강하고 문화적인 생활을 영위할 수 있게 함으로써 모 · 부자가정의 생활안정과 복지증진에 기여함을 목적으로(1989년 4월 1일 법률 제4121호) 모자복지법으로 제정 공포하여 시행하던 중 2002년 12월 18일(법률 제6801호)에 의하여 법 개정과 동시에 법명도 모 · 부자복지법으로 되었고, 또 2007년 10월 17일(법률 제8655호)에 법개정과 동시에 법명도 한부모가족지원법으로 되어 시행되고 있다.

한부모가족지원복지시설(한父母家族福祉施設)

한부모가족지원법에 규정된 한부모가족 복지에 대한 생활보호 서비스 시설을 말하는데 시설의 종류로는 ① 모자보호시설 ② 모자자립

시설 ③ 부자보호시설 ④ 부자자립시설 ⑤ 미혼모자시설 ⑥ 미혼모자 공동생활가정 ⑦ 모자공동생활가정 ⑧ 부자공동생활시설 ⑨ 미혼모공동생활가정 ⑩ 일시보호시설 ⑪ 여성복지관 ⑫ 한 부모가족복지상담소가 있으며, 국가 또는 지방자치단체는 위의 복지시설을 설치할 수 있으며, 국가 또는 지방자치단체 외의 자는 시장 · 군수 · 구청장에게 신고하고 위 복지시설을 설치 · 운영할 수 있다(①내지 ⑥까지의 규정에 의한 모 부자복지시설에서의 보호기간 및 보호기간의 연장 등에 관한 필요한 사항은 여성가족부령으로 정한다(본법 제19조).

한정치산자(限定治産者)

심신(心神)박약자, 낭비자, 즉 자기의 행위의 결과를 합리적으로 판단할 힘이 약하거나, 자산의 낭비로 자기나 가족의 생활을 궁박하게 할 염려가 있는 자로 본인 · 배우자 · 사촌 이내의 친족 · 호주 · 후견인 · 검사 등의 청구에 의하여 법원으로부터 한정치산자 선고를 받은 자를 말한다. 한정치산자는 미성년자와 같이 취급되어 거래행위를 하는 경우 법원이 정해 준 후견인의 동의를 얻어야 한다. 선고는 가정법원이 내리며, 한정치산의 원인이 소멸하면 일정한 자의 청구에 의하여 법원은 그 선고를 취소한다(민법 제9~10조).

할당고용제도(割當雇傭制度)

미국의 적극적 차별철폐조치(affirmativeaction)에 의한 할당(quota)고용제도에서 알리져 있는 것처럼 고용에 결속되기 어려운 백인 이외의 마이노리티(minority)를 일정의 비율로 고용해야 된다는 것을 사업주에게 의무를 과한 고용구제를 추진하는 적극적인 반차별 고용정책이라는 것인데, 최근에 마이노리티와 같은 수고권(受苦圈)에 있는 백인 간에 그 타당성이 의문시되어 자유로운 시책이 예기치 않은 결과를 낳고 있다.

장애인의 고용촉진을 위하여 우리나라는 장애인고용촉진 및 직업재활법이 제정되어 있으며, 할당 고용제도를 채용하고 있는 국가는 독일 프랑스 네덜란드 일본 등이며, 미국 등처럼 '차별금지'라고 하는 큰 테두리에서 장애인의 고용차별을 규정하는 나라도 있다. 영국에서는 고용율제도를 폐지하여 장애인차별금지법(1995)에 의하여 장애인 고용을 추진하고 있다. → 장애인고용부담금

합리화(合理化)

어떤 행동이 참된 동기나 원인을 그대로 인정하면 자기의 무능과 결합이 분명하게 되므로 다른 핑계 좋은 이유를 달아서 자기의 정서적 안정을 피하려는 방법이다. 즉 수용하기 어려운 자신의 비논리적인 행동이나 생각에 대해 그럴듯한 이유나 설명으로 변명함으로써 자신의 행동을 정당화하고 자존심을 지키려고 하는 것으로 대개 죄의식을 느끼게 될 충동적인 행동에 대해 그럴듯한 이유(핑계)를 만들어 정당화하거나, 자신의 목적을 성취하지 못한 데 대한 변명이나 이유(구실) 등에 사용된다.

합의적 입증(合意的 立證)

하나의 현상에 대한 진실성 혹은 현실성의 기준으로서 상호 동의를 사용하는 것을 말한다. 종종 지역사회 조직(community organization)과 임상사회사업(clinical social work)의 목적 혹은 목표로 사용되며, 또한 그 목표를 향한 과정을 보여 주는 것으로도 사용된다.

핫라인(hot line)

주로 전화에 의한 긴급 비상용의 직통 상담체제이다. 1963년에 사고라든가 통신의 실폐에 의한 전쟁 회피를 위하여 워싱톤의 백악관과 모스크바의 크렘린 사이에 긴급 비상용의 직통통신회선이 설치된 것이 시작으로 된다. 그것이 바뀌어 긴급 또한 비상시의 상담체제 일반을 핫라인이라고 부른다. 사회복지의 분야에서는 아동학대, DV, 자살, 고령자 배회 등 여러 가지 장면에서 핫라인이라는 용어가 사용된다. 전화 이외의 수단이더라도 hot line이라고 불리는 일이 있다.

해밀튼,G.(Hamilton, Gordon:1882~1967)

미국에 있어서 소셜워커의 연구가로서 활약한 여성. 리치몬드(Richmond, M.)와도 친교가 있어, 그의 추천으로 뉴욕의 자선조직협회에서 활동한 경험을 갖고 있다. 1923년부터 뉴욕사회사업학교(현 콜러비아대학)에서 교편을 잡았다. 그 사이 진단학파의 이론적 지주로서 전통적 소셜케이스워크의 옹호와 확립에 공헌했다. 주저(主著)는 1940년에 출판된 『케이스워크의 이론과 실제(Theory and Pracice of Social Case Work)』(1960)가 있다.

해산급여(解産給與)

국민기초생활보장법에 규정된 급여의 한 종류이다. 해산급여는 해산할 때에 당연히 받아야 할 최저 해산보호를 경제적 이유로 받을 수 없게 된 수급자에게 다음 각 호의 급여를 행하는 것을 말한다. 1. 조산(助産) 2. 분만 전과 분만 후의 필요한 조치와 보호 3. 보건복지부령이 정하는 바에 따라 보장기관이 지정하는 의료기관에 위탁하여 행할 수 있으며, 그리고 해산급여에 필요한 수급품은 규정에 의하여 수급자나 그 세대주 또는 세대주에 준하는 자에게 지급한다(위법 제13조).

핵가족(核家族)

한 쌍의 부부와 그 미혼의 자녀로 구성된 가족을 기본으로 한쪽 부모와 미혼의 자녀 또는 부부만으로 구성된 가족이다. 미국의 인류학자 머독(Murdock, G.P.)이 그의 저서 『사회구조 : 핵가족의 사회인류학』(1949)에서 핵가족은 단독이나, 또는 복합형태의 기초단위로서나, 어느 사회에서도 보편적으로 존재하는 집단이라고 논했다. 또 정도의 차는 있어서, 성, 생식, 경제, 교육의 네 가지 기본적 기능을 담당하는 단위로서 식별된다고 논의하여 인류사회에 보편적으로 존재한다고 제창한 가족의 기본 개념이다.

핵가족화(核家族化)

조부모와 같은 직계친족과 형제와 같은 방계친족을 포함하는 가족에 대해 부부 또는 홀로 된 부모와 미혼의 자녀로 이루어진 세대(世代) 및 부부만의 세대를 핵가족이라고 한다. 그리고 핵가족화라는 말에는 두 가지의 내용이 포함되어 있다. 그 하나는 핵가족 세대의 증가 경향을 나타내는 것으로 이는 형태로서의 핵가족화로 불리어진다. 또 하나는 핵가족으로 살아가는 것이 바람직하다는 사고방식으로서 이데올로기로서의 핵가족화로 불리어진다.

핸디캡(handicap) ⇨ 사회적 불리

행동(行動)

신체에 일어나는 반응 혹은 변화 전반에 관한 용어. 근육의 움직임이나 선분비 등의 부분적인 생리적 반응을 미시적 행동이라 하고, 전체적으로 구조화되어진 반응을 거시적 행동이라고 한다.

또한 외부로부터 직접 관찰이 가능한 행동을 '표출된 행동', 그러한 관찰을 단서로 해서 추측되어진 행동을 '숨은 행동'이라고 한다. 사고나 감정 등은 숨은 행동의 일부분이다. 행동이 학습결과에 의한 것이라고 하는 점에서 '생득적인 행동'과 '습득적인 행동'으로 구별하는 경우도 있다. 행동 중에서 행동자의 의도가 관계 갖는 면을 행위로 구별한다.

행동과학(行動科學)

심리학 등의 인간의 일상행동에 관한 복수의 학문분야로부터 이루어지는 학제적(學際的)인 연구영역을 가리킨다. 행동과학은 1946년 미국 시카고학파에 의하여 명명(命名)된 학문으로 종래와 같은 심리학의 관점으로 뿐만 아니라 인문사회과학과 자연과학의 양면에서 인간의 사회생활에서 보여지는 여러 가지 문제의 해결을 최종목표로 하는 학문분야를 목표로 하고 있다. 때문에 인간과 동물의 다양한 행동을 개인레벨 또는 집단레벨까지 폭넓게 대상으로 하여, 제 법칙을 발견하여 그것을 문제해결에 적용한다.

행동요법(行動療法)

행동이론의 식견에 의거하여 환경상의 모든 변수(變數)의 조작에 의해서 클라이언트의 부적응 증상 · 문제행동을 제거 · 감소시킨다거나 적응적인 행동을 형성 · 증가시키는 것을 목적으로 하는 심리요법의 한 분야이다. 이 용어는 리즈데이(Lindsley, O.R.) 등이 최초로(1953년) 사용했는데 아이셍크(ysenck, H.J.E) 편저인 『행동요법과 신경증(神經症)』(1960)에 의해서 널리 알려지게 되었다. → 행동이론

행동이론(行動理論)

종래의 정신분석적 수법에 대하여 외부로부터 대상자를 관찰할 수 있는 '행동'을 객관적으로 연구한다고 하는 심리학의 연구방법이며, 현대 심리학의 주류(主流)의 하나라고 일컬어지고 있다. → 그룹 · 다이네믹스

행동장애(行動障碍)

자기의 사정에 의하여 행동을 일으키거나, 자기의 인지나 행동에 구애되기 때문에 사회적인 관계를 갖기 어려워 일상생활을 영위하기 곤란한 상태이다. 행동장애의 배경에는 심리적 요인, 신체적 요인, 환경요인 등 여러 가지 요인이 있다. 지적장애인(아)나 정신장애인(아)에 대하는 처우상의 개념으로서 받아들이지는 행동장애에는 많이 움직임(多動). 공격적 행위, 불결행위, 성적 이상행위, 거절, 자상행위 등이 있다. 더구나 취사, 세탁, 청소, 세수, 식사, 옷을 벗고 입는다고 하는 일상생활 행위가 되지 않거나, 신변의 일상물품을 사용하여 목적에 맞는 동작을 수행할 수 없는 노년기의 치매의 증상의 하나인 행위 장애와는 다르다는 것에 주의하지 않으면 안 된다.

행동케이스워크(行動 Case Work)

행동요법을 사용하는 케이스워크 기술을 가리킨다. 인간의 행동은 선행(先行)하는 자극에 의하여 영향이 있는 행동(respondent)과 결과에 의해 영향이 되는 행동(operant)이 있어 그와 같은 행동의 시스템을 클라이언트의 문제행동의 변용에 적용해 보는 것이 유효하므로 행동케이스워크는 그 체계화로 되어 있다. 특히 장애아 장애인의 생활훈련 등에 적용되어 왔으나, 최근 고령자 원조에도 사용되도록 되어 왔다.

행정명령(行政命令)

행정부가 발하는 모든 명령을 말하며, 법규의 성

질을 가진 명령(법규명령) 법규의 성질을 가지지 않은 명령을 포함하여 사용되기도 하나, 일반적으로는 이 중 법규의 성질을 가지지 않은 명령, 즉 행정규칙의 의미로 쓰인다. 훈령, 지령, 명령(특허명령) 등이 이 의미에서의 그 예이다. 그러나 이것은 학자에 따라 일정치 않고 더구나 행정명령을 법규명령의 의미로 사용하는 학자도 있다.

행정사무(行政事務)

지방자치체가 당해 지역의 주민의 이해를 확보하기 위하여, 공권력을 가지고 행동목적이나 주민의 복지를 방해하는 것을 배제하는 사무이다. 행정사무의 실시에는 주민의 권리의무에 영향을 미치기 때문에 반드시 필요한 조례(條例)를 제정해야 하지만, 개개의 법률에 근거하지 않고 행할 수도 있다. 행정사무는 주민의 권리를 제한하고 자유를 규제하도록 권리행사를 동반한 사무를 말함으로 구체적으로 벌칙, 기타 규제규정이 있다.

행정소송법(行政訴訟法)

이 법은 행정소송절차를 통하여 행정청의 위법한 처분 그 밖의 공권력의 행사·불행사 등으로 인한 국민의 권리 또는 이익의 침해를 구체하고, 공법상의 권리 관계 또는 법적용에 관한 타툼을 적정하게 해결함을 목적으로 제정된 법이다. 46개 법조문과 부칙으로 되어있다.

행정쟁송(行政爭訟)

광의로는 행정상의 법률관계에 관한 다툼에 있어서 일정한 기관이 이것을 심판하는 것을 말하며, 협의에서는 심판기관이 행정기관인 경우를 말한다(행정 불복신청). 광의의 행정소송가운데 행정기관에 속하는 행정법원이 심판하는 경우를 행정사건 소송이라고 하며 구별하고 있다. 다만, 이와 같은 구별을 하지 않고 사법기관이 심판기관으로 되는 경우도 행정소송이라고도 한다. 현재 우리나라에서는 보통 행정소송을 행정기관에 의한 심판절차(심사청구 이의신청)와 행정소송을 포함한 의미로 사용하고 있다.

행정지도(行政指導)

행정주체가 상대방의 임의의 협력을 기대하여 행하는 조언, 지도, 지시, 요망, 권고, 권장, 협력요청, 경고등으로 불리어지는 것. 지도의 목적은 여러 가지이나, 사회적 경제적 약자의 보호와 생활향상을 위하여 행하여진다. 생활개선 지도나 육아·양육 지도도 행정지도이다. 행정지도에는 강제력이나 구속력이 없으나, 행정이 개인에게 부여하는 심리적 압박에 의하여 지도의 목적이 실현되는 것이 많고, 현실에는 중요한 수법으로 이용되고 있다. 더욱이 사회복지 관련법 등에는 개선지도 등에 따르는 의무를 정하여 이에 반하면 보호의 변경, 정지 또는 폐지할 수 있도록 규정되어 있으나 이와 같은 것까지 행정지도에 포함 여부에 대하여는 견해가 나뉜다.

행정처분(行政處分)

행정행위, 즉 행정청에 의하여 구체적 사실을 규율하기 위하여, 공권력의 행사로서, 외부에 대하여 행하여지는 직접 법적 효과를 나타내는 행위로 허가, 인가, 면허, 승인, 결정, 금지, 면제 등의 제 행위를 뜻한다. 학문상으로는 행정행위라는 말이 사용되어 법령상은 '행정청의 처분', 혹은 '행정처분'이라고 사용된다. 행정처분은 법규와 행정목적에 적합하여야 하며 법규에 위반하는 처분은 위법처분으로서 행정심판·행정소송의 대상이 되고, 행정목적에 위반하는 처분은 부당처분으로서 행정심판의 대상이 된다.

행정행위(行政行爲)

행정청에 의해 구체적 사실을 규율하기 위하여 공권력의 행사로써 외부에 대하여 행하여지는 직접 법적 효과가 발생하는 행위이다. 행정행위는 학문상의 말로 법령상으로는 행정청의 처분이나 행정처분이란 말로 사용된다.

향약(鄕約)

조선왕조 때 권선징악(勸善懲惡)과 상부상조를 목적으로 만든, 향촌의 자치규약이다. 본시 중국 송나라 때의 여씨향약(呂氏鄕約)을 본뜬 것으로, 덕업상권(德業相勸) · 과실상규(過失相規) · 예속상교(禮俗相交) · 환난상휼(患難相恤)의 네 강목을 주 정신으로 하였다. 조선 중조 때 조광조 등의 주장으로 추진되어 중종 14년(1519년)에 실시되었다가 곧 파했으나, 명종 11년(1556년) 이황(李滉)의 예안(禮安)향약, 선조 4년(1571년) 이이(李珥)의 해주(海州)향약을 비롯하여 이후 지방에 따라 여러 가지 향약이 있어 왔다. 보통 각 읍의 향교 또는 향묘를 중심으로 약정(約正) · 부약정(副約正) · 직월(直月) 또는 유사(有司) 등 여러 임원을 두었다.

향정신성의약품(向精神性醫藥品)

습관성 · 중독성이 있는 의약품으로 환각제 · 각성제 등을 포함한다. 계속 사용하면 대상(代償) 기능이 생기고 약효가 점차 줄어서 용량을 늘려야하며, 중독되기 쉬운 습관작용이 있는 의약품을 말하며, LSD(Lysergia Acid Diethylamide, 독일어의 Lyserg saure- diathylamid에서 딴 약칭 : 환각제)와 같이 환각작용이 있는 물질과 암제타민 히로뽕과 같은 각성제, 바르비탈 같은 습관성 약품 따위가 있으며, 사람의 중추신경계에 작용하여 오용 · 남용했을 경우, 인체에 현저한 위해를 끼칠 것으로 인정되는 물질을 향정신성의약품으로 규정하고 있다. 각성제는 중추신경과 교감신경을 흥분시키는 의약품으로, 혈압상승과 피로감을 없애며 수면을 방해하는 작용을 하는데 습관성이 되면 정신분열증까지 일으킨다. 대표적인 환각제로는 대마초와 LSD를 꼽을 수 있다.

허약고령자(虛弱高齡者)

특정의 질환 때문이 아니고, 심신의 기능이 저하되어 있는 고령자. 다만, 명확한 기준은 없다.

허약아동(虛弱兒童)

학교교육의 분야에서 일반의 아동과 비교하여 동일의 교육훈련을 과할 수 없는 상태에 있는 아동을 가리키는 말이다.

구체적으로는 신체가 허약하다고 하는 정도의 의미로 사용되고 있다. 더구나 최근에는 허약한 체질이나 기관지천식, 정서장애 등에 의한 경우가 눈에 띄고 있는데 현실적으로는 그 판정이 곤란한 경우도 있다.

허용적 부모(許容的 父母)

허용적 부모를 자녀에 대해 수용적이고 상당히 애정적이지만 자녀의 행동을 전혀 통제하지 않는다. 그리고 자녀의 행동과 사고(思考)에 거의 제한을 가하지 않으며, 성숙한 행동의 표준도 없을 뿐만 아니라 자녀가 스스로 자신의 행동을 결정하기를 원한다. 허용적 부모를 가진 자녀는 대단히 미성숙하기 때문에 충동적이고 공격적이며, 책임감이 부족하다. 또한 이러한 자녀는 부모에게 많은 것을 요구하며, 대인관계에서 독단적인 경향이 있고, 인내심이 부족하며 자기 통제력이 결여되어 있는 것 등이 단점이다.

허혈(虛血)

국소성(局所性) 빈혈 가운데 특히 그 정도가 심하여 국소에의 혈액공급이 극단으로 감소하는 것을 말한다. 동맥의 협착이나 동맥순환 부전(不全)으로 일어난다.

헌법(憲法)

한 나라에 있어서 국민의 기본권보장과 정치체제의 조직과 운영에 관하여 규정한 최고의 효력을 가진 법을 말한다. 각종 사회단체(예: 학교·회사·조합·시·군·구·면·국가 등)는 각각 조직 운용을 위한 규칙을 가진다. 국가의 경우 그 규칙을 '법'이라고 한다. 국가에는 다수의 법(법률, 명령, 규칙, 조례, 조약 등)이 있으나, 이러한 여러 법률의 내용 형식은 헌법에 위반해서는 안 된다. 즉 헌법은 근본법, 기본법(根本法 基本法)이다.

근본법을 헌법이라고 부르게 된 것은 미국연방헌법(1788년)이 스스로 헌법이라고 하여 제정된 것이 시초이다. 대한민국헌법은 1948년 7월 17일에 제정(제헌절)이 최초의 헌법이다.

헌법제11조(憲法 第11條)

대한민국 헌법 제11조는 국민평등의 원리를 규정하고 있다.

구체적으로는 ① 모든 국민은 법 앞에 평등하다. 누구든지 성별·종교 또는 사회적 신분에 의하여 정치적·경제적·사회적·문화적 생활의 모든 영역에 있어서 차별을 받지 아니한다. ② 사회적 특수계급의 제도는 인정되지 아니하며, 어떠한 형태로도 이를 창설할 수 없다. ③ 훈장 등의 영전은 이를 받은 자에게만 효력이 있고, 어떠한 특권도 이에 따르지 아니한다고 하여 국민의 평등을 명시하고 있다.

헌법제34조(憲法 第34條)

우리나라 헌법 제34조에서는 국민의 생존권 및 국민의 사회보장적 의무를 규정하고 있다.

구체적으로는 ① 모든 국민은 인간다운 생활을 할 권리를 가진다. ② 국가는 사회보장·사회복지의 증진에 노력 할 의무를 진다. ③ 국가는 여자의 복지와 권익의 향상을 위하여 노력하여야 한다. ④ 국가는 노인과 청소년의 복지향상을 위한 정책을 실시할 의무를 진다. ⑤ 신체장애자 및 질병·노령 기타의 사유로 생활능력이 없는 국민은 법률이 정하는 바에 의하여 국가의 보호를 받는다. ⑥ 국가는 재해를 예방하고 그 위험으로부터 국민을 보호하기 위하여 노력하여야 한다고 규정하고 있다.

헐하우스(Hull House)

토인비 홀의 영향을 받아서 1889년에 아담스(Addams, J.)에 의해 사카고의 슬럼가에 개설된 세계 최대 규모의 세틀먼트운동의 거점 시설이다. 토인비 홀의 영향을 받은 아담스(Addams, J.)와 스타(Starr, E.) 두 사람이 창설자이다. 이 시설에서는 이민 등에 대한 교육 프로그램을 통하여 그룹워크적인 활동을 추진하고 또 주민의 조직화와 공공서비스의 개선운동을 전개했다. 창설자의 아담스는 사회개량사업에 열의를 가지고 또 평화운동에서도 공헌했다. → 아담스, J.

헤로인(heroin)

디아세틸모르핀이라고도 하는 습관성이 강한 마약의 하나이다. 모르핀을 아세틸화하여 만드는데 모르핀보다 진통, 진해(鎭咳)작용이 강하고 효력도 빠르다. 전에는 폐결핵의 진해제로 사용한 적도 있었으나 습관성·중독성 때문에 사용이 금지되었다.

헬스케어산업(health care 産業)

사람들의 가장 큰 관심사인 생명 건강에 관해 새로운 시각에서 장래의 발전 가능성을 모색하는 것이다. 영양의 과잉섭취 운동부족은 문명병으로 불리는 갖가지 증상을 현실로 보여 주고 있다. 동시에 평균수명의 연장으로 인한 노인층의 급증, 고령화 사회의 출현도 건강산업에 대한 지출을 증가시킬 것으로 예상된다. 건강산업에는 ① 생체개발 분야로 레이저진단 치료, 신 약품 한약제, 생체대체치료 ② 건강개발분야로서의 전자 혈압계, 스포츠음료, 유산균 식품 ③ 식량 분야로서의 뉴푸드프로세스, 식물 공장 ④ 애슬레틱스클럽이나 스포츠클럽 등이 있다. 이 분야를 뒷받침하는 기술에는 일렉트로닉스, 뉴미디어리얼, 라이프 사이언스 등이 있다.

현금급여(現金給與)

현물급여와 대비되는 사회복지서비스 급여형태의 하나이다. 금전 등의 급여에 의하여 니즈의 충족을 꾀하는 것으로 금전급여라고도 일컬어진다. ①수당, 연금 등의 현금의 지급 ②세제상의 감면 공제 ③융자, 대여 등의 형태가 있다. 현금급여에는 서비스이용자가 지급된 금전에 의하여 스스로 필요로 하는 장점이 있으나, 역으로 지급된 금전이 필요한 니즈의 충족에 쓰이지지 않고 다른 데에 유용될 위험성도 있다.

현대적 빈곤(現代的 貧困)

빈곤문제의 역사적 추이에서 특히 고전적 빈곤과 대비되어 현대 상황에서 생기는 빈곤문제를 말한다. 현대자본주의의 구조적 변화, 특히 복지국가체제, 사회보장정책 등의 전개에 의해 고전적 빈곤의 양상이 크게 변동했다. 생활제요소의 다양화, 복합화에 의해 단순한 의식주 수준뿐만 아니라 일반적으로 생활불안이라 불리우는 생활의 약화나 기반의 안정성의 상실 등이 출현한다. 특히 현대의 도시적 생활, 지역변동, 환경파괴, 문화의 요구와 사회자본의 부족 결여에 의한 생활의 뒤틀림, 범죄, 비행 등도 현대빈곤을 생각하는 지표이다.

현물급여(現物給與)

현금급여와 대비되는 사회복지 서비스 급여형태의 하나이다. 필요한 서비스나 물품을 현물의 형태로 직접 급여하는 것에 의해서 니즈의 충족을 도모하는 것이다. 생활보호 및 사회보장급여 중 물품의 지급 또는 대여, 의료급여, 시설이용, 서비스 제공 등 금전급여 이외의 방법으로 제공되는 급여. 근대에 있어서 공적 부조제도는 요보호자의 경제적 독립을 전제로 금전급여를 원칙으로 하지만, 인구 고령화에 따라 사회보장서비스나 의료서비스 등의 현물급여가 증대하는 경향이 있다. 금전급여는 최저보장을, 현물급여는 최적보장을 각각의 근거로 한다. 우리나라의 국민기초생활보장법에서는 의료급여 이외에 교육급여와 장제급여의 일부가 현물급여로 되어 있다.
→ 현금급여

현실성의 원리(現實性의 原理)

이용자의 사회생활상의 기본적 요구가 실제 실시되고 있는 서비스나 여러 시책이 이용자와의 사회관계 가운데 에서 충족되지 않는 것이 있다. 그렇기는 하지만 생활은, 휴지(休止)하거나, 정지하거나 하는 일이 없는 절대적이고 또한 현실적인 것으로 이용자에 있어서는 기본적 요구는, 시간적 여유가 없는 것이다. 따라서 사회복지의 원조는 일정한 효율이나 능률을 구하면서도 현실에 이용하면서 얻을 수 있는 사회자원과의 관계에서 해결해 가지 않으면 안 된다. 이와 같은 현실성을 중시하는 것이 현실성의 원리이다.

현임훈련(現任訓練)

사회복지에 국한되는 것은 아니지만 일정 수준의 전문성(지식, 가치 · 윤리, 기능)이 요구되는 직업에 있어서 거기에 종사하고 있는 직업인에 대해서 직무에 임한 상태로 훈련을 실시하는 것을 현임훈련이라고 한다.

사회복지 서비스의 내용이나 질적 측면이 중요시 되고 있는 지금 복지종사자의 자질 향상은 한층 요망되고 있다. 현임훈련은 대학이나 전문대학 등 학생을 대상으로 실시되는 체계적인 전문교육과는 달리 현역의 제일선의 직업인에 대해서 실시되는 훈련이기 때문에 그 형태, 방법 및 내용 또는 시간 · 기간 등은 특수하다.

현재적 니즈(顯在的 needs)

잠재적 니즈의 대어(對語). 복지니즈 등의 니즈를 두 개로 대별한 경우 의존상태 및 그 해결의 필요성을 본인이 자각하여 감득(感得)하고 있는 니즈. 결국 현실적 서비스 수요로서 현재화하고 있는 니즈. 예컨대 가족 수발(케어)에 의하여 재택에서 생활하고 있는 고령자가 가족수발의 한계를 느껴, 특별 양호노인 홈 등의 복지시설에의 입소를 희망하는 것 같은 경우, 시설 복지서비스를 필요로 하는 니즈는 현재화되어 현재적 니즈로 된다. ↔ 잠재적 니즈

현지조사(現地調査)

현지조사는 일반적으로는 연구 대상으로 되는 지역에 체재하면서 현지의 사람들의 생활에 참가하여 관찰하는 문화인류학의 수단이며, 현지의 자료수집과 기록과정을 말하며, field work라고도 한다. 현지자료의 원천은 일반적으로 아직 문자로 표현되지 않은 지역사회 · 집단 · 개인의 생생한 관습, 행동, 태도, 의견, 속성 등이다. 현지조사에서는 이 같은 제1차 자료를 면접법, 관찰법, 테스트법 등에 의해 문자화한다. 현지조사의 방법에는 조사표를 사용하는 면접 조사법을 중심으로 배포, 집합, 우송, 전화 조사법 등이 있다.

혈압(血壓)

심장에서 송출된 혈액이 혈액벽을 눌러 펴지는 압력으로, 보통은 왼팔의 상완동맥(上腕動脈)의 압력을 체외에서 측정한 값을 말한다. 말초신경 및 중추신경에 혈압조절 기능이 있고, 각 장기의 혈액순환을 유지한다. 혈압치는 주로 말초혈관의 저항성과 심박출량(心拍出量)의 밸런스에서 결정되어 사람의 수축기 혈압의 평균은 120mm Hg 정도인데 나이를 먹음에 따라 높아지고, 운동, 식사, 음주, 입욕, 정신상태 등의 영향을 받아 다소 변동한다. 동맥혈압은 심박동(心拍動)때 마다 변동하여 심장이 수축한 때에 가장 높고(최고혈압) 확장되었을 때 가장 낮(최저혈압)아 진다. → 고혈압, 바이탈사인

혈액투석(血液透析)

신장이 쇠약한 환자의 혈액을 정제하는 의료과정을 의미한다. 이 과정은 다른 한 쪽에 특수한 투석(diaysis)액을 두고 혈액을 반투성 얇은 막의 한쪽으로 순환시키는 기계장치를 갖추고 있다. 혈액 노폐물은 얇은 막을 통해서 퍼지며 투석액과 함께 버리게 된다.

혈우병(血友病)

혈액응고인자가 저하하고 있기 때문에 출혈성

소인(素因)을 초래하는 반성열성(伴性劣性) 유전성 질환. 관절내, 근육내 등에서의 출혈이 특징적으로, 출혈의 반복에 의해 혈우병성 관절증을 보인다. 또 출혈하기가 쉽기 때문에 수술, 외상, 이를 뽑는 등에 특별한 주의가 필요하다. 근치요법은 없으나 혈액응고인자제제(血液凝固因子製劑) 등의 보충요법에 의하여 예후(豫後)는 개선되어, 자기주사(自己注射)에 의하는 자기 관리도 가능해 가고 있다. 우리나라에서는 HIV 바이러스에 오염된 혈액응고인자제제의 투여를 받은 것이 원인으로 많은 혈우병 환자가 에이즈를 발병하고 있다고 하는 사회문제가 있다.

혈전(血栓)

혈관 내에서 혈액이 응고한 것. 혈전은 적혈구(赤血球)를 주체로 하는 적색혈전과 백혈구(白血球)를 주체로 하는 백색혈전이 있다. 혈전이 혈류(血流)를 저해하여 조직에 중대한 장애를 가져오는 것을 혈전증(血栓症)이라고 하며, 뇌에서는 뇌혈전, 심장에서 심근경색(心筋梗塞)을 일으킨다. → 뇌혈전(증), 심근경색

협동사회(協同社會)

게마인샤프트와 게젤샤프트는 그 결합방식에 의한 구별이지만, 실제 사회집단 중에는 공동 이익사회 양쪽의 성질을 띠고 있어 구별하기 힘든 것이 있는데, 이러한 협동사회, 즉 게노센샤프트의 존재가 최근 특히 주목되고 있다. 학교 같은 것이 여기에 속한다.

협동조합(協同組合)

1844년 영국의 로치데일(Rochdale) 소비조합에서 조합원의 상호부조를 목적으로 발달한 다수 집단기업을 말한다. 상호부조주의, 민주주의, 이용주의의 원칙에 의하는 특징을 가지며, 생산조합, 구매조합, 판매조합, 신용조합, 이용조합 등이 있다.

협약(協約)

협약은 당사자의 일방 또는 쌍방이 단체(사적단체 · 공적단체 · 국가)인 경우의 계약에 관하여 쓰인다. 또 협약은 국제법상조약의 명칭으로 협정과 동의어로 쓰이기도 한다. 광의의 조약에는 '협약' '규약' '헌장' '규정' '협정' 등이 있다. 또 노동조합과 사용자 사이의 협정과 동의어로 쓰인다. 예컨대 "노동조합법상의 단체협약이 그 예이다. 단체협약은 서면으로 작성하여 당사자 쌍방이 서명 또는 날인하여야 한다"(노동조합 및 노동관계조정법 제31조1항).

형사보상(刑事補償)

형사피고인으로서 구금되었던 자가 무죄판결을 받은 때에 법률이 정하는 바에 의하여 국가에 대하여 청구할 수 있는 정당한 보상을 말한다. 현행 헌법에서 규정하고 있는 형사보상의 청구 권자에는 형사피의자까지도 포함시키고 있다. 즉 "형사피의자 또는 형사피고인으로서 구금되었던 자가 불기소처분 또는 무죄판결을 받은 때에는 법률이 정하는 바에 의하여 국가에 정당한 보상을 청구할 수 있다"고 하는 것이 그것이다. 형사보상은 프랑스, 독일 등 유럽대륙에서 발달된 제도이며, 초기에는 국왕(國王)의 은혜로서 관념되었으나 오늘날에는 국가의 의무로 발전되었다.

우리나라는 형사보상에 관한 사항은 헌법 제28조에 의한 형사보상법에서 정하고 있으며, 이 법은 1958년 8월13일에 제정되어 여러 차례의 개정이 있었다.

형사정책(刑事政策)

형사정책에 해당되는 영어도 존재하나 독일어의 Kniminalpolitik의 번역어로 생각해도 괜찮다. 형사정책이란 말은 두 가지 의미를 가지고 있다. 범죄에 대한 사회방어를 주된 목적으로 하는 공공정책을 의미할 경우와 그와 같은 정책을 대상으로 하는 학문을 의미하는 경우이다. 전자를 사실로서의 형사정책으로 부르는 사람도 있다. 후자는 법학부 등에서 강좌명 또는 학과목의 이름으로 약 60년의 전통을 가지고 있다. 그러나 최근 학문으로서의 형사정책은 반드시 범죄에 대한 공공정책만을 대상으로 하는 것이 아니고 공공정책 이외의 사회적 대응, 예를 들면 지역사회에 있어서 주민운동으로서의 범죄예방 등을 취급하는 것이 보통이다. 그러나 중요한 것은 사실로서의 형사정책이다.

형성집단(形成集團)

형성집단은 어떤 외부적인 영향력이나 개입을 통해서 구성된 집단이다. 인위적 집단이라고 하는 것으로 특정목적이나 계획을 위하여 인위적으로 조직한 집단이라고도 한다. 이것은 외부의 지원과 협력을 받지 않고는 존재하기 어려우며, 특수한 목적을 달성하기 위해서 소집된다. 형성집단은 집단의 지속기간이 비교적 짧고 구성원들의 역할이 단순하며, 구성원들 간의 대면적인 상호작용이 적다. 형성집단으로는 과업집단, 시설 병원의 재활을 목적으로 하는 치료적 집단, 위원회 등이 있다.

형의 집행유예(刑의 執行猶豫)

형의 집행유예란 유죄 판결을 선고할 때 형의 언도(言渡)는 행하여지나 그 집행을 일정기간 유예하는 제도이다. 집행유예기간 중에 재범(再犯) 등의 조건 위반이 있으면 집행유예는 취소되어 선고된 형이 현실로 집행된다. 벨기에나, 프랑스 등에서 시작되어 우리나라는 물론 유럽 각국에서 널리 채용되고 있다. 이에 대하여 영 · 미 법의 각국에서는 형의 선고 그 자체를 유예하는 선고유예제도가 행하여지고 있다.

혜민국(惠民局)

고려시대 저소득 빈민을 치료하던 의료기관이다. 조선시대 세조 때는 고려의 제도를 계승하여 혜민국을 설치했다가 혜민서로 개칭되었으며, 구한말(舊韓末)에 혜민원이란 빈민 구휼(救恤) 관청이 있었다.

호손효과(Hawthrone 效果)

사회조사에서 종종 나타나는 것으로, 실험대상자들이 지켜보고 있다는 사실을 의식함으로써 그들의 전형적인 것과 다르게 행동하는 현상을 의미한다. 예컨대, 정신병원에서 보호를 받고 있는 사람들의 상호작용을 관찰하는 사회사업가는 보호받는 자가 지켜보고 있지 않을 때 나타나는 것과 동일한 행동을 관찰하지 못할 것이다.

호손효과(Hawthrone 效果)

사회조사에서 종종 나타나는 것으로, 실험대상자들이 지켜보고 있다는 사실을 의식함으로써 그들의 전형적인 것과 다르게 행동하는 현상을 의미한다. 예컨대, 정신병원에서 보호를 받고 있는 사람들의 상호작용을 관찰하는 사회사업가는 보호받는 자가 지켜보고 있지 않을 때 나타나는 것과 동일한 행동을 관찰하지 못할 것이다.

호스피스(hospice)

호스피스는 중세(中世)의 수도원 등에 설치되

어 병자, 부랑인, 빈민을 위한 자선시설(hospital)이 어원(語源)이라고 한다. 호스피스는 라틴어가 어원인 호스피스(hospes손님) 또는 호스피티움(hospitum손님접대)에서 유래한 말이며, 주인과 손님이 서로 돌보는 것이나 돌보는 장소를 뜻한다. 근대의 호스피스는 사운더스(Saunders, C.)에 의한 런던의 성크리스토퍼 호스피스(1967년 개설)로부터 시작되었다. 오늘날은 노쇠(老衰) 또는 노화(老化)와 연계된 질병에 의한 임종(臨終)이 가까운 노인, 젊은이, 장년(壯年)들이라도 말기의 암 · 난치병의 환자를 입원시켜 연명(延命)을 위한 치료보다는 병으로의 고통(고생)을 완화시키는 것을 목적으로 한 케어를 행하는 시설이다. 근래 미국의 의학계에선 말기환자 등 죽음이 임박한 환자들을 간호하는 의료시설을 가리키는 개념으로 쓰이고 있다.

구체적으로는 환자나 가족의 요망이나 지역의 특성을 감안하여 관계시설이나 기관이 연락 · 조정하여 최선을 다하는 것이 중요하다. 또 환자가 여생동안 인간으로서의 존엄성과 삶의 질을 유지하면서 임종을 편안히 맞이하도록 신체적 · 사회적 · 영적으로 도우며, 가족의 고통을 줄이기 위한 총체적인 보살핌을 의미한다. 또 그와 같은 일을 충실히 하려고 하는 운동을 호스피스운동이라고 한다. 우리나라에서는 1988년 10월 가톨릭의대부속 강남성모병원에 처음 설치되었다. 호스피스개념이 많이 보급된 미국에서는 죽기 3~6개월 전의 기간을 말기로 설정한다.

호스피스 케어(hospice care)

터미널케어에 있어서 호스피스의 발상(發想)에 의거하여 실시되는 시설 혹은 재택(在宅)의 케어. → 터미널 케어, 재택 호스피스

호스피털리즘(hospitalism)

시설병 혹은 시설벽(施設癖)이라 번역된다. 일반적으로는 장기간 입원생활이 원인으로 노이로제 등의 정신적 · 신체적 증상이 일어나는 것이다. 아동이 수용시설이나 병원 등에서 가정으로부터 장기간 떨어져 양호를 받을 때 생기는 심신의 발달장애를 총칭하는 증후로서 구미의 임상심리학자 · 정신의학자에 의하여 밝혀졌다. 주된 증후로서는 ①신체 · 지능 · 사회성 · 자아의 발달장해 ②손가락 빨기, 야뇨 등의 신경증적 경향 ③공격적 또는 도피적 경향 · 시설 외 생활적응 곤란 등 대인관계 장애의 세 가지 측면이 지적되고 있다. 그러나 양호 조건의 개선에 따라 신체적 발달장애는 거의 극복되고 심리적 · 정서적 발달장애 해결에 관심을 쏟고 있다. 이것을 방지하기 위해서는 유아를 품에 안아 주고 달래주고 같이 놀아 주는 등 어린이와 접촉을 밀접하게 하는 것이 가장 효과적이다. 호스피터리즘은 이 연구가 진행함에 따라 아동복지시설의 보육내용의 개선에 성과가 있었으나 한편에서는 시설보육에의 편견이 지금까지도 아직 남아 있는 논거(論據)로 되어 있다. 최근의 연구에서는 이러한 호스피털리즘을 시설양호뿐만이 아닌 시설입소 전후의 모성박탈과 관련시켜 원인 규명이 행해지고 있으며 성인 · 노인의 수용시설에서도 문제시되고 있다.

호프만식계산법(Hoffmann式計算法)

교통사고 피해자 등에 대한 손해배상액 계산 등에 쓰이고 있는 호프만방식(Hoffmann Method). 독일의 경제학자 호프만이 아직 기한이 이르지 않은 무이자 채권의 현재가액을 산정

하는 방법으로 고안한 것인데, 오늘날에는 주로 사고 등의 피해배상액 계산방법으로서 일반화되었다. 즉 호프만방식은 피해자가 장래 거두게 될 총수입에서 중간이자를 공제한 것을 배상액으로 하는 것으로서 즉, 무이자 기한 부채권의 기한이 아직 도래하지 않은 때에 그 현재가액을 산정하는 방법으로서 즉, 피해자의 생활에 걸친 총수입으로 부터 본인의 생활비, 소득세 등의 제비용을 공제하고, 그것에 취로 가능한 연수를 곱한 뒤 중간 이자를 공제하는 방법으로 계산하며, 주로 피해자의 보상에 관한 합의 방법에 많이 사용된다(월수익×2/3(생계비 1/3공제)×호프만수치(가동연한까지의 수치-가동개시일까지의 수치).

호흡곤란(呼吸困難)

몸의 조직에의 산소공급의 필요성으로부터 호흡수가 증가하거나, 숨이 답답하다고 호소하는 상태. 기도(氣道)의 협착, 천식, 기관지염, 폐염 등 호흡기계에 문제가 있는 경우의 심부전이나 심인성(心因性)의 호흡곤란 등, 원인은 여러 가지이다. 뇌의 산소 부족에 의한 의식장애, 경련 등이 나타나 호흡정지나 심정지(心停止)를 초래하므로 조기의 적절한 조치가 불가결하다.

호흡기장애인(呼吸器 障碍人)

폐나 기관지 등 호흡기관의 만성적 기능 부전으로 인한 호흡기능의 장애로 인하여 일상생활을 하는 데 있어 상당한 제한을 받는 사람을 말한다(장애인복지법시행령 제2조).

호흡기질환(呼吸器 疾患)

호흡을 담당하는 기관의 질병의 총칭. 보통은 기관, 기관지, 폐의 급성 및 만성 질환을 말한다. 대표적인 것에 폐렴, 폐결핵, 폐암이 있고, 만성 질환에는 폐기종, 만성 기관지염, 기관지 천식 등이 있다. 어느 경우에도 주의해야 할 증상으로서 발열, 담, 혈담, 이상호흡, 흉통, 권태감, 식욕부진 등의 전신상태(全身狀態)를 들 수 있다.

혼수(昏睡)

가장 고도한 의식장애. 의식이 완전히 소실(消失)되어 정신 활동이 정지돼 버린 상태를 말한다. 자극에 대한 반응이나 자발운동, 근육의 긴장 등이 소실한다. 실금(失禁)도 나타난다. → 의식장애, 의식혼탁.

홀리스, F.(Hollis, Florence: 1907~1987)

미국의 사회복지 연구가. 케이스워크 이론의 하나인 진단주의(診斷主義) 케이스워크의 대표적인 논자(論者)의 한 사람이다.

사회복지의 실천경험을 거쳐, 대학에서 케이스워크의 연구 · 교육에 의해 이론체계의 발전에 공헌했다. 개별원조의 심리 · 사회적 어프로치를 시도, 그의 주저『케이스워크 ; 심리사회요법』(1964년)은 그의 연구의 집대성이다. 그 내용은 개별원조의 구성요소를 개인, 환경, 그 양자의 상호관계를 받아들인 점에 특징이 있다.

홀몬(hormone)

생체 내외의 자극에 의하여 내분비세포에서 생산(生産) 분비되는 물질. 내분비세포는 집합되어 내분비선을 구성하고 있는 경우와 체내의 여러 곳에 산재(散在)되어 있는 경우가 있다. 생체의 성장, 자율기능, 본능적인 행동을 조정하여, 생체내의 항상성(恒常性)을 유지하기 위하여, 체내의 다수의 세포, 각 기관이나 계(系)

의 기능을 조정하여 통합한다. 그 위에 홀몬의 종류에 의하여 조정이 행하여지는 세포라던가, 기관(器官)이 결정되어 있다. 홀몬은 원래 미량으로 밖에 분비되지 않으나, 그 작용은 커서, 과도하게 분비되면 기능항진증(機能亢進症), 부족하면 기능저하로 되어, 여러 가지의 질병을 일으킨다.

홈헬퍼(home helper)

방문도우미(봉사자)라고도 한다.

몸이 허약하거나 자리보전을 하고 있는 노인, 치매 등의 고령자의 자택을 방문하여 수발이나 가사, 각종 상담 · 조언(助言)을 행하여 언제까지나 안심하고 노후를 보낼 수 있도록 원조하는 동시에 가족 등의 뒷바라지의 부담을 덜어주는 전문직이다.

구체적으로는 식사와 배설, 옷 갈아입히기, 장애인 돌보기, 일시 탁아, 심부름 대행, 목욕시키기, 조리나 세탁, 청소, 의류의 수선, 생활필수품 등의 구매, 빈집 봐주기 등 가사원조, 거기에 생활에 관한 각종 상담 · 조언이 중심이 된다. 홈 헬퍼제는 자치단체 행정서비스를 가정복지 분야에까지 영역을 확대한 형태로 일본, 미국 등에서는 일반화 되어 있다.

서울시에서는 1996년부터 각 구청의 동주민센터에서 가정복지센터를 설치하여 시행하고 있다.

홈헬프서비스(home help services)

지역복지시책의 중심적인 서비스이다. 재택원조를 목적으로 하는 서비스로서 가정봉사원(home helper)을 중심으로 하되, 가족이나 볼런티어의 협력, 보건원, 간호사, 의료 케이스워커 등의 협조를 얻어 수행한다. 종래 사회복지시책의 중심은 시설과 기관에 의한 처우였으나, 오늘날에는 시설, 기관으로부터 진일보하여 지역사회 생활의 장에 있어서 복지서비스의 확대와 방문서비스망을 조직화하는 방향으로 나아가고 있다.

구체적으로는 가정에서 가사(家事)나 육아를 하는 사람이 없다든지 혹은 가정능력이 부족하다든지, 가족에게 케어(간병, 수발, 가사, 보조 등)를 필요로 하는 노인이나 장애인이 있다든지 하는 경우에 그 가정을 원조하고자 하는 재택(在宅)복지서비스를 말한다.

홈헬프코디네이터(home help coordinator)

주거서비스를 제공하는 경우, 이용자와 일하는 사람과의 관계를 조정하는 자로 파견자 결정의 적부(適否)의 판결, 이용자와의 갈등해소, 봉사원 교육 등을 조정하며 이용자의 가정 사정, 파견자의 능력이나 이용자와의 성격분석 등을 고려한다. 또 서비스를 효과적으로 수행하기 위해 최근에는 복지시책, 의료기관 등 관련 기관과의 조정도 중요하다.

홉킨즈, H.(Hopkins, Harry: 1890~1945)

미국 뉴딜(New Deal) 시기에 활약한 사회사업의 공적인 책임자이다. 1931년 뉴욕결핵예방공중위생협회의 사회사업가였을 때 당시 뉴욕 주지사였던 프랭클린 루즈벨트의 눈에 띄어 임시긴급구제국의 사무국장으로 발탁되었다. 루즈벨트 대통령 취임과 함께 그의 오른팔로 연방 긴급구제국(FERA)의 국장이 되었으며, 1934년에는 경제보장위원회 위원으로 사회보장법의 기초에 관여하였다.

홍보활동(弘報活動)

집단이나 조직, 회사, 단체의 대외관계, 계발, 선전을 위해 그들을 환경에 적응시켜 사회의 이해를 얻을 목적으로 각종 단체와 일반 시민들 간에 건전하고 건설적인 관계를 확립 유지하기 위하여 행해지는 활동을 말한다. 이러한 단체나 조직의 사업을 호전시키기 위해서는 일반서비스 지지가 필요하고 공평하게 일반 시민들에게 관심을 가지고 일의 내용을 대중에게 이해시키는 것이 필요하다. 이것은 지역사회조직 과정에서 효과적으로 추진해 나가기 위한 중요한 기술이기도 하다.

화병(火病)

화병은 국어사전에 울화병의 준말이라고 되어 있다. 화병은 일종의 분노증후군으로 분노의 억제 때문에 나타나는 심리적 문제이다. 중요 내용은 불면증, 위장장애, 피로, 공황, 급사공포, 우울감정, 소화불량, 식욕부진, 호흡곤란, 심계항진, 일반통증 또는 두통, 상복부에 덩어리가 맺힌 느낌 등이 신체화 증상으로 이루어져 있으며, 대체로 만성적인 장애이다. 우리나라의 일차성 우울증 환자들이 심리적 고통은 신체증상을 통하여 나타내는 문화적 정신질환의 한 유형이다.

화이트칼라범죄(white Collar 犯罪)

화이트칼라라 함은 정신적 · 지적 노동을 주제로 하는 근로자의 속칭이다. 사무 근로자나 기술 근로자 등이 여기에 해당한다. 육체적 노동을 주로 하는 불루칼라(blue collar)에 대치되는 개념이다. 화이트칼라 범죄라 함은 수더란드(Sutherland, E.H.)에 의하여 사용된 범죄사회학에서의 개념. 광의에는 비즈니스와 전문적 직업에 종사하고 있는 사람들의 범죄 행동을 말한다. 명망있는 사회적 지위의 높은 인물이 직업상 저지르는 범죄이며, 위법행동이라고 수더란드는 정의하고 있다. 그의 연구에 의해 상 · 중 계층의 조직적 범죄의 현저함이 실증되었다. 법인 단체의 회계상의 허위의 신고, 주가의 조작, 사업에 있어서의 증수뢰(贈收賂), 입찰, 납품 등의 계약 등을 유리하게 하고 직접 간접의 공적인 업무에서의 증수뢰, 선전 광고나, 판매에 있어서 가지각색의 허위, 자금의 횡령이나 악용 등 다양한 형태가 존재한다.

화이트하우스 콘퍼런스 ⇨ 백악관회의

화폐적 욕구(貨幣的 欲求)

사회복지 욕구의 충족은 금전급여와 현물급부여로 대별할 수 있지만 화폐적 욕구라 함은 금전급여에 의해 충족 가능한 욕구를 의미하는 것으로 조작적으로 사용되는 말이다.

확대가족(擴大家族)

확대가족이라 함은 부부, 자녀 이외에 조부모 또는 형제자매 등 방계(傍系) 친족이 동거하는 가족이며, 대가족 또는 3세대(三世代) 가족이라고도 한다. 가족을 그 구성에 의해 분류했을 때의 핵가족 이외를 총칭하여 말한다. 아이들이 결혼 후에도 부모와 동거하는 대가족의 형태를 취한 것으로 서 둘 이상의 핵가족의 집합으로 되어 ① 직계가족(부부와 하나의 아들 가족과의 구성으로 미혼 자녀와 동거하는 경우도 있다) ② 복합가족(부부와 복수의 기혼 자녀의 가족과의 구성으로 미혼 자녀와 동거하는 경우도 있다)이 있다. → 핵가족

확정급여형퇴직연금(確定給與型退職年金)

확정급여형 퇴직연금이라 함은 근로자가 지급받는 급여의 수준이 사전에 결정되어 있는 퇴직연금을 말한다(근로자 퇴직급여 보장법 제2조7호).

확정기여형퇴직연금(確定寄與型退職年金)

확정기여형 퇴직연금이라 함은 급여의 지급을 위하여 사용자가 부담하여야 할 부담금의 수준이 사전에 결정되어 있는 퇴직연금을 말한다(근로자 퇴직급여 보장법 제2조8호).

환각(幻覺)

대상이 없는 지각(知覺). 바깥으로부터의 감각자극이 없는데도 마치 있은 것처럼 지각되는 것. 뇌기질성(腦器質性) 정신병, 증상(症狀) 정신병, 중독성정신병, 통합실조증(統合失調症), 간질 등에서 볼 수 있다. 환각의 종류로서는 환시(幻視), 환청(幻聽), 환후(幻嗅), 환촉(幻觸), 환미(幻味) 등이 있다.

환각제(幻覺劑)

인체에 투여하면 뇌에 작용하여 환각을 일으키게 하는 약물을 말함. 종류로는 LSD와 메스칼린, DMT, 마리화나 등이 있다. 아주 작은 양으로도 증세가 나타나는데 정상인이복용하면 환각 · 착시(錯視) 현상이 일어나면서 혈압상승, 빈뇨 현상이 나타나, 과대망상 등의 감정변화가 심해진다. 번쩍이는 점이나 모양에서 인물이나 정경이 보이는 등 정신병적인 증세를 보이기 때문에 정신생리학적인면에서 중시된다.

환경개선(環境改善)

지역주민, 특히 장애를 가진 사람들이 재택생활을 할 때의 저해요인을 제거, 자립가능으로 되는 환경을 만드는 제 활동을 가리킨다.

영국 정부가 1950년에 밝힌 바에 의하면 사회복지는 ① 개인적 서비스 ② 환경개선 서비스로 나누어지며, 환경개선사업에는 공중위생, 주택정책, 도시 및 농촌계획 등이 포함된다. 종래의 사회사업은 환경을 주어진 것으로 보고 사회적 부적응 상태에 있는 사람을 환경에 적응토록 조정하는 것을 중시하였다. 그 후 인간과 환경과의 관계를 새롭게 인식하게 되어 환경에 작용함으로써 문제해결에 조력하는 방법이 사회사업에 도입되었다. 그리고 사회변동에 의한 다양한 환경파괴가 복지욕구와 깊은 연관이 있다는 인식이 깊어지면서 주로 지역사회조직의 분야에서 환경 그 자체의 개선에 주력해야 한다는 주장이 대두되었으며, 이를 계기로 환경개선이 사회복지의 영역에 포함되었다.

환경개선서비스(環境改善 services)

지역주민, 특히 장애를 가진 사람들이 재택생활을 하는 데에 저해요인을 제거, 자립이 가능하게 되는 환경을 만드는 제활동을 가리킨다. 여기에는 건물 등의 물리적 환경, 법률 등 제도적 환경, 인간의 행동이나 문화에 관한 의식적 환경이 있다. 재택복지 서비스나 조직화 활동과 나란히 지역복지를 구성하는 주요한 지주로 되어 있다. '베리어프리'라고도 한다. 지금까지 물리적인 가로정비나 재택복지 서비스가 불충분한 상태에 대하여 이것을 정비하는 의미로 환경개선의 필요성이 지적되는 것이 많아, 일정한 효과도 있다. 그렇지만 공사(公私)관계의 변화 속에 또 개선을 행하는 주체는 누구냐 등을 다시금 명확하게 해두지 않으면 안 된다. 정부에 의한 일반적인 작위, 서비스가 아닌, 주민 당사자 본위의 개선이 되느냐가 과제라고 할 것이다.

환경권(環境權)

건강하고 쾌적한 환경 속에서 인간답게 살 수 있는 권리를 환경권이라고 한다. 환경의 침해를 거부할 수 있는 배타적 권리로서 생존권적 기본권의 하나로 우리 헌법 제33조는 "모든 국민은 환경보존을 위하여 노력해야 한다"고 명백히 밝히고 있다. 환경권의 법리(法理)는 우선 환경오염의 배제를 청구할 수 있고 그 위험이 예상될 경우에 예방 청구권을 행사할 수 있어야 한다. 1972년 스웨덴의 스톡홀름에서 〈UN인간환경선언〉이 채택된 이후, 환경권의 이념이 세계 각국의 법체계에 흡수되었고 종래의 사후(事後) 피해방지나 단순한 위생법적 · 공해법적인 성격을 넘어서 보다 적극적인 적정관리체제로의 변화를 모색하게 되었다.

환경문제(環境問題)

환경이 열악화되는 것에 의해 주체인 생물이 악영향이나 피해를 입는 상태이다. 일반적으로는 환경정책 기본법에 명시된 대기오염, 수질오염, 토양오염, 해양오염, 방사능오염, 소음 진동, 악취, 일조방해 및 폐기물투기, 전파장애, 공한지 관리소홀 등의 피해의 총칭으로서 인식되어 왔다. 환경문제의 특징은 시대와 더불어 변화되어 오고 있으나 수익권과 수고권(受苦圈)이 겹치는 문제 해결을 다루기 쉬운 것(폐기물 소각시설의 건설을 둘러싼 트러블)과 수익권과 수고권이 구조적으로 분리되어 각각의 주체에 공감성이 나타나기 어려운 것(고속철도, 비행장, 고속도로 등)이 존재한다.

환경보전(環境保全)

환경보전이라 함은 환경오염 및 환경훼손으로부터 환경을 보호하고 오염되거나 훼손된 환경을 개선함과 동시에 쾌적한 환경의 상태를 유지 조성하기 위한 행위를 말한다(환경정책기본법 제3조5호).

환경오염(環境汚染)

환경오염이라 함은 사업활동 기타 사람활동에 따라 발생되는 대기오염, 수질오염, 토양오염, 해양오염, 방산오염, 소음 진동, 악취, 일조방해 등으로 사람의 건강이나 환경에 피해를 주는 상태를 말한다(환경정책기본법제3조4호).

환경요법(環境療法)

서비스 이용자의 문제가 사회 환경에 기인하고 있다고 생각되는 경우 사회 환경을 조정, 개선해 가는 것으로서 문제의 해결을 꾀하려고 하는 개별원조의 사회치료 과정의 한 방법이다.

구체적으로는 부부 · 가족 간의 관계의 조정, 직장 · 지역에의 작용이 이에 해당한다.

환경조정(環境調整)

개별사회사업에서는 일반적으로 환경조작(environmental manipulation)이나 환경수정(environmental modification) 등으로 표현하고 있다. 클라이언트의 문제해결을 원조하기 위해 사회환경을 개선하고 개혁한다는 것을 의미한다. 최근에는 특히 생태학적 관점에서 그 중요성이 재인식되어 이에 관한 연구가 확대, 강화되고 있는 추세에 있다.

환경치료(環境治療)

보통 시설에서 생활하는 사회적 · 정신적 부적응자들을 위한 치료와 재활의 한 형태를 의미한다. 치료는 전문적인 치료자와 함께하는 개별적인 시간에만 국한되는 것이 아니라 시설과 같은 폐쇄된 장소에서도 이루어지는데, 이것을 '치료적 공동체'라고 부른다. 시설에서 집단면담에 참석하여 치료를 받는 사람들은 그들의 지도자를 뽑아야 하며, 하루 종일 서로에게 사회적 · 정서적 지지를 제공해야 한다. 모든 환경은 치료과정에서 중요한 것으로 인식된다.

환경훼손(環境毁損)

환경훼손이라 함은 야생물 · 식물의 남획 및 그 서식지의 파괴, 생태계질서의 교란, 자연경관의 훼손, 표토(表土)의 유실 등으로 인하여 자연환경의 본래의 기능에 중대한 손상을 주는 상태를 말한다(환경정책기본법 제3조 4의2호).

환과고독(鰥寡孤獨)

환은 노령에 처가 없는 남자, 과는 노령에 남편이 없는 여자, 고는 부모가 없는 아동, 독은 자녀가 없는 남자 또는 여자를 말한다. 환과고독 개념은 중국에서 오랫동안 관용되어 왔고 우리도 옛부터 구제대상의 분류를 표시하는 것으로 사용되어 왔다. 환과고독 분류와 구제는 촌락공동체에 의한 상부상조 혹은 가족구조 기능이 자력으로 구제하기 힘든 사람에게 공적 구제를 실시한 데에 기인한다.

환과고독진대법(鰥寡孤獨賑貸法)

늙고 아내가 없는 홀아비, 늙고 남편이 없는 과부, 여려서부터 부모가 없는 고아, 늙어서 자식이 없는 사람을 이르는 말인데, 의지할 곳 없이 외로운 처지에 있는 이들에게 고구려 고국천왕(故國川王) 16년(서기164년)부터 을파소(乙巴素) 등을 기용하여, 이것은 귀족들의 고리대금으로 인한 폐단을 막고, 양민들의 노비화(奴婢化)를 막으려는 목적으로 실시한 제도로서 빈민구제책으로 음력 3월~7월의 춘궁기에 관곡(官穀)을 꾸어주고, 추수기에 거두어 드린 제도였었다. 이후 고려 성종(成宗) 때에 의창(義倉)의 곡식을 새 곡식으로 바꿔 들이고 빈민을 구제할 목적으로 이 법이 쓰이었고 조선 왕조에 와서 환곡법(還穀法)으로 다시 부활되었다.

환자교육(患者教育)

건강교육이 건강의 유지, 증진에서 환자의 사회생활의 회복, 더욱이 죽음에 이르는 건강에 관계있는 모든 문제에 대처하는 것에 대해 환자가 가지고 있는 문제에 한정하고 그 해결을 위한 의사결정의 능력, 그 해결에의 적극적인 태도, 필요한 행동의 실행 등을 몸에 익힐 수 있게 교육적으로 원조하는 것이 환자 가족이라 할 수 있다. 이 경우의 교육의 대상은 단지 환자뿐만 아니라 문제해결에 관계를 가지는 가족, 친우, 교사, 상급자 등도 포함하게 된다. 그러나 이 교육은 주로 의사의 지시대로 환자가 자기 관리를 하기 위한 교육이고 지식의 전달에 중점을 두는 교육이다. 미국의 의료기관에서 1930년대에 이미 만성질환의 치료에 환자교육을 도입하였으며, 이웃 일본에서는 환자교육이 의도적으로 행해지기 시작한 것은 1960년대이다.

환자의 권리(患者의 權利)

환자에게는 어떠한 진료행위를 받을 수 있을 것인가 하는 자기결정권이 있다고 하는 주장을 뜻한다. 1973년 미국병원협회가 발행한 〈환자의 권리장전에 관한 선언〉에 포함되어 세계적으로 널리 인식되어 오고 있다.

우리나라 보건의료기본법의 보건의료서비스에 관한 자기결정권에서는 모든 국민은 보건의료인으로부터 자신의 질병에 대한 치료방법, 의학적 연구대상 여부, 장기이식 여부 등에 관하여 충분한 설명을 들은 후 이에 관한 동의 여부를 결정할 권리를 가진다고 규정하고 있다(본법 제12조).

환자운동(患者運動)

환자가 환자단체(환자동우리, 환자회)라고 하는

조직적 기반을 배경으로 질병과 그것에 동반되는 요양생활의 곤란의 완화, 해결을 위하여 의학 의학기술의 진보화 의료보장, 소득보장을 중심으로 한 복지제도 확립을 지향하는 운동이다. 종극적으로 질병의 예방, 근절, 회복을 목표로 하는 환자. 국민의 건강권, 생존권의 전면적 회복을 요구하는 '복권'의 운동이라 할 수 있다.

환자조사(患者調査)

의료시설을 이용하는 환자에 대하여 그 상병(傷病)의 상황 등의 실태를 명확하게 하는 것을 목적으로 하는 것으로 상병의 상황, 진료과명, 입원, 외래 등의 구별, 입원기간, 진료비의 지불방법 등을 조사 사항으로 하고 있다.

환자회(患者會)

환자회는 질병을 가진 당사자에 의해서 자발적으로 결성된 상호원조와 대책 추진을 목적으로 하는 집단 조직이다. 환자회에서는 일반적으로 환자, 가족과 같은 질병에 직면함으로써 공통적인 고통과 빈민을 극복하기 위해 상담 체험교류 등으로 상호 간에 지원해 주는 상호원조를 행하고 또한 공통적인 신체적 · 심리적 · 사회적인 장애에 문제해결을 지향하는 소셜액션 등을 행한다.

환청(幻聽)

실제로 존재하지 않는 소리가 들리는 청각영역의 환각이다. 소리나 울림이라하는 요소성(要素性)의 환청과 의미를 포함한 소리(목)나 말 등의 언어성의 환청이 있다. 요소성의 환청은 측두엽(側頭葉)의 간질, LSD 등의 환각제의 중독 등에 출현한다. 언어성의 환청은 의식이 청명할 때에 출현하며, 통합실증, 알코올 환각증, 각성제 의존에 동반한다. 통합실증에서는 자기에 관한 나쁜 소문, 자신의 명령, 자기의 생각 등이 소리로 되어 들리는 경우가 있어 때로는 목소리가 시키는 대로 충동적인 행동이 돌발하여, 자살 등에 이르는 일도 있다.

활동과 참가(活動과 參加)

2001년 5월 WHO에서 나온 국제생활기능분류(ICF)에 있어서 이루어진 구성요소이며, 활동(活動: activies)이라 함은 과제라던가 행위는 개인에 의한 수행이라는 것이며, '참가(par-ticipation)'라 함은 생활 · 인생장면에의 관계라는 것이다. 활동이나 참가는 긍정적인 측면이지만 그 부정적인 측면은 각각 '활동제한(activity limitation)'과 '참가제약(participation rest rictions)'의 용어가 사용되고 있다. 활동제한이란 개인이 활동을 행할 때에 일어나는 어려움을 의미하고, 참가제약이란 개인이 무언가의 생활 · 인생장면에 관계할 때에 경험하는 어려움을 의미하고 있다.

활동기록(活動紀錄)

개인 및 그룹의 활동 내용이나 성장 · 발달과정에 대하여 기록한 것이다. 활동기록을 만드는 목적은 명확화(明確化) 되어 있는 노력목표에 비추어 분석 평가하는 것에 있다. 그 내용은 기록자의 개인적 관심이나 주관적 판단으로 쓰여진 것이 아니고 어디까지나 전문적 입장에서 객관적으로 기술하는 노력이 요구된다.

활동보조서비스(活動補助 services)

활동보조서비스라 함은 4지(四肢) 마비 등으로 다른 사람의 도움이 절대적으로 필요한 1급 중증 장애인들이 일상생활 및 사회생활을 하는 데

불편이 없도록 생활보조인을 통해 각종 수발을 제공하는 서비스이다. 서울특별시에서는 2007년 9월 1일부터 1급 중증 장애인에게 제공하는 활동보조서비스시간을 월 180시간으로 정하고 있다.

활성산소원인설(活性酸素原因說)

노화의 원인에 관한 여러 가지 학설중의 하나. 산소에서부터 방사선의 영향 등 몇 가지의 원인에 의하여 체내에서 만들어지는 활성 산소가 세포막의 과산화(過酸化) 등을 매개하여 노화를 촉진시킨다고 하는 사고방식이다.

활인서(活人署)

조선 조선시대 때 의료보호를 맡았던 기관으로 태조1년(1392년)에 제정되어 서울의 병자를 무료로 치료해 주었다. 태종14년(1405년)에 활인원으로 개칭되었다가 세조13년(1467년)에 다시 활인서로 하였다. 이는 고려 때의 동서대비원과 혜민국제도를 계승한 것이다.

회상법(回想法)

회상이란 과거에 경험한 것을 생각해 내는 것을 통하여 심리적인 안정을 꾀하고자 하는 심리요법의 일종. 그룹어프로치의 말로는 계획적인 시간, 회수(回數)의 회합가운데에서 인생경험을 고령자에게 서로 얘기하게 하는 것으로 그들의 기억의 회복과 일상생활의 관심, 커뮤니케이션을 깊게 하는 것을 목적으로 한 테크닉이라는 것. 기명력(記銘力)의 장애가 있는 치매증이 있는 사람에게는 유지하고 있는 과거의 기억을 통하여 다른 사람과 어울리는 기회를 기질 수가 있기 때문에 효과가 있는 수단이라고 되어 있다. 레미니센스(reminisence)라고도 한다.

회화욕구불만테스트(繪畫欲求不滿 test : PFT=Picture frustration test)

P-F스터디(picture-frustration study)라고도 한다. 로젠츠이그(Rosezweig, S.)가 고안한 투영법(投影法)에 의한 인격검사이다. 이 검사에서 사용되는 그림은 일상생활에서 경험되는 것 같은 24개의 욕구불만장면이 두 사람의 대화형식으로 그려져 있으며, 피험자(被驗者)는 욕구불만을 느끼고 있는 쪽의 인물이 어떻게 발언하는가를 기입한다. 기입 내용에 따라서 공격형을 장애우위형(障碍優位型), 자아방위형, 욕구고집형의 세 가지 유형화하여 공격의 방향에 의해서도 타책적(他責的), 자책적(自責的), 무책적(無責的)의 세 반응으로 나눈다. 반응과 유형의 짜맞춤으로 해서 인격의 특징을 파악하는 것을 목적으로 하고 있다.

효과측정(效果測定)

사회복지원조의 효과를 과학적 수법으로, 객관적으로 측정하는 것으로서 그 후의 활동에 도움이 되도록 하려는 것이다. 효과측정의 목적은 전문적 원조가 어느 정도 효과가 있는가를 클라이언트 및 사회 전반에 대하여 제시할 책임이 있다는 것, 또 전문적 원조기술의 질의 향상을 위하여 효과가 있는 기법이 요구된다는 것 등을 꼽을 수 있다. 그 배경에는 유한적인 사회자원을 어떻게 유효하게 활용해야만 할 것인가 하는 사회적 요청이 있다. 효과측정의 방법으로는 1970년에는 통제군실험(統制群實驗)계획법이 쓰였으나 같은 생활상의 문제를 가진 클라이언트를 실험군과 통제군을 나뉜다는 것 등에 비판이 있어 1980년대 이후에는 단일사례실험계획법 이 효과가 있는 것으로 되었다.

효문화(孝文化)

효문화란 효 및 경로(노인을 공경하는 것)와 관련한 교육, 문학, 미술, 음악, 연극, 영화, 국악 등을 통하여 형성되는 효 및 경로에 대한 사회적 가치를 말한다(효행 장려 및 지원에 관한 법률 제2조5호).

후견인(後見人)

미성년자 · 금치산자(禁治産者) · 한정치산자(限定治産者)를 보호 · 교육하고 또 그 자의 행위를 대리하며 재산을 관리하는 사람이다.

구체적으로 말하면 미성년자에 대하여는 부모가 친권(親權)을 행사하고, 친권자가 없거나 대리권 · 재산관리권이 없을 때에 비로소 후견이 개시된다. 무능력자의 보호제도인 것은 물론이다. 후견기관(後見機關)으로서는 후견의 사무자체를 집행하는 후견인과 후견인을 감독하는 기관으로서는 친족회와 가정법원이 있다.

후기고령자(後期高齡者)

75세 이상의 고령자를 말한다. 평균수명이 늘어난 우리나라에서는 고령자 인구 중에서도 이 후기 고령자의 증가가 현저하게 나타나고 있다. 후기 고령자는 전기(前期) 고령자에 비하여 병의 발생률이 증가하여 자리보전, 치매상태의 발생률이 높다. 고령자를 65세 이상으로 하는 경우 90세, 100세에 이르기까지 폭 넓은 연령층을 포함하는 것으로 된다. 그러나 65세와 100세에서는 그 사회적 활동이나 건강도에 크게 다르기 때문에 단일적으로 고령자를 파악할 수는 없다. 65세 이상 75세 미만을 전기 고령자(young old), 75세 이상을 후기 고령자(old)로 대개 구분하고 있다.

후유증(後遺症)

병 또는 상해의 초기의 급성증상이 치유된 뒤에 오래 잔존하는 기능장애이다. 장애인복지법의 규정에 정한 정도의 장애가 영속된다고 인정되는 경우에는 장애인등록증의 교부대상이 된다. 그 장애의 정도에 의하여 장애연금이 급여된다.

후천성면역결핍증예방법(後天性免疫缺乏症豫防法)

이 법은 후천성면역결핍증(AIDS)의 예방과 그 감염자의 보호 관리에 관하여 필요한 사항을 정함으로써 국민건강의 보호에 기여함을 목적으로 1987년 11월 28일(법률 제3948호)에 제정 · 공포하였다. 총 28개 법조문과 부칙으로 규정되어 오늘에 이르고 있다.

후천성장애(後天性障碍)

출생 이후에 외적 요인으로 생긴 신체적, 정신적 장애를 말한다.

구체적으로는 노동(산업)재해에 의한 4지(四肢)절단이나 실명(失明), 교통사고에 의한 마비, 뇌염 후유증에 의한 청각상실과 같이 각종의 질병으로 기인하는 것이 있다.

휠체어(wheel chair)

신체상의 기능장애로 보행이 곤란한 장애인이 사용하여 그 행동 범위를 확대하기 위한 보장구로서 좌석과 큰 차바퀴와 작은 차바퀴로 되어 있다. 손으로 차바퀴를 움직이는 수동식휠체어와 손의 근육이 약해 수동식 휠체어를 조작할 수 없는 자가 사용하는 밧데리로 움직이는 전동식 휠체어가 있다.

휴머니즘(humanism)

중세의 스콜라적인 교회중심의 세계관에 반대해 15~16세기에 일어난 사상이다. 에라스무스, 모아에 의해 대표되며 18세기 후반에 괴테, 훔볼트 등을 중심으로 독일 고전주의가 이를 이어받았다. 모두자유와 해방을 목적으로 하고 있으며, 프랑스 혁명의 사상과 자본주의 발전의 기반이 되기도 했다. 19세기영국의 민간 사회복지, 구빈법의 개정 등은 이 휴머니즘 표현의 하나이다.

휴먼서비스(human services)

사람들의 발전과 복지를 향상시키기 위해 고안된 프로그램과 활동을 말한다. 이것은 자신들의 욕구를 충족시킬 수 없는 사람들에게 경제적, 사회적 원조를 제공하는 것을 말한다. 사회복지의 역사를 보면 자선사업에서 사회사업으로, 나아가 제도정책을 포함하는 사회복지로의 발전이 있었고 복지국가가 그 종착점인 것처럼 생각되었다. 그러나 그것도 물질적, 화폐적 생활부조와 사회보장에 치우쳐서 오히려 재정적 파단과 시민의 의존적 자세를 조장하는 모순을 드러냈었다. 이러한 경과를 거쳐서 1960년대 후반부터 전인적 그리고 주체적인 인간존재의 보장과 공정 사회의 실현을 목표로 하면서 이것에 관련된 모든 행위를 모두 포함하는 용어로 사용하기 시작하였다. '휴먼서비스'라는 용어는 대개 '사회봉사'(social services)나 '복지서비스(welfare services)와 동의어로 사용되며, 사람들을 위한 프로그램을 계획, 조직, 개발, 관리하는 것과 사람들에게 직접적인 사회봉사를 제공하는 것을 뜻한다.

휴업(休業)

휴업은 사용자 측의 귀책사유로 조업을 할 수 없거나 사용자 측의 귀책사유가 아닌 부득이한 사유로 조업이 불가능한 경우 회사 측이 내릴 수 있는 조치이다. 이 때문에 노조가 적법한 절차에 따라 합법적으로 파업을 벌였을 때 내리는 직장폐쇄와는 구별된다. 회사 측은 휴업 조치를 내릴 경우 노동위원회에 신고하고 회사 측은 휴업 기간 중 사업장을 출입하는 근로자들을 통제할 수 있다.

휴업보상(休業補償)

재해보상의 일종. 근로기준법 제81조의 규정에 의하면 근로자가 업무상 부상 또는 질병에 걸린 경우에는 사용자는 그 비용으로 필요한 요양을 행하거나 또는 필요한 요양비를 부담하여야 할 의무가 있고, 같은 법 제79조에는 요양 중에 있는 근로자에 대하여는 사용자는 근로자의 요양 중 평균임금의 100분의 60에 해당하는 금액을 지급하도록 규정하고 있다. 다만, 근로자가 중대한 과실로 인하여 업무상 부상 또는 질병에 걸리고 또한 사용자가 그 과실에 대하여 노동위원회의 인정을 받은 경우에는 근로기준법 제81조에 의거하여 보상금을 지급하지 않아도 된다.

휴업수당(休業手當)

휴업기간 중에 근로자에게 사용자가 지급하는 수당이다. 근로기준법의 규정에 의하면 사용자의 귀책(歸責)사유로 휴업하는 경유에 사용자는 휴업기간 중 당해 근로자에 대하여 평균임금의 100분의 70 이상의 수당을 지급해야 한다. 다만, 평균임금의 100분의 70에 상당하는 금액이 통상임금을 초과하는 경우에는 통상 임금을 휴업수당으로 지급할 수 있다. 위와 같은 규정에도 불구하고 부득이한 사유로 사업계속이 불가능하여 노동위원회의 승인을 얻은 경우에는 100분의

70에 미달하는 휴업수당을 지급할 수 있다(근로기준법 제45조~46조).

흉악범죄 · 비행(凶惡犯罪 · 非行)

흉악범이란, 일반적으로 형법범(刑法犯)인 살인, 강도, 강간, 방화를 말한다. 범죄백서 등에서는 이 사용 방법이 정착되어 있으나 법률상의 정의를 없다. 흉악범은 신체적으로나 정신적으로도 죄행 강도가 크고 벌칙이 엄격하고 형벌도 중한 것이 특징이다.

희망진료센터(希望診療 center)

다문화가정과 외국인노동자들의 질병치료를 위하여 2012년 6월 27일에 현대차 정몽구 재단은 서울적십자, 서울대학병원과 〈의료소외 취약계층을 위한 진료협약〉을 맺고 '희망진료센터'를 서울적십자 병원에서 문을 열었다. 정몽구재단은 환자진료에 필요한 재원을 부담하고 서울대학병원은 의료진을 파견하여 내한적십사가 진료전반을 주관한다. 재단은 앞으로 의료복지 사각지대를 대상으로 순회진료를 실시하는 사업도 시작하며, 센터의 진료 대상은 조손(조부모와 손자, 녀)가정, 외국인 근로자, 다문화가정 등 의료소외 계층들이다. 40여 개의 병상과 현대의 의료장비를 갖추고 있다. 센터에서는 가정의학과, 산부인과, 내과, 정신과 등의 4개 진료가 설치되어 2차 진료서비스를 제공한다.

흰지팡이

시각장애인의 보행 보조기구. 장애인에 정보를 전하는 것으로 방어의 수단으로 되며, 또 시각장애인이라는 것을 전달하는 등의 기능이 있다. 그립(crip), 샤프트(shaft), 팁(tip)으로 구성되어 2보 앞에 팁이 오도록 속도, 보폭으로 길이를 맞춘다.

히스테리궁(hysterie 弓)

극심한 정신적 스트레스로 인한 질병을 말한다. 이성(異性)으로부터 육체의 이탈현상을 보이는 이 병은 척수가 화살(궁:弓)처럼 휘여 언어장애, 실어증, 시력상실 등의 증세를 일으키는 불가사의한 괴질로 알려져 있다.

히스테리성격(hysterie 性格)

자기 자신을 더욱 좋게 보이려고 하는 현시욕(顯示欲)이 강한 성격으로 자기중심적, 허영적, 자기 현시적, 연기적(演技的), 소아적(小兒的), 제멋대로 굶(버릇없음), 코케티시(coquettish), 피암시성(被暗示性)이 강함 등의 성격 특징을 나타냄. 현시성격(顯示性格)이라고도 한다.

〈참고문헌〉

〈국내자료〉

강영호 외, 『법률용어사전』, (서울 :청림, 2005)
고영복 편, 『사회학사전』, (서울: 사회문화연구소, 2005)
권호기 편, 『경제용어사전』, (서울:현암사, 2005)
김기원, 『기독교사회복지론』, (서울:대학출판사, 2004)
김상균 외, 『비교빈곤정책론』, (서울:나남, 2005)
김영하 외, 『사회문제론』, (서울: 대학출판사, 2004)
김영호 외, 『한국 사회의 신빈곤』, (서울:한울, 2006)
김인숙 외 『여성복지론』, (서울: 나남, 2005)
김진수 외, 『산업복지론』, (서울: 나남, 2001)
김태성, 『사회복지정책입문』, (서울:청묵, 2003)
노병일, 『현대산업복지론』, (서울: 공동체, 2007)
대구대학교사회복지연구소 편, 『사회복지사전』, (서울: 경진사, 1998)
동아일보사 편, 『현대 시사용어사전』, (서울: 동아일보사, 2007)
박광준, 『페비안 사회주의와 복지국가의 형성』(서울: 대학출판사, 2004)
시사문화사편집부 편, 『시사일반상식』,(서울: 시사문화사, 1996)
신영복, 「사회복지대백과사전」, (서울:나눔의집, 1999)
신섭준 외, 『현대복지학 총람』, (서울 대학출판사, 2005)
양동규, 『심리학소사전』, (서울: 학지사, 2003)
양정하 외, 『사회복지조사방법론』, (서울:공동체, 2006)
이근홍, 『인간행동과 사회환경』, (서울:공동체, 2006)
이시윤 외, 『법률학사전』, (서울:청림출판사, 2001)
이철수, 『사회복지소사전』,(서울:높이깊이, 2006)
이청무 역, 『신경제용어사전』, (서울:더난, 2004)
장세철 외, 『사회복지실천론』, (서울:교육과학사, 2006)
조상원 편, 『법률용어사전』, (서울: 현암사, 2010)
중앙일보사, 『현대지식정보사전』, (서울: 중앙일보사, 2000)
한국고시회 편, 『세상일반상식』, (서울 : 한국고시회, 2004)
한국교육심리학회 편, 『교육심리학용어사전』, (서울: 학지사, 2000)
한국사회복지협의회 편, 『사회복지사전』,(서울:한국사회복지협의회, 1993)
현암사 편, 『법전』,(서울: 현암사, 2012)

〈국외 자료〉

京極高宣 外 編,『現代 福祉學レキシコン 』, (日本: 雄山閣出版, 1993)
國分康孝 編,『カウンセリング辭典』, (日本: 誠信書房, 2007)
田中未來 外 編,『保育 養護事典』, (日本 : 建帛社, 2005)
中央法規出版編輯部 編,『社會福祉用語辭典』(日本: 中央法規,出版社 2006)
〔21世紀の社會福祉編集委員會編〕『社會福祉基本用語集』,(日本: ミネルヴァ書房, 2008)
山縣文治 外,『社會福祉用語辭典』, (日本: ミネルヴァ書房, 2009)

〈인터넷 자료〉

건강보험관리공단	http://www.nhic.or.kr
국가법령정보센터	http://www.law.go.kr
국민연금관리공단	http://www.nps4u.or.kr
네이버	http://www.naver.com
눔프	http://news20.busan.com/
기초노령연금	http://bop.mw.go.kr
고용노동부	http://www.molab.go.kr
대한사회복지회	http://www.alovenest.com
대한적십자사	http://www.redcross.or.kr
법제처	http://www.moleg.go.kr/main.html
보건복지부	http://www.mohw.go.kr
빈부격차시정위원회	http://www.pcsi.go.kr
4대 중증질환	http://news.chosun.com/
사회복지공동모금회	http://www.chest.or.kr
여성가족부	http://www.mogef.go.kr
월드비젼	http://www.worldvision.or.kr
한국사회복지협회	http://www.welfare.net
한국여성단체협의회	http://www.iwomen.or.kr
한국장애복지진흥회	http://www.kowpad.or.kr
한국치매협회	http://www.siverweb.or.kr

사회복지용어사전

발행일 초판 1쇄 2013년 7월 15일

엮은이 김우수 · 이용부
편낸이 고진숙
펴낸곳 도서출판 문화문고
책임편집 김종만
디자인 이춘희
CTP출력 상지사피앤비
인쇄 · 제본 상지사피앤비
물류 문화유통북스
출판등록 제300-2004-89호(2005년 5월 17일)
주소 110-816 서울시 종로구 부암동 129-8 울트라타임 730 오피스텔 612호
전화 02-379-8883 팩스 02-379-8874
이메일 mbook2004@naver.com
ISBN 978-89-7744-035-7 (93330)

* 책값은 뒤표지에 표시되어 있습니다.
* 엮은이와의 협의에 따라 인지는 붙이지 않습니다.
* 잘못된 책은 바꿔드립니다.

* 이 도서의 국립중앙도서관 출판시도서목록(CIP)은 서지정보유통지원시스템 홈페이지(http://seoji.nl.go.kr)와 국가자료공동목록시스템(http://www.nl.go.kr/kolisnet)에서 이용하실 수 있습니다.(CIP제어번호: CIP2013011210)